Active Server Pages

Jörg Krause

Active Server Pages

Programmierung dynamischer, datenbankgestützter Webseiten

3., aktualisierte Auflage

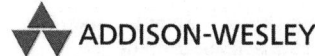
ADDISON-WESLEY

An imprint of Pearson Education

München • Boston • San Francisco • Harlow, England
Don Mills, Ontario • Sydney • Mexico City
Madrid • Amsterdam

Die Deutsche Bibliothek - CIP-Einheitsaufnahme

**Ein Titeldatensatz für diese Publikation ist bei
Der Deutschen Bibliothek erhältlich.**

Die Informationen in diesem Produkt werden ohne Rücksicht auf einen eventuellen Patentschutz veröffentlicht. Warennamen werden ohne Gewährleistung der freien Verwendbarkeit benutzt. Bei der Zusammenstellung von Texten und Abbildungen wurde mit größter Sorgfalt vorgegangen. Trotzdem können Fehler nicht vollständig ausgeschlossen werden. Verlag, Herausgeber und Autoren können für fehlerhafte Angaben und deren Folgen weder eine juristische Verantwortung noch irgendeine Haftung übernehmen.
Für Verbesserungsvorschläge und Hinweise auf Fehler sind Verlag und Herausgeber dankbar.

Alle Rechte vorbehalten, auch die der fotomechanischen Wiedergabe und der Speicherung in elektronischen Medien. Die gewerbliche Nutzung der in diesem Produkt gezeigten Modelle und Arbeiten ist nicht zulässig.

Fast alle Hardware- und Softwarebezeichnungen, die in diesem Buch erwähnt werden, sind gleichzeitig auch eingetragene Warenzeichen oder sollten als solche betrachtet werden.

Umwelthinweis:
Dieses Buch wurde auf chlorfrei gebleichtem Papier gedruckt.
Die Einschrumpffolie – zum Schutz vor Verschmutzung – ist aus umweltfreundlichem und recyclingfähigem PE-Material.

10 9 8 7 6 5 4 3 2 1

05 04 03 02

ISBN 3-8273-1980-3

© 2002 by Addison-Wesley Verlag,
ein Imprint der Pearson Education Deutschland GmbH,
Martin-Kollar-Straße 10–12, D-81829 München/Germany
Alle Rechte vorbehalten
Einbandgestaltung: atelier für gestaltung, niesner & huber, Wuppertal
Lektorat: Sylvia Hasselbach, shasselbach@pearson.de
Korrektorat: Haide Fiebeler-Krause, Berlin
Herstellung: Anna Plenk, aplenk@pearson.de
Satz: reemers publishing services gmbh, Krefeld, www.reemers.de
Druck und Verarbeitung: Bercker, Kevelaer
Printed in Germany

Inhaltsverzeichnis

Vorwort zur dritten Auflage		**19**
Teil I:	**Grundlagen**	**21**

1 Einführung

1.1	Wie Sie dieses Buch lesen sollten	23
	1.1.1 Wie dieses Buch aufgebaut ist	23
	1.1.2 Wo Sie die Lösungen finden	25
	1.1.3 Die CD zum Buch	26
	1.1.4 Die Struktur der CD	31
1.2	Grundbegriffe	32
	1.2.1 Aufbau des Internets	32
	1.2.2 Intranet und Extranet	35
	1.2.3 Normen und Protokolle	36
1.3	Entwicklungswerkzeuge	45
	1.3.1 Der Script Debugger	45
	1.3.2 Visual InterDev 6.0	50
	1.3.3 Der HTML-Editor	56
	1.3.4 Datenbankzugriff mit Visual InterDev	57

2 Einführung und Installation ... **63**

2.1	Active Server Pages (ASP)	63
	2.1.1 Ein paar grundlegende Worte über ASP	63
	2.1.2 Erforderliche Kenntnisse	64
2.2	Wie ASP funktioniert	66
	2.2.1 ASP aus Sicht des Webnutzers	66
	2.2.2 Die technische Basis für ASP	66
	2.2.3 Hardwarevoraussetzungen	68
	2.2.4 Netzwerkvoraussetzungen	68
2.3	Installation und Einrichtung	70
	2.3.1 Windows 2000 Professional als Entwicklungsplattform	70
	2.3.2 Windows XP Professional als Entwicklungsplattform	78
2.4	Der Internet Information Server 5	79
	2.4.1 Komponenten des IIS 5.1	79
	2.4.2 Anwendungsprogramme unter IIS 5	84

	2.4.3	Webseiten veröffentlichen	86
	2.4.4	FTP-Dienste anbieten	90
	2.4.5	Verzeichnis- und Dateisicherheit des Webservers	93
	2.4.6	Active Server Pages und der IIS 5.1	97
3	**Basiswissen für Softwareentwickler**		**101**
3.1	Die Sprache des Web – HTML		101
	3.1.1	Eine Einführung in HTML	101
	3.1.2	Kleine Fallen in HTML	104
3.2	Basiswissen HTML		107
	3.2.1	HTML pur	107
	3.2.2	Ein bisschen Farbe	108
	3.2.3	Text und Layout	110
	3.2.4	Linien	113
	3.2.5	Formatierungen	114
	3.2.6	Sonderzeichen in HTML	119
	3.2.7	Bilder und Hyperlinks einbinden	121
	3.2.8	HTML-Formulare	128
	3.2.9	Aufzählungen und Listen	136
	3.2.10	Tabellen	140
	3.2.11	Fortgeschrittene Navigation	148
3.3	Cascading Style Sheets		155
	3.3.1	Anwendungsbeispiele	155
	3.3.2	CSS im Detail	159
	3.3.3	Die CSS-Selektoren im Detail	161
	3.3.4	CSS und Browserprobleme	164
	3.3.5	CSS-Praxistipps	165
	3.3.6	Weitere Möglichkeiten	165
3.4	JavaScript		166
3.5	XHTML		167
	3.5.1	Einführung in XHTML	167
	3.5.2	Unterschiede zu HTML 4	170

| Teil II: | Mit ASP aktiv programmieren | **173** |

4 VBScript 175

- 4.1 Die Skriptsprachen 175
  - 4.1.1 VBScript oder JScript? 175
  - 4.1.2 Wo wird programmiert? 176
- 4.2 Aufbau der Skripte 177
  - 4.2.1 VBScript und HTML 177
  - 4.2.2 Andere Skriptsprachen 179
  - 4.2.3 Andere Dateien einschließen 180
  - 4.2.4 Client- und serverseitige Skripte verbinden 181
- 4.3 Eine strukturierte Einführung in VBScript 183
  - 4.3.1 Kommentare 183
  - 4.3.2 Variablen 185
  - 4.3.3 Konstanten 187
  - 4.3.4 Datentypen 188
  - 4.3.5 Arrays 190
  - 4.3.6 Zeit und Datum 193
  - 4.3.7 Formatierungen 198
  - 4.3.8 Mathematische Operatoren und Funktionen 200
  - 4.3.9 Verarbeitung von Zeichenketten 203
- 4.4 Programmieren mit VBScript 208
  - 4.4.1 Befehle zur Abfrage von Bedingungen 208
  - 4.4.2 Schleifen 213
  - 4.4.3 Prozeduren und Funktionen 217
  - 4.4.4 Objektorientierte Programmierung 219
  - 4.4.5 Explizite Codeausführung 223
- 4.5 Reguläre Ausdrücke 224
  - 4.5.1 Was sind reguläre Ausdrücke? 224
  - 4.5.2 Das RegExp-Objekt in VBScript 229
  - 4.5.3 Das RegExp-Objekt im Detail 234
  - 4.5.4 Erweiterte Techniken für reguläre Ausdrücke 236
  - 4.5.5 Zeichenklassendefinitionen 240
  - 4.5.6 Teilmuster und Wiederholungen 242
  - 4.5.7 Referenzen auf Teile von Ausdrücken 244
  - 4.5.8 Einschränkungen in VBScript 245
  - 4.5.9 Ersetzungen mit regulären Ausdrücken 245

4.6	Fehler behandeln		248
	4.6.1	Fehler verstecken	248
	4.6.2	Fehler auswerten	249
	4.6.3	Typische Fehler beim Entwickeln	250
	4.6.4	Testmethoden	257
4.7	Codekonventionen		263
	4.7.1	Wozu dienen Konventionen?	264
	4.7.2	VBScript-Konventionen	264
	4.7.3	Formatierung und Strukturierung	267
	4.7.4	Die Lesbarkeit von Code	268
5	**JScript**		**271**
5.1	Einführung in JScript		271
5.2	JScript im Einsatz mit ASP		272
	5.2.1	Trennzeichen	272
	5.2.2	Auswahl der Standardsprache	274
	5.2.3	Was Sie mit JScript nicht können	275
	5.2.4	Schwerpunkt: Zeichenketten	277
5.3	Allgemeine Anmerkungen zu JScript		277
	5.3.1	Grundlagen in JScript	277
	5.3.2	Variablen	278
	5.3.3	Operatoren	282
	5.3.4	Bedingungen und Schleifen	284
	5.3.5	Arrays	287
	5.3.6	Eigene Funktionen erzeugen	289
5.4	Eingebaute Methoden und Objekte		291
	5.4.1	Das Objekt global	291
	5.4.2	Das ActiveX-Objekt	293
	5.4.3	Das Array-Objekt	293
	5.4.4	Das String-Objekt	294
	5.4.5	Das Date-Objekt	296
	5.4.6	Das Enumerator-Objekt	297
	5.4.7	Die Zahlenobjekte in JScript	298
5.5	Reguläre Ausdrücke in JScript		300
	5.5.1	Objekte für reguläre Ausdrücke	300
	5.5.2	Die RegExp-Objekte	301
	5.5.3	Beispiele	302
	5.5.4	Die Eigenschaften des Objekts RegExp	302

5.6		Spezielle Spracheigenschaften	304
	5.6.1	Intrinsische Objekte	304
	5.6.2	Prototypen	304
	5.6.3	Interne Konstruktoren	305

6 ASP-Programmierung 307

6.1		Die ASP-Objekte	307
	6.1.1	Grundlagen der ASP-Objekte	307
	6.1.2	Wo Sie was finden	309
	6.1.3	Spezielle Eigenschaften	310
6.2		Daten senden und empfangen	310
	6.2.1	Die Objekte zum Steuern des Datenflusses	310
	6.2.2	Header und Servervariablen	315
	6.2.3	Proxy und Cache kontrollieren	320
	6.2.4	Inhalte kontrollieren mit Rating	321
	6.2.5	Webseiten schützen	323
	6.2.6	Der Content-Header	325
	6.2.7	Der HTTP-Statuscode	326
	6.2.8	Auf eine andere Seite verweisen	327
	6.2.9	Erweiterte Skriptsteuerung	329
6.3		Formulare programmieren	331
	6.3.1	Daten aus einem Formular ermitteln	331
	6.3.2	Daten per Formular übertragen	337
	6.3.3	Codes via HTML und URL übertragen	338
	6.3.4	Elemente auf ihre Existenz testen	339
6.4		Daten zwischen Skripten übertragen	340
	6.4.1	Übertragung von Daten von Seite zu Seite	340
	6.4.2	Variablen und Werte mehrfach verwenden	342
	6.4.3	Wann Sie QueryString nicht verwenden sollten	345
6.5		Sessions und Cookies (Sessions)	345
	6.5.1	Wie Sie Sessions benutzen können	346
	6.5.2	Cookies als Informationsspeicher	347
	6.5.3	Cookies à la Carte: Sessions	351
	6.5.4	Konfiguration der Sitzung mit GLOBAL.ASA	356
	6.5.5	Sessions intern	357
	6.5.6	Alternativen zu integrierten Sessions	358

Inhaltsverzeichnis

6.6	Applikationen (Application)	361
	6.6.1 Applikationen statt einzelner Skripte	361
	6.6.2 Das Applikations-Objekt	365
	6.6.3 Die Applikationsereignisse	368
6.7	Fehlerbehandlung in ASP	371
	6.7.1 Ausführliche Fehlerinformationen abfragen	371
	6.7.2 Umgang mit dem Fehlerskript	372
6.8	Server Side Includes (SSI)	373
	6.8.1 Übersicht SSI-Befehle	373
	6.8.2 Dateien einschließen	374

7 Spracherweiterungen 379

7.1	Laufzeitbibliothek und Skriptobjekte	379
	7.1.1 Objekt oder Komponente?	379
	7.1.2 Übersicht Objekte	380
7.2	Objekte Dictionary und Err	380
	7.2.1 Das Dictionary-Objekt	380
	7.2.2 Das Err-Objekt	382
7.3	Die Komponenten im Überblick	383
	7.3.1 Objekte der Komponenten erzeugen	383
	7.3.2 Übersicht Microsoft Web Components (MSMC)	385
7.4	Die Komponenten im Detail	386
	7.4.1 Rotierende Banner (Ad Rotator)	386
	7.4.2 Rotierender Werbetext (Content Rotator)	390
	7.4.3 Seitenzähler (Page Counter)	392
	7.4.4 Hitzähler (Counters)	393
	7.4.5 Auf Browser reagieren (Browser Capabilities)	395
	7.4.6 Die Inhaltsverbindungs-Komponente (Next Link)	401
	7.4.7 Zugriffstestkomponente (PermissionChecker)	405
	7.4.8 Werkzeuge (Tools)	407
	7.4.9 Info (MyInfo)	407
7.5	Dateien und Ordner (FileSystemObject)	409
	7.5.1 Dateien lesen und schreiben	410
	7.5.2 Mit Dateien arbeiten	415
	7.5.3 Mit Laufwerken und Ordnern arbeiten	420

8 Praxis – Alltagsprogramme 429

- 8.1 Übersicht 429
  - 8.1.1 Einfache Applikationen 429
  - 8.1.2 Übungen 429
- 8.2 Die Applikation Protokolldatei 430
  - 8.2.1 Funktionsübersicht 430
  - 8.2.2 Ein Protokoll erfassen 431
  - 8.2.3 Protokolle anzeigen 433
  - 8.2.4 Die Protokolle auswerten 438
  - 8.2.5 Übung 446
- 8.3 Die Applikation Server-Explorer 447
  - 8.3.1 Funktionsübersicht 447
  - 8.3.2 Die Skripte 447
  - 8.3.3 Übung 456
- 8.4 Die Applikation Gästebuch 456
  - 8.4.1 Funktionsübersicht 456
  - 8.4.2 Das Eingabeformular 456
  - 8.4.3 Den Eintrag erzeugen 458
  - 8.4.4 Das Gästebuch anzeigen 460
  - 8.4.5 Übung 462
- 8.5 Datei-Upload 462
  - 8.5.1 Grundlagen 462
  - 8.5.2 Aufbau der Applikation 463
  - 8.5.3 Die Skripte im Detail 464
  - 8.5.4 Diskussion 470
- 8.6 Die Applikation Umfrage 470
  - 8.6.1 Funktionsübersicht 471
  - 8.6.2 Die Struktur der Textdatenbank 471
  - 8.6.3 Die Skripte 478
  - 8.6.4 Übung 486

Teil III: Professionell programmieren 489

9 Arbeiten mit Datenbanken 491

- 9.1 Einführung in SQL 491
  - 9.1.1 Was ist SQL? 491
  - 9.1.2 Welche Programme werden verwendet? 492

	9.1.3	Was ist eine Datenbank?	492
	9.1.4	Die einfachen SQL-Befehle	495
	9.1.5	Mit SQL Berechnungen anstellen	502
	9.1.6	Berechnungen in Abfragen	503
9.2	SQL mit SQL Server lernen		508
	9.2.1	Umgang mit Indizes	508
	9.2.2	SQL-Programmierung	510
	9.2.3	Prozeduren und Trigger	514
9.3	SQL Server-Werkzeuge		519
	9.3.1	Der Query Analyzer im SQL Server 7	519
	9.3.2	Der SQL Server Enterprise Manager	523
9.4	SQL mit Access lernen		530
	9.4.1	Datenbankzugriff mit Access	530
	9.4.2	SQL in Access verwenden	531
	9.4.3	Die wichtigsten SQL-Anweisungen in Access	534
9.5	Universeller Zugriff mit ODBC		536
	9.5.1	Einführung in ODBC	536
	9.5.2	Einrichten einer ODBC-Quelle	537
9.6	ADO – das Datenbankobjekt		543
	9.6.1	Einführung in ADO	543
	9.6.2	Architektur	545
	9.6.3	Existierende Technologien	547
	9.6.4	OLEDB	548
	9.6.5	ADO-Funktionen	548
	9.6.6	Das ADO-Objektmodell	550
	9.6.7	Konstanten	552
9.7	Datenbankzugriff mit ADO		553
	9.7.1	Verbindungen	553
	9.7.2	Verbindungszeichenfolgen	553
	9.7.3	Datenlinkdatei	554
	9.7.4	DSN	555
9.8	Das ADO-Objektmodell		556
	9.8.1	Darstellungsformen	556
	9.8.2	Die Objektmodelle	556

10 ADO professionell programmieren 559

10.1 Eine kompakte Einführung 559
- 10.1.1 ADO auf einen Blick — 559
- 10.1.2 ADO verwenden — 560

10.2 Connection 562
- 10.2.1 Verbindungssteuerung in ASP nutzen — 562
- 10.2.2 Übersicht — 568
- 10.2.3 Methoden — 568
- 10.2.4 Eigenschaften — 581
- 10.2.5 Kollektionen — 588

10.3 RecordSet 588
- 10.3.1 Einführung — 588
- 10.3.2 Arbeiten mit dem Objekt Datensatz — 593
- 10.3.3 Übersicht RecordSet — 602
- 10.3.4 RecordSet-Methoden — 603
- 10.3.5 Eigenschaften — 626
- 10.3.6 Kollektionen — 643

10.4 Record 643
- 10.4.1 Einführung — 644
- 10.4.2 Übersicht Record — 644
- 10.4.3 Methoden — 645
- 10.4.4 Eigenschaften — 649

10.5 Command 651
- 10.5.1 Einführung — 652
- 10.5.2 Systematische Übersicht — 658
- 10.5.3 Methoden — 659
- 10.5.4 Eigenschaften — 662
- 10.5.5 Kollektionen — 665

10.6 Field 665
- 10.6.1 Einführung — 665
- 10.6.2 Übersicht über das Objekt Field — 666
- 10.6.3 Methoden — 667
- 10.6.4 Eigenschaften — 668
- 10.6.5 Kollektionen — 671

10.7 Property 671
- 10.7.1 Einführung — 671
- 10.7.2 Übersicht über das Objekt Property — 672
- 10.7.3 Eigenschaften — 672

10.8	Stream	676
	10.8.1 Einführung	676
	10.8.2 Übersicht	677
	10.8.3 Methoden	678
	10.8.4 Eigenschaften	684
10.9	Errors	687
	10.9.1 Einführung	687
	10.9.2 Übersicht über das Objekt Error	689
	10.9.3 Eigenschaften	690
10.10	Die Kollektionen der Objekte	691
	10.10.1 Fields	691
	10.10.2 Fields-Methoden	693
	10.10.3 Fields-Eigenschaften	696
	10.10.4 Properties	696
	10.10.5 Properties-Eigenschaften	697
	10.10.6 Errors	698
	10.10.7 Errors-Methoden	698
	10.10.8 Errors-Eigenschaften	698
	10.10.9 Parameters	699
	10.10.10 Parameters-Methoden	702
	10.10.11 Parameters-Eigenschaften	703
	10.10.12 Parameters-Kollektionen	706
10.11	Spezielle Techniken	709
	10.11.1 Einführung in Data Shaping	709
	10.11.2 Datenbankzeiger	726
	10.11.3 Betrachtungen zur Optimierung	739
10.12	ADO und XML	743
	10.12.1 Einführung in XML	743
	10.12.2 Praktische Anwendung	754
	10.12.3 XSL und ASP kombinieren	764

11 Erweiterung der Programmierung 767

11.1	Den Index Server programmieren	767
	11.1.1 Die Architektur des Index Servers	767
	11.1.2 Arbeitsweise des Index Servers	769
	11.1.3 Index Server und Active Server Pages	772
	11.1.4 Direkter Zugriff via SQL	775

11.2	Eigene Komponenten entwickeln	782
	11.2.1 Vorteile von ActiveX-Komponenten	782
	11.2.2 Mit VisualBasic 6.0 entwickeln	783
11.3	Windows Scripting Components (WSC)	787
	11.3.1 Grundlagen	787
	11.3.2 WSC im Detail	791
11.4	Skriptcodes schützen	793
	11.4.1 Das Prinzip – Windows Script Encoder	793
	11.4.2 Optionen des Script Encoders	795
11.5	Sicherheit für ASP-Umgebungen	795
	11.5.1 Warum der Server abgesichert werden muss	795
	11.5.2 Zugriffssicherheit	796
	11.5.3 Nutzerspezifische Sicherheitseinstellungen	805
	11.5.4 Allgemeine Sicherheitstipps	809
11.6	Verschlüsselte Datenübertragung	810
	11.6.1 Einrichtung des Zertifizierungsservers	810
	11.6.2 Grundlagen	811
	11.6.3 Eine Website mit dem IIS 5 absichern	816
	11.6.4 Ein Zertifikat von einer Zertifizierungsinstanz erwerben	820
11.7	Der Microsoft Transaction Server	825
	11.7.1 Wie funktionieren Transaktionen?	825
	11.7.2 Der Microsoft Transaction Server (MTS)	828
	11.7.3 Active Server Pages und Transaktionen	828
	11.7.4 MTS-Praxis	831
	11.7.5 Übung	850
	11.7.6 Anwendung	850
11.8	Der Message Queue Server (MQS)	851
	11.8.1 Was ist Nachrichtenübermittlung?	851
11.9	Internet-Mail-Anwendungen	855
	11.9.1 Standards und Protokolle	855
	11.9.2 Den SMTP-Dienst nutzen	856
	11.9.3 SMTP und ASP	856
	11.9.4 Die CDO-Hierarchie	860

12 Praktische ASP-Programmierung — 865

12.1 Intranet-Mailsystem — 865
    12.1.1 Dienste und Funktionen — 865
    12.1.2 Struktur der Skripte — 865
    12.1.3 Datenbankstruktur und Einbindung — 868
    12.1.4 Die Datenbank einrichten — 869
    12.1.5 Das Projekt in Visual InterDev 6.0 — 871
    12.1.6 Die Skripte im Detail — 874
    12.1.7 Übung — 901

12.2 Shopsystem — 901
    12.2.1 Vorstellung — 901
    12.2.2 Die Skripte im Detail — 905
    12.2.3 Weiterentwicklung und Übung — 929

Teil IV: Referenz VBScript und ADO — 931

A VBScript 5 — 933

A.1 Referenz VBScript — 933
    A.1.1 Datentypen — 933
    A.1.2 Mathematische Funktionen — 934
    A.1.3 Array- und Zeichenkettenfunktionen — 935
    A.1.4 Testfunktionen — 937
    A.1.5 Datums- und Zeitfunktionen — 938
    A.1.6 Formatierungsfunktionen — 941
    A.1.7 Funktionen zur Typumwandlung — 945
    A.1.8 Systemfunktionen — 947
    A.1.9 Konstanten — 948
    A.1.10 Operatoren — 953
    A.1.11 Anweisungen — 955

A.2 Objekte der Scripting-Laufzeitbibliothek — 963
    A.2.1 Dictionary — 963
    A.2.2 Err — 965
    A.2.3 RegExp und Match — 966
    A.2.4 Filesystemobject – Objekte und Kollektionen von Objekten — 968
    A.2.5 Methoden von FileSystemObject und abgeleiteter Objekte — 972
    A.2.6 Eigenschaften von FileSystemObject und Ableitungen — 980

	A.3	ASP-Objekte, Komponenten und Direktiven	984
		A.3.1 ASP-Objekte	984
		A.3.2 ActiveX-Komponenten	990
B	**Ergänzende Referenz zu ADO 2.6**		**995**
	B.1	Properties-Collection	995
	B.2	Schemata	1018
	B.3	ADO Datentypen	1044
	B.4	Numerische Werte der Konstanten	1045
	B.5	Fehlercodes in ADO und SQL	1067
		2.5.1 Native ADO-Fehlercodes	1067
		2.5.2 SQL-Fehlercodes	1073
C	**Referenz Server Side Includes und Direktiven**		**1079**
	C.1	@Direktiven	1079
	C.2	Includes	1080
	C.3	Servervariablen	1083
	C.4	ASP-Fehlercodes	1084
D	**An den Autor**		**1089**
	Stichwortverzeichnis		**1091**
		Erläuterungen zum Index	1091

Vorwort zur dritten Auflage

In der Welt der Skriptsprachen zur Programmierung dynamischer Webseiten hat sich Microsofts Active Server Pages-Technologie fest etabliert. Die problemlose Verfügbarkeit, leichte Erlernbarkeit und die fast unbegrenzten Möglichkeiten der Erweiterung sind wichtige Gründe für den Erfolg. Daran können auch neue Sprachen wie PHP und etablierte Konkurrenten wie Perl nichts ändern.

Mit der dritten Auflage zu ASP liegt nun ein umfangreiches und gereiftes Buch vor. Im Hinblick auf ASP.NET, dass ebenso verfügbar ist und die damit verbundenen Paradigmenwechsel in der Programmierwelt ist sicher eine Bemerkung zum Sinn dieses Projekts notwendig. ASP.NET wird ASP nicht einfach ersetzen oder stellt einfach einen Versionssprung dar. Es dient vor allem der Realisierung großer und größter Projekte und dem Aufbau kommerzieller Sites. Dies ist und war nie der Fokus von ASP. Beim klassischen ASP geht es um die Integration lokaler Ressourcen, Datenbanken und Office-Anwendungen sowie die schnelle Umsetzung kleinerer Sites. Dies wird auch in den kommenden Jahren so bleiben. Ebenso wie sich VBA in der Makrowelt der Office-Programme fest etabliert hat und nicht durch C# oder ein ausgewachsenes Visual Basic ersetzt wird, bleibt ASP mit der Standardsprache VBScript die erste Wahl im Intranet und für kleinere Sites.

Dieses Buch soll nun die bisherige Anlage, das Thema umfassend zu behandeln, noch weiter perfektionieren. Der Teil zur Datenbankprogrammierung ist drastisch gewachsen und behandelt ADO 2.6 vollständig. Aktualisiert wurde der Installationsteil, wo nun auch Windows XP berücksichtigt wird. Aktuelle Entwicklungen wie XHTML und XML finden Sie ebenso wie verbesserte Skripte.

Ich habe mich bemüht, das sprachliche Niveau und die technischen Beschreibungen so einfach wie möglich zu halten. Nahezu jeder Befehl wird anhand von Beispielprogrammen erklärt, sodass Sie alle Elemente der Sprache in einem praktischen Kontext wieder finden. Anhand größerer Projekte wird die Leistungsfähigkeit der Skriptumgebung aufgezeigt – aber auch ihre Grenzen. Die sprachliche Ausrichtung wird auch bei der Wahl der Begriffe deutlich. Wo immer es sinnvoll und hilfreich erschien, wurden deutsche Begriffe und Übersetzungen benutzt. Allerdings nicht mit Gewalt und um jeden Preis, so bleibt der Browser ein Browser (und wird nicht zum »Blätterer«). Programmiersprachliche Elemente wurden ebenso wenig übersetzt. Wenn es sinnvoll erschien, wurde die jeweilige Bedeutung in der anderen

Sprache hinzugefügt. Damit sollten auch die Leser, die keine oder nur geringe Englischkenntnisse haben, problemlos mit diesem Buch arbeiten können

Jörg Krause

Berlin, im Februar 2002

I

Grundlagen

1 Einführung

> Dieses Kapitel geht auf die Grundlagen ein, die beim Leser vorausgesetzt werden. Sie finden Hinweise über den Aufbau des Buches und die Verwendung der Symbole und Schriften. Weiterhin werden die Webtechnologien gezeigt, auf denen Webserver aufbauen.

1.1 Wie Sie dieses Buch lesen sollten

> Nutzen Sie die nachfolgende Übersicht, um so effektiv wie möglich mit dem Buch arbeiten zu können. Egal ob es sich um ein kleines Programm oder ein großes Projekt handelt, Sie werden die passende Lösung hier finden.

1.1.1 Wie dieses Buch aufgebaut ist

Es wird Ihnen aufgezeigt, wie dieses Buch strukturiert ist, für wen es sich eignet und warum.

Das Buch ist in vier Teile gegliedert, die ersten drei Teile bauen vom Wissensstand her aufeinander auf, d.h. Anfänger beginnen mit Teil I. Jeder Teil kann aber auch für sich gelesen werden. Wenn Sie die in den Überschriften des ersten Teils erwähnten Begriffe schon kennen, steigen Sie bei Teil II ein usw. Im vierten Teil finden Sie die Referenz und den Index. Die Referenz und der umfassende Index machen das Buch zu einem ständigen Begleiter bei der täglichen Arbeit.

TEIL I – Grundlagen

Einteilung des Buches

Sie erfahren, was ASP überhaupt ist, wie es installiert wird und wie es funktioniert. Das nötige HTML-Wissen einschließlich Cascading Style Sheets (CSS) wird vermittelt und Sie lernen, erste kleine Anwendungen zu schreiben.

TEIL II – Mit ASP aktiv programmieren

Die Komponenten für Webapplikationen werden erläutert. Ausführlich wird auf SQL-Datenbanken und deren Nutzung mit den ASP-Datenobjekten eingegangen und Sie lernen, entsprechende Programme zu schreiben.

TEIL III – Professionell programmieren

Dieser Teil wendet sich an Profis, die komplexe Applikationen entwickeln müssen. Den Schwerpunkt bildet die Datenbankprogrammierung mit ADO. Der Aufbau sicherer Applikationen mit Hilfe des Microsoft

Certificate Servers wird gezeigt. Vorgestellt werden auch der SMTP-Server und zwei größere Applikationen werden vorgestellt.

Teil IV – Referenz VBScript und ADO

In der ausführlichen Referenz finden Sie ein Nachschlagewerk für VBScript und ADO. Die Referenz ist nach Kategorien und innerhalb der Kategorien alphabetisch sortiert. Die Stichworte finden Sie am äußeren Rand in der Marginalspalte, sodass Sie auch beim schnellen Blättern sofort fündig werden.

Jedes Kapitel der ersten Ordnung widmet sich einem kompletten Thema, beispielsweise Datenbanken (Kapitel 9). Die Kapitel erster Ordnung werden durch das gesamte Buch gezählt, also auch über die Teile hinweg. Die Kapitel zweiter Ordnung beginnen immer mit einem grau unterlegten Textfeld, das in zwei oder drei Sätzen den Inhalt und das Lehrziel des Kapitels erklärt.

Zeichen und Symbole

Im Buch werden einheitlich bestimmte Zeichen und Symbole verwendet. Sie erleichtern die Orientierung und helfen bei der Suche nach Lösungen.

> Die Hand weist auf Besonderheiten und Zusatzinformationen hin, die für das besprochene Thema von Bedeutung sind. Dienen die Informationen der Ergänzung, ist der Text grau unterlegt.

> Ebenso sind graue Textfelder mit der warnenden Hand hervorgehoben. Damit wird auf mögliche Probleme hingewiesen. Dazu gehören Bugs in der Software sowie Warnungen bezüglich bestimmter Eigenschaften.

Am Ende der Praxisteile werden Übungen angeboten, die den Ausbau der vorgestellten Beispiele beinhalten. Solche Übungen erkennen Sie an der Hand mit dem Ball.

Wenn der Quelltext oder Quellcode, der besprochen wird, auf der CD zu finden ist, finden Sie rechts das CD-Symbol. Unterhalb des Symbols steht der Dateiname, wenn der Quelltext über mehrere Seiten zwischen den Erklärungen verteilt wurde, bei kompletten Listings steht der Dateiname als Unterschrift am Ende des Listings.

```
http://www.asp.comzept.de
```

Typografische Konventionen

Im Buch wird einheitlich eine bestimmte Formatierung verwendet. Namen von Objekten, Kommandos, Befehlen, Methoden oder Funktionen werden mit einer nicht proportionalen Schrift formatiert: `Request.QueryString`, `INSERT`, `Loop`. Diese Formatierung gilt auch für die Objekte, die als externe Namen mit eingebunden werden, beispielsweise `RecordSet`. Wenn der Name ins deutsche übertragen wurde, erfolgt keine besondere Kennzeichnung: Datensatzobjekt.

Bei der Erläuterung von Befehlen werden oft viele unterschiedliche Parameter beschrieben. In Aufzählungen werden die Parameter in nicht proportionaler Schrift geschrieben, wenn es sich um die einzusetzenden Worte handelt: `vtx`, `hdd`. Handelt es sich dagegen um Ersatzparameter, die im Quellcode durch einen realen Wert ersetzt werden müssen, werden sie kursiv und mit einem nicht proportionalen Font geschrieben: *time*, *date*.

Variablen und Konstanten, deren Namen willkürlich vergeben wurden und die nur in einem bestimmten Zusammenhang benutzt werden, sind kursiv gekennzeichnet: *zaehler*, *hits*, *counter*, *skip*. Sind Konstanten dagegen fest vergeben und entsprechen den Originalbezeichnungen von Microsoft, werden sie mit nicht proportionaler Schrift gekennzeichnet: `adOpenOptimistic`.

Dateinamen werden in Kapitälchen geschrieben, wenn sie im Text auftauchen: GLOBAL.ASA. In Abbildungsunterschriften oder unterhalb der Listings richtet sich die Formatierung nach der Art der Unterschrift. Bei Bezugnahmen auf andere Dateien, die nicht unmittelbar Gegenstand der Darstellung sind, werden auch Anführungszeichen benutzt: Weiter geht es mit »02_002.asp«.

Menüs, Dialogfelder, Auswahlfelder usw. werden durchgehend in Kapitälchen geschrieben, aufeinanderfolgende Aufrufe werden mit einem senkrechten Strich getrennt: DATEI | DRUCKEN.

1.1.2 Wo Sie die Lösungen finden

Lesen Sie in diesem Abschnitt, wie und wo Sie gezielt eine Problemlösung finden, ohne lange blättern oder hundert Seiten lesen zu müssen.

Lösungen mit Beispielquelltexten

> In jedem Kapitel werden die wichtigsten Befehle durch kurze Quelltextsequenzen erläutert. Alle mit dem CD-Zeichen gekennzeichneten Programme sind auf der CD in einer einsetzbaren Form zu finden. Die abgedruckten Quellen können manchmal gekürzt sein, um die Konzentration auf das Wesentliche zu ermöglichen. Zum Anschauen der Beispiele ist ein Browser notwendig, der Frames und JavaScript beherrscht.

Lösungen mit Musterapplikationen

Am Ende der Teile II und III finden Sie jeweils ein Praxis-Kapitel mit dem Titel, in dem Beispiele ausführlich vorgestellt werden. Vielleicht lösen diese Beispiele Ihr Problem schon. Auf der CD sind die vorgestellten Programme umfangreicher und *sofort einsetzbar*. Diese Beispiele sind Freeware (das gilt nicht für Demoprogramme anderer Hersteller auf der CD, hier sind die Lizenzinformationen zu beachten). Die Applikationen sind fast vollständige, einsetzbare Programme, die Sie leicht ausbauen und übernehmen können.

Die Programme des Autors sind Freeware, das heißt, mit dem Kauf des Buches können Sie den Quellcode uneingeschränkt nutzen und weitergeben. Befinden sich Copyright-Hinweise in den Quellen, dürfen diese nicht entfernt werden.

1.1.3 Die CD zum Buch

Die beiliegende CD enthält die Beispielprogramme aus dem Buch, die Musterapplikationen in einer optisch etwas verbesserten Form und einige Hilfs- und Dienstprogramme, die dem ASP-Programmierer bei seiner Arbeit helfen können.

Installation der CD

ASP-Programme benötigen eine serverseitige Unterstützung. Sie können deshalb die Programme auf der CD erst ausführen, wenn sie in einem Verzeichnis des Webservers liegen und dieser Webserver ASP-Skripte abarbeiten kann.

Voraussetzung für die Nutzung der Daten ist ein funktionierender Webserver mit installiertem ASP-Modul, so wie in Abschnitt 2.3 *Installation und Einrichtung* beschrieben. Für die Anzeige der Referenz genügt ein direkter Zugriff per Browser, ideal ist der Internet Explorer 6 oder mit leichten optischen Schwächen Netscape ab Version 4.7. JavaScript muss aktiviert sein.

Für die Beispiele muss außerdem ASP aktiviert sein. Unter Windows 2000 Server ist dies standardmäßig der Fall. NT 4 benötigt das Option Pack. Bei Windows 2000 Professional und Windows XP Professional kann die Nachinstallation von der System-CD erfolgen.

Dieser CD liegt *kein* automatisiertes Installationsprogramm bei. Sie müssen die Dateien kopieren und dann »von Hand« aktivieren. Die Einrichtung ist eine gute Übung, denn auf diese Weise werden Sie virtuelle Verzeichnisse für alle eigenen Projekte einrichten und freigeben.

Vorbereitung

Zuerst legen Sie ein Verzeichnis mit dem Namen »cd« unterhalb des Stammverzeichnisses des Webservers an, beispielsweise »c:\inetpub\wwwroot\cd« (wenn der Webserver im Standardverzeichnis auf Laufwerk C installiert wurde).

Kopieren Sie dann den gesamten Inhalt der CD in dieses Verzeichnis. Sie benötigen ca. 10 MB Speicherplatz.

Wie Sie dieses Buch lesen sollten

Schnellstart unter Windows 2000

Wechseln Sie in die Management-Konsole und erzeugen Sie ein neues virtuelles Verzeichnis, indem Sie mit der rechten Maustaste auf den Eintrag STANDARDWEBSITE klicken und dann NEU | VIRTUELLES VERZEICHNIS WÄHLEN.

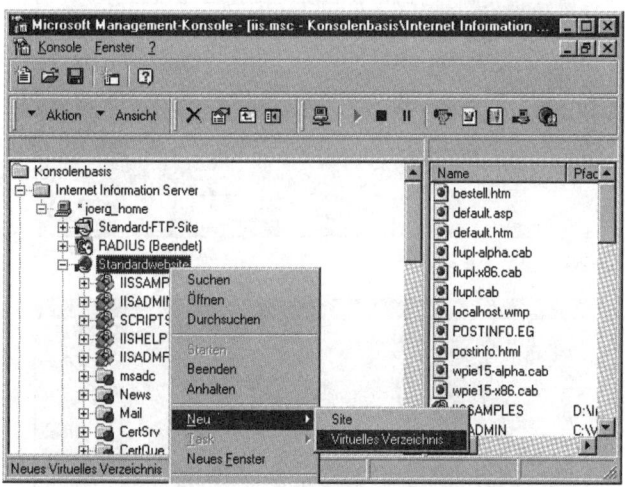

*Abbildung 1.1:
Ein neues virtuelles Verzeichnis in der Management-Konsole anlegen*

Im folgenden Dialog vergeben Sie dem virtuellen Verzeichnis einen Namen, sinnvoll ist »cd« (Abbildung 1.2).

*Abbildung 1.2:
Ein Alias-Name für das virtuelle Verzeichnis wird vergeben*

Klicken Sie nun auf WEITER. Im folgenden Dialog verknüpfen Sie das virtuelle Verzeichnis mit dem Pfad. Wenn Sie die CD richtig kopiert haben, ist der Pfad unterhalb »c:\inetpub\wwwroot\cd« (siehe Abbildung 1.3).

Kontrollieren Sie im folgenden Dialogfeld, ob die Ausführung von Skripten erlaubt ist (siehe Abbildung 1.4).

Klicken Sie auf FERTIGSTELLEN und kontrollieren Sie in der Management-Konsole, ob das virtuelle Verzeichnis angelegt wurde.

1 Einführung

*Abbildung 1.3:
Der Alias-Name
wird mit dem
physisch vorhande-
nen Pfad verknüpft*

*Abbildung 1.4:
Einstellen der nöti-
gen Zugriffsrechte
für die CD-
Programme*

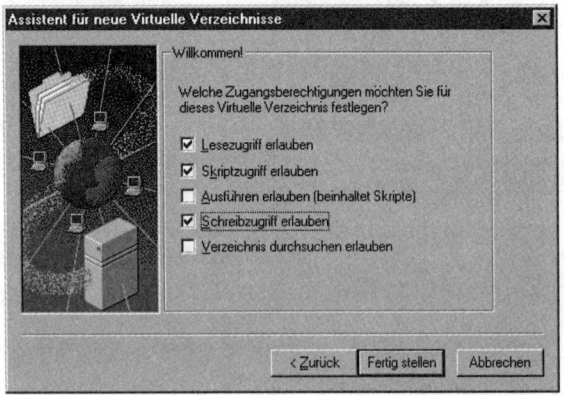

Programm starten

> Jetzt können Sie die Startdatei mit dem Browser aufrufen. Wenn Sie diese Installationsanleitung direkt von CD gestartet haben, wird in der Adresszeile des Browser beispielsweise »e:/install.htm« stehen.

Löschen Sie die gesamte Zeile und sprechen Sie nun den Webserver an:

`http://localhost`

Der Webserver sollte jetzt reagieren und das Standardbild des Internet Information Server erscheinen. Machen Sie erst weiter, wenn hier keine Fehlermeldungen mehr zu sehen sind. Jetzt arbeitet der Webserver und Sie können die Adresszeile ergänzen. Geben Sie die folgende Adresse ein:

`http://localhost/cd/start.htm`

Sie sollten daraufhin das Startbild der CD sehen.

Die Applikationen aktivieren

Wenn Sie nur die Applikationen aktivieren möchten, gehen Sie genauso wie beschrieben vor. Statt des Verzeichnisses *cd* legen Sie entsprechende Verzeichnisse an, die den Namen im Verzeichnis *applikat* auf der CD entsprechen. Erzeugen Sie dann für jede Applikation ein eigenes virtuelles Verzeichnis.

Achten Sie bei allen Applikationen darauf, dass die Ausführungsrechte SKRIPT und SCHREIBEN freigegeben wurden. Sie müssen außerdem im NTFS-Dateisystem dem anonymen Nutzer IUSR_MACHINE Zugriff auf das Verzeichnis erlauben. Windows 2000/NT/XP verwendet für die Zugriffsrechte nicht nur die Einstellungen im IIS, sondern auch die im NTFS. Gültig ist jeweils die restriktivere Einstellung. Wenn Sie Schreibrechte benötigen – alle Beispielapplikationen schreiben Daten zurück – müssen also entsprechende Einstellungen im NTFS vorgenommen werden. So gehen Sie vor:

▶ Stellen Sie zuerst die Schreibrechte im IIS ein. Aktivieren Sie das Kontrollkästchen SCHREIBEN in der Mitte des Dialogfensters EIGENSCHAFTEN.

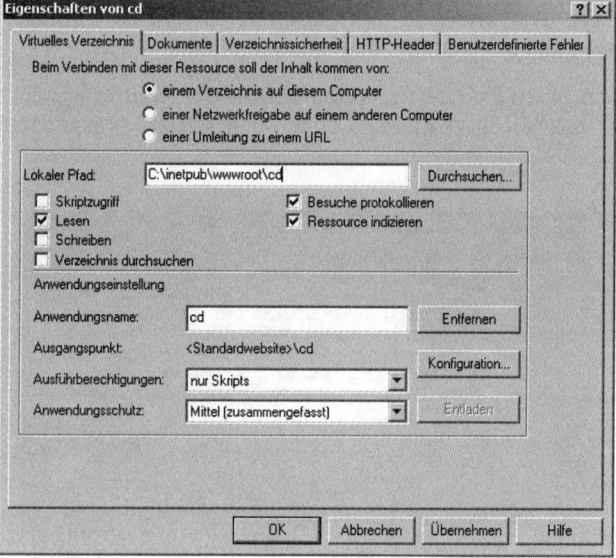

Abbildung 1.5: Die Einstellungen für virtuelle Verzeichnisse im IIS 5

Anschließend sichern Sie die Einstellungen und öffnen das Verzeichnis C:\INETPUB\WWWROOT\CD (oder wo immer Sie die CD installiert haben) und klicken mit der rechten Maustaste auf das Ordnersymbol. Wählen Sie den Eintrag EIGENSCHAFTEN, im folgenden Dialog die Schaltfläche SICHERHEITSEINSTELLUNG und dort den Schalter HINZUFÜGEN. Wählen aus der Liste SUCHEN IN den Computer, auf dem der IIS installiert ist. Dann suchen Sie in der Liste oben den Eintrag IUSR_MACHINE, wobei *Machine* der Name Ihres Computers ist. Schließen Sie den Dialog wieder. Sie gelangen zurück in die Einstellungen der Zugriffsrechte.

NTFS-Rechte unter Windows 2000/XP

1 Einführung

*Abbildung 1.6:
Hinzufügen des
Webservers-
Accounts zu den
NTFS-Rechten*

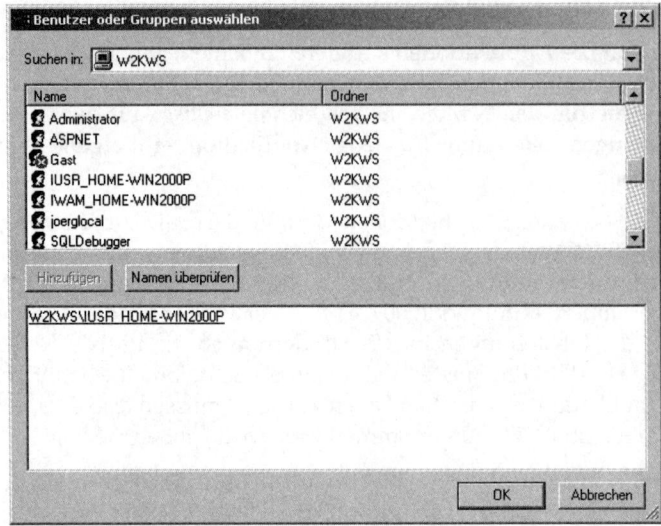

Im Block BERECHTIGUNGEN, SPALTE ZULASSEN wählen Sie VOLLZUGRIFF und dann ÜBERNEHMEN.

Klicken Sie nun auf ERWEITERT. Aktivieren Sie das Kontrollkästchen BERECHTIGUNGEN IN ALLEN UNTERGEORDNETEN OBJEKTEN ZURÜCKSETZEN und dann OK.

*Abbildung 1.7:
Die eingestellten
Rechte sollen auch
für alle Unterverzeichnisse gelten.
Aktivieren Sie dazu
das Kontrollkästchen Berechtigungen in allen
untergeordneten
Objekten... im
Dialog Erweitert.*

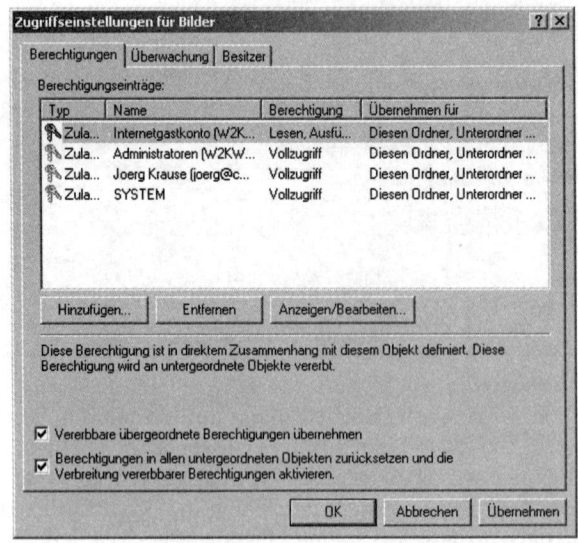

> Sicherheitshinweis: Die globalen Einstellungen der Schreibrechte sind für ein Entwicklungssystem der einfachste Weg, ohne Einschränkungen arbeiten zu können. Auf einem Webserver im Internet sollten Sie auf diese Weise immer nur bestimmte Verzeichnisse einzeln freigeben. Dazu gehört auch, die zu schreibenden Dateien getrennt von den Skripten und auch von den übrigen HTML-Dateien abzulegen.

Fehlersuche

Wenn der Webserver nicht funktioniert, prüfen Sie zuerst, ob in der Management-Konsole nicht (STOPPED) hinter dem Namen steht. Starten Sie das virtuelle Verzeichnis mit dem kleinen schwarzen Dreieck in der Symbolleiste. Eventuell muss vorher der WWW-Veröffentlichungsdienst gestartet werden. Sie können Dienste in der SYSTEMSTEUERUNG | DIENSTE starten oder beenden.

Wenn der Browser eine Fehlermeldung anzeigt, prüfen Sie:

- ob in der Adresszeile das Protokoll angegeben wurde (http:);
- der Dateiname angegeben wurde (start.htm);
- das Verzeichnis mit dem von Ihnen vergebenen Namen übereinstimmt (beispielsweise *cd*);
- die Ausführung von Skripten erlaubt ist (siehe oben) und *localhost* überhaupt reagiert.

HILFE !

Hilfe finden Sie beim Autor unter *http://www.joerg.krause.net* oder auf der Homepage zum Buch *http://www.asp.comzept.de* oder beim Verlag Addison-Wesley *http://www.addison-wesley.de*. Sie können sich auch per E-Mail an den Autor wenden, schreiben Sie an *joerg@krause.net*.

Viel Spaß und Erfolg bei Ihren ersten ASP-Programmen!

1.1.4 Die Struktur der CD

Die CD enthält neben verschiedenen Programmen und Testversionen, die für den ASP-Programmierer von Vorteil sein könnten, folgende Struktur:

1. Beispielprogramme
    - Alle Beispiele aus dem Buch, nach Kapiteln sortiert
    - Die Applikationen
    - Die Beispielprogramme
    - Die Komponenten

1 Einführung

2. Referenz
   - Die Referenz VBScript und SQL aus dem Buch in elektronischer Form
   - Zusätzlich die Referenz JScript und HTML 3.2, HTML 4 und CSS
3. Links
   - Links zu ASP-Seiten
   - Adressen der Mailinglisten
4. Anleitungen
   - Schnellanleitungen zur Einrichtung einer ODBC-Quelle

Jedes Beispiel ist mit dem Dateinamen und der Listingnummer gekennzeichnet:

```
html_table1.htm (Listing 4.1)
```

Die Beispiele aus den Praxiskapiteln sind in eigenen Verzeichnissen untergebracht.

1.2 Grundbegriffe

Lernen Sie die Begriffe kennen, die im Zusammenhang mit dem Internet immer wieder genannt werden. Die Kenntnis der zu Grunde liegenden Technik hilft, Probleme bei der Programmierung zu erkennen und die Reaktionen der Server zu verstehen.

1.2.1 Aufbau des Internets

Für Anfänger, die bisher nur Nutzer des Internet waren und sich wenig Gedanken über die Hintergründe gemacht haben, ist dieser Einstieg gedacht.

Kurzbeschreibung

Was ist das Internet und wie ist es aufgebaut?

Das Internet ist keine fassbare Einheit, die mit ein paar Worten vollständig zu beschreiben wäre. Ich will an dieser Stelle eine kurze Erklärung versuchen, die das Internet und seine grundsätzlichen Funktionalitäten verständlich machen sollen.

Das Internet gehört niemandem und wird von niemandem kontrolliert. Als Internet wird die Einheit aller Personen, Firmen und Organisationen verstanden, die sich unter Einhaltung bestimmter Standards und Normen im Netz zusammenschließen. Das können auf der einen Seite Informationsanbieter (die Server) sein, auf der anderen Seite gehören auch alle Informationsnutzer (die Surfer) dazu. Alle sind durch Datenleitungen miteinander verbunden. Für den privaten und kleineren gewerblichen Teilnehmer bestehen diese Datenleitungen aus normalen Telefonleitungen, die bei Telekommunikati-

Grundbegriffe

onsfirmen gemietet werden. Die Struktur des Internets bilden so genannte Provider (Verteiler), die Knoten bereitstellen, an denen die Datenströme gesammelt und neu verteilt werden. Physisch sind diese Knoten die Punkte, an denen sich die Nutzer mit Modem oder ISDN-Karte einwählen und dann von den Computern (Gateways, Router) des Providers mit den anderen Leitungen des Internets verbunden werden. Provider, die solche Einwahlpunkte betreiben, werden auch PoPs (vom englischen Point of Presence; etwa: Punkt, an dem das Internet präsent ist) genannt. Manche Provider haben viele selbstständige PoPs, betreiben selbst aber nur die Hauptleitungen (Teile des Backbone). Man unterscheidet in echte Serviceprovider, die solche Leitungen nur mieten und darauf ausschließlich Datendienste betreiben, und so genannte Carrier, die selbst Überlandleitungen verlegen und jedermann Dienste – Sprache und Daten – vermieten. Zwischen allen Städten der Welt existieren Dutzende von privaten oder staatlich kontrollierten Leitungen. Damit können die Daten auch auf verschiedenen Wegen durch die Welt fließen. Das Internet ist deshalb nicht unbedingt schnell, aber außerordentlich sicher. Auch ein totaler Schnitt durch alle Leitungen einer Zone würde den Informationsfluss nicht zum Stillstand bringen; die Daten gehen dann eben längere Wege, aber sie erreichen sicher ihr Ziel.

Jeder einzelne Computernutzer kann aktiver Bestandteil des Internets werden, indem er einen Server betreibt, den alle anderen Teilnehmer erreichen können. Die einzige gemeinsame Basis ist die Verwendung bestimmter Standards. Für das Netzwerk ist dies TCP/IP als Protokoll und für die Informationsinhalte sind es HTTP (WorldWideWeb), FTP (Dateitransfer), NNTP (News) und SMTP (E-Mail).

Jedermann kann dann behaupten: »Ich bin das Internet« (oder wenigstens ein kleiner Teil davon). Wenn Sie zurzeit einen Server installieren, sind Sie ungefähr ein 10millionstel des Internets, denn so viele Server gibt es mittlerweile.

Sie müssen nicht einmal einen eigenen Server betreiben, Sie können auch Speicherplatz bei einem anderen Server für Ihre Seiten mieten. Das nennt man dann Webspace. Diese Lösung ist zwar nicht sonderlich flexibel, aber recht billig. Allerdings sind die in diesem Buch gezeigten Techniken mit starken Eingriffen in die Maschine verbunden. Deshalb empfehle ich dringend, einen eigenen Server anzuschaffen.

Was ist das World Wide Web (WWW)?

Das WWW ist der Multimediadienst des Internets. Im WWW werden HTML-Seiten platziert, die aus Text, Bildern, Animationen, Video- und Soundsequenzen etc. bestehen können. Ein großer Vorteil des WWW ist, dass auf andere, weiterführende Dokumente über so genannte Hyperlinks (Verweise) bequem zugegriffen werden kann. Das WWW ist der Dienst des Internets, der eigentlich gemeint ist, wenn Sie in den Medien auf den Begriff Internet stoßen. Das WWW ist zwar nur ein Teilbereich des Internets, jedoch wohl derjenige mit der höchsten Expansionsrate.

Was ist das WWW und was unterscheidet es vom Internet?

1 Einführung

HTML HTML ist die Beschreibungssprache, mit der die Dokumente kodiert werden. Der Name Hypertext Markup Language deutet auf den ursprünglichen Zweck hin: die Einbettung von Verknüpfungen zu weiterführenden Informationen. So ist das WWW weltweit in vielfältiger Weise untereinander verknüpft und verflochten.

Was ist Telnet?

Was ist und wozu dient Telnet? Telnet (oder auch *Virtual Terminal Protocol*, VTP) ist der Dinosaurier des Internets. Mit Telnet können Sie von Ihrem Computer über das Internet auf einen anderen Computer zugreifen. Sie können – wenn Sie die entsprechenden Rechte haben – über das Internet auf einem entfernten Rechner arbeiten und die entsprechenden Ressourcen (zum Beispiel Drucker) nutzen, als würden Sie direkt an jenem Rechner sitzen.

Was ist FTP?

Was ist und wozu dient FTP? Das File Transfer Protocol (FTP) ermöglicht Ihnen den Zugriff auf bestimmte Dateien innerhalb des Internets. Sie können mit dem FTP Daten von einem entfernten auf Ihren eigenen Computer herunterladen, aber auch von Ihrem Computer Daten auf einen anderen Computer übertragen. Das FTP ist eine Art Datei-Kopiermöglichkeit. FTP-Serveradressen beginnen mit »ftp:«.

Was ist E-Mail?

Was ist und wozu dient E-Mail? Electronic-Mail (bzw. E-Mail; laut Duden ist E-Mail die korrekte Schreibweise, eMail oder Email sind nicht richtig, obwohl man es oft liest) ist die elektronische Post, die von einem Computer zu einem anderen, von einem Nutzer zu einem anderen verschickt wird. Wenn Sie einen Internetzugang besitzen, haben Sie in der Regel auch eine oder mehrere E-Mail-Adressen. E-Mail bietet im Gegensatz zur »traditionellen Post« gleich mehrere Vorteile: E-Mail ist wesentlich schneller. In der Regel erhalten Sie eine E-Mail bereits wenige Augenblicke, nachdem sie abgeschickt wurde (vorausgesetzt Sie schauen auch in Ihr »Postfach«), und zwar egal, von wo aus sie abgeschickt wurde (ob New York, Tokio, Berlin oder Buxtehude). E-Mail ist geografisch unabhängig. Nehmen wir an, Sie befinden sich auf einer Geschäftsreise. Ihre Sekretärin hat wichtige Post für Sie. Normalerweise würde Ihre Mitarbeiterin versuchen, die Telefaxnummer Ihres Hotels herauszubekommen und Ihnen die Post per Fax zukommen zu lassen oder Sie telefonisch zu informieren. Wenn Sie E-Mail haben, müssen Sie einfach nur in Ihr »Postfach« schauen, ob eine neue Nachricht vorliegt.

Was ist IRC (Online-Chat)?

Was ist und wozu dient IRC? Das InternetRelayChat (IRC) ist wie E-Mail ein Onlinedienst. Im Gegensatz zur E-Mail, bei der Sie von einem Nutzer Post bekommen und ihm dann gegebenenfalls Post zurücksenden, können Sie beim IRC direkt mit anderen Internetteilnehmern konferieren. Dabei ist es unerheblich, wo sich die Teilnehmer gerade aufhalten, ob sie sich im Nebenzimmer oder aber tausend Kilometer weit entfernt befinden. Jede Eingabe Ihrer Tastatur wird sofort an

Grundbegriffe

Ihre(n) Gesprächspartner übertragen und umgekehrt. So können Sie sich sofort und unmittelbar mit anderen Teilnehmern zu bestimmten Themen austauschen.

Was sind Newsgroups (Usenet)?

Newsgroups sind eine Mischung aus E-Mail und IRC. Hier wird öffentlich mit mehreren Teilnehmern weltweit diskutiert. Die Newsgroups sind mit einem schwarzen Brett vergleichbar. Jemand trägt zu einem bestimmten Thema einen Wortbeitrag bei, die in der entsprechenden Newsgroup veröffentlicht wird. Alle anderen Teilnehmer können dann auf den entsprechenden Beitrag antworten bzw. eigene Beiträge leisten. Newsgroups gibt es zu den verschiedensten Themenbereichen. Vermutlich existieren weltweit einige hunderttausend Newsgroups. Große Newsserver liefern 30.000 bis 50.000 Newsgroups.

Was sind und wozu dienen Newsgroups?

Was ist WAIS?

Eine *Wide Area Information System*-Datenbank (WAIS-Datenbank) ist ein durchsuchbares Dokument. Hierfür gibt es eine definierte Abfragesprache. Das Ergebnis bzw. die Trefferliste, die von einem WAIS-Server zurückgegeben wird, ist ein Hypertext-Dokument mit Links auf die gefundenen Dokumente.

Was ist und wozu dient WAIS?

1.2.2 Intranet und Extranet

Das ASP wegen der Installationsbasis Windows-Server seine Domäne im Intranet hat, sind diese Begriffe wichtig.

Intranet

Das große Schlagwort der letzten Jahre lautet »Intranet«. Auch ASP bietet eine gute Möglichkeit, ein Intranet kräftig »aufzupeppen«.

Modewort oder wichtige Begriff? Hier wird das Internet und Extranet erklärt.

Das Intranet ist ein firmeninternes Netzwerk, das Standards (Protokolle, Normen), Techniken (Gateways, Router), Infrastrukturen (Leitungen, Provider) und Angebote (fremde Server) des Internets nutzt, um firmeninterne Informationen zu verteilen. Der große Vorteil ist die Nutzung einer preiswerten und allgegenwärtigen Infrastruktur. Durch die Nutzung der Standards stehen mehr Fachleute und preiswertere Softwarelösungen zur Verfügung. Die Inhalte eines Intranets sind im Internet normalerweise nicht sichtbar. Wenn Sie versuchen, einen Intranetserver einer Firma anzusprechen, dann werden Sie abgewiesen. Der Computer, der für diese Abweisung zuständig ist, wird Firewall genannt.

Extranet

Ein Extranet ist ein geschlossenes Netz zwischen verschiedenen Firmen unter Nutzung des Internets. So können ein Hersteller und seine Vertrags-

1 Einführung

händler in einem Extranet miteinander verbunden sein. Alle Teilnehmer an einem Extranet nutzen lokale Internetprovider für die nötigen Dienste.

Intranet und Extranet sind logische Einheiten und Komponenten, die das Internet nutzen.

1.2.3 Normen und Protokolle

Auf die Protokolle HTTP und FTP wird immer wieder Bezug genommen.

Die wichtigsten Protokolle, die im Zusammenhang mit der ASP-Programmierung auftreten, sind das *Hypertext Transfer Protocol* (HTTP) und das *File Transfer Protocol* (FTP). Für die Arbeit mit ASP wird überwiegend HTTP genutzt.

Das Protokoll HTTP

Wie HTTP intern arbeitet

»Wie arbeitet das Web eigentlich wirklich?« Die Antwort auf diese Frage könnte lauten: »Mit HTTP.« Der normale Weg, sich im WWW zu bewegen, beginnt mit der Eingabe einer Adresse im Browser. Anschließend erscheint, mit einer mehr oder minder langen Verzögerung, die gewünschte Seite. Manchmal, wenn Sie sich vertippt haben oder die Adresse sich geändert hat, erscheint auch eine Fehlermeldung. Was aber passiert im Hintergrund wirklich?

Es lässt sich leicht überprüfen, dass Ihre Anfrage über HTTP abgewickelt wird. Am Beginn der Adresszeile hat der Browser *http://* eingefügt, wenn Sie es nicht ohnehin selbst eingegeben haben. HTTP ist eine Vorschrift, die den Austausch von Nachrichten zwischen einem Webserver und einem Browser beschreibt. Alle Daten zwischen den beiden Endpunkten werden im ASCII-Code übertragen. Theoretisch kann man den Datenstrom also mitlesen und protokollieren. In der Praxis sorgt der Webserver aber selbst dafür, dass die wesentlichsten Passagen gespeichert werden.

> Es gibt derzeit zwei Versionen von HTTP. Alle neueren Browser ab Version 4 und der IIS ab Version 4 beherrschen die Version 1.1, die einige Fortschritte in Bezug auf die Übertragungseffizienz bietet. Ältere Server und Browser arbeiten mit Version 1.0.

Wenn Sie die Adresse eingegeben und mit ⏎ bestätigt haben, sendet der Browser eine Anforderung (engl. request) an den Server. Dieser bestätigt die Anforderung sofort mit einer Antwort (engl. response). Damit ist der Prozess zunächst einmal beendet. HTTP ist ein so genanntes *Request- und Response-Protokoll*. Die Bezeichnung »verbindungsloses Protokoll« ist ebenfalls üblich, denn nach einem solchen Austausch ist der Datenstrom komplett unterbrochen. Der Aufbau der Anforderung und der Antwort sind genormt.

Wenn Sie in der Adresszeile des Browsers *www.joerg.krause.net/default.htm* eingegeben haben, lautet eine typische Anforderung beispielsweise:

Grundbegriffe

```
GET /default.htm HTTP/1.1
Host: www.joerg.krause.net
```

Die erste Zeile der Anforderung enthält den ausgelösten Befehl (GET) sowie die gewünschte Datei und das benutzte Protokoll mit Versionsnummer (falls erforderlich). Die zweite Zeile, der *Header*, gibt an, auf welchen Host sich die Anfrage bezieht. Die Hostinformation dient TCP/IP zur Ermittlung der IP-Nummer, mit der dann der physische Kontakt zwischen den beiden Maschinen hergestellt wird.

> Die IP-Nummer zu einem Host wird durch Anfrage an einen Nameserver ermittelt. Der Nameserver verwaltet eine Tabelle mit Domainnamen und zugeordneten IP-Nummern. Für Namen, die er selbst nicht kennt, kann er auf einen übergeordneten Nameserver verweisen.

HTTP kennt unter anderem die Befehle GET, POST, HEAD, OPTIONS, DELETE, TRACE, PUT. Normalerweise werden beim Surfen im Web nur die Befehle GET (Anforderung einer Datei) und POST (Übertragung von Formulardaten) benutzt.

Die *Header*-Zeile kann mehrfach erscheinen und enthält Informationen über den Absender oder den Inhalt der Nachricht. Einige ASP-Objekte kennen Zugriffsmethoden auf diese Informationen. Wie das funktioniert, wird in Kapitel 6 erläutert.

Nach dem *Header* beginnt der *Body* der Nachricht. Es ist keine Bedingung, dass sich Daten anschließen müssen. Wenn der Befehl POST lautet, stehen die Daten aus dem Formular im *Body*.

Die Antwort auf die Anforderung hat einen ähnlichen Aufbau. Auch der Webserver reagiert mit einer Nachricht, die aus *Header* und *Body* besteht. Die erste Zeile ist immer eine Statuszeile, der sich verschiedene *Header*-Zeilen anschließen. Zuletzt folgt der Inhalt der Nachricht, beispielsweise die angeforderte Webseite. Wenn der Webserver auf die GET-Anforderung antworten kann, wird zuerst

```
200 OK
```

zurückgegeben. Diese Meldung ist sehr kurz. Aber der Browser weiß nun, dass die Datei bereitliegt; er wird die Übertragung beim Server auslösen. Wenn ein Fehler aufgetreten ist, wird er die folgende Meldung anzeigen:

```
404 Object Not Found
```

In diesem Fall wurde die Datei vom Webserver nicht gefunden. Damit kommen wir, wenn wir im Web surfen, schon nicht mehr weiter. Obwohl die Antworten weitestgehend genormt sind, können Webserver auch »persönliche« Meldungen abgeben. Der IIS erlaubt es sogar, für jede virtuelle Domain eigene Meldungen zu erzeugen. Sie können also dem potenziellen Nutzer eine etwas elegantere Information zukommen lassen.

1 Einführung

Das Protokoll FTP

Wie FTP intern arbeitet

Mit dem *File Transfer Protocol* (FTP) werden Dateien übertragen. Der IIS kann den FTP-Dienst bereitstellen, sodass Nutzer Dateien auf den Server laden und von dort Dateien beziehen können. Auch FTP verwendet ASCII-Befehle, die zum Abgleich und zur Meldung dienen.

FTP spielt für unsere Zwecke keine besondere Rolle, da alle Anwendungen, auch solche die Daten zum Server übertragen, HTTP benutzen. Nur in wenigen Fällen kommen Sie mit FTP in Berührung. Deshalb bieten einige Webseiten einen so genannten anonymen FTP-Zugang, meist um Shareware oder Freeware zum Herunterladen anzubieten. Jeder Browser kann diesen anonymen FTP-Zugang erkennen und erlaubt das Lesen der Verzeichnisse auf diesen Servern.

Ähnlich wie bei HTTP werden auch per FTP Befehle oder Daten zum Server übertragen und Meldungen oder Daten empfangen. Es gibt viele benutzerfreundliche FTP-Programme, mit denen auf die FTP-Dienste eines Servers zugegriffen werden kann. Der IIS unterstützt in allen Versionen FTP in vollem Umfang. Sie benötigen FTP auf einem eigenen Server möglicherweise zum hochladen von Dateien oder zur Einsicht in Verzeichnisse. Das ist immer dann sinnvoll, wenn aus Sicherheitsgründen die Funktion VERZEICHNIS DURCHSUCHEN ERLAUBT gesperrt wurde.

Die Protokolle SMTP, POP3 und IMAP4

Wie SMTP und POP3 intern arbeiten.

Einige Komponenten, die für ASP von Drittherstellern angeboten werden, greifen auf einen installierten E-Mail-Dienst zurück. Wenn ein SMTP-Dienst auf dem benutzten Server installiert ist, besteht die Möglichkeit, direkt aus einem ASP-Skript E-Mails zu versenden, ohne den Browser bemühen zu müssen. Dazu muss ein Mail-Programm wie Microsoft Exchange oder NT Mail vorhanden sein; ein Browser mit einem installierten E-Mail-Client reicht dafür nicht aus. Der SMTP-Dienst, der Bestandteil der Serverversion des Option Pack und des Windows 2000 Servers oder Advanced Servers ist, kann mit ASP-Unterstützung diese Aufgabe übernehmen.

SMTP

SMTP ist ein vergleichsweise altes Protokoll. Es stammt aus dem Jahre 1982 und wurde in der RFC 821 erstmals erwähnt. Die Historie ist die Ursache dafür, dass E-Mail heute mit Spam (UCE, *Unsolicited Commercial E-Mail*, deutsch etwa: unverlangte elektronische Werbepost und UBE; *Unsolicited Bulk E-Mail*, deutsch etwa: unverlangte elektronische Massenpost) kämpft. RFC 821 beschreibt, wie ein Mailserver arbeitet und Post weiterleitet. Weil 1982 die heutige kommerzielle Nutzung des Internets nicht vorhergesehen worden war, kennt SMTP keinerlei Schutzmechanismen gegen Spam. Jeder Mailserver ist nämlich verpflichtet, eingehende Post – egal wohin – weiterzuleiten. RFC 822 definiert den Inhalt einer E-Mail und fordert, dass der SMTP-Server sich um den Inhalt der Nachricht nicht kümmert. Was im Brief steht, ist schließlich für den Empfänger bestimmt und nicht für den Postboten.

Grundbegriffe

Das Protokoll zwischen zwei SMTP-Servern funktioniert ähnlich wie bei HTTP mit Befehlen im Klartext und Antwortcodes. Aussagekräftig ist ein Ausschnitt aus einem Mailprotokoll eines bestehenden Servers (Listing 1). Hierfür fand die modernere Variante ESMTP Verwendung. Die Verbindung wurde von »mail.comzept.de« eröffnet, der angesprochene Server »hermes.germany.net« reagiert mit Namen und Datum. Jetzt beginnt der eigentliche Protokollaustausch: EHLO *name* meldet den Mailserver bei seinem Partner an. Standard-SMTP verwendet HELO als Kommando. Anschließend folgen die Parameter mit dem Antwortcode 250 (bei SMTP nur die erste Zeile mit der Begrüßung). Der Absender teilt dann mit, von wem er Post erhalten hat und an wen er sie zu senden wünscht (MAIL FROM: und RCPT TO:). Sind beide Namen akzeptiert, fordert der Sender mit DATA zur Datenübertragung auf; der Empfänger signalisiert mit 354 seine Bereitschaft und erklärt die Funktionsweise. Sind alle Daten empfangen worden, wird die Übertragung mit 250 beendet und der Sender quittiert die Verbindung mit QUIT.

```
--> 220 hermes.germany.net ESMTP Sendmail 8.8.8/8.8.8; Thu, 11 Jun
1998 21:10:59 GMT
<-- EHLO mail.comzept.de
--> 250-hermes.germany.net Hello [195.170.99.48], pleased to meet you
--> 250-EXPN
--> 250-VERB
--> 250-8BITMIME
--> 250-SIZE 50000000
--> 250-DSN
--> 250-ONEX
--> 250-ETRN
--> 250-XUSR
--> 250 HELP
<-- MAIL FROM:<haide.fk@berlin-shop.de>
--> 250 <haide.fk@berlin-shop.de>... Sender ok
<-- RCPT TO:<100.169729@germany.net>
--> 250 <100.169729@germany.net>... Recipient ok
<-- DATA
--> 354 Enter mail, end with "." on a line by itself
... hier werden die Daten eingebaut
--> 250 VAA13859 Message accepted for delivery
<-- QUIT
--> 221 hermes.germany.net closing connection
<-- 221 hermes.germany.net closing connection
*** Connection closed
```

Listing 1.1: Ausschnitt aus einem E-Mail-Protokoll eines SMTP-Servers

Die Übertragung der Daten zwischen Mailservern mit SMTP ist für die Auslieferung der E-Mail nicht ausreichend. Die Daten müssen noch vom Mailserver zum Computerterminal des Empfängers transportiert werden. Hierfür wird das Protokoll Post Office Protocol Version 3 (POP3) verwendet.

POP3

1 Einführung

POP3 stammt aus dem Jahre 1988 und wurde zuerst in RFC 1081 definiert. Die aktuelle Fassung stammt von Mai 1996 und ist in RFC 1939 beschrieben. Wie SMTP ist POP3 ein einfaches Klartextprotokoll. Mit einfachen Kommandos werden die Nutzer geprüft und die Daten übertragen. Im Gegensatz zu SMTP kennt POP3 wenigstens eine Sicherheitsüberprüfung mit Namen und Kennwort, sodass niemand fremde Postfächer abfragen kann. Besonders sicher ist es trotzdem nicht, denn alles – auch Namen und Kennwörter – wird im Klartext übertragen. Netzwerksniffer, die Datenströme »mitschneiden«, sind in der Lage, diese Kennwörter zu extrahieren und anzuzeigen. Listing 1.2 zeigt einen Protokollausschnitt einer POP3-Anfrage.

```
*** POP3-User 194.25.168.92 connect

--> USER krause
<-- +OK <krause>
--> PASS **********
<-- +OK
--> STAT
<-- +OK 4 20573
--> LIST
<-- +OK 4 20573
<-- 1 3603
<-- 2 6287
<-- 3 6039
<-- 4 4644
<-- .
--> RETR 1
--> RETR 2
--> RETR 3
--> RETR 4
--> DELE 1
<-- +OK
--> DELE 2
<-- +OK
--> DELE 3
<-- +OK
--> DELE 4
<-- +OK
--> QUIT
<-- +OK
```

Listing 1.2: Abfrage eines Postfaches durch einen POP3-Client

Die Funktionsweise ist denkbar einfach. Nach der Anmeldung stellt der Client mit dem Befehl USER den Mailnutzer vor. Der POP3-Server beantwortet jede Anfrage mit +OK, wenn die Ausführung des Befehls gelang. PASS übermittelt das Kennwort (engl. password). Die Sternchen erscheinen nur im Mailprotokoll, POP3 übermittelt an dieser Stelle tatsächlich die Daten im

Klartext. Mit STAT wird der Status des Postfachs übertragen. In dem in Listing 1.2 gezeigten Beispiel liegen vier Nachrichten vor, die insgesamt 20.573 Byte groß sind. LIST zeigt dann die Größe der Nachrichten einzeln an. RETR fordert die Übertragung an und mit DELE löscht der POP3-Client schließlich die Daten vom Server.

Sicherheitsbedenken sollte man bei dieser Art der Übertragung nicht haben. Es hilft auch nicht, die E-Mail selbst mit PGP – Pretty Good Privacy, ein bekanntes und weit verbreitetes Verschlüsselungsprogramm für E-Mail – zu verschlüsseln, denn Kennwort und Name gehen trotzdem im Klartext über das Netz. Der Empfänger kann, wenn er eine fremde E-Mail abruft, mit dem Inhalt zwar nichts anfangen, aber die Post ist vernichtet.

Vorsicht mit sensiblen Daten!

In RFC 1739 wurde eine Erweiterung definiert, welche das Problem der offenen Authentifizierung löst. Repräsentiert wird diese Erweiterung durch das Kommando AUTH. Fast alle E-Mail-Server unterstützen inzwischen diese Version. Dabei wird eine vorher vereinbarte Sequenz aus Fragen und Antworten ausgetauscht, um den Nutzer zu identifizieren. Nach dem Abschluss der Authentifizierung wird die POP3-Sequenz unverändert fortgesetzt.

Einen völlig anderen Ansatz verfolgt IMAP4, das neueste Mailprotokoll. Es ist in RFC 1730 definiert. Das AUTH-Kommando wurde hier zum ersten Mal erwähnt. IMAP4 verfolgt einen völlig anderen Ansatz als POP3, denn es geht davon aus, dass die Nutzer die Post auf dem Server belassen und nur einzelne Nachrichten zum Lesen auf den Client übertragen. Vorteile sind die zentrale Lagerung der E-Mails und die Zugriffsmöglichkeiten von verschiedenen Terminals aus – beispielsweise im Büro und zu Hause. Auch NCs, die keine Speicherplätze für die empfangene E-Mail bieten, profitieren von den Eigenschaften des Protokolls IMAP4. Die großen Provider bieten IMAP4 kaum an, denn einige MByte durch E-Mails sammeln sich schnell an, und bei Tausenden von Nutzern auf einem Server sind schnell Hunderte GByte erreicht. Das kann und will aber niemand bezahlen, zumal heute jeder PC genug Platz für die eigenen E-Mails bietet. Für den Gebrauch in einem Intranet ist IMAP4 aber durchaus sinnvoll.

IMAP4

Wenn Sie weitere Informationen benötigen, bietet sich die Lektüre der bereits genannten RFCs an. Sie sind durchweg in leicht verständlichem technischen Englisch geschrieben. Sie finden die RFCs an vielen Stellen im Internet. Eine gute Ausgangsbasis für die Suche ist *http://www.rfc-editor.org/*.

Weiterführend: Die RFCs

Wie funktioniert TCP/IP?

Das *Transmission Control Protocol / Internet Protocol* (TCP/IP) ist das Protokoll des Internets. Der folgende Exkurs ist nicht geeignet, mit TCP/IP administrativ umzugehen. Profis werden sofort eine arge Simplifizierung feststellen. Wer sich noch nicht mit TCP/IP beschäftigt hat, wird in Kurzform die wesentlichsten Merkmale und die Geschichte kennen lernen. Die Suche nach einem umfassenden Protokoll wurde 1969 vom *State Department of Defence* (DOD), amerikanisches Verteidigungsministerium, begonnen. Die Ziele waren:

Was ist und wie funktioniert TCP/IP?

1 Einführung

> *Allgemeingültigkeit*
> den Hersteller miteinander arbeiten.

> *Interoperabilität*
> Betriebssystem und Plattform dürfen keine Rolle spielen.

> *Robustheit*
> Das Protokoll sollte auch bei allen möglichen Störungen der Übertragungswege funktionieren.

> *Konfigurierbarkeit*
> Es sollte so einfach wie möglich konfiguriert werden können.

Geschichte

Die Entwicklung begann auf der Basis des 1968 gestarteten *DOD Advanced Research Project Agency* (DARPA), das später in ARPA umbenannt wurde und der Vorläufer des Internets ist. 1986 begann die Kommerzialisierung und die ARPA-Backbone wurde vom NSFnet (ein Projekt der *National Science Foundation*) ersetzt. Zu dieser Zeit war TCP/IP bereits das Standardprotokoll des Netzes. Die ersten offiziellen Definitionen stammen aus den frühen 80er Jahren; 1983 wurde TCP/IP Standard in den UNIX-Betriebssystemen BSD (*Berkley Standard Distribution*) und später von SUN und Digital.

IPng v6

Die aktuelle Version von TCP/IP ist Version 4 mit einer 32-Bit-Adresse. Damit ist die Zahl der zur Verfügung stehenden Adressen relativ begrenzt. Die neueste Entwicklung ist die Version IPv6, die eine 128-Bit-Adresse erlaubt und zumindest aus Sicht des Adressraumes für alle Zeiten die Vernetzung Gewähr leisten sollte. IPv6 hat sich nicht so schnell durchgesetzt, wie ursprünglich erwartet wurde, wohl auch, weil die Adressknappheit noch populistisch benutzt wird und keine tatsächlichen technischen Zwänge erzeugt. Experten rechnen heute damit, dass IPv6 erst in einigen Jahren für den Entwickler relevant wird.

Mit TCP/IP begann auch die Ära der schon im letzten Abschnitt erwähnten Requests of Comment (RFCs). In diesen Papieren werden fortlaufend technischen Entwicklungen beschrieben. Sie dienen als Koordinationspapier zwischen den weltweit verstreuten Forschungseinrichtungen.

Die Struktur eines TCP/IP-Netzwerkes und die Einteilung der Klassen

Jeder Punkt in einem TCP/IP-Netzwerk wird mit einer eindeutigen Adresse beschrieben: der IP-Adresse. Dies ist eine 32-Bit-Zahl, die den folgenden Aufbau hat:

62.208.3.6

Jeder Zahlenwert repräsentiert ein Byte; vier Bytes ergeben 32 Bits. Um ein Netzwerk zu beschreiben, werden mehrere solcher Ziffern benutzt. Es gibt drei Hauptklassen von Netzwerken: Class-A, Class-B und Class-C. Im Beispiel könnte sich ein Nutzer im Class-C-Netz 192.23.48 und dort an der Maschine 194 befinden. Dass es sich um ein Class-C-Netz handelt, können Sie der folgenden Tabelle entnehmen:

Grundbegriffe

Class	Start (Binär)	Ende (Binär)	Start (Dezimal)	Ende (Dezimal)	Start (Hex)	Ende (Hex)
A	0000.0001	0111.1111	1	127	1	7F
B	1000.0000	1011.1111	128	191	80	BF
C	1100.0000	1101.1111	192	223	C0	DF

Tab. 1.1: Einteilung der für bestimmte Teilnetze benutzten Wertebereiche

Die jeweils verbleibenden Ziffern der Teilnetze bestimmen, wie viele Maschinen darin adressiert werden können. Es gibt 127 Class-A-Netze, die jeweils 24 Bit (32 Bit abzüglich der ersten 8 Bit für die Class-A-Adresse) adressieren 2^{24}, das sind pro Netz 16.777.214 Adressen. Class-B-Adressen werden durch die ersten beiden Bits (10) definiert, es bleiben also 14 Bits für die Identifizierung. 2^{14} Bit sind 16.384 Teilnetze, jede Maschine im Netz kann mit 16 Bits adressiert werden, somit kann jedes Teilnetz $2^{16}-2$ = 65.534 Maschinen haben (Null ist als Adresse nicht erlaubt). Gleiches gilt für Class-C-Adressen.

Class	Start	Ende	Anzahl der Netze	Maschinen pro Netz
A	1	126	126	16.777.214
B	128	191	16.384	65.534
C	192	223	2.097.152	254

Tab. 1.2: Anzahl der gleichzeitig adressierbaren Maschinen pro Teilnetz

Die Adresse 127 ist als öffentliche Adresse nicht zulässig. Sie wird benutzt, um die eigene Maschine anzusprechen. 127.0.0.1 ist immer die Adresse des ersten eigenen Computers in einem TCP/IP-Netzwerk. Noch eine Besonderheit gibt es: Die Adresse 192.168.*.*, die ebenfalls nicht öffentlich in Gebrauch ist. Diese Adresse ist dafür reserviert, interne Netzwerke zu kreieren. Jeder Administrator, der heute ein lokales Netzwerk unter TCP/IP einrichtet, wird seine Computer mit einer der Adressen aus diesem Pool versorgen, beispielsweise mit 192.168.1.1. Die Verbindung zum Internet muss in diesem Fall ein Gateway herstellen, das über einen Network-Adress-Translation-Mechanismus (NAT) verfügt und die internen Adressen auf *eine* externe Adresse umsetzt.

Dienste in TCP/IP: Ports

Die Vielzahl verschiedener Dienste, die auf dem Transportprotokoll TCP/IP aufsetzen, müssen auf der Serverseite aufgelöst werden. Die Schnittstelle zwischen den Programmen, die Dienste bedienen, und der Hardware, welche die Verbindung zum Internet darstellt, ist unter Windows die so genannte TCP-Socket Winsock.

Ports oder Portnummern – die Dienstekennung unter TCP/IP.

Da der Computer möglicherweise nur über eine eindeutige IP-Nummer verfügt, darauf aber E-Mail-Dienste, WWW-Dienste und andere Programme ablaufen, muss ein Mechanismus zur Verfügung stehen, der gezielt diese

Dienste ansprechen kann. TCP stellt deshalb so genannte Portnummern zur Verfügung, die von 1 bis 65.536 reichen.

Tab. 1.3: Die wichtigsten fest vergebenen Portnummern

Dienst	Ports	Transportprotokoll
Echo (wird von PING benutzt)	7	TCP oder UDP
FTP, Datenkanal	20	TCP
FTP, Steuerkanal	21	TCP
Telnet (Consolenfernsteuerung)	23	TCP
SMTP (E-Mail-Serverprotokoll)	25	TCP
DNS (Domain Name Service)	53	TCP
TFTP (Trivial FTP)	69	TCP
Gopher	70	TCP
WWW (World Wide Web)	80	TCP
POP3 (Post Office Protocol)	110	TCP
NNTP (Network News)	119	TCP
SNMP (Simple Network Managament, Netzwerkgerätesteuerung)	161	UDP
SSL (https://, verschlüsselter Dienst)	443	TCP

Wenn Sie im Browser auf einen anderen Port zugreifen müssen, geben Sie die komplette URL wie gewohnt ein. Die Portnummer wird, mit einem Doppelpunkt eingeleitet, hinter der IP-Nummer oder dem Domainnamen geschrieben:

```
http://www.asp.comzept.de:80/index.html
```

Den im Beispiel genannten Port 80 für das WWW müssen Sie nicht angeben. Der Browser geht davon aus, dass Sie immer auf Port 80 zugreifen möchten, wenn nichts angegeben wurde.

Portscanner zeigen aktive Ports an. Viele Programme benutzen eigene Ports, um Verbindungen aufzubauen. Besonders Fernsteuerprogramme und browserbasierte Verwaltungstools weichen aus Sicherheitsgründen auf andere Ports aus. So generiert beispielsweise das Programm REMOTELY POSSIBLE, ein NT-Fernsteuertool, dynamisch Ports und benutzt bei jeder Verbindung einen per Zufallsgenerator gewählten Zugang.

Sie können in fast allen Fällen die verwendeten Portnummern auch für die Standarddienste ändern. Die in Tabelle 1.3 gezeigten Nummern sind die Vorschläge der Internet Assigned Numbers Authority (IANA).

In Abbildung 1.8 sehen Sie den *Ostrosoft Portscanner*, ein kleines Shareware-Werkzeug, dass auf einer angegebenen IP-Nummer die vorhandenen Ports abfragt und anzeigt. Die Funktion basiert auf der Arbeitsweise der Ports.

Entwicklungswerkzeuge

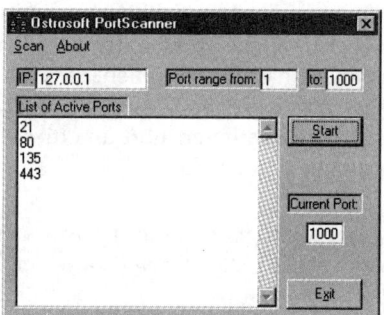

*Abbildung 1.8:
Portscanner auf einem Entwicklungssystem*

Nach dem Start des entsprechenden Dienstes werden alle zulässigen Ports passiv gestartet, hören also eingehende Datenströme ab. Ist auf einem Port ein Dienst aktiv, reagiert er auf die Abfrage.

Übrigens hat auch der Clientrechner, auf dem der Browser läuft, eine Winsock. Startet der Browser eine Anfrage, wird zuerst eine Portnummer generiert; über diesen Port läuft dann die Kommunikation. Diese internen Portnummern werden per Zufallsgenerator gewählt und anschließend dem Server mitgeteilt, damit dieser wiederum seine Daten richtig senden kann. Für die Programmierung ist das jedoch nur selten von Bedeutung.

1.3 Entwicklungswerkzeuge

> Für kleinere Applikationen und eine zügige Einarbeitung in ASP ist die Visual Studio-Umgebung und deren Bestandteil Visual InterDev nicht unbedingt die erste Wahl. Für die ersten Schritte genügt der Script Debugger, mit dem sich Programme eingeben und testen lassen.

1.3.1 Der Script Debugger

Der Script Debugger ist ein einfaches Werkzeug, um den Ablauf kleiner Skripte zu überwachen.

Installationsbedingungen

Im Allgemeinen darf der Script Debugger nicht installiert werden, wenn bereits Visual Studio 6 oder eines von dessen Komponenten wie Visual InterDev (VID) oder Visual J++ installiert ist. VID verfügt über einen eigenen Debugger, mit dem Sie Skripte testen können (siehe Abschnitt *Der Debugger*). Sie benötigen den Script Debugger nur, wenn Sie nicht planen, InterDev zu installieren.

Wo Sie den Script Debugger finden

Der Microsoft Script Debugger arbeitet mit dem Microsoft Internet Explorer 5 und dem Internet Information Server 4 oder 5 zusammen. Da der Script

1 Einführung

Debugger allgemein für verschiedene Skript-Hosts entwickelt wurde, prüft das Setup-Programm nicht, welche Version der installierten Produkte eingesetzt werden. Sie müssen deshalb sicherstellen, dass die korrekten Versionen dieser Produkte ausgeführt werden. Diese Voraussetzungen sind erfüllt, wenn Sie das Option Pack installieren und aus dieser Installationsroutine heraus den Script Debugger mitinstallieren.

Die Online-Hilfe ist nur verfügbar, wenn der Internet Explorer oder ein anderer Browser installiert ist. Alle Hilfedateien liegen im HTML-Format vor.

Editor

Der Editor ist sehr einfach und eignet sich nur bedingt zur Eingabe umfangreicher Quelltexte. Vorteilhaft ist die von Frontpage oder InterDev bekannte farbliche Kennzeichnung von Tags und Skriptbereichen. Dadurch werden Tippfehler und die meisten syntaktischen Fehler schon bei der Eingabe vermieden.

Dem Script Debugger fehlt die Funktion RÜCKGÄNGIG im Menü BEARBEITEN. Dadurch kann es sehr schwer sein, längere Texte effektiv einzugeben. Bedenken Sie das vor dem Einsatz!

Der Debugger

Auf dem Server debuggen

Zum Debuggen von Serveranwendungen, beispielsweise ASP-Skripten, wird eine Unterstützung durch die Programme benötigt, unter deren Regie die Skripte ablaufen. Daher ist es notwendig, das Debuggen explizit zu erlauben.

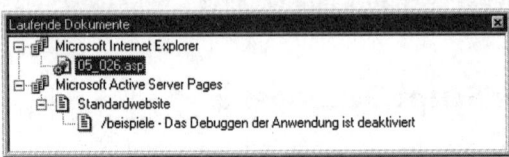

Abbildung 1.9: Wenn Sie ein Dokument debuggen und diese Meldung erscheint, dann aktivieren Sie das Debugging im IIS

Um das Debuggen zu erlauben, öffnen Sie die Managementkonsole und wählen Sie dann die Website an, deren Komponenten mit dem Debugger bearbeitet werden sollen. Klicken Sie mit der rechten Maustaste auf den Eintrag und dann im Kontextmenü auf EIGENSCHAFTEN. Wählen Sie nun die Registerkarte BASISVERZEICHNIS, dann den Schalter KONFIGURATION. Im folgenden Dialog wählen Sie die Registerkarte DEBUGGEN DER ANWENDUNG aus (siehe Abbildung 1.10).

Ist das Kontrollkästchen ASP-SERVERBASIERTES SKRIPT-DEBUGGEN aktiviert, speichern Sie die Konfiguration und starten dann die Anwendung neu. Der

Entwicklungswerkzeuge

Script Debugger kann nun parallel auf die Prozesse zugreifen. Haben Sie auf einem Entwicklungssystem, wovon wir hier ausgehen wollen, sowohl den Browser zur Anzeige als auch den Webserver installiert, sollte das in Abbildung 1.11 gezeigte Bild für ein Beispielprogramm zu sehen sein. Der obere Teil zeigt den erzeugten HTML-Code an, den der Explorer sieht, der untere Teil enthält das ursprüngliche Skript mit dem VBScript-Code. Ein Doppelklick auf den Dateinamen öffnet das Editorfenster des Script Debuggers im schreibgeschützten Modus.

Das Befehlsfenster

Es ist jederzeit möglich, die aktuell in Variablen oder Objekten gespeicherten Werte einzusehen und zu ändern. Sie können so auf direktem Weg die Bedingungen schaffen, unter denen ein Programm sich in bestimmter Weise verhalten soll. Wertvoll ist das vor allem bei komplexen Verzweigungen, deren einzelne Bedingungen nur selten eintreten.

Werte von Variablen zur Laufzeit abfragen

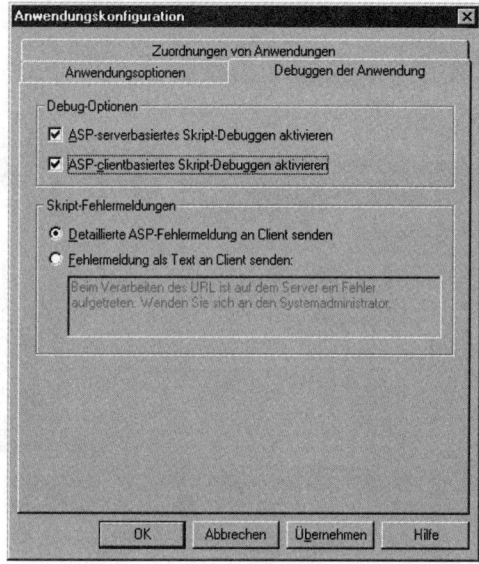

Abbildung 1.10: So aktivieren Sie das Skript-Debuggen in der Management-Konsole

Abbildung 1.11: Zugriff auf das Skript vor und nach der Lieferung an den Browser

Während der Programmausführung kann der Debugger nun die Kontrolle über das Dokument übernehmen. Sie können in jeder Zeile im Quellcode Haltepunkte setzen, an denen die Ausführung unterbrochen wird. Der Internet Explorer wartet so lange, bis die Ausführung im Debugger wieder

1 Einführung

explizit gestartet wird. Sie können diesen Zustand leicht erkennen: Der Mauszeiger führt eine kleine Sanduhr mit, wenn er sich über dem aktiven Fenster des Internet Explorers befindet.

Mit der Taste [F8] können Sie in Einzelschritten durch das Dokument wandern. Der gelbe Pfeil rückt dann von Anweisung zu Anweisung weiter. Werden dabei Daten an den Browser gesendet, erscheinen die Informationen dort einzeln. Voraussetzung ist allerdings, dass Sie die ASP-Engine angewiesen haben, Daten auch einzeln zu senden. Dazu fügen Sie am Beginn eines Skriptes diesen Befehl ein:

```
<% Response.Buffer = FALSE %>
```

Sie können dann den Debugger im Einzelschrittmodus ausführen und dabei sehen, wie die Seite im Browser entsteht. Ist die Pufferung aktiv, erscheint die komplette Seite erst zum Schluss.

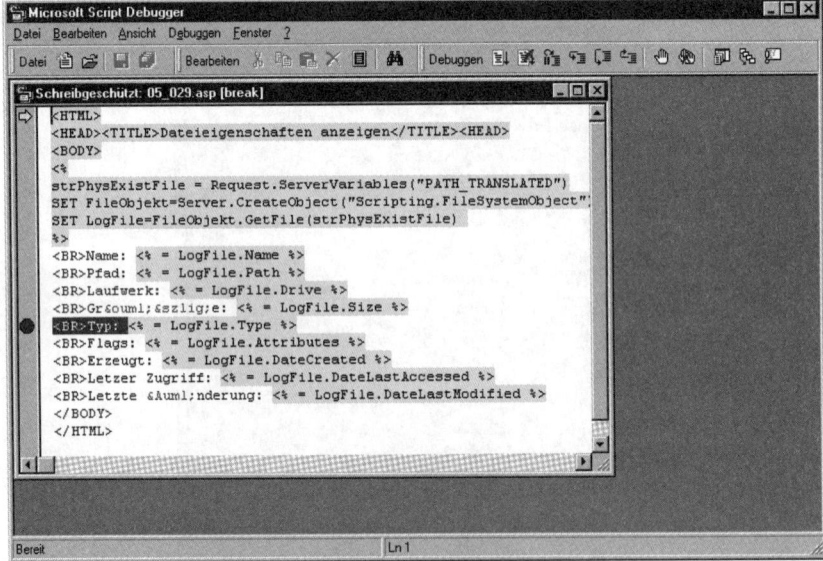

Abbildung 1.12: Aktuelle Position (Pfeil) in einem Skript und ein gesetzter Haltepunkt (Kreis)

Sie starten das Befehlsfenster mit ANSICHT | BEFEHLSFENSTER oder dem entsprechenden Icon in der Menüleiste. Zur Abfrage einer VBScript-Variablen geben Sie ein Fragezeichen ein. Möglich sind auch Abfragen von bestimmten Objekteigenschaften. Schließen Sie die Eingabe mit [↵] ab:

```
? Variable
? Objekt.Eigenschaft
```

Darunter erscheint dann der Variablenwert oder der Wert der Eigenschaft (siehe Abbildung 1.13). Auf eben diesem Weg sind auch Änderungen von Variablen möglich.

> Nimmt das Befehlsfenster keine Angaben an, ist die Ausführung des Skripts bereits beendet. Starten Sie das Skript im Browser erneut.

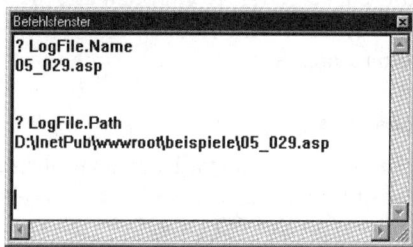

Abbildung 1.13: Abfrage von Variablenwerten und Objekteigenschaften im Befehlsfenster

Wie in Abbildung 1.14 zu sehen ist, können Sie auch neue Variablen definieren und benutzen (der DIM-Befehl ist optional).

Abbildung 1.14: Erzeugen einer neuen Variablen mit dem Script Debugger

Fehlermeldungen, die auf Vorgängen im Befehlsfenster basieren, werden ebenfalls dort ausgegeben. Schauen Sie sich die Meldung in Abbildung 1.15 an und versuchen Sie den Fehler zu finden!

Abbildung 1.15: Fehlermeldungen werden direkt im Befehlsfenster ausgegeben.

Mit diesen Mitteln ist schon ein relativ zügiges Debugging möglich, auch wenn gestandene Programmierer die Debug-Qualitäten belächeln mögen.

Denken Sie daran, dass Skriptsprachen ohnehin primitiv sind und nicht sehr viele Freiheitsgrade erlauben. Weitere Funktionen des Debuggers betreffen die Ausführung von Unterprogrammen (Prozeduren).

1.3.2 Visual InterDev 6.0

Visual InterDev (VID) ist ein komplettes Rapid-Development-Werkzeug (RAD), mit dem effektiv komplexe Programme und Websites erstellt werden können. VID und die zusätzlichen Komponenten, die zur Erstellung von Sound und Bildern benutzt werden, bauen auf ODBC-Datenquellen und den Frontpage-Erweiterungen auf.

Übersicht und Installation

Microsoft VID besteht aus einer Vielzahl von Komponenten, die eine komplette Umgebung zur Entwicklung von Webseiten ergeben. Zusammen mit einigen Zusatzprogrammen wird VID auch als Teil von Visual Studio vermarktet. Sie können damit Sounds entwickeln, Bilder bearbeiten, HTML-Seiten einschließlich CSS schreiben, Active Server Pages entwickeln, Datenbankanwendungen effektiv schreiben und entwerfen, ActiveX-Elemente programmieren und verwenden und sowohl client- als auch serverseitig einbauen. VID kann mit anderen Produkten wie Microsoft FrontPage verbunden werden, sodass auch in größeren Teams effektiv gearbeitet werden kann.

Was Sie benötigen

Wie Sie mit Visual InterDev effektiv arbeiten

Um komplexe Seiten effektiv zu entwickeln, sollten Sie etwas weiter gehen als bei den bisherigen Beispielen, bei denen davon ausgegangen wurde, dass alle Programme auf Windows 2000 Professional entwickelt wurden. Natürlich können Sie weiter alle Programme – auch mit VID – auf derselben Maschine entwickeln. In der letzten Phase – beim Testen der fertigen Applikation – empfiehlt sich folgende Konstellation:

- Eine Entwicklungsstation mit VID, möglichst Windows 2000 Professional, Microsoft Internet Explorer 5.

- Ein Webserver mit Microsoft Frontpage-Erweiterungen sowie Windows 2000 Server.

- Ein Datenbankserver mit Microsoft SQL Server 7 oder Access 2000 auf einer der beiden Maschinen oder eine zusätzliche Windows 2000 Professional. Für die Entwicklungsmaschine kann auch Access 2000 verwendet werden.

Wenn Sie in einem lokalen Netzwerk arbeiten, wird eine effektive Entwicklung im Team möglich sein. Wenn mehrere Personen auf den Server zugreifen, um dort an der Entwicklung teilzunehmen, können sie Frontpage oder VID benutzen. Frontpage beschränkt sich dabei auf die reine Entwicklung von Websites ohne Datenbanken, ist also eher für kleine Projekte geeignet.

Verwenden Sie verschiedene Browser zum Testen

Zum Thema Webbrowser noch ein paar grundlegende Hinweise. Sie benötigen zur Bedienung und zum Herunterladen verschiedener Komponenten unbedingt den Internet Explorer 6. Ohne diesen Browser funktionieren einige Seiten der Microsoft-Webs und einige HTML-basierte Werkzeuge

Entwicklungswerkzeuge

nicht. Zum Testen der fertigen Applikation ist es notwendig, dass Sie mit mehreren Browsern das Aussehen der Seiten kontrollieren. Sie sollten nach meiner Erfahrung mindest die folgenden drei Browser installieren und parallel betreiben:

- Internet Explorer Version 5 und 6,
- Netscape Communicator 4.7 und 6.1

Potenzielle Webnutzer werden relativ zügig die neueste Version ihres favorisierten Browsers installieren, aber nur sehr langsam oder überhaupt nicht die Hauptversion wechseln.

Visual InterDev 6.0 installieren

Bevor Sie VID 6.0 installieren, müssen Sie die neueste Version des Internet Explorers bereits installiert haben. Ist das nicht der Fall, erzwingt dies die Installationsroutine. Die Standardinstallationsroutine von VID gibt Ihnen die folgenden Optionen zur Auswahl:

- Einzelinstallation auf Windows 9x/Me.
- Einzelinstallation auf Windows-NT-Workstation (gilt entsprechend für Windows 2000 Professional bzw. XP Professional).
- Netzwerkinstallation auf im Netzwerk befindlichen Webservern.

Für die Entwicklung auf Windows 2000/XP Professional wählen Sie also die zweite Option. Sie können dann unter den folgenden drei Optionen auswählen:

- Installieren der Active Server Pages
- Installieren der FrontPage-Server-Erweiterungen
- Installieren des VID-Clients

Verfahren Sie in dieser Reihenfolge, wenn Sie ein neues System installieren. Wenn Sie den Personal Web Server oder den IIS 4 bereits installiert haben, können Sie die ASP-Installation auslassen. Wenn Sie Frontpage schon mit den Erweiterungen installiert haben, können Sie auch den zweiten Schritt auslassen. Andernfalls installieren Sie zuerst die Frontpage-Erweiterungen und danach den VID-Client.

Drei weitere Programme sind Bestandteil der VID-RAD-Umgebung. Diese können Sie mit dem Setup-Programm ebenfalls einzeln von der CD installieren:

- Microsoft Image Composer
- Microsoft Media Manager
- Microsoft Music Producer

1 Einführung

> Die hier vorgestellte Version Visual InterDev 6.0 installiert die Frontpage-Erweiterungen der Version Frontpage 98. Wenn Sie die FrontPage-2000/2002-Extensions bereits installiert haben, können Sie diese trotzdem verwenden.

Bevor Sie mit der Installation beginnen, müssen Sie alle laufenden Anwendungen beenden und die SQL-Serverdienste stoppen. Ein Neustart des Systems ist nicht erforderlich.

Die Installation selbst lässt verschiedene Auswahloptionen zu, die sich im Wesentlichen nur durch die zusätzliche Installation von Handbüchern und Beispieldateien unterscheiden. Die gesamte Installation benötigt etwa 50 MB Festplattenspeicher.

Die folgenden Abschnitte führen in die Arbeit mit VID ein und zeigen die zu Grunde liegende Architektur. In der Folge wird die komplette Struktur aus Seiten, Programmen, Datenbanken, Bildern, Sounds usw. als »Web« bezeichnet.

Ein neues Projekt erstellen

Wie Sie mit Visual InterDev arbeiten

Visual InterDev (VID) hat einen bestimmten Aufbau zur Verwaltung komplexer Projekte. Jedes Web, das Sie entwickeln, wird in VID als Projekt bezeichnet.

Wählen Sie DATEI | NEUES PROJEKT... aus, um ein neues Projekt anzulegen.

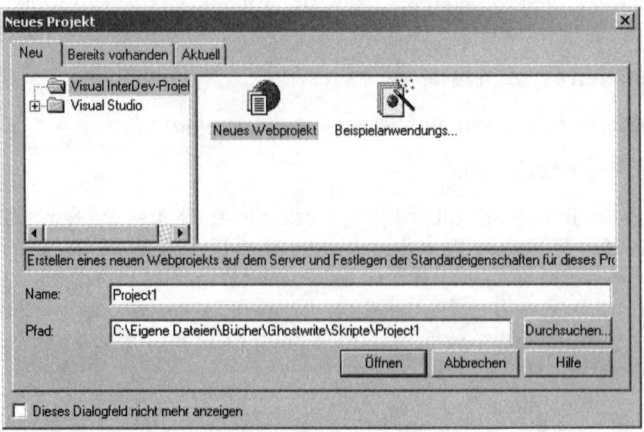

Abbildung 1.16: Starten Sie ein neues VID Projekt mit Datei | Neues Projekt....

Sie sehen rechts in der Abbildung die Option NEUES WEBPROJEKT. Sie können im unteren Teil des Dialogfeldes einen Namen vergeben, unter dem das Projekt gespeichert wird. VID startet nun einen Assistenten, mit dem die nötigen Angaben zum neuen Projekt abgefragt werden.

Entwicklungswerkzeuge

Zuerst wird nach dem Namen des Servers gefragt, auf dem das Projekt abgelegt wird. Wenn Sie mit einer Entwicklungsmaschine arbeiten, wird das der Name des eigenen Computers sein. Voraussetzung dafür ist, dass Sie auf dieser Maschine die Frontpage-Erweiterungen und den IIS als Webserver installiert haben. Wenn auf einem externen Server gearbeitet wird, besteht die Möglichkeit, eine SSL-Verbindung aufzubauen und die Daten verschlüsselt zu übertragen. Sie sollten davon nur dann Gebrauch machen, wenn die Gefahr eines Fremdzugriffs auf die Übertragungswege besteht. Anschließend werden Sie noch einmal nach dem Namen gefragt oder können eines der bereits vorhandenen Projekte auswählen. Die Aktivierung eines Kontrollkästchens unterhalb des Namens generiert eine spezielle Seite für die Volltextrecherche. Diese Funktion setzt ebenso die Frontpage-Erweiterungen voraus.

Im dritten Schritt lassen sich vorhandene Navigationsinstrumente selektieren. Diese Funktionen nutzen die Frontpage-Erweiterungen und die mit Frontpage eingeführten Webbots. Wenn Sie ein Web erstellen möchten, das auch ohne die Frontpage-Erweiterungen funktionieren soll, darf hier kein Layout ausgewählt werden. Im vierten Schritt kann dann noch ein grafischer Stil gewählt werden; hier werden ebenfalls Webbots eingesetzt. Für ein neues Projekt ist die Verwendung nicht zu empfehlen, da VID auch die Grafiken für Standard-HTML-Elemente ersetzt und damit wenig Kreativität zulässt.

Nutzung der Frontpage-Erweiterungen

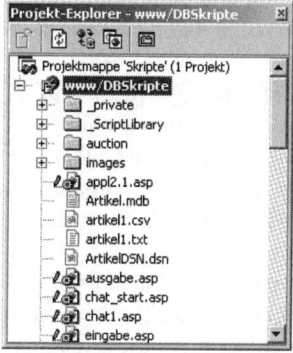

Abbildung 1.17: Der Projekt-Explorer mit einigen Dateien eines Projekts

Nach dem Anlegen eines neuen Projekts sehen Sie den Projekt Explorer (Abbildung 1.17). Wenn Sie sich für die Benutzung der Suchseite entschieden haben, steht diese Funktion als SEARCH.HTM zur Verfügung. Die Datei GLOBAL.ASA wurde ebenfalls bereits angelegt. Ebenso wurden bereits das Verzeichnis »images« für Bilder und das Unterverzeichnis »_private« für die Frontpage-Funktionen generiert.

Wenn Sie eine größere Applikation entwickeln, bietet sich eine höhere Strukturierungsebene an. VID zeigt als oberste Ebene PROJEKTMAPPE an, darunter können Sie mehrere Projekte anordnen, die sich gegenüber dem Webserver als Applikation verhalten, das heißt, jedes Projekt hat eine eigene Datei

1 Einführung

GLOBAL.ASA und liegt in einem eigenen Verzeichnis. Werden mehrere Projekte verwaltet, muss ein Projekt als STARTPROJEKT definiert werden, im Projekt Explorer wird es dann fett hervorgehoben. Der Debugger kann die Ausführung aus VID heraus nur beginnen, wenn ihm ein Startprojekt vorgegeben wurde.

Alle wesentlichen Funktionen sind über die rechte Maustaste erreichbar. Um das Projekt weiterzuentwickeln, werden zuerst die entsprechenden HTML- oder ASP-Seiten angelegt. Zusätzlich kann auch eine externe Style-Sheet-Datei erzeugt werden. Sind bereits Seiten vorhanden, kann auch ein Diagramm des Webs erstellt werden, mit dem die Navigation vereinfacht wird.

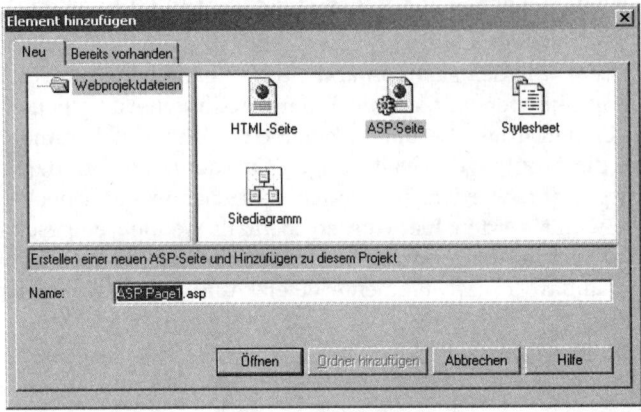

Abbildung 1.18: Einfügen neuer Projektbestandteile im Projekt-Explorer

Visual InterDev als HTML-Editor

Das Anlegen einer neuen HTML-Seite öffnet den Editor in VID. Es empfiehlt sich bei der Entwicklung eines völlig neuen Projekts, von der Startseite aus vorzugehen, die erste Seite also mit *index.htm* oder *default.htm* zu benennen. Achten Sie auf die korrespondierenden Angaben im IIS, damit später bei der Eingabe der Domain im Browser die Startseite auch gefunden wird. Die erzeugte HTML-Seite enthält bereits die Grundstruktur und präsentiert sich als leere Seite ohne weitere Elemente. Die EIGENSCHAFTEN (siehe Abbildung 1.19) zeigen die Basisoptionen für die Seite in alphabetischer Reihenfolge.

Korrespondierende Einstellungen im IIS 4

Einige der Optionen beziehen sich auch auf Einstellungen des IIS, die normalerweise über die Management-Konsole gesteuert werden können. Damit können Sie die Einrichtung eines neuen Projekts im IIS überwachen. Es ist aber nicht notwendig, weitere Einstellungen in der Entwicklungsphase im IIS vorzunehmen. Die zusätzlichen Verzeichnisse, die in Abbildung 1.20 zu sehen sind, sollten Sie nicht weiter beachten. Dort sind die Steuerinformationen für die Frontpage-Erweiterungen abgelegt. Lassen Sie die Verzeichnisse unberührt, auch wenn vorerst Frontpage-Funktionen nicht benutzt werden, wird VID Veränderungen oder das Löschen von internen Verzeichnissen monieren.

Entwicklungswerkzeuge

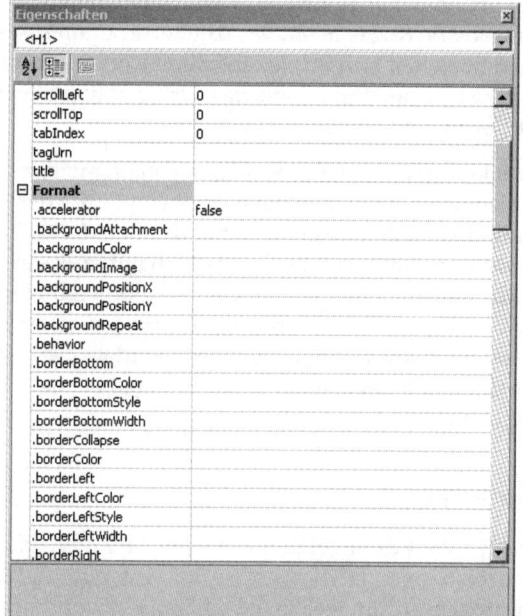

*Abbildung 1.19:
Einstellungen für eine neue HTML-Seite über das Eigenschaften-Fenster*

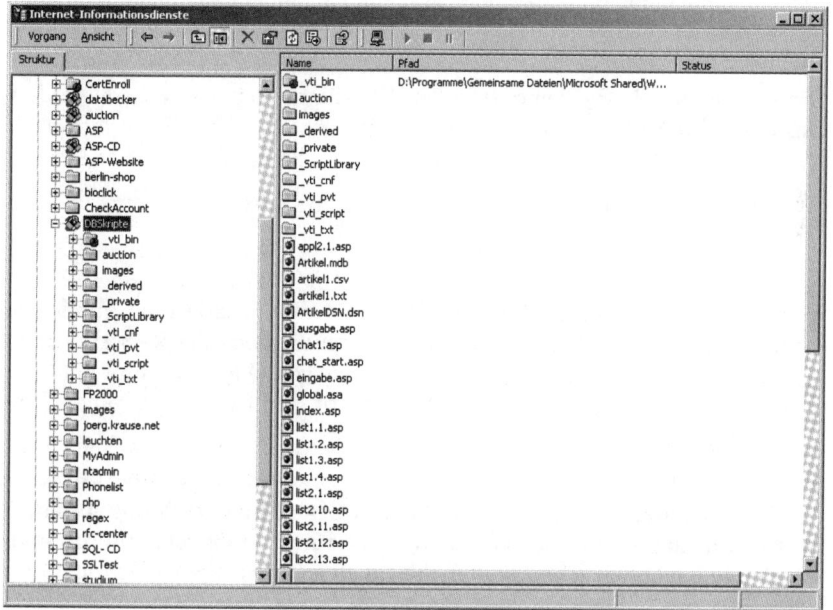

*Abbildung 1.20:
Das neue Projekt erscheint sofort als Web im IIS. Weitere Einstellungen mit der Management-konsole sind nicht notwendig.*

1 Einführung

Die Arbeitsmodi: Local Master

VID kennt zwei grundsätzliche Arbeitsmodi, LOKAL und MASTER. Im Lokal-Modus wird eine lokale Kopie in einem Arbeitsverzeichnis vorgehalten und alle Änderungen beziehen sich immer auf diese Kopie. Am Ende eines Entwicklungsabschnitts können Sie dann das Web publizieren und damit auf den Webserver übertragen.

Wenn ein Entwicklungssystem zur Verfügung steht, auf dem der IIS installiert ist, bietet sich diese Trennung nicht unbedingt an. Hier können Sie im Master-Mode arbeiten und VID greift damit direkt auf das Stammverzeichnis des Webservers zu. Wenn der Webserver sich entfernt, sich also im Internet befindet, wird natürlich bei jeder Änderung eine Verbindung aufgebaut. Um lokal ein Web zu testen, ist der Master Modus einfacher zu handhaben, da bei jedem Test ein Schritt entfällt. Generell wird die Arbeit stark vereinfacht, wenn Sie die schon gegebenen Empfehlungen bezüglich des Entwicklungssystems einhalten.

1.3.3 Der HTML-Editor

Visual InterDev beherrscht CSS und HTML 4, kann aber nicht auf HTML 3.2 reduziert werden

Der eingebaute HTML-Editor erlaubt die einfache Entwicklung komplexer Seiten. CSS und Dynamic HTML werden voll unterstützt. Die Darstellung ähnelt dem Frontpage-Editor, weicht jedoch im Detail und in der Bedienung erheblich davon ab. Durch die konsequente Umsetzung der CSS ist die Entwicklung von Applikationen für ältere Browser sehr kritisch, denn es geht aus den Einstellungstabellen nicht hervor, welche Funktionen nur für HTML 3.2 verfügbar sind.

Die einzelnen HTML-Elemente sollen hier nicht weiter erläutert werden. Das Editorfenster besteht aus drei Ebenen:

- DESIGN
  Dies ist die Arbeitsebene. Hier können Sie die Seite mit den entsprechenden Elementen erstellen und bearbeiten.

- SOURCE
  Hier sehen Sie den Quelltext der Seite, die VID generiert hat. Auch hier können direkt Änderungen vorgenommen werden. Skripte werden mit einem gelben Hintergrund hervorgehoben. Der Quelltexteditor hebt alle erkannten HTML-Elemente farblich hervor und führt sofort einen Syntaxcheck durch.

- QUICK VIEW
  Damit werden die Elemente in einer browserähnlichen Vorschau angezeigt. In diesem Modus sind keine Änderungen möglich. Um das endgültige Layout zu sehen, sollten Sie auf einen Browser zurückgreifen.

Die Toolbox besitzt zwei Ansichten, deren Anzeige von der gewählten Darstellung des Editors abhängt. In der Designansicht stehen die folgenden Optionen zur Auswahl:

Entwicklungswerkzeuge

▶ HTML-OUTLINE
Eine Übersichtsdarstellung der HTML-Elemente einer Seite. Damit wird vor allem die Erstellung von übergreifenden Tabellen für die Festsetzung von Objekten erleichtert.

▶ TOOLBOX
Der eigentliche Werkzeugkasten, der alle Formular-Elemente enthält. Damit können Schaltflächen, Kontrollkästchen usw. eingefügt werden. Klicken Sie auf eines der Elemente und ziehen Sie das Element mit Drag&Drop auf die Seite.

Um die Designansicht auszuwählen, wählen Sie aus dem Menü ANSICHT den Eintrag FENSTERLAYOUT DEFINIEREN ... und im folgenden Dialog den Eintrag ENTWERFEN.

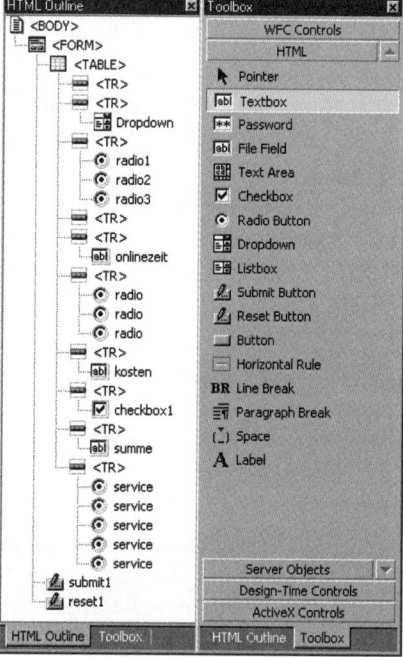

Abbildung 1.21: Optimale Strukturkontrolle mit der HTML-Outline-Ansicht (links) und dem Werkzeugkasten (Toolbox) mit HTML-Elementen (rechts)

1.3.4 Datenbankzugriff mit Visual InterDev

Sie können mit VID komfortabel auf die Datenbankumgebung zugreifen. Die folgenden Beispiele setzen voraus, dass Sie die ODBC-Quelle und wenigstens eine Access 2000-Datenbank angelegt haben. Mehr dazu finden Sie in Abschnitt 9.4.1 *Datenbankzugriff mit Access* ab Seite 530.

Sie können im Projekt-Explorer eine Reihe von Optionen mit der rechten Maustaste auswählen, wenn Sie ein Projekt geöffnet haben oder wenn es neu angelegt wurde. Klicken Sie dazu auf das Projekt und wählen Sie dann DATENVERBINDUNG HINZUFÜGEN. Sie werden dann zur Auswahl der ODBC-

Datenbankinhalte in Visual InterDev betrachten und ändern

1 Einführung

Datenquelle aufgefordert, die Sie mit DATENQUELLE AUSWÄHLEN treffen. Anschließend sollte VID die Quelle erkennen und die Datenansicht (siehe Abbildung 1.22) anbieten.

Mit einem Doppelklick auf den Tabellennamen können Sie die Daten einsehen und ändern. Vor allem in der Testphase ist diese Funktion ausgesprochen wertvoll, denn Sie können gezielt bestimmte Datensätze verändern und die Reaktion Ihrer Skriptenbeobachten.

> Im Beispiel Umfrage (Abschnitt 8.6 *Die Applikation Umfrage*, Seite 470) wird eine Textdatei als Datenquelle benutzt. Wenn Sie VID mit der Textdatenquelle verbinden, können Sie bequem mit den Textdateien arbeiten – als wäre es eine richtige Datenbank. Leider kann der ODBC-Treiber nicht schreiben; VID kann dann die Daten natürlich nicht ändern. Aber die Tabellenansicht ist allemal angenehmer anzuschauen als der Zeichensalat im Editor.

Abbildung 1.22: Datenansicht in VID – die Verbindung zur Datenquelle steht.

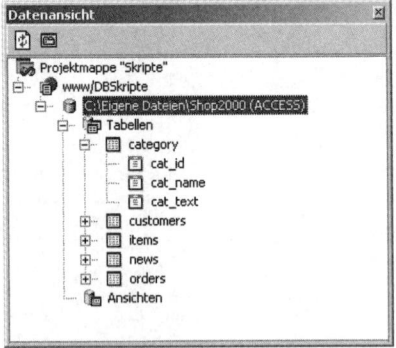

Visual InterDev Debugger

Fehlersuche mit Visual InterDev

VID bietet einen eingebauten Debugger, der eine komfortable Fehlersuche ermöglicht. In Abschnitt 1.3.1 *Der Script Debugger* wurde bereits der Script Debugger vorgestellt. Die beschriebenen Bedingungen zum Einsatz des Debuggers sind auch für VID einzuhalten.

Bevor Sie Anwendungen direkt aus VID heraus debuggen können, muss das Projekt eine definierte Startseite haben. Normalerweise wird dies die Standarddatei mit dem Namen *default.htm* oder *index.htm* sein. Klicken Sie im Projekt-Explorer mit der rechten Maustaste auf den Dateinamen und wählen Sie aus dem Kontextmenü ALS STARTSEITE FESTLEGEN.

Der einfachste Weg, eine Anwendung zu debuggen, ist der Start im Internet Explorer. Treten Fehler auf, bricht der Internet Explorer die Ausführung ab und startet VID im Debug-Mode. Wenn Sie sich bereits in VID befinden, können Sie die Ausführung eines Programms mit [F5] starten (Menü DEBUGGEN | STARTEN). Der Internet Explorer startet dann automatisch.

Arbeiten Sie nun mit der Applikation, bis ein Fehler auftritt. Der Debugger wechselt dann in die Fehleranzeige.

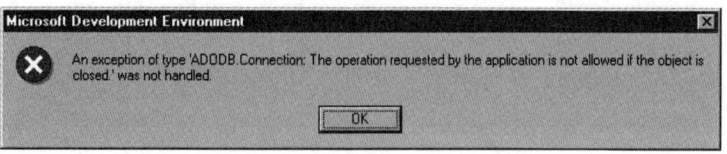

Abbildung 1.23: Anzeige einer Fehlermeldung durch den Debugger

```
END IF
'
SET objConn = Server.CreateObject("ADODB.Connection")
objConn.ConnectionString = "provider=MSIDXS"
objConn.Openn
SET objRS = Server.CreateObject("ADODB.RecordSet")
objRS.Open strQuery, objConn, adOpenKeyset, adLockReadOnly
IF objRS.EOF THEN
    Response.Write("<H2>Keine Dokumente gefunden.</H2>")
    SET objRS = Nothing
    SET objConn = Nothing
```

Abbildung 1.24: Der Debugger ermittelt die vermutliche Fehlerursache und weist durch einen Pfeil darauf hin.

Mit Visual InterDev aktiv debuggen

Wenn Sie den Debugger wie beschrieben aus VID heraus gestartet haben, können Sie den Fehler beseitigen und die Datei speichern. Brechen Sie den Debug-Vorgang dann ab (DEBUGGEN | BEENDEN) und starten Sie erneut. Wenn Sie das Projekt direkt im Internet Explorer starten und ein Fehler auftritt oder ein Unterbrechungspunkt erreicht wird, startet der Debugger eine zweite Instanz von VID und öffnet die betroffene Datei schreibgeschützt. Sie erhalten zwar auch eine Anzeige der Fehlerquelle, müssen aber zum Bearbeiten in die erste Instanz von InterDev wechseln und dort editieren. Das ist manchmal recht lästig, versuchen Sie deshalb immer »aktiv« aus VID heraus zu debuggen.

Haltepunkte setzen

Um die Ausführung bis zu einem bestimmten Punkt durchzuführen, können Sie so genannte Haltepunkte setzen. Klicken Sie dazu einfach mit der Maus auf den grauen Balken links neben dem Quelltext. Haltepunkte werden durch ein braunes Achteck angezeigt. Sie können damit sowohl HTML- als auch ASP-Dateien anhalten. Der Debugger stoppt die Ausführung an dieser Stelle; Sie können den Zustand der Variablen und Eigenschaften an diesem Punkt kontrollieren und beeinflussen.

```
    </TD>
</TR>
<TR>
    <TD>Operator</TD>
    <TD>
    <SELECT name="operator" size="1">
```

Abbildung 1.25: Setzen und Anzeige eines Unterbrechungspunkts im Debugger mit Hilfe eines kleinen braunen Achtecks

Möglicherweise wird sich der gewünschte Effekt nicht einstellen. Beachten Sie die Reaktion des Haltepunkts. Taucht darin ein Fragezeichen auf, wurde der Punkt bei der Programmausführung nicht erreicht (siehe Abbildung

1 Einführung

1.26) oder kann nicht erreicht werden (weil das Dokument beispielsweise nicht geladen wurde).

```
Function abfrage()
SQL = "SELECT Filename, Size, vPath, Path, Write,
IF Request.Form("scope") = "" THEN
    SQL = SQL & "SCOPE()"
```

Abbildung 1.26: Ein Unterbrechungspunkt wurde nicht erreicht. Im Achteck taucht ein weißes Fragezeichen auf.

Wenn Sie Schleifen kontrollieren, könnte es sinnvoll sein, nicht bei jedem Durchlauf zu stoppen. Sie können dafür jeden Haltepunkt mit Bedingungen belegen, die vor dem Auslösen geprüft werden. Abbildung 1.27 zeigt die möglichen Optionen und den Zustand des Haltepunkts.

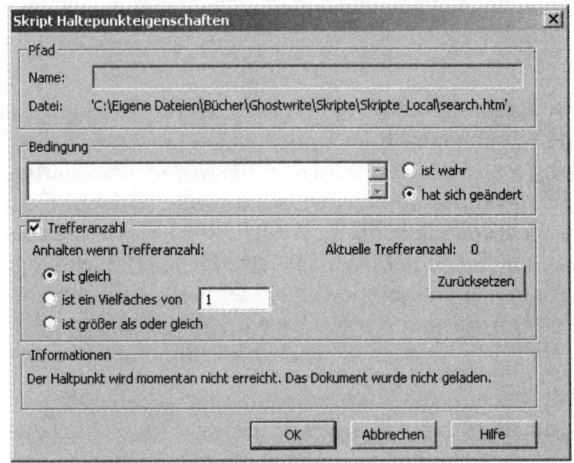

Abbildung 1.27: Einstellung von Bedingungen für Unterbrechungspunkte

Hat der Debugger den Unterbrechungspunkt erreicht, zeigt er den Quelltext an; Sie können den Code jetzt weiter bearbeiten. Durch Setzen und Auslesen von Variablen kann ein Fehler schnell eingekreist werden.

Visual-InterDev-Debugging-Umgebung

Normalerweise können Sie als Entwickler davon ausgehen, einen für das Debugging vorbereiteten Server zu haben oder lokal zu debuggen. In beiden Fällen wird VID keine Probleme bereiten. Erhalten Sie jedoch Fehlermeldungen, die darauf schließen lassen, dass der Debugger auf dem Server nicht unterstützt wird, sind weitere Maßnahmen nötig.

Der VID-Debugger benötigt sowohl das spezielle Modul Remote-Debugging als auch einen installierten und verfügbaren Transaction Server (MTS). Die Kommunikation zwischen VID und Server erfolgt im Netz über DCOM.

Entwicklungswerkzeuge

Um den Server nutzen zu können, installieren Sie die folgenden Anwendungen aus dem Visual-Studio-Paket: **Vorbereitungen**

- Remote-Computer-Debuggen
- Visual InterDev Server

Sie finden die Optionen, wenn Sie den Backoffice-Installationsassistenten starten, dort die benutzerdefinierte Option auswählen und die beiden Komponenten auswählen.

> Nutzen Sie unbedingt die benutzerdefinierte Installation, sonst werden auch unter Windows 2000 die alten Dateien des Option Pack installiert.

Die DCOM-Konfiguration des MTS ist nur notwendig, wenn Sie nicht als Administrator arbeiten. Um anderen Autoren das Debuggern ihrer Anwendungen zu erlauben, konfigurieren Sie DCOM mit dem Werkzeug DCONCNF.EXE. Starten Sie das Werkzeug auf dem Windows 2000 Server über START | AUSFÜHREN heraus.

Wie funktioniert das Debugging?

VID wird als weiterer Prozess an den Serverprozess angehängt, der für die Ausführung von ASP verantwortlich ist. Damit kann VID die Kontrolle über die Arbeitsweise des Skripts übernehmen. Sie können bei laufendem Betrieb Variablen auslesen und Inhalte manipulieren. Die Ausgabe erfolgt trotzdem wie gewohnt auf dem Browser. Da beim Setzen von Haltpunkten oft nur halbfertige Seiten bereit stehen, wird der Browser diese nicht anzeigen. Wartet der Browser auf weitere Daten, so blinkt das Programmfeld der betroffenen Browserinstanz in der Taskleiste.

2 Einführung und Installation

> Dieses Kapitel gibt einen Überblick über Active Server Pages und die wichtigsten damit im Zusammenhang stehenden Begriffe. Vermittelt werden auch wichtige Grundlagen. Außerdem wird ausführlich auf die Installation und den Aufbau einer Entwicklungsumgebung eingegangen. Für diese wird beispielhaft Windows XP Professional verwendet.

2.1 Active Server Pages (ASP)

> Was sind Active Server Pages (ASP)? Welche Kenntnisse benötigen Sie, um effektiv mit Active Server Pages zu arbeiten? Wie ist ASP heute positioniert, wo mit .Net neue Programmierumgebungen angeboten werden und ASP.NET verfügbar ist?

2.1.1 Ein paar grundlegende Worte über ASP

Zuerst eine grundsätzliche Feststellung: ASP ist keine Programmiersprache. ASP erlaubt die Ausführung von Skripten auf dem Webserver. Es ist also eine Umgebung für so genanntes »Server-Side-Scripting«. Skriptsprachen sind einfache Anweisungssprachen, mit denen ein übergeordnetes System (Programm, Quelltext) in seinem Ausführungsverhalten gesteuert wird. Typische Anwendungen für Skriptsprachen sind die Makrosprachen, die mit Textverarbeitungsprogrammen wie Word und vielen anderen Programmen mitgeliefert werden. Der wesentliche Unterschied zu Programmiersprachen besteht in der vereinfachten Struktur, dem Verzicht auf maschinennahe Befehle, einer expliziten Speicherverwaltung und direkten Zugriffsmöglichkeiten auf die Hardware (beispielsweise OUT-Befehle für das Schreiben auf Ports). Skriptsprachen sind deshalb überwiegend maschinen- und plattformunabhängig, leicht zu erlernen und mit teilweise sehr leistungsstarken, komplexen Befehlen ausgestattet.

Was sind Active Server Pages und was kann man damit machen? Wie werden Skriptsprachen eingeordnet?

ASP als Skriptumgebung

ASP ist keine Skriptsprache sondern eine Technologie. ASP erlaubt die Ausführung von Skriptsprachen, vorzugsweise VBScript und JScript. VBScript basiert auf Visual Basic und viele Standardbefehle sind in Syntax und Anwendung identisch. JScript ist das Pendant zu Netscapes JavaScript und erlaubt die Ausführung von JavaScript-Befehlen auf der Serverseite. In die-

ASP ist keine Skriptsprache

sem Buch finden Sie eine kompakte Einführung in VBScript und ein ergänzendes Kapitel über JScript. Alle Beispiele außerhalb dieser Einführungen sind in VBScript gehalten.

Ergänzt wird die Skriptsprache durch Komponenten, die speziell auf die Programmierung des Webservers und des Betriebssystems ausgerichtet sind. Diese Komponenten werden als ActiveX-Objekte geliefert und sind praktisch Bestandteil von ASP. Sie sind jedoch keine Elemente der Skriptsprache selbst.

2.1.2 Erforderliche Kenntnisse

Um die Beispiele nachvollziehen zu können, sollten Sie über elementare Kenntnisse in HTML verfügen. Auf HTML selbst wird in Kapitel 3 eingegangen. Um den Sinn der dynamischen Seiten zu verstehen, ist jedoch für alle Einsteiger ein kurzer historischer Rückblick zu empfehlen.

Rückblick

Wie entstand das Internet und was liegt ihm zu Grunde? Was ist Hypertext?

Am Anfang bestand das World Wide Web (WWW), auch auf Grund seiner ursprünglichen Definition, aus statischen, miteinander verlinkten Seiten. Noch heute sind die allermeisten Webpräsenzen so aufgebaut. Als Protokoll zwischen Webserver und Browser dient das *Hypertext Transfer Protocol* (HTTP). Über dieses Protokoll fordert der Browser eine bestimmte Seite an und der Server reagiert darauf mit der Übertragung der entsprechenden Seite oder einem Fehler, wenn die Seite nicht gefunden wurde. Hyperlinks sind Verweise in statischen Webseiten, die auf andere Dateien im Web zeigen und solche Übertragungsprozeduren auslösen. Mit der Hypertexttechnik kann man durchaus anspruchsvolle Webseiten erstellen. Der Schwerpunkt der Entwicklung lag jedoch auf der puren Informationsvermittlung. Mit Hyperlinks können Dokumente die Leser gewissermaßen führen. Der Zugriff auf verwandte Informationen erleichtert die Verarbeitung von Inhalten. Hypertextsysteme sind für das Lesen von Texten am Bildschirm gedacht und strukturieren Dokumente anders als Bücher. Von der grundsätzlichen Idee her ist damit aber die Zielrichtung vorgegeben: Informationsvermittlung. Ein bekanntes Hypertextsystem ist beispielsweise die Windows-Hilfe. Mit der Entwicklung des Webs zu einem Medium der Werbung und Präsentation auf der einen Seite, zu einer direkten interaktiven Einbeziehung des potenziellen Kunden auf der anderen Seite war jedoch der klassische Hypertext, geschrieben in der *Hypertext Markup Language* (HTML), den Anforderungen nicht mehr gewachsen. Auf Grund der Historie sind nie ernsthafte Versuche unternommen worden, neben HTML einen neuen Standard für Webseiten zu kreieren, der die Hypertextstruktur um echte Interaktion ergänzt. So sind im Laufe der letzten Jahre die verschiedensten Systeme entstanden, die nicht mit HTML arbeiten und den Webservern die so dringend benötigte Interaktivität verleihen. Die bekanntesten Beispiele sind CGI-Programme und webserverspezifische Applikationen, die spezielle Schnittstellen benutzen. Das *Common Gateway Interface* (CGI) stellt eine genormte

Active Server Pages (ASP)

Schnittstelle zwischen den CGI-Programmen und dem Webserver dar. Häufig wird dazu die Programmier- oder (das ist schon nicht mehr klar trennbar) Skriptsprache PERL eingesetzt. PERL ist ein Interpreter (wie alle Skriptsprachen) und die Skripte laufen als eigenständige Programme ab, gestartet durch eine Anforderung des Browsers. Das Ergebnis können Zugriffe auf interne Funktionen des Servers oder Ausgaben in HTML sein. Die Programmierung ist verhältnismäßig komplex und die Erzeugung grafisch ansprechend gestalteter HTML-Seiten extrem aufwändig, denn jeder einzelne HTML-Befehl wird einzeln erzeugt und dann zum Webserver gesendet. Auch die Erzeugung von speziellen, nativen Programmen, die auf das Interface der Webserver direkt zugreifen, ist kompliziert und der professionellen Programmierung vorbehalten. So stellt Microsoft mit dem Internet Information Server das *Information Server Application Programming Interface* (ISAPI) zur Verfügung, Netscape mit seinen Webservern das Gegenstück *Netscape Server Application Programming Interface* (NSAPI). Praktisch sind die eigenen APIs Sammlungen von Bibliotheksfunktionen (*Dynamic Link Librarys*, DLL), auf die Programmierer zurückgreifen können und die Anwendungen in richtigen Programmiersprachen schreiben, beispielsweise C++. Auch diese Programme erzeugen HTML aber nur seriell über eine bestimmte Ausgabeprozedur, wenngleich sich damit natürlich schnelle und komplexe Anwendungen entwickeln lassen.

Ausblick

Für den Praktiker, der als Webdesigner oder Webprogrammierer schnell umfangreiche Anwendungen für das Internet produzieren muss, sind CGI-Applikationen oft zu aufwändig. Auch sind bei dem heute stark präsentationsgeprägten Web eher gute Multimediadesigner gefragt als der herkömmliche Programmierertyp. Trotzdem sollen die Webseiten interaktiv sein, auf Aktionen des Nutzers also reagieren können, es sollen Zugriffe auf Datenbanken möglich sein, und die Eingaben der Nutzer sollten ebenso in Datenbanken gespeichert werden können. Eine solche einfache, aber zugleich leistungsfähige Schnittstelle stellen die Skriptsprachen dar, die direkt in die HTML-Seiten eingebunden werden. ASP liefert die Funktionalität, die solche Skriptsprachen erkennt, ausführt und das Ergebnis dem Webserver zur Weitergabe an den Browser liefert.

Was erwartet den Webdesigner und Webprogrammierer in der Zukunft?

Um mit ASP arbeiten zu können, sind im Vorfeld also nur HTML-Kenntnisse nötig und das auch nur in dem Umfang, wie es die gewünschten Webseiten erfordern. Wer anspruchsvolle Seiten mit Cascading Style Sheets, Dynamic-HTML und JavaScript erstellen will, sollte diese Elemente beherrschen. ASP bietet dazu nur selten eine Alternative. ASP ist kein Gestaltungselement. Was der Browser sieht, ist reines HTML und seine diversen Erweiterungen und Verbesserungen und irgendwann sicher auch sein Nachfolger. Aber ASP ist in HTML integriert und ordnet sich der Logik der HTML-Seite unter. Und ASP benötigt keine bestimmte Technik seitens der Browser, kann also mit jedem Standardbrowser arbeiten. Lediglich die Wahl der externen Skriptsprache, also die bei der Ausführung von Skripten durch den Browser eingesetzte Sprache, sollte unter Beachtung der im Netz verbreiteten Browser geschehen. Unter Berücksichtigung des (noch) hohen Marktanteils von Netscape ist hier JavaScript (oder JScript) immer noch erste Wahl. Außerdem nutzt die Erweiterung von HTML, Dynamic-HTML, Elemente von JavaScript, sodass es sich lohnt, diese Skriptelemente zu kennen.

2.2 Wie ASP funktioniert

> Dieser Abschnitt beschreibt die technische Basis für ASP, die grundlegende Funktionsweise und die Nutzung.

2.2.1 ASP aus Sicht des Webnutzers

Wie funktioniert die ASP-Engine?

ASP funktioniert, eine ordentliche Installation vorausgesetzt, ohne zusätzliche Maßnahmen. Immer wenn ein Browser vom Webserver eine Datei mit der Erweiterung .ASP anfordert, startet die ASP-Engine und führt diese Datei aus. ASP-Dateien werden also niemals direkt an den Browser gesendet. Sollte der ASP-Quelltext einmal in Ihrem Browser angezeigt werden, so ist die ASP-Engine ausgefallen oder abgestürzt. In den meisten Fällen reicht ein Neustart des Systems aus. Tritt das Problem von Anfang an auf, ist die Installation des Webservers oder der ASP-Erweiterungen nicht korrekt abgeschlossen worden.

Wenn der Browser die Seite angefordert hat, liest die ASP-Engine die Seite von oben nach unten durch, führt die gefundenen Befehle aus und erstellt daraus eine HTML-Seite. Diese fertige HTML-Seite wird dann an den Browser gesendet. Da der Browser eine Datei mit der Endung .ASP erwartet, bleibt der Dateiname dabei unverändert, die Skript-Befehle sind allerdings nicht mehr sichtbar – dafür aber das Ergebnis, die fertige HTML-Seite.

2.2.2 Die technische Basis für ASP

Auf welcher Plattform baut ASP auf? Wie viel Speicherplatz wird benötigt?

ASP hat einen langen Werdegang hinter sich. ASP ist Bestandteil des Internet Information Server (IIS) ab Version 4.0, der mit Windows NT Server 4.0 (IIS 4) oder den Service Packs ausgeliefert wird. Windows 2000 liefert den IIS 5 mit, der ASP standardmäßig bietet. ASP ist auch als Bestandteil des IIS 5.1 unter Windows XP Professional verfügbar – nicht jedoch in der Windows XP Home Edition. Auch die .Net-Server mit dem IIS 6 bieten die klassische ASP-Unterstützung weiter an. ASP ist auch Bestandteil der Peer Web Services, die mit der Windows NT 4 Workstation oder Win 9x geliefert werden. Es ist deshalb auch möglich – vor allem als Entwicklungsumgebung – ASP mit der Version 1.0 des Personal Web Servers unter Windows 98 zu installieren.

Wie ASP funktioniert

> ASP kann man also nicht einzeln kaufen, es ist praktisch ein kostenloses Feature der Webserver von Microsoft.

Die technische Basis für ASP ist heute ein Windows 2000/.Net-Server oder ein Windows 2000/XP Professional sein. Dieses Buch stützt sich im Wesentlichen auf Windows 2000. Um alle Features der Version VBScript 5 nutzen zu können, ist ein Umstieg für den professionellen Entwickler auf Windows 2000 unbedingt anzuraten, wenn Sie dies bisher nicht getan haben.

Die Aussagen zu Windows 2000 gelten auch für XP/.Net-Server

Voraussetzungen

Bevor ASP genutzt werden kann, muss bereits ein funktionsfähiger Webserver vorhanden sein. Es ist nicht Gegenstand dieses Buches, auf die Arbeitsweise von Windows 2000 und dem mitgelieferten Webserver detailliert einzugehen. Es wird vorausgesetzt, dass eine der folgenden Konfigurationen vorhanden ist, vor allem um die auf der beiliegenden CD mitgelieferten Applikationen ablaufen lassen zu können:

- Windows NT 4 Server mit Windows NT 4.0 Option Pack (IIS 4)
- Windows NT Workstation 4 mit Peer Web Server 2.0
- Windows 95 oder 98 mit Personal Web Server 1.0
- Windows 2000 Professional mit IIS 5
- Windows 2000 Server oder Advanced Server mit IIS 5
- Windows XP Professional mit IIS 5.1
- Windows .Net Server (alle Versionen) mit IIS 6.0

ASP läuft auf vielen Systemen

Die Beispiele wurden mit Windows 2000 und dem IIS 5 getestet. Sie sollten auch mit dem IIS 4 laufen. Einzige Einschränkung sind die in VBScript 5.0 neu hinzugekommenen Funktionen für Klassen und reguläre Ausdrücke.

Besonderheiten beim Aufbau einer Entwicklungsumgebung

Wenn Sie Windows 2000 Professional oder Windows XP Professional als Entwicklungsumgebung verwenden, sollten Sie beachten, dass der IIS nicht standardmäßig installiert ist. Holen Sie dies nach, wenn erforderlich. Die Serverversionen werden ab Windows 2000 immer mit Webserver installiert, wenn die Standardinstallation ohne Benutzereingriff erfolgt.

> Windows XP Home enthält keinen Webserver und kann nicht für die Entwicklung von ASP-Anwendungen eingesetzt werden.

2.2.3 Hardwarevoraussetzungen

Welche Hardware wird benötigt, um ASP-Anwendungen laufen lassen zu können?

Zur Entwicklung von ASP-Anwendungen genügt prinzipiell jeder PC. Installieren Sie wenigstens Windows 2000 Professional oder Windows XP Professional. Für den Betrieb eines eigenen Webservers im Internet ist ein Windows 2000 Server bzw. einer der Windows .Net-Server die beste Wahl. Ältere Betriebssysteme wie Windows 98 sind nur bedingt einsatzfähig. Die Skripte in diesem Buch sind damit auch nicht getestet und deshalb »ohne Gewähr«.

Webserver sind anspruchsvolle Applikationen. Bei den heute üblichen Speicherpreisen sollten Sie Windows »alles geben« – leisten Sie sich als Entwicklungsplattform mindestens einen 500-MHz-Pentium-Prozessor und 128 MByte RAM. Da Windows, Webserver und ASP-Erweiterung schon eine Menge Festplattenspeicher brauchen, sind Sie mit einer 20-GB-Festplatte gut beraten. Hier gilt übrigens (wenn der Geldbeutel mitmacht): viel hilft viel. Für den Server dürfen Sie noch etwas drauflegen. Sicher sind große Sites auf starken UNIX-Maschinen untergebracht und jeder träumt von Millionen Hits pro Monat. Aber in der Realität bringen es auch gute deutsche Seiten auf nicht mehr als ein paar tausend Besucher pro Woche. Dafür reicht ein Windows 2000 Server allemal aus. Spendieren Sie dafür derzeit (Anfang 2002) einen 1,4-GHz-Pentium-IV mit 256 MByte RAM. Eine Ultra-DMA-Festplatte oder UW-SCSI mit 18–36 GByte darf als Standard angesehen werden. Wenn Sie viele virtuelle Domains hosten möchten, kann die Ausfallsicherheit von Bedeutung sein. Dann sollten Sie zu einem RAID-Array greifen, das die nötige Sicherheit und Fehlertoleranz bei den Festplatten bringt.

2.2.4 Netzwerkvoraussetzungen

Welcher Zugang zum Internet oder lokalen Netzwerk wird für ASP benötigt?

Für den Entwicklungsrechner genügt ein normaler Internetzugang. ISDN gehört eigentlich schon zur Pflicht. Es ist dringend zu empfehlen, einige kleinere lokale Provider zu testen. Nach meinen Erfahrungen bekommt man für akzeptable Preise hervorragende Verbindungsdaten, die deutlich besser sind als die der großen Online-Dienste und oft auch besser als die großen und teuren privaten Provider. Der Grund ist einfach: Die Online-Dienste leiden unter zu vielen privaten Kunden, die sich wegen der niedrigen Preise mit kleinen Bandbreiten begnügen müssen. Die großen Provider leben von gut zahlenden Firmenkunden, denen Bandbreiten garantiert werden. So haben sie zwar zufriedene Großkunden, der Entwickler mit einer ISDN-Leitung gehört aber nicht dazu. Alternativ sollte immer ADSL ernsthaft in Erwägung gezogen werden. An vielen Standorten sind sogar schon mehrere Anbieter mit überschaubaren Flatrates[1] präsent.

Eine Bandbreitenberechnung

Für den Server kann man eine Bandbreitenberechnung ansetzen, mit deren Ergebnis Sie bei Ihrem Provider einen entsprechenden Vertrag aushandeln

---

1 Pauschale Abrechnung pro Monat ohne Beachtung der Online-Zeiten und Datenvolumen

Wie ASP funktioniert

können. Um die Rechnung verstehen zu können, muss man die unterschiedliche Funktionsweise der beiden wichtigsten Protokolle, nämlich FTP und HTTP, kennen. Dies würde jedoch an dieser Stelle zu weit führen. Hier nur der wesentliche Unterschied für die Berechnung der Bandbreite. Stellen Sie sich zwei Szenarien vor:

- Sie übertragen eine Datei mit 100 KByte per FTP.
- Sie schauen sich eine HTML-Seite an, die ca. 100 KByte groß ist.

Erfordern diese beiden Vorgänge dieselbe Bandbreite? FTP baut für die Übertragung eine TCP-Verbindung auf und transportiert die Daten »am Stück« durch das Internet. 100 KByte benötigen also bei einer 64-KBit-Verbindung – eine durchgehende Bandbreite vorausgesetzt – ziemlich genau 13 Sekunden. Laden Sie über die gleiche Verbindung nun eine HTML-Seite, dauert es deutlich länger. Was ist passiert? HTML-Seiten bestehen aus vielen Komponenten. Da sind zum einen die Seite mit den HTML-Tags und eventuell auch Skriptbefehlen. Da sind zum anderen aber auch viele Grafiken, Bilder, Plug-In-Dateien, Java- oder ActiveX-Applets. Für jedes Element baut das HTTP-Protokoll, das für die Übertragung zuständig ist, erneut eine TCP-Verbindung auf. Wenn die normale Verzögerung eines solchen Protokollaufbaus 250 Millisekunden ist (ein Erfahrungswert bei normalen Internetverbindungen) und die Seite aus der HTML-Datei und sechs Bildern besteht, werden also sieben Verbindungen aufgebaut, sieben Mal vom Server beantwortet und sieben Mal wird die Verbindung geschlossen. 21 Vorgänge à 250 Millisekunden entsprechen 5,25 Sekunden allein für die Protokolle. Nun, ein bisschen wird das Problem bei hoher Bandbreite am Server entschärft, wenn moderne Browser versuchen, gleichzeitig mehrere Verbindungen aufzubauen. Aber gegenüber FTP sind es trotzdem knapp 40% mehr Bandbreiten- und Zeitbedarf. Der Blick auf die Festplatte allein genügt also nicht.

Neuere Browser unterstützen den Standard HTTP 1.1, der die Zusammenfassung der Seiten zu einem Datenstrom erlaubt. Sinnvoll ist der Einsatz natürlich nur, wenn der Webserver auch HTTP 1.1 unterstützt. Das ist bei Microsoft erst ab dem Internet Information Server 4 der Fall. Damit wird die effektive Ladezeit von Webseiten deutlich verringert. Den folgenden Algorithmus können Sie verwenden, um die Bandbreite des Servers zu berechnen, auf dem später die ASP-Applikationen für die Nutzer im Internet laufen. Die Formel lautet:

$$\frac{(mittlere\_Seitengröße\ [in\ Bytes] \times 12) \times Anzahl\_Seitenabrufe}{86.400}$$

Formel zur Bandbreitenberechnung

Ein Rechenbeispiel: Ihre Dokumente haben im Schnitt nur 90 KByte (jeweils mit allen Grafiken auf der Seite rechnen!). Ihr Server sollte etwa 10.000 Seitenabrufe pro Tag haben. Dann benötigen Sie 90 x 12 x (10.000 / 86400) = 125 KBit. Dieser Server dürfte also mit einer 128-KBit-Standleitung noch ausreichend bedient sein. Beachten Sie, dass im Internet zwar rund um die Uhr gearbeitet wird, Spitzenzeiten aber immer höhere Bandbreiten erfordern. Faktor 3 ist der Idealfall. Wollen Sie mit guter Performance glänzen, sind hier 6 x 64 KBit gefordert. Noch ein Hinweis dazu, was hier unter Seitenabrufen verstanden wird: Wenn Ihre Präsentation aus 50 Seiten besteht und jeder Nutzer sich 25 davon anschaut, entstehen pro Besucher 25 Seitenabrufe. Rechnen Sie mit 1.000 Besuchern pro Tag, entspricht das 25.000 Seitenabrufen.

2.3 Installation und Einrichtung

Dieser Abschnitt zeigt, wie Sie auf einem Windows XP oder Windows 2000-System die Voraussetzungen für eine erfolgreiche Arbeit mit ASP schaffen. Falls Sie ein neues System aufsetzen, achten Sie auf diese Einstellungen während der Installation.

2.3.1 Windows 2000 Professional als Entwicklungsplattform

ASP installieren?

Eine explizite Installation von ASP unter Windows 2000 Server ist nicht notwendig, wenn die Internet Informationsdienste bei der Standardinstallation nicht abgewählt wurden. Bei Windows 2000 Professional müssen Sie dagegen den IIS-Dienst, der auch ASP enthält, explizit auswählen. Im folgenden Abschnitt wird erklärt, wie Sie den IIS installieren und welche Netzwerkeinstellungen Sie vornehmen sollten, um eine Entwicklungsumgebung mit Internetanschluss zu erhalten.

Installation

Unter Windows 2000 Skripte entwickeln

Um Windows 2000 als Entwicklungsplattform nutzen zu können, müssen die Internet-Informationsdienste installiert werden. Gehen Sie dazu in die SYSTEMSTEUERUNG | SOFTWARE und dann auf WINDOWS-KOMPONENTEN HINZUFÜGEN/ENTFERNEN.

In der Liste der Windows-Komponenten wählen Sie dann den Eintrag Internet Informationsdienste aus und installieren die Komponente. Falls Sie nicht mit Visual InterDev arbeiten, lohnt die Installation der Komponente SKRIPT DEBUGGER, weiter unten in der Liste (siehe Abbildung 2.1). Damit können Sie Skripte auf dem lokalen Webserver komfortabel debuggen. Wenn Sie planen, mit Visual InterDev zu arbeiten, sollten Sie dagegen den eingebauten Debugger nicht nutzen. Die Entwicklungsumgebung VID ist deutlich leistungsfähiger, leider auch teurer.

Installation und Einrichtung

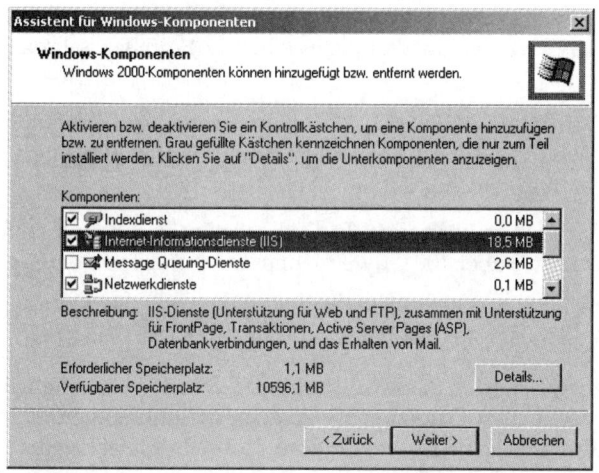

*Abbildung 2.1:
Auswahl der Softwarekomponente
Internet Informations-Dienste*

Testen Sie den Zugriff auf den lokalen Webserver jetzt mit dem Browser. Normalerweise genügt die Eingabe des Rechnernamens oder des Namens *localhost* in die Adresszeile des Browsers:

Dateisystem vorbereiten

Für das Entwicklungssystem mag FAT32 als Dateisystem akzeptabel sein, für einen Produktionsserver ist es das keinesfalls. FAT32 hat den Vorteil, dass Sie parallel Windows 98 betreiben können und so nicht von vornherein auf Windows 2000/XP angewiesen sind, also eine »Testphase« nutzen können. Ein Parallelbetrieb mit Windows NT 4 ist ebenfalls möglich, jedoch nur unter FAT32 oder NTFS. Allerdings muss Windows NT mindestens mit Service Pack 4 betrieben werden, denn Windows 2000 konvertiert NTFS4-Partitionen automatisch in NTFS5 und dieses unterstützt Windows NT erst mit dem genannten Service Pack.

FAT32 oder NTFS?

Die Eigenschaften von NTFS

Für den Einsatz als Webserver muss unbedingt NTFS verwendet werden. Bei einem lokalen Entwicklungssystem ist es dringend zu empfehlen, um eine möglichst realistische Testumgebung zu haben.

Bereiten Sie Ihr Windows auf den Einsatz als Webserver vor!

NTFS bietet mehrere Vorteile:

▶ NTFS erlaubt die Kompression von Daten durch Setzen des Kompressionsflags. Damit wird eine Menge Speicherplatz eingespart. Die Verlangsamung durch die laufende Komprimierung und Dekomprimierung ist unerheblich. Für zeitkritische Komponenten kann die Kompression leicht abgeschaltet werden.

2 Einführung und Installation

- Die Fragmentierung ist geringer als bei FAT. Defragmentierer (gehören nicht zu NT, gibt es nur von Drittanbietern) müssen seltener eingesetzt werden.

- NTFS-Dateinamen dürfen 255 Zeichen lang sein und speichern die Angabe von Groß- und Kleinbuchstaben, werten allerdings Groß- und Kleinschreibung nicht aus.

- NTFS-Partitionen können 64 Exabyte groß sein. Sie müssen also neuere Festplatten mit über 100 GByte nicht in mehrere Fragmente splitten.

- NTFS kennt dateiorientierte Sicherheitsmaßnahmen. Sie können Rechte auf Verzeichnis- und Dateiebene vergeben.

- NTFS entspricht den POSIX.1-Standards. Damit ist es möglich, eine Zeitmarke des letzten Dateizugriffs zu erhalten und so genannte *Hardlinks* einzuführen, bei denen zwei Links auf dieselbe Datei zeigen.

- NTFS kennt *HotFix*, eine Technologie, bei der beim Schreiben von Daten als fehlerhaft erkannte Sektoren sofort ausgelagert und die Daten erneut in funktionsfähige Sektoren geschrieben werden.

NTFS kann nach einem Crash weitgehend wiederhergestellt werden, da es alle Vorgänge an Dateien und Verzeichnissen in einem Trackverfahren aufzeichnet.

Was ist neu in NTFS5?

Neu in NTFS5 sind:

- Datenträgerkontingente (Diskquotas). Die nutzerabhängige Speicherplatzbegrenzung wird jetzt direkt vom Dateisystem unterstützt.

- Verschlüsselung. Dateien und Verzeichnisse können nun auf Dateisystemebene verschlüsselt werden, was die Gefahr des Datenmissbrauchs bei Diebstahl der Festplatten minimiert.

Änderungsjournal. NTFS führt genau Buch über jede Veränderung an Dateien und kann deshalb Fehler selbstständig korrigieren und beispielsweise Anti-Viren-Programme direkt unterstützen.

NTFS5

Wie Ihre aktuelle Situation aussieht, können Sie der DATENTRÄGERVERWALTUNG entnehmen. Sie finden sie unter SYSTEMSTEUERUNG | VERWALTUNG | COMPUTERVERWALTUNG (siehe Abbildung 2.2).

Konvertieren von FAT32 in NTFS5

Während die Konvertierung von NTFS4 nach NTFS5 automatisch bei der Installation von Windows 2000 vonstatten geht, müssen Sie eine FAT32-Partition »von Hand« konvertieren. Wie schon unter NT 4 wird dazu das Konvertierungswerkzeug CONVERT.EXE genutzt.

Installation und Einrichtung

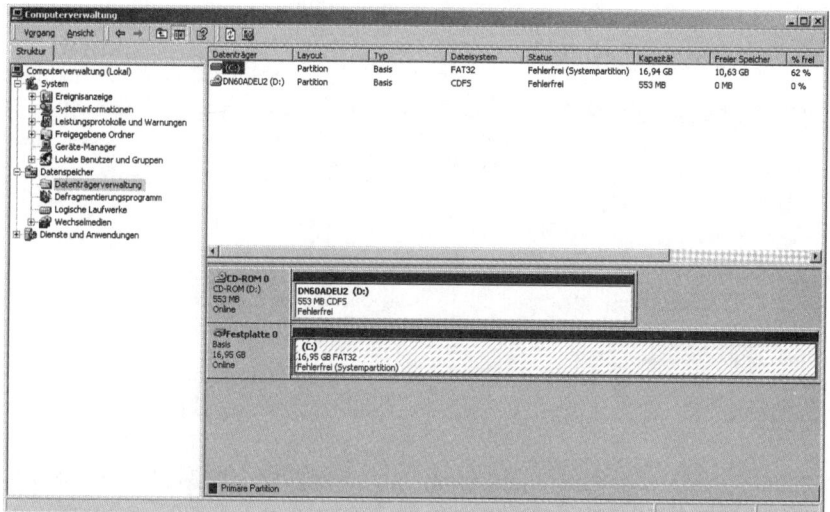

*Abbildung 2.2:
Die Datenträgerverwaltung unter Windows 2000*

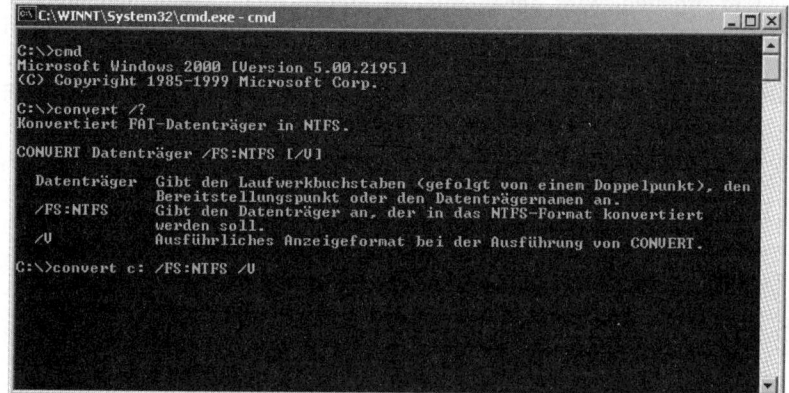

*Abbildung 2.3:
Konvertierung einer FAT-Partition nach NTFS mit convert.exe*

Netzwerkeinstellungen

Auch die Netzwerkeinstellungen sind für den Betrieb eines Entwicklungssystems von Bedeutung. Die Einrichtung ist unter Windows 2000 einfacher als unter NT, weil viele Plug&Play-Geräte erkannt werden und Windows die richtigen Treiber recht zuverlässig installiert. Um sicher zu gehen, dass Sie das System nutzen können, sollten Sie einige neuralgische Punkte vorher kontrollieren. Dieser Rundgang durch das Betriebssystem ist auch zu empfehlen, um die wichtigsten Elemente kennen zu lernen, wenn Windows 2000 neu für Sie ist.

Netzwerk- und DFÜ-Verbindungen

TCP/IP gehört standardmäßig zu den installierten Netzwerkprotokollen. Es wird entweder an den ISDN-Adapter, den DFÜ-Adapter (für das Modem)

TCP/IP

oder die Netzwerkkarte (für das lokale Netz) gebunden. Dies geschieht bei der Installation automatisch.

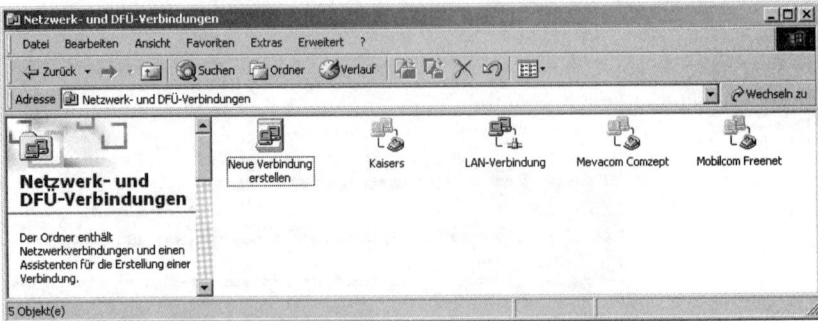

Abbildung 2.4: Die Netzwerkunterstützung ist unter Netzwerk- und DFÜ-Verbindungen zu finden.

Gehen Sie in der Systemsteuerung auf NETZWERK- UND DFÜ-VERBINDUNGEN und wählen Sie die zu bearbeitende Verbindung aus. Wenn Sie im lokalen Netz einen DHCP-Server haben oder direkt mit einer Verbindung zu einem Provider arbeiten, wird die IP-Adresse automatisch zugewiesen. Andernfalls ist es sinnvoll, einen Teil des Adresskreises 192.168.0.0 bis 192.168.255.255 zu nutzen. Sie erreichen die Einstellungen über das Menü DATEI | EIGENSCHAFTEN oder über das Kontextmenü des betreffenden Icons.

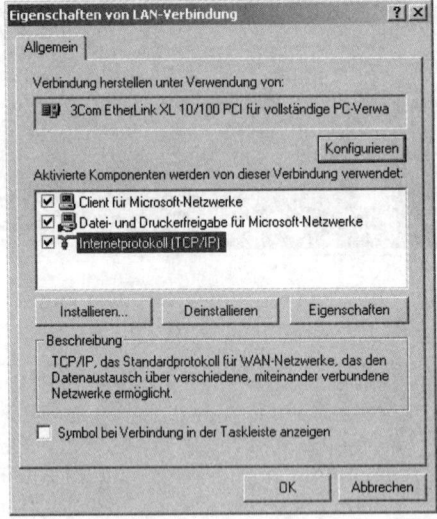

Abbildung 2.5: Einstellungen für eine Netzwerkverbindung

Sie können die entsprechenden Einstellungen auch mischen, also beispielsweise für das lokale Netzwerk feste IP-Adressen nutzen und für den Zugriff auf das Internet über eine Wählverbindung dynamische Adressen. Klicken Sie für die entsprechenden Einstellungen in dem in Abbildung 2.5 gezeigten Dialog auf EIGENSCHAFTEN.

Installation und Einrichtung

Modem oder ISDN-Adapter

Alle modernen Geräte sollte Windows 2000 automatisch erkennen und installieren. Ob ein Modem oder ISDN-Adapter korrekt installiert wurde, können Sie unter dem Icon TELEFON- UND MODEMOPTIONEN in der Systemsteuerung sehen. Wählen Sie die Registerkarte MODEM, um die installierten Geräte zu kontrollieren.

Telefon- und Modemoptionen

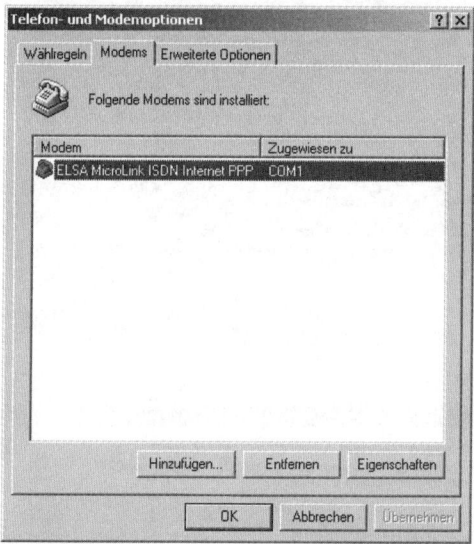

Abbildung 2.6: In diesem Dialog finden Sie alle installierten DFÜ-Geräte.

Sollte Ihr Modem nicht automatisch erkannt worden sein, können Sie es über die Schaltfläche HINZUFÜGEN dennoch installieren.

Verbindung zum Internet

Sind Netzwerk- oder DFÜ-Geräte installiert und TCP/IP aktiviert, steht der Verbindung ins Internet nichts mehr im Wege. Falls Ihre Station auch als Server im LAN zur Verfügung steht, sollten Sie die Maschine bereits erreichen. Klicken Sie nun im Fenster NETZWERK- UND DFÜ-VERBINDUNGEN auf das Symbol NEUE VERBINDUNG ERSTELLEN. Es startet ein Assistent, der Sie durch die insgesamt vier Schritte der Erstellung einer neuen DFÜ-Verbindung begleitet. Geben Sie für einen normalen Internetzugang folgende Daten ein:

Neue Verbindung erstellen

▸ Auswahl der Verbindungsart, normalerweise IN DAS INTERNET EINWÄHLEN (Dialog in Abbildung 2.7).

▸ Angabe der Rufnummer des Providers (Abbildung 2.8).

2 Einführung und Installation

- Freigabe des Modems/ISDN-Adapters für andere Benutzer im lokalen Netzwerk (Abbildung 2.9).
- Vergabe eines Namens für die Verbindung (Abbildung 2.10).

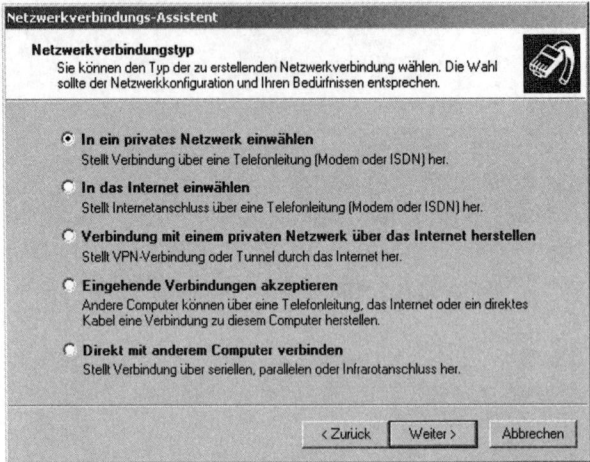

Abbildung 2.7:
Auswahl der
Verbindungsart

Abbildung 2.8:
Angabe der
Rufnummer für die
Verbindung

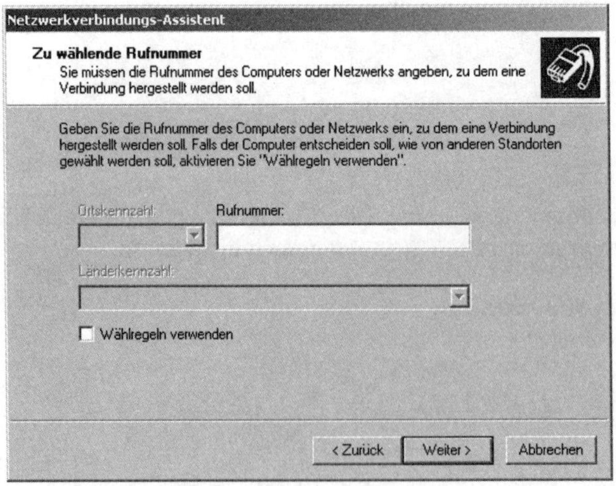

Zugriff auf das Internet

Sind alle Installationen erfolgt, prüfen Sie den Internetzugang und die Erreichbarkeit der lokalen Server. TCP/IP-Verbindungen testen Sie mit dem Werkzeug PING. Öffnen Sie dazu die MS-DOS-Eingabeaufforderung und geben Sie zuerst folgendes Kommando ein:

```
C:>ping 127.0.0.1
```

Installation und Einrichtung

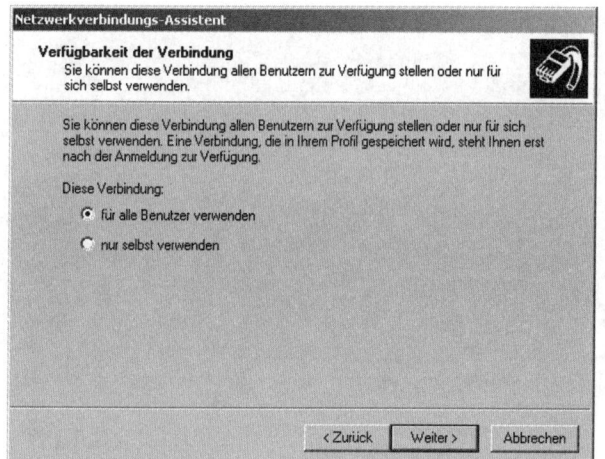

*Abbildung 2.9:
Freigabe der Verbindung für andere Nutzer*

*Abbildung 2.10:
Vergabe eines eindeutigen Namens*

Jetzt sollten Sie eine Anzeige ähnlich wie in Abbildung 2.11 sehen.

Wenn Sie die IP-Adressen anderer Stationen im Netzwerk testen, können die Antwortzeiten größer sein. Im lokalen Netz dürften aber keine Pakete verloren gehen. Wenn Sie dagegen Server im WWW ansprechen, sind Paketverluste nicht auszuschließen – 100% Verlust dagegen deutet auf ernsthafte Konfigurationsfehler hin.

2 Einführung und Installation

*Abbildung 2.11:
Test für das Protokoll TCP/IP mit Ping*

```
C:\WINNT\System32\cmd.exe
Microsoft Windows 2000 [Version 5.00.2195]
(C) Copyright 1985-1999 Microsoft Corp.

C:\>ping 127.0.0.1

Ping wird ausgeführt für 127.0.0.1 mit 32 Bytes Daten:

Antwort von 127.0.0.1: Bytes=32 Zeit<10ms TTL=128
Antwort von 127.0.0.1: Bytes=32 Zeit<10ms TTL=128
Antwort von 127.0.0.1: Bytes=32 Zeit<10ms TTL=128
Antwort von 127.0.0.1: Bytes=32 Zeit<10ms TTL=128

Ping-Statistik für 127.0.0.1:
    Pakete: Gesendet = 4, Empfangen = 4, Verloren = 0 (0% Verlust),
Ca. Zeitangaben in Millisek.:
    Minimum = 0ms, Maximum = 0ms, Mittelwert = 0ms

C:\>
```

2.3.2 Windows XP Professional als Entwicklungsplattform

Unter Windows XP Skripte entwickeln

Um Windows XP als Entwicklungsplattform nutzen zu können, müssen die Internet-Informationsdienste installiert werden. Gehen Sie dazu in der Systemsteuerung (beide Ansichten) auf das Symbol SOFTWARE und dann auf WINDOWS-KOMPONENTEN HINZUFÜGEN/ENTFERNEN.

Windows-Komponenten hinzufügen/entfernen

In der Liste der Windows-Komponenten wählen Sie dann den Eintrag INTERNET INFORMATIONSDIENSTE (IIS) aus und installieren die Komponente (siehe Abbildung 2.12). Der Assistent startet nun die Installation, wozu eventuell die Installations-CD benötigt wird.

*Abbildung 2.12:
Auswahl der Softwarekomponente Internet Informations-Dienste*

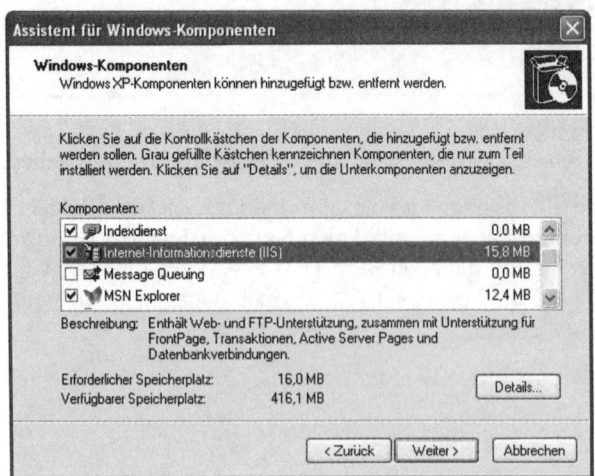

Testen Sie den Zugriff auf den lokalen Webserver jetzt mit dem Browser. Normalerweise genügt die Eingabe des Rechnernamens oder des Namens *localhost* in die Adresszeile des Browsers:

Entgegen der Beschreibung in der Hilfe wird der FTP-Dienst nicht mit installiert (Build 2505). Klicken Sie dazu im Installationsdialog (Abbildung 2.12) auf den Eintrag INTERNET-INFORMATIONSDIENSTE und dann auf DETAILS. Im folgenden Dialog können Sie kontrollieren, ob der FTP-DIENST aktiviert ist und die Auswahl gegebenenfalls korrigieren.

FTP-Dienste installieren

Hinweise zum Dateisystem

Die im Abschnitt 2.3.1 *Windows 2000 Professional als Entwicklungsplattform* gemachten Aussagen zum Dateisystem NTFS gelten uneingeschränkt auch für Windows XP. Lesen Sie dort nach, wie Sie die Festplatte für den Einsatz mit ASP vorbereiten. Wählen Sie in der Systemsteuerung die klassische Ansicht, um die Bezeichnungen wie unter Windows 2000 zu sehen.

2.4 Der Internet Information Server 5

> Herz jeder ASP-Installation ist der IIS 5. Dieser Abschnitt stellt den IIS vor und geht auch auf die neueste Version 5.1 ein, die mit Windows XP Professional ausgeliefert wird. Einige Grundkenntnisse zur Bedienung sind notwendig, um als Entwickler den späteren Einsatzfall gut simulieren zu können.

2.4.1 Komponenten des IIS 5.1

Die Steuerung erfolgt hier grundsätzlich über die Management Konsole. Ein eigenständiges Kontrollprogramm, wie beim Personal Web Server, gibt es nicht. Außerdem existieren zusätzliche Komponenten, die nur in der Serverversion enthalten sind.

Der IIS 5.1 ist mehr als nur ein Webserver

Die folgende Aufstellung zeigt die im IIS 5.1 verfügbaren Komponenten:

- FTP: Server für File Transfer Protocol (Datei-Server).
- HTTP: Server für Hypertext Transfer Protocol (WWW-Server).
- SMTP: Server für Simple Mail Transfer Protocol (E-Mail-Server).

Der Internet Information Server 5 im Überblick

Internet-Informationsdienste 5 verfügt über viele Features, mit deren Hilfe Webadministratoren skalierbare und flexible Webanwendungen erstellen können.

Sicherheit

- *Digestauthentifizierung*
  Die Digestauthentifizierung ermöglicht eine sichere und zuverlässige Authentifizierung von Benutzern über Proxyserver und Firewalls hinweg. Darüber hinaus sind der anonyme Zugriff, die HTTP-Standardauthentifizierung und die integrierte Windows-Authentifizierung (früher als Windows NT-Herausforderung/Rückmeldung und NTLM-Authentifizierung bezeichnet) weiterhin verfügbar.

- *Sichere Kommunikation*
  SSL (*Secure Socket Layer*) 3.0 und TLS (*Transport Layer Security*) bieten ein sicheres Verfahren zum Austausch von Informationen zwischen Clients und Servern. Darüber hinaus bieten SSL 3.0 und TLS dem Server die Möglichkeit, die Identität des Clients zu überprüfen, bevor sich Benutzer am Server anmelden. In IIS 5 werden Clientzertifikate sowohl für ISAPI als auch für Active Server Pages offen gelegt, so dass Programmierer die Benutzerzugriffe auf die Sites verfolgen können.

- *Festlegen der Verschlüsselungsstärke*
  Server-Gated Cryptography (SGC) stellt eine Erweiterung von SSL dar, durch die Unternehmen aus der Finanzwirtschaft, die eine Exportversion von IIS einsetzen, das Verwenden der hohen 128-Bit-Verschlüsselung ermöglicht wird. Die SGC-Funktionalität ist zwar in IIS 5.0 integriert, für das Verwenden von SGC ist jedoch ein besonderes SGC-Zertifikat erforderlich.

- *Kompatibilität mit Kerberos V5-Authentifizierungsprotokoll*
  IIS ist vollständig auf das Kerberos V5-Authentifizierungsprotokoll abgestimmt, das in Windows XP implementiert ist. Hierdurch wird es Ihnen ermöglicht, Authentifizierungsanmeldeinformationen zwischen verbundenen Computern zu übergeben, auf denen Windows ausgeführt wird.

- *Zertifikatsspeicher*
  Der IIS-Zertifikatsspeicher ist jetzt auf den Windows CryptoAPI-Speicher abgestimmt. Die Windows Zertifikatverwaltung stellt einen zentralen Startpunkt dar, der Ihnen das Speichern, Sichern und Konfigurieren von Serverzertifikaten ermöglicht.

- *Fortezza*
  Der IIS 5 unterstützt den als »Fortezza« bezeichneten Sicherheitsstandard der US-Regierungsbehörden. Dieser Standard definiert einen Verschlüsselungsmechanismus für die Sicherheitsarchitektur des »Defense Message System«, der die Vertraulichkeit, Integrität und Authentifizierung von Nachrichten und die Zugriffssteuerung für Nachrichten, Komponenten und Systeme ermöglicht. Diese Features können sowohl mit der Server- und Browsersoftware als auch mit PC-Cardbus-Karten implementiert werden.

▶ *Neustart von IIS*   **Administration**
Jetzt können Sie die Internetdienste neu starten, ohne dass ein Neustart des Computers erforderlich ist.

▶ *Sichern und Wiederherstellen von IIS*
Sie können die Metabasiseinstellungen sichern und speichern, so dass Sie problemlos einen sicheren und bekannten Zustand wiederherstellen können.

▶ *Konfigurationsoptionen*
Sie können Berechtigungen für Lese-, Schreib-, Ausführungs-, Skript- und FrontPage-Weboperationen auf Site-, Verzeichnis- oder Dateiebene festlegen.

▶ *Überwachen von Siteaktivität*
Echtzeitdiagramme, die Statistiken zur Siteaktivität anzeigen, beispielsweise die Anforderungen pro Tag, Anforderungen pro Stunde, Besucher pro Tag und Besucher pro Stunde.

▶ *Programmierbarkeit*
Vollständige Unterstützung für Active Server Pages, einschließlich verbesserter ASP-Komponenten und neuer Funktionalität zur Fehlerbehandlung.

▶ *Zentralisierte Administration*
Verwaltungstools für IIS verwenden die Managementkonsole (MMC). MMC bildet den Rahmen für die als Snap-Ins bezeichneten Programme, die von Administratoren zur Verwaltung von Servern verwendet werden. Sie können das IIS-Snap-In von einem Computer aus verwenden, auf dem Windows XP Professional ausgeführt wird, um einen Computer im Intranet zu verwalten, auf dem die Internet-Informationsdienste unter Windows 2000 Server ausgeführt werden.

▶ *Active Server Pages (ASP)*   **Programmierbar-**
Mit Hilfe serverbasierter Skripts und Komponenten können browserun- **keit**
abhängige, dynamische Inhalte erstellt werden. ASP bietet eine einfache Alternative zu CGI und ISAPI, da es Entwicklern von Webinhalten ermöglicht wird, jede Skriptsprache oder Serverkomponente in HTML-Seiten einzubetten. ASP ermöglicht den Zugriff auf alle HTTP-Anforderungs- und Antwortdatenströme sowie auf Datenbankkonnektivität, die auf Standards basieren, und bietet die Funktionalität, um Inhalte für unterschiedliche Browser anzupassen.

▶ *Neue Leistungsmerkmale bei ASP*
Active Server Pages verfügt über einige neue und verbesserte Features, mit deren Hilfe die Leistung verbessert und serverbasierte Skripts vereinfacht werden können.

▶ *Anwendungsschutz*
Der IIS 5 bietet bessere Schutzmechanismen und ermöglicht eine erhöhte Zuverlässigkeit für Webanwendungen. Standardmäßig führt IIS alle

2 Einführung und Installation

Anwendungen in einem gemeinsamen oder zusammengefassten Prozess aus, der von den Kern-IIS-Prozessen getrennt ist. Darüber hinaus können Sie weiterhin unternehmenswichtige Anwendungen isolieren, die außerhalb der Kern-IIS-Prozesse und des zusammengefassten Prozesses ausgeführt werden sollen.

- *ADSI 2.0*
  Administratoren und Anwendungsentwickler haben in IIS 5 die Möglichkeit, benutzerdefinierte Objekte, Eigenschaften und Methoden zu dem vorhandenen ADSI-Provider hinzuzufügen, wodurch die Flexibilität im Rahmen der Sitekonfiguration weiter erhöht wird.

Internetstandards

- *Auf Standards basierend*
  Microsoft Internet-Informationsdienste 5 ist mit dem Standard HTTP 1.1 kompatibel. Dies umfasst Features, wie beispielsweise PUT und DELETE, die Fähigkeit zur Anpassung von HTTP-Fehlermeldungen sowie die Unterstützung für benutzerdefinierte HTTP-Header.

- *WebDAV (Web Distributed Authoring and Versioning)*
  Ermöglicht Autoren das Erstellen, Verschieben oder Löschen von Dateien, Dateieigenschaften, Verzeichnissen und Verzeichniseigenschaften auf über eine HTTP-Verbindung.

- *PICS-Klassifikationen*
  Auf Sites, die Inhalte ausschließlich für ein erwachsenes Publikum enthalten, können Sie PICS (*Platform for Internet Content Selection*)-Klassifikationen anwenden.

- *FTP-Restart*
  Falls die Verbindung während der Dateiübertragung unterbrochen wird, können Dateidownloads mit Hilfe von FTP (*File Transfer Protocol*) nun wieder aufgenommen werden, ohne dass die gesamte Datei erneut gedownloadet werden muss.

Was ist neu im IIS 5.1?

Nur XP Professional: IIS 5.1

Der IIS 5.1 unterscheidet sich nur geringfügig von der Version 5.0. Die Unterschiede können Sie der folgenden Tabelle entnehmen.

Tab. 2.1: Unterschiede IIS 5.1 zu IIS 5.0

Funktion	Was ist neu?
Erweiterte Digest Authentifizierung	Die Speicherung der Kennwörter für die Authentifizierung erfolgt auch im Domaincontroller als MD5-Hash (zuvor waren die Kennwörter lesbar, wenn sich jemand des DC bemächtigen konnte). Dies greift allerdings nur, wenn der DC auch unter XP läuft; Windows 2000 Server reicht dazu nicht aus.
Backup	Das bislang über Scripting mögliche Sichern der Metabasis ist jetzt über ein Snap-In möglich.

Der Internet Information Server 5

Funktion	Was ist neu?
Template Caching	Die Cache-Funktionen von ASP sind besser kontrollierbar.
ADSI	Die Programmierschnittstelle ADSI des IIS 5.1 wurde erweitert.

Tab. 2.1: Unterschiede IIS 5.1 zu IIS 5.0 (Forts.)

Insgesamt sind die Änderungen überschaubar und dürften sich in der Praxis kaum auf laufende Software auswirken.

Der IIS-Dienstmanager

Unter Windows XP ist die Management Konsole ein integraler Bestandteil des Betriebssystems. Viele Systemfunktionen lassen sich über die Management Konsole steuern. Wählen Sie in der Systemsteuerung das Icon VERWALTUNG und im nächsten Fenster INTERNET-INFORMATIONSDIENSTE.

Sie können vom Snap-In des IIS 5.1 auch einen IIS 5.0 auf einem Windows 2000 Server verwalten. Dazu öffnen Sie die Konsole und klicken mit der rechten Maustaste auf den Eintrag INTERNET-INFORMATIONSDIENSTE. Wählen Sie im Menü die Funktion VERBINDEN.

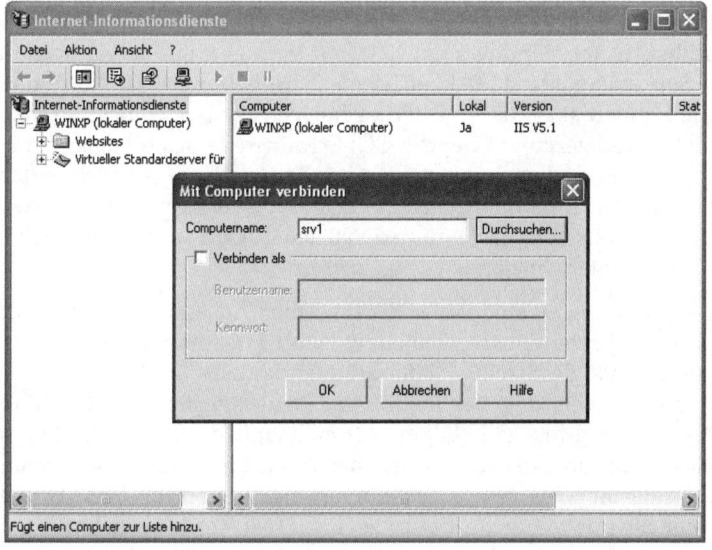

Abbildung 2.13: So verbinden Sie sich mit dem Internetdienste-Manager eines entfernten Computers

Nach dem die Verbindung zum Webserver hergestellt wurde, erscheint der Computer in der Liste und kann administriert werden. Öffnen Sie den gewünschten Server mit Klick auf das Pluszeichen und stellen Sie den Dienst nun ein.

2.4.2 Anwendungsprogramme unter IIS 5

Der IIS eignet sich auch zur Steuerung der Ausführung von Skripten und Programmen. Dabei werden verschiedene Varianten unterschieden, die je nach Anwendung zum Einsatz kommen. Active Server Pages sind dabei sicher die Standardoption – andere Anwendungen lassen sich aber parallel dazu einsetzen.

Erstellen von Anwendungen für Internet und Intranet

Wenn Sie Windows XP Professional einsetzen, können Sie Anwendungen für das Internet entwickeln und testen. Ein mit dem IIS installierter Computer kann aber auch als einfacher Webserver eingesetzt werden. Prinzipiell können folgende Quellen für den Abruf mit einem Browser bereit gestellt werden:

▶ Statische HTML-Seiten

▶ CGI-Programme

▶ ISAPI-Erweiterungen

▶ Active Server Pages

Statische HTML-Seiten
Statische HTML-Seiten werden – vereinfacht dargestellt – in einem bestimmten Verzeichnis abgelegt und stehen dann über den lokalen Webserver zur Verfügung.

CGI-Programme
CGI-Programme sind meist als Skripte mit einer bestimmten Skriptsprache ausgeführt. Unter Windows hat CGI nur eine geringe Bedeutung, da mit Active Server Pages und ISAPI effizientere Umgebungen zur Verfügung stehen. Sie können aber die im Internet frei verfügbaren Skriptsprachen Perl oder PHP einsetzen und über die CGI-Schnittstelle des IIS ablaufen lassen. Beide Sprachen sind auch in einer für Win32-Umgebungen optimierten und vorkompilierten Binärdistribution verfügbar. CGI-Programme starten den Interpreter der Skriptsprache für jeden Clientzugriff erneut. Dadurch ist die Ausführung unter Umständen sehr langsam.

ISAPI-Erweiterungen
ISAPI-Erweiterungen sind DLLs, die im selben Adressraum wie der IIS laufen. Solche Erweiterungen müssen Multithreading-fähig sein, damit mehrere Clients gleichzeitig damit arbeiten können. Im Gegensatz zu CGI startet die Anwendung bei mehreren Clientzugriffen nur ein Mal. Das Programmieren direkt in ISAPI erfolgt meist mit Visual C++ und ist relativ komplex – keinesfalls ist es eine Alternative für Einsteiger in der Webserverprogrammierung. Als reine Programmierumgebung ist es denkbar ungeeignet. Wenn Sie nur wenige Änderungen im HTML-Code vornehmen, müssen Sie dennoch die Anwendung komplett neu kompilieren. Einfacher und im Vergleich der Möglichkeiten optimal ist dagegen die Nutzung von Active Server Pages.

ISAPI-Filter
ISAPI-Filter sind eine Erweiterung des ISAPI-Konzepts. Filter liegen noch vor dem Webserver und können Ereignisse abfangen und vorverarbeiten, bevor

Der Internet Information Server 5

der Webserver diese verarbeitet. So könnten Sie Anforderungen an einen CGI-Interpreter modifizieren, bevor dieser den Zugriff erhält. ISAPI-Filter sind ebenfalls kompilierte DLLs und erden vorzugsweise in Visual C++ geschrieben.

Active Server Pages (ASP) vereinfachen die Softwareentwicklung erheblich. ASP selbst ist eine ISAPI-Anwendung (ASP.DLL) und nutzt die Vorteile. Der Programmierer kann dagegen mit einer einfachen Skriptsprache arbeiten (VBScript oder JScript).

Active Server Pages

Assoziation von Anwendungen

Egal für welche Umgebung Sie sich entscheiden, der IIS muss wissen welche Erweiterung – CGI oder ISAPI spielt hier keine Rolle – mit welchem Programm verknüpft ist. Für ASP ist das nicht gesondert einzustellen, das erledigt das Installationsprogramm. Bei anderen Programmen muss die Verknüpfung evtl. von Hand eingestellt werden.

Die Verknüpfung erfolgt unter ANWENDUNGSZUORDNUNGEN im Dialog ANWENDUNGSKONFIGURATION der Standardwebsite oder des Zweiges WEBSITES. Im Dialog EIGENSCHAFTEN wechseln Sie auf die Registerkarte Basisverzeichnis und dort wählen Sie die Schaltfläche KONFIGURATION. Der IIS 5.1 in Windows XP Professional kann nur eine Website verwalten, sodass diese Einstellung immer global gültig ist.

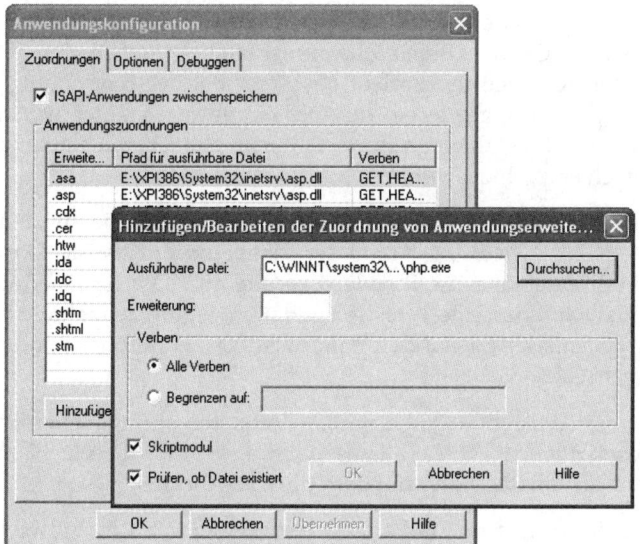

Abbildung 2.14: Zuordnung von Dateierweiterungen zu CGI-Programmen

2 Einführung und Installation

Es ist möglich, eigene Dateierweiterungen zu verwenden – auch solche, die standardmäßig nicht einer bestimmten Anwendung zugeordnet sind. Wenn Sie sich die bereits vorhandene Verknüpfung von .ASP mit ASP.DLL anschauen, können Sie dieses Verfahren leicht auf andere Erweiterungen übertragen.

2.4.3 Webseiten veröffentlichen

Die Standardeinstellungen

Die wichtigste Anwendung des IIS ist die Veröffentlichung von Webseiten. Eine Standardwebsite ist bereits vorbereitet. Diese zeigt auf das Stammverzeichnis des Webservers:

```
c:\inetpub\wwwroot
```

Wenn Sie HTML-Dokumente in diesem Verzeichnis ablegen, können Sie diese über folgende Adresse im Browser abrufen:

```
http://servername/dokument.html
```

Die interne Struktur bleibt also vor den Augen des externen Betrachters verborgen. Das ist schon allein aus Sicherheitsgründen notwendig, bietet aber auch andere Vorteile, die sich allgemein aus virtuellen Verzeichnissen ergeben. Dazu nachfolgend mehr.

Virtuelle Verzeichnisse

Virtuelle Verzeichnisse verknüpfen einen nach außen sichtbaren Pfad mit einem internen Ordner. Einen Zusammenhang zwischen der Tiefe, dem Namen oder der Lage muss nicht bestehen. Bei der Einrichtung sind Sie auch nicht darauf angewiesen, die Ordner physisch unter WWWROOT zu platzieren. Aus Sicherheitsgründen und zur einfacheren Organisation ist dies dennoch empfehlenswert.

Um ein neues virtuelles Verzeichnis anzulegen, gehen Sie auf den Eintrag INTERNET-INFORMATIONSDIENSTE in der Management Konsole. Dort wählen Sie den Webserver und die Standardwebsite aus. Der IIS in Windows XP Professional kann nur eine Website verwalten. Wenn Sie mehrere Sites hosten möchten, müssen Sie auf den Windows 2000 Server oder Windows .Net-Server wechseln.

Es startet ein Assistent, der die nötigen Angaben abfragt. Zuerst wird der Name des virtuellen Verzeichnisses abgefragt. Unter diesem Namen wird der Nutzer die Inhalte später mit dem Browser abrufen.

Jetzt wird der physische Pfad angegeben. Dieser kann irgendwo im Netzwerk liegen, auch auf anderen Servern, die über das Windows Netzwerk verbunden sind.

Der Internet Information Server 5

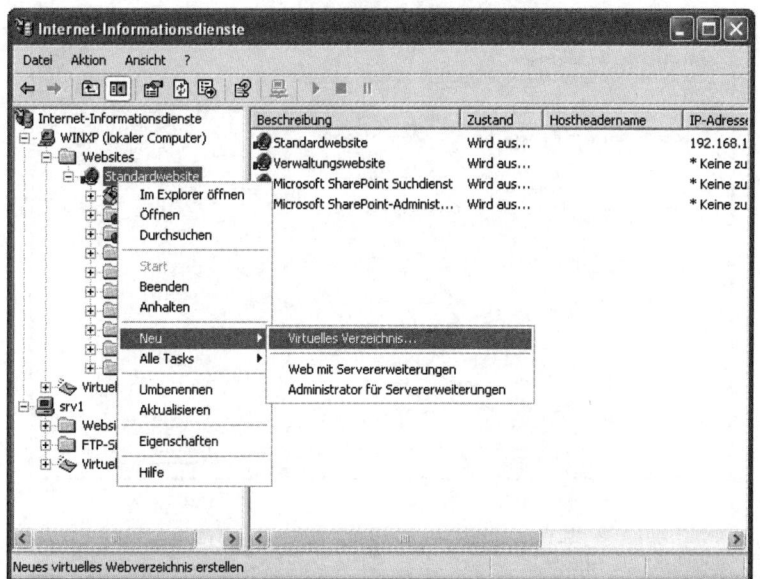

Abbildung 2.15:
Anlegen eines virtuellen Verzeichnisses im IIS 5.1

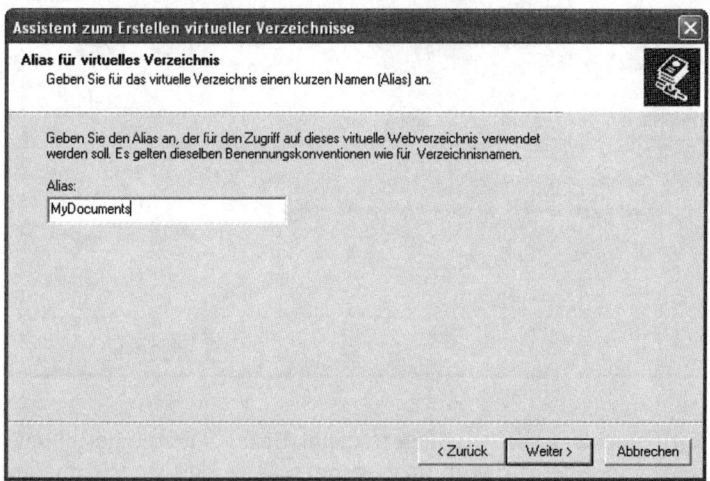

Abbildung 2.16:
Name des virtuellen Verzeichnisses

Dem dritten Schritt sollten Sie besondere Aufmerksamkeit widmen. Hier werden die Zugriffsrechte eingestellt. Der IIS wird dabei mit einem besonderen Konto angesprochen: IUSR_Machine, wobei *Machine* für den Namen des Computers steht. Das Kennwort wird automatisch erzeugt.

Zugriffsrechte

2 Einführung und Installation

*Abbildung 2.17:
Der physische Pfad,
mit dem das virtuelle Verzeichnis
verknüpft ist*

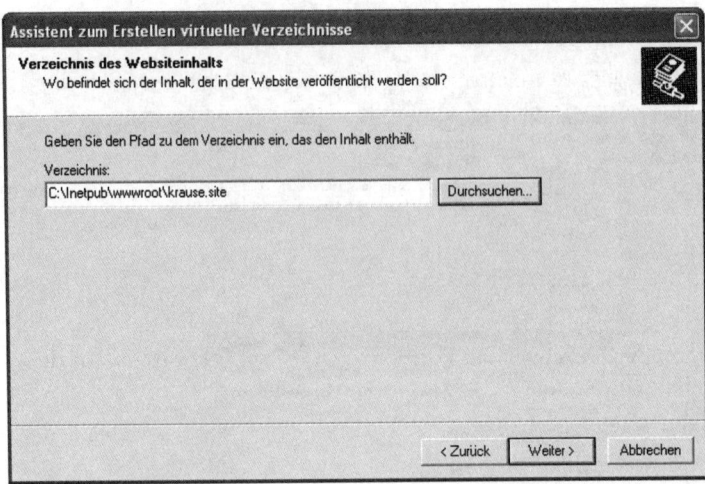

*Abbildung 2.18:
Zugriffsrechte für
den Webnutzer*

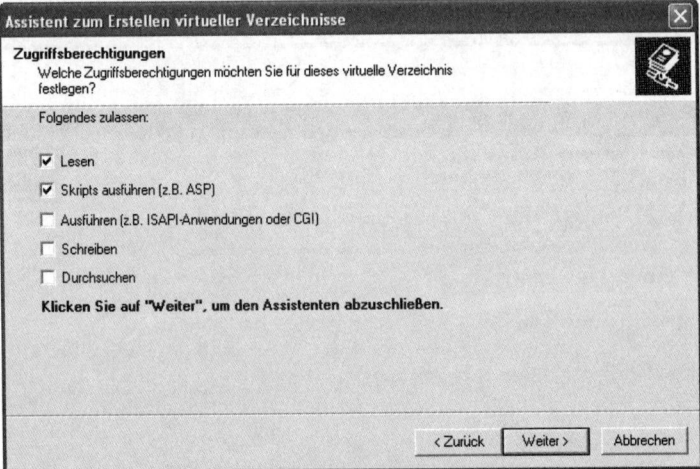

Die Zugriffsrechte des IIS überlagern dabei die im NTFS eingestellten. Ohne weitere Angaben wird davon ausgegangen, dass das Verzeichnis anonym genutzt werden soll. Im IIS stellen Sie folgende Rechte ein (siehe Abbildung 2.18):

- LESEN
  Leserechte erlauben die Übertragung von Dateien vom Webserver zum Browser.

- SKRIPTS AUSFÜHREN
  Dieses Recht erlaubt die Ausführung von ASP-Skripten oder anderen per ISAPI eingebundenen Skriptmodulen.

▶ AUSFÜHREN
Dieses Recht erlaubt die Ausführung von ausführbaren Programmen, beispielsweise EXE-Dateien oder CGI-Skripten, die ihrerseits ausführbare Programm starten sowie von ISAPI-Applikationen.

▶ SCHREIBEN
Mit Schreibrechten können Benutzer Dateien in dem Verzeichnis ablegen. Das kann normalerweise nicht per Browser erfolgen, sondern nur mit besonderen Werkzeugen (wie FrontPage) oder durch Skripte. Das setzt voraus, dass der Browser das HTTP-Kommando PUT beherrscht.

▶ DURCHSUCHEN
Erlaubt das Durchsuchen von Verzeichnissen. Dazu mehr auf der nächsten Seite.

Jetzt können sie den Assistenten abschließen und das Verzeichnis wird erzeugt. Alle Optionen lassen sich später noch ändern. Dazu gehen Sie in den EIGENSCHAFTEN-Dialog des Verzeichnisses.

Standard-Dateien

Wenn Sie nur einen Server angeben (*www.comzept.de*) ist das eigentlich keine vollständige Adresse. Sie müssen die Datei und möglicherweise einen Pfad angeben. Das in der Praxis nur selten eine solche Angabe nötig wird, ist einem simplen Trick zu verdanken. Der Webserver kennt Standardnamen für Dateien. Erfolgt nun eine solche unvollständige Anforderung, wird aus der Liste der Standarddateien ein Dateiname genommen und dieser im Verzeichnis gesucht. Ist eine Datei mit diesem Namen vorhanden, wird sie ausgeliefert. Misslingt der Versuch, wird die nächste Datei in der Liste genommen, bis keine Auswahl mehr besteht. Erst dann wird eine HTTP-Fehlermeldung (404 Datei nicht gefunden) erzeugt.

Standarddateien einrichten

Gehen Sie im EIGENSCHAFTEN-Dialog des virtuellen Verzeichnisses auf die Registerkarte DOKUMENTE. Dort können Sie eine Liste der Standardnamen eingeben:

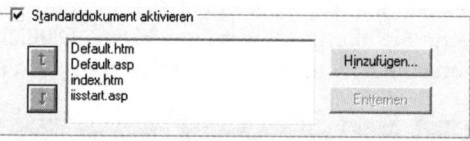

Abbildung 2.19: Liste der Standarddokumente

Durchsuchen

Wenn Sie Webseiten entwickeln, kann diese Arbeitsweise lästig sein. Einfacher wäre es dann, wenn der Browser eine Liste von Dateien anzeigt. Dies erreichen Sie, indem die Option DURCHSUCHEN aktiviert wird. Das hebt allerdings den Mechanismus mit den Standarddateien nicht auf. Sie müssen also auf Standarddateien verzichten, wenn Sie immer die Dateiliste sehen möchten. Dazu löschen Sie die Option STANDARDDOKUMENT AKTIVIEREN (siehe dazu Abbildung 2.19). Die Zugriffsrechte lassen sich jedoch auch über das Dateisystem – NTFS vorausgesetzt – regeln. Dabei ist die jeweils restriktivere Einstellung maßgebend.

2.4.4 FTP-Dienste anbieten

Der IIS kann auch als FTP-Server arbeiten. Im lokalen Netz macht das nicht sehr viel Sinn, im Intranet schon eher, wenn einige Clients über FTP-Software verfügen. Auch für diesen Server wurde bereits bei der Installation eine Verknüpfung mit einem Verzeichnis eingerichtet. Das Stammverzeichnis finden Sie hier:

```
c:\inetpub\ftproot
```

Aufrufen können Sie den Inhalt, wenn Sie im Browser oder einem FTP-Programm den folgenden Namen eingeben:

```
ftp://servername/
```

Der Zugriff erfolgt auch hier anonym, was grundsätzlich erlaubt und möglich ist. Der anonyme Nutzer hat nur Leserechte.

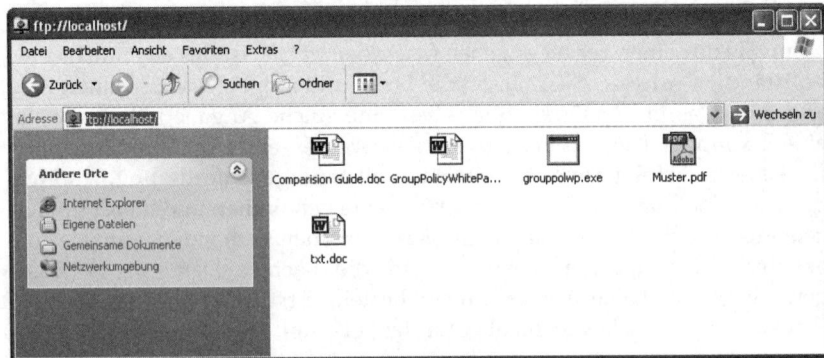

Abbildung 2.20: Der Internet Explorer beim Zugriff auf FTP

Der Internet Explorer zeigt die Dateien auf einem FTP-Server ähnlich wie im Arbeitsplatz an. Auf der linken Seite werden Verbindungsangaben gezeigt, beispielsweise der Benutzername, wenn es sich um eine geschützte Verbindung handelt. Wenn Sie allerdings mit Drag&Drop Dateien hineinkopieren und keine Schreibrechte haben, erhalten Sie eine typische Fehlermeldung:

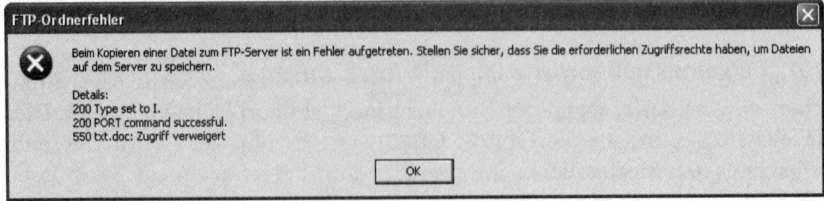

Abbildung 2.21: FTP-Server sind standardmäßig nur lesbar

Berechtigungen vorhandener Verzeichnisse einstellen

Der Berechtigungs-Assistent

Auch für den FTP-Server können Sie virtuelle Verzeichnisse einrichten. Dies unterscheidet sich kaum von der bei den Webverzeichnissen beschriebenen Prozedur. Sie müssen sich auch nicht an die Struktur der Unterverzeichnisse

Der Internet Information Server 5

halten und weitere Ordner unterhalb von FTPROOT ablegen. Statt dessen wäre auch ein Zugriff per FTP auf dasselbe Verzeichnis wie per HTTP denkbar. Nutzen Sie den Berechtigungs-Assistenten, um die Rechte eines vorhandenen Verzeichnisses einzustellen. Sie erreichen den Assistenten über das Kontextmenü eines virtuellen Verzeichnisses oder des Eintrags STANDARD-FTP-SITE. Klicken Sie auf ALLE TASKS | BERECHTIGUNGS-ASSISTENT. Sie haben zwei Optionen:

▶ ALLE SICHERHEITSEINSTELLUNGEN ERBEN
Diese Option ist nur sinnvoll, wenn ein übergeordnetes Verzeichnis bereits mit entsprechenden Rechten versehen wurde.

Schritt 1

▶ NEUE SICHERHEITSEINSTELLUNGEN MITHILFE EINER VORLAGE AUSWÄHLEN
Diese Option legt einen typischen Standardfall fest. Derzeit ist im IIS 5.1 nur eine solche Vorlage verfügbar. Diese erlaubt Administratoren Vollzugriff; allen anderen Benutzern werden Leserechte (im FTP-Jargon »Downloadrechte«) erteilt.

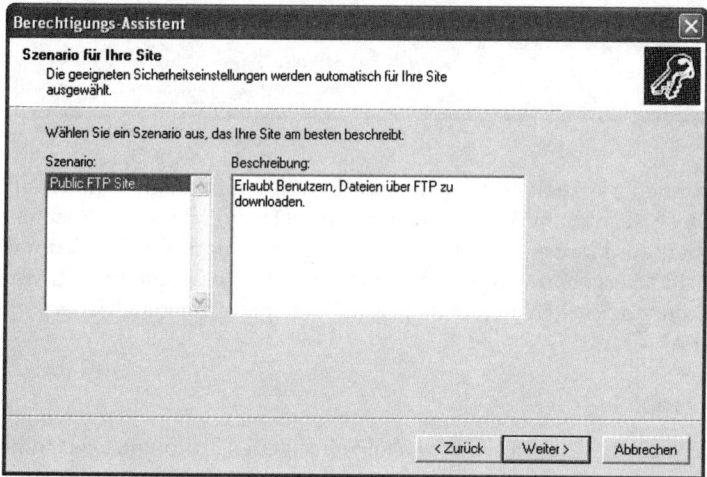

Abbildung 2.22: Auswahl eines Szenarios im Berechtigungs-assistenten

Im letzten Schritt können Sie entscheiden, ob die Berechtigungen hinzugefügt oder exklusiv genutzt werden sollen.

Anlegen eines neuen virtuellen FTP-Verzeichnisses

Das Anlegen eines neue FTP-Verzeichnisses kann über das Kontextmenü, Funktion NEU | VIRTUELLES VERZEICHNIS erfolgen. Es startet auch hier ein Assistent, der die wichtigsten Daten abfragt:

▶ ALIAS
Legen Sie den Namen fest, der nach außen – also im Internet – sichtbar wird.

▶ PFAD
Hiermit wird der Alias mit einem physischen Pfad verknüpft.

2 Einführung und Installation

▶ Zugriffsrechte LESEN und SCHREIBEN
Stellen Sie hier ein, ob Lese- und Schreibrechte (unabhängig voneinander) vergeben werden. Dies ist eine globale Einstellung. Nur wenn hier Schreibrechte bestehen, können diese später einzelnen Nutzern explizit gegeben oder entzogen werden.

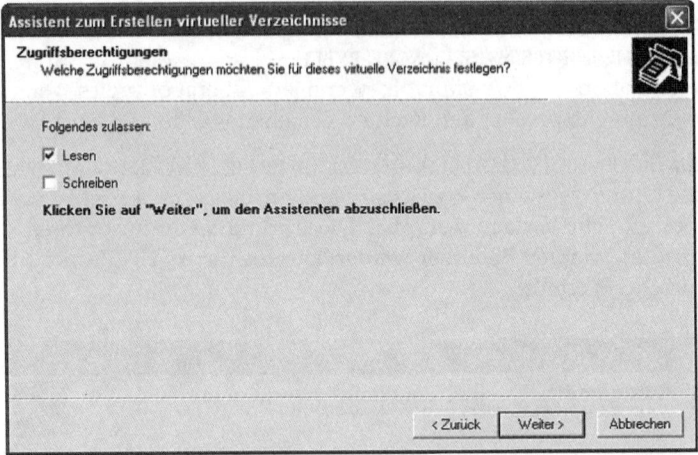

Abbildung 2.23:
Rechte für FTP-Zugriffe

Hier können Sie auch entscheiden, ob Benutzern Schreibrechte erteilt werden. Diese Rechte überlagern auch die im NTFS verfügbaren Rechte. Wenn dort überhaupt keine Zugriffsmöglichkeiten definiert wurden, kann der IIS dies nicht übergehen. Um den Umgang mit diesen Vorgängen zu vereinfachen, können Sie den Berechtigungsassistenten einsetzen (siehe vorhergehender Abschnitt).

FTP-Protokolle

Der FTP-Server schreibt seine Daten in ein eigenes Protokoll. Das Stammverzeichnis ist:

```
%windir%\system32\LogFiles
```

Dort finden Sie mindestens das Verzeichnis \MSFTPSVC1. Jeder Dienst, der installiert wird, erzeugt ein weiteres Verzeichnis nach dem Schema MSFTPSVCXX, wobei XX eine fortlaufende Nummer ist. Dies erlaubt die Trennung der Protokolle für mehrere Domains. Haben Sie nur eine Domain oder arbeitet der IIS im lokalen Intranet, gibt es nur ein Verzeichnis.

Die Einrichtung der Protokolle erfolgt über die Management Konsole. Im Dialog EIGENSCHAFTEN können Sie auf der Registerkarte Website die Protokollierung aktivieren, das Protokollformat auswählen und festlegen, wie das Protokoll abgespeichert wird.

Dialog und Einstellmöglichkeiten entsprechen den beim Webserver gezeigten (siehe dazu Abschnitt *Protokolle* ab Seite 96).

2.4.5 Verzeichnis- und Dateisicherheit des Webservers

Das Sicherheitskonzept des IIS stützt sich vollständig auf das von NTFS. Es ist äußerst bedenklich, den IIS auf FAT32-Partitionen einzusetzen. Aber auch dort gelten zumindest die im IIS eingestellten Restriktionen.

Nach dem Anlegen eines Verzeichnisses, das später ein virtuelles Verzeichnis im IIS werden soll, werden nur die Standardberechtigungen übernommen:

Abbildung 2.24: Standardberechtigungen, wenn der Administrator ein Verzeichnis anlegt

Die Pseudogruppe JEDER hat dabei kaum eingeschränkte Rechte: LESEN/ AUSFÜHREN, ORDNERINHALT AUFLISTEN, LESEN UND SCHREIBEN. Diese Gruppe existiert nicht tatsächlich, sondern dient nur als Ersatz für alle registrierten Benutzernamen. Der Zugriff funktioniert also nur, wenn sich ein Benutzer anmeldet, der im System bekannt ist. Wenn der Browser einen Zugriff verlangt, erkennt der IIS, dass kein Benutzername und Kennwort übertragen wurde. Er setzt dann beim Zugriff auf die Ressource automatisch den Benutzernamen IUSR_Machine ein. Da dies ein registrierter Benutzer ist, gehört er auch zur Pseudogruppe JEDER. Die umfangreichen Standardrechte bedeuten aber auch, dass jeder registrierte Benutzer weitgehend zugreifen darf.

> Wenn Sie den EIGENSCHAFTEN-Dialog öffnen und die Registerkarte SICHERHEIT nicht sehen, gehen Sie folgendermaßen vor: Öffnen Sie das Menü EXTRAS des Arbeitsplatzes und wählen dann ORDNEROPTIONEN. Im folgenden Dialog wechseln Sie zur Registerkarte ANSICHT.

Die Registerkarte Sicherheit fehlt?

2 Einführung und Installation

Suchen Sie dort die Option EINFACHE DATEIFREIGABE VERWENDEN (EMPFOHLEN). Deaktivieren Sie diese Option. Klicken Sie dann auf FÜR ALLE ÜBERNEHMEN und schließen den Dialog mit OK.

Ein expliziter Eintrag des Nutzers IUSR_Machine macht also keinen Sinn, wenn der Zugriff für JEDER erlaubt ist. Wenn Sie aber neuen Verzeichnissen Rechte komplett neu vergeben oder einen zuvor platzierten Schutz aufheben, tragen Sie IUSR_Machine ein.

Der Berechtigungsassistent für Websites

Der Berechtigungsassistent stellt Zugriffberechtigung für virtuelle Verzeichnisse ein. Den Berechtigungsassistenten können Sie starten, indem er im Kontextmenü eines Ordners oder virtuellen Verzeichnisses im Menü ALLE TASKS aufgerufen wird.

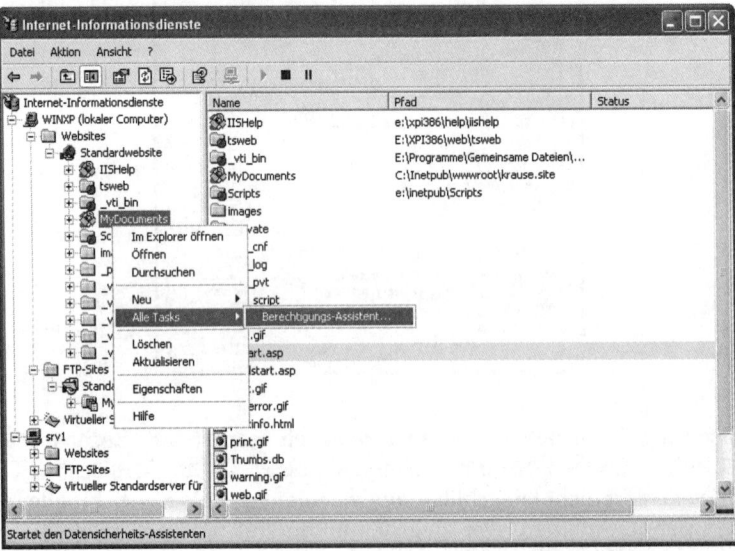

Abbildung 2.25: Start des Berechtigungsassistenten in der Managementkonsole

Sie können nun auswählen, wie die Rechte des Verzeichnisses eingestellt werden:

▶ SICHERHEITSEINSTELLUNGEN ERBEN

▶ SICHERHEITSEINSTELLUNGEN MIT HILFE EINER VORLAGE AUSWÄHLEN
Die folgenden beiden Vorlagen können Sie verwenden:

  ▶ PUBLIC WEB SITE
  Dies ist die Standardkonfiguration für eine öffentliche Website. Der Zugriff ist anonym möglich und Benutzer können alle Dateien lesen. Die Ausführung von ASP-Skripten ist möglich. Nur der Administrator hat die volle Kontrolle über die Site.

▶ SECURE WEB SITE
Diese Konfiguration ist für Sites, die einem beschränkten Nutzerkreis zugänglich sind, beispielsweise in einem Extranet. Verwendet wird die integrierte Windows-Authentifizierung.

Der Ablauf der Authentifizierung ist ein Wechselspiel zwischen Webserver und Browser. Verlangt der Browser eine geschützte Ressource, so reagiert der Webserver nicht wie üblich mit dem Status »200«, sondern mit »403 Zugriff verboten«. Das führt nicht sofort zu einer Fehlermeldung. Zuerst wird der Browser den ihm bekannten Anmeldenamen und das Kennwort senden. Wenn Sie als Administrator angemeldet sind, sollte der Zugriff so immer gelingen; Sie werden dann auch bei geschützten Seiten im lokalen Netz oder auf dem eigenen Computer nicht zur Eingabe von Benutzernamen und Kennwort aufgefordert. Misslingt dieser Versuch, öffnet der Browser ein Dialogfenster, mit dem er Nutzername und Kennwort abfragt. Diese Angabe wird dann an den Server gesendet. Der überprüft die Rechte und antwortet dann wiederum mit »200« oder »403«.

Ablauf der Authentifizierung

Abbildung 2.26: Der Browser fordert Name und Kennwort für eine geschützte Site an

Beachten Sie, dass bei der Standard-Authentifizierung Kennwörter im Klartext über das Netz gehen. Wegen der Übertragung von Umlauten werden diese zwar mit dem Verfahren Base64 kodiert, derart dargestellte Zeichenfolgen sind aber mit einfachsten Mitteln auch von Laien zu übersetzen. Verwenden Sie nur die integrierte Windows-Authentifizierung, wenn Sie den Internet Explorer (ab Version 5.0) als Client einsetzen.

Andere Methoden

Wenn Sie im Web surfen und geschützte Seiten besuchen, finden Sie oft andere Methoden. Meist werden einfache HTML-Formulare eingesetzt, und die Authentifizierung erfolgt nicht über ACLs, sondern über eine Datenbank in Verbindung mit ASP-Skripten. Diese Methode ist flexibler und leichter steuerbar – vorausgesetzt man kann Skripte programmieren. Außerdem können Sie leicht eine größere Anzahl Nutzer verwalten, was mit der integrierten Benutzerverwaltung von Windows XP nicht ganz einfach ist.

2 Einführung und Installation

Einen dritten Weg zum Schutz bietet Active Directory. Wenn Windows XP Professional Zugriff auf einen Domänencontroller mit Active Directory hat, wird die Authentifizierung dort überprüft. Das ist natürlich kein typischer Fall, denn wenn ein solcher Server im Netz vorhanden ist, gibt es keinen Grund, kleinere Computer als Webserver einzusetzen. Für eine Entwicklungsstation ist umgekehrt die Authentifizierung nicht so interessant.

Protokolle

Die Systemsicherheit kann auch durch Prüfung der Protokolle erfolgen. Abgesehen davon enthalten Protokolle vielfältige Informationen über die Besucher der Website. Webserver und FTP-Server schreiben getrennte Protokolle.

Webserver Der Webserver legt Protokolle standardmäßig in folgendem Pfad ab:

%windir%\system32\LogFiles

Dort finden Sie mindestens das Verzeichnis \W3SVC1. Jeder Dienst, der installiert wird, erzeugt ein weiteres Verzeichnis nach dem Schema W3SVCXX, wobei XX eine fortlaufende Nummer ist. Dies erlaubt die Trennung der Protokolle für mehrere Domains. Haben Sie nur eine Domain oder arbeitet der IIS im lokalen Intranet, gibt es nur ein Verzeichnis.

Protokolle einrichten Die Einrichtung der Protokolle erfolgt über die Management Konsole. Im Dialog EIGENSCHAFTEN können Sie auf der Registerkarte WEBSITE die Protokollierung aktivieren, das Protokollformat auswählen und festlegen, wie das Protokoll abgespeichert wird.

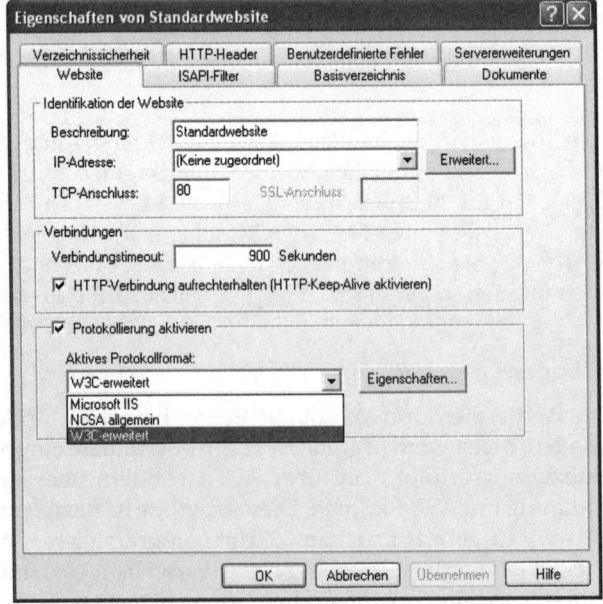

Abbildung 2.27: Kontrolle der Protokollierung der Zugriffe auf die Website

Der Internet Information Server 5

Als Protokollformat sollten Sie die Voreinstellung W3C-ERWEITERT belassen. Dieses Format können viele Analyseprogramme lesen.

Über die Schaltfläche EIGENSCHAFTEN können Sie folgendes kontrollieren:

- Die Daten, die vom Protokoll erfasst werden
- Speicherort
- Format des Dateinamens
- Speicherzyklus

Der Speicherzyklus hängt davon ab, wie groß Ihre Protokolle werden. Wenn Sie täglich einige Megabyte Protokolldaten haben und den Dateinamen nur monatlich wechseln, gestaltet sich die Weiterverarbeitung unter Umständen schwierig. Bedenken Sie, dass jeder Zugriff auf eine Website bei voller Protokollierung einige KByte an Daten erzeugt.

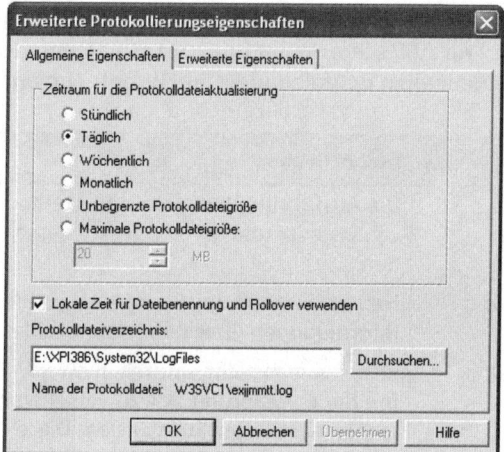

Abbildung 2.28: Dateiformat, Speicherort und Zyklus für Protokolle

Die Protokolle können mit verschiedenen Werkzeugen gelesen werden. Es gibt im Internet Dutzende Programme, die jede Protokollart eines Webservers komfortabel auswerten.

> Eine detaillierte Darstellung finden Sie im Buch *Internet Information Server 5*, von Jörg Krause und Uwe Bünning, ISBN 3-446-21395-3.

2.4.6 Active Server Pages und der IIS 5.1

ASP-Skripte sind in HTML-Seiten eingebettete Befehlsfolgen. Wenn eine solche Datei dann die Endung .ASP erhält, entsteht eine ASP-Datei. Die Zuordnung zwischen dieser Dateierweiterung und der ASP-Engine erfolgt im IIS. Die neue Version 5.1 wirkt sich deshalb in einige Details auch auf die ASP-Programmierung aus.

2 Einführung und Installation

Was ist neu im IIS 5.1?

Gegenüber dem IIS 5.0 wurden nur wenige Änderungen integriert. Dennoch ging der Versionswechsel nicht völlig spurlos am IIS vorüber.

Verhalten des Standarddokuments

Es war bisher notwendig, bei der Übergabe von Parametern ein Dokument anzugeben, obwohl ein Standarddokument eingerichtet war. Diese Aufrufe hatten die folgende Form:

```
http://www.meinserver.de/default.asp?attribute=parameter
```

Ab Version 5.1 können die Aufrufe auch ohne Angabe des Dokuments erfolgen. Dann sucht der IIS das Standarddokument und hängt die Parameter wieder an:

```
http://www.meinserver.de/?attribute=parameter
```

Beachten Sie, dass im Gegensatz zu Apache-Webserver das Fragezeichen zur Trennung der Parameterschlange nicht entfallen darf.

Neu in der ASP-Welt

Diese Buch bietet keine ausführliche Darstellung von ASP. Dafür gibt es genug Literatur. Wer ASP schon kennt und nun auf XP entwickeln will, kann die wichtigsten Neuheiten der folgenden Tabelle entnehmen.

Tab. 2.2: Neu in ASP unter Windows XP

Funktion	Bedeutung
Ablaufkontrolle	Die Ausführung kann mit den Methoden Server.Transfer und Server.Execute besser gesteuert werden.
Fehlerbehandlung	Neu ist die Methode Server.GetLastError, die mehr Informationen über den letzten Fehler bietet.
Statischer Inhalt	Bisher war es nicht empfehlenswert, statische Seiten mit der Erweiterung .ASP zu versehen, weil sie dann langsamer ausgeführt werden. Diese Beschränkung gibt es nun nicht mehr.
Verbesserte Komponenten	Die meisten installierbaren Komponenten sind im Hinblick auf die Geschwindigkeit aktualisiert.
XML-Integration	Ein ISAPI-Filter unterstützt XML-Verarbeitung direkt.
Script Componenten	Mit Hilfe der Windows Script Componenten können nun COM-Objekte mit Scripting erstellt werden.
Browsererkennung	Die Browsererkennung wurde verbessert und kann nun tatsächlich aktive Funktionen erkennen.
Besseres Include	Statt der SSI-Anweisung #INCLUDE kann nun ein serverseitiges Skript-Tag verwendet werden.

Der Internet Information Server 5

Funktion	Bedeutung
Sprachunterstützung	Die Unterstützung für fremdländische Zeichensätze wurde verbessert, um mehrsprachige Webseiten bauen zu können.
Skriptschutz	Die Codierung von Skripten ist nun möglich. Dadurch können Entwickler ihr geistiges Eigentum besser schützen.

Tab. 2.2: Neu in ASP unter Windows XP (Forts.)

Die Änderungen sind vollständig abwärtskompatibel, für den IIS 5.0 entwickelte Skripte laufen unverändert im IIS 5.1 ab. Für den IIS 4.0 zugeschnittene Applikationen müssen in wenigen Details angepasst werden.

3 Basiswissen für Softwareentwickler

In diesem Kapitel werden die Grundlagen für die Programmierung von Webseiten vermittelt – HTML, Cascading Style Sheets (CSS) und XML. Dieses Wissen wird in den anderen Kapiteln des Buches vorausgesetzt. Wenn Sie die entsprechenden Techniken gut kennen, können Sie dieses Kapitel überspringen.

3.1 Die Sprache des Web – HTML

Ohne HTML, kein ASP, so könnte man es auf eine einfache Formel bringen. Wenn Sie mit ASP irgendeine Ausgabe zum Browser hin programmieren, wird HTML die benutzte Sprache sein. HTML hat maßgeblichen Einfluss auf die Layoutmöglichkeiten und damit das Erscheinungsbild des Gesamtprojekts.

3.1.1 Eine Einführung in HTML

Dieser Abschnitt zu HTML soll auf ein grundlegendes Problem aufmerksam machen, das mir in meiner Arbeit mit ASP und dort vor allem bei Schulungen immer wieder begegnet ist. Eine der elementarsten Voraussetzungen zur Programmierung von ASP sind gute HTML-Kenntnisse. Sie *müssen* HTML beherrschen, sonst werden Ihre ASP-Skripte kaum sinnvolle Ausgaben produzieren. Da einige Neu- und Quereinsteiger das nicht kennen, habe ich diesen Crashkurs in HTML eingefügt. Der Vorteil für Sie: Mit dem hier vermittelten kompakten Wissen können Sie schnell zumindest minimale Grundlagen erlernen, ohne wieder zu einem anderen Buch greifen zu müssen und vor allem ohne das Risiko, sich in den endlosen Problemen mit HTML zu verlieren.

Alle anderen Leser, die HTML kennen und dieses Kapitel unpassend empfinden, seien auf diese Erfahrung aus der Praxis verwiesen. Überblättern Sie dieses Kapitel einfach. Falls Sie HTML kennen, sich aber selbst noch als Anfänger einschätzen, würde ich Ihnen zumindest den Abschnitt 3.1.2 *Kleine Fallen in HTML* empfehlen.

Vorbemerkung

Gute Active Server Pages brauchen gutes HTML!

HTML, die Hypertext Markup Language, ist *die* Sprache des Web. Unabhängig vom Schwerpunkt Active Server Pages (ASP) werden HTML-Kenntnisse benötigt. ASP kann keine Elemente einer Seite selbst darstellen. ASP erzeugt lediglich Text und HTML-Tags, die dann durch einen Browser angezeigt werden. Sie müssen also HTML kennen, um ASP programmieren zu können. Für alle Anfänger zeigt dieser kurze HTML-Kurs die wichtigsten Befehle, um die VBScript-Listings flüssig lesen zu können.

Für alle Profis, die sich bestens mit VisualBasic auskennen, kann dieses Kapitel eine wertvolle Hilfestellung geben. So können Sie beispielsweise mit VBScript serverseitig keine Dialogfelder erzeugen, wie es mit VisualBasic leicht möglich ist. Sie müssen Ihre Aufgaben auf die Möglichkeiten und Varianten von HTML abstellen und die Codes erzeugen, die ein einfacher Browser verstehen kann.

Auch diejenigen Profis, die HTML bereits gut kennen, sollten dieses Kapitel überfliegen. Es werden einige Feinheiten beschrieben, deren Beachtung ASP verlangt.

Wichtige Grundlagen und Begriffe

Der Begriff »Tag«.

HTML-Seiten werden mit so genannten Tags (dt. Marke) beschrieben. Jede HTML-Seite besteht aus Text im ASCII-Format und solchen Tags. Das Web insgesamt ist eine gigantische Sammlung solcher HTML-Seiten, inzwischen dürften es viele Milliarden Seiten sein. HTML-Seiten sind reine Textseiten im ASCII-Format und können deshalb mit jedem einfachen Editor oder jeder Textverarbeitung erstellt werden. Wenn Sie einen Textprozessor wie etwa WordPerfect benutzen, müssen Sie beim Speichern des Dokuments als Format »Text – ASCII« angeben.

Alle Sonderzeichen und Umlaute werden in HTML mit speziellen Tags beschrieben. Sie finden im Referenzteil eine Tabelle mit allen entsprechenden Zeichen. Um HTML-Dateien zu kennzeichnen, wird als Extension .HTM oder .HTML verwendet. Beachten Sie hierbei, dass unsere Active Server Pages immer mit .ASP enden. Der Browser versteht diese Seiten trotzdem, denn die ASP-Engine erkennt die Anforderung der Seite, verarbeitet die eingebetteten Skripte und sendet reines HTML an den Browser. Wenn Sie HTML sehen möchten, klicken Sie in Ihrem Internet Explorer einfach auf ANSICHT | QUELLTEXT ANZEIGE.

Die Tags machen den Unterschied zwischen einer Textdatei und einer HTML-Datei aus. Das sind kurze Befehle in spitzen Klammern: <TAG>, welche Elemente der Seite beschreiben. HTML ist keine Programmiersprache, Befehle zur Steuerung eines Ablaufs suchen Sie vergeblich. Auch neuere Entwicklungen wie Dynamic HTML verbessern nur die Design- oder Strukturierungsmöglichkeiten. ASP ist übrigens völlig unabhängig von HTML und den künftigen Entwicklungen. Letztendlich sind alle Tags nur ASCII-

Zeichen in spitzen Klammern, die jede ASP-Engine problemlos erzeugen kann. Die Anwendung eines einfaches Tag ist hier dargestellt:

```
<B> Dieser Text ist fett </B>
```

Sie sehen, dass diese Art Tag aus zwei Teilen besteht, einem Anfang und einem Ende, und damit ein Paar bildet. Nicht alle Tags haben diese Eigenschaft, manche sind einfach. Wenn es ein schließendes Tag gibt, muss es mit einem Schrägstrich eingeleitet werden. Ein solches Paar nennt man auch Container-Tag: wie ein Container enthält es Daten, die in bestimmter Weise beeinflusst werden.

Container-Tag

> Das Tag, auf deutsch etwa Marke oder Zeichen, wird in vielen Programmier- und Beschreibungssprachen als Steuerzeichen verwendet. Die häufige Benutzung und die sprachlich relativ eindeutige Verwendung machen hier eine Übersetzung nicht sinnvoll.

Gestalterische Elemente

Webseiten werden mit HTML auch gestaltet. Deshalb finden Sie viele Tags, die das Erscheinungsbild einer Seite beeinflussen können:

```
<font color="red"> Dieser Text ist rot </font>
```

Dieses Tag ist schon etwas komplizierter. Wie bei VisualBasic kennen HTML-Tags Parameter oder Attribute – Werte, die den Grundbefehl modifizieren. Das schließende Tag muss keine Wiederholung dieser Parameter beinhalten. Auch die Anordnung der Parameter spielt keine Rolle:

```
<font color="Green" FACE="Arial">Ich bin gr&uuml;n</font>
<font face="Arial" COLOR="Green">Ich bin gr&uuml;n</font>
```

Diese beiden Sätze erscheinen im Browser völlig identisch. Hier sehen Sie auch, wie Sonderzeichen behandelt werden. Das »ü« wird als ü (ein »u« als »Umlaut«) geschrieben.

Der Grundaufbau einer HTML-Seite sieht folgendermaßen aus:

```
<html>
<head>
<title>Das ist der Titel</title>
</head>
<body>
....
</body>
</html>
```

Das Tag <html> steht immer am Anfang einer Seite. Der Browser erkennt daran, um was für eine Art Dokument es sich handelt. Im Kopfbereich <html>..</html> werden alle Einstellungen vorgenommen, die nicht sofort auf der Seite erscheinen. Hier können auch Skripten stehen, die im Browser zur Verfügung stehen sollen. Die eigentliche Seite wird im Bodybereich <body>..<body> beschrieben.

3.1.2 Kleine Fallen in HTML

Kleinere Fallen in HTML erschweren dem Anfänger die ersten Schritte. Lesen Sie diesen Abschnitt, um ohne Probleme starten zu können.

Anführungs- und Leerzeichen

Vermeiden Sie Fehler in HTML

Schauen Sie sich noch einmal das kleine Beispiel an:

```
<font color="Green" face="Arial">Ich bin gr&uuml;n</font>
<font face=Arial color=Green>Ich bin gr&uuml;n</font>
```

Obwohl die Anführungszeichen entfernt wurden, ändert sich am Ergebnis nichts. Die Anführungszeichen um die Werte sind entfallen. Kann man nun immer darauf verzichten? Nein. Muss man die Anführungszeichen immer setzen? Nein. Es gibt HTML-Tags, die ohne das Setzen von Anführungszeichen nicht korrekt funktionieren:

```
<input type=submit value=Klick mich!>
```

Dieser Befehl funktioniert leider nicht, denn der Browser interpretiert das Wort »Klick« als Wert und liest »mich!« als nächstes Attribut. Das führt zwangsläufig zu einem Fehler. Um also Werte mit Leerzeichen übermitteln zu können, müssen sie in Anführungszeichen gesetzt werden, wie im folgenden Beispiel:

```
<input type=submit value="Klick mich!">
```

Manchmal geschehen aber schon merkwürdige Dinge, bevor die Seite zum Browser gelangt. Erinnern Sie sich an die Kennzeichnung der VBScript-Abschnitte? Das Skript beginnt mit <% und endet mit %>. Und so zeichnet man in HTML eine Linie:

```
<hr width=100%>
```

Das funktioniert nur solange, bis die Datei von der ASP-Engine verarbeitet wird. Denn die Zeichenfolge %> wird dort als Ende des Skripts interpretiert und schon funktioniert weder die Linie noch das Skript. Wenn oft kleinere Skriptfragmente der Art <% = color %> mitten im HTML-Text stehen, verliert man leicht die Übersicht über die Zuordnung der Prozentzeichen. Sie sollten deshalb besser folgendes schreiben:

```
<HR WIDTH="100%">
```

Sowohl HTML als auch VBScript erkennen dieses Tag. Können durch Anführungszeichen alle Fehler vermieden werden? Leider benutzen auch VBScript und JScript, wie viele Skript- und Programmiersprachen, zur Kennzeichnung von Zeichenketten (engl. Strings) Anführungszeichen. Bei komplexen Befehlen werden Zeichenketten oft geschachtelt. Dann erscheinen plötzlich

Worte in Anführungszeichen, die in Parametern stehen, die in Anführungszeichen stehen. Und wieder kommt es zu merkwürdigen Syntaxfehlern. Achten Sie deshalb einfach auf diese beiden Ausnahmen: Parameter mit Leerzeichen und Parameter mit %-Zeichen gehören in Anführungszeichen, alle anderen nur dann, wenn es gut aussieht – schließlich programmiert das Auge mit.

Ein weiteres Probleme stellen die Abstände in HTML dar: Es gibt sie nämlich nicht. Also werden Leerzeichen benutzt. Wenn Sie HTML noch nicht besonders gut beherrschen und mit den Beispielen experimentieren, wird irgendwann der Einsatz von Leerzeichen als Wortabstand in Erwägung gezogen:

```
<b>Ein normaler Satz</b><br>
<b>E i n   g e s p e r r t e r   S a t z</b><br>
<b>E  i  n    g  e  s  p  e  r  r  t  e  r    S  a  t  z</b>
```

Das Ergebnis entspricht nicht den Erwartungen, wie Abbildung 3.1 zeigt.

Abbildung 3.1:
Der Browser fasst mehrere Leerzeichen zu einem einzigen zusammen.

Ignorieren Browser also Leerzeichen? Nicht ganz – mehrere Leerzeichen werden zu einem einzigen zusammengefasst. Für diese Fälle gibt es das Sonderzeichen   – ein so genanntes hartes Leerzeichen. Beachten Sie das vor allem auch beim Auslesen von formatierten Texten aus Datenbanken oder Variablen in VBScript.

Plattformprobleme

Andere Probleme ergeben sich aus der browserabhängigen Darstellung von HTML-Seiten. VBScript ist zwar eine proprietäre Sprache und (überwiegend) auf die Plattform Windows NT abgestimmt; die auszugebenden Dateien und Informationen sollten jedoch alle Nutzer im Web sehen können. Dazu gehören auch Browser auf Betriebssystemen wie Apple Macintosh OS 9/X, PCs mit Linux, UNIX-Rechner von SUN mit dem Betriebssystem Solaris oder von Silicon Graphics mit SGI-IRIX und viele andere. Alle diese Rechner können HTML-Dateien darstellen. Bedingt durch die unterschiedlichen Designs werden die Seiten jedoch oft nicht identisch dargestellt. So greift der font-Tag auf die lokal gespeicherten Schriften zurück. Arial bei-

Erstellen Sie HTML-Seiten plattformunabhängig!

spielsweise gibt es nur auf dem PC und die alternativ verwendbare Helvetica weicht in ihrem Schriftschnitt etwas ab. Ältere Browser können zudem das Tag `<font face=>` nicht interpretieren und ignorieren die Schriftangabe ganz. Das ist auch das Risiko bei den aktuellen HTML-Standards: XHTML, HTML 4, Dynamic HTML und Cascading Style Sheets sind neue Entwicklungen, die einen deutlichen Fortschritt bringen. Aber die Möglichkeiten der Anwendung sind auf vielfältige Weise eingeschränkt. Manche Browser beherrschen nur einen Teil, natürlich jeweils einen anderen. Die beiden größten Browserhersteller Netscape und Microsoft überbieten sich gegenseitig in der Erfindung zueinander inkompatibler Erweiterungen der aktuell empfohlenen Standards. Die Basis der Standardisierung ist das World Wide Web Consortium W3C (*http://www.w3.org*). Auf dieser Webseite können Sie sich über die neuesten »offiziellen« Möglichkeiten informieren.

Für ernsthafte Anwendungen in ASP, die ein großes Publikum erreichen sollen, ist dringend zu empfehlen, HTML 3.2 zu verwenden. Alle Beispiele in diesem Buch und auf der Buch-CD halten sich weitgehend an diesen Standard, der von den zurzeit wichtigsten Browsern unterstützt wird. Dazu gehören der Microsoft Internet Explorer (MSIE) ab Version 5, der Netscape Navigator 4.7 und 6.1. Mit dieser Palette, die unter Windows 9x/Me, NT, Windows 2000/XP, Mac OS und den wichtigsten UNIX-Betriebssystemen verfügbar ist, kann man 99% aller Webnutzer erreichen. Etwas problematischer sind Settop-Boxen, die das Web auf einem Fernsehbildschirm darstellen. Der geringe Marktanteil und die rasante Entwicklung der Geräte lässt aber die Vermutung zu, dass es sich dafür nicht lohnt, zusätzlichen Entwicklungsaufwand zu treiben. Noch bevor Sie Ihre Applikation fertig haben, wird eine neue Gerätegeneration auf dem Markt sein.

Obwohl eine HTML-Seite auf 99% aller Computer läuft, heißt das noch nicht, dass sie auch überall gut aussieht. So erlaubt der MSIE ab Version 5, die Wahl der Basisfontgröße durch den Benutzer. Wenn Sie also eine Seite entwickeln, die mit der Schrift Arial und einer Versalhöhe von 12 Punkt richtig gut aussieht, muss das noch lange kein gutes Ergebnis beim Nutzer ergeben, auch dann nicht, wenn die Schriftart auf dem Zielsystem vorhanden ist. Abgesehen von der Verzerrung durch Einstellungen im Browser kann auch die Bildschirmauflösung ein Problem darstellen. Als Standard für Webseiten werden heute bereits 800x600 Pixel empfohlen. Alle Besitzer eines Windows CE Handheld (Auflösung 640x200 Pixel) ärgert dies ebenso wie die Besitzer eines 17«- oder 20«-Monitors, die mit Auflösungen von oder über 1.024x768 Pixel arbeiten. Dann fasert die Seite je nach Programmierung auseinander oder klebt links oben in der Ecke. Aber nicht genug damit – mit den Farben gibt es ebenfalls Probleme. Manche Computer haben vier Graustufen, andere können 16 Millionen Farben darstellen. Je nach Grafikkarte bzw. deren Treiber und der Steuerung durch den Browser werden mehr oder minder intelligente Umrechnungsalgorithmen angewendet. Das führt häufig zu unbrauchbaren Ergebnissen und selten zu dem, was man eigentlich erwartet hatte. Einen Ausweg bieten Stylesheets (CSS), mit denen viele Eingriffsmöglichkeiten der Benutzer übergangen werden können.

Vermutlich gibt es aus diesen Dilemma keinen Ausweg. Es gibt Puristen und Fanatiker, die auf reines HTML schwören. Die Grundseite mit den von wirklich allen Browsern unterstützten Basistags wird überall fast identisch dargestellt. Herstellerspezifische Tags werden grundsätzlich nicht verwendet. Die minimale Bildschirmauflösung der am häufigsten eingesetzten Geräte ist die Basis der Anwendung, das heißt 640x480 Pixel. Und die Standardgrafikformate des Webs sind GIF und JPEG, wobei GIF mit maximal 256 Farben den Ton angibt; deshalb wird davon ausgegangen, dass 256 Farben auch auf dem Zielcomputer möglich sind. Die Beispiele entsprechen weitgehend dieser Vorgabe. Es steht Ihnen frei, die Muster zu verändern und mit anspruchsvolleren Komponenten zu ergänzen.

Kein sicherer Ausweg

3.2 Basiswissen HTML

Wenn Sie noch keine Erfahrung im Umgang mit HTML haben, sollten Sie dieses Kapitel besonders beachten. Viele Beispiele im Umgang mit ASP nutzen HTML, ohne auf die Funktionen der einzelnen Tags erneut hinzuweisen. Wenn Sie im Umgang mit HTML nicht sicher sind, lohnt das Lesen der folgenden Seiten und Auffrischen der Kenntnisse.

3.2.1 HTML pur

Sie finden hier die wichtigsten Grundbefehle in HTML, die zur Erstellung von Seiten mit ASP benutzt werden. Den Basisaufbau einer HTML-Seite haben Sie bereits gesehen. Um ein Gefühl für die Arbeitsweise zu bekommen, nutzen Sie nicht einen grafischen Editor wie Netscape Gold oder Frontpage. Öffnen Sie das Notepad von Windows und tippen den folgenden Text ein:

Die Struktur einer HTML-Seite

```
<html>
<head>
<title>Testseite</title>
</head>
<body>
Das ist mein erster Test mit <b>html</b>
</body>
</html>
```

Speichern Sie die Seite unter HTML1.HTM im Testverzeichnis des Webservers (*c:/inetpub/wwwroot/testasp* auf dem IIS) und rufen Sie die Datei im Browser mit Eingabe von »*http://localhost/testasp/html1.htm*« auf. Das Ergebnis zeigt Abbildung 3.2.

Abbildung 3.2:
Die kleine HTML-
Testdatei in Aktion

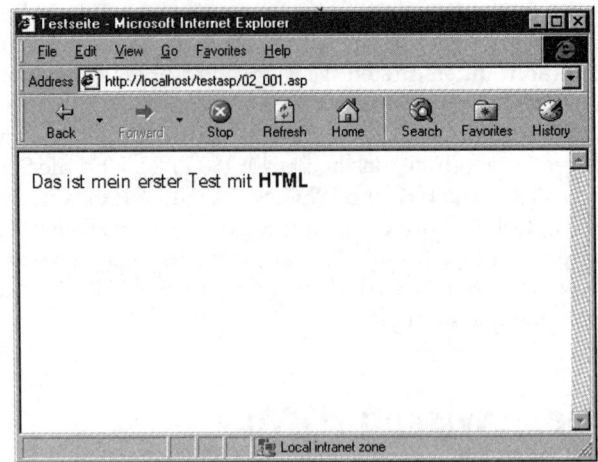

3.2.2 Ein bisschen Farbe

Farbe als Gestaltungsinstrument

Viele HTML-Tags können Attribute haben, welche die Farbe des Elements beeinflussen. Ursprünglich war Farbe das einzige Gestaltungsinstrument. Erst spätere Versionen von HTML kannten verschiedene Schriftarten. Farbe wurde auch dazu benutzt, um Hyperlinks hervorzuheben. Sie sollten sie sehr sorgfältig einsetzen und sich immer Gedanken über die Gesamtkomposition der Seite machen.

BODY BGCOLOR

Als erste Farbe wird die Hintergrundfarbe der Seite definiert. Sie sollten den Hintergrund immer angeben, denn die Standardeinstellung der Browser ist unterschiedlich. Hier ein Beispiel:

```
<html>
<body>
<title>Einstellen der Hintergrundfarbe</title>
<body bgcolor="yellow">
Hallo Welt!
</body>
</html>
```

Listing 3.1: Hintergrundfarbe einstellen (html_bodycolor.html)

Mit dem Parameter bgcolor im Tag <body> zeigen alle Browser die richtige Farbe an. Sie können Farben immer im hexadezimalen RGB-Format angeben. Dabei steht jeweils eine zweistellige hexadezimale Zahl für einen Farbwert ROT, GRÜN oder BLAU (RGB). Alternativ kennt HTML einige vordefinierte Namen für Farben, die Sie Tabelle 3.1 entnehmen können.

Farbe	Farbname	RGB-Wert
Schwarz	Black	#000000
Dunkelblau	Aqua	#000080
Hellblau	Navy	#00FFFF
Blau	Blue	#0000FF
Violett	Fuchsia	#FF00FF
Grau	Gray	#808080
Dunkelgrün	Green	#008000
Limone	Lime	#00FF00
Rotbraun	Maroon	#800000
Olive	Olive	#808080
Lila	Purple	#800080
Rot	Red	#FF0000
Silber	Silver	#C0C0C0
Beige	Teal	#008080
Gelb	Yellow	#FFFF00
Weiß	White	#FFFFFF

Tab. 3.1: Die Standardfarben, deren Farbnamen und der hexadezimale RGB-Wert

Die Farbliste in Tabelle 3.1 ist keineswegs vollständig. Aus technischen Gründen wurden die ersten Versionen von HTML auf die damals verfügbare Farbtiefe von 16 Farben einer Standardgrafikkarte abgestimmt. Diese 16 Farben lassen sich sicher darstellen. Heute verwenden auch die billigsten Grafikkarten wenigstens 256 Farben. Die Browser können inzwischen auch mehrere Dutzend Farbnamen interpretieren (siehe dazu auch die Referenz auf der Buch-CD). Unabhängig davon gibt es keine Beschränkung der Farbwerte – alle Varianten, die mit der hexadezimalen Darstellung möglich sind, lassen sich mit theoretisch auch darstellen. Kann der Browser auf entsprechende Ressourcen der Hardware nicht zugreifen, erzeugt er gerasterte Mischfarben oder nähert sich der nächsten verfügbaren Farbe an. Da die meisten Computer heute über eine sehr hohe Farbzahl verfügen, ist die Wahrscheinlichkeit einer korrekten Darstellung relativ hoch. RGB-Werte sind eine gute Basis, korrekte Farbwerte zu übermitteln und für eine konstante Darstellung zu sorgen.

> Intern speichert jeder Computer die Farbwerte mit drei Werten, je einen für Rot, Grün und Blau. Jeder Wert hat einen bestimmten Wertebereich, dessen Größe die verfügbare Farbtiefe auf dem System repräsentiert. Moderne Computer nutzen 1 Byte pro Farbwert. Der Wertebereich reicht also von 0...255, oder hexadezimal von 00...FF.

Wie es wirklich funktioniert: Farben im Computer

> Sind alle drei Farbwerte 0, entsteht Schwarz (keine Farbe), sind alle drei Werte 255, entsteht Weiß. Praktisch stehen durch diese Angabe 16,7 Millionen Farben (genau 16.777.216) zur Verfügung (256 x 256 x 256). Hexadezimalzahlen haben den Vorteil, dass der gesamte Wertebereich mit einer konstanten Stellenzahl bedient und dadurch die Lesbarkeit der Werteangabe verbessert wird (17525187 kann man nicht eindeutig interpretieren).

3.2.3 Text und Layout

Einfache textorientierte Layout-Befehle

HTML kennt nur sehr beschränkte Layout-Möglichkeiten, echte Layout-Funktionen fehlen derzeit noch. Die Sprache wurde ursprünglich nicht für diesen Zweck entworfen, sodass man mehr oder weniger große Kompromisse eingehen muss, wenn nicht das Allheilmittel Bild als Lösung herangezogen werden soll.

Der folgende Quelltext sieht auf den ersten Blick sehr einfach aus:

```
<html>
<head>
<title>Zwei Textzeilen</title>
</head>
<body>
Dies ist die erste Zeile.
Und hier kommt die zweite Zeile.
</body>
</html>
```

Listing 3.2: Umgang mit Zeilenumbrüchen (html_linebreak.html)

Wenn Sie diesen Code eingeben und vom Browser anzeigen lassen, ignoriert dieser den Zeilenumbruch am Ende der ersten Zeile:

```
Dies ist die erste Zeile. Und hier kommt die zweite Zeile.
```

**Zeilenabstand Zeilenumbruch Absatz \<p>, \
**

Der Grund dafür liegt in dem Drang nach systemübergreifender Austauschbarkeit der HTML-Dateien. Nicht jedes System kennt den ASCII-Code CRLF, der hier eingefügt wurde. Dafür gibt es das HTML-Tag `<br/>`. »br« steht für *break* (Umbruch) und fügt eine neue Zeile ein. Und so funktioniert es richtig:

```
<html>
<head>
<title>Zwei Textzeilen</title>
</head>
<body>
Dies ist die erste Zeile.<br/>
Und hier kommt die zweite Zeile.
</body>
</html>
```

Listing 3.3: Korrekter Umgang mit Zeilenumbrüchen (html_linebreak2.html)

Basiswissen HTML

Bedenken Sie beim Einsatz, dass das Tag <br/> kein Container ist; es gibt kein schließendes Tag. An der Stelle, wo <br/> erscheint, wird ein Zeilenumbruch ausgeführt, sonst nichts. Zur Absatzformatierung ist das natürlich zu wenig. Dafür gibt es das Tag <p>. »P« steht für *paragraph* (dt. Absatz oder Abschnitt).

```
<html>
<head>
<title>Mehrere Textzeilen</title>
</head>
<body>
Dies ist die erste Zeile.<br/>
Und hier kommt die zweite Zeile.
<p>Die dritte Zeile steht hier.</p>
Auch die vierte Zeile ist ein Absatz.<p/>
Dann kommt die fünfte Zeile.
</body>
</html>
```

Listing 3.4: Absätze und Zeilenumbrüche im Vergleich (html_para.html)

Das Ergebnis zeigt die Unterschiede zwischen <br/> und <p/> sowie die Verwendung von <p> als Container ebenso wie als allein stehendes Tag. Mehr Anwendungsmöglichkeiten finden Sie in dem Abschnitt 3.3 *Cascading Style Sheets*.

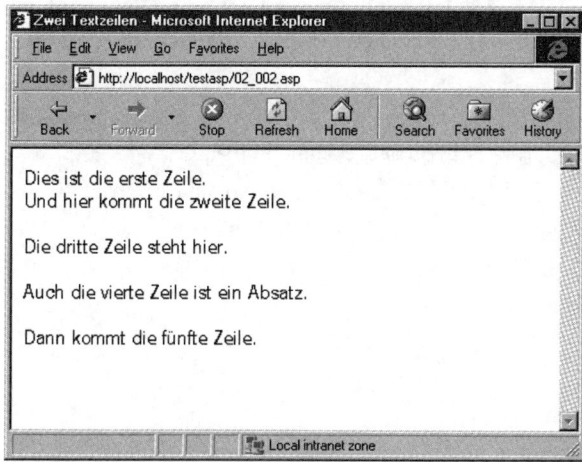

Abbildung 3.3: Wirkung von <br> und <p> auf die Zeilenschaltung und -abstand

Die Verwendung des schließenden Tags </p> ist in den meisten Fällen nicht freiwillig. Wenn <p> mit Attributen gekoppelt wird, ist es notwendig, den Wert als Container zu benutzen. Im folgenden Quellcode ist Text links, rechts und zentriert ausgerichtet:

Zeilenausrichtung
<p align="">
<center>

3 Basiswissen für Softwareentwickler

```
<html>
<head>
<title>Ausrichtung von Text</title>
</head>
<body>
<p align="left">Diese Zeile steht links.</p>
<p align="right">Jetzt klebt sie am rechten Rand.</p>
<p align="center">Und in der Mitte geht es auch.</p>
<p align="justify">Dies zeigt den Blocksatz.</p>
</body>
</html>
```

Listing 3.5: Ausrichtung von Zeilen (html_alignment.htm)

Ohne die abschließenden Tags </p> würde der Text fortlaufend formatiert werden. Der Standardwert ist die Ausrichtung am linken Rand. Nutzen Sie für die Zentrierung von Texten besser das spezielle Tag <center>Ich bin in der Mitte</center>, mit sich auch mehrere Zeilen Text zentrieren lassen. Leider gibt es keinen so einfachen Weg, Text rechtsbündig auszurichten.

Formatierter Text <pre>

Zur Ausrichtung von Text gibt es zusätzlich das Tag <pre>. Die Abkürzung »pre« steht für preformattet (dt. vorformatiert). Innerhalb solcher Abschnitte – auch <pre> wird als Container mit einem schließenden </pre> versehen – werden Leerzeichen mit ausgegeben. Zudem wird ein nichtproportionaler Font verwendet. <pre> verwendet auf Windows-Systemen einen Font mit fester Größe, der sich nicht an die übrigen Einstellungen des Browsers anpasst. Das folgende Beispiel verwendet Leerzeichen und verzichtet auf das Tag <br/>, um das Einrücken deutlich zu machen:

```
<html>
<head>
   <title>Text mit PRE formatieren</title>
</head>
<body>
<pre>
Das ist ein Test.
  Das ist ein Test.
    Das ist ein Test.
</pre>
</body>
</html>
```

Listing 3.6: Ausgabe in ursprünglicher Formatierung (html_pre.html)

Das Ergebnis entspricht durchaus den Erwartungen. Leider sind in den Browsern Einstellungen möglich, die das Verhalten der Schrift stark beeinflussen. Wie am Fehlen der
-Tags zu sehen ist, verwendet der Browser den vorformatierten Text ohne Änderung. Zeilen werden also am Ende des Browserfensters auch nicht umgebrochen. Das ist insofern bedenklich, weil die Größe des Fensters nicht bekannt ist. Und, was noch schwerer wiegt, <pre> bricht mit der Grundidee des HTML. Jeder Computer, egal mit welchem Betriebssystem, sollte die Seiten identisch anzeigen. Durch die direkte Übermittlung von Leerzeichen und Zeilenumbrüchen besteht keine Garantie, dass die unter Windows erzeugte ASCII-Datei auf einer UNIX-Workstation auch richtig angezeigt wird. Letztendlich entscheidet der verwendete Editor, welche Zeichenkombination er am Ende jeder Zeile für den Zeilenumbruch einfügt.

Abbildung 3.4:
Jeder Nutzer kann in seinem Browser entscheiden, welche Fonts verwendet werden.

3.2.4 Linien

Eine einfache Form der Formatierung von Webseiten besteht im Einfügen von horizontalen Linien. Vertikale Linien gibt es leider nicht als HTML-Tag.

Horizontale Linien
<hr>

```
<html>
<head>
    <title>Linien im Text</title>
</head>
<body>
Das ist ein Text vor der Linie.
<hr>
Das ist ein Text nach der Linie.
</body>
</html>
```

Listing 3.7: Linien im Text (html_line.html)

Die Abbildung zeigt die Wirkung der Linie. Es wird ein einfacher Zeilenumbruch hinter dem letzten Zeichen eingefügt, die Linie füllt den gesamten Raum zwischen den Seitenrändern des Browsers. Um das Verhalten der Linie beeinflussen zu können, gibt es verschiedene Attribute. Eine vollständige Auflistung finden Sie in der HTML-Referenz auf der Buch-CD. Hier ein Beispiel für die Festlegung der Breite einer Linie:

```
<html>
<head>
<title>Linien im Text</title>
</head>
<body>
<hr width=640>
<hr width="80%">
</body>
</html>
```

Listing 3.8: Formatierung von Linien im Text (html_formline.html)

Abbildung 3.5:
Formatierung einer
HTML-Seite mit
horizontalen Linien.

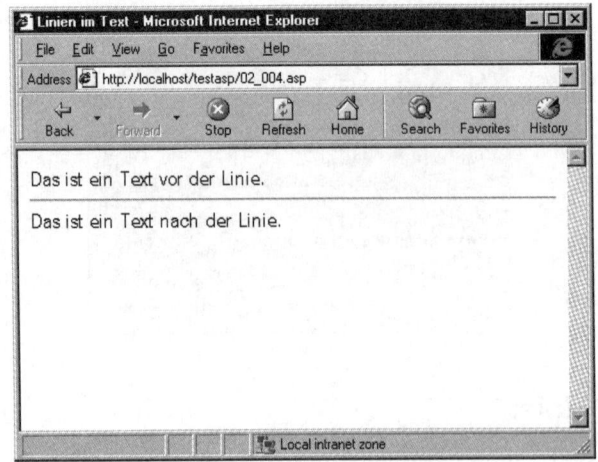

Sie können die Breite entweder mit absoluten Werten in Pixel bestimmen oder von der aktuellen Größe des Browsers mit einem prozentualen Wert abhängig machen.

3.2.5 Formatierungen

Verschiedene Formatierungen von Schriften erlauben eine rudimentäre Gestaltung von HTML-Seiten. Mit dem Layout einer Schrift oder den Möglichkeiten eines Grafikprogramms kann das keinesfalls mithalten.

Schrift formatieren

Schriftgröße
<font size=...

Einfacher Text mit Linien und Zeilenumbrüchen ist optisch nicht sehr ansprechend. Der nächste Schritt ist die Strukturierung des Textes mit verschiedenen Fonts und Schriftgrößen. Der dazu benutzte Tag <font> kennt drei Attribute zur Beeinflussung der Schrift – size (Größe), color (Farbe) und face (Font).

```
<html>
<head>
   <title>Schriftformatierung</title>
</head>
<body>
<font size=1>Das ist ein kleiner Text.</font>
<p>
<font size=7>Das ist ein großer Text.</font>
<p>
<font size=-1>Das ist ein kleinerer Text.</font>
<p>
<font size=+1>Das ist ein gr&ouml;&szlig;erer Text.</font>
</body>
</html>
```

Listing 3.9: *Formatierung von Fonts (html_fontsize.html)*

Die Größe der Schrift kann mit sieben Werten zwischen 1 und 7 festgelegt werden. Neuere Browser kennen wiederum Einstellmöglichkeiten, die zu jedem Wert eine korrespondierende Schriftart- und -größe bieten. Neben diesen absoluten Angaben sind auch relative Werte möglich. Im Beispiel sind die letzten beiden Sätze relativ zum Basisfont, der gerade verwendet wird. Sie können den Basisfont mit dem Tag <basefont> festlegen. <basefont> erwartet dieselben Attribute wie <font>:

Grundschrift
<basefont>

```
<html>
<head>
   <title>Schriftformatierung</title>
</head>
<body>
<basefont size=5>
Das ist die Schrifth&ouml;he 5.
<p>
<font size=-2>Das ist weniger als 5.</font>
<p>
<font size=+2>Das ist mehr als 5.</font>
</body>
</html>
```

Listing 3.10: *Schriftformatierung (html_fontform.html)*

Die neuesten Weiterentwicklungen im Zusammenhang mit CSS lassen auch die Angabe von Punkteinheiten für Fonts zu. Allerdings können ältere Browser das nicht richtig interpretieren. Generell sollten Sie aber CSS einsetzen und auf die Nutzung von <font> verzichten, denn dieses Tag ist nicht HTML-konform und kann bei künftigen Implementierungen entfallen.

Die Farbe kann mit dem Attribut color eingestellt werden. Als Parameter sind Namen und Farbwerte zulässig. Der folgende Quellcode zeigt ein Beispiel mit einfachen Farbnamen:

Schriftfarbe
<font color=...

3 Basiswissen für Softwareentwickler

```
<html>
<head>
    <title>Schriftfarbe</title>
</head>
<body>
Das ist die Standardfarbe.
<p>
<font color="RED">Das ist rot.</font>
<p>
<font color="BLUE">Das ist blau.</font>
</body>
</html>
```

Listing 3.11: Schriftfarben formatieren (html_fontcolor.html)

Sie können hier natürlich auch alle RGB-Werte einsetzen, wie bereits weiter vorne beschrieben.

Schriftart
<font face=...

Das spannendste Attribut ist face, also die Einstellung der Schriftart. Leider ist face nicht Bestandteil der offiziellen HTML 3.2-Spezifikation. Aktuelle Browser unterstützen es zwar, aber eine Garantie für die Verwendung gibt es nicht. Zunehmend kommen aber einfache Settopboxen auf den Markt, die das Internet auch den Leuten erschließen sollen, die keinen PC besitzen. Die eingebauten Browser sind aus Kostengründen in ihrer Funktionalität eingeschränkt und kaum mit den über 20 MByte großen Boliden aus der PC-Welt zu vergleichen. Damit stehen auch keine PC-typischen Schriftfonts zur Verfügung. Trotzdem kann FACE durchaus flexibel verwendet werden:

```
<html>
<head>
    <title>Schriftformatierung mit FACE</title>
</head>
<body>
Das ist die Standardschriftart.
<p>
<font face="Arial">Das ist Arial.</font>
<p>
<font face="Frutiger">Das ist Frutiger.</font>
<p>
<font face="Frutiger, Arial">Das ist Frutiger oder Arial.</font>
<p>
<font face="Arial, Helvetica, Univers">Das ist Helvetica oder eine systemabh&auml;ngige Variante.</font>
</body>
</html>
```

Listing 3.12: Schriftfonts verwenden (html_fontface.html)

Listing 3.12 zeigt die Möglichkeiten des Einsatzes. Frutiger ist eine sehr bekannte Schrift, die unter anderem auf dem Apple verfügbar ist. Beobach-

Basiswissen HTML

ten Sie die Reaktion in Ihrem Browser, wenn die Schrift lokal nicht installiert ist. Die letzte Zeile zeigt die Angabe mehrerer Schriften. Der Browser sucht die zuerst angegebene Schriftart, kann das Betriebssystem diese nicht bereitstellen, wird der nächste Font gesucht, usw.

Diese Programmierung sollte in den meisten Fällen funktionieren. Denken Sie aber auch an die Geräte, die möglicherweise nur zwei oder drei Fonts bereitstellen. CSS ersetzen zwar das Tag <font>, sind aber wiederum auf die neuesten Browser der PC-Welt beschränkt.

Klein und groß schreiben

Neben dem Tag für die Angabe der Schriftgröße lassen sich einige andere Tags benutzen, die alle relativ arbeiten. Die relativen Angaben sind immer zu bevorzugen, denn die Webseite kann so auf die Größe des Browserfensters flexibel reagieren. Wenn Farbe oder Schriftart keine Rolle spielen, kann die Anwendung der Tags <small> und <big> ausreichend sein.

Relative Schriftgrößen
<small>
<big>

```
<html>
<head>
   <title>Schriftformatierung mit SMALL und BIG</title>
</head>
<body>
Das ist die Standardschriftart.
<P>
<BIG>Ich bin gro&szlig;</BIG>
<p>
<small>Ich bin klein.</small>
</body>
</html>
```

Listing 3.13: Vergrößerung und Verkleinerung (html_smallbig.html)

Überschriften zur Strukturierung

HTML diente ursprünglich zur Strukturierung von Text. Dazu gehört in erster Linie eine Gliederung des Textes. Für Überschriften gibt es ein besonderes Tag, das auch die Größe des Fonts bestimmt:

Überschriften
<h1>...<h6>

```
<html>
<head>
   <title>Schriftformatierung mit Header</title>
</head>
<body>
<h1>Das ist ziemlich riesig.</h1>
<h4>So geht es auch.</h4>
<h6>Auch kleine &Uuml;berschriften m&uuml;ssen sein.</h6>
</body>
</html>
```

Listing 3.14: Überschriften verwenden (html_header.htm)

Die Ziffer hinter dem <h?> ist kein Attribut, sondern Teil des Tags und muss auch im schließenden Tag wiederholt werden. Es gibt eigentlich sechs Stufen, die direkt mit <h1> bis <h6> angesprochen werden. Ein Zeilenumbruch ist nach <h?> nicht nötig, die Überschrift gilt immer als eigener Absatz. Theoretisch wird die Schrift durch das Tag <h?> in ihrer Bedeutung gewichtet. Es gibt allerdings keine Garantie, dass sich dieses Tag *nur* auf die Höhe auswirkt, in der Praxis verwenden aber alle Browser nur die Schrifthöhe als Unterscheidungsmerkmal.

Fett, unterstreichen und durchstreichen

Formatierungen <b>, <u>, <i>, <s> <strike>

Innerhalb des Fließtextes sind einige elementare Formatierungen möglich. Dazu gehört fetter Text mit <b>, *kursiver* Text mit <i> und ~~durchgestrichene~~ Worte mit <s> oder <strike>. <strike> ist bei älteren Browsern eher üblich und wurde erst später durch <S> abgelöst. In Zukunft soll allerdings nur noch <s> benutzt werden.

HTML erlaubt auch die Unterstreichung von Text. Da Hyperlinks ebenfalls durch Unterstreichung markiert werden, kann die Verwendung im Fließtext zu Verwirrungen führen. Vermeiden Sie deshalb nach Möglichkeit Unterstreichungen.

```
<html>
<head>
    <title>Schriftformatierung mit weiteren Attributen</title>
</head>
<body>
Das ist die Standardschriftart.<br>
<b>Ich bin fett. </b><br>
<i>Ich bin kursiv. </i><br>
<u>Ich sehe zwar so aus, bin aber kein Hyperlink. </u><br>
<s>Ich bin eine Variante des Durchstrichs. </s><br>
<strike>Ich bin eine Variante des Durchstrichs. </strike><br>
<b><i><u><S>Ich will ALLES!</S></u></i></b><br>
</body>
</html>
```

Listing 3.15: *Verschiedene Schriftformatierungen (html_format.html)*

Der Quellcode in Listing 3.15 zeigt die Möglichkeiten der einfachen Formatierung. Das Ergebnis sehen Sie in Abbildung 3.6.

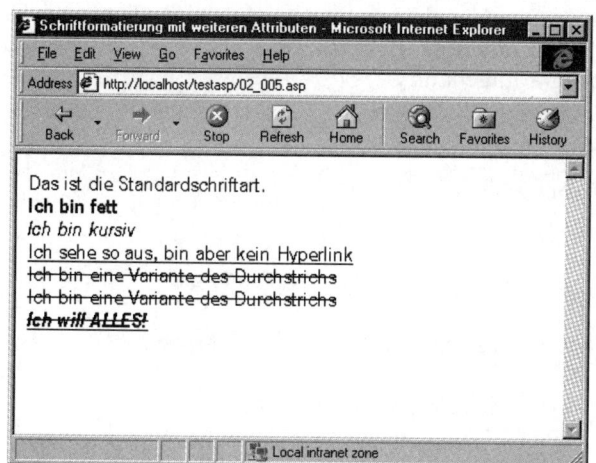

Abbildung 3.6:
Die Formatiermöglichkeiten von HTML: fett, kursiv, unterstreichen und durchgestrichen. Alle Werte lassen sich auch kombinieren.

Hoch- und Tiefstellen

In manchen Fällen müssen Formeln oder bestimmte Werteangaben mit Indizes oder Potenzen geschrieben werden. Dazu kennt HTML zwei spezielle Tags:

Hoch und tief
<sup>, <sub>

```
<html>
<head>
    <title>Hoch und tief</title>
</head>
<body>
Wasser: H<sub>2</sub>O
<P>
70 qm sieht besser so aus: 70 m<sup>2</sup>
</body>
</html>
```

Listing 3.16: Hoch- und Tiefstellen (html_subsup.html)

3.2.6 Sonderzeichen in HTML

Sonderzeichen sind ein besonderes Thema, denn prinzipiell darf nur reiner ASCII-Text übermittelt werden. Jedes Zeichen, das nicht in der Standard-ASCII-Tabelle steht, muss speziell kodiert werden. In den vorangegangenen Beispielen wurden schon einige Zeichen für Umlaute und das »ß« benutzt. In der HTML-Referenz auf der Buch-CD ist eine vollständige Tabelle mit allen möglichen Sonderzeichen zu finden. Die Darstellung der Zeichen in HTML wird als Entität bezeichnet.

Umlaute und Sonderzeichen

Die wichtigsten Zeichen sind im deutschsprachigen Raum die Umlaute. Sie können sich die Kodierung leicht merken, denn alle Umlaute sind nach dem gleichen Schema aufgebaut:

```
<html>
<head>
   <title>Schriftformatierung mit weiteren Attributen</title>
</head>
<body>
Ich bin ein Umlaut: AE=&Auml; OE=&Ouml; UE=&Uuml;
<p>
Ich bin ein Sonderzeichen für das Copyright: &copy;
<p>
Auch Warenzeichen sind verwendbar: &reg;
</body>
</html>
```

Listing 3.17: Sonderzeichen in HTML (html_entity.html)

Sonderzeichen werden immer durch das Zeichen & eingeleitet und mit einem Semikolon beendet. Umlaute bestehen aus dem &, dem Basisvokal (groß oder klein) und dem Code uml für Umlaut. Das *ß* ist eine Ligatur, der entsprechende Code heißt ß.

Ein weiteres sehr wichtiges Sonderzeichen ist das Leerzeichen. Nein, nicht dasjenige, was Sie mit der Leertaste eintippen. HTML schiebt nebeneinander stehende Leerzeichen und andere Whitespaces zusammen. Als Whitespaces werden alle nicht selbst ein Zeichen darstellenden Codes bezeichnet, also Leerzeichen, Tabulator, Zeilenumbruch usw. Um Text trotzdem durch Leerräume trennen zu können, gibt es das Sonderzeichen , mit dem ein hartes Leerzeichen erzeugt wird.

Die Zeichen < sowie > sind ebenfalls wichtig. Damit werden die Symbole < und > erzeugt. Schreiben Sie einfach die spitzen Klammern im Text, wird HTML darüber stolpern und annehmen, ein neues Tag beginnt oder endet. Sie müssen statt der spitzen Klammern (oder Größer-als-, Kleiner-als-Zeichen) immer die Codes nehmen. LT steht für *less than* (kleiner als) und GT für *greater than* (größer als).

Gehen Sie mit der Verwendung der Sonderzeichen sehr sorgfältig um. Obwohl Groß- und Kleinschreibung bei Tags eigentlich keine Rolle spielen, reagieren manche Browser auf Zeichen wie © und © unterschiedlich. Eine andere Besonderheit ist das Verhalten bei Schreibfehlern. Unbekannte HTML-Tags werden normalerweise einfach ignoriert und die Seite wird weiter aufgebaut. Nur sind die Sonderzeichen keine Tags; das führt zu unvorhersehbaren Resultaten. Meistens wird der komplette Code ausgeworfen.

3.2.7 Bilder und Hyperlinks einbinden

Bilder und Hyperlinks ergänzen die einfache Darstellung von HTML auf unterschiedliche aber äußerst wirkungsvolle Weise. Praktisch kann keine Seite darauf verzichten.

Links zu anderen Dateien

Das gesamte Web besteht aus so genannten Hyperlinks. Jeder Link zeigt auf eine andere Datei oder eine bestimmte Stelle innerhalb dieser Datei. Die vollständige Adresse wird als *Uniform Ressource Locator* (URL) bezeichnet. Ein typischer URL[1] sieht so aus:

http://joerg.krause.net

Ein URL besteht aus mindestens drei Teilen. Zuerst steht das Protokoll (*http:*), dann folgt der Name des Servers (*//joerg*) und als Letztes die Domain, welcher der Server zugeordnet ist (*krause.net*). Domainnamen bestehen aus dem Namen und einem Kürzel, das entweder ein Landeskennzeichen darstellt (*.de* steht für Deutschland) oder ein so genanntes generisches Toplevel, beispielsweise *.com* für alle kommerziell genutzten Domains.

An die Domain kann sich direkt ein Dateiname anschließen und eine Position in der Datei, wenn es sich um eine HTML-Datei handelt. Links, die in HTML eingebaut werden, können zur Lage der Datei auf dem Webserver relativ oder absolut sein. In letzterem Fall spricht man von einer vollständig qualifizierten Adresse. Links, die aus der eigenen Website herausreichen, müssen immer vollständig sein.

Hyperlinks
<a href=""...

```
<html>
<head>
   <title>Ein Hyperlink entsteht</title>
</head>
<body>
Ich bin ein <a href="http://www.microsoft.com">Hyperlink</a> zu
Microsoft.
</body>
</html>
```

Listing 3.18: Einbinden eines Hyperlinks (html_hyper.html)

Das Beispiel erzeugt den Satz: Ich bin ein Hyperlink zu Microsoft. Wenn Sie im Browser mit der Maus über das unterstrichene Wort fahren, ändert sich der Mauszeiger; beim Klick auf das Wort wechselt der Browser zur angegebenen Ziel-URL »*www.microsoft.com*«. <a> ist ein Container-Tag, das als wichtigsten Parameter das Sprungziel des Links enthält. Alles innerhalb des Containers wird gegenüber der Maus sensitiv, egal ob es sich um Text oder eingebundene Bilder handelt.

---

[1] »Der URL« ist tatsächlich männlichen Geschlechts

3 Basiswissen für Softwareentwickler

Links auf fremde Webseiten sind üblich und normalerweise gewollt. Zusätzliche Links auf anderen Seiten bringen Traffic (Zugriffsfrequenz), das oberste Ziel aller Webseiten. Trotzdem ist Vorsicht geboten. Wenn Ihre Webseite von einer Suchmaschine durchforscht wird, könnte der Link zu einer Indizierung der verlinkten Namen führen. Sind darunter auch Wettbewerber, führt die Suche nach deren Namen möglicherweise auf Ihre Webseite. Aus diesem Grund sind in Deutschland Firmen schon erfolgreich abgemahnt worden.

Schreiben Sie die folgenden kleinen Hyperlinks in jeweils eine Datei. Starten Sie dann den Browser und rufen Sie das erste Programm auf. Sie können nun durch Klicken auf die Links zwischen den Programmen wechseln. Da der Link nicht vollständig ist, müssen beide Dateien im selben Verzeichnis liegen.

```html
<!-- Datei 1 -->
<html>
<head>
    <title>Ein Hyperlink entsteht</title>
</head>
<body>
Ich rufe jetzt <a href="02_021.htm">Datei 2</a> auf.
</body>
</html>
```

Listing 3.19: Sprung zu einer anderen Datei (html_hyp1.html)

Die zweite Datei, die wieder auf die Erste zeigt, hat folgenden Inhalt:

```html
<!-- Datei 2 -->
<html>
<head>
    <title>Ein Hyperlink entsteht</title>
</head>
<body>
Ich rufe jetzt <a href="02_020.htm">Datei 1</a> wieder.
</body>
</html>
```

Listing 3.20: Ziel der Datei aus Listing 3.19 (html_hyp2.html)

Wenn Sie mit relativen Pfaden arbeiten, nehmen Sie die unter Windows angelegten Ordner. Lediglich die Verzeichnistrennzeichen sind keine Backslashes (»\«), sondern gewöhnliche Schrägstriche.

```html
<html>
<head>
<title>Ein Hyperlink ins Unterverzeichnis</title>
```

```
</head>
<body>
Ich rufe jetzt <a href="ordner/02_022B.htm">Datei 3</a>.
</body>
</html>
```

Listing 3.21: Hyperlink in einen bestimmten Unterordner (html_hypfolder.html)

Links innerhalb der Webseite

Um gut navigieren zu können, ist es auch sinnvoll, innerhalb einer Webseite einen Hyperlink zu setzen. Der Tag <a> wird dafür ebenfalls verwendet. Zuerst muss natürlich das Sprungziel markiert werden, der so genannte Anker (engl. anchor, daher auch der Name <a> für dieses Tag).

```
<html>
<head>
    <title>Das Anchor-Tag innerhalb einer Datei</title>
</head>
<body>
Sprung nach <A HREF="#marke1">Marke 1</A>!<BR>
Sprung nach <A HREF="#marke2">Marke 2</A>!<BR>
<p>
<a name="marke1">Marke 1</a><br>
Hier ist das Ziel f&uuml;r Marke 1.
<p>
<a name="marke2">Marke 2</a><br>
Hier ist das Ziel f&uuml;r Marke 2.
</body>
</html>
```

Listing 3.22: Sprungziele innerhalb einer Datei (html_aname.html)

Der Parameter für das Sprungziel lautet <a name="">. Hier kann irgendeine Bezeichnung als Name dienen, die nur innerhalb der Datei eindeutig sein muss. Sie können auf solche Marken natürlich auch von außen verweisen. Dazu wird der URL einfach mit dem Namen der Marke ergänzt:

```
Springe nach <a href="/ordner2/datei2.htm#marke2">Marke 2</a><br>
in der Datei datei2.htm im Ordner ordner2.
```

Diese Links innerhalb einer Seite sind natürlich nur dann sinnvoll, wenn auch tatsächlich eine Distanz zum Überspringen da ist. Wenn Sie das Listing mit den Sprungzielen *Marke1* und *Marke2* so verwenden, wird Ihr Browser vermutlich keine Reaktion zeigen, denn das Sprungziel ist ja schon vollständig zu sehen. Eine Aktion ist deshalb nicht nötig. Fügen Sie zur Übung reichlich Text oder viele <P> ein, um einen langen Abstand zu erzeugen.

Die Farben der Links

Globale Attribute
`<body link=...`
`<body vlink=...`
`<body alink=...`

Wenn Sie die Beispiele ausgeführt haben, haben Sie gewiss bemerkt, dass die Links neben der Unterstreichung auch farblich gekennzeichnet sind und die Farbe sich nach dem ersten Klicken geändert hat. Abgesehen davon, dass der Nutzer seinem Browser wieder befehlen kann, Ihre sämtlichen Formatierungen zu ignorieren, ist es möglich, diese Farben zu beeinflussen. Sie können die Attribute link, vlink und alink im Tag <body> verwenden:

```
<html>
<head>
    <title>Die Farben der Links</title>
</head>
<body link="Blue" vlink="Red" alink="Green">
Sprung nach <a href="#marke1">Marke A</a>!<br>
Sprung nach <a href="#marke2">Marke B</a>!<br>
<p>
<a name="marke1">Marke A</a><br>
Hier ist das Ziel f&uuml;r Marke 1.
<p>
<a name="marke2">Marke B</a><br>
Hier ist das Ziel f&uuml;r Marke 2.
</body>
</html>
```

Listing 3.23: Farben der Hyperlinks einstellen (html_hypcolor.html)

Attribute

link ist das Attribut für den noch unberührten Link, während mit vlink die definierte Farbe nach dem Besuch des Links angezeigt wird. alink zeigt die gewählte Farbe beim Klicken mit der Maus auf den Link. Der Browser speichert die schon berührten Links. Wann die alte Farbe wieder angezeigt wird, hängt von den Einstellungen ab. Auch hier können die Browsereinstellungen die Farbwerte überschreiben.

Abbildung 3.7: Einstellung der Verfallsdaten für die besuchten Links beim Internet Explorer 6 (Auf der Registerkarte Allgemein der Internetoptionen)

Bilder in die Webseite einbinden

Die Bildformate GIF, JPEG und PNG

HTML verknüpft Bilder ähnlich wie die Links. Prinzipiell sind auch Bilder Links, denn sie sind nicht direkt in der Seite untergebracht, sondern liegen als Datei vor und werden durch einen Link aufgerufen. Für das Laden der Bilder sorgt der Browser.

Bilder, die auch von jedem Browser angezeigt werden können, müssen in einem der Standardformate des Webs vorliegen, GIF, JPEG oder PNG. Die Wahl des Formats hängt vom Zweck und Inhalt des Bildes ab. Die folgende Zusammenfassung beschreibt die wesentlichen Eigenschaften des Formates GIF:

- GIF-Bilder können maximal 256 Farben haben, allerdings wird eine Farbpalette geladen, die sich aus einer größeren Farbmenge bedienen kann.

GIF

- Weniger Farben verringern die Größe der Datei erheblich.
- GIF komprimiert verlustfrei und eignet sich besonders für Schalter.
- GIF kennt das Attribut *Transparent*, mit dem sich interessante grafische Effekte erzielen lassen. Bildzellen, die transparent sind, lassen den Hintergrund durchscheinen. Nur so kann man beispielsweise runde Schalter simulieren.
- GIF kann interlaced sein, das heißt, das Bild wird zeilenweise immer dichter werdend aufgebaut. Das verkürzt subjektiv die Ladezeit.
- GIF-Bilder können animiert sein; mehrere Bilder in einer GIF-Datei laufen als kleiner Trickfilm ab.
- Als Alternative kann Joint Picture Expert Group (JPEG) verwendet werden. JPEG hat andere Eigenschaften und wird vor allem für Fotos und hoch komprimierte Bilder verwendet. Die wesentlichsten Merkmale sind:
- JPEG kann bis zu 16,7 Millionen Farben haben. Wenn der Monitor das nicht darstellen kann, wird der Browser durch Rasterung (Dithering) Zwischentöne bilden.
- Die Kompressionsrate ist einstellbar. Zunehmende Kompression führt allerdings zu unwiederbringlichen Qualitätsverlusten, denn JPEG nutzt ein verlustbehaftetes Kompressionsverfahren.

Ein neueres Format ist PNG, das folgende Eigenschaften aufweist:

- PNG komprimiert verlustfrei und besser als GIF bei vergleichbarer Qualität.
- Neben unbegrenzter Farbzahl werden auch Alpha-Kanäle (transparente bzw. durchscheinende Bereiche) unterstützt.
- PNG wird von allen aktuellen Browsern unterstützt.
- Sie können mit jedem Grafikprogramm Bilder für Ihre Webseiten erstellen, das diese beiden Formate gut exportiert. Sie finden Bilder auch im Web, achten Sie darauf, dass die Bilder ausdrücklich frei verwendbar sind. Und Sie können natürlich einen Grafiker mit dem Entwurf von Bildern beauftragen und dann in Ihre Programme und Webseiten einbinden.

3 Basiswissen für Softwareentwickler

Das mit Windows gelieferte Grafikprogramm PAINT eignet sich nicht für das Erstellen von Grafiken fürs Web – es kann beide Formate nicht erzeugen. Für Anfänger eignet sich Paint Shop Pro sehr gut (*www.jasc.com*). Profis sind mit Adobes Photoshop (siehe *www.adobe.de*) gut beraten. Grafiker, die mit CorelDRAW arbeiten, können auf Corel Photopaint 9 (*www.corel.com*) zurückgreifen (Versionen vor 8 haben keine oder schlechte Exportfilter).

Bilder einbinden
<img src=""...

Das folgende Beispiel zeigt den nötigen Code, der zur Anzeige eines Bildes notwendig ist:

```
<html>
<head>
    <title>Bilder anzeigen</title>
</head>
<body>
<img src="bilder/bild25.gif" heigth="100" width="300">
</body>
</html>
```

Listing 3.24: Einbinden eines Bildes (html_images.html)

Achten Sie bei sämtlichen Namen auf Groß- und Kleinschreibung. Besonders bei Bildern ist eine Kontrolle angebracht, denn manche Grafikprogramme schreiben die Erweiterung des Namens .GIF groß und den eingegebenen Dateinamen klein. Obwohl die Angaben `heigth` und `width` freiwillig sind, sollten sie immer verwendet werden. Der Browser wird dann vor dem eigentlichen Laden des Bildes den nötigen Platz bereitstellen, das gesamte Layout der Webseite ist dadurch schneller sichtbar. Die Angaben erfolgen in Pixel. In der HTML-Referenz auf der Buch-CD finden Sie weitere Attribute. Es ist möglich, Bilder mit Rändern zu umgeben und den das Bild umfließenden Text zu beeinflussen.

Links mit Bildern

Hyperlinks und Bilder

Eine häufige Anwendung sind Bilder, die als Link benutzt werden. Auf diese Weise kann man einfach Schalter für die Navigation erstellen. Die nötigen Tags kennen Sie bereits. Anstatt des Textes wird, wie das Beispiel in Listing 3.25 zeigt, einfach das Tag `<img>` zwischen die Anker gestellt.

```
<html>
<head>
    <title>Bilder anzeigen</title>
</head>
<body>
<a href="html_bimage.html">
    <img src="bilder/weiter.gif" alt="Weiter">
</a>
</body>
</html>
```

Listing 3.25: Bild als Hyperlink (html_aimage.html)

Das zusätzliche Attribut alt= zeigt einen Text, der bei neueren Browsern erscheint, wenn die Maus über dem Bild schwebt. Er wird bei allen Browsern zur Anzeige gebracht, wenn das Laden von Bildern unterdrückt wurde. Setzen Sie diesen Text sorgfältig.

Bilder als Hintergrund

Bilder können auch als Hintergrund genutzt werden. Sie können das Tag <body> einfach erweitern. Hintergrundbilder werden von allen Browsern gekachelt, das heißt sie werden nach unten und nach rechts so oft wiederholt, bis der gesamte sichtbare Bereich ausgefüllt ist.

Hintergrundbild
<body background="""

```
<html>
<head>
<title>Mit Hintergrund</title>
</head>
<body background="bilder/kachel.jpg">
Diese Seite enthält ein Hintergrundbild.
</body>
</html>
```

Listing 3.26: Hintergrundbilder (html_backimg.html)

Hintergrundbilder lassen sich für vielfältige Effekte verwenden. Sie können ein Bild mit den Maßen 1.300 Pixel breit und 1 Pixel hoch erzeugen und als Hintergrundbild laden. Der Browser ordnet diese Bilder dann untereinander an. Ein Browserfenster lässt sich auf gegenwärtigen Standard-PCs nicht größer als 1.280 Pixel auseinander ziehen, sodass die Kachelung nach rechts unsichtbar bleibt. Das Bild wirkt dann wie eine große Fläche über dem gesamten Anzeigebereich, obwohl es doch nur wenige Byte groß ist. Besonders interessant ist der Effekt mit Farbverläufen.

> Achten Sie auf die Farbabstimmung zwischen Text und Hintergrundbild. Der Hintergrund sollte mit dem Text einen möglichst starken Kontrast bilden, um gut lesbar zu sein. Üblich sind schwache Verläufe oder Muster, die mit Milchglasfunktionen oder Nebel stark aufgehellt wurden. Moderne Bildbearbeitungsprogramme bieten auch fertige Füllmuster für Webanwendungen.

HTML-Seiten sind normalerweise recht klein. Die eigentliche Größenzunahme erfolgt beim Laden von Bildern. Da das Web auf unabsehbare Zeit für die meisten Nutzer noch recht langsam zu durchstreifen sein wird, sind kleine Seiten für eine erfolgreiche Webseite von Vorteil. Hier finden Sie die wichtigsten Tipps für kleine Webseiten:

- Verwenden Sie ein bestimmtes Bild mehrfach, beispielsweise als Schalter; unsichtbare (transparente) GIFs sind als Abstandshalter geeignet.

- Reduzieren Sie die Farbpalette in der Palettenfunktion Ihres Grafikprogramms soweit wie möglich. Es reicht nicht, Farben nicht zu benutzen. Suchen Sie die entsprechende Option in Ihrem Grafikprogramm, mit der sie die Palette reduzieren können.
- Verwenden Sie immer width und height. Der Browser baut sonst die Seite nach jedem nachgeladenen Bild erneut auf; das kostet Zeit.
- GIFs sollten immer interlaced sein. Das wirkt beim Laden subjektiv schneller.
- Bilder mit wenigen Farben werden besser komprimiert. Farbflächen mit nur einer Farbe über einen größeren Bereich werden besser komprimiert, wenn die Ausdehnung horizontal verläuft.
- Jedes Bild führt zu einer erneuten HTTP-Anforderung an den Server. Wann immer sich Bilder vermeiden lassen, verzichten Sie auf diese.

3.2.8 HTML-Formulare

Formulare sind ein umgangreiches und ebenso wichtiges Thema für den ASP-Programmierer. Sie sind die Grundlage jeder Interaktion.

Einfache Formulare

Formulare
<form ...
<input ...

Mit ASP ist es ohne weiteres möglich, interaktive Webseiten zu gestalten. Die bisherigen HTML-Tags hatten keine Interaktionsmöglichkeiten, es waren reine Befehle zur Anzeige. Damit der Nutzer reagieren kann, stellt HTML Formulare bereit. Deren Verwendung ist einfach:

```
<html>
<head>
    <title>Ein Eingabefeld</title>
</head>
<body>
    <form>
        <input><!-- verschiedene Eingabefelder... -->
    </form>
</body>
</html>
```

Listing 3.27: Prinzipieller Aufbau eines Formular (html_baseform.html)

Der Container <form> ist ein wichtiges Element, um ASP-Skripten Werte zu übermitteln. HTML selbst kann nur bei der Darstellung helfen, ohne eine serverseitige Unterstützung können Sie die Eingaben nicht nutzen, abgesehen von Skripten, die in der HTML-Seite implementiert wurden (JavaScript, VBScript). Der einzige sinnvolle Befehl ist eine in allen neueren Browsern verwendbare Funktion zum Absenden von E-Mails. Um mit dem Formular auch arbeiten zu können, muss eine Aktion ausgelöst werden. Dazu wird zusätzlich ein Schalter erzeugt, der dann das im Tag <form> genannte Skript oder Programm startet.

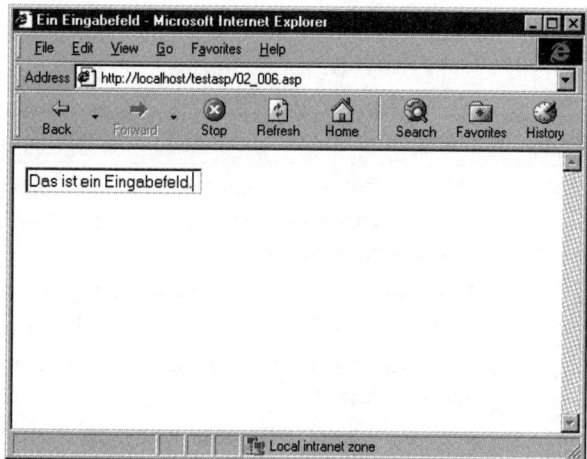

Abbildung 3.8: Ein einfaches Eingabefeld in HTML (Listing 3.27)

Zum Senden von E-Mails sagen Sie dem Tag <form>, was beim Drücken des Schalters getan werden muss:

```
<html>
<head>
   <title>Mail senden</title>
</head>
<body>
   <form action="mailto:krause@comzept.de">
      <input type="text" name="Anforderung" size="50">
      <input type="text" name="Mailadresse" size="50">
      <input type="submit" name="Mail senden">
   </form>
</body>
</html>
```

Listing 3.28: Formular zum E-Mail senden (html_emailform.html)

Diese Anwendung ist einfach, aber nicht flexibel. Mit ASP verwenden Sie auch Formulare, um die entwickelten Skripte zu starten:

```
<form action="/scripte/mailantwort.asp" method="POST">
```

Der Parameter method beschreibt die Art und Weise, wie die Inhalte der Formularfelder übermittelt werden. Mit POST werden die Daten des Formulars mit der Anforderung der nächsten Webseite im Body der Nachricht übertragen. Für Formulare ist dies die Standardmethode.

Die Wertepaare `feldname="inhalt"` werden durch das &-Zeichen getrennt und Sonderzeichen – dazu zählen auch Leerzeichen – nach einem speziellen Verfahren kodiert. ASP stellt Funktionen bereit, mit denen sich die ursprünglichen Werte wieder herstellen lassen.

Formularelemente

Die verschiedenen Formularelemente sind durch den Parameter `type=` auszuwählen. Sie können eine der folgenden Varianten als Attribut verwenden:

Tab. 3.2: Formularelemente für Webseiten, die in HTML definiert werden können.

Elementname	Beschreibung
text	Einfaches Feld zur Eingabe von Text und Zahlen
checkbox	Ein Kontrollkästchen, das nur einen logischen Wert (EIN/AUS) übermitteln kann
radiobutton	Optionsschaltfläche für die Auswahl aus einer Anzahl von Alternativen
submit	Die Sendeschaltfläche, der die `action`-Anweisung im Tag `<form>` auslöst
reset	Setzt alle Formularelemente auf die Standardwerte zurück
password	Ein Textfeld, das nur Sternchen anzeigt, den Wert aber trotzdem erfasst und sendet
button	Eine Schaltfläche
image	Ein Bild dient als Schaltfläche

```
<html>
<head>
<title>Mail senden</title>
</head>
<body>
<form action="mailto:krause@comzept.de" method="POST">
Name: <input type="text" name="name" size="50"><br>
Vorname: <input type="text" name="vorname" size="50"><br>
Telefon: <input type="text" name="telefon" size="50"><br>
E-Mail: <input type="text" name="email" size="50"><br>
Kommentar zum Buch: <br>
<input type="radio" name="kommentar" value="spitze"> Spitze<br>
<input type=radio name=kommentar value="gut"> Gut<br>
<input type=radio name=kommentar value="ok"> O.K.<br>
<input type=radio name=kommentar value="naja"> Na ja...<br>
<input type=radio name=kommentar value="schlecht"> Schlecht<br>
Welche anderen ASP-Quellen nutzen Sie noch?<br>
<input type="checkbox" name="quelle" value="online">Online Hilfe,
<input type="checkbox" name="quelle" value="web">Webseiten,
<input type="checkbox" name="quelle" value="buch">B&uuml;cher<br>
<input type="submit" name="Mail senden">
<input type"reset">
```

```
</form>
</body>
</html>
```

Listing 3.29: Umfangreiches Formular (html_bigform.html)

Geben Sie den Quellcode ein und testen Sie die Funktion.

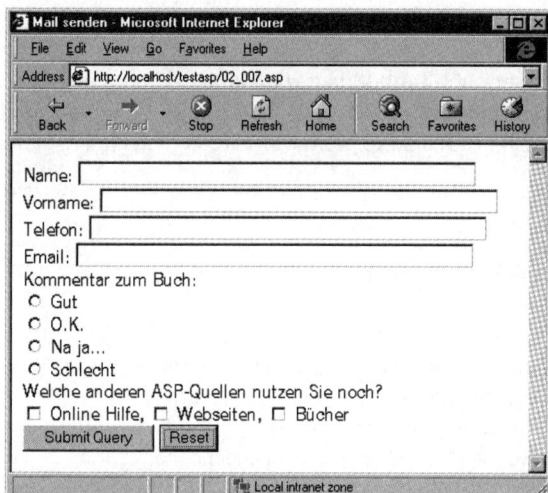

Abbildung 3.9: Ein einfaches Formular ist der erste Schritt zur Interaktion.

Weitere Elemente: Datenlisten

Neben den INPUT-Elementen gibt es weitere Formularelemente, die eigene Tags verwenden. Um aus vorgegebenen Daten auszuwählen, werden Listenfelder benutzt:

Formelement: <select>

```
<html>
<head>
<title>Listen</title>
</head>
<body>
   <form action="scripte/meinscript.asp" method="post">
      <select name="geschlecht">
         <option value="maennlich"> M&auml;nnlich
         <option value="weiblich"> Weiblich
      </select>
      <input type=submit name="Auswahl senden">
   </form>
</body>
</html>
```

Listing 3.30: Auswahllisten in Formularen (html_select.html)

3 Basiswissen für Softwareentwickler

Das Optionsfeld kennt noch das zusätzliche Attribut selected. Damit kann eine Vorauswahl eingestellt werden.

Die Optionsliste mit <select> kann in eine Liste verwandelt werden, die mehrzeilig erscheint, indem der Parameter size= eingefügt wird. Diese Form ist eine Alternative zu langen Serien von Kontrollkästchen. In diesem Zusammenhang bietet sich auch das Attribut multiple an. Somit ist eine Mehrfachauswahl möglich.

Alle Elemente werden in dem Format dargestellt, wie es das zu Grunde liegende Betriebssystem, auf dem der Browser läuft, erfordert. Damit wird das Design der Seite stärker systemabhängig. Bei der Mehrfachauswahlliste kommt noch hinzu, dass die Handhabung der Auswahl mehrerer Einträge auch vom Betriebssystem abhängt. Unter Windows ist dazu die Taste [STRG]- zu drücken, beim Macintosh die [Command]-Taste.

```
<html>
<head>
    <title>Mehrfachlisten</title>
</head>
<body>
    <form action="scripte/meinscript.asp" method="post">
        <select name="bundesland" size=5 multiple>
        <option value="berlin"> Berlin
        <option value="brandenburg"> Brandenburg
        ...
        <option value="bayern"> Bayern
        </select>
        <input type=submit name="Auswahl senden">
    </form>
</body>
</html>
```

Listing 3.31: Mehrfachauswahl in Listen (html_selectmulti.html)

Textfelder

Textfelder
<textarea>

Bei vielen Formularen besteht die Möglichkeit, längere Texte einzugeben. Das einfache input-Feld kennt keine Variante, die mehr als eine Zeile umfassen kann. Um trotzdem ohne Probleme lange Texte eingeben zu können, gibt es das Tag <textarea>.

```
<html>
<head>
    <title>Textfelder</title>
</head>
<body>
    <form action="/scripte/meinscript.asp" method="post">
        Schreiben Sie uns bitte Ihre Meinung:<br>
```

```
        <textarea Name="kommentar" cols="40" rows="20">
        Ich bin recht zufrieden.
        </textarea>
        <input type=submit name="Auswahl senden">
    </form>
</body>
</html>
```

Listing 3.32: Textfelder (html_textarea.html)

Dieses Tag ist wieder ein Container. Wenn der Inhalt des Containers leer ist, dann erscheint ein leeres Textfeld. Es kann auch ein beliebiger Text enthalten sein, der als Standardwert schon im Textfeld steht. Der Nutzer kann diesen Standardtext löschen oder verändern. Die Parameter cols und rows geben die Größe des Feldes an. Die Werte sind, analog zu den Input-Feldern, in der Ausdehnung in Zeichen angegeben. Sie können hier keine Prozentwerte einsetzen. HTML-Tags können nicht interpretiert werden, das Feld kann nur reinen Text verarbeiten:

```
<!-- dieses Beispiel funktioniert nicht wie erwartet -->
<html>
<head>
    <title>Textarea</title>
</head>
<body>
    <form action="scripte/meinscript.asp" method="post">
        <textarea name="testfeld" cols="40" rows="20">
        Hier kommt Ihr <b>Kommentar</b> hinein
        </textarea>
    </form>
</body>
</html>
```

Listing 3.33: Formtierungen in Textfeldern sind nicht möglich (html_textarea2.html)

Das Wort Kommentar wird nicht fett, sondern mit den Tags selbst ausgegeben. Etwas undurchsichtig ist das Verhalten am Ende der Zeile. Im Internet Explorer bricht der Browser am Ende der Zeile automatisch um und setzt den Cursor an den Anfang der nächsten Zeile. Soll das Textfeld auch im Netscape Navigator laufen, fügen Sie das Attribut wrap hinzu. Sie können drei Parameter dafür verwenden: off, physical und soft. Der Standardwert ist off und Netscape verlangt das Drücken der Taste ⏎ . Stellen Sie den Wert auf virtual ein, werden die Eingaben am Bildschirm zwar umbrochen, der übertragene Wert enthält jedoch keine Zeilenumbrüche. physical stellt die automatisch erzeugten Umbrüche auch bei der Übertragung wieder dar.

Versteckte Felder

Werteübergabe `<input type="hidden">`

Wenn Sie bei umfangreichen Formularen oder auch bei Shoppingsystemen bereits in den HTML-Quelltext gesehen haben, werden Sie vielleicht eine ganze Reihe von `input`-Feldern bemerkt haben, die zu keiner Bildschirmausgabe führen. Welchen Sinn haben solche Felder?

Zwischen den einzelnen Seiten eines Webs besteht kein direkter Zusammenhang. Es gibt zwar Beziehungen zwischen den Elementen eines Framesets (dazu später mehr), normalerweise »sehen« sich die Seiten nicht. Für die Programmierung mit ASP heißt das natürlich, dass Werte zwischen den einzelnen Seiten auf irgendeinem Weg übertragen werden müssen. Wie am Anfang dieses Abschnittes beschrieben, eignen sich `input`-Felder dazu. Wenn Sie aber mehrere Werte übertragen möchten, sind offen sichtbare Felder denkbar ungeeignet. Andererseits müssen Sie auch bei einem einfachen Formular mit »Mailto« immer noch Informationen mit übertragen, wenn Sie mehrere Formulare einsetzen. Dafür gibt es versteckte Felder:

```
<html>
<head>
    <title>Unsichtbare Felder</title>
</head>
<body>
    <form action="/scripte/meinscript.asp" method="post">
        <input type="hidden" name="Mailform" value="sendmail">
        <input type=submit name="Auswahl senden">
    </form>
</body>
</html>
```

Listing 3.34: Versteckte Felder übertragen der Daten (html_hidden.html)

Dieses Formular erzeugt nur die Sendeschaltfläche. Das Ergebnis der Übertragung zeigt das »versteckte« Wertepaar `&Mailform=sendmail` auch an.

> Natürlich sind die Felder nicht wirklich versteckt. Private Informationen wie Kennwörter und geheime Codes gehören hier nicht hinein. Jeder Browser bietet mit der Funktion ANSICHT | QUELLTEXT ANZEIGEN EINE MÖGLICHKEIT, DEN SEITENINHALT ANZUZEIGEN.

Spezielle Form-Formate

Auch wenn dieser HTML-Crashkurs nicht das gesamte Spektrum beschreiben kann, gibt es doch einige spezielle Funktionen, die bei der Programmierung von VBScript-Anwendungen eine wichtige Rolle spielen. So gibt es die Möglichkeit, Dateien beispielsweise Bilder, mit einem Browser hochzuladen. Damit wird der Einsatz eines FTP-Clients vermieden, was für Anfänger nicht einfach ist.

Basiswissen HTML

```
<html>
<head>
   <title>Bild upload</title>
</head>
<body>
   <form enctype="multipart/form-data"
         action="/scripte/meinscript.asp" method="post">
      Bitte w&auml;hlen Sie ein Bild aus:<br>
      <input name="bild" type="FILE" ACCEPT="image/*"><br>
      <input type=submit value="Auswahl senden">
   </form>
</body>
</html>
```

Listing 3.35: Formular zum hochladen von Bilder (html_fileup.html)

Die beiden entscheidenden Zeilen sind hervorgehoben. Zum einen wird das Tag <form> um einen Parameter erweitert, der den so genannten *Multipurpose Internet Extension*-Typ (MIME-Typ) beschreibt. Statt der Umwandlung in die URL-Form wird hier ein anderes Übertragungsformat verwendet. Das Tag <Input> generiert ein Feld für die direkte Eingabe des Dateinamens und einen Schalter zum Auswählen der Datei von der lokalen Festplatte. Der Schalter führt zu dem Standard-Dialog DATEI SUCHEN von Windows.

MIME-Typen

> MIME steht für Multipurpose Internet Mail Extension. Damit wurden ursprünglich Spezifikationen für das Anhängen von Dateien an E-Mail beschrieben. Browser nutzen diese MIME-Typen, um geladene Dateien mit entsprechenden Applikationen zu verbinden. Fest eingebaute MIME-Typen für Bilder sind image/gif oder image/jpeg. Möglich sind aber auch Variationen wie application/pdf bei installiertem Adobe Acrobat Reader. Die vom Betriebssystem unterstützten MIME-Typen finden Sie im Windows NT Explorer oder Arbeitsplatz unter ANSICHT | OPTIONEN | DATEITYPEN, unter Windows 2000 unter EXTRAS | ORDNEROPTIONEN | DATEITYPEN.

Der Parameter file ist zwar Bestandteil der HTML 3.2-Spezifikation, trotzdem unterstützen die Browser ihn nur in den neueren Versionen. Sie sollten dieses Attribut also nur sehr vorsichtig benutzen. Dafür kann man mit ASP allerdings die Funktionalität serverseitig nachbilden und einige Freewareprogramme sind verfügbar, die mit jedem Browser funktionieren.

Abbildung 3.10:
Bildupload und
Auswahl der Datei
im Browser mit dem
Internet Explorer

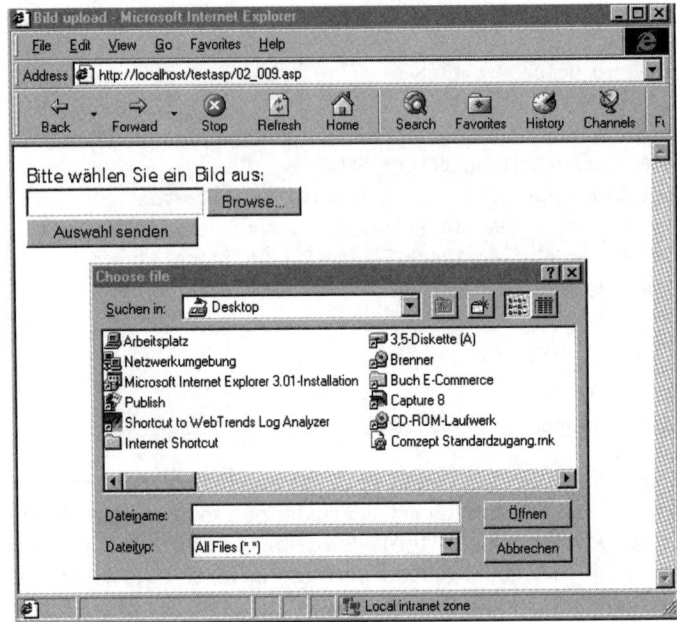

3.2.9 Aufzählungen und Listen

Zur strukturierten Darstellung von Informationen sind Listen ein gutes Mittel.

Einfache unsortierte Listen

Unsortierte Listen HTML bietet noch mehr Möglichkeiten, Text ordentlich aufzubereiten und
<ul>, <li> den Informationsgedanken des Webs zu stützen. Eine sehr einfache Funktion ist die Liste. Sie besteht aus zwei korrespondierenden Tags, einem Container, der die gesamte Liste umschließt, und einem Element zum Markieren eines Listeneintrages:

```
<html>
<head>
    <title>Listen</title>
</head>
<body>
<ul>
    <li> Aufz&auml;hlungspunkt 1
    <li> Aufz&auml;hlungspunkt 2
    <li> Aufz&auml;hlungspunkt 3
</ul>
</body>
</html>
```

Listing 3.36: Unsortierte Listen (html_li.html)

Basiswissen HTML

Das Tag <ul> (Unsorted List) umschließt die Liste. Leider gibt es sogar bei dieser einfachen Funktion Unterschiede zwischen den Browsern. So können Sie bei Netscape die Form des Aufzählungszeichens ändern. Dazu wird das Listen-Tag erweitert: <ul type="disk">, wobei als Parameter auch square und circle zulässig sind. Der Internet Explorer ignoriert diese Werte auch in der Version 6, bei automatisch gebildeten Unterpunkten werden aber diese Symbole trotzdem genutzt.

Unterpunkte werden durch Verschachtelung gebildet:

```
<html>
<head>
   <title>Listen</title>
</head>
<body>
<ul>
   <li> Aufz&auml;hlungspunkt 1
   <ul>
      <li> Unterpunkt 1
      <ul>
         <li> Noch eine Stufe tiefer
         <li> Noch eine Stufe tiefer
      </ul>
      <li> Unterpunkt 2
   </ul>
   <li> Aufz&auml;hlungspunkt 2
   <li> Aufz&auml;hlungspunkt 3
</ul>
</body>
</html>
```

Listing 3.37: Verschachtelte Listen (html_lili.html)

Dieses Listing zeigt das Verhalten der Aufzählungszeichen, wie in Abbildung 3.11 dargestellt ist.

Sowohl der Navigator als auch der Internet Explorer beherrschen den Wechsel des Aufzählungszeichens in gleicher Weise. Trotzdem lässt sich der Explorer nicht überreden, die alternativen Zeichen auch auf einer anderen Ebene zu benutzen.

Listen, die zählen können

Manchmal sind Zahlen eher geeignet, Listen zu sortieren. Damit ist ein einfacher Verweis auf die Elemente möglich (beispielsweise »siehe Punkt 2« usw.). Analog zu den eben beschriebenen unsortierten Listen wird hier der Container <ol> benutzt. Zulässige Parameter sind type=x, wobei das Attribut x die Werte 1, i, I, a, A annehmen kann.

Sortierte Listen <ol>, <li>

*Abbildung 3.11:
Saubere Textstruk-
turierung mit
HTML
(Listing 3.37)*

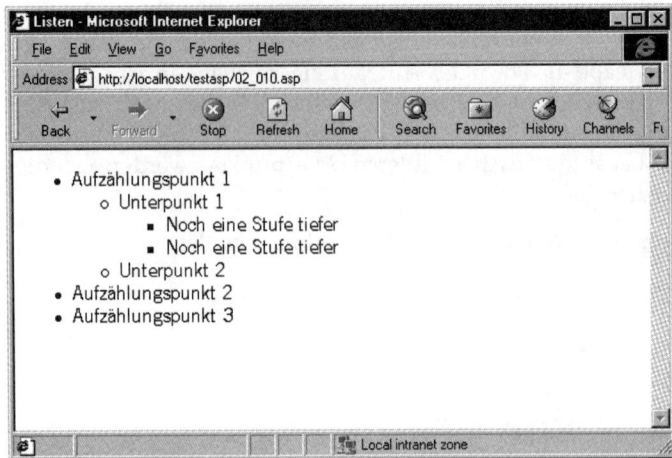

Damit werden arabische Ziffern, kleine und große römische Ziffern sowie kleine und große Buchstaben für die Aufzählung benutzt. Zusätzlich ist es möglich, einen Startwert für die Liste anzugeben: <ol start="4">. Sie können den laufenden Wert auch innerhalb der Liste durch Angabe des Parameters value manipulieren. Hier ein Beispiel:

```
<html>
<head>
    <title>Sortierte Listen</title>
</head>
<body>
<ol type="A" start="3">
    <li> Ich beginne als Buchstabe C
    <li value="6"> Und schon folgt das F
<ol>
</body>
</html>
```

Listing 3.38: Nummerierte Listen (html_ol.html)

Auch <ol> lässt sich verschachteln. Sie können in jeder Stufe den Anzeigetyp wechseln. Ausnahmsweise unterstützen alle Browser diese Funktion in gleicher Form.

Definitionen und Glossare

**Definitionen
<dl>, <dt>,
<dd>**

Viele Webseiten erklären die vielfältig verwendeten technischen Begriffe auf einer besonderen Seite in einem Glossar. Auch diese Form der Darstellung dient der Strukturierung von Text und wird von HTML unterstützt.

```
<html>
<head>
<title>Definitionen</title>
</head>
<body>
<dl>
   <dt> WWW
   <dd> World Wide Web. Weltweites Hypertextsystem.
   <dt> HTML
   <dd> Hypertext Markup Language. Sprache des WWW.
</dl>
</body>
</html>
```

Listing 3.39: Tags für Glossare (html_dtdd.html)

Definitionen nutzen drei Tags. Mit dem Container <dl> (*definition list*) wird die gesamte Liste umschlossen. <dt> (*definition list term*) leitet das Suchwort ein und <dd> (*definition list definition*) enthält die eigentliche Erklärung. Abgesehen von der Möglichkeit, damit Erklärungen zu geben, kann das <dl>-Tag auch benutzt werden, um einfache Listen ohne Aufzählungszeichen zu erstellen. Sie können die Listenelemente <dt> und <dd> beliebig verwenden, denn dahinter verbirgt sich keine weitere interne Funktionalität.

Die Anwendung im Zusammenhang mit ASP ist dann interessant, wenn die Liste aus einer Datenbank gespeist wird und dynamisch aufgebaut werden kann. Unterschiede in der Darstellung zwischen den Browsern sind gegenwärtig nicht bekannt, die Anwendung sollte ohne Risiko erfolgen können.

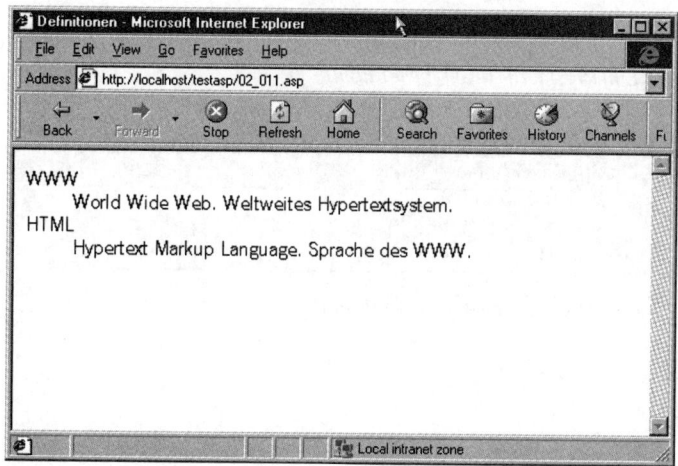

Abbildung 3.12: Nutzung der Definition List-Tags für ein Online-Glossar

3.2.10 Tabellen

Tabellen sind ein wichtiges und häufig benutztes Element in HTML-Seiten. Es gibt kaum eine Webseite, die nicht irgendwo eine Tabelle benutzt. Das ist nicht immer offensichtlich, denn Tabellen haben zwei Aufgaben. Zum einen dienen Sie der Darstellung von Informationen in übersichtlicher, strukturierter Form. Das andere Einsatzgebiet ist die Gestaltung von Seiten. HTML kennt kaum Layout-Funktionen. Erst mit DHTML und CSS gibt es Ansätze für eine Layout-Unterstützung. Da nicht alle Browser diese Funktionen beherrschen, bleiben nur Tabellen zur Layout-Kontrolle übrig.

Einfache Tabellen

Tabellen definieren <table> <th>, <tr>, <td>

Tabellen können sehr komplex sein. Deshalb ist die Kenntnis der einzelnen Bestandteile sehr wichtig. Beginnen Sie mit einer einfachen Tabelle, die aus einer einzigen Zelle besteht:

```
<html>
<head>
    <title>Meine erste Tabelle</title>
</head>
<body>
<table border="1">
    <TR>
        <td> Hier steht der Inhalt der Zelle mit Rand.</td>
    </tr>
</table>
</body>
</html>
```

Listing 3.40: Einfache Tabelle (html_table1.html)

Abbildung 3.13: Eine Tabelle mit einer Tabellenzelle in HTML.

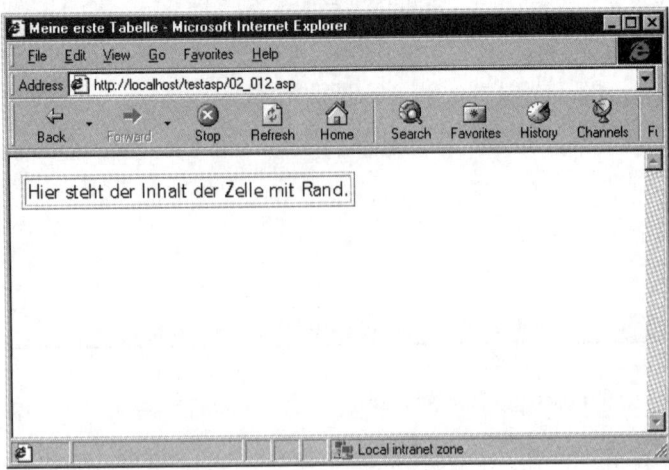

Das ist noch leicht verständlich. Alle Tags zu Bildung von Tabellen oder Tabellenelementen sind Container. <table> leitet die Tabelle ein und enthält mindestens eine Reihendefinition <tr> (*table row*) und eine Zellendefinition <td> (*table data*).

Die Ausdehnung der Tabelle richtet sich, wenn keine weiteren Angaben gemacht werden, nach dem Inhalt der Tabelle (Minimum) und an den Grenzen des Browserfensters aus (Maximum). Es gibt vielfältige Tricks und Attribute, um dieses Verhalten zu beeinflussen.

Um weitere Spalten und Reihen hinzuzufügen, werden immer neue <tr>- und <td>-Tags eingebaut. Es gibt keine Begrenzung für derartige Einfügungen:

```
<html>
<head>
<title>Die zweite Tabelle</title>
</head>
<body>
<table border="1">
   <tr>
      <td> Berlin </td>
      <td> 030 </td>
   </tr>
   ...
   <tr>
      <td> Hamburg </td>
      <td> 040 </td>
   <tr>
</table>
</body>
</html>
```

Listing 3.41: Komplexere Tabellen (html_table3.html)

In diesem Beispiel werden mit <tr> immer neue Zeilen erzeugt, die jeweils zwei Werte enthalten.

Im letzten Beispiel ist der Sinn der Tabelle nicht sofort zu erkennen. Sie können jeder Tabelle deshalb eine Überschrift zuordnen:

Tabellenüberschrift <caption>

```
<table>
<caption>Vorwahlverzeichnis</caption>
...
</table>
```

Listing 3.42: Hinzufügen einer Tabellenüberschrift (html_caption.html, Ausschnitt)

<caption> kann auch links oder rechts ausgerichtet werden; ohne zusätzliche Attribute wird die Überschrift zentriert. Außerdem steht der Text immer automatisch oberhalb oder unterhalb der Tabelle, die Entscheidung trifft das Attribut.

Abbildung 3.14:
Ein kleines Vorwahl-
verzeichnis in einer
Tabelle

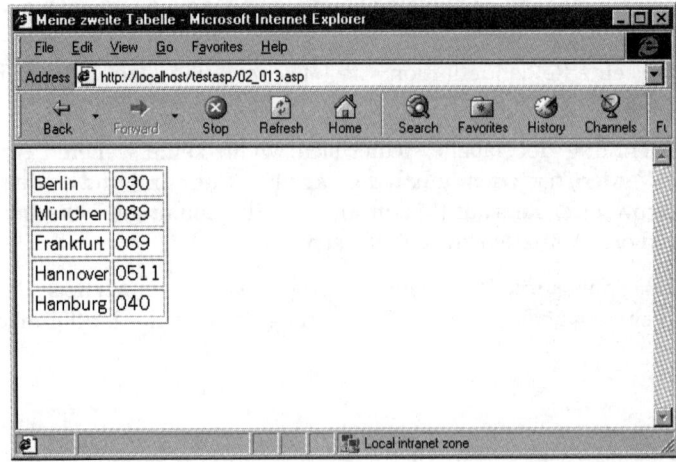

Tabellen haben normalerweise auch Spaltenüberschriften. Um eine solche Tabelle gut dokumentiert aufzubauen, sollten Sie den entsprechenden Tag <th> benutzen:

```
<html>
<head>
    <title>Meine dritte Tabelle</title>
</head>
<body>
<table border="1">
    <caption>Vorwahlnummern</caption>
    <tr>
        <th> Stadt </th>
        <th> Vorwahl </th>
    </tr>
    <tr>
        <td> Berlin </td>
        <td> 030 </td>
    </tr>
    ...
    <tr>
        <td> Hamburg </td>
        <td> 040 </td>
    <tr>
</table>
</body>
</html>
```

Listing 3.43: Verwendung von Kopfzeilen (html_th.html)

Hinter <th> verbirgt sich nichts Besonderes, die Anwendung ist wie <td>. Der Browser stellt die Überschrift der Spalten lediglich fett dar.

Basiswissen HTML

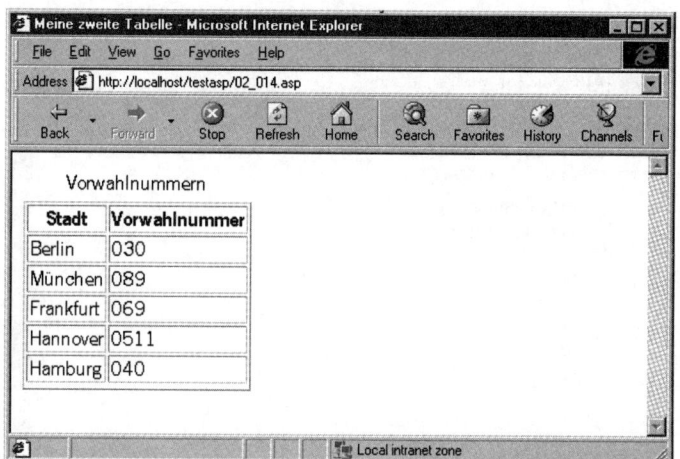

Abbildung 3.15:
Tabelle mit Überschrift und Tabellenkopf

Komplexe Tabellen

Tabellen sind besonders für die Ausgabe von Daten geeignet. Die Listenfunktionen lassen zwar die Textstrukturierung zu, komplexe Datenbestände sind aber am besten in Tabellen aufgehoben. Das starre Schema Reihe/Spalte ist häufig nicht ausreichend. HTML kann deshalb Zellen miteinander verknüpfen.

Tabellen strukturieren
rowspan=
colspan=

```
<html>
<head>
   <title>Tabelle mit verbundenen Zellen</title>
</head>
<body>
<table border="1">
   <caption>Vorwahl und Kennzeichen</caption>
   <tr>
      <th> Stadt </TH>
      <th> Vorwahlnummer<BR>Autokennzeichen </TH>
   </tr>
   <tr>
      <td ROWSPAN="2"> Berlin </td>
      <td> 030 </td>
   <tr>
      <td> B </td>
   </tr>
   ...
</table>
</body>
</html>
```

Listing 3.44: Komplexe Tabelle (html_complext.html)

3 Basiswissen für Softwareentwickler

*Abbildung 3.16:
In Tabellen können
Zellen miteinander
verknüpft werden.*

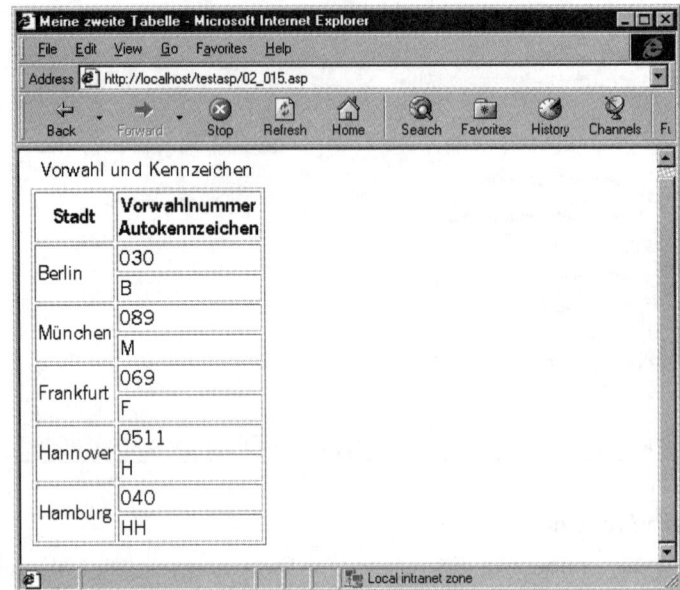

Sie können neben rowspan auch spaltenweise Verknüpfungen mit colspan einfügen. Dieser Parameter bestimmt, wie viele Zellen miteinander verbunden werden. Achten Sie darauf, in der gegenüberliegenden Spalte oder Reihe eine ausreichende Anzahl <td>- beziehungsweise <tr>-Tags unterzubringen. Experimentieren Sie mit diesen Parametern, um ein Gefühl für Tabellen zu bekommen.

Tabellenattribute

**Tabellen
formatieren
cellpadding=""
cellspacing=""
align=""**

Die bisher vorgestellten Tabellen sind optisch nicht besonders ansprechend. Der Text klebt links und alle Elemente erscheinen farblos und grau. Tabellen können mit einer Vielzahl von Textattributen belegt werden, die eine flexible Gestaltung ermöglichen. Eine vollständige Liste finden Sie im Anhang. Einen Parameter kennen Sie bereits: border, mit dem der Rand in Pixel definiert wird. Ebenfalls im Tag <table> stehen Angaben für das Ausrichten der Tabelle mit align=, zulässige Werte sind left, right und center. Der Abstand des Textes vom Rand der Zelle wird mit cellpadding festgelegt, während mit cellspacing der Abstand der Zellen voneinander festgelegt wird.

```
<html>
<head>
    <title>Tabellen formatieren</title>
</head>
<body>
<table border="10" cellpadding="1" cellspacing="1" align="left">
    <tr>
        <td> Berlin </td>
```

Basiswissen HTML

```
        <td> Vorwahl: 030 </td>
    </tr>
</table>
<table border="1" cellpadding="10">
        cellspacing="1" align="center">
    <tr>
        <td> Berlin </td>
        <td> Vorwahl: 030 </td>
    </tr>
</table>
<hr>
<table border="1" cellpadding="1" cellspacing="10" align="right">
    <tr>
        <td> Berlin </td>
        <td> Vorwahl: 030 </td>
    </tr>
</table>
</body>
</html>
```

Listing 3.45: Zellenattribute verwenden (html_tableform.html)

Das Attribut center wird nicht von allen Browsern unterstützt. Verwenden Sie besser <center>...</center>, um die gesamte Tabelle zu zentrieren.

center
width

Neben diesen einfachen Parametern für das Ausrichten der Tabelle kann auch deren Größe festgelegt werden. Mit <table width="100"> oder <table width="80%"> wird die Breite der Tabelle in Pixel oder abhängig vom Browserfenster festgelegt. Verlassen kann man sich darauf nicht, die minimale Größe der Tabelle wird am Inhalt festgemacht. Besonders dynamisch erstellte Tabellen dehnen sich nach den eingetragenen Daten aus, ohne den width-Parameter zu beachten. Reihen können auch mit dem Attribut <td height="50"> belegt werden, um die Reihenhöhe festzulegen. Auch hier gilt im Zweifelsfall, dass der Inhalt ganz zu sehen sein muss.

Webseiten leben hauptsächlich von Farben. Neben der Hintergrundfarbe und der Einfärbung der Schrift können auch Tabellen mit Farben gestaltet werden. Die Elemente <table> und <td> können mit dem Parameter bgcolor Farbangaben nach der RGB-Tabelle zugewiesen werden. Die neueren Browser von Netscape und Microsoft erlauben außerdem die Verwendung eines Hintergrundbildes in Tabellen mit dem Attribut background im Tag <table>. Der Hintergrund wie auch das Hintergrundbild der Seite werden gekachelt.

bgcolor
background

Tabellen als Layout-Instrument

Ohne browserspezifische Fallen und unsichere Erweiterungen der Sprache erlauben Tabellen ein anspruchsvolles Layout. Vor allem als Alternative zu Frames haben sich Tabellen bewährt. Der Trick, auf dem diese Designvarianten basieren, ist recht einfach. Zuerst wird das Layout der Seite in ein gleichmäßiges Raster zerlegt.

Abbildung 3.17: Tabellen mit Attributen formatieren und ausrichten

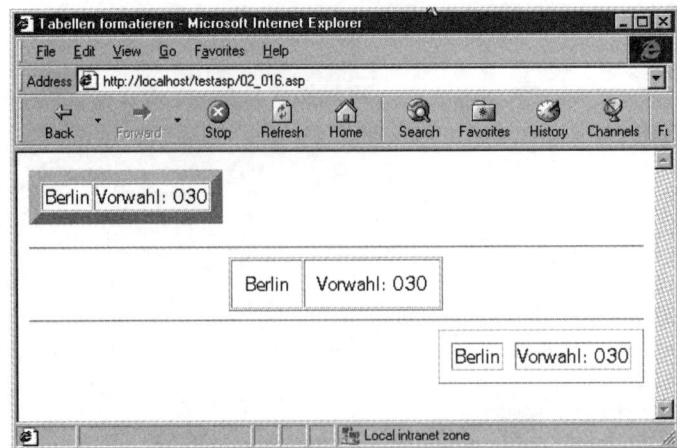

Ebenso wie im klassischen Design auf Papiermedien, werden Webseiten in Spalten und Zeilen zerlegt. Die gesamte Seite wird dann von einer Tabelle überzogen, deren Spalten und Zeilen dem gewünschten Raster entsprechen. Um eine stabile Tabelle zu bekommen, wird die Ausdehnung auf 100% des Browserfensters festgelegt. Jede Spalte bekommt oben ein unsichtbares GIF-Bild eingepflanzt, das die Breite festlegt:

```
<td><img src="transparent.gif" hspace="100"></td>
```

> Unsichtbare GIFs können Sie im Web vielfach finden. Sie können sie auch mit einem Grafikprogramm als Bild der Größe 1x1 Pixel in irgendeiner Farbe erzeugen. Speichern Sie das Bild als GIF, und setzen Sie den einzigen vorhandenen Farbwert auf TRANSPARENT. Ihr Grafikprogramm bietet dafür die entsprechende Option im Exportfilter. Um das unsichtbare GIF verwenden zu können, wird es mit den Befehlen vspace und hspace auf das gewünschte Maß gebracht. Theoretisch funktionieren auch width und height, dabei kann es aber bei einem langsamen Bildaufbau zu unschönen Effekten kommen.

Die Felder der Tabelle werden mit den Befehlen rowspan und colspan so miteinander verbunden, dass sich die Bereiche zum Anzeigen der Informationen ergeben. Der folgende Quellcode erzeugt einen solchen Bereich im Zentrum der Seite – ideal zum Bestücken mit Schaltflächen rundherum:

```
<html>
<head>
    <title>Tabellen als Layout-Instrument</title>
</head>
<body>
<table border="1" cellpadding="0" cellspacing="0"
       align="left" width="400">
```

```
        <tr>
            <td></td>
            <td><img src="transparent.gif" hspace="50"></td>
            <td><img src="transparent.gif" hspace="50"></td>
            <td><img src="transparent.gif" hspace="50"></td>
            <td><img src="transparent.gif" hspace="50"></td>
        </tr>
        <tr>
            <td><img src="transparent.gif" vspace="25"></td>
            <td>1</td>
            <td>2</td>
            <td>3</td>
            <td>4</td>
        </tr>
        <tr>
            <td><img src="transparent.gif" VSPACE="25"></td>
            <td>5</td>
            <td colspan="2" rowspan="2">6/7 und 10/11</td>
            <td>8</td>
        </tr>
        <tr>
            <td><img src="transparent.gif" VSPACE="25"></td>
            <td>9</td>
            <td>12</td>
        </tr>
        <tr>
            <td><img src="transparent.gif" VSPACE="25"></td>
            <td>13</td>
            <td>14</td>
            <td>15</td>
            <td>16</td>
        </tr>
    </table>
</body>
</html>
```

Listing 3.46: Tabellen zur Gestaltung (html_tableform2.html)

Das Ergebnis sehen Sie in Abbildung 3.18. Ersetzen Sie nach dem Einbau aller Elemente die Ziffern mit den Zellenbezeichnungen durch den gewünschten Text und setzen Sie zum Schluss den Wert des Tabellenrandes auf border="0". Dann ist die Tabellenstruktur nicht mehr zu sehen und alle Elemente der Seite stehen unverrückbar an der richtigen Stelle!

*Abbildung 3.18:
Noch ist Tabellen-
struktur sichtbar, das
Layout wird daran
»aufgehängt«, als
letztes wird der Rand
unsichtbar gemacht.*

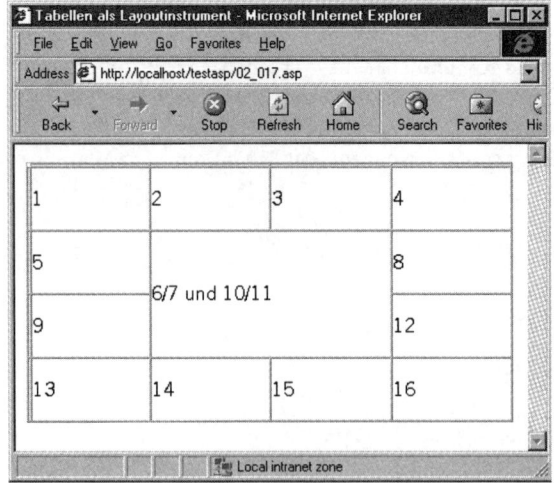

3.2.11 Fortgeschrittene Navigation

Hilfsmittel für die Navigation sind auch mit den Standardmitteln verfügbar, die HTML alleine bietet. Freilich entfaltet sich die ganze Bandbreite der Navigationshilfen erst, wenn zusätzlich JavaScript eingesetzt wird. Imagemaps sind ein erster Weg zu interessanten Navigationselementen.

Imagemaps

Bilder zur Navigation `<map>` `<ismap>`, `<area>`

Vor allem bei komplexen Layouts ist die Verbindung vieler kleiner Grafiken recht mühevoll. Eine große Grafik ist einfacher und wird schneller geladen. Mit Imagemaps kann man auch durch Klicken auf Bereiche der Grafik Links auslösen. Eine typische Anwendung ist eine Weltkarte, auf der der Nutzer sein Land oder seine Region anklicken kann und zur richtigen Webseite in seiner Landessprache gelangt.

Es gibt prinzipiell zwei Typen von Imagemaps. Die eine Variante benötigt eine Unterstützung durch den Webserver, der die Links anhand der übermittelten Parameter ausführt (Server-Side Imagemap). Die andere, heute eher bevorzugte Variante, nutzt die Eigenschaft moderner Browser, selbst die Position der Maus auf der Grafik auflösen zu können (Client-Side Imagemap). Der hier benutzte IIS unterstützt Server-Side Imagemaps ebenso wie die modernen Browser von Microsoft und Netscape Client-Side Imagemaps bedienen können.

Beachten Sie beim Erstellen von Grafiken, dass die Nutzer nicht lange warten wollen, bis sich ein Bild aufgebaut hat. Eine Navigationsleiste mit 30 KByte ist schon sehr groß und weniger ist oft mehr!

Es ist letztlich Ihre Entscheidung, welcher Variante von Image Maps Sie den Vorzug geben. Der Aufwand ist in etwa identisch. Die Servervariante ist manchmal etwas schneller, da die Parameter nicht zum Browser übertragen werden müssen. In der Praxis dürfte der Effekt aber gering sein. Hier ein Beispiel für ein Imagemap mit Serverunterstützung:

Serverseitige Imagemaps

```
<html>
<head>
<title>Navigation mit Imagemaps</title>
</head>
<body>
<a href="maps/meinmap.map">
<img src="bilder/navigation.gif" ismap>
</a>
</body>
</html>
```

Listing 3.47: Definition einer serverseitigen interaktiven grafischen Klickfläche (html_ismap.html)

Die Besonderheit gegenüber einem normalen Tag `<img>` besteht im angehängten Parameter `ismap`. Der Link, der mit `<a href="">` gebildet wird, zeigt auf eine Steuerdatei, die dem Server die tatsächlichen Verzweigungen mitteilt. Die Steuerdatei ist eine einfache Textdatei, die folgendermaßen aufgebaut ist:

```
# WWW NCSA Image Map file for 'navigation.gif'
default      /02_047.htm
rect         /links.htm       0,0 100,100
rect         /rechts.htm      101,0 200,100
```

Listing 3.48: Steuerdatei für die Grafik aus Listing 3.47

Stellen Sie sich das Bild NAVIGATION.GIF als Pixelfeld vor. Definieren Sie die Bereiche, die eine bestimmte Aktion auslösen sollen. Schreiben Sie sich die Werte auf – von oben links beginnend erst den X-Wert (horizontal nach rechts) und dann den Y-Wert (vertikal nach unten). Alle Bereiche, die nicht gesondert definiert wurden, können mit dem Wert `default` bedient werden. Neben dem im Beispiel genannten Rechteck gibt es auch Kreise, Polygone und Punkte. Hier eine Übersicht:

Bereichs-definition	Name	Parameter	Muster
Rechteck	Rect	X,Y X-Ausdehnung, Y-Ausdehnung	0,0 100,100
Kreis	Circle	X-Mittelpunkt, Y-Mittelpunkt Radius	50,50 30
Polygon	Poly	X,Y X2,Y2 X3,Y3 X4,Y4 .. bis 160 Polygone	1,1 10,15 ...
Punkt	Point	X,Y	120,50

Tab. 3.3: Mögliche Varianten der Bereichsdefinition von Imagemaps

Beachten Sie die Leerzeichen zum Trennen der Parameter. Bei Polygonen entstehen normalerweise sehr lange Parameterschlangen. Die alten IIS 2.0 und 3.0 konnten nur 100 Polygonwertepaare verarbeiten und brachen dann mit einem Fehler ab. Der IIS ab Version 4 kann 160 Wertepaare verarbeiten und ignoriert alle weiteren. Die Verwendung des Punktes ist eine ziemlich fiese Variante zur Navigation, einen Punkt mit der Maus zu treffen, dessen Position man praktisch nicht kennt, ist fast unmöglich. Wenn sich Bereiche überlappen, wählt der Server den zuerst definierten Bereich aus.

Viele Grafikprogramme unterstützen die Erstellung von Imagemaps mit einem speziellen Exportfilter, das neben der Grafik auch die Textdatei exportiert. Sie können in solchen Programmen die Bereiche mit der Maus markieren und sich die Dateien für das Zielsystem passend erstellen lassen.

Clientseitige Imagemaps

Bei Client-Side Imagemaps wird die Definition des Bereichs direkt im Quelltext der HTML-Seite untergebracht. Die Syntax ist einfach:

```
<html>
<head>
    <title>Client-Side Image Maps</title>
</head>
<body>
<map name="navigation">
<area shape="rect" COORDS="0,0,100,100" href="links.htm">
<area shape="circle" COORDS="50,50,20" href="kreis.htm">
<area shape="poly" COORDS="300,0 300,100 250,200 0,180 250,180"
      href="rechts.htm">
<area shape="rect" COORDS="0,0,300,200" nohref>
</map>
<img src="bilder/navigation2.gif" usemap="#navigation">
</body>
</html>
```

Listing 3.49: Clientseitige Imagemap (html_imagemap.html)

Das Tag <map> ist ein Container und umfasst eine bestimmte Definition. Der Aufbau ähnelt den Server-Side Image Maps. Das Tag <img> wird um einen speziellen Parameter erweitert, der auf die Definition verweist. Einen Standardwert für die Datei gibt es nicht, aber Sie erreichen einen ähnlichen Effekt mit der Definition eines Bereichs, der alle andere überlappt und als Letzter in der Liste der <area>-Tags steht. Nur wenn keiner der vorangegangenen Befehle zutreffend war, wird dieser letzte Bereich angesprochen. Im Beispiel in Listing 3.49 wird allerdings mit nohref keine Reaktion ausgelöst.

In den Beispielen wurden immer GIF-Bilder verwendet. Selbstverständlich können Sie alle Formate verwenden, die Browser unterstützen. Für Schaltflächen gehört jedoch GIF eindeutig zu den Favoriten, da oft mit Text gearbeitet wird und verlustbehaftete Komprimierungstechniken zu unschönen Ausfransungen des Textes führen können. Es spricht aber nichts dagegen, ein gutes Foto im JPEG-Format als Imagemap zu nutzen.

Frames

Über das Für und Wider von Frames wurden in der Vergangenheit heftige Diskussionen geführt. Vor allem die bei alten Browsern fehlende oder mangelhafte Unterstützung war Grund für die Ablehnung. Da die neueren Browser Frames verarbeiten können, spricht nicht mehr viel dagegen, sie auch zu benutzen.

Was sind Frames und was spricht für oder gegen den Einsatz?

Mit Frames definiert man Bereiche im Browserfenster, die jeweils durch eine eigene HTML-Datei gefüllt werden. Es ist möglich, dass sich diese Bereiche gegenseitig steuern. Eine Navigationsleiste kann so immer sichtbar sein und die Aktionen auf den Schaltflächen führen zum Wechsel der Datei in andere Bildschirmbereiche.

Der Einsatz von Frames sollte mit Sorgfalt erfolgen. Es gibt einige Nachteile, die man zumindest kennen sollte:

- Frames benötigen Platz: Normalerweise haben Frames Ränder, die Platz benötigen. Im ohnehin kleinen Fenster ist das von Nachteil.

- Frames sind hartnäckig: Sorglos programmierte Frames sperren fremde Seiten leicht ein, dadurch ist es unmöglich, den Frameset zu verlassen.

- Frames sind unbeliebt: Die ersten Anwender von Frames nutzten die abtrennbaren Bereiche, um Werbung einzublenden. Dadurch haben Frames bei vielen Internetnutzern einen schlechten Ruf.

- Frames sind schlecht implementiert: Auch bei Frames kochen Netscape und Microsoft ihr jeweils eigenes Süppchen. Es gibt kaum eine Frameseite, die in den beiden führenden Browsern gleich erscheint.

- Frames stören Bookmarks: Sie können Seiten mit dem Browser in die Favoritenliste aufnehmen, die Bestandteil eines Framesets ist. Aber der entsprechende Schalter in der Schalterleiste wirkt immer auf das gesamte Frameset, um einzelnen Seiten zu speichern, muss man über die Kontaxtmenüs gehen.

- Seiten mit Frames sind langsam: Jedes Frame ist eine Datei und zusätzlich wird eine Steuerdatei für das Frameset benötigt, bei einer viergeteilten Seite wird also ein fünffacher Overhead produziert.

- Trotzdem sind Frames bei den Designern recht beliebt. Denn sie erlauben es mit einfachen Mitteln, recht ansprechende Layouts zu entwickeln und dabei eine ordentliche Navigation zu erhalten. Es gibt durchaus Situationen, wo an Frames kein Weg vorbeiführt:

- Frames haben eigene Scrollbalken: Im Gegensatz zu Tabellen kann jedes Frame einen eigenen Scrollbalken besitzen. Deshalb sind Frames unter Umständen besser zur Strukturierung geeignet als Tabellen.

- Frames erleichtern die Navigation: Durch die ständig sichtbare Navigationsleiste werden weniger Mausklicks benötigt, um einen Punkt zu erreichen. Die Bedienung wird subjektiv schneller.

- Frames erlauben Werbeflächen: Mit konstant eingeblendeten Werbebannern kann man manchmal schon etwas Geld verdienen. Nur Frames garantieren die ständige Sichtbarkeit.

- Frames sperren Fremdangebote ein: Wenn Sie eine andere Webseite benutzen, um bestimmte Informationen zu vermitteln, können Sie die fremde Seite mit Frames in Ihre Seite praktisch »einsperren«. Seien Sie aber vorsichtig damit, nicht alle Anbieter erlauben das.

Ein neues Fenster

Die einfachste Form eines Framesets erzeugt ein neues Browserfenster. Besonders flexibel ist dieser Weg nicht, eine komfortable Nutzung ist nur mit JavaScript oder VBScript möglich. In HTML wird ein neues Fenster folgendermaßen erzeugt:

```
<html>
<head>
    <title>Ein neues Fenster starten</title>
</head>
<body>
<a href="neueseite.htm" target="meinfenster">Neues Fenster!</a>
</body>
</html>
```

Listing 3.50: Link in ein anderen Frame (html_target.html)

Neu ist lediglich der Parameter target. Der Name spielt keine Rolle; er wird zur Benennung des Fensters benutzt, um später darauf verweisen zu können. Neue Browserfenster werden immer dann gestartet, wenn der Name noch nie aufgetaucht ist. Existiert das Fenster bereits, wird die mit <a href=""> referenzierte Datei dort angezeigt.

Es gibt in HTML keine Möglichkeit, das geöffnete Fenster zu schließen. Glücklicherweise verstehen heute alle Browser JavaScript. Diese Skriptsprache kennt einen entsprechenden Befehl. Das nächste Beispiel zeigt auch gleich, wie man das Fenster mit JavaScript öffnet. Es ist sinnvoll auf diese Weise vorzugehen, denn JavaScript kennt mehr Parameter für die Anzeige des Fensters als HTML:

```
<html>
<head>
    <title>Fenster öffnen und schließen</title>
<script language="Javascript">
function oeffnen()
{
    fenster=window.open("neueseite.htm", "NeueSeite")
}
function schliessen()
{
```

```
    fenster.close()
}
</script>
</head>
<body>
<a href="javascript:oeffnen()">Neues Fenster!</a>
<p>
<a href="javascript:schliessen()">Fenster zu!</a>
</body>
</html>
```

Listing 3.51: JavaScript zur Fenstersteuerung (html_jswindow.html)

Je nach Browser muss das Schließen des Fensters bestätigt werden. Beachten Sie, dass der Nutzer sich möglicherweise nicht daran hält und alle geöffneten Fenster offen lässt und dadurch Layout und Organisation stört.

Teile und herrsche!

> Frames sind einfach zu erstellen, abgesehen davon, dass statt einer nun mehrere Dateien nötig sind.

Framesets
<FRAMESET>
<FRAME ...

```
<html>
<head>
<title>Ein Frameset entsteht</title>
</head>
<frameset rows="20%,80%">
   <frame src="oben.htm">
   <frameset cols="20%,80%">
      <frame src="links.htm">
      <frame src="rechts.htm">
   </frameset>
</frameset>
</html>
```

Listing 3.52: Aufbau eines Framesets (html_frameset.html)

Frames können mit dem Container <frameset> leicht erstellt werden. Die Attribute rows und cols kennen Sie schon von den Tabellen. Hier zeigen sie an, wie die Fensterbereiche geteilt werden. Es sind absolute Werte in Pixel oder prozentuale Angaben möglich. Bei prozentualen Parametern verändert sich die Größe des einzelnen Frames mit der Veränderung der Gesamtgröße des Browsers.

3 Basiswissen für Softwareentwickler

Abbildung 3.19:
So einfach entsteht
ein Frameset zur
Navigation.

Beachten Sie beim Lesen des Quelltextes, dass das Tag <frameset> das Tag <body> ersetzt. Die Parameter für rows= und cols= können neben der Angabe eines absoluten oder relativen Wertes auch ein Sternchen enthalten. rows="*,20%,*" teilt den Bildschirm in drei Reihen, die mittlere beträgt 20% des Browserfensters, die obere und die untere Reihe teilen sich den gesamten verfügbaren Rest.

Frameattribute
scrolling=""
frameborder=""
marginwidth=""
marginheight=""

Das Tag <frame> wird zur Angabe der als Inhalt anzuzeigenden Datei benötigt. Verschiedene Attribute sind möglich. Dazu gehört die Anzeige des Rollbalkens mit scrolling="yes", scrolling="no" oder scrolling="auto". Die Automatikfunktion prüft, ob die Datei komplett ins Fenster passt und erzeugt die Rollbalken nur bei Bedarf. noresize verhindert die Veränderung der Größe durch das Verschieben der Browserränder. frameborder="0" löscht die Ränder jedes einzelnen Rahmens. Mit den Parametern marginheight="10" und marginwidth="10" setzen Sie den Abstand des Textes vom Rand des Frames auf 10 Pixel (0 löscht den Abstand).

Frameprobleme
<noframes>

Ältere Browser und manche Suchmaschinen haben mit Frames Probleme. Deshalb gibt es das Tag <noframe>, mit dem sich der Zugriff für nichtkompatible Browser steuern lässt:

```
<html>
<head>
<title>Auch für alte Browser</title>
</head>
<frameset rows="20%,80%">
    <frame src="oben.htm">
    <frameset cols="20%,80%">
        <frame src="links.htm">
```

```
        <frame src="rechts.htm">
    </frameset>
</frameset>
<noframes>
Diesen Text k&oumL;nnen alle Browser sehen, die <b>keine</b> Frames
beherschen.
</noframes>
</html>
```

Listing 3.53: Frameset mit alternativer Seite (html_frame2.html)

Wenn Sie nun das erste Frameset aufbauen, werden Sie feststellen, dass die Navigation nur in eine Richtung erlaubt ist – in einer Framedefinition können nur untergeordnete Definitionen folgen. Frames können über ihren Namen erreicht werden. Durch verschachtelte Definitionen ist es aber oft sinnvoll, auch auf relative Positionen zu verweisen, beispielsweise den übergeordneten oder den obersten Frame – ohne dessen Namen in der aktuellen Definition zu kennen. Das Geheimnis steckt in den vier reservierten Namen für den Parameter TARGET. Sie können die folgenden Namen verwenden:

Name	Bedeutung
_top	Steuert die oberste Ebene des Framesets an, normalerweise die Seite mit der Framedefinition; mit _top können Sie Ihre Seite auch aus einem fremden Frameset befreien (Befreiungslink)
_blank	Erzeugt eine leere Seite
_self	Wird normalerweise nicht benutzt, denn _self ist der Standardwert und bezieht sich auf das aktuelle Fenster
_parent	Eine Ebene über der aktuellen Ebene.

Tab. 3.4: Bedeutung spezieller Namen zur Steuerung von Frames

3.3 Cascading Style Sheets

Eine relativ neue Entwicklung sind Cascading Style Sheets (CSS). Diese sind eine parallele Ergänzung zu der Sprache HTML, die sich an Designer wendet. Die von CSS verwendeten Elemente sind für den Layout-Bereich typisch. CSS ist allerdings kein Ersatz für HTML, sondern lediglich eine sinnvolle Erweiterung.

3.3.1 Anwendungsbeispiele

CSS werden immer noch nicht perfekt in den Browsern unterstützt. Spracherweiterungen von Netscape und Microsoft widersprechen einander und machen gleichmäßige Layouts fast unmöglich. Ältere Browser verstehen CSS gar nicht.

> Die aktuelle Entwicklung im Bereich CSS finden Sie im Web unter *http://www.w3.org*. Vom World Wide Web Consortium (WWWC) werden die Normungsvorschläge unterbreitet, die den Browserherstellern eigentlich als Maßstab dienen sollten. Seit Mitte 2000 ist die Version 2.0 aktuell, wobei auch die Browser mit der Versionsnummer 5 und 6 davon nur Teile unterstützen. CSS 3 ist derzeit in der Planung, wird aber noch von keinem Browser unterstützt.

Deklarationen <style>

Style Sheets sind Definitionen des Layouts für bestimmte Tags, Bereiche oder Abschnitte. Die Verwendung ist recht einfach:

```
<html>
<head>
    <title>CSS richtig anwenden </title>
    <style>
    B {color: red}
    </style>
</head>
<body>
<b>Dieser Text erscheint fett und rot</b>
</body>
</html>
```

Listing 3.54: Definition eines Styles für ein Tag (css_tag.html)

Diese einfache Anwendung definiert für das Tag <b> die spezielle Eigenschaft »Rot«. Jedes Wort im Text, das mit <b> formatiert wird, schreibt der Browser nicht nur fett, sondern auch rot. Das ist sicher nicht besonders sinnvoll, zeigt aber die Funktionsweise der CSS: Links steht immer der Selektor, mit dem ein bestimmtes Element ausgewählt wird (hier <b>), rechts daneben die Deklaration des Elementes (hier die Farbe Rot) in geschweiften Klammern. Sie können natürlich nur Elemente selektieren, die Container bilden.

Falls Sie damit rechnen, dass Ihre Seiten auch mit älteren Browsern angesehen werden, müssen die CSS-Definitionen versteckt werden. Browser wie Netscape 2.0 kennen das Tag <style> nicht und ignorieren es einfach. Dann steht aber der Satz B {color : red} als Klartext auf dem Bildschirm – nicht besonders schön, wenn die Seite durch solche Fragmente zerstört wird. Deshalb sollte die Deklaration immer in einem HTML-Kommentar versteckt werden:

```
<html>
<head>
    <title>CSS richtig anwenden</title>
    <style>
    <!--Verstecke vor alten Browsern
    B {color: red}
    -->
    </style>
```

```
</head>
<body>
<b>Dieser Text erscheint fett und rot.</b>
</body>
</html>
```

Listing 3.55: Verstecken von Style-Definitionen vor älteren Browsern

Browser, die etwas mit CSS anfangen können, sind intelligent genug, um auch in die Kommentare »hineinzusehen«.

Die Deklaration kann gleichzeitig für mehrere Attribute und mehrere Tags vorgenommen werden:

```
<html>
<head>
<title>CSS richtig anwenden </title>
<style>
H1, H2 {font-style: italic;
        font-size: 20pt;
        font-family: Arial;
        background: yellow}
</style>
</head>
<body>
<h1>Dieser Text erscheint gro&szlig;, kursiv und in Arial</h1>
<h2>Auch dieser Text erscheint so!</h2>
</body>
</html>
```

Listing 3.56: Definition von Styles für mehrere Tags (css_tags.html)

Der eigentliche Fortschritt liegt in den Layout-typischen Angaben mit Schriftgrößen in Punkt oder Fontfamilien. Sie können solche Definitionen für alle Container-Tags definieren, auch <P> und <BODY>. In den meisten Fällen wird es aber nicht besonders sinnvoll sein, das Verhalten eines bestimmten Tags im gesamten Dokument zu ändern. CSS bieten deshalb die Möglichkeit, Klassen zu definieren:

```
<html>
<head>
<title>CSS richtig anwenden </title>
<style>
<!--
P.ErsteForm {
        font-style: bold;
        font-size: 20pt;
        font-family: Arial;
        background: yellow
        }
```

3 Basiswissen für Softwareentwickler

```
P.ZweiteForm {
      font-style: italic;
      font-size: 12pt;
      font-family: Times;
      background: gray
      }
-->
</style>
</head>
<body>
<p class="ErsteForm">Dieser Text erscheint gro&szlig;, fett und in Arial</p>
<p class="ZweiteForm">Dieser Text erscheint kleiner, kursiv und in Times</p>
</body>
</html>
```

Listing 3.57: Tags mit fest zugeordneten Klassen (html_tagclass.html)

Jetzt können Sie das eine oder andere <p> immer wieder verwenden und auch auf die ursprüngliche, nicht umdeklarierte Variante zurückgreifen. Obwohl das alles schon recht fortschrittlich ist, stört die enge Kopplung an HTML manchmal. Klassen können deshalb auch frei, das heißt also, ohne Bindung an ein bestimmtes Tag deklariert werden:

```
<html>
<head>
<title>CSS richtig anwenden </title>
<style>
<!--
.FreieForm {
      font-style: bold;
      font-size: 20pt;
      font-family: Arial;
      background: yellow
      }
-->
</style>
</head>
<body>
<p class="FreieForm">Dieser Text erscheint gro&szlig;, fett und in Arial</p>
<ol class="FreieForm">
   <li>Eintrag eins
   <li>Eintrag zwei
</ol>
</body>
</html>
```

Listing 3.58: Unabhängige Klassendefinitionen: (html_class.html)

Achten Sie auf den Punkt vor dem Klassennamen in der Deklaration. Die Verwendung bietet zwar gewisse Freiheiten, erleichtert aber kaum die Programmierung der Seite. Dafür gibt es kontextsensitive Deklarationen.

3.3.2 CSS im Detail

Sie können Style Sheets auf vier verschiedene Weisen benutzen:

Wie CSS benutzt werden können.

- innerhalb der HTML-Tags
- als Definitionsdatei innerhalb der HTML-Datei
- als verbundene externe Style-Datei
- als importierte (eingefügte) Style-Datei

Styleattribute in HTML-Tags

Diese Syntax erweitert jedes HTML-Tag um entsprechende Styleinformationen. Der Parameter `style` wird eingefügt:

```
<tag style="attribute:value; attribute:value; …."></tag>
```

Ein Beispiel zeigt dies konkreter:

```
<b style="color:navy;">In the navy.</b>
```

Beachten Sie, dass dabei nur dieses eine Element geändert wird, die anderen Vorkommen von `<b>` verhalten sich unverändert. Der Vorteil ist eine größere Präzision der Seiten, der Nachteil ein schwerer lesbarer und komplizierter Code.

Eingebettete Style Sheets

Für eingebettete Style Sheets wird ein Block mit den Tags `<style>` und `</style>` gebildet. Normalerweise steht diese Anweisung im Teil `<head>`. In diesem Block werden die Regeln definiert, die auf mehrere Elemente angewendet werden.

Die Regeln bestehen aus zwei Teilen:

- einem Selektor, der ein HTML-Tag oder eine Gruppe repräsentiert
- einer Deklaration, die den Selektor bedient

Für die entsprechende Syntax:

```
selector { attribute:value ; attribute:value; …. }
```

spielen Groß- und Kleinschreibung keine Rolle. HTML-Tags als Selektoren werden ohne die umgebenden spitzen Klammern geschrieben. Achten Sie aber auf die geschweiften Klammern und die richtige Setzung der Semikola.

Ein Beispiel mit zwei Regeln, für das Abbildung 3.20 das Ergebnis zeigt:

```
<style>
<!--
B { text-transform:uppercase; }
P { border:silver thick solid;
    background-color:turquoise;
    padding:10px; text-align:center;
  }
-->
</style>
<p>Nicht jeder Absatz hat eine silberne Linie, die <b>fett</b>
aussieht.</p>
```

Listing 3.59: *Style Sheet mit aufeinander aufbauenden Definitionen*

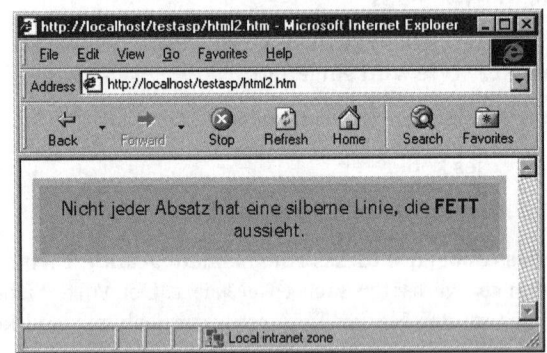

Abbildung 3.20: CSS in Aktion

Verbundene Style Sheets

Externe Style Sheets einbinden

Sie können umfangreiche Deklarationen auch in eine separate Datei schreiben und dann mit dem Dokument verbinden. Dazu wird das Tag <link> verwendet:

```
<link rel="stylesheet" type="text/css" href="mystyles.css">
```

Sie schreiben in die Datei MYSTYLES.CSS Ihre Definitionen, aber ohne die Tags <STYLE></STYLE> und die Kommentare <!-- --> zu verwenden. Der Vorteil dabei ist die mehrfache Verwendung einer aufwändigen Deklaration.

Importierte Style Sheets

Sie können Style Sheets auch von anderen Stellen im Internet beziehen. Die Anwendung dürfte eher ein Intranet sein, in dem viele Stellen Dokumente produzieren, die ein einheitliches Aussehen haben sollen, und in dem die Gestaltung an zentraler Stelle in Form von Style-Dateien verwaltet wird.

Der Import einer Style-Datei sieht in CSS selbst folgendermaßen aus:

```
@import: url(mystyles.css) ;
```

Cascading Style Sheets

Interne Definitionen überschreiben die in Dateien importierten Style-Definitionen. Sie können deshalb eine zentrale Definition ablegen und dann gezielt einzelne Elemente überschreiben, wenn es erforderlich wird.

3.3.3 Die CSS-Selektoren im Detail

CSS kennt drei Arten von Selektoren, die bereits gezeigt wurden:

- HTML-Tags
- CLASS
- ID

Die Anwendung kann durch bestimmte Techniken modifiziert werden. Dies wird nachfolgend näher erklärt.

CSS im Kontext

```
<html>
<head>
<title>CSS richtig anwenden </title>
<style>
<!--
  OL B {font-family: Courier}
-->
</style>
</head>
<body>
<b>Text ist fett und Times</b><br>
<ol>
   <li>Text ist nur Times
   <li>Text ist fett <b>und Courier</b>
</ol>
</body>
</html>
```

Listing 3.60: Styles für Tags in abhängigen Positionen (css_tagselect.html)

Der Kontext, der definiert wird, heißt: Wenn innerhalb des Container-Tags <ol> auch noch das Tag <b> auftaucht, findet die Deklaration ihre Anwendung. Wenn Sie eine Deklaration nur für ein einziges Element benötigen, kann auch das id-Attribut verwendet werden:

```
<html>
<head>
<title>CSS richtig anwenden </title>
<style>
<!--
#schriftart {font-size: 24pt}
```

3 Basiswissen für Softwareentwickler

```
-->
</style>
</head>
<body>
<b id="schriftart">Fett und groß;</b>
<b>Fett und normal</b>
</body>
</html>
```

Listing 3.61: Style durch ID auswählen (css_id.html)

Bislang wurden immer HTML-Tags benutzt, die selbst schon eine Bedeutung haben. Sie können alternativ immer die Tags <div> und <span> benutzen, die in HTML keine eigene Formatierung auslösen.

```
<html>
<head>
<title>CSS richtig anwenden </title>
<style>
<!--
.SchriftCourier { font-family: Courier }
.SchriftArial   { font-family: Arial }
-->
</style>
</head>
<body>
<span class="SchriftCourier">Text in Courier</span>
<span class="SchriftArial">Text in Arial</span>
</body>
</html>
```

Listing 3.62: Styleklassen in neutralen Elementen (css_span.html)

<div> arbeitet genauso wie das im Beispiel benutzte Tag <span>, bezieht sich aber immer auf einen Absatz und fügt vor und nach dem eingeschlossenen HTML-Text automatisch einen Zeilenumbruch ein (analog dem Tag <br>).

Eine komplette Liste der verwendbaren Deklarationen finden Sie in der HTML-Referenz auf der Buch-CD. Die Anwendungsmöglichkeiten sind ausgesprochen vielfältig und reichhaltig. Sie sollten sich die Referenz ansehen und vor der ersten »echten« Seite viel experimentieren und Ihre Ideen mit CSS ausprobieren. Versuchen Sie immer, das Ergebnis in allen wichtigen Browsern zu testen, um nicht zerstörte Seiten zu erhalten.

Abhängige Selektoren

Sie können auch Selektoren definieren, die nur unter bestimmten Umständen angesprochen werden. So werden mit dem folgenden Beispiel nur die Tags <i> verändert, die innerhalb von <b> stehen.

Cascading Style Sheets

```
<style>
B I { color:moccasin; }
</style>
```

Listing 3.63: Beachtung der Verschachtelung von Tags

```
<style>
B > I { color:moccasin; }
</style>
```

Listing 3.64: Strengere Reihenfolge: Die Elemente müssen unmittelbar aufeinander folgen

Wahlweise Selektoren

Alle Modelle können zusammen definiert und angewendet werden:

```
<style>
<!--
BODY     { background-color:ivory; }
P        { padding:10px; }
.clsCode { font-family:Courier;
           font-size:10pt;
         }
#idPara1 { text-align:right;
           letter-spacing:2pt;
         }
#idPara2 { text-align:left; }
-->
</style>
So wird das angewendet:
<p id="idPara1">
Rechts ausgerichteter Text.
</p>
<p id="idPara2" class="clsCode">
Links ausgerichteter Text in anderer Formatierung.
</p>
```

Listing 3.65: Verknüpfung von Selektoren (css_selectors.html)

Kaskadierung und Vererbung

Warum die Styles »Cascading Style Sheets« genannt werden, wurde bislang nicht erklärt. Die bisher vorgestellten Anwendungsmöglichkeiten können kombiniert werden. Ein generell vorhandener Style bleibt bis zur letzten Ebene wirksam, kann aber (wahlweise) überschrieben werden.

```
<style>
<!--
BODY { background-color:salmon; }
P { margin-left:20px; }
.clsCode { font-family:"Comic Sans MS"; font-size:10pt;
```

```
color:navy;}
#idP1 { text-align:left; font-weight:bold; }
-->
</style>
...
<p id="idP1" CLASS="clsCode">Mehrfache Styles ohne Konflikte</p>
```

Listing 3.66: *Mehrfache Selektoren (css_selectors2.html)*

Die zwei Definitionen *clsCode* und *#idP1* in Listing 3.66 bauen aufeinander auf (Kaskadierung) und geraten nicht in Konflikt. Bei Konflikten setzt sich einfach die letzte Deklaration durch, hier also die Farbe Weiß:

```
<style>
<!--
BODY      { background-color:salmon; }
P         { margin-left:20px; }
.clsCode  { font-family:"Comic Sans MS";
            font-size:10pt; color:navy;
          }
#idP1     { text-align:left;
            font-weight:bold;
            color:white;
          }
-->
</style>
...
<p id="idP1" CLASS="clsCode">Definition mit Konflikt.</p>
```

Listing 3.67: *Verhalten bei Konflikten (css_selectors3.html)*

3.3.4 CSS und Browserprobleme

Typische Probleme Leider unterstützen auch die modernen Browser CSS nur unvollkommen und oft widersprüchlich. Das folgende Skript zeigt, wie die Browsertypen abgefragt werden. Für ein gutes Design ist es sinnvoll, für jeden Browser ein eigenes Stylesheet zu entwerfen und ausgiebig zu testen. Das folgende Beispiel stammt aus der Microsoft Onlinehilfe und zeigt, wie ein Browsertyp erkannt wird.

```
<script language="Javascript">
<!--
  var bIsIE = navigator.appName == "Microsoft Internet Explorer"
  var bIsIE4 = bIsIE && navigator.appVersion.indexOf("4.0") > -1
  if (bIsIE4) {
    sCSS = '<LINK REL="stylesheet" TYPE="text/css"
                 HREF="IE4.css">'
  } else {
    if (bIsIE) {
      sCSS = '<LINK REL="stylesheet" TYPE="text/css"
```

```
                    HREF="IE3.css">'
    }
  }
  document.write(sCSS)
//-->
</SCRIPT>
```

Listing 3.68: Browserabhängige Style-Definitionen

3.3.5 CSS-Praxistipps

Die folgenden Tipps helfen beim ersten Einstieg in die Welt der Styles. Lesen Sie außerdem die Referenz beim W3C, um sich über alle Möglichkeiten im Klaren zu sein.

<div>- und <span>-Elemente verwenden

Oft erscheinen Stylesheets in den Elementen <div> oder <span>. Beide bezeichnen einen Bereich und bilden einen Container für CSS. Diese beiden Elemente haben keine eigene Abbildung oder Darstellung. Sie können also benutzt werden, um Styles direkt anzuwenden.

<div> bildet einen Block (aber keinen Blocksatz!), der von einem einfachen Zeilenumbruch umschlossen wird (absatzorientiert). <span> steht mitten im laufenden Text (zeichenorientiert).

```
<style>
<!--
DIV  { background-color:black; color:red; font-weight:bold; }
SPAN { background-color:white; color:royalblue; }
-->
</style>
<p>Hier steht normaler Text, der einen <div>DIV Tag umfasst</div> und
dann weitergeht.</P>
<P>Ein weiterer Text, der mittendrin mit einem <span>SPAN Tag
formatiert wird</span> und dann weitergeht.</p>
```

Listing 3.69: Neutrale Tags kombinieren (css_spandiv.html)

Da CSS auch Möglichkeiten bietet, Texte sichtbar oder unsichtbar zu machen, kann mit der Kombination neutraler Tags, JavaScript und CSS die gesamte Oberfläche gesteuert werden.

3.3.6 Weitere Möglichkeiten

Die vollständige Darstellung von CSS 2 ist so umfangreich, dass dazu eigene Bücher geschrieben werden. Neben der hier verwendeten Form der Formatierung stehen auch Formate zur Verfügung, die Elemente positionieren, Abstände und Rahmen definieren oder Vorgaben für Audioausgaben steuern.

3.4 JavaScript

> Clientseitig wird in allen Browsern JavaScript unterstützt. JavaScript kann ASP auf sinnvolle Weise ergänzen. Eine umfassende Darstellung soll nicht Gegenstand dieses Buches sein, deshalb wird in einer kleineren Einführung auf mögliche Anwendungen hingewiesen.

Browsertyp erkennen

Welcher Browsertyp greift zu?

Der Test auf dem Server kann mit ASP ausgeführt werden, im Browser muss ein kleines Skript herangezogen werden. Am besten eignet sich JavaScript, denn diese Skriptsprache wird von allen neueren Browsern unterstützt.

In dem Kopfteil der HTML-Seite bauen Sie folgenden Code ein:

```
<head>
<script language="JavaScript">
var IE = navigator.appVersion.indexOf("MSIE") > 0
var NN = navigator.appVersion.indexOf("Nav") > 0
var IE4 = IE && version>=4
var NN4 = NN && version>=4
</script>
```

Damit werden vier Variablen definiert, die Sie heranziehen können, um bestimmte kritische Teile der HTML-Seite unterschiedlich zu gestalten. Innerhalb der Anwendung mit ASP ist es sinnvoll, diesen Code in eine Datei *test.inc* zu speichern und in die ASP-Seiten folgendermaßen einzubauen:

```
<HEAD>
<!-- #INCLUDE VIRTUAL="test.asp" -->
...
</HEAD>
```

Der Aufruf der so definierten Variablen ist relativ einfach möglich:

```
<SCRIPT language="JavaScript">
...
// Befehle, die nur ein bestimmter Browser ausführen kann
if (IE4)
{
// Befehle für Internet Explorer 4
}
if (NN4)
{
// Befehle für Netscape Navigator 4
}
```

3.5 XHTML

> XML ist im Laufe der letzten beiden Jahre vom Hype zu einer ernsthaften Technologie herangereift. In diesem Zuge ist auch der Nachfolger von HTML 4 – XHTML 1.0 entstanden.

3.5.1 Einführung in XHTML

XHTML ist kein völlig neuer Standard, sondern eine Abbildung des Sprachumfanges von HTML 4.0 in einer zu XML konformen Form. Dies hat den Vorteil, dass alle Techniken, Parser und Werkzeuge zu XML nun auch mit HTML umgehen können. Das war vorher nicht der Fall. Außerdem ist der lose Umgang der Browser und vieler Entwickler mit HTML vorüber. Fehlende Tags, falsche Reihenfolge und nicht erlaubte Attribute sind nicht länger verwendbar. Durch reineren und wohlgeformten Code sind Parser schneller und stabiler, was letztlich der Qualität der gesamten Anwendung zugute kommt.

XHTML im Web

Im Web gibt es unzählige Quellen zu XHTML. Ein guter Start ist die offizielle Seite des W3C:

```
http://www.w3.org/TR/xhtml1/
```

XHTML im Web

Was XHTML wirklich ist

XHTML steht für Extensible Hypertext Markup Language. Es ist der designierte Nachfolger zu HTML 4.0 und die aktuelle Version 1.0 entspricht HTML 4.01. Es wird keine weiteren Versionen von HTML geben – die Auszeichnungssprache für Webanwendungen wird nur als XHTML weitergeführt. XHTML ist restriktiver und klarer definiert als HTML. Es ist eine echte XML-Anwendung.

Die Sprache XHTML 1.0 wurde am 26. Januar 2000 vom W3C zum Standard erhoben.

W3C Standard

Merkmale von XML

Das gesamte Umfeld zu XML mag den Webdesigner nicht direkt tangieren. Es würde auch zu weit führen, hier auch nur eine Einführung zu präsentieren. Einige prinzipielle Merkmale sind jedoch für das Verständnis von XHTML notwendig:

- XML-Dokumente müssen wohlgeformt sein. Der Begriff »wohlgeformt« ist feststehend und klar definiert:
    - Alle Tags sind syntaktisch korrekt
    - Alle Tags sind korrekt verschachtelt

3 Basiswissen für Softwareentwickler

▶ XML-Dokumente können valid sein. Auch der Begriff »valid« ist feststehend und klar definiert:

Ein Dokument ist valid, wenn es vollständig der Definition einer mitgelieferten DTD (*Document Type Definition*) oder einem Schema entspricht. DTDs und Schemas definieren den Tagvorrat einer Auszeichnungssprache mit allen Abhängigkeiten und Eigenschaften sowie die verwendbaren Entitäten.

Auf XHTML übertragen bedeutet dies, das hier sowohl die Wohlgeformtheit als auch die Validität erfüllt sein muss, denn eine DTD liegt natürlich vor. Zusätzlich gilt: Es muss eine <DOCTYPE>-Deklaration im Kopf des Dokumentes erfolgen. Damit wird die Verwendung der DTD erzwungen. DOCTYPE wird zwar in HTML 4 auch verwendet, ist aber mehr oder weniger freiwillig – ohne Angabe funktioniert es auch.

Die XHTML-DOCTYPE-Deklaration

Folgende Deklaration leitet ein XHTML-Dokument ein (Version Transitional):

```
<!DOCTYPE html PUBLIC
    "-//W3C//DTD XHTML 1.0 Transitional//EN"
    "http://www.w3.org/TR/xhtml1/DTD/xhtml1-transitional.dtd">
```

Falsches und korrektes HTML

Vergleichen Sie HTML und XHTML

Der folgende Quelltext wird in jedem Browser funktionieren. Er ist dennoch falsch:

```
<html>
  <head>
    <title>Ein Test</Title>
  <body>
  <H1>Überschrift</H1>
  <hr size=4>
  Hier kommt <i><b>wichtiger</i></b> Text.<br>
  <hr noshade>
  </body>
</html>
```

In HTML wäre das zwar nicht schön, aber zu tolerieren. In XHTML ist dieser Text zumindest nicht wohlgeformt:

▶ Das Tag <head> wird nicht geschlossen (</head> fehlt)

▶ Die Tags <title> und </Title> passen nicht zusammen (Groß- und Kleinschreibung ist zu beachten)

▶ Bei der Definition der Linie <hr size=4> steht das Attribut nicht in Anführungszeichen. Anführungszeichen sind in XML zwingend erforderlich.

▶ Die Tags <i> und <b> sind nicht korrekt verschachtelt. Das schließende </b> muss vor dem schließenden </i> stehen.

XHTML

▶ Das allein stehende Tag <br> ist nicht zulässig. Entweder es wird ein Container gebildet oder das Tag wird geschlossen: <br/>.

▶ Bei der zweiten Linie steht ein so genanntes verkürztes Attribut – dies ist in XML nicht erlaubt.

Gegen die Validität verstößt außerdem <H1>, denn XHTML verlangt, das alle Tags kleingeschrieben werden. Derselbe Text in XHTML 1.0 sieht folgendermaßen aus:

```
<html>
  <head>
    <title>Ein Test</title>
  </head>
  <body>
  <h1>Überschrift</h1>
  <hr size="4">
  Hier kommt <i><b>wichtiger</b></i> Text.<br/>
  <hr noshade="noshade">
  </body>
</html>
```

XHTML erzwingt die Vorteile

XHTML mag am Anfang nicht so gut handhabbar erscheinen, wie es HTML ist. Es ist jedoch sinnvoll, XHTML zu verwenden, weil es bestimmte Techniken erzwingt, von denen Sie später profitieren werden. So sollten generell keine Formatierungen in XHTML erfolgen, die auf die Gestaltung des Dokuments ausgelegt sind. Verwenden Sie immer Cascading Style Sheets (CSS). Nun können aber kleinere Geräte wie Settop-Boxen oder Smartphones nicht immer mit CSS umgehen. XHTML wird deshalb in drei Versionen angeboten:

▶ XHTML 1.0 Strict

    "-//W3C//DTD XHTML 1.0 Strict//EN"

    Dies ist die strengste Auslegung und erlaubt keine Abweichung von der »reinen Lehre«.

▶ XHTML 1.0 Transitional

    "-//W3C//DTD XHTML 1.0 Transitional//EN"

    Hier können Sie zumindest auf CSS verzichten und die klassischen Attribute wie bgcolor verwenden, um auch ältere Geräte zu bedienen.

▶ XHTML 1.0 Frameset

    "-//W3C//DTD XHTML 1.0 Frameset//EN"

    Dieser Teil definiert den Aufbau von Frames mit XHTML.

Erscheinungsformen von XHTML

3.5.2 Unterschiede zu HTML 4

Dieser Abschnitt fast die Unterschiede zu HTML 4 zusammen. Vieles davon basiert auf den prinzipiellen Eigenschaften von XML:

- Verschachtelungen müssen korrekt ausgeführt werden. Falsch ist:

    ```
    <p>Ein Absatz. Der <b>letzte.</p></b>
    ```

    Richtig ist dagegen:

    ```
    <p>Ein Absatz. Der <b>letzte</b>./p>
    ```

- Elemente müssen immer kleingeschrieben werden: Falsch ist:

    ```
    <H1>Überschrift</H1>
    ```

    Richtig ist dagegen:

    ```
    <h1>Überschrift</h1>
    ```

- Elemente, die Text enthalten, müssen ein schließendes Element enthalten. Falsch ist deshalb:

    ```
    <p>Ein Absatz
    <p>Noch ein Absatz
    ```

    Richtig ist:

    ```
    <p>Ein Absatz</p>
    <p>Noch ein Absatz</p>
    ```

- Attribute müssen immer in Anführungszeichen stehen. Falsch ist folgende Schreibweise:

    ```
    <table border=0>
    ```

    Richtig ist:

    ```
    <table border="0">
    ```

- Verkürzte Attribute sind nicht zulässig. Die folgende Schreibweise ist in HTML typisch, in XHTML aber falsch:

    ```
    <hr noshade>
    ```

    Richtig ist die Wiederholung des Attributnamens:

    ```
    <hr noshade="noshade"/>
    ```

- Leere Elemente müssen geschlossen werden. Falsch ist:

    ```
    <br>
    ```

    Richtig ist:

    ```
    <br/>
    ```

- Text muss den XML-Regeln entsprechen. Dort gilt, dass die Zeichen < und & eine herausragende Rolle spielen – sie leiten Tags bzw. Entitäten ein. Wenn Sie JavaScript verwenden, muss der entsprechende Abschnitt als CDATA deklariert werden, damit der XML-Parser nicht abbricht:

```
<script>
<![CDATA[

   // Geschützter Abschnitt mit JavaScript-Code

]]>
</script>
```

- Eine konsequente Whitespace-Behandlung erfolgt auch für Attribute. XML liest ein Attribut `attr=" leer   zeichen   "` so wie HTML auch Text liest: mehrere Leerzeichen werden zu einem zusammengefasst.

- Im Document Object Model (DOM) wurden strukturelle Elemente in HTML 4 mit den Attributen `name` und `id` angesprochen. XML-DOM erzwingt die Verwendung von `id`. Dieses Attribut ist nun das alleinige Identifizierungsmerkmal, dass der Autor eines XHTML-Dokuments zur Elementmarkierung im DOM verwenden darf.

Mit ASP aktiv programmieren

4 VBScript

> Die Basis für die ASP-Programmierung ist die Skriptsprache VBScript (Visual Basic Script). Dieses Kapitel erklärt die grundlegenden Eigenschaften der Sprache anhand vieler Beispiele. Voraussetzung ist eine lauffähige ASP-Umgebung, in der die gezeigten Skripte ablaufen können. Außerdem wird der Begriff Skriptsprache von Programmiersprachen abgegrenzt und auf die Unterschiede zu JScript hingewiesen.

4.1 Die Skriptsprachen

> Dieser Abschnitt erklärt das Verhältnis von Skriptsprache zur Programmiersprache, die Funktionalität der ASP-Engine in Bezug auf die Skriptsprachen und die Unterschiede zwischen JScript und VBScript.

4.1.1 VBScript oder JScript?

Die Erweiterung des Webservers um die Funktionalität der Active Server Pages erlaubt die Ausführung einer (oder mehrerer) Skriptsprachen. In ASP sind die Skriptsprachen VBScript, basierend auf VisualBasic, und JScript, basierend auf Javascript, enthalten.

VisualBasic ist weit verbreitet und wird durch die Anwendung in den Microsoft-Office-Produkten stark unterstützt. Sie können auf eine große Zahl an Literatur zu Basic zurückgreifen. Auch JavaScript ist gut dokumentiert, obwohl sich die Verbreitung ausschließlich auf Browser beschränkt. Zwar unterstützen die Netscape-Webserver mit LiveWire auch auf dem Server JavaScript, dennoch existiert keine umfassendere Verbreitung. Wenn Sie in das Gebiet der Serverprogrammierung einsteigen, werden Sie mit VBScript schneller zurückkommen. Wenn Sie bereits Makros unter Word und Excel in VisualBasic für Applikationen (VBA) programmiert haben, ist VBScript ebenso erste Wahl. Programmierer mit Erfahrungen in C oder C++ werden die Syntax von JavaScript bevorzugen, die sich zumindest im Ansatz an Java anlehnt, das aus C hervorgegangen ist.

Warum wird primär VBScript vorgestellt?

Die Beispiele in diesem Buch sind überwiegend in VBScript geschrieben. In einigen Fällen wird auf mögliche Variationen mit JScript hingewiesen. In Kapitel 5 wird eine Einführung in JScript und die Besonderheiten der Sprache gegeben. Mit diesem Wissen ist es verhältnismäßig einfach, die

VBScript-Beispiele der anderen Kapitel auf JScript zu übertragen. Der Grund für die Wahl von VBScript als Hauptsprache ist eher politischer Natur. JavaScript ist eine Erweiterung des Netscape Browsers, die als clientseitige Skriptsprache gedacht ist. Der große Marktanteil der Netscape Browser vor einigen Jahren brachte JavaScript schnell zum Erfolg. Für den professionellen Bereich im Web wurde und wird als Programmiersprache Java empfohlen; die Skriptsprache der Server ist PERL. Es ist für Programmierer nicht unbedingt angenehm, praktisch immer auf drei verschiedene Sprachen zurückgreifen zu müssen. Die Strategie bei Microsoft war schon immer die Verknüpfung der Applikationen über eine gemeinsame Makrosprache. Seit einiger Zeit werden diese Makrosprachen durch das programmübergreifende VisualBasic-Script (VBScript) ersetzt. Die gleiche Strategie wurde von Microsoft auch für Webanwendungen gewählt. Für die Appletprogrammierung (wichtigste Sprache: Java) gibt es ActiveX, das sich mit VisualBasic ab Version 5 in der Professional- oder Enterprise-Version programmieren lässt. Für die clientseitigen Skripte gibt es VBScript (derzeit wichtigster Konkurrent: JavaScript), für die serverseitige Programmierung mit ASP gibt es ebenfalls VBScript (derzeitiger Favorit bei den Entwicklern: PERL). Der jüngste Schritt ist die Batchprogrammierung für Windows 98 und Windows NT/2000, die mit dem Windows Scripting Host wieder eingeführt wurde und ebenfalls VBScript verwendet. Als ernsthafte Konkurrenz könnte man PHP ansehen, eine sehr starke Skriptsprache für mehrere Plattformen, die aus der Linux-Welt kommt.

Es spricht also einiges dafür, dass Microsoft auf Grund ihrer Marktmacht die altbekannte Programmiersprache BASIC (*Beginners All Purpose Symbolic Instruction Code*) auch in der Webprogrammierung etablieren wird. Für den Entwickler an einer Windows-Maschine vereinfacht dies die Arbeit deutlich.

4.1.2 Wo wird programmiert?

Ist Ihr Entwicklungssystem bereit zur Programmierung?

ASP ist eine Servererweiterung. Die Skripte laufen also auf einem Webserver ab. Die Funktionalität der Browser spielt dabei keine Rolle. Idealerweise wird reines HTML an den Browser gesendet. Browser kennen aber auch eigene Skriptsprachen. Netscape beherrscht nur JavaScript, der Internet Explorer beherrscht JScript (das Pendant zu JavaScript) und VBScript. Wenn umfangreiche Programmierungen auf Seiten des Clients nötig sind, dürfte derzeit Javascript die erste Wahl sein, um die knapp 50% Netscape-Nutzer nicht auszuschließen.

Normalerweise wird auf einem entsprechend eingerichteten Entwicklungssystem programmiert, das neben der Programmierumgebung auch einen Webserver bereitstellt. In Kapitel 2 wurde die Installation unter Windows XP/2000 behandelt. Bevor Sie im Folgenden mit den angegebenen Beispielen arbeiten können, müssen Sie über ein derart eingerichtetes System verfügen – mit wenigen Einschränkungen gelten alle Ausführungen auch für Windows NT 4 (Klassen und reguläre Ausdrücke werden erst ab VBScript 5 unterstützt). Wenn alles richtig eingerichtet ist, kontrollieren Sie einfach, ob die Ausführung von ASP-Dateien richtig assoziiert ist. Dazu öffnen Sie im Windows 2000-Explorer (bzw. Arbeitsplatz), EXTRAS | ORDNEROPTIONEN, und suchen in der Registerkarte DATEITYPEN nach dem Eintrag ACTIVE SERVER DOCUMENT (siehe Abbildung 4.1).

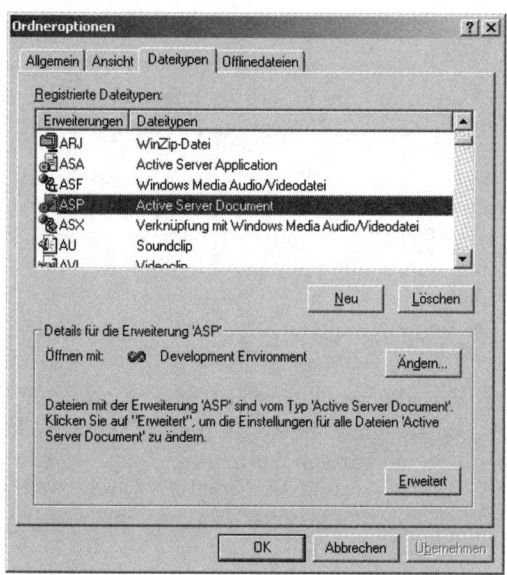

Abbildung 4.1: Der Dateityp ASP wurde richtig verknüpft

Lassen Sie sich nicht durch den Eintrag bei OPEN irritieren. Der Webserver wird über den MIME-Typ angesprochen. Wenn Sie Visual InterDev installiert haben, sollte dieses Programm hier assoziiert sein, ansonsten ein anderer Editor.

4.2 Aufbau der Skripte

> Dieser Abschnitt erklärt die Zusammenhänge zwischen VBScript und HTML und gibt eine Anleitung zum Erstellen einer ASP-Anwendung. Anhand einiger Beispiele soll ein Gefühl für Aussehen und Struktur des Quelltextes vermittelt werden.

4.2.1 VBScript und HTML

ASP-Skripte sind normalerweise in HTML-Seiten eingebettete Befehlsfolgen. Wenn diese Datei dann die Endung .ASP erhält, entsteht eine ASP-Datei. Innerhalb der HTML-Quelltexte kann die Skriptsprache sowohl innerhalb von HTML-Tags als auch als eigenständige Befehlssequenz angeordnet werden. Umgekehrt können auch die Strukturen der Skriptbefehle unterbrochen und mit HTML-Befehlen oder Text durchsetzt werden. Diese fast beliebige Vermischung führt zwar mitunter zu verwirrenden Codes, bietet aber eine hohe Leistungsfähigkeit und direkte Programmierung. Die Verwendung von HTML ist kein Zwang, Sie können auch reine VBScript-Skripte schreiben.

Einfache Beispiele

VBScript und andere Skriptsprachen bieten sowohl einfache Befehle als auch komplette Statements an, wie die Abfrage einer Bedingung IF...THEN...ELSE. Das komplette Konstrukt bildet eine Einheit, THEN kann nie ohne ein davor geschriebenes IF auftreten. Ein Beispiel:

```
<%
IF time>=#12:00:00# AND time<=#24:00:00# THEN
    gruss="Guten Abend"
ELSE
    gruss="Guten Morgen"
END IF
%>
```

HTML-Ausgaben steuern

Je nach Inhalt der Variable *time* wird der Variablen *gruss* der entsprechende Text zugeordnet. Die Ausgabe innerhalb der HTML-Seite kann nun durch Abruf der entsprechenden Variablen erfolgen:

```
<font color="green">
<% = gruss %>
</font>
```

Wenn der Nutzer die Datei mit seinem Browser morgens anfordert, wird er mit dem Satz »Guten Morgen« begrüßt. Die ermittelten Werte müssen nicht in Variablen gespeichert und anderswo ausgegeben werden, denn ASP ist bei der Vermischung von Skript und HTML sehr flexibel. Denselben Effekt wie im ersten Beispiel kann man auch einfacher erreichen:

```
<font color="green">
<% IF time>=#12:00:00# AND time<=#23:59:59# THEN %>
Guten Abend
<% ELSE %>
Guten Morgen
<% END IF %>
</font>
```

Ein Statement lässt sich also in seine Bestandteile zerlegen und mit dem HTML-Text mischen. Das führt zwar nicht zu einer übersichtlichen Struktur der Skripte, erhält aber die Struktur der HTML-Tags. Sie sollten sich für die eine oder andere Variante entscheiden, je nachdem ob der Schwerpunkt der Applikation das Skript oder das Layout der Seite ist. Komplexe Skripte sollten an den Anfang der Seite gestellt, die Steuerung von HTML-Tags dagegen in der gezeigten Form direkt im BODY der Seite untergebracht werden.

Aufbau der Skripte

Die ASP-Engine bearbeitet die zugewiesenen Seiten von oben nach unten (mit einer Einschränkung, die gleich erläutert wird). HTML-Seiten haben folgende Grundstruktur:

Die Grundstruktur einer HTML-Seite

```
<html>
<head>
<title>Das ist der Titel</title>
</head>
<body>
Das ist der Text
</body>
</html>
```

ASP-Skripte können sowohl im HEAD- als auch im BODY-Teil stehen. Alle Befehle, die im HEAD-Teil stehen und ausgeführt werden, führen allerdings nicht zur Anzeige im Browser. Der Browser zeigt nur Daten an, die im BODY-Teil stehen. Manchmal ist es aber wichtig, dass Teile der Skripte vor dem Aufbau der Seite ausgeführt werden. Diese Skripte bringen Sie im HEAD-Teil unter, da dieser Teil zuerst ausgeführt wird.

4.2.2 Andere Skriptsprachen

ASP arbeitet auch mit anderen Skriptsprachen. Da die mit Windows NT ausgelieferte Version auch JScript, das Microsoft-Pendant zu Netscapes Javascript, beherrscht, ist bei manchen Problemen der Wechsel der Sprache angebracht. Dazu gibt es das HTML-Tag <script>, erweitert um das nicht HTML-konforme Attribut runat="server". Eine JScript-Funktion könnte damit mit einem VBScript-Befehl aufgerufen werden (siehe Listing 4.1).

JScript und VBScript

```
<html>
<head>
<script runat="server" language="jscript">
function TestFunktion()
{
    response.write("Funktion aufgerufen")
}
</script>
</head>
<body>
<% CALL TextFunktion %>
</body>
</html>
```

Listing 4.1: JScript und VBScript innerhalb einer ASP-Seite kombinieren

Da das Tag <script> aus zwei Teilen besteht, die eine Einheit bilden, dürfen die Statements innerhalb der Skriptsektion nicht zerrissen werden. Das bedeutet, dass die oben beschriebene Zeitabfragefunktion nicht aus zwei

Skriptteilen bestehen darf. Allerdings sind in einer ASP-Datei mehrere Tags <script> möglich und ein mehrfacher Wechsel der Sprache ist auch innerhalb der Seite erlaubt.

Wird dauerhaft eine andere Skriptsprache benutzt, ist das Tag <script> unter Umständen lästig. Deshalb können Sie die Sprache dauerhaft mit einem speziellen Befehl umschalten. Bedenken Sie, dass VBScript die Standardsprache ist und für die Beispiele im Buch diese Einstellung nicht notwendig ist. Wenn Sie dagegen lieber mit JScript arbeiten (siehe Kapitel 5) und die VBScript-Beispiele anpassen, müssen Sie die Einstellung ändern.

4.2.3 Andere Dateien einschließen

Zur Modularisierung in ASP stehen zwei Techniken zur Verfügung: Server Side Includes und eine Erweiterung des <script>-Tags.

Modularisierung mit der SSI-Anweisung #INCLUDE

Oft werden immer wieder dieselben einfachen Skripten benutzt. Sicherlich kann man die Befehlsfolgen mit KOPIEREN und EINFÜGEN immer wieder in die nächste Seite zu übernehmen. Wenn Sie an dem ursprünglichen Text etwas ändern, wäre es allerdings viel einfacher, ein häufig benötigtes Skript als eigene Datei zu speichern, die immer wieder benutzt werden kann. Ergeben sich dann Änderungen, muss nur diese eine Datei geändert werden; alle anderen Skripte, die diese Datei benutzen, verändern dann ihr Verhalten.

Der Mechanismus, der hier benutzt wird, basiert auf den Server-Side-Includes. Er schließt eine Datei in eine andere ein. Diese Funktion ist keine ASP-Funktion (sonst wäre die Seite ja bis zum Auftauchen der neuen Datei schon ausgeführt), sondern ein Mechanismus des Webservers. Die ASP-Engine startet erst, wenn die Dateien miteinander verbunden sind und als kombinierte Datei vorliegen. Der Befehl wird als Kommentar in HTML ausgeführt, sodass weder die ASP-Engine noch ein HTML-Editor daran Anstoß nehmen können:

#INCLUDE `<!-- #INCLUDE VIRTUAL|FILE = "dateiname.inc.asp">`
VIRTUAL

Die Erweiterung der Datei muss nicht .INC.ASP sein. Empfehlenswert ist allerdings dringend, eine solche Kennzeichnung zu benutzen, um beim Bearbeiten größerer Projekte nicht die Übersicht zu verlieren. Die Endung auf .ASP ist zu empfehlen, damit ein Editor die Datei erkennt und die Syntax richtig darstellen kann. Die neue, kombinierte Datei behält übrigens ihre Erweiterung bei und heißt auch weiterhin ASP. Eine ausführlichere Darstellung finden Sie im Abschnitt *Fehlerbehandlung*FehlerFFF ab Seite 371.

Erweiterung des <script>-Tags

Anstatt Skriptblöcke mit den <%...%>-Tags zu umschließen, kann auch das <script>-Tag verwendet werden:

Aufbau der Skripte

```
<script runat="server" language="VBScript">
 ' Hier steht der Skriptcode
</script>
```

Fügen Sie ein weiteres Attribut src hinzu, wird der Code aus einer anderen Datei geladen und an der Stelle ausgeführt, von wo er aufgerufen wurde. Dies funktioniert also exakt so, wie bei #INCLUDE:

```
<script runat="server" language="VBScript" scr="modul.inc.asp">
</script>
```

4.2.4 Client- und serverseitige Skripte verbinden

Skripte gibt es auf dem Server und auf dem Client. VBScript (und JScript) lässt sich sowohl im Browser ausführen (wenn man den MS Internet Explorer verwendet), als auch auf dem Server (dann nennt man das Active Server Pages). Manchmal ist es sinnvoll, die Clientskripte zu modifizieren oder variable Werte zu übergeben. So wie Skripte mitten im HTML-Text stehen, können sie auch mit den Teilen vermischt werden, die Clientskripte im Browser darstellen:

Gleichzeitig mit Skripten auf dem Server und im Browser arbeiten.

```
<SCRIPT LANGUAGE="VBScript">
<!-- Verstecke vor unkundigen Browsern
... Clientskript ...
<% Serverskript %>
... Clientskript ...
<% Serverskript %>
-->
</SCRIPT>
```

Damit lassen sich überraschend kompakte und wirkungsvolle Programme schreiben. Die Möglichkeiten der Skriptsprachen seitens der Browser sind vielfältig; die Verknüpfung mit der Interaktion schafft unbegrenzte Spielräume für Designer und Entwickler komplexer Webs.

Hier folgt ein umfangreicheres Beispiel aus der Microsoft-Dokumentation. Es verwendet Datenbankbefehle, die erst später beschrieben werden, sodass Sie es nicht sofort testen können. Es zeigt aber, welch enormes Potenzial in dieser Art der Verknüpfung von Skripten mit Skripten besteht. Serverseitige Passagen sind fett gedruckt, clientseitige dagegen kursiv:

```
<!-- Dieses Skript ist nicht verwendbar -->
<%
SET rsalbum=Server.CreateObject("ADODB.RECORDSET")
rsalbum.Open="SELECT * FROM Albums
           INNER JOIN Artists
           ON Albums.ArtistID = Artists.ArtistsID,
           SESSION("CONN"), 1, 2
DO WHILE rsAlbums.EOF = FALSE
```

4 VBScript

```
%>
<SCRIPT LANGUAGE=VBScript>
<!-- Verstecke vor alten Browsern
SUB Enhanced_OnLoad()
    Enhanced.DrawBuffer = 5000000
END SUB
SUB AlbumHotSpot<% =rsAlbums("AlbumID") %>_MouseEnter()
    AlbumName.Caption="<% = rsAlbums("AlbumName") %>"
    ArtistName.Caption="<% = rsAlbums("ArtistName") %>"
    Divider.Visible = TRUE
END SUB
SUB AlbumHotSpot
    <% = rsAlbums("AlbumID")_Click() %>
    Windows.Location.HREF="details.asp?AlbumID=
    <% = rsAlbums("AlbumID") %>
END SUB
</SCRIPT>
<%
rsAlbums.MoveNext
LOOP
%>
```

Ein Serverskript erzeugt ein Clientskript

Auch wenn viele Befehle noch recht verwirrend erscheinen, möchte ich die Funktionsweise kurz erläutern. Das clientseitig ausgeführte Skript ist in eine DO WHILE...LOOP-Schleife eingeschlossen. Die Schleife wird für jeden gefundenen Datensatz einmal durchlaufen und endet mit dem letzten Datensatz (EOF = EndOfFile wird TRUE). Im Browser werden nun so viele spezielle Prozeduren (SUB *Name*) zur Ausführung angeboten wie Datensätze existieren, und zwar mit der *AlbumID* im Namen. Die letzte Prozedur, die die Details zum Album anzeigt, sieht folgendermaßen aus:

```
SUB AlbumHotSpot1_Click()
    Windows.Location.HREF="details.asp?AlbumID=1"
END SUB
SUB AlbumHotSpot2_Click()
    Windows.Location.HREF="details.asp?AlbumID=2"
END SUB
SUB AlbumHotSpot3_Click()
    Windows.Location.HREF="details.asp?AlbumID=3"
END SUB
```

In diesem Fall wurden drei Datensätze gefunden und entsprechend drei Prozeduren mit unterschiedlichen Namen erzeugt. Die Anwendung solcher Techniken bietet sich vor allem im Zusammenhang mit Datenbanken an, wenn die Seiten, die der Nutzer mit seinem Browser sieht, in Abhängigkeit von Datenbankinhalten gestaltet werden.

4.3 Eine strukturierte Einführung in VBScript

> Für Programmieranfänger werden alle Basisbefehle und Funktionen der Sprache VBScript behandelt und anhand von Beispielen erläutert. Viele Beispiele lassen sich unverändert übernehmen und zum Funktionieren bringen. Sie lernen, kleine Programme selbst zu schreiben und die Einsatzbereiche der verschiedenen Funktionen richtig einzuschätzen.

4.3.1 Kommentare

Für jede Sprache ist eine saubere Dokumentation während und nach Abschluss des Entwicklungsprozesses nötig. Dazu gehören immer auch Kommentare, die den oft kryptischen Quelltext erklären. Das erleichtert letztendlich auch dem Programmierer selbst die Arbeit und ist nicht nur als »Brief« an die Nachwelt zu verstehen. Bei der Gestaltung von HTML-Seiten ist eine solche gute Kommentierung immer mit einem wesentlichen Problem verbunden. Auch der Empfänger der Seite kann den gesamten Quelltext sehen und damit all die aufschlussreichen Kommentare und Hinweise. Clevere Hacker (und solche die es werden wollen) schauen zuerst in den Quellcode, wo man oft genug interne Details der Server entdecken kann.

Kommentare: REM Kommentarzeichen Apostroph (')

Glücklicherweise kann ASP auch Kommentarzeilen erkennen und verbannt diese aus dem System, bevor die Seite zum Browser gesendet wird. So können Sie umfangreich und detailliert kommentieren, ohne befürchten zu müssen, dass Fremde ihre Kommentare sehen. Möchten Sie auf diese Weise Informationen auch zum Browser weitergeben, nutzen Sie einfach die HTML-Kommentare. ASP wird diese unverändert weiterleiten.

VBScript kennt zwei Kommentararten. Das altbekannte REM stammt aus der ursprünglichen BASIC-Syntax; es steht für »remark«. Damit wurde sichergestellt, dass jede Zeile mit einem Schlüsselwort beginnt. Später wurde es den Programmierern langweilig, Zeile für Zeile immer wieder REM zu schreiben. Deshalb entstand das auch aus anderen Sprachen bekannte Kommentarzeichen »'« – der Apostroph.

```
<%
REM Hier beginnt ein neue Funktion
'Diese Funktion ist noch im Testbetrieb
'Nicht mehr als 4-mal aufrufen
call printfunction()
%>
```

Kommentare dürfen auch mitten in der Zeile stehen, allerdings nicht bei Ausdrücken, die Ausgaben erzeugen. So wird der folgende Ausdruck sicher funktionieren:

4 VBScript

```
<% i = i + 1 ' dieser Ausdruck erhöht i um eins. %>
```

Der folgende Ausdruck dagegen realisiert eine Ausgabe und funktioniert nicht mit dem Kommentar:

```
<% = name 'schreibt name und funktioniert nicht %>
```

Kommentare in JScript:
//

Innerhalb von Abschnitten, die JScript verwenden, gelten diese Kommentarzeichen nicht. Verwenden Sie stattdessen »//« – zwei Schrägstriche – in jeder Zeile, die als Kommentar dient.

Zur Erinnerung:
<!--
HTML-Kommentare
-->

Nur HTML selbst kann übrigens Kommentare mit einem einzigen Befehl über mehrere Zeilen ausdehnen. Sie erinnern sich? Der Kommentar besteht wie die HTML-Tags oft aus einem eröffnenden und einem schließenden Tag.

```
<!--
Das ist ein HTML-Kommentar
der sich über mehrere
Zeilen erstrecken kann
-->
```

Wenn Sie hier künftig Quelltexte mit einem CD-Symbol und einem Dateinamen finden (beispielsweise *asp_test.htm*), dann finden Sie die Datei auf der Buch-CD zum Buch. Kopieren Sie die Dateien in ein freigegebenes Verzeichnis Ihres Webservers. Wenn Sie die CD mit der Startseite im Browser aufrufen, folgen Sie der Installationsanweisung.

Rufen Sie die Skripte immer mit folgender Adresse auf: *http://localhost/Verzeichnis/SkriptName*. Verwenden Sie nie die Form *file:///SkriptName* oder über DATEI | ÖFFNEN, sonst sehen Sie den Quelltext und nicht die Ergebnisse. Die ASP-Engine kann nur über HTTP angesprochen werden. Ein guter Trick ist, das Durchsuchen von Verzeichnissen im lokal installierten Webserver zu erlauben (siehe dazu die Anleitung in Kapitel 1). Dann können Sie die Programme zum Testen leicht auswählen.

Spannend ist die Verhaltensweise der ASP-Engine. Sie ignoriert den Inhalt eines HTML-Kommentars keineswegs. So werden oft Skripte, die im Browser ausgeführt werden sollen, in solche Kommentare eingesetzt. Neue Browser, die VBScript und Javascript selbst verarbeiten können, erkennen diese und führen die Befehle aus. Ältere Browser können nur die Kommentare sehen und führen die Befehle darin nicht aus. Wenn Sie also auch clientseitig Skripte erstellen, verwenden Sie die folgende Anordnung:

```
<html>
<head>
<script language="javascript">
<!-- verstecken vor alten Browsern
function printdate()
{
```

```
var x = new Date()
document.write(x)
}
// Ende verstecken vor alten Browsern -->
</script>
</head>
<body>
<script language="javascript">
printdate()
</script>
</body>
</html>
```

Listing 4.2: Clientseitige Skripte mit JavaScript (clientjs.asp)

Auf der Seite des Servers gibt es natürlich nichts zu verstecken. Die JavaScript-Funktion dient hier nur zur Demonstration und hat sonst keine weitere Bedeutung (außer einfach etwas zu tun).

4.3.2 Variablen

Dieser Abschnitt gibt einen Überblick über Variablen in VBScript.

Was sind Variablen?

In jedem Programm werden Sie früher oder später in die Verlegenheit kommen, einen bestimmten Wert speichern zu müssen, diesen Wert später wieder abrufen und mathematische Funktionen oder Zeichenkettenmanipulationen darauf anwenden zu können. Solche Werte werden in Variablen gespeichert. Intern sind Variablen nur Namen, die einen bequemen Zugriff auf einen Speicherplatz im Computer verweisen, an dem VBScript den Wert speichert. Variablen können aus Buchstaben und Zahlen bestehen und müssen mit einem Buchstaben beginnen. Das einzige zulässige Sonderzeichen ist der Unterstrich. Die maximale Länge beträgt 255 Zeichen. Variablen entstehen, wenn der Name einer Variable erstmals benutzt wird. Um die Nutzung und Prüfung nicht dem Zufall zu überlassen, können Variablen auch mit dem Schlüsselwort DIM explizit erzeugt werden. Variablennamen müssen in ihrem Geltungsbereich eindeutig sein.

DIM
OPTION EXPLICIT

```
DIM name
DIM A, B, Counter
```

Hinter DIM können mehrere Namen, die durch Kommata getrennt sind, angeordnet werden. Diese optisch auffällige Deklaration erleichtert die Lesbarkeit des Programms.

4 VBScript

Es besteht keine Notwendigkeit, Variablen vor der ersten Verwendung zu deklarieren. Sie können für sich selbst die Anwendung des Schlüsselwortes DIM erzwingen, in dem Sie an den Anfang des Skripts den Befehl OPTION EXPLICIT stellen (ohne Parameter).

Geltungsbereiche wie sie in anderen Programmiersprachen eingestellt werden können, kennt VBScript nicht. Variablen sind immer global. Lediglich in Klassen sind die Geltungsbereiche einstellbar.

Lebensdauer und Zuweisung

Definiert wird in der Programmiertechnik auch die Lebensdauer einer Variablen. Das ist die Spanne von der Erzeugung der Variablen mit DIM bis zu ihrer Löschung durch Verlassen des Geltungsbereichs. Lokale Variablen, die innerhalb einer Prozedur deklariert werden, leben solange, wie die Programmausführung sich innerhalb der Prozedur befindet. Wenn Sie diese Prozedur später erneut aufrufen, entsteht eine neue Variable mit neuen Werten, die keinen Bezug zum vorhergehenden Wert der Variablen hat.

Variablen werden Werte sehr einfach durch ein Gleichheitszeichen zugewiesen (In BASIC musste dafür noch das Schlüsselwort LET eingesetzt werden):

```
B = 500
Counter = 1
name = "Schumacher"
```

Auf der rechten Seite kann jeder beliebige Ausdruck stehen, auch mathematische Funktionen oder Zeichenkettenoperatoren. Damit werden Variablen auch neue Werte zugewiesen:

```
<%
C = 50
A = C + 400
Counter = Counter + 1
name = "Michael " & name
%>
<%=A%><br/>
<%=Counter%><br/>
<%=name%><br/>
```

Listing 4.3: *Variablen in Ausdrücken verwenden (vars.asp)*

Variablen werden bei Ausgaben auf dem Bildschirm und auf der rechten Seite eines Ausdrucks durch ihren Inhalt ersetzt.

Nicht immer reicht es aus, nur neue Variablen zu definieren. Stellen Sie sich vor, Sie haben 200 Angestellte, deren Namen Sie in Variablen speichern, um jeden beim Start der Firmenhomepage persönlich ansprechen zu können. Die eine Variante wäre Namen wie *name1*, *name2* usw. zu wählen. Die andere Variante sind spezielle Variablengebilde, die Arrays.

4.3.3 Konstanten

Konstanten speichern Werte ähnlich wie Variablen, sind aber zur Laufzeit des Skripts unveränderlich.

Der Einsatz von Konstanten

Konstanten sind in allen Programmier- und Skriptsprachen nützlich, um feste, immer wieder benötigte Werte mit verständlichen Begriffen zu umschreiben. Das erhöht die Lesbarkeit des Programms und erleichtert Änderungen. Stellen Sie sich vor, Sie haben alle Programme auf eine bestimmte Bildschirmgröße ausgerichtet. An über 100 Stellen im Skript nutzen Sie die Zahl 800 für die Bildschirmbreite. Für die nächste Version möchten Sie den Wert auf 1.024 erhöhen. Anstatt jetzt alle 100 Stellen zu suchen und zu ersetzen, bietet sich eine Konstante an. Sie können nicht einfach im Editor eine Suchen- und Ersetzen-Aktion durchführen, denn es könnte auch in anderen Zusammenhängen die Zahl 800 benutzt worden sein!

Konstanten deklarieren

Konstanten werden wie Variablen erklärt und sofort mit einem Wert belegt: **CONST**

```
<%
CONST conXRes = 800
%>
```

Sie können denselben Namen innerhalb eines Skripts mit einem Wert belegen. Wenn Sie nun an 100 Stellen die Konstante *conXRes* wie eine Zahl benutzt haben, müssen Sie nur die Zeile mit der Deklaration ändern; an allen Stellen wird dann mit dem neuen Wert gerechnet.

Um bequem viele Konstanten erzeugen zu können, ist es möglich, mehrere Werte nach dem Schlüsselwort durch Kommata getrennt aufzulisten:

```
<%
CONST conXRes=800, conYRes=600, conCursorStyle=0
%>
```

Eine praktische Anwendung sind auch Informationen zum Programm:

```
<%
'Definiere und nutze Konstanten
CONST author = "Joerg Krause"
CONST WriteDate = #12/26/01#
response.write("<font color=""Red""><b>")
response.write("Dieser Code wurde von " & author)
response.write(" am " & WriteDate & " geschrieben")
response.write("</font></b>")
%>
```

Listing 4.4: Konstanten verwenden (const.asp)

Vordefinierte Konstanten

Viele Konstanten sind bereits definiert, um den Umgang mit VBScript zu erleichtern. Die folgenden Bereiche haben solche Konstanten. Eine ausführliche Beschreibung finden Sie in der Referenz im Anhang. Die Konstanten können in sämtlichen Skripten verwendet werden. Bevor Sie eigene Konstanten definieren, sollten Sie einen Blick auf die Liste der eingebauten Konstanten werfen. Sie können den schon vorhandenen Namen nicht erneut benutzen und vordefinierte Werte überschreiben. Außerdem liefert VBScript für viele Fälle schon die richtigen Konstanten, sodass weitere Definitionen nicht nötig sind. Sie umgehen Namenskonflikte, indem Sie Namenskonventionen (siehe Abschnitt 4.7.2 *VBScript-Konventionen* ab Seite 264) einhalten und alle eigenen Konstanten mit »con« beginnen lassen. VBScript selbst stellt vielen internen Konstanten die Zeichenfolge »vb« voran. Systemkonstanten, die nicht ausdrücklich Werte aus dem VBScript-System repräsentieren, haben dieses Präfix allerdings nicht.

Die folgende Übersicht zeigt, für welche Bereiche es vordefinierte Konstanten gibt:

- Farbwerte, zum Beispiel `vbRed`
- Vergleiche, zum Beispiel `vbBinaryCompare`
- Datum/Zeit, zum Beispiel `vbMonday`
- Datumsformate, zum Beispiel `vbLongDate`
- Laufwerkstypen, zum Beispiel `CDROM`
- Dateiattribute, zum Beispiel `ReadOnly`
- Dateiein- und -ausgabewerte, zum Beispiel `ForWriting`
- verschiedene, zum Beispiel `vbObjectError`
- systembezogene, zum Beispiel `WindowsFolder`

4.3.4 Datentypen

Typprüfung und Typzuweisung

Es gibt in VBScript keine fest definierbaren Datentypen und strenge Typprüfungen wie in anderen Programmiersprachen. Der einzige Datentyp, der existiert, wird `Variant` genannt. Dieser Datentyp kann entweder eine Zahl oder eine Zeichenkette (engl. string) sein. VBScript wird die Typprüfung nur dann vornehmen und möglicherweise einen Laufzeitfehler erzeugen, wenn zwei unverträgliche Typen in einer Operation verbunden werden. VBScript erkennt den Datentyp automatisch. Lediglich die Verwendung von Strings kann erzwungen werden, indem der zu übergebende Wert in Anführungszeichen » « gestellt wird. Um dennoch gezielt bestimmte Zahlen- und Zeichenkettenwerte anzeigen zu können, gibt es eine Reihe von Umwandlungsfunktionen für Datentypen. Aus der Existenz dieser Funktionen kann man so genannte Untertypen ableiten, die bestimmte Datentypen repräsen-

Eine strukturierte Einführung in VBScript

tieren. Vor allem durch die Nutzung der Namenskonventionen erreicht man gute und lesbare Quelltexte. Tabelle 4.1 zeigt die Liste der Subtypen und deren Wertebereiche.

Subtype	Beschreibung
Empty	Nicht initialisiert, Zahl 0 für numerische Variablen und ein Leerstring »« für Zeichenkettenvariablen
Null	Variable enthält keine gültigen Daten
Boolean	Enthält entweder den Booleschen Wert Wahr oder Falsch (True | False), True entspricht -1, False entspricht 0
Byte	Bytewert 0..255
Integer	Integerwert -32.768 bis 32767
Currency	Währungswert zwischen -922.337.203.685.477,5808 und 922.337.203.685.477,5807
Long	Wert zwischen -2.147.483.648 und 2.147.483.647
Single	Gleitkommawert mit einfacher Genauigkeit zwischen -3.402823^{38} und -1.401298^{-45} für negative Zahlen sowie zwischen 1.401298^{-45} und 3.402823^{38} für positive Zahlen
Datum (Zeit)	Enthält eine eindeutige Nummer für ein Datum zwischen dem 1. Januar 100 und dem 31. Dezember 9999
String	Eine Zeichenkette variabler Länge bis zu einer Gesamtzeichenzahl von (theoretisch) etwa 2 Milliarden Zeichen (2 GByte)
Object	Enthält ein Objekt (oder eine neue Instanz)
Error	Enthält eine Fehlernummer

Tab. 4.1: Datentypen in VBScript als Unterart des allgemeinen Datentyps variant

Null oder leer?

In logischen Vergleichen oder bei Zuweisungen von Variablen wird oft der besondere Zustand »leer« (engl. *empty*) angeführt. Manche Variablen sind auch einfach nur null. Es gibt Unterschiede in der Reaktion, welche Art von virtuellem Nichts gerade in einer Variablen herrscht.

ISEMPTY

Bevor Sie zum ersten Mal einer Variablen einen Wert zuweisen, ist sie in dem Zustand EMPTY. Sie können das mit der Funktion ISEMPTY logisch testen:

```
<%
meinevar = "Hallo du!"
%>
<html>
<head>
</head>
<body>
meinevar : <% = ISEMPTY(meinevar) %><BR>
```

4 VBScript

```
meinevar2: <% = ISEMPTY(meinevar2) %>
</body>
</html>
```

Listing 4.5: Prüfen von Variablen auf Existenz (isempty.asp)

Dieser Test gibt als ersten Wert FALSE aus, als zweiten TRUE, das heißt, die Variable *meinevar* ist nicht leer, *meinvar2* dagegen schon. Weil sie nicht definiert wurde, nimmt VBScript leer an.

Der Wert NULL ist ein definierter Zustand der Variablen. Das gilt auch für den Leerstring. Im eben angeführten Beispiel können Sie dieselbe Reaktion erreichen, indem Sie der Variablen einen Leerstring zuweisen:

```
<%
meinevar = ""
%>
```

Die erste Zuweisung ist nun erfolgt und die Variable ist nicht mehr leer. Auch bei numerischen Werten wird zwischen der Zahl 0 und der leeren Variablen unterschieden. Weisen Sie im Zweifelsfall explizit den Wert 0 zu, um eine sichere, vorhersagbare Reaktion zu erhalten.

4.3.5 Arrays

DIM array()
REDIM

Arrays sind Sammlungen von Variablen mit einem gemeinsamen Namen. Der Inhalt des Arrays wird über Indizes angesprochen. Ihre 200 Angestellten werden dann am besten in einem Array gespeichert, das folgendermaßen definiert wird:

```
DIM name(199)
```

Wie zu sehen ist, gibt es nur einen Namen und eine Zahl, welche die Anzahl der Indizes angibt. Arrays fangen bei 0 an zu zählen, sodass 199 genau 200 Speicherstellen für Namen ergibt. Das Array ist noch variant, erst durch die Zuweisung des ersten Namens entsteht ein Zeichenkettenarray.

```
name(0) = "Mueller, Helga"
name(1) = "Schultze, Olaf"
name(2) = "Marqardt, Bernd"
```

Das ist schon sehr viel bequemer, zumal VBScript viele Funktionen zur Abfrage solcher Arrays beinhaltet. Natürlich können Sie Arrays wie Variablen ausgeben; lediglich der Index muss angegeben werden, um einen bestimmten Wert im Array ansprechen zu können.

Arrays sind nicht auf eine Dimension begrenzt. VBScript kann 60 Dimensionen verwalten! Ob es sinnvoll ist, sehr viele Dimensionen einzusetzen, ist fraglich.

Schon bei nur 2 Byte pro Dimension benötigen Sie 2^{60} Byte Speicherplatz, das entspricht $1,15^{18}$ Byte. Das ist mit keinem System auch nur annähernd darstellbar. Die mögliche Datenmenge steigt also exponentiell.

Ergänzen wir die Namensdefinition einfach auf zwei Dimensionen:

```
DIM name(199,2)
```

Für jeden der 200 Namen stehen nun insgesamt drei Speicherstellen zur Verfügung. Man kann diese folgendermaßen nutzen:

```
name(0,0)="Mueller": name(0,1)="Helga": name(0,2)="Frau"
name(1,0)="Schultze": name(1,1)="Olga": name(1,2)="Herr"
name(2,0)="Marquardt": name(2,1)="Bernd": name(2,2)="Herr"
```

Listing 4.6: *Füllen eines Arrays mit Werten (firstarray.asp)*

Für jeden Namen kann somit auch noch eine Anrede verwaltet werden, Vor- und Zuname sind getrennt. Wie Sie sehen, hat jeder Wert seinen eigenen Index.

Gehen wir noch einen Schritt weiter. Die Anzahl der Angestellten wird sicher nicht konstant sein, sondern manchmal erheblich von der Vorhersage abweichen. Abgesehen von der Möglichkeit, Datenbanken zu benutzen, zeigen sich Arrays auch hier relativ flexibel. So besteht die Möglichkeit, Arrays dynamisch zu deklarieren. Sie müssen sich also gar nicht auf die Dimension des Arrays festlegen.

```
DIM name()
```

Solche Arrays können mit einem weiteren Befehl nach der Verwendung wieder gelöscht werden. Gelöscht werden nur die Werte und der Speicherplatz wird freigegeben, der Variablenname selbst bleibt erhalten und kann erneut benutzt werden.

```
REDIM name()
REDIM name(24)
```
REDIM

Mit der Angabe eines Parameters wird das dynamische Array auf einen bestimmten Wert gesetzt. REDIM kann mehrfach angewendet werden. Mit dem zusätzlichen Schlüsselwort PRESERVE können die Inhalte vor dem Löschen geschützt werden, wenn die Dimension mit REDIM geändert wird:

```
REDIM PRESERVE name(29)
REDIM PRESERVE name(9)
```
REDIM PRESERVE

Wenn das Array vorher 25 Speicherstellen hatte, stehen nach dem ersten REDIM-Befehl jetzt 30 Speicherstellen zur Verfügung. Der Inhalt bleibt aber erhalten. Im zweiten Beispiel hat das Array nach REDIM nur noch zehn Speicherstellen, der Inhalt der ersten zehn Speicherstellen bleibt erhalten, die Werte mit den Indizes 11 bis 25 gehen jedoch verloren.

4 VBScript

Leider können Sie mit dem Befehl REDIM immer nur die letzte Dimension löschen oder ändern. Damit ergibt sich natürlich eine wesentliche Einschränkung dynamischer Arrays.

Arrayfunktionen in VBScript

UBOUND
ERASE

Bestimmte Funktionen sind speziell auf Arrays zugeschnitten. Da die Abfrage von Arrays oft in Zählschleifen (siehe weiter unten) stattfindet, wäre es sinnvoll, die aktuelle Obergrenze des Arrays zu kennen. Dafür gibt es die Funktion UBOUND:

```
<%
DIM Artikel(10,40)
%>
<html>
<head>
</head>
<body>
Arraydimensionen (10,40):<p>
Ohne Angabe: <% = UBOUND(Artikel)%><br>
1. Dimension: <% = UBOUND(Artikel ,1)%><br>
2. Dimension: <% = UBOUND(Artikel ,2)%><br>
</body>
</html>
```

Listing 4.7: Arraygrenzen ermitteln (ubound.asp)

Der erste Wert, der zurückgegeben wird, ist 10, der zweite ebenfalls 10 und der dritte Wert ist 40. UBOUND() erwartet als ersten Parameter den Namen eines Arrays und als zweiten, optionalen Parameter die Nummer der zu prüfenden Dimension.

> Lassen Sie sich durch die Nummer 2 nicht irritieren. Damit ist die Nummer der Dimension gemeint: Die erste Zahl in der Arraydeklaration ist die erste Dimension, die zweite Zahl die zweite Dimension usw. Das ist nicht zu verwechseln mit der Indizierung der Werte, die immer mit 0 beginnen.

Eine weitere wichtige Funktion ist ERASE. Mit ERASE können Sie den Inhalt eines Array komplett löschen. Bei einem numerischen Array werden die Elemente auf 0 gesetzt, bei einem Zeichenkettenarray sind alle Elemente anschließend leere Zeichenketten. Als Parameter wird der Name des Arrays angegeben:

```
<%
DIM Artikel(10,40)
Artikel(1,1) = "Werkzeug"
%>
```

```
<html>
<head>
</head>
<body>
Volles Array:<br>
Inhalt:<% = Artikel(1,1) %>:<p>
<% ERASE Artikel %>
Leeres Array:<br>
Inhalt:<% = Artikel(1,1) %>:<p>
</body>
</html>
```

Listing 4.8: Löschen von Arrays (erase.asp)

Im Beispiel erfolgt die Ausgabe einer Zeichenkette vor und nach Anwendung des Löschbefehls.

4.3.6 Zeit und Datum

Der Umgang mit Zeit und Datum ist in vielen Skripten eine Grundfunktion. VBScript bietet hier ein reichhaltiges Repertoire von Funktionen.

Datumsabfragen

VBScript enthält viele Funktionen zur Abfrage der aktuellen Zeit und des aktuellen Datums. Mit den weiteren Datums- und Zeitfunktionen kann datumsorientiert gerechnet werden.

**NOW
DATE
TIME**

> Die aktuelle Zeit bezieht sich auf den Server. Es ist also wenig sinnvoll, diese Angabe zur Begrüßung zu verwenden, denn Sie wissen ja nicht, wie spät es beim Nutzer gerade ist.

Die einfachste Funktion ist die Ausgabe der aktuellen Zeit und des aktuellen Datums in der vordefinierten Form:

```
Es ist jetzt genau: <% = NOW %>
```

Listing 4.9: Ausgabe des aktuellen Datums mit Uhrzeit (now.asp)

Wenn Sie Datum und Zeit trennen möchten, verwenden Sie entsprechende Funktionen:

```
Heute ist der <% = DATE %>
Und es ist: <% = TIME %>
```

Listing 4.10: Ausgabe des Datums und der Uhrzeit (datetime.asp)

4 VBScript

MONTH
DAY
WEEKDAY
YEAR

Mit verschiedenen Funktionen können Sie die Datums- und Zeitwerte in ihre Bestandteile zerlegen. Als Argumente können natürlich nicht nur die aktuelle Zeit oder das aktuelle Datum, sondern auch eine Variable mit einem entsprechenden Wert herangezogen werden. Das Beispiel zeigt die Zerlegung des Datums in seine Bestandteile:

```
Der aktuelle Monat ist: <% = MONTH(DATE) %>
<br>
Der Tag ist: <% = DAY(DATE) %>
<br>
Der Wochentag ist: <% = WEEKDAY(DATE) %>
<br>
Das Jahr ist: <% = YEAR(DATE) %>
```

Listing 4.11: Ausgabe spezieller Datumsinformationen (dates.asp)

Wenn das aktuelle Datum der 15. Dezember 2001 ist, wird folgende Anzeige erscheinen:

```
Der aktuelle Monat ist: 12
Der Tag ist: 15
Der Wochentag ist: 7
Das Jahr ist: 2001
```

Alle Werte werden also als Zahlenwert ausgegeben. Der Wochentag im Beispiel ist ein Montag. Denken Sie daran, dass VBScript mit dem Sonntag die Woche beginnt, der Sonntag also die 1 hat, der Montag die 2 usw. Wenn Ihnen das nicht gefällt, können Sie den Startwert auch ändern. VBScript hat einige vordefinierte Datumskonstanten, die Sie in der Referenz finden. In Tabelle 4.2 finden Sie Konstanten, die sich auf vordefinierte Wochentage beziehen.

Tab. 4.2: Vordefinierte Konstanten für die Werte der Wochentage

Konstantenname	Wert	Bedeutung
vbSunday	1	Sonntag
vbMonday	2	Montag
vbTuesday	3	Dienstag
vbWednesday	4	Mittwoch
vbThursday	5	Donnerstag
vbFriday	6	Freitag
vbSaturday	7	Samstag

Sie können diese Konstanten der Funktion WEEKDAY als zweites Argument übergeben; die Zählung startet dann mit dem entsprechenden Wert.

Statt des aktuellen Datums können auch Datumswerte als Konstanten oder in Variablen übergeben werden. Sie können so jeden beliebigen Wochentag einfach ermitteln:

Eine strukturierte Einführung in VBScript

```
Der Wochentag Heiligabend 2000 ist: <% = WEEKDAY(#24/12/2000#)%>
<br>
Der Wochentag Heiligabend 2001 ist: <% = WEEKDAY("24-12-2001")%>
<br>
Montag ist der erste Tag: <% = WEEKDAY("24-12-1999",vbMonday)%>
```

Listing 4.12: Ausgabe spezieller Datumsinformationen (weekday.asp)

Beachten Sie die mögliche Angabe des Datums im Datumsformat (als Datumsliteral, erster Wert) und als String (zweiter Wert). Beide nutzen das Datumsformat, das von den Systemeinstellungen des Servers vorgegeben wird.

> Ein verbreiteter Fehler ist die Angabe des Datums in einer Zeichenkettenvariablen und nicht in einem Datumsliteral: »#13/05/1999#«. Diese Form kann VBScript nicht verarbeiten. Achten Sie auf die korrekte Deklaration der Variablen!

Sie finden die Einstellungen in der Systemsteuerung unter LÄNDEREINSTELLUNGEN | DATUM. Das dort angegebene Trennzeichen hat keine Auswirkung, Sie müssen immer den Schrägstrich beziehungsweise den Bindestrich verwenden.

Um auch die Namen der Wochentage zu erhalten, sind zwei weitere Funktionen notwendig: WEEKDAYNAME und MONTHNAME. Die Ausgabe erfolgt wieder in der Landessprache des Servers; ein deutsches Windows 2000 als Serverplattform erzeugt also deutsche Wochen- und Monatsnamen.

WEEKDAYNAME MONTHNAME

```
Der aktuelle Monat ist: <% = MONTHNAME(MONTH(DATE)) %>
Der aktuelle Wochentag ist: <% = WEEKDAYNAME(WEEKDAY(DATE)) %>
```

Listing 4.13: Langform von Monats- und Wochentagsnamen (monthname.asp)

Statt des aktuellen Datums kann natürlich wieder jeder beliebige Zahlenwert stehen: für Monate zwischen 1 und 12, für Wochentage zwischen 1 und 7. Möglicherweise wird die Ausgabe langer Namen wie Donnerstag oder Dezember stören. Dann geben Sie als zweiten Parameter für die Namensfunktionen einfach TRUE an. Der Boolesche Wert erzeugt dann kurze Namen:

```
Der aktuelle Monat ist: <% = MONTHNAME(MONTH(DATE),TRUE) %>
Der aktuelle Wochentag ist: <% =WEEKDAYNAME(WEEKDAY(DATE),TRUE)%>
```

Listing 4.14: Kurzform von Monats- und Wochentagsnamen (monthname2.asp)

Wochentage werden mit zwei Buchstaben (Mo, Do usw.) abgekürzt, Monate mit drei Buchstaben (Jan, Feb, Dez usw.).

Abbildung 4.2:
Die Datumseinstel-
lungen in der
Systemsteuerung
(Windows 2000)

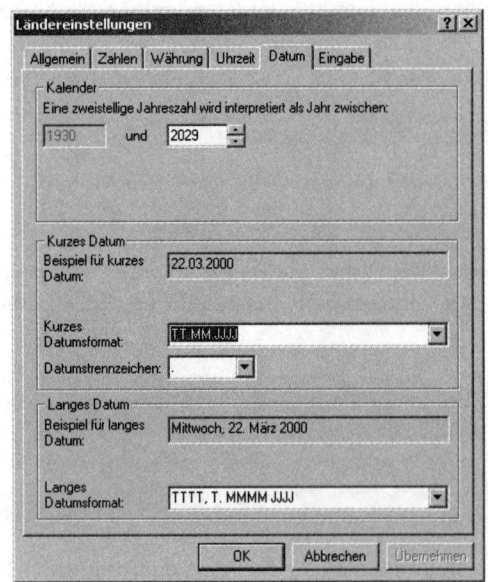

Zeitfunktionen

HOUR
MINUTE
SECOND

Auch die aktuelle Zeit lässt sich in die Bestandteile Stunde, Minute und Sekunde zerlegen. Ebenso wie beim Datum kann man mit konstanten Angaben Zeiten setzen und bearbeiten:

```
Die Stunde ist: <% = HOUR(TIME) %> <br>
Die Minute ist: <% = MINUTE(TIME) %> <br>
Die Sekunde ist: <% = SECOND(TIME) %>
```

Listing 4.15: Zeitformen (timeparts.asp)

Die Ausgabe zeigt die drei Zahlenwerte der aktuellen Zeit des Servers zum Zeitpunkt der Laufzeit des Skripts. Wenn die Zeit 14:53:16 war, gibt das Skript Folgendes aus:

```
Die Stunden ist: 14
Die Minute ist: 53
Die Sekunde ist: 16
```

Zeiten verwenden normalerweise das 24-stündige Format. Die Übergabe konstanter Werte ist identisch mit der Datumsangabe. Lediglich das Trennzeichen ist diesmal der Doppelpunkt:

```
Die Minute ist: <% = MINUTE(#14:53:16#)%>
<br>
Die Minute ist: <% = MINUTE("14:53:16")%>
```

Listing 4.16: Literale Zeitangaben (timeliteral.asp)

Eine strukturierte Einführung in VBScript

Verwendet wird entweder das Zeitliteral oder die Zeichenkette. Achten Sie darauf, dass sich innerhalb einer Zeichenkette nicht wieder die Trennzeichen des Zeitliterals befinden!

Datum und Zeit vergleichen

Für komplexe Anwendungen wie Shopsysteme oder Kundenverwaltungen werden oft Zeit- oder Datumsdifferenzen zu berechnen sein. VBScript unterstützt diese Anwendungen mit zwei schon eingebauten Funktionen, die Datumsdifferenzen berechnen. DATEADD berechnet ein neues Datum aus zwei Datumsangaben, DATEDIFF zeigt die Differenz zwischen zwei Daten an:

DATEDIFF
DATEADD

```
Ihre Anzeige bleibt bis zum <% = DATEADD("ww",2,DATE) %> online.
In 30 Sekunden ist es <% = DATEADD("s",30,TIME) %>.
```

Listing 4.17: Datumsberechnungen mit DATEADD (dateadd.asp)

DATEADD verwendet drei Argumente. Das erste Argument ist ein String, der die Art der Berechnung des Intervalls steuert. Der zweite Wert ist die Angabe der zu berechnenden Differenz, der Zahlenwert bezieht sich auf das erste Argument. Der dritte Wert ist der Startwert der Berechnung, im letzten Beispiel also die aktuelle Zeit und das aktuelle Datum. Die möglichen Werte für das erste Argument finden Sie in Tabelle 4.3.

Intervalcode	Name	Bedeutung
yyyy	Year	Jahr
q	Quarter	Quartal
m	Month	Monat
y	Day of Year	Tag im Jahr
d	Day	Tag
w	Weekday	Wochentag
ww	Week of Year	Kalenderwoche
h	Hour	Stunde
n	Minute	Minute
s	Second	Sekunde

Tab. 4.3: Steuerung der Angabe der Datums- und Zeitintervalle

Auf ähnliche Weise arbeitet auch die Funktion zur Berechnung der Differenz. Mit einer einzigen Codezeile zeigen Sie auf Ihrer Webseite die Zahl der Sekunden bis zum Jahr 2003 an:

```
Noch <% = DATEDIFF("s",DATE+TIME,"1/1/2003") %>
Sekunden bis 2003!
```

Listing 4.18: Datumsdifferenzen mit DATEDIFF berechnen (datediff.asp)

4 VBScript

Die Funktion vergleicht das erste mit dem zweiten Datum und geht davon aus, dass das zweite Datum in der Zukunft liegt. Wenn Sie zurückliegende Zeiträume berechnen, wird unter Umständen der erste Wert größer als der zweite sein. DATEDIFF gibt dann negative Zahlen aus und Sie müssen das Vorzeichen entsprechend auswerten. Wenn Sie die Testdatei laden und im Browser immer wieder auf AKTUALISIEREN klicken, sehen Sie die Sekunden verstreichen.

4.3.7 Formatierungen

Nicht immer ist die Ausgabe der ermittelten Zahlen so, wie Sie sich das vorstellen. Statt umständlicher Tabellen mit möglichen Ausgabewerten können Sie die Arbeit mit VBScript-Funktionen erledigen. Dafür stehen die Formatfunktionen Datumsformate, Währungsformate und Zahlenformate bereit.

Datumsformate

FORMATDATETIME — Beim Datum können Sie das kurze oder lange Datumsformat wählen, wie es in den Systemeinstellungen vorgegeben ist. Der Standardwert ist das kurze Datumsformat:

```
Langes Datum: <% = FORMATDATETIME(DATE, vbLongDate) %>
Kurzes Datum: <% = FORMATDATETIME(DATE, vbShortDate) %>
```

Listing 4.19: Datumsangaben formatieren (dateform.asp)

Hier werden wieder zwei vordefinierte Konstanten verwendet, die die Funktion FORMATDATETIME steuern. Der Name der Funktion deutet an, dass auch die Zeit bei der Ausgabe formatiert werden kann:

```
Lange Zeitform: <% = FORMATDATETIME(TIME, vbLongTime) %>
Kurze Zeitform: <% = FORMATDATETIME(TIME, vbShortTime) %>
```

Listing 4.20: Zeitangaben formatieren (timeform.asp)

Der Unterschied zwischen kurz und lang ist marginal. Bei der kurzen Zeit entfällt die Sekunde.

Währungsformate

FORMAT-CURRENCY — Für die Ausgabe von Währungen steht ebenfalls nur eine Funktion zur Verfügung. Auch hier werden wieder die Einstellungen des Systems benutzt:

```
<%
preis = 49.80
%>
Das Buch kostet: <% = FORMATCURRENCY(preis) %>
```

Listing 4.21: Zeitangaben formatieren (currencyform.asp)

Eine strukturierte Einführung in VBScript

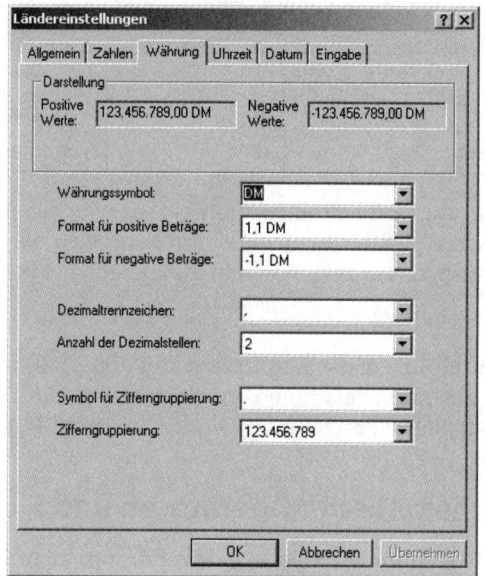

Abbildung 4.3:
Die Währungseinstellungen bestimmen die Anzeige der Funktion FORMATCURRENCY

Zahlenformate

Numerische Werte können mit zwei Funktionen formatiert werden. Die Funktion FORMATNUMBER kennt dafür sechs Argumente:

FORMATNUMBER

- die auszugebende Zahl
- die Anzahl der Stellen nach dem Dezimalkomma
- die Anzeige der führenden Null
- die Anzeige von Klammern statt Minuszeichen für negative Zahlen
- die Anzeige des Trennzeichens der Tausender (so genannte Gruppierung)

Die Funktionen können folgendermaßen angewendet werden:

```
<% = FORMATNUMBER(6782.567, 2, TristateTrue,
             TristateTrue, TristateFalse) %>
```

Als Ausgabe erscheint bei diesem Beispiel:

6.782,58

Die Besonderheit bei der Angabe der logischen Werte sind so genannte Tristate-Konstanten. Neben den Werten TRUE und FALSE gibt es einen dritten Zustand, der VBScript anweist, die Einstellungen des Systems zu benutzen – TriStateTrue. Viele VBScript-Funktionen nutzen Tristate-Werte. Intern werden diese Konstanten durch Zahlenwerte repräsentiert.

199

Tab. 4.4:
Bedeutung und Wert der Tristate-Konstanten

Konstante	Wert	Bedeutung
TristateTrue	-1	TRUE (Wahr)
TristateFalse	0	FALSE (Falsch)
TristateUseDefault	-2	Systemeinstellungen

FORMATPERCENT

Für die Formatierung von Prozentwerten gibt es eine eigene Funktion. Als Argument erwartet FORMATPERCENT einen prozentualen Wert in dezimaler Form. Wenn Sie also 12% anzeigen möchten, übergeben Sie 0,12 als Wert.

```
<%= FORMATPERCENT(0.12)%>
```

Die Funktion multipliziert die Zahl intern mit 100 und gibt die Zahl aus. Zusätzlich sind die schon bekannten Argumente der Funktion FORMATNUMBER möglich. Eine detaillierte Beschreibung finden Sie in der Referenz.

4.3.8 Mathematische Operatoren und Funktionen

Mathematische Berechnungen sind in jedem Programm zu finden. VBScript bietet hier eine ausgewogene Anzahl an Funktionen und Operatoren.

Operatoren

Operator +
Operator −
Operator *
Operator /
**Operator **
Operator Mod
Operator ^

Mit Operatoren werden zwei Werte, Konstanten oder Variablen, verknüpft. Die mathematischen Operatoren repräsentieren die Grundrechenarten und für Modulus und Potenz zwei erweiterte Operatoren. Die Operatoren können folgendermaßen eingesetzt werden:

```
Addition: <% = 5+5 %>
Subtraktion: <% = 43-13 %>
Multiplikation: <% = 3*4 %>
Division: <% = 60/12 %>
Ganzzahldivision: <% = 5\3 %>
Modulus (Rest): <% = 5 MOD 3 %>
Potenz: <% = 256^3 %>
```

Die Ganzzahldivision gibt nur einen ganzzahligen Wert zurück – hier also 1. Der Modulus gibt den Rest einer ganzzahligen Division zurück – hier also 2. Die anderen Operatoren dürften selbsterklärend sein.

Funktionen

SIN, COS
TAN, X
LOG, EXP
SQR

VBScript ist nicht unbedingt die Sprache mit der besten mathematischen Unterstützung. Für elementare Berechnungen stehen aber viele Funktionen zur Verfügung. Vier trigonometrische Funktionen bilden eine Gruppe. Arcus Tangens ATN, Sinus SIN, Kosinus COS und Tangens TAN. Alle anderen Funktionen kann man daraus ohne weiteres ableiten. Für Berechnungen kann man auch auf den natürlichen Logarithmus LOG, die Quadratwurzel SQR und die Exponentialfunktion e^x mit EXP zurückgreifen.

Für kommerzielle Anwendungen dürften die umfangreichen Rundungsfunktionen interessanter sein, mit denen sich Zahlen vielfältig bearbeiten lassen:

**ABS, SGN
INT, FIX, ROUND**

```
<% = ABS(-46.57) %>
<% = INT(-46.57) %>
<% = FIX(-46.57) %>
<% = ROUND(-46.57,1) %>
<% = SGN(-46.57) %>
```

ABS gibt den absoluten Wert zurück (46,57 im Beispiel). Mit INT wird der ganzzahlige Teil ermittelt (-47). FIX liefert den Wert vor dem Komma ohne Rücksicht auf Rundungsregeln zurück (-46). ROUND benötigt ein zweites Argument und rundet die Anzahl der Nachkommastellen entsprechend (-46,6). SGN liefert nur das Vorzeichen zurück (-1). Der Wert des Vorzeichens kann 1, 0 oder -1 sein.

Durch das schwach ausgeprägte Typkonzept von VBScript ist es wichtig festzustellen, ob eine Variable gerade numerisch ist oder einen String enthält. Durch die Anwendung von ISNUMERIC vermeiden Sie Fehlermeldungen während der Laufzeit. ISNUMERIC gibt TRUE zurück, wenn das Argument eine Zahl ist. Zeichenketten werden vor der Auswertung analysiert.

ISNUMERIC

```
<% = ISNUMERIC("34") %>
<% = ISNUMERIC(34) %>
<% = ISNUMERIC(DATE) %>
<% = ISNUMERIC("MICROSOFT") %>
```

Die ersten beiden Abfragen ergeben TRUE, die letzten beiden FALSE.

Zufallszahlen

Zufallszahlen werden häufig zur Generierung von Schlüsseln, der Auswahl eines »Tipps des Tages« oder zur Steuerung von rotierenden Bannern benötigt. VBScript unterstützt die Erzeugung einer Zufallszahl durch zwei klassische Funktionen. RND gibt eine Zufallszahl zwischen 0 und weniger als 1 zurück. So könnte beispielsweise der Wert 0,77365629 erzeugt werden. Sie können den Wertebereich durch eine einfache Multiplikation einstellen, der für Ihre Anwendung benötigt wird. Möchten Sie mit einer Zufallszahl Werte aus einem Array auswählen, ist es unsinnig, mit gebrochenen Zahlen zu arbeiten. Das folgende Beispiel zeigt die richtige Vorgehensweise:

RND

```
<%
CONST grenze = 25
DIM NameArray(grenze)
...
zufallswert = NameArray(INT(grenze+1)*RND())
%>
```

4 VBScript

Die Auswahl einer Zufallszahl wird zwischen 0 und einem Maximalwert, hier mit der Konstante *grenze*, festgelegt. Wenn Sie auch die Untergrenze festlegen möchten, wird es ein bisschen komplizierter:

```
<%
CONST minimum = 20, maximum = 50
%>
<% = INT((maximum-minimum+1)*RND()+minimum)%>
```

Listing 4.22: Zufallszahl in definiertem Bereich erzeugen (rndrange.asp)

Wenn Sie nur wenige Nummern erzeugen – wie in dem folgenden Skript – ergibt sich allerdings ein Problem.

```
<%
auswahl = INT(3*RND())
SELECT CASE auswahl
CASE 0
    gruss = "Willkommen!"
CASE 1
    gruss = "Hallo!"
CASE 2
    gruss = "Guten Tag!"
END SELECT
%>
<% = gruss %>
```

Listing 4.23: Zeitangaben formatieren (rndproblem.asp)

RANDOMIZE Geben Sie den Text ein, und starten Sie die Seite mehrmals. Das Skript scheint nicht zu funktionieren. Jedes AKTUALISIEREN im Browser ruft das Skript erneut auf und immer wieder erscheint derselbe Gruß. Das Problem ist die Arbeitsweise der Funktion RND. Auf der Basis einer mathematischen Formel wird eine Pseudozufallsfolge berechnet. Die Formel produziert zwar endlos verschiedene Werte, beginnt aber bei jedem Programmstart immer mit ein und demselben Startwert. In der Folge sind auch alle darauf aufbauenden Werte gleich. VBScript kennt deshalb die Funktion RANDOMIZE, mit welcher der Startwert verschoben werden kann. Stellen Sie den Aufruf vor jede RND-Funktion. Damit wird der Startwert immer wieder neu gesetzt.

Um ganz sicher zu gehen, dass sich auch der Startwert verschiebt, kann als Parameter die aktuelle Zeit benutzt werden:

```
<%
RANDOMIZE(TIME)
auswahl = INT(3*RND())
SELECT CASE auswahl
CASE 0
    gruss = "Willkommen!"
CASE 1
```

```
    gruss = "Hallo!"
CASE 2
    gruss = "Guten Tag!"
END SELECT
%>
<html>
<body>
<% = gruss %>
</body>
</html>
```

Listing 4.24: *Startpunkt der Zufallsfunktion variieren (randomize.asp)*

4.3.9 Verarbeitung von Zeichenketten

Neben den mathematischen Operationen lassen sich auch Zeichenketten mit entsprechenden Funktionen und Operatoren verändern. Naturgemäß arbeiten die Funktionen anders als die mathematischen Funktionen. Zeichenkettenoperationen kommen sehr häufig vor.

Zeichenkettenoperatoren

Zeichenketten können durch einen Operator miteinander verbunden werden. VBScript kennt dazu den Operator &. Alternativ kann auch das Pluszeichen + verwendet werden. Beachten Sie aber bei der Verwendung von Variablen, dass VBScript zuerst die Zeichenkette auswertet und versucht, eine mathematische Operation auszuführen. Enthält die Zeichenkette nur Zahlen, wird eine Addition ausgeführt:

Operator &
Operator +

```
Ergebnis1: <% = 17 & 3 %>
Ergebnis2: <% = 17 + 3 %>
```

Listing 4.25: *Verknüpfung von Zeichenketten (stringadd.asp)*

Ergebnis1 ergibt die Zeichenkette "173", der Ausdruck *Ergebnis2* ergibt 20. Der Operator & wandelt die beiden Argumente automatisch in Zeichenketten um.

```
Ergebnis3: <% = "17" + "3" %>
```

Die beiden Zahlen 17 und 3 werden wieder zur Zeichenkette "173" verknüpft.

Zeichenketten-Funktionen

Sie werden Zeichenketten häufiger zerlegen müssen. Dazu dienen vor allem die drei Funktionen LEFT, MID und RIGHT, die den linken, mittleren oder rechten Teil einer Zeichenkette zurückgeben. Das folgende Beispiel zeigt die Wirkungsweise in Abhängigkeit von den übergebenen Parametern:

LEFT
MID
RIGHT

```
<%
Satz = "VBScript von Microsoft ist eine Skriptsprache"
%>
Die <% = RIGHT(Satz,13) %> <% = LEFT(Satz,8) %> ist von
<% = MID(Satz,14,9) %>
```

Listing 4.26: Funktionen zur Bearbeitung von Zeichenketten (stringfunc.asp)

Das Ergebnis lautet: »Die Skriptsprache VBScript ist von Microsoft«. Die Parameter geben jeweils den Start- bzw. Endwert der Zeichenkette an. Bei der Funktion MID werden der Startwert und die Länge angegeben.

Um die Parameter zu ermitteln, wird oft die Länge der Zeichenkette benötigt. Mit LEN steht eine Funktion zur Verfügung, welche die Länge der als Argument übergebenen Zeichenkette zurückgibt. Das folgende Beispiel gibt die Hälfte der Zeichenkette zurück:

```
<%
Satz = "VBScript von Microsoft ist eine Skriptsprache"
%>
<% = LEFT(Satz,LEN(Satz)\2) %>
```

Listing 4.27: Länge von Zeichenketten bestimmen (stringlen.asp)

Werden Zeichenketten ausgewertet, die von HTML-Formularen zurückgegeben werden, sind oft sinnlose Leerzeichen enthalten. Mit den Funktionen LTRIM, RTRIM und TRIM werden Leerzeichen entfernt. LTRIM entfernt alle Leerzeichen vom linken Rand des Strings, RTRIM entfernt alle Leerzeichen vom rechten Rand und TRIM arbeitet auf beiden Seiten.

REPLACE Neben dem Entfernen von Leerzeichen können auch beliebige Teile einer Zeichenkette entfernt oder ersetzt werden. Das folgende Beispiel entfernt alle doppelten Leerzeichen und ersetzt sie durch ein einzelnes. Die Unterstriche zeigen zur Veranschaulichung die Position der Leerzeichen:

```
<%
langerString = "Ich_ _habe_ _ _ _viele_ _Leerzeichen"
kurzerString = REPLACE(langerString,"_ _","_")
%>
```

Listing 4.28: Teile von Zeichenketten ersetzen (stringreplace.asp, die Leerzeichen sind hier durch Unterstriche angedeutet)

REPLACE kennt noch drei weitere Argumente. Das vierte Argument kennzeichnet die Stelle, von der ab mit der Suche begonnen wird (von links), das Fünfte markiert die Anzahl der Ersetzungen. Sie können die Anzahl auf -1 setzen, dann wird bis zum Ende der Zeichenkette gesucht. Das letzte Argument ist ein logischer Wert. Normalerweise beachtet REPLACE die Groß- und Kleinschreibung. Wenn das nicht gewünscht wird, tragen Sie als sechstes Argument TRUE ein.

Falls Sie Groß- und Kleinschreibung beachten müssen, können Sie die Argumente auch mit den Funktionen LCASE und UCASE vorbereiten. Mit LCASE wird der gesamte String in Kleinbuchstaben, mit UCASE in Großbuchstaben gewandelt.

**LCASE
UCASE**

Manchmal ist nur die Existenz eines Teilstrings zu ermitteln. Dann bietet VBScript mit der Funktion INSTR das Richtige. Ein Beispiel zur Ermittlung der korrekten Grammatik einer Anrede sieht folgendermaßen aus:

INSTR

```
<%
Anrede = "Herr Müller"
%>
Sehr geehrte<%IF INSTR(Anrede,"Herr")=1 THEN%>r<%END IF%>
<% = Anrede %>
```

Listing 4.29: Inhalt von Zeichenketten durchsuchen (instring.asp)

Die Funktion gibt die Position des rechten Arguments im linken Argument zurück. Die Anrede lautet dann also »Sehr geehrter«, wenn der Name mit »Herr« beginnt. Schauen Sie sich auch dazu die im Folgenden beschriebenen Arrayfunktionen an. Dort wird ein ähnliches Beispiel zur Ermittlung der Anrede benutzt. Versuchen Sie, das weiter unten stehende Beispiel mit der Funktion INSTR so zu korrigieren, dass es in allen Fällen funktioniert.

Manche Befehle in VBScript erwarten logische Werte. Vergleichen können Sie Strings prinzipiell mit den logischen Operatoren, die im nächsten Abschnitt beschrieben werden. Die Vergleichsfunktion STRCOMP ist direkt auf die Bedürfnisse von Zeichenketten zugeschnitten:

STRCOMP

```
1:<% = STRCOMP("Apfel","Birne") %><br>
2:<% = STRCOMP("Apfel","APFEL") %><br>
3:<% = STRCOMP("Apfel","Apfel") %><br>
4:<% = STRCOMP("Apfel","APFEL",1) %><br>
```

Listing 4.30: Inhalt von Zeichenketten durchsuchen (strcomp.asp)

Die Ausgabe dieser Vergleiche lautet:

```
1: -1
2:  1
3:  0
4:  0
```

Der Wert 0 bedeutet völlige Übereinstimmung, -1 steht bei keinerlei Übereinstimmung, der Wert 1 zeigt eine Übereinstimmung ohne Beachtung der Groß- und Kleinschreibung an. Sie können durch ein drittes Argument die Groß- und Kleinschreibung ausschalten.

Zeichenketten werden von allen hier beschriebenen Funktionen von links nach rechts abgearbeitet. Das kann manchmal störend sein und bei langen Zeichenketten auch lange dauern. Zwei Funktionen dienen dazu, die Richtung umzukehren. INSTRREV durchsucht eine Zeichenkette von rechts und

**INSTRREV
STRREVERSE**

nicht von links. So wird der Name nach dem letzten Leerzeichen einfach herausgefiltert:

```
<%
Anrede = "Herr Müller"
%>
Name: <% = RIGHT(Anrede,INSTRREV(Anrede," ")+1) %>
```

Listing 4.31: Inhalt von Zeichenketten rückwärts durchsuchen (instrrev.asp)

Mit der Funktion STRREVERSE wird dagegen der ganze String umgedreht. Das letzte Zeichen des Arguments steht nun an erster Stelle.

Zeichenketten-Arrayfunktionen

JOIN
SPACE

Bei einem Array können Sie alle enthaltenen Zeichenketten mit der Funktion JOIN zu einer Zeichenkette verbinden. Das Ergebnis ist ein einziger langer String. JOIN erlaubt die Angabe eines Trennzeichens, das zwischen den einzelnen Werte angezeigt wird.

```
<%
DIM Name(3)
Name(0) = "Frau Müller"
Name(1) = "Herr Meier"
Name(2) = "Herr Krause"
Name(3) = "Frau Schmidt"
AlleNamen = JOIN(Name,",")
%>
<% = AlleNamen %>
```

Listing 4.32: Array zu einer Zeichenkette verbinden (join.asp)

Die Variable *AlleNamen* enthält anschließend eine kommaseparierte Liste der Namen. Zur Bildung solcher Listen dient auch die Funktion SPACE. Diese Funktion erzeugt eine Anzahl Leerzeichen (Spaces, Chr(32)). Sie können die Funktion immer dann verwenden, wenn ein String erwartet wird oder möglich ist. Für die Ausgabe in einer HTML-Seite ist das aber nicht sinnvoll. Hintereinander ausgegebene Leerzeichen fasst der Browser zu einem einzigen zusammen. Ein beliebiges Zeichen kann leicht mit der Funktion STRING vermehrt werden. Der HTML-Code   – das harte Leerzeichen für HTML (non breaking space), ist für die Angabe nicht geeignet, denn VBScript liest diesen Wert als Zeichenkette und Zeichenketten sind in der Funktion STRING() nicht erlaubt. Praktisch bleibt nur die Anwendung einer Schleife, um viele Leerzeichen in HTML zu erzeugen.

SPLIT
FILTER

Um eine Zeichenkette so zu zerlegen, dass sie von einem Array aufgenommen wird, können Sie die Funktion SPLIT anwenden. SPLIT erzeugt dabei ein neues Array, Sie müssen es vorher nicht deklarieren. Als Trennzeichen wird das Leerzeichen verwendet, wenn Sie kein spezielles Trennzeichen angeben.

Eine strukturierte Einführung in VBScript

Um die im oben angeführten Beispiel mit JOIN erzeugte Zeichenkette wieder in ein anderes Array zu zerlegen, können Sie folgendermaßen vorgehen:

```
<%
NeueNamen = SPLIT(AlleNamen, ",")
%>
<% = NeueNamen(0) %><br>
<% = NeueNamen(1) %><br>
<% = NeueNamen(2) %><br>
<% = NeueNamen(3) %><br>
```

Listing 4.33: Zeichenkette in Array zerlegen (Ausschnitt aus split.asp, Definition der Variablen AlleNamen entspricht dem Skript join.asp)

Alle Namen, die im Array *Name* gespeichert waren, werden ausgegeben. Die Parameter für SPLIT sind der zu zerlegende String, das Trennzeichen, wenn es kein Leerzeichen ist, und die Anzahl der Zerlegungen. Sie können die letzten beiden Argumente auch weglassen, wenn Sie mit Leerzeichen arbeiten und keine Einschränkungen bezüglich der Anzahl machen möchten.

Um gezielt Informationen aus einem Array zu extrahieren, eignet sich ein Filter. Tatsächlich bietet VBScript eine Funktion FILTER. Als Argumente werden der Name eines Arrays und ein Filterwert übergeben:

```
<%
Anrede1 = FILTER(Name, "Herr")
Anrede2 = FILTER(Name, "Herr", FALSE)
%>
```

Listing 4.34: Zeichenkette in Array filtern (filter.asp, Fortsetzung der Definition der Skript split.asp)

Jetzt enthält das neu erzeugte Array *Anrede1* alle Männer und *Anrede2* alle anderen Anredeformen. Sie können die Funktion also zur Steuerung der korrekten Grammatik bei der Anrede benutzen. Beachten Sie bei solchen einfachen Anwendungen, dass das Filter noch recht primitiv ist. Wenn einer der Namen im Array *Name* »Frau Herrlich« ist, wird er doppelt ausgefiltert, denn in jedem Array findet sich eine Übereinstimmung. Die folgende Variante führt auch nur dann zum Ziel, wenn es keine Namen der Art »Herr Fraufahrt« gibt:

```
<% Anrede2 = FILTER(Name,"Frau") %>
```

Nutzen Sie solche Funktionen also mit großer Sorgfalt und denken Sie bei der Eingabe an die möglichen Variationen.

4.4 Programmieren mit VBScript

Nach den ersten Schritten mit VBScript ist es nun an der Zeit, richtige Abläufe zu programmieren. Die Schlüsselworte werden in Funktion und Syntax erläutert. Anhand kleiner Beispielprogramme werden viele Befehle in Aktion gezeigt. Alle Beispiele funktionieren autonom und sollen zum Experimentieren anregen.

4.4.1 Befehle zur Abfrage von Bedingungen

Mit den Befehlen zur Abfrage von Bedingungen wird der Programmfluss insgesamt gesteuert. Sie können außerdem auch die im nächsten Abschnitt beschriebenen Schleifen mit Bedingungen kontrollieren. Mit der einfachen Abfrage von Bedingungen wird normalerweise eine einfache Entscheidung gefällt; das Programm verzweigt in eine andere Richtung beziehungsweise setzt explizit bestimmte Werte.

Die Verwendung von Bedingungen

Bedingungen ergeben als Resultat immer einen Booleschen Wert – TRUE (Wahr) oder FALSE (Falsch). Die Vorschrift der Programmstruktur sagt, welcher Zweig dann bei der Programmausführung weiter verfolgt wird. Um die Bedingungen aufstellen zu können, ist außerdem die Kenntnis der Vergleichsoperatoren notwendig.

Die Operatoren

Operator <
Operator >
Operator <=
Operator >=

Die Vergleichsoperatoren werden verwendet, um Ausdrücke auf Gleichheit oder Ungleichheit zu testen. Auch Objekte können verglichen werden. Das Ergebnis kann in einer Booleschen oder numerischen Variablen gespeichert werden (Sie erinnern sich: Boolesche Werte sind in VBScript nur Zahlenwerte mit einer bestimmten Bedeutung). Der Aufbau eines solchen Vergleichs sieht folgendermaßen aus:

ergebnis = ausdruck1 **vergleichsoperator** ausdruck2

Die Tabelle 4.5 zeigt alle zulässigen Operatoren und deren Wirkungsweise. Beachten Sie die besondere Behandlung des Wertes NULL bei Vergleichen. Das in der Tabelle benutzte Zeichen »|« bedeutet »oder«. Die Zeichen »e1« und »e2« stehen für die zu vergleichenden Ausdrücke.

Tab. 4.5:
Arbeitsweise der Vergleichsoperatoren mit und ohne NULL-Werte

Operator	Name	TRUE, wenn	FALSE, wenn	NULL, wenn
<	Kleiner als	e1 < e2	e1 >= e2	e1 | e2 = NULL
<=	Kleiner als oder gleich	e1 <= e2	e1 > e2	e1 | e2 = NULL
>	Größer als	e1 > e2	e1 <= e2	e1 | e2 = NULL

Operator	Name	TRUE, wenn	FALSE, wenn	NULL, wenn
>=	Größer als oder gleich	e1 >= e2	e1 < e2	e1 | e2 = NULL
=	Gleich	e1 = e2	e1 <> e2	e1 | e2 = NULL
<>	Ungleich	e1 <> e2	e1 =e2	e1 | e2 = NULL

Tab. 4.5: Arbeitsweise der Vergleichsoperatoren mit und ohne NULL-Werte (Forts.)

Da die Zuordnung der Datentypen nicht immer eindeutig ist, können Sie bei Ausdrücken kaum vorhersagen, ob Zeichenkettentypen oder numerische Werte genutzt werden sollen. Die folgende Übersicht zeigt, wie VBScript die Ausdrücke aus Sicht der Datentypen behandelt.

Wenn ...	Dann ...
beide Ausdrücke numerisch sind,	vergleicht VBScript numerisch.
beide Ausdrücke Zeichenketten sind,	vergleicht VBScript Zeichenketten binär (siehe Erklärung am Ende der Tabelle).
ein Ausdruck numerisch ist und der andere ein String,	ist der numerische Ausdruck kleiner als der Zeichenkettenausdruck.
ein Ausdruck EMPTY ist und der andere numerisch,	ersetzt VBScript den Wert EMPTY durch 0 und arbeitet numerisch.
ein Ausdruck EMPTY ist und der andere ein String,	ersetzt VBScript den Wert EMPTY durch den Leerstring »« und arbeitet eine binären Zeichenkettenvergleich ab.
beide Ausdrücke EMPTY sind,	ist der Ausdruck gleich (»=«).

Tab. 4.6: Reaktion der Vergleichsoperatoren in Abhängigkeit vom Datentyp

Bei den Vergleichen von Zeichenketten gibt es ein paar Besonderheiten. Es stehen eine Reihe von Funktionen zur Verfügung, die solche Vergleiche unterstützen. Die oben genannten Vergleichsoperatoren arbeiten intern immer binär. Zeichenketten werden also als binäre Zeichen, das heißt als ASCII-Wert, behandelt. Dadurch fallen Vergleiche anders aus als bei den Zeichenkettenoperatoren.

Die Bedingungsanweisung IF ... THEN ... ELSE

Die folgende Prozedur zeigt die Funktion der Befehlsfolge IF...THEN. Wenn Sie das Beispielskript ausführen, ändern Sie die Variablenzuweisung, um die Wirkung der Abfrage zu testen.

IF...THEN...ELSE
IF...THEN...ELSEIF

```
<%
' Einfacher Test der Wirkungsweise des IF-Befehls
DIM name
name = "Adenauer"
IF name = "Adenauer" THEN response.write("Erster Kanzler ")
' Ein anderer Test mit nummerischen Werten
DIM einkommen
```

```
einkommen = 70000
IF einkommen >= 65000 THEN response.write("Hohes Einkommen ")
%>
```

Listing 4.35: Bedingungen testen (prog_ifthen.asp)

Die IF...THEN-Befehlsfolge prüft hier die Variablen name bzw. einkommen und eine Konstante gegeneinander.

IF...
END IF
Wenn sich der auf Grund der Bedingung auszuführende Code über mehrere Zeilen erstreckt, muss der Befehl mit END IF abgeschlossen werden.

```
<%
' Test der Wirkungsweise des IF-Befehls über mehrere Zeilen
DIM name
name = "Adenauer"
IF name = "Adenauer" THEN
    response.write("Erster Kanzler" & "<BR>")
    response.write("der Bundesrepublik Deutschland")
END IF
%>
```

Listing 4.36: Bedingungen testen (prog_ifendif.asp)

Oft wird vom Programm eine Reaktion nicht nur dann erwartet, wenn eine Bedingung wahr ist, sondern auch für den Fall, dass die Bedingung nicht wahr wird. In diesem Fall können Sie das Schlüsselwort ELSE nutzen.

```
<%
' Test der Wirkungsweise des IF-Befehls mit ELSE
DIM name
name = "Schröder"
IF name = "Adenauer" THEN
    response.write("Erster Kanzler")
ELSE
    response.write("Aktueller Kanzler")
END IF
%>
```

Listing 4.37: Bedingungen testen (prog_ifelse.asp)

Aber diese Bedingung muss nicht immer ausreichend sein. Gerade im Zusammenhang mit Datenbankabfragen ergeben sich vielfältige Verzweigungen. Sie können IF...THEN natürlich einfach verschachteln. Das führt jedoch zu schlecht lesbarem und fehleranfälligem Code. Alternativ gibt es das Schlüsselwort ELSEIF (in einem Wort!), das folgendermaßen angewendet wird:

Programmieren mit VBScript

```
<%
' Test der Wirkungsweise des ELSEIF-Befehls
DIM name
name = "Schröder"
IF name = "Adenauer" THEN
   response.write("Erster Kanzler ")
ELSEIF name = "Reuter" THEN
   response.write("Zweiter Kanzler")
ELSEIF name = "Kissinger" THEN
   response.write("Dritter Kanzler")
ELSE
   response.write("Aktueller Kanzler")
END IF
%>
```

Listing 4.38: Bedingungen testen (prog_ifelseif.asp)

> Beachten Sie, dass auch hinter ELSEIF das Schlüsselwort THEN folgen muss.

Werden auf diesem Wege Verzweigungen vorgenommen, können sich oft lange Folgen solcher Codestücke ergeben. VBScript ist bei der Ausführung des Befehls ELSEIF relativ langsam. Längere Listen sollten also nicht auf diese Weise erstellt werden. Als bessere Alternative gilt der Befehl SELECT...CASE.

Mehrfachauswahl mit SELECT ... CASE

Das letzte Beispiel mit dem Befehl ELSEIF ist Dank der langen Amtszeit von Kanzler Kohl noch überschaubar, selbst wenn man es auf alle Namen ausdehnen würde. Mit SELECT...CASE steht eine Befehlsstruktur zur Verfügung, die auch umfangreiche Abfragen dieser Art erlaubt.

SELECT...CASE

```
<%
' Test der Wirkungsweise des SELECT...CASE-Befehls
DIM name
name = "Kohl"
SELECT CASE name
CASE "Adenauer"
   response.write("Erster Kanzler")
CASE "Erhard"
   response.write("Zweiter Kanzler")
CASE "Kiesinger"
   response.write("Dritter Kanzler")
CASE ELSE
   response.write("Späterer Kanzler")
END SELECT
%>
```

Listing 4.39: Bedingungen testen (prog_selectcase.asp)

Der Code ist einfacher, weil auf die umständlichen Operatoren verzichtet werden kann. SELECT...CASE testet immer auf Gleichheit. Sie können außerdem für mehrfache Anfragen Wertelisten angeben, deren Elemente durch Kommata getrennt werden.

```
<%
' Test der Wirkungsweise des SELECT...CASE-Befehls
DIM gehalt
gehalt = 70000
stufe = 0
SELECT CASE gehalt
CASE 40000
    stufe = 0
CASE 50000
    stufe = 1
CASE 60000
    stufe = 2
CASE 65000, 70000, 80000, 90000
    stufe = 3
END SELECT
response.write("Ihr Einkommen ist: " & gehalt & "<BR>")
response.write("Lohnstufe: " & stufe)
%>
```

Listing 4.40: Bedingungen testen (prog_selectcase2.asp)

Die SELECT...CASE-Struktur kann verschachtelt werden. Beachten Sie bei der Programmierung auch, dass die Struktur von oben nach unten abgearbeitet und nach Erfüllung einer Bedingung am Ende fortgesetzt wird. Das folgende Beispiel funktioniert nicht:

```
<%
' Test SELECT CASE. Dieses Skript funktioniert nicht
DIM wert
wert = 20000         ' Wertebereich 10000 .. 90000
SELECT CASE wert
CASE 10000,20000,30000,50000
    response.write ("Wert ist korrekt." & "<BR>")
CASE 20000
    response.write ("Wert ist 20000.")
CASE 30000
    response.write ("Wert ist 30000.")
CASE 50000
    response.write ("Wert ist 50000.")
END SELECT
%>
```

Listing 4.41: Dieses Beispiel funktioniert nicht

Das Problem ist die Werteliste am Anfang des Tests. Egal, ob Sie 10.000 oder 20.000 eingeben – die erste Bedingung ist erfüllt. VBScript verzweigt dann in den ersten Teil, schreibt die Zeile »Wert ist korrekt« aus und beendet das gesamte Statement. Die Ausgabe der zweiten Zeile »Wert ist 20.000« erfolgt nicht.

> In einigen Veröffentlichungen wird auch auf die Möglichkeit verwiesen, Bedingungsoperatoren mit VBScript zu verwenden. Bei Testprogrammen mit der Version 3.0 reagierte VBScript jedoch mit Fehlermeldungen auf derartige Versuche; die aktuelle Version 5.6 unterstützt Abfragen der Art CASE <10000 nicht. Hier hilft Ihnen nur die Konstruktion IF...ELSEIF...ELSE weiter.

4.4.2 Schleifen

Schleifen werden immer dann benötigt, wenn ein Stück Code mehrfach durchlaufen werden soll. Es wäre sehr mühselig, den Code mehrfach aufzuschreiben, um die mehrfache Abarbeitung zu ermöglichen. Dann gibt es auch noch den häufiger anzutreffenden Fall, dass die Anzahl der Wiederholungen variabel ist. Schleifen müssen also von Variablen abhängen können. Außerdem können Schleifen durch Bedingungen beendet werden, die ähnlich IF...THEN arbeiten oder sogar den Befehl IF...THEN benutzen, um die Ausführung abzubrechen.

Der Einsatz von Schleifen

Es gibt zwei Arten von Schleifen. FOR...NEXT-Schleifen haben immer einen Zähler und durchlaufen den eingeschlossenen Code entsprechend oft. FOR...EACH-Schleifen nutzen als Basis des Zählers die Elemente eines Arrays und werden so oft durchlaufen, wie es Elemente gibt. Auch hier ist die Zahl vorhersagbar.

Der andere Schleifentyp kann nur über Bedingungen am Eintrittspunkt oder am Austrittspunkt der Schleife gesteuert werden. Die einfachste Version ist WHILE...WEND; komplexere Abfragen der steuernden Bedingung sind mit DO...LOOP möglich. In jedem Fall muss die Bedingung einen Booleschen Wert zurückgeben.

Zählschleifen mit FOR ... NEXT

Die einfachste Schleifenkonstruktion ist die Zählschleife FOR...NEXT. Gezählt wird mit einem numerischen Wert. Als Zählvariable setzen Sie temporäre Variablen ein, die üblicherweise mit *i*, *j*, *k* usw. bezeichnet werden. FOR...NEXT-Schleifen können ineinander verschachtelt werden. Beachten Sie, dass für jede weiter innen liegende Schleife eine neue Zählvariable benutzt werden muss. Das folgende Beispiel schreibt einen Text zehn Mal untereinander und in jede Zeile den Wert der Schleifenvariablen:

FOR...TO...STEP
NEXT

```
<%
' Test einer einfachen FOR..NEXT-Schleife
DIM i
FOR i = 1 TO 10
    response.write("Aufruf " & i & "<BR>")
NEXT
%>
```

Listing 4.42: Einfache Zählschleife (prog_fornext.asp)

Die Schleife kann in der Schrittweite gesteuert werden, was vor allem bei mathematischen Operationen sinnvoll ist. Dazu ergänzen Sie den Befehl mit dem Schlüsselwort STEP. FOR...NEXT-Schleifen werden immer vom Startwert (vor dem Schlüsselwort TO) bis zum Erreichen des Endwertes (nach dem Schlüsselwort TO) durchlaufen. Wird innerhalb der Schleife der Zählwert auf einen Wert, der größer als der Endwert ist, manipuliert (was wirklich nur in Ausnahmesituationen gemacht werden sollte – das ist schlechter Code), wird die Schleife bei der nächsten Runde sofort verlassen. Das gilt auch beim Überschreiten der Grenze mit STEP. STEP muss also keine ganzzahlig teilbare Schrittfolge ermöglichen.

```
<%
DIM i
FOR i = 0 TO 20 STEP 3
    response.write("Aufruf " & i & "<BR>")
Next
%>
```

Listing 4.43: Einfache Zählschleife (prog_forstep.asp)

Diese Schleife wird bis zum Wert 18 durchlaufen und dann abgebrochen. Der letzte Schleifentest würde 21 ergeben und dann wird mit dem Befehl nach NEXT fortgesetzt. Der Einsatz des Schlüsselwortes STEP ist auch immer dann nötig, wenn die Schleife rückwärts zählen soll. VBScript setzt STEP standardmäßig auf 1, sodass Schleifen dieser Art immer positiv zählen. Sie können aber auch negative Zahlen und Gleitkommawerte für STEP einsetzen.

```
<%
' Test der FOR...NEXT Schleife mit negativem STEP-Wert
DIM i
FOR i = 20 TO 0 STEP -1.5
    response.write("Aufruf " & i & "<BR>")
Next
%>
```

Listing 4.44: Einfache Zählschleife (prog_forstep2.asp)

EXIT FOR   Sie können Zählschleifen mit dem Befehl EXIT FOR jederzeit verlassen. Die Anordnung muss in einer Bedingungsabfrage stehen, normalerweise also in der Form IF *bedingung* THEN EXIT FOR. Sie sollten diesen Befehl immer in den Zweig vor ELSE stellen, da das Verlassen der Schleife sonst niemals möglich ist. Der Einsatz ist zur Reaktion auf Fehler sinnvoll.

Arrays mit FOR EACH ... NEXT durchlaufen

Oft werden mit ASP-Skripten Datenbanken bedient oder variable Datenmengen gesteuert. Prinzipiell ist es möglich, die Anzahl der Datensätze zu bestimmen, dann mit einer FOR...NEXT-Schleife die gesamte Datenbank zu durchlaufen und entsprechende Operationen vorzunehmen. Da dies häufig nötig ist, gibt es in VBScript einen speziellen Befehl, der die Abfrage der Satzanzahl intern ausführt und keine numerische Schleifenvariable mehr benötigt. In dem folgenden Beispiel wird ein Objekt verwendet, das Sie später noch kennen lernen. Wenn Sie das Skript ausprobieren und Änderungen vornehmen, lassen Sie die Zeile mit der Objektdeklaration bitte unverändert:

FOR EACH NEXT

```
<%
' Demo der FOR EACH-Schleife
Dim d, i
Set d = CreateObject("Scripting.Dictionary")
' Hier können Sie beliebig viele Werte eingeben
d.Add "0", "Dark Side of the Moon"
d.Add "1", "The Division Bell"
d.Add "2", "The Wall"
FOR EACH i IN d
    response.write("Wert: " & d.Item(I) & "<BR>")
NEXT
%>
```

Listing 4.45: Durchlaufen einer Kollektion (prog_foreach.asp)

Das Codebeispiel zeigt die Eingabe von Werten in ein Dictionary-Objekt und die Ausgabe aller Werte innerhalb einer FOR EACH-Schleife. Das Objekt wird später noch ausführlich beschrieben.

Universelle Schleifenkonstrukte mit WHILE ... WEND

Diese Schleife ist eine sehr einfache Konstruktion, die selten benutzt wird. Die gleiche Wirkungsweise lässt sich auch mit DO...LOOP erreichen. In kleinen Programmen oder bei bewusst einfacher Programmierung bietet sich WHILE...WEND an. Die Schleife wird ausgeführt, solange die Bedingung TRUE ist. Das Schlüsselwort WEND beendet die Schleife und setzt mit dem nächsten Bedingungstest fort.

WHILE WEND

```
<%
' Test der WHILE..WEND-Schleife
DIM counter, test
counter = 0
test = 6
WHILE counter <= 10
    response.write("Wert: " & counter & " Faktor: " & test)
    response.write(" Ergebnis: " & test*counter & "<BR>")
    counter = counter + 1
WEND
%>
```

Listing 4.46: Einfache Schleife mit Test am Anfang (prog_while.asp)

EXIT Diese einfache Schleife zeigt eine Malfolge an, der auszugebende Wert steht in der Variablen *test*. Wenn WHILE...WEND als Ergebnis der Bedingung den Wert NULL erhält, wird FALSE angenommen und die Schleife beendet. Nach dem Ende wird das Skript mit dem Befehl nach dem Schlüsselwort WEND fortgesetzt. Ein vorzeitiger Ausstieg mit einem EXIT-Befehl ist nicht möglich.

Komplexere Schleifensteuerung mit DO WHILE ... LOOP

DO WHILE LOOP Im Gegensatz zur relativ simplen WHILE...WEND-Schleife können Sie mit DO...LOOP relativ komplexe Bedingungen abfragen und den Programmablauf flexibel steuern. Das Ergebnis der Abfrage ergibt immer einen Booleschen Wert. Es gibt verschiedene Schlüsselwörter, die auf TRUE oder FALSE testen. Bei DO...LOOP können Sie die Abfrage sowohl beim Schleifeneintritt als auch beim Schleifenaustritt ausführen.

Die Position der Abfrage bestimmt, ob die Schleife im Extremfall überhaupt nicht oder wenigstens einmal durchlaufen wird.

```
<p>DO LOOP Beispiel<br>
<p>Dieses Formular k&ouml;nnen Sie ausdrucken und zur&uuml;ckfaxen
<p>
<%
' DO LOOP Test: Schreibt abhängig vom aktuellen Datum eine
' Zeile für jeden Monat
counter = 1
thismonth = MONTH(NOW)
DO WHILE counter < thismonth + 1
    response.write "Monat " & MONTHNAME(counter) & " "
    response.write "_____" & "<BR><BR>"
    IF counter >6 THEN
        EXIT DO
    END IF
    counter = counter+1
LOOP
%>
```

Listing 4.47: Schleife mit mehreren Steuerbedingungen (prog_doloop.asp)

Die Funktion NOW gibt das aktuelle Datum zurück, die Funktion MONTH ermittelt daraus den Monatswert. Der Monatsname wird in Klartext ausgegeben. Das Beispiel schreibt für jeden Monat des aktuellen Jahres eine Zeile. Zeigt Ihr Systemdatum auf Mai, ergeben sich also fünf Zeilen. Die Schleife wird mit der Zählervariablen *counter* gesteuert und über den Befehl EXIT DO nach dem zwölften Monat verlassen.

Neben dem Test am Anfang der Schleife können DO...LOOP-Schleifen auch am Ende getestet werden. Auf diese Weise stellen Sie sicher, dass die Schleife und damit die innen liegenden Befehle mindestens einmal durchlaufen werden. Statt des Schlüsselwortes WHILE (dt.: während) kann auch das Schlüsselwort UNTIL (dt.: bis) eingesetzt werden. Im ersten Fall wird die Schleife solange durchlaufen, wie die Textbedingung TRUE ergibt. Wird die Bedingung FALSE, bricht die Schleife nach dem nächsten Test ab; das Skript setzt die Ausführung nach dem LOOP-Schlüsselwort fort. Bei UNTIL wird die Schleife solange durchlaufen, wie die Bedingung nicht erfüllt ist (FALSE). Mit dem ersten TRUE wird die Schleife beendet. Der konsequente Einsatz von WHILE und UNTIL sorgt für gut lesbare Programme. Negieren Sie nie die Bedingungen durch Umdrehen der Operatoren oder Vorzeichen, nutzen Sie vielmehr immer die richtigen Schlüsselworte in den Schleifenkonstrukten.

4.4.3 Prozeduren und Funktionen

Bisher haben Sie bereits Funktionen kennen gelernt, die in VBScript fest definiert sind. Bei größeren Skripten ist es oft sinnvoll, eigene Funktionen zu definieren und dann mehrfach zu verwenden. Funktionen zeichnen sich dadurch aus, das ein Wert zurückgegeben wird – das Ergebnis der Funktion. Im Gegensatz können auch Prozeduren definiert werden. Dies sind kleine Programmabschnitte, die wieder verwendbaren Code enthalten. Sie geben keinen Wert zurück, führen aber Aktionen aus. Beide Elemente helfen, Code zu strukturieren und übersichtlicher zu gestalten.

Funktionen

Funktionen werden mit dem Schlüsselwort FUNCTION definiert. Sie können mit Argumenten gesteuert werden, die bei der Definition angegeben werden. Der Rückgabewert wird übertragen, indem dem Namen der Funktion ein Wert zugewiesen wird.

```
<%
FUNCTION multi(zahl, faktor)
    multi = zahl * faktor
END FUNCTION
%>
Einige Berechnungen:<br>
<% = multi(2, 7) %> <br>
<% = multi(4, 6) %> <br>
```

Listing 4.48: Definition einer Funktion mit zwei Argumenten (func_def.asp)

Die Argumente einer Funktion werden einfach durch Eintragen von Variablennamen definiert. Wenn der Funktion dann beim Aufruf Werte übergeben werden, werden diese in den Variablen abgelegt. Variablen innerhalb einer Funktion sind dort automatisch lokal. Sie können externe Variablen nicht überschreiben. Die Wahl der Namen für die Argumente im Funktionskopf ist deshalb unkritisch.

Umgang mit Argumenten

Intern werden die Werte, die einer Funktion übergeben werden, immer durch kopieren der entsprechenden Speicherstellen übertragen. Man nennt diesen Vorgang auch ByVal – durch Wert. Ein Schlüsselwort mit eben diesem Namen kann explizit darauf hinweisen. Alternativ kann mit ByRef die Über-

ByVal ByRef

tragung durch einen Verweis (Referenz) erzwungen werden. In diesem Fall bleibt die ursprüngliche Speicherstelle alleiniger Inhaber des Wertes. Der Funktion wird lediglich die Position mitgeteilt. Das hat zwei Effekte: Zum Einen ist der Zugriff schneller, wenn es sich um große Datenmengen handelt – statt alle Speicherstellen zu kopieren wird nur die Adresse übertragen. Zum Anderen kann die Funktion die ursprüngliche Speicherstelle ändern.

Der zuletzt beschriebene Effekt ist auch eine Methode, mehrere Werte zu zurückzugeben; normalerweise kann eine Funktion dies nur für einen. Das folgende Beispiel zeigt dies. Hierbei werden die Inhalte zweier Variablen vertauscht.

```
<%
FUNCTION swapvars(ByRef string1, ByRef string2)
    temp = string1
    string1 = string2
    string2 = temp
    swapvars = TRUE
END FUNCTION
str1 = "Wert 1"
str2 = "Zweiter Wert"
success = swapvars(str1, str2)
%>
str1 = <% = str1 %><br>
str2 = <% = str2 %><br>
```

Listing 4.49: Funktionsaufruf mit Verweisen auf Argumente (func_byref.asp)

Der Rückgabewert wird immer auf TRUE gesetzt – dies geschieht nur um der Syntax beim Aufruf zu genügen. Funktionen sollten immer einen definierten Wert zurückgeben. Besser wäre hier sicher der Einsatz einer Prozedur, was weiter unten beschrieben wird.

Arrays und Objekte zurückgeben Eine andere Methode, mehrere Werte zurückzugeben, sind Arrays. Der Rückgabewert muss kein Skalar sein. Objekte und Arrays sind ebenso zulässig. Als Skalare werden einfache Variablentypen mit einem Wert bezeichnet.

Globale und lokale Variablen Globale Variablen, die außerhalb einer Funktion definiert wurden, sind innerhalb dieser ohne weiteres sichtbar. Sie werden jedoch im Namensraum der Funktion außer Kraft gesetzt, wenn derselben Name als Argument verwendet wird. Dies überschreibt auch die globale Variable selbst. Den einzigen Ausweg aus diesem Verhalten bieten Klassen. Innerhalb der Funktion definierte Variablen sind dagegen immer nur lokal sichtbar.

Verlassen einer Funktion Die Zuweisung des Rückgabewertes muss nicht am Ende der Funktion erfolgen. Diese Operation führt nicht zum Verlassen der Funktion. Soll außer beim Erreichen des regulären Endes die Verarbeitung abgebrochen werden, setzen Sie das Schlüsselwort EXIT FUNCTION ein. Logischerweise kann dies nur im Zweig einer Bedingung sinnvoll verwendet werden.

Prozeduren

Prozeduren verhalten sich fast genauso wie Funktionen, geben aber generell keinen Wert zurück. Die anderen im letzten Abschnitt gemachten Aussagen gelten aber unverändert. Als Schlüsselwörter kommen SUB und END SUB zum Einsatz. Sie können eine Prozedur jederzeit mit EXIT SUB verlassen. Sie finden in den folgenden Kapiteln viele Beispiele für den Einsatz von Prozeduren.

4.4.4 Objektorientierte Programmierung

Objektorientiert programmieren setzt voraus, das die dahinter liegenden Paradigmen verstanden wurden. Einführungen in diese Welt leiden meist unter einer Flut neuer Begriffe, die sich gegenseitig erklären – wenig hilfreich, wenn ein Ansatzpunkt fehlt.

Einführung

Ein Blick in die reale Welt hilft vielleicht, das Konzept besser aufzunehmen. In der realen Welt ist alles ein Objekt. Jedes Ding besteht aus einem Zustand, beschrieben durch Eigenschaften und zulässigen Verhaltensregeln. Dabei können Gegenstände sehr simpel sein, komplexere Objekte wie Tiere oder Menschen dagegen kaum noch erfassbar.

Eine kompakte Einführung

In der Programmierung werden solche zusammen aufgeschriebenen Gebilde aus Eigenschaften und Ablaufregeln als Objekte bezeichnet. In klassischen Programmen speichern Sie Daten in Variablen und geben dann durch Programmanweisungen und Funktionen Regeln vor, nach denen das Programm abläuft. Interaktion mit Schnittstellen schafft dann die Vielfalt der Abläufe. Objektorientierte Programme bestehen aus Sammlungen von Objekten.

Was sind Klassen?

Die Idee dahinter ist die Zusammenfassung gleichartiger oder ähnlicher Strukturen und zusammengehörender Elemente. Solche Gebilde werden als Klassen bezeichnet. In VBscript werden sie mit dem Schlüsselwort CLASS definiert. Es werden also nicht immer wieder Objekte definiert, wenn man sie benötigt, sondern nur ein Mal – als Klasse. Wenn der Programmierer dann ein Objekt benötigt, beispielsweise um eine Programmfunktion auszulösen, leitet er aus der Klasse ein Objekt ab und verwendet dies. Dieser Vorgang wird als »instanziieren« bezeichnet. Das Objekt ist eine »Instanz« der Klasse. Aus einer Klasse kann man beliebig viele Objekte ableiten. Diese sind voneinander völlig getrennt und werden für sich wiederum in Variablen gespeichert. Objekte werden von den Klassen mit SET abgeleitet.

Wenn Sie über objektorientierte Programmierung lesen, werden Sie sehr bald auf das Wort Vererbung stoßen. Bislang spielte es hier keine Rolle. Sie müssen Vererbung nicht verwenden. Erst bei größeren Projekten wird es sinnvoll sein. Was aber hat es damit auf sich?

Vererbung

Vererbung wird nicht unterstützt

Wenn Sie eine Klasse definiert haben, kommt vielleicht der Zeitpunkt, wo eine Erweiterung notwendig wird. Vielleicht fallen Ihnen aber auch mehrere Variationen dieser Klasse ein. Anstatt nun mehrere Klassen zu definieren, ist es besser, eine Basisklasse zu entwerfen und daraus Subklassen abzuleiten, die nur die geänderten Eigenschaften und Methoden enthalten. Damit die Subklassen überhaupt eine Funktionalität haben, müssen Sie diese von einer Mutterklasse erben. Dieser Vorgang wird Vererbung genannt. VBScript beherrscht Vererbung leider nicht.

Polymorphie wird nicht unterstützt

Wenn Sie bereits andere, höhere Sprachen kennen, haben Sie vielleicht schon den Begriff der Polymorphie gehört. Normalerweise wird für Methoden eine einheitliche Schnittstelle definiert – also Parameter und Rückgabewerte werden festgelegt. Tritt ein »Erbfall« auf, müssen sich die Methoden, die andere überschreiben, an die Schnittstellendefinition halten. Dies erzwingt einen sauberen Programmierstil. Polymorphie erlaubt dagegen explizit – durch Angabe eines Schlüsselwortes – die Veränderung der Schnittstelle in Subklassen. VBScript erlaubt dies sowieso, weil Schnittstellen überhaupt nicht definiert werden. Streng genommen unterstützt VBScript Polymorphie nicht, sondern verhält sich immer so, als ob dies erlaubt wäre.

Erstellen und Verwenden von VBScript-Objekten

Objekte in VBScript

Objekte sind eine großartige Möglichkeit, Prozeduren, Funktionen und Variablen zu organisieren. Wie erstellen Sie nun Objekte in VBScript? Die Syntax ist ziemlich einfach:

```
<%
CLASS Mitarbeiter
    PUBLIC VorName, NachName
    PRIVATE Gehalt
    FUNCTION Name
        Name = VorName & " " & NachName
    END FUNCTION
END CLASS
%>
```

Listing 4.50: Definition einer Klasse (class_def.asp)

Klassen sind Bauanleitungen für Objekte

Die Definition einer Klasse wird durch die Schlüsselwörter CLASS (dt. *Klasse*) und END CLASS eingeschlossen. Wahrscheinlich erwarten Sie so etwas wie *Object* und *End Object*, aber so einfach ist es nicht. Das Wort CLASS bezieht sich in der objektorientierten Welt auf etwas, was ein Objekt ist, bevor es ein Objekt wird. Bevor Sie also ein Objekt tatsächlich herstellen und es verwenden zu können, ist es eine Klasse. Sobald Sie es verwenden, ist es ein Objekt. Klassen sind sozusagen Bauanleitungen für Objekte.

Dieser Klassenname ist *Mitarbeiter*. Diese Klasse besitzt drei Eigenschaften – *VorName*, *NachName* und *Gehalt*, und eine Methode – *Name*.

Programmieren mit VBScript

Um dieses Objekt zu verwenden, müssen Sie es erst erstellen, in der Fachsprache sagt man dazu auch instanziieren:

```
<%
DIM Angestellter
SET Angestellter = NEW Mitarbeiter
Angestellter.VorName = "Jörg"
Angestellter.NachName = "Krause"
%>
Ausgabe: <% = Angestellter.Name %>
```

Listing 4.51: Nutzung einer Klasse (Fortsetzung von Listing 4.50)

Sie erstellen die Variable *Angestellter*, um ein Objekt des Typs *Mitarbeiter* aufzunehmen. Der Befehl SET erstellt ein neues Objekt (NEW) des Typs *Mitarbeiter*. Jetzt können Sie mit dem Objekt arbeiten und auf die Eigenschaften und Methoden zugreifen.

Angestellter ist einfach eine Variable, wie jede beliebige andere Variable. Wenn diese Variable in einem Skript erzeugt wurde, bezieht sie sich nur auf dieses Skript und es kann von weiteren Skripten auf sie nicht zugegriffen werden.

Zusammenfassung der Schlüsselwörter

Die in Klassen verwendete Schlüsselwörter finden Sie hier auf einen Blick:

- CLASS, END CLASS
  Hiermit wird eine Klasse umschlossen.

- SET, NEW
  Diese Anweisungen instanziieren ein Objekt (NEW) bzw. weisen es danach einer Variablen zu (SET).

- FUNCTION, SUB
  Innerhalb einer Klasse wird mit diesen Anweisungen eine Methode definiert. Wird mit END FUNCTION/END SUB beendet und mit EXIT FUNCTION/EXIT SUB verlassen.

- PROPERTY GET, PROPERTY SET, PROPERTY LET
  Diese Anweisungen dienen der Definition von Eigenschaften. Dabei wird unterschieden zwischen der Prozedur zum Zuweisen von Werten (PROPERTY LET) oder Objekten (PROPERTY SET) an die Eigenschaft. PROPERTY GET liefert dagegen den Wert der Eigenschaft zurück. In jeder anderen Beziehung verhalten sich die Anweisungen wie Methoden, d.h. die Blöcke werden mit END PROPERTY beendet oder mit EXIT PROPERTY verlassen. Die Schlüsselwörter PUBLIC, PRIVATE und DEFAULT sind verwendbar.

- PUBLIC, PRIVATE
  Diese Schlüsselwörter modifizieren die Deklaration von Methoden oder Eigenschaften. PRIVATE erklärt eine Methode oder Eigenschaft so, dass sie

nicht außerhalb der Klassendefinition verwendet werden kann. PUBLIC dient dagegen der expliziten Bereitstellung außerhalb der Klasse.

▶ DEFAULT
Eine Methode oder Eigenschaft der Klasse kann als Standard definiert werden. Wird in der Objektschreibweise die Methode nicht angegeben, von der Syntax aber erwartet, dann reagiert VBScript nicht mit einem Fehler, sondern nimmt die Standardmethode stattdessen an. DEFAULT kann mit PUBLIC kombiniert werden, nicht jedoch mit PRIVATE.

▶ WITH
Hiermit wird bei der Verwendung von Objekten ein Objektname als Standard angenommen und damit eine verkürzte Schreibweise ermöglicht.

Erzeugen und Zerstören von Objekten

Wenn Sie viel mit Objekten arbeiten, werden Sie oft ein Objekt anlegen und den Eigenschaften sofort Standardwerte zuweisen. Dieser Vorgang kann bei vielen Objekten ausgesprochen lästig (und fehleranfällig) werden. Es gibt deshalb eine einfache Möglichkeit, dies zu automatisieren. Im folgenden Listing wurde dazu einfach eine Methode definiert, die den reservierten Namen Class_Initialize führt. Alles, was dort programmiert wird, führt VBScript aus; ein neues Objekt wird erzeugt.

```
<%
CLASS Mitarbeiter
    PUBLIC VorName, NachName
    PUBLIC Gehalt
    PRIVATE SUB Class_Initialize
        Gehalt = 5000
    END SUB
    PUBLIC FUNCTION Name
        Name = VorName & " " & NachName
    END FUNCTION
END CLASS
%>
<HR>
Objekt erzeugen und verwenden:<BR>
<%
DIM Angestellter
SET Angestellter = NEW Mitarbeiter
Angestellter.VorName = "Jörg"
Angestellter.NachName = "Krause"
Response.Write Angestellter.Name
Response.Write " verdient "
Response.Write Angestellter.Gehalt
%>
```

Listing 4.52: Den Konstruktor einer Klasse nutzen (class_use.asp)

Eine solche Initialisierung hat natürlich auch einen bestimmten Namen – es handelt sich in der OOP-Sprache um einen Konstruktor. Im Gegensatz dazu gibt es auch einen Destruktor. Skripte verlieren alle Variablen (auch Objekte sind Variablen) am Ende des Skripts. Eine explizite Zerstörung des Objekts mit einem Destruktor ist also aus dieser Sicht nicht notwendig. Wenn Sie komplexe Probleme in Klassen definieren, werden Sie den Destruktor dennoch benötigen. Die Definition ist ebenso einfach. Erstellen Sie in der Klasse eine Prozedur mit dem reservierten Namen Terminate:

Konstruktur und Destruktor

```
PRIVATE SUB Terminate
    Gehalt = 0
END SUB
```

Wenn das Objekt »ordentlich« zerstört wurde, führt VBScript die entsprechende Prozedur aus:

```
SET Angestellter = NOTHING
```

Einfacher mit Objekten arbeiten

Wenn Sie sich die Objektsyntax betrachten, fällt auf, dass der Namen des Objekts den Methoden oder Eigenschaften immer vorangestellt werden muss. Das kann in bestimmten Abschnitten ausgesprochen lästig sein. Denken Sie daran, die Angestellten-Definition aus dem letzten Beispiel zu erweitern und zusätzlich auch Raum- und Telefonnummern, Position und weitere Daten zu erfassen. Dann können Sie die Verwendung eines bestimmten Objekts mit der Anweisung WITH vorauswählen:

```
WITH Angestellter
    .Telefon = "4562345"
    .Raum = 34
    .Position = "Techniker EDV"
    .Abteilung = "EDV RA.4-V"
END WITH
```

Wenn Sie innerhalb einer solchen Konstruktion auf andere Objekte zugreifen möchten, müssen Sie diese vollständig referenzieren. Einschränkungen gibt es diesbezüglich nicht. Das Herausspringen aus einem WITH...END WITH-Block ist nicht zulässig.

4.4.5 Explizite Codeausführung

Beim Aufbau größerer Applikationen wird immer wieder mit Code gearbeitet, der nur unter bestimmten Bedingungen ausgeführt werden soll. So lassen sich Anweisungen nach Benutzerreaktionen zusammenstellen, die dann an einer Stelle ausgeführt werden sollen. Zwei Befehle helfen hier weiter:

**EVAL
EXECUTE**

▶ EVAL
   Diese Anweisung führt eine Zeichenkette als VBScript-Code aus. Sie gibt TRUE oder FALSE zurück, je nach Ergebnis des Ausdrucks.

▶ EXECUTE
Diese Anweisung führt ebenfalls VBScript-Code aus, allerdings wird hier kein Ergebnis zurückgegeben. Erzeugt der Code Ausgaben, erscheint er so, als wäre der Code direkt ausgeführt worden.

Der gesamte Code muss in einer Variablen oder in Anführungszeichen stehen. Er kann alles enthalten, was in VBScript gültig ist.

4.5 Reguläre Ausdrücke

> In diesem Abschnitt finden Sie eine kompakte Einführung in reguläre Ausdrücke. Es schließen sich Beispiele auf Basis der VBScript-Implementierung an.

4.5.1 Was sind reguläre Ausdrücke?

Suchmuster

Reguläre Ausdrücke (engl. regular expressions) beschreiben Suchmuster. Diese Suchmuster können so komplex sein, dass sich damit ganze Filter in einer Zeile beschreiben lassen. Durch Schalter und Funktionen werden diese Muster dann zu einem leistungsstarken Werkzeug.

Suchmuster

Die einfachste Form, ein Suchmuster anzugeben, besteht in der Klammerung einer Zeichenkette mit Anführungszeichen:

▶ "Suchwort"

^
$

Die Steuerung innerhalb des Suchmusters wird durch spezielle Schalter vorgenommen – Symbole, die eine besondere Bedeutung haben. Die wichtigsten Symbole sind:

▶ ^

Kennzeichnet einen Wortbeginn.

▶ $

Kennzeichnet ein Wortende.

Mit diesen Zeichen kann die Suchfunktion erkennen, wo die zu suchende (oder zu ersetzende) Zeichenkette beginnt und endet. Einige Beispiele zeigen, wie das zu verstehen ist:

▶ "^Skript"
Mit der Kennzeichnung wird erreicht, dass alle Zeichenketten erkannt werden, die mit den Zeichen »Skript« beginnen; ^ steht für den Wortanfang. Beispielsweise werden folgende Zeichenfolgen erkannt:

▶ »Skript«, »Skripts«, »Skriptsprache«, »Skriptprogrammierer«

▶ Nicht erkannt wird dagegen: »ASP-Skript«

Reguläre Ausdrücke

- `"sprach$"`
  Hier werden alle Zeichenketten erkannt, die auf die Zeichen »sprach« enden.
  - Erkannt werden »Skriptsprache«, »Programmiersprache«.
  - Nicht erkannt werden dagegen »Die Sprache«, »Sprachschatz«.
- `"^ASP$"`
  Diese Angabe verlangt, dass in der Zeichenkette sowohl der Wortanfang als auch das Wortende vorkommt, es kann also nur diese Zeichenfolge selbst passen: »ASP«.
- `"ript"`
  Hier wird die Zeichenfolge erkannt, egal wo sie sich im Suchwort befindet. Erkannt werden »Skript«, »Skriptsprache«, »script«, »Skriptprogrammierer«.

Wiederholungen

Die Symbole *, + und ? kennzeichnen Wiederholungen von alphanumerischen Zeichen. Sie haben folgende Bedeutung:

*
+
?

- *
  Keines oder beliebig viele Zeichen; der übliche Platzhalter.
- +
  Ein oder mehr Zeichen.
- ?
  Kein oder genau ein Zeichen; auch ein üblicher Platzhalter.

Hier einige Beispiele, wie sich die Symbole verhalten:

- `"12*"`
  Hier passen Zeichenketten, die eine 1 und eine beliebige Anzahl 2 enthalten, also »1«, »12«, »122«, »1222« usw.
- `"12+"`
  Hier muss mindestens eine 2 vorhanden sein, also »12«, »122«, »1222« usw., nicht jedoch »1«.
- `"12?"`
  Hier muss genau eine oder keine 2 vorhanden sein, es erfüllen also nur »1« oder »12« diese Bedingung.
- `"1?2+$"`
  Eine etwa anspruchsvollere Kombination. Mögliche Übereinstimmungen ergeben sich mit »12«, »2«, »122« oder »2222« die jeweils am Ende der zu durchsuchenden Zeichenkette stehen.

Die Wiederholung kann noch feiner gesteuert werden, wenn geschweifte Klammern gesetzt werden. Die folgenden Beispiele zeigen die Anwendung:

{ }
{,}

- `"DL{2}"`
  Dies entspricht exakt »DLL«, das »D« muss einmal vorkommen, gefolgt von 2 »L«.

4 VBScript

- ▶ "DL{2,}"
  Mit dem Komma wird der Operator auf »mindestens« erweitert, gültige Übereinstimmungen sind »DLL«, »DLLLL« usw.
- ▶ "DL{2,3}"
  Der zweite Parameter des Klammeroperators setzt die obere Grenze. Dieses Beispiel erfüllt nur die Varianten »DLL« und »DLLL«.

Bei den Klammern können Sie die obere Grenze weglassen, nicht jedoch die untere. Allerdings kann 0 eingesetzt werden; {0,3} ist korrekt, während {,3} nicht zulässig ist.

Es gibt einige Ersetzungen, die das Lesen von regulären Ausdrücken nicht unbedingt erleichtern. Es ist durchaus möglich, dass zwei völlig verschiedene Ausdrücke denselben Zweck erfüllen. Die folgende Auflistung zeigt, welche Ausdrücke übereinstimmen:

- ▶ * entspricht {0,}
- ▶ + entspricht {1,}
- ▶ ? entspricht {0,1}

( ) Nun sind die bisher gezeigten Ausdrücke wenig praxisnah. Normalerweise wird eher nach ganzen Wörtern gesucht als nach einzelnen Zeichen. Alle Operatoren lassen sich natürlich auch auf Wörter oder Zeichengruppen anwenden. Dazu werden diese Gruppen in runde Klammern gesetzt:

- ▶ 1(34)*
  Hier kann sich die Folge »34« beliebig oft wiederholen, gültig sind beispielsweise »1«, »134«, »13434« usw.
- ▶ 1(34){1,2}
  Hier darf die »34« nur ein oder zwei Mal auftreten: »134« und »13434« erfüllen die Bedingung.

| Oft sind verschiedene Schreibweisen zu berücksichtigen. In regulären Ausdrücken sind deshalb weitere Operatoren zulässig. Das Symbol | dient als Oder-Operator:

- ▶ Dr|Prof
  Hier wird die Übereinstimmung mit »Dr« oder mit »Prof« erkannt. Die Position in der durchsuchten Zeichenkette spielt keine Rolle, so erfüllt auch der Name »Dreher« die Bedingung.
- ▶ ^(Dr|Prof)\.
  Diese Form erfüllt den Zweck besser. Der Punkt ist aber auch ein Sonderzeichen und wird mit einem Backslash zum »normalen« Zeichen gemacht. Erkannt werden nun »Dr.« und »Prof.«, wenn Sie am Anfang der Zeichenkette stehen.
- ▶ (1|2|3)*0
  Dies ist wieder eine etwas komplexere Form. Erkannt werden alle Zeichenfolgen mit einer »0« am Ende, davor dürfen beliebig gemischt und beliebig oft die Zeichen »1«, »2« und »3« auftreten. Erkannt werden: »1230«, 10«, »2220«, »3210« usw.

Reguläre Ausdrücke

Dass der Punkt eine Sonderrolle spielt, wurde bereits angesprochen. Er steht für genau ein beliebiges Zeichen. Die Anwendung ist vielfältig, wenn er mit anderen Zeichen kombiniert wird. Eine Auswahl aus einer Folge von Zeichen kann mit eckigen Klammern erfolgen, wie die folgenden Beispiele zeigen:

.
[ ]

- ^.{5}$
  Diese Symbole stehen für genau 5 beliebige Zeichen.
- .[0-9]
  Hier muss ein beliebiges Zeichen von genau einer Ziffer gefolgt werden, also »A0«, »x7«, »R9« usw.

Dabei stehen die Zeichen in der eckigen Klammer immer für genau ein Zeichen. Im letzten Beispiel wäre auch »23« gültig, wenn die Folge aber mit einem Buchstaben beginnen soll, schreiben Sie:

- ([a-z]|[A-Z])[0-9]
  Dies sollte noch keine Probleme bereiten. Gültig sind beispielsweise: »A3«, »f7«, »c9«, nicht aber »AA« oder »26«.

Die Zeichenfolge [a-z]|[A-Z] kann auch kürzer geschrieben werden: [a-zA-Z]. Einige Beispiele:

Zeichenklassen

- [a-f0-9]
  Dies ist gut geeignet, um Hexadezimalzahlen zu erkennen.
- ^[a-zA-Z]
  Die Zeichenfolge muss mit einem Buchstaben beginnen.
- [0-9]%
  Vor einem Prozentzeichen muss eine Ziffer stehen.
- [0-9],[0.9]
  Vor und nach einem Komma müssen Ziffern stehen.

Innerhalb der eckigen Klammern hat das ^-Zeichen eine besondere Bedeutung: es negiert die Auswahl. Wollen Sie alle Zeichen außer Buchstaben ausschließen, wäre diese Form zu verwenden:

- [^a-zA-Z]
  Einsatz der Auswahlnegation; kein Buchstabe darf auftreten.

Die bisher eingeführten Sonderzeichen können natürlich in normalen Zeichenketten auftreten. Sie müssen dann mit dem Backslash \ gekennzeichnet werden. Hier eine Zusammenfassung aller speziellen Zeichen:

\

- ^ . [ ] $ ( ) | * + ? { } \

Für den Backslash selbst schreiben Sie also \\. Wichtig ist in diesem Zusammenhang die Reaktion der Zeichen auf die eckigen Klammern. Hier verlieren alle Sonderzeichen ihre spezielle Bedeutung:

- [^?+\|]
  Diese Form bringt eine Übereinstimmung, wenn eines der Zeichen ^ ? + \ | auftritt.

227

Beispiele für reguläre Ausdrücke

Der Sinn und praktische Einsatz regulärer Ausdrücke mag sich nach der ersten Vorstellung der Syntax noch nicht jedem Leser erschließen. Nachfolgend werden einige Beispiele vorgestellt, die bei der Skripterstellung eingesetzt werden können.

Auf die konkrete Umsetzung in ASP und die Funktionen für reguläre Ausdrücke wird im Anschluss an diese Einführung eingegangen.

Eingabefelder untersuchen

Eingabefelder in HTML kennen als Format nur Zeichenketten. Es obliegt dem Programmierer, die eingetragenen Werte auf die korrekte Schreibweise hin zu untersuchen. Reguläre Ausdrücke erledigen dies mit wenigen Programmzeilen.

Auf die Auswertung von Formularen wird im Abschnitt 6.3 *Formulare programmieren* ab Seite 331 ausführlich eingegangen.

Geldwerte

Wenn Sie Geldwerte erwarten, können diese unterschiedlich eingegeben werden; _ 1.522 kann auch »1522«, »1.522«, »1522,00« oder »1.522,00« sein. Die Entwicklung des passenden regulären Ausdrucks soll hier Schritt für Schritt vorgestellt werden:

▶ ^[1-9][0-9]*$
   Dieser Ausdruck akzeptiert nur Ziffern und Ziffernfolgen. Das erste Zeichen darf nicht 0 sein.

▶ ^(0|[1-9][0-9]*)$
   Dieser Ausdruck akzeptiert nur Ziffern und Ziffernfolgen. Das erste Zeichen darf nicht 0 sein, eine einzelne 0 wird aber akzeptiert, was bei Geldwerten durchaus möglich ist.

▶ ^(0|-?[1-9][0-9]*)$
   Nun wird zusätzlich noch ein Minuszeichen erlaubt, wenn der Wert nicht 0 ist. Minuszeichen werden aber oft nicht sinnvoll sein, dafür fehlen noch die Dezimalstellen.

▶ ^[0-9]+(,[0-9]+)$
   Hier werden ein oder mehr Ziffern vor und nach dem Komma akzeptiert.

▶ ^[0-9]+(,[0-9]{2})$
   Eine Verbesserung: genau zwei Nachkommastellen sind erlaubt.

▶ ^[0-9]+(,[0-9]{1,2})$
   Noch eine Verbesserung: entweder ohne Komma oder mit Komma und ein oder zwei Nachkommastellen.

▶ ^[0-9]{1,3}(\.[0-9]{3})*(,[0-9]{1,2})?$
   Hier wird der Tausenderpunkt akzeptiert. Zahlen wie »1.555« werden ebenso akzeptiert wie »34,55«. Richtig nutzbar wird es erst in der letzten Version:

Reguläre Ausdrücke

▶ `^[0-9]+|[0-9]{1,3}(\.[0-9]{3})*(,[0-9]{1,2})?$`
Das war einfach! Wie viele Schleifen hätten Sie bei der herkömmlichen Programmierung benötigt?

Bei der weiteren Auswertung ist zu beachten, dass die Untersuchung einer Zeichenkette mit Hilfe regulärer Ausdrücke noch keine Bewertung darstellt.

> Bevor Sie die Zeichenkette für mathematische Operationen nutzen, entfernen Sie die Tausenderpunkte und tauschen die Kommas gegen Punkte aus: ASP rechnet intern mit amerikanischen Zahlenformaten.

Eine andere Form der Eingabe tritt auch häufiger auf: die E-Mail-Adresse. Hier ist es sicher möglich, mit Hilfe von Anfragen an Nameserver die Existenz der Domain zu testen und andere Maßnahmen zu ergreifen, um richtige von falschen Mailadressen zu unterscheiden. Mit einem regulären Ausdruck können Sie zumindest die grundsätzliche Form überprüfen.

E-Mail-Adresse untersuchen

Ein POP3-Mailname ist aus kleinen und großen Buchstaben aufgebaut. Als zusätzliche Zeichen sind das Minuszeichen »-«, der Unterstrich »_« und der Punkt ».« erlaubt. Groß- und Kleinschreibung spielt keine Rolle. Nach dem Namen folgt das @-Zeichen und die Domain. Hier dürfen keine Unterstriche auftreten, sonst entspricht er dem Mailnamen. Der reguläre Ausdruck wird wieder Schritt für Schritt aufgebaut.

▶ `^[_a-zA-Z0-9-]+$`
Dieser Teil untersucht den Mailnamen auf gültige Zeichen. Der Punkt fehlt noch.

▶ `^[_a-zA-Z0-9-]+(\.[_a-zA-Z0-9-]+)*$`
Dieser Ausdruck akzeptiert auch den Punkt, allerdings nicht am Anfang oder am Ende des Namens.

▶ `^[a-zA-Z0-9-]+\.([a-zA-Z]{2,4})$`
Hier wird nur der Domainname untersucht. Unterstriche sind nicht erlaubt, der Punkt ist zwingend und wird von 2 bis 4 Zeichen gefolgt, die wiederum nur Buchstaben sein können.

▶ `^[_a-zA-Z0-9-]+(\.[_a-zA-Z0-9-]+)*@[a-zA-Z0-9-]+\.([a-zA-Z]{2,4})$`
Das fertige Gebilde ist relativ unübersichtlich. Es ist eine Kombination aus dem vorderen und dem hinteren Teil, verbunden durch das @-Zeichen.

4.5.2 Das RegExp-Objekt in VBScript

In VBScript sind reguläre Ausdrücke erst relativ spät implementiert worden. Statt durch Systemfunktionen oder im Sprachkern verfügbar zu sein, wird ein spezielles Objekt verwendet.

Eine Testanwendung

Um zügig mit regulären Ausdrücken »ins Geschäft« zu kommen, bietet sich eine kleine Testseite an. Die in Listing 4.53 gezeigt Anwendung nutzt das RegExp-Objekt und abgeleitete Auflistungen intensiv. Schauen Sie sich den Code an und spielen Sie mit der Anwendung, bevor Sie sich weiter mit den theoretischen Teilen beschäftigen. Der Code wird über mehrere Abschnitte verteilt erläutert.

```
<%@ Language=VBScript %>
<HTML>
<HEAD>
<TITLE>Reguläre Ausdrücke in VBScript</TITLE>
</HEAD>
<BODY>
<H3>Test regulärer Ausdrücke in VBScript</H3>
<%
' Testsuite for Regex (VBScript)
```

Fehler werden unterdrückt, damit das Skript bis zu Ende ausgeführt wird, auch wenn Teilausdrücke falsch sind. Eine Ausgabe der Fehlermeldungen erfolgt explizit mit dem Err-Objekt.

```
ON ERROR RESUME NEXT
```

Die folgende Prozedur zeigt alle übereinstimmenden Submuster an:

```
SUB show_matches(match)
   FOR EACH regElement IN match
      Response.Write "<br>Match \" & regElement.FirstIndex _
                 ": " & regElement.Value
   NEXT
END SUB
```

Der nächste Abschnitt fragt die Formulardaten ab und erzeugt das Formular, gegebenenfalls mit den alten Werten:

```
regex = Request.Form("regex")
check = Request.Form("check")
%>
Zuerst geben Sie einen zu testenden regul&auml;ren Ausdruck an:
<br>
<form method="post" action="R1_100.asp">
<table>
<tr>
   <td>Dein Ausdruck:</td>
   <td><input type="text" size=50 name="regex"
          value="<% = regex %>"></td>
</tr>
<tr>
   <td valign="top">Deine Testdaten:</td>
```

```
      <td>
         <textarea cols=42 rows=3 name="check">
         <% = Request.Form("check") %>
         </textarea>
      </td>
   <tr>
   <td>Mit Benchmark?</td>
      <td>
         <input type="checkbox" name="benchmark" value="1"
         <%
         IF benchmark=1 THEN
            Response.Write "checked"
         END IF
         %>>
      </td>
   </tr>
   <td></td><td>
   <input type="submit" value="Testen"></td>
   </tr>
   </table>
   <p>
   Untersucht wird folgender Ausdruck:
   </p>
   <code style="font-size:16pt">
   <b>
```

Der folgende Teil zerlegt den eingegebenen Ausdruck so, dass er farblich aufbereitet angezeigt werden kann. Dadurch lassen sich Fehler in komplexen Ausdrücken leichter finden. Auf die Ausführung des regulären Ausdrucks hat dies keinen Einfluss:

```
<%
openclass = FALSE
IF len(regex) > 0 THEN
  FOR i=1 TO len(regex)
   meta = FALSE
   character = MID(regex, i, 1)
   SELECT CASE character
      CASE "[":
         IF openclass = TRUE THEN
            color = "black"
         ELSE
            color = "blue"
         END IF
      CASE "]":
         color = "blue"
      CASE "(":
         IF openclass = TRUE THEN
```

```
                color = "black"
            ELSE
                color = "red"
            END IF
        CASE ")":
            IF openclass = TRUE THEN
                color = "black"
            ELSE
                color = "red"
            END IF
        CASE "^":
            if openclass = TRUE THEN
                color = "black"
            ELSE
                color = "green"
            END IF
        case "$":
            IF openclass = TRUE THEN
                color = "black"
            ELSE
                color = "green"
            END IF
        CASE "\\":
            IF openclass = FALSE THEN
                color = "pink"
                meta = TRUE
            ELSE
                color = "black"
            END IF
        default:
            IF openclass = TRUE THEN
                color = "black"
            ELSE
                color = "gray"
            END IF
    END SELECT
    Response.Write "<span style=color:" & color & ">"
    IF Mid(regex, i, 1) = "]" AND openclass = TRUE THEN openclass = FALSE
    IF openclass = TRUE THEN
        Response.Write "<i>" & Mid(regex, i, 1) & "</i>"
    ELSE
        Response.Write Mid(regex, i, 1)
        IF meta = TRUE THEN
            i = i + 2
            Response.Write Mid(regex, i, 1)
        END IF
```

Reguläre Ausdrücke

```
      END IF
      Response.Write "</span>"
      IF Mid(regex, i, 1) = "[" THEN openclass = TRUE
   NEXT
END IF
%>
</b>
</code>
<hr>
<table border=0>
<%
IF IsEmpty(Request.Form("benchmark")) THEN
   benchmark = FALSE
ELSE
   benchmark = TRUE
END IF
```

Liegt eine gültige Eingabe vor, erfolgt nun der eigentliche Text der Musterdaten mit dem regulären Ausdruck. Die entsprechenden Befehle sind fett hervorgehoben:

```
IF len(check) > 0 AND len(regex) > 0 THEN
   Response.Write "<tr><td valign=top><b>Test mit <b>IgnoreCase =
                   FALSE</b></b></td><td>"
   SET myRegex = NEW RegExp
   myRegex.Pattern = regex
   myRegex.IgnoreCase = FALSE
   SET myRegChk = myRegex.Execute(check)
```

Wurden Übereinstimmungen gefunden, erfolgt die Anzeige, sonst eine Fehlerausgabe:

```
   IF myRegChk.Count > 0 THEN
      Response.Write "<span style=color:green> _
                      Matching erf&uuml;llt!</span>"
      CALL show_matches(myRegChk)
   ELSE
      IF Err.number > 0 THEN
         Response.Write "<span style=color:red><b>Fehler im
                         Ausdruck: </b>" & Err.description &
                         "</span>"
      ELSE
         Response.Write "<span style=color:red>Matching nicht
                         erf&uuml;llt!</span>"
      END IF
      Err.Clear
   END IF
```

Die ganze Prozedur wird ohne Berücksichtigung von Groß- und Kleinschreibung wiederholt:

```
    Response.Write "</td></tr><tr><td  valign=top><b>Test mit
                <b>IgnoreCase = TRUE</b></b></td><td>"
SET myRegexI = NEW RegExp
myRegexI.Pattern = regex
myRegexI.IgnoreCase = TRUE
SET myRegChkI = myRegexI.Execute(check)
IF myRegChkI.Count > 0 THEN
    Response.Write "<span style=color:green>Matching
                    erf&uuml;llt!</span>"
    CALL show_matches(myRegChkI)
ELSE
    IF Err.number > 0 THEN
        Response.Write "<span style=color:red><b>Fehler im Ausdruck:
                    </b>" & Err.description & "</span>"
    ELSE
        Response.Write "<span style=color:red>Matching nicht
                    erf&uuml;llt!</span>"
    END IF
    Err.Clear
END IF
    Response.Write "</td></tr>"
END IF
%>
</table>
</form>
</body>
</html>
</BODY>
</HTML>
```

Listing 4.53: Ein universelles Testskript für reguläre Ausdrücke

Den größten Teil des Skripts nimmt übrigens die (zugegeben) nicht ganz ausgereifte Aufbereitung des Ausdrucks für die Ausgabe ein. Die farbliche Zerlegung des Ausdrucks hilft aber, Fehler zu erkennen. Die für die Auswertung nötigen Methoden des RegExp-Objekts und seiner Auflistungen sind im Listing fett hervorgehoben.

4.5.3   Das RegExp-Objekt im Detail

Das RegExp-Objekt kennt einige Methoden und Eigenschaften, die den präzisen Umgang mit regulären Ausdrücken gestatten.

Reguläre Ausdrücke

RegExp-Objekte erzeugen

Wie jedes andere Objekt in VBScript wird das `RegExp`-Objekt mit `SET NEW` angelegt. Da `RegExp` eine eingebaute Klasse ist, wird kein weiterer Aufruf wie `CreateObject` benötigt:

```
SET myRegex = NEW RegExp
```

Mit dem neuen Objekt *myRegex* kann jetzt die Auswertung erfolgen.

Methoden

Die folgenden drei Methoden werden zur Auswertung regulärer Ausdrücke benötigt:

Execute
Replace
Test

- Execute
  Führt den Test aus und speichert das Ergebnis in einer Auflistung.
- Replace
  Führt den Test aus und ersetzt die gefundenen Muster durch Ersatzzeichenketten.
- Test
  Führt den Test aus und gibt einen Booleschen Wert in Abhängigkeit vom Testergebnis zurück.

Eigenschaften

Mit drei Eigenschaften, die gelesen und geschrieben werden können, kann das Suchverhalten kontrolliert werden:

Pattern
Global
IgnoreCase

- Pattern
  Diese Eigenschaft enthält das Suchmuster (den eigentlichen Ausdruck).
- Global
  Diese Eigenschaft ist ein Schalter, wird er auf TRUE gesetzt, sucht der Ausdruck nach allen Vorkommen des Musters, steht er auf FALSE, bricht die Suche nach der ersten Fundstelle ab. Dies entspricht der Option /g in Perl.
- IgnoreCase
  Steht dieser Schalter auf TRUE, wird Groß- und Kleinschreibung ignoriert. Dies entspricht der Option /i in Perl.

Typische Nutzung

Das folgende Beispiel zeigt, wie diese Schalter genutzt werden. Zuerst wird ein neues Regexp-Objekt angelegt:

```
SET myRegex = NEW RegExp
```

Dann werden die Schalter und Eigenschaften gesetzt:

```
myRegex.IgnoreCase = TRUE
myRegex.Global = TRUE
myRegex.Pattern = "(Kapital|Kommun) und \lismus"
```

Dann wird der Ausdruck untersucht:

```
myResult = myRegex.Execute("Testzeichenkette")
```

Oder es wird nur festgestellt, ob der Ausdruck erfüllt ist oder nicht:

```
myBool = myRegex.Test("Testzeichenkette")
```

Die Variable *myResult* enthält nun eine Auflistung (Dictionary-Objekt), die mit der folgenden Schleife aufgelöst werden kann:

```
FOR EACH myReference IN myResult
    Response.Write "Position:  " & myReference.FirstIndex
    Repsonse.Write "Teilmuster:" $ myReference.Value
NEXT
```

Auch mit einer Zählschleife kann auf die Elemente zugegriffen werden:

```
FOR i = 0 TO myResult.Count - 1
    Response.Write "Position:  " & i
    Repsonse.Write "Teilmuster:" & myResult.Item(i)
NEXT
```

> Im Gegensatz zu Perl, wo das Teilmuster 0 die gesamte Suchzeichenkette zurückgibt, beginnt in VBScript die Rückgabe des Teilmusters 1 bei 0.

4.5.4 Erweiterte Techniken für reguläre Ausdrücke

Um reguläre Ausdrücke effektiv nutzen zu können, sind umfangreiche Kenntnisse nötig. Dieser Abschnitt vermittelt einige spezielle Techniken, die einen Überblick über die Möglichkeiten geben. Wollen Sie noch weiter gehen, sollten Sie sich entsprechende Spezialliteratur beschaffen.

Sonderzeichen

Ein regulärer Ausdruck ist ein Suchmuster, das auf eine untersuchte Zeichenkette von links nach rechts angewendet wird. Die meisten Zeichen in einem regulären Ausdruck repräsentieren lediglich sich selbst. Einige Sonderzeichen kennzeichnen Positionen und Wiederholungen. Diese einfachen Einsatzbeispiele wurden bereits im letzten Abschnitt gezeigt und sollen hier nicht wiederholt werden. Sie sollten sich über die Bedeutung der folgenden Metazeichen im Klaren sein:

Tab. 4.7: Die Metazeichen regulärer Ausdrücke auf einen Blick

Metazeichen	Erklärung
\	Escape-Zeichen, leitet Sonderzeichen ein.
^	Beginn einer Zeile.
$	Ende eines Wortes oder einer Zeile (im Mehrzeilenmodus).
.	Steht für genau ein Zeichen.

Reguläre Ausdrücke

Metazeichen	Erklärung
[	Beginnt eine Zeichendefinition. Einige Zeichen innerhalb der []-Klammern, die eine Zeichenklasse bilden, haben eine besondere Bedeutung:
	\
	Definiert ein Zeichen als Sonderzeichen (normalerweise ist die Bedeutung der Sonderzeichen hier aufgehoben).
	^
	Negiert die Auswahl.
	-
	Wird als Bereichsoperator eingesetzt (beispielsweise [a-z]).
	]
	Beendet die Zeichenklassendefinition.
|	Startet einen alternativen Zweig.
(	Startet eine untergeordnete Suchmustergruppe.
)	Ende einer untergeordneten Suchmustergruppe.
?	Steht für kein oder ein Zeichen.
*	Steht für kein oder beliebig viele Zeichen.
+	Steht für ein oder mehr Zeichen.
{n,m}	Bezeichnet eine minimale Anzahl n oder maximale Anzahl m von Zeichen.

Tab. 4.7: Die Metazeichen regulärer Ausdrücke auf einen Blick (Forts.)

Backslash

Das Zeichen \ hat eine besondere Stellung. Es definiert die folgenden Zeichen um. Wenn es von einem nicht alphanumerischen Zeichen gefolgt wird, wird die besondere Bedeutung dieses Zeichens unterdrückt. Dies gilt auch innerhalb einer Zeichenklassendefinition. Der Backslash selbst wird mit \\ dargestellt.

\

Eine andere Anwendung ist die Darstellung nicht sichtbarer Zeichen, beispielsweise des Tabulators: \t. Außerdem können Zeichen in kodierter Form angegeben werden:

Unsichtbare Zeichen

- \a

  Alarm, BEL-Zeichen (hex 07).
- \b

  Backspace, Rückschritt (hex 08).
- \cx

  »Control-x«, x kann jedes Standardzeichen sein. Die Umwandlung des Zeichens geschieht folgendermaßen: Kleinbuchstaben werden in Großbuchstaben umgewandelt. Dann wird das Bit 6 (hex 40) invertiert. Beispiele:
  - \cz wird zu 1A
  - \c{ wird zu 3B
  - \c; wird zu 7B

- \e
  Escape (hex 1B)
- \f
  Formfeed, Seitenumbruch (hex 0C).
- \n
  Newline, Zeilenumbruch (hex 0A).
- \r
  Carriage return, Wagenrücklauf (hex 0D).
- \t
  Tab, Tabulator (hex 09).
- \xhh
  Zeichen mit Hexcode *hh*. Groß- und Kleinschreibung der Hexadezimalziffern A-F spielt keine Rolle. Nur die nächsten beiden Zeichen nach \x werden ausgewertet.
- \ddd
  Zeichen mit Oktalcode *ddd*. Wird auch als Referenz eingesetzt (siehe weiter unten). Werden weniger als drei Ziffern angegeben, werden auch nur diese gelesen. Um eindeutige Resultate zu erzielen, sollte mit führenden Nullen aufgefüllt werden: \011.

Probleme mit Referenzen und Zahlen

Folgt dem Backslash eine Ziffer zwischen 1 und 9 wird diese Folge als Referenz erkannt. Referenzen werden später beschrieben. Folgen größere Zahlen, werden diese als Oktalzahlen erkannt und daraus wird ein Byte generiert. Einige Beispiele zeigen dies:

- \040 ergibt ein Leerzeichen (eine oktale 40 ist eine hexadezimale 20 oder eine dezimale 32 oder ein Leerzeichen).

- \40 ist mit \040 identisch, wenn weniger als 40 Referenzen existieren (Achtung: Dies ist schwer zu verstehen, aber die Referenzen werden dezimal gezählt, die Interpretation der Zahl dagegen oktal).

- \7 ist immer eine Referenz (größer als 0 und kleiner als 10).

- \11 ist ein Tabulator und entspricht \t (ASCII-Code 9).

- \0113 ist ein Tabulator, der von einer »3« gefolgt wird. Hier ist die Zuordnung eindeutig, da nur 99 Referenzen zulässig sind.

- \377 ist ein Byte, bei dem alle Bits 1 sind (hex FF).

- \81 kann die 8. Referenz sein, wenn eine solche existiert, oder eine binäre 0, gefolgt von den Ziffern »8« und »1«.

Alle Zeichenfolgen, die ein einzelnes Byte ergeben, können innerhalb und außerhalb von Zeichenklassendefinitionen genutzt werden. Allerdings haben die Zeichen mit dem Escape-Symbol \ eine besondere Bedeutung, die weiter vorn bereits gezeigt wurde.

Reguläre Ausdrücke

Eine weitere Bedeutung des Backslash besteht in der Darstellung generischer Zeichenklassen:

Generische Zeichenklassen

- \d

  Dezimalziffer

- \D

  Keine Dezimalziffer

- \s

  Jeder Whitespace (nicht sichtbares Zeichen)

- \S

  Jedes Zeichen, das kein Whitespace ist.

- \w

  Jedes »Wortzeichen«, also Buchstaben, Ziffern und der Unterstrich. Als Buchstabe gilt die Auswahl entsprechend der lokalisierten Zeichentabelle. Die Buchstaben »äöü« usw. werden dann als solche erkannt, wenn die lokale Zeichentabelle diese auch enthält.

- \W

  Jedes Zeichen, das kein Buchstabe, Ziffer oder Unterstrich ist.

Eine weitere Bedeutung des Backslash besteht in der Definition bestimmter Aussagen. Damit werden für das betroffene Muster Bedingungen genannt; das Zeichen selbst nimmt jedoch keine Zeichenposition ein. Die möglichen Bedeutungen werden nachfolgend beschrieben:

- \b

  Eine Wortgrenze. Diese wird dadurch erkannt, dass das aktuelle und das vorhergehende Zeichen nicht zugleich \w oder \W entsprechen, also \w auf \W folgt oder umgekehrt.

- \B

  Keine Wortgrenze

- \A

  Beginn eines Musters, unabhängig vom Mehrzeilenmodus. Dies unterscheidet sich vom Zeichen ^ insofern, als dass nur der absolute Beginn akzeptiert wird, egal was andere Bedingungen anzeigen.

- \Z

  Ende eines Musters oder Ende einer Zeile, unabhängig vom Mehrzeilenmodus. Dies unterscheidet sich vom Zeichen $ insofern, als das nur das absolute Ende akzeptiert wird, egal was andere Bedingungen anzeigen.

- \z

  Ende eines Musters

Diese Aussagen gelten nicht innerhalb von Zeichenklassendefinitionen, die teilweise dieselben Symbole enthalten, ihnen dort aber eine andere Bedeutung verleihen.

Zirkumflex (^) und Dollar ($)

^ Das ^-Zeichen wurde bereits betrachtet. Es definiert entweder den Anfang
$ eines Musters oder, innerhalb einer Zeichenklassendefinition, eine Negation der Klasse. Im Gegensatz zu den klassischen Beispielen muss das Zeichen aber nicht am Anfang stehen, wenn mehrere Alternativen mit | definiert werden und der Anfang nur für eine dieser Alternativen erkannt werden soll. Dies führt mitunter zu schwer lesbaren Ausdrücken. Beginnen aber tatsächlich alle Alternativen mit dem ^-Zeichen, spricht man von einem verankerten Muster (engl. *anchored pattern*).

Mehrzeilenmodus Das $-Zeichen steht dagegen für das Ende eines Musters. Es hat sonst keine Bedeutung. Die Bedeutung der Zeichen ^ und $ kann sich ändern, wenn im Mehrzeilenmodus gearbeitet wird. Normalerweise geht man bei regulären Ausdrücken davon aus, dass eine Zeichenkette bearbeitet wird. Manche Texte, wie beispielsweise HTML-Seiten, bestehen aber aus mehreren Zeilen. Auch solche Gebilde können mit regulären Ausdrücken in einem Zug bearbeitet werden.

> Beachten Sie, dass komplexe Ausdrücke, die auf große Textmengen angesetzt werden, eine erhebliche Systemleistung und eine längere Ausführungszeit benötigen. Reguläre Ausdrücke in VBScript sind fast alles, nur nicht schnell.

Punkt

. Außerhalb einer Zeichenklassendefinition steht der Punkt für ein Zeichen, egal ob es Buchstabe, Ziffer, Sonderzeichen, sichtbar oder nicht ist. Innerhalb einer Zeichenklassendefinition steht der Punkt für sich selbst.

4.5.5 Zeichenklassendefinitionen

[] Die eckigen Klammern [und] enthalten eine Zeichenklassendefinition. Darunter wird eine spezifische Zeichenfolge verstanden. Eine solche Definition kann für eines oder mehrere Zeichen des Suchmusters stehen. Aufeinanderfolgende Zeichen können mit einem Minuszeichen gebildet werden. Einige Beispiele für die Anwendung:

- ▶ [0-9a-fA-F]
  Definiert Hexadezimalziffern.
- ▶ [0-7]
  Definiert Oktalziffern.
- ▶ [01]
  Definiert Binärziffern.
- ▶ [02468]
  Definiert gerade Ziffern.
- ▶ [aeiouAEIOU]
  Hiermit werden alle Vokale definiert.

Reguläre Ausdrücke

Wenn die Klammer selbst Bestandteil der Klasse sein soll, sollte sie mit dem Backslash kombiniert werden:

- `[\[\]]`
  Definiert die eckigen Klammern als Klasse.

Als erstes Zeichen kann das ^-Zeichen gesetzt werden, dann wird die Definition negiert:

Zeichenklasse negieren

- `[^aeiouAEIOU0-9]`
  Dieser Ausdruck definiert Konsonanten.

Diese Funktion hat das ^-Zeichen nur, wenn es das erste Zeichen ist, ansonsten steht es für sich selbst. Um die Wirkung zu unterdrücken, stellen Sie ein \ voran.

Die Anwendung des Minuszeichens als Bereichsoperator wurde bereits gezeigt. Wenn Sie diese Zeichen in die Klassendefinition einbeziehen möchten, müssen Sie ein Backslash davor setzen. Das erste und das letzte Zeichen der Bereichsangabe sind jeweils inklusive. Im Zusammenhang mit den eckigen Klammern ergeben sich einige Fallen. So kann die schließende Klammer] nicht als Ende eines Bereichs angegeben werden, dem weitere Definitionen in der Klasse folgen. Betrachten Sie die folgenden Beispiele:

- `[X-]23]` definiert eine Klasse mit den Zeichen »X« und »-«, gefolgt von den allein stehenden Zeichen »2«, »3« und »]«. Erfüllende Zeichenketten wären »X23]« oder »-23]«.

- `[W-\]46]` definiert den Bereich von »W« bis »]«, dies ist zugleich die gesamte Klasse, gefolgt von den Zeichen »46«.

Bereiche in Zeichenklassendefinitionen richten sich nach der Folge der Zeichen im ASCII-Zeichensatz. Es können auch numerische Folgen angegeben werden, beispielsweise mit Oktalzahlen:

Bereiche in Zeichenklassendefinitionen

- `[\000-\037]`

Problematisch werden Klassen, wenn die Bereichsgrenzen Groß- und Kleinbuchstaben enthalten, die Beachtung von Groß- und Kleinschreibung aber unterdrückt wird:

- `[W-c]` entspricht `[][\^_`wxyzabc]`

- `[\xc8-\xcb]`
  Entspricht allen E-Zeichen mit Akzent im französischen, also Ê, É usw.

Die Zeichen \d, \D, \s, \S, \w und \W dürfen auch innerhalb einer Zeichenklassendefinition verwendet werden:

- `[\dABCDEF]`
  Entspricht Hexadezimalziffern.

- `[^\W_]`
  Dies entspricht allen Buchstaben und Ziffern, aber nicht dem Unterstrich.

Die nicht alphanumerischen Zeichen \, - und ^ innerhalb der Definition haben an manchen Stellen keine besondere Bedeutung. Dann ist die Verwendung des Backslashs optional.

Alternativen festlegen

| Mit dem senkrechten Strich werden Alternativen getrennt. Beispiel:

- `Kennwort|password`
  Dieses Suchmuster erfüllt die Zeichenketten »Kennwort« oder »password«.

Es gibt keine Beschränkung in der Anzahl aufeinander folgender Alternativen. Es ist auch erlaubt, eine leere Zeichenkette anzugeben. Der Suchalgorithmus arbeitet das Muster von links nach rechts ab. Wird eine Übereinstimmung gefunden, bricht er ab. Weitere Elemente, die eventuell Zeichenbehandlungsroutinen enthalten, werden dann nicht mehr ausgeführt.

4.5.6 Teilmuster und Wiederholungen

Teilmuster werden benötigt, um auf Teile eines Ausdrucks zugreifen zu können. Wiederholungen definieren komfortabel die Häufigkeit des Auftretens von Zeichen.

Teilmuster

( ) Innerhalb des Suchmusters können Teilmuster gebildet werden. Diese werden durch die runden Klammern (und) angegeben. Zwei Dinge werden damit erreicht:

- Ein Satz Alternativen wird zusammengefasst.

- Teilmuster werden als einzelne Referenzen zurückgegeben. Ausschlaggebend für die Referenznummer ist die öffnende Klammer, die von links beginnend gezählt wird. Dies ist wichtig bei tieferen Verschachtelungen.

Einige Beispiele sollen dies verdeutlichen:

- `Katze(njammer|nstreu`
  Dieses Muster findet die Worte »Katzenjammer« oder »Katzenstreu«, nicht jedoch »Katze« oder »Katzen«.

- `the ((white|black) (king|queen))`
  Ergibt drei Teilmuster, wenn die Zeichenkette »The black king« geprüft wird: »black king«, »black« und »king«. Diese Teilmuster haben die Referenzen 1, 2 und 3.

Reguläre Ausdrücke

Wiederholungen

Alles, was Sie bisher kennen gelernt haben, kann wiederholt werden:

- Einzelne Zeichen, mit oder ohne Backslash
- Der Punkt
- Zeichenklassendefinitionen
- Referenzen
- Geklammerte Teilmuster (wenn es keine Bedingung ist)

Referenzen werden weiter unten noch beschrieben. Generell werden Wiederholungsanweisungen in geschweifte Klammern gesetzt. Der höchstmögliche Wert ist 65.536. Die obere und untere Grenze zulässiger Wiederholungen wird mit einem Komma getrennt:

- z{2,4} findet »zz«, »zzz« und »zzzz«.
- [aeiou]{3,} findet Anordnungen mit mindestens 3 Vokalen.
- \d{8} steht für genau acht Ziffern.

Beachten Sie bei der Angabe von Sonderzeichen, dass eine allein stehende, schließende geschweifte Klammer *kein* Sonderzeichen ist, sondern nur sich selbst repräsentiert. Ebenso wird durch eine allein stehende, öffnende geschweifte Klammer kein Fehler hervorgerufen, wenn in diesem Kontext Wiederholungen nicht erlaubt sind. Die Klammer steht auch dann nur für sich selbst.

- {,6} ist keine Wiederholungsanweisung, sondern steht für die vier Zeichen »{«, »,«, »6« und »}«.
- {0} ist erlaubt und steht für kein Zeichen.

Die drei Abkürzungen des universellen Wiederholungsoperators kennen Sie bereits. Hier noch mal eine Zusammenfassung:

- * entspricht {0,}
- + entspricht {1,}
- ? entspricht {0,1}

> Sie können Endlosschleifen produzieren (tun Sie das nicht!), wenn Sie eine Zeichenkette, die nichts enthält, unendlich wiederholen: (a?)*. Es gibt seltene Fälle, in denen dies dennoch sinnvoll ist, deshalb wird der Interpreter das nicht als Fehler melden.

4.5.7 Referenzen auf Teile von Ausdrücken

Referenzen erlauben den Zugriff auf soeben gefundene Elemente.

Rückwärts-Referenzen

Back References = Rückwärts-Referenzen

Ich hoffe, dass Sie den bisherigen Ausführungen problemlos folgen konnten. Am besten spielen Sie etwas mit verschiedenen Ausdrücken, um sicher im Umgang damit zu werden. Die folgenden Darstellungen stellen etwas höhere Ansprüche.

Außerhalb einer Zeichenklassendefinition kann auf referenzierte Teilmuster (diese wurden im letzten Abschnitt behandelt) verwiesen werden. Das Muster verweist damit partiell auf Teile seiner selbst. Diese Rückreferenz wird mit der Zeichenfolge \N erreicht, wobei N für eine Ziffer zwischen 1 und 9 steht. Die Zählung erfolgt anhand der Anzahl der öffnenden (linken) runden Klammern der Teilmusterausdrücke.

Ein Fehler wird nur dann erzeugt, wenn die Anzahl der Klammern geringer ist als die durch eine Rückreferenz verlangte Ziffer. Stimmt die Anzahl, wird kein Fehler erzeugt, wenn die Referenz nichts enthält. Dabei kann die Referenz an jeder Stelle stehen, die Teilmuster müssen sich nicht links davon befinden. Auf die Auswahl mit Hilfe des Backslashs wurde weiter oben bereits eingegangen. Dieser Abschnitt zeigt den Umgang mit Referenzen an sich.

Eine Rückreferenz findet Übereinstimmungen mit einem Suchmuster entsprechend dem referenzierten Teilmuster. Ein Beispiel:

▶ (Kapital|Kommun) und \1ismus
Dieses Muster findet »Kapital und Kapitalismus« und »Kommunismus« aber nicht »Kapitel und Kommunismus«.

▶ (asp)\s+\1
Hier wird »asp asp« und »ASP ASP« gefunden, aber nicht »ASP asp«.

Referenzen können vom Suchwort abhängen. Dies ist ein Programmierfehler, der leicht passiert, aber nur schwer zu erkennen ist. Das folgende Beispiel funktioniert – manchmal zumindest:

▶ (a|(bc))\2
Wenn als Suchmuster »bcbc« steht, funktioniert die Referenzierung mit \2, ebenso bei »abc« oder »aa«; »bc« allein dagegen erfüllt das Muster nicht.

Es sind generell 9 rückwärtige Referenzen erlaubt. Alle Ziffern hinter einem Backslashs werden deshalb als Referenznummer gewertet. Wiederholungen sind auch für Rückwärtsreferenzen erlaubt:

▶ (a|b\1)+
Dieses Muster bringt Übereinstimmung mit jeder beliebigen Anzahl von »a« und »aba«, »ababaa« usw.

Reguläre Ausdrücke

Einmalige Teilmuster

Wenn eine Unter- und eine Obergrenze für Wiederholungen angegeben wird, führt eine fehlende Übereinstimmung zu einem wiederholten Test, bis alle durch die Wiederholung gebildeten Muster geprüft wurden. Dies soll manchmal verhindert werden, um sinnlose und zeitraubende Tests zu vermeiden, wenn das Ergebnis absehbar ist. Sehen Sie sich das folgende Beispiel an:

- Das Muster \d+foo wird auf die Zeichenkette »123456bar« angewendet.

Offensichtlich gibt es keine Übereinstimmung. Dennoch dauert die Untersuchung lange, denn der reguläre Ausdruck wird zuerst für alle sechs Ziffern untersucht, dann wird das Wort »bar« verglichen – das Ergebnis ist negativ. Dann startet der Ausdruck erneut, diesmal mit nur fünf Ziffern usw. Insgesamt wird der Test sechsmal durchlaufen, obwohl schon beim ersten Mal erkannt werden sollte, dass eine Übereinstimmung nicht möglich ist. Die Ursache liegt in der konsequenten Abarbeitung von links nach rechts.

4.5.8 Einschränkungen in VBScript

Die Unterstützung regulärer Ausdrücke in VBScript ist, wie bereits am Anfang angedeutet, nicht besonders umfangreich. Folgende Eigenschaften werden überhaupt nicht unterstützt:

- Kommentare (?#Kommentar)
- Bedingungen (?>_)
- POSIX-Klassen :digit:, :alnum: usw.
- Interne Optionen wie (?I_) usw.

Beachten Sie, dass die schließenden Klammern hier Bestandteil des Ausdrucks sind, also den betreffenden Teil umklammern (mit _ angedeutet).

4.5.9 Ersetzungen mit regulären Ausdrücken

Alle vorangegangenen Beschreibungen regulärer Ausdrücke gingen davon aus, dass eine Zeichenkette anhand eines Musters – des regulären Ausdrucks – durchsucht werden soll. Im Ergebnis geben die entsprechenden Funktionen nur TRUE oder FALSE zurück – das Muster wurde erfüllt oder nicht.

Suchen und Ersetzen mit regulären Ausdrücken

Sehr viel häufiger wird jedoch die Ersetzung der gefundenen Teile einer Zeichenkette benötigt. Bei der Ersetzung nach regulären Ausdrücken werden erfüllte Suchmuster durch Ersatzzeichenketten ersetzt. Dies klingt verhältnismäßig einfach. Reguläre Ausdrücke wären nicht gefürchtet, wenn es nicht auch bei den Ersetzungen eine Reihe spezieller Funktionen gäbe.

Eine Musteranwendung

Das folgende Beispiel zeigt die Vorgehensweise unter Verwendung entsprechender VBScript-Methoden des RegExp-Objekts:

```
<%@ Language=VBScript %>
<html>
<head>
<title>Reguläre Ausdrücke in VBScript</title>
</head>
<body>
<h3>Test regulärer Ausdrücke in VBScript</h3>
<%
' Benchmark and Testsuite for Regex (VBScript)
' ON ERROR RESUME NEXT
'
regex = Request.Form("regex")
check = Request.Form("check")
repla = Request.Form("repla")
'
%>
Zuerst geben Sie einen zu testenden regul&auml;ren Ausdruck an:
<br>
<form method="post" action="R1_101.asp">
<table>
<tr>
<td>Der reguläre Ausdruck:</td>
<td><input type="text" size=50 name="regex" value="<% = regex %>"></td>
</tr>
<tr>
<td valign="top">Testdaten</td>
<td>
Suche in:    <input type="text" size=30 name="check" value="<% = Request.Form("check") %>">
<br>
Ersetze durch: <input type="text" size=30 name="repla" value="<% = Request.Form("repla") %>">
</td>
<tr>
<td>Schalter</td>
   <td>
      Global?
    <input type="checkbox" name="xglobal" value="1"
         <%
            IF Request.Form("xglobal") = 1 THEN
                Response.Write "checked"
            END IF
```

Reguläre Ausdrücke

```
            %>>
    Groß/Klein?
    <input type="checkbox" name="xcase" value="1"
            <%
            IF Request.Form("xcase") = 1 THEN
                    Response.Write "checked"
            END IF
            %>>

    </td>
</tr>
<td></td><td>
<input type="submit" value="Testen">
</td>
</tr>
</table>
<table border=0>
<%
IF IsEmpty(Request.Form("xglobal")) THEN
      xglobal = FALSE
ELSE
      xglobal = TRUE
END IF
IF IsEmpty(Request.Form("xcase")) THEN
      xcase = FALSE
ELSE
      xcase = TRUE
END IF
IF len(check) > 0 AND len(regex) > 0 THEN
      SET myRegex = NEW RegExp
      myRegex.Pattern = regex
      myRegex.IgnoreCase = xcase
      myRegex.Global = xglobal
      myResult = myRegex.Replace(check, repla)
      Response.Write "<span style=color:green>Ergebnis:</span>"
      IF len(myResult) > 0 THEN
            Response.Write myResult & "<P>"
      ELSE
            Response.Write "<span style=color:red>Matching nicht
erfüllt!</span>"
      END IF
      IF Err.number > 0 THEN
            Response.Write "<span style=color:red><b>Fehler im
Ausdruck: </b>" & Err.description & "</span>"
      END IF
      Err.Clear
END IF
```

```
%>
</table>
</form>
</body>
</html>
</BODY>
</HTML>
```

Listing 4.54: Testskript zum Ersetzen von Zeichenketten

Im Gegensatz zu Execute gibt Replace keine Auflistung zurück. Dennoch ist es möglich, auf die Teilmuster explizit zu reagieren. Dazu wird in der Ersatzzeichenkette ein entsprechender Platzhalter verwendet: $X, wobei X für die Nummer des Teilmusters steht.

> Beachten Sie, das die Ersetzung von $X durch das Muster nur stattfindet, wenn das Muster auch wirklich vorhanden ist. Wenn Sie $3 angeben und nur $1 und $2 vergeben wird, gibt VBScript »$3« unverändert zurück.

4.6 Fehler behandeln

> Fehler sind in keinem Programm gewünscht, aber komplexe Programme lassen sich praktisch nicht fehlerfrei programmieren. Nicht jeder Zustand kann beim Zusammenspiel von Hardware, Betriebssystem, Webserver, ASP-Engine, Skriptsprache, Nutzereingaben und Ihren Anweisungen als Programmierer vorher bedacht werden. Fehler, so genannte Bugs, treten auf und sind in so gut wie jedem größeren Programm versteckt. Wie man damit professionell umgeht, erfahren Sie in diesem Abschnitt.

4.6.1 Fehler verstecken

ON ERROR RESUME NEXT Wenn Fehler auftreten, muss der Nutzer das nicht unbedingt merken. Wenn Sie die Beispiele bei der Erläuterung der einzelnen Befehle abgetippt haben, wird Ihnen vielleicht hin und wieder ein Schreibfehler unterlaufen sein. VBScript reagiert dann mit einer Fehlermeldung, die den Fehler näher beschreibt.

In der Entwicklungsphase wird die Fehlermeldung nicht nur tolerierbar, sondern auch gewollt sein, denn die Meldungen erleichtern die Fehlerbeseitigung (engl. Debugging).

Zuletzt wird vor der Auslieferung des – hoffentlich inzwischen fehlerfreien – Programms an den Anfang jedes Skripts der folgende Befehl gesetzt:

```
ON ERROR RESUME NEXT
```

Fehler behandeln

Damit wird VBScript angewiesen, mit der nächsten Anweisung nach dem Fehler fortzusetzen. Möglicherweise wird das Programm dadurch instabil und bricht irgendwann ab. Der Nutzer bleibt aber von Serien für ihn unverständlicher und mysteriöser Meldungen verschont. Trotzdem sollte natürlich eine Reaktion auf den Fehler erfolgen oder ein halbwegs koordiniertes Ende des Programms herbeigeführt werden. Oftmals reicht auch ein Neustart des Skripts, den der Nutzer an seinem Browser leicht mit AKTUALISIEREN auslösen kann. Er muss lediglich wissen, dass es ein Problem gab.

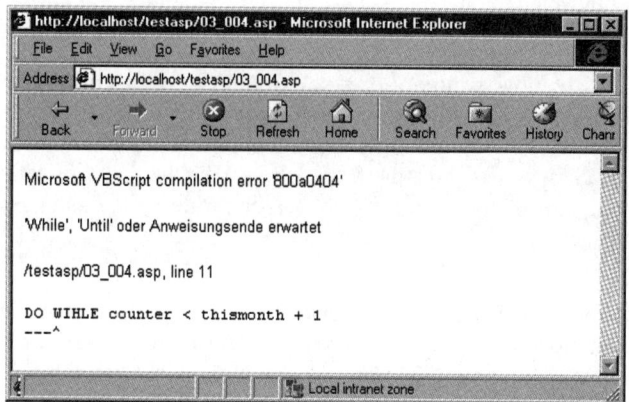

Abbildung 4.4: Lästige Fehlermeldungen

Fehlermeldungen in VBScript zerstören das Layout und irritieren den Nutzer. Für den Programmierer enthalten sie aber oft wertvolle Hinweise.

Aufheben der Fehlerunterdrückung

Wenn Sie die Fehlerunterdrückung nicht länger benötigen, können Sie diese folgendermaßen ausschalten:

```
ON ERROR GOTO 0
```

ON ERROR GOTO 0

4.6.2 Fehler auswerten

Nach jedem Fehler wird der Fehlercode in ein spezielles Objekt geschrieben – das ERR-Objekt. Wenn Sie in Ihrem Programmabschnitt an den Stellen, an denen eine Vorhersage des späteren Arbeitszustandes schwierig erscheint, diese Fehlernummer abfragen, können Sie selbst auf Fehler reagieren:

Err.Number
Err.Clear

```
<%
ON ERROR RESUME NEXT
testwert = "TEST ZUM VERWANDELN"
testwert = LOWER(testwert)
IF Err.Number > 0 THEN
%>
Ein Fehler ist aufgetreten. Bitte laden Sie die Seite erneut. Wenn der
Fehler wieder auftritt, kontaktieren Sie den Administrator.
```

4 VBScript

```
<%
Err.Clear
END IF
%>
```

Listing 4.55: Abfangen und Auswerten von Laufzeitfehlern (err.asp)

Versuchen Sie im oben gezeigten Quelltext den Fehler zu finden. Wenn Sie von der ASP-Engine Hilfe benötigen, kommentieren Sie den Befehl ON ERROR RESUME NEXT heraus.

> Der Begriff »Herauskommentieren« wird in der Programmierpraxis öfter verwendet. Damit ist gemeint, dass ein Befehl zur Eingrenzung von Fehlerursachen mit einem davor gesetzten Kommentarzeichen deaktiviert wird (in VBScript mit dem Apostroph). Wenn Sie den Fehler später gefunden haben, aktivieren Sie den Befehl wieder, indem Sie das Kommentarzeichen löschen.

Achten Sie auch auf die Schreibweise des Err-Objekts, wenn Sie mit der Objektsyntax noch nicht vertraut sind. Err.Clear ist nur innerhalb einer Prozedur oder Funktion nötig. ON ERROR RESUME NEXT löscht den alten Fehlercode automatisch; beim Verlassen einer Prozedur oder Funktion wird der Wert ebenfalls gelöscht. So können Sie auf verschiedene Fehler reagieren. Mehr Komfort ist hier nicht vonnöten. Wenn Ihr Programm sehr viele Fehler hat, sollten Sie am Code arbeiten und nicht die Fehler abfangen. Eine detaillierte Beschreibung des Err-Objektes finden Sie in Abschnitt 7.2.2 *Das Err-Objekt* ab Seite 382.

4.6.3 Typische Fehler beim Entwickeln

Fragen und Antworten

Im Folgenden finden Sie eine FAQ-Liste (FAQ steht für »frequently ask questions« – häufig gestellte Fragen). Die Fragen stammen aus einigen besonders regen Mailinglisten und Newsgroups, die über einen Zeitraum von mehreren Monaten gesammelt wurden. Wenn Sie selbst Mitglied der Listen werden oder die Newsgroups abonnieren möchten, informieren Sie sich bitte auf der Website zum Buch über aktuelle Angebote.

Fallen und Probleme

Fehler „ASP 0115"

Besonders oft tritt unvermittelt der Fehler »ASP 0115« auf, der nicht besonders gut dokumentiert ist. Manchmal werden sogar Hardwareprobleme vermutet. Hier die Lösung:

▶ Rufen Sie die Management-Konsole auf und stoppen Sie den Webserver. Haben Sie DLLs im Transaction Server registriert, entladen Sie diese.

▶ Öffnen Sie ein DOS-Fenster und wecheln Sie in den Pfad »%systemroot%\winnt\system32\inetsrv«.

Fehler behandeln

- Geben Sie in diesem Fenster `regsvr32 asp.dll ein` und klicken Sie auf OK, wenn das Dialogfenster erschienen ist.
- Öffnen Sie die SYSTEMSTEUERUNG | VERWALTUNG | DIENSTE und wählen Sie den Dienst WWW PUBLISHING-DIENST. Stoppen und starten Sie diesen Dienst.
- Gehen Sie zum Eintrag MSDTC, und stoppen und starten Sie den Dienst. Schließen Sie die Systemsteuerung.
- Gehen Sie zur MMC und stoppen und starten Sie dort den Dienst der betroffenen Site zweimal (!).
- Öffnen Sie einen Browser, starten Sie ein ASP-Skript, das keine Datenbankzugriffe enthält, und lassen Sie drei bis fünf Skripte durchlaufen.

Nun sollte wieder alles funktionieren. Wiederholen Sie die Prozedur gegebenenfalls.

Ansteuern eines Frames mit Redirect

Versucht wurde, mit `Response.Redirect` das gesamte Frameset neu zu laden. Indes erschien das Set im aktuellen Frame. ASP kennt offensichtlich keine Option, die dem Parameter TARGET in HTML entspricht.

- Vorschlag 1:
  `Response.AddHeader "TARGET"`
- Vorschlag 2:
  Im Frameset wird eine Standardeinstellung für `target` gewählt:
  ```
  <head>
     <base target="_parent">
  </head>
  ```
- Vorschlag 3:
  Oft hilft JavaScript in solchen Fällen; vor allem in Kombination mit dynamisch erzeugten Bestandteilen erscheint diese Lösung zwar kompliziert, sie ist aber auch besonders flexibel:
  ```
  <%@ LANGUAGE="VBSCRIPT" %>
  <%
  DIM RedirectTo
  RedirectTo = Session("RedirectTo")
  Session("RedirectTo")=""
  %>
  <html>
  <head></head>
  <body>
  <script language="JavaScript">
  <!--
  window.top.location="<% = RedirectTo %>";
  // -->
  </script>
  </body>
  </html>
  ```

Probleme beim Einbinden von Bildern aus einer Datenbank

Eine Datenbank sollte die Informationen für einen HTML-Tag liefern, im konkreten Fall eine Pfadangabe zu einem Bild. Der fehlerhafte Quelltext sieht folgendermaßen aus:

```
<img src align=left "<% = RS("PhotoPath") %>">
```

Die Lösung ist auf den ersten Blick zu erkennen. Die Attribute wurden falsch angeordnet. Der variable Teil steht nicht direkt neben dem src-Parameter. Richtig wäre:

```
<img src="<% = RS("PhotoPath") %>" align=left >
```

Auch nach der Korrektur arbeitet die Anwendung nicht korrekt. Ein Blick auf den generierten HTML-Code hilft oft in solchen Fällen:

```
<img src="/images/ batn1a.jpg">
```

Offensichtlich funktioniert das Auslesen aus der Datenbank nicht korrekt, denn mitten in der Zeichenkette ist ein Leerzeichen – daran scheitert der Browser. Sie sollten bei Ausgabefehlern dieser Art immer den generierten HTML-Code auf Fehler durchsuchen und erst danach Fehler im ASP-Code bereinigen.

Binäre Bilddaten direkt an den Browser ausgeben

Manchmal kommt es nicht zu einer Fehlermeldung, sodass die Ursache nur schwer erkennbar ist. Das folgende Skript versucht ein JPEG-Bild anzuzeigen, der Browser zeigt aber nichts an:

```
<%@ LANGUAGE="VBScript" %>
<%
Response.Buffer = True
Response.Expires = 0
Response.ContentType = "image/jpeg"
set fs=CreateObject("Scripting.FileSystemObject")
set ts=fs.OpenTextFile("c:\Inetpub\test.jpg")
strBinaryData = ts.ReadAll
Response.BinaryWrite strBinaryData
ts.Close
Response.End
%>
```

Der Fehler liegt in der Vermischung der Datentypen. VBScript erwartet, wenn die Methode OpenTextFile aufgerufen wird, tatsächlich eine Textdatei. Zwar funktioniert das Laden des Bildes in der gezeigten Form, der ausgehende Datenstrom ist aber kein JPEG-Bild mehr, sondern ASCII. Richtig wäre der folgende Code, der überdies auch noch einfacher ist:

Fehler behandeln

```
<%@ LANGUAGE="VBScript" %>
<%
Response.Buffer = True
Response.Expires = 0
Response.ContentType = "image/jpeg"
<!-- #include file="c:\inetpub\test.jpg" -->
%>
```

Probleme beim Registrieren von selbst erstellten DLLs

Wenn Sie versuchen, eine bereits registrierte DLL erneut zu kompilieren, verweigert sich VisualBasic mit dem Hinweis »Permission denied« oder »Datei in Benutzung – Zugriff verweigert«. Verschiedene Quellen raten, den IIS-Dienst zu stoppen. Der Versuch, den Dienst in der Management-Konsole zu stoppen, fruchtet jedoch nicht. Was ist also zu tun?

Zuerst ein grundsätzlicher Hinweis: Das Stoppen des Dienstes in der Management-Konsole beendet nur den Zugriff auf ein einzelnes Web, der Web-Publishing-Dienst wird nicht wirklich gestoppt. Das ist leicht zu verstehen, denn andere Webs laufen weiter. Um den Dienst zu stoppen, wechseln Sie in den Dienstmanager in der Systemsteuerung und stoppen den WWW-Publishing-Dienst, den IISADMIN-Dienst und den FTP-Dienst. Normalerweise sollte der IISADMIN-Dienst auch alle anderen Dienste mit in den Abgrund reißen. Dann ist die DLL frei.

Eine andere Möglichkeit ist die Erzeugung einer neuen Applikation im IIS. Die Applikation erstreckt sich nur auf das Verzeichnis, in dem die DLLs liegen. Es sollte dann ausreichen, in der Management-Konsole die Applikation zu entladen.

Unabhängig vom Dienst müssen Sie die DLL natürlich entladen:

```
regsvr32 meinecomponente.dll -u
```

Datenbankprobleme

Der folgende Programmabschnitt durchsucht Datensätze mit einer Schleife. Der Code funktioniert; nachteilig ist die Arbeitsweise des MS SQL Servers, der die Abfrage *RS2* bei jedem Aufruf mit einer eigenen Verbindung bedient. 200 äußere Schleifendurchläufe können auch leistungsstarke Server zum Erliegen bringen.

Problem mit der Verbindung zu einem Datenbankserver. Connection refused

```
<%
Set Conn=Server.CreateObject("ADODB.Connection")
Conn.Open "DNS=MyDSN; UID=; PWD=;"
RS = Conn.Execute("SELECT Id FROM MyTable")
Do Until RS.EOF
    strExecute = "SELECT Item FROM ItemTable WHERE Id="
    strExecute = strExecute & RS("Id")
    RS2 = Conn.Execute(strExecute)
    Do Until RS2.EOF
```

```
            Response.Write("Item" & " , ")
            RS2.MoveNext
        Loop
        RS.MoveNext
Loop
%>
```

Vorschlag 1 zur Lösung des Problems versucht die Anzahl der gleichzeitig geöffneten Verbindungen durch die Methode Close zu begrenzen:

```
RS2 = Conn.Execute(strExecute)
    Do Until RS2.EOF
        Response.Write("Item" & " , ")
        RS2.MoveNext
    Loop
    RS2.Close
    RS.MoveNext
```

Dadurch wird zwar der Server entlastet, die Ausführung aber weiter verlangsamt. Besser ist Lösung 2, die Datensätze mit einem globalen SELECT zu lesen:

```
<%
Set Conn=Server.CreateObject("ADODB.Connection")
Conn.Open "DNS=MyDSN; UID=; PWD=;"
strExecute = "SELECT ItemTable.Item FROM MyTable, ItemTable "
strExecute = strExecute & "WHERE MyTable.Id=ItemTable.ID"
RS = Conn.Execute(strExecute)
    Do Until RS.EOF
        Response.Write(RS("Item") & " , ")
        RS.MoveNext
    Loop
%>
```

Die Lösung verlagert die Auswahl in den SQL-Server und baut dazu eine einzige Verbindung auf. Der ganze Trick beruht auf besseren SQL-Kenntnissen.

Probleme mit CSV-Dateien Der Versuch, ein Datei mit der Endung ».csv« (Adressformat, kommaseparierte Tabellen) mit einer ODBC-Verbindung zu lesen, scheiterte an dem Umstand, dass der ODBC-Treiber für Textdateien standardmäßig erwartet, in der ersten Reihe die Feldnamen zu finden. Wie kann man nun Daten in der ersten Reihe lesen? Der Code zeigt, wie die Abfrage gestaltet wurde.

```
Set OBIdbConnection = Server.CreateObject("ADODB.Connection")
OBIdbConnection.Open "PharmCSV"
SQLQuery = "SELECT * FROM Pact_MSAccess.csv"
SET RS = OBIdbConnection.Execute(SQLQuery)
```

Die Lösung liegt nicht im falschen Code, der sollte funktionieren. Vielmehr müssen Sie die ODBC-Quelle richtig einstellen. Abbildung 4.5 zeigt die nöti-

Fehler behandeln

gen Optionen. Sie finden das Dialogfenster, wenn Sie eine Datei-DSN für eine Textdatei mit der Schaltfläche DEFINE FORMAT ... erstellen.

Ob die erste Zeile einer Textdatei die Spaltennamen einliest oder nicht, kann in den Einstellungen der ODBC-Quelle entschieden werden (Kontrollkästchen COLUMN NAME HEADER).

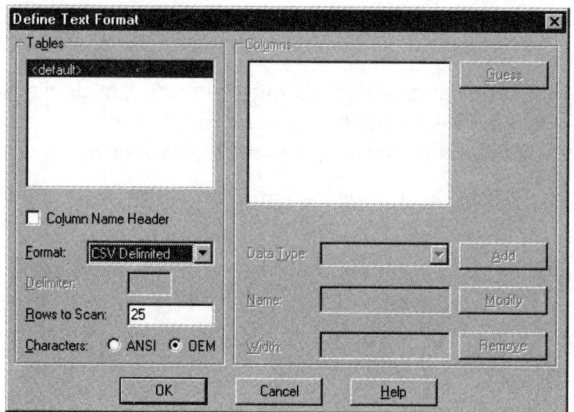

Abbildung 4.5: Automatisches Einlesen der Spaltenköpfe

Der folgende Quellcode ist nicht korrekt:

```
... Code davor ...
FILEsql = "SELECT * FROM ContentDB WHERE name LIKE '*test*'"
... Code danach ...
```

Abfragen mit LIKE funktionieren nicht

Das Skript wurde mit der folgenden Fehlermeldung beendet:

```
Microsoft OLE DB Provider for ODBC Drivers error `80040e14`
[Microsoft][ODBC Microsoft Access Driver] Syntax error (missing
operator) in query expression `ContentDB.name = alike `*test*`'.
```

Die Fehlermeldung ist auf den ersten Blick irreführend, denn das Kommando funktionierte in Access selbst. Der ODBC-Treiber sieht die Regeln der Abfragesprache SQL aber etwas enger als Access und moniert völlig zu Recht, dass die Platzhalter in SQL nicht mit Sternchen, sondern mit Prozentzeichen gebildet werden:

```
FILEsql = "SELECT * FROM ContentDB WHERE name LIKE '%test%'"
```

Ebenso muss das Fragezeichen als einzelnes Platzhalterzeichen durch den Unterstrich ersetzt werden.

Der folgende Code funktioniert mit Textfeldern in der Datenbank, nicht jedoch mit Memo-Feldern:

Probleme im Umgang mit MEMO-Feldern

```
<% If QueryRS ("Requirement_E") <>"" Then %>
...
<% End If %>
```

Der Fehler liegt in der unterschiedlichen Behandlung der Werte Null und Leerstring. Memo-Felder sind Binärfelder und können »Null« sein, also nichts enthalten. Der Test prüft jedoch auf eine leere Zeichenkette – ein Wert, der für VBScript ungleich Null ist. Zum Prüfen auf Null wäre folgender Code eine Möglichkeit:

```
<% If Len("" & QueryRS ("Requirement_E")) > 0 Then %>
...
<% End If %>
```

Dabei wird der Leerstring in der Abfrage benutzt, um den gesamten Wert zwangsweise in eine Zeichenkette zu verwandeln – eine implizite Typumwandlung in VBScript. Eleganter erscheint diese Version:

```
<% If NOT IsNull(QueryRS ("Requirement_E") ) Then %>
...
<% End If %>
```

Die Funktion IsNull gibt einen Booleschen Wert zurück. Alternativ wäre auch die Konstante vbNull anwendbar, die ebenso für die Prüfung auf einen echten Nullwert genutzt werden kann:

```
<% If QueryRS ("Requirement_E") <> vbNull Then %>
...
<% End If %>
```

Fehlerhafter Einsatz von Anführungszeichen in SQL-Anweisungen

Trickreich sind die Anführungszeichen, besonders in SQL-Kommandos. Der folgende Quellcode soll nach einem Login einen bestimmten Datensatz aus einer Datenbank selektieren:

```
<%
inlogin = Request.querystring("login")
%>
<% set conntemp=server.createobject("adodb.connection")
conntemp.Open "marketplace", "admin", "mp$1"
sql="select * from auto where login=" & inlogin
set rs=conntemp.execute(sql)
%>
```

Folgende Fehlermeldung wird durch dieses Skript generiert:

```
Microsoft OLE DB Provider for ODBC Drivers error '80040e10'
[Microsoft][ODBC Microsoft Access Driver] Too few parameters.
Expected 1.
```

Richtig ist das folgende Skript, das die korrekte Verwendung der Anführungszeichen beachtet:

```
<% set conntemp=server.createobject("adodb.connection")
conntemp.Open "marketplace", "admin", "mp$1"
sql="select * from auto where login='" & inlogin & "'"
set rs=conntemp.execute(sql)
%>
```

Fehler behandeln

Der Name der Variablen *inlogin*, der abgefragt wird, muss in *einfachen* Anführungszeichen stehen.

Hier lag eine SQL-Datenbank mit 11.000 Datensätzen vor. Eine Spalte soll zu einer eindeutigen Spalte (IDENTITY) gemacht werden, aber einige Datensätze sind doppelt, sodass SQL die Umwandlung nicht vornehmen kann. Wie kann man effizient doppelte Datensätze ermitteln? (Wenig brauchbar sind Lösungen, bei denen ein ASP-Skript mit Schleifen jeden gegen jeden Wert testet).

Abfrage einer großen Datenbank

Die Antwort lautet: es ist genau *ein* Befehl (*IDfield* ist die betroffene Spalte):

```
SELECT Count(IDField) IDCount, IDField
  FROM MyTable
  GROUP BY IDField
  HAVING Count(IDField)>1
```

Wie funktioniert das? SELECT gibt die Anzahl der doppelten Felder und eine Liste dieser Felder zurück. Der eigentliche Clou ist die Gruppierung mit GROUP BY und dem dynamischen Argument HAVING Count(IDField)>1.

Wenn Sie mit Datenbanken arbeiten, sollten Sie SQL beherrschen.

Was tun, wenn etwas nicht so funktioniert, wie es soll? Hier werden einige Techniken zur Fehlersuche erläutert, die bei Problemen helfen können. Außerdem werden die öffentlich zugänglichen Hilfeseiten im Internet vorgestellt.

Selbsthilfe

4.6.4 Testmethoden

Der Debugger ist ein wichtiges und oft sinnvolles Hilfsmittel, Fehler zu finden, aber er ist kein Allheilmittel. Vor allem bei sehr kleinen Programmen, die einfach nicht funktionieren wollen, ist der VID-Debugger keine Hilfe. Wie kann man sich anderweitig behelfen?

Prozeduren und Funktionen prüfen

Zuerst sollten Sie versuchen, den Fehler auf einen isolierten Teil des Programms zu beschränken. Prüfen Sie, ob eine Prozedur oder Funktion, die eine einzelne Aufgabe wahrnimmt, bei vorgegebenen Parametern einwandfrei funktioniert. Dazu ersetzen Sie die Funktions- und Proceduraufrufe durch entsprechend modifizierte Befehle mit festen Daten.

Auskommentieren

Teile eines Skripts, die nur zum Testen benötigt werden oder die beim Test stören, aber schon vorhanden sind, sollten Sie durch Auskommentieren deaktivieren. Dabei wird einfach als erstes Zeichen der Zeile der Apostroph gesetzt. So behalten Sie die Übersicht über die Programmstruktur und müssen nichts doppelt eingeben. Benötigen Sie die Zeile wieder, entfernen Sie einfach das Kommentarzeichen.

Variablen prüfen

Fehler ohne Debugger schnell finden

Wurde der Wert korrekt übergeben? Enthält die Variable den richtigen Wert? Sie können das sehr einfach überprüfen, indem im Quelltext immer wieder der Inhalt ausgegeben wird. Im Skriptteil funktioniert das so:

```
Response.write "Variablenname :" & variable & ":<BR>"
```

Der zweite Doppelpunkt begrenzt die Ausgabe, sodass Sie auch leere Zeichenketten gut erkennen können. Die Anzeige zweier Doppelpunkte ist ein sicheres Zeichen für eine nicht zugewiesene Variable.

Innerhalb des HTML-Teils funktioniert das noch einfacher:

```
Variablenname :<% = variable %>:<BR>
```

Variablen werden nicht immer definiert, sondern entstehen aus Cookies, Formularwerten usw. Das folgende Skript zeigt alle Werte an, egal wo sie herkommen. Speichern Sie das Skript als Include-Datei und fügen Sie es mit `<!-- #INCLUDE virtual="test.inc" -->` ein.

```
<%
Response.Write("<P>FORM VARIABLEN:<br>")
For Each Key in Request.Form
    Response.Write( Key & " = " & Request.Form(Key) & "<br>")
Next
Response.Write("<P>QUERYSTRING VARIABLEN:<br>")
For Each Key in Request.QueryString
    Response.Write( Key & " = " & Request.QueryString(Key)
                & "<br>")
Next
Response.Write("<P>COOKIE VARIABLEN:<br>")
For Each Key in Request.Cookies
    Response.Write( Key & " = " & Request.Cookies(Key) & "<br>")
Next
Response.Write("<P>SERVER VARIABLEN:<br>")
For Each Key in Request.ServerVariables
    Response.Write( Key & " = " & Request.ServerVariables(Key)
                & "<br>")
Next
%>
```

Eigenschaften prüfen

Ebenso wie Variablen sollten Sie auch Eigenschaften prüfen. Es ist nicht immer sicher, daß bestimmte Objekte bestimmte Eigenschaften auch wirklich besitzen. Oft hilft die unter »Variablen prüfen« gezeigte Ausgabe der wahren Werte. Vor allem die Rückgabe von Datenbanken entspricht nicht immer den Erwartungen.

Fehler behandeln

Startwerte erzeugen

Eine häufige Fehlerquelle sind falsch übergebene Werte. Zwischen Skripten werden Daten mit drei Zugriffsarten übernommen:

```
variable = Request.Form("feldname")
variable = Request.QueryString("variable")
variable = Session("sessionvariable")
```

Definierte Ausgangswerte festlegen

Ersetzen Sie den rechten Teil der Zuweisung durch einen konstanten Wert, damit Sie für das aktuelle Skript sichere Eingangswerte erhalten. Erst wenn das Skript funktioniert, wird mit richtigen Daten gearbeitet.

Datenbanken prüfen

Oft werden Daten aus Datenbanken entnommen und der Inhalt ist entweder nicht bekannt oder nicht beeinflussbar. Hier können Sie auf VID zurückgreifen und eine Datenverbindung via ODBC herstellen. VID zeigt dann die Tabellen und auch deren Inhalt an.

Umgang mit Datenbanken

Ein brauchbares Werkzeug ist die Konsole des SQL-Servers. Dieses Werkzeug wird in Abschnitt 9.3 *SQL Server-Werkzeuge* vorgestellt. Sie können damit die Reaktionen der Datenbank testen. Die wichtigste Funktion ist das Anzeigenspiel des aktuellen Inhalts einer Tabelle:

```
SELECT * FROM tabelle
```

Im Ergebnisfenster sehen Sie nun alle Daten der Tabelle. Auf diesem Weg kann auch gut die Reaktion auf Ihre SQL-Kommandos getestet werden. Es sollte erst dann ein Kommando in ein ASP-Skript eingebaut werden, wenn es von der Datenbank direkt akzeptiert wird. Ersetzen Sie variable Daten durch fixe Werte. Wenn Ihr Programm verlangt, dass in der Tabelle schon Daten sind, können Sie an der Konsole auch Daten eingeben:

```
INSERT INTO tabelle (feld1,feld2,...) VALUES (wert1,wert2,...)
```

Das ist nicht unbedingt komfortabel, für ein oder zwei Datensätze aber allemal schneller, als dafür wieder ein Skript zu schreiben.

Wichtig ist die korrekte Bildung der SQL-Kommandos. Ein guter Trick ist die Ausgabe des Kommandos vor der Ausführung auf dem Bildschirm. Dazu schreiben Sie jedes Kommando grundsätzlich erst in eine temporäre Variable. In diesem Buch wird dafür oft der Name *query* verwendet. Sie können dann vor der eigentlichen Befehlsausführung die Ausgabe mit folgendem Code erzwingen:

```
Response.write query
```

Die Ausgabe sollte den Erwartungen entsprechen. Erst danach bringt es etwas, die ADO-Komponenten mit der Abfrage zu quälen. Sie vermeiden so lästige Fehlermeldungen, die oft sehr weit von der eigentlichen Ursache entfernt sind.

Arbeiten mit verschiedenen Datenbanken

Kritisch ist der Wechsel der Datenbank. Wenn Sie auf einem Entwicklungssystem mit Access 97 arbeiten und der Webserver auf den Microsoft SQL-Server 6.5 zurückgreift, können einige Kommandos nicht die erhofften Werte liefern. Hier sollten Sie entweder detaillierter testen oder nur primitive Antwortparameter benutzen. So funktioniert EOF immer problemlos; Parameter wie RecordCount dagegen sind weniger zuverlässig, denn sie hängen von den gewählten Cursorarten ab, die gerade Anfänger oft verwechseln.

Typische Fehler bei der Datenbankprogrammierung

Häufige Fehler

Oft hängen Skripte ohne erkennbaren Grund und ohne Fehlermeldung. Einer der häufigsten Fehler sind vergessene oder funktionsunfähige Schleifen, innerhalb deren sich gültige Ausdrücke befinden. Die ASP-Engine kann dann keinen Fehler finden, die Schleife läuft endlos. Besonders typisch ist das Verhalten bei Zugriffen auf eine Datenbank. Das folgende Skript stellt einen solchen Problemfall dar:

```
<%
do while not RS.eof
   Response.Write RS("FELD")
loop
%>
```

Der Zugriff ist auf den ersten Blick natürlich korrekt. Was fehlt, ist das Weitersetzen des Datenbankzeigers – beispielsweise mit RS.MoveNext. Die Bedingung EOF wird nie erfüllt, sodass die Schleife endlos läuft.

Kritisch sind auch die Parameterübergaben bei SQL-Kommandos wie INSERT. Der SQL Server wertet Ausdrücke ja selbst aus, die Übergabe von Variablen als Parameter führt unweigerlich zu Fehlern. Dieses Skript funktioniert nicht:

```
query = "INSERT INTO (feld1,feld2) VALUE (variable1,variable2)"
```

Der SQL Server wird bemängeln, dass *variable1* und *variable2* keine gültigen Parameter sind, wenn *feld1* und *feld2* beispielsweise numerische Datentypen enthalten. Als Lösung setzen Sie jeden einzelnen Parameter in einfache Anführungszeichen. Achten Sie auf die korrekte Umschließung mit den von VBScript benötigten Anführungszeichen:

```
query = "INSERT INTO (feld1,feld2) VALUE ("
query = query & "'" & variable1 & "','" & variable2 & "')"
```

Die Aufteilung der Variable *query* dient nur der besseren Lesbarkeit.

Die einfachen Anführungszeichen versagen Ihren Dienst, wenn der Wert der Variable eine Zeichenkette ist, die wiederum ein einzelnes einfaches Anführungszeichen enthält. Hier hilft die Funktion Replace:

```
Title = "John Smith's Memorys"
Title = Replace(Title,"'","''")
```

Die zwei einfachen Anführungszeichen verschmelzen, der Fehler ist behoben.

Fehler behandeln

Feldbezeichnungen können unter SQL auch Leerzeichen beinhalten. Das führt bei der Angabe zu Problemen. Setzen Sie solche Feldbezeichnungen in eckige Klammern. Der folgende Code ist falsch:

Probleme mit Feldnamen

```
UPDATE mytableSET LocID=0007,Material=13 1/4 Description=T-shirts List Price=35 WHERE CusID=97
```

Richtig ist dagegen diese Variante:

```
UPDATE mytable SET LocID='0007',Material='13 1/4', Description='T-shirts', [List Price]=35 WHERE CusID=97
```

Falsch ist auch diese Anwendung des SELECT-Kommandos:

```
SELECT * from atable where state = MD and year born<1955
```

Richtig die folgende Zeichensetzung:

```
SELECT * from atable where state = 'MD' and [year born]<1955
```

Fehlermeldungen

Fehlermeldungen finden Sie als Ausgabe auf dem Bildschirm oder als Meldung, wenn der Debugger läuft. Sie können auch das NT-Ereignisprotokoll zu Rate ziehen. Entfernen Sie in der Testphase alle Befehle, die Fehlermeldungen unterdrücken am besten mit einem Kommentar:

Umgang mit Fehlermeldungen

```
'ON ERROR RESUME NEXT
```

Dann können Sie die Fehlermeldungen vollständig sehen. Allerdings stoppt die ASP-Engine auch die Ausführung, was nicht immer gewollt ist. Sie können hier besser auf das Err-Objekt zugreifen. Das folgende Beispiel demonstriert Ihnen, wie Sie Laufzeitfehler erkennen, die Fehlerreports anzeigen, und das Skript trotzdem weiter läuft (die entscheidenden Passagen sind hervorgehoben):

```
<%
on error resume next
...
Hier stehen die fehlerhaften Befehle
...
%>
<% If err.number>0 then %>
VBScript Errors Occured:<P>
Fehlernummer=<% = err.number %><P>
Fehlerbeschreibung=<% = err.description %><P>
Hilfekontext=<% = err.helpcontext %><P>"
Hilfepfad=<% = err.helppath %><P>
Originalfehler=<% = err.nativeerror %><P>
Quelle=<% = err.source %><P>
SQL-Status=<% = err.sqlstate %><P>
<% else %>
Es sind hier keine Fehler aufgetreten!<p>
```

```
<% end if %>
<% IF conn.errors.count> 0 then %>
Es sind Datenbankfehler aufgetreten: <P><% = SQLstmt %><P>
<% for counter= 0 to conn.errors.count %>
Fehler Nr. <% = conn.errors(counter).number %><P>
Fehlerbeschreibung: <% = conn.errors(counter).description %><p>
<% next %>
<% else %>
Alles in Ordnung !
<% end if %>
```

Ganz allgemein

Allgemeine Fehler, die immer wieder vorkommen

Immer wieder werden Sie über sich selbst fluchen, weil sich herausstellt, dass der Fehler so trivial war. Deshalb hier eine kleine Liste von Fehlern, die eigentlich keine Fehler sind:

- *Vergessen zu speichern.* Achten Sie auf das Speichern nach jeder Änderung. Wenn Sie mit dem Editor (Notepad) unter Windows 98 oder Me arbeiten, ist zu beachten: [Strg]-[S] funktioniert hier nicht. Sie müssen DATEI | SPEICHERN wählen. In Windows 2000/XP ist der Editor etwas fortschrittlicher, hier funktioniert das Speichern wie gewohnt.

- *Mit dem falschen Namen gesichert.* Wenn Sie mit Notepad arbeiten, wird standardmäßig die Erweiterung .TXT angehängt. Um das zu verhindern, müssen Sie den Dateinamen in Anführungszeichen setzen. Dies gilt auch für den Editor unter Windows 2000/XP.

- *Nur die Arbeitskopie gesichert.* Wenn Sie mit einer Arbeitskopie arbeiten, müssen Sie das Skript in das Verzeichnis des Webservers kopieren. Wenn Sie mit VID arbeiten, wird das nur dann automatisch erfolgen, wenn Sie im Master-Mode arbeiten. Im Local-Modus muss das Skript publiziert werden.

- *Webserver nicht aktiv.* Wenn Sie Skripte lokal starten, müssen Sie darauf achten, dass in der Befehlszeile des Browsers nicht *file:* oder ein Pfad zu Ihrer Festplatte, wie *D:/inetpub/wwwroot*, sondern *http:* als Protokoll erscheint. Die Dateianzeige mit *file:* oder der Pfadangabe führt dazu, dass die Skripte nicht ausgeführt werden, sondern den Quelltext anzeigen.

- *Dienst nicht gestartet.* SQL-Server, Webserver, Transaction Server, Mailserver, Newsserver, ... Alles, was bei Ihnen »servt«, wird als Windows NT-Dienst gestartet. Sehen Sie in der Systemsteuerung unter Dienste nach, ob die entsprechenden Dienste auch gestartet sind. Achten Sie auf die Einstellung AUTOMATISCH für die Option STARTART, wenn der Dienst immer verfügbar sein soll. Manche Dienste starten nicht, weil die Anmeldung nicht korrekt war. Achten Sie auf die richtige Anmeldung. Die Fehlertexte finden Sie im Ereignisprotokoll.

HTML Probleme

Was immer ein Skript an den Browser sendet, es ist pures HTML. Denken Sie bei der Entwicklung daran, dass die HTML-typischen Probleme mit ASP nicht weniger, sondern eher mehr werden. Hier ein Beispiel:

Prüfen Sie, was Ihre Skripte ausgeben!

Jemand versucht, eine URL aus einer Datenbank auszugeben. Die Nutzer sollen dann die URL anklicken können. Die Datenbank funktioniert, das Skript produziert keine Fehler. Der Code lautet folgendermaßen:

```
Response.Write (objRS("feldname"))
```

Wo liegt der Fehler? Die Ausgabe formatiert die Zeichenkette nicht als Link. Der vollständige Code muss lauten:

```
Response.Write ("A HREF=")
Response.Write (objRS("feldname"))
Response.Write (">" & objRS("feldname") & "</A>")
```

Typisch sind auch Vermischungen zwischen VBScript-Code für den Server und den Browser. Sie können in VBScript serverseitig Meldungen niemals auf diese Weise ausgeben, wie das folgende Beispiel es zeigt:

```
Klick = MsgBox "Nachricht",65,"Dies ist eine Warnung!"
```

Wenn die Ausgabe notwendig ist, muss sie clientseitig erfolgen:

```
<HEAD>
<SCRIPT language="VBscript">
SUB Nachricht
   Klick = MsgBox "Nachricht",65,"Dies ist eine Warnung!"
END SUB
</SCRIPT>
</HEAD>
```

Denken Sie daran, dass das komplett an den Browser gesendete Skript nur noch auf Ereignisse reagieren kann, also kein »Eigenleben« hat. Es muss also einen Grund dafür geben, dass diese Meldung zu einem späteren Zeitpunkt erscheint!

Noch besser sind solche Meldungen natürlich in JavaScript zu programmieren, um auf jedem Browser angezeigt werden zu können.

4.7 Codekonventionen

> Neben den vielen Vorschriften einer Programmiersprache gibt es auch Empfehlungen, die Lesbarkeit, Pflege und Austausch von Programmen erleichtern. Solche Empfehlungen werden Konventionen genannt. Deren Nichtbeachtung führt nicht zwangsläufig zu schlechten oder nicht funktionsfähigen Programmen, die konsequente Umsetzung führt aber zu mehr Produktivität. Dieser Abschnitt erklärt die Konventionen von Microsoft für VBScript-Programme.

4.7.1 Wozu dienen Konventionen?

Programme schöner und besser schreiben

Neben den vielen Vorschriften, die eine Programmier- oder Skriptsprache ausmachen, gibt es auch eine Reihe von Empfehlungen, die Programmierern helfen, gut lesbare und saubere Programme zu schreiben. Die Codekonventionen sind solche Empfehlungen. Dabei geht es auch um die Pflege der Programme durch andere Programmierer oder zu einem späteren Zeitpunkt durch Sie selbst. Oft entstehen Programme unter großem Zeitdruck, die nötige Kommentierung und Dokumentation wird nur mangelhaft möglich sein. Die für jede Sprache geltenden Konventionen erleichtern dann das Einarbeiten in fremden oder eigenen Code.

Trotzdem gibt es keine Prüfung oder keinen Zwang wie bei der Sprachsyntax, solche Empfehlungen einzuhalten. Es ist eine freiwillige Leistung der Programmierer, guten Code zu schreiben. Die Konventionen für VBScript umfassen dabei die folgenden Bereiche:

- Namenskonventionen für Variable, Objekte und Prozeduren
- Kommentarkonventionen
- Textformatierung und Einrückungen

Die hier wiedergegebenen Empfehlungen entsprechen weitgehend den Vorgaben der »Microsoft Guidelines« zu VBScript.

4.7.2 VBScript-Konventionen

Konventionen helfen vor allem im Team gleichmäßig lesbaren Code zu schreiben.

Konstanten

Konstanten kennzeichnen

In den früheren VBScript-Versionen gab es noch keine explizit definierbaren Konstanten. Als Alternative wurden normale Variablen verwendet, die lediglich durch die Schreibweise kenntlich gemacht werden konnten:

MEINE_KONSTANTE
FARBE_FRAME_ROT

Bestanden die Namen aus mehreren Wörtern, wurden die Wörter mit dem Unterstrich _ getrennt und alle Buchstaben großgeschrieben. Mit der neuen Version VBScript 5 sind nun auch explizit definierte Konstanten möglich. Die neuen Konventionen empfehlen daher den für Variablen üblichen Namensaufbau mit dem Zeichen »con« vor dem Namen.

conMeineKonstante
conFarbeFrameRot

Bei längeren Bezeichnern – als Bezeichner werden die Namen von selbsterklärten Konstanten und Variablen genannt – werden die Anfangsbuchstaben der Wörter großgeschrieben. Zu lange Namen sind nicht empfehlenswert, da der Schreibaufwand bei häufiger Verwendung immens steigt, aber nicht

Codekonventionen

unbedingt die Lesbarkeit durch lange Codezeilen. Da Speicherplatz aber normalerweise keine Rolle spielt, gibt es keinen Grund für kryptische Abkürzungen.

Variablen

Variablen werden wie die neuen Konventionen für Konstanten mit vorgestellten Typcodes geschrieben. Die folgende Tabelle zeigt die Empfehlung und ein Beispiel.

Variablen und Datentypen kennzeichnen

Datentyp	Präfix	Beispiel
Boolean	bln	blnTest
Byte	byt	bytPixelWert
Date (Time)	dtm	dtmStartWert
Double	dbl	dblErgebnis
Error	err	errNummer
Integer	int	intQuantity
Long	lng	lngAbstand
Object	obj	objAktuell
Single	sng	sngMittelwert
String	str	strVorName

Tab. 4.8: Vorschlag für die Kennzeichnung der Datentypen bei Variablen

Ein Wort zu deutschen oder englischen Variablenbezeichnungen: Wenn Sie und Ihren Mitarbeiter gut englisch können, sind Sie mit englischen Namen besser beraten. Die Worte sind in der Regel kürzer, prägnanter und einfacher. Wenn nicht, können Sie auch deutsche Namen verwenden, die die Lesbarkeit verbessern, denn gute Variablenbezeichnungen machen einen Quellcode natürlichsprachig. Beachten Sie aber, dass nie Umlaute verwendet werden dürfen und ungelenke Übersetzungen computertypischer englischer Begriffe oft eher verwirrend wirken.

Geltungsbereich der Variablen

Variablen sollten mit dem kleinst möglichen Geltungsbereich definiert werden. In VBScript kann man praktisch nur zwischen globalen und lokalen Variablen unterscheiden. Lokale Variablen gelten dabei nur innerhalb der Struktur, in der sie definiert wurden. Normalerweise ist dies eine Prozedur oder Funktion. Wenn Variablen global sind, sollten sie im HEAD-Sektor der HTML-(ASP)-Datei definiert werden. Um globale von lokalen Variablen anhand des Namens unterscheiden zu können, wird der Buchstabe »s« (für Skript) vorangestellt.

Prozedurnamen und Objekte

Prozeduren und Objekte benennen

Wie schon bei den Variablen wird auch für Prozeduren und Funktionen ein möglichst vollständiger, beschreibender Name mit mehreren Wörtern verwendet. Die Anfangsbuchstaben der Wörter werden großgeschrieben. Da Prozeduren immer irgendeine Aufgabe ausführen, sollten sie mit einem Verb beginnen:

```
SchliesseDatei
InitArray
```

Die Frage, ob deutsch oder englisch, wurde bereits behandelt. Auch hier ist die Einheitlichkeit oberstes Gebot! Verwenden Sie keine englischen Variablen und deutsche Prozedurnamen.

Kommentare

Kommentare richtig nutzen

Mit Kommentaren wird Quelltext lesbarer und für die spätere Weiterbearbeitung wie auch bei der Fehlersuche leichter handhabbar. Kommentare in VBScript werden nicht an den Browser weitergeleitet, so dass Sie unbesorgt auch serverseitige Details beschreiben können. Lediglich echte HTML-Kommentare gelangen zum Nutzer. Dort wird dann der Name des Autors oder Betreibers übermittelt.

Jede Prozedur sollte mit einer kurzen Zweckbeschreibung beginnen. Schreiben Sie immer, wozu eine Prozedur implementiert wurde, und nicht, wie sie arbeitet. Nennen Sie weiter alle globalen Variablen, Objekte oder anderen Elemente, die Sie innerhalb der Prozedur nutzen. Nennen Sie auch jede externe Variable oder jedes externe Objekt, was innerhalb der Prozedur geändert wurde. Beschreiben Sie Struktur und Wertebereich der Rückgabewerte bei Funktionen.

Sie können mit Hilfe des Apostrophs ' Kommentare mitten in einer Befehlszeile beginnen lassen. Nutzen Sie diese Technik, um wichtige Variablen am Ort ihrer Deklaration zu beschreiben. Beschreiben Sie nicht jede Hilfs- oder Zählvariable, das führt zu unübersichtlichem Code. Denken Sie auch daran, dass Variablennamen selbsterklärend sein sollten. Zusätzlich notwendige Informationen sollten nicht zum Regelfall werden.

Am Beginn des Skripts selbst sollte ebenfalls eine kurze Beschreibung der Funktionalität stehen. Auf komplexe Algorithmen kann hingewiesen werden. Es ist bei größeren Projekten sinnvoll, den Namen des Autors, das Datum der Freigabe und evtl. den Werdegang des Projekts (Versionsfolge) zu beschreiben. Sparen Sie nicht unnötig Bytes ein. Es spielt heute keine Rolle, ob Ihre Quelltexte 5 KByte oder 50 KByte groß sind. Diese Kommentare werden über das Internet nicht übertragen, sodass die Bytemenge für die Bandbreite keine Bedeutung hat.

4.7.3 Formatierung und Strukturierung

Um Programmstrukturen lesen zu können, hat sich bei fast allen Programmiersprachen die Strukturierung des Codes durch Einrückungen etabliert. Wenn Sie einen guten Editor haben, können Sie Einrückungen mit der ⇥-Taste vornehmen. Sinnvoll ist die Einstellung auf vier bis acht Leerzeichen für einen ⇥-Schritt. Damit der Text nicht zu weit ausfasert, empfehle ich vier Leerzeichen als Einrückgröße. Wenn Ihr Editor diese Einstellmöglichkeit nicht bietet, verwenden Sie Leerzeichen. Dabei steht immer der Beginn und das Ende einer Struktur (zum Beispiel IF...END IF oder SELECT...END SELECT) in einer (vertikalen) Ebene. Wenn Ihr Editor mit proportionalen Schriften arbeiten kann (Times, Arial), deaktivieren Sie diese Option. Verwenden Sie immer nichtproportionale Schriften (Courier). Das erleichtert das Erkennen der Struktur.

Der geschriebene Quelltext sollte die Programmstruktur widerspiegeln

So sollte eine gute Codestrukturierung aussehen

Der folgende fiktive Quelltext zeigt, wie eine gute Codestrukturierung und Kommentierung aussehen sollte.

```
'***************************************************************
' Funktion:     Ermittelt den ersten passenden Namen im
'               UserList Array
' Eingabe:      strUserList():  Liste der zu durchsuchenden
'                               Namen
'               strTargetUser:  Der zu suchende Name
' Ausgabe:      Der Index des ersten gefundenen Namens
'               im USerList Array
'               Wird nichts gefunden, wird -1 zurückgegeben
'***************************************************************
Function intFindUser (strUserList(), strTargetUser)
Dim i                   ' Schleifenzähler
Dim blnFound            ' Flag wenn gefunden
intFindUser = -1
i = 0                   ' Initialisiere Zähler
Do While i <= Ubound(strUserList) and Not blnFound
    If strUserList(i) = strTargetUser Then
        blnFound = True     ' Gefunden, TRUE setzen
        intFindUser = i     ' Rückgabewert = Zähler
    End If
    i = i + 1           ' Nächster Index
Loop
End Function
```

Listing 4.56: Fiktiver Quellcode in »Idealformatierung«

Die Kommentierung der einzelnen Zeilen kann auch sparsamer ausfallen. Beachten Sie aber die Variablennamen, die sich größtenteils selbst erklären (*strUserList()* steht für »Zeichenkettenarray einer Namensliste«). Beachten

Sie auch, dass einfache Zähl- oder Hilfsvariablen nicht mit beschreibenden Namen bedacht werden. Deren ausufernde Anwendung in Programmen würde schnell zu einer Einschränkung der Lesbarkeit führen. Für Zählvariablen hat sich die Buchstabengruppe *i, j, k* usw. eingebürgert; für die Zwischenspeicherung von numerischen Werten sind *a, b, c* oder *x, y, z* usw. üblich. Ansonsten kann die Benennung vom Kontext abhängig gemacht werden, das heißt, der umgebende Befehl sollte in seiner kompletten Form mit Variablennamen gut lesbar sein.

Wie im Beispiel zu sehen ist, wird konsequent englisch geschrieben und (nur für den deutschen Markt) deutsch kommentiert.

4.7.4 Die Lesbarkeit von Code

Fremde sollten Ihren Quelltext lesen können

Auch die saubere Trennung von HTML-Code und Skripten ist für die Lesbarkeit des Quelltextes wichtig. Bei komplexen Anwendungen entsteht schnell ein Durcheinander von Befehlen, das auch geübten Programmierern jede Möglichkeit nimmt, eine Funktion zu erkennen oder einen Fehler zu finden.

Haben Sie wenige Skriptbefehle innerhalb des HTML-Codes, sollten Sie jeden Befehl auf eine Zeile setzen und jeweils einzeln mit den Zeichen <% %> umgeben:

```
<body>
<h1>Codeanordnung</h1>
<% IF session("name")="admin" THEN %>
Hier die <b>internen</b> Codes.
<% ELSE %>
Hier die &ouml;ffentlichen Codes.
<% END IF %>
</body>
```

Sind dagegen längere Passagen in VBScript und andere wiederum in HTML geschrieben, dann fassen Sie die Skriptblöcke zusammen. In diesem Fall wird die Einleitung des Skriptblocks <% oberhalb auf eine einzelne Zeile gesetzt, die Ausleitung %> ebenso auf eine einzelne Zeile am Ende.

```
<body>
<h1>Codeanordnung</h1>
<%
IF session("name")="admin" THEN
    Response.Write ("Hier die <b>internen</b> Codes.")
ELSE
    Response.Write ("Hier die &ouml;ffentlichen Codes.")
END IF
%>
</body>
```

Codekonventionen

Wenn Sie einzelne Variablen ausgeben, nutzen Sie statt Response.Write immer die verkürzte Form <% = variable %>. Generell sollten Sie Response.Write nicht benutzen, um viel HTML-Code auszugeben. Setzen Sie besser die umgebenden Skriptbefehle in einzelne <% %>-Codes.

Wenn es sich nicht vermeiden lässt oder die Lesbarkeit dadurch nicht besser wird, kann es sinnvoll sein, HTML-Code in Konstanten zu packen. Das kommt vor allem bei Tabellenstrukturen vor. Das folgende Beispiel macht davon Gebrauch und definiert eine Art »Super-Tag«:

Achten Sie auf die Lesbarkeit des Codes!

```
<%
CONST conTabBegin = "<TR><TD><FONT FACE='Arial, Helvetica'"
CONST conTabEnd ="</TD></TR></FONT>
%>
<table>
<% FOR EACH lw IN oFO.Drives %>
<% = conTabBegin %>
Laufwerksbuchstabe: <% = lw.Name %>
<% = conTabEnd %>
</table>
```

Schwer lesbar sind auch lange Variableninhalte. Vor allem im Datenbankbereich kommen komplexe SQL-Abfragen vor. Der folgende Befehl erstreckt sich über mehrere Zeilen, wenn er direkt angewandt wird:

```
<% oRS.Open "SELECT name, ansprechpartner, firma, vorwahl, telefon
FROM namen, firmen, kommunikation WHERE kommunikation.vorwahl BETWEEN
'08' AND '08999' GROUP BY NAME", oConn
```

Besser sieht es aus, wenn die Struktur des SQL-Kommandos klar erkennbar ist:

```
<%
query = "SELECT name, ansprechpartner, firma, vorwahl, telefon"
query = query & " FROM namen, firmen, kommunikation"
query = query & " WHERE kommunikation.vorwahl"
query = query & " BETWEEN '08' AND '08999' GROUP BY NAME"
oRS.Open query, oConn
%>
```

Achten Sie in solchen Fällen auf die korrekte Anordnung der Leerzeichen (hier in der zweiten bis vierten Variablenzuweisung). Wichtig sind auch einfache und doppelte Anführungszeichen.

5 JScript

JScript ist die wichtigste Alternative zu VBScript. Auch wenn die Bedeutung der Sprache nicht die Größenordnung hat wie VBScript, sind die sprachlichen Möglichkeiten doch so verschieden, dass der Einsatz manchmal elegante Lösungen hervorbringt – zumal sie jederzeit verfügbar ist.

5.1 Einführung in JScript

Dieses Kapitel richtet sich an alle, die schon Erfahrung mit Java, C oder C++ haben. Es baut auf das auf, was Sie bereits wissen, und zeigt, worin sich diese Sprachen von JScript unterscheiden.

Voraussetzungen

Mit Ihrem Basiswissen und diesen Empfehlungen werden Sie in sehr kurzer Zeit ASP-Skripte schreiben können. Falls Sie über dieses Wissen noch nicht verfügen, so denke ich, dass Sie VBScript vielleicht einfacher erlernen werden und es zum Schreiben von Skripten schneller verwenden können.

Wenn Sie bereits JavaScript verwendet haben, zum Beispiel zum Erstellen von Navigationshilfen in HTML-Seiten oder für DHTML, dann kennen Sie bereits JScript, viel Neues werden Sie dann hier nicht finden. JScript ist mit JavaScript identisch und Sie können wahrscheinlich das meiste in diesem Kapitel überblättern. Sie sollten dennoch Abschnitt 5.2 *JScript im Einsatz mit ASP* lesen, denn dieser enthält ASP-spezifische Informationen.

Was ist JScript?

JScript ist die Microsoft-Implementierung von JavaScript – Implementierung ist treffender als Version, weil Syntax und Funktionalität von JScript *identisch* mit der Syntax von JavaScript ist. Ein Programm, welches in JavaScript geschrieben ist, wird immer auch in JScript laufen und umgekehrt (zumindest theoretisch). Da die ursprüngliche JavaScript-Sprache von Netscape entwickelt wurde, musste Microsoft eine eigene Implementierung von JavaScript als Sprache herausbringen, sodass diese in den Microsoft-Produkten verwendet werden konnte. Das Ergebnis ist JScript.

JavaScript versus Java

JavaScript und Java haben, bis auf den ähnlich klingenden Namen und einige gleich aussehende syntaktische Elemente nichts miteinander zu tun.

Java wurde von Sun Microsystems erfunden. JavaScript wurde von Netscape entwickelt und hieß anfänglich LiveScript. Wegen der vertrauten Beziehungen von Netscape zu Sun und auf Grund der Popularität von Java, wurde LiveScript erst in der letzten Minute zu JavaScript, mit dem Segen von Sun.

JavaScript teilt sich die gleiche Syntax und die gleichen Basisbefehle mit Java und auch mit C und C++. Das macht Java etwas einfacher für all jene zu lernen, die schon C- und C++-Entwickler sind. Aber die Art, wie JavaScript Variablen handhabt, unterscheidet sich doch sehr von Java, C oder C++. Dazu mehr in Abschnitt 5.2.3 *Was Sie mit JScript nicht können* und den folgenden.

5.2 JScript im Einsatz mit ASP

In diesem Abschnitt geht es um die ASP-spezifischen JScript-Informationen. Auch wenn Sie JavaScript kennen, können Sie hier wertvolle Informationen finden.

5.2.1 Trennzeichen

Sie verwenden die Trennzeichen <% und %>, um Ihren Code von den HTML-Tags zu trennen. Sie verwenden also die Trennzeichen unabhängig von der Skriptsprache, die Sie verwenden.

Trennzeichen für mehrere Zeilen

Sie können Trennzeichen auf jeder einzelnen Zeile individuell verwenden, wie in einigen Beispielen in Kapitel 4, oder Sie können verschiedene Zeilen mit einem Satz von Trennzeichen einschließen, wie das folgende Beispiel zeigt:

```
<% var zaehler
zaehler = 15 %>
```

Wenn Sie oft mehr als eine Zeile von Code in Trennzeichen einschließen müssen, können Sie das Aussehen lesbarer gestalten, indem Sie den Trennzeichen jeweils eine eigene Zeile zu Verfügung stellen:

```
<%
var zaehler
zaehler = 15
%>
```

Trennzeichen und geschweifte Klammern

Ihre Trennzeichen und Ihre geschweiften Klammern arbeiten unabhängig voneinander. Innerhalb eines Blocks darf also HTML-Code stehen, zum Beispiel:

```
<%
if (zaehler > 15)
{
   Warnung = True
%>
Zähler Überlauf!<p>
<%
}
%>
```

In diesem Beispiel ist eine HTML-Zeile in den Körper eines If-Befehls gestellt. Beachten Sie, wie Sie die Trennzeichen verwenden können, um den JScript-Code überall einzuschließen. Hier eine kompaktere Methode:

```
<% if (zaehler > 15) {
   Warnung = True %>
Zähler Überlauf!<p> <% } %>
```

Wie auch immer Sie sich entscheiden, Ihre geschweiften Klammern und Ihre Trennzeichen zu organisieren, Sie sollten hier nur innerhalb des Ganzen konsistent bleiben, damit der Code gut lesbar ist.

Trennzeichen für die Anzeige von Variablenwerten

Es gibt eine spezielle Syntax, die es erlaubt, direkt im HTML den Wert einer JScript-Variable auszugeben. Diese Syntax sieht folgendermaßen aus:

Verkürzte Ausgaben von Variableninhalten

```
Die Antwort ist <% = result %>.<p>
```

In der HTML-Zeile werden die Trennzeichen und der Code durch das Ergebnis des Variablenwertes ersetzt, wenn HTML an den Browser zurückgesendet wird. Sie können jede beliebige Variable und ihren Wert anzeigen – ob numerisch oder als Zeichenkette –, indem Sie diese Notation verwenden. Wenn der Wert des Ergebnisses 5 ist, sieht die zurückgesendete HTML folgendermaßen aus:

```
Die Antwort ist 5.<p>
```

Sie können sogar diese Notation innerhalb eines HTML- Tags verwenden:

```
<font size=<% = fontsize %>>
```

Falls die JScript-Variable *fontsize* den Wert 4 an diesem Punkt des Skripts hat, sieht der zurückgesendete HTML-Code folgendermaßen aus:

```
<font size=4>
```

5.2.2 Auswahl der Standardsprache

Obwohl beide, VBScript und JScript, mit Ihrem Webserver ausgeliefert werden, kann nur eine von ihnen die bevorzugte Sprache sein, und die ist bei Lieferung VBScript. Sie können diese Voreinstellung auf verschiedene Weise verändern.

Die Auswahl von JScript als Ihre bevorzugte Sprache

Wenn Sie Windows 2000/NT/XP und den IIS verwenden und JScript als die bevorzugte Sprache für alle ASP-Skripte auf Ihrer gesamten Site einstellen wollen, nehmen Sie bitte diese Schritte vor:

1. Starten Sie den INTERNET DIENSTE MANAGER (erreichbar über SYSTEMSTEUERUNG | VERWALTUNG).

2. Öffnen Sie den Ordner: INTERNET INFORMATIONSDIENSTE UND DEN NAMEN DES COMPUTERS.

3. Suchen Sie den Eintrag STANDARDWEBSITE und klicken Sie mit der rechten Maustaste. Wählen Sie aus dem Menü den Eintrag EIGENSCHAFTEN.

4. Klicken Sie auf die Registerkarte BASISVERZEICHNIS.

5. Klicken Sie auf KONFIGURATION... Der Dialog ANWENDUNGSKONFIGURATION wird angezeigt.

6. Klicken Sie die Registerkarte ANWENDUNGSOPTIONEN (siehe Abbildung 5.1).

7. Löschen Sie VBScript und tippen Sie dafür JScript im Feld ASP-STANDARDSPRACHE ein.

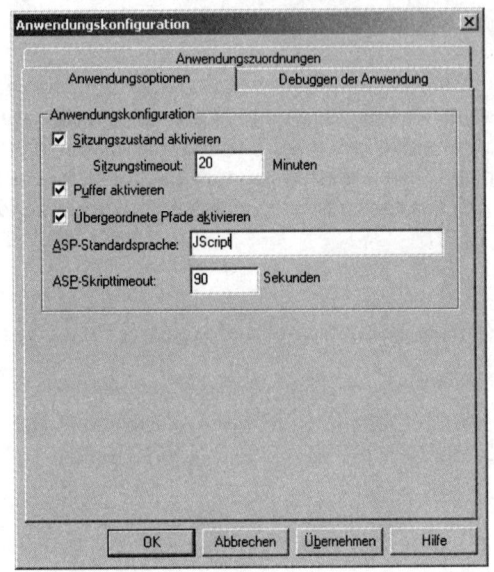

Abbildung 5.1: Einstellung von JScript als neue Standardskriptsprache

Wählen einer anderen Sprache für nur eine Seite

Wenn Sie JScript als Sprache für ASP Seite für Seite wählen wollen, müssen Sie nur die folgende Zeile an den Anfang des Skripts setzen:

```
<%@ LANGUAGE = "JScript" %>
```

Falls aber JScript die bevorzugte Sprache für Ihre Website ist und Sie VBScript nur für eine Seite verwenden möchten, schließen Sie einfach diese Zeile als oberste mit ein:

```
<%@ LANGUAGE = "VBScript" %>
```

JScript im Skript wählen

5.2.3 Was Sie mit JScript nicht können

Manchmal ist es einfacher zu verstehen, was die Sprache nicht kann, bevor Sie lernen, was sie alles kann. Wenn Sie ein C- oder C++-Programmierer sind, werden Sie mit Sicherheit ein paar Dinge finden, die JScript nicht bietet. Die folgende Übersicht zeigt diese Besonderheiten auf einen Blick.

Einschränkungen

Kein Compiler

JScript ist eine vollständig interpretierte Sprache. Es ist nicht im traditionellen Sinne wie C und C++ kompiliert. Und JScript ist auch nicht kompiliert, sondern wird von einem reinen Interpreter ausgeführt.

JScript wird interpretiert

JScript läuft im Webbrowser, wenn es in clientseitigen Skripten verwendet wird. Und es läuft auf einem Webserver, wenn Sie ASP-Skripte verwenden. Die Skripte werden beim Ablaufen interpretiert.

Der größte Nachteil interpretierter Sprachen ist, dass sie gewöhnlich langsamer als kompilierte Sprachen laufen. Aber Sie werden kaum bemerken, wie langsam ein kleines Skript läuft, nachdem Sie mehrere Minuten dazu gebraucht haben, dieses mit Ihrem 56 K-Modem einfach nur herunterzuladen!

Kein Präprozessor

Sowohl C als auch C++ besitzen einen Präprozessor, der durch den Quellcode durchgeht, bevor er kompiliert wird und auf die Direktiven des Compilers im Code reagiert, wie beispielsweise die #define- und #include-Direktiven. JScript hat keinen Präprozessor. Trotzdem helfen einige Eigenschaften in JScript, die Dinge zu gestalten, die Sie bisher mit einem Präprozessor zu tun gewöhnt waren.

Keine globale Konfiguration

Keine Zeiger

C- und C++-Programmierer argumentieren oft, dass Zeiger kraftvolle und notwendige Programmierbefehle sind. Aber sogar der erfahrene Entwickler muss zugeben, dass sie oftmals die Quelle von schwer zu findenden Programmierfehlern sind.

Keine Zeiger

Auf Grund der Fehler, die oft aus der Verwendung von Zeigern resultieren, besitzt JScript keine Zeiger. Es gibt jedoch *References* (dt. Verweise). *References* sind vorsichtigere Befehle und werden offener von der Sprache gehandhabt als Zeiger und machen deshalb auch Anfängern weniger Probleme.

Keine Structures oder Unions

Vereinfachtes Typkonzept

Haben Sie schon darüber nachgedacht, dass es konzeptionell eine Menge Überlappungen zwischen Klassen, Structures und Unions gibt? Warum sollte man es nicht zu in einer Sache verbinden? Das ist genau das, was in JScript getan wurde. In JScript ist alles ein Array – ob Sie es glauben oder nicht. Sehen Sie in Abschnitt 5.3.5 nach, um mehr Informationen über JScript-Objekte und -Arrays zu erhalten.

Keine Konstanten

Keine echten Konstanten

In C kommt es vor, dass Sie den Befehl #define verwenden, um einer Zahl, die dann immer und immer wieder verwendet wird, einen Namen geben zu. Auf diese Zahl kann dann innerhalb des Programms hingewiesen werden. Tatsächlich wurde diese Arbeitsweise so populär, dass der ANSI-Standard für C diese Fähigkeit in die Sprache mit dem Schlüsselwort const eingebaut hat. Java verwendet das Schlüsselwort final, um das Gleiche zu tun.

Leider unterstützt JScript noch keine Konstanten; const ist bereits ein reserviertes Schlüsselwort in JScript, obwohl es noch nicht implementiert ist.

Keine Klassen oder Vererbungen

Objekte ohne eigene Klassen

C ist keine objektorientierte Sprache. Also werden Sie als reiner C-Entwickler dieses nicht vermissen, aber C++- und Java-Entwickler werden dies wohl. JScript unterstützt keine Klassen oder Vererbungen. Aber es besitzt Objekte. Die Art, wie mit Objekten umgegangen wird, ist jedoch in der Programmierwelt einzigartig. Mit dem fehlen von echter objektorientierter Programmierung gehen einige andere Effekte einher. So gibt es keine Operatorenüberladung. Operatorenüberladung ist eine Eigenschaft, an die sich nur C++-Entwickler schon gewöhnt haben werden. Sie ist sehr sinnvoll, aber nicht zwingend notwendig und auch nicht Teil von JScript.

Keine unterschiedliche Anzahl von Argumenten

Wenig Flexibilität bei Funktionsdeklarationen

In C und C++ können Sie Funktionen erstellen, die zu unterschiedlichen Zeiten eine unterschiedliche Anzahl von Argumenten akzeptieren, in Abhängigkeit davon, wie die aufrufende Prozedur die Funktion verwenden will. JScript bietet diese Funktionalität nicht.

Keine goto-Befehle

Keine direkten Sprünge

Der goto-Befehl war immer und überall das Gegenteil strukturierter Programmierung. Zu einer Zeit, als Computersprachen noch viel primitiver waren, hatten Sie auch wenig Möglichkeiten die Verwendung des goto-

Befehls für bestimmte Situationen zu vermeiden. Aber die heutigen modernen Sprachen bieten alle nötigen Schleifen- und Verzweigungsstrukturen. Deshalb gehören in JScript goto-Befehle längst zur Geschichte.

5.2.4 Schwerpunkt: Zeichenketten

Die Unterstützung von Zeichenketten ist vollständig und komplett. Dies ist ein wesentlicher Unterschied zu C. Gegenüber VBScript ist der Umgang mit Zeichenketten konsequenter gelöst (auch wenn Sie das als VBScript-Profi als gewöhnungsbedürftig empfinden mögen). Auf Grund der sehr unterschiedlichen Art und Weise, wie die Datentypen im Allgemeinen von JScript behandelt werden, achten Sie bitte in den kommenden Abschnitten genau darauf, wie man Zeichenketten am besten verwendet.

Abschnitt 5.4.4 macht Sie mit den Methoden des String-Objekts vertraut, durch das jede Zeichenkette repräsentiert wird.

5.3 Allgemeine Anmerkungen zu JScript

> Dieser Abschnitt behandelt die elementaren Eigenschaften von JScript, wie die Notation der Variablen, Kommentare und Funktionen.

5.3.1 Grundlagen in JScript

Dieser Abschnitt behandelt die Grundlagen der Sprache JScript. Dies geschieht nur soweit, dass Sie erste Skripte schreiben und mit der Webserverprogrammierung anfangen können. Eine vollständige Darstellung der Sprache soll dies nicht ersetzen. Nehmen Sie immer auch die Online-Referenz zur Hand.

Kommentare

Kommentare in JScript werden auf exakt die gleiche Weise behandelt, wie in den modernen Sprachen C, C++ und Java:

- //
  Hiermit beginnt eine Zeilenanmerkung, die am Ende der Zeile aufhört.
- /* und */
  Dies beschreibt Beginn und Ende von mehrzeiligen Anmerkungen.

Diese Anmerkungen, genauso wie der Rest Ihres JScript-Codes, erscheinen nicht auf der Seite, wenn der Nutzer im Internet Explorer auf ANSICHT | QUELLTEXT ANZEIGEN klickt. Hier arbeitet die ASP-Engine ebenso wie bei

VBScript. Wenn Sie Anmerkungen ergänzen wollen, die auf der Seite zu sehen sein sollen, verwenden Sie die HTML-Anmerkungen Tags <!-- und -->.

JScript berücksichtigt Groß- und Kleinschreibung

JScript ist *abhängig* von Groß- und Kleinschreibung. Diese Abhängigkeit bedeutet für Sie verschiedenes:

1. Schlüsselwörter, wie zum Beispiel Kommandos, müssen genau so eingegeben werden, wie sie in der Dokumentation vorkommen – üblicherweise bedeutet das in der Kleinschreibung.

2. Objektnamen müssen auch so eingegeben werden, wie sie in ihrer Dokumentation erscheinen. Möglicherweise wird dort der erste Buchstabe großgeschrieben und der Rest klein. Wie auch immer, Eigenschafts- und Methodenbezeichnungen können in jeder Schreibweise vorkommen.

3. Variablen werden so benannt, wie Sie diese bestimmen. Also denken Sie sich einen Standard aus und bleiben Sie dabei!

Achten Sie darauf, dass Sie die Schreibweisenempfindlichkeit von JScript im Kopf behalten – besonders wenn Sie mit Variablen arbeiten –, denn anders als bei den anderen Sprachen, mit denen Sie bisher schon umgegangen sind, bekommen Sie keine Fehlermeldung, wenn Sie zufällig die Schreibweise einer Variable auf halbem Wege ändern. JScript nimmt einfach nur an, dass Sie eine neue Variable erstellen, und macht weiter. Diese Annahme kann Fehler erzeugen, die sehr schwierig zu finden sind.

Behandlung des Zeilenendes

Die Markierung des Zeilenendes

In C, C++ und Java müssen Sie jede Zeile mit einem ; beenden. In JScript ist dies immer noch eine gute Idee, aber es ist nicht erforderlich. Wenn Sie eine Zeile nicht mit einem ; beenden, nimmt das Programm an, dass die Zeile an der Stelle endet, an der Sie die Enter-Taste drücken. Dies ist ein Zugeständnis an die VBScript-Experten, die eine Zeilenendemarkierung nicht kennen. Und es ist ein Zugeständnis an C-Programmierer, die gern eine solche Markierung setzen.

5.3.2 Variablen

Unabhängig von Ihrem bisherigen sprachlichen Wissen ist es sehr nützlich, die folgenden Abschnitte über Variablen sehr aufmerksam zu lesen. Denn die Art, wie sie in JScript funktionieren, ist ungewöhnlich.

Variablen und Datentypen

Anders als in C, C ++ und Java sind Variablen in JScript nicht streng typisiert. Tatsächlich sind sie, wie in VBScript auch, überhaupt nicht auf einen Typ festgelegt! Dies ist im Übrigen eine der typischen Eigenschaften jeder

Skriptsprache im Unterschied zur Programmiersprache. Sie erstellen Variablen einfach durch die Verwendung des Schlüsselwortes var:

```
var name
var zaehler, maximum
```

> Es gibt keinen Hinweis auf den Typ der Variable. Tatsächlich können Sie einen permanenten Typ einer Variable erstellen, wenn Sie diese erzeugen. Die Variable nimmt den Typ der Daten an, die sie beinhaltet (also den Datentyp) aber es ist auch vollständig akzeptabel, einer Variable einen Wert in Form einer Zeichenkette zuzuweisen und später der gleichen Variable einen numerischen Wert zu geben. Dies ist aber nicht die beste Programmierpraxis.

Wie auch bei anderen Sprachen können Sie die Variablen mit einem Wert belegen, wenn Sie diese erstellen.

```
var name = "JScript"
var counter = 100
```

Interne Datentypen

Obwohl Variablen in JScript keine festgelegten inneren Variablentypen haben, wenn Sie diese erstellen, nehmen sie doch den Datentyp an, der ihnen zugewiesen wird. Und diese Arten der Werte, die Sie ihnen zuweisen können, entsprechen in JScript etwa jenen, die Sie in jeder anderen Sprache finden:

1. Zeichenketten werden entweder von einfachen oder doppelten Anführungszeichen umgeben.

2. Zahlen kommen entweder in der Schreibweise mit Gleitkomma oder als ganze Zahlen vor. Ganze Zahlen können in dezimaler, oktaler (durch die Verwendung einer führenden 0) oder hexadezimaler Form (durch die Verwendung eines führenden 0x) repräsentiert werden. Zahlenvariablen können ebenso einige der folgenden Werte enthalten: NaN (steht für »Not a Number« – keine Zahl) positive infinity, (dt. positiv unendlich) negative infinity (dt. negativ unendlich), positive 0 und negative 0. Beachten Sie, dass Sie diese Werte nicht zuweisen können, sie können nur als Ergebnis einer mathematischen Operation entstehen und eine spezielle Eigenschaft einer Variablen darstellen.

3. Boolesche Variablen mit der Aussage richtig oder falsch sind spezielle Werte und sie setzen den Wert auch nicht auf 1 oder 0. Wenn Sie einen numerischen Ausdruck verwenden, wo ein Boolescher Wert erwartet wird, wird 0 als falsch verstanden und alles andere wird als richtig interpretiert.

Schließlich können Variablen auch noch zwei weitere Werte enthalten, die nicht wirklich unter eine bestimmte Datentyp-Form fallen:

Wie JScript Datentypen erkennt

1. Eine Variable beinhaltet einen undefinierten Wert, nachdem sie erstellt und bevor ihr ein Wert zugewiesen wurde. Wenn Sie versuchen, so eine Variable mit einem undefinierten Wert zu verwenden, erhalten Sie eine Fehlermeldung.

2. Eine Variable kann auch den Wert Null (dt. nichts) enthalten. Dies unterscheidet sich von der undefinierten Variable und auch von der 0. Die Variable mit dem Wert Null ist eine Variable, die wirklich nichts enthält.

Gültigkeitsbereich

Lokale und globale Variablen

Wenn Sie eine Variable in einem Skript mit Hilfe des Schlüsselwortes var außerhalb jeglicher Funktionen erstellen, bezieht sich die Variable global auf dieses Skript. Wenn Sie eine Variable innerhalb einer Funktion erstellen, so gilt diese Variable nur in dieser Funktion, das heißt, sie ist automatisch lokal.

Wenn Sie einer Variablen einen Wert zuweisen, die nicht mit dem Schlüsselwort var erstellt wurde, so wird sie automatisch erzeugt. Und unabhängig davon, ob die Zuweisung innerhalb einer Funktion oder außerhalb eine Funktion geschieht, gilt diese Variable global.

Wenn Sie versuchen, eine Variable zu verwenden, die zuvor nicht erstellt wurde, erhalten Sie eine Fehlermeldung. Diese Verhaltensweise entspricht der Nutzung der Anweisung OPTION EXPLICIT in VBScript.

Lokale Variablen arbeiten immer schneller als globale Variablen. Die langsamsten aller globalen Variablen sind jene, die nicht mit dem Schlüsselwort var erstellt wurden, bevor ihnen ein Wert zugewiesen wurde.

Umwandlung von internen Variablentypen

Automatische Umwandlung

JScript erledigt die Umwandlung meistens automatisch für Sie. Das folgende Beispiel zeigt dies:

```
<%@ LANGUAGE = JScript %>
<%
var netto, brutto, ausgabe
netto = 93.36
brutto = netto * 1.16
ausgabe = "Der Nettopreis des Buches beträgt " + netto + " DM, "
ausgabe += "der Bruttobetrag " + brutto + "DM."
%>
<% = ausgabe %>
```

Listing 5.1: Automatische Typkonvertierung (js_convert.asp)

Wenn die Zahl mit dem Gleitkomma mit einer ganzen Zahl multipliziert wird, wandelt JScript den Variablentyp so um, wie er gebraucht wird. Wenn die Zahlen innerhalb einer Zeichenkette kombiniert werden, werden die Zahlen in eine Zeichenkette umgewandelt (siehe Abbildung 5.2).

Allgemeine Anmerkungen zu JScript

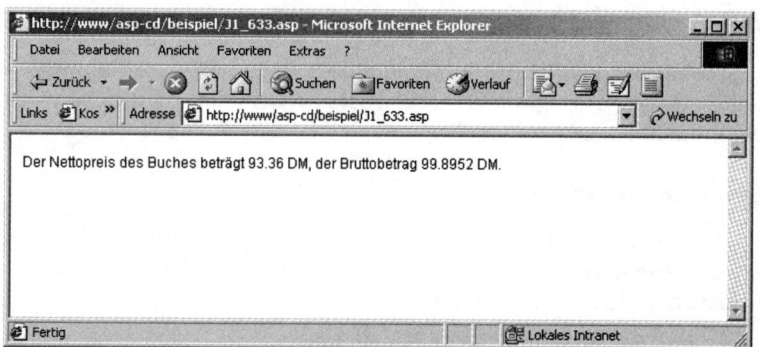

Abbildung 5.2:
Die Zahlen werden zur Anzeige in Zeichenketten verwandelt (Ergebnis von Listing 5.1)

Wenn Sie Zahlen und Zeichenketten zusammen verwenden, nimmt JScript immer an, dass Sie die Zahlen in Zeichenketten umwandeln wollen. Für die umgekehrte Wandlung bietet JScript zwei Funktionen, die eine Zeichenkette entweder in eine ganze Zahl oder eine Gleitkommazahl umwandeln: parseInt() und parseFloat().

parseInt
parseFloat

```
<%@ LANGUAGE = JScript %>
<%
var byte, bit
byte = "2 Bytes"
bit = parseInt(byte) * 8
%>
<% = byte %> entsprechen <% = bit %> Bit.<p>
```

Listing 5.2: Anwendung der Funktion parseInt (js_parseint.asp)

Die parse-Funktionen bieten Ihnen noch eine weitere Eigenschaft an: Sie ignorieren jeglichen nicht numerischen Bestandteil nach der Zahl (siehe Abbildung 5.3).

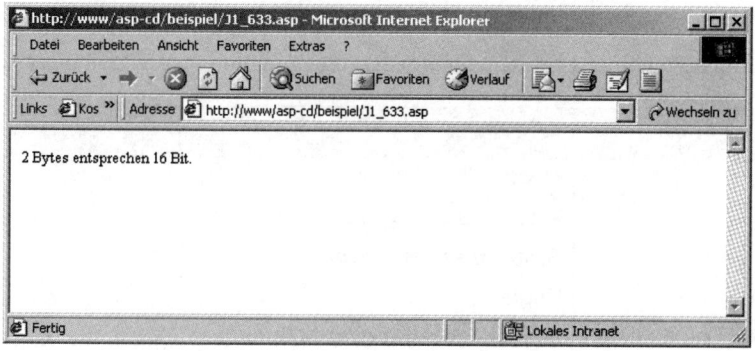

Abbildung 5.3:
Eine Zeichenkette wurde für die Berechnung in eine Zahl umgewandelt.

5.3.3 Operatoren

Die Ausstattung von JScript mit Operatoren ist im üblichen Rahmen. Viele lassen sich sogar zusammenfassen, sodass der Einsatz flexibler als in VBScript möglich ist.

Allgemeine Operatoren

Die Operatoren in JScript kommen Ihnen vielleicht bekannt vor. Die Operatoren sind eigentlich alle identisch mit denen in C. In Tabelle 5.1 finden Sie eine Liste der JScript-Operatoren.

Tab. 5.1: Mathematische Operatoren

Operator	Bedeutung
=	Zuweisung
==	Gleichheit
+, -	Addition, Subtraktion
*, /	Multiplikation, Division
%	Modulus (Rest ganzzahliger Division)
++, --	Inkrement und Dekrement
-	Unäre Negation

Tab. 5.2: Bitweise Operatoren

Operator	Bedeutung
&	AND; Und
|	OR; Oder
^	XOR; exklusives Oder
<<	Bitweise links schieben
>>	Bitweise rechts schieben
>>>	Vorzeichenlos rechts schieben
~	NOT; Negation

Tab. 5.3: Logische Operatoren

Operator	Bedeutung
<, >	Kleiner als, größer als
<=	Kleiner als oder gleich
>=	Größer als oder gleich
!=	Ungleich
&&, ||	Logisches Und, Logisches Oder
!	Logisches Nicht
?:	Trinärer bedingter Operator
==	Gleichheit

Allgemeine Anmerkungen zu JScript

Operator	Bedeutung
= = =	Identität
! = =	Keine Identität
,	Sequenz

Tab. 5.3: Logische Operatoren (Forts.)

Verbundoperatoren

Bislang mag Ihnen noch kein Unterschied zwischen VBScript und JScript aufgefallen sein. JScript kennt aber weitere Operatoren, mit denen sich die Programmierung teilweise vereinfachen lässt. Den wichtigsten Teil nehmen die Verbundoperatoren ein. Dies sind Kombinationen aus einem mathematischen Operator und dem Gleichheitszeichen. Das sieht zum Beispiel so aus:

Kombinationen aus Zuweisung und Operator

```
zaehler += 10
```

Ohne diesen Operator müssten Sie den Ausdruck folgendermaßen schreiben:

```
zaehler = zaehler + 10
```

Die folgende Tabelle zeigt alle Verbundoperatoren und deren Bedeutung:

Verbundoperator	Bedeutung
+=	Addition
-=	Subtraktion
*=	Multiplikation
/=	Division
%=	Modulus
&=	Und
|=	Oder
^=	Exklusives Oder
>>=	Rechtsschieben
<<=	Linksschieben
>>>=	Vorzeichenlos rechts schieben

Tab. 5.4: Kombinierte Zuweisungsoperatoren

Funktionsoperatoren

JScript kennt noch einige weitere Operatoren, die in logischen Ausdrücken verwendet werden können.

Der unäre Operator `delete` löscht ein Element oder die Eigenschaft eines Objekts. Der Ausdruck, auf den sich der Operator bezieht, sollte ein Element oder eine Eigenschaft sein. `instanceof` stellt fest, ob ein Objekt Bestandteil einer Klasse ist. Mit `typeof` stellen Sie den Typ einer Variablen fest. Wann

**delete
instanceof
typeof
void**

immer Sie einen Operator aus syntaktischen Gründen einsetzen müssen und eigentlich keine Operation wünschen, setzen Sie void ein.

new Ein anderer Operator ist dagegen nicht unbedingt als solcher zu erkennen. new erstellt ein neues Objekt:

```
mein_objekt = new Array()
```

5.3.4 Bedingungen und Schleifen

Die Befehle, die Bedingungen und Schleifen in JScript erstellen, nutzen alle die gleichen Schlüsselwörter und arbeiten mehr oder weniger auf die gleiche Weise wie die in C, C++ und Java.

Bedingungen mit If...else erstellen

if Der if...else-Befehl wird verwendet, um Fragen zu stellen und dann, aus-
else gehend von der Antwort, zu verzweigen.

```
if (child == 0 && woman == 1)
{
   dinky = true
   family = false
} else {
   family = true
}
```

Sie können die geschweiften Klammern verwenden, um entweder im if- oder else-Bereich einen Block von Befehlen zu erstellen. Beachten Sie, dass es in JScript kein Schlüsselwort »then« gibt.

Mehrfache Verzweigungen mit switch...case

switch Sie verwenden den Befehl switch...case, um eine Variable oder einen Aus-
case druck mit einer Zahl auf den möglichen Wert zu vergleichen. Er arbeitet genauso, wie der Befehl switch...case in C, C++ und Java mit den folgenden Ausnahmen:

- In JScript können Sie zur Verzweigung auch Zeichenketten nutzen.

- Die switch-Variable und der Wert, mit dem sie verglichen wird, müssen nicht vom gleichen Typ sein, da JScript mit Variablentypen sehr locker umgeht.

- C und C++ verlangen von dem Wert in jedem case, dass er einzigartig ist. JScript setzt das nicht voraus.

- Die case-Werte, die Sie miteinander vergleichen, können auch Variablen sein.

Wenn Sie also einen Code interpretieren wollten, könnten Sie folgendermaßen vorgehen:

Allgemeine Anmerkungen zu JScript

```
<%@ LANGUAGE = JScript %>
<%
var sprache, nachricht
sprache = "VBScript"
switch (sprache)
{
case "VBScript":
   nachricht = "VBScript ist eine Skriptsprache"
   break
case "PHP":
   nachricht = "PHP ist eine Skriptsprache"
   break
case "C":
   nachricht = "C ist eine Programmiersprache"
   break
default:
   interpret = "Diese Sprache kenne ich nicht"
}
%>
<% = nachricht %>
```

Listing 5.3: Anwendung von switch...case in JScript (js_switch.asp)

Fehlerbehandlung im eigenen Code

Für die Behandlung »privater« Fehler steht eine besondere Anweisung zur Verfügung: try...catch...throw. Diese Anweisungen sind neu in Version 5 von JScript.

try...catch...throw

```
<%
function TryCatchDemo(x) {
  try {
    try {
    if (x == 0)   // Argument auswerten.
       throw "x gleich null";        // Fehler auslösen.
    else
       throw "x ungleich null";      // Anderen Fehler auslösen.
    }
    catch(e) {     // Hier "x = 0"-Fehler behandeln.
      if (e == "x gleich null")      // Überprüfen, ob Fehler
                                     //hier behandelt wird.
         return(e + " wird hier behandelt.");
         // Fehlermeldung für das Objekt zurückgeben.
      else       // Fehler kann hier nicht behandelt werden.
         throw e;    // Fehler für nächste Fehler-
    }              //          Behandlung neu auslösen.
  }
  catch(e) {         // Andere Fehler hier behandeln.
    return(e + " wird auf einer höheren Stufe behandelt.");
```

5 JScript

```
        // Fehlermeldung zurückgeben.
    }
}
%>
0: <% = TryCatchDemo(0) %><BR>
1: <% = TryCatchDemo(1) %>
```

Listing 5.4: *Fehlerbehandlung mit try...catch (js_trycatch.asp)*

Schleifen mit for definieren

for JScript unterstützt alle drei Schleifenbefehle, die auch von C++ und Java unterstützt werden: Die Zählschleife for, die am Anfang getestete while-Schleife und die am Ende getestete do...while-Schleife. Sie arbeiten genauso, wie Sie es von ihnen erwarten.

```
<%@ LANGUAGE = JScript %>
<%
var zweierpotenz
for (var x = 1; x <= 8; x++)
{
    zweierpotenz = Math.pow(2, x)
%>
Die Zweierpotenz von <% = x %> ist <% = zweierpotenz %>!
<P>
<%
}
%>
```

Listing 5.5: *Einfache for-Schleife (js_for.asp)*

while **Schleifen mit while und do**
do...while
Die Schleifen while und do...while laufen so lange, bis eine Bedingung erfüllt ist.

```
<%@ LANGUAGE = "JScript" %>
<%
var quadrat = 0, x = 1
while (quadrat <= 100)
{
    x++
    quadrat = x * x
%>
    Das Quadrat von <% = x %> ist gleich <% = quadrat %>
    <p>
    <%
}
%>
<% = x %> zum Quadrat ist größer als 100.<p>
```

Listing 5.6: *while-Schleife (js_while.asp)*

Allgemeine Anmerkungen zu JScript

Der Unterschied zwischen der Schleife while und do...while besteht darin, dass die Bedingung in der while-Schleife zuerst kontrolliert wird. In der do...while-Schleife wird die Bedingung erst am Ende überprüft. Das bedeutet, dass der Code innerhalb einer do...while-Schleife immer wenigstens einmal ausgeführt wird. Der Code innerhalb einer while-Schleife wird niemals ausgeführt, wenn die Bedingung schon beim ersten Mal nicht erfüllt wird.

Expliziter Schleifenabbruch

Die Befehle break und continue arbeiten genauso wie ihre Pendants in C++ und Java.

break
continue

Der Befehl break stoppt die Ausführung einer Schleife oder des Befehls switch...case und springt vollständig aus ihnen heraus, beginnend mit der Zeile, die direkt der Schleife oder der switch...case-Kombination folgt.

Der Befehl continue stoppt die Ausführung des Inneren einer Schleife und beginnt die Schleife noch einmal von vorn.

Besondere Schleifen für Array

In Abschnitt 5.3.5 *Arrays* lernen Sie die Behandlung von Datenfeldern kennen. Für den unkomplizierten Umgang dient eine weitere Schleife: for...in. Hier ein einfaches Beispiel:

for...in

```
<%
var a, schluessel, s = "";
// Initialisiert das Objekt.
a = {"a" : "Athen", "b" : "Belgrad", "c" : "Chicago"}
// Durchläuft die Eigenschaften.
for (schluessel in a) {
    s += a[schluessel] + "<BR>";
}
%>
<% = s %>
```

Listing 5.7: *for...in-Schleife zum Durchlaufen von Datenfeldern (js_forin.asp)*

Dieses Skript gibt die Elemente der Liste *a* untereinander aus.

5.3.5 Arrays

Arrays sind ein Standardinstrument zum Speichern umfangreicher Daten. JScript bietet eine exzellente Unterstützung dafür.

Arrays erzeugen

In vielen Dingen sind Arrays in JScript frei von Begrenzungen jeglicher Art. Damit können sie für sehr viele Fälle eingesetzt werden, für die Sie in anderen Programmiersprachen umfangreiche Codes schreiben müssten. Es gibt nur eine wesentliche Einschränkung: In JScript sind Arrays auf eine Dimension begrenzt.

Array()

```
<%
titel = new Array(4)
titel[0] = "Active Server Pages"
titel[1] = 99.90
titel[2] = "Jörg Krause"
titel[3] = 965
%>
Titel: <% = titel[0] %><br>
Preis: <% = titel[1] %><br>
Autor: <% = titel[2] %><br>
Seiten: <% = titel[0] %>
<p>
```

Listing 5.8: Umgang mit einfachen Arrays (js_array.asp)

Arrays nehmen viele Datentypen auf

Arrays füllen

Das bedeutet aber auch, das Arrays mehr als einen Datentyp aufnehmen kann. Ein einziges Array kann verschiedene Datentypen in seinen unterschiedlichen Elementen aufnehmen, dies entspricht etwa dem Befehl struct in C oder C ++.

Vielleicht wird dies als schlechte Programmiererpraxis bezeichnet und als eines der Dinge, die Sie nicht tun sollten. Andererseits sind unglaublich elegante Programmierlösungen möglich. Den Designern der Sprache ging es tatsächlich um etwas anderes. Die Idee dahinter ist, zum einen die Sprache deutlich einfacher zu halten als »große« Programmiersprachen, zum anderen die Einschränkungen nicht so rigide zu halten, dass Probleme unlösbar werden.

In diesem Fall ist es sogar so, dass die Designer von JScript es sehr klar herausgearbeitet haben, dass sie tatsächlich wollen, dass Sie diese Fähigkeiten nutzen können. Tatsächlich haben sie sogar weitere Eigenschaften in das Programm eingebaut, um es Ihnen einfacher zu machen:

```
<%
titel = new Array()
titel["Titel"] = "Active Server Pages"
titel["Preis"] = 99.90
titel["Autor"] = "Jörg Krause"
titel["Seiten"] = 965
%>
Titel: <% = titel["Titel"] %><br>
Preis: <% = titel["Preis"] %><br>
Autor: <% = titel["Autor"] %><br>
Seiten: <% = titel["Seiten"] %>
<p>
```

Listing 5.9: Umgang mit indizierten Arrays (js_array2.asp)

Allgemeine Anmerkungen zu JScript

Beachten Sie, dass diesmal keine Größe für das Array angegeben wurde. Dies ist nicht notwendig, weil jetzt noch nicht einmal mehr eine Zahl als Referenz auf das Array-Element benutzt wurde. Das nächste Beispiel zeigt eine noch faszinierendere Eigenschaft eines Arrays:

```
<%
titel = new Array(4)
titel.Titel = "Active Server Pages"
titel.Preis = 99.90
titel.Autor = "Jörg Krause"
titel.Seiten = 965
%>
Titel: <% = titel.Titel %><br>
Preis: <% = titel.Preis %><br>
Autor: <% = titel.Autor %><br>
Seiten: <% = titel.Seiten %>
<p>
```

Listing 5.10: *Arrays als Objekte betrachtet (js_arrayo.asp)*

Offensichtlich sind in JScript die Arrays sehr flexibel und es gibt ziemlich bizarre Anwendungen. Die in Listing 5.10 gezeigte Syntax offenbart die innere Struktur: Arrays (und im übrigen auch Zeichenketten) sind Objekte.

Arrays indizieren

Sogar wenn Sie Zahlen zur Indizierung der Elemente eines Arrays verwenden, müssen es keine aufeinander folgenden Zahlen sein. Das folgende Beispiel ist in JScript erlaubter Code:

Array-Indizes müssen einander nicht folgen.

```
<%
kunde = new Array ()
kunde (4) = "Müller Investitionen GmbH"
kunde (23) = "Versicherungen Sicher AG"
kunde (9384) = "Reifendienst Marquardt"
% >
```

Listing 5.11: *Arrays als Objekte betrachtet (js_arrayi.asp)*

Die Nummern der Arrayelemente in dem Array *kunde* werden dazu verwendet, um die Kundennummer zu bestimmen. Speicher wird dadurch nicht verschwendet, denn JScript setzt komprimierende Arrays ein. Der Code in Listing 5.11 hat nur drei Elemente und verbraucht auch nur dafür Platz.

5.3.6 Eigene Funktionen erzeugen

In C und C++ können Sie Funktionen erzeugen, die unabhängig sind und von jeder Stelle in Ihrer Applikation aufgerufen werden können. Java, in dem Versuch etwas mehr objektorientiert zu sein, fordert von Ihnen immer die Erzeugung von Funktionen als Teil von Objekten. JScript arbeitet in dieser Hinsicht stärker wie C und C++. Sie können normale, einzeln agierende Funktionen kreieren, auf die von irgendwo auf der Seite zugegriffen werden kann.

function Sie erstellen eine Funktion mit Hilfe des Schlüsselwortes function und bestimmen den Namen, die Argumente und den Körper der Funktion.

```
<%
function quadriere(argument)
{
    var quadrat;
    quadrat = argument * argument;
    return quadrat;
}
%>
```

Listing 5.12: Aufbau einer selbst definierten Funktion

return Variablen, die innerhalb der Funktion erstellt werden, gelten lokal für diese Funktion. Sie verwenden den Befehl return, um den Wert zu bestimmen, der als Ergebnis der Funktion zurückgesendet wird.

Um diese Funktion aufzurufen, erwähnen Sie einfach ihren Namen, senden die richtigen Argumente und achten darauf, dass Ihnen der Wert zurückgesendet wird, wenn Sie einen Wert erwarten.

```
<% = quadriere(15) %>
<%
var ergebnis
ergebnis = quadriere(15)
%>
```

Listing 5.13: Aufruf der selbst definierten Funktion aus Listing 5.12

Werte und Referenzen

In C, C++ und Java legen Sie üblicherweise explizit fest, wie Argumente an eine Funktion gegeben werden – entweder durch den Wert oder durch Verweise. JScript versucht stattdessen allerlei Annahmen und macht dies immer auf die gleiche Weise.

Zahlen und Boolesche Werte werden immer nach ihrem Wert übergeben. Objekte, Felder und Funktionen werden immer durch die Verweisung übergeben.

Diese Regeln gelten nicht nur für Argumente in einer Funktion, sondern auch dann, wenn eine Variable einer anderen zugewiesen oder mit ihr verglichen wird.

Zeichenketten sind ein spezieller Fall. Sie werden kopiert und an die Funktion durch Verweisung übergeben, aber wenn sie verglichen werden, nutzt man wiederum ihren Wert – so wie Sie es sicher erwartet haben.

5.4 Eingebaute Methoden und Objekte

> JScript ist ähnlich wie VBScript um bestimmte Funktionen erweitert worden. Im Gegensatz dazu sind die Erweiterungen stärker objektorientiert.

5.4.1 Das Objekt global

In JScript ist alles ein Objekt. Beim Programmieren macht sich das aber nicht immer bemerkbar. Das interne Objekt global nimmt Funktionen auf, die sonst nicht klar zugeordnet werden können. Die Anwendung entspricht tatsächlich auch der einer Funktion, denn Sie müssen nicht erst ein entsprechendes Objekt instanziieren. Hier eine Liste der Methoden, die wichtigsten werden nachfolgend kurz vorgestellt:

- escape
- eval
- isFinite
- isNaN
- parseFloat
- parseInt
- unescape

Die Methoden escape und unescape

Mit escape können Sie die Sonderzeichen einer Zeichenkette in das für die Übertragung per URL (siehe dazu auch Kapitel 4) nötige kodierte Format übertragen. Die Methode tauscht jedes Sonderzeichen gegen die Zeichenfolge %XX aus, wobei XX der Hex-Code des Zeichens ist. unescape wandelt eine entsprechend kodierte Zeichenkette wieder zurück.

escape unescape

Die folgende Zeichenkette enthält Umlaute:

```
var name
name = "Jörg Krause"
name = escape(name)
```

Anwendungsbeispiel

Die Zeichenkette enthält jetzt:

```
J%F6rg%20Krause
```

Die Methode eval

eval Die eval-Funktion hat in JScript eine große Bedeutung. Immer wieder lassen sich Programmierprobleme damit sehr elegant lösen. eval ist die Art einer Funktion, die Sie wahrscheinlich nur in einer Interpretersprache finden, und sie bietet einige Vorteile, die in einer kompilierten Sprache wie C oder C ++ nur sehr schwer umzusetzen sind. Sie können eine Formel in der Form einer Zeichenkette nehmen und sie evaluieren, als wäre es eine Zeile des Codes. Die Methode führt also Code aus, der in einer Variablen steht.

```
<%@ LANGUAGE = JScript %>
<%
var formula, result
formula = "15 * (300 / 7)"
result = eval (formula)
%>
<% = formula %> ist gleich <% = result %>
```

Listing 5.14: So wird eval eingesetzt (js_eval.asp)

Das Ergebnis wird berechnet, als wäre es direkt in dem Code erschienen. Das folgende Beispiel gibt 64 zurück:

```
<%@ LANGUAGE = Jscript %>
<%
var formula, result
function quadriere(wert)
{
    var wert
    quadriere = wert * wert
    return quadriere
}
formula = " quadriere(8)"
result = eval (formula)
%>
<% = formula %> ist gleich <% = result %>
```

Listing 5.15: Nutzung der Funktion eval (js_eval2.asp)

Sie können JScript-Operatoren verwenden, Sie können auch eingebaute JScript-Funktionen und sogar Funktionen, die Sie selbst erstellen, verwenden. Das Aufrufen der eval-Funktion entspricht genau der Verarbeitung des Codes innerhalb der Zeichenkette durch den Interpreter an diesem Punkt im Skript. Jetzt können Ihre Programme beginnen, sich selbst zu schreiben!

5.4.2 Das ActiveX-Objekt

Mit dem ActiveX-Objekt erhalten Sie Zugriff auf die bereits bei VBScript beschriebenen Komponenten und Webserverobjekte. Die Anwendung unterscheidet sich nicht von der bereits beschriebenen.

```
var newObject = new ActiveXObject("MSWC.Browsercap")
```

Übersicht ActiveX-Objekte

Die folgenden Objekte stehen als ActiveX-Objekt zur Verfügung. Dadurch können Sie von allen Skriptsprachen unter ASP darauf zugreifen. Die Anwendung unterscheidet sich nicht oder nur marginal von der am Beispiel VBScript gezeigten. Folgende Objekte stehen zur Verfügung:

- Dictionary
- Error
- FileSystemObject

5.4.3 Das Array-Objekt

Das Array-Objekt wird mit dem folgende Befehl erstellt. Arrays selbst – und der Umstand, dass es sich dabei offensichtlich um Objekte handelt – wurden bereits in Abschnitt 5.3.5 behandelt.

Übersicht

Ein neues Array erstellen Sie folgendermaßen:

```
var neuesArray = new Array();
```

Methoden

Arrays werden in JScript mit verschiedenen Methoden bearbeitet, die im Folgenden übersichtsweise gezeigt werden. Beachten Sie bei der Interpretation der Arbeitsweise, dass es nur eindimensionale Arrays gibt, was die Anwendung bestimmter Funktionen überhaupt erst möglich macht:

- Die concat-Methode verbindet zwei Arrays miteinander:
- Datenfeld1.concat(Datenfeld2)
- Die join-Methode verbindet die Elemente eines Arrays mit einem Trennzeichen:
- Datenfeld.join(Trennzeichen)
- Die reverse-Methode dreht die Reihenfolge der Elemente eines Arrays um:
- Datenfeld.reverse( )
- Die slice-Methode gibt einen Teil eines Arrays zurück:
- Datenfeld.slice(Beginn[, Ende])

- Die sort-Methode dient der Sortierung eines Arrays. Die Sortierfunktion ist eine selbstdefinierte Funktion, die folgende Werte zurückgeben muss:
  - Einen negativen Wert, wenn das erste übergebene Argument kleiner als das zweite übergebene Argument ist.
  - Null, wenn beide Argumente gleich sind.
  - Einen positiven Wert, wenn das erste Argument größer als das zweite ist.

  Datenfeld.sort(Sortierfunktion)
  Die Sortierfunktion ist optional. Ohne Angabe wird eine interne Funktion verwendet.

- toString-Methode
  Wandelt das Array in eine Zeichenkette um. Die Elemente der Zeichenkette werden durch Kommata getrennt.

- valueOf-Methode
  Entspricht im Kontext eines Arrays der Methode toString. Dieselbe Methoden wird auch für andere Objekte verwendet und zeigt dann ein anderes Verhalten.

5.4.4 Das String-Objekt

Am Anfang des Kapitels wurde bereits erwähnt, dass auch Zeichenketten Objekte sind. Entsprechend finden Sie die Möglichkeiten zur Bearbeitung von Zeichenketten nicht unter dem Stichwort Funktionen, sondern Methoden. Das folgende Beispiel zeigt die Anwendung:

```
var strMessage, strError;
strMessage = new String("Dies ist eine Zeichenfolge.");
strError = new String("Die Umwandlung konnte nicht erfolgen.");
```

Methoden

Methoden zur Verarbeitung von Zeichenketten

Das String-Objekt kennt viele Methoden, die in der folgenden Tabelle überblicksartig vorgestellt werden.

Tab. 5.5: Zeichenketten-Methoden

Methode	Beschreibung
anchor(anker)	Setzt einen HTML-Anker: <a name="anker">Zeichenkette</a>
big	Setzt das HTML-Attribut <big>
blink()	Setzt das HTML-Attribut <blink>
bold()	Setzt das HTML-Attribut <b>
charAt(Index)	Gibt das Zeichen am Index zurück

Eingebaute Methoden und Objekte

Methode	Beschreibung
charCodeAt(Index)	Gibt den Unicode des Zeichens am Index zurück
concat(Kette)	Verknüpft die Zeichenkette mit Kette
fixed()	Setzt das HTML-Attribut <TT>
fontcolor(Color)	Setzt das HTML-Attribut <font color="Color">
fontsize(Size)	Setzt das HTML-Attribut <font size="Size">
fromCharCode(CL)	Gibt eine Zeichenliste zurück, die aus der Unicode-Liste CL stammt
indexOf(Teil, Start)	Durchsucht die Zeichenkette nach *Teil*, ab Position *Start*
italics()	Setzt das HTML-Attribut <I>
lastIndexOf(Teil, Start)	Gibt das letzte Auftreten von Teil ab Position Start zurück
link(anker)	Setzt einen HTML-Link: <A HREF="anker">Zeichenkette</A>
match(Regex)	Sucht nach dem regulären Ausdruck Regex
replace(Regex, Ersatz)	Sucht nach dem regulären Ausdruck Regex und ersetzt ihn durch Ersatz
search(Regex)	Sucht nach einem weiteren Auftreten des Ausdrucks Regex
slice(Beginn, Ende)	Gibt eine Teilzeichenkette als String-Objekt zurück
small()	Setzt das HTML-Attribut <SMALL>
split(Trennung)	Teilt eine Zeichenkette am Zeichen Trennung und gibt ein Array zurück.
strike()	Setzt das HTML-Attribut <STRIKE>
sub()	Setzt das HTML-Attribut <SUB>
substr(Beginn, Länge)	Gibt eine Teilzeichenkette zurück
substring(Beginn, Ende)	Gibt eine Teilzeichenkette zurück
sup()	Setzt das HTML-Attribut <SUP>
toLowerCase	Wandelt eine Zeichenkette in Kleinbuchstaben
toString	Gibt ein Objekt als Zeichenkette zurück
toUpperCase	Wandelt eine Zeichenkette in Großbuchstaben
valueOf	Die Zeichenfolge selbst

Tab. 5.5: Zeichenketten-Methoden (Forts.)

Anwendungsbeispiel

Um eine normale Zeichenkette mit den gezeigten Methoden zu bearbeiten, sind keine besonderen Maßnahmen notwendig:

```
var klein
klein = "Das ist ein Test".toLowerCase
```

Das ist eine der vorn bereits angesprochenen »bizarren« Notationen, nichtsdestoweniger gültig und ausgesprochen einfach handhabbar. Wer es etwas exakter mag, kann auch Folgendes schreiben:

```
var strObject, klein
strObject = new String("Das ist ein Test ")
klein = strObject.toLowerCase
```

Viele der Methoden erzeugen HTML-Code, was ausgesprochen praktisch ist.:

```
var mylink = "Homepage des Autors"
mylink = mylink.link("http://www.joerg.krause.net")
response.write(mylink)
```

Dieses Skript erzeugt die folgende Ausgabe:

```
<A HREF="http://www.joerg.krause.net">Homepage des Autors</A>
```

5.4.5 Das Date-Objekt

Das Date-Objekt erlaubt den Zugriff auf Zeit- und Datumsinformationen.

Erzeugung

Umgang mit Zeiten und Daten

Dieses Objekt behandelt Datums- und Zeitwerte. Folgende Syntax dient der Erzeugung eines Date-Objekts:

```
var neuesDatum = new Date()
var neuesDatum = new Date(DatumWert)
var neuesDatum = new Date(Jahr, Monat, Datum
                [, Stunden [, Minuten
                [, Sekunden [,ms] ] ] ]
                )
```

Methoden

Auf das so erzeugte Date-Objekt können Sie folgende Methoden anwenden:

- get-Methoden, beispielsweise getMonth oder getHour, geben den entsprechenden Bestandteil des Datumswerts zurück.

- set-Methoden, wie setMilliseconds oder setMinutes, setzen den entsprechende Teil des Datumswerts.

- `toLocaleString` gibt den Datumswert im Format der im Betriebssystem gewählten Ländereinstellung zurück.

5.4.6 Das Enumerator-Objekt

Das `Enumerator`-Objekt dient der Realisierung von Aufzählungen. Auf die Elemente der Aufzählung kann nur über entsprechende Methoden zugegriffen werden. Dadurch unterscheidet es sich von Arrays. Das Objekt ersetzte ursprünglich die Anweisung `for...in`, die erst ab JScript 5.0 (ab Windows 2000/IIS5/IE5) verfügbar ist.

Aufzählungen

Das folgende Beispiel zeigt die Liste der Laufwerke des Servers:

```
{
  var fso, s, n, e, x;
  fso = new ActiveXObject("Scripting.FileSystemObject");
  e = new Enumerator(fso.Drives);
  s = "";
  for (;!e.atEnd();e.moveNext())
  {
     x = e.item();
     s = s + x.DriveLetter;
     s += " - ";
     if (x.DriveType == 3)
       n = x.ShareName;
     else if (x.IsReady)
       n = x.VolumeName;
     else
       n = "[Laufwerk nicht bereit]";
     s += n + "<br>";
  }
  return(s);
}
```

Listing 5.16: Verwendung der Laufzeitbibliothek in JScript

Methoden

Die einsetzbaren Methoden auf einen Blick:

- `atEnd`-Methode; gibt `true` zurück, wenn der Zeiger am Listenende steht.
- `item`-Methode; gibt den aktuellen Eintrag zurück.
- `moveFirst`-Methode; setzt den Zeiger an den Listenanfang.
- `moveNext`-Methode; setzt den Zeiger eine Position weiter.

Der Zeiger ist ein internes Element, das die jeweils aktuelle Position speichert.

5.4.7 Die Zahlenobjekte in JScript

Die Zahlenobjekte erlauben den Umgang mit Zahlenwerten und mathematischen Berechnungen.

Math-Objekt

Mathematische Funktionen Alle mathematischen Funktionen stehen als Methoden des Math-Objekts zur Verfügung. Insofern unterscheidet sich lediglich die Syntax von der in VBScript, nicht jedoch das verfügbare Funktionsspektrum.

Methoden

Hier eine Liste der Methoden des Objekts Math:

Tab. 5.6: Methoden des Objekts Math

Methode	Beschreibung
abs	Absoluter Betrag
acos	Arcus Kosinus
asin	Arcus Sinus
atan	Arkus Tangens
atan2	Winkel zwischen x-Achse und Punkt x,y
ceil	Kleinste Ganzzahl des Arguments
cos	Cosinus
exp	e^x
floor	Größte Ganzzahl
log	Natürlicher Logarithmus
max	Maximum
min	Minimum
pow	Potenz
random	Zufallszahl
round	Rundungsmethode
sin	Sinus
sqrt	Quadratwurzel
tan	Tangens

Eigenschaften

Diese Eigenschaften sind Konstanten mit häufig benötigten mathematischen Werten:

- E
  Die Eulersche Zahl e (2,718), Basis des natürlichen Logarithmus

Eingebaute Methoden und Objekte

- LN10
  Der natürliche Logarithmus der Zahl 10
- LN2
  Der natürliche Logarithmus der Zahl 1
- LOG10E
  Der dekadische Logarithmus der Zahl e
- LOG2E
  Der natürliche Logarithmus der Zahl e
- PI
  Die Konstante π (3,141592653589793)
- SQRT1_2
  Die Wurzel aus ½ (0,707)
- SQRT2
  Die Wurzel aus 2 (1,414)

> Denken Sie daran, das JScript Groß- und Kleinschreibung unterscheidet. Die Eigenschaften, die hier in Großbuchstaben dargestellt sind, müssen auch genauso geschrieben werden.

Anwendung

Die Anwendung ist einfach, wie das folgende Listing zeigt:

```
var absolut, zahl, mypi
zahl = -34
absolut = Math.abs(zahl)
mypi = Math.PI
```

Listing 5.17: Methoden und Eigenschaften des Math-Objekts nutzen (js_math.asp)

Alle anderen Methoden werden entsprechend verwendet. pow hat zwei Argumente (Basis und Exponent), alle anderen haben ein Argument. Ausnahme ist die gezeigte Methode abs, die keine weiteren Argumente benötigt.

Number-Objekt

Das Number-Objekt wird nur selten direkt erstellt, JScript betrachtet jede Zahl intern ohnehin als Objekt. Einige spezielle Eigenschaften können aber angewendet werden, die manchmal die Erstellung sinnvoll erscheinen lassen:

Sonderzustände von Zahlen

- MAX_VALUE
  Eine Konstante: der größte darstellbare Wert.
- MIN_VALUE
  Eine Konstante: der kleinste darstellbare Wert.

- NaN (Not a Number)
  Konstanter Code für den Zustand »keine Zahl«.
- NEGATIVE_INFINITY
  Ein Zustand: negativ unendlich.
- POSITIVE_INFINITY
  Ein Zustand: positiv unendlich.

Hier ein weiteres Beispiel:

```
if (ergebnis.NEGATIVE_INFINITY) {
   response.write ("Minus Unendlich erreicht")
}
```

5.5 Reguläre Ausdrücke in JScript

> Die Unterstützung regulärer Ausdrücke unterscheidet sich nur in wenigen Details von VBScript. Der wesentlichste Unterschied besteht darin, dass die Unterstützung in JScript nicht neu ist, sondern schon seit Version 3.0 existiert. Einen Überblick über die Methoden und Eigenschaften der entsprechenden Objekte finden Sie in diesem Abschnitt.

5.5.1 Objekte für reguläre Ausdrücke

Reguläre Ausdrücke werden in Abschnitt 4.5 *Reguläre Ausdrücke* ab Seite 224 ausführlich vorgestellt. Die dortigen Ausführungen zu VBScript gelten auch für JScript. Auf Abweichungen wird gesondert eingegangen.

Überblick der Methoden und Eigenschaften

Auf einen Blick Die folgende Liste zeigt einen Überblick über die verfügbaren Methoden und Eigenschaften der beiden Objekte:

- Eigenschaften des RegEx-Objekts:
  - $1...$9-**Eigenschaften**
  - index-**Eigenschaft**
  - input-**Eigenschaft**
  - lastIndex-**Eigenschaft**
- Eigenschaften des Regular Expression-Objekts:
  - lastIndex-**Eigenschaft**
  - source-**Eigenschaft**
- Methoden des Regular Expression-Objekts:
  - compile-**Methode**

Reguläre Ausdrücke in JScript

- exec-Methode
- test-Methode

5.5.2 Die RegExp-Objekte

Auch JScript verfügt über zwei Objekte: RegExp und das »virtuelle« Regular-Expression-Objekt. Letzteres wird nicht explizit erzeugt, sondern implizit durch die Angabe eines Suchmusters. Zwangsläufig muss der Interpreter das Suchmuster erkennen. Dies geschieht durch entsprechende Literale, die glücklicherweise der Syntax in Perl entsprechen. Es ist deshalb mit JScript verhältnismäßig einfach, sich durch Funde von interessanten Mustern in der Literatur komplexeren Lösungen zu nähern.

Ein RegExp-Objekt anlegen

Mit dem folgenden Code legen Sie ein RegExp-Objekt an: **RegExp**

```
var myregex = new RegExp("Suchmuster", "Schalter")
```

Alternativ ist auch die Perl-Schreibweise möglich:

```
var myregex = /Suchmuster/Schalter
```

Die Suchmuster wurden bereits in Abschnitt 10.1 und 10.3 ausführlich beschrieben. Die Möglichkeiten in JScript unterscheiden sich nicht von denen in VBScript. Die Schalter entsprechen den Kodierungen in Perl, beschränkt auf zwei Optionen:

- i ignoriere Groß- und Kleinschreibung **Optionen**
- g erlaubt die globale Suche (greedy) des Musters über die Suchzeichenkette

Reguläre Ausdrücke anwenden

Um den Suchvorgang auszuführen, wird die Methode exec verwendet: **exec**

```
var myresult = myregex.exec("Suchzeichenkette")
```

Die Variable *myresult* ist nun ein Array mit den gefundenen Teilzeichenketten.

Die Eigenschaften des RegExp-Objekts

Das RegExp-Objekt verfügt über zwei Eigenschaften, mit denen das Verhalten vor der Suche verfeinert werden kann:

- lastIndex
  Dieser Wert gibt den Index in der Zeichenkette an, ab dem gesucht werden soll. Ohne Angabe wird die gesamte Zeichenkette durchsucht.

▶ source
Diese Eigenschaft enthält den regulären Ausdruck (das Suchmuster) selbst. Der Wert ist schreibgeschützt.

5.5.3 Beispiele

Zwei Beispiele zeigen, wie reguläre Ausdrücke in JScript verwendet werden.

E-Mail-Adresse prüfen

Häufig werden in Formularfeldern E-Mail-Adressen eingetragen. Auch dieser Ausdruck ist noch nicht perfekt, für die meisten Fälle aber hinreichend gut und schnell. Das folgende Skript zeigt eine Anwendung mit JScript:

```
<%
var checkmail = /^[_a-zA-Z0-9-]+(\.[_a-zA-Z0-9-]+)* _
                @[a-zA-Z0-9-]+\.([a-zA-Z]{2,3})$/ig;
var mail = Request.Form("EMAIL");
if (!checkmail.test(mail)) {
   %>
   <span style="color:red">Fehler in der Adresse</span>
   <%
} else {
   %>
<span style="color:red">Adresse ist zulässig</span>
   <%
}
%>
<form method="post" action="J10_401.asp">
E-Mail:      <input type="text" size="50" name="email"
                    value="<% = Request.Form("email") %>">
<br>
<input type="submit">
</form>
```

Listing 5.18: E-Mail-Adresse mit regulären Ausdrücken validieren (js_regexform.asp)

5.5.4 Die Eigenschaften des Objekts RegExp

JScript greift auf die Elemente des Ausdrucks und die Ergebnisse der Auswertung mit Eigenschaften des RegularExpression-Objekts zu. Dieses Objekt entsteht aus dem RegExp-Objekt, das intern verfügbar ist und nicht gesondert angelegt werden braucht. Die Eigenschaften sind aber erst dann mit einem Wert belegt, wenn ein Ausdruck erfolgreich untersucht wurde.

$1...$9   In Abschnitt 4.5.6 *Teilmuster und Wiederholungen* ab Seite 242 wurde bereits eine wesentliche Eigenschaft regulärer Ausdrücke gezeigt: die Zerlegung des Ausdrucks in Gruppen. Dies erfolgt mit runden Klammern, wobei die

Zuordnung einfach der Nummer der linken (öffnenden) Klammer folgt. In JScript können Sie über die Eigenschaften $1 bis $9 auf solche Teile des Ausdrucks zugreifen. Die Schreibweise mag abenteuerlich anmuten, Perl-Profis erkennen sie aber sicher wieder. In Perl werden genauso benannte Variablen für diesen Zweck erzeugt.

Das folgende Skript in Listing 5.19 verwendet einen geringfügig modifizierten Ausdruck. Zusätzlich wurden bestimmte Bereiche in Klammern gesetzt. Auf die Funktionalität des Ausdrucks hat dies keinen Einfluss, wohl aber auf die »Füllung« der entsprechenden Eigenschaften $1 usw.

```
<%
var checkmail = new RegExp("^([_a-zA-Z0-9-]+(\.[_a-zA-Z0-9-]+)*)
                           @([a-zA-Z0-9-]+)\.([a-zA-Z]{2,3})$", "ig");
var mail = Request.Form("EMAIL");
var result = checkmail.exec(mail);
if (!result) {
   %>
   <span style="color:red">Fehler in der Adresse</span>
   <%
} else {
   %>
   <span style="color:red">Adresse ist zulässig</span>
   <br>
   <%
   Response.Write("<br>Mailname: ");
   Response.Write(RegExp.$1);
   Response.Write("<br>Domain: ");
   Response.Write(RegExp.$3);
   Response.Write("<br>Toplevel: ");
   Response.Write(RegExp.$4);
}
%>
```

Listing 5.19: *Modifizierte E-Mail-Kontrolle mit Zugriff auf die Bestandteile (Ausschnitt aus js_regexmail.asp)*

Da vier öffnende Klammern vorhanden sind (drei neu gesetzte und eine bereits vorhandene), sind die Werte $1 bis $4 belegt. Die aus funktionaler Sicht erforderliche dritte Klammer (von links zählend) wird nicht verwendet. Die anderen drei geben die Bestandteile der E-Mail-Adresse zurück (siehe Abbildung 5.4).

Die Eigenschaft Index enthält die Zeichenposition, an der die erste Übereinstimmung des regulären Ausdrucks in der Suchzeichenkette gefunden wurde. Alle weiteren Übereinstimmungen spielen keine Rolle. Das erste Element hat den Index 0. Die Eigenschaft bezieht sich wieder auf das eingebaute RegExp-Objekt:

RegExp.Index

Response.Write(**RegExp.Index**)

Abbildung 5.4:
Auswertung und
Zerlegung einer
E-Mail-Adresse

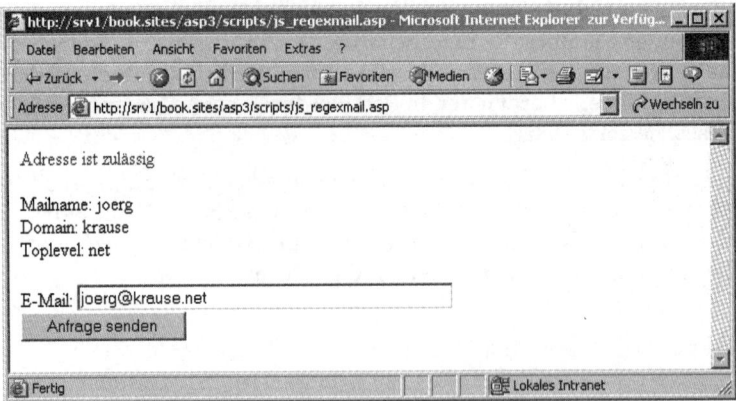

RegExp.LastIndex Die Position nach der Übereinstimmung wird mit LastIndex ermittelt. Wurde keine Übereinstimmung gefunden, steht der Wert auf -1. Der Wert ist ebenso wie Index nullbasiert.

RegExp.Input Auf die Quelldaten des regulären Ausdrucks wurde bereits hinwiesen, diese stehen in der Eigenschaft source. Auch das Suchgebilde selbst ist so gespeichert, die entsprechende Eigenschaft heißt input und ist ebenso wie source schreibgeschützt.

5.6 Spezielle Spracheigenschaften

Dieser Abschnitt ist zum Verständnis der Sprache JScript nicht unbedingt notwendig, zeigt aber einige elementare Eigenschaften für den interessierten Leser.

5.6.1 Intrinsische Objekte

Intrinsisch = Eingebaut

In JScript werden alle eingebauten Objekte als intrinsische Objekte bezeichnet. Damit wird klar gemacht, dass das explizite Ableiten der Objekte aus Klassen mit new nicht notwendig – und in der Regel auch nicht möglich – ist.

Die intrinsischen Objekte in JScript sind Array, Boolean, Date, Function, Global, Math, Number, Object, RegExp, Regular Expression sowie String.

5.6.2 Prototypen

prototype

Als Prototypen werden die internen Klassendefinitionen der intrinsischen Objekte bezeichnet. Die prototype-Eigenschaft gibt einen Verweis auf den Prototyp einer Objektklasse zurück. Mit der prototype-Eigenschaft können Sie einer Objektklasse eine Basismenge von Funktionen bereitstellen. Neue Instanzen eines Objekts erben das Verhalten des Prototypes, der diesem

Spezielle Spracheigenschaften

Objekt zugewiesen ist. Dies ist grundsätzlich eine Verhaltensweise, die JScript mangels Unterstützung für selbstgebaute Objekte vermissen lässt. Immerhin gibt es interessante Anwendungen dafür. Das folgende Skript erweitert die Eigenschaft max des intrinsischen Objekts Array. Das funktioniert, weil diese Eigenschaft eine prototype-Eigenschaft des Objekts ist. Nicht alle Eigenschaften und Methoden sind Prototypen. Auf welche das zutrifft, finden Sie in der Online-Dokumentation. Intern hängt es davon ab, wie das Objekt konstruiert wurde.

```
<%
function feld_max( ) {
  var i, max = this[0];
  for (i = 1; i < this.length; i++) {
     if (this[i] > max)
        max = this[i];
  }
  return max;
}
Array.prototype.max = feld_max;
var x = new Array(45, 3, 11, 7, 99, 9);
var y = x.max( );
%>
Größter Wert des Arrays: <% = y %>
```

Listing 5.20: Überschreiben eingebauter Funktionen mit prototype (js_proto.asp)

Dieses Beispiel gibt die Zahl 99 zurück; die Funktion ermittelt das größte Element eines Arrays. Die Methode max des Array-Objekts wurde dabei durch die Methode *feld_max* überschrieben. Die neue, veränderte Methode fügt sich nahtlos in den Kontext des Objekts ein, weil sie selbst durch die Eigenschaft prototype die Eigenschaften des Objekts geerbt hat.

5.6.3 Interne Konstruktoren

Mit der Eigenschaft constructor wird die Methode ermittelt, die ein Objekt erstellt. Angewendet werden kann constructor auf alle intrinsischen Objekte außer Global und Math.

constructor

Angenommen, Sie wissen nicht, ob eine bestimmte Variable ein String-Objekt ist, dann könnten Sie das folgendermaßen prüfen:

```
x = new String("Hallo");
if (x.constructor == String) {
  // Ja, es ist ein String-Objekt
}
```

Listing 5.21: Anwendung der Eigenschaft constructor

6 ASP-Programmierung

In diesem Kapitel werden die zuvor gezeigten Techniken eingesetzt, um interaktive Webseiten zu programmieren. Dabei wird zum einen auf HTML zurückgegriffen, zum Anderen aber auch auf VBScript und die am Anfang erwähnten Grundlagen der Netzwerkprotokolle. VBScript und die Webserverobjekte zusammen ergeben ASP. Nach diesem Kapitel können Sie bereits komplette Anwendungen programmieren.

6.1 Die ASP-Objekte

Richtig leistungsfähig wird VBScript erst durch eingebaute Objekte, die bereits eine komplexe Funktionalität haben. Mit diesen Objekten und deren Anwendung machen Sie den ersten Schritt von der einfachen Skriptprogrammierung hin zur Entwicklung komplexer Anwendungen. Kollektionen sind Sammlungen von Objekten, die sich ähnlich verhalten und deshalb hier beschrieben werden.

6.1.1 Grundlagen der ASP-Objekte

Dieser Abschnitt gibt einen Überblick über die ASP-Objekte. Die Programmierung in ASP ist praktisch eine Kombination aus der Programmiersprache VBScript (oder JScript) und den Methoden und Eigenschaften der ASP-Objekte.

Erweiterungen zu VBScript

Sieben Objekte sind in ASP enthalten. Sie dienen den elementaren Ein- und Ausgabeoperationen und ersetzen die entsprechenden Befehle der Oberflächensteuerung von VBScript. Das ist notwendig, denn die Erzeugung eines Dialogfeldes darf für den Inhaber eines Skripts nicht möglich sein (immerhin operiert der Webserver in einem geschützten Raum), andererseits macht es keinen Sinn, Windows-typische Dialoge zu programmieren, wenn die Auszeichnungssprache HTML die meisten Elemente gar nicht beherrscht. An dieser Stelle sei kurz auf Java verwiesen, in dem browserseitige Dialogfelder möglich sind und mit den MS Foundation Classes for Java auch um Windows-Elemente erweitert werden können. Gerade Letzteres führte allerdings zu massiven Angriffen seitens der von SUN geführten Java-Koalition, denn die Microsoft-Klassen untergraben das plattformunabhängige Kon-

Die Basisobjekte in ASP:
Response
Request
Server
ASPError
Session
Application
ObjectContext

zept von Java, den einzigen Vorteil dieser Sprache. Das Kalkül von Microsoft ist einfach: Ist das »bessere« Java erst einmal die Version von Microsoft und läuft es nur unter Windows, dann wird es sich dem direkten Vergleich mit ASP stellen müssen. Und da hat die tiefere Integration von ASP in das Betriebssystem einfach Vorteile.

Die eingebauten Objekte

Die sieben Objekte werden in der folgenden Liste kurz beschrieben:

- Request fordert Informationen vom Browser an bzw. enthält die Informationen, die von einem HTML-Formular übertragen wurden.

- Response sendet Informationen zum Browser, vor allem zur direkten Ausgabe von Text aus VBScript heraus.

- Server steuert die ASP-Umgebung und dient beispielsweise der Objekterzeugung und Kontrolle der TimeOut-Zeiten.

- ASPError erkennt und behandelt Laufzeitfehler. Das Objekt wird aus Server.GetLastError abgeleitet.

- Session speichert Informationen über die aktuelle Sitzung. Sessions verwenden intern immer Cookies.

- Application verteilt Informationen zwischen den verschiedenen Nutzern einer Sitzung. Damit wird die Interaktion zwischen gleichzeitig präsenten Nutzern einer Website möglich.

- ObjectContext steuert Transaktionen, die vom Microsoft Transaction Server MTS verwaltet werden.

Verwendung der Objekte

Die genaue Syntax der Objektbenutzung basiert wieder auf der verwendeten Skriptsprache. In VBScript werden die in den Objekten enthaltenen Methoden durch die Punktschreibweise aufgerufen:

`Objekt.Methode parameter`

Beachten Sie, dass die Abtrennung der Parameter nicht immer Klammern erfordert. Darüber hinaus haben Objekte Eigenschaften (engl. properties). Diese Eigenschaften werden mit derselben Technik abgefragt und können in einigen Fällen auch geändert werden.

`Objekt.Eigenschaft parameter`

Der grundlegende Unterschied zu den normalen VBScript-Objekten ist die direkte Anwendbarkeit. Sie müssen und können von Response oder Server keine Instanzen bilden, um damit zu arbeiten.

6.1.2 Wo Sie was finden

Beim Programmieren kommt es auf das Zusammenspiel der verschiedenen Methoden und Eigenschaften an. Dieses Kapitel ist aufgabenorientiert aufgebaut. Eine systematische Darstellung finden Sie dagegen in der Referenz. Wenn Sie sich für ein bestimmtes Detail interessieren, hilft die folgende Liste.

Objekt	Methode (M), Eigenschaft (e) oder Kollektion (K)	Seite
Response	Buffer [e]	312
	CacheControl [e]	320
	Clear [M]	312
	ContentType [e]	325
	Cookies [K]	349
	End [M]	312
	Expires [e]	321
	ExpiresAbsolute [e]	321
	Flush [M]	313
	IsClientConnected [e]	314
	PICS [e]	322
	Redirect [M]	327
	Status [e]	326
	Write [M]	311
Request	Cookies [K]	349
	Form [K]	327
	ServerVariables [K]	315
	QueryString [K]	341
Server	Execute [M]	330
	HTMLEncode [M]	338
	ScriptTimeout [e]	314
	Transfer [M]	329
	URLEncode [M]	339
Application	Contents [K]	368
	Lock [M]	371
	Unlock [M]	371

Tab. 6.1:
In diesem Kapitel behandelte Methoden und Eigenschaften

Tab. 6.1:
In diesem Kapitel behandelte Methoden und Eigenschaften (Forts.)

Objekt	Methode (M), Eigenschaft (e) oder Kollektion (K)	Seite
Session	Contents [K]	352
	SessionID [e]	353
	TimeOut [e]	354

Diese Liste ist keinesfalls vollständig. Eine komplette Auflistung finden Sie in der Referenz in diesem Buch.

6.1.3 Spezielle Eigenschaften

Es ist möglich, mit Scripting COM-Objekte zu erstellen und anderen (oder eigenen) Applikationen zur Verfügung zu stellen. Dies mag unwahrscheinlich klingen, denn bislang konnten derartige Programme nur als DLL vorliegen und die muss bekanntlich kompiliert werden. Dennoch ist es mit den so genannten Windows Script Components möglich. Informationen dazu finden Sie in Abschnitt 11.3 *Windows Scripting Components (WSC)* ab Seite 787.

6.2 Daten senden und empfangen

> Dieser Abschnitt beschreibt die beiden wichtigsten eingebauten Objekte. Damit lässt sich die Interaktion mit dem Nutzer abwickeln und der Zugriff auf Funktionen des Webservers ist möglich. Anschauliche Beispiele zeigen die Anwendungen in einfachen Skripten.

6.2.1 Die Objekte zum Steuern des Datenflusses

Jeder Datenaustausch zwischen Webserver und Browser besteht aus den Prozessen, *Request* (Anforderung) und *Response* (Antwort), bei denen interne Informationen ausgetauscht werden. Wann immer Daten übertragen werden, wird auf diese beiden Objekte und deren Methoden und Eigenschaften zugegriffen. Man kann beide Objekte eigentlich nicht trennen, die Prozesse gehören häufig zusammen. Ergänzend wird auf Server eingegangen, ein umfassendes Objekt, das viele hilfreiche Methoden und Eigenschaften zur Aufbereitung von Daten enthält.

Antwortkontrolle und Datenausgabe mit Response

Response — Das Objekt Response ist ein normales Objekt mit Kollektionen, Methoden und Eigenschaften. Durch diese Methoden und Eigenschaften werden viele Funktionen des Webservers direkt kontrollierbar. Zum erfolgreichen Einsatz ist die Kenntnis von HTTP sinnvoll. Eine Beschreibung finden Sie im Abschnitt *Das Protokoll HTTP* ab Seite 36. Die Grundeigenschaft des Objekts

Daten senden und empfangen

Response ist die Übermittlung von Daten an den Webserver, der diese Information direkt an den Browser weiterleitet.

Normalerweise senden Webserver Informationen, die sie erhalten, sofort weiter. Manchmal kann sich eine Seite unter Umständen auch deshalb langsam aufbauen, weil der Server mit der Berechnung beschäftigt ist und die Seite regelrecht zusammenstellt. Testen Sie das folgende Skript:

Response.Write

```
<%
FOR i = 1 TO 50
   Response.Write(i)
   FOR j = 1 TO 1000
      %>.<%
   NEXT
   Response.Write("<br/>")
NEXT
%>
```

Listing 6.1: *Ausgabe von Text an den Browser (asp_response.write.asp)*

Sie sehen praktisch in Echtzeit, wie die Schleife arbeitet und Wert für Wert im Browser erscheint. Die innere Schleife bremst etwas und gibt Punkte aus, um die Ausgabe besser zu veranschaulichen. Mit dem Beispiel kennen Sie schon die erste Methode des Objekts Response, Write.

Das ist natürlich nicht immer gewollt, denn der langsame Aufbau einer Seite kann auch stören. Sie können im Webserver eine Pufferfunktion ein- oder ausschalten, um ein bestimmtes Verhalten zu erzwingen. Neben der Einstellung in den Eigenschaften des IIS können Sie VBScript benutzen, um die Pufferung der Ausgaben an den Browser zu verwenden.

```
<% Response.Buffer = TRUE %>
<html>
<head><title>Buffer Beispiel 1</title></head>
<body>
<%
FOR i = 1 TO 50
   Response.Write(i)
   FOR j = 1 TO 1000
      %>.<%
   NEXT
   Response.Write("<BR>")
NEXT
%>
</body>
</html>
```

Listing 6.2: *Verwendung des Ausgabepuffers (asp_response.buffer.asp)*

6 ASP-Programmierung

Response.Buffer Der Befehl Response.Buffer muss im Skript an erster Stelle stehen, vor allen anderen Befehlen. Nun ist die Ausgabe von Punkten sicher keine sinnvolle Anwendung. Einen möglichen Nutzen ziehen Sie vielleicht aus der folgenden Version:

```
<% Response.Buffer = TRUE %>
<html>
<head><title>Buffer Beispiel 3</title></head>
<body>
Hallo und Willkommen auf der Homepage Nummer 1!
</body>
</html>
<%
RANDOMIZE
IF INT(2*RND)=1 THEN Response.End
Response.Clear
%>
<html>
<head><title>Buffer Beispiel 3</title></head>
<body>
Herzlichen Gl&uuml;ckwunsch. Sie sind heute auf Nummer 2!
</body>
</html>
```

Listing 6.3: Leeren und Steuern des Ausgabepuffers (asp_response.clear.asp)

Das Beispiel in Listing 6.3 mag auf den ersten Blick etwas seltsam anmuten. Der Effekt des Codes ist, dass per Zufall mal die Seite Nummer 1, mal die Seite Nummer 2 erscheint. Das kann recht witzig sein, denn potenzielle Nutzer glauben, die Seite würde sich ständig ändern. Wie funktioniert das? Zuerst einmal werden alle Ausgaben in den Puffer des Webservers geschickt, über den Sie mit dem Response-Objekt Kontrolle haben. Dann wird die Seite Nummer 1 erzeugt und abgelegt. Der RND-Befehl erzeugt eine Zufallszahl, die entweder 1 oder 0 ist. Ist die Zahl 1, wird der Befehl Response.End ausgelöst. Damit bricht das Skript sofort ab und der gespeicherte HTML-Text wird gesendet, Seite Nummer 1 erscheint. Ist der Wert 0, wird der Puffer mit Response.Clear gelöscht, die Seite Nummer 2 wird ausgegeben. Dann endet das Skript und der Server sendet die Seite zum Browser. So einfach geht das! Zum Testen drücken Sie einfach alle paar Sekunden AKTUALISIEREN in Ihrem Browser.

Response.End
Response.Clear Sie haben dabei die Methoden End und Clear kennen gelernt. Mit End brechen Sie das gesamte Skript einfach ab; alle erzeugten Ausgaben werden gesendet. Verwenden Sie die Methode mit Sorgfalt – verstümmelte HTML-Seiten könnten zum Browser gelangen. Achten Sie vor allem darauf, dass die abschließenden Tags </body> und </html> nicht vergessen werden. Clear löscht den Puffer und erlaubt es, mit neuen Eingaben zu beginnen. Achten Sie hier unbedingt darauf, dass die möglicherweise bereits erzeugten Tags <body> und <html> nicht verloren gehen.

Daten senden und empfangen

Um den Puffer komplett steuern zu können, fehlt noch eine wichtige Funktion. Mit Flush wird der Inhalt des Puffers, unabhängig vom Programmablauf, sofort gesendet. Sie können diese Methode nutzen, um Seiten stückweise aufzubauen und freizugeben. Vor allem bei sehr großen Seiten wird damit dem Nutzer signalisiert, dass noch etwas passiert. Das Timeout (Fehlerabbruch wegen Zeitüberschreitung) des Browsers wird verhindert. Grundsätzlich sollten Sie die Pufferung aber nur sehr vorsichtig anwenden. Die zusätzliche Berechnung der Ladezeiten und das gesteuerte Senden komplizieren die Skripte unnötig. Das per Zufall gesteuerte Laden zweier verschiedener HTML-Seiten geht übrigens auch ohne Puffer, nämlich mit einem IF...THEN-Befehl:

Response.Flush

```
<% Response.Buffer = FALSE 'falls vorher gesetzt %>
<%
RANDOMIZE
IF INT(2*RND)=1 THEN
%>
    <html>
    <head><title>Buffer Beispiel 3</title></head>
    <body>
    Hallo und Willkommen zur Homepage Nummer 1!
    </BODY>
    </HTML>
<% ELSE %>
    <html>
    <head><title>Buffer Beispiel 3</title></head>
    <body>
    Herzlichen Gl&uuml;ckwunsch. Sie sind heute auf Nummer 2!
    </body>
    </html>
<% END IF %>
```

Listing 6.4: Ausgabe verschiedener HTML-Seiten ohne Pufferung (asp_response.nobuffer.asp)

Es gibt im Zusammenhang mit der Manipulation der HTTP-Header Anwendungen für die Pufferung. Dazu finden Sie am Ende dieses Abschnitts entsprechende Beispiele.

Lange Seiten – große Skripte

Umfangreiche Anwendungen werden Sie vielleicht in eine einzige Seite schreiben. Möglicherweise stellen Sie mit VBScript auch Berechnungen an, die lange dauern. Oder Ihr Server ist überlastet und die Ausführung ist langsamer als auf dem Entwicklungssystem. In jedem dieser Fälle ist es möglich, dass das vom Webserver eingestellte Timeout (also die Zeitüberschreitung) überschritten wird. Timeout wird ein Zeitwert genannt, den eine bestimmte Aktion in Anspruch nehmen darf, bevor die steuernde Anwendung den Versuch für gescheitert erklärt und einen Fehler ausgibt. Mögliche Ursachen für

6 ASP-Programmierung

lange Wartezeiten sind auch Endlosschleifen oder andere Programmierfehler. Timeout gibt Ihnen also die Möglichkeit, die Kontrolle nach einer bestimmten Zeit wieder zurückzuerhalten.

Server.ScriptTimeout

ASP hat nach der Installation einen Timeout-Wert von 90 Sekunden. Das ist in den meisten Fällen ausreichend. Manchmal wissen Sie jedoch vorher schon, dass Aktionen länger dauern. Kreditkartentransaktionen über das Web können 2 bis 3 Minuten dauern. Das Skript darf also nicht nach 90 Sekunden abbrechen. Mit VBScript können Sie den Timeout-Wert jederzeit neu einstellen:

```
<% Server.ScriptTimeout = 150 %>
```

ScriptTimeout ist eine Eigenschaft des Objekts Server. Sie können den Wert beliebig hoch setzen, nicht jedoch weniger als 90 Sekunden von einem ASP-Skript aus einstellen. Um Werte kleiner als 90 Sekunden zu erreichen, müssen Sie die Einstellungen direkt am Webserver vornehmen. Einfacher ist es, den Wert auf unendlich zu setzen:

```
<% Server.ScriptTimeout = -1 %>
```

Abbildung 6.1: Einstellungen der Timeout-Parameter

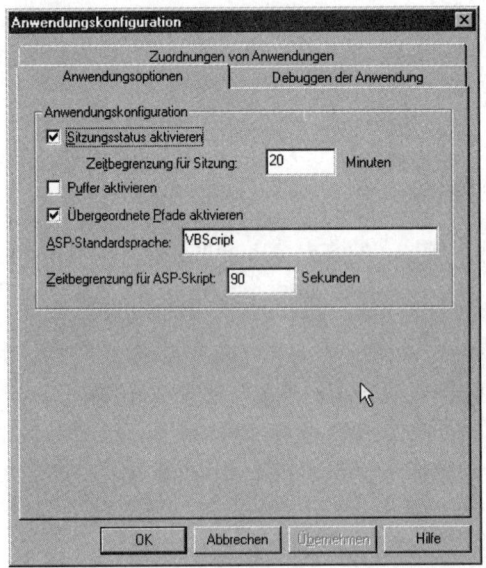

Die Timeout-Parameter werden in der IIS-Managementkonsole unter EIGENSCHAFTEN, VIRTUELLES VERZEICHNIS, ANWENDUNGSEINSTELLUNG | KONFIGURATION, ANWENDUNGSOPTIONEN eingestellt.

Response.IsClientConnected

Lange Wartezeiten sind natürlich immer ein Beleg für eine hohe Beanspruchung des Servers. Ein einzelner Nutzer wird dafür kaum verantwortlich sein. Starten aber mehrere Surfer das Skript, bekommen auch starke Windows NT-Computer Probleme. Dabei müssen Sie bedenken, dass Skripte mit internen Rechenoperationen nicht stoppen, wenn der Nutzer die Verbin-

Daten senden und empfangen

dung beendet hat. Erst im Augenblick der Datenausgabe zum Browser wird der Server feststellen, dass da draußen niemand mehr ist. Es würde also sinnlos Rechenzeit verbraucht werden. Auch dafür kennt das Response-Objekt die passende Eigenschaft, IsClientConnected, die einfach abgefragt werden kann:

```
<%
WHILE 1=1
   Response.Write("Is There Anybody Out There?")
   IF NOT Response.IsClientConnected THEN Response.End
WEND
%>
```

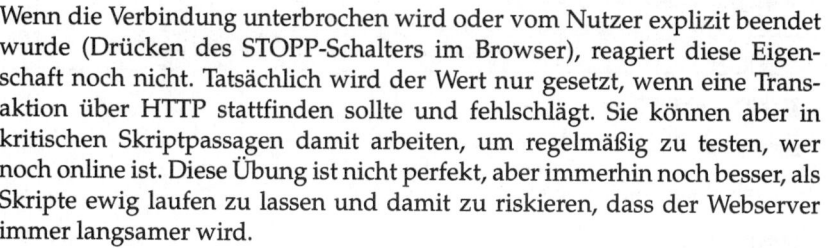

Listing 6.5: Verbindungsstatus zum Client prüfen (asp_response.isclientconnected.asp)

Wenn die Verbindung unterbrochen wird oder vom Nutzer explizit beendet wurde (Drücken des STOPP-Schalters im Browser), reagiert diese Eigenschaft noch nicht. Tatsächlich wird der Wert nur gesetzt, wenn eine Transaktion über HTTP stattfinden sollte und fehlschlägt. Sie können aber in kritischen Skriptpassagen damit arbeiten, um regelmäßig zu testen, wer noch online ist. Diese Übung ist nicht perfekt, aber immerhin noch besser, als Skripte ewig laufen zu lassen und damit zu riskieren, dass der Webserver immer langsamer wird.

Rufe eines einsamen Webservers:
Hey you,
Out there in the cold,
Getting lonely,
Getting old,
Can you feel me?
Aus: Pink Floyd, The Wall

Außer der Frage, wer da draußen ist, erlaubt das Objekt Response auch detaillierte Fragen zu dem Browser. Dies wird im folgenden Abschnitt erläutert.

6.2.2 Header und Servervariablen

Auch die Anforderungen lassen sich steuern. Dazu wird das Objekt Request benutzt, das alle Daten über den HTTP-Request-Vorgang speichert, Eigenschaften zur Statusabfrage bereithält und Methoden zum Auslösen von Vorgängen bietet.

Servervariablen

ASP kennt eine ganze Palette von Methoden und Eigenschaften, die HTTP-Header manipulieren. Die Methoden und Eigenschaften lassen sich in mehrere Gruppen einteilen, die sich in ihrem Zweck unterscheiden. Eine vollständige Liste finden Sie in der Referenz. Hier werden die wichtigsten erklärt.

Request. ServerVariables

Wenn ein Browser eine Anforderung an den Webserver sendet, schickt er eine Reihe von Headern mit. Die vom Webserver empfangenen Header werden von ASP in der Kollektion ServerVariables des Objekts Request gespeichert. Sie können die Werte direkt abfragen und anzeigen:

6 ASP-Programmierung

```
<%
FOR EACH name IN Request.ServerVariables
    Response.Write("<P><B>" & name & "</B>: ")
    Response.Write(Request.ServerVariables(name))
NEXT
%>
```

Listing 6.6: Ausgabe aller Servervariablen (asp_request.servervars.asp)

Die Antwort (siehe Abbildung 6.2) offenbart wertvolle Informationen über den Browser.

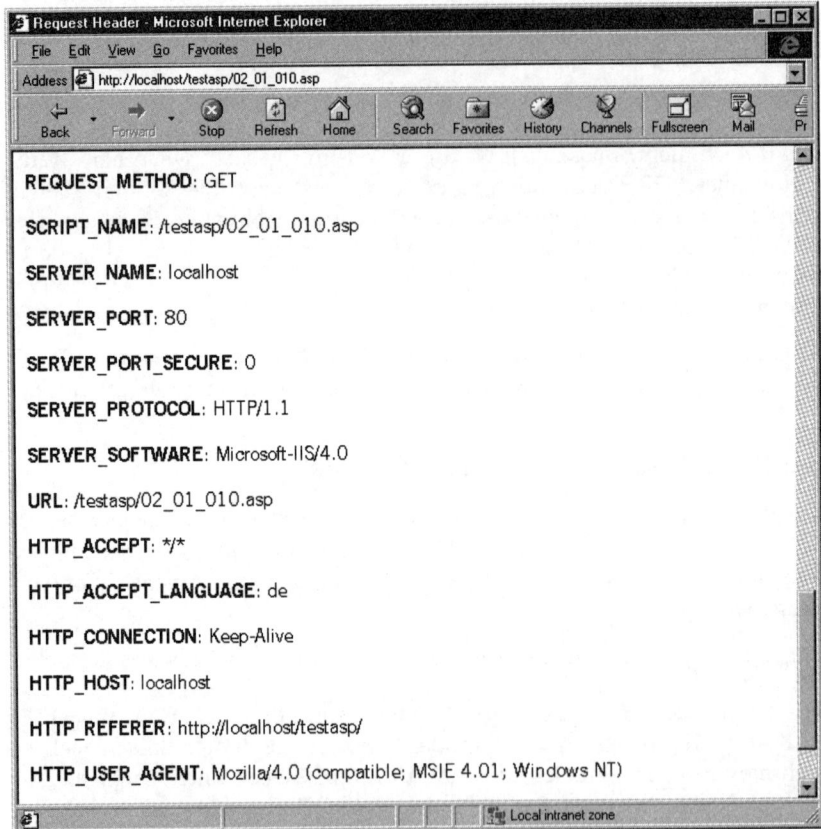

Abbildung 6.2: Einige der HEADER-Variablen bei einer HTTP-Anforderung

Nicht alle Werte werden für die praktische Programmierarbeit wirklich benötigt. Die wichtigsten sind:

▶ HTTP_REFERER
  Wenn Ihre Seite durch Anklicken eines Hyperlinks auf einer anderen Seite erreicht wurde, enthält diese Variable die URL der Seite, von welcher der Nutzer kam. Oft sind es Suchmaschinen wie Yahoo!.

Daten senden und empfangen

Die Auswertung gibt wertvolle Hinweise, wer Ihre »heimlichen Werbeträger« sind.

▶ HTTP_USER_AGENT
Der Typ des Browsers wird angezeigt. Sie können auswerten, welche Browser Ihre Nutzer bevorzugen, und die Gestaltung der Seiten daraufhin ausrichten.

▶ REMOTE_ADDR
Dieses Feld enthält die IP-Adresse, mit der der Browser die Verbindung hergestellt hat. Daraus können Sie mit Hilfe eines Domain Name Servers (DNS) die Domain rekonstruieren. Bedenken Sie aber, dass große Onlinedienste und Provider IP-Adressen dynamisch vergeben und derselbe Nutzer jeden Tag eine andere Nummer haben kann. Sie können aber die Class-B- und -C-Netze auswerten und feststellen, ob mehr von T-Online oder Compuserve zugegriffen wird.

▶ QUERY_STRING
Diese Variable enthält die Zeichenkette nach dem Fragezeichen, dem Trennzeichen für die Übertragung von Parametern zum Server. Die Verwendung lernen Sie bei der Übergabe von Formulardaten kennen.

▶ SCRIPT_NAME
Der virtuelle (relative) Pfad der aktuellen ASP-Seite. Damit können Sie Seiten automatisch mit sich selbst referenzieren, ohne den Standort zu kennen. Diese Funktion ist wertvoll, wenn Sie Skripte schreiben, die Sie verkaufen möchten und die auf jedem Webserver ohne Änderungen arbeiten sollen.

▶ SERVER_NAME
Der Name des Webservers oder die IP-Adresse.

▶ PATH_TRANSLATED
Der physische Pfad der ASP-Seite auf der Festplatte des Webservers.

Der Internet Explorer liefert weitere Header. Verwenden Sie diese nur in Ausnahmefällen, da andere Browser diese Angaben nicht liefern. Der Einsatz ist aber beispielsweise in einem Intranet sinnvoll, wo Sie die Technik der Nutzer kennen.

▶ HTTP_UA_COLOR
Farbtiefe, die der Browser darstellen kann

▶ HTTP_UA_CPU
Maschinentyp, auf dem der Browser läuft

▶ HTTP_UA_OS
Betriebssystem (zurzeit nur Windows)

▶ HTTP_UA_PIXELS
Bildschirmauflösung des Computers

6 ASP-Programmierung

Sie können jede einzelne Variable aus der Kollektion ServerVariables abfragen. Das folgende Beispiel zeigt eine Version des Sperrens einer Seite vor unbefugten Nutzern:

```
<%
WoherKommeIch = Request.ServerVariables("HTTP_REFERER")
IF WoherKommeIch = "http://www.meineseite.de/start.htm" THEN
%>
Willkommen auf unserer Seite!
<%
ELSE
%>
Sie sind nicht befugt, diese Seite zu sehen!
<%
END IF
%>
```

Listing 6.7: Herkunft eines Surfers ermitteln (asp_request.referer.asp)

Nur Nutzer, die die betreffende Seite von der Seite START.HTM angewählt haben, bekommen Zugriff. Damit lassen sich »Quereinsteiger« abfangen, die oft durch Suchmaschinen mitten in eine Website gelangen. Wenn Sie ihre gesamte Navigation von der Startseite aus organisieren, können Sie mit einem Redirect die Nutzer immer wieder zur Startseite führen, es sei denn, die Nutzer kommen von dort.

> Denken Sie bei der Nutzung der Header daran, dass nicht alle Browser alles unterstützen. Ihre Skripte sollten auch dann noch funktionieren – beispielsweise mit Standardeinstellungen – wenn der Browser die erwartete Angabe nicht macht.

Servervariablen auf einen Blick

Die folgende Tabelle zeigt alle Servervariablen, die der IIS bereitstellt, auf einen Blick:

Tab. 6.2: Alle Servervariablen, die in ASP zur Verfügung stehen können

Variablenname	Beschreibung
ALL_HTTP	Alle HTTP-Header, die vom Client zum Server gesendet wurden. Das Ergebnis sind Header, die mit HTTP_ beginnen.
ALL_RAW	Alle HTTP-Header, die vom Client zum Server gesendet wurden. Im Ergebnis werden Header gesendet, die kein Präfix haben.
APPL_MD_PATH	Gibt den Pfad zur Metabasis der Applikation an.
APPL_PHYSICAL_PATH	Gibt den physischen Pfad zur Metabasis der Applikation an.

Daten senden und empfangen

Variablenname	Beschreibung
AUTH_PASSWORD	Das Kennwort einer Autorisierung, wenn es im Kennwortfeld des Browsers eingegeben wurde.
AUTH_TYPE	Art der Autorisierung, wenn Nutzer Zugriff auf ein geschütztes Dokument haben möchten.
AUTH_NAME	Name des Nutzers bei Eingabe in das Kennwortfeld des Browsers.
CERT_COOKIE	Eindeutige ID eines Clientzertifikats.
CERT_FLAGS	Flag des Clientzertifikats, Bit 0 ist 1, wenn das Clientzertifikat vorhanden ist, Bit 1 ist 1, wenn das Clientzertifikat nicht überprüft wurde.
CERT_ISSUER	Das Issuer (Herausgeber)-Feld des Clientzertifikats.
CERT_KEYSIZE	Bitzahl bei einer SSL-Verbindung.
CERT_SECRETKEYSIZE	Anzahl der Bits eines privaten Zertifikatschlüssels.
CERT_SERIALNUMBER	Die Seriennummer des Zertifikats.
CERT_SERVER_ISSUER	Das Issuer (Herausgeber)-Feld des Serverzertifikats (Issuer-Feld).
CERT_SERVER_SUBJECT	Beschreibung des Zertifikats (Server).
CERT_SUBJECT	Beschreibung des Zertifikats (Client).
CONTENT_LENGTH	Länge des zu sendenden Inhalts.
CONTENT_TYPE	Art des Inhalts (MIME-Type) oder Inhalt bei PUT.
GATEWAY_INTERFACE	Art des Interface, das der Server benutzt.
HTTP_REFERER	Adresse der zuletzt besuchten Site
HTTPS	Ist ON, wenn der Server SSL benutzt.
HTTPS_KEYSIZE	Schlüssellänge der HTTPS-Verbindung
HTTPS_SECRETKEYSIZE	Schlüssellänge bei privaten Zertifikaten
HTTPS_SERVER_ISSUER	Issuer-Feld des Serverzertifikats bei sicherer Übertragung
HTTPS_SERVER_SUBJECT	Beschreibung
INSTANCE_ID	ID-Nummer der Instanz des IIS
INSTANCE_META_PATH	Der Metabasispfad des IIS
LOCAL_ADDR	Die in der Anforderung benutzte Serveradresse
LOGON_USER	Ein Windows NT-Account
PATH_INFO	Pfadinformation für den Client
PATH_TRANSLATED	Übertragung der Pfadinformation ins physische Format
QUERY_STRING	Inhalt des Querystrings (Parameter-URL)
REMOTE_ADDR	Die IP-Adresse des Nutzers

Tab. 6.2:
Alle Servervariablen, die in ASP zur Verfügung stehen können
(Forts.)

Tab. 6.2:
Alle Servervariablen, die in ASP zur Verfügung stehen können (Forts.)

Variablenname	Beschreibung
REMOTE_HOST	Name des Computers des Nutzers
REQUEST_METHOD	Die Methode der Datenübertragung eines Formulars. Kann GET, PUT oder HEAD sein.
SCRIPT_NAME	Name eines Skripts, das ausgeführt werden soll.
SERVER_NAME	Der Hostname des Servers, eine DNS- oder IP-Adresse.
SERVER_PORT	Port, der vom Server benutzt wird (normalerweise 80).
SERVER_PORT_SECURE	Port, der bei sicherer Übertragung benutzt wird (Standard: 443).
SERVER_PROTOCOL	Das verwendete Protokoll und die Version (beispielsweise: HTTP1.1).
SERVER_SOFTWARE	Der Name und die Version der auf dem Server laufenden Software.
URL	Der Basis-URL der Anforderung.

Beachten Sie, dass nicht in allen Situationen alle Werte zur Verfügung stehen. Ihr Skript sollte auch dann funktionieren, wenn der erwartete Inhalt einer Servervariablen nicht bereitgestellt werden kann.

6.2.3 Proxy und Cache kontrollieren

Proxy-Server sind Computer, die im Web als Zwischenspeicher eingesetzt werden. Damit wird die gesamte Bandbreite des Webs oder einer einzelnen Zone reduziert. Viele Provider setzen generell Proxys für alle Anfragen aus dem eigenen Netz ein. Der Proxy speichert einmal angeforderte Seiten und liefert sie bei einer erneuten Anfrage aus, ohne erneut die Leitungen zum Internet zu belasten. In Zeiten starken Verkehrs auf den Datenleitungen verbessern Proxys die Leistung und verringern Wartezeiten.

Aus Sicht der Active Server Pages sind Proxy-Server eher hinderlich. Denn ASP soll Seiten ja dynamisch, also erst auf Anforderung erzeugen. Gespeicherte Seiten sind demnach immer wertlos. Zum Glück gibt es Direktiven zur Steuerung der zwischengeschalteten Proxy-Server. Sie können beispielsweise mit dem AKTUALISIEREN-Schalter im Browser alle Proxy-Server übergehen und den Webserver, auf dem die Originalseite liegt, direkt abfragen. Normalerweise sollten Proxy-Server so eingerichtet sein, dass sie eine dynamische Seite erkennen und nicht speichern. Trotzdem ist es sinnvoll, das Verhalten steuern zu können. Seiten, die Sie mit ASP schreiben, deren Inhalt sich aber nicht ändert, lassen Sie zur Speicherung zu:

Response.Cache-Control
```
<% Response.CacheControl = "Public" %>
```

Daten senden und empfangen

Auch Browser selbst speichern Seiten in einem lokalen, zweistufigen Cache. Zum einen werden alle Dateien für die Dauer der Sitzung im Speicher gehalten. Zum anderen werden alle Daten eine Zeit lang im Cache auf der Festplatte gehalten. Wenn Sie verhindern möchten, dass der Browser die Seite speichert, setzen Sie die Eigenschaft Expires auf 0. Vor allem Warenkörbe (die sich während der Sitzung ändern) oder Chatseiten können professioneller programmiert werden, wenn Sie die Eigenschaft Expires nutzen:

`<% Response.Expires = 0 %>` **Response.Expires**

Wenn Sie Seiten regelmäßig ändern, ist die Speicherung im Cache bis zur nächsten Änderung angebracht. Geben Sie einfach ein absolutes Datum ein, an dem die Seite verfällt:

`<% Response.ExpiresAbsolute = #Jan 1, 1999 00:00:00# %>` **Response. ExpiresAbsolute**

Die Form der Datumsangaben ist standardisiert.

> Die Referenz zu HTTP 1.1 verweist darauf, dass es nicht zulässig ist, das Verfallsdatum einer Datei auf mehr als ein Jahr zu setzen. Mehr Informationen darüber finden Sie unter *http://www.w3.org*.

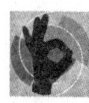

Abbildung 6.3: Einstellung der Verfallsdaten für Ihre ASP-Seiten der Management Konsole unter Eigenschaften des WWW-Dienstes | HTTP-Header

6.2.4 Inhalte kontrollieren mit Rating

Unter dem Begriff Rating (dt. *Einschätzen*) wird die Einschätzung der Zulässigkeit einer Webseite für ein bestimmtes Publikum verstanden. Besonders Software, die Kinder und Jugendliche vor bestimmten Webseiten schützen soll, greift auf Ratings zurück. Wenn Sie Ihre Seite nicht aussperren möchten, können Sie auf das Rating nach bestimmten Standards zurückgreifen und Ihre Seite so einer freiwilligen Kontrolle unterziehen. Die Ratingstufen erfassen vor allem Seiten mit sexuellem Inhalt. Der bekannteste Standard ist die Platform for Internet Content Selection (PICS). PICS selbst ist kein Ratingservice. Viele Organisationen im Web können PICS nutzen, um Seiten nach ihrer Einschätzung zu qualifizieren. Der Nutzer kann dann eine Organisation wählen und sich darauf einstellen, dass die Ratings seinen Vorstellungen entsprechen. Natürlich schätzen Lehrer die Ratings von Sexseiten anders ein als der Spielefanklub für Jugendliche. So soll, theoretisch, jeder seinen persönlichen Ratingdienst wählen und damit unpassende Seiten von vornherein ausschließen. Das ist die Theorie, die Praxis sieht derzeit noch etwas anders aus. Der einzige weltweit akzeptierte Ratingdienst ist RSAC (*Recreational Software Advisory Council*). Diese Organisation schätzt auch Computerspiele ein. RSACi (die Variante für das Internet) verwendet eine vierstufige Kontrolle der Webseite, beurteilt wird nach Strafbewehrtheit (Bombenbastelseiten), Nacktheit (ohne Pornos), Sex (Hardcore) und Sprache (Niveau, Slang). Jede Kategorie wird mit einer Stufe von 1 bis 5 bewertet.

Konfiguration des Internet Explorers

Der Internet Explorer lässt sich so konfigurieren, dass er bestimmte Seiten ablehnt, die ein vorher festgelegtes PICS-Label überschreiten. Derzeit wird nur RSACi benutzt, andere Dienste sind aber einstellbar. Die Einstellungen lassen sich durch ein Kennwort davor schützen, dass der mit dem Browser arbeitende (oder spielende) Nutzer sie wieder ändert.

Um die eigenen Seiten mit der RSACi-PICS-Marke zu belegen, wählen Sie *http://www.rsac.org* an; folgen Sie den dialoggeführten Fragen. Am Ende erhalten Sie den PICS-Text zum Einbau in die eigene Webseite. Bei HTML-Seiten wird der Text in einem speziellen META HTTP-EQUIV-Tag untergebracht:

```
<META HTTP-EQUIV="PICS-Label" CONTENT="(PICS-1.1
&quot;http://www.rsac.org/ratingsv01.html&quot; l gen true comment
&quot;RSACi North America Server&quot; by
&quot;krause@comzept.de&quot; for &quot;http://www.comzept.de&quot; on
&quot;1997.12.01T15:28-0800&quot; r (n 0 s 0 v 0 l 0))">
```

HTTP-EQUIV sind spezielle META-Tags, mit denen sich Header im HTTP beeinflussen lassen. Bei reinen HTML-Seiten lohnt es nicht, nur deshalb ASP zu verwenden, um den Header zu steuern.

In VBScript nutzen Sie die folgende Eigenschaft:

```
<% Response.PICS("(PICS-1.1 quot; http://www.rsac.org/
ratingsv01.html&quot; l gen true comment &quot; RSACi North America
Server&quot; by &quot; krause@comzept.de&quot; for &quot; http://
www.comzept.de&quot; on &quot;1997.12.01T15:28-0800&quot; r (n 0 s 0 v
0 l 0))" %>
```

Beim Einbau müssen Sie beachten, dass Sie alle Zeilen ohne Zeilenumbrüche eingeben. Der entscheidende Punkt des PICS ist der letzte Abschnitt hinter dem r: (n 0 s 0 v 0 l 0). Die Buchstaben stehen für die Ratinggebiete

(N = Nudity, S = Sex, V = Violence, L = Language), dahinter befindet sich jeweils die entsprechende Bewertung, 0 steht für völlige Freigabe.

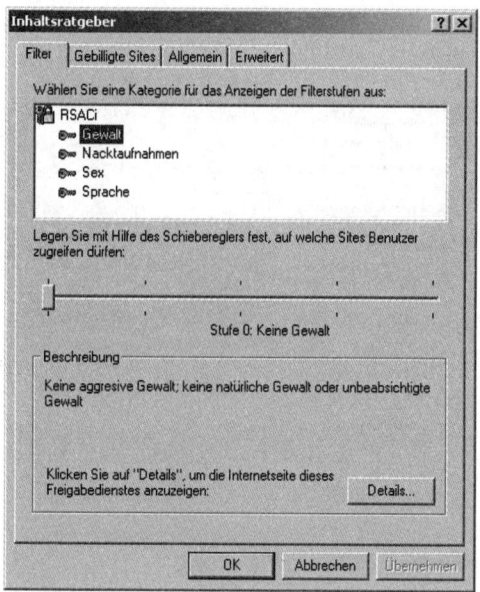

Abbildung 6.4: Einstellungen der RSACi-Level im Internet Explorer 5 unter InternetOptionen | Inhalt | Inhaltsratgeber | Filter

6.2.5 Webseiten schützen

Oftmals ist es sinnvoll, einzelne Seiten eines Webs mit einem Kennwortschutz zu versehen. Die Einrichtung eines Kennwortschutzes ist relativ einfach über die Managementkonsole möglich. Starten Sie dazu die Managementkonsole, wählen Sie dann die Datei aus und klicken Sie mit der rechten Maustaste auf die Datei. Unter dem Menüpunkt EIGENSCHAFTEN wählen Sie die Registerkarte DATEISICHERHEIT. Für ein Verzeichnis heißt der entsprechende Punkt VERZEICHNISSICHERHEIT. Im Dialogfeld ANONYMER ZUGRIFF UND AUTHENTIFIZIERUNG können Sie dann einstellen, auf welcher Basis der Schutz des Verzeichnisses erfolgt. Um mit allen Browsern arbeiten zu können, wählen Sie die Option STANDARDAUTHENTIFIZIERUNG an. Die nun erscheinende Meldung, dass die Kennwörter im Klartext gesendet werden, ignorieren Sie. Die einzige Alternative führt zur Ablehnung sämtlicher Browser außer dem Internet Explorer.

Wenn Sie Dateien oder Verzeichnisse unter Windows NT/2000/XP schützen möchten, müssen Sie auf der Festplatte, auf die der Webserver sein Basisverzeichnis eingerichtet hat, mit dem Dateisystem NTFS5/NTFS arbeiten.

Wer nun den Zugriff erhalten soll, wird im Windows-Dateisystem eingestellt. Im Windows-Explorer wählen Sie mit der rechten Maustaste die Datei

6 ASP-Programmierung

oder das Verzeichnis aus, im Menüpunkt EIGENSCHAFTEN wählen Sie die Registerkarte SICHERHEIT und tragen die berechtigten Nutzer aus der Liste der im System angemeldeten Nutzer ein. Den anonymen Zugriff des Webservers (*IUSR_name*) können Sie hier auch selbst entfernen, wenn das über die Einstellungen des IIS 5 nicht ohnehin erfolgt ist.

Abbildung 6.5: Festlegen der Schutzmethode (Authentifizierungsmethode) für ein Verzeichnis mit dem IIS 5

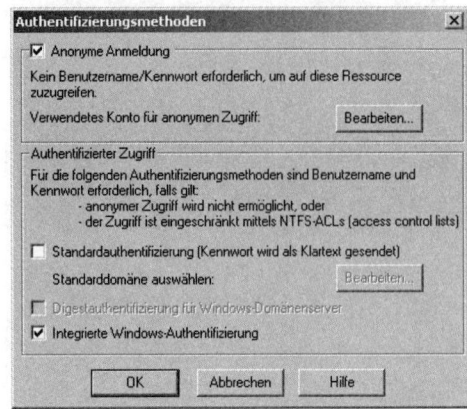

Servervariablen für die Authentifizierung

Servervariablen:
AUTH_TYPE
AUTH_USER
LOGON_USER
AUTH_PASSWORD

Ist eine Webseite auf diese Weise geschützt, werden die nötigen Parameter mit vier Headertypen übertragen. AUTH_TYPE identifiziert die Methode, mit der geschützt wurde. AUTH_USER und LOGON_USER enthalten den Namen des Nutzers aus der Windows 2000-Benutzersteuerung. Der vierte Wert ist AUTH_PASSWORD und enthält das eigentliche Kennwort.

> Beachten Sie, dass diese Parameter im Klartext übertragen werden. Personen mit einen Netzwerkanalysator können den Protokollaustausch mitlesen und das Passwort abfangen. Die andere Methode (INTEGRIERTE WINDOWS-AUTHENTIFIZIERUNG) setzt voraus, dass mit dem Internet Explorer gearbeitet wird.

Das folgende Beispiel zeigt Namen des registrierten Nutzers einer mit Kennwort geschützten Seite an:

```
<%
IF Request.ServerVariables("AUTH_TYPE") = "Basic" THEN
%>
Der Server verwendet die Basic Authentication-Methode.<br>
Sie sind eingeloggt als Nutzer:
<% = Request.ServerVariables("LOGON_USER") %>
<% ELSE %>
```

Daten senden und empfangen

```
Der Server verwendet die NT Challange Methode:<br>
<% = Request.ServerVariables("LOGON_USER") %>
<% END IF %>
```

Listing 6.8: Authentifizierungsmethode ermitteln (asp_request.authtype.asp)

6.2.6 Der Content-Header

Neben der Datenübertragung stellt sich auch die Frage, was eigentlich übertragen wird. Browser stellen ja nicht nur HTML, sondern auch die im Quelltext angegebenen Bilder, Plug-Ins und Applets dar oder dienen dem Download von Word- oder Exceldateien bis hin zu ZIP-Archiven.

Steuern Sie den übertragenen Inhalt mit MIME-Typen

Standard für den Inhalt der Seite: MIME

Der Content-Header enthält Informationen darüber, welche Art Datei zu erwarten ist. Die Kodierung erfolgt nach dem MIME-Standard. Mögliche Angaben sind »text/HTML«, »image/GIF«, application/msword« usw. Mit der Eigenschaft ContentType können Sie die Werte setzen. Der häufigste Wert ist sicher »text/HTML«, der für jede Übertragung einer ASP- oder HTML-Datei eingesetzt wird. Sie können aber auch einfachen Text übertragen. Wenn Sie beispielsweise ein Lernprogramm über HTML schreiben, dann kann es unter Umständen sinnvoll sein, einen Quelltext im Browser des Studenten anzuzeigen und ihn anschließend zur Ausführung zu bringen. Aber wie gewöhnen Sie einem Browser das Interpretieren von HTML ab? Setzen Sie dazu einfach ContentType auf reinen Text, wie es im folgenden Beispiel gezeigt wird.

```
<% Response.ContentType = "text/plain" %>
<html>
<head><title>Das ist ein Lehrstück</title></head>
<body>
<h2>Dies ist eine &Uuml;berschrift</h2>
</body>
</html>
```

Listing 6.9: MIME-Typ festlegen (asp_response.contenttype.asp)

Schreiben Sie diesen Quelltext ab und prüfen Sie, was der Browser anzeigt! Testen Sie verschiedene Browser, um die unterschiedlichen MIME-Einstellungen zu prüfen.

> Leider hat der Internet Explorer eine eigene Interpretation der MIME-Typen. So wird in dem oben gezeigten Beispiel statt Text der HTML-Code interpretiert. Ursache ist eine unsaubere Implementierung der entsprechenden RFCs im Explorer.

6.2.7 Der HTTP-Statuscode

Die Antwort des Servers auswerten: Statuscodes

Auch der HTTP-Statuscode kann über eine Eigenschaft des Response-Objekts abgefragt werden. Der Statuscode wird parallel zu den Headern übertragen, ist also selbst kein Header. In der ersten Zeile jeder Antwort auf eine vorangegangene Anforderung steht der Statuscode und die entsprechende verbale Meldung. Der Statuscode ist eine dreistellige dezimale Zahl.

Übersicht Statuscodes

Die folgende Auflistung zeigt die fünf Klassen, in die Statuscodes eingeteilt werden:

- **1xx: Informationen**
  Diese Informationen werden derzeit nur für experimentelle Zwecke benutzt.

- **2xx: Erfolgsmeldungen**
  Mit diesen Meldungen wird der erfolgreiche Abschluss einer Aktion gezeigt.

- **3xx: Umleitungen**
  Mit diesen Meldungen werden die Umleitungen (Redirection) gesteuert. Der Server teilt beispielsweise mit, dass die angeforderte Seite eine neue Adresse hat und leitet damit eine zusätzliche Aktion ein.

- **4xx: Clientfehler**
  Anforderungen des Browsers, die nicht erfüllt werden konnten, werden mit dieser Fehlerklasse beantwortet.

- **5xx: Serverfehler**
  Wenn der Server auf Grund eines eigenen Fehlers nicht oder nicht richtig reagieren kann, wird er eine Meldung aus dieser Klasse ausgeben.

Die vollständige Liste aller möglichen Fehlermeldungen von HTTP Version 1.1 finden Sie auf der Website zum Buch. Aktuelle Informationen sind auch unter *http://www.w3.org* zu finden.

Anwendung der Statuscodes

Möchten Sie eine Seite erzeugen, auf die nur am Wochenende zugegriffen werden kann, könnte das folgende Skript hilfreich sein:

```
<%
IF (WEEKDAY(DATE)<6 AND WEEKDAY(DATE)<>0) THEN
REM Wenn 1 (Mo) .. 5 (Fr) und nicht 0
Response.Status = "401 Nicht autorisiert"
Response.End
%>
<html>
<head><title>Die Wochenendseite</title><head>
<body>
```

Daten senden und empfangen

```
<h1>Willkommen!</h1>
Die ultimative Wochenendseite stellt sich vor...
</body>
</html>
<% END IF %>
```

Listing 6.10: Antwort (HTTP-Status) festlegen (asp_response.status.asp)

Die Browser reagieren mit einem Fenster zur Kennworteingabe. Man hat keine Möglichkeit auf einen Zugriff, egal was als Name eingegeben wird (auch nicht der Administrator), bis es Wochenende ist.

6.2.8 Auf eine andere Seite verweisen

Es gibt Situationen, in denen ein Skript beendet wird und die nächste (oder eine bestimmte) Seite automatisch erreicht werden soll. Eine spezielle Methode des Objekts Response löst dieses Problem.

Response.Redirect

Weiterleitungen anbieten

Suchmaschinen versuchen heutzutage alles, um jede greifbare Information zu bekommen. Dazu werden so genannte Robots oder Spider verwendet, kleine Programme, die HTML-Seiten durchsuchen und indizieren. Solche Programme verfolgen auch Links und nehmen normalerweise Ihre gesamte Website auf. Dabei kann es vorkommen, dass Seiten im Index der Suchmaschine stehen, die potenzielle Nutzer eigentlich auf so direktem Wege nie erreichen sollten. Sie müssen dann dafür sorgen, dass der verlorene Surfer wieder auf den rechten Pfad zurückgeführt wird.

Mit ASP ist das sehr einfach. Wenn Sie eine Registrierungsseite haben, und jemand landet zufällig auf der Antwortseite zur Registrierung, dann senden Sie ihn direkt zum eigentlichen Formular zurück:

```
<%
IF Request.Form("VorName")="" THEN
    Response.Redirect "register.asp"
%>
<html>
<head><title>Registrierung erfolgreich</title></head>
<body>
Danke <% = Request.Form("VorName") %> f&uuml;r die Registrierung!
</body>
</html>
```

Listing 6.11: Typische Anwendung der Weiterleitung (asp_response.redirect.asp)

6 ASP-Programmierung

Beachten Sie, dass die Anweisung zum Umleiten noch *vor* dem ersten HTML-Befehl steht. Der entsprechende Auftrag für den Browser wird als Kopfzeile (Header) übertragen. Der Header-Block endet, wenn das erste reguläre Zeichen ausgegeben wird.

Sie können mit diesem Befehl auch jede andere Seite im Internet erreichen. Normalerweise sollte das so funktionieren, dass der Nutzer die Umleitung nicht bemerkt. Leider verstehen nicht alle Browser die dabei verwendete Anweisung des HTTP-Protokolls.

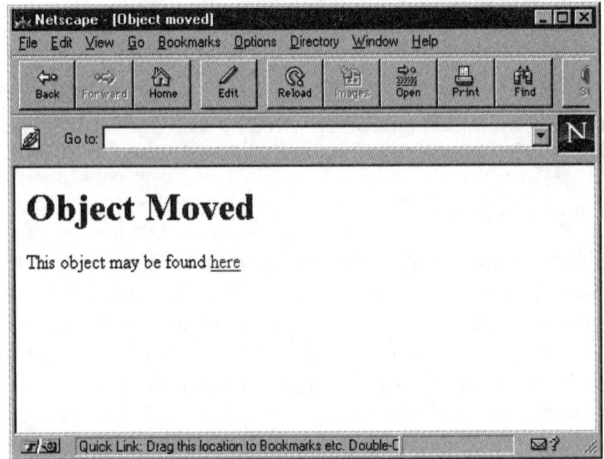

Abbildung 6.6: Nicht immer funktioniert die Weiterleitung automatisch, wie in diesem sehr alten Browser

Wie die Weiterleitung intern funktioniert

Die Methode Redirect benutzt einen speziellen Statuscode des Webservers, den Code »302 Object Moved«. Erinnern Sie sich, wie Webserver arbeiten? Jede Anforderung eines Browsers wird mit einem bestimmten Statuscode beantwortet. Der Browser entscheidet dann, wie damit zu verfahren ist. Wenn die Response.Redirect-Methode aufgerufen wird, sendet der Webserver zuerst die Antwort »302 Object Moved« an den Browser. Der neue URL wird gleich mitgeliefert; normalerweise sollten alle Browser diesen URL dann ansteuern. Manchmal wird jedoch die Meldung in Klartext ausgegeben und der Nutzer muss auf den angegebenen Link klicken. Um zu verstehen, wie Response.Redirect funktioniert, lesen Sie die folgenden zwei Zeilen Code, die *exakt* die Funktionsweise wiedergeben:

```
<%
Response.Status = "302 Object Moved"
Response.AddHeader = "Location", "URL"
%>
```

Als Alternative können Sie die Serverdirektive #INCLUDE nutzen. Diese wird in Abschnitt *Fehlerbehandlung* ab Seite 371.

6.2.9 Erweiterte Skriptsteuerung

Die im letzten Abschnitt gezeigte Technik mit Response.Redirect ist gut geeignet, um den Benutzer dauerhaft auf eine andere Site zu leiten. Umfangreiche Anwendungen benötigen jedoch andere Verfahren. Im Objekt Server sind zwei Methoden zu finden, die einmal die Ausführung direkt an ein anderes Skript übertragen (Transfer) oder ein anderes Skript ausführen und dann im ursprünglichen fortsetzen (Execute). Beide Methoden sind erst mit der Version ASP 3.0 hinzugekommen, die mit Windows 2000 und dem IS 5 ausgeliefert wird.

Server.Transfer

Response.Redirect leitet die Übertragung der Ausführung auf ein anderes Skript über eine Anforderung des Browsers ein. Ein solcher Umweg hat den Nachteil, das Zeit und Bandbreite verloren geht. Außerdem hat der Client Einfluss auf den Ablauf. Dafür kann die Übertragung auch auf eine andere Site im Internet außerhalb der eigenen Domäne erfolgen. Letzteres ist mit Server.Transfer nicht möglich. Nach der Ausführung der Methode wird die Codeausführung im aufgerufenen Skript fortgesetzt, eine direkte Rückkehr ist nicht möglich. Das Verhalten entspricht im klassischen BASIC dem Befehl GOTO.

Das folgende Beispiel zeigt, wie die Methode eingesetzt werden kann. Die Ausführung wird hier anhand des Browsertyps gesteuert: **Beispiel**

```
<%
SET oBrowser = Server.CreateObject("MSWC.BrowserType")
sBrowser = oBrowser.browser
IF sBrowser = "IE" THEN
    Server.Transfer("logon_ie.asp")
ELSE
    Server.Transfer("logon_other.asp")
END IF
%>
```

Listing 6.12: *Auswertung des Browsertyps und Nutzung von Server.Transfer zur Steuerung der Fortsetzung der Skriptausführung (asp_server.transfer.asp)*

Die im Beispiel gezeigte Technik zur Abfrage des Browsertyps basiert auf einer ActiveX-Komponenten. Mehr dazu finden Sie in Abschnitt 7.4.5 *Auf Browser reagieren (Browser Capabilities)* ab Seite 395.

Bei Response.Redirect konnte der Benutzer den Umschaltprozess beobachten. Der Browser zeigt den Namen des aufgerufenen Skripts in der Adresszeile an, bis die Weiterleitung ausgeführt wurde. Dann erscheint der neue Name. Bei der Übertragung der Ausführung mit Server.Transfer ist der Prozess nicht zu bemerken – der alte Skriptname bleibt bestehen. Die im Listing 6.12 verwendeten Ziele *logon_ie.asp* und *logon_other.asp* werden also nicht sichtbar, zumindest bis sich die Skripte später nicht selbst aufrufen oder ein ande- **Was der Benutzer sieht** rer Ablauf erfolgt, der den Browser mit einbezieht. Dies führt zu Problemen, wenn die Seite relative Links mit Pfaden enthält, die der Browser auflösen muss. Liegt das Ziel von Transfer in einem anderen Pfad, löst der Browser falsch auf und die Seite wird nicht gefunden, obwohl sie eigentlich an der richtigen Stelle vorhanden ist. Praktisch können Sie nur auf Skripte im selben Verzeichnis verweisen, sonst ist die Anwendung kaum noch beherrschbar. Und es gibt noch mehr Nachteile bei dieser Methode.

Nachteile So können an den Namen des Skripts keine Daten angehängt werden. Da es sich um einen internen Vorgang handelt, wird der QueryString nicht ausgewertet (siehe auch Abschnitt 6.4 *Daten zwischen Skripten übertragen* ab Seite 340). Allerdings bleiben die bereits ermittelten Kollektionen der Formulardaten und des QueryString erhalten. Dem aufgerufenen Skript stehen also die Informationen zur Verfügung, die beim Aufrufer bereits verfügbar waren.

Im Gegensatz dazu arbeitet Server.Execute wie der Aufruf eines Unterprogramms.

Server.Execute

Diese Methode ruft innerhalb eines ASP-Skripts ein anderes Skript auf, führt es aus und setzt nach dem Aufruf im ursprünglichen Skript fort. Das folgende Beispiel besteht aus drei Skripten:

▶ *asp_logonse.asp*
  Dieses Skript startet das Beispiel. Der Benutzer sieht eine Begrüßung.

▶ *asp_firstse.asp*
  Dieses Skript erzeugt die Begrüßung bei seinem ersten Besuch. Dann wird ein Parameter an den Aufruf angehängt.

▶ *asp_otherse.asp*
  Dieses Skript erzeugt die Begrüßung beim zweiten und allen folgenden Besuchen.

```
<% ASPSELF = Request.ServerVariables("SCRIPT_NAME") %>
<h1>Willkommen auf unserer Website</h1>
<%
IF Request.QueryString("start") = "next" THEN
    Server.Execute ("asp_otherse.asp")
ELSE
    Server.Execute ("asp_firstse.asp")
END IF
ASPSELF = Request.ServerVariables("SCRIPT_NAME")
%>
Wir möchten Sie auf unseren Seiten über Aktuelles aus unserem
Unternehmen informieren. Wählen Sie eine Information:
```

```
<ul>
   <li><a href="<%=ASPSELF%>?start=next">Kontaktseite</a>
   <!--weitere Links -->
</ul>
```

Listing 6.13: Start der Begrüßungsseite (asp_logonse.asp)

Das Skript ruft sich über die Variable *ASPSELF* immer wieder selbst auf. Durch Hinzufügen des Parameters *start=next* zum QueryString wird die Ausführung jedoch beim ersten Mal unter Nutzung des Skripts *asp_firstse.asp* und später *asp_otherse.asp* fortgesetzt. Beide Skripte enthalten beliebigen ASP-Code. Da die Ausgaben jedoch bereits innerhalb einer HTML-Seite erfolgen, darf die Einleitung mit <html><head><body> usw. nicht nochmals erfolgen.

Server.Execute kann zur Modularisierung von ASP-Skripten eingesetzt werden. Es ist jedoch im Gegensatz zur Nutzung einer Prozedur ein wichtiger Unterschied zu beachten. Der ausgeführte Code läuft in einem eigenen Kontext ab – Variablen des aufrufenden Skripts sind dort nicht sichtbar und umgekehrt können die dort gespeicherten Variablen im aufrufenden Skript nicht gesehen werden. Zur gemeinsamen Nutzung von Daten eignen sich Datenbanken, Textdateien, Formularelemente, Cookies oder der QueryString. Alle Techniken werden in diesem Kapitel in den folgenden Abschnitten behandelt.

Nachteile

6.3 Formulare programmieren

Die Frage, wie die in Formularen eingegebenen Daten von einer Seite zur nächsten gelangen, wird in diesem Abschnitt behandelt. Sie lernen verschiedene Kollektionen kennen, die der bequemen Datenverwaltung dienen. Gute HTML-Kenntnisse über den Umgang mit Formularen sind von Vorteil.

6.3.1 Daten aus einem Formular ermitteln

Dieser Abschnitt zeigt, wie die in einem Formular eingegebenen Daten mit ASP ausgewertet werden können.

Das Abfrage von Feldern eines Formulars

Der einzig mögliche Weg in HTML, mit dem Informationen vom Nutzer zu Ihrem Webserver gelangen, führt über HTML-Formulare. Erinnern Sie sich an die Art und Weise, wie HTML die Formulare verarbeitet. Die Elemente eines Formulars bestehen aus einem Typ (Texteingabefeld, Kontrollkästchen usw.), einem Namen des Elements und einem bestimmten Wert, der vorgegeben wird und vom Nutzer verändert werden kann.

HTML-Formulare mit Active Server Pages auswerten

6 ASP-Programmierung

Dialogfelder können nicht nur mit HTML-Formularen erzeugt werden. Es ist aber der einzige Weg, der von allen Browsern verstanden wird. Alternativen sind Java-Applets, ActiveX-Steuerelemente oder auch Adobe-Acrobat-Dokumente.

Die Erstellung eines Formulars ist relativ einfach. Dazu benötigen wir nur eine HTML-Seite mit den entsprechenden Befehlen. Ein Beispiel sehen Sie in Listing 6.14.

```
<h4>Registrierung</h4>
<form method="post" action="<%=ASPSELF%>">
    <p>Bitte geben Sie Familienamen ein:<br>
    <input type="text" name="FamilienName">
    <p>Bitte geben Sie Ihren Vornamen ein:<br>
    <input type="text" name="VorName">
    <p>
    <input type="submit" value="Registrieren!">
</form>
```

Listing 6.14: *Einfaches Formular, das sich selbst aufruft (Ausschnitt aus asp_form1.asp)*

Das Formular kann jetzt angezeigt werden und nimmt die Werte auf, die vom Nutzer eingegeben wurden. Wenn der Sendeschalter REGISTRIEREN gedrückt wird, überträgt HTML den Inhalt der Felder und die Feldbezeichnungen zum Server. Jetzt fehlt noch die eigentliche Auswertung.

Praxistipp: Formulare sich selbst aufrufen lassen

Oft rufen sich Skripte, die Formulare enthalten, selbst auf. Die Funktion des Attributs action wird nachfolgend noch erläutert. Im Beispiel steht dort <%=ASPSELF%>. Diese Variable wird nicht vom System bereitgestellt, sondern wird mit folgendem Code erzeugt:

```
<% ASPSELF = Request.ServerVariables("SCRIPT_NAME") %>
```

Mit diesem Trick ist es einfach möglich, das Formular dazu zu bringen, sich selbst aufzurufen, ohne den Namen anzugeben. Wenn Sie die Skriptdatei anders benennen, funktioniert es trotzdem.

Der Selbstaufruf ist dann sinnvoll, wenn die Auswertung nur wenig Code in Anspruch nimmt und nur ein Skript verwendet werden soll. Sie finden diese Technik bei vielen Skripten in diesem Buch.

Benutzt werden die bereits vorgestellten Request-Objekte. Das Übertragen des Formulars mittels HTTP nutzt den Vorgang Request (Anforderung) dieses Protokolls. Das ASP-Objekt Request enthält eine Kollektion, mit deren Hilfe sich die Daten leicht auswerten lassen. Die Kollektion besteht immer aus einem Wertepaar. Im Fall der hier benutzten Form-Kollektion besteht das Paar aus dem Namen des Elements und seinem Inhalt.

Formulare programmieren

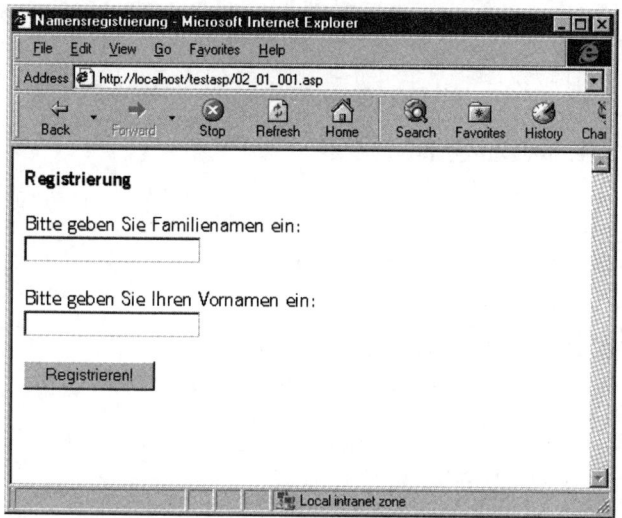

*Abbildung 6.7:
Ein einfaches
Formular zur Erfassung des Namens*

Zuvor schauen Sie sich noch den Tag <form> selbst an. method="post" beschreibt die Art und Weise, wie die Daten übertragen werden. Dabei ist post die Standardaktion, mit der Formulardaten gesendet werden. Dies ist eine HTTP-Anweisung, bei der der Server erwartet, das Daten im Body der Anforderung stehen. Alternativ kann get angegeben werden, dann werden die Daten im Header als Teil des URI übertragen. action= verweist auf die nächste ASP-Datei, die zur Auswertung herangezogen wird. Testen Sie den folgenden Quelltext als Antwortseite:

Das Tag <form> verstehen

Hallo <% = **Request.Form("**VorName**")** %>.
Danke für die Registrierung!

Listing 6.15: Fortsetzung des Skripts aus Listing 6.14 mit Ausgabe eines Feldinhalts (asp_form1.asp)

Grundsätzlich besteht jedoch keine Möglichkeit, Daten mit dieser Methode auf einer Seite einzugeben und dann sofort auszuwerten. Formulare müssen immer gesendet und dann der nächsten Seite übergeben werden. Manchmal kann es stören, die Abfrage der Inhalte auf so direktem Wege vornehmen zu müssen. Andererseits beeindruckt die Einfachheit, mit der Informationen übertragen werden können.

Auf vielen Websites wird das Absenden eines Formulars bestätigt. Diese Folgeseite ist nicht nur Ausdruck nutzerorientierter Programmierung, sondern technisch bedingt – erst auf dieser Folgeseite wird das Skript zum Speichern der Eingaben abgearbeitet. Das Zerlegen des Prozesses können Sie aber auch in derselben Seite durchführen. Dennoch wird die Seite erneut zum Browser gesendet (und vorher als ASP-Skript von der ASP-Engine verarbeitet) – es bleiben also auch dann zwei Request-Response-Abläufe, wenn mit der am

Anfang des Abschnitts gezeigten Technik mit dem Selbstaufruf (*ASPSELF*) gearbeitet wird.

Praktisch wird einfach mit einem IF-Befehl die Existenz der vom Formular erzeugte Variablen abgefragt, um zu erkennen, ob das Formular zum ersten oder folgenden Mal aufgerufen wird.

```
<%
IF Request.Form("VorName")="" _
   OR Request.Form("FamilienName")="" THEN
%>
<h4>Registrierung</h4>
    <form method="post" action="<%=ASPSELF%>">
      <p/>Bitte geben Sie Familienamen ein:<br/>
      <input type="text" name="FamilienName"/>
      <p/>Bitte geben Sie Ihren Vornamen ein:<br/>
      <input type="text" name="VorName"/>
      <p/>
      <input type="submit" value="Registrieren!"/>
    </form>
<% ELSE %>
Hallo <% = Request.Form("VorName") %>. Danke f&uuml;r die
    Registrierung!
<% END IF %>
```

Listing 6.16: Erkennung, ob das Formular bereits abgesendet wurde (asp_form2.asp)

Wenn das Formular zum ersten Mal benutzt wird, sind beide Variablen leer (Leerstring). Der Befehl IF testet die Existenz mit der OR-Verknüpfung und verzweigt, wenn einer der beiden Namen noch nicht existiert, in den ELSE-Zweig, um das Formular anzuzeigen. Die im Parameter action= angegebene Datei zeigt auf sich selbst.

Wann immer sich eine Antwortseite anbietet, ist es besser, die erste Methode zu verwenden. Unter der Zusammenfassung leidet die Programmstruktur, vor allem umfangreiche Formulare werden unübersichtlich. Wenn Sie Umfragen über mehrere Seiten erstellen, ist die zweite Methode günstiger, denn Sie können auf der nächsten Umfrageseite gleich die Daten der vorhergehenden Seite speichern. Für den Nutzer entfallen die lästigen Bestätigungen. Die Methode bietet sich auch an, wenn Eingabefehler abgefangen werden sollen und nicht mit JavaScript gearbeitet werden kann. Sie können den Nutzer dann solange auf die Seite zurückführen, bis alle geforderten Eingaben eingetragen wurden.

Abfrage aller Felder

Die Felder eines Formulars abfragen

Die Abfrage jedes einzelnen Feldes kann recht mühevoll sein, zumal Änderungen an den Feldern immer eine Serie von Änderungen bei der Auswertung nach sich ziehen. Dies ist eine gute Gelegenheit, den FOR EACH...NEXT-

Formulare programmieren

Befehl zu verwenden. Die Felder im ersten Beispiel können einfach der Reihe nach mit einer einfachen Schleife angezeigt werden (Variante 2), denn sie bilden eine Kollektion:

```
<%
FOR EACH feld IN Request.Form
    Response.Write("<BR>" & feld & "=")
    Response.Write(Request.Form(feld))
NEXT
%>
```

Listing 6.17: Ausgabe aller Formulardaten (Ausschnitt aus dem Skript asp_request.form.asp)

Groß- und Kleinschreibung spielt bei der Angabe der Namen keine Rolle. Sie können auch eine weitere Eigenschaft der Form-Kollektion benutzen, um die Anzahl der Felder festzustellen. Damit lassen sich auch Zählschleifen zur Auswertung steuern (Variante 3):

```
<%
FOR i = 1 TO Request.Form.Count
    Response.Write("<BR>" & Request.Form(i))
NEXT
%>
```

Listing 6.18: Ausgabe mit einer FOR-Schleife (asp_request.form2.asp)

Die Feldnamen selbst werden nicht ausgegeben, nur alle Inhalte. Es wäre auch interessant zu erfahren, wie HTML die Daten überträgt. Wie Sie wissen, werden die Informationen URL-kodiert und als Bestandteil des URL übertragen. Die letzte Ausgabe (Variante 4) zeigt den String, wie er beim Server ankommt:

```
<% = Request.Form %>
```

Beachten Sie, dass die Ausgabe in URL-kodierter Form erfolgt und Leerzeichen und Sonderzeichen durch die entsprechenden Hexadezimalwerte der Zeichen repräsentiert werden. Leerzeichen werden als + dargestellt.

Felder mit mehreren Werten

Oft lassen sich Dialoge stark vereinfachen, wenn die Nutzer mehrere Optionen gleichzeitig auswählen können. Ein beliebtes Beispiel ist die Auswahl aus einem Listenfeld. Der Quellcode in Listing 6.19 zeigt mögliche Eintragungen eines Nachrichtendienstes, von denen einer oder auch mehrere ausgewählt werden können. Schauen Sie sich zunächst das Formular an, mit dem die Daten abgefragt werden:

```
<h4>Bestellung Newsservice</h4>
<form method="post" action="answer/asp_newsanwser.asp">
    <select name=dienst size=5 multiple>
        <option value="Sport">Sportinformationen
```

Abbildung 6.8:
Übersicht über die
Varianten der
Abfrage

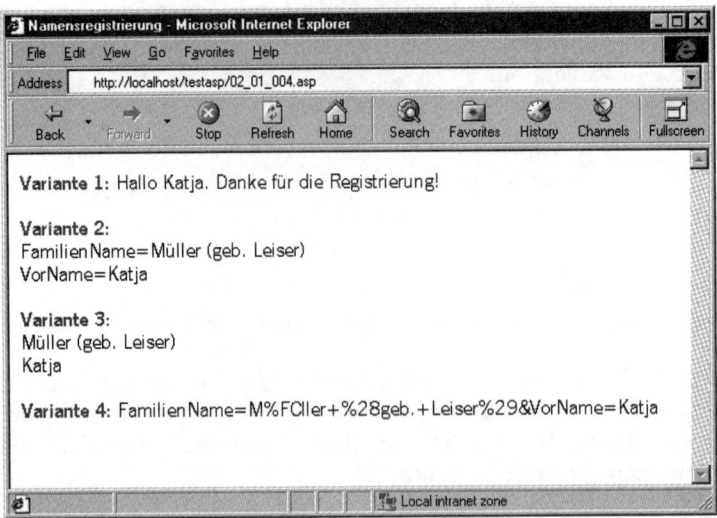

```
        <option value="Region">Regionalinfo
        <option value="Boerse">B&ouml;rsenticker
        <option value="Internet">Internet Nachrichten
        <option value="Klatsch">Klatsch und Tratsch
    </select>
    <input type="submit" value="Bestellen!">
</form>
```

Listing 6.19: Formular eines Nachrichtendienstes (asp_news.asp)

Die Auswertung ist sehr einfach, denn Sie können die Methoden der Form-Kollektion anwenden. Jedes multiple Element bildet eine Kollektion.

```
Vielen Dank für Ihre Bestellung.
<p>
Sie haben <% = Request.Form("dienst").Count %> Dienste abonniert:
<%
FOR EACH feld IN Request.Form("dienst")
    Response.Write("<BR>" &  feld)
NEXT
%>
```

Listing 6.20: Antwort auf Listing 6.19 (asp_newsanswser.asp im Ordner anwser)

Der zweite Quelltext gibt die in den <option>-Tags übergebenen Werte aus. Wenn Sie keine direkte Ausgabe planen, benötigen die Werte zur weiteren Verarbeitung in Variablen keine langen Beschreibungen.

Formulare programmieren

Ein Tipp zur Übung: Wenn nur eine Option angeklickt wurde, erscheint der sprachlich unglückliche Satz »...1 Dienste...«. Versuchen Sie mit IF..THEN und der Abfrage der Feldzahl mit der Count-Methode das Wort »Dienst(e)« so zu steuern, dass der Satz korrekt ist.

Textfelder abfragen

Sehr häufig werden Formulare mit einem allgemeinen Textfeld beendet, in dem der Nutzer einen Kommentar zu Ihrer Webseite unterbringen kann. Auch Anzeigensysteme nutzen das HTML-Element <textarea> zur Erfassung längerer Texte. Die Übertragung solcher Elemente nach VBScript ist sehr einfach, denn VBScript kennt keine enge Begrenzung der Zeichenkettenlänge. Theoretisch können Zeichenketten bis zu 2 Milliarden Zeichen (2 GByte) enthalten – sicher genug, um auch riesige Textfelder aufzunehmen.

Mit <textarea> arbeiten

```
<form method="post" action="<%=ASPSELF%>">
    Bitte schreiben Sie uns Ihre Meinung:<br/>
    <textarea name="meinung" cols="30" rows="6"></textarea>
    <p>
    <input type="Submit" value="Meinung absenden!">
    </p>
</form>
Sie schrieben uns: <br/>
<% = Request.Form("meinung") %>
```

Listing 6.21: Umgang mit Textfeldern (asp_textarea.asp)

Beachten Sie, dass die »Rückabwicklung« aus der URL-Kodierung nicht notwendig ist. Dies erledigt das Request-Objekt automatisch.

6.3.2 Daten per Formular übertragen

Wenn Formulare aufgebaut werden, können Sie die Gelegenheit nutzen und andere im Skript erzeugte Daten übertragen. Vor allem bei komplexen Anwendungen können so Skripte von mehreren anderen Stellen aus aufgerufen werden. Die Übergabe bestimmter Variablen steuert dann die Skripte. Da auch globale Variablen sich nur auf das aktuelle Skript beziehen und Datenbanken nicht immer sinnvoll oder möglich sind, ist eine solche Alternative gefragt, die kleinere Datenmengen leicht überträgt.

Die Daten eines Formulars übertragen

In HTML gibt es dafür den Tag <input type="hidden">. Dieses Feld wird nicht angezeigt, der darin festgeschriebene Wert wird trotzdem wie jeder andere Feldname übertragen.

```
<b>Sagen Sie uns, wie Sie auf uns aufmerksam wurden:</b>
<form method="POST" action="answer/asp_hiddenanswser.asp">
    <input type="hidden" name="survey" value="advertising">
```

```
    <input type="hidden" name="usernr" value="<% =usernum %>">
    <input type="radio" name="val" value="Zeitungsanzeige">
    Zeitungsanzeige<br/>
    <input type="radio" name="val" value="Fernsehspot">
    Fernsehspot<br/>
    <input type="radio" name="val" value="Trikotwerbung">
    Trikotwerbung<br/>
    <input type="submit" value="Absenden">
</form>
```

Listing 6.22: Versteckte Felder in Formularen (asp_hidden.asp)

Im Beispiel wird der Wert »advertising« dem Feld *survey* zugewiesen. Landen mehrere Formularseiten auf der gleichen Antwortseite, können Sie die Herkunft damit unterscheiden. Zusätzlich lassen sich so auch an anderer Stelle im Skript erzeugte Daten zwischen den Seiten übertragen. Die Auswertung erfolgt mit der normalen Abfrage von Formularfeldern:

```
<b>Vielen Dank f&uuml;r Ihre Auskunft!</b>
<p>
<%
IF Request.Form("survey")="advertising" THEN
%>
Umfrage &uuml;ber Werbeform.<br/>
Sie sind &uuml;ber <% = Request.Form("val") %>
auf uns aufmerksam geworden.
</p>
<% END IF %>
Ihre Usernummer war <% = Request.Form("usernr") %>
```

Listing 6.23: Antwortskript zum Auswerten der versteckten Felder (asp_hiddenanswer.asp im Ordner answer)

6.3.3 Codes via HTML und URL übertragen

Server.HTML-Encode

Die Übertragung der Formularwerte und -namen findet über die URL statt. Die verantwortliche Methode in HTML heißt POST (veröffentlichen, im Sinne von senden); sie wird über `<form method="post">` gestartet. Um die Zeichen auch unabhängig von den Formular- und Request-Befehlen kodieren und dekodieren zu können, kennt VBScript spezielle Funktionen.

Wenn Sie HTML-Codes anzeigen möchten, können Sie die Methode Server.HTMLEncode benutzen. Als Parameter wird eine Zeichenkette erwartet, die umgewandelt zurückgegeben wird. Die Anwendung ist immer dann gegeben, wenn Sie erwarten, dass die Zeichenkette HTML-Tags enthält, diese Tags im Browser jedoch nicht ausgeführt werden sollen. Listing 6.24 zeigt eine entsprechende Anwendung.

Formulare programmieren

```
<% a = "<b>Dieser Text ist fett</b>" %>
Ausgabe 1:<br/>
<% = a %>
<p/>
Ausgabe 2:<br/>
<%= Server.HTMLEncode(a) %>
```

Listing 6.24: Dekodierung von HTML-Entitäten (asp_server.htmlenc.asp)

Ganz ähnlich arbeitet die Methode Server.URLEncode, mit der die Codes so erzeugt werden, als würde die Zeichenkette über die URL übertragen werden. Damit ist es möglich, auch Werte aus normalen Variablen mit zu übertragen und auszuwerten. Der Ablauf der Übertragung wird in Abschnitt 6.4 *Daten zwischen Skripten übertragen* ab Seite 340 erläutert. Testen Sie zur Veranschaulichung einfach die folgende Codezeile anstatt der Methode HTMLEncode:

Server.URLEncode

```
<% a = "<b>Dieser Text ist fett</b>" %>
Ausgabe 1:<br/>
<% = a %>
<p/>
Ausgabe 2:<br/>
<%= Server.URLEncode(a) %>
```

Listing 6.25: Kodierung für den URL (asp_server.urlenc.asp)

6.3.4 Elemente auf ihre Existenz testen

Wenn Sie beim Ausfüllen eines Formulars Felder freilassen, werden keine Werte übermittelt. Da Variablen nicht explizit deklariert werden müssen, führt das nicht zu einem Laufzeitfehler, den man eventuell auswerten könnte. Es muss also andere Möglichkeiten geben, um die Existenz ausgefüllter Felder zu testen. Wichtig ist diese Funktion bei Formularen, in denen bestimmte Werte unbedingt angegeben werden müssen. Getestet wird auf eine leere Zeichenkette:

Leere Felder erkennen

```
<%
IF Request.Form("VorName") = "" THEN
    Response.Write("Sie m&uuml;ssen den Vornamen eingeben.")
END IF
%>
```

Beispiel

Die Reaktion auf die Abfrage kann vielfältig ausfallen. Am einfachsten ist ein entsprechender Kommentar. Komfortabler ist ein Link zurück zum Formular. Elegant ist eine automatische Rückführung auf die Formularseite.

6.4 Daten zwischen Skripten übertragen

> Der folgende Abschnitt erklärt, wie Daten auch ohne Formulare zwischen Webseiten ausgetauscht werden können. Auch hier werden Methoden des Objekts Request benutzt.

6.4.1 Übertragung von Daten von Seite zu Seite

Die Übertragung von Daten von einer Seite zur nächsten ist eine elementare Aufgabe. Auch wenn sich ein Skript selbst aufruft, kommt diese Technik zum Einsatz.

Wichtiger Hinweis zur Lesbarkeit der Skripte! Der Einfachheit halber kommt auch in diesem Abschnitt die Technik mit der Variablen *ASPSELF* zum Einsatz. Dabei ruft ein Skript sich zur Auswertung der Aktion selbst auf – was zusätzliche Antwortseiten spart und eine kompaktere Darstellung erlaubt. *ASPSELF* wird folgendermaßen erzeugt:

```
<% ASPSELF = Request.ServerVariables("SCRIPT_NAME") %>
```

Diese Zeile wird nicht in jedem Skript mit abgedruckt, ist aber in den fertigen Skripten auf CD oder auf der Website zum Buch vorhanden.

Die GET-Methode

Die Methode GET Bei der Benutzung von Formularelementen wurde die Methode POST benutzt, mit der HTML-Daten aus einem Formular im Body der Nachricht übertragen werden. Sie müssen das Tag <form> aber nicht explizit benutzen, um Daten so zu übertragen. Oft ist es besser, einen Link zu verwenden, statt ein Formular. Alternativ steht die Methode GET zur Verfügung. Die ganze Technik beruht darauf, die zu übertragenden Daten in einer ganz bestimmten Art und Weise an den URL anzuhängen:

```
http://www.seite.de/scripte.asp?variable1=Wert1&variable2=Wert2
```

Drei spezielle Zeichen finden dabei Verwendung: Das Trennungszeichen zwischen der URL und den angehängten Parametern ist das Fragezeichen. Jedes einzelne Wertepaar wird mit einem &-Zeichen getrennt. Zwischen Variable und Wert steht ein Gleichheitszeichen. Sie können theoretisch beliebig viele Werte übertragen. Beachten Sie aber, dass die Browser ganz unterschiedliche Längen für die komplette URL akzeptieren. Der Internet Explorer akzeptiert ca. 2.000 Zeichen.

Request.QueryString Die Auswertung wird mit der Methode Request.QueryString vorgenommen. Diese Methode extrahiert die einzelnen Werte aus der URL. Schauen Sie sich ein kleines Beispiel an, das zur Bestellung von Büchern (erkennen Sie den Schriftsteller?) dient:

Daten zwischen Skripten übertragen

```
<h2>Willkommen in unserem Buchladen</h2>
<b>Ihre Bestellung bitte:</b><br/>
<a href="<%=ASPSELF%>?artikel=1">Der Unbesiegbare</a><p/>
<a href="<%=ASPSELF%>?artikel=2">Der Schnupfen</a><p/>
<a href="<%=ASPSELF%>?artikel=3">Sterntageb&uuml;cher</a><p/>
<a href="<%=ASPSELF%>?artikel=4">Eden</a><p/>
```

Listing 6.26: Links mit GET-Parametern (Erster Teil asp_querystring1.asp)

Jeder Link führt auf dasselbe Skript, wo die Bestellung ausgewertet wird. Das folgende Listing zeigt diesen Teil, in dem die Auswertung erfolgt.

```
IF (LEN(Request.QueryString) > 0) THEN
    Response.Write "Sie haben das Buch <b>"
    SELECT CASE Request.QueryString("artikel")
        CASE 1
            Response.Write("Der Unbesiegbare")
        CASE 2
            Response.Write("Der Schnupfen")
        CASE 3
            Response.Write("Sterntageb&uuml;cher")
        CASE 4
            Response.Write("Eden")
    END SELECT
    Response.Write "</b> von Stanislaw Lem bestellt. _
                    Vielen Dank!"
END IF
```

Listing 6.27: GET-Parameter auswerten (Zweiter Teil asp_querystring1.asp)

Wenn Sie beliebige Werte übertragen möchten, muss jeder einzelne Wert in die URL-Form gebracht werden. Das erste Beispiel arbeitet auch ohne URLEncode, da keine speziellen Zeichen übermittelt werden. Um Fehlern vorzubeugen, sollten Sie aber immer mit URLEncode arbeiten. Möchten Sie die Namen der Bücher direkt übertragen, bietet sich folgendes Vorgehen an:

URLEncode wird implizit verwendet

```
<h2>Willkommen in unserem Buchladen</h2>
<b>Ihre Bestellung bitte:</b><br>
<%
DIM buch(3)
buch(0) = "Der Unbesiegbare"
buch(1) = "Der Schnupfen"
buch(2) = "Sterntagebücher"
buch(3) = "Eden"
FOR i = 0 TO 3
%>
    <p/>
    <a href="<%=ASPSELF%>?buch=
    <% = Server.URLEncode(buch(i)) %>">
```

```
        <% = buch(i) %></a>
<%
NEXT
%>
```

*Listing 6.28: Kodierung von GET-Parametern vor der Anzeige
(Teil 1 des Skripts asp_querystringdec.asp)*

Diese Methode ist sicher noch nicht besonders ausgereift, aber sie funktioniert. Achten Sie auf den URL, die im Browser erscheint, sobald Sie einen der Links anklicken. Die Dekodierung übernimmt ASP, sodass hier keine entsprechende Umwandlungsfunktion anzuwenden ist:

```
IF (LEN(Request.QueryString) > 0) THEN
    Response.Write "Sie haben das Buch <b>"
    Request.QueryString("buch")
    Response.Write "</b> von Stanislaw Lem bestellt.
                    Vielen Dank!"
END IF
```

Listing 6.29: Teil 2 des Skripts asp_querystringdec.asp mit der Auswertung des ausgewählten Links

6.4.2 Variablen und Werte mehrfach verwenden

Sie können wie bei Formularen mehrere Parameter je Variable übertragen. Deshalb ist es möglich, mehrere Informationen zu einer Bestellung in dem bereits gezeigten Beispiel über einen Namen zu übertragen.

```
<h2>Willkommen in unserem Buchladen</h2>
<b>Ihre Bestellung bitte:</b><br>
<%
DIM buch(3,1)
buch(0,0) = "Der Unbesiegbare"
buch(1,0) = "Der Schnupfen"
buch(2,0) = "Sterntagebücher"
buch(3,0) = "Eden"
buch(0,1) = "DM 33,90"
buch(1,1) = "DM 28,90"
buch(2,1) = "DM 59,60"
buch(3,1) = "DM 30,00"
FOR i = 0 TO 3
%>
<p>
<a href="<%=ASPSELF%>?buch=<%=Server.URLEncode(buch(i,0))%>
```

```
      &buch=<% = i %>&buch=<% = buch(i,1)%>">
<% = buch(i,0) %></a>
<% NEXT %>
```

*Listing 6.30: Mehrere Parameter im QueryString übertragen
(Erster Teil aus (asp_querystringmul.asp)*

Das Beispiel ist sicher nicht besonders schlau, die Trennung in verschiedene Variablennamen wäre sinnvoller. Die folgende Auswertung zeigt aber, wie mit den so empfangenen Werten umgegangen werden kann. Von Interesse sind solche Kombinationen, wenn die Daten aus umfangreichen Datenbanken generiert werden und vielfältige Verknüpfungen beinhalten. Wenn die Auswertung mit FOR EACH-Schleifen elegant erscheint, kann auf diese Möglichkeit zurückgegriffen werden.

```
IF (LEN(Request.QueryString)) THEN
    Response.Write "<p></p>Vielen Dank für Ihre Bestellung.</p>"
    FOR EACH feld IN Request.QueryString("buch")
        Response.Write("Feldinfo: " & feld & "<br>")
    NEXT
END IF
```

Listing 6.31: Zweiter Teil aus asp_querystringmul.asp mit der Auswertung der GET-Parameter

Soll einer der übergebenen Werte von Nutzereingaben abhängig sein, müssen Sie Formulare verwenden. Links können nur statische Informationen übertragen, auch wenn die Erstellung des Links selbst durch VBScript dynamisch geschieht.

> In den gezeigten Skripten wurde die Abfrage der Länge des QueryString IF (LEN(Request.QueryString)) THEN verwendet, um zu erkennen, ob überhaupt Daten übertragen wurden. Dies ist nicht zwingend notwendig, sondern wird eingesetzt, um die Ausgabe nur dann erscheinen zu lassen, wenn tatsächlich GET-Daten vorhanden sind. Mit dieser Technik ist es einfacher, die beiden Prozesse a) Link erzeugen und ausgeben und b) Auswertung vornehmen im selben Skript stattfinden zu lassen. Die Abfrage mit LEN beruht auf einer internen Typumwandlung. Ist der QueryString leer, gibt LEN 0 zurück. Da IF einen Booleschen Ausdruck erwartet, wandelt VBScript dies in FALSE um. Jeder Wert ungleich 0 wird TRUE.

Den gesamten QueryString ausgeben

Manchmal ist das Extrahieren aller Parameter nötig. Vor allem bei größeren Anwendungen, in denen Request.Querystring als Standardübergabe zwischen Seiten mit unterschiedlichen Datenstrukturen dient, kann auch der Variablenname ermittelt werden. Das folgende Skript übergibt vier Werte:

```
<h2>Willkommen in unserem Buchladen</h2>
<b>Ihre Bestellung bitte:</b><br>
<%
strArtikel = "Fachbuch"
strTitel = "Electronic Commerce"
strAutor = "Jörg Krause"
strISBN = "3-446-19378-2"
%>
<a href="<%=ASPSELF%>?artikel=<% = strArtikel %>↵
                     &titel=<% = strTitel %>↵
                     &autor=<% = strAutor %>↵
                     &ISBN=<% = strISBN %>">
Information &uuml;bertragen </a>
<%
IF (LEN(Request.QueryString)) THEN
   FOR EACH AllQuery IN Request.QueryString
      Response.Write("<br/>" & AllQuery & " = ")
      Response.Write(Request.QueryString(AllQuery))
   NEXT
END IF
%>
```

Listing 6.32: Übertragung mehrerer GET-Parameter und Auswertung des gesamten QueryString durch Zugriff auf die Kollektion (asp_querystringall.asp)

Die Variablen werden mit einer FOR EACH-Schleife ausgewertet, ohne dass auf die verwendeten Namen direkt Bezug genommen wird:

Item
Key
Count

Alternativ kann auch eine Zählschleife benutzt werden, wenn Sie die Anzahl der Parameter ohnehin benötigen. Zur Veranschaulichung zeigt das Beispiel auch die Anwendung der Methoden Item und Key; es handelt sich also tatsächlich um eine Kollektion. Item ist die Standardmethode und kann entfallen, wie es in den vorangegangenen Beispielen geschehen ist.

> Eine Methode ist bei vielen Objekten die Standardmethode. Wenn Sie nichts explizit angeben, wählt VBScript diese Methode, als wäre sie im Code geschrieben worden.

```
<%
FOR i = 1 TO Request.QueryString.Count
   Response.Write("<br/>" & Request.QueryString.Key(i) & " = " )
   Response.Write(Request.QueryString.Item(i))
NEXT
%>
```

Auch mit `QueryString` können Sie auf die Dekodierung des URL verzichten und den kompletten String unbearbeitet ausgeben oder mit eigenen Funktionen behandeln:

```
<% = Request.QueryString %>
```

6.4.3 Wann Sie QueryString nicht verwenden sollten

Die Übertragung von Informationen über den URL ist gut und leistungsfähig genug, wenn es sich um geringe Datenmengen handelt. Der Internet Explorer beispielsweise kann nur 2.000 Zeichen übertragen. Ältere Browser verkraften noch weniger. Bei langen Variablenketten wird der vorhandene Platz deshalb unter Umständen sehr knapp, denn es zählen nicht nur die Werte, sondern alle Bestandteile des URL: der eigentliche URL mit Protokoll, die Zieldatei, alle Variablennamen, alle Sonderzeichen usw. Vor allem die Sonderzeichen machen die Vorhersage der wirklichen Zeichenzahl sehr schwer. So wird der Buchstabe »ü« durch das Sonderzeichen %FC ersetzt. Der Code besteht aus %XX, wobei XX für den Hex-Code des Sonderzeichens steht. Aus einem Zeichen werden drei. Rechnet man mit sechs Zeichen pro Variable plus Trennzeichen plus Gleichheitszeichen plus zehn Zeichen pro Wert, benötigt ein Wertepaar schon 18 Byte. Ein Domainname kann bis zu 65 Zeichen lang sein, für Dateinamen gibt es keine Begrenzung; aber aus Gründen der Abwärtskompatibilität werden meist nicht mehr als 255 Zeichen verwendet. Es bleibt also nicht genug Platz übrig, um eine Seite Text zu übertragen.

Hinweise auf Probleme mit QueryString und GET-Parametern

Sie können übrigens mit der Methode POST trotz dieser Probleme arbeiten. POST nutzt den Body des HTTP-Request und ist deshalb nicht begrenzt. HTTP-Dokumente können jede beliebige Größe annehmen.

6.5 Sessions und Cookies (Sessions)

> Eine Session (dt. Sitzung) beginnt mit dem Aufruf des Skripts durch einen Nutzer und endet mit dem Verlassen des letzten Skripts. Jeder Nutzer eröffnet beim Abruf der Seiten mit seinem Browser automatisch eine Session. Erst durch Sessions ist des ASP möglich, die Aufrufe zu unterscheiden und bei der Bearbeitung der Skripte den einzelnen Nutzern unterschiedliche Ereignisse zuzuordnen. Dieser Abschnitt zeigt Ihnen, welchen Nutzen Sie aus Sessions ziehen können, welche Probleme und Risiken sich dahinter verbergen und was es mit den Cookies auf sich hat, auf denen Sessions aufbauen.

6.5.1 Wie Sie Sessions benutzen können

Wann Sessions angewandt werden

Mit Sessions kann seitenübergreifend gearbeitet werden

Neben der reinen Interaktivität, das heißt der Reaktion des Webservers auf Eingaben der Nutzer, sind oft auch länger zurückliegende Informationen über die Surfer sinnvoll zu gebrauchen. So könnte eine intelligente Webseite die persönlichen Interessengebiete speichern und News entsprechend auswählen. Der Besucher wird stärker an das Angebot gebunden, wenn er bei seinen Besuchen persönlich angesprochen wird. Darüber hinaus ist die Datenübergabe mit `QueryString` und Formularen, die in den vorherigen Abschnitten bereits besprochen wurden, nicht immer uneingeschränkt einsetzbar. Auch zur Übertragung von Daten zwischen den einzelnen Seiten, aus denen eine größere ASP-Applikation besteht, eignen sich die bei Sessions eingesetzten Techniken. Eine solche Anwendung ist der Warenkorb der Shopsysteme, der die vorausgewählten Waren speichert, bis der Käufer die endgültige Bestellung auslöst. Ein anderes Problem ist die statistische Auswertung der Bewegung der Surfer über Ihre Seiten. Auch diese Informationen lassen sich mit der Hilfe von Sessions speichern.

Der Vorteil, vor allem für kleinere Projekte, ist der mögliche Verzicht auf Datenbanken. Prinzipiell funktionieren all diese Anwendungen auch oder besser mit Datenbanken; nur für die Speicherung der Lieblingsfarbe ist der Aufwand und die daraus resultierende Serverbelastung nicht gerechtfertigt.

Warum Sessions sinnvoll sind

Sessions heben die Begrenzungen von HTTP auf

Sessions haben ihren Ursprung in Begrenzungen des HTTP-Protokolls. Dieses Protokoll, das die Verbindung von Webserver und Browser steuert, ist ein so genanntes verbindungsloses oder statusloses Protokoll. Für jedes einzelne Objekt, jede Seite, jedes Plug-In wird immer wieder erneut eine Verbindung aufgebaut. Der Webserver kann also in größeren Abständen zugreifende Nutzer nicht wieder zuordnen. Er liefert nur Daten an irgendwelche immer wieder und irgendwann anfordernden Browser. Alle Interaktionen beruhen auf einem simplen Frage-Antwort-Spiel (*Request* und *Response*).

Sessions lösen dieses Problem, indem Sie einen Status über mehrere Webseiten mitführen und die von HTTP nicht unterstützten Informationen speichern.

Pro und Contra Sessions

Sessions verwenden Cookies

Gelegentlich werden Sie Berichte finden, in denen vor der Verwendung von Sessions gewarnt wird. Deshalb möchte ich hier die technischen Hintergründe erläutern, um die Entscheidung für oder wider Sessions zu erleichtern. Das `Session`-Objekt, auf dem alle Methoden und Eigenschaften aufbauen, kann selbst keine Daten speichern. Sessions nutzen Cookies zur Speicherung der Informationen. Cookies werden im folgenden Abschnitt ausführlich erklärt, da ihr Verständnis für den Umgang mit dem Objekt Session sinnvoll ist.

6.5.2 Cookies als Informationsspeicher

Cookies dienen der Speicherung von Informationen für einen kurzen Zeitraum. Lesen Sie, wie dies funktioniert und warum es Probleme mit Cookies gibt.

Kennen Sie Cookies?

Cookies (dt. Kekse) haben einen völlig irreführenden, verharmlosenden Namen. Aber sie sind bekannt und oft verteufelt als der Angriffspunkt des bösen Hackers aus dem Web, der sich an den privaten Dateien der Surfer zu schaffen machen will.

> Die Ursache für den ganzen, ich will es vorwegnehmen: unbegründeten Ärger ist ein Artikel von Jon Udell in der Märzausgabe 1997 Zeitschrift BYTE, einer der größten amerikanischen Computerfachzeitschriften. Dort wurde berichtet, dass Cookies Informationen auf Geheiß des Servers auf der lokalen Festplatte des Nutzers speichern und natürlich auch lesen können. Daraus wurde geschlussfolgert, dass der Server private Daten vom Computer des Surfers lesen kann. Des Weiteren wurde behauptet, dass andere Server wiederum die Daten lesen können, die schon im Cookie gespeichert sind, wodurch das Auslesen privater Kennwörter möglich sein soll. All das hat zur Verdächtigung der Cookies beigetragen und dazu geführt, das viele Nutzer die Funktion abschalten oder sogar die Cookiedatei regelmäßig löschen. In der Maiausgabe 1997 der BYTE wurde der gesamte Artikel revidiert und richtig gestellt – zu spät, wie sich herausstellte. Die sensationslüsterne Presse hatte wieder etwas Negatives am Web entdeckt und wollte sich das Spielobjekt nicht wegnehmen lassen. Der Pro-Cookie-Artikel wurde totgeschwiegen.

Cookies wurden von Netscape erfunden und sind seit der ersten Version des Navigators dabei. Später wurde daraus ein Standard, der auch vom World Wide Web Consortium W3.ORG unterstützt wird. Die meisten Browser unterstützen heute Cookies.

Cookies sind eine oder mehrere Dateien, die der Browser anlegt und in denen (und nur in denen) der Server auf Wunsch Informationen unterbringen und wieder auslesen kann. Der Sinn von Cookies ist die Wiedererkennung des Nutzers bei einer späteren Session. Cookies lösen also ein gravierendes Problem des HTTP-Protokolls. Cookies können temporär sein, also am Ende einer Session wieder gelöscht werden, andere sind permanent und werden nie oder sehr viel später gelöscht.

*Abbildung 6.9:
Einstellmöglichkeiten für Cookies beim Internet Explorer*

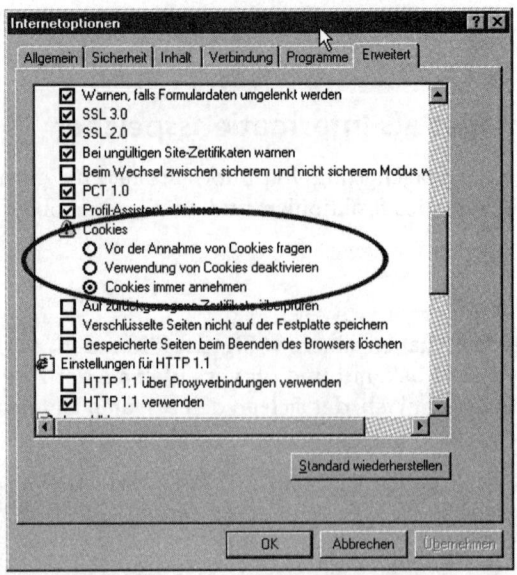

Die Technik der Cookies

Wie Cookies intern funktionieren

Cookies werden zwischen Server und Browser durch HTTP-Header übertragen. Durch Senden eines Set-Cookie-Headers wird ein Cookie in der Cookiedatei erzeugt. Soll beispielsweise der Name eines Nutzers gespeichert werden, sieht der zugehörige Header folgendermaßen aus:

Set-Cookie: UserName=Roger+Waters; path=/; domain=comzept.de;
 expires=Tuesday, 01-Jan-99 00:00:01 GMT

Der neue Eintrag in der Cookiedatei wird jetzt erstellt. Das Pluszeichen zwischen Vor- und Zuname deutet darauf hin, dass die Datei URL-kodiert ist. Die Variable path schränkt die Rückgabe des Eintrags auf Seiten ein, die von dem benannten Pfad aus anfragen. Mit domain wird die Rückgabe auf die angegebene Domain eingeschränkt. Server, die aus anderen Domains das Cookie abfragen, erhalten keine Antwort. Das ist auch der Grund, warum fremde Server nicht für sie bestimmte Einträge tatsächlich nicht lesen können. expires gibt das Datum an, an dem der Eintrag ungültig und vom Browser gelöscht wird. Allerdings kann der Browser den Eintrag auch schon früher löschen, wenn die Datei zu groß wird. Der Cookie wird, wenn nun Domain und Pfadangabe stimmen, in jede Anfrage eingebaut, die der Browser an den Server stellt. Für jedes Verzeichnis im Webserver können Sie also eigene Cookies erzeugen.

Sessions und Cookies (Sessions)

Cookies erzeugen und lesen

Cookies werden direkt von ASP unterstützt. Das `Response`-Objekt enthält eine Kollektion `Cookies`; daraus kann ein `Cookie`-Objekt und ein `Cookie`-Dictionary erzeugt werden. Dictionaries sind Speicherobjekte vom Typ `Dictionary`, die Paare aus Schlüssel und Wert speichern (siehe Abschnitt 7.2.1 *Das Dictionary-Objekt* ab Seite 380).

Cookies können in ASP einfach erzeugt und verwendet werden

```
<%
Response.Cookies("UserName")="Roger Waters"
Response.Cookies("UserName").Expires="31.12.2000"
Response.Cookies("UserName").Path="\"
Response.Cookies("UserName").Domain="comzept.de"
%>
```

Die etwas abenteuerlich anmutende Schreibweise zum Setzen des Verfallsdatums und der anderen Eigenschaften resultiert aus dem Umstand, dass der Eintrag (das Cookie) selbst ein Objekt, `Expires` die entsprechende Eigenschaft ist. Sie müssen das Datum nur dann angeben, wenn das Cookie länger als eine Session gespeichert werden soll. Für eine Warenkorbfunktion wäre es also nicht unbedingt erforderlich.

Response.Cookies

Cookies werden über HTTP-Header übertragen. Es ist deshalb notwendig, diesen Code an den Anfang des Skripts *vor* der ersten Ausgabe zu stellen. Folgende Eigenschaften können Sie festlegen:

Path
Domain
Expires
Secure

- Path
  Damit wird angegeben, wann der Browser das Cookie sendet. Wenn Sie ein Unterverzeichnis »/scripts« haben, und der Aufruf von einer Seite in diesem Verzeichnis kommt, wird der Cookie gesendet, sonst nicht.

- Domain
  Damit wird die Domain angegeben, aus welcher der Aufruf kommen darf. Damit wird das Auslesen fremder Cookies verhindert.

- Expires
  Gibt das Verfallsdatum des Cookies an. Beachten Sie, dass alternativ Datumsliterale der Art #31 Dec 2000# einzusetzen sind. Außerdem sollten Sie bei Zeitangaben (»13.04.1990 15:04«) beachten, dass ASP die Sommerzeit »herausrechnet« und Datumsangaben immer um 00:00 beginnen. Wenn Sie bis Jahresende ein Cookie setzen, reicht 31.12.2000 nicht aus, denn das Jahr geht noch 24 Stunden weiter, bis »31.12.2000 23:59:59«

- Secure
  Wenn der Webserver den Secure Socket Layer (SSL) unterstützt, wird die Transaktion mit einer sicheren Übertragung ausgeführt.

Sie können einen Cookie leicht wieder lesen. Dazu wird das schon bekannte `Request`-Objekt benutzt:

Auslesen der Cookie-Daten

```
<%= Request.Cookies("UserName")%>
```

6 ASP-Programmierung

Wie bei allen regulären Objekten, die eine Kollektion bilden, kann auch hier wieder mit einer Schleife auf alle Cookies zugegriffen werden:

```
<%
FOR EACH cookie IN Request.Cookies
  Response.Write("<BR>" & cookie & "=" & Request.Cookies(cookie))
NEXT
%>
```

Wenn Sie eine ganze Reihe von Cookies benötigen, ist der eben gezeigte Weg zu umständlich. Cookies bilden glücklicherweise Kollektionen. Es bietet sich also die Bildung eines Dictionary-Objekts an. Das Cookie-Dictionary ist *ein* Cookie mit mehreren Einträgen. So wird es gebildet:

```
<%
Response.Cookies("User")("Name")="Roger Waters"
Response.Cookies("User")("Password")="thewall"
Response.Cookies("User")("News1")="music"
Response.Cookies("User")("News2")="rock"
%>
```

Der Abruf der Daten aus dem Cookie wird entsprechend ausgeführt:

```
<%=Request.Cookies("User")%>
<%=Request.Cookies("User")("Password") %>
<%=Request.Cookies("User")("News1") %>
<%=Request.Cookies("User")("News2") %>
```

HasKey Wenn Sie Cookies abfragen und nicht sicher wissen, ob es sich um eine Kollektion handelt, fragen Sie vorher die Eigenschaft HasKey ab:

```
<%=Request.Cookies("User").HasKeys %>
```

Die Übertragung von Daten zwischen Kennwort und Browser ist nicht verschlüsselt. Sensible Informationen sollten also nur mit einer sicheren Übertragung via SSL transportiert werden. Beachten Sie auch, dass die Speicherung der Cookies in einer normalen Textdatei erfolgt. Jeder, der Zugriff auf den Computer hat, kann alle Cookies sehen. Beim Internet Explorer stehen die Cookies jeweils einzeln in je einer Textdatei. Sie finden diese Dateien unter:

`%Systemroot%/Winnt/Profiles/%UserName%/Cookies`

Wenn Sie Windows NT auf C: installiert haben und als Administrator mit dem System arbeiten, erreichen Sie die Cookies über diesen Pfad:

`C:\Winnt\Profiles\Administrator\Cookies`

Ganz anders arbeitet Netscape – dieser Browser legt alle Cookies in einer Datei ab.

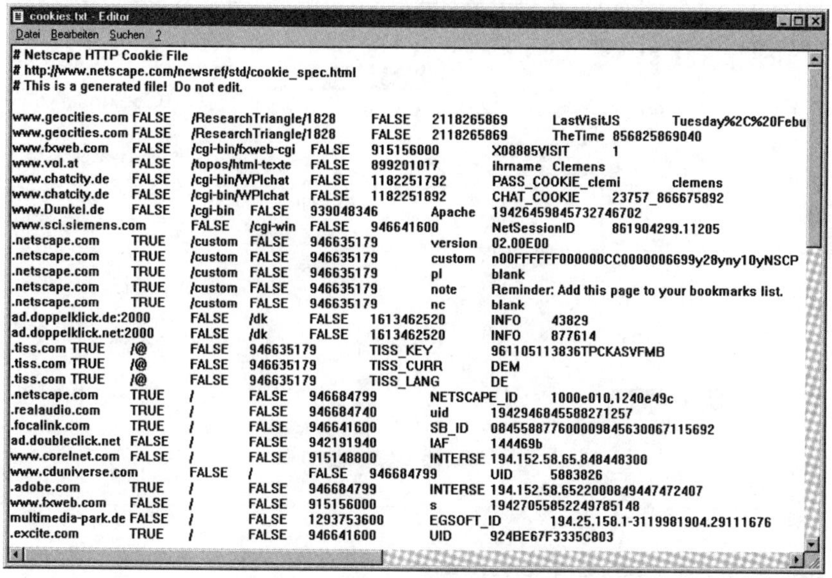

cookies.txt - Editor

Datei Bearbeiten Suchen ?

```
# Netscape HTTP Cookie File
# http://www.netscape.com/newsref/std/cookie_spec.html
# This is a generated file! Do not edit.

www.geocities.com FALSE /ResearchTriangle/1828 FALSE 2118265869 LastVisitJS Tuesday%2C%20Febu
www.geocities.com FALSE /ResearchTriangle/1828 FALSE 2118265869 TheTime 856825869040
www.fxweb.com FALSE /cgi-bin/fxweb-cgi FALSE 915156000 X08885VISIT 1
www.vol.at FALSE /topos/html-texte FALSE 899201017 ihrname Clemens
www.chatcity.de FALSE /cgi-bin/WPIchat FALSE 1182251792 PASS_COOKIE_clemi clemens
www.chatcity.de FALSE /cgi-bin/WPIchat FALSE 1182251892 CHAT_COOKIE 23757_866675892
www.Dunkel.de FALSE /cgi-bin FALSE 939048346 Apache 19426459845732746702
www.sci.siemens.com FALSE /cgi-win FALSE 946641600 NetSessionID 861904299.11205
.netscape.com TRUE /custom FALSE 946635179 version 02.00E00
.netscape.com TRUE /custom FALSE 946635179 custom n00FFFFFF000000CC0000006699y28yny10yNSCP
.netscape.com TRUE /custom FALSE 946635179 pl blank
.netscape.com TRUE /custom FALSE 946635179 note Reminder: Add this page to your bookmarks list.
.netscape.com TRUE /custom FALSE 946635179 nc blank
ad.doppelklick.de:2000 FALSE /dk FALSE 1613462520 INFO 43829
ad.doppelklick.net:2000 FALSE /dk FALSE 1613462520 INFO 877614
.tiss.com TRUE /@ FALSE 946635179 TISS_KEY 961105113836TPCKASVFMB
.tiss.com TRUE /@ FALSE 946635179 TISS_CURR DEM
.tiss.com TRUE /@ FALSE 946635179 TISS_LANG DE
.netscape.com TRUE / FALSE 946684799 NETSCAPE_ID 1000e010,1240e49c
.realaudio.com TRUE / FALSE 946684740 uid 1942946845588271257
.focalink.com TRUE / FALSE 946641600 SB_ID 084558877600009845630067115692
ad.doubleclick.net FALSE / FALSE 942191940 IAF 144469b
www.corelnet.com FALSE / FALSE 915148800 INTERSE 194.152.58.65.848448300
www.cduniverse.com FALSE / FALSE 946684799 UID 5883826
.adobe.com TRUE / FALSE 946684799 INTERSE 194.152.58.6522000849447472407
www.fxweb.com FALSE / FALSE 915156000 s 19427055852249785148
multimedia-park.de FALSE / FALSE 1293753600 EGSOFT_ID 194.25.158.1-3119981904.29111676
.excite.com TRUE / FALSE 946641600 UID 924BE67F3335C803
```

Abbildung 6.10: So sieht die Cookie.txt-Datei bei Netscape aus. Alle Einträge sind im Klartext lesbar. Achten Sie darauf, wenn Fremde Zugang zu Ihrem PC haben.

6.5.3 Cookies à la Carte: Sessions

Sessions sind bessere Cookies!

Wollen Sie sich über Cookies keine Gedanken machen, verwenden Sie besser die in ein eigenes Modell integrierten Sessions. Wegen der unkomplizierten Arbeitsweise sind Sessions (deutsch Sitzungen) immer vorzuziehen. Indes dürfen Sie nicht vergessen, dass Session-Objekte intern auf Cookies zurückgreifen.

```
<%
Session("Gruss")="Herzlich willkommen!"
%>
<a href="answer/asp_sessionanswer.asp">Cookie lesen</a>
```

Listing 6.33: Erzeugen einer Sessionvariable (asp_sessionvar.asp)

Session("variable")

Diese Seite gibt gar nichts aus, erzeugt aber eine neue Sessionvariable mit dem Namen *Gruss*. Eine andere Seite im gleichen Verzeichnis könnte jetzt den Inhalt anzeigen, wie in Listing 5.37 zu sehen ist.

```
<p>
Cookie-Inhalt: <% = Session("Gruss") %>
</p>
```

Listing 6.33: Auslesen einer Sessionvariable (asp_sessionanswer.asp im Ordner answer)

Die Anzeige des Inhalts funktioniert nur, wenn derselbe Nutzer wieder zugreift. Wird die zweite Datei von einem anderen System aufgerufen, erscheint nichts.

Abbildung 6.11: Arbeitsweise einer Session. Mehrfache Aufrufe des Skripts mit unterschiedlichen Werten funktionieren unabhängig voneinander, da die Sessionvariablen in den lokalen Cookies gespeichert werden. Variablen eignen sich dazu nicht, da sie nur innerhalb des Skripts lokal existieren.

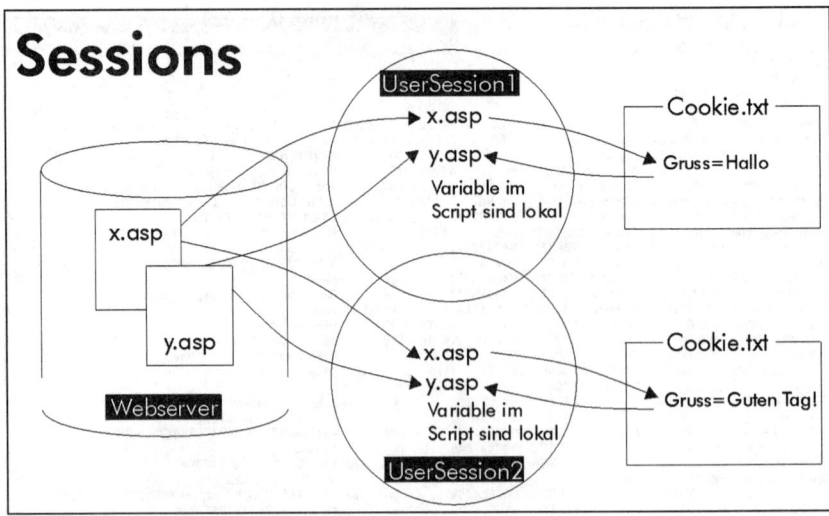

Mit Sessions Eigenschaften speichern

Session.Contents
Session.Contents.Count

Das interne ASP-Objekt Session bildet immer eine Kollektion. Damit ist es möglich, mehrere Werte zu speichern. Sie können die Kollektion verwenden, müssen dies aber nicht tun. Wenn Sie die Kollektion gebrauchen, wird für die Zuweisung die Methode Contents benutzt. Die beiden folgenden Zuweisungen sind funktional gleichwertig:

```
<% Session("Gruss") = "Willkommen!" %>
<% Session.Contents("Gruss") = "Willkommen!" %>
```

Kollektionen bieten den Vorteil, mit Schleifen problemlos abgefragt werden zu können. Das folgende Beispiel speichert verschiedene Daten über den Nutzer und gibt sie wieder aus:

```
<%
Session("Name") = strName
Session("Farbe") = strColor
Session("Font") = strFont
Session("News") = strNews
%>
Es sind jetzt <%=Session.Contents.Count %> Werte gespeichert.
<br/>
<%
FOR EACH SessionVar IN Session.Contents
    Response.Write("<BR>" & SessionVar & "=" )
    Response.Write(Session.Contents(SessionVar))
NEXT
%>
```

Listing 6.34: Speicherung mehrerer Variablen in der Session und Auslesen der Werte als Kollektion (asp_sessioncol.asp)

Sessions und Cookies (Sessions)

Interessant ist, dass auch die im vorhergehenden Beispiel erzeugte Sessionvariable *Gruss* erhalten blieb und angezeigt wird (wenn Sie nicht zwischendurch Ihren Computer heruntergefahren haben). Sessions arbeiten also tatsächlich mit einem Mechanismus, der die Wiedererkennung des Benutzers erlaubt: Cookies.

Seitenübergreifend arbeiten

Die Speicherung der Werte ist nicht die einzige Anwendung. Das wäre mit Cookies ebenso einfach möglich. Vom Session-Objekt wird auch eine Methode angeboten, die eine eindeutige ID-Nummer für jede neue Session erzeugt. Damit ist die Verfolgung eines Nutzers über mehrere Seiten möglich, auch wenn viele Nutzer gleichzeitig auf die Seiten zugreifen und sich auf ihnen bewegen. Damit die Zuordnung immer wieder gelingt, prüft jedes Skript die Session-ID. Um sich die aktuelle, automatisch erzeugte Session-ID anzeigen zu lassen, können Sie das folgende Skript benutzen:

Session.SessionID

```
Ihre aktuelle Session-ID ist: <%=Session.SessionID %>
```

Listing 6.35: Ausgabe der Session-ID (asp_sessionid.asp)

Wenn Sie dieses Skript starten, sollte bei jedem AKTUALISIEREN immer die gleiche ID ausgegeben werden. Unterschiedliche Nutzer erhalten unterschiedliche IDs.

Erinnern Sie sich noch an die Servervariablen? Eine Variable, SCRIPT_NAME, gab den Namen des aktuellen Skripts aus. Dies erschien dort wenig sinnvoll, eignet sich hier aber zum Verfolgen der Nutzer über mehrere Webseiten. Jetzt ist eine gute Gelegenheit, dass Projekt Protokolldatei, um eine entsprechende Funktion zu erweitern. Schauen Sie sich die neu erzeugte Datei LOG4ASP.TXT an (wenn Sie das Skript IN LISTING 6.37 ausführen). Beachten Sie, dass das Skript selbst keinerlei Ausgabe liefert, sondern nur die Textdatei füllt. Schauen Sie im Ordner LOGDATA, um die Datei zu öffnen.

```
<%
CONST cSPC = " "
iID = Session.SessionID
sFile = Server.MapPath("logdata/log4asp.txt")
sPage = Request.ServerVariables("SCRIPT_NAME")
SET oFSO = Server.CreateObject("Scripting.FileSystemObject")
SET oTO = oFSO.CreateTextFile(sFile)
oTO.WriteLine(Date & cSPC & Time & cSPC & iID & cSPC & sPage)
oTO.Close
%>
```

Listing 6.36: Erzeugen einer Datei mit Session-ID (asp_logshow.asp)

Möglicherweise planen Sie nicht die Einrichtung eines eigenen Protokollprogramms. Immerhin schreibt der IIS selbst Protokolldateien mit. Sie finden diese unter *%Systemroot%\System32\LogFiles*. Auch diese Protokolle

6 ASP-Programmierung

sind Textdateien. Mit der Methode AppendToLog des Objekts Response können Sie direkt eigene Angaben in die Protokolldatei schreiben.

```
<%
CONST conSPC=" "
ID = Session.SessionID
Page = Request.ServerVariables("SCRIPT_NAME")
Response.AppendToLog Date&conSPC&Time&conSPC&ID&conSPC&Page
%>
```

Listing 6.37: Erzeugen eines Eintrags im Systemprotokoll (asp_appendtolog.asp)

Das Ende einer Session

Wann ist eine Session zu Ende? Die Probleme mit HTTP werden auch am Ende einer Sitzung deutlich. Egal, ob der Nutzer seinen Computer einfach nur ausschaltet, die Verbindung unterbrochen wird oder der Browser mal wieder abgestürzt ist – die Session ist zu Ende. Wie können Sie das feststellen? Immerhin kosten offene Sessions Serverleistung und belasten das Gesamtsystem. Grundsätzlich hat der Webserver selbst eine globale Timeout-Variable, die die Zeit aller Sessions begrenzt. Die Voreinstellung ist 20 Minuten.

Dieser Wert ist für viele Anwendungen zu lang, für manche jedoch zu kurz. So könnte Ihr Server sehr stark belastet sein (ich wünsche es Ihnen) und viele Nutzer sind frustriert wegen der Wartezeiten. Hier bringt eine kurze Timeout-Zeit Besserung. Andererseits bieten Sie vielleicht Java-Spiele an, die gespielt werden müssen, um zur nächsten Seite zu gelangen. Ist ein Nutzer dann länger als 20 Minuten beschäftigt, verliert er leider die Verbindung zum Server. Es ist sinnvoll, diesen Wert und das Abbruchverhalten zu steuern. Das Session-Objekt hilft dabei mit weiteren Methoden und Eigenschaften.

```
<% Session.TimeOut = 30 %>
```

Dieser Befehl setzt die Abbruchzeit auf 30 Minuten. Andererseits kann es auch etwas bringen, im Skript die Session sofort zu beenden:

```
<html>
<head><title>Sessions beenden</title></head>
<body>
<% Session("ID") = "12345678"
Ihre aktuelle Session-ID ist: <%=Session("ID") %>
<BR>
<a href="answer/sessionid.asp">ID pr&uuml;fen</a>
</body>
</html>
<% Session.Abandon %>
```

Listing 6.38: Zwangsweises beenden einer Session (asp_sessionabandon.asp)

Sessions und Cookies (Sessions)

Das Antwortskript gibt keine ID-Nummer aus, denn mit der Methode Abandon wird die aktuelle Session sofort beendet. Die Variable bleibt zwar auf dieser Seite noch gültig, aber nach Ende des Skripts wird das Session-Objekt gelöscht.

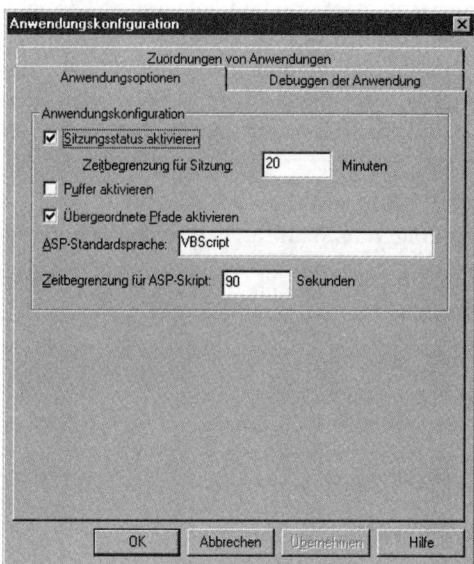

Abbildung 6.12: Einstellung des Timeout-Wertes für Sessions (Connections)

Nach 900 Sekunden ohne Aktivität wird die Verbindung beendet. Die Einstellungen finden Sie in der Managementkonsole unter IIS im Dialog SERVER EIGENSCHAFTEN.

Keine Cookies bitte!

Manchmal sind Cookies nicht erwünscht. ASP Session-IDs benutzen generell Cookies, also auch dann, wenn Sie gar keine Variablen gesetzt haben. Daher wird es mit Browsern, die vor jedem zu setzenden Cookie fragen, lästig, mit ASP-Seiten zu arbeiten. Sie können die folgende Serverdirektive verwenden, um die Anwendung von Sessions und damit die Verwendung con Cookies grundsätzlich zu verbieten. Sie müssen diesen Eintrag auf jeder Seite vornehmen:

Alternativen zu Cookies

```
<%@ ENABLESESSIONSTATE = FALSE %>
```

> Darüber hinaus beschleunigt die Verwendung dieses Befehls die Abarbeitung der Skripte. Auch wenn es keine Rolle spielt, ob Cookies verwendet werden oder nicht, ist es sinnvoll, die Verarbeitung zu unterdrücken, wenn Sie die Funktion nicht ausdrücklich benötigen.

6.5.4 Konfiguration der Sitzung mit GLOBAL.ASA

Die Sitzung als Ereignis: so werden Anfang und Ende einer Sitzung kontrolliert.

Windows-Programmierer mögen sich vielleicht gefragt haben, wo denn die Ereignissteuerung stattfindet. Die Interaktion findet nicht über Ereignisse statt, sondern über Protokolle. Trotzdem gibt es zwei Ereignisse, die stattfinden und die auch ausgewertet und bedient werden können, wenn sie ausgelöst werden: der Beginn und das Ende einer Session. In jedem Web, das heißt, in jedem virtuellen Server, gibt es die Möglichkeit, diese Ereignisse mit einem besonderen Skript zu steuern. Der Status wird auch dadurch deutlich, dass diese Skriptdatei eine besondere Endung hat: sie heißt GLOBAL.ASA

Die Datei GLOBAL.ASA

global.asa Diese Datei hat die folgende Struktur, wenn Sie noch keine eigenen Befehle eingetragen haben:

```
<script language="VBScript" runat="Server">
Sub Session_OnStart
End Sub
Sub Session_OnEnd
End Sub
Sub Application_OnStart
End Sub
Sub Application_OnEnd
End Sub
</script>
```

Listing 6.39: Eine einfache global.asa-Datei ohne Funktion

Am Beginn einer Session wird die Prozedur `Session_OnStart` aufgerufen, die enthaltenen Befehle werden ausgeführt. Die Bedeutung der Prozeduren `Application_OnStart` und `Application_OnEnd` werden im nächsten Abschnitt zum Thema Applikationen erklärt.

> Beachten Sie, dass die Prozeduren in der Datei GLOBAL.ASA keine Ausgaben erzeugen können. Sie dürfen weder HTML-Code noch `Response.Write`-Methoden enthalten. Das gilt, obwohl der HTML-Tag `<script>` benutzt wird. Sie können außer VBScript auch JScript verwenden. Alle anderen Schlüsselwörter, Objekte und Funktionen können Sie jedoch verwenden.

Eine der sinnvollsten Anwendungen ist die Erzeugung der Sessionvariablen am Beginn der Session. Bei Microsoft stößt man auf eine sehr clevere Anwendung (aus dem Adventureworks-Beispiel). Dort wird *jede* Seite, die aufgerufen wird, auf die Homepage umgeleitet, egal wo der Nutzer einsteigt. Natürlich geschieht dies nur beim ersten Aufruf – von der Homepage aus kann dann wieder jeder beliebige Punkt erreicht werden.

So könnte eine einfache GLOBAL.ASA-DATEI mit Funktion aussehen:

```
<script language="VBScript" runat="Server">
Sub Session_OnStart
    HomePage = "/index.asp"
    Aktuelle = Request.ServerVariables("SCRIPT_NAME")
    IF NOT (STRCOMP(HomePage,Aktuelle,vbTextCompare)=0) THEN
        Response.Redirect HomePage
    END IF
End Sub
</script>
```

Listing 6.40: Die Datei global.asa mit einer Funktion für den Beginn der Sitzung

Eine andere Anwendung ist die Steuerung der Protokolldateien mit eigenen Einträgen über jede laufende Session:

```
<script language="VBScript" runat="Server">
Sub Session_OnStart
    Response.AppendToLog Session.SessionID & "start"
End Sub
Sub Session_OnEnd
    Response.AppendToLog Session.SessionID & "ende"
End Sub
</script>
```

Listing 6.41: Steuerung der Serverprotokolldatei über die Datei global.asa am Beginn und am Ende einer Session

Das ist für eine reale Anwendung natürlich zu wenig, lässt sich aber leicht erweitern. Die in Abschnitt 8.2 *Die Applikation Protokolldatei* ab Seite 430 beschriebene Musterapplikation nutzt diese Technik, schreibt die Daten allerdings in eine eigene Protokolldatei.

6.5.5 Sessions intern

Sessions verwenden Cookies. Jede Session wird durch einen temporären Cookie gespeichert. Am Ende der Session verfällt der Cookie und wird wieder gelöscht. Der Name des Cookies, der die ID speichert, unter der die Sitzung geführt wird, ist ASPSESSIONID. Wenn Sie während der Sitzung in die Cookie-Datei schauen, werden Sie allerdings nicht die ID sehen, die Sie auch mit

Wie Sessions wirklich funktionieren

```
<% = Session.SessionID %>
```

anzeigen können. Die Nummer im Cookie ist länger. Microsoft verwendet einen komplizierten und geheimen Algorithmus, um die beiden Nummern intern miteinander zu verbinden. Damit soll es Hackern unmöglich gemacht werden, aus der sichtbar mitgeführten Session-ID einer Applikation auf die ID im Cookie zu schließen.

6.5.6 Alternativen zu integrierten Sessions

So können Sie auf Sessions verzichten!

Wenn Sessions bzw. Cookies Probleme machen, werden Sie bei der Anwendungsentwicklung nach Alternativen suchen. Zwei mögliche Wege wurden bereits beschrieben (wenn auch unter einem anderen Aspekt). Hier finden Sie die Anwendung der Methode QueryString und versteckter (engl. hidden) Felder bei Formularen.

Nutzerstatus mit QueryString abfragen

Das folgende Skript gibt eine bestimmte Variable von einer Seite an die nächste weiter. So können Sie in der GLOBAL.ASA-Datei eine Zufallszahl als ID erzeugen und während der Session mitführen. Zusätzlich wurde hier noch die IP-Nummer verwendet, mit der die aktuelle Verbindung aufgebaut wurde. Um es etwas »schicker« aussehen zu lassen, werden die Punkte gegen »P« ausgetauscht. Das komplette Skript finden Sie in Listing 6.43.

```
<script language="VBScript" runat="Server">
Sub Session_OnStart
    CONST HomePage = "index.asp"
    IP = Replace(Request.ServerVariables("REMOTE_ADDR"),".","P")
    RANDOMIZE(TIME)
    UserID = INT(RND * 1000000) & "@" & IP
    Response.Redirect HomePage & "?UserID=" & UserID
End Sub
</script>
```

Listing 6.42: So erzeugen Sie Ihre eigenen Session-IDs

Auf der ersten und allen anderen Seiten ermitteln Sie dann jeweils die übergebene Variable *UserID* mit der QueryString-Kollektion. Wichtig ist, dass sämtliche Links diese ID mitführen (zusätzlich zu anderen ebenfalls übergebenen Variablen). Wie die Daten von einer Seite zur nächsten übertragen werden, sehen Sie in Listing 6.44.

```
<%
UserID = Server.URLEncode(Request.QueryString("UserID"))
%>
<a href="weiter.asp?UserID=<% = UserID %>Weiter geht's</a>
```

Listing 6.43: Abfrage und Weitergabe der Session-ID

Sessions und Cookies (Sessions)

Diese Methode arbeitet praktisch mit jedem Browser, hat aber den Nachteil, recht aufwändig zu sein. Sie müssen absolut *jeden* Link damit ergänzen. Bei einer großer Datenmenge könnten Browser Probleme bekommen, die langen URLs die daraus entstehen, zu verarbeiten.

Die Alternative zu dieser Methode ist die Verwendung eines Formulars mit versteckten Feldern.

Nutzerstatus mit versteckten Feldern abfragen

In Listing 6.45 sehen Sie ein Skript, das zur Erzeugung der *UserID* durch einen Zufallsgenerator dient. Die Weitergabe erfolgt hier durch ein Formularfeld, das der Browser nicht anzeigt.

Versteckte Felder zur Datenübertragung verwenden

```
<%
RANDOMIZE
UserID = INT(RND * 1000000)
<form method="POST" action="weiter.asp">
   <input name="UserID" type="hidden" value="<%=UserID%>">
   <input type="submit" value="Weiter">
</form>
```

Listing 6.44: Variablen über versteckte Felder weitergeben

> Wenn es Sie stört, dass der Sende-Schalter erscheint, können Sie statt des Schalters auch ein Bild einbinden. Nutzen Sie einfach die folgende Syntax: `<input type="image" src="/bilder/weiter.gif">`

Mit dem Skript in Listing 6.45 ermitteln Sie zuerst die *UserID* und erzeugen dann das nächste, weiterführende Formular. Die Methode Request.Form fragt das versteckte Formularfeld ab.

`<input type = "hidden">`

```
<% UserID = Request.Form("UserID") %>
<form method="post" action="nochweiter.asp">
<input name="UserID" type="hidden" value="<%=UserID%>">
<input type="submit" value="Weiter">
</form>
```

Listing 6.45: Die Abfrage eines versteckten Formularfeldes unterscheidet sich nicht von der üblichen Formularabfrage

Während Sessions und deren Alternativen die Verfolgung eines Nutzers über mehrere Webseiten zulassen, ist es für größere Applikationen sinnvoll, die gesamte Menge der ASP-Skripte als Einheit zu betrachten. Bis jetzt waren auch globale Variablen im eigenen Skript immer lokal. Diese Einschränkung würde umfangreiche Programme stark komplizieren. Das Objekt Application löst dieses Problem. Es dient aber auch dem Verteilen von Daten über mehrere Nutzer. Es wird im folgenden Abschnitt beschrieben.

6 ASP-Programmierung

Ergänzende Maßnahmen zur vollständigen Sessionverwaltung

Wenn Sie über eine eigene Sessionverwaltung nachdenken, sollten Sie alle Möglichkeiten kennen, diese sinnvoll zu ergänzen. Das Anhängen der Session-ID an den URL und Einbau in Formulare überträgt im ersten Schritt lediglich die ID des Benutzers. Diese Technik wurde zuvor bereits beschrieben. Die Session-Funktion von ASP speichert aber auch Variablen, die dann auf der folgenden Seite zur Verfügung stehen. Dies passiert aber nicht in den Cookies, sondern in einem internen Speicher, der die Variablen mit der richtigen Session-ID verknüpft.

Die Speicherung der Variablen bleibt also als zweiter Teil einer eigenen Session-Verwaltung bestehen. Hier sind mehrere Techniken verfügbar, die kurz angerissen werden sollen.

Speichern in Datenbanken

Der sicherste Weg – aber auch der aufwändigste – ist die Programmierung einer Datenbankschnittstelle. In der Datenbank wird eine Tabelle angelegt, die neben der Session-ID auch die Variablen und deren Inhalte in serialisierter Form enthält. Mit einer speziellen Funktion, die ähnlich dem Aufruf `Session("varname") = "wert"` arbeitet, wird eine Variable in der Datenbank gespeichert und auf umgekehrtem Wege wieder entnommen. Unter Serialisierung versteht man ein Verfahren, sowohl Variablennamen als auch Werte als Zeichenkette abzubilden. Ein Ganzzahlwert von 4.5 in der Variablen *iID* wird beispielsweise als {iID;double;2;4.5} abgebildet (wobei die 2 die Anzahl der Nachkomma-Stellen bestimmt).

Textdateien

Analog zur Speicherung in einer Datenbank eignen sich auch Textdateien dafür. Hier wird für jede offene Session eine Datei angelegt – die SessionID bestimmt meist den Dateinamen. Abgelegt wird dann in der Datei entweder eine Liste aller Variablen mit den Werten oder – was in der Regel sicherer ist – eine serialisierte Form. Dies entspricht der bei Datenbanken beschriebenen Methode.

Kodierte GET- oder POST-Parameter

Eine dritte Möglichkeit bietet die Kodierung der Variablen beispielsweise nach den Base64-Verfahren und die Unterbringung in serialisierter Form. Diese Zeichenkette wird dann als ein Parameter wieder an den URL oder in Formularen untergebracht. Der Programmieraufwand dürfte hier am geringsten sein, leider schränkt diese Form den Umfang der Werte stark ein. Die 2.000 Zeichen, die ein URL lang werden kann, sind schnell ausgeschöpft, da Serialisierung und Kodierung zusätzlichen Platz erfordern.

Automationsmöglichkeiten

Das Anhänge der Session-ID an den URL ist der beste und sicherste Ersatz für Cookies. Mag man das nicht selbst programmieren, eignet sich ein ISAPI-Filter, das im IIS eingerichtet werden kann. Dies kann als DLL mit Visual Basic oder C++ programmiert werden und schaltet sich in den gesamten Zeichenstrom, der vom IIS an den Browser gesendet wird. Das Programm sucht dann nach Elementen, die ein URL enthalten können (anhand der Attribute `src=`, `href=` usw.) oder nach Formularen. Dann wird die Session-ID eingefügt oder ein zusätzliches verstecktes Feld eingebaut. Die Programmierung von ISAPI-Applikationen führt aber im Rahmen dieses Buches zu weit. Eine gute Quelle für derartige Informationen ist die MSDN-Website bei Microsoft:

http://msdn.microsoft.com

6.6 Applikationen (Application)

> Bislang wurden Skripte immer so aufgebaut, dass jeder einzelne Prozess zu der vom Nutzer zu sehenden Seite passt. Praktisch entspricht diese Vorgehensweise der Kopplung von Oberfläche und zugehörigem Programmcode. Moderne Softwareentwicklungssysteme wie Visual Basic oder Delphi arbeiten ähnlich. All diesen Systemen ist jedoch eine gemeinsame Zone im Hintergrund zu Eigen, die alle Prozesse zusammenführt – das Fenster. Mit dem Application-Objekt wird eine solche Zusammenführung auch in ASP möglich, obwohl auf dem Webserver kein Fenster erzeugt wird.

6.6.1 Applikationen statt einzelner Skripte

Die bisher gezeigten Techniken reichen bei größeren Anwendungen nicht mehr aus. Applikationen sind ein logischer Schritt.

Was ist eine Applikation?

Als Applikation wird hier die Zusammenfassung mehrerer Skripte verstanden. Die in Kapitel 8 gezeigten Beispiele sind solche Applikationen. Natürlich sind Applikationen nicht nur eine Sammlung von Skripten. Es gibt eine ganze Reihe interessanter Funktionen, die zur Entwicklung großer Projekte nötig sind und bisher gefehlt haben:

Der Begriff Applikation und das Objekt Application

▶ Daten können zwischen Skripten ausgetauscht werden.

▶ Daten können auch zwischen Nutzern ausgetauscht werden.

▶ Am Beginn und am Ende einer Applikation werden spezielle Ereignisse ausgelöst und können behandelt werden.

▶ Mit Hilfe der Managementkonsole können Applikationen unterschiedliche Eigenschaften zugewiesen werden, beispielsweise ein Timeout-Wert.

▶ Applikationen können in eigenen Adressräumen unter Windows 2000/XP arbeiten und sind damit voneinander getrennt.

▶ Eine Applikation, die abstürzt oder gestoppt wird, zieht andere nicht in Mitleidenschaft.

Ein Web kann mehrere Applikationen haben, jeder virtuelle Server sollte eine eigene Applikation (oder viele) haben und jedes Programm, das für sich

6 ASP-Programmierung

abgeschlossene Aufgaben ausführt, sollte eine eigene Applikation sein. Sie können Applikationen auch benutzen, um Nutzern Funktionen zur Verfügung zu stellen. So können Sie eine Shopapplikation betreiben, die von verschiedenen Webs auf dem Computer benutzt wird und trotzdem unterschiedliche Darstellungen hat.

Wie wird eine Applikation definiert?

Applikationen werden im IIS definiert

Für jede Applikation muss mit der Managementkonsole ein Basisverzeichnis (engl. root directory) festgelegt werden. Die Applikation besteht dann aus dem zum Basisverzeichnis erklärten Ordner und allen Unterordnern und den darin enthaltenen Dateien. Definieren Sie einen der Unterordner erneut als Basisverzeichnis, fällt er aus der Struktur der übergeordneten Applikation heraus. Zwei Applikationen können sich nicht überlappen und einen Ordner teilen. Nach der ersten Installation der Active Server Pages ist eine so genannte Standardapplikation schon erstellt. Diese bezieht sich auf das Stammverzeichnis des Webservers.

Die Definition einer neuen Applikation führt immer über die Managementkonsole. Starten Sie die Konsole, wählen Sie den IIS und dort die STANDARDWEBSITE aus.

Abbildung 6.13: Die Standard-WebSite enthält die erste, schon von der Installationsroutine eingerichtete Applikation.

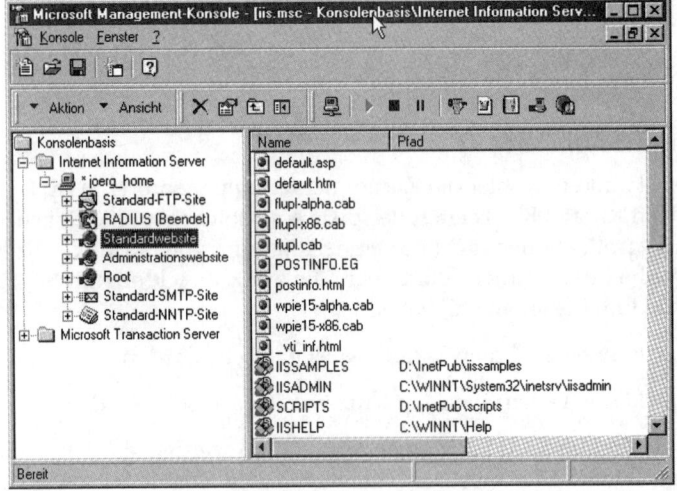

Wenn Sie auf dem Entwicklungssystem arbeiten, werden Sie normalerweise nur mit Unterverzeichnissen in Berührung kommen. Auf einem Webserver im Netz können Applikationen natürlich auch virtuellen Servern mit eigener IP zugeordnet werden. Windows 2000/XP Professional kann keine echten virtuellen Server verwalten – dies funktioniert nur mit Windows 2000 Server.

Anlegen eines neuen virtuellen Verzeichnisses

Der nächste Schritt ist das Anlegen einer neuen Applikation. Legen Sie zuerst ein neues Verzeichnis im Windows Explorer an. Am besten ist es

Applikationen (Application)

sicher im Basispfad des Webservers aufgehoben (Pfad beispielsweise *c:\inetpub\wwwroot*). Dazu wird auf der STANDARDWEBSITE mit der rechten Maustaste ein Kontextmenü aufgerufen und der Eintrag NEU | VIRTUELLES VERZEICHNIS gewählt. Ein Assistent erscheint, der zuerst den Namen der künftigen Applikation, das Verzeichnis und zuletzt die Zugriffseigenschaften abfragt. Bei den Eigenschaften aktivieren Sie wenigstens das Kontrollkästchen SKRIPT.

Ist das Verzeichnis angelegt, können Sie die Eigenschaften bearbeiten. Klicken Sie auf das Verzeichnis, das nun unterhalb des Eintrags STANDARDWEBSITE erscheint, erneut mit der rechten Maustaste und wählen Sie den Menüpunkt EIGENSCHAFTEN. Das in Abbildung 6.14 gezeigte Dialogfeld erscheint.

Eigenschaften eines Verzeichnisses bearbeiten

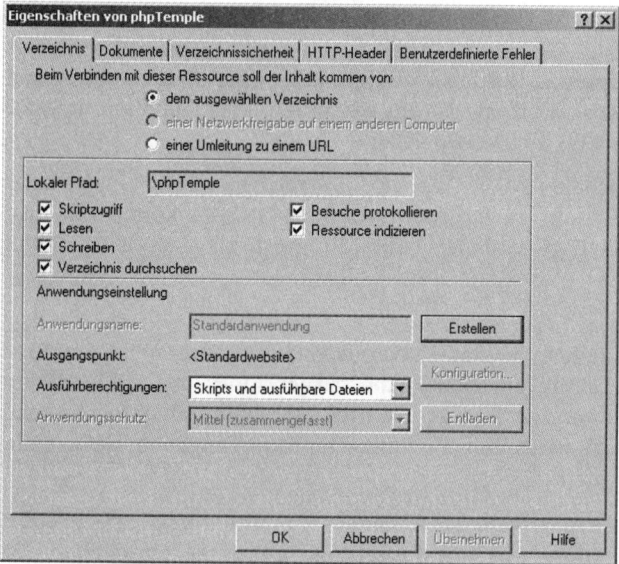

Abbildung 6.14: Virtuelles Verzeichnis ohne Applikation

Zusätzlich kann man auch das Standarddokument auswählen, das benutzt wird, wenn nur ein Verzeichnis oder ein Domainname eingegeben wurde. Nach der Installation ist dieser Wert auf DEFAULT.HTM gesetzt. Oft wird jedoch als Standarddatei INDEX.HTM oder HOME.HTM eingesetzt. Sie können auch mehrere Standarddateien auswählen.

Das Standarddokument festlegen

Sie haben zu Beginn der Applikation einen Namen gegeben. Dieser Name dient nur als Anzeigekriterium in der Managementkonsole. Innerhalb Ihrer Skripte hat er keine Bedeutung. Er kann unter ANWENDUNGSNAME geändert werden.

Name der Applikation

Jetzt klicken Sie auf ERSTELLEN, um die Applikation zu erstellen. Alle Skript im virtuellen Verzeichnis gehören nun dazu. Nach dieser Aktion können Sie den ANWENDUNGSSCHUTZ einstellen. Dies bezeichnet den Kontext, in dem

Erstellen der Applikation

6 ASP-Programmierung

die Skripte gegenüber den IIS ausgeführt werden. Drei Optionen kennt der IIS 5:

- NIEDRIG (IIS-PROZESS)
  Skripte werden im IIS-Prozess ausgeführt. Das ist am schnellsten – ein abgestürztes Skript bringt aber den gesamten IIS-Prozess und damit möglicherweise andere Teile zum Zusammenbruch

- MITTEL (ZUSAMMENGEFASST)
  Alle Applikationen des Servers laufen zusammen, nicht aber der IIS selbst. Dies zieht zwar andere Programme in Mitleidenschaft, wenn ein Absturz passiert, der IIS selbst und seine Fernwartungsoptionen bleiben aber enthalten. Dies ist die Standardeinstellung.

- HOCH (ISOLIERT)
  Hierbei wird jede Applikation in einem eigenen Speicherbereich ausgeführt. Ein Absturz gefährdet weder andere Applikationen noch den IIS. Sie können ein solches Web einzeln stoppen und starten, wenn erforderlich. Diese Methode ist am sichersten, aber auch am langsamsten und benötigt am meisten Speicher.

Konfiguration einer Applikation

Mit dem Schalter KONFIGURATION... erreichen Sie die Einstellfunktionen für die Applikation. Im Tab ANWENDUNGSOPTIONEN können Sie das Verhalten der Applikation einstellen (Abbildung 6.15). Folgende Einstellungen sind möglich:

- SITZUNGSSTATUS AKTIVIEREN
  Deaktivieren Sie das Kontrollkästchen, werden Sessions nicht unterstützt. Damit verbieten Sie die Verwendung von Cookies. Wenn Sie Sessions verwenden, können Sie für jede Session einen neuen Standardwert für die Timeout-Zeit (Zeitüberschreitung) angeben. Der Standardwert ist 20 Minuten.

- PUFFER AKTIVIEREN
  Damit können Sie die Pufferung von Seiten einschalten. Das Puffern bedeutet, dass die Ausgabe der Inhalte erst am Ende des Skripts erfolgt, nicht sofort mit jedem Auftreten von `Response.Write`.

- ÜBERGEORDNETE PFADE AKTIVIEREN
  Wenn das Kontrollkästchen aktiviert ist, kann mit den relativen Pfadangaben »..« in das übergeordnete Verzeichnis gewechselt werden. Sie sollten dem übergeordneten Verzeichnis keine EXECUTE-Rechte geben, sonst könnten Nutzer mit eigenen Skripten unautorisiert schädliche Programme starten, die sich dort eventuell befinden (c:\winnt\system32\format.com). Besser ist es natürlich, die Funktion gleich auszuschalten.

- ASP-STANDARDSPRACHE
  Entweder VBScript oder JScript.

- ASP-SKRIPTTIMEOUT
  Die Fehlerwartezeit eines einzelnen Skripts (Standardwert ist 90 Sekunden)

Applikationen (Application)

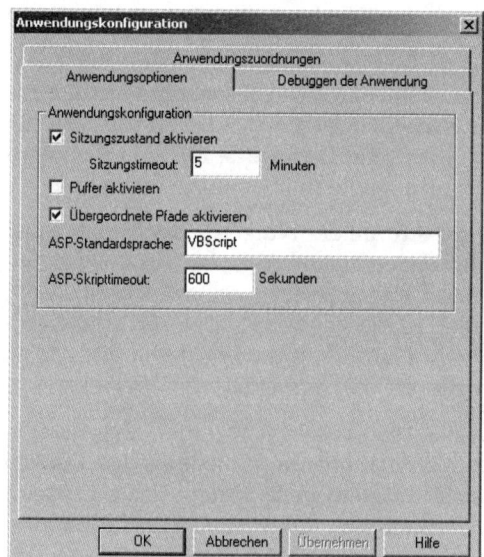

*Abbildung 6.15:
Jede Applikation hat eigene Standardparameter für die Zeitbegrenzung und die verwendete Scriptsprache*

Die Datei global.asa für Applikationen

Applikationen haben ebenfalls Zugriff auf die Datei GLOBAL.ASA. Mehr noch: Jede Applikation kann eine eigene GLOBAL.ASA-DATEI haben, die im Stammverzeichnis der Applikation liegt. Das Thema Ereignisse und Ereignissteuerung wird in Abschnitt 6.6.3 *Die Applikationsereignisse* noch erläutert.

global.asa für Applikationen

6.6.2 Das Applikations-Objekt

Zur Steuerung und Verwaltung der Applikationen dient ein eingebautes Objekt, das Objekt Application. Die Arbeitsweise ist dem Session-Objekt sehr ähnlich. Der einzige Unterschied besteht in der Position des Objekts. Die Applikation bezieht sich auf alle laufenden Skripte, die aus dem Verzeichnis der Applikation gestartet werden. Die definierten Variablen stehen also auch allen Skripten zur Verfügung. Dadurch können Sie Daten zwischen Skript *und* Nutzern austauschen.

Application

Die Variablen des Application-Objekts

Die Variablen des Objekts Application können von allen Skripten und Nutzern gesehen werden – sie sind global. Von den Sessionvariablen unterscheiden sich Applikationen durch drei Eigenschaften:

Applikationsvariablen haben ein breites Einsatzspektrum

▶ Applikationsvariablen basieren nicht auf Cookies.

▶ Der Webserver muss keine Session mitführen, um mit den Applikationsvariablen zu arbeiten.

▶ Die Verwendung ist risikolos und mit allen Browsern kompatibel.

6 ASP-Programmierung

Das Einsatzspektrum der Variablen ist weit gefächert. Es gibt viele Anwendungen, die davon profitieren. Beachten Sie die folgenden Tipps:

- Sie wollen immer wieder dieselben veränderlichen Informationen auf jeder Webseite erscheinen lassen, beispielsweise einen Nachrichtendienst oder Tipp des Tages? Speichern Sie den Wert in einer Applikationsvariablen und er steht allen Nutzern überall zur Verfügung.
- Speichern Sie die Anzahl der Nutzer in der Variable und zeigen Sie laufend diese Zahl an (Serverstatus).
- Lassen Sie über Variablen die Kommunikation zwischen Nutzern zu (wie in einem Chatroom).
- Kontrollieren Sie die Arbeitsweise von Werbebannern (Bannersteuerung).

Tatsächlich bieten Applikationen weit mehr als das. Denken Sie daran, welche Möglichkeiten sich bieten, wenn Nutzer sich gegenseitig besuchen können. Das ist für Communities, die neueste Entwicklung im Bereich Online-Marketing, wichtig.

Variablen erzeugen und nutzen

Eine neue Variable ist schnell erzeugt. Übergeben Sie dem Objekt einfach die Variable und den zu speichernden Wert:

```
<%
Application("GrussDesTages") = "Willkommen!"
%>
<a href="answer/asp_appanswer.asp">Applikations-Variablen testen</a>
```

Listing 6.46: Nutzung von Applikationsvariablen (asp_application.asp)

Wurde die Variable einmal definiert, kann Sie auf *jeder* anderen Seite von *jedem* Nutzer gelesen werden (Listing 6.48).

```
<% = Application("GrussDesTages") %>
```

Listing 6.47: Antwortskript zu Listing 6.47 (asp_appanswer.asp)

Es spielt keine Rolle, welcher Nutzer diese Seite aufruft, wann er dies tut und ob er zwischen dem Seitenwechsel die Sitzung beendet.

Applikationsvariablen löschen

Einmal definierte Variablen lassen sich nicht wieder löschen. Sie bleiben erhalten, bis der Webserver heruntergefahren wird oder die Applikation mit der Managementkonsole entfernt wird. Das ist bei der Planung der Skripte wichtig zu wissen, denn wenn Sie immer wieder neue Variablen mit Zufallsgeneratoren erzeugen (was sich bei den Sessions noch anbot), wird der Server belastet. Variablen brauchen Speicherplatz und kosten Rechenleistung.

Applikationen (Application)

Eine Anwendung, die bereits am Anfang erwähnt wurde, dient der Kontrolle der Bannerwerbung. Die folgenden beiden Skripte zählen jeden Klick auf zwei Banner. Hier sehen Sie die Kodierung der Banner, mit Anzeige der »Klickrate«:

```
<a href="answer/asp_banneranswer.asp?Banner=1">
<img src="data/banner1.gif">
</a>
<br/>
<% = Application("Banner1Clicks") %> Klicks
<br/>
<a href=" answer/asp_banneranswer.asp?Banner=2">
<img src="data/banner2.gif">
</a>
<br/>
<% = Application("Banner2Clicks") %> Klicks
```

Listing 6.48: *Banneranzeige mit Zähler für Klicks (asp_banner.asp)*

Der Klick auf den Banner führt auf die nächste Seite (LISTING 6.50). Eine Ausgabe erfolgt hier nicht, deshalb wird sie nicht in HTML verpackt.

```
<%
' Zuerst wird der geklickte Banner ermittelt
BannerName = Request.QueryString("Banner")
' Dann starten wir die Zählung für den Banner
SELECT CASE BannerName
CASE 1
    Clicks = Application("Banner1Clicks")
    Clicks = Clicks + 1
    Application("Banner1Clicks") = Clicks
CASE 2
    Clicks = Application("Banner2Clicks")
    Clicks = Clicks + 1
    Application("Banner2Clicks") = Clicks
END SELECT
' zuletzt geht es zurück auf die aufrufende Seite
Response.Redirect Request.ServerVariables("HTTP_REFERER")
%>
```

Listing 6.49: *Bannerklicks zählen und als Applikationsvariable speichern (asp_banneranswer.asp im Ordner answer)*

Ebenso kann die Anzahl der Klicks natürlich in einer Datenbank gespeichert werden. Die direkte Anzeige dient hier nur der Demonstration. Starten Sie mehrere Browserfenster oder greifen Sie mit mehreren Computern parallel darauf zu, um zu sehen, dass alle Verbindungen die Klickzahl beeinflussen.

6 ASP-Programmierung

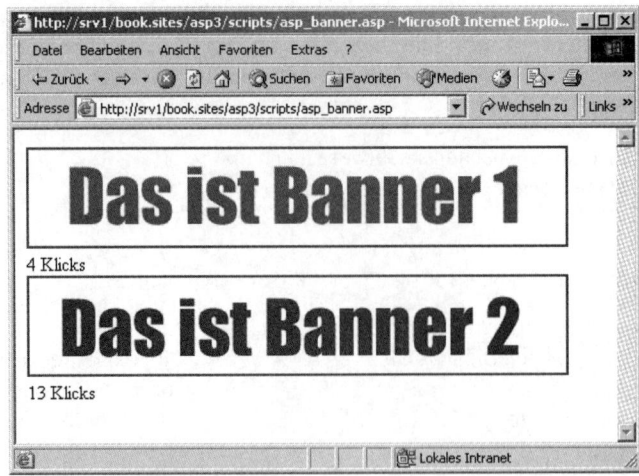

Abbildung 6.16:
Der Bannerzähler in Aktion

Variablen bequem verwalten

Application. Contents

Wie nicht anders zu erwarten ist, enthält auch das Objekt Application eine Methode Contents. Darüber hinaus können die Variablen auch als Kollektion verwaltet werden. Die folgenden beiden Zeilen sind äquivalent:

```
<% Application("BannerClicks") = Clicks %>
<% Application.Contents("BannerClicks") = Clicks %>
```

Alle Methoden einer Kollektion, die Sie bereits kennen, lassen sich auch auf die Applikationsvariablen anwenden. Alle gerade definierten Werte im Objekt Application zeigt die folgende Schleife an:

```
<%
FOR EACH AppVar IN Application.Contents
    Response.Write(AppVar & " = " & Application.Contents(AppVar))
    Response.Write "<br/>"
NEXT
%>
```

Listing 6.50: Alle Applikationsvariablen anzeigen (asp_applic.asp)

6.6.3 Die Applikationsereignisse

Applikationsereignisse mit der Datei global.asa steuern

Die Ereignissteuerung wurde bereits beim Objekt Session angesprochen. Ganz ähnlich funktioniert die Ereignissteuerung bei einer Applikation. Auch diese Ereignisse werden mit Skripten bedient, die sich in der Datei GLOBAL.ASA befinden. Die Datei hat folgende Struktur:

```
<SCRIPT LANGUAGE="VBScript" RUNAT="Server">
Sub Application_OnStart
End Sub
Sub Application_OnEnd
```

Applikationen (Application)

```
End Sub
Sub Session_OnStart
End Sub
Sub Session_OnEnd
End Sub
</SCRIPT>
```

Listing 6.51: Funktionslose global.asa mit den hervorgehobenen Prozeduren, die der Ereignissteuerung der Applikation dienen.

Jede Applikation hat ein eigenes GLOBAL.ASA-Skript. Die beiden darin untergebrachten applikationsbezogenen Prozeduren starten, wenn die erste Seite der Applikation, beispielsweise INDEX.ASP, das *erste* Mal aufgerufen wird. Der erste Nutzer, der nach dem Start des Webservers die Seite besucht, löst das Ereignis aus. Jeder weitere Nutzer löst nur die Session-Prozeduren Session_OnStart und Session_OnEnd aus. Nach der ersten Initialisierung der Applikationsvariablen stehen diese nun ständig zur Verfügung.

> Die Skripte innerhalb der Prozeduren Application_OnStart und Application_OnEnd sind einigen Einschränkungen unterworfen. So dürfen keine Ausgaben in irgendeiner Form erfolgen, HTML-Code darf nicht enthalten sein, und Sie sollten keine Absprünge auf andere Seiten programmieren (mit Response.Redirect). Die Skripte werden automatisch *vor* der ersten Seite gestartet und wieder verlassen.

Eine gute Anwendung ist ein Hitzähler für Ihre Webseite. Damit der Zähler auch exakt arbeitet, ist es sinnvoll, über die interne Arbeitsweise nachzudenken. Der Webserver liefert Seiten an Nutzer, wann immer diese die Seiten anfordern. So entstehen parallel laufende Prozesse. Da alle Prozesse Zeit brauchen, um ausgeführt zu werden, ergibt sich möglicherweise ein Problem. Wenn zwei Nutzer gleichzeitig eine Seite aufrufen, werden die Werte parallel verarbeitet. Wenn der Ursprungswert der Variablen 4 ist, schreibt Nutzer 1 mit seiner Sitzung den Wert 5 zurück. Bis dahin hat aber auch Nutzer 2 die Seite gestartet, ebenfalls den Wert 4 ermittelt und 5 zurückgeschrieben. Danach steht der Zähler auf 5 und nicht, wie es richtig wäre, auf 6.

Denken Sie daran, dass ein Multitasking-Betriebssystem Prozesse parallel ausführt (Abbildung 6.17). Wenn sich die Ergebnisse beeinflussen *müssen*, sind besondere Maßnahmen angebracht. Das Application-Objekt kennt deshalb zwei besondere Methoden, die dazu gedacht sind, andere Prozesse vorübergehend zu stoppen – Lock und UnLock. Eine gute GLOBAL.ASA-Anwendung ist der in Listing 6.53 vorgestellte, fehlerfrei arbeitende Hitzähler.

**Application.Lock
Application.
Unlock**

6 ASP-Programmierung

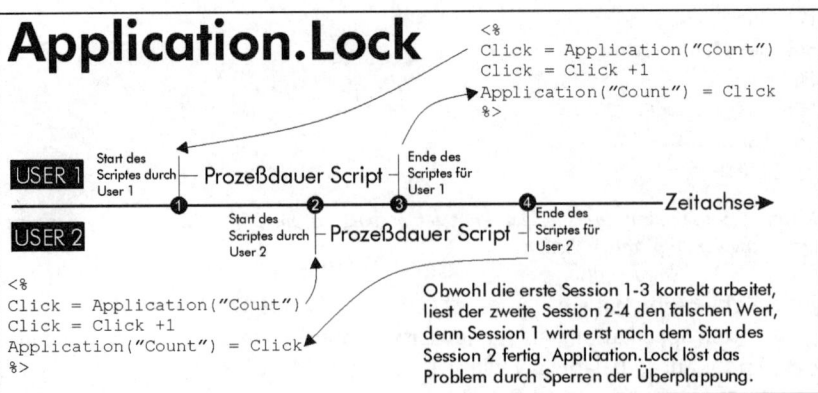

Abbildung 6.17: Probleme können entstehen, wenn sich Prozesse überlappen: Jede Operation kostet Zeit; während dieser Zeit finden andere Prozesse statt.

```
<script language="VBScript" RUNAT="Server">
Sub Application_OnStart
    Application("HitCounter") = 0
End Sub
Sub Session_OnStart
    Application.Lock
    Application("HitCounter") = Application("HitCounter") + 1
    Application.UnLock
End Sub
</script>
```

Listing 6.52: *Dieser Hitzähler arbeitet fehlerfrei. Während des Zählvorgangs ist die Skriptausführung exklusiv. Außerdem wird jede Session nur ein Mal gezählt (global.asa)*

Jede Session, die startet, ruft die Prozedur Session_OnStart auf. Als Erstes wird die gesamte Applikation verriegelt (engl. lock), sodass andere Prozesse nicht ausgelöst werden können. Dann wird der Wert der Variablen erhöht und die Applikation wieder freigegeben. Die in dieser Zeit aufgelaufenen Anfragen gehen nicht verloren oder werden mit Fehlermeldungen abgeschmettert. Die Prozesse warten einfach und werden dann nacheinander abgearbeitet. Wenn 50 Nutzer gleichzeitig zugreifen, wird sich der Hitzähler korrekt um 50 erhöhen. Die Zeit, die der letzte Nutzer warten muss, ist gering. Eine Addition benötigt nur wenige Millisekunden, 50 Additionen benötigen vielleicht eine halbe Sekunde. Wenn Sie auch in anderen Skripten intensiv mit Application.Lock arbeiten, sollten Sie bedenken, dass längere Blockierungen die Gesamtleistung des Webservers drastisch reduzieren können.

6.7 Fehlerbehandlung in ASP

In Kapitel 4 wurde bereits auf das mit VBScript verfügbare Err-Objekt zur Fehlerbehandlung eingegangen. Oft reichen die dort verfügbaren Angaben nicht aus. Das Objekt ASPError bietet mehr Informationen.

6.7.1 Ausführliche Fehlerinformationen abfragen

Normalerweise wird ein Fehler, der vom IIS in einem ASP-Skript erkannt wird, zum Abbruch des Skripts führen. Der IIS übermittelt die Daten dann an das Fehlerskript 500-100.ASP. Die dort verfügbaren Informationen sind relativ umfangreich.

Fehlerarten

ASP unterscheidet drei Arten von Fehlern:

- Fehler vor der Verarbeitung, beispielsweise beim Abarbeiten der SSI-Anweisungen (SSI = Server Side Includes, siehe Abschnitt 6.8)
- Übersetzungsfehler der ASP-Engine, beispielsweise Syntaxfehler
- Laufzeitfehler wie beispielsweise Division durch Null

Eine eigene Fehlerseite einrichten

Um mit ASPError arbeiten zu können, muss das interne Fehlermanagement genutzt werden. Der IIS erkennt einen ASP-Fehler als HTTP-Fehler der Kategorie 500 (Serverfehler), Untergruppe 100. Dieser Fehler ist mit der Datei 500-100.ASP verknüpft. Die Datei finden Sie unter Windows 2000/XP in folgendem Pfad:

```
%systemroot%\Hhelp\iisHelp\common
```

Nun ist es keine gute Idee, diese Datei zu verändern. Stattdessen sollten Sie in der Managementkonsole den Verweis der Fehlerseite auf ein eigenes Skript umlenken. Gehen Sie folgendermaßen vor:

- Öffnen Sie die Managementkonsole des IIS und suchen Sie die Standardwebseite oder das betreffende Web, wo die Applikation läuft.
- Im Kontextmenü wählen Sie EIGENSCHAFTEN und im folgenden Dialog die Registerkarte BENUTZERDEFINIERTE FEHLER.
- Suchen Sie in der Liste den HTTP-Fehler 500;100.
- Klicken Sie auf Eigenschaften bearbeiten und tragen Sie im folgenden Dialog die neue Fehlerdatei ein, beispielsweise die aus Listing 6.54. Wichtig ist, dass der Typ auf URL verbleibt, damit der IIS das Skript ausführt und nicht anzeigt. Der Pfad muss außerdem mit einem Schrägstrich beginnen (kein Backslash).

6 ASP-Programmierung

Abbildung 6.18:
Zuweisung einer
eigenen Fehleraus-
wertung zum
Serverfehler 500

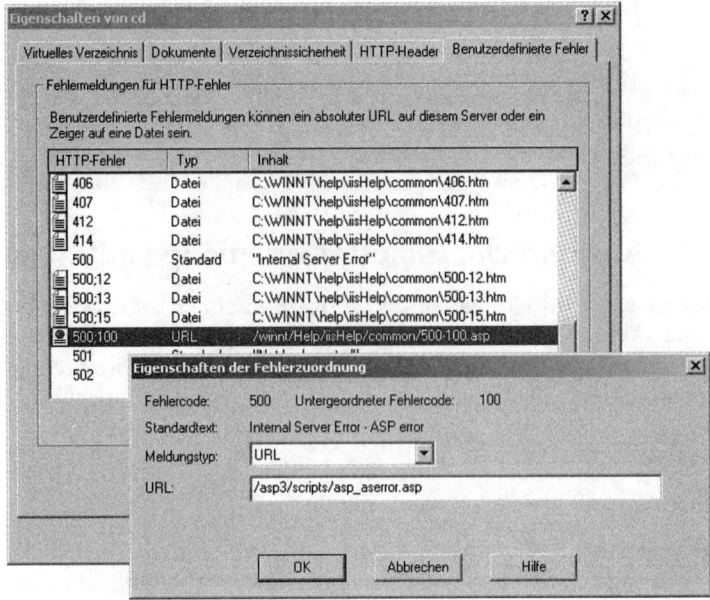

Das Skript selbst wird nachfolgend vorgestellt.

6.7.2 Umgang mit dem Fehlerskript

Auch das Skript 500-100.ASP basiert auf dem ASP-Objekt ASPError. Sie können dies natürlich auch selbst in Skripten verwenden. Das Objekt wird prinzipiell automatisch erzeugt, wenn ein Fehler auftritt. Um eine Instanz auch dann zu erhalten, wenn das Skript läuft und die letzten Fehlerinformationen ausgegeben werden sollen, nutzen Sie folgende Methode:

SET objAspError = Server.GetLastError()

Sie können dann beispielsweise folgendermaßen auf Fehler zugreifen:

```
<%
Set objASPError = Server.GetLastError()
Response.Write "Fehlerkategorie: " & objASPError.Category
Response.Write ", " & objASPError.ASPCode
Response.Write "(0x" & Hex(objASPError.Number) & ")<br/>"
Response.Write "<b>" & objASPError.Description & "</b><br/>"
IF objASPError.ASPDescription <> "" THEN
    Response.Write objASPError.ASPDescription & "<br/>"
END IF
IF objASPError.Source > "" THEN
    sServer = LCase(Request.ServerVariables("SERVER_NAME"))
    sServerIP = Request.ServerVariables("LOCAL_ADDR")
    sRemoteIP = Request.ServerVariables("REMOTE_ADDR")
```

```
    IF (sServer = "localhost" OR sServerIP = sRemoteIP)
                        AND objASPError.File <> "?" THEN
       Response.Write objASPError.File
    END IF
    IF objASPError.Line > 0 THEN
       Response.Write "<br/>Zeile: " & objASPError.Line
    END IF
    IF objASPError.Column > 0 THEN
       Response.Write "<br />Spalte:" & objASPError.Column
    END IF
    Response.Write "<br/>"
    Response.Write "<span style=""color:red""><b>"
    Response.Write Server.HTMLEncode(objASPError.Source)&"<br>"
    IF objASPError.Column > 0 THEN
       Response.Write STRING((objASPError.Column - 1), "-")
       Response.Write "</b></span><br/>"
    END IF
END IF
%>
```

Listing 6.53: Komfortable Fehlerauswertung (asp_asperror.asp)

Das Skript in Listing 6.54 enthält den Teil, der auf einen Fehler reagiert. Starten Sie nun ein fehlerhaftes Skript, wird der Fehler abgefangen und hier angezeigt. ON ERROR RESUME NEXT dürfen Sie nun natürlich nicht mehr verwenden, denn damit wird das Abfangen der Laufzeitfehler mit ASPError verhindert. In der Kombination damit bleibt nur der Rückgriff auf das schon vorgestellte Err-Objekt.

6.8 Server Side Includes (SSI)

> Die Server Side Includes (SSI) sind serverseitige Erweiterungen des Internet Information Servers. Außer für das Einfügen von Dateien machen die SSI nur Sinn, wenn Sie nicht mit ASP arbeiten, denn in ASP verfügen Sie über besser handhabbare Methoden, um die gleichen Funktionen auszuführen. Es ist notwendig, die Dateien, die SSI-Befehle enthalten, mit den Dateierweiterungen SHTM, SHTML oder STM zu versehen.

6.8.1 Übersicht SSI-Befehle

Es gibt fünf SSI-Befehle, die nachfolgend vorgestellt werden. Der wichtigste ist #INCLUDE, für den es in ASP selbst keinen direkten Ersatz gibt.

#CONFIG

#CONFIG Gibt an, wie Fehlermeldungen, Datum, Zeit und Dateiangaben ausgegeben werden.

```
<!-- #CONFIG output="string" -->
```

Für den Parameter *output* können Sie einsetzen:

- errmsg
  Hiermit können Sie über string eine Fehlermeldung angeben, die bei einem auftretenden Fehler angezeigt wird.

- timefmt
  Datums- und Zeitformat. Die genauen Angaben finden Sie in der Referenz (siehe Anhang 0 *Includes* ab Seite 1080).

- sizefmt
  Wenn string den Wert ABBREV hat, werden Dateigrößen in KByte angezeigt, wenn er den Wert BYTE hat, in Bytes.

#ECHO

#ECHO Zeigt den Wert einer Umgebungsvariablen des HTTP-Headers an.

```
<!-- #ECHO var="variable" -->
```

Als Wert für *variable* können Sie eine der Servervariablen einsetzen, die im Abschnitt *Servervariablen* ab Seite 315 beschrieben werden.

Weitere Anweisungen

Die weiteren Anweisungen sind für den ASP-Programmierer in der täglichen Arbeit nur selten zu gebrauchen. Sie finden die genaue Syntax deshalb nur in der Referenz (siehe Anhang 0 *Includes* ab Seite 1080). Hier eine Übersicht:

- #EXEC
- #FLASTMODE
- #FSIZE

6.8.2 Dateien einschließen

Der in ASP wichtigstes SSI-Befehl ist #INCLUDE zum Einschließen einer anderen HTML- oder ASP-Datei.

#INCLUDE

#INCLUDE Der Befehl #INCLUDE schließt ein Dokument in ein anderes ein. Dies wird vor allem zur Strukturierung mit ASP eingesetzt, weil VBScript keine eigene Anweisung zum Einbetten kennt.

```
<!-- #INCLUDE pfadtyp="pfad/dateiname" -->
```

Server Side Includes (SSI)

Dabei kann für *pfadtyp* einer der beiden folgenden Werte eingesetzt werden:

Wert	Beschreibung
FILE	Der Pfad ist relativ oder die Datei ist im aktuellen Ordner.
VIRTUAL	Der Pfad ist virtuell oder physisch (und dann vollständig).

Tab. 6.3: Pfad-Werte für #INCLUDE

Wie #INCLUDE mit ASP eingesetzt wird

Vor allem für gut strukturierte und modular aufgebaute Programme bietet es sich an, #INCLUDE zu verwenden, denn es ist sehr einfach in andere HTML- oder ASP-Dateien in eine Skriptdatei einzufügen. Sie können den Befehl an jeder Stelle in einer Datei unterbringen. Bei der Ausführung werden zuerst die Direktiven abgearbeitet und nach der erfolgten Zusammenführung der Dateien wird das gesamte Skript ausgeführt. Das folgende Beispiel fügt einen Werbebanner ein:

```
<html>
<head><title>Test Werbebanner</title></head>
<body>
<!-- #INCLUDE FILE="banner.inc.asp" -->
<h2>Willkommen auf unserer Homepage! </h2>
</body>
</html>
```

Listing 6.54: HTML-Seite, die in ein ASP-Skript eingebettet wird

Die Direktive wird in einem HTML-Kommentar versteckt. Mit dem Schlüsselwort FILE wird auf eine absolute Pfadangabe hingewiesen. Das gilt auch für Dateien im selben Verzeichnis, wie in Listing 6.54. Das Schlüsselwort VIRTUAL zeigt dagegen an, dass es sich um eine relative Pfadangabe handelt. Alternativ können Sie FILE verwenden, um einen absoluten Pfad zu definieren. Laufwerkangaben beziehen sich natürlich auf den Webserver. Beachten Sie das auch, wenn die Programmierung der Skripte auf einem Entwicklungssystem stattfindet, auf dem andere Pfade verwendet werden:

```
<html>
<head><title>Test Werbebanner</title></head>
<body>
<!-- #INCLUDE VIRTUAL="..\beispiele\banner.inc.asp" -->
<h2>Willkommen auf unserer Homepage! </h2>
</body>
</html>
```

Listing 6.55: Nutzung absoluter Pfade

Die einzuschließende Datei kann jede beliebige Endung haben. Die hier benutzte Endung INC verdeutlicht, dass es sich nur um eine Datei zum Einbau in andere Skripte handelt. Das funktioniert auch, wenn Sie in der

INCLUDE-Datei weiteren VBScript-Code haben. Denken Sie daran, dass ASP die Datei *erst* einfügt und dann die umgebende, aufrufende Datei, mit deren Endung .ASP ausgeführt wird.

Wenn Sie derartige Gebilde aktualisieren, kann es manchmal vorkommen, dass die geänderte Datei nicht geliefert wird. Das Problem ist beim IIS zu suchen, der Dateien im internen Cache zu halten versucht. Allerdings prüft der IIS augenscheinlich die Änderungen nicht sehr zuverlässig. Es gibt zwei Methoden, den Cache auszutricksen. Die drastische Methode ist, den Serverdienst zu stoppen und erneut zu starten. Als Alternative können Sie die übergeordnete Datei ändern, beispielsweise durch ein zusätzliches Leerzeichen, und dieses Datei zusammen mit der eingeschlossenen Datei abspeichern.

Anwendungsbeispiele

Eine klassische Anwendung ist die Definition einer Kopf- und Fußzone auf jeder Seite. Wenn Sie ein Web mit 100 Seiten erstellen, sind komfortable Verwaltungs- und Organisationstechniken nötig. ASP kann dabei wertvolle Hilfe leisten, ohne sich exotischen Programmen wie Frontpage bedienen zu müssen. Im nächsten Abschnitt lernen Sie die Inhaltsverbindungs-Komponenten kennen, welche die Navigation komplexer Seiten unterstützen. Die Nutzung dieser Komponente ist ein erster Schritt zur Programmierung und einfachen Verwaltung komplexer Websites.

Eine andere Anwendung ist die Modularisierung der Skripte. Bestimmte Prozesse lassen sich leicht so anpassen, dass sie universell verwendbar werden. Sie können dann diese Module immer wieder einsetzen. Zwei Vorteile ergeben sich daraus: Zunächst vereinfacht sich natürlich die Erstellung neuer Programme – Sie gewinnen Zeit. Zudem können Sie Probleme auslagern, deren Lösung im Augenblick schwierig erscheint oder von anderen wichtigen Aufgaben ablenkt. Zum anderen wird aber auch die Pflege erleichtert; Änderungen am Modul wirken sich in allen Skripte aus, die das Modul nutzen. So kann eine Kundenregistrierung immer wieder benötigt werden, wie Listing 6.56 zeigt:

```
<% IF Request.Form("VorName")="" THEN %>
<!-- #INCLUDE FILE="register.asp" -->
<% Response.End %>
<% ELSE %>
<html>
<head><title>Registrierungsbestätigung</title></head>
<body>
<h2>Vielen Dank f&uuml;r die Registrierung</h2>
</body>
</html>
<% END IF %>
```

Listing 6.56: Ein Modul wird durch eine einzuschließende Datei repräsentiert

Server Side Includes (SSI)

Sicherheitshinweise

INCLUDE-Dateien sind ein typisches Sicherheitsloch. Die ASP-Engine erkennt nur Dateien mit der Endung .ASP. Wenn Sie Dateien mit der Endung .INC einschließen, funktioniert es trotzdem, weil die aufrufende Datei die Endung .ASP trägt. Rein technisch betrachtet funktioniert alles. Wenn Sie die .INC-Dateien in einem normalen Unterverzeichnis ablegen, kann jeder Benutzer, der diesen Pfad zufällig kennt oder vermutet, die Dateien direkt abrufen. Die ASP-Engine wird gegen den einzelnen Abruf nichts einwenden, sich aber auch nicht zuständig fühlen und die Datei passieren lassen. Der Browser kann auch nichts damit anfangen und stellt sie als Text dar – mitsamt Ihrem ASP-Code und möglicherweise enthaltenen Kennwörtern.

Noch schlimmer ist es, wenn Sie die Option VERZEICHNIS DURCHSUCHEN ERLAUBT aktiviert haben. Dann muss ein Besucher nicht einmal die Dateinamen kennen, sondern nur das Unterverzeichnis (was meist treffend mit *includes* bezeichnet wird). Oft sind die Unterverzeichnisse als virtuelle Pfade direkt im URL zu erkennen.

Zwei Maßnahmen sind also unbedingt zu treffen:

- Benennen Sie auch INLUDE-Dateien mit .ASP am Ende. Ein direkter Aufruf wird vermutlich zu einem Fehler führen, offenbart aber keine Codes oder Daten.
- Verhindern Sie das Durchsuchen von Verzeichnissen grundsätzlich.

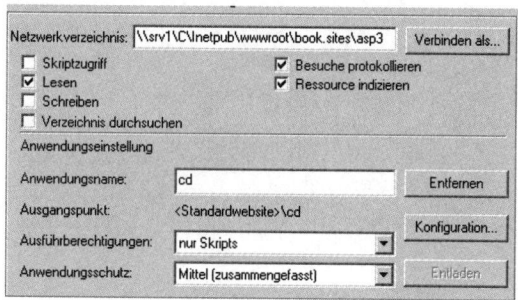

Abbildung 6.19: Die Deaktivierung des Kontrollkästchens Verzeichnis durchsuchen auf der Registerkarte Virtuelles Verzeichnis verhindert ein Sicherheitsloch

7 Spracherweiterungen

VBScript und die ASP-Objekte werden durch zwei Spracherweiterungen ergänzt, die standardmäßig installiert sind und den Leistungsumfang drastisch erweitern. Dazu gehört zum einen die Scripting-Laufzeitbibliothek, die unter anderem den Zugriff auf das Dateisystem erlaubt, zum anderen die ActiveX-Serverkomponenten.

7.1 Laufzeitbibliothek und Skriptobjekte

VBScript kennt einige Objekte, die durch normale Instanziierung verwendbar sind. Die geringe Zahl deutet darauf hin, dass die objektorientierte Arbeitsweise in VBScript noch nicht entwickelt ist. Es zeigt aber auch, was künftig möglich sein wird. Alle Objekte dienen direkt oder indirekt dem Zugriff auf das Dateisystem. Sie werden von der Scripting-Laufzeitbibliothek geliefert.

7.1.1 Objekt oder Komponente?

In einigen Abschnitten wird von Objekten, an anderer Stelle von Komponenten gesprochen. Grundsätzlich sind auch die Komponenten immer Objekte. Syntax und Verwendung entsprechen denen normaler Objekte in VBScript. Allgemein sind die Komponenten spezieller und umfangreicher in der Ausführung von Aufgaben – wie kleine Programme. Die Objekte der Laufzeitbibliothek sind regelmäßiger aufgebaut.

ASP-Objekte, die sich um die Kontrolle des Internet Information Server kümmern, werden in Kapitel 6 beschrieben.

Objekte können Kollektionen bilden

So gibt es beispielsweise Objekte, die der Verwaltung von Ordnern dienen. Ordner können weitere Ordner enthalten. Immer neue Instanzen solcher Ordner würden die Struktur einer Festplatte nicht repräsentieren. Zur Verwaltung wäre eine zusätzliche Datenbank nötig. Um das zu umgehen, werden Objekte erzeugt, die wiederum andere Objekte beinhalten – die

7 Spracherweiterungen

Kollektion (engl. Collection) ist entstanden. Insofern fällt an einigen Stellen auch der Begriff Kollektion, worunter meist auch nur Objekte zu verstehen sind.

7.1.2 Übersicht Objekte

Diese Übersicht zeigt alle Objekte in VBScript bzw. der Laufzeitbibliothek, auch wenn sie an anderer Stelle im Buch beschrieben werden.

Objekte der Laufzeitbibliothek

Hier eine Liste der Objekte der Laufzeitbibliothek, die in VBScript bzw. JScript Version 5.0, fest eingebaut sind:

- Dictionary
  Dieses Objekt dient der Verwaltung von Datenfeldern und wird in Abschnitt 7.2.1 *Das Dictionary-Objekt* ab Seite 380 vorgestellt.

- FileSystemobject
  Ebenso gehört zur Laufzeitbibliothek das sehr komplexe FileSystemobject mit vielen Ableitungen. Dies wird in Abschnitt 7.5 *Dateien und Ordner (FileSystemObject)* ab Seite 409 ausführlich behandelt.

VBScript-Objekte und -Kollektionen

Reguläre Ausdrücke
Die folgenden Objekte und Kollektionen dienen der Bearbeitung regulärer Ausdrücke. Diese wurden in Kapitel 4 bereits ausführlich diskutiert (siehe Abschnitt 4.5 *Reguläre Ausdrücke* ab Seite 224):

- Match-Objekt

- Matches-Kollektion

- RegExp-Objekt

Fehlerbearbeitung
- Err
  Das Fehlerobjekt speichert Fehlerzustände und wird kurz Abschnitt 4.6.2 *Fehler auswerten* ab Seite 249 anhand eines Beispiels angerissen und in Abschnitt 7.2.2 *Das Err-Objekt* ab Seite 382 ausführlich vorgestellt.

7.2 Objekte Dictionary und Err

> Dieser Abschnitt stellt die Objekte Dictionary und Err ausführlich vor.

7.2.1 Das Dictionary-Objekt

Scripting. Dictionary
Ein Objekt vom Typ Dictionary dient dem Speichern von Wertepaaren in einer Kollektion. Im Vergleich mit dem zweidimensionalen Array ist es einfacher zu benutzen und durch die schon vorhandenen Methoden sehr kom-

Objekte Dictionary und Err

fortabel. Das folgende Beispiel speichert ein paar bekannte Albumtitel und gibt sie wieder aus:

```
<%
Dim album
Set album = CreateObject("Scripting.Dictionary")
' Hier können Sie beliebig viele Werte eingeben
album.Add "0", "The Wall"
album.Add "1", "Animals"
album.Add "2", "Ummagumma"
album.Add "3", "Atom Heart Mother"
album.Add "4", "Meddle"
album.Add "5", "Wish You Were Here"
album.Add "6", "The Final Cut"
album.Add "7", "The Devision Bell"
album.Add "8", "The Dark Side Of The Moon"
FOR EACH i IN album
    response.write("Album: " & album.Item(i) & "<BR>")
NEXT
%>
```

Listing 7.1: Dictionary verwenden (aspdics.asp)

Mit Hilfe des Server-Objekts wird eine neue Instanz des Objekts Dictionary erzeugt, hier mit dem Namen *album*. Zwei Methoden werden zur Bedienung eingesetzt. Mit Add fügen Sie weitere Datensätze hinzu, mit Item wird ein Wert zurückgeholt. Generell besteht ein Dictionary immer aus dem Schlüssel und dem eigentlichen Inhalt.

Methoden

Auf diese beiden Werte können Sie die folgenden Methoden anwenden:

Add
Exists
Items
Remove
Keys
RemoveAll

- Add Schlüssel, Inhalt
  Fügt ein Wertpaar hinzu, der erste Parameter wird automatisch zum Schlüssel.

- Exists Schlüssel
  Prüft, ob ein bestimmter Schlüssel vorhanden ist, und gibt einen Booleschen Wert zurück (TRUE oder FALSE).

- Items
  Gibt alle Inhalte (nicht die Schlüssel!) als Array zurück.

- Remove(Schlüssel)
  Entfernt das durch Schlüssel spezifizierte Wertepaar.

- Keys
  Gibt alle Schlüssel als Array zurück.

- RemoveAll
  Entfernt alle Wertepaare, entspricht dem Löschen des Objektes.

Eigenschaften

Einige Eigenschaften ergänzen dieses einfache Objekt:

CompareMode
- CompareMode
  Bestimmt, wie die Filterung nach Schlüsseln stattfindet. Details finden Sie in der Referenz. Für normale Skripten sollte der Standardwert ideal sein.

Count
Item
Key

- Count
  Gibt die Anzahl der Wertpaare als numerischen Wert aus.

- Item(Schlüssel)
  Gibt den durch Schlüssel spezifizierten Inhalt zurück. Wird auf der Zuweisungsseite einer Gleichung benutzt, um einen neuen Wert an einen schon vorhandenen Schlüssel zu binden.

- Key(Schlüssel)
  Setzt einen Schlüsselwert neu. Der zugeordnete Inhalt bleibt unverändert.

7.2.2 Das Err-Objekt

Für komplexe Projekte ist eine eigene Fehlerverwaltung sinnvoll. Eine kontrollierbare Fehlerschnittstelle bietet das Objekt Err, in die auch gezielt eingegriffen werden kann.

Grundlagen

Das Err-Objekt ist eine Kollektion und enthält Informationen über Fehler, die bei der Abarbeitung des Skripts auftraten. Die genauen Eigenschaften werden von VBScript, dem Fehlergenerator oder dem Programmierer des Skripts definiert. Das Err-Objekt dient vor allem zur einfachen Fehlerverarbeitung, wenn Sie die Laufzeitfehler mit ON ERROR RESUME NEXT unterdrückt haben. Dieser Ausdruck unterdrückt zwar die Anzeige, speichert den Fehler aber trotzdem im Err-Objekt.

Err
Das Err-Objekt ist ein eingebautes Objekt, von dem keine Instanz gebildet werden kann – ein Fehlerzustand existiert immer nur einmal. Das Objekt ist global, das heißt, in allen Skripten einer Applikation verfügbar. Sie können es also direkt verwenden.

Methoden und Eigenschaften

Es stehen zwei Methoden zur Verfügung:

Clear
On Error Resume Next
Exit Function
Exit Sub

- Clear
  Löscht die letzte Fehlerbedingung im Err-Objekt. Clear wird implizit durch die folgenden Befehle aufgerufen:

  - On Error Resume Next
  - Exit Function

- Exit Sub
- Raise (nummer, quelle, beschreibung, hilfedatei, kontext)   **Raise**
  Erzeugt einen Laufzeitfehler. Dabei bedeuten die einzelnen Parameter:
  - nummer
    Der Fehlercode
  - quelle
    Die Quelle des Fehlers, beispielsweise der Name eines Objekts
  - beschreibung
    Eine verbale Beschreibung
  - hilfedatei und kontext
    Zugriff auf Hilfeinformationen. Schlüsselnummer innerhalb der Hilfedatei

Diese Parameter setzen zugleich auch die Eigenschaften des Objekts. Sie können diese Eigenschaften mit folgenden Befehlen auch einzeln setzen und lesen.   **Eigenschaften**

Die internen Fehlercodes belegen die Werte 0...1050. Sie sollten also für eigene Fehler diese Werte nicht verwenden. Sie können auf die Konstante vbObjectError zurückgreifen, die einfach zum eigenen Fehlercode hinzuaddiert wird und verhindert, dass Sie in den gesperrten Wertebereich gelangen.   **Interne Fehlercodes**

> Die Liste der internen Fehlercodes finden Sie in der Referenz am Ende des Buches.

7.3 Die Komponenten im Überblick

> Komponenten in ASP sind immer ActiveX-Objekte. Eigentlich gehören sie nicht direkt zu ASP; sie werden aber mitgeliefert und lassen sich ohne weiteres nutzen. Sie erfahren in diesem Abschnitt, welche Komponenten ASP bietet und wie Sie diese effektiv anwenden.

7.3.1 Objekte der Komponenten erzeugen

Die Instanziierung der Komponenten erfolgt auf demselben Wege wie bei allen anderen Objekten.

Komponenten für das aktuelle Skript

Sie erzeugen Komponenten, indem Sie eine Instanz des Basisobjektes anlegen. Komponenten haben dabei die Wahl, in welchem Bereich sie sichtbar werden. Normalerweise sind die Instanzen der Objekte nur innerhalb der Seite sichtbar, die das aufrufende Skript enthält. Microsoft spricht von einem   **PageScope**

7 Spracherweiterungen

Page Scope (dt. Seitenbereich). Eine solche Komponente wird unwiderruflich gelöscht, wenn das Skript am Ende der Seite beendet wird. Um eine Komponente so zu benutzen, wird die Methode `CreateObject()` des Server-Objekts verwendet:

```
<%
SET Browser = Server.CreateObject("MSWC.BrowserType")
%>
```

> Alle Komponenten in diesem Kapitel sind ActiveX-Komponenten, die im Gegensatz zur Scripting-Laufzeitbibliothek ausdrücklich den Funktionsumfang von ASP um Funktionen erweitern, die sich auf Internetanwendungen beziehen. Die Klasse, aus der die Komponenten stammen, heißt MSWC (Microsoft Web Components).

Komponenten, die für den Nutzer global sind

Session Scope — Komponenten können auch global sein. Sie werden dann für die jeweilige Session erzeugt, sind also nur im Hinblick auf einen Nutzer global. Jeder Nutzer erzeugt damit immer wieder neue Komponenten.

> Performance-Tipp: Globale Komponenten belasten die Ressourcen des Servers. Nutzen Sie globale Komponenten nur dann, wenn es unbedingt notwendig ist.

Der Befehl zum Erzeugen einer Komponente für eine Session ist sehr einfach:

```
<%
SET Session("Browser") = Server.CreateObject("MSWC.BrowserType")
%>
```

Es kann sich allerdings als Nachteil herausstellen, Komponenten mitten in den Skripten zu erzeugen. Sie müssten sicherstellen, dass das Skript mit dem Befehl nur ein einziges Mal aufgerufen wird, sonst würden Serverressourcen mehrfach belegt.

Komponenten mit dem Sichtbereich Session Scope erzeugen Sie in global.asa — Um dieses Problem einfach und elegant zu lösen, kann die Instanz für die aktuelle Session auch in der Datei GLOBAL.ASA erzeugt werden. GLOBAL.ASA wird nur zu Beginn und am Ende der Session oder der Applikation aufgerufen. Es ist also der ideale Ort, Komponenten mit *Session Scope* (dt. Sitzungsbereich) zu erzeugen. Den dazu nötigen Befehl müssen Sie *außerhalb* der anderen Prozeduren in der Datei GLOBAL.ASA unterbringen:

```
<OBJECT RUNAT="Server" SCOPE="Session" ID="Browser"
PROGID="MSWC.BrowserType"></OBJECT>
```

Anstatt der PROGID kann auch die CLASSID von Microsoft benutzt werden:

```
<OBJECT RUNAT="Server" SCOPE="Session" ID="Browser" CLASSID="0ACE4881-
8305-11CF-9427-444553540000"></OBJECT>
```

> Wenn Sie mit Visual Basic, Visual C++ oder Visual J++ arbeiten und Active-X-Objekte programmieren, wird der benutzte Compiler die CLASSID ermitteln und anzeigen. Steuerungselemente, die mit Visual InterDev eingefügt werden, bringen die CLASSID ebenfalls mit.

Komponenten, die in der Applikation global sind

Wenn Sie selbst ActiveX-Komponenten schreiben, werden Sie diese möglicherweise universell verfügbar machen wollen. Komponenten, die der gesamten Applikation zugeordnet sind, verhalten sich wie Objekte. Einmal erzeugt, bleiben diese Komponenten erhalten, bis der Webserver heruntergefahren oder gestoppt, die Datei GLOBAL.ASA der betroffenen Applikation geändert oder die Applikation selbst mit der Management-Konsole entfernt wird.

Application Scope

```
<%
SET Application("Browser") = Server.CreateObject("MSWC.BrowserType")
%>
```

Ein sinnvoller Platz für diesen Aufruf ist die Prozedur Application_OnStart() in der Datei GLOBAL.ASA. Sie können aber auch die Definition mit dem <OBJECT>-Tag vornehmen:

```
<OBJECT RUNAT="Server" SCOPE="Application" ID="Browser"
PROGID="MSWC.BrowserType"></OBJECT>
```

7.3.2 Übersicht Microsoft Web Components (MSMC)

Einige Komponenten sind in ASP bereits standardmäßig installiert. Die hier vorgestellten gehören zur Klasse MSWC und sind für die Programmierer gedacht, die an echten Webapplikationen arbeiten. Sie sind als ActiveX-Steuerelemente verfügbar. Um folgende Komponenten geht es:

MSWC

- Ad Rotator
- Browser Type
- Content Linking
- Tools
- Status
- MyInfo
- Counters
- Content Rotator
- Page Counter
- Permission Checker
- IISLog

7.4 Die Komponenten im Detail

Die allgemeine Entwicklung des Internets und insbesondere seine zunehmende Ausrichtung auf Electronic Commerce wirken sich auch auf die Art und Weise der Informationsvermittlung aus. Neben der reinen Information sind zunehmend attraktive Gestaltungen mit kommerziellem Hintergrund im Angebot. Zu jeder kommerziellen Nutzung gehört auch Werbung. Die häufigste rein digitale Werbeform sind Banner. Mit rotierenden Bannern bietet ASP eine Komponente, die die Implementierung unterstützt. Um den Erfolg auch messen zu können, sind Hitzähler sinnvoll, die auch durch eine eigene Komponente gebildet werden können. Diese Komponenten werden hier vorgestellt.

7.4.1 Rotierende Banner (Ad Rotator)

Für die Realisierung von Bannersteuerung mit wenigen Zeilen Code ist diese Komponente ideal.

Der automatische Bannerwechsel

Ad Rotator
GetAdvertisment

Es wäre ausgesprochen hilfreich, wenn man einen Banner rotieren lassen, also automatisch wechseln könnte. Die sehr einfache Komponente Rotierender Banner eignet sich dafür. Sie hat nur eine einzige Methode, mit der das nächste Banner zur Anzeige gebracht wird:

```
<% SET banner = Server.CreateObject("MSWC.AdRotator") %>
<table border="0">
  <tr>
    <td align="center">
      <% = banner.GetAdvertisement("data/banner.txt")%>
    </td>
  </tr>
  <tr>
    <td align="center">
        <h1>Willkommen auf unserer Webseite!</h1>
    </td>
  </tr>
</table>
```

Listing 7.2: Anwenden der Komponente Ad Rotator (adrotator.asp)

Das Geheimnis liegt weniger in diesem einen Aufruf der Methode GetAdvertisement, sondern im Parameter der Methode. Die Datei BANNER.TXT steuert die Inhalte, die dargestellt werden. Wenn Sie das Beispiel aufrufen, drücken Sie im Browser mehrfach AKTUALISIEREN. Achten Sie auf die wechselnden Banner.

Die Steuerdatei

Die Steuerdatei BANNER.TXT ist eine reine Textdatei (ASCII), die Sie mit jedem einfachen Editor erstellen und bearbeiten können. Sie enthält Informationen, wann und unter welchen Bedingungen was dargestellt wird. Das betrifft zum einen die Bildinformationen der von den Werbetreibenden gelieferten Banner. Zum anderen betrifft es aber auch die Anzeigehäufigkeit. Hier eine typische Datei:

```
REDIRECT      answer/adrotatoranwser.asp
WIDTH 300
HEIGHT 60
BORDER 0
*
data/banner2.gif
http://www.joerg.krause.net
Alles über den Autor
75
http://srv1/asp3/scripts/data/banner2.gif
http://www.asp.comzept.de
Das zeigt das Banner als ALT-Text an
25
```

Listing 7.3: Die Datei banner.txt als Steuerdatei der Komponente Ad Rotator

Die Datei enthält neben den Informationen über die Banner auch Steueranweisungen:

Steueranweisungen: REDIRECT WIDTH HEIGHT BORDER

- REDIRECT
  Ein Klick auf das Banner führt auf die angegebene Seite.

- WIDTH und HEIGHT
  Die Maße der Banner. Alle Banner werden auf diese Größe gebracht. Um keine Bildverzerrungen zu erhalten, sollten alle Werbekunden ihre Banner auf diese Maße bringen. Werden keine Werte festgelegt, werden die Bilder auf 440 x 60 Pixel gebracht.

- BORDER
  Ein Rand um das Banner. Da HTML standardmäßig zwei Pixel Rand um jedes Bild legt, das als Hyperlink agiert, sollten Sie immer den Wert explizit auf 0 setzen.

Das Sternchen * dient als Trennzeichen. Danach beginnt die Steuerinformation. Jede einzelne Position hat vier Zeilen mit fester Bedeutung:

1. Adresse und Name des Banners. Das kann einfach ein Dateiname auf dem lokalen Server sein, aber auch einen kompletten URL irgendwo im Internet.

2. Der URL, der beim Anklicken des Banners angesprungen werden kann; meist ist das die Homepage des Auftraggebers.

3. Den alternativen Text der Grafik. `<img src="" alt="Alternativer Text">`. Falls Nutzer die Anzeige von Grafiken unterdrücken, erscheint dieser Text. Neuere Browser zeigen den Text auch in einem kleinen gelben Rechteck an, wenn die Maus über dem Banner schwebt.

4. Den relativen Anzeigewert des Banners in Prozent der Gesamthitzahl. Im Beispiel werden also 75% der Seiten die Eigenwerbung des Betreibers sehen, 25% sind an einen Werbetreibenden verkauft.

Sie werden sich vielleicht fragen, warum es einen URL gibt, zu der beim Anklicken gesprungen wird, und einen URL, der beim Klick auf den Banner benutzt wird? Es ist doch nur ein einziger Sprung möglich. Nun, es reicht nicht aus, einfach nur die Banner zu zeigen und die Nutzer weiterzuleiten. Sie wollen schließlich auch wissen, wer wann und warum die Banner angeklickt hat. Deshalb nimmt die Weiterleitung einen kleinen Umweg über die Seite *adrotatoranwser.asp* (Listing 7.4) und von dort weiter zum eigentlichen Sprungziel – der Homepage des Werbetreibenden.

```
<h1>Sie haben auf einen Banner geklickt!</h1>
<p>Eigentlich sollte dieser Klick jetzt an die folgende Adresse gehen:</p>
<% = Request.QueryString("url") %>
<p>Und das folgende Bild wurde geklickt:</p>
<% = Request.QueryString("image") %>
```

Listing 7.4: Antwortdatei für den Bannerverteiler – hier kann ein Klickzähler platziert werden und die Umleitung auf das Ziel gesteuert werden (adrotatoranwser.asp im Ordner answer)

Es gibt keine Vorschrift, wie diese Weiterleitungsseite auszusehen hat; es kann beispielsweise eine reine HTML-Seite sein oder ein komplexes Skript. Der einfachste Fall ist die direkte Weiterleitung (hier mit Protokollierung):

```
<%
Response.AppendToLog Request.QueryString("url")
Response.Redirect Request.QueryString("url")
%>
```

Die erste Zeile schreibt den erfolgreichen Bannerklick in die Protokolldatei des Servers. Der zweite Klick führt auf die Homepage des Werbetreibenden. Das mag nicht gleich einleuchten. Aber die Komponente erzeugt intern eine spezielle Zeichenkette für `QueryString`, die sich aus den Angaben der Steuerdatei zusammensetzt. Darin steht `url=http://www.meinkunde.de`, wenn der Banner des Werbekunden im Beispiel angeklickt wird. Daneben wird auf eben diesem Wege auch das Bild übermittelt, das angeklickt wurde. Das ist wichtig, wenn der Werbekunde mehrere Banner parallel betreibt und den Erfolg der einzelnen Banner kontrollieren möchte. Als Parameter wird folgendes übergeben:

```
?image=pfad_zum_banner/banner2.gif
```

Die Komponenten im Detail

Es spricht einiges dafür, auf dieser Basis ein Programm zur Speicherung von Protokollen zu entwickeln, das eine einfache und exakte Auswertung ermöglicht.

Zusätzliche Eigenschaften

Die Komponente hat drei Eigenschaften, mit denen Sie einfacher und effektiver arbeiten können. Oft ist ein Verlassen der eigenen Webseite nicht erwünscht. Mit der Eigenschaft TargetFrame können Sie ein neues Fenster des Browsers erzeugen oder die Ausgabe in einem Frame erscheinen lassen; dort erscheint dann die Homepage des Werbetreibenden, wenn Sie es wünschen. Die Anwendung ist einfach:

TargetFrame

```
<%
SET banner = Server.CreateObject("MSWC.AdRotator")
banner.TargetFrame = "_BLANK"
%>
<center>
   <% = banner.GetAdvertisement("data/banner2.txt")%>
</center>
```

Listing 7.5: Die Eigenschaft TargetFrame anwenden (adrotatoradv.asp)

Die beiden anderen Eigenschaften sind:

Border
Clickable

▶ Border
   Zeigt den aktuellen Rand des Banners an und überschreibt ggf. den Wert in der Steuerdatei.

▶ Clickable
   Normalerweise kann man den Banner anklicken (Hyperlink). Setzen Sie die Eigenschaft auf FALSE, verliert er diese Möglichkeit.

Um die Banner nun rotieren zu lassen, erweitern Sie die Steuerdatei entsprechend. Haben Sie fünf Banner, die gleichmäßig verteilt werden sollen? Dann könnte die Steuerdatei folgendermaßen aussehen:

```
REDIRECT       answer/adrotatoranswer.asp
WIDTH 400
HEIGHT 40
BORDER 0
*
data/banner1.gif
http://www.meineseite.de
Der Werbe-Spezialist
20
data/banner2.gif
http://www.meineseite.de
Der Werbe-Spezialist
20
data/banner3.gif
```

```
http://www.meineseite.de
Der Werbe-Spezialist
20
data/banner4.gif
http://www.meineseite.de
Der Werbe-Spezialist
20
data/banner5.gif
http://www.meineseite.de
Der Werbe-Spezialist
20
```

Listing 7.6: So rotieren die Banner wirklich: die komplette Steuerdatei banner2.txt

So einfach ist das! Wenn Sie Banner nicht mögen, könnte die folgende Komponente eine Alternative darstellen. Der *rotierende Werbetext* hat eine ähnliche Funktionsweise wie Banner; mit ihr können Sie HTML-Code gesteuert einblenden.

7.4.2 Rotierender Werbetext (Content Rotator)

Content Rotator

Viele Grafiken sind nicht immer beliebt und Werbung kann man auch mit HTML machen, zumal die Eigenschaften von dynamischem HTML und CSS schon sehr beeindruckend sind. Es gibt viele Anwendungsmöglichkeiten, bei denen statt Banner einfach HTML-Code eingeblendet wird. Darüber hinaus kann mit dieser Komponente aber auch die Bannerwerbung selbst raffinierter gestaltet werden. Hier ein paar Anregungen:

▶ Spannender Link des Tages. Verzweigen Sie auf ein Angebot Ihrer Linkpage.

▶ Tipp des Tages. Erzeugen Sie einen wechselnden Hinweis zu Ihren Produkten.

▶ Nachrichten. Blenden Sie aus einem Nachrichtenpool Informationen ein.

▶ Bannerwerbung. Nutzen Sie die zusätzlichen Eigenschaften der Komponenten, um noch einfacher Bannerwerbung zu betreiben.

ChooseContent

Die wichtigste Methode ist ChooseContent:

```
<%
SET banner = Server.CreateObject("MSWC.ContentRotator")
%>
<% = banner.ChooseContent("data/werbung.txt") %>
```

Listing 7.7: Auswahl des Inhalts mit ChooseContent (controtator.asp)

Das Geheimnis liegt auch hier wieder in einer Steuerdatei, welche die Inhalte und entsprechende Steuerinformationen enthält. Die Datei ist eine reine Textdatei (ASCII), die Sie mit jedem einfachen Editor erstellen und

Die Komponenten im Detail

bearbeiten können. Größere Flexibilität erreichen Sie, wenn Sie die Datei mit den `TextStream`-Objekten bearbeiten. Eine typische Steuerdatei könnte folgendermaßen aussehen:

```
%%#70 // Der erste Eintrag
<font face="Arial" color="Red">Besuchen Sie unseren Shop!</font>
%%#30 // Der zweite Eintrag
<h2>Unsere Sonderangebote diese Woche:</h2>
<ul>
    <li><B>Erotik CD</b> der Extraklasse, ab 9.99 EUR
    <li><B>Doom III</b> jetzt nur noch 89.00 EUR
    <li>Mehr Grafik mit <b>3D</b> Grafikkarten: Tolle Auswahl
</ul>
```

Listing 7.8: Musterdatei werbung.txt

Die Datei besteht aus beliebig vielen Blöcken dieser Art, die immer mit dem doppelten Prozentzeichen %% eingeleitet werden. Dahinter folgt dann das Doppelkreuz # und eine Zahl. Diese Zahl bestimmt die *Gewichtung* der Anzeige. Die Gewichtung ist ein relativer Wert, der sich aus der Summe aller Werte der Steuerdatei und dem Verhältnis des Einzelwertes dazu ergibt. Im Beispiel ist die Summe 100, die Gewichtung 80 entspricht also 80%, 20 entspricht 20%. Wenn Sie drei Einträge haben und die Werte 7, 12 und 23 nehmen (Summe 42), ergibt sich eine Gewichtung von 17%, 28% und 55% (gerundete Werte). Setzen Sie eine Gewichtung auf 0, wird der Text niemals angezeigt. Das ist sinnvoll, um Eintragungen temporär zu sperren und nicht jedes Mal den Inhalt komplett entfernen zu müssen. Der Wertebereich der Gewichtung kann von 0 bis 65.535 reichen. Der Text hinter den beiden Schrägstrichen // ist ein Kommentar und gelangt nicht zur Ausgabe. Kommentare können Sie überall anbringen. Der Rest ist einfach erklärt: Alles was HTML kann, ist erlaubt. Bedenken Sie, dass die Texte mitten in einer HTML-Seite eingebettet werden, die Tags `<body>` und `<head>` haben hier nichts verloren. Aber es spricht eben nichts dagegen, mit `<img>`-Tags auf Bilder respektive Banner zuzugreifen.

Sie müssen übrigens keine Gewichtung angeben. Dann erscheinen alle Texte gleich oft. Wann aber erscheint der Text? Diese Komponente nutzt einen Zufallsgenerator für die Steuerung und blendet entsprechend ein. Das ist der eigentliche Mehrwert gegenüber der `AdRotator`-Komponente.

Die Komponente kennt zusätzlich die Methode `GetAllContent`. Damit werden alle Inhalte hintereinander ausgegeben. Mögliche Anwendungen wären die Fehlersuche (wenn Sie die Datei per ASP automatisch erstellt haben) oder die Anzeige aller Alternativen, wenn Sie rotierende Banner steuern, und der Werbekunde sich einen Überblick über seine Banner verschaffen möchte.

GetAllContent

7 Spracherweiterungen

So sieht ein Abruf aus:

```
<%
SET banner = Server.CreateObject("MSWC.ContentRotator")
%>
<% = banner.GetAllContent("data/werbung.txt") %>
```

Listing 7.9: Für die Administration eignet sich GetAllContent (contallrotator.asp)

Die einzelnen Einträge erscheinen untereinander und sind jeweils durch eine Linie getrennt. Die Linie wird mit <hr> erzeugt.

Abbildung 7.1:
Ausgabe aller
Werbetexte zu
Kontrollzwecken

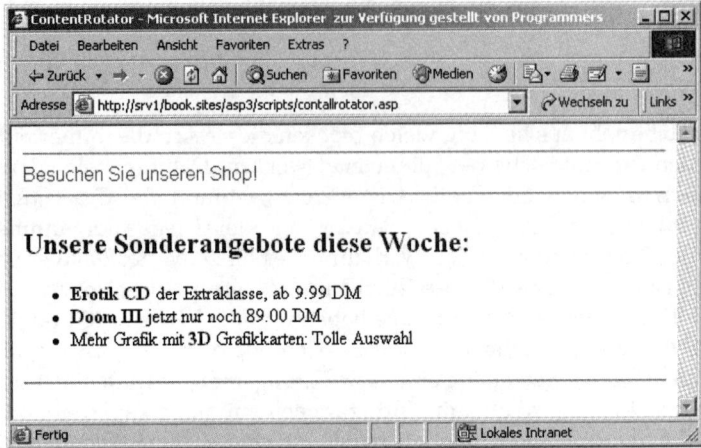

7.4.3 Seitenzähler (Page Counter)

Page Counter Oft ist es wichtig zu wissen, wie viele Hits eine Seite hatte. Jeder Abruf der Seite wird vom Webserver registriert. Man kann die Werte auch aus den Protokolldateien filtern. Für jede einzelne Seite können Sie leicht einen Hitzähler erstellen, der den Zählerwert direkt anzeigt (siehe Listing 7.10).

```
<%
SET treffer = Server.CreateObject("MSWC.PageCounter")
treffer.PageHit
%>
Diese Seite hat schon <% = treffer.Hits %> Hits!
```

Listing 7.10: Zählen und Anzeigen von Hits (pagecounter.asp)

Hits
PageHits
Reset

Das ist recht einfach. Die drei Methoden, die Sie anwenden können, sind:

▶ Hits
  Zeigt den neuen Wert an.

▶ PageHit
  Setzt den Hitzähler einen Schritt weiter.

▶ Reset
Setzt den Zähler wieder auf 0.

Für viele Fälle sollte das ausreichen. Besser und einfacher können Sie allerdings mit dem Hitzähler Counters zählen.

7.4.4 Hitzähler (Counters)

Die Komponente Zähler ist eine universelle Zählfunktion. Sie können damit vielfältige Zählvorgänge steuern. Einige Anwendungsgebiete sind:

Counters

- ▶ Anzahl der Hits einer Seite zählen
- ▶ Anzahl der Hits der gesamten Applikation zählen
- ▶ Anzahl der Hits von Nutzern mit bestimmten Eigenschaften zählen
- ▶ Anzahl der angeklickten Banner zählen
- ▶ Zählungen von Aktivitäten in Formularen

Anders als bei anderen Komponenten können Sie nur eine Instanz der Komponente erzeugen. Dieses Objekt kann dann beliebig viele Zähler für die verschiedensten Zwecke bereitstellen. Es ist eine gute Idee, die Instanz in der Datei GLOBAL.ASA zu erzeugen. Da Seitenzähler unabhängig von Sessions arbeiten müssen, wird das Objekt mit dem Sichtbereich (engl. scope) Applikation erstellt. Der folgende Eintrag in die Datei GLOBAL.ASA ist eine gute Lösung:

```
<OBJECT RUNAT="Server" SCOPE="Application" ID="zaehler"
    PROGID="MSWC.Counters"></OBJECT>
```

Zähler in der Datei global.asa definieren

Der einzige wählbare Parameter ist ID. Sie können Ihre Zählerinstanz frei benennen. Einmal erzeugt, können Sie die Zähler überall verwenden. Der folgende Quelltext zeigt einen einfachen Seitenzähler, der mit jedem Aufruf der Seite erhöht wird. Hier wurde das Zählobjekt aber nochmals direkt eingebunden, damit es auch ohne GLOBAL.ASA funktioniert.

```
<% SET zaehler = Server.CreateObject("MSWC.Counters") %>
Diese Seite wurde bereits
<%=zaehler.Increment("Seiten") %> besucht.
```

Listing 7.11: Einfacher Hitzähler (hitcounter.asp)

Der Zähler selbst kann auf irgendeiner anderen Seite erzeugt worden sein. Existiert er noch nicht, wird er von der Methode Increment erzeugt. Wenn Sie den Zähler erzeugen und auf einen Startwert setzen möchten, wird die Methode Set benutzt:

```
<%
zaehler.Set("Seiten", 1000)
%>
```

7 Spracherweiterungen

Damit wird der Zähler *Seiten* erzeugt und auf den Startwert 1.000 gesetzt. Sie können Set immer wieder anwenden, um den Startwert zu ändern.

> Wo wird der Zähler gespeichert? Viele Eigenschaften gehen verloren, wenn der Webserver heruntergefahren wird. Beim Zähler tritt dieses Problem nicht auf, denn die Werte werden in der Datei COUNTERS.TXT gespeichert und die Zähler laufen nach einem Neustart normal weiter.

Die Anzeige der Zählerstände als Zahl ist oft ausreichend und lässt sich gut in HTML integrieren. Aber die vielen Webseiten, die mit bunten und auffälligen Zählern ausgestattet sind, werden Ihnen vielleicht besser gefallen. Es ist sehr einfach, den Zahlenwert in eine Grafik umzuwandeln:

```
<%
SUB ZeigeZaehler(Stand)
    strStand = CStr(Stand)          ' Zeichenkette daraus machen
    FOR i = 1 TO LEN(strStand)      ' Für jede Stelle
        strTeil = MID(strStand,i,1) ' Ausschneiden einer Dezimale
        ' Anzeigen des Ziffernbildes
        Response.Write "<img src=""" & strTeil & ".gif"""
        Response.Write " ALT=""" & strTeil & """>"
    NEXT
END SUB
%>
<html>
<head><title>Grafischer Zähler</title></head>
<body>
Sie sind Besucher Nr.
<%
ZeigeZaehler zaehler.Increment("Seiten")
%>
</body>
</html>
```

Listing 7.12: Vorschlag, wie Sie einen grafischen Zähler entwickeln können (grafikhitcounter.asp)

Die Funktionsweise ist leicht zu verstehen. Der Zahlenwert wird in einen String umgewandelt, aus 164 wird die Zeichenkette »164«. Dann wird, mit der linken Stelle beginnend, jede Dezimale extrahiert. Der Tag <img> in der Schleife bildet hier drei Bildaufrufe, 1.GIF, 6.GIF, 4.GIF. Jetzt benötigen Sie nur noch 10 Bilder für die Ziffern 0 bis 9 und schon ist der grafische Zähler fertig.

Auf der CD finden Sie fertige Dateien (mit den Namen *nk00.gif* bis *nk09.gif*). Das Ergebnis (mit ein wenig Formatierung) zeigt das folgende Bild:

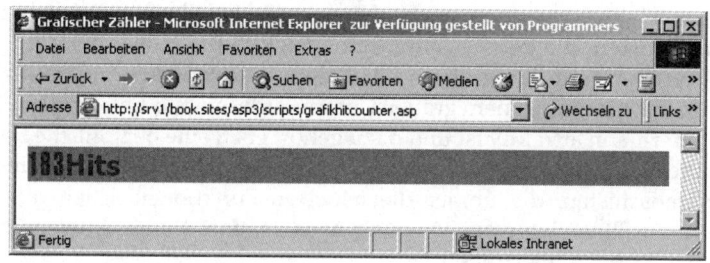

Abbildung 7.2:
Grafischer Counter
in Aktion

Ergänzen Sie zur Übung den Zähler um eine Funktion, die das Ergebnis um führende Nullen bis zu einer vorgegebenen Stellenzahl auffüllt.

Bilder für Ziffern finden Sie im Internet in unendlicher Menge. Suchen Sie nach Fonts und Webbildern. Oft sind die grafischen Bibliotheken frei oder für eine sehr geringe Gebühr auch kommerziell nutzbar. Nur nehmen Sie nicht einfach Bilder von fremden Seiten. Fragen Sie immer erst den Webmaster, ob er einverstanden ist.

7.4.5 Auf Browser reagieren (Browser Capabilities)

Wenn Sie schon erste Erfahrungen mit HTML gesammelt haben, kennen Sie sicher das größte Ärgernis für jeden Designer. Die ohnehin sehr sparsame Seitenbeschreibungssprache HTML schafft es nicht, eine Seite in allen Browsertypen gleich darzustellen. Seit der Streit um die Vorherrschaft der Browser richtig entbrannt war, versuchen sich Netscape und Microsoft gegenseitig mit immer neuen und besseren, aber auch inkompatibleren Tags auszustechen. Leider geschieht das sehr zum Nachteil der Nutzer und – vor allem – der Entwickler. Denn eigentlich müsste man jede Webseite doppelt entwickeln. Besonders bei der Umsetzung der Objektmodelle (DOM) für HTML besteht wenig Einigkeit. Die grundlegenden Fähigkeiten unterscheiden sich dagegen nur wenig, auch wenn man andere Browser einbezieht. Viele Webmaster sind inzwischen dazu übergegangen, den mit fast 90% Marktanteil führenden Interne Explorer zu unterstützen und sich für den kümmerlichen Rest nicht die Mühe zu machen, eine zweite Site zu entwerfen.

Browser Capabilities

Insofern ist die Bedeutung der Komponente Browser Capabilities etwas zurückgegangen.

Die Schlussfolgerung, die man aus dieser Übersicht ziehen kann, ist recht einfach. Der Internet Explorer ist zwar absolut dominant, der klägliche Rest ist aber teilweise mit betagten Browser (Netscape 4.0) unterwegs.

Richten Sie Ihre Entwicklung auf die führenden Browsertypen aus

Sie sollten keine Seite entwickeln, die nur auf einem Browser läuft. Entweder greifen Sie auf HTML 3.2 und einfaches Layout zurück oder entwickeln zumindest Teile der Site doppelt. Auch dann stellt sich immer noch die Frage, welchen Browser die Nutzer denn eigentlich verwenden und welche Eigenschaften er hat. Ob der eine oder andere Weg richtig ist, wird von den

7 Spracherweiterungen

Fachleuten unterschiedlich eingeschätzt. Auf der einen Seite stehen die Internetpuristen, die getreu dem Motto »Back-to-the-roots« reine Information verlangen und das grafische Aufpeppen verteufeln. Andere meinen, dass das Internet aus seinem grauen Computerdasein nur befreit wird, wenn es für jedermann attraktiv ist und dazu gehört eben eine persönliche und für Computer eher untypische Gestaltung. Die Gegner der Puristen sind die Technikfetischisten, die immer die neuesten Funktionen sehen möchten. Webseiten sollten sich ihrer Meinung nach gegenseitig im Anwenden der heißesten Features übertreffen.

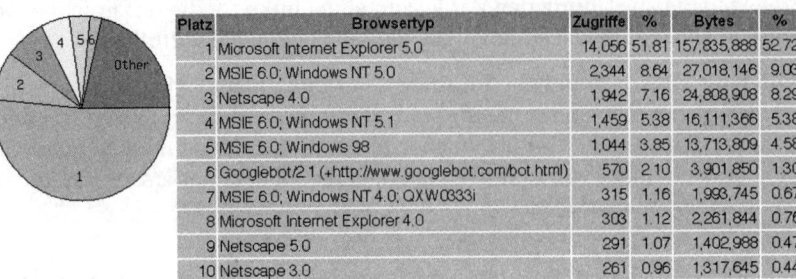

Abbildung 7.3: Browserdetails der Website zu diesem Buch (72% für den Internet Explorer, 9% für Netscape, der Rest wird vermutlich von Suchmaschinen-Robots abgedeckt – bereinigt heißt das 88% : 12 % für den Internet Explorer)

Platz	Browsertyp	Zugriffe	%	Bytes	%
1	Microsoft Internet Explorer 5.0	14,056	51.81	157,835,888	52.72
2	MSIE 6.0; Windows NT 5.0	2,344	8.64	27,018,146	9.03
3	Netscape 4.0	1,942	7.16	24,808,908	8.29
4	MSIE 6.0; Windows NT 5.1	1,459	5.38	16,111,366	5.38
5	MSIE 6.0; Windows 98	1,044	3.85	13,713,809	4.58
6	Googlebot/2.1 (+http://www.googlebot.com/bot.html)	570	2.10	3,901,850	1.30
7	MSIE 6.0; Windows NT 4.0; QXW0333i	315	1.16	1,993,745	0.67
8	Microsoft Internet Explorer 4.0	303	1.12	2,261,844	0.76
9	Netscape 5.0	291	1.07	1,402,988	0.47
10	Netscape 3.0	261	0.96	1,317,645	0.44

> Wenn Ihre Entwicklungskapazitäten es zulassen, dann sollten Sie es allen Recht machen. Bieten Sie eine einfache Textversion, eine komplexe Internet-Explorer-Version und eine Netscape-Version an. Der eigentliche Aufwand steckt sowieso in den Inhalten und die sind bei allen Varianten gleich.

Die technische Antwort auf all diese Fragen ist die Komponente BrowserCapabilities. Damit werden die Eigenschaften des abfragenden Browsers ermittelt. Ein ASP-Skript kann darauf reagieren und die richtige Version anbieten. Aber die Komponente kann mehr als das. Sie werden vielleicht die kleinen JavaScript-Programme kennen, die viele Webseiten eingebaut haben. Damit wird auch auf der Browserseite ermittelt, welcher Browser benutzt wird:

```
<SCRIPT language="Javascript">
browserName = navigator.appName;
browserVer = parseInt(navigator.appVersion);
if(browserVer >= 3)
    version = "3";
else
    version = "2";
</SCRIPT>
```

Listing 7.13: Clientseitige Ermittlung des Browsertyps

Die Komponenten im Detail

Wenn kritische Befehle benutzt werden, wird einfach die Variable *version* abgefragt. Damit schreiben Sie aber praktisch alle kritischen Passagen wirklich doppelt und die Pflege wird sehr aufwändig. Anpassungen an den Zustand des Browsers sind nicht möglich, denn neben der Browserversion ist auch die Fenstergröße, die Farbzahl und die Verfügbarkeit bestimmter Funktionen wichtig.

Wer bist du? Was kannst du?

Stellen Sie diese Frage einfach jedem Browser, der Ihre Seiten besucht. Die Komponenten sind sehr flexibel und erweiterbar. Folgende Abfragen stehen immer zur Verfügung:

Browser
Version
Majorver
Minorver
Frames
Tables
Cookies
Backgroundsounds
VBScript
Javascript
Javapplets
ActiveXControls
Beta
Platform
Win16

▶ Browser
   Der Typ des Browsers, beispielsweise Internet Explorer oder Netscape Navigator.

▶ Version
   Die vollständige Versionsnummer, beispielsweise 5.01

▶ Majorver
   Der Teil der Versionsnummer vor dem Punkt, hier: 5

▶ Minorver
   Der Teil der Versionsnummer hinter dem Punkt, hier: 01

▶ Frames
   Der Browser unterstützt Frames.

▶ Tables
   Der Browser unterstützt Tabellen.

▶ Cookies
   Der Browser unterstützt Cookies.

▶ Backgroundsounds
   Der Browser unterstützt die Microsoft-Erweiterung <bgsound>, mit der eine Sounddatei im Hintergrund abgespielt wird.

▶ Vbscript
   Der Browser kann clientseitig VBScript.

▶ Javascript
   Der Browser unterstützt JavaScript.

▶ Javaappletts
   Der Browser unterstützt Java.

▶ ActiveXControls
   Der Browser unterstützt clientseitig ActiveX-Controls.

▶ Beta
   Der Browser ist noch eine Betaversion (sollte meiner Meinung nach immer wahr sein!).

7 Spracherweiterungen

▶ Platform
Das Betriebssystem, auf dem der Browser läuft, beispielsweise Windows 98 oder Macintosh Power PC.

▶ Win16
Der Browser läuft auf einer Windows-16-Bit-Umgebung, also unter Windows 3.1, oder auf einer 16-Bit-Version unter Windows 95 oder Windows NT.

Um diese Komponenten zu verwenden, müssen Sie zuerst eine Instanz erzeugen:

```
<%
SET Browser = Server.CreateObject("MSWC.BrowserType")
%>
```

Das folgende kleine Programm zeigt alle ermittelten Werte an:

```
<TABLE>
<TR><TD>Browser Typ: </TD><TD><%=Browser.Browser %></TD></TR>
<TR><TD>Version: </TD><TD><%=Browser.version %></TD></TR>
<TR><TD>Cookies: </TD><TD><%=Browser.cookies %></TD></TR>
<TR><TD>Frames: </TD><TD><%=Browser.frames %></TD></TR>
<TR><TD>Javascript: </TD><TD><%=Browser.javascript %></TD></TR>
<TR><TD>VBScript: </TD><TD><%=Browser.vbscript %></TD></TR>
<TR><TD>Plattform: </TD><TD><%=Browser.platform %></TD></TR>
</TABLE>
```

Listing 7.14: Anzeige der Browsereigenschaften (brprops.asp)

Leider ist diese Komponente nicht in der Lage, dem instanziierten Objekt die Eigenschaft einer Kollektion zu geben. Jede Eigenschaft muss einzeln abgerufen werden.

Abfrageprobleme bei älteren Browsern

Der Internet Explorer 4 hat scheinbar Probleme, sich richtig zu melden. Das liegt aber nicht wirklich am Browser (Abbildung 7.4). Im Gegensatz dazu funktioniert es sogar mit einem uralten Netscape 3. Lesen Sie im nächsten Abschnitt, wie die Komponente BrowserType intern wirklich funktioniert.

Die Komponenten BrowserType intern

So funktioniert es intern! Die Komponente BrowserType benutzt generell den HTTP-Request-Header. Analysieren Sie die folgende Ausgabe des Headers in Bezug auf die Plattform, ausgegeben auf dem Internet Explorer 4 (siehe Abbildung 7.5).

Die Komponenten im Detail

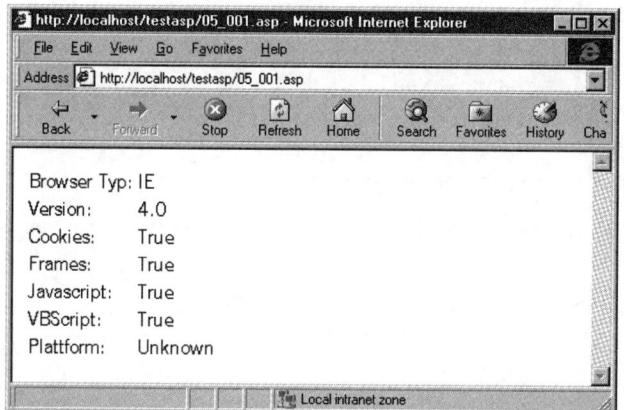

Abbildung 7.4:
Der Internet Explorer mit knapper Information. Er kann alles, weiß aber scheinbar nicht, auf welchem Betriebssystem er läuft (der Screenshot wurde auf einer Windows NT-Workstation aufgenommen).

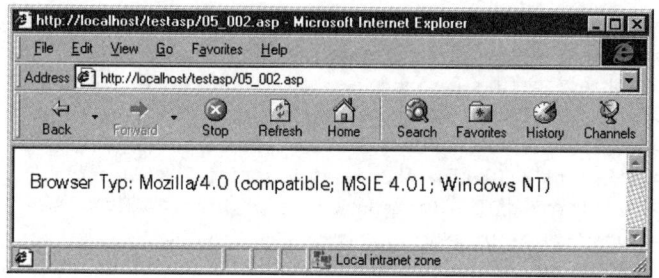

Abbildung 7.5:
Tatsächlich weiß auch der alte Internet Explorer sehr wohl, auf welchem System er gerade läuft

Die Ursache liegt in der einfachen Arbeitsweise der Komponente Browser-Type. Dabei werden die im Header übermittelten Angaben nicht direkt ausgewertet, sondern erst mit den Einträgen in der Datei BROWSCAP.INI verglichen. Hier ein Ausschnitt der Datei, die zu der gezeigten unvollständigen Angabe führte:

```
[Mozilla/4.0 (compatible; MSIE 4.0; Windows NT)]
parent=IE 4.0
platform=WinNT
beta=False
; IE 4.x WILDCARD (IF ALL ABOVE FAIL)
[Mozilla/4.0 (compatible; MSIE 4.*)]
parent=IE 4.0
```

Die Datei finden Sie unter *%Systemroot%\system32\inetsrv*. Die bei der Aufnahme des Bildschirmfotos verwendete Datei endete mit Browsern vom Typ 4.0, die damals eingesetzte Version 4.01 fiel unter die Kategorie 4.x, bei der keine Plattform spezifiziert war. Die Datei BROWSCAP.INI können Sie mit jedem Texteditor bearbeiten und zu vielfältigen Aussagen zwingen. Aktuelle Versionen unterstützen natürlich auch den Internet Explorer 6 und Opera. Suchen Sie einfach im Internet unter browscap.ini und kopieren Sie die aktuellste Version in das Verzeichnis des IIS.

7 Spracherweiterungen

Ich habe den folgenden Eintrag hinzugefügt:

```
[Mozilla/4.0 (compatible; MSIE 4.01; Windows NT)]
parent=IE 4.0
platform=Mein Super Windows Computer
beta=False
gruss=Ich bin dein bester Browser
```

Mit dem Skript in Listing 7.15 ergibt sich dann die erwartete Ausgabe.

```
<HTML>
<HEAD><TITLE>Browscap.ini erweitern</TITLE></HEAD>
<BODY>
<TABLE>
<%
SET Browser = Server.CreateObject("MSWC.BrowserType")
%>
<TR><TD>Browser Typ: </TD><TD><%=Browser.Browser %></TD></TR>
<TR><TD>Version: </TD><TD><%=Browser.version %></TD></TR>
<TR><TD>Cookies: </TD><TD><%=Browser.cookies %></TD></TR>
<TR><TD>Frames: </TD><TD><%=Browser.frames %></TD></TR>
<TR><TD>Javascript: </TD><TD><%=Browser.javascript %></TD></TR>
<TR><TD>VBScript: </TD><TD><%=Browser.vbscript %></TD></TR>
<TR><TD>Plattform: </TD><TD><%=Browser.platform %></TD></TR>
<TR><TD>**Gruss:** </TD><TD><%=Browser.**gruss** %></TD></TR>
</TABLE>
</BODY>
</HTML>
```

Listing 7.15: So fragen Sie individuell definierte Einträge ab

Hier finden Sie die aktuellste Datei browscap.ini

Nun kann die willkürliche Veränderung der wichtigsten Steuerdatei der Komponente keine Lösung sein. Sie können sich aktuelle Versionen der Datei unter der Adresse *http://www.microsoft.com/iis* besorgen. Eine gute Quelle für Informationen zu diesem Thema ist BrowseCAP Central unter *http://www.cyscape.com /browsecap*.

Sie sollten diese Dateien regelmäßig aktualisieren, da sich die Browserlandschaft doch recht häufig ändert.

Die Komponenten im Detail

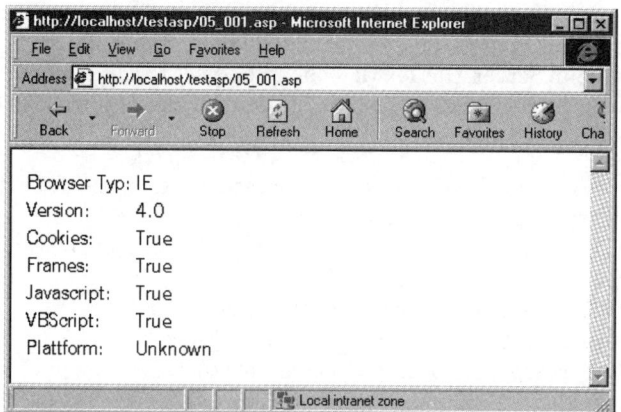

*Abbildung 7.6:
Wunderliche Ausgaben der Browser-Type-Komponente nach einer kleinen Manipulation an der Datei browscap.ini*

Wenn Sie selbst Änderungen vornehmen, sollten Sie sich natürlich über die tatsächliche Leistungsfähigkeit der Browser klar sein. Zur eleganten Steuerung von Webseiten eignet sich eine Erweiterung, denn es sind auch spezielle Angaben möglich, beispielsweise über das Verhalten bestimmter HTML-Tags. Unterschätzen Sie aber nicht den Aufwand, bei jeder neuen Version immer wieder alles zu überarbeiten.

7.4.6 Die Inhaltsverbindungs-Komponente (Next Link)

Die Inhaltsverbindungskomponente (Next Link) dient der eleganten Verbindung mehrerer Seiten. Bei der herkömmlichen Programmierung mit HTML ist die Pflege solcher Links sehr aufwändig. Besonders das Entfernen alter Seiten und Einschieben neuer Seiten an anderer Stelle kann kompliziert werden. Eine Lösung des Problems sind framegestützte Navigationssysteme, bei denen von einem einzigen Frame aus (dem Navigationsframe) alle Seiten in einem anderen Frame gesteuert werden. Der Nachteil ist, dass die Kontrolle der Steuerung völlig auf den Nutzer übergeht. Im Gegensatz dazu wird die Navigation mit Hilfe der Inhaltsverbindungskomponente durch ASP gesteuert.

Next Link

Mögliche Anwendungen sind:

▶ Ein Online-Buch

▶ Eine Online-Zeitschrift (E-Zine oder Electronic Magazine)

▶ Eine Slideshow oder Produktpräsentation in mehreren Schritten

▶ Ein Lernmodul mit Schritt-für-Schritt-Anleitungen

▶ Ein HTML-basiertes Newsforum (Diskussionsforum)

Wie schon bei der BrowserType-Komponente wird zur Kontrolle der Komponente eine einfache Textdatei eingesetzt. Sie bauen also die Links nicht in die

7 Spracherweiterungen

Seiten, sondern in eine eigene Datei ein. Im Prinzip ähnelt der Vorgang der Arbeitsweise mit Frames, im Unterschied dazu liegt die Steuerung aber ausschließlich beim Server. Die Textdatei heißt *Content Linking List File* und wird mit einem normalen Texteditor (ASCII) erstellt. Sie können die Datei frei benennen. Eine Beispieldatei finden Sie in Listing 7.16.

```
answer/entry.asp        Willkommen bei unserer Pr&auml;sentation
answer/company.asp        Wir stellen unsere Firma vor
answer/prod1.asp       Unsere Produktpalette (&Uuml;bersicht)
answer/product1.asp         Baumaschinen
answer/product2.asp         Handbauger&auml;te
answer/product3.asp         Kleinteile und Werkzeuge
answer/partner.asp        Unsere Vertriebspartner
answer/index.asp         Zur&uuml;ck zur Homepage
```

Listing 7.16: index.txt

Die Datei ist in zwei Spalten, die durch einen Tabulator getrennt werden, aufgebaut. Links stehen die zu verbindenden Dateien, rechts die Beschreibungen. Speichern Sie die Datei unter dem Namen BINDEX.TXT in einem Unterverzeichnis *show*, um die folgenden Beispiele ausführen zu können.

Achten Sie bei den Pfadangaben darauf, dass diese relativ zur Position der steuernden ASP-Datei sind. Beginnen Sie mit einem Schrägstrich (/), wird ab dem Stammverzeichnis des Webservers nach den Dateien gesucht (*c:\inetpub\wwwroot*).

Sie können dann eine Indexseite erzeugen, die alle Schritte anzeigt und die passenden Links erzeugt:

```
<h3>Willkommen bei der Ernst Baumaschinen AG</h3>
<% SET index = Server.CreateObject("MSWC.NextLink") %>
Bitte lassen Sie sich durch unsere Show führen:
<ol>
<% FOR i=1 TO index.GetListCount("index.txt") -1 %>
    <li><a href="<% = index.GetNthURL("index.txt",i) %>">
    <% = index.GetNthDescription("index.txt",i) %></a>
<% NEXT %>
</ol>
```

Listing 7.17: Aufbau einer Navigation (nextlink.asp)

GetListCount
GetNthURL
GetNthDescription

Nun wird Ihnen der Quelltext auf den ersten Blick nicht wesentlich einfacher erscheinen als bei der Auflistung der sieben URLs in HTML. Denken Sie aber daran, dass Sie nur *eine* Textdatei ändern müssen, um 20 oder 100 Links zu verwalten und dass die Komponenten auf jeder Seite Ihrer Applikation ohne Änderungen benutzt werden können. Abbildung 7.7 zeigt das Ergebnis, das unter Verwendung von drei Methoden hervorgebracht wurde:

Die Komponenten im Detail

▶ Mit der Methode GetListCount wurde die Anzahl der Einträge in der Liste ermittelt. Haben Sie bemerkt, dass der letzte Eintrag »Zurück zur Homepage« nicht aufgelistet wurde? Sie sind hier auf der Homepage und der Zähler wurde mit GetListCount(...)-1 gekürzt. Listen Sie immer die Homepage als Letztes auf; dann können Sie diesen einfachen Trick verwenden.

▶ Mit GetNthURL (dt. hol die n-te URL) wird der erste Spalteneintrag geholt.

▶ Zuletzt wird der zweite Spalteneintrag mit GetNthDescription angezeigt.

Alles andere ist pures HTML und soll hier nicht mehr erläutert werden.

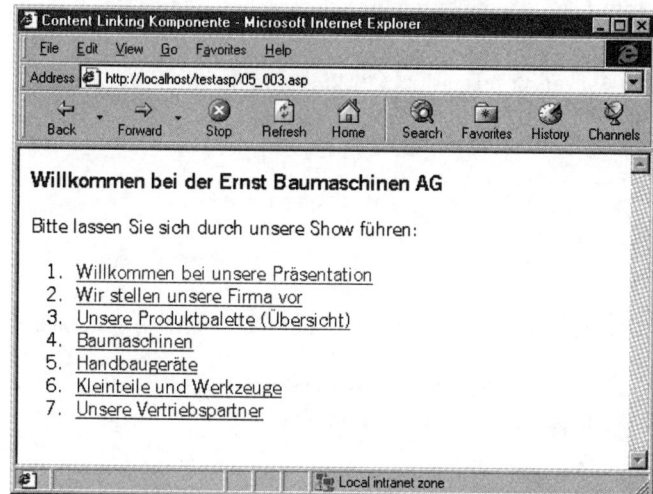

Abbildung 7.7: Die Inhaltsverbindungskomponente in der Anwendung

Die Funktion der Inhaltsverbindungskomponente erschöpft sich natürlich nicht im Erstellen von Inhaltsverzeichnissen. Sie können auch auf jeder einzelnen Seite Navigationselemente unterbringen:

```
<h2>Produkt 2</h2>
<%
SET index = Server.CreateObject("MSWC.NextLink")
IF index.GetListIndex("../data/index.txt") > 1 THEN
    %>
    <a href="<% = index.GetPreviousURL("../data/index.txt") %>">
    &lt; &lt; Vorherige Seite &lt; &lt;</a>
<% END IF %>
<a href="<% = index.GetNextURL("../data/index.txt") %>">
    &gt; &gt; N&auml;chste Seite &gt; &gt;</a>
```

Listing 7.18: Demonstration eines Links (entry.asp im Ordner answer)

7 Spracherweiterungen

Das Beispiel ist noch unvollständig, denn das Weiterreichen von einer Seite zur nächsten bedingt den Einbau des Codes in jede Seite. Versuchen Sie zur Übung aus dem Beispielskript eine funktionsfähige Anwendung zu machen.

GetPreviousURL
GetNextURL
GetListIndex

Hier werden drei weitere Methoden eingesetzt. Mit GetPreviousURL und GetNextURL wird der vorhergehende und nächste Link ermittelt. Die Steuerung übernimmt die Methode GetListIndex, welche die aktuelle Position ermittelt. Der Wert entspricht dem Eintrag in der Liste – beginnend mit 1.

Es bietet sich an, diesen Programmabschnitt als #INCLUDE-Datei zu speichern und dann immer wieder einzubinden. Das Skript in Listing 7.19 zeigt die Anwendung:

```
<%
SET index = Server.CreateObject("MSWC.NextLink")
links = Application("LinkDatei")
IF index.GetListIndex(links) > 1 THEN
%>
<a href="<% = index.GetPreviousURL(links) %>">
    &lt; &lt; Vorherige Seite &lt; &lt;</a>
<%
END IF
IF index.GetListIndex(links) < index.GetListCount(links) THEN
%>
<a href="<% = index.GetNextURL(links)%>">
    &gt; &gt; N&auml;chste Seite &gt; &gt;</a>
<%
END IF
%>
```

Listing 7.19: Aufbau einer Navigation (navigation.inc.asp)

Damit diese Datei funktioniert, definieren Sie in der Datei GLOBAL.ASA eine applikationsweit sichtbare Variable, die den Namen der verwendeten Textdatei enthält. Damit ist die Pflege auf einen einzigen Punkt beschränkt. An jeder Stelle, an der navigiert werden darf, fügen Sie dann die Datei ein:

```
<!-- #INCLUDE VIRTUAL="navigation.inc.asp" ->
```

Hier die Übersicht aller Methoden der Komponente:

- GetListCount(datei)
  Gibt die Anzahl der Einträge der Liste zurück.

- GetListIndex(datei)
  Die aktuelle Position in der Liste.

- GetNextDescription(datei)
  Beschreibung des nächsten Eintrags der Liste (rechter Wert).

▶ GetNextURL(datei)
Die Linkanweisung des nächsten Eintrags der Liste (linker Wert).

▶ GetNthDescription(datei, index)
Gibt die Beschreibung des durch index gewählten Eintrags zurück (rechter Wert).

▶ GetNthURL(datei, index)
Gibt die URL des durch index ausgewählten n-ten Wertes zurück.

▶ GetPreviousDescription(datei)
Beschreibung des vorherigen Eintrags der Liste (rechter Wert).

▶ GetPreviousURL(datei)
Die Linkanweisung des vorherigen Eintrags der Liste (linker Wert).

> Die bislang vorgestellten Komponenten erfüllen viele Ansprüche in der täglichen Arbeit der Webprogrammierung. Manchmal werden aber spezielle Funktionen benötigt, die nur umständlich nachzubilden sind. Bevor Sie anfangen, ActiveX-Komponenten selbst zu entwerfen, schauen Sie sich die folgenden drei kleinen, aber interessanten Komponenten an.

Spezielle Komponenten

7.4.7 Zugriffstestkomponente (PermissionChecker)

Die Inhaltsverbindungskomponente lässt eigentlich keine Wünsche offen, Navigation und Verwaltung werden stark vereinfacht. Nur für den Fall, dass Sie personalisierte Seiten anbieten wollen und bestimmten Nutzern nicht alle Seiten zugänglich gemacht werden sollen, wird die Arbeit mit dieser Komponente umständlich.

Permission-Checker

Glücklicherweise unterstützt eine weitere Komponente die Arbeit mit Zugriffsrechten. Die Verwendung ist ausgesprochen einfach. Eine einzige Eigenschaft steht zur Verfügung, die TRUE (Nutzer hat Zugriff) oder FALSE (Nutzer hat keinen Zugriff) zurückgibt.

Die Steuerung erfolgt nicht über die Komponente. Das tatsächliche Zugriffsrecht regelt allein die Festlegung der Rechte im NTFS. Das folgende Beispielprogramm testet eine Datei und gibt den Link entsprechend frei:

HasAccess

```
<%
SET recht = Server.CreateObject("MSWC.PermissionChecker")
IF recht.HasAccess(Request.Form("file")) THEN
    Response.Write "Zugriffrecht erteilt für "
    Response.Write Request.Form("file")
ELSE
    Response.Write "Kein Zugriffrecht / Datei nicht vorhanden"
END IF
%>
<p>
<a href="permissionchecker.asp">Zur&uuml;ck zum Test</a>
```

7 Spracherweiterungen

```
</p>
<form action="<%=ASPSELF%>" method="post">
    <input type="Text" name="file"/>
    <input type="Submit" value="Datei prüfen"/>
</form>
```

Listing 7.20: Kleines Skript zum Prüfen der Zugriffsrechte auf Dateien (permissionchecker.asp)

Zugriffsrechte unter NTFS einstellen

Der Vorteil ist das elegante Verbergen von geschützten Dateien, nicht der Schutz selbst. Wenn Sie die Komponente nicht einsetzen und der Nutzer den Link anzuklicken versucht, wird er nach Name und Kennwort gefragt, um Zutritt zu erhalten. Zugriffsrechte können Sie aber nur einstellen, wenn Windows 2000/XP unter dem Dateisystem NTFS arbeitet. Folgende Vorgehensweise ist richtig:

- Klicken Sie mit der rechten Maustaste auf die Datei.
- Wählen Sie aus dem Kontextmenü EIGENSCHAFTEN.
- Im folgenden Dialog wählen Sie die Registerkarte SICHERHEITSEINSTELLUNGEN.
- In der Liste NAME können Sie Personen eintragen, die Zugriffsrechte haben. Normalerweise finden Sie in der Liste den Eintrag IUSR_MACHINE, wobei MACHINE die Bezeichnung Ihres Computers ist. Das ist der anonyme Zugriff des Webservers, den Sie entfernen können. Legen Sie einen neuen Nutzer an und tragen Sie ihn über HINZUFÜGEN in diese Liste mit den entsprechenden Rechten (nur lesen, schreiben etc.) ein.

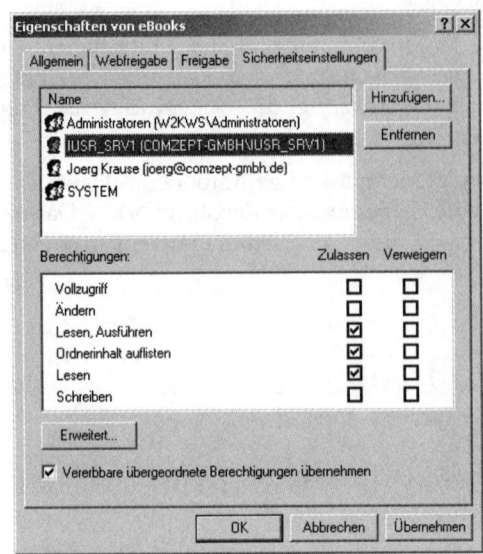

Abbildung 7.8: Einstellungen der Zugriffsrechte für bestimmte Dateien im Windows Explorer unter Eigenschaften | Sicherheitseinstellungen

Die Komponenten im Detail

Beim Surfen werden Sie schon oft die kleine Kennwortbox gesehen haben, die vor geschützten Seiten erscheint. Neben dem Verstecken des Links ist es auch sinnvoll, mit der durch Kennwort geschützten Datei und der optionalen Kennworteingabe zu arbeiten. Global steuern Sie den Zugriff für bestimmte Nutzer mit der Kennwortabfrage, im Detail mit der Eigenschaft HasAccess.

7.4.8 Werkzeuge (Tools)

Eine nette kleine Komponente ist Tools (dt. Werkzeuge). Diese Komponente nicht mitgeliefert. Sie finden Sie aber auf der Microsoft Website. Eine Instanz können Sie folgendermaßen erzeugen:

Tools

```
<%
Set oTool = Server.CreateObject("MSWC.Tools")
%>
```

Das erzeugte Objekt *oTool* kennt die folgenden fünf Methoden:

FileExists
Owner
PluginExists
ProcessForm
Random

▶ FileExists(URL)
Prüft, ob eine bestimmte Datei vorhanden ist. Das Format der Angabe der Datei ist eine URL – relativ oder absolut oder nur der Dateiname. Die Methode gibt TRUE zurück, wenn die Datei existiert, sonst FALSE. Ein Beispiel:

```
<%If werkzeug.FileExists("banner4.gif") then %>
    <a href="http://www.fanpages.comzept.de/asp/">
    <img src="banner4.gif"></a>
<% End If %>
```

▶ Owner
Gibt -1 zurück, wenn der Eigentümer der Datei der Administrator ist.

▶ PluginExists
Prüft die Existenz eines Server-Plug-Ins (nur für Macintosh).

▶ ProcessForm
Bearbeitet ein HTML-Formular.

▶ Random
Generiert eine Zufallszahl von –32.767 bis +32.768.

7.4.9 Info (MyInfo)

MyInfo wurde entwickelt, um persönliche Informationen über den Entwickler, den Server und die Umgebung der ASP-Engine zu speichern. Das Objekt MyInfo sollte nur einmal pro Session existieren und wird deshalb in der Datei GLOBAL.ASA erzeugt:

MyInfo

```
<OBJECT RUNAT=Server SCOPE=Session ID=MyInfo PROGID="MSWC.MyInfo"> </OBJECT>
```

Die eingegebenen Daten werden in einer Datei MYINFO.XML gespeichert. Unter Windows NT liegt diese Datei im Verzeichnis %winntroot%\system32. Neben den eingebauten Eigenschaften können Sie weitere Eigenschaften frei definieren. Dazu wird einfach die neue Eigenschaft benannt und eine Zeichenkette zugewiesen.

```
<%
MyInfo.MeineVersion = "2.01beta"
MyInfo.MeinFreigabeDatum = "23.08.1998"
%>
```

MyInfo-Eigenschaften

Daneben existieren viele weitere Informationsfelder, die schon vordefiniert wurden:

- MyInfo.PageType
  Gibt eine Nummer zurück, die mit dem Eintrag THIS SITE IS ... im Kontrollfeld des IIS korrespondiert. Das Pop-Up-Menü kann folgende Werte enthalten:
  - 1 = About My Company (über meine Firma)
  - 2 = About My Life (über mein Leben)
  - 3 = About My School (über meine Schule)
  - 4 = About My Organization (über mein Unternehmen)
  - 5 = About My Community (über meine Stadt)
- MyInfo.PersonalName. Der Name des Inhabers der Seite
- MyInfo.PersonalAddress. Die eigene Adresse
- MyInfo.PersonalPhone. Die eigene Telefonnummer
- MyInfo.PersonalMail. Die eigene E-Mail-Nummer
- MyInfo.PersonalWords. Einige persönliche Worte
- MyInfo.CompanyName. Ihre Firma
- MyInfo.CompanyAddress. Die Adresse der Firma
- MyInfo.CompanyPhone. Die Telefonnummer der Firma
- MyInfo.CompanyDepartment. Die Abteilung
- MyInfo.CompanyWords. Ein zusätzlicher Text
- MyInfo.HomeOccupation. Die Wohnadresse
- MyInfo.HomePeople. Liste der Mitbewohner
- MyInfo.HomeWords. Ein Zusatztext
- MyInfo.SchoolName. Name der Schule
- MyInfo.SchoolAddress. Adresse der Schule
- MyInfo.SchoolPhone. Telefonnummer

Dateien und Ordner (FileSystemObject)

- MyInfo.SchoolDepartment. Klasse oder Abteilung
- MyInfo.SchoolWords. Ein Text zur Schule
- MyInfo.OrganizationName. Name eines verbundenen Unternehmens
- MyInfo.OrganizationAddress. Adresse des Unternehmens
- MyInfo.OrganizationPhone. Telefonnummer
- MyInfo.OrganizationWords. Text, der das Unternehmen beschreibt.
- MyInfo.CommunityName. Name der Gemeinschaft
- MyInfo.CommunityLocation. Ort der Gemeinschaft
- MyInfo.CommunityPopulation. Anzahl der Personen
- MyInfo.CommunityWords. Beschreibender Text
- MyInfo.URL(n). Die n-te nutzerdefinierte URL. Korrespondiert mit der n-ten Beschreibung in MyInfo.URLWords
- MyInfo.URLWords(n). Die n-te nutzerdefinierte Beschreibung. Korrespondiert mit der n-ten URL in MyInfo.URL.
- MyInfo.Style. Die URL eines eigenen Style Sheets
- MyInfo.Background. Information zum Hintergrund der Seite
- MyInfo.Title. Der Titel der Seite
- MyInfo.Guestbook. -1, wenn ein Gästebuch verfügbar ist, sonst 0. Der Standardwert ist »«.
- MyInfo.Messages. -1, wenn private Informationen verfügbar sind, sonst 0.

7.5 Dateien und Ordner (FileSystemObject)

> Der Zugriff auf Dateien und Eigenschaften des Dateisystems ist mit ASP 3.0 deutlich einfacher geworden. Die im folgenden Abschnitt beschriebenen Komponenten enthalten alle Objekte und Methoden, um einfach dateibasierte Applikationen zu schreiben, die auf Dateizugriffen basieren.

Die Dateizugriffskomponente besteht aus vier Basisobjekten, aus denen weitere Objekte abgeleitet werden, und einer ganzen Palette zugehöriger Methoden:

- Das Objekt TextStream dient dem Erzeugen, Schreiben und Lesen von Textdateien.

7 Spracherweiterungen

- Das Objekt FileSystemObject enthält die grundlegenden Methoden zum Zugriff auf Dateien und Ordner. Sie können Dateien und Ordner löschen, umbenennen, kopieren und auf Laufwerke zugreifen.
- Das Objekt File organisiert den unmittelbaren Dateizugriff.
- Das Objekt Folder ist das korrespondierende Objekt für den Zugriff auf Ordner.

Folder-Objekte (Ordner) und File-Objekte (Dateien) können Kollektionen bilden.

7.5.1 Dateien lesen und schreiben

Sollten Nutzer aus dem Internet via ASP Zugriff auf das Dateisystem des Webservers haben? Es gibt viele sinnvolle Anwendungen. Aus Sicherheitsgründen sollten jedoch nur Dateien, die Sie in Ihren Skripten festlegen, geschrieben werden können. Da Nutzer keinen Zugriff auf die Skripte selbst haben, sondern diese nur ausführen können, sind auch Manipulationen nicht möglich. Achten Sie aber darauf, dass keine Dateinamen vom Nutzer unkontrolliert eingegeben werden können – beispielsweise in Formularfeldern. Es könnten sich an solchen Stellen ernsthafte Sicherheitslücken ergeben.

Anwendungsbeispiele

Anwendungsbeispiele für Textdateien gibt es viele. Dazu gehören:

- *Eine Protokolldatei*
  Schreiben Sie Ereignisse, die beim Abarbeiten der Skripte entstehen, in eine solche Datei; Sie erhalten dann die Möglichkeit der Fehlerauswertung oder der statistischen Auswertung.

- *Formulardaten ablegen*
  Nicht immer ist eine Datenbank sinnvoll. Bei kleineren Anwendungen sind Sie besser bedient, wenn Sie die Daten aus Formularen als Textdatei ablegen.

- *Tagestipps oder Nachrichtenquellen*
  Legen Sie die aktuellen Informationen als Textdatei ab. Das Skript kann darauf zugreifen.

Erzeugen und Schreiben von Textdateien

Textstream Objekt CreateTextFile WriteLine

Zum erstmaligen Erzeugen und Beschreiben einer Textdatei werden zwei Objekte verwendet – FileSystemObject und TextStream. Da es sich um reguläre Objekte handelt, muss zuerst eine Instanz des Objekts erzeugt werden. Mit dieser Instanz können Sie dann arbeiten. Zwei Methoden werden dazu verwendet – CreateTextFile zum Erzeugen eines TextStream-Objekts und CreateObject zum Erzeugen eines FileSystemObject. WriteLine wird zum Schreiben einer Textzeile in ein TextStream-Objekt benutzt. Das folgende Beispiel erzeugt eine neue Protokolldatei und schreibt Datum und Uhrzeit hinein:

Dateien und Ordner (FileSystemObject)

```
<%
SET oFSO = Server.CreateObject("Scripting.FileSystemObject")
SET oTXT = oFSO.CreateTextFile ø
    ("d:\inetpub\wwwroot\beispiele\logdata\logasp.txt")
oTXT.WriteLine(Date&" "&Time)
oTXT.Close
%>
```

Listing 7.21: Erzeugen einer Textdatei (fso_createfile.asp)

Das Ergebnis können Sie sich sofort nach der Ausführung ansehen. Beachten Sie beim Testen, dass das Beispiel für sich alleine funktioniert, aber keine Ausgabe im Browser erzeugt. Die vollständige Pfadangabe ist notwendig, die Angabe des bloßen Dateinamens allein erzeugt die Datei im Windows-2000-Systemordner. Es gibt verschiedene Funktionen, den Basispfad des Webservers automatisch zu ermitteln; dazu später mehr. Wichtig ist auch, dass der Pfad existiert. Die Methode legt zwar eine neue Datei an, kann aber keine Pfade erzeugen. Ist der Pfad fehlerhaft, kommt es zu einem Laufzeitfehler.

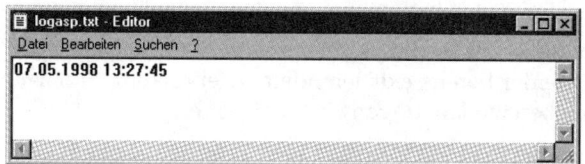

Abbildung 7.9: Der erste Schritt zur eigenen Protokolldatei: Datum und Uhrzeit werden erfasst

Vergessen Sie bei solchen Applikationen nicht die Close-Methode, sonst wird die Datei bis zum nächsten Neustart des Systems offen gehalten. Damit werden Systemressourcen verschwendet. Zum Verständnis des Beispiels ist es wichtig zu wissen, wie die Objekte intern verknüpft sind. Auf den ersten Blick ist TextStream nicht beteiligt. Intern wird aber von der Methode CreateTextObject ein Objekt vom Typ TextStream zurückgegeben, von dem mit dem Schlüsselwort SET eine neue Instanz erzeugt wird, die über alle Methoden und Eigenschaften eines TextStream-Objekts verfügt.

Zum anderen ist zu sehen, dass die Protokolldatei mit einem physischen, vollständigen Pfad qualifiziert wird. Das ist unter Umständen nicht erwünscht. Möglicherweise sollen Protokolldateien gleicher Art auf mehreren virtuellen Servern laufen. Dann ist eine relative Pfadangabe nötig, denn Sie können das Skript einfach in den Pfad kopieren und abrufen lassen. Anwendungen wären private Protokolle für einzelne Seiten oder eine Website eines virtuellen Servers. Das folgende Beispiel zeigt, wie Sie aus einem relativen (virtuellen) Pfad den von der Methode geforderten physischen Pfad machen:

```
<%
CONST conVirtualPath = "logdata/log2asp.txt"
strPhysPath = Server.MapPath(conVirtualPath)
```

```
SET oFSO = Server.CreateObject("Scripting.FileSystemObject")
SET oTXT = oFSO.CreateTextFile(strPhysPath)
oTXT.WriteLine(Date&" "&Time)
oTXT.Close
%>
```

Listing 7.22: Ermitteln des physischen Pfades (fso_mappath.asp)

Legen Sie dieses Skript in das Verzeichnis eines virtuellen Servers oder eines Unterverzeichnisses unter »wwwroot« (IIS), dann muss unterhalb der Lage des Skripts ein Unterverzeichnis »logdata« existieren. Beachten Sie, dass die Methode CreateTextFile nur Dateien, nicht aber fehlende Ordner erzeugt. Wenn Sie eine Fehlermeldung erhalten, ist möglicherweise der Ordner falsch benannt. Die Methode hat noch zwei weitere Parameter, die optional angegeben werden können und die hier nicht verwendet wurden. Die insgesamt drei möglichen Parameter sind:

▶ Dateiname
Gibt den Dateinamen mit einem vollständigen Pfad an. Verzeichnisse im Pfad müssen bereits existieren, die Datei selbst nicht.

▶ Überschreiben
Ein Boolescher Wert, der normalerweise auf TRUE steht und das Überschreiben einer bereits existierenden Datei erlaubt. Nur wenn Sie nicht überschreiben wollen, tragen Sie hier FALSE ein.

▶ Unicode
Auch dieser Wert ist wahlweise anwendbar und steht ohne Angabe auf FALSE. Wenn Sie TRUE eintragen, schreibt ASP statt einer Textdatei (ASCII) eine Datei im 16-bit-Unicode-Format. Das ist sinnvoll für andere Alphabete oder fremdsprachige Anwendungen.

Write
Writeline
WriteBlankLines
Close

Das erzeugte TextStream-Objekt repräsentiert die Textdatei. Um damit umgehen zu können, sind einige Methoden notwendig:

▶ Write(Zeichenkette)
Schreibt die übergebene Zeichenkette ab der aktuellen Position in die Datei.

▶ WriteLine(Zeichenkette)
Wie Write, aber mit einem abschließenden Zeilenumbruch.

▶ WriteBlankLines(Anzahl)
Schreibt die angegebene Menge leerer Zeilen durch Einfügen von Zeilenumbrüchen.

▶ Close
Schließt die Datei.

Mit Hilfe dieser Methoden können Sie die Loganwendung weiter ausbauen. Sicher ist es sinnvoll, bei jedem Zugriff die IP-Nummer des Nutzers zu speichern, der zugegriffen hat. Der aktuelle Zugriff steht dann in der Datei und kann leicht ausgewertet werden:

Dateien und Ordner (FileSystemObject)

```
<%
CONST conVirtualPath = "logdata/log3asp.txt"
strPhysPath = Server.MapPath(conVirtualPath)
SET oFSO  = Server.CreateObject("Scripting.FileSystemObject")
SET oTXT = oFSO.CreateTextFile(strPhysPath)
oTXT.Write(Date & " " & Time & " ")
oTXT.WriteLine(Request.ServerVariables("REMOTE_ADDR"))
oTXT.Close
%>
```

Listing 7.23: *Mehr Informationen in eine Textdatei schreiben (fso_writetxtfile.asp)*

Wenn Sie Listing 7.23 auf Ihrem lokalen System testen, sollte die Protokolldatei neben dem Datum und der Uhrzeit die Angabe 127.0.0.1 enthalten. Im lokalen Netzwerk hat Ihr Computer möglicherweise eine andere IP. Wird das Skript direkt aus dem Netz aufgerufen, steht tatsächlich die IP-Nummer des Nutzers in der Protokolldatei.

Wenn Sie die letzten drei Beispielskripte mehrfach ausführen, finden Sie in der Textdatei immer nur den letzten Wert. Das alles ergibt natürlich wenig Sinn, wenn die Datei immer wieder überschrieben wird. Deshalb kennt das TextStream-Objekt weitere Methoden.

Textdateien lesen und Daten anhängen

Um die Protokolldatei jederzeit bequem ansehen zu können, sollte der Inhalt mit einem Browser abrufbar sein. Dazu wird wieder eine Instanz eines TextStream-Objekts erzeugt, die sich dann auf die Protokolldatei bezieht. Das folgende Beispiel geht davon aus, dass die Datei tatsächlich existiert. Die dazu nötigen Verknüpfungen werden aber erst am Ende der Applikation hinzugefügt.

OpenTextFile
AtEndOfStream
AtEndOfLine
Column
Line
ReadLine
Read

Hier der Code zum Lesen der kompletten Datei:

```
<%
CONST conVirtualPath = "logdata/log3asp.txt"
strPhysPath = Server.MapPath(conVirtualPath)
SET oFSO  = Server.CreateObject("Scripting.FileSystemObject")
SET oTXT = oFSO.OpenTextFile(strPhysPath)
WHILE NOT oTXT.AtEndOfStream
   Response.Write(oTXT.ReadLine)
WEND
oTXT.Close
%>
```

Listing 7.24: *Zeilenweises Auslesen einer Textdatei (fso_readtextfile.asp)*

Zwei Methoden und eine Eigenschaft sind beteiligt. Mit OpenTextFile wird die Instanz erzeugt und die Datei zugewiesen. Die Schleife arbeitet solange, wie die Eigenschaft AtEndOfStream nicht (NOT) wahr (TRUE) ist. Mit der Methode

Readline wird dann die Textdatei Zeile für Zeile ausgelesen und sofort zur Anzeige gebracht. Wenn Sie das letzte Beispiel unverändert eingegeben und ausgeführt haben, ist natürlich nur eine Zeile enthalten, denn die Methode CreateTextFile hat die Datei immer wieder neu erzeugt. Weitere Eigenschaften, die beim Lesen von Dateien benutzt werden können, sind:

- AtEndOfLine
  Wenn das Ende einer Zeile erreicht wurde, ist diese Eigenschaft TRUE.

- AtEndOfStream
  Das Ende der Datei wurde erreicht, wenn diese Eigenschaft TRUE wird.

- Column
  Die Position des nächsten zu lesenden Zeichens in einer Zeile.

- Line
  Die Zeile, vom Dateianfang gezählt, innerhalb der Datei. Zeilen enden immer mit einem Zeilenumbruch und Wagenrücklauf (CRLF). Beim Schreiben von Texten erzeugt man diesen Code mit der ⏎-Taste.

Zeichenweise bewegen Um sich Zeichen für Zeichen durch eine Datei zu bewegen, kann man die Methode ReadLine nicht verwenden. Dafür gibt es Read. Als Parameter übergeben Sie Read einen Zahlenwert, der die Anzahl der zu lesenden Zeichen nennt.

> Um aus einem Textobjekt gezielt lesen zu können, führt das Objekt einen Zeiger mit, der auf eine bestimmte Position zeigt. Line und Column enthalten die Position des Zeigers, Read, ReadLine und Skip setzen den Zeiger weiter. Nach dem Erzeugen des Objekts steht der Zeiger am Anfang.

Anhängen an eine Textdatei Das Anhängen an eine Textdatei erfordert keine besonderen Methoden. Beim Erzeugen der Datei kann ein zusätzlicher Parameter angegeben werden:

SET TextLog=LogObjekt.**OpenTextFile(**strPhysPath, ForReading, TRUE**)**

Der Parameter ForReading gibt an, dass die Datei nur zum Lesen geöffnet wird. Alternativ kann mit ForAppending die Datei zum Schreiben und Anhängen geöffnet werden. Wenn Sie die Datei neu beschreiben möchten, nutzen Sie die bereits bekannte Methode CreateTextFile. Der letzte hier vorgestellte Parameter wird TRUE gesetzt, wenn die Datei neu erstellt werden soll, falls sie noch nicht existiert (ist nur bei ForAppending sinnvoll). Sonst setzt man FALSE – dies ist auch der Standardwert.

> Weitere Parameter finden Sie in der Referenz.

Dateien und Ordner (FileSystemObject)

7.5.2 Mit Dateien arbeiten

Der direkte Umgang mit Dateien wird in diesem Abschnitt beschrieben.

Dateien kopieren, verschieben und löschen

Um das Beispiel der Protokolldateiverwaltung weiter ausbauen zu können, sind zusätzliche Funktionen nötig. Deshalb werden Protokolldateien bei hoher Trefferzahl sehr groß.

**File
Folder
FileSystemObject**

> Rechnen Sie mit Datum (23.05.1998 = 10 Byte), Zeit (13:45:34 = 8 Byte) und IP-Nummer (195.170.125.194 = 15 Byte), ergeben sich mit zwei Leerzeichen und zwei Byte für den Zeilenumbruch (CRLF) 37 Byte pro Hit. Bei 10.000 Hits pro Tag wird diese Protokolldatei im Schnitt 10 MB pro Monat haben. Praktisch haben Protokolldateien viel mehr Informationen. Serverprotokolldateien sollten deshalb täglich neu erzeugt werden.

Für den Umgang mit Dateien, gibt es zwei Wege. Der einfachste ist die Nutzung des Objekts `FileSystemObject`. Außerdem kann auf einzelne Dateien mit der Methode `File` und auf Ordner mit der Methode `Folder` zugegriffen werden. `FileSystemObject` ist eigentlich ein übergeordnetes Objekt, das mehrere Eigenschaften und Methoden in sich vereint. `File` und `Folder` sollten Sie nur verwenden, wenn die Funktion explizit auf Dateien oder Ordner zugeschnitten ist. Damit wird die Lesbarkeit des Quelltextes verbessert.

Drei Methoden des Objekts `FileSystemObject` stehen zur Verfügung, um die Manipulation der Dateien direkt ausführen zu können:

**Copy
Move
Delete**

- `CopyFile Quelle, Ziel [, ueberschreiben]`
  Diese Funktion kopiert eine oder mehrere Dateien von der Quelle zum Ziel. Sie können Platzhalter verwenden, um mehrere Dateien zu kopieren. Der Parameter `ueberschreiben` ist ein boolescher Wert, der festlegt, ob das Überschreiben von Dateien erlaubt ist. Geben Sie TRUE oder FALSE an.

- `MoveFile Quelle, Ziel`
  Diese Funktion kopiert eine oder mehrere Dateien von der Quelle zum Ziel. Sie können Platzhalter verwenden, um mehrere Dateien zu kopieren. Existiert die Datei im Ziel bereits, wird ein Laufzeitfehler erzeugt.

- `DeleteFile Dateiname`
  Löscht eine oder, bei der Verwendung von Platzhalterzeichen, mehrere Dateien. Wenn Sie Platzhalter angeben und trotzdem keine Datei gefunden wurde, wird ein Laufzeitfehler erzeugt.

> Mit dem Begriff Platzhalter (engl. wildcard) werden Zeichen benannt, die bei der Angabe eines Dateinamens als Joker benutzt werden können. Zulässig sind * für keines, eines oder mehrere Zeichen und ? für genau ein Zeichen, die alle beliebig sind. So entspricht das Platzhalterzeichen *.* allen Dateien, »?aus.txt« steht für »haus.txt«, »maus.txt«, »laus.txt« usw.

Wildcard? Platzhalter? Joker?

7 Spracherweiterungen

Vor der Nutzung der Funktionen muss eine Instanz des Objekts erzeugt werden. Das folgende Beispiel zeigt die Anwendung als Bestandteil der Protokolldateiapplikation, um alte und zu weit zurückliegende Protokolldateien zu verschieben oder zu löschen. Die Variable *delete* zeigt an, ob verschoben oder gelöscht wird:

```
<%
CONST delete = FALSE
CONST extension = "/*.txt"
%>
<%
CONST conSourcePath = "logdata"
CONST conTargetPath = "logbackup"
strPhysSourcePath = Server.MapPath(conSourcePath) & extension
strPhysTargetPath = Server.MapPath(conTargetPath)
SET oFSO = Server.CreateObject("Scripting.FileSystemObject")
IF NOT delete THEN
    oFSO.MoveFile strPhysSourcePath,strPhysTargetPath
ELSE
    oFSO.DeleteFile strPhysSourcePath
END IF
%>
```

Listing 7.25: Löschen oder Verschieben einer Datei (fso_movedelete.asp)

Sie können statt `FileSystemObject` auch das abgeleitete Objekt `File` verwenden. Es funktioniert ähnlich wie das Objekt `FileSystemObject`, lediglich die Methoden haben andere Namen und verlangen andere Parameter:

Copy
Move
Delete

▶ Copy Ziel [,ueberschreiben]
Diese Funktion kopiert eine Datei zum `Ziel`. Sie können Platzhalter verwenden, um mehrere Dateien zu kopieren. Der Parameter `ueberschreiben` ist ein Boolescher Wert, der festlegt, ob das Überschreiben von Dateien erlaubt ist. Geben Sie TRUE oder FALSE an.

▶ Move(Ziel)
Diese Funktion kopiert eine Datei zum `Ziel`. Sie müssen der Zieldatei einen Namen geben. Platzhalter sind nicht erlaubt. Existiert die Datei im Ziel bereits, wird ein Laufzeitfehler erzeugt.

▶ Delete schreibschutz
Löscht die Datei. Ist der Parameter `schreibschutz` auf TRUE gesetzt, wird auch eine Datei mit dem Attribut READ ONLY gelöscht. Der Parameter ist optional, der Standardwert ist FALSE.

GetFile

Die Instanz eines `File`-Objekts ist einfach mit der Methode `GetFile` aus dem `FileSystemObject` zu erzeugen:

```
<%
CONST delete = FALSE
CONST conSourcePath = "logdata/log2asp.txt"
```

Dateien und Ordner (FileSystemObject)

```
CONST conTargetPath = "logbackup/copy_of_log2asp.txt"
%>
<h1>Test der Kopierfunktion mit dem File-Objekt</h1>
<%
strPhysSourcePath = Server.MapPath(conSourcePath)
strPhysTargetPath = Server.MapPath(conTargetPath)
SET oFSO = Server.CreateObject("Scripting.FileSystemObject")
SET oFile = oFSO.GetFile(strPhysSourcePath)
IF NOT delete THEN
    oFile.Move(strPhysTargetPath)
ELSE
    oFile.Delete(FALSE)
END IF
%>
Fertig...
```

Listing 7.26: *Kopieren und Löschen mit dem File-Objekt (fso_filemovedelete.asp)*

> Beachten Sie, dass `GetFile` nicht nur einen Pfad, sondern eine eindeutige Dateibezeichnung benötigt. Platzhalter sind nicht erlaubt. Bei den Methoden fehlen die Quellenangaben, denn das Objekt ist schon eindeutig an eine Quelle gebunden. Wenn Sie das Beispiel mehrfach ausführen, werden verschiedene Laufzeitfehler auftreten, die auf nicht vorhandene oder bereits vorhandene Dateien hinweisen.

Existiert die Datei?

Die meisten Funktionen reagieren mit einem Laufzeitfehler, wenn die Datei nicht existiert, auf die sich die Aktion bezieht. Mit `ON ERROR RESUME NEXT` könnte der Laufzeitfehler abfangen werden. Besser ist es jedoch, vor der Dateioperation die Existenz der Datei zu prüfen. Mit der Methode `FileExists` kann ein Boolescher Wert ermittelt werden, der TRUE wird, wenn die spezifizierte Datei existiert.

FileExists

```
<%
CONST conExistFile = "logbackup/copy_of_log2asp.txt"
strPhysExistFile = Server.MapPath(conExistFile)
SET oFSO = Server.CreateObject("Scripting.FileSystemObject")
IF oFSO.FileExists(strPhysExistFile) THEN
    Response.Write("Logdatei vorhanden")
ELSE
    Response.Write("Keine Logdatei vorhanden")
END IF
%>
```

Listing 7.27: *Existenz einer Datei überprüfen (fso_fileexists.asp)*

7 Spracherweiterungen

Die Ausführung von Listing 7.27 zeigt die Kopie der Datei *copy_of_log2asp.txt* an, wenn das vorangegangene Beispiel erfolgreich ausgeführt wurde. Das ist für einzelne Dateien nicht unbedingt sinnvoll, verdeutlicht aber die Funktion. In der in Abschnitt 8.2 *Die Applikation Protokolldatei* ab Seite 430 gezeigten Anwendung wird die Methode FileExists verwendet, um festzustellen, ob eine tagesaktuelle Protokolldatei schon vorhanden ist.

Dateiattribute ermitteln

Attributes
DateCreated
DateLastAccess
DateLastModified
Name
ParentFolder
Path
Size
Type

Oft kann es sinnvoll sein, sich genauer über die Parameter einer Datei zu informieren. Dazu bietet das File-Objekt einige Eigenschaften, die angefragt werden können. Die Eigenschaft Attributes kann auch gesetzt werden. Folgende Eigenschaften stehen zur Verfügung:

▶ Attributes
Gibt die Dateiattribute der Datei an. Benutzt wird ein Bytewert. Die Zuordnung der Bits zu den Flags finden Sie in Tabelle 7.1.

▶ DateCreated
Gibt Datum und Uhrzeit an, wann die Datei erzeugt wurde.

▶ DateLastAccess
Gibt Datum und Uhrzeit an, wann zuletzt auf die Datei zugegriffen wurde.

▶ DateLastModified
Gibt Datum und Uhrzeit an, wann die Datei zuletzt verändert wurde.

▶ Name
Diese Eigenschaft gibt den Namen der Datei zurück.

▶ ParentFolder
Der Name des übergeordneten Ordners (der Ordner, in dem die Datei sich selbst gerade befindet).

▶ Path
Der komplette Pfad der Datei

▶ Size
Die Größe der Datei in Byte

▶ Type
Der Typ der Datei anhand der MIME-Einstellungen. Dateien mit der Endung .TXT werden beispielsweise als »text document« bezeichnet.

Die Flags zeigen eine Zahl an, die einen Bytewert darstellt. Jedes Bit hat darin eine bestimmte Zuordnung zu einem Flag (Tabelle 7.1).

Dateien und Ordner (FileSystemObject)

Flag	Dezimaler Wert	Bitwert = 1
Normal	0	Alle 0
Read-Only (schreibgeschützt)	1	1
Hidden (versteckt)	2	2
System (systemdatei)	4	3
Volume (ist ein Laufwerk)	8	4
Directory (ist ein Verzeichnis / Ordner)	16	5
Archive (Archivbit ist gesetzt)	32	6
Alias (Verknüpfung)	64	7
Compressed (Datei ist komprimiert)	128	8

Tab. 7.1: Bitwerte der Dateiattribute, welche die Eigenschaft Attributes zurückgibt

Nachdem im letzten Beispiel die Existenz der Protokolldatei sichergestellt wurde, zeigt dieses Skript deren Eigenschaften an:

```
<%
strPhysExistFile = Request.ServerVariables("PATH_TRANSLATED")
SET oFSO = Server.CreateObject("Scripting.FileSystemObject")
SET oFile = oFSO.GetFile(strPhysExistFile)
%>
<br/>Name: <% = oFile.Name %>
<br/>Pfad: <% = oFile.Path %>
<br/>Laufwerk: <% = oFile.Drive %>
<br/>Gr&ouml;&szlig;e: <% = oFile.Size %>
<br/>Typ: <% = oFile.Type %>
<br/>Flags: <% = oFile.Attributes %>
<br/>Erzeugt: <% = oFile.DateCreated %>
<br/>Letzer Zugriff: <% = oFile.DateLastAccessed %>
<br/>Letzte &Auml;nderung: <% = oFile.DateLastModified %>
```

Listing 7.28: Auswertung von Dateieigenschaften (fso_fileprops.asp)

Der Sinn der bitweisen Darstellung ist die Kombinationsmöglichkeit. Durch einfache Addition können bestimmte Bitwerte kombiniert werden. Wenn Sie ein Verzeichnis haben, das komprimiert ist und schreibgeschützt, ist der Bitwert 1+16+128 = 145. Durch die bitweise Aufbereitung kann jede Kombination eindeutig dargestellt werden. Umgekehrt kann natürlich auch jede Kombination eindeutig gesetzt werden. Um eine komfortable Anzeige der Attribute zu ermöglichen oder um gezielt ein Attribut zu selektieren, bietet sich die Modulus-Funktion an:

```
<%
DIM FlagName(7)
FlagName(0)= "Read-Only"
FlagName(1)= "Hidden"
FlagName(2)= "System"
```

```
FlagName(3)= "Volume"
FlagName(4)= "Directory"
FlagName(5)= "Archive"
FlagName(6)= "Alias"
FlagName(7)= "Compressed"
strPhysExistFile = Request.ServerVariables("PATH_TRANSLATED")
SET oFSO = Server.CreateObject("Scripting.FileSystemObject")
Flags = oFSO.GetFile(strPhysExistFile).Attributes
FOR i = 7 TO 0 STEP -1
    IF (Flags-2^i)>=0 THEN
        Response.Write("<b>" & FlagName(i) & "</b> gesetzt<br>")
        Flags = Flags - 2^i
    ELSE
        Response.Write(FlagName(i) & " nicht gesetzt<br>")
    END IF
NEXT
%>
```

Listing 7.29: Dateiattribute auswerten und darstellen (fso_fileattributes.asp)

Die Servervariable PATH_TRANSLATED gibt die aktuelle Datei aus, praktisch also das Skript selbst. Ersetzen Sie den Aufruf durch irgendeine Datei, deren Flags Sie im Klartext anzeigen möchten. Dieses Skript demonstriert vor allem, wie Sie Bitwerte ausfiltern. Die Variable Flags wird durch Selektion der ganzzahligen Bitwerte (2^i) geprüft. Anschließend wird genau dieses gefundene Bit abgezogen (Flags = Flags - 2^i). Die Prüfung beginnt erneut.

Erwähnt werden sollte auch die folgende Zeile:

`Flags = oFSO.GetFile(strPhysExistFile).Attributes`

Hier wird das File-Objekt, auf das die Methode Attributes angewendet wird, nur intern erzeugt. Das Resultat von GetFile steht also nur hier und im restlichen Skript nicht mehr zur Verfügung.

7.5.3 Mit Laufwerken und Ordnern arbeiten

Für einen komplexen Zugriff auf die Servermaschine sind weiter reichende Informationen nötig. Auch Laufwerke können über ASP bedient werden, sogar der Zugriff auf Netzwerklaufwerke des internen Netzes ist möglich. Dahinter verbirgt sich ein enormes Potenzial, denn Sie können die Leistungsfähigkeit eines Internetknotens durch zusätzliche Server erhöhen. Statt teurer UNIX-Maschinen bieten sich für mittlere Anwendungen eher mehrere parallel arbeitende Windows NT-Server an. Sie können über den zentralen Webserver leicht Daten verteilen und beispielsweise Protokolldateien auf einer anderen Maschine schreiben.

Eine andere Anwendung wäre das Angebot eines CD-Servers. Die vielen Laufwerksbuchstaben eines großen CD-Wechslers können über ASP-Skripte verwaltet werden; die Nutzer suchen im Browser die gewünschten Programme aus und laden die Dateien herunter.

Dateien und Ordner (FileSystemObject)

Eine andere Möglichkeit bietet sich dem Administrator, der per Browser den Laufwerksstatus abfragen kann.

Technische Parameter von Laufwerken anzeigen

Das folgende Skript zeigt den Parameter des Laufwerkes C: sowohl des Servers als auch des Clients an. Sie sehen die Anordnung der Befehle innerhalb des serverseitigen Bereiches und des clientseitigen Skriptbereiches. Der einzige Unterschied ist die Ausgabe mit response.write in die Ausgabedatei bzw. mit document.write in das aktuelle Dokument. Dass die beiden Skripte völlig getrennt voneinander ablaufen, beweist die scheinbar doppelte Definition der Konstanten, die ja eigentlich nicht zulässig ist.

```
<%
Dim oFSO, oDrive, s
CONST drvPath="C:\"
Set oFSO = CreateObject("Scripting.FileSystemObject")
Set oDrive = oFSO.GetDrive(oFSO.GetDriveName(drvPath))
s = "Laufwerk " & UCase(drvPath) & " - "
s = s & oDrive.VolumeName & vbCrLf & "Freier Speicher: "
s = s & FormatNumber(oDrive.FreeSpace/1024, 0)
s = s & " Kbytes"
response.write("Dies ist das Serverlaufwerk: ")
response.write(s)
%>
<br />
<script Language=VBScript>
Dim oFSO, oDrive, s
CONST drvPath="C:\"
Set oFSO = CreateObject("Scripting.FileSystemObject")
Set oDrive = oFSO.GetDrive(oFSO.GetDriveName(drvPath))
s = "Laufwerk " & UCase(drvPath) & " - "
s = s & oDrive.VolumeName& vbCrLf & "Freier Speicher: "
s = s & FormatNumber(oDrive.FreeSpace/1024, 0)
s = s & " Kbytes"
document.write("Dies ist Ihr eigenes Laufwerk: ")
document.write(s)
</script>
```

Listing 7.30: Abfrage von Laufwerksinformationen (fso_driveinfo.asp)

Das Beispiel funktioniert für die Anzeige der Browserdaten nur mit dem Internet Explorer, da die Netscape-Browser kein VBScript kennen. Außerdem können Sicherheitseinstellungen die Ausführung des Clientskripts verhindern. Entweder es erscheint eine Information, dass das Objekt nicht erstellt werden kann – dann verhindern die Sicherheitseinstellungen im Browser die Ausführung generell. Oder Sie werden gefragt, ob die Ausführung temporär zugelassen werden soll:

Umgang mit clientseitigen Skripten

7 Spracherweiterungen

*Abbildung 7.10:
Sicherheitsabfrage
vor der Ausführung
von clientseitigen
Skripten mit Zugriff
auf Objekte, die das
Dateisystem abfragen können*

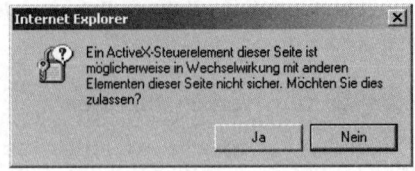

Der Benutzer entscheidet dann, ob clientseitig Skripte mit FileSystemObject ausgeführt werden dürfen

Eine andere Möglichkeit ist eine Ermittlung aller angeschlossenen Laufwerke:

```
<%
Set oFSO = CreateObject("Scripting.FileSystemObject")
' Nutze die Kollektion anstatt das Objekt
FOR EACH value IN oFSO.Drives
   IF value.IsReady THEN
      %>
      <br/>Laufwerksname: <%= value.DriveLetter %>
      <br/>Speicherplatz:
      <%= Round(value.TotalSize/1024,2) %> kB
      <br/>Verf&uuml;gbar:
      <%= Round(value.AvailableSpace/1024,2)%> kB
      <hr width="80%">
      <%
   END IF
NEXT
%>
```

Listing 7.31: Zugriff auf alle Serverlaufwerke (fso_driveprops.asp)

Wenn sich in den einzelnen Laufwerken Datenträger befinden, erhalten Sie sofort die Daten über die Geräte. Das Skript verwendet die Eigenschaft IsReady, mit der die Bereitschaft eines Laufwerks mit austauschbaren Datenträgern geprüft werden kann. Die Daten dieser Laufwerke werden nur angezeigt, wenn auch ein gültiger Datenträger zu finden war.

**Drive
DriveExists
GetDrive
GetDriveName**

Die Kollektion besteht aus jeweils einem Drive-Objekt, eines für jedes Laufwerk mit einem Buchstaben. Das ist eine wichtige Einschränkung, denn Netzwerklaufwerke, denen lokal (hier ist der Webserver gemeint) kein Laufwerkbuchstabe zugeordnet wurde, erscheinen nicht in der Kollektion.

Dateien und Ordner (FileSystemObject)

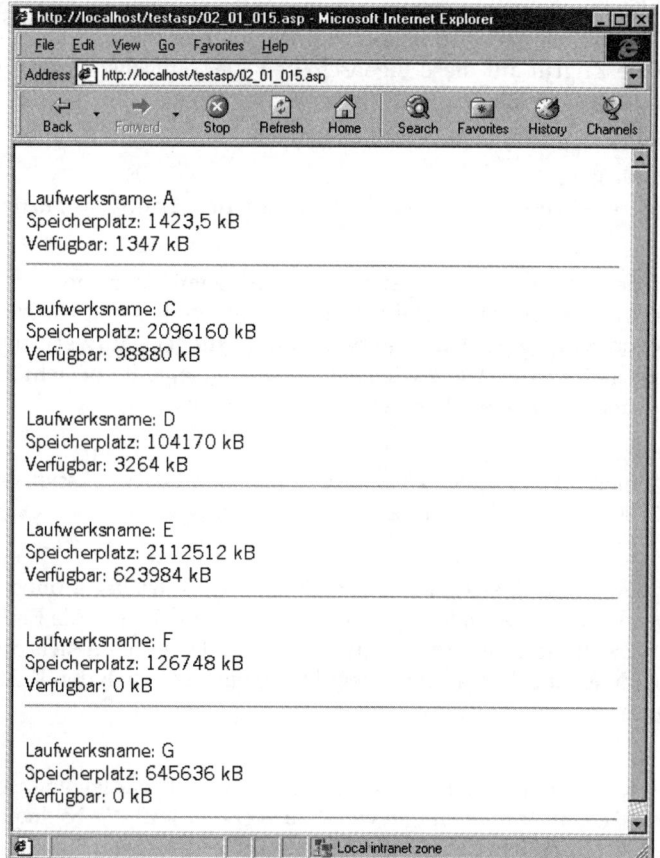

*Abbildung 7.11:
Anzeige der Laufwerke eines Servers unter Nutzung der Drives-Kollektion*

Für Laufwerke sind folgende Methoden des Objekts FileSystemObject verfügbar:

- DriveExists(DriveName)
  Wenn das angegebene Laufwerk existiert, wird TRUE zurückgegeben.

- Drives
  Gibt die Drives-Kollektion zurück. Die einzelnen Objekte der Kollektion haben wieder eigene Methoden und Eigenschaften.

- GetDrive(DriveName)
  Gibt ein einzelnes Drive-Objekt zurück.

- GetDriveName(Pfad)
  Gibt eine Zeichenkette zurück, die die Laufwerksbezeichnung für den angegebenen Pfad enthält.

7 Spracherweiterungen

AvailableSpace
DriveLetter
DriveType
FreeSpace
IsReady
Path
SerialNumber
ShareName
TotalSize
VolumeName

Aus der Kollektion oder direkt aus dem Objekt `FileSystemObject` kann das Objekt `Drive` abgeleitet werden. Durch Bildung einer Instanz dieses Objekts erhalten Sie Zugriff auf diese Eigenschaften. Der einfachste Weg zu einem Laufwerksobjekt ist die Methode `GetDrive` des Objekts `FileSystemObject`. Die folgende Übersicht bietet eine Liste der verfügbaren Eigenschaften:

▶ `AvailableSpace`
Gibt den frei verfügbaren Speicherplatz auf dem Laufwerk zurück.

▶ `DriveLetter`
Gibt den vom Betriebssystem zugeordneten Laufwerksbuchstaben zurück. Netzwerklaufwerke werden nur erkannt, wenn Ihnen mit der Funktion NETZLAUFWERK VERBINDEN ein virtueller Laufwerksbuchstabe zugeordnet wurde. Die zurückgegebene Zeichenkette besteht aus dem Buchstaben und einem Doppelpunkt (C:, F: usw.).

▶ `DriveType`
Gibt einen numerischen Wert zurück, der den Laufwerkstyp repräsentiert. Die exakten Werte finden Sie in der Referenz.

▶ `FreeSpace`
Gibt den freien Speicherplatz zurück. Bei Windows NT 4 ohne Zusatzsoftware ist das derselbe Wert wie `AvailableSpace`. Durch die Einführung von Datenträgerkontingenten in Windows 2000 können sich die Werte für beide Eigenschaften unterscheiden. Siehe dazu auch den Kasten weiter unten.

▶ `IsReady`
Gibt TRUE zurück, wenn das Laufwerk bereit ist. Diese Eigenschaft ist interessant für die Abfrage von Laufwerken mit Wechselmedien, in denen sich möglicherweise kein Medium befindet.

▶ `Path`
Pfad des Laufwerks bei Netzwerklaufwerken.

▶ `SerialNumber`
Gibt die bei der Formatierung vergebene Seriennummer des Laufwerks zurück.

▶ `ShareName`
Gibt den Namen zurück, unter dem das Laufwerk im Windows NT-Netzwerk freigegeben wurde.

▶ `TotalSize`
Gibt den gesamten Speicherplatz des Laufwerks in Byte zurück. Achten Sie bei der Umrechnung in KB oder MB darauf, mit 2er-Potenzen zu rechnen (1 KB = 2^{10} = 1.024 Byte, 1 MB = 2^{20} = 1.048.576 Byte). Die Angaben werden sonst verfälscht.

▶ `VolumeName`
Der Name des Laufwerks oder des eingelegten Mediums.

Dateien und Ordner (FileSystemObject)

Die Eigenschaften FreeSpace und AvailableSpace unterscheiden sich, wenn das Betriebssystem standardmäßig (Windows 2000/XP) oder durch Zusatzsoftware (NT 4) Datenträgerkontingente kennt. Damit lassen sich die für einzelne Nutzer verfügbaren Speicherplätze auf Laufwerken beschränken. FreeSpace zeigt in einem solchen Fall den physisch vorhandenen Speicherplatz, AvailableSpace den für den anfragenden Nutzer erlaubten Speicherplatz an.

Mit Ordnern arbeiten

Oft werden nicht nur Dateien, sondern ganze Ordner bewegt oder verändert. Um nicht jede Datei anfassen zu müssen, die in einem Ordner liegt, besteht die Möglichkeit, Dateioperationen auch auf Ordnern anzuwenden. Es gibt, wie bei den Laufwerken und Dateien, eine Kollektion (Folder-Kollektion) und ein Objekt (Folder-Objekt). Bestimmte Operationen lassen sich nur auf dieses Objekt anwenden. Sie erzeugen dieses Objekt mit einer speziellen Methode aus der Kollektion. Kollektionen sind in diesem Kontext zusammenhängende Ordner. Sehen Sie sich den folgenden Pfad an:

Folder-Kollektion
Folder-Objekt

```
C:\inetpub\wwwroot\beispiele\logdata
C:\inetpub\wwwroot\beispiele\logbackup
C:\inetpub\wwwroot\beispiele\bilder
C:\inetpub\wwwroot\beispiele\ordner
```

Dahinter verbergen sich vier Ordner. Alle zusammen bilden eine Kollektion unterhalb des Ordners *C:\inetpub\wwwroot\beispiele* (und außerdem noch einen Pfad). Oft wird jedoch nur ein einzelnes Folder-Objekt abgeleitet. Wie schon bei Datei und Laufwerk dient dazu das Objekt FileSystemObject. Das folgende Beispiel gibt den Inhalt des Verzeichnisses für die Testdateien zu diesem Buch aus:

```
<%
CONST path="/beispiele"
testpath = Server.MapPath(path)
Set oFSO = CreateObject("Scripting.FileSystemObject")
Set oFolder = oFSO.GetFolder(testpath)
FOR EACH sFileName IN oFolder.Files
    Response.Write("<BR>" & sFileName)
NEXT
%>
```

Listing 7.32: Zugriff auf einen Ordner (fso_getfolder.asp)

Das Skript gibt eine Liste aller Dateien mit dem vollständigen Pfad aus. Mit ein paar Zeichenkettenoperationen können Sie alles lesbarer gestalten. Tauschen Sie die Zeile mit dem Schreibbefehl einfach aus:

```
RIGHT(FileName,LEN(FileName)-INSTRREV(FileName,"\"))
```

7 Spracherweiterungen

Die Funktion sucht den ersten Backslash von rechts und trennt den rechten Teil des Strings dann ab. So bleibt allein der Dateiname übrig.

Eine andere Möglichkeit sind die Methoden GetBaseName und GetExtensionName. Diese sind aber nur für ein Objekt vom Typ FileSystemObject definiert. Folgender Trick erlaubt die Anwendung trotzdem:

```
Response.Write oFSO.GetBaseName(sFileName)
Response.Write "."
Response.Write oFSO.GetExtensionName(sFileName)
Response.Write "<br/>"
```

Diese vier Zeilen ersetzen wieder die Ausgabezeile in Listing 7.32. Diese Version ist auch im Skript auf der CD zu finden.

Das Objekt FileSystemObject selbst bietet bereits einige Methoden, mit denen Verzeichnisoperationen durchgeführt werden können:

CopyFolder
CreateFolder
DeleteFolder
FolderExists
GetFolder
GetParentFolder-Name
MoveFolder

▶ CopyFolder Quelle, Ziel, [ueberschreiben]
Kopiert Ordner komplett an einen anderen Ort. Platzhalter sind zulässig. Normalerweise werden am Ziel vorhandene gleichnamige Dateien überschrieben. Wenn Sie das nicht wünschen, tragen Sie für ueberschreiben den Wert FALSE ein.

▶ CreateFolder OrdnerName
Erzeugt einen neuen Ordner mit dem angegebenen Namen.

▶ DeleteFolder OrdnerName
Löscht den benannten Ordner. Sie können Platzhalter einsetzten. Der Inhalt des Ordners (Dateien) wird mitgelöscht.

▶ FolderExists (OrdnerName)
Gibt TRUE zurück, wenn der Ordner existiert, sonst FALSE.

▶ GetFolder(OrdnerName)
Gibt ein Folder-Objekt zurück, das den benannten Ordner enthält.

▶ GetParentFolderName(Pfad)
Gibt einen String zurück, der den übergeordneten Ordner zu dem angegebenen Pfad bezeichnet.

▶ MoveFolder Quelle, Ziel
Verschiebt einen Ordner; Platzhalter können verwendet werden.

Copy
DeleteFolder
MoveFolder
IsRootFolder
Files
ParentFolder
Name
Size
SubFolders

Aus den folgenden Methoden, die sich auf eine Folder-Kollektion beziehen, die direkt aus dem Objekt FileSystemObject entsteht, können Sie leicht auf die korrespondierenden Methoden für das Folder-Objekt schließen.

▶ Copy Ziel, [ueberschreiben]
Kopiert den Ordner komplett an einen anderen Ort. Normalerweise werden am Ziel vorhandene gleichnamige Dateien überschrieben. Wenn Sie das nicht wünschen, tragen Sie für ueberschreiben den Wert FALSE ein.

▶ DeleteFolde
Löscht den Ordner; der Inhalt des Ordners (Dateien) wird mitgelöscht.

Dateien und Ordner (FileSystemObject)

- MoveFolder Quelle, Ziel
  Verschiebt einen Ordner; Platzhalter können verwendet werden.

- IsRootFolder
  Gibt TRUE zurück, wenn der Ordner das Stammverzeichnis des Laufwerks repräsentiert (beispielsweise »c:\«), sonst FALSE.

- Files
  Gibt eine File-Kollektion, die im Ordner liegenden Dateien, zurück.

- ParentFolder
  Gibt einen String zurück, der den übergeordneten Ordner bezeichnet.

- Name
  Der Name des Ordners

- Size
  Der von einem Ordner belegte Speicherplatz, inklusive aller darin enthaltenen Dateien und Unterordner.

- SubFolders
  Gibt eine weitere Folder-Kollektion zurück, die die untergeordneten Ordner enthält.

Um eine Instanz des Folder-Objekts zu erzeugen, wird die Methode GetFolder verwendet. Das folgende Beispiel zeigt alle Dateien und Unterordner eines angegebenen Ordners an:

```
<%
CONST conPath="../scripts"
Set oFSO = CreateObject("Scripting.FileSystemObject")
Set oFolder = oFSO.GetFolder(Server.MapPath(conPath))
Response.Write "Jetzt werden die Ordner angezeigt:<br>"
FOR EACH sFolderName IN oFolder.SubFolders
   Response.Write("<b>" & sFolderName & "</b><br/>")
NEXT
Response.Write "Jetzt werden die Dateien angezeigt:<br>"
FOR EACH sFileName IN oFolder.Files
   Response.Write("<br/>" & sFileName)
NEXT
%>
```

Listing 7.33: Zugriff auf Ordnerstrukturen (fso_getsubfolder.asp)

7 Spracherweiterungen

Abbildung 7.12:
Verzeichnisliste
ausgeben
(Listing 7.33)

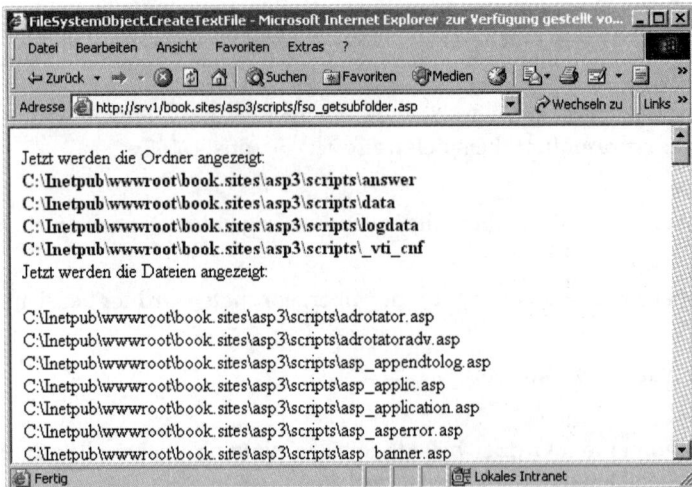

8 Praxis – Alltagsprogramme

Dieses Kapitel zeigt anhand einiger praktischer Applikationen, wie mit ASP programmiert wird, wenn mehr als nur ein Beispielskript benötigt wird. Alle Programme sind frei verwendbar.

8.1 Übersicht

Um zu zeigen, wie mit relativ geringem Aufwand attraktive Programme für das Internet geschrieben werden können, werden im Folgenden mehrere Applikationen vorgestellt. Teilweise wurden bekannte Beispiele aus der Microsoft-Hilfe verwendet, hier jedoch so abgewandelt, dass keine Datenbank verwendet wird. Die Datenspeicherung erfolgt in Textdateien.

8.1.1 Einfache Applikationen

Die Applikation *Protokolldatei* demonstriert vor allem die Nutzung des Text-Stream-Objekts. Mit dem *Server-Explorer* wird ein Tool vorgestellt, das Zugriff auf einen Webserver für Administratoren bietet und ähnliche Funktionen, wie der Windows-Explorer ausführt – remote via Internet auf einem Webserver. Kern dieser Applikation sind die Komponenten rund um das Objekt FileSystemObject. Mit dem *Gästebuch* wird eine weitere Anwendung des TextStream-Objekts gezeigt.

**Protokolldatei
Server-Explorer
Datei-Upload
Gästebuch
Umfrage**

Vorgestellt wird auch *Datei-Upload*, ein einfaches Tool zum Hochladen von Dateien, das vollständig in VBScript programmiert wurde und keine serverseitigen Komponenten voraussetzt.

Einen ersten Ausblick auf Datenbanktechniken erlaubt das Programm *Umfrage*. Eine SQL-Datenbank wird noch nicht benutzt, aber über einen speziellen ODBC-Treiber eine komfortable Auswertung von Textdateien demonstriert.

8.1.2 Übungen

Alle hier vorgestellten Programme bewegen sich auf relativ niedrigem Niveau. Um die Übersichtlichkeit zu bewahren, fehlen Fehlerroutinen und Gestaltungskomponenten.

> Es ist sicher eine gute Übung, die Programme robust und »besser aussehend« zu machen. Durch die einfach zu durchschauende Struktur wird aber auch die Anpassung an eigene Bedürfnisse erleichtert.

Am Ende jeden Abschnitts finden Sie eine Idee, wie das Programm ausgebaut und zu Übungszwecken erweitert werden kann. So entsteht schnell eine richtige Applikation, die sich im Alltag vorteilhaft einsetzen lässt.

8.2 Die Applikation Protokolldatei

> Die erste Applikation zeigt, wie Zugriffe von Nutzern aus dem Netz auf eine bestimmte Seite registriert und ausgewertet werden können. Die gezeigte Technik eignet sich, um auf eigenen Webseiten ganz spezielle Logs zu führen, die Daten erfassen, welche vom Serverbetreiber nicht zur Verfügung gestellt werden.

8.2.1 Funktionsübersicht

Sicher schreibt der IIS eigene Protokolldateien. Es sind viele Programme verfügbar, die diese Dateien problemlos auswerten. Mit einem eigenen Protokollprogramm können Sie aber auch in einem gemieteten Webspace arbeiten und sind nicht auf die Protokolle des Providers angewiesen. Zuerst eine Beschreibung der grundsätzlichen Eigenschaften:

- Es wird eine Protokolldatei mit Uhrzeit, IP-Nummer, Browsertyp und Herkunft (letzte URL) geschrieben.

- Jeden Tag wird eine neue Protokolldatei erzeugt. Da Protokolldateien sehr groß werden können, wird die Auswertung dadurch vereinfacht. Der Dateiname enthält das Datum.

- Ein Tool dient der Auswertung via Browser, der Anzeige der vorhandenen Protokolldateien und der Auswertung nach IP-Nummer, Browser sowie Aktivitätsverteilung am Tag.

- Damit jeder Nutzer, der das Angebot aufruft, auch registriert wird, wird ein Frameset gebaut, der einen unsichtbaren Frame enthält. Damit verbleibt die Möglichkeit, die Standarddatei mit einem Namen wie *index.html* zu belassen und gleichzeitig den Aufruf des Skripts zu erzwingen. Der Betreiber des virtuellen Servers muss dann keine Änderungen an seinen HTML-Seiten vornehmen.

Voraussetzungen

Schreibrechte erforderlich — Wenn Sie die Skripte von der Buch-CD kopieren, müssen Sie auch die beiden Unterverzeichnisse \LOGDATA und \LOGBACKUP mitnehmen. Für beide Verzeichnisse muss der Schreibschutz aufgehoben werden und der Web-Benutzer IUSR_MACHINE muss Vollzugriff haben, d.h., Dateien anlegen, löschen und beschreiben können.

8.2.2 Ein Protokoll erfassen

Zuerst wird das Frameset in seiner einfachsten Form mit der Definition eines unsichtbaren Frames festgelegt, indem dem ersten Frame 100% des Fensters zugewiesen werden und das zweite Frame »den Rest« (also 0%) erhält:

```
<html>
<frameset rows="100%,*">
   <frame src="start.htm">
   <frame src="log.asp">
</frameset>
</html>
```

Listing 8.1: Startdatei der Applikation Protokolldatei (Index.htm)

Der Webserver sollte INDEX.HTM als Standarddatei verwenden. Die Datei, die der Betreiber des Webs als Standarddatei abgibt, muss START.HTM heißen. Diese Datei hat für das weitere Projekt keine Bedeutung und dient nur der Anzeigesteuerung. Hier setzen wir einfach einen Link auf die Programme zur Protokollauswertung ein.

```
<html>
<head><title>Protokollauswertung</title></head>
<body>
<h2>Willkommen bei der Auswertung der Protokolldateien!</h2>
<p>
<b>Sie haben folgende Möglichkeiten:</b><br/>
<ul>
   <li>Anzeige der vorhandenen <a href="log1.asp">Logfiles</a>.
   <li>Anzeige der <a href="log2.asp">IP-Nummern und Browser</a>.
   <ul>
</body>
</html>
```

Listing 8.2: Auswahl der Funktionen (Index.htm)

Die eigentliche Erfassung der Protokolldateien steckt in der Datei LOG.ASP, die nachfolgend detailliert beschrieben wird. Jeder Hit schreibt eine Zeile in die Textdatei, für jeden Tag wird eine neue Datei angelegt. Die erfassten Informationen betreffen Datum und Uhrzeit, Herkunft des Surfers, seine IP-Adresse und den verwendeten Browser.

```
<%
CONST strSourcePath = "logdata\"
CONST strBreak = "|"
DIM strPhysExistFile, strDateTime, strIPnumber,
```

```
DIM strBrowserType, strComefrom
DIM strLogInfo
```

Zuerst werden zwei Konstanten definiert. Die Pfadangabe *strSourcePath* verweist auf ein Unterverzeichnis, in dem die Protokolldateien abgelegt werden. Die Konstante *strBreak* enthält ein einzelnes Zeichen, mit dem die Einträge der Protokolldatei getrennt werden.

Die Namen der Protokolldateien bestehen aus dem Datum ohne die Punkte und aus der Erweiterung .LOG. Damit ist später ein gezielter Zugriff auf bestimmte Tage oder Perioden sehr einfach möglich.

```
strExistFile = strSourcePath & Replace(CStr(DATE),".","") ↵
               & ".log"
strPhysExistFile = Server.MapPath(strExistFile)
```

Die Protokolldatei wird zum Anhängen geöffnet und neu angelegt, wenn an einem Tag noch keine Datei existiert:

```
SET oFO = Server.CreateObject("Scripting.FileSystemObject")
SET oFile = oFO.OpenTextFile(strPhysExistFile,ForAppending,TRUE)
```

Anschließend wird der Inhalt der Zeile zusammengestellt. Neben dem aktuellen Datum und der Uhrzeit werden drei Servervariablen abgefragt, die Informationen über den Besucher enthalten:

```
strDateTime = DATE & strBreak & TIME & strBreak
strIPnumber  = Request.ServerVariables("REMOTE_ADDR") & strBreak
strBrowserType = Request.ServerVariables("HTTP_USER_AGENT") ↵
                 & strBreak
strComefrom = Request.ServerVariables("HTTP_REFERER") & strBreak
strLoginfo = strDateTime & strIPnumber & strBrowserType ↵
             & strComefrom
```

Zuletzt wird diese Information in die Datei geschrieben und die Datei wird geschlossen.

```
oFile.WriteLine(strLoginfo)
oFile.Close
%>
```

Listing 8.3: log.asp – Mit diesem Skript wird das Protokoll erfasst

Damit wird die laufende Protokollierung sichergestellt. Jetzt geht es an die Entwicklung der Auswertefunktionen. Zuerst wird die Anzeige der vorhandenen Dateien und der Hits pro Tag erläutert. Sie können in diesem Modul auch zurückliegende Protokolldateien löschen.

8.2.3 Protokolle anzeigen

Die drei Konstanten beinhalten wieder den Pfad zu den Protokolldateien und einen Pfad zur Ablage alter Protokolle in ein Backupverzeichnis. Die Datei LOG1.ASP wird hier beschrieben.

```
<%
CONST conSourcePath = "logdata\"
CONST conTargetPath = "logbackup\"
CONST conMaximum = 30
```

Die Pfade werden komplett mit der Methode MapPath aufgebaut.

```
strPhysSourcePath = Server.MapPath(conSourcePath)
strPhysTargetPath = Server.MapPath(conTargetPath)
ExistNew = conSourcePath & Replace(CStr(DATE),".","") & ".log"
strPhysExistNew = Server.MapPath(ExistNew)
```

Zur Dateimanipulation wird ein Objekt Folder der beiden Verzeichnisse erstellt:

```
SET oFSO = Server.CreateObject("Scripting.FileSystemObject")
SET oSourceFolder = oFSO.GetFolder(strPhysSourcePath)
SET oTargetFolder = oFSO.GetFolder(strPhysTargetPath)
```

Jetzt wird festgestellt, ob heute schon eine Datei existiert.

```
IF oFSO.FileExists(strPhysExistNew) THEN
    existNew=TRUE
ELSE
    existNew=FALSE
END IF
```

Das Skript enthält mehrere Funktionen, die rekursiv aufgerufen werden. Zuerst erfolgt die Abfrage, ob schon eine Funktion gewählt wurde. Die gerade bearbeitete Datei wird ebenso übergeben.

```
strCommand = Request.QueryString("funktion")
strActFile = Request.QueryString("FileName")
%>
```

Damit ist der einleitende Teil des Skripts abgeschlossen. Nach der Definition der HTML-Seite wird entsprechend der Funktionsauswahl verfahren:

```
<html>
<head>
<title>Protokollauswertung</title>
<basefont="Arial, Helvetica, Univers">
</head>
<body>
<div align="left">
<table border="0" cellpadding="2" cellspacing="0">
   <tr>
```

```
    <td bgcolor="#FF8080">  </td>
    <td bgcolor="#FF8080" colspan="2">
    <b>Protokolldatei-Archiv</b></td>
</tr>
<tr>
    <td></td>
    <td valign="bottom">Sie können mit den Optionen die aktiven
Protokolldateien kontrollieren und mit den Backupfunktionen auf alte
Protokolldateien zugreifen. Klicken Sie auf eine der Funktionen, dann
sehen Sie rechts die Protokolldateien, auf die Sie die Aktion anwenden
können.</td>
    <td valign="bottom">Auf dieser Seite sehen Sie die ausführbaren
Kommandos oder eine Liste mit Logdateien, die Sie einzeln behandeln
können. Nach der Aktion sehen Sie das Ergebnis.</td>
</tr>
<tr>
    <td colspan="2"> </td>
</tr>
<tr>
    <td bgcolor="#FFFF80" rowspan="4"></td>
    <td bgcolor="#FFFF80" colspan="2">
    <b>Backupfunktionen</b></td>
</tr>
```

Die nächste Reihe enthält den Link mit dem rekursiven Aufruf des Skripts. Die Funktionsnummer »11« wird anschließend benutzt, um die Ausführung zu steuern.

```
<tr>
    <td valign="top" nowrap>
    <a href="log1.asp?funktion=11">
Übertragen von Logdateien ins Archiv</a>
```

Dieser Block wird nur ausgeführt, wenn zuvor die Funktion »Übertragen von Protokolldateien ins Archiv« angeklickt wurde.

```
<% IF strCommand=11 THEN %>
    <% IF oSourceFolder.Files.Count>0 THEN %>
        <br>
        Klicken Sie rechts die <br>
        zu verschiebende Datei an
    <%     END IF %>
    </td>
    <td width="300" valign="top">
    <font size="0">
```

Wurden zuvor alle Dateien ausgewählt (strActFile="ALL"), werden die Dateien nun einzeln mit der Methode MoveFile verschoben. Die Methode GetFileName extrahiert den Namen aus dem Pfad heraus.

Die Applikation Protokolldatei

```
<% IF strActFile="ALL" THEN %>
    <% = oSourceFolder.Files.Count %>
    Protokolle &uuml;bertragen.<BR>
    <% FOR EACH LogFile IN oSourceFolder.Files
         strTargetFile = strPhysTargetPath & "\" ↵
                       & oFSO.GetFileName(LogFile)
         oFSO.MoveFile LogFile, strTargetFile
       NEXT %>
<% END IF %>
```

Noch einfacher ist das Verschieben einer einzelnen Datei.

```
<% IF actFile<>"" AND actFile<>"ALL" THEN
     oFSO.MoveFile strPhysSourcePath+"\"+actFile,
                   strPhysTargetPath+"\"+actFile %>
<% END IF %>
```

Die bereits benutzte Option »ALL« wird angeboten, wenn länger als einen Monat Protokolldateien vorhanden sind. Andernfalls erfolgt noch eine Prüfung, ob eventuell überhaupt keine Dateien vorhanden waren.

```
<% IF oSourceFolder.Files.Count > conMaximum THEN %>
     Mehr als 1 Monat Logs vorhanden<BR>
     Alle <a href='log1.asp?funktion=11&FileName=ALL'>
     Protokolle verschieben</a>?
<% ELSE %>
    <% IF oSourceFolder.Files.Count=0 THEN %>
         Keine aktuellen Logfiles vorhanden.
    <% ELSE %>
        <% FOR EACH LogFile IN OSourceFolder.Files
             FileName=FO.GetFileName(LogFile) %>
            <a href="log1.asp?funktion=11&FileName=
            <% = FileName %>">
            <% = FileName %>FileName verschieben...</a><br>
        <% NEXT %>
        <a href="log1.asp?funktion=11&FileName=ALL">
           Alle Logdateien verschieben</a>
    <% END IF %>
<% END IF %>
</font>
</td>
<% ELSE %>
   <td width="300"></td>
<% END IF %>
</tr>
```

Hier erfolgt die Trennung der nächsten Funktion. Zuerst aber die Auswahlmöglichkeit für das Löschen der Dateien, Funktion »12«:

```
<tr>
  <td>
  <a href="log1.asp?funktion=12">
  Löschen von archivierten Dateien</a>
```

Die Auswahl des Kommandos führt zu einer Dateiliste mit verschiedenen Auswahlmöglichkeiten.

```
<% IF strCommand=12 THEN %>
  <% IF oTargetFolder.Files.Count>0 THEN %>
    <br>Klicken Sie rechts die <br>
    gewünschte Funktion an...
  <% END IF %>
  </td>
  <td width="300" valign="top">
  <font size="0">
```

Wurden alle Dateien ausgewählt, bietet sich für das Löschen die Methode DeleteFile an. Die Verwendung ist ausgesprochen einfach:

```
<% IF strActFile="ALL" THEN %>
  <% = oTargetFolder.Files.Count %> Log
  <% IF oTargetFolder.Files.Count>1 THEN %>s <% END IF %>
  gel&ouml;scht.<BR>
  <%
  FOR EACH LogFile IN OTargetFolder.Files
    oFSO.DeleteFile LogFile
  NEXT
  %>
<% END IF %>
```

Der Nutzer wird auch informiert, wenn keine Dateien zum Löschen vorhanden sind:

```
<% IF oTargetFolder.Files.Count=0 THEN %>
  Keine archivierten Logfiles vorhanden.
<% ELSE %>
  <% = oTargetFolder.Files.Count %>
  <a href="log1.asp?funktion=12&FileName=ALL"> Protokoll
  <% IF oTargetFolder.Files.Count>1 THEN %>e <% END IF %>
  aus Archiv l&ouml;schen?</a><br>
<% END IF %>
</font>
</td>
```

Wurde auch dieses Kommando nicht ausgewählt, wird nur die Tabelle geschlossen und die Seite beendet:

```
<% ELSE %>
  <td width="300"></td>
<% END IF %>
```

Die Applikation Protokolldatei

```
</tr>
<tr>
   <td valign="top">
   <a href="log1.asp?funktion=1">
      Löschen von aktiven Protokollen
   </a>
```

Natürlich lassen sich auch die aktuellen Protokolldateien sofort und ohne vorheriges Backup löschen. Dies ist die letzte Funktion. Die Arbeitsweise ähnelt den bereits beschriebenen Funktionen. Benutzt wird hier die schon bekannte Methode DeleteFile.

```
<% IF strCommand=1 THEN %>
   <% IF OSourceFolder.Files.Count>0 THEN %>
      <br>
      Klicken Sie rechts die <br>
      zu löschende Datei an
   <% END IF %>
   </td>
   <td width="300" valign="top">
   <font size="0">
   <% IF actFile="ALL" THEN %>
      <% = oSourceFolder.Files.Count %>Logs gelöscht.<BR>
      <%
      FOR EACH LogFile IN oSourceFolder.Files
         oFSO.DeleteFile(LogFile)
      NEXT
      %>
   <% END IF %>
   <% IF strActFile<>"" AND strActFile<>"ALL" THEN
      oFSO.DeleteFile(strPhysSourcePath+"\"+strActFile)
   END IF %>
   <% IF oSourceFolder.Files.Count > conMaximum THEN %>
      Mehr als 1 Monat Protokolle vorhanden<BR>
      Alle <a href='log1.asp?funktion=1&FileName=ALL'>
      Logs löschen</a>?
   <% ELSE %>
      <% IF OSourceFolder.Files.Count=0 THEN %>
         Keine Protokolldateien mehr vorhanden
      <% ELSE %>
         <% FOR EACH LogFile IN oSourceFolder.Files
            FileName= oFSO.GetFileName(LogFile) %>
            <% = FileName %>
            <a href='log1.asp?funktion=1&FileName=")
            <% = FileName %>
            ">löschen...</a><br>
         <% NEXT %>
      <% END IF %>
```

```
        <% END IF %>
    </font>
    </td>
<% ELSE %>
    <td width="300"></td>
<% END IF %>
</tr>
<tr>
    <td valign="top"> </td>
    <td width="300" valign="top"></td>
    <td width="300"></td>
</tr>
<tr>
    <td valign="top"></td>
    <td width="300" valign="top">
    <p>
    <a href="index.htm" target="_parent">
    Zur&uuml;ck zur Hauptauswahl</a></p></td>
    <td width="300"></td>
</tr>
</table>
</div>
</body>
</html>
```

Listing 8.4: log1.asp – Anzeige der Protokolldaten

8.2.4 Die Protokolle auswerten

Die nächste Funktion zeigt die erfassten IP-Nummern und die Anzahl der Hits einer bestimmten IP-Nummer sowie die Zusammenfassung der IP-Nummern nach Häufigkeit an. Eingesetzt werden Dictionary-Objekte zur Zwischenspeicherung der gewonnenen Daten. Sehen Sie sich das ausführlich kommentierte Skript LOG2.ASP an.

```
<html>
<head><title>Auswertung</title>
<style>
    * { font-family:Verdana; font-size:10pt; }
</style>
<%
CONST conSourcePath = "logdata\"
CONST ForReading = 1
CONST strBreak = "|"
CONST conDate=0
CONST conTime=1
CONST conIPnumber=2
CONST conBrowsertype=3
```

Die Applikation Protokolldatei

```
CONST conComesfrom=4
DIM hits
```

Die drei `Dictionary`-Objekte speichern die Browsertypen, die Herkunft und die IP-Nummer.

```
SET objBrowsertype=Server.CreateObject("Scripting.Dictionary")
SET objComesfrom=Server.CreateObject("Scripting.Dictionary")
SET objIPnumbers=Server.CreateObject("Scripting.Dictionary")
```

Nun wird eine Prozedur definiert, die eine Protokolldatei öffnet und auswertet. Als Parameter wird ein Datumswert übergeben.

```
SUB openanylog(today)
   ExistFile = conSourcePath & Replace(today,".","") & ".log"
   strPhysExistFile = Server.MapPath(ExistFile)
   SET oFSO=Server.CreateObject("Skripting.FileSystemObject")
```

Nach dem Öffnen wird die erste Zeile eingelesen.

```
   SET oFile = oFSO.OpenTextFile ↵
               (strPhysExistFile,ForReading,FALSE)
   strNextstring = oFile.ReadLine
```

Die Schleife zählt die Hits in der Protokolldatei insgesamt (Variable *hits*) und das Auftreten der jeweiligen Angaben.

```
   WHILE NOT oFile.AtEndOfStream
     hits=hits+1
```

Jede Zeile wird mit dem Befehl `SPLIT` in ihre Bestandteile zerlegt, die einzelnen Daten sind nun in einem Array leicht zu ermitteln:

```
   arrNextline=SPLIT(strNextstring, strBreak, -1, 1)
```

Anschließend wird im jeweiligen `Dictionary`-Objekt nach einem schon vorhandenen Wert gesucht und dieser erhöht oder / wenn kein Wert vorhanden ist, ein neuer angelegt:

```
   IF NOT objIPnumbers.Exists(nextline(conIPnumber)) THEN
      ipnumbers.Add nextline(ipnumber),1
   ELSE
      objIPnumbers.Item(arrNextline(conIPnumber)) = ↵
      objIPnumbers.Item(arrNextline(conIPnumber)) + 1
   END IF
   IF NOT objBrowsertype.Exists(arrNextline(conBrowsertype)) THEN
        browsers.Add arrNextline(conBrowsertype), 1
   ELSE
      objBrowsertype.Item(arrNextline(conBrowsertype)) = ↵
      objBrowsertype.Item(arrNextline(conBrowsertype)) + 1
   END IF
   IF NOT comesfrom.Exists(arrNextline(conComesfrom)) THEN
      comesfrom.Add arrNextline(conComesFrom), 1
```

```
    ELSE
       comesfrom.Item(arrNextline(conComesFrom)) = ↵
       comesfrom.Item(arrNextline(conComesFrom)) + 1
    END IF
    strNextstring = oFile.ReadLine
    WEND
END SUB
```

Die nächste Funktion löscht alle Werte für eine erneute Auswertung:

```
SUB killallvalues()
       objBrowsertype.RemoveAll
       objIPnumbers.RemoveAll
       objComesfrom.RemoveAll
END SUB
%>
</head>
```

Die Ausgabe erfolgt wieder im Body des HTML-Codes:

```
<body>
<table border="0" cellpadding="2" cellspacing="0">
<tr>
<td bgcolor="#FF8080">   </td>
<td colspan="2" bgcolor="#FF8080">
<font size="+2"><B>Auswertung der Details (Summen)</B></font>
</td>
</tr>
<tr>
<td></td>
<td colspan="2" bgcolor="#FFFF80">
<font size="+1"><b>Funktionsauswahl</b></font>
</td>
</tr>
<tr>
<td></td>
<td valign="top">
Wählen Sie eine der Funktionen rechts,<br>
um die Statistik errechnen zu lassen.<br>
Die Anzeige kann einige Sekunden dauern, <br>
je nach Umfang und Anzahl der Protokolle.
</td>
```

Die folgende Liste zeigt alle Funktionen an, die ausgewählte Funktion wird mit dem Tag <LI> hervorgehoben.

```
<td nowrap>
<ul>
<% funktion = Request.QueryString("funktion") %>
<% IF funktion=1 THEN %>
```

Die Applikation Protokolldatei

```
    <li>
<% END IF %>
<a href="log2.asp?funktion=1">
Auswertung des heutigen Tages</a><br>
<% IF funktion=2 THEN %>
    <li>
<% END IF %>
<a href="log2.asp?funktion=2">
Auswertung von gestern</a><br>
<% IF funktion=3 THEN %>
    <li>
<% END IF %>
<a href="log2.asp?funktion=3">
Auswertung der letzten 7 Tage</a><br>
<% IF funktion=4 THEN %>
    <li>
<% END IF %>
<a href="log2.asp?funktion=4">
Auswertung ab Monatsanfang</a><br>
<% IF funktion=10 THEN %>
    <li>
<% END IF %>
<a href="log2.asp?funktion=10">Hits pro Tag</a>
(<% = DAY(DATE) %> Tage)
</ul>
<p>
<ul>
    <a href="index.htm" target="_parent">
        Zur&uuml;ck zur Hauptauswahl</a>
<ul>
</p>
</td>
</tr>
```

Die eigentliche Auswertung der Funktionen wird mit einer SELECT...CASE-Anweisung vorgenommen.

```
<%
SELECT CASE funktion
    CASE 1 ' Auswertung von heute
        adate=DATE
        CALL openanylog(adate)
    CASE 2 ' Auswertung von gestern
        adate=DATEADD("d",-1,DATE)
        CALL openanylog(adate)
    CASE 3 ' letzte 7 Tage zusammen
        adate=DATE
        FOR i = 0 TO 6
```

```
             CALL openanylog(DATEADD("d",-i,DATE))
         NEXT
     CASE 4        ' ab Monatsanfang zusammenzählen
             adate=DATE
             FOR i = 0 TO DAY(DATE)-1
                CALL openanylog(DATEADD("d",-i,DATE))
         NEXT
     CASE 10       'Tageweise anzeigen
%>
<tr><td></td>
<td colspan="2">
<table border="0" cellpadding="2" cellspacing="0">
<tr>
<td colspan="2" bgcolor="#FFFF80">
<font size="+1">Grafische Hitanzeige</font>
</td>
</tr>
<tr>
```

Zuerst wird der Durchschnittswert der Zugriffe berechnet. Dazu erfolgt eine komplette Auswertung aller vorhandenen Protokolle. Die Werte werden anschließend wieder vernichtet, nur die globale Variable *hits* ist von Interesse:

```
<%
FOR i = 0 TO DAY(DATE)-1
    CALL openanylog(DATEADD("d",-i,DATE))
NEXT
CALL killallvalues
average=Round(hits/DAY(DATE),0)+1
%>
<td valign="top">
Hits pro Tag der letzten <% = DAY(DATE) %> Tage des aktuellen
Monats.<BR>
Insgesamt wurden<B> <% = hits %> </B>Hits gemessen und der
Durchschnittswert pro Tag    betr&auml;gt<B> <% = average %> </
B>Hits (nicht bereinigt).<P>
Die grafische Anzeige bezieht sich auf die bereinigten Hits pro Tag,
dabei wird jede IP-Nummer nur einmal gezählt. Der Sinn ist, die
"RELOAD"-Hits auszufiltern, die keine echten Treffer darstellen. </P>
</td>
```

Der nächste Abschnitt stellt die mittleren Zugriffswerte grafisch dar. Der Balken wird einfach in der Breite gesteuert (das Bild »green.gif« ist 1 x 1 Pixel groß und wird vom Programm auf die richtige Größe gebracht). Die Grundbreite des Balkens wird mit der Formel w=150/average*k ermittelt. Passen Sie den Wert 150 gegebenenfalls an Ihr eigenes Layout an.

```
<td nowrap>
<% FOR i = 0 TO DAY(DATE)-1
      CALL openanylog(DATEADD("d",-i,DATE)) %>
      <%
      k = objIPnumbers.count
      w = 150/average*k
      a = a + k
      %>
      <table border="0" cellpadding="0" cellspacing="0">
        <tr>
          <td width="120"><% = DATEADD("d",-i,DATE) %>:
                          (<% = k %>)</td>
          <td><hr align="left" color="#0000ff" size="6"
               noshade width="<% = w %>"/></td>
        </tr>
      </table>
      <% CALL killallvalues
   NEXT
%>
```

Der Durchschnittswert der Zugriffe basiert ebenfalls auf einer einfachen Formel, deren Bestandteile bereits zur Verfügung stehen. Die Funktion Round verhindert lästige Nachkommastellen (3,6 Zugriffe pro Tag werden zu vier Zugriffen).

```
Der Durchschnittswert (bereinigt)<BR>
beträ&auml;gt<B>
<% = Round(a/DAY(DATE),0)+1 %> </B>Hits pro Tag.
</td>
</tr>
</table>
</tr>
<% END SELECT %>
```

Zum Schluss wird die HTML-Tabelle korrekt geschlossen:

```
<% IF funktion<0 OR funktion>4 THEN %>
   </table>
```

Im ELSE-Zweig geht es wieder spannender zu. Hier erfolgt die statistische Auswertung. Ermittelt wird die unterschiedliche Anzahl Browser, IP-Nummern usw. Dank der Dictionary-Objekte muss hier nur erneut die Eigenschaft Count abgefragt werden:

```
<% ELSE %>
   <tr>
   <td></td><td colspan="2" bgcolor="#FFFF80">
   <font size="+1">Statistische Auswertung</font>
   </td>
   </tr>
```

```
            <tr>
            <td></td>
            <td colspan="2">        Auswertung vom <I><% = adate %></I>
            </td>
            </tr>
            <tr>
            <td></td>
            <td>Anzahl der Hits:</td><td><B> <% = hits %> </B>
                Hits insgesamt.</td>
            </td>
            </tr>
            <tr>
            <td></td>
            <td colspan="2" bgcolor="#FFFF80"><font size="+1">
              Auswertung nach Anzahl</font></td>
        </tr>
        <tr>
        <td></td>
        <td>Anzahl der unterschiedlichen IPs (reale Treffer), Browsertypen und
        Herkunft (Seite, von der die Nutzer kamen).
        </td><td>
        Anzahl Browser: <B><% = objBrowsertype.Count %></B><BR>
        Anzahl IP: <B><% = objIPnumbers.Count %></B><BR>
        Anzahl Herkunft: <B><% = objComesfrom.Count %></B>
        </td>
        </tr>
        <tr>
        <td></td>
        <td colspan="2" bgcolor="#FFFF80"><font size="+1">
        Auswertung nach Details</font></td>
        </tr>
        <tr>
        <td></td>
        <td valign="top">
        Anzahl und Nennung der Browser, die auf die Seite zugegriffen haben.
        </td>
        <td nowrap valign="top"><% = objBrowsertype.Count %> verschiedene
        Browser. Folgende Typen wurde erkannt:<BR><font size="0">
```

Auch die Anzeige der verschiedenen Browserarten (mit namentlicher Nennung) und der IP-Nummern löst das Dictionary-Objekt mit den Eigenschaften Count, Keys und Items.

```
<%
br = objBrowsertype.keys
az = objBrowsertype.items
FOR i=0 TO objBrowsertype.Count-1
   Response.Write(br(i) & ": <B>" & az(i) & "</B> mal<BR>")
```

Die Applikation Protokolldatei

```
NEXT
%>
</font>
</td>
</tr>
<tr>
<td></td>
<td valign="top" >
Diese Liste zeigt die IP-Nummern, unter denen zugegriffen wurde./td>
<td nowrap valign="top">
<% = objIPnumbers.Count %> verschiedene IP-Nummern. Liste der
Nummern:<BR>
<font size="0">
<%
ip = objIPnumbers.keys
az = objIPnumbers.items
FOR i=0 TO objIPnumbers.Count-1
    Response.Write(ip(i) & ": <B>" & az(i) & "</B> mal<BR>")
NEXT
%>
</font>
</td>
</tr>
<tr>
<td></td>
<td valign="top" >Diese Liste zeigt die Seiten, von denen jeweils
zugegriffen wurde.
</td>
<td nowrap valign="top">
<% = objComesfrom.Count %> verschiedene URLs. Liste der Adressen:<BR>
<font size="0">
<%
cf = objComesfrom.keys
az = objComesfrom.items
FOR i=0 TO objComesfrom.Count-1
    Response.Write(cf(i) & ": <B>" & az(i) & "</B> mal<BR>")
NEXT
%>
</font>
</td>
</tr>
</table>
<% END IF %>
</body>
</html>
```

Listing 8.5: Auswertung der Protokolle (log2.asp)

8 Praxis – Alltagsprogramme

Das Skript auf CD ist noch durch wenige gestalterische Elemente ergänzt worden. Nach einigen Tagen Betrieb erhalten Sie dann Ausgaben wie in der folgenden Abbildung zu sehen ist.

Abbildung 8.1: Auswertung der Protokolldateien

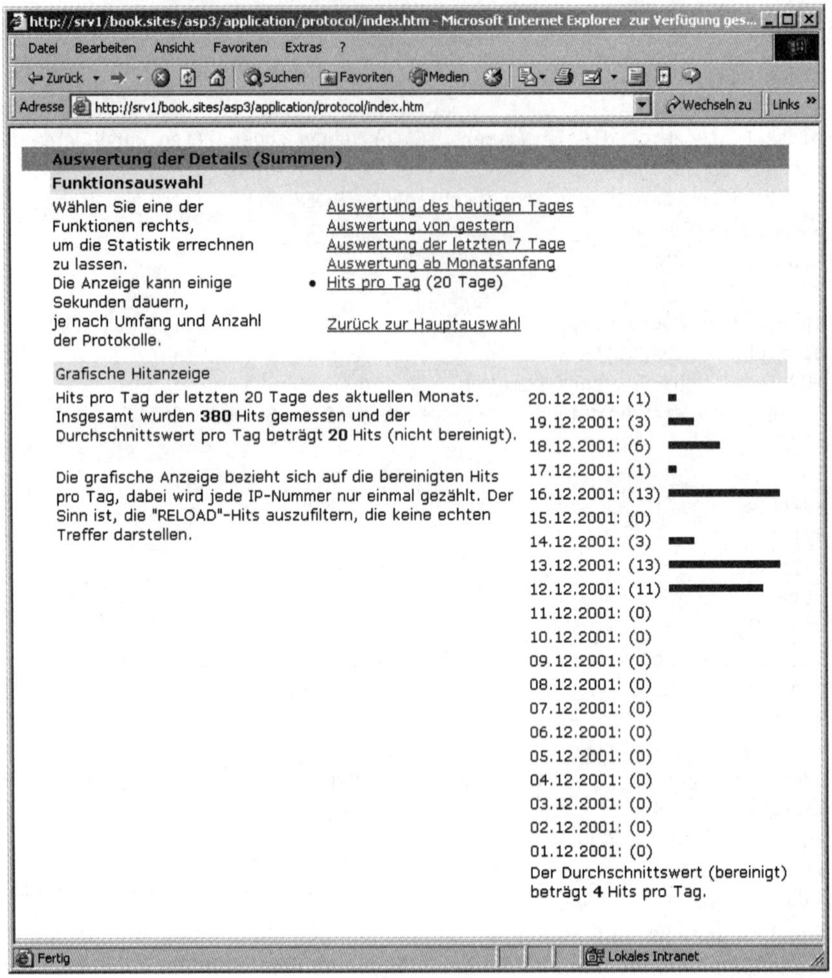

8.2.5 Übung

Weitere Auswertungen können leicht hinzugefügt werden. Vor allem die flexible Einstellung bestimmter Zeiträume ist interessant, beispielsweise die Zusammenfassung der Zugriffszahlen nach Wochen, Monaten usw. Versuchen Sie, solche Funktionen in ein zusätzliches Skript zu implementieren und zur Steuerung HTML-Eingabefelder und <select>-Listen zu verwenden.

Hilfestellung

Benutzen Sie die Datumsfunktionen DATE, DATEDIFF und DATEPART für die Datumsberechnungen. Lagern Sie das Modul zur grafischen Anzeige in eine #INCLUDE-Datei aus, um es mehrfach benutzen und von allen Auswerteseiten auf die Grafik zugreifen zu können.

8.3 Die Applikation Server-Explorer

> Sie haben einen Windows 2000-Server und müssen für einen einfachen Dateizugriff auf ein langsames Fernsteuerwerkzeug zurückgreifen? Nicht mehr lange, denn mit dem Server-Explorer ist eine komfortable Einsicht der Datenstruktur möglich.

8.3.1 Funktionsübersicht

Die Bedienung von Verzeichnissen (Ordnern) auf einem Server ist praktisch nur mit einer Fernsteuersoftware möglich. Für administrative Zwecke bietet sich das hier vorgestellte Skript an. Sie können damit Ihren Webserver per Browser verwalten und sind nicht auf einen FTP-Client angewiesen. Eine Integration in die auf HTML basierende Administration, die bei Windows NT und 2000 zum Lieferumfang gehört, ist ohne weiteres möglich und stellt ein leistungsstarkes Tool zur kompletten Bedienung von Windows-Servern über einen Browser dar.

Dieses Projekt soll:

- ein zweigeteiltes Fenster mit einer Listenansicht der Ordner im linken Teil und der Dateien im rechten Teil haben,
- das Löschen von ermöglichen Dateien und
- die Ausgabe von Laufwerksinformationen und Dateieigenschaften beherrschen.

Das Projekt ist in dieser Form so stark minimiert, dass die wesentlichen Funktionen einfach zu erkennen sind. Fügen Sie selbst Funktionen zum Kopieren und Verschieben von Dateien hinzu.

8.3.2 Die Skripte

Die Teilung des Bildschirms wird mit einem Frameset erreicht. Beide Teile, links die Anzeige der Verzeichnisse und rechts die Dateianzeige, werden durch zwei Skripte realisiert.

```
<html>
<frameset cols="300,*">
   <frame src="tree.asp" name="tree">
   <frame src="content.asp" name="content">
</frameset>
</html>
```

Listing 8.6: Aufbau des Framesets – default.htm

Der Verzeichnisbaum

Die Steuerung des Framesets geht von der Datei TREE.ASP aus, die im Folgenden detailliert beschrieben wird. Das Skript beginnt mit der Definition einiger Konstanten, mit denen die Darstellung der Tabellen erleichtert wird.

tree.asp
```
<%
CONST conOpenCell = "<tr><td>
                     <font size='-2' face='Arial,Helvetica'>"
CONST conCloseCell = "</font></tr></td>"
```

Als Basis für den Zugriff auf die Laufwerke des Servers werden ein FileSystemObject-Objekt und ein Drive-Objekt erzeugt.

```
SET objFO = CreateObject("Skripting.FileSystemObject")
SET objDrives = objFO.Drives
```

Außerdem wird das Skript rekursiv benutzt; die Übergabe der angezeigten Laufwerke und Verzeichnisse erfolgt über die HTTP-Abfrage:

```
strSelDrive = Request.QueryString("drive")
strSelFolder = Request.QueryString("folder")
```

Dann folgen einige Funktionen und Prozeduren, die bestimmte Anzeigefunktionen erledigen. Die erste Funktion wandelt die interne Kodierung der Laufwerkstypen in entsprechende Bezeichnungen um.

```
Function ShowDriveType(d)
   Select Case d
      case 0: t = "Unbekannt"
      case 1: t = "Diskette"
      case 2: t = "Festplatte"
      case 3: t = "Netzwerk"
      case 4: t = "CD-ROM"
      case 5: t = "RAM-Laufwerk"
   End Select
   ShowDriveType = t
End Function
```

Die Anzeige der Datei- und Laufwerksgrößen erfordert ebenfalls eine Umwandlung, da standardmäßig die Werte in Byte ausgegeben werden – bei den heute üblichen Festplatten von 10 GByte ein unüberschaubarer Zahlensalat. Die Funktion wandelt durch Division durch 1024 die Zahlen um

Die Applikation Server-Explorer

und hängt die entsprechende Schreibweise an. Da sich die Präfixe »K« und »M« auf 2er-Potenzen beziehen, wird nicht durch 1.000, sondern durch 1.024 (2^{10}) geteilt.

```
Function GetRealVolume(v)
   DIM r
   r = INT (v / 1024)
   IF r<9000 THEN
      r = r & "KB"
   ELSE
      r = INT (r / 1024)
      r = r & "MB"
   END IF
   GetRealVolume = r
End Function
```

Etwas komplexer ist die Darstellung der Verzeichnisse. In dieser Prozedur steckt ein wesentlicher Teil der Funktionalität. Übergeben werden der aktuelle Laufwerksbuchstabe (Parameter *drvLetter*) und der aktuelle Ordner (Parameter *subfolder*). Mit der Methode GetFolder wird das aktuelle Ordner-Objekt erzeugt und mit SubFolders daraus eine Kollektion der enthaltenen Ordner erstellt. Damit wird die Liste aufgebaut. Der übergeordnete Ordner wird mit der Methode GetParentFolderName ermittelt; damit wird das Zurückblättern im Verzeichnisbaum möglich.

```
SUB ShowFolders(drvLetter, subfolder)
   SET objFOO = objFo.GetFolder(drvLetter & ":\" & subfolder)
   SET objFolders = objFOO.SubFolders
   strParentFolder = objFO.GetParentFolderName(subfolder)
```

Sind keine weiteren Ordner enthalten, wird eine Ausgabe erzeugt. Die Anzahl der enthaltenen Ordner kann mit der Eigenschaft Count ermittelt werden, da es sich um eine Kollektion handelt.

```
   IF objFolders.Count = 0 THEN
      Response.Write(conOpenCell & "Keine Unterverzeichnisse"
                  & conCloseCell)
   ELSE
      Response.Write(conOpenCell & objFolders.Count & "
                  Unterverzeichnisse" & conCloseCell)
   END IF
```

Nur auf der obersten Ebene ist die Variable *subfolder* leer. Dann erfolgt keine Anzeige der Rückblätterfunktion mit »..«. In allen anderen Fällen wird hier der Link erzeugt, mit dem im Verzeichnisbaum auf eine Ebene höher gewechselt werden kann.

```
   IF subfolder<>"" THEN
      Response.Write(conOpenCell &
        "<a href='tree.asp?drive=" & drvletter & "&folder="
      Response.Write(strParentFolder & "'>..")
```

```
        Response.Write("</a></td></tr>")
    END IF
```

Die Anzeige des letzten Ordners eines Pfades erfolgt ohne weitere Verlinkung und wird deshalb hier gesondert behandelt. Wieder wird die Eigenschaft Count benutzt, um zu erkennen, dass keine weiteren Objekte mehr folgen.

```
    IF objFolders.Count = 0 THEN
        Response.Write(conOpenCell & drvLetter & ":"
                    & subfolder & conCloseCell)
    ELSE
```

Sind weitere Objekte enthalten, wird die Kollektion mit einer FOR EACH-Schleife aufgelöst. Die Eigenschaft Name extrahiert den Ordnernamen aus der Kollektion. Außerdem entsteht hier der Link auf sich selbst, so dass das Hinunterwandern im Verzeichnisbaum sehr einfach möglich wird.

```
        FOR EACH fld IN objFolders
            Response.Write(conOpenCell & "<a href='tree.asp?drive="
                        & drvletter & "&folder=")
            Response.Write(subfolder & "\" & fld.Name & "'>"
                        & subfolder & "\" & fld.Name)
            Response.Write("</a>" & conCloseCell)
        NEXT
        END IF
END SUB
%>
```

Nach diesen Vorbereitungen wird die HTML-Seite erzeugt. Hier ist zuerst die kleine JavaScript-Funktion interessant, die den rechten Teil unseres Explorers automatisch aktualisiert. Bei jedem erneuten Aufruf der linken Seite wird damit auch die rechte Seite neu geladen. Der Auslöser ist die JavaScript-Funktion onload() im Tag <body> der Seite.

```
<html>
<head><title>Explorer</title></head>
<Skript language="javascript">
function reload_content()
{
parent.content.location.href="content.asp?drive=<% =strSelDrive
%>&folder=<% = Server.URLEncode(strSelFolder) %>"
}
</Skript>
<body onload="reload_content()">
```

Um die Struktur leichter erstellen zu können, wird alles in eine Tabelle gefasst.

```
<table border=0 cellspacing=1 cellpadding=1 bgcolor="#EEEEEE">
<tr>
```

Die Applikation Server-Explorer

```
<td>LW</td>
<td>Status</td>
<td>Typ</td>
<td>Gr&ouml;&szlig;e</td>
<td>Frei</td>
</tr>
```

Zuerst erfolgt die Ermittlung der im System vorhandenen Laufwerke. Dazu wird einfach auf eine `Drives`-Kollektion zurückgegriffen, die bereits definiert wurde. Die Kollektion wird mit einer FOR EACH-Schleife aufgelöst:

```
<% FOR EACH drv IN objDrives %>
<tr bgcolor="#FFEEFF">
```

Die Zeilen der Tabelle werden unterschiedlich aufgebaut, je nach Zustand des Laufwerks, der mit der Eigenschaft `isReady` ermittelt wird. Neben der Bereitschaftsanzeige wird auch der gesamte und der freie Speicherplatz ermittelt.

```
<% IF drv.isReady THEN %>
   <td>
   <B><A HREF="tree.asp?drive=<% = drv.DriveLetter %>">
   <% = drv.DriveLetter %></A></B>
   </td>
   <td>
   <font face="Arial, Helvetica" color=Blue size="-1">
   Bereit</font>
   </td>
   <td><font face="Arial, Helvetica" color=Black size="-1">
   <% = ShowDriveType(drv.DriveType) %></font>
   </td>
   <td align=right>
   <font face="Arial, Helvetica" color=Black size="-1">
   <% = GetRealVolume(drv.Totalsize) %></font>
   </td>
   <td align=right>
   <font face="Arial, Helvetica" color=Black size="-1">
   <% = GetRealVolume(drv.FreeSpace) %></font>
   </td>
<% ELSE %>
```

Im ELSE-Zweig wird nur der Zustand des inaktiven Laufwerks anzeigt. Der Laufwerksbuchstabe ist hier nicht anklickbar.

```
   <td>
   <B><% = drv.DriveLetter %></B>
   </td>
   <td>
   <font face="Arial, Helvetica" color=Red size="-1">
   Nicht Bereit</font>
```

```
        </td>
        <td colspan="3"> </td>
<% END IF %>
    </td>
    </tr>
```

Wurde ein Laufwerk ausgewählt, wird der Laufwerksbuchstabe an das Skript übertragen und steht nun in der Variable *strSelDrive* zur Verfügung. Für das aktuelle Laufwerk erfolgt nun zusätzlich die Anzeige der Verzeichnisse. Die Ausgabe erfolgt in der oben definierten Prozedur *ShowFolders*. Die Abfrage stellt sicher, dass nur der Verzeichnisbaum eines Laufwerks angezeigt wird. Klickt der Nutzer auf ein anderes Verzeichnis (egal in welcher Ebene er sich befindet), wird der gesamte alte Pfad ausgeblendet und der neue geöffnet.

```
        <% IF strSelDrive = drv.DriveLetter THEN %>
            <tr>
            <td> </td>
            <td colspan="4">
            <table>
            <% CALL ShowFolders(drv.DriveLetter, strSelFolder) %>
            </table></td></tr>
        <% END IF %>
<% NEXT %>
<tr>
<td></td><td></td>
</tr>
</body>
</html>
```

Listing 8.7: Aufbau des Verzeichnisbaumes – tree.asp

Der rechte Teil wird automatisch nach jeder Änderung zur Anzeige gebracht. Zusätzlich ist eine Löschfunktion implementiert.

Den Verzeichnisinhalt anzeigen

Die rechte Seite des Explorers zeigt die Dateien an, die im aktuellen Ordner zu finden sind. Jeder Wechsel im linken Fenster aktualisiert die Anzeige, denn jeder Ordner einer Hierarchie kann Dateien enthalten. Das Skript CONTENT.ASP wird hier vorgestellt.

Zunächst wieder die Definition der Konstanten:

```
<%
CONST conOpenCell = "<td><font size='-2' face='Arial,Helvetica'>"
CONST conCloseCell = "</td></font>"
blnEmpty = FALSE
```

Auch dieses Skript ruft sich selbst mit weiteren Parametern auf. Hier erfolgt nur die Abfrage des Befehls »delete« (in der Variablen *strCommand*). Es ist

Die Applikation Server-Explorer

sehr einfach, beliebige weitere Funktionen zum Verschieben oder Kopieren von Dateien hinzuzufügen.

```
strSelDrive = Request.QueryString("drive")
strSelFolder = Request.QueryString("folder")
strSelFile = Request.QueryString("file")
strCommand = Request.QueryString("command")
IF strSelFolder="" THEN strSelFolder="\"
```

Beim ersten Start des Programms ist noch kein Laufwerk oder Verzeichnis ausgewählt. Damit keine Fehlermeldung erscheint, wird der Zustand abgefragt und die Variable *blnEmpty* definiert. Ist eine Auswahl erfolgt, wird das Folder-Objekt mit der Methode GetFolder erzeugt.

```
IF strSelDrive="" THEN
   blnEmpty = TRUE
ELSE
   SET objFO = CreateObject("Skripting.FileSystemObject")
   SET objFolder = objFO.GetFolder(strSelDrive & ":" &
                   strSelFolder)
END IF
```

Der nächste Schritt führt das Kommando aus. Das Löschen von Dateien (und alle anderen Operationen) wird zuerst ausgeführt und dann erfolgt die Anzeige, damit die Dateiliste immer auf dem neuesten Stand ist. Die Laufzeitfehler werden einfach unterdrückt, damit schreibgeschützte Dateien und Systemdateien nicht zu Fehlermeldungen führen. Das Löschen schreibgeschützter Dateien ist hier nicht erlaubt (zweiter Parameter bei DeleteFile ist FALSE).

```
ON ERROR RESUME NEXT
IF strCommand="delete" THEN
   objFO.DeleteFile strSelDrive & ":" & strSelFolder & "\"
                   & strSelFile, FALSE
END IF
```

Auch zu den angezeigten Dateien soll die Größe ausgegeben werden. Dazu wird die schon bekannte Funktion *GetRealVolume* verwendet.

```
Function GetRealVolume(v)
   DIM r
   r = INT (v / 1000)
   IF r<9000 THEN
      r = r & "kB"
   ELSE
      r = INT (r / 1000)
      r = r & "MB"
   END IF
   GetRealVolume = r
End Function
%>
```

Das war schon der einleitende Teil des Skripts. Im HTML-Abschnitt erfolgt die Auflistung der im aktuellen Ordner gefundenen Dateien:

```
<html>
<head><title>Explorer</title></head>
<body>
<table bgcolor="#EEEEEE" cellspacing=1 cellpadding=1>
<tr>
<td colspan="3">
<font face="Arial, Helvetica" size="-1">
```

Zuerst wird der aktuelle Pfad angezeigt.

```
Aktueller Pfad: <font color=blue><% = strSelFolder %>
</font></font>
</td>
</tr>
```

Aus dem `FileSystemObject`-Objekt wird mit der Methode `Files` eine Kollektion extrahiert, die alle Dateien des aktuellen Ordners enthält. Die Kollektion erlaubt wieder die Anwendung der `FOR EACH`-Anweisung. Auf jede Datei wird die Eigenschaft `Name` und `Size` angewendet, sodass Dateiname und Dateigröße angezeigt werden können:

```
<%
SET objFiles = objFolder.Files
FOR EACH file IN objFiles
%>
<tr>
<% = conOpenCell %><B><% = file.Name %></B>
<% = conCloseCell %>
<% = conOpenCell %>Gr&ouml;&szlig;e:
<% = GetRealVolume(file.Size) %>
<% = conCloseCell %>
```

Der folgende Abschnitt erzeugt den Link, mit dem das Skript selbst aufgerufen wird, es vervollständigt das Kommando »delete«. Hinter jeder Datei erscheint ein eigener Link, mit dem die Datei gelöscht werden kann.

```
<% = conOpenCell %>
<a href="content.asp?drive=<% = strSelDrive %>
   &folder=<% = strSelFolder %>&command=delete
   &file=<% = file.Name %>" target="content">L&ouml;schen</a>
<% = conCloseCell %>
</tr>
<% NEXT %>
</table>
</body>
</html>
```

Listing 8.8: Anzeige des Verzeichnisinhalts – content.asp

Die Applikation Server-Explorer

Die Gestaltung ist sicher noch nicht ausgereift, aber für die Demonstration der Funktion reicht es völlig aus. Verwenden Sie Cascading Style Sheets für diese Arbeit.

Gestaltung

Wenn Sie dieses Programm auf Ihrem Server ablegen, vergessen Sie nicht, dass Verzeichnis zu schützen, um Unbefugten den Zugang zu verweigern. Ungesichert ist dieses Programm das vermutlich größte Sicherheitsloch, dass Sie auf Ihrem Server anrichten können.

Sicherheitshinweise

Die folgende Abbildung zeigt den Server Explorer in Aktion.

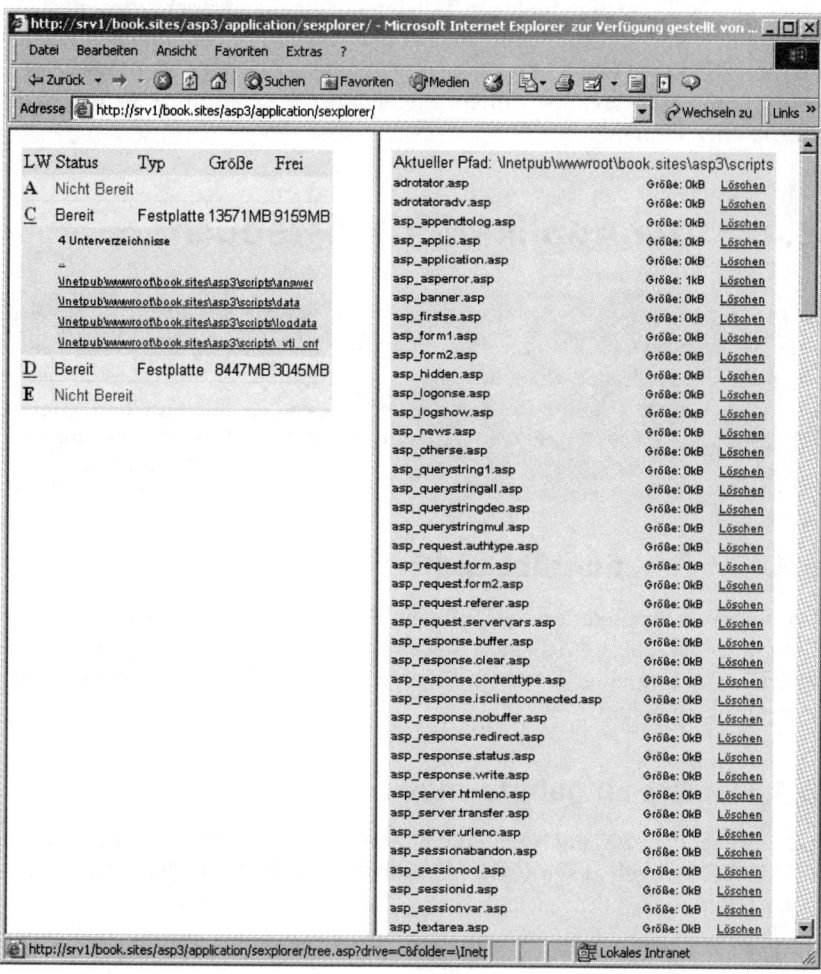

Abbildung 8.2:
Der Server Explorer bei der Arbeit

8.3.3 Übung

Vervollständigen Sie die Applikation um die Funktionen:

- Kopieren und Verschieben einzelner Dateien
- Löschen aller Dateien in einem Verzeichnis
- Löschen und Anlegen eines Ordners

Hilfestellung

Zum Kopieren und Verschieben benutzen Sie die Methoden MoveFile und CopyFile. Das Löschen mehrere Dateien in einem Ordner wird mit der Methode DeleteFile durchgeführt; bei der Angabe sind Platzhalterzeichen erlaubt. Direkt auf ein FileSystemObject-Objekt lässt sich die Methode DeleteFolder zum Löschen eines Ordners anwenden. Mit CreateFolder erzeugen Sie einen neuen Ordner.

8.4 Die Applikation Gästebuch

Ein Gästebuch ist inzwischen auf fast jeder Webseite zu finden. Neben den bekannten CGI-Programmen, die auf PERL oder PHP basieren, bieten viele Provider Gästebücher gegen ein Entgelt oder kostenlos an. Verbunden ist das oft mit lästigen Werbeeinblendungen oder langsamen Zugriffen. Es ist sicher besser, wenn ein eigenes Gästebuch zur Verfügung steht.

8.4.1 Funktionsübersicht

Die folgende Applikation zeigt die einfachste Form einer solchen Anwendung auf ASP-Basis. Wie schon in den vorangegangenen Beispielen wurde auf die Nutzung einer Datenbank verzichtet, um die Systemvoraussetzungen gering zu halten.

8.4.2 Das Eingabeformular

Das Gästebuch besteht aus einem einfachen Eingabeformular, das als HTML-Seite abgelegt wird. Die Applikation beginnt mit der Datei GUESTBOOK.HTM.

```
<html>
<head>
<title>Willkommen in unserem Gästebuch</title>
</head>
<script LANGUAGE="javascript">
```

Die Applikation Gästebuch

Mit einer JavaScript-Funktion werden die Felder geprüft. Die Funktion *WriteBook()* prüft, ob alle Felder ausgefüllt wurden. Fehlt ein Eintrag, wird eine entsprechende Meldung angezeigt. JavaScript wurde verwendet, damit alle Browser die Funktionen verwenden können. Sie sollten für solche Aufgaben nie VBScript verwenden, denn nur die Microsoft-Browser kennen VBScript.

```
function WriteBook()
{
   var cLB = unescape("%0d");
   var cName = "", cSubject = "", cComment = "";
   if (document.Form.name.value.length == 0)
      cName = "Ihr Name" + cLB;
   if (document.Form.subject.value.length == 0)
      cSubject = "Betreff" + cLB;
   if (document.Form.comment.value.length == 0)
      cComment = "Meine Meinung" + cLB;
   cBase = cName + cSubject + cComment;
   if (cBase.length > 0)
   {
      alert("Es fehlen folgende Einträge:" + cLB + cLB + cBase);
   } else {
      document.Form.submit();
   }
}
</script>
```

Tritt kein Fehler auf, wird der Sende-Schalter des Formulars durch den JavaScript-Befehl `document.form.submit()` simuliert. Die Steuerung wird an die Datei WRITEBOOK.ASP übergeben, die nötigen Angaben finden Sie im Tag <form>. Der Name wird vergeben, um die JavaScript-Aufrufe lesbarer zu gestalten, der Rest enthält nichts Besonderes. Die Felder können mit der Form-Methode des Request-Objektes abgefragt werden. Die Namen werden in den <input>-Tags festgelegt.

```
<body>
<h3>Bitte tragen Sie sich in unser G&auml;stebuch ein</H3>
<form name="Form" action="WriteBook.asp" method="POST">
<table cellSpacing=2 border=0>
<tbody>
   <tr>
      <td>Ihr Name</td>
      <td><input name=name size=50 maxlength=50></td>
   </tr>
   <tr>
      <td>Betreff</td>
      <td><input name=subject size=50 maxlength=50></td>
   </tr>
   <tr>
      <td valign=top>Kommentar</td>
```

```
        <td><textarea name=comment rows=5 cols=50
            style="HEIGHT: 86px; WIDTH: 364px"></textarea>
        </td>
    </tr>
    </form>
    <tr>
        <td> </td>
```

Der erste Link verweist auf die JavaScript-Funktion *WriteBook()*. So wird die Prüfung erzwungen. Der zweite Link ruft das Skript zur Anzeigesteuerung direkt auf.

```
        <td><a href="javascript:WriteBook()">
            Meinung ins G&auml;stebuch eintragen</a>
        </td>
    </tr>
    <tr>
        <td> </td>
        <td><a href="ShowBook.asp">
            Meinungen im G&auml;stebuch anzeigen</a>
        </td>
    </tr>
</tbody>
</table>
```

Der folgende Abschnitt hat nicht direkt mit ASP zu tun, ist aber ein guter Trick, um die Bedienung zu erleichtern. Durch das zweite Formular, das keine Funktion auslöst, wird der Browser der ⏎-Taste nicht die Schaltfläche »submit« zuweisen. Wenn der Nutzer sonst in einem Feld ⏎ drückt, würde der Browser das Formular absenden und damit unnötig einen Fehler produzieren. Ohne ⏎ ist der Nutzer gezwungen, das Formular mit einem Mausklick abzusenden – die Gewähr dafür, dass die JavaScript-Funktion auch tatsächlich die Feldprüfung durchführt.

```
<form name=hiddenform>
    <input type=hidden name=hiddeninput>
</form>
</body>
</html>
```

Listing 8.9: Formular zum Eintragen eines Beitrags – guestbook.htm

8.4.3 Den Eintrag erzeugen

Das Schreiben der Einträge ist sehr einfach. Zuerst werden die Konstanten, die den Namen und Speicherplatz der Textdatei beschreiben, sowie das Trennzeichen definiert. Die Konstante *ForAppending* wird als Parameter beim Öffnen der Textdatei benutzt. Außerdem wird damit sichergestellt, dass eine neue Datei angelegt wird, wenn noch keine existiert. Lediglich das

Verzeichnis »/guestbook« müssen Sie von Hand anlegen, weil sonst ein Laufzeitfehler erzeugt wird. Das Skript WRITEBOOK.ASP wird hier vorgestellt.

```
<%
CONST conSourcePath = "book.txt"
CONST ForAppending = 8
CONST skip = "#"
```

Aus den Angaben werden der physische Pfad auf dem Webserver ermittelt, das Objekt erzeugt und die Datei angelegt bzw. geöffnet.

```
ExistFile = conSourcePath
strPhysExistFile = Server.MapPath(ExistFile)
SET FO=Server.CreateObject("Scripting.FileSystemObject")
SET BookFile=FO.OpenTextFile(strPhysExistFile,ForAppending,TRUE)
```

Anschließend werden die vom Formular übergebenen Werte gelesen und zusammen mit der aktuellen Zeit und dem Datum als eine Zeile in die Textdatei geschrieben. Jeder Eintrag in das Gästebuch benötigt eine Zeile. Das Trennzeichen, durch die Konstante *skip* definiert, dient später der Auflösung der Zeile in ihre Bestandteile.

```
name     = Request.Form("name")
subject  = Request.Form("subject")
comment  = Request.Form("comment")
newentry = DATE & skip & TIME & skip & name & skip & subject & skip & comment
BookFile.WriteLine(newentry)
BookFile.Close
%>
```

Nach dem Schreiben des Eintrags wird die Datei geschlossen; die übertragenen Daten werden zur Kontrolle noch einmal angezeigt. Es bleibt Ihrer persönlichen Ausgestaltung überlassen, das Schreiben des Beitrags erst nach einer erneuten Freigabe durch den Nutzer zuzulassen oder keine Bestätigung vorzunehmen.

```
<html>
<head></head>
<body>
<h2>Eintrag in das G&auml;stebuch erfolgt!</h2>
<hr>
Sie schrieben unter dem Namen <% = name %>:<br/>
Thema: <% = subject %> <hr>
<% = comment %>
<hr>
<b>Vielen Dank f&uuml;r Ihren Beitrag</b>
</body>
</html>
```

Listing 8.10: Eintrag und Bestätigung für den Nutzer – writebook.asp

8.4.4 Das Gästebuch anzeigen

Die Anzeige der Einträge ist hier auf das absolute Minimum reduziert worden. Alle Einträge werden ohne Rücksicht auf die Anzahl untereinander angezeigt. Die Anzahl wird aber ermittelt und angezeigt, sodass es ein Leichtes ist, Funktionen zum Blättern einzuführen. Nachteilig ist sicher, dass die ältesten Einträge zuerst angezeigt werden. Hier zeigen sich die Einschränkungen einer Textdatenbank; Sortierfunktionen fehlen und müssten durch komplexe Skripte ersetzt werden. Die Datei SHOWBOOK.ASP wird hier kommentiert:

```
<html>
<head><title>Gästebuch anzeigen</title>
<basefont="Arial, Helvetica, Univers">
```

Zuerst werden wieder die Konstanten definiert – beginnend mit dem Namen und Pfad der Textdatei. Die Datei wird zunächst nur zum Lesen geöffnet, die Konstante *skip* enthält wieder das Trennzeichen. Die anderen Konstanten dienen nur der besseren Lesbarkeit und steuern das Auslesen der einzelnen Werte.

```
<%
CONST conSourcePath = "book.txt"
CONST ForReading = 1
CONST skip = "#"
CONST entrydate=0
CONST entrytime=1
CONST name=2
CONST subject=3
CONST comment=4
DIM entries
%>
</head>
<body>
<table border="0" cellpadding="2" cellspacing="0">
<tr>
<td bgcolor="#FF8080">   </td>
<td bgcolor="#FF8080">
<font size="+1"><B>G&auml;stebuch anzeigen</b></font>
</td>
</tr>
<tr><td></td><td>
```

Um die Datei zu öffnen, wird wieder der physische Pfad ermittelt. Damit das reibungslos funktioniert, muss das Verzeichnis mit der Textdatei unterhalb des Skripts angelegt werden.

Die Applikation Gästebuch

```
<%
ExistFile = conSourcePath
strPhysExistFile = Server.MapPath(ExistFile)
SET FO=Server.CreateObject("Scripting.FileSystemObject")
SET BookFile = FO.OpenTextFile(strPhysExistFile,ForReading,FALSE)
```

Dann wird die gesamte Textdatei gelesen; eine Schleife zählt die Zeilen. Damit wird die Anzahl der Einträge im Gästebuch festgestellt. Der Inhalt der Zeilen ist an dieser Stelle noch nicht wichtig, deshalb wird der Wert, den die Methode Readline zurückgibt, nicht in eine Variable übertragen. Die Variable *entries* enthält nun die Anzahl der Einträge.

```
WHILE NOT BookFile.AtEndOfStream
        BookFile.ReadLine
        entries=entries+1
WEND
%>
<% = entries %> Eintr&auml;ge sind zur Zeit im G&auml;stebuch.
<BR>
<FONT SIZE="0">
</FONT>
</TD></TR>
<TR><TD></TD><TD>
<TABLE BORDER=0>
```

Die Textdatei wird erneut geöffnet, um den Zeiger wieder an den Anfang zu setzen, denn jetzt werden die Daten gelesen.

```
<%
SET BookFile = FO.OpenTextFile(strPhysExistFile,ForReading,FALSE)
WHILE NOT BookFile.AtEndOfStream
    nextstring = BookFile.ReadLine
    nextline=SPLIT(nextstring,skip,-1,1)
```

Die Funktion SPLIT zerlegt eine Zeichenkette in mehrere Teile; dabei erfolgt die Trennung bei jedem Auftreten des Zeichens in der Konstante *skip*. Wenn das Doppelkreuz stört, können Sie hier jeden anderen Wert eintragen. Die anderen Parameter bestimmen, dass sämtliche Vorkommen des Trennzeichens ausgewertet werden. Dann werden die einzelnen Teilzeichenketten in eine Tabelle geschrieben. Die Tabellenzellen werden auch dynamisch erzeugt.

```
    %>
    <TR><TD></TD><TD><B>
    <% = nextline(name) %> </B> schrieb am
    <% = nextline(entrydate) %> um
    <% = nextline(entrytime) %> Uhr zum Thema<BR><I>
    <% = nextline(subject) %> </I>:<P>
    <% = nextline(comment) %> <BR><HR>
    </TD></TR>
<% WEND %>
```

```
</TABLE>
</TD>
</tr>
</table>
</body>
</html>
```

Listing 8.11: Ausgabe der Beiträge im Gästebuch – showbook.asp

8.4.5 Übung

In der gezeigten Form bietet das Gästebuch nicht besonders viel. Dem Beispiel fehlen noch die Rücksprungfunktionen und natürlich die Trennung in mehrere Seiten bei der Anzeige, wenn mehr als beispielsweise 20 Einträge vorhanden sind. Bevor Sie sich das fertige Gästebuch von der CD holen, sollten Sie als Übung versuchen, eine solche »Komfortanzeige« selbst zu programmieren.

Hilfestellung

Verwenden Sie die Inhaltsverbindungs-Komponente und schreiben Sie die Struktur dynamisch mit. Zum Schreiben der Inhalte verwenden Sie das Text-Stream-Objekt. Die Zählung der Einträge kann sinnvollerweise in einer Applikationsvariablen erfolgen.

8.5 Datei-Upload

> Haben Sie sich schon immer gewundert, wie mit HTTP Dateien vom Browser an den Server gesendet werden? Ohne CGI-Programm geht es nicht? Dieser Abschnitt zeigt, wie Sie Dateien alleine mit VBScript hochladen können.

8.5.1 Grundlagen

RFC 1867   Das Programm erweitert den Webserver um die Eigenschaften des HTTP, wie sie in der RFC 1867 beschrieben wurden. Die Methode POST kann nun auch eine Ziel-URL übertragen; der Datentyp für die Übertragung wird als »multi-part/form-data« gekennzeichnet.

Das Modul erkennt die übertragene URL und extrahiert daraus das auf dem Webserver angesprochene Verzeichnis. Die gesendeten Dateien werden dann in diesem Verzeichnis abgelegt. Es sei an dieser Stelle angemerkt, dass es weitaus bessere Komponenten gibt, die im Internet zu finden sind. In allen Fällen handelt es sich jedoch nicht um Freeware-Komponenten; teilweise sind sie relativ teuer. VBScript ist nicht besonders schnell, dafür aber kostenfrei.

Datei-Upload

Funktionsweise

Der Dateiupload – egal auf welcher Art Server – basiert auf einer anderen Kodierung des Bodys einer HTTP-POST-Anforderung. Der Browser erkennt ein `<input>`-Tag mit dem Attribut type=»file« und das Attribut `enctype="multipart/form-data"` im `<form>`-Tag. Die Daten aus dem Formular werden dann nicht in der normalen Parameterform (`feld=name&...`) abgelegt, sondern in der MIME-kodierten Form. Dieses Format hat etwa folgenden Aufbau:

```
-----------------------------------------7d0378688de411
Content-Disposition: form-data; name="name"
Joerg Krause
-----------------------------------------7d0378688de411
Content-Disposition: form-data; name="filename" ↵
   filename="C:\Dokumente und Einstellungen\Joerg\test.zip"
Content-type: application/x-zip-compressed
PK gjsh8  msadmlk  fsadf3hsdflkaJJasnml32490  kjej<cd9 sdjasdkjijdklj lksa
djwqHJHSJSNNBSAFS88239  sjqw9kxnml     dsa8  msadmlk  fsadf3hsdflkaJJasnml3249
0 kjej<cd9 s
-----------------------------------------7d0378688de411
Content-Disposition: form-data; name="submit"
Hochladen
-----------------------------------------7d0378688de411--
```

Der Aufbau ist sehr regelmäßig. Bemerkenswert sind die Trennzeichen, die meist aus mindestens zwei Minuszeichen und einer hexadezimalen Ziffernfolge bestehen. Jedes normale Formularfeld wird mit dem HTTP-Attribut `Content-Disposition` beschrieben. Da es sich um Formularfelder handelt, ist der Typ *form-data*. Falls es sich um einen Dateinamen handelt, wird das Attribut *filename* ergänzt. Handelt es sich um eine Datei, folgt das Attribut `Content-type`. Dies hängt davon ab, was der Browser erkennt. Das Betriebssystem stellt dabei einige MIME-Typen bereit, die erkannt werden können. Der Body endet, wenn ein Trennzeichen von zwei Minuszeichen gefolgt wird.

Auf dieser Basis lässt sich ein Dateiupload programmieren. Der Body kann mit der Methode `Request.BinaryRead` gelesen werden, die Größe mit `Request.TotalBytes`.

8.5.2 Aufbau der Applikation

Die Applikation besteht aus folgenden Dateien:

- UPLOADFORM.HTM
  Ein Formular, mit dem das Hochladen gestartet wird
- UPLOAD.ASP
  Die Definition der Klasse, die das Hochladen ausführt
- UPLOADER.ASP
  Das ASP-Skript, dass die Upload-Klasse zum Hochladen verwendet.

Wenn Sie den Uploader in eine eigene Anwendung einbauen möchten, benötigen Sie nur das Skript UPLOADER.ASP, das mit einer #INCLUDE-Anweisung eingebaut werden sollte.

8.5.3 Die Skripte im Detail

In diesem Abschnitt werden die Skripte ausführlich vorgestellt. Da die Verarbeitung der Binärdaten verhältnismäßig aufwändig ist und beim Eintippen viele Fehler auftreten können, die nur sehr schwer zu lokalisieren sind, sollten Sie unbedingt die Version von der Buch-CD nutzen – sie ist mit Sicherheit fehlerfrei.

Das Upload-Formular

Der Prozess beginnt mit dem Formular, das die Datei anfordert und dann an den Server sendet.

```
<form method="post" enctype="multipart/form-data"
    action="uploader.asp">
Dateiauswahl: <input type="File" size="50" name="file" ><br/>
<input type="Submit" name="send" value="Datei hochladen">
</form>
```

Listing 8.12: HTML-Datei mit Upload-Formular

Das Formular enthält keine Besonderheiten, lediglich der Typ des Dateifeldes ist auf File eingestellt und der Kodierungstyp ist mit dem Attribut enctype auf multipart/form-data festgelegt. Der Browser zeigt nun eine Schaltfläche mit der Bezeichnung DURCHSUCHEN an. Diese Bezeichnung kann nicht geändert werden – ebenso kann keine Vorauswahl mit value getroffen werden (und auch nicht mit JavaScript). Dies ist kein Fehler, sondern aus Sicherheitsgründen so. Der Benutzer soll nicht durch programmtechnische Maßnahmen über die tatsächliche Bedeutung des Elements getäuscht werden und eine Aktion mit unsichtbarem Element ist mangels Vorauswahl nicht möglich.

Die Verarbeitung der Formulardaten

Die Verarbeitung der Formulardaten erfolgt mit dem Skript UPLOADER.ASP. Sie können es leicht anpassen – die eigentliche Arbeit erledigen sowieso die eingebundenen Klassen.

```
<% Option Explicit %>
<!-- #include file="upload.asp" -->
<%
Dim Uploader, File, sTargetDir
```

Die Variable *sTargetDir* legt das Verzeichnis fest, in dem die hoch geladenen Dateien abgelegt werden.

```
sTargetDir = "data"
```

Datei-Upload

Dann wird die Methode *Upload* aufgerufen, die die Verarbeitung der Daten erledigt. Die fertige Datei wird in einem Array gespeichert. Dies impliziert, dass auch mehrere gleichzeitig hoch geladene Dateien verarbeitet werden und getrennt gespeichert werden können.

```
Set Uploader = New FileUploader
Uploader.Upload()    ' Verarbeiten der Formulardaten
Response.Write "<b>Vielen Dank für das Hochladen</b><br/>"
```

Die Eigenschaft *Count* zeigt an, wie viele Dateien erkannt werden konnten:

```
If Uploader.Count = 0 Then
      Response.Write "Keine Dateien hochgeladen"
Else
```

Sind Dateien vorhanden, werden diese einzeln aus der Kollektion in das entsprechende Verzeichnis übertragen:

```
   Response.Write Uploader.Count & " Dateien erkannt"
   For i = 1 To Uploader.Count
      Uploader.SaveFile i, sTargetDir, TRUE
      Response.Write "Datei-Name: " ↵
            & Uploader.Files(FILENAME, 1) & "<br>"
      Response.Write "Datei-Größe: " ↵
            & Uploader.Files(FILESIZE, 1) & " Bytes<br>"
      Response.Write "Datei-Typ: " ↵
            & Uploader.Files(FILEMIME, 1) & "<br/><br/>"
   Next
End If
%>
```

Listing 8.13: Skript zur Verarbeitung der Formulardaten (uploader.asp). Die eigentliche Arbeit passiert in der Klasse Uploader.

Die Klasse Uploader

Die eigentliche Arbeit passiert in der Klasse *Uploader*. Die Speicherung der Daten erfolgt – weil mehrere Dateien gleichzeitig übertragen werden können ist das notwendig – in einem Array. Damit der Code lesbarer ist, werden zuerst vier Konstanten definiert, die die erste Dimension des zweidimensionalen Arrays bilden. Die zweite Dimension erhöht sich für jede übertragene Datei.

```
<%
Const FILENAME = 0
Const FILESIZE = 1
Const FILEMIME = 2
Const FILEDATA = 3
```

Die Klasse kennt drei Eigenschaften: *Files()* ist das schon erwähnte Array, *Count* enthält die Anzahl der übertragenen Dateien und *Forms* ist ein Dictionary mit den übrigen Feldelementen. *Forms* ist als `Private` definiert, weil die Rückgabe der Werte über eine Eigenschaftsfunktion erfolgt.

```
Class FileUploader
  Public Files()
  Public Count
  Private Forms
```

Die Klasse wird bei der Instanziierung des Objekts zuerst ein Array mit einem Element erzeugen – davon ausgehend, das mindestens eine Datei übertragen wird. Ebenso wird ein leeres `Dictionary` angelegt und die Anzahl der erfolgreich empfangenen Dateien auf 0 gesetzt.

```
Private Sub Class_Initialize()
  Redim Files(4, 1)
  Count = 0
  Set Forms = Server.CreateObject("Scripting.Dictionary")
End Sub
```

Mit der Zerstörung des Objekts werden die Variablen entfernt.

```
Private Sub Class_Terminate()
  If IsObject(Files) Then
    Files = Nothing
  End If
  If IsObject(Forms) Then
    Forms.RemoveAll()
    Set Forms = Nothing
  End If
End Sub
```

Diese Eigenschaft gibt den Wert eines Formularfeldes aus:

```
Public Property Get Form(sIndex)
  Form = ""
  If Forms.Exists(LCase(sIndex)) Then
    Form = Forms.Item(LCase(sIndex))
  End If
End Property
```

Die eigentliche Arbeit des Analysierens und Auswertens der Formulardaten wird von der Methode *Upload* ausgeführt:

```
Public Default Sub Upload()
  Dim biData, sInputName
  Dim nPosBegin, nPosEnd, nPos, vDataBounds, nDataBoundPos
  Dim nPosFile, nPosBound, i, sFileName
  Dim oFSO, oFile, sTempPath, sTempName, nFileNumber
```

Die gesamten Daten des Body werden hier eingelesen:

```
  biData = Request.BinaryRead(Request.TotalBytes)
```

Datei-Upload

Der Aufruf der Methoden *CByteString* und *CWideString* ist notwendig, weil die übertragenen Daten als Binärdaten vorliegen (8-Bit-Zeichen), die Auswertung aber mit Unicode (ein 16-Bit-Zeichenformat) erfolgen muss, damit die Zeichenkettenfunktionen verwendbar sind. Das Ende wird durch Ermittlung des ersten Zeilenumbruchcodes Chr(13) erkannt.

```
nPosBegin = 1
nPosEnd = InstrB(nPosBegin, biData, CByteString(Chr(13)))
```

Sind keine Daten erkannt worden, wird die Methode beendet:

```
If (nPosEnd - nPosBegin) <= 0 Then Exit Sub
```

Der erste Teil ist der im gesamten Text verwendete Abschnittstrenner:

```
vDataBounds = MidB(biData, nPosBegin, nPosEnd - nPosBegin)
```

Das Ende dieses Abschnitts ist der Beginn des ersten Datenblocks:

```
nDataBoundPos = InstrB(1, biData, vDataBounds)
```

Um die Daten abzulegen, werden diese in den temporären Ordner kopiert. Der Inhalt der Umgebungsvariablen TMP kann mit der Methode GetSpecialFolder des Objekts FileSystemObject ermittelt werden:

```
Set oFSO = ↵
    Server.CreateObject("Scripting.FileSystemObject")
sTempPath = oFSO.GetSpecialFolder(2)
```

nFileNumber ist der Index der Dateien, beginnend mit 1:

```
nFileNumber = 1
Redim Preserve Files(4, nFileNumber)
```

Jetzt werden die Abschnitte durchlaufen, bis der letzte an den beiden abschließenden Minuszeichen erkannt wird:

```
Do Until nDataBoundPos = InstrB(biData, vDataBounds ↵
                                & CByteString("--"))
```

Die nächste Position wird durch die Zeichenfolge *Content-Disposition* bestimmt. Dahinter wird nach dem Schlüssel »name=« gesucht. Der danach (sechs Zeichen später also) folgende Wert, begrenzt durch ein Anführungszeichen (Chr(34)), ist der Name des Formularfeldes:

```
nPos = InstrB(nDataBoundPos, biData, ↵
              CByteString("Content-Disposition"))
nPos = InstrB(nPos, biData, CByteString("name="))
nPosBegin = nPos + 6
nPosEnd = InstrB(nPosBegin, biData, ↵
                 CByteString(Chr(34)))
sInputName = CWideString(MidB(biData, nPosBegin, ↵
                              nPosEnd-nPosBegin))
```

Unmittelbar danach folgt das Wort »filename=« mit dem Namen der übertragenen Datei. Wenn es sich um ein normales Feld handelt, fehlt dieses Element:

```
nPosFile = InstrB(nDataBoundPos, biData, ↵
                  CByteString("filename="))
nPosBound = InstrB(nPosEnd, biData, vDataBounds)
```

Handelt es sich um ein Dateifeld, werden die Daten ausgelesen:

```
If nPosFile <> 0 And  nPosFile < nPosBound Then
   nPosBegin = nPosFile + 10
   nPosEnd =  InstrB(nPosBegin, biData, ↵
                  CByteString(Chr(34)))
   sFileName = CWideString(MidB(biData, nPosBegin, ↵
                  nPosEnd - nPosBegin))
```

Jetzt wird der Dateiname gespeichert:

```
Files(FILENAME, nFileNumber) = Right(sFileName, ↵
     Len(sFileName)-InStrRev(sFileName, "\"))
```

Unmittelbar hinter dem Dateinamen folgt der MIME-Typ:

```
nPos = InstrB(nPosEnd, biData, ↵
              CByteString("Content-Type:"))
nPosBegin = nPos + 14
nPosEnd = InstrB(nPosBegin, biData, ↵
              CByteString(Chr(13)))
```

Auch dieser Wert wird gespeichert:

```
Files(FILEMIME, nFileNumber) = ↵
   CWideString(MidB(biData, nPosBegin, ↵
                  nPosEnd - nPosBegin))
nPosBegin = nPosEnd+4
```

Der große Rest dieses Blockes müssen dann die Daten sein:

```
nPosEnd = InstrB(nPosBegin, biData, vDataBounds) - 2
Files(FILEDATA, nFileNumber) = MidB(biData, ↵
                  nPosBegin, nPosEnd-nPosBegin)
```

LenB bestimmt die Größe der Datei in Bytes:

```
Files(FILESIZE, nFileNumber) ↵
     = LenB(Files(FILEDATA, nFileNumber))
```

Wurden mehr als 0 Byte übertragen, werden die Daten im temporären Verzeichnis abgelegt:

```
If Files(FILESIZE, nFileNumber) > 0 Then
   Set oFile = oFSO.CreateTextFile ↵
     (sTempPath & "\" & Files(FILENAME, nFileNumber))
```

Datei-Upload

Das Schreiben der Daten erfolgt byteweise; zuvor werden die Daten in Unicode-Zeichen gewandelt, die das Dateisystem ablegen kann:

```
            For i = 1 To Files(FILESIZE, nFileNumber)
                oFile.Write(Chr(AscB(MidB( ↵
                    Files(FILEDATA, nFileNumber), i, 1))))
            Next
            oFile.Close
            nFileNumber = nFileNumber + 1
        End If
```

Die Anzahl der erkannten Elemente wird in der Eigenschaft gespeichert.

```
        Count = nFileNumber - 1
```

Dieser Zweig behandelt die übrigen Formulardaten:

```
        Else
            nPos = InstrB(nPos, biData, CByteString(Chr(13)))
            nPosBegin = nPos + 4
            nPosEnd = InstrB(nPosBegin, biData, vDataBounds) - 2
            If Not Forms.Exists(LCase(sInputName)) Then ↵
                Forms.Add LCase(sInputName), ↵
                        CWideString(MidB(biData, nPosBegin, ↵
                                    nPosEnd-nPosBegin))
            End If
            nDataBoundPos = InstrB(nDataBoundPos + ↵
                LenB(vDataBounds), biData, vDataBounds)
    Loop
End Sub
```

Eine weitere Methode verschiebt die im temporären Verzeichnis abgelegten Dateien in den Zielordner. Durch die Trennung kann jede Datei woanders hin kopiert werden:

```
Public Sub SaveFile(nIndex, sTargetDir, bOverWrite)
    Dim oFSO, sFile, sTFile
    Set oFSO = ↵
        Server.CreateObject("Scripting.FileSystemobject")
    sFile = Server.MapPath(sTargetDir & "\" ↵
                            & Files(FILENAME, nIndex))
    sTFile = oFSO.GetSpecialFolder(2) & "\" ↵
                & Files(FILENAME, nIndex)
    If bOverWrite and oFSO.FileExists(sFile) Then
        oFSO.DeleteFile sFile
    End If
    If oFSO.FileExists(sTFile) Then
        oFSO.MoveFile sTFile, sFile
    End If
End Sub
```

Diese Funktion wandelt ein Byte in ein Unicode-Zeichen um:

```
Private Function CByteString(sString)
    Dim nIndex
    For nIndex = 1 to Len(sString)
        CByteString = CByteString & ↵
                    ChrB(AscB(Mid(sString,nIndex,1)))
    Next
End Function
```

Diese Funktion wandelt ein Unicode-Zeichen in ein Byte um:

```
Private Function CWideString(bsString)
    Dim nIndex
    CWideString =""
    For nIndex = 1 to LenB(bsString)
        CWideString = CWideString & ↵
                    Chr(AscB(MidB(bsString,nIndex,1)))
    Next
End Function
End Class
%>
```

Listing 8.14: Klasse zur Upload-Steuerung

8.5.4 Diskussion

Die Methode, mit einer Hochsprache wie VBScript Binäroperationen auszuführen ist sicher kritisch zu betrachten. Ohne Frage funktioniert das Skript einwandfrei und es ist schnell und einfach an persönliche Bedürfnisse anzupassen. Aber auch auf einem schnellen Rechner dauert die Verarbeitung einer 1 MByte-Datei mehr als 15 Sekunden – zulange, wenn mehreren Personen der Zugriff zugleich gestattet ist. Hier wird kein Weg an einer kommerziellen Upload-Komponenten vorbeiführen. Nicht besonders kompliziert, aber dennoch eine kleine Herausforderung für Anfänger, ist die Programmierung einer eigenen Komponente. Abschnitt 11.2 *Eigene Komponenten entwickeln* ab Seite 782 zeigt, wie das mit Visual Basic 6.0 gemacht werden kann.

8.6 Die Applikation Umfrage

Die Applikation Umfrage schlägt die Brücke zur Datenbankabfrage mit SQL, demonstriert aber vor allem die Verwendung des `Textstream`-Objekts zur Datenspeicherung.

Die Applikation Umfrage

8.6.1 Funktionsübersicht

Nett sind Umfragen, deren Ergebnisse erst nach der Teilnahme freigegeben werden. Vor allem auf Fanseiten und privaten Homepages finden sich entsprechende Themen, kommerzielle Seiten können damit an Professionalität gewinnen.

Die hier vorgestellte Applikation Umfrage nutzt den Microsoft Jet-Treiber zur Ansteuerung einer Textdatei als Datenspeicher und vermeidet so eine teure und unhandliche SQL-Datenbank für ein relativ einfaches Problem. Andererseits erleichtern die über diesen Treiber verfügbaren SQL-Befehle die Programmierung erheblich. Wenn Sie sich den im zweiten Teil beschriebenen Datenbankzugriffen noch nicht zuwenden möchten, bietet sich hier diese Applikation an, um ein Gefühl für die Datenbanktechnik zu bekommen.

> Die Jet-Treiber für Textdateien erlauben keine Schreibzugriffe. In diesem Fall ist das auch nicht notwendig, denn die Textdateien werden über das TextStream-Objekt beschrieben.

8.6.2 Die Struktur der Textdatenbank

Der Zugriff auf Textdateien per ODBC ist relativ einfach. Vor allem in den Fällen, wo später der Einsatz einer SQL-Datenbank geplant ist, kann der Einsatz von ODBC für den Dateizugriff ein Gefühl für die Datenbanktechniken vermitteln. Die Einstellung der Parameter erfolgt ebenfalls über Textdateien. Sie können die ODBC-Einstellungen in der Systemsteuerung benutzen; dies wird ebenfalls hier beschrieben. Der ODBC-Assistent erzeugt aber nur die Textdateien, es erfolgen keine Einträge in die Registrierung oder andere systemnahe Eingriffe.

Nutzen Sie Textdateien für die Datenspeicherung!

Textdatei als Datenspeicher

Für die Nutzung einer Textdatei als Datenspeicher werden mindestens drei Dateien benötigt:

- *File Data Source*
  Diese Datei mit der Endung »DSN« definiert die globalen Einstellungen der Datenbank.

- *Schema*
  Die Datei SCHEMA.INI definiert die einzelnen Tabellen der Datenbank. Jede Tabelle ist eine Textdatei.

- *Tabelle*
  Jede Tabelle wird als Textdatei dargestellt und enthält die Daten. Auch der Separator (Feldtrennzeichen) und optional die Feldbezeichnungen werden hier erfasst.

Die DSN-Datei hat folgenden Aufbau:

```
[ODBC]
DRIVER=Microsoft Text-Treiber (*.txt; *.csv)
UID=admin
UserCommitSync=Yes
Threads=3
SafeTransactions=0
PageTimeout=5
MaxScanRows=25
MaxBufferSize=512
ImplicitCommitSync=Yes
FIL=text
Extensions=asc,csv,tab,txt
DriverId=27
DefaultDir=D:\InetPub\wwwroot\umfrage
```

Listing 8.15: Aufbau der DSN-Datei für Datei-ODBC

Die meisten Werte sind Standardwerte und sollten so übernommen werden, wie sie hier stehen. Wichtige Parameter sind:

- *DefaultDir*
  Das Stammverzeichnis, in dem sich die Tabellen befinden.

- *Extensions*
  Das sind die zulässigen Endungen der Dateien.

- *Driver*
  Der Treiber, der zur Ansteuerung verwendet wird.

Eine »Datenbank« besteht aus einer oder mehreren Tabellen. Um dem ODBC-Treiber die Möglichkeit zu geben, auf mehrere Textdateien parallel zugreifen zu können, wird die Datei SCHEMA.INI eingesetzt. Hier eine typische Datei, die eine Tabelle definiert:

```
[data.txt]
ColNameHeader=False
Format=Delimited(;)
MaxScanRows=25
CharacterSet=OEM
Col1=BUNDESLAND Char Width 30
Col2=STANDORT Integer
Col3=ONLINEZEIT Integer
Col4=ZUGANG Integer
Col5=KOSTEN Integer
Col6=BESTELLT Char Width 2
Col7=SUMME Float
Col8=SERVICE Integer
```

Listing 8.16: Schema.ini

Die Applikation Umfrage

Weitere Tabellen, die jeweils durch den in eckigen Klammern stehenden Dateinamen [name.txt] und die Wiederholung sämtlicher Parameter eingeleitet werden, werden fortlaufend darunter definiert. Die ersten vier Parameter definieren die grundsätzlichen Einstellungen der Tabelle, danach folgt die Definition der Felder:

▶ *ColNameHeader*
Ist FALSE, wenn die Textdatei selbst keine Definition der Felder enthält. Geben Sie hier TRUE ein, wird die erste Reihe als Tabellenname interpretiert.

▶ *Format*
Hier wird angegeben, wie die Felder getrennt werden. Vier Optionen sind möglich: Mit Delimited wird das Trennzeichen in Klammern verwendet, in diesem Beispiel ein Semikolon. TabDelimited nutzt Tabulatoren als Trennzeichen. CSVDelimited verwendet die Trennzeichen des Microsoft-Adressformats. FixedLength weist eine feste Breite für die Abgrenzung der Felder hin, die Breite wird durch die Datentypen bestimmt.

▶ *MaxScanRows*
Ermittelt ODBC die Datentypen selbst, wird die angegebene Anzahl an Reihen durchsucht und der Datentyp angenommen, der zur überwiegenden Anzahl Felder passt.

▶ *CharacterSet*
OEM oder ANSI; sollte in einer reinen Windows-Umgebung ANSI sein, damit die Umlaute und Sonderzeichen stimmen.

Anschließend werden die Feldnamen und die zugeordneten Datentypen definiert. Die Feldbezeichnungen zielen auf das nachfolgend vorgestellte Beispiel ab. Vergleichen Sie dazu die in den SELECT-Befehlen verwendeten Namen.

Eine Datei-DSN mit dem ODBC-Assistenten erstellen

Für den Anfänger mag es einfacher sein, die Eingaben über Dialogfelder vorzunehmen und die Textdateien auf diese Weise erzeugen zu lassen. Lästige Tippfehler, die der Treiber grundsätzlich sehr übel nimmt, werden so vermieden.

Vor der Installation der Datenquelle müssen Sie die Textdatei bereits verfügbar haben. Erstellen Sie einfach eine neue Textdatei und tragen Sie die Feldnamen, durch Semikola getrennt, in die erste Zeile ein. Diese Zeile sieht etwa so aus:

```
Bundesland;Standort;Onlinezeit;Zugang;Kosten;Bestellt;Summe;Service
```

Es gibt aber einen guten Grund, nicht darauf zu bauen, immer den Assistenten zur Verfügung zu haben. Wenn Sie die Skripten auf einem entfernten Webserver bei einem Provider laufen lassen – das dürfte der Normalfall

8 Praxis – Alltagsprogramme

sein –, werden Sie keine Chance haben, sich der Systemsteuerung des Servers zu bedienen. Sie müssen also alle Einstellungen in Ihrem Webspace selbst vornehmen und die drei Dateien dahin kopieren. An dieser Stelle noch ein Hinweis hinsichtlich der Verzeichnisrechte. Das Skript schreibt in die Textdatei; Sie benötigen also Schreibrechte für den Windows-Benutzer *IUSR_Machine* auf dieses Verzeichnis (der Schreibzugriff über FTP nützt Ihnen hier nichts).

Zur Einstellung durch den ODBC-Assistenten rufen Sie die Systemsteuerung auf und wählen das Icon ODBC. Im folgenden Dialogfeld wählen Sie die Registerkarte DATEI-DSN aus (siehe Abbildung 8.3).

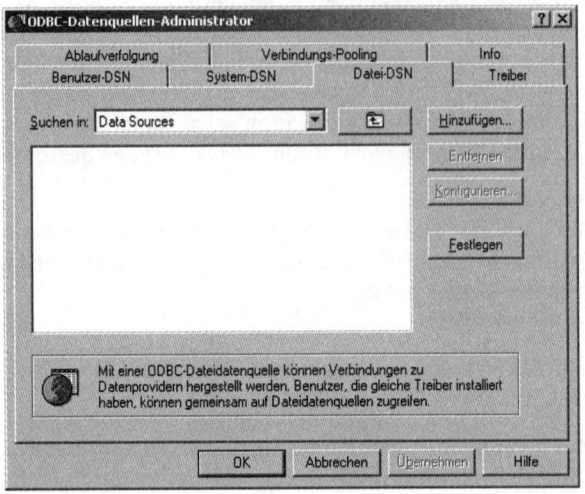

Abbildung 8.3: Einrichtung einer ODBC-Quelle für den Zugriff auf Textdateien

Wechseln Sie in das Verzeichnis, in dem sich die Datenbank befinden soll (LOOK IN). Fügen Sie eine neue Datenquelle mit HINZUFÜGEN... hinzu. Es erscheint nun der Assistent, der die nötigen Dateien erstellt.

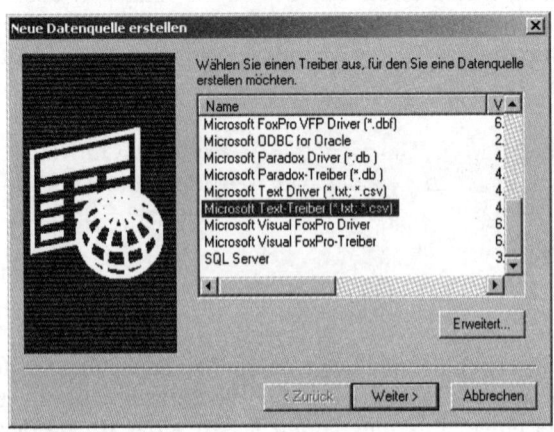

Abbildung 8.4: Auswahl des richtigen Treibers für die ODBC-Quelle

Die Applikation Umfrage

Zuerst wird der Treiber MICROSOFT TEXT-TREIBER (*.TXT, *.CSV) ausgewählt (siehe Abbildung 8.4). Im zweiten Schritt wird der Name der Datei eingegeben, unter dem die Datenquelle abgelegt wird. Wählen Sie das Verzeichnis, in dem sich auch die Textdateien befinden sollen. Es ist einfacher, alle Dateien an einem Punkt zu verwalten (Abbildung 8.5).

Abbildung 8.5: Erstellen der Datendatei mit dem Assistenten

Die beste Kontrolle über die Einstellungen erhalten Sie, wenn Sie die Option KONFIGURIEREN... wählen. Es erscheint das Dialogfenster ODBC TEXT SETUP (siehe Abbildung 8.6). Kontrollieren Sie, ob der Pfad (VERZEICHNIS:) stimmt und die verwendete Dateierweiterung auch unter DATEIEN | ERWEITERUNG erscheint. Wenn das Dialogfeld verkürzt erscheint, klicken Sie rechts den Schalter OPTIONEN an.

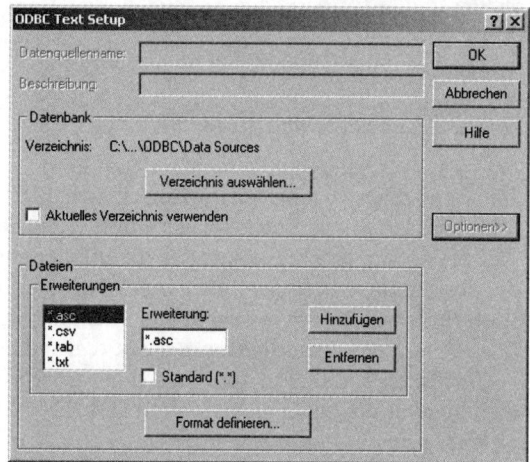

Abbildung 8.6: Erstellen der Datendatei mit dem Assistenten

475

Die eigentlichen Einstellungen der Tabellen finden Sie unter dem Punkt FORMATE DEFINIEREN... Links finden Sie die Liste der Textdateien, die als Tabelle verwendet werden. Sie sollten die Tabellen vorher mit dem Editor (Notepad) anlegen.

Sind alle Verzeichnisse korrekt gewählt, finden Sie hier bereits die Liste der Tabellen. Klicken Sie erst eine der Tabellen an, um dann die Einstellungen vorzunehmen (siehe Abbildung 8.7).

Für die Angabe der Feldnamen gibt es zwei Wege. Zum einen können Sie in der Textdatei die Feldnamen definieren. Dabei werden die Bezeichnungen der ersten Reihe benutzt. Klicken Sie das Kontrollkästchen SPALTENNAMEN IN ERSTER ZEILE an und klicken Sie auf den Schalter VORSCHLAGEN. Der Assistent scannt dann die Namen aus der Textdatei und listet sie rechts auf. Klappt das Scannen nicht, ist möglicherweise das TRENNZEICHEN falsch. Wenn sich, wie in dem Beispiel, keine Namen in der Datei selbst befinden, deaktivieren Sie das Kontrollkästchen und geben Sie die einzelnen Feldbezeichnungen ein. Für jedes Feld kann ein Datentyp ausgewählt werden, bei einigen Datentypen (wie CHAR) auch eine Feldlänge.

Abbildung 8.7: Einstellungen der einzelnen Tabellen der Textdatenbank

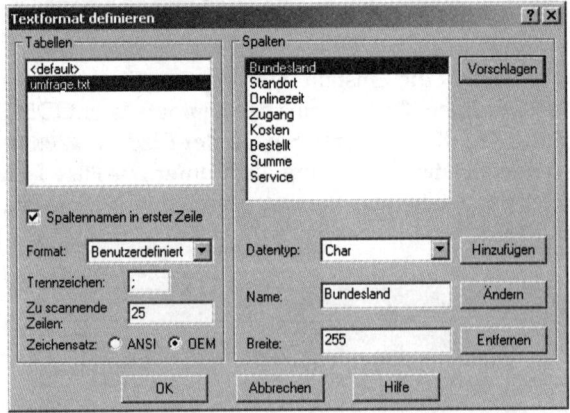

Die Auswahl der Trennzeichen hängt vom Einsatzzweck ab. Im Beispiel können keine Texte erfasst werden, die Verwendung eines Semikolons ist kein Problem. Bei freien Texten könnten auch Semikola auftreten, dann kommt jedoch der Treiber durcheinander. Hier bietet sich eine Trennung mit Tabulatoren an. Alternativ sind auch exotische Zeichen möglich. Wählen Sie als Option für ZEICHENSATZ immer ANSI aus, sonst werden bei unter Windows erzeugten Textdateien die Umlaute falsch interpretiert. Wenn Sie fremde Textdateien auswerten, beispielsweise von UNIX-Servern, wird hier OEM die richtige Wahl sein.

Ist alles richtig eingestellt, klicken Sie auf OK, die Steuerdateien werden geschrieben. Sie können alle Dateien – es sind schließlich nur Textdateien – mit dem Windows-Editor ansehen. Sie können auch alternativ Änderungen in den Steuerdateien vornehmen und diese Änderungen dann mit dem ODBC-Treiber kontrollieren.

Datei-Datenquellen für Profis

Sowohl die eigentliche Datenquelle als auch die Beschreibungen der Tabellen werden in Textdateien abgelegt. Unter Windows 2000 lautet der Standardpfad zu den Dateien:

```
%ROOT%/Programme/Gemeinsame Dateien/ODBC/Data Sources
```

Den Namen der Datenquelle haben Sie selbst vergeben. Die entsprechende Datei hat folgenden Aufbau:

```
[ODBC]
DRIVER=Microsoft Text-Treiber (*.txt; *.csv)
UID=admin
UserCommitSync=Yes
Threads=3
SafeTransactions=0
PageTimeout=5
MaxScanRows=25
MaxBufferSize=2048
FIL=text
Extensions=txt,csv,tab,asc
DriverId=27
DefaultDir=C:\Programme\Gemeinsame Dateien\ODBC\Data Sources
```

Hier können Sie alle Änderungen auch per Skript oder Editor vornehmen, ohne den Assistenten bemühen zu müssen. Die Erfassung der Tabellen erfolgt durch eine zweite Datei: SCHEMA.INI. Die Datei hat etwa folgenden Aufbau:

```
[umfrage.txt]
ColNameHeader=True
Format=Delimited(;)
MaxScanRows=25
CharacterSet=OEM
Col1=BUNDESLAND Char Width 255
Col2=STANDORT Char Width 255
Col3=ONLINEZEIT Char Width 255
Col4=ZUGANG Char Width 255
Col5=KOSTEN Float
Col6=BESTELLT Char Width 255
Col7=SUMME Floa
Col8=SERVICE Integer
```

Der Aufbau ist relativ einfach und sollte zu eigenen Experimenten mit den Datei-DSN anregen.

8.6.3 Die Skripte

Die Struktur der Applikation ist einfach: Es werden lediglich zwei Dateien benötigt. Mit der Datei UMFRAGE.HTM wird die Abfrage dargestellt, hier wird nur HTML-Code eingesetzt und ein Formular generiert. Die Übergabe der Daten erfolgt dann an ein ASP-Skript, das die »Datenbank« beschreibt und anschließend die Auswertung vornimmt.

```
<html>
<head>
<title>Umfrage</title>
</head>
<body>
<p><font face="Arial" size="4">Herzlich Willkommen zu unserer neuen
Umfrage</font></p>
<P>Um die Ergebnisse der Umfrage ansehen zu k&ouml;nnen, f&uuml;llen
Sie alle Fragen aus, und klicken Sie auf absenden.</P>
<P>Die Umfrage ist selbstverst&auml;ndlich anonym.</P>
<form action="auswertung.asp" method="post">
<p>
<table bgColor="#faebd7" border="0" cellPadding="1"
       cellSpacing="2" width="100%" borderColor="lightseagreen">
<tr>
   <td bgColor="lightgrey" colSpan="2">
   <strong>Zuerst Fragen nach der Herkunft</strong></td>
   <td></td>
</tr>
<tr>
   <td bgColor=#ffe4b5>Aus welchem Bundesland kommen Sie?</td>
   <td>
   <select name=bundesland>
   <option >Baden-W&uuml;rttemberg
   <option >Bayern
   <option selected>Berlin
   <option >Brandenburg
   <option >Bremen
   <option >Hamburg
   <option >Hessen
   <option >Mecklenburg-Vorpommern
   <option >Niedersachsen
   <option >Nordrhein-Westfalen
   <option >Rheinland-Pfalz
   <option >Saarland
   <option >Sachsen
   <option >Sachsen-Anhalt
   <option >Schleswig-Holstein
   <option >Th&uuml;ringen
   </select>
```

Die Applikation Umfrage

```html
      <td></td>
   </tr>
   <tr>
      <td bgColor="#ffe4b5">Wo steht Ihr Computer?</td>
      <td bgColor="#ffe4b5">
      <input checked name="standort" type="radio" value="1">zu Hause
      <INPUT name="standort" type="radio" value="2"> im B&uuml;ro
      <INPUT name="standort" type="radio" value="3">Uni/Schule</TD>
      <td></td>
   </tr>
   <tr>
      <td bgColor="gainsboro" colSpan="2">
      <strong>Fragen zur Verwendung des Internet</strong>
      <td></td>
   </tr>
   <tr>
      <td bgColor="#ffe4b5">
      Wie viele Stunden pro Monat sind Sie online?</td>
      <td bgColor="#ffe4b5"
      <input type="text" name="onlinezeit">Stunden durchschnittlich
      </td><td></td>
   </tr>
   <tr>
      <td bgColor="#ffe4b5">&Uuml;ber welche Art Zugangstechnik
                     verf&uuml;gen Sie?</td>
      <td bgColor="#ffe4b5">
      <input name="zugang" type="radio" value="1">ISDN
      <input CHECKED name="zugang" type="radio" value="2">Modem
      <input name="zugang" type="radio" value="3">LAN/Gateway
      </td>
      <td></td>
   </tr>
   <tr>
      <td bgColor="#ffe4b5">
         Wie hoch sind ca. Ihre Online-Kosten?</td>
      <td bgColor="#ffe4b5">
      <input type="text" name="kosten"> DM (Provider+Telefon)
      </td>
      <td></td>
   </tr>
   <tr>
      <td bgColor="#ffe4b5">
      Haben Sie schon mal was online gekauft?</td>
      <td bgColor="#ffe4b5">
      <input name="bestellt" type="checkbox">
      Ja, ich habe online bestellt und bezahlt</td>
      <td></td>
   </tr>
```

```
<tr>
   <td bgColor="#ffe4b5">
   Wieviel haben Sie im letzten Jahr online gekauft?
   <td bgColor="#ffe4b5">
   <input name=summe> DM (ca. Gesamtwert)</td>
   <td></td>
</tr>
<tr>
   <td bgColor="#ffe4b5“>
   Wie zufrieden waren Sie mit dem Service?</td>
   <td bgColor="ffe4b5"> 
   <input name="service" type="radio" value="1">1
   <input name="service" type="radio" CHECKED value=“2“>2
   <input name="service" type="radio" value="3">3
   <input name="service" type="radio" value="4">4
   <input name="service" type="radio" value=“5">5 (Schulnoten)
   </td>
   <td></td>
</tr>
</table>
</p>
<p>
<input name="submit1" type="submit"
       value="Absenden und Ergebnisse ansehen ">
   
<input id="reset1" name="reset1" type="reset" value="Neueingabe">
</p>
</form>
</body>
</html>
```

Listing 8.17: Umfrage.htm (das Eingabeformular für Teilnehmer der Umfrage)

Beachten Sie im Quelltext die Namen der Eingabefelder, die im folgenden Skript wieder erscheinen. Anordnung und Anzahl der Felder ist beliebig, Sie müssen bei Änderungen nur die korrespondierenden Einstellungen in der Textdatenbank vornehmen.

Das Skript AUSWERTUNG.ASP zur Auswertung definiert zuerst einige Konstanten, die mit den Einstellungen der ODBC-Quelle korrespondieren müssen:

```
<%
CONST forAppending = 8
CONST data = "data.txt"
CONST sep = ";"
```

Dann erfolgt die Abfrage der eingegebenen Werte der Umfrage. Die Werte werden gleich mit den Trennzeichen kombiniert:

Die Applikation Umfrage

```
bundesland = Request.Form("bundesland") & sep
standort = Request.Form("standort") & sep
onlinezeit = Request.Form("onlinezeit") & sep
zugang = Request.Form("zugang") & sep
kosten = Request.Form("kosten") & sep
bestellt = Request.Form("bestellt") & sep
summe = Request.Form("summe") & sep
service = Request.Form("service")
```

Falls bei den Zahlenfeldern nichts eingegeben wurde, wird 0 angenommen:

```
if kosten="" then kosten=0
if summe="" then summe=0
```

Die anderen Werte sollten ausgefüllt werden; ist das nicht der Fall, wird direkt auf die Umfrageseite verwiesen. Die Methode Redirect funktioniert hier mitten im Skript, da noch keine Ausgaben erfolgt sind:

```
if bundesland=sep or standort=sep or onlinezeit=sep or
  service=sep then
    Response.Redirect("umfrage.htm")
end if
```

Sind alle Eingabewerte in Ordnung, wird das Textobjekt erzeugt. Der Parameter TRUE der Methode OpenTextFile bestimmt, dass beim ersten Mal die Datei angelegt wird. Sie können die Textdatei jederzeit wieder löschen, um eine neue Umfrage zu beginnen:

```
set objFO = Server.CreateObject("Skripting.FileSystemObject")
set objUmfrage = objFO.OpenTextFile(Server.MapPath(data),
                              ForAppendinTRUE)
objUmfrage.WriteLine(bundesland & standort & onlinezeit & zugang
                & kosten & bestellt & summe & service)
objUmfrage.Close
%>
```

Die Textdatei wird nach dem Schreiben der Werte wieder geschlossen, die Auswertung nutzt einen anderen Zugriffsmechanismus. Hier wird der HTML-Code beschrieben, in dem die Auswertungen eingebaut sind. Zuerst wird eine ODBC-Verbindung aufgebaut und ein Datensatzobjekt (*objRS*) erzeugt. Die Methode Open übernimmt die Eröffnung der Verbindung. Achten Sie auf eine korrekte und vollständige Pfadangabe für den Zugriff auf die DSN-Datei:

```
<html>
<head></head>
<body>
<%
set objData = Server.CreateObject("ADODB.Connection")
set objRS = Server.CreateObject("ADODB.RecordSet")
objData.Open "FileDSN=D:\inetpub\wwwroot\umfrage\filedsn.dsn"
%>
```

Die Darstellung in einer Tabelle bedarf hier sicher keiner Erwähnung mehr:

```
<table border=1>
  <tr>
  <td>Aus welchen Bundesl&auml;ndern <br>
      kamen wie viele Besucher?</td>
  <td>
  <table border="1" cellPadding="1"
      cellSpacing="1" width="100%">
```

Spannend wird es bei der Datenabfrage. Die Variable *query* enthält jeweils den richtigen SQL-Befehl zur Abfrage der Daten aus der Textdatei. Zuerst wird gezählt, wie viele Nutzer aus welchem Bundesland teilnahmen. Das ist einfacher als auf den ersten Blick zu vermuten ist – wenn Sie SQL verwenden. Mit dem Befehl SELECT werden Datensätze geholt und COUNT zählt Datensätze (nicht die Summe, sondern die Anzahl). COUNT(bundesland) zählt nur das Feld Bundesländer. Der eigentliche Kniff steckt in dem Befehl GROUP BY, dadurch wird jedes Auftreten eines Bundeslandes getrennt gezählt. (Sie müssen sich also nicht darum kümmern, welche und wie viele Bundesländer erfasst wurden.) Dann wird der Datensatz mit Open geöffnet und der Befehl wird ausgeführt:

```
<%
query = "SELECT COUNT(bundesland), bundesland FROM " & data
     & " GROUP BY bundesland"
objRS.Open query, objData
%>
```

Das Datensatzobjekt enthält jetzt die Daten. Die Abfrage erfolgt in einer WHILE WEND-Schleife, deren geringer Komfort hier ausreicht. Die Schleife wird bis zum Ende der Datei durchlaufen (objRS.EOF wird TRUE). Die SELECT-Funktion hat uns zwei Spalten zurückgegeben – den Zähler und den Namen des gezählten Bundeslandes. Um sich in einem Datensatzobjekt vorwärts zu bewegen, gibt es die Methode MoveNext (neben vielen weiteren, die hier noch keine Rolle spielen sollen). Die Abfrage erfolgt mit objRS(0) und objRS(1). Die Ausgabe der Abfrage in eine HTML-Tabelle können Sie folgendermaßen gestalten:

```
<% while not objRS.EOF %>
    <tr>
      <td><% = objRS(1) %> </td><td><% = objRS(0) %></td>
    </tr>
    <% objRS.MoveNext %>
<% wend %>
<% objRS.Close %>
</table>
</td>
```

Die nächste Abfrage nach dem Standort des Computers nutzt einen ähnlichen Algorithmus:

```
<tr>
   <td>Wo steht der Computer?</td>
   <td>
   <%
   query = "SELECT Count(standort), standort FROM " & data
           & " GROUP BY standort"
   objRS.Open query, objData
   %>
```

Die Abfrage in einer Schleife nutzt ein SELECT CASE, um die drei möglichen Zahlenwerte zu trennen:

```
<% while not objRS.EOF
   select case objRS(1)
      case 1
         zh = objRS(0)
      case 2
         ib = objRS(0)
      case 3
         us = objRS(0)
   end select
   objRS.MoveNext
   wend
```

Die folgenden Formeln errechnen die prozentualen Anteile, anschließend werden die ermittelten Werte ausgegeben:

```
      summe = zh+ib+us
      p_zh = Round((zh / summe * 100),1)
      p_ib = Round((ib / summe * 100),1)
      p_us = Round((us / summe * 100),1)
      %>
      <% = zh %> Computer zu Hause = <% = p_zh %> % <BR>
      <% = ib %> Computer im Büro = <% = p_ib %> % <BR>
      <% = us %> Computer in UNI/Schule = <% = p_us %> %
      <% objRS.Close %>
   </td>
</tr>
```

Noch einmal diese Technik, um die Zugriffsart zu bestimmen. Versuchen Sie nun, den Quelltext selbst zu interpretieren:

```
<tr>
   <td>Welche Zugangstechnik wird benutzt?</td>
   <td>
    <% query = "SELECT Count(zugang), zugang FROM " & data
            & " GROUP BY zugang"
       objRS.Open query, objData
    %>
    <% while not objRS.EOF
       select case objRS(1)
```

```
            case 1
                id = objRS(0)
            case 2
                mo = objRS(0)
            case 3
                ln = objRS(0)
        end select
        objRS.MoveNext
        wend
        summe = zh + ib + us
        p_id = Round((id / summe * 100),1)
        p_mo = Round((mo / summe * 100),1)
        p_ln = Round((ln / summe * 100),1)
    %>
        <% = id %> ISDN = <% = p_id %> % <BR>
        <% = mo %> Modem = <% = p_mo %> % <BR>
        <% = ln %> LAN/Gateway = <% = p_ln %> %
        <% objRS.Close %>
    </td>
</tr>
```

SQL kennt sogar Befehle zur Berechnung des Durchschnitts. Die mittlere Onlinezeit der Nutzer wird mit einem einzigen Befehl (AVG(onlinezeit)) ermittelt. Einfacher geht es nicht!

```
<tr>
    <td>Wie viele Stunden sind Sie im Schnitt online?</td>
    <td>
    <% query = "SELECT AVG(onlinezeit) FROM " & data
        objRS.Open query, objData
    %>Im Durchschnitt wird <% = Round(objRS(0),0) %> Stunden pro Monat gesurft.
    <% objRS.Close %>
    </td>
</tr>
```

Auch die Kosten können auf diese Weise ermittelt werden:

```
<tr>
    <td>Wie hoch sind die Kosten?</td>
    <td>
    <%
        query = "SELECT AVG(kosten) FROM " & data
            objRS.Open query, objData
    %>Im Durchschnitt kostet der Online-Zugang
    <% = Round(objRS(0),0) %> DM pro Monat.
    <% objRS.Close %>
    </td>
</tr>
```

Die Applikation Umfrage

Wer schon online gekauft hat, sollte in der Umfrage das Kontrollkästchen ankreuzen. In diesem Fall steht in dem Feld der Wert »on«. Die folgende Abfrage ist schon ein wenig anspruchsvoller, zeigt aber wieder, wie SQL das Problem mit einem einzigen Befehl löst. Count(*) zählt alle Reihen, Count(bestellt) zählt alle Reihen mit Inhalt (wenn nicht »on« drin steht, steht nichts drin), AVG(summe) bildet den Durchschnittswert der selektierten Reihen. Die Abfrage wird mit der WHERE-Bedingung auf die Felder eingeschränkt, die »on« beinhalten.

```
<tr>
    <td>Wer hat schon mal online gekauft? Und welchen Wert hatte die
Bestellung?
    </td>
    <td>
    <% query ="SELECT Count(*), Count(bestellt), AVG(summe) FROM "
            & data & " WHERE bestellt='on'"
        objRS.Open query, objData
    %>
    <% besteller = Round((objRS(1) / objRS(0) * 100),1) %>
    <% = besteller %> % der Nutzer haben schon online bestellt.
Dabei wurden im Durchschnitt <% = Round(objRS(2),2) %> DM ausgegeben.
    <% objRS.Close %>
    </td>
</tr>
```

Die letzte Funktion zur Abfrage der »Zensuren« nutzt wieder die Gruppierung mit der Bedingung GROUP BY. Der Rest dürfte jetzt verständlich sein; es gibt hier keine Besonderheiten.

```
<tr>
    <td>Wie zufrieden waren Sie mit dem Service?</td>
    <td>
    <% query = "SELECT Count(service), service FROM " & data
            & " GROUP BY service"
        objRS.Open query, objData
    %>
      <% while not objRS.EOF
           select case objRS(1)
             case 1
               z1 = objRS(0)
             case 2
               z2 = objRS(0)
             case 3
               z3 = objRS(0)
             case 4
               z4 = objRS(0)
             case 5
               z5 = objRS(0)
           end select
```

```
        objRS.MoveNext
    wend
    summe = z1 + z2 + z3 + z4 + z5
    p_z1 = Round((z1 / summe * 100),1)
    p_z2 = Round((z2 / summe * 100),1)
    p_z3 = Round((z3 / summe * 100),1)
    p_z4 = Round((z4 / summe * 100),1)
    p_z5 = Round((z5 / summe * 100),1)
```

Diese Formel dient der Berechnung der Durchschnittsnote:

```
    a = Round((z1*1) + (z2*2) + (z3*3) + (z4*4) + (z5*5)),1)
%>
```

Nun noch die Ausgabe und – nicht vergessen – das Schließen der Objekte:

```
    1: <% = z1 %> Teilnehmer, entspricht: <% = p_z1 %> % <br>
    2: <% = z2 %> Teilnehmer, entspricht: <% = p_z2 %> % <br>
    3: <% = z3 %> Teilnehmer, entspricht: <% = p_z3 %> % <br>
    4: <% = z4 %> Teilnehmer, entspricht: <% = p_z4 %> % <br>
    5: <% = z5 %> Teilnehmer, entspricht: <% = p_z5 %> %
    <p>Die Durchschnittsnote ist: <% = a %>
    <% objRS.Close %>
   </td>
 </tr>
</table>
<% objData.Close %>
</body>
</html>
```

Listing 8.18: Auswertung der Umfrage

Und so sollte das Ergebnis im Browser erscheinen (Abbildung 8.8).

8.6.4 Übung

Die Umfrage ist in dieser Form sehr einfach, Erweiterungen um bestimmte Abfragen können nur sehr unflexibel integriert werden. Vor allem der Ausbau über mehrere Seiten könnte aufwändig werden.

Da nur Textdateien zur Speicherung und Kontrolle benutzt werden, ist es mit ASP leicht möglich, auch die Steuerdateien UMFRAGE.TXT, SCHEMA.INI und UMFRAGE.DSN zu ändern.

Die konkreten Namen dieser Dateien sind natürlich willkürlich vergeben; passen Sie die Aufgabenstellung gegebenenfalls an Ihre Bedingungen an. Überlegen Sie sich ein Administrationstool, mit dem sich diese Dateien online – über den Browser – anpassen lassen.

Die Applikation Umfrage

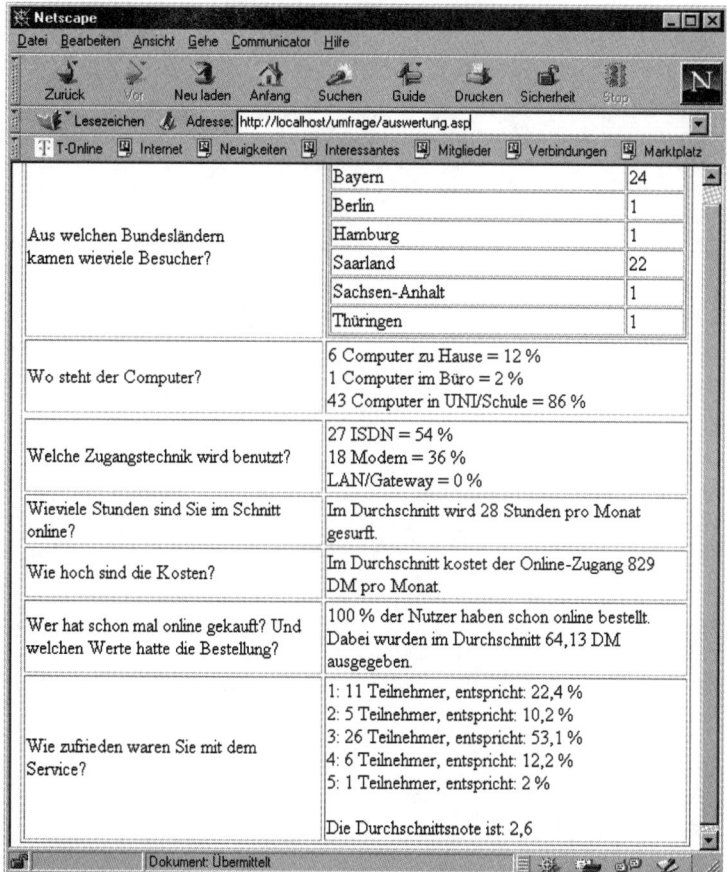

Abbildung 8.8: Ergebnis einer Umfrage

Hilfestellung

Zum gezielten Schreiben in eine Textdatei fehlen die passenden Funktionen. Lesen Sie die Textdatei mit ReadLine aus, speichern Sie die Werte danach in einer Variablen, ändern Sie die Variable und schreiben Sie dann mit WriteLine die gesamte Datei neu (öffnen mit der Option ForWriting).

Professionell programmieren

Professional programmers

9 Arbeiten mit Datenbanken

Bei allen größeren Sites nimmt die Nutzung von Datenbanken breiten Raum ein. Deshalb sind diesem wichtigen Thema zwei große Kapitel gewidmet. Kapitel 9 beschreibt die Grundlagen der Datenbankprogrammierung – SQL und SQL Server, Kapitel 10 geht dann umfassend auf die Datenbankobjekte (ADO) in ASP ein.

9.1 Einführung in SQL

Dieses Kapitel bietet eine Einführung in die Datenbankabfragesprache *Structured Query Language (SQL)*. Diese Kenntnisse benötigen Sie, um mit den Datenbankobjekten in ASP arbeiten zu können. Wenn Sie SQL bereits beherrschen, können Sie mit Abschnitt 9.5 fortfahren. An dieser Stelle wird nur ein Crashkurs vermittelt, der so umfangreich ist, dass Sie die nachfolgenden Anwendungen der ASP-Datenbankobjekte verstehen können.

9.1.1 Was ist SQL?

SQL ist eine Datenbankabfragesprache. Der große Vorteil ist, dass Sie mit der Kenntnis dieser Sprache viele Datenbanken benutzen können, die mit SQL kompatibel sind. Dadurch werden Ihre Datenbankanwendungen unabhängig von einer bestimmten Datenbank eines einzelnen Herstellers.

Mit SQL ist eine flexible Abfrage von Daten aus Datenbanken möglich

Im deutschen Sprachraum hat es sich übrigens eingebürgert, die drei Buchstaben auch deutsch und einzeln auszusprechen, wenn von SQL die Rede ist.

Technisch sind SQL-Abfragen kleine Befehlszeilen oder Tags, die an den Server gesendet werden. Die Befehle sind in englischer Sprache gehalten und sollten den Sinn der Abfrage erkennen lassen. Sie können in SQL auch kleine Programme schreiben. Allerdings ist SQL ganz streng auf die Bedienung von Datenbanken ausgerichtet. SQL alleine bringt wenig. Sinnvoll ist die Integration in eine Programmier- oder Skriptsprache, eben VBScript.

9.1.2 Welche Programme werden verwendet?

Fast alle modernen Datenbank verstehen SQL

Das einfachste SQL-fähige Programm besitzen Sie vielleicht schon. In jedem Office 2000 Professional von Microsoft ist auch die Datenbank Access 2000 enthalten. Prinzipiell ist Access SQL-fähig und könnte eingesetzt werden. Allerdings hat Access Probleme, mehrere Prozesse parallel zu bearbeiten. Sie sollten Access auf keinen Fall für einen Webserver einsetzen. Eine bessere – und teurere – Wahl ist der Microsoft SQL Server 7 bzw. 2000. Unabhängig davon gibt es eine ganze Reihe guter SQL-Datenbanken wie Informix, Oracle oder Sybase.

In diesem Buch wird im Wesentlichen der SQL Server 7/2000 und Access 2000/XP vorgestellt, sodass Sie sowohl ein Entwicklungssystem als auch einen Produktionsserver nutzen können.

9.1.3 Was ist eine Datenbank?

Eine Datenbank fasst Daten zusammen

Wenn Sie noch keine klare Vorstellung davon haben, was eine Datenbank eigentlich ist, lesen Sie die folgende kurze Einführung. Ansonsten springen Sie zum nächsten Abschnitt 9.1.4.

Felder und Datensätze

Datenbanken dienen der Speicherung von Daten. Das können Namen, Adressen, Zahlen, Zeichenketten usw. sein. Daten stehen auch untereinander in Beziehung. So sind die Teile einer Adresse eine zusammengehörende Einheit. Eine solche Einheit nennt man Datensatz (engl. record). Die Teile eines Datensatzes bilden die Felder (engl. fields). Jedes Feld hat zwei grundlegende Eigenschaften – einen Namen und einen Datentyp. Wenn Sie Adressen speichern, könnten die Felder und Datentypen so aussehen:

```
FIRMA, String(80)
STRASSE, String(80)
ORT, String(50)
PLZ, Integer
```

Die Bedeutung dieser Angaben ist leicht zu verstehen. Das Feld *FIRMA* kann Zeichenketten mit bis zu 80 Zeichen aufnehmen, das Feld *PLZ* (Postleitzahl) kann ganzzahlige Werte aufnehmen usw.

Um viele Daten übersichtlich anzeigen zu können, hat sich die Tabellenform als besonders praktisch erwiesen. Dabei bildet jede Spalte ein Feld ab, jede Zeile enthält einen Datensatz. Mehrere Tabellen bilden eine Datenbank.

Tab. 9.1: Die Darstellung in Tabellenform hat sich bewährt.

FIRMA	STRASSE	ORT	PLZ
Silicon Projects GmbH	Ostendstraße 1	Berlin	12459
Yoolia AG	Mariannenstraße 31-32	Berlin	10999

Die Spaltenbreite und andere »Anzeigewerte« spielen innerhalb der Tabelle natürlich keine Rolle. Wie kann nun ein bestimmter Datensatz ermittelt wer-

Einführung in SQL

den? Intern läuft immer ein so genannter Index mit. Jeder Datensatz hat einen Indexwert – eine ID. Damit ist der Datensatz auch dann eindeutig und einmalig, wenn der gesamte Inhalt mit einem anderen Datensatz identisch ist.

Das alles ist für die Praxis nicht ausreichend. Die Firmen in unserem Beispiel haben mehrere Mitarbeiter, die als Ansprechpartner zu verwalten sind. Eine mögliche Feldstruktur wäre:

NAME, String(60)
EMAIL, String(60)
TELEFON, String(60)
GEBURTSTAG, Datum

Sie können dann die folgenden Mitarbeiter in der neuen Tabelle anordnen (Tabelle 9.2):

NAME	EMAIL	TELEFON	GEBURTSTAG
Jörg Krause	krause@comzept.de	030/56301030	26.05.1964
Andreas Hoffmann	hoffmann@yoolia-ag.de	030/61103211	23.09.1972
Arnd Schwierholz	schwierholz@yoolia-ag.de	030/61103212	10.02.1971

Tab. 9.2:
Eine einfache Tabelle mit vier Spalten

Das scheint recht einfach. Wie kann aber die Zuordnung der Mitarbeiter zu den Firmen aus der ersten Tabelle erfolgen? Sicher wäre eine Lösung, jedem Datensatz in der ersten Tabelle wieder eine Tabelle mit allen Ansprechpartner zuzuordnen. Aber bei 1.000 Firmen hätten wir dann 1.000 Tabellen mit Ansprechpartnern, in denen meist nur ein einziger Datensatz vorhanden ist. Für die Arbeit mit Datenbanken ist das sehr unpraktisch. Deshalb baut man eine Beziehung (engl. relationship) zwischen Tabellen auf. Datenbanksysteme, die so arbeiten, nennt man deshalb auch relationale Datenbanken. Dazu wird die erste Tabelle einfach mit einem so genannten Schlüssel (engl. key) ergänzt. Der Schlüssel wird auch in der zweiten Tabelle eingesetzt. Die Tabelle 9.1 sieht dann folgendermaßen aus:

Beziehungen zwischen Datenbanktabellen herstellen

F_KEY	FIRMA	STRASSE	ORT	PLZ
1	Silicon Projects GmbH	Ostendstraße 1	Berlin	12451
2	Yoolia AG	Mariannenstraße 31-32	Berlin	10999

Tab. 9.3:
Die Tabelle wird mit einem Schlüsselfeld ergänzt

Die zweite Tabelle (Tabelle 9.2) wird jetzt mit der ersten verbunden. Dazu wird auch diese Tabelle mit den Schlüsseln aus Tabelle 9.3 ergänzt. Damit wir zu jedem Ansprechpartner weitere Informationen hinzufügen können, erhält auch diese Tabelle eigene Schlüsselwerte. Diese führenden Schlüssel bilden den Index der Tabelle. Indizes haben bei der Abfrage mit SQL noch

9 Arbeiten mit Datenbanken

eine besondere Bedeutung. Die zweite Tabelle, ergänzt um die Schlüssel, sehen Sie in Tabelle 9.4.

Tab. 9.4:
Verknüpfung zweier
Tabellen durch
Schlüsselfelder

KEY	NAME	EMAIL	TELEFON	GEBURTSTAG	P_KEY
1	Jörg Krause	krause@comzept.de	030/56301030	26.05.1964	1
2	Andreas Hoffmann	hoffmann@yoolia-ag.de	030/61103211	23.09.1972	2
3	Arnd Schwierholz	schwierholz@yoolia-ag.de	030/61103212	10.02.1971	1

Sie sehen anhand des Schlüssels der Tabelle 9.4, welcher Ansprechpartner zu welcher Firma gehört. Die Nummer im Feld *p_key* ist mit der Nummer im Indexfeld *f_key* der Tabelle 9.3 verknüpft.

Für die folgenden Beispiele wollen wir unseren beiden Tabellen noch einen netten Namen geben. Jede Abfrage kann sich dann auf den Namen beziehen. Die erste Tabelle soll *firmen* heißen, die zweite *partner*.

Eine Datenbank entsteht, wenn Sie viele Tabellen mit oder ohne solche Verknüpfungen zusammenfassen und gemeinsam anordnen. Physisch werden auf diese Weise mehrere Tabellen in einer Datei gemeinsam untergebracht.

Datenbankdateien können Sie nicht mit Texteditoren betrachten. Zum einen befinden sich in der Datenbank fast immer mehrere Tabellen, zum anderen komprimieren moderne Datenbanken die Daten. Wenn Sie für die Namen 80 Zeichen festlegen, werden Sie dies kaum bei allen Namen ausnutzen. Moderne SQL-Datenbanken speichern nicht die gesamte Länge, sondern nur den wirklich belegten Speicherplatz. Trotzdem haben SQL-Datenbanken eine bestimmte Basisgröße, auch ohne Daten. Alle Angaben über Tabellen- und Feldstrukturen werden immer mitgespeichert.

Um SQL zu verstehen, müssen Sie eine grundsätzliche Eigenschaft kennen. SQL ist eine Abfragesprache, die davon ausgeht, dass Sie bestimmte Datensätze selektieren, auswählen oder filtern möchten. Davon geht jede Abfrage aus. Es gibt keinen Befehl der Art »TABELLE ANZEIGEN«. Es gibt Befehle der Art »ZEIGE email IN Tabelle 1 MIT name=krause«. Datensätze werden nach ihren Inhalten und Verknüpfungen behandelt. Normalerweise gehen Sie davon aus, dass die Datensätze durchnummeriert sind und Sie einfach Datensatz eins bis zehn anzeigen lassen. SQL kennt eine solche Zählung nicht. Es gibt keinen Datensatz eins oder zehn oder einen ersten oder letzten Datensatz. Wenn Sie Zahlen zur Verwaltung brauchen, dann fügen Sie ein Feld hinzu; nennen Sie es MEINENUMMER und nummerieren Sie jeden neuen Datensatz mit einer aufsteigenden Zahl. Dann können Sie nach MEI-NENUMMER=1 oder MEINENUMMER<10 selektieren. Apropos selektieren: Der erste echte SQL-Befehl, den Sie kennen lernen, ist SELECT.

9.1.4 Die einfachen SQL-Befehle

Der folgende Abschnitt bietet eine straffe, theoretische Einführung, ein Abschnitt mit praktischen Übungen schließt sich an. Die Aussagen sind deshalb allgemein gültig, also unabhängig von dem tatsächlichen Datenbankmanagementsystem.

Tabellen mit SELECT abfragen

Datenbankabfragen oder allgemein Abfragen (engl. query; bzw. queries) kennen Sie sicher. Jede Anfrage an die Suchmaschinen Alta Vista oder Yahoo löst eine Datenbankabfrage aus. Viele dieser Abfragefelder kennen Boolesche (logische) Operatoren, UND (engl. and), ODER (engl. or), NICHT (engl. not) usw. So können Sie in Alta Vista nach »Active Server Pages AND SQL« suchen. Nur die Datensätze werden ausgegeben, die »Active Server Pages« UND »SQL« im Suchtext hatten. In SQL schreiben Sie die Abfrage, bezogen auf unsere Mustertabellen, folgendermaßen:

SELECT ... WHERE

SELECT email FROM partner WHERE name="krause"

Der Befehl besteht aus drei Schlüsselworten. Das Schlüsselwort SELECT (dt. Auswahl) leitet den Befehl ein, FROM (dt. aus) wählt die angesprochene Tabelle (wir haben noch eine zweite Tabelle!) und WHERE (dt. wo, wobei) ist die Bedingung (Abfragen nach Datensatznummern gibt es ja nicht!). Hinter WHERE können Sie wie mit dem IF-Befehl aus VBScript logische Bedingungen formulieren, statt Variablen können hier Feldnamen ohne Einschränkungen verwendet werden.

Wenn Sie mehrere Angaben benötigen, werden einfach alle Felder angegeben:

SELECT firma, ort, plz FROM firmen

Lassen wir die Bedingung weg, werden alle Datensätze ausgegeben. Wenn alle Felder benötigt werden, wird es wieder einfacher:

SELECT * FROM

SELECT * FROM firmen

Diese Form ist die häufigste aller Abfragen. Da SELECT nicht gerade durch Einfachheit glänzt, ist es am Anfang oft besser, alle Felder abzurufen und dann in VBScript zu selektieren. Profis verwenden natürlich komplexe Variationen des SELECT-Kommandos, denn es ist unübertroffen leistungsstark.

Sie können auch mehrere Tabellen abfragen. Wir haben zwei Tabellen und möchten alle Namen der Ansprechpartner und alle Firmennamen wissen:

SELECT name, firma FROM firmen, partner

9 Arbeiten mit Datenbanken

SELECT...WHERE Das Ergebnis ist nicht besonders sinnvoll. Die Ergebnisse sind bunt gemischt und eine Zuordnung zwischen den Tabellen *partner* und *firmen* ist nicht zu erkennen. Jetzt kommen endlich die WHERE-Bedingung und unsere schon eingebauten Schlüsselwerte zum Einsatz:

```
SELECT firma, name FROM firmen, partner ↵
WHERE partner.key = firmen.idx
```

Dann erscheinen die Firmen mit den passenden Ansprechpartnern. So einfach ist das! All diese Beispiele wählen nach Reihen, also Datensätzen, aus. Es gibt aber auch Befehle, die spaltenweise arbeiten.

Spaltenweise arbeiten

Sehen Sie sich die folgende Tabelle 9.5 mit dem Namen *Artikel* an. Sie enthält einige Artikel:

Tab. 9.5: Eine Artikeltabelle entsteht

IDX	ARTIKEL	TEXT	PREIS	AB	KEY
1	W2K Server	Netzwerkbetriebssystem	2500	24.02.2002	1
2	Mercur	Mailserver	1000	15.03.2000	2
3	Windows 98	Spielzeugbetriebssystem	400	30.06.2001	1

Sie können sich nun alle Preise mit und ohne Mehrwertsteuer ansehen:

```
SELECT artikel, preis "netto", preis*1,16 "brutto" FROM artikel
```

Die Ausgabe ist recht einfach:

```
artikel      Netto      Brutto
-----------------------------
NT Server    1500       1740
Mercur       1000       1160
Windows 98    400        464
```

ORDER BY...DESC
ORDER BY...ASC Für größtmögliche Übersicht können Sie die Ausgabe sortieren lassen:

```
SELECT artikel, preis  FROM artikel ORDER BY artikel DESC
```

Mit DESC (von descend) wird absteigend sortiert und mit ASC (von ascend) können Sie auch aufsteigend sortieren. Sortiert wird nach dem ersten Feld, hier also *artikel*. Normalerweise ist das Sortieren nicht besonders sinnvoll. Selten wird die gesamte Datenbank ausgegeben und wenn Sie einen Index nach den Anfangsbuchstaben aufgebaut haben, ist eine einfache Selektion schneller. Das Sortieren großer Datenbanken beansprucht den Server stark.

DISTINCT Manchmal sind Datensätze oder Teile davon doppelt. So gibt es in der Tabelle *partner* eine Telefonnummer zweimal. Wenn Sie die Firma anrufen möchten, brauchen Sie dieselbe Telefonnummer nicht doppelt. Das Schlüsselwort DISTINCT hilft weiter:

```
SELECT DISTINCT telefon FROM partner WHERE key=1
```

Einführung in SQL

Auch dieser Befehl braucht mehr Leistung von der Datenbankmaschine. Setzen Sie ihn nicht extensiv ein.

Tabellen erzeugen

Bislang wurde einfach von irgendwelchen Tabellen gesprochen. Aber wie kommen die Tabellen in die Datenbank?

Die Artikeltabelle können Sie leicht anlegen:

CREATE TABLE

```
CREATE TABLE artikel
    (artikel VARCHAR(60),
    text TEXT,
    preis MONEY,
    ab DATETIME
    )
```

Schon haben wir eine neue Tabelle. So einfach funktioniert SQL! Trotzdem werde ich diesen Vorgang noch genauer erklären, denn der Teufel steckt im Detail. Hinter jedem Feldnamen steht die Datentypbezeichnung. Diese sollten Sie genau kennen. Sie unterscheiden sich von den Datentypen in VBScript. SQL nimmt, im Gegensatz zu VBScript, Verletzungen der Typen richtig übel. Sie können einem Feld vom Typ INT keine Buchstaben zuweisen und denken, das wird dann eine Zeichenkette (wie in VBScript). Der Grund ist einfach: *Alle* Felder müssen einen identischen Datentyp haben, sonst kann der SELECT-Befehl nicht funktionieren.

Häufig werden die Zeichenkettentypen benötigt. Es gibt zwei:

Datentypen für Zeichenketten:
VARCHAR
CHAR

▶ VARCHAR(länge)
Zeichenkette mit mindestens 0 und höchstens länge Zeichen. länge darf nicht mehr als 255 Zeichen betragen.

▶ CHAR(länge)
Zeichenkette mit genau länge Zeichen. Maximal 255 Zeichen sind möglich.

Der Unterschied liegt in der Ausgabe der Länge der Zeichenkette. Während sich VARCHAR dem Inhalt anpasst, liefert CHAR immer die definierte Länge – auch wenn nichts drin ist.

255 Zeichen sind nicht besonders viel. Sie können deshalb immer den Typ TEXT verwenden, der keine Begrenzung hat (das stimmt nicht ganz: 2 GByte passen pro Feld rein, aber das sollte für die nächsten Jahre reichen).

Umfangreicher sind die numerischen Datentypen:

Numerische Datentypen:
INT
SMALLINT
TINYINT
NUMERIC
MONEY
SMALLMONEY

▶ INT
Wertebereich -2.147.483.646 bis +2.147.483.647, nur ganzzahlige Werte (32 Bit Integer).

▶ SMALLINT
Wertebereich -32.767 bis +32.768, nur ganzzahlige Werte (16 Bit Integer).

9 Arbeiten mit Datenbanken

- TINYINT
  Wertebereich von 0 bis 255 (1 Byte). Negative Werte werden nicht unterstützt.

- NUMERIC(int, frac)
  Gleitkommazahlen von -10^{38} bis 10^{38}. Der Parameter int gibt die Anzahl der Stellen vor dem Komma an, frac die Anzahl der Dezimalstellen.

- MONEY
  Planen Sie große Geschäfte, speichern Sie damit Ihre Kontostände. Der Wertebereich reicht von -922.337.203.685.477,5808 bis +922.337.203.685.477,5807 (922 Billionen).

- SMALLMONEY
  Knapp für den Heimgebrauch reicht der Wertebereich von -214.748,3648 bis +214.748,3648.

Bitdatentypen: BIT
Auch logische bzw. Boolesche Werte lassen sich speichern. SQL legt einfach ein Bitfeld an, das 1 Bit enthält. 0 ist FALSE (in VBScript), 1 ist TRUE. Das Schlüsselwort dafür ist BIT.

Zeit- und Datumstypen: DATETIME SMALLDATETIME
Zwei weitere Datentypen dienen der Speicherung von Datum und Zeit:

- DATETIME
  Daten ab dem 1.1.1753 bis zum 31.12.9999 und darin Zeiten lassen sich in Schrittweite zu je einer Millisekunde sich speichern. Das klingt besser, als es tatsächlich ist. Falls Sie die Geschichte des Christentums in einer SQL-Datenbank erfassen wollen, werden Sie schnell bemerken, dass Computer nicht bibelfest sind.

- SMALLDATETIME
  Speichert vom 1.1.1900 bis 6.6.2079.

Nicht alle SQL-Server oder -Treiber unterstützen alle Datentypen. Wenn Sie mit den Excel- oder Text-Jet-Treibern arbeiten, werden nur die folgenden Basisdatentypen unterstützt: Bit, Byte, Char, Currency, Date, Float, Int, LongChar, Short, Single.

CREATE [NOT] NULL
In VBScript war an einigen Stellen von Nullwerten die Rede. Das sind Werte, die eigentlich noch nicht definiert worden sind. Die Zahl 0 ist ja ein Wert, der im ASCII-Zeichensatz eine Nummer hat (#48). Das Leerzeichen ist auch schon ein richtiger Wert (#32). Aber wenn das Feld NICHTS enthält, hat es den Wert NULL. Sie können jedem Feld sagen, ob es NULL werden darf oder nicht:

```
CREATE TABLE artikel
   (artikel VARCHAR(60) NOT NULL,
    text TEXT NULL,
    preis NUM NOT NULL,
    ab DATETIME NULL
   )
```

> Sie werden sich fragen, welchen Sinn das hat. Mit VBScript können Sie leicht verhindern, dass Nullwerte geschrieben werden. Aber es gibt einen guten Grund. Beim Erstellen komplexer Programme hilft Ihnen die Fehlermeldung der Datenbank, Fehler in Ihren Skripten zu finden. Wenn NULL nicht erlaubt ist, dann wird jede fehlerhafte Zuweisung zu einem Laufzeitfehler führen.

Damit bei neuen Feldern nichts schief geht, können Sie auch gleich einen Standardwert zuweisen. Wird kein Inhalt geliefert, trägt sich die Tabelle eben selbst einen Wert ein. **DEFAULT**

```
CREATE TABLE artikel
  (artikel VARCHAR(60),
   text TEXT,
   preis NUM,
   ab DATETIME DEFAULT 01.01.1998
  )
```

Am Anfang wurden die Schlüssel eingeführt, um Tabellen zu verknüpfen. Es gibt ein ganz wichtiges Kriterium für solche Schlüssel. Sie *müssen* eindeutig sein. Das Schlüsselwort IDENTITY erzwingt diese Bedingung, indem es für das betroffene Feld prüft, ob der Inhalt schon einmal vorhanden ist. **IDENTITY**

```
CREATE TABLE firmen (key NUMERIC(10) IDENTITY ...
```

Achten Sie auf den Datentyp. Er muss einen ausreichenden Wertebereich für alle Datensätze haben, TINYINT wäre hierfür kaum geeignet.

Tabellen ändern, löschen und zerstören

Wenn Sie eine Tabelle nicht mehr benötigen, sollten Sie sie zerstören. Sie sparen mit diesem Befehl Speicherplatz und Systemleistung: **DROP TABLE**

DROP TABLE *temporaer*

Wollen Sie nur die Datensätze löschen, verwenden Sie diesen Befehl: **TRUNCATE TABLE**

TRUNCATE TABLE *temporaer*

Manchmal kann es später notwendig sein, Änderungen an der Feldstruktur vorzunehmen. Der Befehl: **ALTER TABLE**

ALTER TABLE *artikel* ADD *farbe* VARCHAR(10) NULL

führt notwendige Änderungen an der Feldstruktur aus. Sie können mit ALTER keine neue Tabelle erzeugen, wenigstens eine Spalte (ein Feld) muss vorhanden sein.

Datensätze eintragen und löschen

Alle bisherigen Befehle gingen davon aus, dass schon Daten vorhanden sind. Neue Daten müssen aber in die Tabelle aufgenommen werden können. **INSERT**
INSERT INTO

Sie benutzen dazu das Kommando INSERT (dt. einfügen). Wie und wo SQL die Daten einfügt, können Sie nicht beeinflussen.

INSERT INTO artikel (artikel, preis) **VALUES** ("Windows 2000",650)

Sie können also Daten in jede Tabelle eingeben und dabei gezielt die einzelnen Felder ansprechen. So ist praktisch jedes Feld in der Tabelle direkt erreichbar. In jedem Fall wird ein neuer Datensatz angelegt. Das Schlüsselwort INTO (dt. in) ist optional und dient nur der besseren »Sprache«. Die Auflistung der Felder (in runden Klammern) kann entfallen, wenn Sie alle Felder ansprechen.

Bei der Definition der Tabellenspalten wurden einige Eigenschaften festgelegt, die das Schlüsselwort INSERT betreffen.

▶ Sie haben versucht in ein Feld zu schreiben, das einen Standardwert definiert hat. Dann wird der Standardwert überschrieben.

▶ Sie haben ein Feld nicht beschrieben, das einen Standardwert hat. Dann wird der Standardwert eingetragen.

▶ Sie haben ein Feld nicht beschrieben, das keinen Standardwert hat. Dann bekommt das Feld den Wert NULL. Ist NULL erlaubt, geschieht nichts. Ist NULL nicht erlaubt, wird ein SQL-Fehler erzeugt und das Kommando INSERT bleibt wirkungslos.

▶ Hat das Feld die Eigenschaft IDENTITY, wird der Wert ignoriert, den Sie versucht haben zuzuweisen. SQL wird automatisch einen eindeutigen Wert ermitteln und zuweisen.

INSERT ( ) SELECT Das Einfügen von Daten mit INSERT ist recht umständlich, wenn viele ähnliche Datensätze erzeugt werden sollen. Es gibt eine Kombination aus INSERT und SELECT, die hier eine deutliche Erleichterung bringt. Dabei werden Daten von einer Tabelle auf eine andere übertragen:

INSERT bestellung (artikel, preis)
SELECT artikel, preis **FROM** artikel
WHERE lagerstand<10

> Die Schreibweise über mehrere Zeilen ist nicht nur hier für den Druck, sondern auch bei der direkten Eingabe von SQL-Befehlen im Query Analyzer (SQL Server 7/2000) oder in Access erlaubt. SQL ignoriert zusätzliche Leerzeichen zwischen den Befehlen. Sie schließen die Befehle nie mit ⏎, sondern immer mit einem zusätzlichen Befehl zum Ausführen ab.

SELECT * INTO Manchmal ist es sinnvoll, eine komplette Tabelle zu übernehmen. Dann kann direkt das Schlüsselwort SELECT mit INTO ergänzt werden:

SELECT * INTO artikelexport **FROM** artikel

Hier ist INTO *nicht* optional. Die WHERE-Bedingung ist natürlich trotzdem zulässig und schränkt die zu kopierenden Datensätze ein. Mit dem Sternchen wird angezeigt, dass alle Felder übertragen werden. Sie können solche

Einführung in SQL

Übertragungen benutzen, um die Datentypen eines Feldes zu ändern. Das Schlüsselwort ALTER kann nur neue Felder hinzufügen, aber keine entfernen oder den Datentyp ändern. Sie können aber mit SELECT * INTO alle Datensätze in eine neue Tabelle anderer Struktur übertragen. Soweit Datentypen umwandelbar sind, werden die Felder neu mit Daten belegt. Andererseits gilt diese Vorgehensweise nur in der Experimentierphase. Fertige Skripte, die Datensätze und Felder anlegen, werden ausgiebig getestet und nur mit den richtigen Datentypen freigegeben.

> Performance-Tipp: Versuchen Sie, wenn möglich, SQL-Befehle direkt auszuführen. Es ist bedeutend schneller, eine Tabellenoperation mit einem starken SQL-Befehl auszulösen als mit einer Schleife in VBScript und einem primitiven Lesebefehl.

Fast ebenso einfach ist es möglich, Zeilen aus der Tabelle zu löschen. Sie erinnern sich: es ist nicht bekannt, welche »Zeilennummer« eine Zeile der Tabelle hat. Wie bei SELECT wird auch hier die Bedingung WHERE zur Auswahl des zu löschenden Datensatzes benutzt:

DELETE FROM

DELETE FROM artikel **WHERE** preis<1000

Das Schlüsselwort FROM ist wieder optional und dient der besseren Verständlichkeit. Danach folgen die Tabelle und die Bedingung. Ergibt die Bedingung eine Übereinstimmung in mehreren Datensätzen, werden alle selektierten Datensätze gelöscht. Sie können auch alle Datensätze löschen. Wenn Sie gezielt *alle* Datensätze löschen möchten, ist TRUNCATE besser, denn dieser Befehl ist deutlich schneller.

Löschen und neu eintragen ist natürlich zu umständlich, um effektiv mit Tabellen zu arbeiten. Sie können deshalb Datensätze auch gezielt ändern oder um Daten ergänzen, die bei INSERT noch nicht angegeben wurden.

UPDATE...SET
UPDATE...WHERE

UPDATE artikel **SET** ab="02.05.1998" **WHERE** preis<1000

Auch das Schlüsselwort UPDATE benötigt zur Auswahl der richtigen Zeile die Bedingung WHERE. Die Zuweisung mit SET kann auch eine komplette Operation sein. So können Sie mit UPDATE leicht alle Bruttopreise errechnen lassen und diese fest speichern. Zuerst muss unsere Mustertabelle *artikel* jedoch einen neuen Datensatz erhalten.

ALTER artikel ADD brutto MONEY
UPDATE artikel **SET** brutto=preis*1.16

WHERE entfällt hier, also wird die Operation auf alle Datensätze der Tabelle angewendet. Hinter SET sind mehrere Operationen in einem Durchgang erlaubt; eine solche Liste wird einfach durch Kommata getrennt.

9.1.5 Mit SQL Berechnungen anstellen

Die Aggregat-Funktionen

Mit fünf einfachen Rechenoperationen kann auch spaltenweise gearbeitet werden. Die Auswahl beginnt wieder mit dem Schlüsselwort SELECT, dem eine Funktion nachgestellt wird. Die Anwendung ist nur für numerische Felder sinnvoll. Hier sind die möglichen Funktionen:

- AVG
  Average. Der Durchschnitt der Felder.
- COUNT
  Count. Die Anzahl der Felder.
- SUM
  Summary. Die Summe der Felder (Addition).
- MAX
  Maximum. Das Feld mit dem größten Wert bestimmt das Ergebnis.
- MIN
  Minimum. Das Feld mit dem kleinsten Wert bestimmt das Ergebnis.

COUNT

Am häufigsten werden Sie mit COUNT arbeiten und damit den Wert erzeugen, der in VBScript dann die Schleifen steuert.

```
SELECT COUNT(preis) FROM artikel
```

Warum wird hier ein Feld ohne WHERE-Bedingung angegeben? SQL gibt hier die Anzahl der Datensätze zurück, die im Feld *preis* einen Eintrag haben. Nicht gezählt werden Datensätze, deren Feld *preis* den Wert NULL enthält.

COUNT(*)

Sie können natürlich auch alle Datensätze zählen, auch die mit NULL-Werten:

```
SELECT COUNT(*) FROM artikel
```

Oder Sie ermitteln die Anzahl der Datensätze, die einer bestimmten Bedingung gehorchen:

```
SELECT COUNT(preis) FROM artikel WHERE preis>1000
```

Bei dieser Auswahl sollten Sie vielleicht an eine Preissenkung denken.

AVG

Ganz ähnlich funktioniert die Bildung des Durchschnittswertes. Vor allem bei Protokolldateien, die in SQL-Datenbanken geschrieben werden, sind solche Auswertungen sinnvoll. Wie viele Hits hatte unsere Seite durchschnittlich?

```
SELECT AVG(hits) FROM logdata
```

SUM

Ganz ähnlich werten Sie aus, wie viele Hits insgesamt registriert wurden:

```
SELECT SUM(hits) FROM logdata
```

MIN, MAX

Den besten und den schlechtesten Tag (bei täglicher Auswertung) finden Sie mit den letzten beiden hier vorgestellten Funktionen:

```
SELECT MIN(hits) FROM logdata
SELECT MAX(hits) FROM logdata
```

Alle SELECT-Befehle mit Rechenfunktionen lassen sich natürlich um die Bedingung WHERE ergänzen. Im folgenden Abschnitt wird WHERE ausführlich vorgestellt. In der Referenz und der Microsoft-Hilfe zum SQL-Server finden Sie diese Funktionen unter Aggregat-Funktionen (dt. etwa: Mengenfunktionen).

9.1.6 Berechnungen in Abfragen

Abfragen können mit weiteren Funktionen und Berechnungen gekoppelt werden, um die benötigten Daten gleich in der passenden Form zu erhalten. Diese Methode ist schneller, als die Daten später in ASP zu bearbeiten.

Bedingungen

Sie können mit WHERE logische Bedingungen angeben. Wollen Sie ein bestimmtes Preisfenster ermitteln, was bei den beliebten Online-Reisebüros angeboten wird, eignet sich folgende Abfrage.

`SELECT reise FROM flugreisen WHERE preis>1000 AND preis<5000`

WHERE

... AND ...

SQL als Sprache der 4. Generation (4GL-Sprache) stellt einen Versuch dar, menschenfreundlich zu sprechen. Sehen Sie sich den folgenden Befehl an:

`SELECT reise FROM flugreisen WHERE preis BETWEEN 1000 AND 5000`

... BETWEEN ...

Die Schreibweise mit BETWEEN (dt. zwischen) ist zu der oben genutzten Form äquivalent.

Als Nächstes wollen Sie eine bestimmte Reise und eine Alternative auswählen. Die einfache Abfrage lautet:

`SELECT reise FROM flugreisen WHERE name="USA" OR name="Mallorca"`

... OR ...

Alle Datensätze werden ermittelt, die im Feld *name* die Zeichenkette »USA« oder »Mallorca« haben. Gleichwertig ist der folgende Befehl:

`SELECT reise FROM flugreisen WHERE name IN ("USA","Mallorca")`

... IN ...

Um die Auswahl zu negieren, ist das Schlüsselwort NOT erlaubt. Bei logischen Bedingungen mit AND und OR kennen Sie das schon vom VBScript-Befehl IF...THEN. Auch die Schlüsselworte BETWEEN und IN lassen sich mit NOT kombinieren:

`SELECT reise FROM flugreisen WHERE name NOT IN ("Europa")`
`SELECT reise FROM flugreisen WHERE preis NOT BETWEEN 500 AND 1000`

... NOT IN ...
... NOT BETWEEN ...

Typumwandlungen

Wann immer es geht, wird der SQL-Server Datentypen stillschweigend umwandeln und seine Umwelt nicht mit Fehlermeldungen traktieren. Sie können die korrekte Umsetzung aber unterstützen, wenn Sie ein paar Befehle kennen, die zur Umwandlung herangezogen werden.

9 Arbeiten mit Datenbanken

CONVERT Oft ist es für die Ausgabe notwendig, den Datentyp zu ändern. Wenn Sie die Änderung nicht global für alle Felder (mit ALTER TABLE) vornehmen möchten, setzen Sie die Funktion CONVERT ein, die nur den selektierten Bereich konvertiert:

SELECT **CONVERT(CHAR(5)**, preis**)** + " Euro" FROM artikel

Der Befehl CONVERT wandelt das betreffende Feld vom Typ MONEY in den Typ CHAR um. Die Länge, die CHAR hinzugefügt wird, ist fünf Zeichen. Der Platz muss ausreichen, um den Preis und das Wort »Euro« aufzunehmen, das bei dieser Gelegenheit gleich angehängt wurde. So wird Ihre Datenbank eurotauglich. Manchmal müssen Sie umwandeln, manchmal schafft es SQL intern. Die Umwandlung eines Feldes vom Typ BIT in eine Zeichenkette funktioniert nicht. Sie müssen in diesem Fall CONVERT verwenden. Dieser Befehl lässt sich so nicht ausführen:

SELECT "Anzahl der Fehler: " + fehler FROM logdata

Das Problem ist nicht der etwas »wilde« Einbau der Zeichenkette. Das ist durchaus erlaubt. Das Problem ist, dass das Feld *fehler* (Typ BIT) nicht automatisch gewandelt wird. Es funktioniert folgendermaßen:

SELECT "Anzahl der Fehler: "+CONVERT(CHAR(1),fehler) FROM logdata

Mit Zeichenketten arbeiten

LIKE In den meisten Fällen werden Zeichenketten (engl. strings) verarbeitet. SQL unterstützt die Arbeit mit Zeichenketten deshalb. So ist es leicht möglich, einen Teilstring zur Selektierung anzugeben, der in allen Feldern an allen Positionen getestet wird. Das Schlüsselwort dafür ist LIKE:

SELECT reise FROM flugreisen WHERE beschreibung **LIKE** "%warm%"

Dabei wird hinter das Schlüsselwort LIKE der Suchstring gestellt. Die Prozentzeichen sind Platzhalter (engl. wildcards), die in diesem Fall beliebige andere Zeichen vor und nach dem Wort »warm« zulassen. Alle Reisen in warme Länder sollten angezeigt werden.

Eine der häufigsten Fehlerquellen in SQL ist die Verwechslung der Platzhalter mit den von DOS oder Windows bekannten »*« und »?«. Achten Sie unbedingt darauf, welche Platzhalterzeichen wo verwendet werden.

Hier eine Übersicht über die möglichen Angaben:

- %
  Steht für keines oder beliebig viele Zeichen ohne irgendwelche Einschränkung. Hier zwei Beispiele für die Anwendung:
  - A%. Alle Worte, die mit *A* beginnen (Andorra, Albanien).
  - %flug. Alle Worte, die mit dem Wort *flug* enden (Rundflug, Hinflug).

Einführung in SQL

▶ [A-E]%
Alle Worte, die mit den Buchstaben A bis E (A, B, C, D, E) beginnen. Nur sinnvoll zusammen mit dem %-Zeichen. Damit können Indizes sehr flexibel gehalten werden. Sehr dynamische Datenbanken machen eine strenge Auswahl nach dem Alphabet oft schwierig. So sind die Buchstaben X oder Y kaum belegt, A und E quellen über. Beispiele:

▶ [A]n%. Worte, die mit *An* anfangen.
▶ [A-EG]%. Worte die mit A, B, C, D, E oder G anfangen.
▶ [XY]%. Worte, die mit X oder Y anfangen.

▶ [^U]
Worte, die nicht mit U beginnen. Damit lassen sich bestimmte Bereiche ausschließen.

▶ _
Der Unterstrich ist das Ersatzzeichen für genau *ein* beliebiges Zeichen. Ein Beispiel für die Anwendung auf zwei Zeichen lautet:

▶ "M_ _er" findet diese Schreibweisen: Meier, Meyer, Maier. Aber es findet auch: Mauer. Nicht gefunden wird dagegen: Maurer.

Wenn Sie nach den drei Sonderzeichen (»%«, »_« und »-«) suchen müssen, können Sie diese Zeichen so verpacken: [%] ist ein richtiges Prozentzeichen, [_] ein richtiger Unterstrich. Suchen Sie Prozentzeichen irgendwo, schreiben Sie: "%[%]%". Die Klammer selbst können Sie auch mit [[]suchen.

An dem Problem mit »Meier« sehen Sie eine häufige Schwierigkeit bei Datenbankabfragen. Phonetische Unterschiede machen die Suche oft zum Geduldsspiel. Die Funktionen DIFFERENCE und SOUNDEX erlauben die eine phonetische Suche. Dabei ermittelt SQL einen fiktiven Schlüsselwert, der die phonetische Struktur des Wortes repräsentiert. Der Vergleich dieser Strukturen ergibt dann eine Ähnlichkeit.

**DIFFERENCE
SOUNDEX**

SELECT name FROM partner WHERE **DIFFERENCE**(name,"Meier")>2

Das könnte funktionieren. Mit SOUNDEX geben Sie den Schlüsselwert aus, der zur Beurteilung verwendet wird. Das Schlüsselwort hat vier Stellen. Mit dem Vergleich DIFFERENCE > Wert oder DIFFERENCE < Wert wird die zulässige Abweichung festgelegt.

Hier ein paar Vergleiche:

```
Microsoft     Mcrsft     M262
Macrosoft     Mcrsft     M262     (stimmen immer überein)
Yahoo         Yh         Y000
Mahoo         Mh         M000     (stimmen bei DIFFERENCE>3 überein)
Nanosoft      Nnsft      N521
Megasoft      Mgsft      M221     (stimmen bei DIFFERENCE>2 überein)
```

505

9 Arbeiten mit Datenbanken

Wie arbeitet SOUNDEX intern? Zuerst wird der erste Buchstabe beider Zeichenketten als Basis verwendet. Stimmt dieser überein, steht das erste Zeichen fest.

Dann geht es mit den nächsten Konsonanten weiter. Vokale werden ignoriert (das Y zählt als Vokal!); es sei denn, der Vokal steht an erster Stelle (Yahoo).

Performance-Tipp: Die Verwendung dieser Funktionen ist recht sinnvoll, wenngleich die meisten SQL-Datenbanken Probleme mit der Leistung haben. Eine hohe Belastung der Datenbank kann auch gute Server in die Knie zwingen.

RTRIM
LTRIM

Aus VBScript kennen Sie die Funktionen LTRIM und RTRIM zum Beseitigen überflüssiger Leerzeichen. SQL kennt diese Funktionen auch:

```
SELECT RTRIM(name) FROM partner
SELECT LTRIM(name) FROM partner
```

Sie können diese Funktionen auch miteinander verschachteln, denn die dritte Funktion TRIM gibt es nicht:

```
SELECT LTRIM(RTRIM(name)) FROM partner
```

Die Anwendung ist dann sinnvoll, wenn Sie statt VARCHAR mit CHAR als Datentyp arbeiten. SQL füllt Felder vom Typ CHAR mit Leerzeichen auf, bis die gewünschte Länge erreicht wird. Bei der Ausgabe kann das lästig sein. Die Trim-Funktionen bringen eine Zeichenkette wieder in die richtige Form.

Daten und Zeiten

GETDATA

Die einfachste Funktion ist das Äquivalent zum VBScript-Befehl DATE. In SQL fragen Sie das aktuelle Datum und die aktuelle Zeit mit GETDATE ab. Auch hier dient die Systemuhr des Servers als Basis. Sie können diese Funktion benutzen, um bei Datumsfeldern einen variablen Standardwert zu setzen:

```
CREATE TABLE logdata (
    name VARCHAR(50),
    date DATETIME DEFAULT GETDATA()
)
```

Sie können die Ausgabe des Datums vielfältig beeinflussen. Am einfachsten ist wieder die Funktion CONVERT, die als dritten Parameter einen Code enthalten kann, der die Formatierung des Datums und der Zeit bestimmt.

Tab. 9.6: Stylecodes für die Funktion CONVERT

Code	Standard	Ausgabeformat
0	Vorauswahl	mon dd yyyy hh:mi[AM|PM]
1	USA I	mm/dd/yy
2	ANSI	yy.mm.dd
3	England	dd/mm/yy
4	Deutschland	dd.mm.yy

Einführung in SQL

Code	Standard	Ausgabeformat
5	Italien	dd-mm-yy
6		dd mm yy
7	England, Brief	mon dd, yy
8	Zeit	hh:mi:ss
9	Millisekunde	mon dd yyyy hh:mi:ss:iii[AM|PM]
10	USA II	mm-dd-yy
11	Japan	yy/mm/dd
12	ISO	yymmdd
13	Europa allgemein	dd mon yyyy hh:mi:ss:iii(24)
14	Zeit Europa	hh:mi:ss:iii(24)

Tab. 9.6: Stylecodes für die Funktion CONVERT (Forts.)

Anmerkungen: Die Codes 0, 9 und 13 geben das Jahr immer vierstellig zurück. Ansonsten können Sie zum Code 100 addieren, also statt 4 einfach 104 schreiben, um das Datum vierstellig zu machen. Nur die Codes 13 und 14 können die Uhr in unserem 24-Stunden-Format anzeigen. Die Zeichen bedeuten im Einzelnen: iii = Millisekunden, dreistellig, ss = Sekunden, mi = Minuten, hh = Stunden [AM|PM] = entweder AM (vormittag) oder PM (nachmittag), (24) = 24-Stunden-Format dd = Tag, mm = Monat in Ziffernform, mon = Monat als Abkürzung (Jan, Feb, Nov usw.) yy = Jahr in zweistelliger Form, yyyy = Jahr in vierstelliger Form

Damit Sie gezielt Teile von Zeitangaben aus der Funktion DATETIME ziehen können, bietet SQL die Funktion DATEPART:

DATEPART

SELECT name **DATEPART**(mm, login) FROM logdata

Statt »mm« können Sie einen der Codes in Tabelle 9.7 verwenden:

Code	Name	Beschreibung	Wertebereich
yy	Year	Jahr	1753-9999
qq	Quarter	Quartal	1-4
mm	Month	Monat	1-12
dy	Day of year	Tag im Jahr	1-366
dd	Day	Tag	1-31
wk	Week	Woche	1-53
dw	Weekday	Wochentag	1-7 (Sonntag =1 bis Samstag)
hh	Hour	Stunde	0-23
mi	Minute	Minute	0-59
ss	Second	Sekunde	0-59
ms	Millisecond	Millisekunde	0-999

Tab. 9.7: Die Abkürzungen für die Steuerung der Funktion DATEPART

DATENAME Ergänzend sei noch die Funktion DATENAME erwähnt, die genauso wie die Funktion DATEPART eingesetzt wird. Allerdings werden Zeichenketten statt Zahlen zurückgegeben. Für die Codes »mm« und »dw« ergibt sich die Ausgabe des Monatsnamens (January, December) und des Wochentages (Monday, Friday). Die Sprache ist vom Produkt abhängig; wird es in der Regel Englisch sein.

DATEDIFF
DATEADD Berechnungen mit Daten können recht aufwändig sein. Auch hier hilft SQL weiter und stellt zwei weitere Funktionen zur Verfügung: DATEDIFF und DATEADD. Ähnlich wie VBScript werden damit Differenzen berechnet bzw. ein Zieldatum ermittelt. Die Tabelle Registrierung soll Kunden speichern, die für vier Wochen ein Abonnement bezahlt haben. Sie können das Ablaufen des Abos einfach auf der Basis des Datumsfeldes abostart ermitteln:

```
SELECT name DATEADD(mm,1,abostart) FROM registrierung
```

9.2 SQL mit SQL Server lernen

> Dieser Abschnitt zeigt einige Techniken professioneller Datenbanken und bezieht sich speziell auf den SQL Server 7/2000. Access 2000/XP kann mit diesen Befehlen nichts anfangen. Wenn Sie sich mit den Möglichkeiten beschäftigen, können Sie auch besser einschätzen, ob der Umstieg auf eine große Datenbank lohnt. Der Befehlsumfang ist allerdings nicht das alleinige Kriterium – Stabilität, Verfügbarkeit von Entwicklungs- und Testwerkzeugen und die Handhabung großer Last- und Datenmengen sind oft wichtigere Kriterien.

9.2.1 Umgang mit Indizes

Clustered Index und Non Clustered Index Tabellen werden oft und intensiv abgefragt. Auf die problematische Belastung des Servers wurde bereits hingewiesen. Eine Möglichkeit, effizienter zu arbeiten, sind Indizes. Ähnlich einem Buch, in dem der Index schnelleres Suchen ermöglicht, kann ein Feld einer Tabelle zum Indexfeld erklärt werden.

Es gibt zwei Arten: *Clustered Index* und *Non Clustered Index*. Cluster (dt. Bündel oder Büschel) steht hier für die Bildung des Indizes auf der Basis der physischen Ordnung der Tabelle. Intern arbeiten Indizes durch eine Baumstruktur. Dabei legt der erste Indexwert fest, ob der korrespondierende Datensatz in der oberen oder unteren Hälfte der Datenbank liegt. Der nächste Indexwert für die obere Hälfte schränkt die Suche wieder ein usw. So lassen sich Werte in der Hälfte der Zeit finden.

Bedenken Sie, dass jeder Schritt in Abbildung 9.1 eine rechenintensive Bedingung beinhalten kann. Ob Sie *Clustered-Index* oder *Non-Clustered Index* verwenden, hängt vom Einsatzzweck ab. Clustered entspricht eher dem Inhaltsverzeichnis eines Buches.

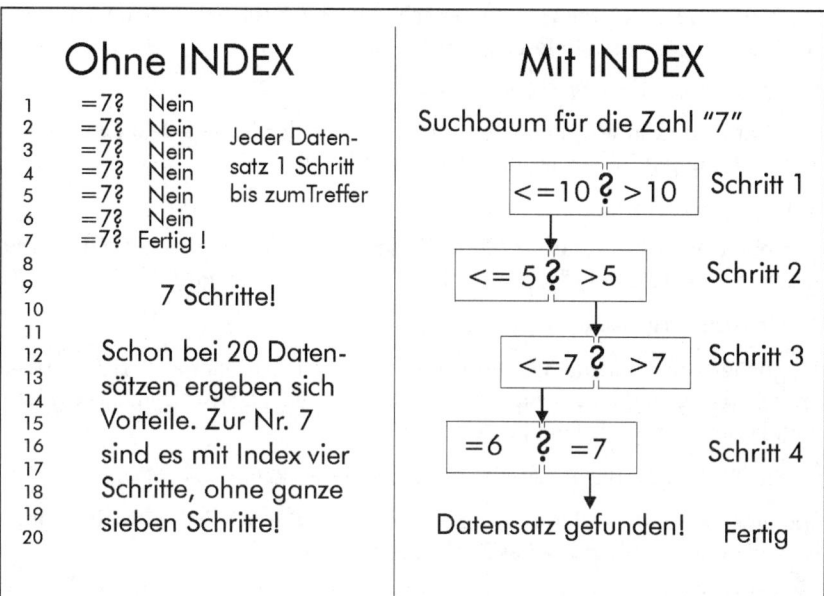

Abbildung 9.1:
Vergleich der Suchstrategie mit und ohne Index

Alle Einträge sind nach der Reihenfolge ihres Erscheinens sortiert. Non-Clustered entspricht dagegen dem Index eines Buches, eine eigene Sortierung (meist nach dem Alphabet) wird verwendet und keine Rücksicht auf die physische Struktur genommen. Aus Sicht des Suchbaumes ist der Clustered-Index schneller. Kommt es auf Tempo an, nutzen Sie diese Form. Der Clustered-Index erstellt eine sortierte Tabelle mit Verweisen auf die Haupttabelle. Daraus ergibt sich eine logische Schlussfolgerung: Einen Clustered-Index kann es pro Tabelle nur einmal geben. Sie können bis zu 249 Non-Clustered-Indizes pro Tabelle erzeugen. Das erinnert wieder an das Buch: Es kann nur ein Inhaltsverzeichnis geben, aber den Index können Sie nach verschiedenen Merkmalen mehrfach aufbauen.

Performance-Tipp: Gehen Sie vorsichtig mit Non-Clustered-Indizes um. Sie brauchen mehr Speicherplatz. Befehle wie UPDATE oder INSERT werden deutlich langsamer, da jedes Mal der Index bedient werden muss.

Jeder Index muss natürlich ein Feld als Basis nutzen können. SQL kann sogar mehrere Felder als Index heranziehen. So können Sie eine Tabelle mit Vor- und Zunamen erzeugen. Wenn Sie oft nach dem vollständigen Namen suchen, sollten Sie *einen* Index erstellen, der sich auf *beide* Felder bezieht. Es gibt außerdem die Möglichkeit, einen Index als *eindeutig* (engl. unique) zu bezeichnen. Damit verhindern Sie, dass Einträge doppelt vorkommen.

9 Arbeiten mit Datenbanken

CREATE INDEX...ON Um einen Index zu erzeugen, muss schon eine Tabelle existieren. Dann nutzen Sie den folgenden Befehl:

`CREATE INDEX nachname ON partner (name)`

DROP INDEX Sie können den Index auch wieder löschen. Da der Index selbst eine (wenn auch abhängige) Tabelle ist, eignet sich der Befehl DROP:

`DROP INDEX name.nachname`

...CLUSTERED... Der eben erzeugte Index ist Non-Clustered. Sie können einen Clustered Index erzeugen, indem Sie das Schlüsselwort CLUSTERED benutzen:

`CREATE CLUSTERED INDEX name ON partner (name)`

WITH ALLOW_DUP_ROW Möglicherweise hat die Tabelle Felder, in denen ein Name zwei Mal oder öfter vorkommt. Wenn das der Fall ist, sollten Sie SQL anweisen, das explizit zuzulassen. Sonst wird ein Fehler erzeugt:

`CREATE CLUSTERED INDEX name ON partner (name) WITH ALLOW_DUP_ROW`

... UNIQUE ... Um einen einmaligen Index zu erzeugen, der zukünftig keine solche Dopplungen zulässt, nutzen Sie das Schlüsselwort UNIQUE:

`CREATE UNIQUE CLUSTERED INDEX name ON partner (name)`

Auch das Erzeugen eines Indizes mit zwei Feldern ist sehr einfach:

`CREATE INDEX nachname ON partner (name, nachname)`

9.2.2 SQL-Programmierung

Mehrere SQL-Anweisungen können zusammengefasst werden. Zusammen mit einer kleinen Auswahl an Steuerbefehlen ist Transact-SQL damit eine kleine Programmiersprache. Dies gilt nur für den SQL Server, nicht jedoch für Access.

Batchprogrammierung

GO Es ist in SQL möglich, kleine Programme zu schreiben, die sich von außen oder automatisch starten lassen. Damit vereinfacht sich die Programmierung der Skripte und der SQL-Server ist im Regelfall schneller als die ASP-Engine. Wenn Sie SQL-Befehle direkt an der Konsole eingeben, können Sie mehrere Befehle untereinander schreiben und dann die Abarbeitung auslösen. Tritt ein Fehler in einem der Befehle auf, stoppt der SQL-Server die Ausführung ganz. Wenn Sie das verhindern möchten, können Sie Batchprogramme mit dem Kommando GO trennen. Jeder Teilabschnitt wird abgearbeitet, bis in einem Abschnitt ein Fehler auftritt. Erst dann wird abgebrochen. Die bis dahin abgearbeiteten Befehle bleiben aber gültig.

```
SELECT name FROM partner
GO
SELECT xame FROM partner
```

Der Schreibfehler im zweiten Befehl würde eigentlich sofort erkannt werden und SQL würde dann nichts ausführen. Durch den GO-Befehl wird erst der erste Teil erfolgreich ausgeführt, dann der zweite, der mit einer Fehlermeldung endet.

Variablen

SQL kennt zwei Typen von Variablen: globale und lokale. Die globalen werden vom SQL Server 7 selbst erzeugt und können nicht geändert werden. Sie sind in allen Batchprogrammen verfügbar. Auch von ASP können Sie darauf zugreifen. Die lokalen sind so wie alle Variablen selbst zu definieren und können zur Übertragung von Daten benutzt werden.

Globale Variablen

Globale Variablen sind sehr wichtig, denn Sie können damit die am Anfang schon angesprochenen Verknüpfungen steuern. Denken Sie an die beiden Tabellen *partner* und *firmen*. Die erste Spalte *f_key* der Tabelle *firmen* ist ein IDENTITY-Feld. Darin stehen nur eindeutige Schlüsselwerte. Wenn Sie eine neue Firma anlegen und dazu den Ansprechpartner, benötigen Sie Zugriff auf diesen Schlüsselwert:

@@IDENTITY
@@ROWCOUNT

```
INSERT firmen (name, ort) VALUES ("Yoolia AG", "Berlin")
INSERT partner (p_key, name, telefon)
    VALUES (@@IDENTITY,"Krause","030/61103241")
```

@@IDENTITY enthält also immer den Schlüsselwert des letzten Befehls. Wenn Sie nun die Ansprechpartner einer Firma suchen, bringt das Kommando SELECT alles zusammen:

SELECT name, firma FROM partner, firmen **WHERE f_key=p_key**

Enthält die Tabelle kein Feld, das mit dem Parameter IDENTITY erstellt wurde, ist der Inhalt der Variable @@IDENTITY NULL.

Die andere wichtige Variable ist @@ROWCOUNT. Sie gibt die Anzahl der behandelten Datensätze der letzten Aktion zurück. Damit können Sie prüfen, wie viele Reihen von der Auswahl betroffen waren.

```
UPDATE artikel SET preis=preis*1.2 WHERE preis<100
SELECT @@ROWCOUNT
```

Damit werden alle Artikel, deren Preis unter 100 Mark liegt, 20 Prozent teurer. Haben Sie fünf derartige Artikel in der Datenbank, enthält @@ROWCOUNT die Zahl 5.

Lokale Variablen

Zum Speichern von Daten gibt es lokale Variablen, die nur während des Batchlaufes aktiv sind. Hier eine einfache Anwendung:

Variable @var
DECLARE

```
DECLARE @zahl INT
SELECT @zahl=4+6
SELECT @zahl
```

Kommentare

Kommentare:
/* */
-- Zeilen-
kommentar

Sie können auch in SQL-Programmen Kommentare anbringen. Innerhalb der Zeile beginnt der Kommentar mit zwei Minuszeichen »--« und außerhalb mit /*; endet auch der Kommentar mit */.

```
SELECT name FROM partner -- alle Namen ermitteln
/* jetzt werden die folgenden
    Variablen benutzt:
*/
```

Bedingte Ausführung

IF .. ELSE

Mit WHERE können Sie nur den aktuellen Befehl von einer Bedingung abhängig machen. Wenn ein Teil des Batchprogramms bedingt ausgeführt werden soll, gibt es zwei mögliche Befehle, die Sie bereits aus VBScript kennen: IF und CASE. Im Gegensatz zu VBScript ist die Syntax anders:

```
IF (SELECT COUNT(*) FROM firmen)>10 SELECT @viele=1
```

BEGIN...END

Beachten Sie, dass es hier *kein* Schlüsselwort THEN gibt. Der nach der Bedingung stehende Befehl wird ausgeführt, wenn die Bedingung wahr ist. Wollen Sie mehrere Befehle ausführen, nutzen Sie die Bildung eines Blocks:

```
IF (SELECT COUNT(*) FROM firmen)>10
BEGIN
    SELECT @viele=1
    DROP TABLE firmen
END
```

Sie können den Befehl IF auch verschachteln, um komplexere Abfragen zu ermöglichen. Ebenso gibt es einen Befehl ELSE:

```
IF (SELECT COUNT(*) FROM firmen)>10
BEGIN
    SELECT @viele=1
ELSE
    SELECT @viele=0
END
```

CASE WHEN THEN

Mit dem CASE-Befehl sind wieder mehrfache Verzweigungen möglich:

```
SELECT
(
CASE
    WHEN name LIKE "Meier" THEN @wert=1
    WHEN name LIKE "M__ller" THEN @wert=2
    WHEN name LIKE "[M]%" THEN @wert=3
```

```
        ELSE @wert=0
END
)
```

Und hier kommt tatsächlich THEN vor! Hinter jedem THEN kann wieder ein Block mit BEGIN...END stehen. Beachten Sie die beiden runden Klammern vor dem CASE und hinter dem END. Sie gehören zum SELECT-Befehl. Das folgende Beispiel zeigt, wie man mit CASE einfache Auswahlmöglichkeiten erzeugt.

```
SELECT
(
    CASE name
        WHEN "Meier" THEN "Geschäftsführer"
        WHEN "Müller" THEN "Verkäufer"
        WHEN "Pitts" THEN "Sekretärin"
        ELSE "Mitarbeiter"
    END
) "Job", name "Name", telefon "Tel." FROM partner
```

Damit wird eine Tabelle ausgegeben, die neben Namen und Telefonnummern auch die Tätigkeiten der Personen beinhaltet. Sie können statt der Ausgabe auf dem Bildschirm ebenso gut die neuen Werte in einer anderen Tabelle bringen.

Um ein Batchprogramm zu verlassen, gibt es den Befehl RETURN. Bauen Sie diesen Befehl in eine Bedingung ein: **RETURN**

```
IF DATENAME(mm,GETDATE())="Nov" RETURN
```

Kritische Transaktionen

Viele Prozesse, die im Internet mit Datenbanken bearbeitet werden, sind kritische Vorgänge mit Kreditkartentransaktionen, Zugriffen auf Gateways der Geldinstitute oder Abgleich kostbarer Kundendaten. Auch Webserver bestehen nur aus normalen Computern und unterliegen Störungen und technischen Problemen. Es besteht so immer die Möglichkeit, dass Sie eine Tabelle öffnen, etwas schreiben und dann die korrespondierende Tabelle öffnen und auch etwas schreiben. Genau da stürzt der Computer ab. Jetzt stimmen die Tabellen nicht mehr überein, das Programm läuft nicht mehr. Oder das Zahlungsgateway weigert sich neue Prozesse anzunehmen, weil der alte Prozess nicht beendet wurde.

Um sich vor solchen Problemen zu schützen, können Sie Batchprogramme mit dem Schlüsselwort TRANSACTION in Module zusammenfassen. Der Trick: SQL wird das Modul als Einheit betrachten und – wenn die Abarbeitung unterbrochen wurde – alles rückgängig machen, was schon begonnen wurde. Alle Daten werden erst dann gültig, wenn das Ende des Moduls erreicht wurde. Das Prinzip lautet: alles oder nichts. Das sieht folgendermaßen aus: **BEGIN COMMIT ROLLBACK TRANSACTION**

```
BEGIN TRANSACTION
INSERT creditcardnumber (name, number, expires)
    VALUES ("Mueller", "3214-6541-4567-5668", "09/99")
INSERT order (name) VALUES ("Mueller")
COMMIT TRANSACTION
```

Nachdem die Kreditkartennummer gespeichert wurde, stürzt der Webserver ab. Da das zweite INSERT-Kommando noch nicht ausgeführt werden konnte, wird auch die erste »Transaktion« keinen Effekt haben. Sie können dieses Zurückholen (engl. *roll back*) oder Ungültigmachen eines Befehls auch von Hand auslösen:

```
ROLLBACK TRANSACTION
```

9.2.3 Prozeduren und Trigger

Trigger erlauben den Aufbau größerer Datenbankapplikationen, indem häufig benötigte Aufgaben von der Datenbank im Hintergrund erledigt werden. Prozeduren sind der Mechanismus, mit dem Batchprogramme abgespeichert und mehrfach verwendet werden können.

Was sind Prozeduren?

Auch SQL kennt Prozeduren. Diese Prozeduren sind unter einem eigenen Namen in der Datenbank gespeichert und stehen damit immer wieder zur Verfügung. Mit Prozeduren nähert sich SQL schon den traditionellen Skriptsprachen an. Die Verwendung ist durchaus sinnvoll. Einige der möglichen Anwendungen lauten:

- Wenn Sie in Ihren Active Server Pages wiederholt umfangreiche SQL-Strukturen nutzen, kann es sinnvoll sein, diese als Prozedur zu speichern.

- Wenn Sie intensiv Prozeduren nutzen, denken Sie daran, dass der Server jedes Mal die Prozedur durchsucht, übersetzt und ausführt. Prozeduren sind schneller. Die Ausführung von zehn Befehlen in einer Prozedur von ASP aus zu starten ist schneller als zehn Befehle einzeln von ASP aus auszuführen.

- Prozeduren können Parameter entgegennehmen und zurückgeben.

- Haben Sie den Datenbankserver auf einem anderen Rechner, reduzieren Sie den Netzwerkverkehr zwischen den Computern, wenn Sie statt einzelner Befehle Prozeduren nutzen.

- Sie können die Rechte innerhalb der Tabellen von Prozeduren aus so beeinflussen wie direkt im SQL-Server-Manager. Das erhöht die Sicherheit der gesamten Datenbankanwendung.

- Prozeduren können einander aufrufen. So sind komplexe Applikationen möglich. Sie können kleinere Prozeduren immer wieder verwenden und damit schnell zu umfangreichen Datenbankprogrammen gelangen.

Prozeduren erzeugen

Sie können jeden einfachen SQL-Befehl als Prozedur ablegen. Die folgende Prozedur gibt alle Felder der Tabelle *partner* zurück:

CREATE PROCEDURE

CREATE PROCEDURE alle_partner AS SELECT * FROM partner

Der Name der Prozedur muss eindeutig sein. Sie können natürlich mehrere Befehle in der Prozedur speichern. Sind Sie fertig, speichern Sie die Prozedur. Änderungen sind nicht mehr möglich. Wollen Sie unbedingt etwas ändern, löschen Sie die Prozedur, und legen Sie sie neu an:

DROP PROCEDURE

DROP PROCEDURE alle_partner

Prozeduren können Parameter übernehmen. Die übergebenen Werte werden mit den bekannten Datentypen deklariert:

```
CREATE PROCEDURE einige_partner (@f_key INT)
AS
IF EXISTS (SELECT name FROM partner WHERE p_key=@f_key)
   PRINT name
ELSE
   PRINT "Nicht gefunden"
```

Sie können 255 Werte an jede Prozedur übergeben. Beim Aufruf mit EXECUTE werden die Parameter einfach hinter den Namen geschrieben:

EXECUTE

EXECUTE einige_partner 156

Parameter können von Prozeduren auch wieder zurückgegeben werden. In einigen SQL-Umgebungen werden sie dann Funktionen genannt. Die Deklaration derartiger Prozeduren ist wichtig, denn Sie können die Rückgabewerte in den Active Server Pages auswerten.

```
CREATE PROCEDURE einige_partner
   (@f_key INT,
   @sname VARCHAR(50) OUTPUT)
AS
IF EXISTS (SELECT name FROM partner WHERE p_key=@f_key)
   SELECT @sname = name
ELSE
   SELECT @sname = "Nicht gefunden"
```

Der Aufruf ist ähnlich der Prozedur ohne Rückgabewert, nur das Schlüsselwort OUTPUT muss mit angegeben werden.

.. OUTPUT

```
DECLARE @sname VARCHAR(50)
EXECUTE einige_partner 156, @sname OUTPUT
PRINT @sname
```

9 Arbeiten mit Datenbanken

> Das Schlüsselwort PRINT ist nur dann sinnvoll, wenn der SQL-Server eine Ausgabekonsole hat, wenn Sie beispielsweise den Query Analyzer (der zum SQL Server gehört) verwenden. In ASP-Umgebungen gehen die mit PRINT erzeugten Ausgaben verloren.

RETURN Auch Prozeduren verstehen das Schlüsselwort RETURN. Sie können es genauso verwenden wie in Batchprogrammen. Mit Erreichen des Wortes RETURN wird die Prozedur sofort beendet. Hinter RETURN können Sie Werte angeben, die zurückgegeben werden.

```
CREATE PROCEDURE check_admins (@admins VARCHAR(50))
AS
IF EXISTS (SELECT name FROM mitarbeiter WHERE name=@admins)
BEGIN
    RETURN(1)
END
IF EXISTS (SELECT name FROM gaeste WHERE name=@admins)
BEGIN
    RETURN(2)
END
RETURN(3)
```

Solche Statuswerte sind manchmal einfacher und leichter zu behandeln als irgendwelche Worte. Beachten Sie aber, dass SQL selbst Statuswerte kennt. Benutzen Sie eigene Werte nur größer als 0 oder kleiner als -99. Die Werte zwischen -99 und 0 sind von SQL belegt. Sie haben die in Tabelle 9.8 wiedergegebene Bedeutung (aus der Hilfe zum Microsoft SQL Server).

Tab. 9.8: Statusmeldungen der Prozeduren, die SQL generiert

Wert	Bedeutung für die Prozedur
0	Erfolgreich abgearbeitet
-1	Objekt nicht gefunden
-2	Datentyp falsch
-3	Der Prozess ist eine Endlosschleife.
-4	Zugriffsrechte verletzt
-5	Syntax-Fehler
-6	Allgemeiner Fehler
-7	Ressourcenproblem (häufig Speichermangel)
-8	Unkritischer interner Fehler
-9	Systemgrenzen erreicht
-10	Kritische interne Inkonsistenz
-11	Kritische interne Inkonsistenz
-12	Tabelle oder Index ist beschädigt (meist nach Abstürzen)

Wert	Bedeutung für die Prozedur
-13	Die gesamte Datenbank ist beschädigt.
-14	Hardwarefehler entdeckt

Tab. 9.8: Statusmeldungen der Prozeduren, die SQL generiert (Forts.)

Kleine Automaten in SQL: Trigger

Als Trigger (dt. Auslöser) werden Prozeduren bezeichnet, deren Start nicht von der Eingabe oder der Ausführung eines Befehles abhängt, sondern von einem Ereignis. Trigger werden also nicht von einem ASP-Skript aus gestartet, sondern mit bestimmten Zuständen und Bedingungen verbunden und starten dann bei Bedarf direkt im SQL-Server.

TRIGGER
CREATE TRIGGER
CREATE TRIGGER ... ON ... FOR ... AS

Auslösende Merkmale können alle Arten von Änderungen an der Datenbank sein – also die Anwendung der Befehle UPDATE, INSERT und TRUNCATE.

Die Erzeugung eines neuen Triggers ist sehr einfach:

```
CREATE TRIGGER new_webuser ON admins FOR INSERT AS
EXECUTE master..xp_sendmail "admin", "Neuer Nutzer angemeldet"
```

Hinter dem Schlüsselwort TRIGGER steht der Name des Triggers, hinter ON die Tabelle, auf die sich der Trigger bezieht. Trigger arbeiten immer tabellenorientiert. FOR INSERT bedeutet, dass der Befehl INSERT, auf die Tabelle *admins* angewendet, den Trigger auslöst. Hinter AS beginnt dann der Code des Triggers. In dem Beispiel wird eine E-Mail versendet (nur wenn der Exchange Server auf dem Server installiert ist). Merkmale eines Triggers sind:

▶ Löschen Sie die Tabelle mit DROP, werden auch alle Trigger gelöscht.

▶ Jede Aktion kann nur einen Trigger haben. Wenn Sie INSERT schon bedienen, ist es nicht sinnvoll, erneut einen Trigger an INSERT zu binden. Definieren Sie einen zweiten Trigger mit demselben Auslöser, wird der alte ohne Kommentar gelöscht.

Normalerweise haben Sie drei Trigger: UPDATE, DELETE, INSERT.

Löschen können Sie Trigger mit dem DROP-Befehl:

DROP TRIGGER

DROP TRIGGER name

Um feststellen zu können, welche Aktion den Trigger wirklich ausgelöst hat, reichen die bisherigen Informationen nicht aus. DELETE- oder UPDATE-Befehle werden bei großen Programmen hundertfach benutzt und immer wieder wird der Trigger ausgelöst. Der folgende Trigger speichert beispielsweise jeden gelöschten Ansprechpartner in einer Sicherheitstabelle:

```
CREATE TRIGGER name_weg ON partner
FOR DELETE
AS
INSERT logdata (name) SELECT name FROM deleted
```

Triggertabellen nutzen

Der Trick ist die Verwendung der Tabelle *deleted*. Diese wird automatisch mit jedem DELETE angelegt, wenn ein Trigger definiert ist. Ebenso gibt es eine Tabelle *inserted*, die nur dann vorhanden ist, wenn das Kommando INSERT arbeitet und ein assoziierter Trigger existiert. Wann immer Sie die gesamte Tabelle mit DELETE löschen, wird die Spalte *name* komplett nach Tabelle *logdata* kopiert:

```
DELETE partner
```

Grundsätzlich können Sie damit leicht Protokolldateien für Ihren SQL Server erzeugen. Den Zustand der beiden Tabellen finden Sie in der folgenden Tabelle:

Tab. 9.9: Inhalt der Triggertabellen Inserted und Deleted bei Auslösen des Triggers durch verschiedene Ereignisse

Tabelle	Auslöser für den Trigger		
	INSERT	DELETE	UPDATE
Inserted	Eingefügte Reihen	Leer	Reihen vor dem Update
Deleted	Leer	Gelöschte Reihen	Reihen nach dem Update

Triggertricks

Raffiniert ist die Kombination aus Trigger und Transaktion. Der folgende Trigger verhindert Änderungen der Datenbank am Wochenende:

```
CREATE TRIGGER weekend_prevent ON partner
FOR INSERT,DELETE,UPDATE
AS
IF DATENAME(dw,GETDATE())="Sunday") OR
DATENAME(dw,GETDATE())="Saturday")
ROLLBACK TRANSACTION
```

Ohne eine Zeile Code in ASP wird damit ein sehr weitreichender Effekt erzielt. Das ist auch der Sinn der Trigger. Denken Sie bei der Planung einer Applikation dann an Trigger, wenn Sie grundsätzliche Prozesse automatisieren möchten, die sich auf allen Active Server Pages wiederholen würden.

9.3 SQL Server-Werkzeuge

In diesem Abschnitt wird das Programm Query Analyzer vorgestellt, das zum Microsoft SQL Server 7/2000 gehört und interaktiv den Zugriff auf die Datenbank zulässt. Sie können den Query Analyzer vor allem einsetzen, wenn es um die Prüfung der korrekten Syntax eines SQL-Befehls geht, und natürlich zum Erfassen und Anzeigen von Testdaten.

9.3.1 Der Query Analyzer im SQL Server 7

Dieser Abschnitt gibt eine kurze Einführung in die Verwendung des Query Analyzer des SQL Server 7. Im SQL Server 2000 steht dasselbe Werkzeug zur Verfügung.

Einführung

Ist der MS SQL Server 7 korrekt installiert, finden Sie das Programm unter START | PROGRAMME | MICROSOFT SQL SERVER 7 | QUERY ANALYZER.

Im entsprechenden Dialogfenster (Abbildung 9.2) können Sie den Dienst automatisch starten lassen. Das ist für ein Entwicklungssystem praktisch, auf dem der SQL-Server-Dienst nicht ständig laufen sollte.

Abbildung 9.2: SQL Server-Dienstemanager (über Systemsteuerung erreichbar)

- SQL Server Query Analyzer ist ein grafisches Werkzeug, das die Durchführung folgender Aufgaben ermöglicht:
- Bearbeiten und Erstellen von SQL-Skripts und Abfragen
- Abfragen von Microsoft SQL Server-Datenbanken
- Anzeigen einer grafischen Darstellung des (geschätzten) Ausführungsplanes
- Anzeigen der Abfrageergebnisse in einem Gitternetz oder als Text
- Durchführen einer Indexanalyse
- Abrufen der Hilfe zur Transact-SQL-Syntax
- Anzeigen von Statistikinformationen zu einer ausgeführten Abfrage

9 Arbeiten mit Datenbanken

▶ Gleichzeitiges Ausführen mehrerer Transact-SQL-Skripts oder gespeicherter Prozeduren

Abbildung 9.3: Der Query Analyzer muss sich am SQL Server 7 anmelden.

Die Bedienoberfläche

Ansichten des Query Analyzers

Der Query Analyzer enthält mehrere Anzeigeformen, die Sie leicht wechseln können:

▶ Ergebnisansicht in Textform

▶ Ergebnisansicht in Gitterform (Tabelle; siehe Abbildung 9.4)

▶ Ausführungsplan (siehe Abbildung 9.5)

▶ Meldungsfenster (siehe Abbildung 9.6)

Abbildung 9.4: Query Analyzer: Ergebnisliste in Tabellenform

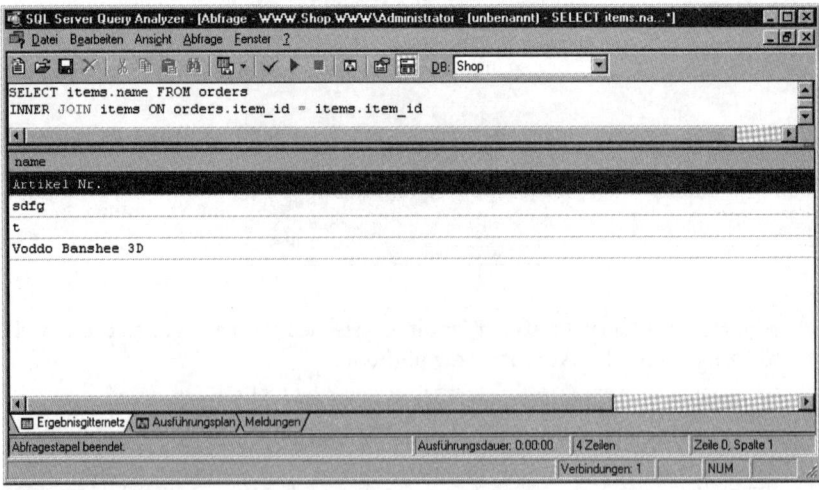

Query Analyzer als Standardprogramm für SQL-Dateien

Die eingegebenen oder geladenen Befehle können ausgedruckt und gespeichert werden. Sie können den Query Analyzer auch so einrichten, dass Dateien mit der Erweiterung .SQL automatisch das Programm starten und dann bearbeitet werden können. Die Erweiterung .SQL für SQL-Befehlsdateien ist optional und kann geändert werden.

SQL Server-Werkzeuge

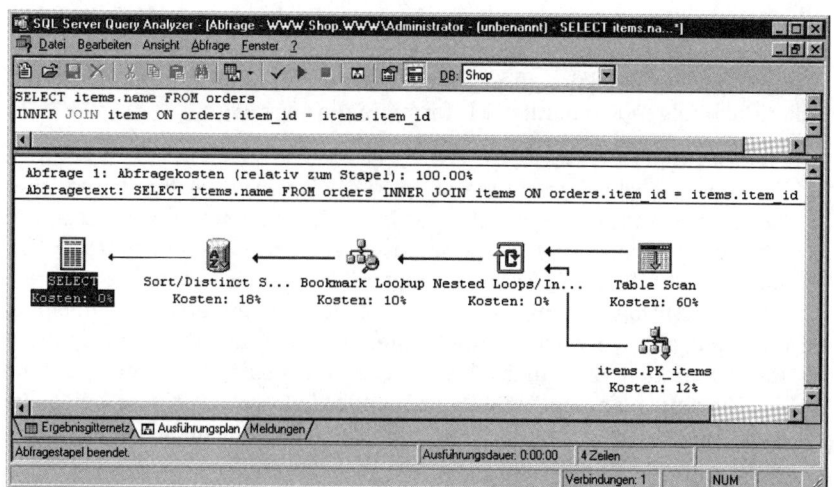

Abbildung 9.5:
Query Analyzer:
Ausführungsplan
eines komplexen
SQL-Befehls

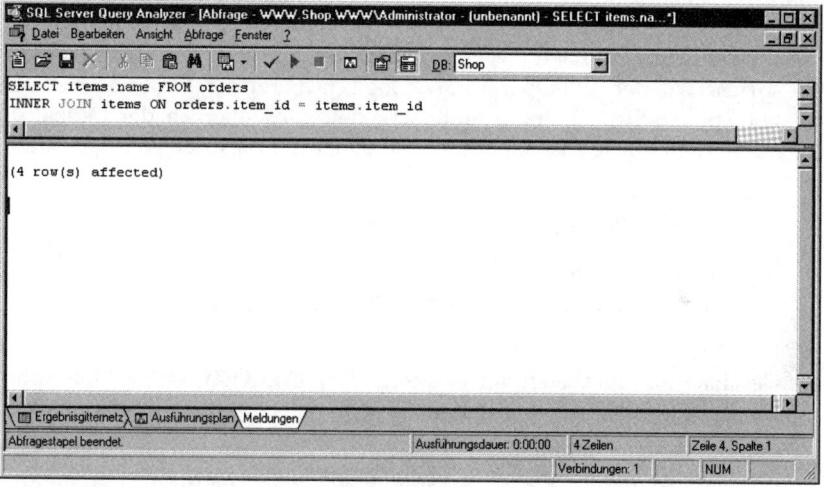

Abbildung 9.6:
Query Analyzer:
Meldungsfenster
mit Erfolgs- oder
Fehlermeldungen

Um die Funktion zu aktivieren, gehen Sie folgendermaßen vor:

▶ Wählen Sie DATEI | KONFIGURIEREN ...

▶ Ändern Sie die Dateierweiterung bei Bedarf.

▶ Aktivieren Sie die Option QUERY ANALYZER ALS STANDARDEDITOR VERWENDEN.

Ausführungspläne

Die Ausführungspläne können gut zur Optimierung verwendet werden. Der SQL-Prozessor verwendet dabei für die Anzeige so genannte physische Elemente. Diese Elemente führen den eigentlichen Befehl aus. Die logische

Schreibweise der SQL-Befehle kann dem entsprechen, muss aber nicht. Die logischen Befehle werden aber entsprechend zugeordnet. Wenn Sie den Ausführungsplan sehen, können Sie jedes Element mit der Maus berühren und bekommen folgende detaillierte Informationen angezeigt:

- **PHYSISCHE OPERATION**
  Verwendeter physischer Operator, wie beispielsweise Hash Join oder Nested Loops. Rot dargestellte physische Operatoren zeigen an, dass der Abfrageoptimierer eine Warnung ausgegeben hat, wie fehlende Spaltenstatistik oder fehlende Verknüpfungsprädikate. Dies kann dazu führen, dass der Abfrageoptimierer einen weniger effizienten Ausführungsplan auswählt, als zu erwarten wäre. Weitere Informationen über die Spaltenstatistik finden Sie unter »Statistische Informationen«. Der grafische Ausführungsplan schlägt entsprechende Aktionen vor, wie beispielsweise Statistik erstellen oder aktualisieren oder Index erstellen. Die fehlende Spaltenstatistik und die fehlenden Indizes können mit Hilfe der Kontextmenüs des Query Analyzers sofort erstellt oder aktualisiert werden.

- **LOGISCHE OPERATION**
  Verwendeter logischer Operator, der dem physischen Operator entspricht, wie der JOIN-Operator. Der logische Operator wird, wenn er sich vom physischen Operator unterscheidet, ganz oben in der QuickInfo hinter dem physischen Operator und einem Schrägstrich / aufgeführt.

- **ZEILENANZAHL**
  Anzahl der Zeilen, die der Operator ausgibt.

- **GESCHÄTZTE ZEILENLÄNGE**
  Geschätzte Länge der Zeile, die der Operator ausgibt.

- **E/A-KOSTEN**
  Geschätzte E/A-Kosten der gesamten E/A-Aktivität für die Operation. Dieser Wert sollte möglichst klein sein.

- **CPU-KOSTEN**
  Geschätzte CPU-Kosten der gesamten CPU-Aktivität für die Operation.

- **ANZAHL AN AUSFÜHRUNGEN**
  Anzahl der Ausführungen der Operation während der Abfrage.

- **KOSTEN**
  Kosten, die der Abfrageoptimierer beim Ausführen dieser Operation verursacht, einschließlich des prozentualen Kostenanteils der Operation an den Abfragegesamtkosten. Da das Abfragemodul die Operation auswählt, mit der die Abfrage oder Anweisung am effizientesten ausgeführt wird, sollte dieser Wert möglichst gering sein.

SQL Server-Werkzeuge

▶ GESAMTE TEILBAUMKOSTEN
Gesamtkosten, die der Abfrageoptimierer beim Ausführen dieser Operation und aller im selben Teilbaum vorhergehenden Operationen verursacht.

▶ ARGUMENT
Von der Abfrage verwendete Prädikate und Parameter.

9.3.2 Der SQL Server Enterprise Manager

Das zentrale Verwaltungswerkzeug des SQL Servers ist der Enterprise Manager.

Übersicht

Der Enterprise Manager ist das zentrale Werkzeug zur Verwaltung des Servers und der Datenbanken. Der Enterprise Manager kann als selbstständiges Snap-In für die Microsoft Management Konsole (MMC) installiert werden. Ob Sie die Bedienung mit dem IIS und anderen Komponenten kombinieren oder nicht, ändert nichts an der Funktionalität. Es ist lediglich bequemer, sich bei umfangreichen Projekten auch auf der Verwaltungsseite in einer einheitlichen Umgebung zu bewegen. Durch Windows 2000 und die integrierte Managementkonsole ist dies nun noch einfacher.

Der Enterprise Manager

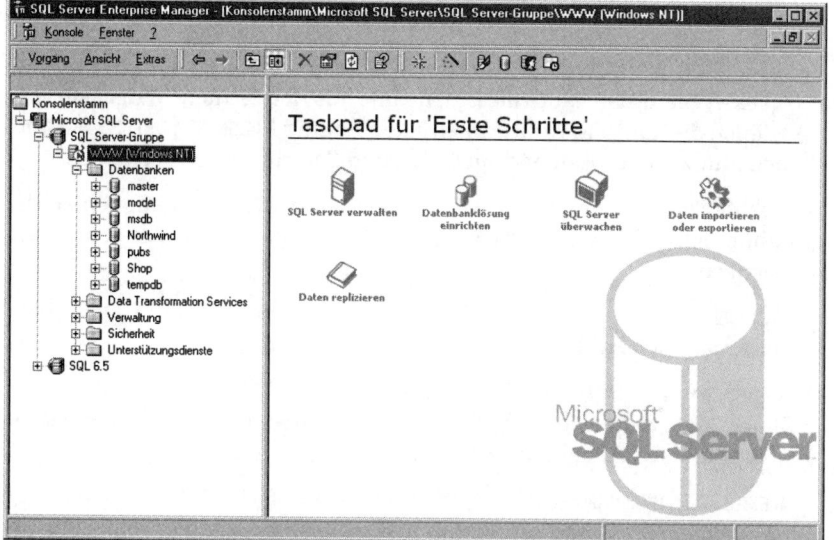

*Abbildung 9.7:
Der Enterprise Manager und die wichtigsten Assistenten auf einen Blick*

Der Enterprise Manager enthält eine Reihe von Assistenten, die bei der Bearbeitung von elementaren Aufgaben helfen. Auf die einzelnen Schritte soll hier nicht eingegangen werden. Die meisten Dialogfelder sind mit umfangreichen und verständlichen Erklärungen versehen. Testen Sie einige der im letzten Abschnitt für Access gezeigten Beispiele anhand der Assistenten, um sich mit der Wirkungsweise vertraut zu machen. Sie können dann auch besser entscheiden, ob die zukünftige Arbeit mit Assistenten oder Transact-SQL-Befehlen ausgeführt wird (siehe Abbildung 9.7).

Datenbanken erstellen und bearbeiten

Die wohl häufigste Aktion im Enterprise Manager wird die Erstellung einer Datenbank sein. Da kaum mehrere Datenbanken gemeinsam erstellt werden, sind Skripte mit dem Befehl CREATE DATABASE eher selten anzutreffen. Im Enterprise Manager gehen Sie folgendermaßen vor:

- Klicken Sie mit der rechten Maustaste auf den Eintrag DATENBANKEN und wählen Sie den Befehl NEUE DATENBANK ERSTELLEN...

- Vergeben Sie einen Namen für die Datenbank und legen Sie in der Dateitabelle den Speicherort der Datenbank fest.

- Stellen Sie die Anfangsgröße und den Zuwachs der Datenbank ein. Die Zuwachsvorgabe (Dateivergrößerung) von 10% kann beibehalten werden.

- Beschränken Sie die Größe nur dann, wenn Ihr System auf einen relativ geringen Platz beschränkt ist und der Datenzuwachs nicht kontrolliert werden kann.

- Stellen Sie diese Parameter auch für das Transaktionsprotokoll ein.

- Schließen Sie den Dialog wieder – die Datei erscheint in der Liste der Datenbanken.

- Klicken Sie erneut auf die Datenbank mit der rechten Maustaste und wählen Sie aus dem Kontextmenü den Eintrag EIGENSCHAFTEN. Sie können nun weitere Optionen einstellen und Berechtigungen vergeben.

Die rechte Seite des Enterprise Manager zeigt jeweils Informationen zu der gewählten Datenbank an. Am Kopf der Seite finden Sie weitere Auswahlmöglichkeiten:

- ALLGEMEIN
  Informationen zur Datenbank

- TABELLEN & INDIZES
  Zeigt die bereits erzeugten Tabellen und Indizes und deren momentane Größe und die Anzahl der Zeilen an.

- RESERVIERTER SPEICHER
  Dort finden Sie Angaben über den aktuellen Bedarf an Speicher für die Datenbank insgesamt. Die erhebliche Differenz zwischen dem Bedarf der Tabellen und insgesamt resultiert aus den vielen aus der *master*-Datenbank übernommenen Standardobjekten.

SQL Server-Werkzeuge

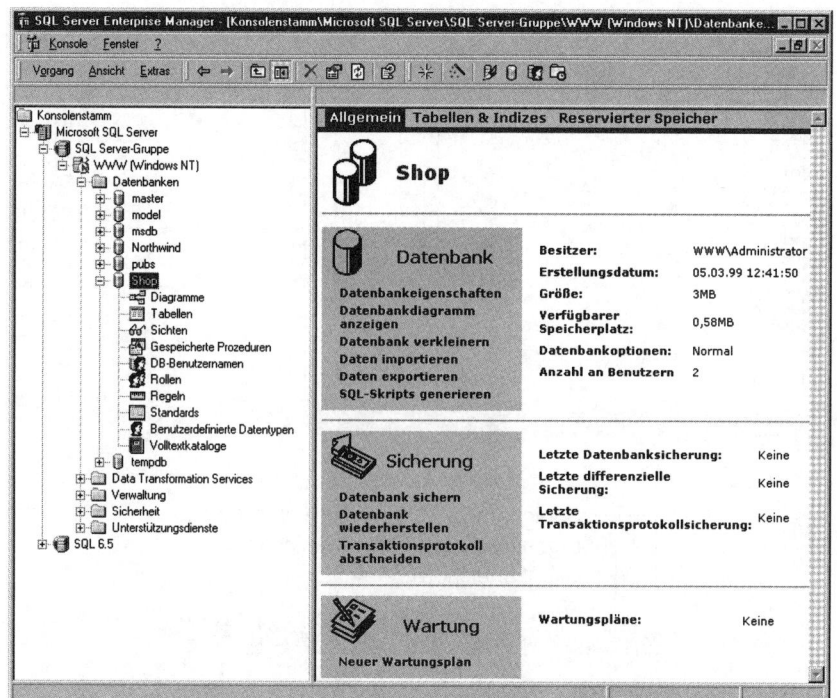

Abbildung 9.8:
Anzeige Datenbankinformationen im Enterprise Manager

Tabellen einrichten und verwalten

Im nächsten Schritt können Sie Tabellen anlegen, die Vorgehensweise entspricht dem der Datenbanken. Die Bearbeitungsansicht ermöglicht die bequeme Erfassung aller Tabellendaten (Abbildung 9.9).

Wenn Sie die Tabelle angelegt haben, können Sie sich das entsprechende Skript generieren lassen. Bauen Sie dieses SQL-Skript in ASP-Seiten oder andere Programme ein, können Sie auf anderen Systemen die Tabellen per SQL-Befehl anlegen – ohne eine Zeile SQL-Code von Hand eingetippt zu haben.

Die Bedienung ist weitestgehend nur über das Taskpad – die Icon-Leiste der Tabellenansicht – möglich. Abbildung 9.10 erklärt die verfügbaren Befehle.

Für die angesprochene Anzeige der SQL-Codes klicken Sie auf die Schaltfläche SKRIPT GENERIEREN. Wenn Sie Primärschlüssel, Beschränkungen und die Benutzerzuweisungen vorher bereits definiert haben, werden diese in die Skripterstellung einbezogen. Das gilt auch für Beziehungen zwischen den Tabellen, den FOREIGN KEY CONSTRAINTS.

Das so erstellte Skript enthält weitaus mehr Informationen, als in den meisten Fällen benötigt wird. Aber es zeigt auch, wie fehlertolerant programmiert werden sollte.

9 Arbeiten mit Datenbanken

Abbildung 9.9:
Anlegen einer neuen Tabelle im Enterprise Manager

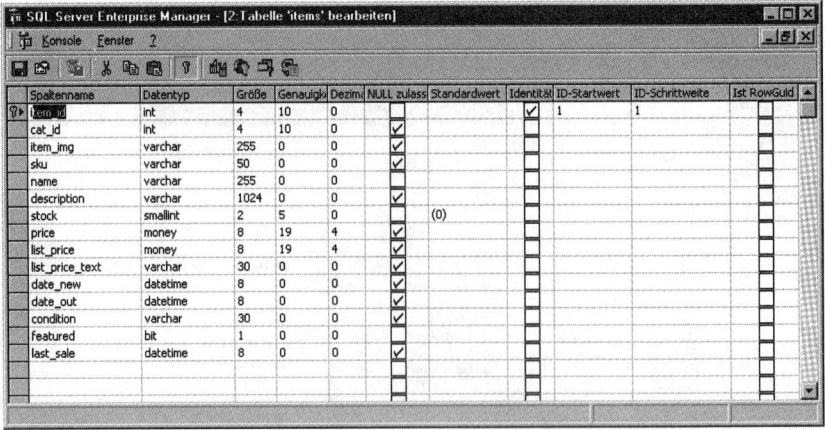

Abbildung 9.10:
Taskpad und Bedeutung der Schaltflächen in der Tabellenansicht

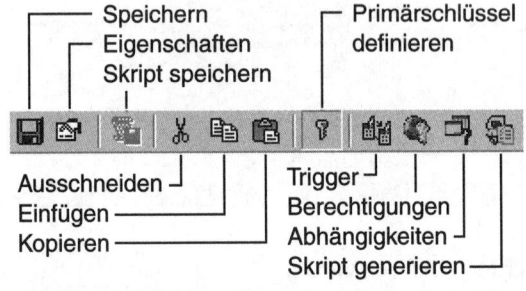

Abbildung 9.11:
Abhängigkeiten für Bestellungen

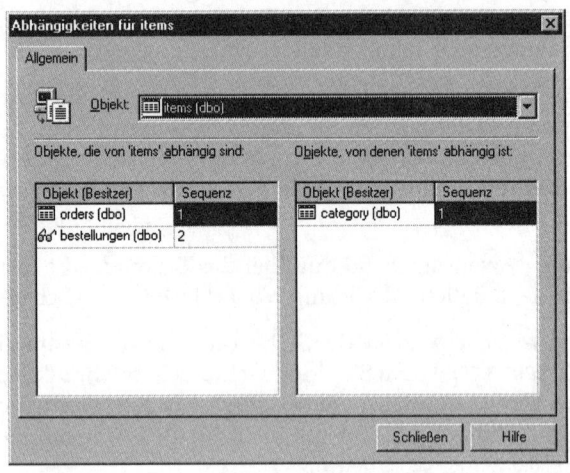

Umgang mit automatisch generierten Skripten

Der erste Teil löscht die externe Verknüpfung zur Bestelltabelle, damit später beim Löschen der Tabelle keine Fehler entstehen:

SQL Server-Werkzeuge

```
ALTER TABLE [dbo].[orders] DROP CONSTRAINT FK_orders_items
GO
```

Wenn die Tabelle schon existiert, wird sie zuerst gelöscht. Das ist notwendig, damit sie später neu angelegt werden kann:

```
if exists
  (select * from sysobjects where id =
          object_id(N'[dbo].[items]')
  and OBJECTPROPERTY(id, N'IsUserTable') = 1)
drop table [dbo].[items]
GO
```

Dann werden dem Administrator die Zugriffsrechte erteilt, falls er noch nicht in der syslogins-Tabelle registriert ist. Im nächsten Schritt wird der anonyme Webnutzer eingetragen:

```
if not exists
  (select * from master..syslogins where name
       = N'WWW\Administrator')
     exec sp_grantlogin N'WWW\Administrator'
     exec sp_defaultdb N'WWW\Administrator', N'master'
     exec sp_defaultlanguage N'WWW\Administrator', N'Deutsch'
GO
if not exists
  (select * from master..syslogins where name = N'WWW\IUSR_WWW')
     exec sp_grantlogin N'WWW\IUSR_WWW'
     exec sp_defaultdb N'WWW\IUSR_WWW', N'Shop'
     exec sp_defaultlanguage N'WWW\IUSR_WWW', N'Deutsch'
GO
exec sp_addsrvrolemember N'VORDEFINIERT\Administratoren', sysadmin
GO
exec sp_addsrvrolemember N'WWW\Administrator', sysadmin
GO
```

Dem Webnutzer wird nur der Datenbankzugriff gewährt:

```
if not exists
  (select * from sysusers where name = N'WWW\IUSR_WWW'
   and uid < 16382)
     EXEC sp_grantdbaccess N'WWW\IUSR_WWW', N'WWW\IUSR_WWW'
GO
```

Dann wird die Tabelle erzeugt (dies ist natürlich davon abhängig, was Sie zuvor als Tabelle erstellt haben):

```
CREATE TABLE [dbo].[items] (
     [item_id] [int] IDENTITY (1, 1) NOT NULL ,
     [cat_id] [int] NULL ,
     [item_img] [varchar] (255) NULL ,
     [sku] [varchar] (50) NULL ,
```

```
    [name] [varchar] (255) NOT NULL ,
    [description] [varchar] (1024) NULL ,
    [stock] [smallint] NOT NULL
) ON [PRIMARY]
GO
```

Der Tabelle werden nun Standardwerte (DEFAULT) und Primärschlüssel (PRIMARY KEY) zugewiesen.

```
ALTER TABLE [dbo].[items] WITH NOCHECK ADD
    CONSTRAINT [DF_items_stock] DEFAULT (0) FOR [stock],
    CONSTRAINT [PK_items] PRIMARY KEY  NONCLUSTERED
    (
    [item_id]
    ) ON [PRIMARY]
GO
```

Dann werden die Nutzerrechte eingeschränkt für den Webnutzer freigegeben. Beispielsweise soll nur ausgewählt (SELECT) und geändert (UPDATE) werden. Für das Einfügen weiterer Datensätze muss der Nutzer zu der Administratorgruppe gehören.

```
GRANT SELECT , UPDATE ON [dbo].[items] TO [WWW\IUSR_WWW]
GO
```

Dann wird eine externe Verknüpfung auf eine weitere Tabelle angelegt:

```
ALTER TABLE [dbo].[items] ADD
    CONSTRAINT [FK_items_category] FOREIGN KEY
    (
        [cat_id]
    ) REFERENCES [dbo].[category] (
        [cat_id]
    )
GO
```

Die Reihenfolge zumindest der letzten Befehle ist wenig nachvollziehbar, nichtsdestoweniger funktioniert das Skript. Welche einzelnen Befehle wirklich generiert werden, können Sie einstellen. Abbildung 9.12 zeigt das Optionsdialogfeld.

Die weiteren Eigenschaften der Tabelle betreffen die Nutzerrechte (siehe Abbildung 9.13) und die Verknüpfungen. Die Benutzer werden jedoch in einem eigenen Dialog des Enterprise Managers angelegt und verwaltet.

SQL Server-Werkzeuge

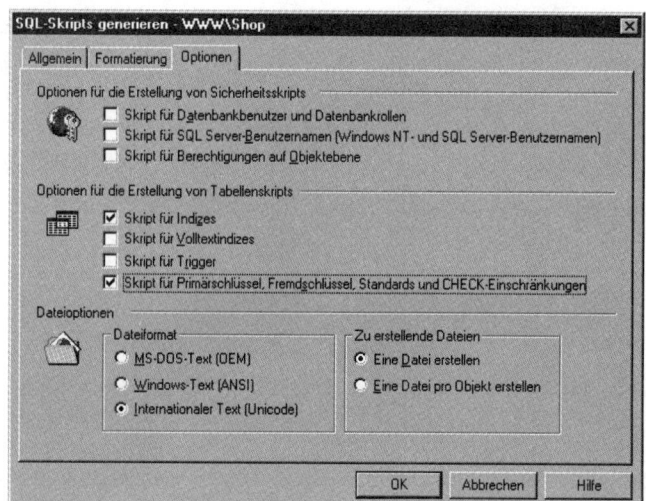

Abbildung 9.12:
Angabe der Optionen für die automatische Skripterstellung

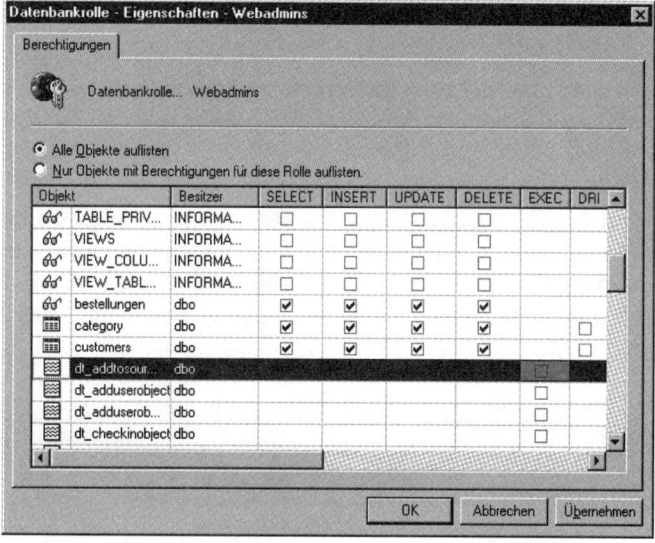

Abbildung 9.13:
Der anonyme Webnutzer darf bei dieser Tabelle nur auswählen und ändern, jedoch keine Elemente einfügen oder löschen

Weitere Einstellmöglichkeiten

Es gibt viele weitere Optionen, die im SQL Server 7 eingestellt werden können, dazu gehören unter anderem:

- Einstellungen dedizierter Zugriffsrechte
- Diagramme der Datenbank erstellen und Verknüpfungen modifizieren
- Gespeicherte Prozeduren erstellen, testen und speichern
- Anlegen von Triggern

9 Arbeiten mit Datenbanken

Wenn Sie den SQL Server als Produktionsserver einsetzen, sollten Sie sich mit entsprechender Fachliteratur versorgen, um die vielfältigen Einstellmöglichkeiten optimal nutzen zu können. Mit ASP und dem SQL Server haben Sie eine außerordentlich leistungsstarke Kombination für den Aufbau datenbankgestützter Websites, die besonders im Intranet unschlagbar ist.

9.4 SQL mit Access lernen

Am besten lernen Sie SQL kennen, wenn Sie mit den Daten spielen. Die folgenden Beispiele beziehen sich auf die Musterdatenbank *Nordwind* in Microsoft Access 2000. Wenn Sie einen anderen Server verwenden, schauen Sie in der Dokumentation nach, welche Beispieldaten mitgeliefert werden.

9.4.1 Datenbankzugriff mit Access

Access ist einfach zu bedienen und fast überall installiert. Dieser Abschnitt wendet sich an alle Leser, die SQL mit Hilfe von Access lernen möchten.

Datenbank in Access anlegen

Eine Entwicklungsdatenbank mit Access anlegen

Starten Sie Access und legen Sie mit DATEI | NEUE DATENBANK ANLEGEN... eine neue Datenbank an. Sie können einen Assistenten oder eine der mitgelieferten Vorlagen benutzen. Für die meisten Webprojekte dürfte das nicht sehr sinnvoll sein. Legen Sie für dieses Beispiel eine leere Datenbank an (Abbildung 9.14).

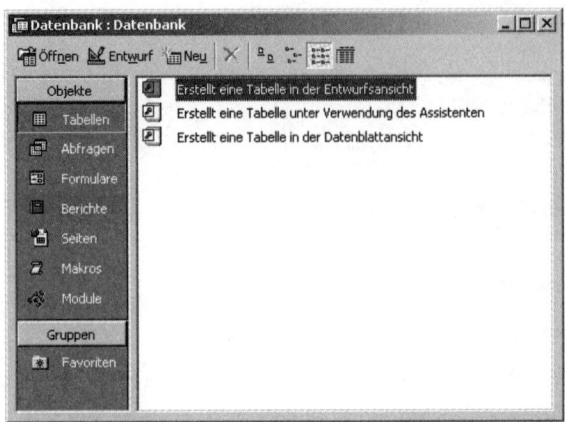

*Abbildung 9.14:
Eine leere Datenbank in Access 2000*

SQL mit Access lernen

Mit dem Assistenten ERSTELLT EINE TABELLE IN DER ENTWURFSANSICHT... können Sie nun eine neue Tabelle anlegen. Die Gestaltung der Formulare spielt keine Rolle, da als »Frontend« ASP eingesetzt werden soll.

Nachdem die Tabelle existiert, können Sie die einzelnen Felder und Datentypen der Felder erstellen (siehe Abbildung 9.15).

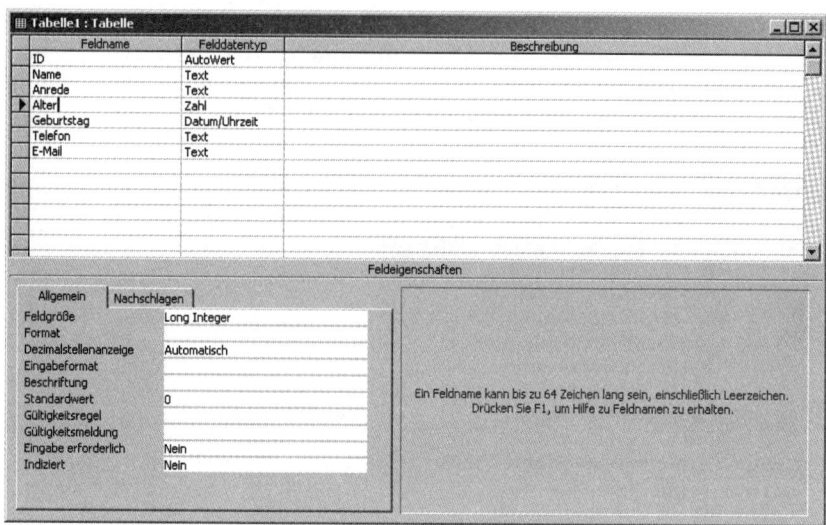

Abbildung 9.15: Die Entwurfsansicht: Eingeben von Feldnamen und -typen

Ein paar Musterdaten können für die ersten Schritte mit ASP sinnvoll sein, diese sind mit Access schnell angelegt.

Abbildung 9.16: Eingabe von Musterdaten in die Tabelle

Meldungen und Beschriftungen gelten nur innerhalb der Access-Umgebung und sind nicht sinnvoll, wenn Sie mit ASP auf die Access-Datenbank zugreifen. Wenn Sie die Tabellen angelegt haben, muss die Access-Datenbank im System bekannt gemacht werden, damit die Datenobjekte darauf zugreifen können. Jetzt kommt ODBC ins Spiel. Wenn Sie SQL schon beherrschen, lesen Sie in Abschnitt 9.5 *Universeller Zugriff mit ODBC ab* Seite 536 über ODBC weiter, ansonsten im nächsten Abschnitt.

9.4.2 SQL in Access verwenden

Im Gegensatz zum SQL Server ist SQL in Access nur eine mögliche Abfragesprache. Die üblicherweise genutzte Sprache ist VBA (Visual Basic für Applikationen). Da Sie mit SQL aber ein breiteres und solideres Wissen zur

SQL mit Access

9 Arbeiten mit Datenbanken

Datenbankprogrammierung erwerben können, soll hier die Eingabe von SQL-Anweisungen in Access erläutert werden.

Vorbereitung

Zuerst starten Sie Access und laden die Beispieldatenbank *Nordwind* (Abbildung 9.10). Diese Datenbank wird, wenn sie installiert wurde, beim ersten Dialog angeboten. Erscheint sie dort nicht, sollten Sie die entsprechenden Dateien von der Office-2000-CD nachinstallieren. Sie können auch eine andere Datenbank verwenden, müssten dann aber die in diesem Abschnitt gezeigten Beispiele entsprechend anpassen.

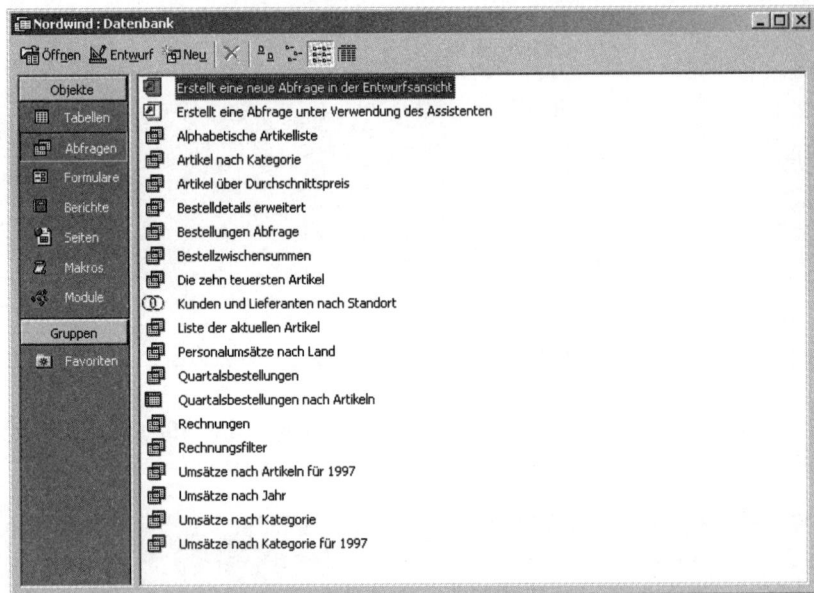

Abbildung 9.17: Laden der Beispiel-Datenbank Nordwind

Wo Sie SQL-Befehl eingeben

Mancher eingefleischte Access-Nutzer wird großartige Projekte erstellt haben und dabei nie mit SQL in Berührung gekommen sein. Es gibt tatsächlich eine Vielfalt von Assistenten und Hilfen, die auch ohne SQL-Kenntnisse ansprechende Ergebnisse hervorbringen. Diese nützen Ihnen nur von der ASP-Ebene aus recht wenig.

Um zum SQL-Eingabefenster zu gelangen, erstellen Sie eine neue Abfrage (Abbildung 9.18) im Entwurfsmodus. Danach erscheint ein Fenster mit der Auswahl der Datenbanken – wählen Sie alle Datenbanken an. Klicken Sie dann mit der rechten Maustaste in einen freien Bereich und wählen Sie aus dem Kontextmenü den Eintrag SQL-Ansicht (Abbildung 9.19).

SQL mit Access lernen

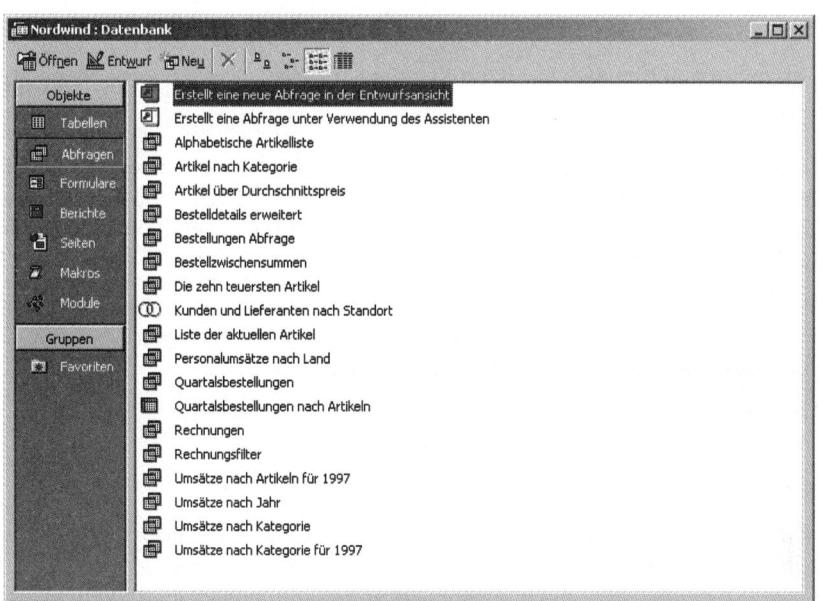

*Abbildung 9.18:
Erstellen einer
neuen Abfrage im
Entwurfsmodus*

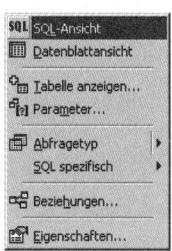

*Abbildung 9.19:
Umschalten in die
SQL-Ansicht des
Abfrage-Entwurfs-
fensters*

*Abbildung 9.20:
SQL-Abfrage: In
diesem Editor geben
Sie alle Abfragebe-
fehle ein*

Im danach erscheinenden Editor können Sie SQL-Kommandos eingeben und mit Hilfe des entsprechenden Icons ausführen (siehe Randspalte). Je nach Anweisung erscheint sofort die Liste der Ergebnisse oder eine entsprechende (Fehler)-Meldung. Im Gegensatz zum SQL Server 7 müssen Namen von Spalten in eckige Klammern gesetzt werden, wenn Leerzeichen enthalten sind. Andernfalls fasst Access die Worte als Parameter auf und fragt diese ab, was ausgesprochen lästig sein kann. Diese Anweisungen gelten für den gesamten folgenden Abschnitt 9.4.3.

9.4.3 Die wichtigsten SQL-Anweisungen in Access

SELECT...FROM Geben Sie nun die folgende Zeile ein:

```
SELECT [Artikelname] FROM Artikel
```

Die Beispieldatenbank enthält eine Tabelle *Artikel*, in der Namen fiktiver Artikel eines fiktiven Anbieters sind. Der Befehl SELECT FROM fragt eine Tabelle ab, die Spalte *Artikelname* wird komplett angezeigt (77 Datensätze bei *Nordwind*).

Wechseln Sie nun zur Ergebnisliste. Dort sehen Sie die Liste, die das Kommando SELECT erzeugt hat. Klicken Sie im Kontextmenü wieder auf SQL-Ansicht, um weiter mit SQL arbeiten zu können.

SELECT * FROM Um alle Spalten der Tabelle zu erhalten, sehen Sie sich den folgenden Befehl in Aktion an:

```
SELECT * FROM Artikel
```

Nun werden alle Felder angezeigt. Scrollen Sie mit dem horizontalen Rollbalken, wenn nicht alle Spalten zu sehen sind. Sie sehen übrigens in der Statuszeile der Liste eine Angabe: SQL teilt Ihnen mit, wie viele der Reihen von dem Befehl betroffen waren, Access bietet noch ein paar weitere Navigationswerkzeuge.

SELECT ... WHERE Praktisch ist es natürlich sinnvoll, Daten zu filtern. Versuchen Sie es nun mit:

```
SELECT [Artikelname], [Einzelpreis]
    FROM Artikel
    WHERE [Lieferanten-Nr] = 1
```

Die Ausgabe zeigt nun den Vor- und Nachnamen der Autoren an, die aus Kalifornien stammen. Abbildung 9.21 zeigt das Ergebnis, das Sie sehen sollten.

Abbildung 9.21: Ausgabe der Artikel des Lieferanten 1 mit Preis

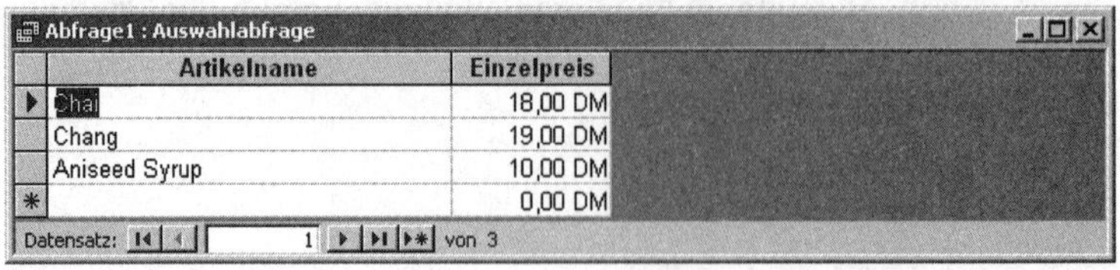

Artikelname	Einzelpreis
Chai	18,00 DM
Chang	19,00 DM
Aniseed Syrup	10,00 DM
	0,00 DM

Nun ist es sehr einfach, alle Daten in einer Tabelle zu halten. Aber in der Praxis werden Sie Daten miteinander verbinden müssen, um praktisch nutzbare Programme schreiben zu können. So ist eine Anzeige des Lieferanten als Nummer nicht besonders informativ. Es gibt noch eine zweite Tabelle mit den Namen der Lieferanten – *Lieferanten*. Geben Sie den folgenden Befehl ein:

```
SELECT [Artikelname], [Firma] FROM Artikel, Lieferanten
```

SQL mit Access lernen

Sie sehen nun 2.233 Zeilen im Ergebnisfenster, die nicht besonders viel aussagen. Es sind eben alle Lieferanten und alle Artikel. Aber wer ist wer? Und welcher Artikel gehört zu welchem Lieferanten?

Die Abfrage ist zu einfach, um die Verbindung zwischen beiden Tabellen herzustellen. Solche Verknüpfungen werden sehr oft nötig sein und normalerweise wird dazu eine Identifikation eingebaut, also eine zusätzliche Spalte, die eine eindeutige Nummer enthält. In den beiden Tabellen wird dann darauf Bezug genommen. In diesem Beispiel enthält die Tabelle *Artikel* einen Verweis auf Lieferanten (*Lieferanten-Nr*):

```
SELECT [Artikelname], [Firma]
    FROM Artikel, Lieferanten
    WHERE Artikel.[Lieferanten-Nr] = Lieferanten.[Lieferanten-Nr]
```

Das Ergebnis zeigt nun alle Artikel und die zugehörigen Lieferanten: genau 77 Artikel, wie erwartet. Es ist durch diese Art der Verknüpfung noch nicht möglich, alle Kombinationen darzustellen. Dazu gehören Artikel mit einem oder mehreren Lieferanten, Lieferanten mit einem oder mehreren Artikel.

Die Preise sind im Beispiel in DM angegeben. Wie kann man nun die Preise einfach in _ umrechnen? Sie können das SELECT-Kommando anweisen, für die Ausgabe eine Berechnung vorzunehmen. Die Inhalte der Felder bleiben davon unberührt. Im Beispiel wurde außerdem der Operator AS benutzt, um den Namen der Spalte bei der Ausgabe zu verändern.

Operationen im SELECT-Kommando

```
SELECT [Einzelpreis]/1.9583 AS "Preis in _", [Artikelname]
    FROM Artikel
```

Noch übersichtlicher wäre die Tabelle, wenn die Artikel nach dem Preis sortiert wären:

ORDER BY

```
SELECT [Einzelpreis]/1.95583 AS "Preis in _", [Artikelname]
    FROM Artikel
    ORDER BY [Einzelpreis] DESC
```

Der Zusatz DESC zeigt an, dass rückwärts sortiert wird, die teuersten Artikel zuerst. Ein anderer interessanter Zusatz ist das Schlüsselwort DISTINCT. Damit wird jedes Auftreten eines Wertes nur einmal ausgegeben. So sind in der Tabelle *Artikel* mehrere Preise gleich. Die Liste aller verschiedenen Preise könnte man dann mit der folgenden Abfrage ausgeben; in der Beispieldatenbank müssten es 62 Datensätze sein:

```
SELECT DISTINCT [Einzelpreis]
    FROM Artikel
    ORDER BY [Einzelpreis] DESC
```

In der Entstehungsphase eines neuen Projekts werden Sie sicher oft erst mit Tabellen Versuche anstellen, bevor mit ASP-Skripten gearbeitet wird. Auch dafür bietet sich Access an. Eine neue Tabelle können Sie einfach mit dem folgenden Befehl anlegen:

```
CREATE TABLE dm_sales (dm_preis MONEY, umsatz INTEGER)
```

> Sicherlich ist dies mit den Werkzeugen von Access vor allem am Anfang einfacher zu bewerkstelligen. Aber wenn Sie die Datenbank später auf einem fremden Server allein mit ASP erzeugen müssen, wird Ihnen Access nicht helfen. Sie können dennoch die Entwicklungsumgebung von Access nutzen, denn die so erzeugte Datenbank erscheint sofort in der Liste der Tabellen.

Eine Ausgabe erhalten Sie diesmal nicht. Stattdessen wurde das Fenster (erkenntlich an der Überschrift) umgeschaltet: Es heißt nun DATENDEFINITIONSABFRAGE. Das ist genau die richtige Antwort – die Tabelle wurde erfolgreich angelegt. SQL meldet nichts, wenn der Befehl erwartungsgemäß verlief und keine Datensätze zurückgegeben wurden, andernfalls erscheint eine Fehlermeldung. Wurden Daten zurückgegeben, erscheinen diese in Form einer Liste im Ausgabefenster.

Als letzte Übung sollten Sie die Tabelle noch mit Daten auffüllen. Verwenden Sie dazu das Kommando INSERT zum Einfügen und das Kommando UPDATE zum Ändern.

```
INSERT INTO dm_sales
   (dm_preis, umsatz)
   VALUES (99.90, 2350)
```

Access reagiert nun mit einem Dialogfeld und fragt, ob Sie wirklich eine Zeile einfügen möchten.

9.5 Universeller Zugriff mit ODBC

> ODBC ist das Zauberwort der Softwarehersteller, die Datenbanken nutzen. Die Programme werden damit von der Plattform und der verwendeten SQL-Datenbank unabhängig.

9.5.1 Einführung in ODBC

ODBC

> Sie finden die Einstellungen zu ODBC in der Systemsteuerung unter dem Icon ODBC. Prinzipiell bedeutet ODBC nicht die völlige Unabhängigkeit von allem, sondern einfach nur ein Treiberkonzept. Sie benötigen ODBC-Treiber für jedes verwendete Betriebssystem und für die entsprechende Datenbank – im Falle des Microsoft SQL Servers 7 also einen dafür passenden Treiber, der unter Windows NT 4 oder Windows 2000 läuft. Jeder Treiber besteht aus einer DLL (Dynamic Link Library), die im \SYSTEM32-Ordner liegt. Wenn Sie MS SQL Server oder Access installieren – und das gilt auch für die meisten anderen SQL-Server – wird der richtige ODBC-Treiber automatisch mitinstalliert.

Universeller Zugriff mit ODBC

Es gibt drei Arten von ODBC-Quellen, auf die zugegriffen werden kann:

- USER-DSN
  Nutzerspezifische Datenquellen. Wird nur verwendet, um »private« Datenquellen zu erzeugen. Auf diese Quelle kann nur der lokale Nutzer des Computers zugreifen; die Datenquelle muss auch auf diesem Computer laufen.

- SYSTEM-DSN
  Eine Datenquelle, die dem Computer zugeordnet ist. Auf diese Quellen können Personen zugreifen, die Zugriff auf den Computer haben. Auch laufende Dienste, wie der Webserver, können auf diese Datenquellen zugreifen.

- FILE-DSN
  Eine nutzerspezifische Datenquelle, auf die mehrere Personen zugreifen können. Sie kann irgendwo im Netzwerk liegen und alle, die über gleichartige Treiber verfügen, können darauf zugreifen. Diese DSN speichert die Parameter in Textdateien.

Wenn Sie nicht genau wissen, welche Variante die richtige ist, geben Sie eine System-DSN an. DSN steht für »Data Source Name« – den Datenquellennamen. Diese Form ist am einfachsten zu verwalten, der Webserver erhält problemlos Zugriff. Die Einrichtung nehmen Sie in der Systemsteuerung vor.

Welcher DSN-Typ ist der richtige?

Wählen Sie dazu das ODBC-Symbol und dann die Registerkarte SYSTEM DSN aus. Dann wählen Sie die Schaltfläche HINZUFÜGEN..., um eine neue Datenquelle anzulegen.

9.5.2 Einrichten einer ODBC-Quelle

Dieser Abschnitt zeigt, wie Sie eine ODBC-Quelle einrichten.

ODBC-Quelle für den SQL Server 7

Die ODBC-Quelle wird über die Systemsteuerung angelegt. Gehen Sie über SYSTEMSTEUERUNG | VERWALTUNG | DATENQUELLEN (ODBC). Wählen Sie die Registerkarte SYSTEM-DSN an und klicken Sie auf HINZUFÜGEN. Ein Assistent begleitet Sie durch die einzelnen Schritte, die nachfolgend erläutert werden.

Im ersten Schritt wird der richtige Treiber ausgewählt. Achten Sie dabei auf die Versionsnummer. Mit dem SQL Server 7 wird der ODBC-Treiber 3.70 mitgeliefert. Abbildung 9.22 zeigt das entsprechende Bildschirmfoto.

Sie sollten an dieser Stelle überprüfen, ob der Server-Dienst des SQL Servers gestartet wurde. ODBC stellt die Verbindung noch während der Einrichtung her, so dass der Server jetzt verfügbar sein muss.

9 Arbeiten mit Datenbanken

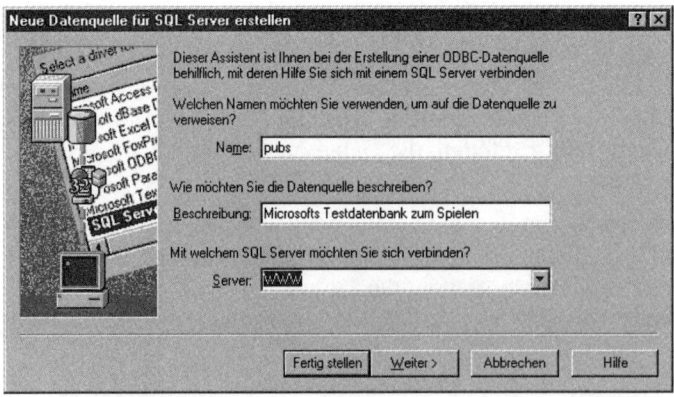

Abbildung 9.22:
Vergeben des Namens der Datenquelle zur Spieldatenbank und Angabe der Serververbindung

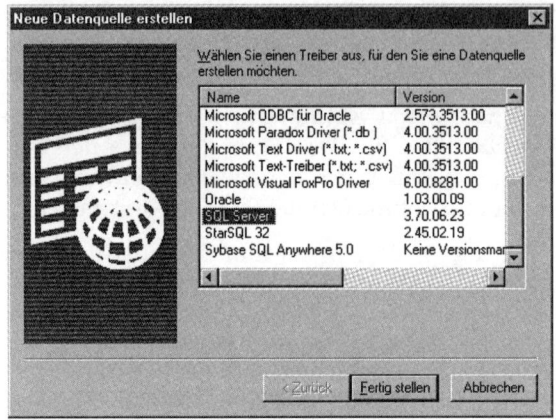

Abbildung 9.23: Auswahl des Treibers für den SQL Server 7

Der DSN einen Namen geben
Vergeben Sie im nächsten Schritt einen kurzen, aber prägnanten Namen für die Datenquelle. Mit diesem Namen werden Sie später viel arbeiten, etwa in der Form DSN=name. Ein Hinweis auf den Namen der dahinter liegenden Datenbank ist sinnvoll. Der Name kann auch mit dem der Datenbank identisch sein – hier sind keine Konflikte zu befürchten. Vergeben Sie außerdem eine kurze Beschreibung, die nur in der Übersichtsliste der definierten ODBC-Quellen angezeigt wird.

Wo wird die DSN angelegt?
Der letzte Eintrag betrifft den Servernamen; der Name des Rechners im Netzwerk, auf dem der SQL Server installiert wurde. Denken Sie an dieser Stelle daran, dass die ODBC-Quelle auf jedem Computer im Netzwerk eingerichtet werden muss, auf dem Datenbankzugriff via ODBC erfolgen soll. Auf dem Computer, der den SQL Server selbst exklusiv ablaufen lässt, benötigen Sie dagegen keine Datenquelle. Wenn Sie Webserver und Datenbankserver auf einem Computer installieren und an einem anderen Computer entwickeln, müssen Sie die Quelle auf der Maschine des Webservers installieren. Abbildung 9.23 zeigt die Einstellungen für diesen Abschnitt. Klicken Sie anschließend auf WEITER, um mit der Installation fortzufahren.

Universeller Zugriff mit ODBC

Im folgenden Schritt müssen Sie die Authentifizierungsmechanismen angeben. Für die Arbeit mit dem Webserver ist es sinnvoll, die Windows-NT-Authentifizierung zu wählen. Sie vereinfachen sich so die Verwaltung, da Sie neue Nutzer, die sich über das Internet authentifizieren sollen (für administrative Zwecke), ohnehin im Windows 2000-Benutzermanager einrichten müssen. Klicken Sie nun auf WEITER (Abbildung 9.24). Der Vorgang kann einige Sekunden dauern – der Treiber hat nun alle Informationen, um sich mit dem MS SQL Server 7 physisch zu verbinden.

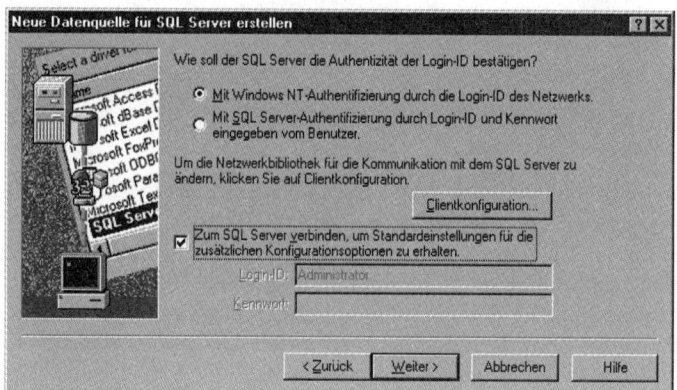

Abbildung 9.24: Wahl der Authentifizierungsmethode für die ODBC-Quelle

Im nächsten Schritt können Sie bereits die Standarddatenbank auswählen. Natürlich können Sie mit dem Transact-SQL-Befehl USE die aktive Datenbank jederzeit wechseln. Es ist jedoch bequemer, über eine Standarddatenbank zu verfügen, zumal die meisten Projekte nur auf einer einzigen Datenbank basieren werden. Wenn Sie die Spielanwendungen ausprobieren möchten, sollten Sie die Datenbank *Nordwind* auswählen.

Die Einstellung ANSI-ANFÜHRUNGSZEICHEN VERWENDEN lassen Sie aktiviert. Sie müssen keine Anführungszeichen für Namen verwenden, auch wenn dieses Kontrollkästchen aktiviert ist. Diese Einstellung legt fest, dass QUOTED_IDENTIFIERS aktiviert sind, wenn der SQL-Server-ODBC-Treiber eine Verbindung herstellt. Ist dieses Kontrollkästchen aktiviert, wendet der SQL Server die ANSI-Regeln bezüglich Anführungszeichen an. Doppelte Anführungszeichen können nur für Kennungen wie Spalten- und Tabellennamen verwendet werden. Zeichenfolgen müssen in einfachen Anführungszeichen stehen:

```
SELECT "spalte" FROM "tabelle" WHERE "spalte" = 'Mc''Donald'
```

Ist das Kontrollkästchen nicht aktiviert, treten bei Anwendungen, die Namen in Anführungszeichen setzen, Fehler auf.

Klicken Sie auf WEITER und schließen Sie diesen Schritt ab (Abbildung 9.25). Im nächsten Schritt können Sie nun die Standardsprache für Fehlermeldungen einstellen. Es liegt nahe, hier Deutsch einzustellen (siehe Abbildung 9.26).

9 Arbeiten mit Datenbanken

Abbildung 9.25: Ändern der Standarddatenbank auf die Datenbank für Ihre Anwendung

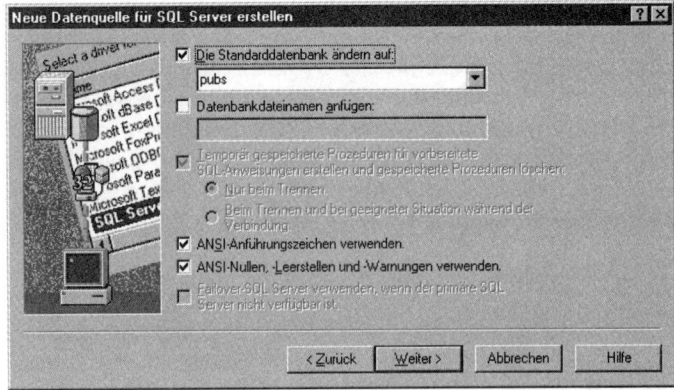

Wird das Kontrollkästchen KONVERTIERUNG FÜR ZEICHEN DURCHFÜHREN aktiviert, konvertiert der SQL-Server-ODBC-Treiber ANSI-Zeichenfolgen, die zwischen dem Clientcomputer und SQL Server unter Verwendung von Unicode gesendet werden. Der SQL-Server-ODBC-Treiber konvertiert gelegentlich zwischen der SQL-Server-Codeseite und Unicode auf dem Client. Dazu muss die vom SQL Server verwendete Codeseite eine der auf dem Clientcomputer verfügbaren Codeseiten sein.

Abbildung 9.26: Einstellungen für die Sprache und regionale Einstellungen

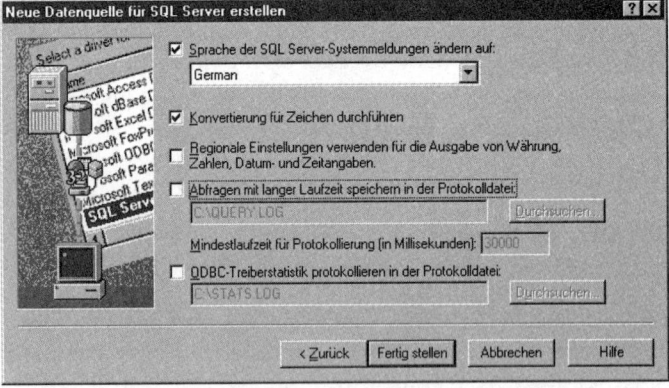

Weitere Einstellungen Ist dieses Feld deaktiviert, werden erweiterte Zeichen nicht in ANSI-Zeichenfolgen umgewandelt, wenn sie zwischen Clientanwendung und SQL Server ausgetauscht werden. Wenn der Clientcomputer eine ANSI-Codeseite (ACP) verwendet, die sich von der Codeseite des SQL Servers unterscheidet, werden erweiterte ANSI-Zeichenfolgen manchmal falsch interpretiert. Wenn die ANSI-Codeseite (ACP) auf dem Clientcomputer der Codeseite des SQL Servers entspricht, werden erweiterte ANSI-Zeichenfolgen richtig interpretiert.

Universeller Zugriff mit ODBC

Das Kontrollkästchen REGIONALE EINSTELLUNGEN VERWENDEN FÜR DIE AUSGABE VON WÄHRUNG, ZAHLEN, DATUM UND UHRZEIT legt fest, dass der Treiber für das Format von Währung, Zahlen, Datum und Zeit in Ausgabe-Zeichenfolgen die Ländereinstellungen des Clientcomputers verwendet. Der Treiber verwendet die standardmäßigen Ländereinstellungen für das Windows-2000-Konto des Benutzers, der mit der Datenquelle eine Verbindung herstellt. Wählen Sie diese Option für Anwendungen aus, die nur Daten anzeigen (lesen), jedoch nicht für Anwendungen, die Daten verarbeiten (schreiben).

Das Feld ABFRAGEN MIT LANGER LAUFZEIT IN PROTOKOLLDATEI SPEICHERN legt fest, dass der Treiber jede Abfrage protokolliert, die länger dauert, als es unter Mindestlaufzeit für Protokollierung angegeben ist. Abfragen mit langer Laufzeit werden in der angegebenen Datei protokolliert. Im darauf folgenden Dialogfeld können Sie die vorhandenen Ordner nach der gewünschten Protokolldatei durchsuchen.

Das Feld MINDESTLAUFZEIT FÜR PROTOKOLLIERUNG (IN MILLISEKUNDEN) aktiviert ein Protokoll, das einen Schwellenwert für das Protokollieren von Abfragen mit langer Laufzeit in Millisekunden festgelegt. Jede Abfrage, die länger ausgeführt wird, wird protokolliert.

Das Feld ODBC-TREIBERSTATISTIK PROTOKOLLIEREN legt fest, dass die Statistik in der angegebenen Datei protokolliert wird. Um eine Protokolldatei festzulegen, geben Sie entweder den vollständigen Pfad und den Dateinamen in das Feld ein oder klicken auf DURCHSUCHEN. Im darauf folgenden Dialogfeld können Sie die vorhandenen Ordner nach der gewünschten Protokolldatei durchsuchen. Das Statistikprotokoll ist eine tabulatorbegrenzte Datei, die in Microsoft Excel oder jedem anderen Programm analysiert werden kann, das tabulatorbegrenzte Dateien unterstützt.

Klicken Sie auf FERTIGSTELLEN, um diesen letzten Schritt des Assistenten abzuschließen. Die eingegebenen Informationen zu der Datenquelle werden nun noch einmal angezeigt. Sie können die Datenquelle mit der Schaltfläche DATENQUELLE TESTEN ansprechen und bei Erfolg sofort verwenden. (Abbildung 9.27).

Datenquelle testen

Prüfen Sie, ob die Datenquelle in der Übersichtsliste erscheint. Sie können alle Einstellungen bei Bedarf von hier aus mit der Schaltfläche KONFIGURIEREN ändern (siehe Abbildung 9.28). Lesen Sie die Zusammenfassung der Informationen, bevor Sie fortfahren.

ODBC-Quelle für Access 2000

Die ODBC-Quelle wird über die Systemsteuerung angelegt. Gehen Sie in Windows 2000 über SYSTEMSTEUERUNG | VERWALTUNG | DATENQUELLEN (ODBC), UNTER WINDOWS 98/NT ÜBER SYSTEMSTEUERUNG | DATENQUELLEN. Wählen Sie die Registerkarte SYSTEM-DSN an und klicken Sie auf HINZUFÜGEN. Die Datenquelle für Access ist schnell angelegt.

9 Arbeiten mit Datenbanken

*Abbildung 9.27:
Ist der Test erfolg-
reich abgeschlossen,
kann die neue
Datenquelle benutzt
werden.*

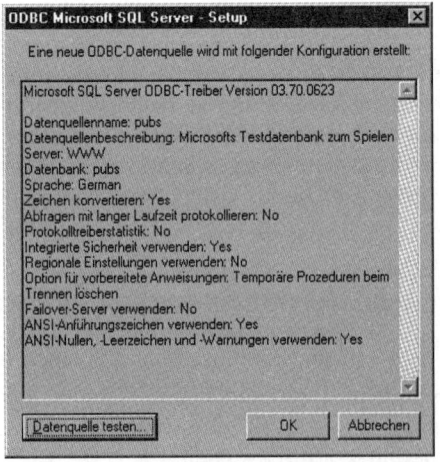

*Abbildung 9.28:
Prüfen Sie im Über-
sichtsfenster, ob die
neue Datenquelle in
der Übersicht
erscheint.*

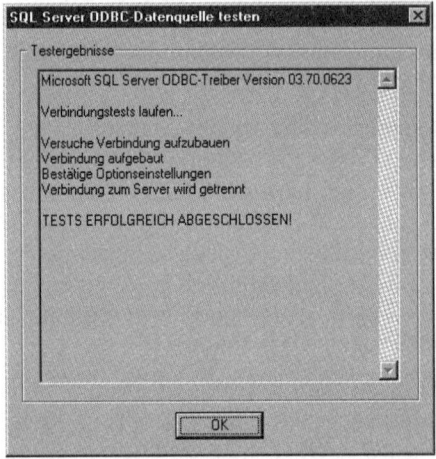

Da nur wenige Einstellungen nötig sind, bleibt Ihnen ein umfangreicher Assistent wie beim SQL Server 7 erspart:

▶ Zuerst wird der Treiber ausgewählt (Abbildung 9.29).

▶ Dann wird die Quelle benannt und mit der MDB-Datei verbunden (Abbildung 9.30).

Dieses Buch widmet sich in wesentlichen Teilen ADO 2.6 und dem Zusammenspiel mit ASP, wie es in den aktuellen Betriebssystemen Windows 2000 und XP Professional verwendet wird.

ADO – das Datenbankobjekt

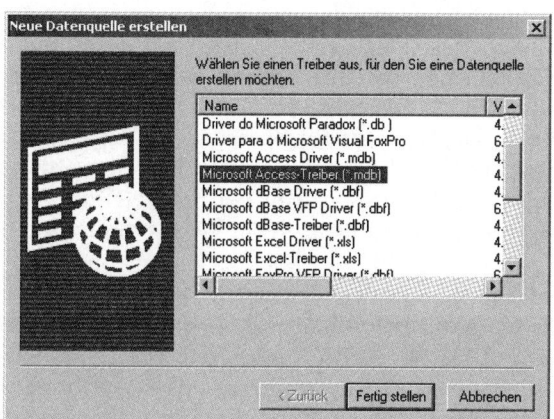

*Abbildung 9.29:
Auswahl des Access-
Treibers*

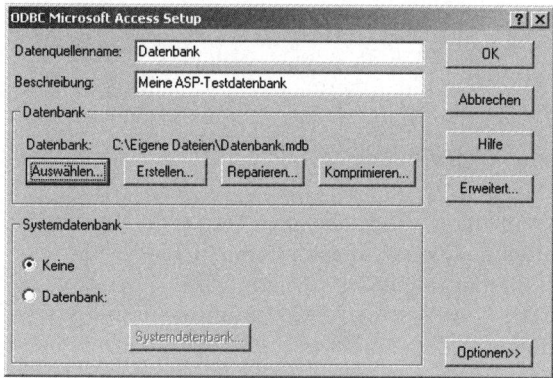

*Abbildung 9.30:
Verknüpfung mit
der Datenbank und
Vergabe des Namens*

9.6 ADO – das Datenbankobjekt

Dieser Abschnitt klärt, was ADO eigentlich ist, wie es entstand und welchen Platz es in der Microsoft-Welt einnimmt. ADO ist die Schnittstelle zwischen Datenbank und ASP. Kapitel 10 befasst sich dann ausführlich mit allen Details, die die Programmierung von ADO umfasst.

9.6.1 Einführung in ADO

ADO steht für »Active Data Objects«. Oft wird auch die ausgeschriebene Version als »ActiveX Data Objects« bezeichnet, was grundsätzlich nicht falsch ist. Tatsächlich ist ADO ein Satz von ActiveX-Steuerelementen, die einen einfachen programmiertechnischen Zugriff auf die elementare Datenbankzugriffsebene bieten.

Active Data Objects

9 Arbeiten mit Datenbanken

OLEDB Diese Ebene wird OLEDB genannt. Sie ist als Satz von Schnittstellen ausgeführt, der zu jeder Datenquelle einen speziellen Treiber (den so genannten Provider) bereitstellt und die Übertragung der Daten auf einem einheitlichen Weg ermöglicht. OLEDB basiert direkt auf dem Windows-API (*Application Programming Interface*), das für Sprachen wie C++ entwickelt wurde. ADO setzt diese Schnittstelle auf das Niveau von ActiveX/COM-Objekten um, damit sie einem größeren Spektrum von Sprachen zur Verfügung stehen – auch Skriptsprachen und damit auch der Webserverprogrammierung.

Der Unterschied zwischen ActiveX und COM mag Skriptprogrammierern nicht geläufig sein, oft werden die Begriffe auch miteinander verwechselt. ActiveX ist eine plattformübergreifende Technologie für Komponenten, dagegen ist COM auf die Windows-Plattform beschränkt. Beide bauen jedoch auf der COM-Architektur auf, welche die grundlegenden Techniken liefert.

Eine ähnliche Verwechslungsgefahr besteht bei ODBC und OLEDB. ODBC ist eine universelle Schnittstelle für den Datenbankzugriff. ODBC ist älter und weniger universell als OLEDB und kann durch dieses vollständig ersetzt werden. Auf ODBC gehe ich deshalb nicht mehr ein.

ADO bietet damit einen standardisierten Weg, jede Art von Daten zu behandeln und Datenbankmanagementsysteme (DBMS) aller Art zu steuern. Auch wenn die hier gezeigten Beispiele auf den SQL Server 2000 zugeschnitten sind, heißt dies nicht, dass ADO darauf beschränkt wäre. So ist Access 2000 genauso eine geeignete Datenquelle wie Oracle oder sogar MySQL. Allerdings kann die Schnittstelle nur teilweise fehlende Funktionen in den DBMS ersetzen. Um alle Möglichkeiten zu zeigen und zu nutzen, ist ein vollwertiges DBMS zu nutzen – und dies ist in der Microsoft-Welt nur der SQL Server.

DNA und die Anwendung von ADO im Zusammenhang mit ASP
Im Zusammenhang mit der Anwendungsentwicklung im Internet wird der Begriff DNA (*Distributed interNet Applications*) fallen. ADO ist die wichtigste Technologie bei der Entwicklung datenbankgestützter Webseiten. Der Einsatz wird ausschließlich zusammen mit ASP oder ASP.NET erfolgen. ASP dient hier aber nur als »Mittel zum Zweck«, entsprechende Kenntnisse werden also beim Leser vorausgesetzt. Informationen über ADO, die in ASP keine Rolle spielen, wie Ereignisse, werden nicht betrachtet.

Ausgehend vom Objektmodell werden in Kapitel 10 die Objekte vorgestellt. Die wichtigsten für die tägliche Arbeit sind:

- Connection
  Das Objekt zur Herstellung und Kontrolle einer Verbindung zu einem DBMS

- RecordSet
  Das Objekt zur Behandlung von Daten

▶ Command
  Das Objekt zur Steuerung von Abfragen

Entwicklung von ADO

ADO wurde mit der Version 1.5 eingeführt. Die Vorgängerversion 1.0 kam kaum zum Einsatz. ADO 1.5 war Bestandteil des Option Packs von Windows NT 4, von Visual InterDev und vieler Programmiersprachen von Microsoft mit der Versionsnummer 5.

Geschichte

ADO 2.0 wurde mit Visual Studio 6.0 eingeführt und damit mit den Programmiersprachen der Versionsnummer 6. Mit Office 2000 und den ersten Betaversionen von Windows 2000 erfolgte die Einführung von Version 2.1.

Mit dem Erscheinen von Windows 2000 wurde ADO erneut überarbeitet, es steht nun mit der Version 2.6 zur Verfügung. ADO selbst kann auch direkt von folgender Adresse bezogen werden:

http://www.microsoft.com/data

9.6.2 Architektur

Es ist interessant zu sehen, wie sich OLEDB und ADO in die Gesamtarchitektur einer Applikationsumgebung einfügen. So wird auch klar, dass ADO vor allem für den Skriptprogrammierer als »Vereinfachungsschicht« dient – ein offensichtlich erfolgreicher Weg.

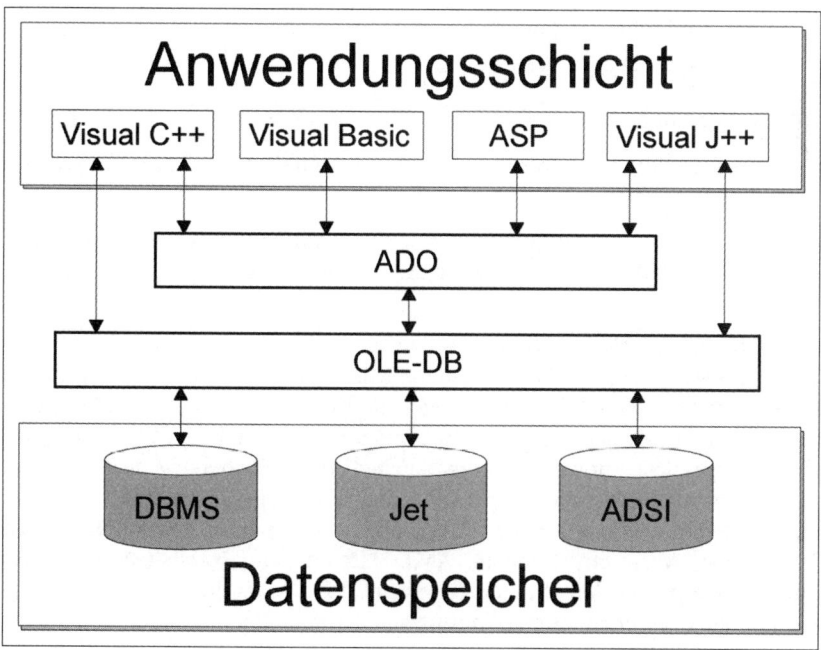

Abbildung 9.31: So ordnet sich ADO zwischen OLEDB und der Applikationsschicht ein

9 Arbeiten mit Datenbanken

OLEDB ist für kritische Applikationen, die in C++ geschrieben werden, eher geeignet. Dagegen sind die ohnehin weniger effizienten Programme in VBScript deutlich schneller und einfacher zu entwickeln, wenn ADO zum Einsatz kommt. Mit OLEDB werden Sie nicht in Berührung kommen – abgesehen von der Angabe des passenden Datenproviders.

OLEDB-Provider und -Consumer

Für die erfolgreiche Nutzung der ADO-Funktionen ist eine kurze Bezugnahme auf OLEDB notwendig. Diese Schicht stellt die Verbindung zu den Datenquellen her. Microsoft führte dafür auf Grund der Vielfalt von Möglichkeiten den Begriff »Provider« ein. Entsprechend wird der Empfänger der Daten als »Consumer« bezeichnet, dieses Wort ist in diesem Zusammenhang aber seltener anzutreffen. Die Idee dahinter ist nicht neu – sie wurde bereits mit ODBC eingeführt. Im Idealfall können Sie so programmieren, dass ein Austausch des Providers keine Änderungen am Code erfordert. Das setzt aber voraus, dass keine Befehle verwendet werden, die von speziellen Merkmalen eines Providers abhängen. Unter Umständen lohnt die Anschaffung eines teuren DBMS nur dann, wenn Sie die besonderen Funktionen auch nutzen können. Damit ist die Universalität aber nicht mehr vollkommen gegeben. Trotzdem erleichtert OLEDB den Zugriff auf die Datenquelle und es kommt auch dann zum Einsatz, wenn ein Wechsel des DBMS nicht vorgesehen ist.

Standardprovider

Microsoft liefert einige Standardprovider, die Sie kennen sollten:

- Jet OLEDB 4.0 – der Provider für Microsoft Access
- Indexing Service – zum Zugriff auf den Index Server
- ODBC – erlaubt den Zugriff auf ODBC-Quellen
- SQL Server – für den SQL Server
- MS Data Shape – für hierarchische Datenstrukturen
- Microsoft Directory Services – für die neuen Verzeichnisdienste des Active Directory

Dies ist nur eine kleine Auswahl. Andere Provider, wie Oracle, verlangen nach einem installierten Client des entsprechenden Anbieters.

Universal Data Access

UDA

Im Zusammenhang mit OLEDB ist bei Microsoft auch von UDA (*Universal Data Access*) die Rede. Dahinter steckt die Idee, jede beliebige Datenquelle ansprechen zu können. Das ist nichts völlig Neues – eher eine Marketingidee als ein Technologiemodell. Grundsätzlich wird ein ähnlicher Ansatz verfolgt wie früher mit ODBC. Nur dehnt UDA dies auf alle Datenquellen aus – nicht nur auf solche aus relationalen Datenbanken. Andere Datenquellen können Textdateien, Verzeichnisdienste, XML-Dateien sein. Realisiert wird dies durch einen passenden Provider, der der OLEDB-Schnittstelle die Daten in einer definierten Form zur Verfügung stellt – nichts Neues also.

ADO – das Datenbankobjekt

Ginge es um wirklich universellen Zugriff, wäre die Verfügbarkeit geeigneter Provider tatsächlich ein wesentliches Merkmal. Nun kann aber nicht erwartet werden, dass für jede erdenkliche Datenquelle schon Provider existieren. Es ist deshalb vergleichsweise einfach, eigene Provider zu schreiben. Dazu eignet sich neben Visual C++ sogar Visual Basic.

Eigene Provider

9.6.3 Existierende Technologien

Ein paar Begriffe wurden schon eingeführt, vor allem solche, die miteinander in Zusammenhang stehen. Wenn Sie sich zusätzliche Literatur zum Thema ADO beschaffen, finden Sie weitere Abkürzungen (vorzugsweise DBAs – *Drei Buchstaben Abkürzungen*). Weil bei Microsoft manches anders ist als anderswo in der Programmierwelt, gibt es aber auch längere Abkürzungen. Die folgenden Begriffe sollten Sie in diesem Zusammenhang auch kennen:

- *DBLib*
  Dies ist eine Bibliothek, auf der der SQL Server aufbaut und die eine Programmierschnittstelle für C-Programme zur Verfügung stellt.

Wichtige Technologien im Zusammenhang mit ADO

- *ODBC*
  Diese Abkürzung steht für Open Database Connectivity, der erste Schritt auf dem langen Weg zu UDA. ODBC ist eine datenbankunabhängige Methode des Zugriffs auf Daten, die von Microsoft entwickelt wurde und sich inzwischen als herstellerunabhängiger Standard etabliert hat.

- *DAO*
  Die »Data Access Objects« bilden das Datenzugriffsmodell, das mit Access und anderen ISAM-Datenbanken eingeführt wurde und auch für Visual Basic verfügbar ist. DAO setzt auf ODBC auf und kann universell verwendet werden, ist dann aber relativ langsam. Nur der Zugriff auf Jet-Datenbanken ist optimiert (dazu gehört praktisch nur Access).

- *RDO*
  Die »Remote Data Objects« sind der Nachfolger von DAO und erlauben zusätzlich den Zugriff auf entfernte Datenquellen, beispielsweise über das Internet. Die Nachteile von DAO wurden nicht beseitigt.

- *ODBCDirect*
  Diese Version kombiniert DAO und RDO und erlaubt den Zugriff auf alle ODBC-Quellen, ohne auf Jet-Datenbanken angewiesen zu sein.

- *JDBC*
  »Java Database Connectivity« ist eine herstellerunabhängige Programmierschnittstelle für Java-Applikationen.

Alle diese Technologien verursachen in der Praxis Probleme. So ist die Programmierung mit der DBLib oder ODBC (auf Programmierebene) für den Datenbankzugriff sehr kompliziert. Skriptsprachen bieten erst gar keine Möglichkeit der Nutzung. DAO und RDO dagegen bauen auf ODBC auf und legen damit eine weitere Schicht zwischen Datenbank und Program-

Der Weg zu OLEDB

mierschnittstelle. Dies funktioniert zwar nun auch in Skriptsprachen, ist aber sehr langsam. Alle Schnittstellen haben ein streng hierarchisches Modell und damit einen großen Overhead. Es gab also gute Gründe, diese verschiedenen Versionen zu vereinen und dabei die Vorteile zu erhalten, die Nachteile aber zu reduzieren – dies genau ist mit OLEDB gelungen.

9.6.4 OLEDB

OLEDB wurde bereits mehrfach als Nachfolger von ODBC genannt. Die Gründe, die im letzten Abschnitt angeführt wurden, mögen zwar einleuchtend sein, aber warum auf ODBC verzichten? Es ist in Windows und anderen Systemen verfügbar, es funktioniert und es ist relativ einfach. Dass Microsoft die Ablösung wünscht, wird durch bestimmte Merkmale deutlich. So wurden in Windows 2000 alle administrativen Systemfunktionen in die Management Konsole überführt – mit Ausnahme von ODBC. Das wäre natürlich für den Softwareentwickler kein Grund, auf ODBC zu verzichten.

Flexible Datenspeicherung

Ein Grund ist die Form der Datenspeicherung. Heute werden Daten nicht mehr ausschließlich in relationalen Datenbanken gehalten, sondern auch in XML-Dateien, in Verzeichnisdiensten oder hierarchischen Dateisystemen. OLEDB kann auf alle diese Quellen zugreifen.

COM-basiert

Außerdem setzt OLEDB konsequent auf COM (*Component Object Model*). COM bietet eine universelle Basis für die Anwendungsentwicklung. Es genügt, eine Applikation für COM zu schreiben, sie kann dann überall in der Windows-Welt verwendet werden. Mit DCOM (*Distributed COM*) dehnt sich die Applikation dann auch über das Netzwerk aus.

Um den Umstieg zu erleichtern, existieren auch zwischen ODBC und OLEDB Beziehungen. Denn es gibt heute noch mehr ODBC-Treiber als OLEDB-Provider. ODBC wird deshalb als weiterer Provider angeboten (siehe Abbildung 9.32). Wann immer es einen nativen Provider gibt, sollten Sie natürlich ODBC umgehen – es kann nur langsamer werden, – denn es wird eine weitere Schicht zwischengeschoben.

10.2 Connection ab Seite 562

Wie Sie OLEDB in ADO verwenden, wird im Abschnitt über das Verbindungsobjekt Connection erläutert – denn nur dort werden Sie damit konfrontiert.

9.6.5 ADO-Funktionen

Unterstützung und Einschränkungen in ASP

ADO 2.6 bietet verschiedene grundlegende Eigenschaften. Nicht alle stehen für den ASP-Programmierer zur Verfügung. Dies müssen Sie bei der Anwendungsentwicklung berücksichtigen und – vor allem – beim Lesen der Dokumentation. Denn dort wird selten auf die speziellen sprachlichen Belange Rücksicht genommen.

ADO – das Datenbankobjekt

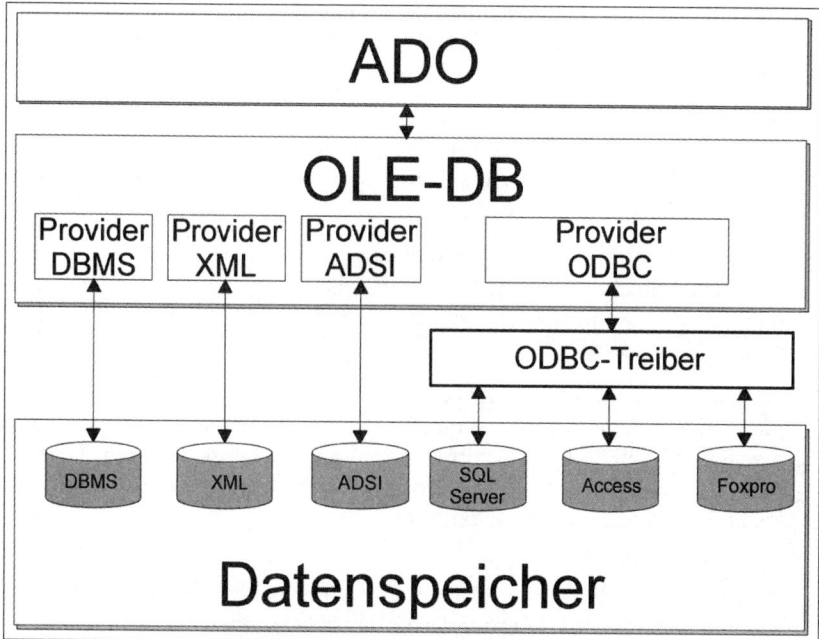

Abbildung 9.32: So ordnen sich ODBC und das ODBC-Treibermodell in die OLEDB-Welt ein

▶ *Ereignisse*
ADO unterstützt Ereignisse, dabei werden bestimmte Funktionen beim Eintreten eines Zustands ausgelöst. Das funktioniert mit ASP nicht.

▶ *Visual C++- und Visual J++-Erweiterungen*
Diese dienen der direkten Unterstützung von ADO in Visual C++-Programmen und für Java.

▶ *Hierarchische Zeiger und Data Shaping*
Diese spezielle Eigenschaft erlaubt die Darstellungen hierarchischer Daten. Das ist notwendig, um auch andere Datenquellen neben relationalen Datenbank abbilden zu können, beispielsweise ein Verzeichnissystem. Diese Funktionen sind in ASP verfügbar.

▶ *Kundenspezifische Modifikation der Datenschnittstellen*
Damit können Sicherheitsprobleme beseitigt werden, die ADO früher hatte.

▶ *Erzeugen von Datensätzen*
ADO kann nun Datensätze selbst, ohne Zugriff auf die Datenbank, erstellen. Für die Übertragung von Daten zwischen den Schichten einer Mehrschichtapplikation kann so auf die Speicherung in der Datenbank verzichtet werden.

▶ *Persistente Datensätze*
Dadurch wird die Speicherung von Datensätzen in einer Datei möglich. Damit können Daten später weiter verarbeitet werden, auch wenn die

Verbindung zur Datenbank bereits verloren ging. Außerdem können komplette Datensätze in HTML, XML oder andere Formate überführt werden.

▶ *Indizierung und Filterung*
ADO führt Indizierungs- und Filtervorgänge in Datensätzen ohne Zugriff auf die Datenbank aus. Damit kann teilweise auf komplexe SQL-Anweisungen verzichtet werden.

▶ *Unterstützung des Visual Studio Analyzer*
Der Visual Studio Analyzer hilft bei der Leistungsanalyse von Programmen. Es werden nun auch Optimierungen in ADO-basierten Programmen durchgeführt.

▶ *Konfliktauflösung für Client-Zeiger*
Wenn Datensätze komplett zum Client übertragen und dort verändert werden, zugleich aber Zugriffe von anderen Clients erfolgen, kann es beim Rückschreiben der Daten Konflikte geben. ADO löst diese nun mit speziellen Synchronisationsmethoden auf.

▶ *Neues Sicherheitsmodell*
Bei der Verwendung von ADO in Clientapplikationen können Anwendungen für ein im Internet Explorer entworfenes Sicherheitsmodell erstellt werden. Auf dem Server (und damit für ASP) hat das keine Bedeutung.

Anfänger fragen sich oft, ob die Unterstützung von Ereignissen mit neuen Versionen auch in ASP möglich sein wird. Die Antwort ist in der Arbeitsweise des Internets und des bestimmenden Protokolls HTTP zu finden. Aktionen im Browser verlangen eine Übertragung der Daten zum Server, also das Auslösen eines Links oder das Absenden eines Formulars. Dies ist kein Ereignis im Sinne der ADO-Spezifikation. Andere Verbindungen gibt es nicht – abgesehen von den ActiveX-Erweiterungen und RDO, die in der Praxis schon früher gescheitert sind. Sie müssen also, wenn Sie ADO kennen und nun ASP programmieren, einige Überlegungen anstellen, um die Ausführung der Software den Umgebungsbedingungen anzupassen. Es geht – fast immer – auch ohne Ereignisse.

9.6.6 Das ADO-Objektmodell

ADO 2.6 selbst hat auch ein reichhaltiges Objektmodell. Es gibt fünf Objekte und mehrere Kollektionen; die Objekte stehen dabei miteinander in einer direkten Beziehung. Kollektionen sind Sammlungen von Daten oder weitere Objekten, die über Schlüssel angesprochen werden können, ähnlich einem Index.

Objekte Der elementare Zugriff auf diese Objekte erfolgt in ASP mit folgendem Code:

```
Set objMyConnection = Server.CreateObject("ADODB.Object")
```

ADO – das Datenbankobjekt

Dabei steht *Object* für eines der folgenden Objekte:

- Connection
  Dieses Objekt dient zum Verbinden mit einer Datenquelle. Hiermit wird der passende OLEDB-Provider angegeben. Es gibt aber auch ein implizites Connection-Objekt, das erstellt wird, wenn Sie ein RecordSet-, Record- oder Command-Objekt nutzen, ohne auf eine bestehende Verbindung zuzugreifen.

  10.2 Connection ab Seite 562

- Command
  Dieses Objekt dient der Anwendung von Befehlen auf einen Datenspeicher. Eine häufige Nutzung ist der Start einer gespeicherten Prozedur im SQL Server. Entsteht bei einem solchen Befehl ein RecordSet- oder Record-Objekt, wird dieses implizit erzeugt. Öfter werden jedoch Befehle abgesetzt, die keine Daten zurückgeben – dann gibt es keine Alternative zum Command-Objekt.

  10.5 Command ab Seite 651

- RecordSet
  Daten aus einer Datenquelle lesen – das ist der Hauptanwendungsfall für das RecordSet-Objekt. Wenn Sie wissen, dass Daten zurückgegeben werden, sollten Sie das Objekt explizit erzeugen. Die Darstellung der einzelnen Zeilen eines RecordSet-Objekts erfolgen durch das Record-Objekt.

  10.3 RecordSet ab Seite 588

- Record
  Zum Zugriff auf eine einzelne Datenzeile dient das Record-Objekt. Dieses Objekt ist neu seit ADO 2.5. Es wird für Datenquellen verwendet, die in jeder Zeile eine andere Struktur der Daten haben, beispielsweise ein Verzeichnissystem oder ein E-Mail-Ordner.

  10.4 Record ab Seite 643

- Stream
  Dieses Objekt ist ebenfalls neu seit ADO 2.5 und ergänzt das Record-Objekt um die Fähigkeit, mit unstrukturierten Daten umgehen zu können. Eine Anwendung ist der mögliche Zugriff auf die Daten eines E-Mail-Servers – damit können Sie möglicherweise auf CDO verzichten.

  10.8 Stream ab Seite 676

Neben den Objekten gibt es noch Kollektionen. Auf Kollektionen greifen Sie zu, indem Sie die Elemente sukzessive durchlaufen, wie es folgender ASP-Code andeutet:

Kollektionen

```
For Each objElement In colCollection
    ' … Aktion mit objElement ausführen
Next
```

Eine andere Variante besteht im Zugriff auf die Anzahl der Elemente der Kollektion:

```
For i = 0 To colCollection.Count
    ' … Aktion mit objElement ausführen
Next
```

Jede Kollektion besitzt eine Eigenschaft Count, die die Anzahl der Elemente repräsentiert.

9 Arbeiten mit Datenbanken

ADO 2.6 kennt folgende Kollektionen:

10.10.1 Fields
ab Seite 691
▶ Fields
Diese Kollektion enthält Informationen über die Felder eines RecordSet- oder Record-Objekts.

10.10.4 Properties
ab Seite 696
▶ Properties
Mit dieser Kollektion werden Eigenschaften der Connection-, RecordSet, Record- und Command-Objekte verwaltet, die dort nicht schon statisch definiert wurden. Das sind in der Regel Eigenschaften, die auf einen spezifischen Provider zugeschnitten sind.

10.10.9 Parameters
ab Seite 699
▶ Parameters
Diese Kollektion findet ausschließlich zusammen mit dem Command-Objekt Anwendung und enthält die Parameter, die zusammen mit dem Kommando übergeben werden. Da die Anzahl der Parameter variabel ist, wird eine Kollektion verwendet.

10.9 Errors
ab Seite 687
▶ Errors
Diese Kollektion enthält Angaben über die Fehler, die beim Verarbeiten von Daten entstehen.

9.6.7 Konstanten

adovbs.inc
ADO verfügt über eine Datei mit Konstanten, ADOVBS.INC (für VBScript) bzw. ADOJAVAS.INC (für JScript). Sie finden diese Datei im folgenden Verzeichnis:

C:\Programme\Gemeinsame Dateien\System\ado

Konstanten einbinden

Sie müssen diese Konstanten in jedem Skript zur Verfügung stellen. Dazu wird die SSI-Anweisung #INCLUDE verwendet:

<!-- #INCLUDE FILE="adovbs.inc" -->

"typelib"
Das kann ausgesprochen lästig sein, wenn Sie Dutzende von Dateien erstellen müssen. In diesem Fall sollten Sie die folgende Zeile in die Datei GLOBAL.ASA schreiben:

<!-- METADATA TYPE="typelib" FILE="C:\Programme\Gemeinsame
                    Dateien\System\ado\msado15.dll" -->

Lassen Sie sich nicht durch den Dateinamen MSADO15 irritieren, das ist die Version 2.6. Sie können diesen Zugriff natürlich auch im ASP-Skript selbst platzieren.

9.7 Datenbankzugriff mit ADO

Jedes Experiment mit ADO beginnt mit einer Verbindung zur Datenquelle. Über die Einrichtung der Datenquelle und die entsprechenden Verbindungszeichenfolgen sollten Sie also vorher Bescheid wissen. Abschnitt 10.2 *Connection* ab Seite 562 zeigt den Umgang mit dem Connection-Objekt, dass die hier beschriebenen Verbindungszeichenfolgen akzeptiert.

9.7.1 Verbindungen

Unabhängig davon, ob Sie explizit (mit Connection) oder implizit (mit allen anderen Objekten) eine Verbindung aufbauen, gelten die nachfolgend beschriebenen Prinzipien.

Verbindung zur Datenquelle

- *Verbindungszeichenfolge*
  Sie geben eine Zeichenkette an, die alle nötigen Angaben über den zu verwendenden Provider enthält.

- *Datenlinkdatei*
  Diese Datei mit der Endung UDL enthält die zur Verbindungsaufnahme nötigen Daten.

- *DSN (Data Source Name)*
  ODBC-Quellen werden typischerweise durch DSN-Dateien angesprochen. Sie können dies aber auch umgehen. Die Einrichtung der verschiedenen DSN-Arten erfolgt im ODBC-Manager.

Alle Varianten werden nachfolgend beschrieben, auch die für ODBC. Das Thema ODBC ist aber damit abgeschlossen.

9.7.2 Verbindungszeichenfolgen

Die enge Verwandtschaft zwischen OLEDB und ODBC spiegelt sich auch im Design der Verbindungszeichenfolgen wider. Der OLEDB-Provider wird durch den Schlüssel Provider= angesprochen; ohne diese Angabe wird implizit die DSN-lose Version von ODBC verwendet. Da oft beides funktioniert, werden Sie eine falsche Angabe nicht sofort bemerken.

Aufbau der Verbindungszeichenfolgen

Die folgende Aufstellung zeigt alle typischen Verbindungszeichenfolgen. Variable Angaben, die Sie entsprechend Ihren Bedingungen anpassen müssen, sind kursiv dargestellt.

OLEDB

Provider=Microsoft.Jet.OLEDB.4.0; Data Source=*database.mdb*

Access

- PROVIDER bezeichnet den OLEDB-Provider
- DATA SOURCE ist der Name der Access-Datenbank

9 Arbeiten mit Datenbanken

SQL Server `Provider=SQLOLEDB; Data Source=server; Database=datenbank; UID=nutzername; PWD=kennwort`

- PROVIDER bezeichnet den OLEDB-Provider
- DATA SOURCE ist der Name des SQL Servers
- DATABASE ist der Name der Datenbank
- UID enthält den Benutzernamen
- PWD enthält das Kennwort des Benutzers

Index Server `Provider=MSIDXS; Data Source=katalogname`

- PROVIDER bezeichnet den OLEDB-Provider
- DATA SOURCE ist der Name des Index-Katalogs

ODBC

Access `Driver={Microsoft Access Treiber (*.mdb)}; DBQ=datenbank.mdb`

- DRIVER ist der Name des Treibers
- DBQ ist der Name der Access-Datenbank

SQL Server `Driver={SQL Server}; Data Source=server; Database=datenbank; UID=nutzername; PWD=kennwort`

- DRIVER bezeichnet den Treiber des SQL Servers
- DATA SOURCE ist der Name des SQL Servers
- DATABASE ist der Name der Datenbank
- UID enthält den Benutzernamen
- PWD ist das Kennwort des Benutzers

Index Server Einen ODBC-Treiber für den Index Server gibt es nicht. Hier können Sie nur die native OLEDB-Schnittstelle verwenden.

9.7.4 DSN ab Seite 555 Alternativ zur direkten Angabe eines ODBC-Treibers können Sie auch eine DSN einrichten. Das setzt aber voraus, dass Sie Zugriff auf die Systemsteuerung des Servercomputers haben.

9.7.3 Datenlinkdatei

Die UDL-Datei von Hand erstellen Eine Datenlinkdatei erstellen Sie folgendermaßen:

- Legen Sie mit dem Editor eine Datei mit der Erweiterung UDL an.
- Schreiben Sie in die erste Zeile [oledb].
- Schreiben Sie in die zweite Zeile die oben bereits gezeigte Verbindungszeichenfolge für OLEDB.

Datenbankzugriff mit ADO

Wenn Sie die so erzeugte Datei mit einem Doppelklick öffnen, gelangen Sie in das Programm DATENVERKNÜPFUNGSEIGENSCHAFTEN. Hier können Sie bequem alle Parameter der Verbindungszeichenfolge einstellen. Leider existiert kein direkter Weg zu diesem Programm.

Um mit dieser Datei zu arbeiten, sieht die Verbindungszeichenfolge so aus:

File Name=*dateiname*.udl

Das Programm DATENVERKNÜPFUNGSEIGENSCHAFTEN

Auf der ersten Registerkarte PROVIDER wählen Sie die Datenquelle aus, mit der Sie arbeiten möchten. Alle weiteren Einstellungen hängen vom Provider ab. Normalerweise müssen Sie die Datenbankdatei, den Nutzernamen und ein Kennwort angeben.

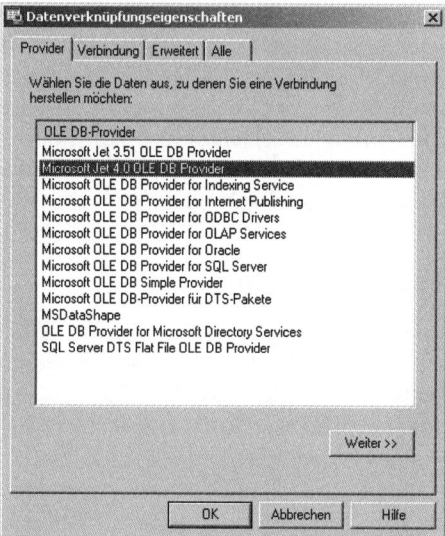

Abbildung 9.33: Einrichtung einer Datenlinkdatei

9.7.4 DSN

DSN steht für *Data Source Name*. Der Begriff und damit im Zusammenhang stehende Techniken wurden bereits in Abschnitt 9.5 *Universeller Zugriff mit ODBC* ab Seite 536 gezeigt.

Data Source Name

9.8 Das ADO-Objektmodell

Jede Vorstellung von ADO wäre unvollständig, wenn das Objektmodell nicht gezeigt würde. Dieses Modell zeigt, wie die Objekte und Kollektionen zusammenhängen und welche Teile sich aus anderen ableiten lassen.

9.8.1 Darstellungsformen

Verschiedene Darstellungsformen

Die Darstellung des Objektmodells ist keinesfalls einheitlich. Die von Microsoft selbst propagierte Form leidet unter dem Handbuch-Syndrom – Vollständigkeit wird hier zu Lasten der Lesbarkeit bevorzugt. In der Praxis können Sie damit wenig anfangen. Andere Modelle zeigen alle Abhängigkeiten durch vielfach verschachtelte Graphen an. Hier werden zwar auch seltener benötigte Zusammenhänge klar, die Auflösung ist aber nicht einfach und für einen schnellen Blick ist es denkbar ungeeignet. Ich habe mich hier für das gesplittete Modell entschieden. Direkte Zusammenhänge werden in einer einfachen Baumstruktur dargestellt und was nicht direkt hineinpasst, wandert in ein eigenes Diagramm. Am Ende stehen statt eines großen viele kleine Bäume. Das ist durchaus auch für Anfänger durchschaubar und eignet sich eher zum Nachschlagen.

9.8.2 Die Objektmodelle

Das Objektmodell enthält sowohl einfache Objekte als auch Kollektionen, die aus einer Sammlung von Objekten bestehen. Kollektionen sind in den folgenden Darstellung weiß hinterlegt, alle Objekte dagegen grau. In der ersten Darstellungen finden Sie alle direkt ansprechbaren Objekte und deren Abhängigkeiten.

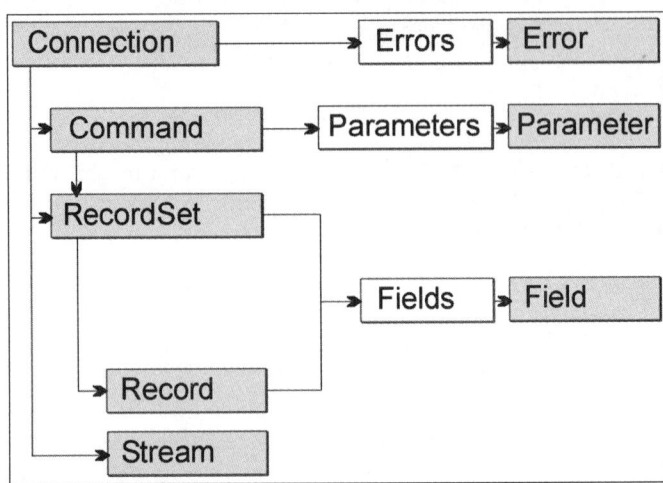

Abbildung 9.34: Basismodell ADO-Objekte

Das ADO-Objektmodell

Wie ist dieses Modell zu lesen? Den Ausgangspunkt bildet ein Verbindungs-Objekt: Connection. Davon direkt abgeleitet wird die Errors-Kollektion, die Fehler enthält. Jeder einzelne Fehler wiederum wird in einem Error-Objekt gehalten. Auf dem Weg zu den Daten gibt es drei Möglichkeiten: Command, RecordSet und Stream. Von RecordSet können Sie Record ableiten, beide bestehen aus einer Fields-Kollektion, die wiederum Field-Objekte enthält. Sie können also beispielsweise Field nie direkt verwenden.

Fast alle Objekte können viele zusätzliche Eigenschaften enthalten. Diese werden in einer Properties-Kollektion gespeichert und heißen Property.

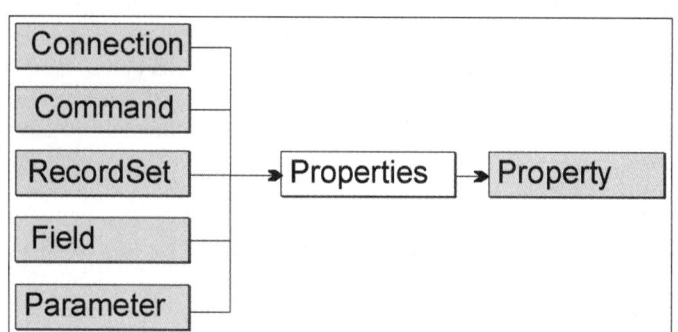

Abbildung 9.35: Die Properties-Kollektion

Verwendungshinweise

Wenn Sie Skripte entwickeln, werden Sie sich intensiv mit den Methoden und Eigenschaften der Objekte auseinander setzen. Dabei fällt auf, dass oft die explizite Verwendung eines Objekts nicht notwendig ist. So können Sie auf Connection verzichten und die Verbindungszeichenfolge direkt an die Open-Methoden der untergeordneten Objekte übergeben. Das funktioniert – elegant ist es dennoch nicht. Denn Sie verbergen die Struktur des Skripts, erschweren die Wartung und Pflege und werden früher oder später Probleme mit der verringerten Flexibilität bekommen. Es bringt auch keinen Leistungsgewinn – ADO wird das Verbindungsobjekt dann implizit anlegen und dennoch verwalten.

Das Datensatzobjekt lässt sich folgendermaßen verwenden:

Beispiel

```
strConn = "Provider=SQLOLEB; Initial Catalog=NorthWind"
set objRS = Server.CreateObject("ADODB.RecordSet")
objRS.Open "SELECT * FROM Customers", strConn
```

Diese Konstruktion öffnet ein Connection-Objekt implizit und verwendet dabei die Zeichenfolge *strConn*. Das ist unproblematisch, solange nur ein solches Objekt aktiv ist. Öffnen Sie aber mehrere Datensätze, werden diese auch mehrere implizite Verbindungsobjekte erzeugen und damit konkurrierende Verbindungen zur Datenbank aufmachen. Solche Verbindungen sind aber eine wertvolle Ressource. Es kann schnell zu Leistungseinbrüchen kommen. Wenn Sie dagegen ein Verbindungsobjekt erzeugen, können Sie es

9 Arbeiten mit Datenbanken

mit der damit eröffneten Verbindung immer wieder verwenden. Besser ist also folgende Schreibweise:

```
strConn = "Provider=SQLOLEB; Initial Catalog=NorthWind"
set objConn = Server.CreateObject("ADODB.Connection")
set objRS = Server.CreateObject("ADODB.RecordSet")
objRS.Open "SELECT * FROM Customers", objConn
```

Tipps für Anfänger »Faulheit« ist also auch hier nicht angebracht, auch wenn einige Konstrukte dazu verlocken mögen. Versuchen Sie, sauber und übersichtlich zu programmieren. Gerade Anfänger sind schnell begeistert von ADO und verstricken sich dann auf dem Weg zu größeren Applikationen in ein Dickicht von Objekten und scheinbar »raffinierten« Codes. Tatsächlich aber verlieren sie früher oder später die Übersicht und geben dann entnervt auf. Ein paar Zeilen mehr sind deshalb immer der bessere Weg. Leistungsvorteile bringt enger Code nur sehr selten und wenn, dann nicht in einer signifikanten Größenordnung.

10 ADO professionell programmieren

Nachdem in Kapitel 9 vor allem theoretische Grundlagen behandelt wurden, geht es in Kapitel 10 um die praktische Nutzung von ADO in ASP-Skripten. Alle Objekte werden detailliert behandelt.

10.1 Eine kompakte Einführung

Um in ASP eine leistungsstarke Datenbankumgebung zur Verfügung zu stellen, liefert Microsoft die ActiveX-Data-Objekte (ADO) mit aus. Diese ermöglichen den Zugriff auf ODBC-Datenbanken direkt aus VBScript und JScript heraus. Insgesamt gibt es sieben Objekte, welche die Datenbankanbindung problemlos unterstützen.

10.1.1 ADO auf einen Blick

Wenn Sie im Umgang mit VBScript noch unsicher sind, die Beispiele dieses Abschnitts aber trotzdem schon probieren möchten, sollten Sie die folgenden Hinweise beachten.

Tipps zum Umgang mit ADO un VBScript

Angabe von SQL-Kommandos

SQL-Kommandos werden manchmal direkt verwendet und stehen dann als Parameter des Funktionsaufrufes:

```
SET RS = nameConn.Execute("SELECT * FROM adressen")
```

Wenn Sie mit dem SQL-Kommando spielen, achten Sie darauf, den Rest des Befehls nicht zu verändern. Wichtig ist auch, auf die Art des SQL-Kommandos zu achten. ADO erwartet bei einigen Befehlen einen Wert, der zurückgegeben wird. Aber nicht jedes SQL-Kommando gibt einen Wert zurück.

Einbinden von Variablen

Wenn Sie variable Werte einbinden, bauen Sie die Zeichenkette mit dem SQL-Kommando einfach wie jede andere Zeichenkette zusammen:

```
SET RS = nameConn.Execute("SELECT * FROM " & mein_adress_feld)
```

Lange Konstrukte bauen

Wenn Sie lange SQL-Konstrukte haben, ist die Übergabe an eine Variable sinnvoll:

```
query = "SELECT * FROM adressen"
SET RS = nameConn.Execute(query)
```

Mehrere Teile werden dann einfach zusammengebaut:

```
query = "SELECT * FROM adressen"
query = query & " WHERE alter > 20"
SET RS = nameConn.Execute(query)
```

Achten Sie unbedingt darauf, dass die zur Trennung eingesetzten Leerzeichen korrekt gesetzt werden, im letzten Beispiel steht ein solches Leerzeichen vor dem WHERE-Teil. Andernfalls erhalten Sie SQL-Fehler.

Datentypen beachten

Wenn Sie in SQL mit bestimmten Datentypen arbeiten, denken Sie daran, dass SQL sehr streng typisiert, VBScript dagegen extrem locker. Hier muss man also immer etwas nachhelfen. Zeichenkettenargumente müssen in SQL in Anführungszeichen stehen:

```
query = "SELECT * FROM adressen"
query = query & " WHERE name LIKE '" & mein_name & "'"
SET RS = nameConn.Execute(query)
```

Der Name steht dann im fertigen Konstrukt (zur Laufzeit) in einfachen Anführungszeichen. Wenn die Variable *mein_name* den Wert »Clemens« enthält, steht in *query*:

```
SELECT * FROM adressen WHERE name LIKE 'Clemens'
```

Ohne die einfachen Anführungszeichen würde SQL dies als Spaltennamen interpretieren, was zwangsläufig zu einem Fehler führt (wenn diese Spalte nicht existiert) oder merkwürdige Daten zurückgibt (wenn unglücklicherweise wirklich eine solche Spalte vorhanden ist).

10.1.2 ADO verwenden

Dieser Abschnitt setzt voraus, dass Sie bereits über eine ODBC-Quelle verfügen. Das Anlegen und Verwalten von ODBC-Datenquellen wurde in Abschnitt 9.5 *Universeller Zugriff mit ODBC* ab Seite 536 ausführlich beschrieben.

Eine kompakte Einführung

Übersicht

Die hier verwendete Beispieldatenbank finden Sie auch auf der Buch-CD oder auf der Website zum Buch.

Datensätze lesen und schreiben

Das folgende Beispiel zeigt den Zugriff auf eine Datenbank, das Schreiben eines Datensatzes mit INSERT und das Lesen eines Datensatzes mit SELECT. Die Beispieldatenbank auf der Buch-CD (*kunden.mdb*) enthält nur einen Datensatz. Dann fügt dieses Skript einen Datensatz an und gibt den ersten, schon vorhandenen Datensatz aus. Prüfen Sie die Funktionsweise in Access oder InterDev, indem Sie die Datenbanktabelle direkt öffnen.

```
<%
SET nameConn = Server.CreateObject("ADODB.Connection")
nameConn.Open "DSN=kunden"
nameConn.Execute "INSERT INTO adressen (Ansprechpartner) VALUES ('Krause')"
SET RS = nameConn.Execute("SELECT * FROM adressen")
Response.Write(RS("Ansprechpartner"))
nameConn.Close
%>
```

Listing 10.1: *Verbindungsaufbau und Abfrage eines Datensatzes (ado_connect.asp)*

Die Methoden Open, Execute und Close werden benutzt. Die Methode Open eröffnet eine Verbindung zu einem SQL-Server via ODBC. Mit Execute werden SQL-Befehle direkt an den SQL-Server gesendet. Sie können hier alles verwenden, was unter SQL erlaubt ist. Mit Close wird die Verbindung wieder geschlossen.

Fehlermeldungen

Erfahrungsgemäß treten an dieser Stelle die ersten Fehler auf. Haben Sie diese Klippe überwunden, ist es in Zukunft leicht, Datenbanken zu benutzen.

Folgende Fehlerursachen und entsprechende Meldungen können auftreten:

▶ *Unable to create file buffer*
Die Datenquelle wurde nicht korrekt angegeben. Entweder existiert die Datenbank noch nicht oder Sie haben im Namen oder Pfad Schreibfehler.

▶ *The server appears to be not available*
Der SQL Server läuft nicht. Wenn der Server nicht automatisch startet, wählen Sie den SQL Server-Manager und starten den SQL Server mit dem grünen Schalter. Access sollte immer verfügbar sein, wenn es korrekt installiert wurde.

▶ *Login failed*
Beim ersten Login wurden der falsche Name oder das falsche Kennwort eingegeben. Wählen Sie in der Systemsteuerung im Ordner VERWALTUNG unter Datenquellen (ODBC), DATEI-DSN | KONFIGURIEREN den entsprechenden Eintrag, in dem Name und Kennwort eingetragen werden.

▶ *Invalid object name ‚partner'*
Die Datenbank existiert, aber die angesprochene Tabelle nicht. Oder die Tabelle ist nicht in der aktuellen Datenbank. Die Datenbank machen Sie zur aktuellen Datenbank, indem Sie in der Systemsteuerung im Ordner VERWALTUNG unter Datenquellen (ODBC), DATEI-DSN | KONFIGURIEREN | OPTIONEN den entsprechenden Eintrag wählen.

▶ *INSERT permission denied on object partner*
Der SQL Server hat andere Zugriffsrechte als Sie. Das sollte auf einem Entwicklungssystem, auf dem Sie selbst den SQL Server installiert haben, nicht vorkommen. Im Gegensatz dazu kann der Fehler beim Zugriff auf einen Webserver auftreten.

10.2 Connection

> Das Objekt Connection eröffnet und kontrolliert die Verbindung vom ASP-Skript zum Datenbankserver.

Connection-Objekt erzeugen

Das Connection-Objekt erzeugen Sie mit dem folgenden Befehl:

Set objConnection = CreateObject("ADODB.Connection")

Das Objekt *objConnection* wird in allen folgenden Syntaxdiagrammen dieses Abschnitts vorausgesetzt.

10.2.1 Verbindungssteuerung in ASP nutzen

10.3 RecordSet ab Seite 588
10.4 Record ab Seite 643
Tabelle 10.45: Konstanten des Parameters lngState
10.5 Command ab Seite 651
Open ab Seite 564

Das Objekt Connection (Verbindungsobjekt) verbindet den Consumer mit dem Provider. Einige Methoden der Objekte Record, RecordSet und Command können zwar diese Verbindung auch implizit öffnen, normalerweise wird aber der explizite Aufruf des Objekts genutzt:

Set objConnection = CreateObject("ADODB.Connection")

Jetzt steht das Connection-Objekt in der Objektvariablen *objConnection* zur Verfügung. Üblicherweise ist der erste Befehl die Eröffnung der Verbindung:

objConnection.Open "Verbindungszeichenfolge", Parameter

Verbindungspooling

Durch die verbindungslose Natur des HTTP-Protokolls werden am Ende eines ASP-Skripts alle Variablen gelöscht, alle Objekte zerstört. Jede neue Seite ist wieder völlig neu. Verbindungen zwischen Seiten, die den Nutzer wieder erkennen, müssen aufwändig programmiert werden oder nutzen versteckte Algorithmen, beispielsweise Cookies.

Erhalt der Verbindung

> In anderen Umgebungen wird dieses Verfahren auch als Persistenz bezeichnet; man öffnet dann eine »persistente« Verbindung.

Für das Verbindungsobjekt heißt das, dass die Verbindung bei jedem Aufruf einer Seite immer wieder geschlossen und geöffnet wird. Leider ist dieser Vorgang zeitaufwändig. Das Verbindungspooling bietet dafür eine Lösung. Die OLEDB-Schicht speichert alle geöffneten Verbindungen. Greift ein weiterer Prozess mit identischen Daten darauf zu, wird die im »Pool« gespeicherte Verbindung genutzt. Verbindungen verbleiben dort eine gewisse Zeit, danach werden sie automatisch gelöscht. Änderungen an der Datenquelle spiegelt das Objekt im Pool natürlich nicht wider – Sie sollten Maßnahmen zum Abfangen von Fehlern vorsehen, wenn mit Verbindungspooling gearbeitet wird.

Der Pool

Das Wiedererkennen der Verbindung erfolgt durch Vergleich der Parameter – nur wenn diese exakt übereinstimmen, wird das Objekt aus dem Pool verwendet. Das ist auch aus Sicherheitsgründen notwendig. Wechselt der Benutzer (bei sonst identischen Zugriffsinformationen), muss ein neues Verbindungsobjekt erstellt werden.

Verbindung wiedererkennen

Die tatsächliche Zeitersparnis ist nicht signifikant, sie liegt unter 10%. Das mag erstaunen – wozu der ganze Aufwand bei einem so geringen Effekt? Bei einer großen Site, die am Limit des technisch Möglichen arbeitet, kann es aber schon sinnvoll sein. Dabei werden Sie selten eine Verbindung innerhalb eines Skripts mehrfach öffnen und schließen. Greifen aber in Spitzenzeiten Hunderte von Nutzern gleichzeitig zu, ist die Auswirkung des Verbindungspooling schon zu spüren.

Zeitersparnis

Die Einstellung erfolgt mit der Methode Open oder der Properties-Kollektion, wenn Sie OLEDB verwenden. Normalerweise ist das Verbindungspooling eingeschaltet. Ausschalten können Sie es folgendermaßen:

Open ab Seite 564 10.10.1 Fields ab Seite 691

```
objConnection.Properties("OLE_DB_Services") = -2
```

Bei ODBC finden Sie die entsprechenden Optionen im ODBC-Manager.

Verbindungen öffnen und schließen

Mit diesem Objekt eröffnen Sie die Verbindung zu einer Datenbank und schließen sie wieder. Jede Kommunikation mit einer Datenbank kann nur stattfinden, wenn die Verbindung eröffnet wurde. So können Sie SQL-Kom-

ADODB. Connection

10 ADO professionell programmieren

Open
Close

mandos nur nutzen, wenn eine SQL-Datenbank auch von ASP aus erreicht werden kann.

Um die Verbindung zu eröffnen, wird eine Instanz des Objekts Connection erzeugt. Die Methode OPEN öffnet die Verbindung:

```
<%
SET nameConn = Server.CreateObject("ADODB.Connection")
nameConn.Open "DSN=kunden"
```

Dann können Sie mit der Datenbank arbeiten:

```
nameConn.Execute "INSERT adressen (Firma) VALUES ('Intercessio')"
SET Result = nameConn.Execute("SELECT * FROM adressen")
Response.Write(Result("Firma"))
```

Zuletzt wird die Verbindung geschlossen:

```
nameConn.Close
%>
```

Das ist recht umständlich, wenn Sie an 126 Stellen die Verbindung zur Datenbank herstellen. Da jeder Nutzer seine eigene Verbindung öffnet, bietet sich eine Sessionvariable für die Speicherung des Pfades zur Datenbank an. Öffnen Sie dazu die Datei GLOBAL.ASA und definieren Sie eine Sessionvariable in der Prozedur Session_OnStart:

```
Session("db_pfad") = "DSN=kunden"
```

Das kleine Programmstückchen kann jetzt deutlich kompakter geschrieben werden. Außerdem bieten sich dazu zwei Include-Dateien an, die immer wieder verwendet werden können. So könnte die Datei CONNOPEN.INC.ASP aussehen:

```
<%
REM Include Database OPEN für Objekt nameConn
SET nameConn = Server.CreateObject("ADODB.Connection")
nameConn.Open Session("db_pfad")
%>
```

Die zweite Datei CONNCLOSE.INC.ASP ist einfacher:

```
<%
REM Include Database CLOSE für Objekt nameConn
nameConn.Close
%>
```

Der Aufruf ist sicher kein Problem mehr:

```
<!-- #INCLUDE VIRTUAL="connopen.inc.asp" -->
<!-- #INCLUDE VIRTUAL="connclose.inc.asp" -->
```

Die Methode Execute

Wenn die Verbindung zum SQL-Server steht, können Sie jedes SQL-Kommando mit der Methode Execute ausführen.

Execute

```
<!-- #INCLUDE VIRTUAL="connopen.inc" -->
<%
nameConn.Execute "INSERT partner (name) VALUES 'Mueller'"
%>
<!-- #INCLUDE VIRTUAL="connclose.inc" -->
```

> Die Syntax der Methode Execute unterscheidet sich in den Beispielen. Mal erscheinen die Parameter in Klammern, mal nicht. Der Unterschied liegt in der Rückgabe von Werten. Werden Daten als Ergebnis erwartet, setzen Sie Klammern, sonst nicht.

```
<!-- #INCLUDE VIRTUAL="connopen.inc" -->
<%
SET RS = nameConn.Execute ("SELECT * FROM partner")
%>
<!-- #INCLUDE VIRTUAL="connclose.inc" -->
```

Der häufig benutzte Objektname *RS* steht für Recordset (dt.Datensatz). Das Datensatzobjekt wird in Abschnitt 10.3 *RecordSet* ab Seite 588 ausführlich behandelt. Es existiert, weil der SQL Server seine Daten zunächst »irgendwohin« produziert. Im Query Analyzer oder im Access-Abfragefenster konnten Sie die Ausgaben sehen, denn es gab eine Konsole. Diese Konsole bildet für ASP das Datensatzobjekt nach.

Wohin kommen die Daten?

Die Methode Execute hat zwei weitere Parameter, die folgende Bedeutung haben:

- RecordsAffected
  Dieser Parameter steht als nächster nach dem SQL-Kommando und enthält nach der Ausführung des Kommandos die Anzahl der betroffenen Datensätze (in SQL entspricht er der globalen Variablen @@ROWCOUNT).

- Options
  Dieser Parameter darf eine von vier Konstanten sein. Die Übergabe erlaubt es ADO, effizienter zu arbeiten. Die Parameter sind aber optional und haben folgende Bedeutung:

- AdCMDTable
  Der Parameter ist der Name einer Tabelle.

- AdCMDText
  Kommando in Textform. Das ist die normale Form.

- adCMDStoredProc
  Der erste Parameter ist der Name einer gespeicherten SQL-Prozedur.

- adCMDUnknown
  Nicht bekannt, das ist der Wert, den ASP annimmt, wenn Sie gar nichts angeben.

Um die Konstanten auch nutzen zu können, müssen Sie eine spezielle Datei einschließen, die die Definitionen enthält:

```
<!-- #INCLUDE VIRTUAL="adovbs.inc" -->
```

Bei einer Standardinstallation finden Sie die Datei unter *c:\Programme \ Gemeinsame Programme\System\ado*.

Die Kombination von SQL und VBScript ist leistungsstark. In Listing 10.2 sehen Sie, wie eine Datenbank mit 32 fortlaufenden Werten im Schlüsselfeld *p_key* gefüllt wird.

```
<!-- #INCLUDE VIRTUAL="adovbs.inc" -->
<!-- #INCLUDE VIRTUAL="connopen.inc.asp" -->
<%
FOR i = 1 TO 32
   query = "INSERT partner (p_key) VALUES ("
   query = query & i & ")"
   nameConn.Execute query, Anzahl, adCMDText
NEXT
%>
<!-- #INCLUDE VIRTUAL="connclose.inc.asp" -->
```

Listing 10.2: *Füllen einer Datenbank mit automatisch erzeugten Werten (ado_fillvalues.asp)*

Für die Praxis ist natürlich die Verwendung eines IDENTITY-Feldes mit einem Autowert besser (das sollte hier wirklich nur ein Beispiel für die Code-Anordnung sein!).

Sie können mit VBScript und SQL auch neue Tabellen anlegen und wieder löschen. Das folgende Beispiel (Listing 10.3) legt eine neue Tabelle mit einer Spalte an, schreibt einen Datensatz hinein, löscht den gesamten Inhalt der Tabelle wieder und entfernt sie dann ganz.

```
<!-- #INCLUDE VIRTUAL="adovbs.inc" -->
<!-- #INCLUDE VIRTUAL="connopen.inc.asp" -->
<%
sqlComm = "CREATE TABLE neueTabelle (name VARCHAR(50))"
nameConn.Execute sqlComm
sqlComm = "INSERT neueTabelle (name) VALUES ('Partner1')"
nameConn.Execute sqlComm
sqlComm = "TRUNCATE TABLE neueTabelle"
nameConn.Execute sqlComm
sqlComm = "DROP TABLE neueTabelle"
nameConn.Execute sqlComm
%>
<!-- #INCLUDE VIRTUAL="connclose.inc.asp" -->
```

Listing 10.3: *Tabellenmanipulationen von ASP aus (ado_createtable.asp)*

Transaktionen sichern

Der Sinn der Transaktionskommandos wurde bereits in der Einführung zu SQL besprochen. Um die Arbeit damit zu vereinfachen, gibt es drei spezielle Methoden, die Sie direkt einsetzen können. Das Absetzen von SQL-Befehlen mit Execute ist dazu nicht nötig. Hier ein Beispiel:

BeginTrans
CommitTrans

```
<!-- #INCLUDE VIRTUAL="adovbs.inc" -->
<!-- #INCLUDE VIRTUAL="connopen.inc.asp" -->
<%
sqlComm1 = "INSERT creditcardnumber (name, number, expires)
            VALUES ('Mueller', '3214-6541-4567-5668', '09/99')"
sqlComm2 = "INSERT order (name) VALUES ('Mueller')"
nameConn.BeginTrans
nameConn.Execute sqlComm1
nameConn.Execute sqlComm2
nameConn.CommitTrans
%>
<!-- #INCLUDE VIRTUAL="connclose.inc.asp" -->
```

Listing 10.4: Einsatz der Transaktionskommandos (ado_transaction.asp)

Das bereits bekannte SQL-Kommando Rollback ist ebenfalls verfügbar. Damit wird eine innerhalb des Transaktionsblocks ausgeführte Transaktion wieder rückgängig gemacht. Oft vereinfacht sich die Programmierung, wenn nur in seltensten Ausnahmefällen Aktionen verhindert werden sollen:

RollBackTrans

```
<!-- #INCLUDE VIRTUAL="adovbs.inc" -->
<!-- #INCLUDE VIRTUAL="connopen.inc.asp" -->
<%
sqlComm1 = "INSERT creditcardnumber (name, number, expires)
            VALUES ('Mueller', '3214-6541-4567-5668', '09/99')"
sqlComm2 = "INSERT order (name) VALUES ('Mueller')"
nameConn.BeginTrans
nameConn.Execute sqlComm1
nameConn.Execute sqlComm2
IF ausnahmefehler THEN
    nameConn.RollBackTrans
    ausnahmefehler = FALSE
ELSE
    nameConn.CommitTrans
END IF
%>
<!-- #INCLUDE VIRTUAL="connclose.inc.asp" -->
```

Listing 10.5: Eine Transaktion wird zurückgenommen (ado_transactionrb.asp)

Wird von einem anderen Prozess die Variable *ausnahmefehler* auf TRUE gesetzt, werden alle Transaktionen in diesem Modul verhindert. Anschließend wird der Fehlerwert zurückgesetzt. Vor allem in der Testphase einer Applikation

10 ADO professionell programmieren

können so häufige Zerstörungen der Datenbank durch falsch programmierte Zugriffe vermieden werden.

All diese Befehle lassen zwar die Steuerung der Datenbank zu. Das eigentliche Problem, die Anzeige der Daten in der HTML-Seite, lösen sie aber nicht. Dazu müssen die Daten erst nach VBScript übertragen werden. Das wichtigste Objekt für diese Aufgabe ist das schon erwähnte Datensatzobjekt.

10.2.2 Übersicht

Methoden
- BeginTrans, Seite 569
- Cancel, Seite 570
- Close, Seite 570
- CommitTrans, Seite 571
- Execute, Seite 571
- Open, Seite 573
- OpenSchema, Seite 575
- RollbackTrans, Seite 580

Eigenschaften
- Attributes, Seite 581
- CommandTimeout, Seite 581
- ConnectionString, Seite 582
- ConnectionTimeout, Seite 582
- CursorLocation, Seite 583
- DefaultDatabase, Seite 583
- IsolationLevel, Seite 584
- Mode, Seite 585
- Provider, Seite 586
- State, Seite 587
- Version, Seite 587

10.2.3 Methoden

Dieser Abschnitt stellte alle in ASP anwendbaren Methoden des ADO-Objekts Connection vor. Am Ende jedes Abschnitts finden Sie Verweise auf andere Methoden oder Eigenschaften, die häufig im gleichen Kontext verwendet werden.

BeginTrans

Die Methode `BeginTrans` startet eine neue Transaktion.

BeginTrans

    Long = objConnection.BeginTrans

Als Transaktion bezeichnet man die Zusammenfassung verschiedener Prozesse zu einer Einheit. Die Befehle werden nur dann ausgeführt, wenn alle Teile der Transaktion erfolgreich abgeschlossen werden konnten. Misslingt ein Teil, werden auch alle anderen Aktionen rückgängig gemacht.

Der Rückgabewert der Methode bezeichnet die Stufe bei verschachtelten Transaktionen. Die folgende Abbildung zeigt das Prinzip:

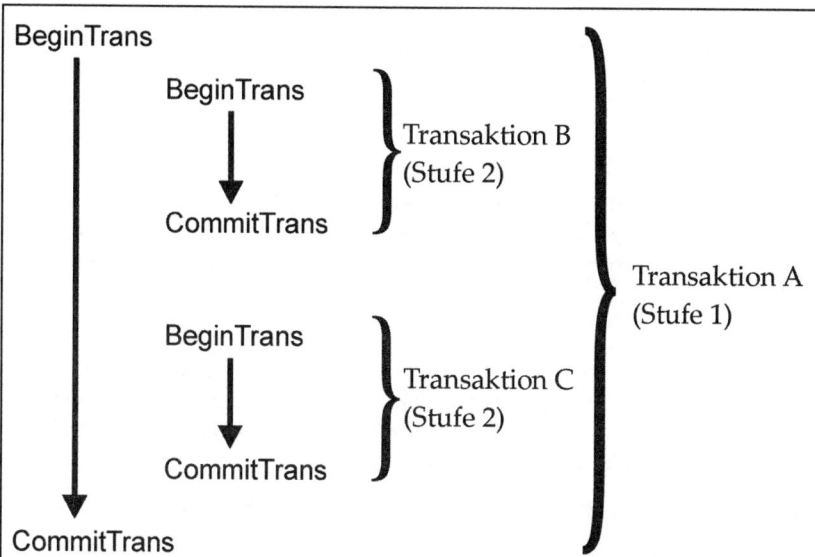

*Abbildung 10.1:
Prinzip verschachtelter Transaktionen*

Die Transaktion wird am Ende mit der Methode `CommitTrans` bestätigt. Traten Fehler auf, wird sie alternativ mit `RollbackTrans` rückabgewickelt. Wird im Beispiel die Transaktion A am Ende nicht bestätigt, werden alle Datenbankbefehle dazwischen unwirksam, auch die der Transaktionen B und C. Wird dagegen die Transaktion C nicht bestätigt, bleiben A und B gültig.

Wenn der Parameter `adXactCommitRetaining` gesetzt ist, wird bei einer verschachtelten Transaktion nach jedem `CommitTrans` automatisch eine neue Transaktion gestartet, der erneute Aufruf von `BeginTrans` ist nicht notwendig.

> Nicht alle Datenquellen unterstützten Transaktionen. Wenn das DBMS Transaktionen nicht kennt, wird ein Laufzeitfehler erzeugt.

▶ `CommitTrans`, **Seite 571**

▶ `RollbackTrans`, **Seite 580**

Cancel

Cancel Mit dieser Methode wird der Versuch einer Verbindungsaufnahme unterbrochen oder eine laufende Execute- oder Open-Methode abgebrochen.

*objConnection.***Cancel**

Die Methode erzeugt beim Aufruf einen Laufzeitfehler, wenn Execute oder Open nicht mit dem Parameter adRunAsync aufgerufen wurden.

- Execute, Seite 571
- Open, Seite 573

Close

Close Diese Methode schließt die Verbindung und alle damit verbundenen oder davon abhängigen Objekte. Das Objekt wird aber nicht aus dem Speicher entfernt.

*objConnection.***Close**

Die Methode schließt auch alle Datensätze, die von der Verbindung abhängig sind. Abhängige Command-Objekte bleiben persistent, die erneute Nutzung führt aber zu einem entkoppelten Datensatz, da der Parameter ActiveConnection gelöscht wird.

Änderungen an Datensätzen, die nicht zurück geschrieben wurden, gehen verloren. Offene Transaktionen werden rückabgewickelt und die Transaktion selbst erzeugt einen Laufzeitfehler. Das Verbindungsobjekt wird am Ende des Skripts automatisch geschlossen. In diesem Fall wird kein Laufzeitfehler erzeugt, sondern die Transaktion bestätigt.

Um das Objekt zu entfernen, gehen Sie folgendermaßen vor:

```
objConnection.Close
Set objConnection = Nothing
```

Der Aufruf der Methode mit einem bereits geschlossenen Objekt führt zu einem Laufzeitfehler. Dies kann folgendermaßen verhindert werden:

```
If objConnection.State = adStateOpen Then
    objConn.Close
End If
Set objConnection = Nothing
```

- Open, Seite 573
- Command-Objekt, ab Seite 651

CommitTrans

CommitTrans Mit dieser Methode wird eine Transaktion explizit bestätigt. Alle Aktionen innerhalb des Transaktionsblocks sind nun gültig und werden in der Datenbank permanent gemacht.

*objConnection.***CommitTrans**

Dieser Befehl wirkt automatisch nur zurück zum letzten Aufruf von BeginTrans. So sind verschachtelte Transaktionen möglich.

> Nicht alle Datenquellen unterstützten Transaktionen. Wenn das DBMS Transaktionen nicht kennt, wird ein Laufzeitfehler erzeugt.

- BeginTrans, Seite 569
- RollbackTrans, Seite 580

Execute

Execute führt eine Abfrage an die Datenbank aus und erzeugt, falls Daten zurückgegeben werden, ein RecordSet-Objekt.

Execute

```
Set objRS = objConnection.Execute(string Command
                    [, long affected]
                    [, long Options])
objConnection.Execute(string Command
                    [, long affected]
                    [, long Options])
```

Name	Typ	Option	Beschreibung	Standard
Command	String	-	Enthält eine SQL-Anweisung, einen Tabellennamen, den Namen einer gespeicherten Prozedur oder spezielle Befehle für den gewählten Provider.	
affected	Long	✔	Variable, in der der Provider die Anzahl der bearbeiteten Zeilen ablegt. Gilt nur für Anweisungen, die Änderungen an der Datenbank ergeben (beispielsweise UPDATE), nicht aber bei SELECT.	
Options	Long	✔	Parameter, der angibt, wie der Text in Command zu verarbeiten ist (siehe nächste Tabelle).	-1

Tab. 10.1: Parameter der Methode Execute

Die Optionen geben an, wie der Wert in *Command* zu interpretieren ist. Die Angabe ist optional, denn Execute wird versuchen, dies selbst zu erkennen. Wenn Sie den Inhalt des Kommandos aber kennen, kann die Angabe den Vorgang beschleunigen.

Tab. 10.2: Command-Optionen

Option (Konstante)	Bedeutung des Inhalts des Parameters Command
adCmdText	SQL-Anweisung
adCmdTable	Name einer Tabelle
adCmdTableDirect	Name einer Tabelle
adCmdStoredProc	Name einer gespeicherten Prozedur
adCmdFile	Ein gespeicherter Datensatz
adCmdUnknown	Nicht bekannt (Standardwert)
adSyncExecute	Asynchrone Ausführung
adAsyncFetch	Asynchrones Fetching
adAsyncFetchNonBlocking	Asynchrones Fetching ohne Blockbetrieb
adExecuteNoRecords	Das Kommando gibt keine Datensätze zurück

Sie können die Optionen kombinieren, indem eine binäre Addition ausgeführt wird:

```
objConnection.Execute strQuery, intRecords,
                adCmdText And adAsyncExecute
```

adExecuteNoRecords unterdrückt die Erzeugung eines Datensatzes, führt den Befehl aber dennoch aus.

Der zurückgegebene Datensatz ist immer ein Standarddatensatz, der nur einen einfachen Vorwärts-Zeiger enthält und nur gelesen werden kann. Wenn Sie andere Eigenschaften benötigen, müssen Sie explizit mit dem RecordSet-Objekt arbeiten. Daraus resultieren auch andere Effekte. Wenn Sie zuvor ein RecordSet-Objekt erstellen, dessen Eigenschaften festlegen und dann diesem RecordSet-Objekt das Resultat der Abfrage übergeben, werden die Eigenschaften ignoriert. Das von Execute erzeugte Objekt ist völlig neu, es überschreibt das zuvor definierte RecordSet-Objekt. Wenn Sie also mit RecordSet arbeiten, sollten Sie dessen Methode Open verwenden.

Besser geeignet ist Execute, um Aktionen auf der Datenbank auszuführen, die keinen Datensatz zurückgeben, wie beispielsweise USE, DELETE oder UPDATE. Verwenden Sie dann unbedingt die Konstante adExecuteNoRecords. ADO versucht sonst, zuerst die Aktion auszuführen und dann festzustellen, ob etwas zurückgegeben wurde. Danach wird entschieden, ob ein RecordSet-Objekt erzeugt wird oder nicht. Diese Aktion kostet Zeit. Mit der Option nehmen Sie die Entscheidung vorweg und Ihr Skript läuft schneller.

Beispiele

Das folgende Beispiel ändert Datensätze in einer Tabelle und gibt die Anzahl der ausgeführten Änderungen aus. Ein RecordSet-Objekt wird nicht erzeugt:

Connection

```
strQuery = "UPDATE Products SET UnitPrice = UnitPrice * 1.10"
objConn.Execute strQuery, intRecs, adCmdText
echo "Es wurden " & intRecs & " Preise geändert"
```

Listing 10.6: Daten ändern (ado_conn.execute.asp)

Das folgende Beispiel gibt die gesamte Tabelle zurück:

```
strQuery = "SELECT * FROM Products"
set objRS = objConn.Execute(strQuery, , adCmdText)
do while not objRS.EOF
   echo objRS("ProductName")
   echo " kostet "
   echo objRS("UnitPrice") & " $<br>"
   objRS.MoveNext
loop
```

Listing 10.7: Tabelle ausgeben (ado_conn.execute2.asp)

Beachten Sie die Setzung der Kommas zur Trennung der Parameter! Wenn Sie hier trotzdem eine Variable für den Parameter *affected* einsetzen, wird -1 zurückgegeben.

▶ CommandType-**Property, Seite 663** und **Tabelle 10.45: Konstanten des Parameters lngState**

▶ **Command**

▶ RecordSet, **Seite 588**

Open

Open öffnet eine Verbindung. Dies ist die wichtigste Methode des Connection-Objekts.

Open

```
objConnection.Open(string Connection
                   [, string User]
                   [, string Pass]
                   [, integer Options])
```

Name	Typ	Option	Beschreibung	Standard
Connection	String	-	Eine Verbindungszeichenfolge	
User	String	✓	Nutzername bei geschützten Verbindungen. Wenn der Name auch in der Verbindungszeichenfolge angegeben wurde, überschreibt der Parameter *User* die Verbindungszeichenfolge.	

Tab. 10.3: Parameter der Methode

10 ADO professionell programmieren

Name	Typ	Option	Beschreibung	Standard
Pass	String	✓	Kennwort des Nutzers	
Options	Long	✓	Verbindungsoptionen (siehe nächste Tabelle)	-1

Die Verbindungszeichenfolgen wurden bereits in Abschnitt 9.7.2 *Verbindungszeichenfolgen*, ab Seite 553 erläutert.

Die einzige derzeit mögliche Option finden Sie in der folgenden Tabelle:

Tab. 10.4: Command-Option

Option (Konstante)	Bedeutung des Inhalts des Parameters *Command*
adAsyncConnect	Eröffnet eine asynchrone Verbindung

Die asynchrone Verbindung erlaubt es ADO, das Skript fortzusetzen, auch wenn die Antwort der Datenbank noch nicht erfolgt ist. Dadurch laufen Skripte, die vom Ergebnis der Aktion unabhängige Ausgaben erzeugen, subjektiv schneller ab. Wenn Sie die Daten aber anschließend benötigen, müssen Sie darauf auch warten. Sie können die Eigenschaft State verwenden, um später auf die Verbindung zu warten, wenn es längere Zeit dauert.

In der Literatur wird oft die Verwendung von ConnectComplete empfohlen. Dies ist ein Ereignis und wird unter ASP nicht unterstützt.

Beispiele

Das folgende Beispiel öffnet eine Verbindung zu einer ungeschützten Access 2000-Datenbank mit dem Namen ARTIKEL.MDB:

```
strConn = "Provider=Microsoft.Jet.OLEDB.4.0"
strDatabase = "artikel.mdb"
objConnection.Open(strConn & "; Data Source=" & strDatabase)
```

Das nächste Beispiel erlaubt den Zugriff auf eine SQL Server-Datenbank:

```
function open()
    dim strProvider, strDataSrc, strCatalog, strUser,
    dim strPassword, strConnection
    dim strQuery
    strProvider = "SQLOLEDB"      ' Provider
    strDataSrc  = "WWW"           ' Name des Servers
    strCatalog  = "Northwind"     ' Name der Datenbank
    strUser     = "sa"            ' Nutzername des SQL Servers
    strPassword = ""              ' Kennwort
    strConnection = "Provider=" & strProvider & ";
                    Data Source= " & strDataSrc & ";
                    Initital Catalog=" & strCatalog & ";
```

Connection

```
                    User Id=" & strUser & ";
                    Password=" & strPassword
on error resume next
Set objConn = Server.CreateObject("ADODB.Connection")
objConn.Open strConnection
if Err.Number > 0 then
   with Response
      .write "<div style=""color:red""><b>Fehler:</b> "
      .write Err.Description
      .write "</div>"
   end with
   open = FALSE
else
   open = TRUE
end if
on error goto 0
strQuery = "USE " & strCatalog
objConn.Execute strQuery
end function
```

Listing 10.8: Die Standardfunktion open() aus der Datei open.inc.asp

Einfacher ist die Angabe einer ODBC-Quelle, da die Daten in der entsprechenden DSN stehen:

```
objConnection.Open("DSN=artikel")
```

▶ Siehe Abschnitt 9.7.2 *Verbindungszeichenfolgen*, Seite 553 und Abschnitt 9.7.4 *DSN*, Seite 555

▶ Siehe auch Abschnitt *Verbindungspooling*, Seite 563

OpenSchema

Diese Methode stellt das Verbindungsschema dar. Die Angaben sind weitgehend vom Provider abhängig. Es ist keineswegs sicher, dass alle hier gezeigten Schemas auch funktionieren.

OpenSchema

```
Set objRS = objConnection.OpenSchema(enum Query
                        [, variant Restriction]
                        [, variant SchemaID])
```

Die Parameter können Sie der folgenden Tabelle entnehmen:

Name	Typ	Option	Beschreibung	Default
Query	String	-	Art der Abfrage des Schemas	
Restriction	String Array	✔	Array aus Abfragewerten für das Schema	
SchemaID	String	✔	GUID für eine providerspezifische Abfrage außerhalb OLEDB	

Tab. 10.5: Parameter der Methode

Der Begriff Schema

Zum Thema *Schema* ist zuerst eine Begriffsdefinition sinnvoll:

- Als Katalog wird allgemein eine Sammlung von Daten und zusätzlichen Definitionen bezeichnet, die Schemas. In Microsoft Access oder SQL Server ist der Katalog die Datenbank. Die Datenbank enthält neben den Daten weitere Informationen, u.a. zur Struktur.

- Als Schema wird eine Sammlung von Datenbankobjekten bezeichnet. Diese Objekte können nutzerabhängig sein und enthalten beispielsweise Angaben zum verwendeten Zeichensatz u.v.m. Microsoft Access kennt keine unterschiedlichen Schemas, so erscheint die gesamte Datenbank als ein Schema.

Anhang B.2 *Schemata* ab Seite 1018 enthält die gesamte Liste an zulässigen Schemas und der entsprechenden Werte für den SQL Server und Access (Jet).

Beispiel Das folgende Beispiel zeigt alle Tabellennamen einer Datenbank an:

```
Set objSchema = objConn.OpenSchema(adSchemaTables)
While Not objSchema.EOF
    echo "Tabelle: " & objSchema("TABLE_NAME") & "<br>"
    objSchema.MoveNext
Wend
```

Listing 10.9: Tabelleninformationen anzeigen (ado_conn.schema.asp)

OpenSchema ist allgemein die einzige Methode, detaillierte Angaben über die Datenbank zu erhalten.

Die ersten Schritte mit OpenSchema sind erfahrungsgemäß nicht einfach. Das folgende Skript erlaubt den Zugriff auf alle Schemas und ist eine gute Spielwiese für eigene Experimente.

```
<% option explicit %>
<% Server.ScriptTimeOut = 600 %>
<% Response.Buffer = FALSE %>
<%
dim strQuery, i, k, schema, position, sfilter, afilter
dim objSchema, colSchema, intSchema, strSchema, strX, strS
set colSchema = Server.CreateObject("Scripting.Dictionary")
colSchema.Add "adSchemaAsserts", 0
colSchema.Add "adSchemaCatalogs", 1
colSchema.Add "adSchemaCharacterSets", 2
colSchema.Add "adSchemaCollations", 3
colSchema.Add "adSchemaColumns", 4
colSchema.Add "adSchemaCheckConstraints", 5
colSchema.Add "adSchemaConstraintColumnUsage", 6
colSchema.Add "adSchemaConstraintTableUsage", 7
colSchema.Add "adSchemaKeyColumnUsage", 8
colSchema.Add "adSchemaReferentialContraints", 9
```

Connection

```
colSchema.Add "adSchemaTableConstraints", 10
colSchema.Add "adSchemaColumnsDomainUsage", 11
colSchema.Add "adSchemaIndexes", 12
colSchema.Add "adSchemaColumnPrivileges", 13
colSchema.Add "adSchemaTablePrivileges", 14
colSchema.Add "adSchemaUsagePrivileges", 15
colSchema.Add "adSchemaProcedures", 16
colSchema.Add "adSchemaSchemata", 17
colSchema.Add "adSchemaSQLLanguages", 18
colSchema.Add "adSchemaStatistics", 19
colSchema.Add "adSchemaTables", 20
colSchema.Add "adSchemaTranslations", 21
colSchema.Add "adSchemaProviderTypes", 22
colSchema.Add "adSchemaViews", 23
colSchema.Add "adSchemaViewColumnUsage", 24
colSchema.Add "adSchemaViewTableUsage", 25
colSchema.Add "adSchemaProcedureParameters", 26
colSchema.Add "adSchemaForeignKeys", 27
colSchema.Add "adSchemaPrimaryKeys", 28
colSchema.Add "adSchemaProcedureColumns", 29
%>
<html>
<head>
   <title>Connection.OpenSchema</title>
</head>
<body>
<h1>Connection</h1>
<h2>OpenSchema</h2>
<div class=text>
Dieses Skript zeigt alle Schemas an.
</div>
<%
schema = Request.Form("schema") & Request.QueryString("schema")
if len(schema) = 0 then schema = 0
%>
<form method="post" action="<% = ASP_SELF %>">
Schema:
<select name="schema" size="1">
   <%
   for each strX in colSchema
      echo "<option value=""" & colSchema(strX) & """"
      if cint(colSchema(strX)) = cint(schema) then
         echo " selected "
           strSchema = strX
      end if
      echo ">$strX</option>"
   next
   %>
```

```
</select>
<input type="Submit" name="Submit" value="Anzeigen...">
</form>
<div class=text>
<%
' Datenverbindung herstellen
if open() and len(schema) > 0 then
  on error resume next
  intSchema = cint(schema)
  echo "<h4>Angezeigt wird Schema Nr.
        $intSchema ($strSchema)</h4>"
  echo "<div class=text>Klicken Sie auf einen Text in der
        Tabelle, um diese Spalte mit diesem Bezeichner als
        Filter zu setzen. "
  echo "Klicken Sie auf den Kopf der Spalte, um das Filter
        aufzuheben.</div><br>"
  position = Request.QueryString("position")
  if position > 0 then                   ' Filtern?
    for i = 1 to cint(position)          ' Aufbau des Filters
      if position = 1 then
        afilter = ""
        exit for
      else
        afilter = afilter & "Empty, "
      end if
    next
    sfilter = Request.QueryString("sfilter")
    afilter = "Array(" & afilter & chr(34) _
                       & sfilter & chr(34) & ")"
    position = position + 1
    echo "<div class=text><b>Aktives Filter:</b>
          <code>$sfilter</code> in Spalte <b>$position</b>.
          </div><br>"
    Set objSchema = objConn.OpenSchema(intSchema, _
                                       eval(afilter))
  else ' Nicht filtern
    Set objSchema = objConn.OpenSchema(intSchema)
  end if
  if Err.Number <> 0 then
    echo "<div style=""color:red; font-weight:bold"">
          Fehler: "
    echo Err.Description & " (" & Err.Number & ")"
    echo "</div><br>"
    Err.Clear
  else
    echo "<table border=1>"
    echo "<tr>"
    for each strX in objSchema.Fields
```

Connection

```
        echo "<th class=head>"
        echo "<a href=$ASP_SELF?schema=$schema&position=0>"
        echo strX.Name
        echo "</a></th>"
     next
     echo "</tr>"
     while not objSchema.EOF
       echo "<tr>"
        ' Positionszaehler zur Steuerung des Filters der
        ' Methode OpenSchema
        position = 0
        ' Durchlaufen der Felder in horizontaler Richtung
        for each strX in objSchema.Fields
           ' Feldauswahl
           strS = objSchema(strX.Name)
           ' Null-Werte unterdruecken
           if isnull(strS) then strS = ""
           echo "<td nowrap class=text> "
           sfilter = ""
           ' Zeichenweise Ausgabe inkl. Sonderwerte
           for i = 1 to len(strS)
              if asc(mid(strS,i,1)) < 15 then
                 sfilter = sfilter
                 & " chr(" & asc(mid(strS,i,1)) & ") "
              else
                 sfilter = sfilter & mid(strS,i,1)
              end if
           next
           echo "<a href=$ASP_SELF?
                 schema=$schema
                 &position=$position
                 &sfilter=$sfilter>
                 $sfilter
                 </a>"
           echo "</td>"
           position = position + 1
        next
       echo "</tr>"
       objSchema.MoveNext
     wend
     echo "</table>"
  end if
end if
%>
</div>
</body>
</html>
```

Listing 10.10: Komfortabler Zugriff auf alle Schemas (ado_showschemas.asp)

10 ADO professionell programmieren

Das Skript lässt die Auswahl eines Schemas zu und zeigt alle Daten an. Jeder Wert in jeder Spalte kann dann als Filter gesetzt werden, um die verschachtelten Werte aufzulösen.

*Abbildung 10.2:
Anzeige von
Tabelleninformationen mit dem
Skript aus Listing
10.10 und einem
Filter »TABLE« auf
Spalte 4*

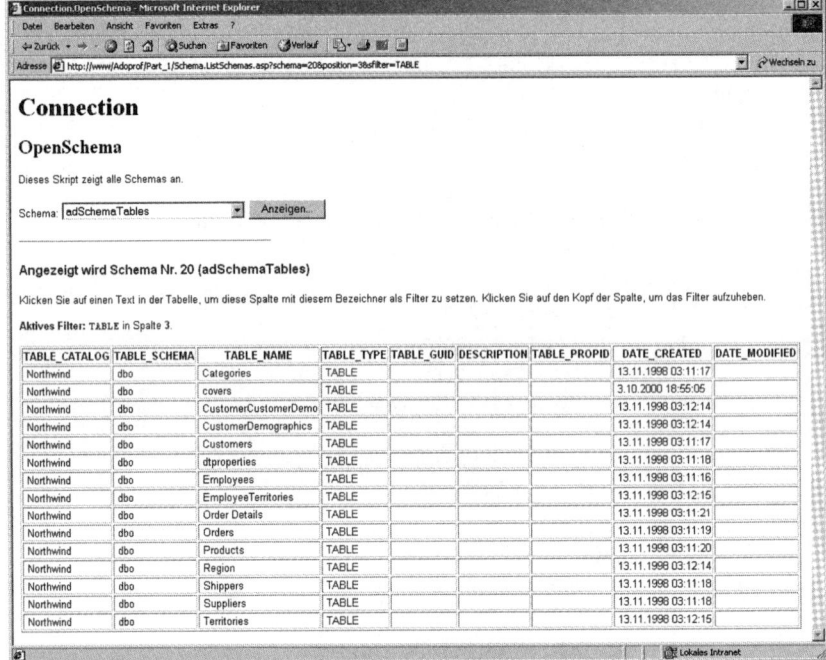

RollbackTrans

RollbackTrans   Mit dieser Methode werden die innerhalb eines Transaktionsblocks vorgenommenen Transaktionen wieder rückgängig gemacht.

*objConnection.*RollbackTrans

Alle Änderungen an der Datenbank, die seit dem letzten BeginTrans ausgeführt wurden, werden rückgängig gemacht. Bei verschachtelten Transaktionen muss jeder vorhergehend gestartete Block abgeschlossen werden, entweder mit CommitTrans oder mit RollbackTrans.

▶ BeginTrans, **Seite 569**

▶ CommitTrans, **Seite 570**

▶ Attributes, **Seite 581**

Connection

10.2.4 Eigenschaften

Wenn bei den nachfolgend beschriebenen Eigenschaften zwei Syntaxdiagramme stehen, bei denen die Eigenschaft einmal auf der linken und einmal auf der rechten Seite der Zuweisung steht, so ist diese Eigenschaft schreib- und lesbar.

Attributes

Diese Eigenschaft dient der Überwachung und Steuerung von Transaktionen.

```
long lngTrans = objConnection.Attributes
objConnection.Attribute = long lngTrans
```

Die zulässigen Attribute können Sie der folgenden Tabelle entnehmen:

Attribut	Option
adXactCommitRetaining	Wird diese Option gesetzt, startet nach jedem CommitTrans automatisch eine neue Transaktion.
adXactAbortRetaining	Wird diese Option gesetzt, startet nach jedem RollbackTrans automatisch eine neue Transaktion.

Die beiden Optionen können durch binäre Addition kombiniert werden :

```
objConnection.Attributes = adXactCommitRetaing
                          And adXactAbortRetaining
```

▶ BeginTrans, **Seite 569**

▶ CommitTrans, **Seite 570**

▶ RollbackTrans, **Seite 580**

CommandTimeout

Diese Eigenschaft bestimmt, wie lange auf die Ausführung eines Kommandos gewartet wird, bevor das Skript mit einem Laufzeitfehler abbricht.

```
long lngTime = objConnection.CommandTimeout
objConnection.CommandTimeout = long lngTime
```

Der Standardwert beträgt 30 Sekunden. Die Einstellung *lngTime* erfolgt in Sekunden. Setzen Sie den Wert auf 0, um unendlich zu warten.

Die Eigenschaft registriert die Zeit, die vergeht, bis der Provider Daten von der Datenbank erhält. Wenn Sie eine komplexe Anfrage starten, wird dies erwartungsgemäß funktionieren. Wenn Sie eine einfache Anfrage haben, die aber sehr viele Datensätze zurückgibt, wird das nicht unbedingt erwartungsgemäß funktionieren. So könnte es sein, dass die Datenbank 250.000 Datensätze an einen clientseitigen Zeiger liefert. Wenn der erste Datensatz innerhalb der von CommandTimeout spezifizierten Zeit den Provider erreicht, gilt die Abfrage als erfolgreich und der Wert wird ignoriert. Wenn die Übertragung dann mehrere Minuten dauert, mag Ihnen das erscheinen, als ob das Skript steht und die Eigenschaft nicht funktioniert, denn nach der Zeit erfolgt kein Abbruch. Dennoch ist das Verhalten korrekt. Falls Ihre Applikation derart langsam ist, sollten Sie einen Hinweis anzeigen und den Nutzer auf die Dauer vorbereiten. Setzen Sie in ASP <% Response.Buffer = FALSE %>, um die Pufferung auszuschalten und Zwischenergebnisse abzusetzen. Achten Sie dabei darauf, keine HTML-Tabellen zu verwenden.

Die Eigenschaft CommandTimeout der Properties-Kollektion erbt diesen Wert nicht.

▶ Fields, Seite 691

ConnectionString

ConnectionString Mit dieser Eigenschaft kann die Verbindungszeichenfolge eingestellt und ausgelesen werden.

```
string strConn = objConnection.ConnectionString
objConnection.ConnectionString = string strConn
```

ADO selbst interpretiert nur vier Elemente der Verbindungszeichenfolge. Alle anderen Werte werden direkt an den Provider weitergereicht.

Attribut	Option
Provider=	Name des Providers
File Name=	Dateiname einer Datenlinkdatei (UDL-Datei), in der die Verbindungszeichenfolge steht
Remote Provider=	Provider bei einer RDS-Verbindung
Remote Server=	Server bei einer RDS-Verbindung

Eine ausführliche Diskussion der Verbindungszeichenfolgen finden Sie in den folgenden Abschnitten:

▶ Siehe Abschnitt 9.7.1 *Verbindungen*, Seite 553

▶ Siehe Abschnitt 9.7.2 *Verbindungszeichenfolgen*, Seite 553

▶ Siehe Abschnitt 9.7.3 *Datenlinkdatei*, Seite 555

▶ Siehe Abschnitt Open, Seite 573

ConnectionTimeOut

Connection TimeOut Diese Eigenschaft bestimmt, wie lange auf die Öffnung einer Verbindung gewartet wird, bevor das Skript mit einem Laufzeitfehler abbricht.

```
long lngTime = objConnection.ConnectionTimeout
objConnection.ConnectionTimeout = long lngTime
```

Connection

Der Standardwert beträgt 15 Sekunden. Die Einstellung *lngTime* erfolgt in Sekunden. Wird der Wert auf 0 gesetzt, wird unbegrenzt gewartet.

Nachdem die Verbindung etabliert wurde, kann der Wert nicht mehr geändert werden.

CursorLocation

Der interne Datensatzzeiger wird auch als Cursor bezeichnet. Diese Eigenschaft bestimmt, wo der Zeiger aufgebaut wird.

```
integer intCursor = objConnection.CursorLocation
objConnection.CursorLocation = integer intCursor
```

Die Parameter können Sie der folgenden Tabelle entnehmen:

Attribut	Beschreibung
adUseClient	Der Zeiger wird im Client erzeugt.
adUseClientBatch	Stapelzeiger im Client; dieser Wert ist nur aus Kompatibilitätsgründen vorhanden und sollte nicht eingesetzt werden.
adUseServer	Serverseitiger Zeiger
adUseNone	Zeigt an, dass keine Datensatzzeiger verwendet werden. Dieser Wert ist nur aus Kompatibilitätsgründen vorhanden und sollte nicht eingesetzt werden.

Tab. 10.6: Parameter der Methode

Wenn Sie Datensätze abkoppeln und dann damit weiterarbeiten, obwohl die Verbindung zur Datenbank unterbrochen wurde, müssen Clientzeiger verwendet werden.

Die Einstellung dieser Eigenschaft muss *vor* dem Öffnen der Verbindung erfolgen. Danach haben Änderungen keinen Effekt.

Mehr Informationen zu Zeigern finden Sie in Abschnitt 10.11.2 *Datenbankzeiger* ab Seite 726.

DefaultDatabase

Diese Eigenschaft wählt eine Datenbank als Standarddatenbank aus. Die Anwendung ist nur sinnvoll, wenn der Provider keine Standarddatenbank kennt bzw. diese nicht ausgewählt wurde oder mehrere Datenbanken existieren und ein Wechsel erfolgen muss.

```
objConnection.DefaultDatabase = string strDB
string strDB = objConnection.DefaultDatabase
```

Unabhängig davon kann die Datenbank natürlich immer durch die entsprechende SQL-Syntax ausgewählt werden. Eine Alternative wäre die Anweisung USE :

```
objConnection.Execute("USE database")
```

▶ Execute, Seite 571

IsolationLevel

IsolationLevel Diese Eigenschaft bestimmt das Ausmaß der Auswirkungen von Transaktionen, die von anderen Prozessen in der Datenbank ausgeführt werden.

```
objConnection.IsolationLevel = long lngLevel
long lngLevel = objConnection.IsolationLevel
```

Die Einstellung hat nur einen Effekt, nachdem mit BeginTrans eine Transaktion gestartet wurde. Die Parameter können Sie der folgenden Tabelle entnehmen:

Tab. 10.7: Parameter der Methode

Attribut	Beschreibung
adXactUnSpecified	Der Provider hat ein anderes Isolationsniveau, aber der konkrete Wert ist nicht bekannt.
adXactChaos	Ein höheres Transaktionsniveau hat die Kontrolle über die Datensätze übernommen. Änderungen anderer Nutzer können nicht überschrieben werden.
adXactBrowse	Dieser Parameter erlaubt es, unbestätigte Änderungen anderer Transaktionen zu sehen. Die Arbeit mit diesen Daten ist kritisch, denn Sie können nicht wissen, ob die Transaktion am Ende bestätigt oder verworfen wird.
adXactCursorStability	Dies ist der Standardwert. Sie können Änderungen anderer Transaktionen erst sehen, wenn diese bestätigt wurden.
adXactRepeatableRead	Dieser Wert bestimmt, dass Sie Änderungen erst sehen, wenn sie die Verbindung resynchronisiert haben. Neue Datensätze, die andere Nutzer hinzugefügt haben, erscheinen nach Requery.
adXactIsolated	Transaktionen sind vollkommen voneinander isoliert. Änderungen werden durch spätere Transaktionen überschrieben. Verschachtelte Transaktionen können zum »DeadLock« führen, Leistungseinbußen drohen.

Die Isolation von Transaktionen ist von Bedeutung, wenn mehrere Benutzer zur gleichen Zeit zugreifen und Daten verändern, die auch andere Benutzer einer Transaktion verwenden. Die reine Datensatzsperre (LockType) wird nicht immer ausreichen, da die Phase der Transaktion weiter reichen kann. Der einfachste Weg ist eine vollständige Isolation, was zwar einfach und

Connection

sicher ist, oft aber zu drastischen Leistungseinbrüchen führt. Im Extremfall sperren sich Datensätze gegenseitig – der berüchtigte *Deadlock* tritt auf.

Wie das Problem entsteht, zeigt das folgende Beispiel: Ein Nutzer A beginnt eine Transaktion, er liest Datensätze ein und verändert diese. Dann liest er weitere Datensätze. Ein Nutzer B liest die veränderten Datensätze und beginnt ebenfalls eine Transaktion. Nun wird bei A ein Laufzeitfehler generiert und die Transaktion wird rückabgewickelt. Die zuvor an B ausgelieferten Datensätze werden ungültig. B verfügt aber über eine lokale Kopie der Daten und auch über einen gültigen Transaktionsverlauf. Wenn er nun seinerseits die Daten zurückschreibt, zerstört er die Transaktionssteuerung von Nutzer A. Der Vorgang von B wird als Dirty Read, »schmutziges Lesen«, bezeichnet. Zugleich führt das Rückschreiben von B zu einem Nonrepeatable Read, einem »nicht wiederholbaren Lesen«. Werden Löschvorgänge ausgeführt, entstehen Phantomzeilen (sog. phantom rows).

Typische Situationen

Der SQL Server verhindert standardmäßig Dirty Read, erlaubt aber Nonrepeatable Read und Phantom Rows. Das stellt einen guten Kompromiss zwischen Sicherheit und Leistung dar.

SQL Server

▶ BeginTrans, **Seite 569**

▶ CommitTrans, **Seite 571**

▶ RollbackTrans, **Seite 580**

▶ Attributes, **Seite 581**

Mode

Ermittelt oder setzt die Rechte zum Ändern von Daten.

Mode

objConnection.**Mode** = long *lngMode*
long *lngMode* = *objConnection*.**Mode**

lngMode kann einen der folgenden Werte annehmen:

Konstante	Beschreibung
adModeUnknown	Unbestimmt (Standard)
adModeRead	Nur Leserecht
adModeWrite	Nur Schreibrecht
adModeReadWrite	Schreib- und Leserecht
adModeShareDenyRead	Verhindert, dass andere eine Verbindung zum Lesen öffnen können.
adModeShareDenyWrite	Verhindert, dass andere eine Verbindung zum Schreiben öffnen können.

Tab. 10.8: Parameter der Methode

Tab. 10.8: Parameter der Methode (Forts.)

Konstante	Beschreibung
adModeShareExclusive	Verhindert, dass andere eine Verbindung zum Schreiben oder Lesen öffnen können.
adModeShareDenyNone	Verhindert, dass andere eine Verbindung öffnen können.

Diese Eigenschaft ist nur im Zusammenhang mit MS Access sinnvoll. Access kann keine konkurrierenden Verbindungen verarbeiten. Sie können entsprechende Fehlermeldungen vermeiden, indem Sie die Verbindung exklusiv herstellen. Da Skripte oft nur Sekundenbruchteile laufen, ist das meist unkritisch. Für den professionellen Einsatz auf hochfrequentierten Sites ist Access auch denkbar ungeeignet, sodass dies nicht nachteilig erscheint. Auf SQL Server hat diese Eigenschaft keinen Einfluss – hier können Sie mehrere konkurrierende Verbindungen aufbauen und Sperren auf Satzebene organisieren.

Solange die Verbindung geschlossen ist, kann der Wert gelesen und geschrieben werden. Nach dem Öffnen der Verbindung ist nur noch lesender Zugriff möglich.

Provider

Provider Diese Eigenschaft bestimmt, welcher Provider genutzt wird.

objConnection.**Provider** = string *strProvider*
string *strProvider* = *objConnection*.**Provider**

Die Parameter können Sie der folgenden Tabelle entnehmen:

Tab. 10.9: Parameter der Methode

Konstante	Beschreibung
MSDASQL	Provider für ODBC (Standardwert)
MSIDX	Index Server
ADSDSOObject	Active Directory Services
Microsoft.Jet.OLEDB.4.0	Microsoft Jet-Datenbanken (beispielsweise Access)
SQLOLEDB	SQL Server
MSDAORA	Oracle
MSDataShape	Provider für hierarchische Datensätze

Diese Eigenschaft wird auch durch ConnectionString gesetzt.

Solange die Verbindung geschlossen ist, kann der Wert gelesen und geschrieben werden. Nachdem die Verbindung geöffnet wurde, ist nur noch lesender Zugriff möglich.

Connection

- Siehe Abschnitt 9.7 *Datenbankzugriff*, Seite 533
- Open, **Seite 573**
- ConnectionString, **Seite 582**

State

Diese Eigenschaft gibt den Status einer Verbindung an. Sie kann nur gelesen werden.

State

```
integer intStatus = objConnection.State
```

Die Parameter können Sie der folgenden Tabelle entnehmen:

Konstante	Beschreibung
adStateClosed	Die Verbindung ist geschlossen.
adStateOpen	Die Verbindung ist offen.

Tab. 10.10: Parameter der Methode

Da viele Methoden Laufzeitfehler erzeugen, wenn sie auf eine geschlossene Verbindung angewendet werden, sollten Sie den Status mit folgendem Code überprüfen:

```
if objConn.State = adStateOpen then
   strQuery = "SELECT * FROM Products"
   objConn.Execute(strQuery)
   echo "Verbindung war ge&ouml;ffnet, Abfrage konnte
         ausgef&uuml;hrt werden."
else
   echo "<b>Fehler:</b> Keine Verbindung."
end if
```

Listing 10.11: Testen der Verbindung (ado_conn.state.asp)

- Open, **Seite 567**

Version

Diese Eigenschaft gibt die verwendete ADO-Version zurück. Derzeit ist das der Wert »2.6«.

Version

```
string strVersion = objConnection.Version
```

Sie können diese Funktion verwenden, um auf fremden Servern die Version festzustellen und Skripte zu aktivieren, die auf verschiedene Versionen abgestimmt sind. Damit lässt sich verhindern, dass Nutzer der Site mit Fehlermeldungen konfrontiert werden.

10.2.5 Kollektionen

Kollektionen werden in Abschnitt 10.10 *Die Kollektionen der Objekte* ab Seite 691 ausführlicher betrachtet. Zwei Kollektionen können von Connection abgeleitet werden:

- Die Kollektion Properties enthält Property-Objekte mit Eigenschaftsinformationen. Siehe Abschnitt 10.10.4 *Properties* ab Seite 696.

- Die Kollektion Errors enthält eines oder mehrere Error-Objekte mit Fehlerinformationen. Siehe Abschnitt 10.10.6 *Errors* ab Seite 698.

10.3 RecordSet

> Das Datensatzobjekt enthält Informationen über den aktuell gelesenen Datensatz.

10.3.1 Einführung

Sie können dieses Objekt wie folgt instanziieren:

```
Set objRS = Server.CreateObject("ADODB.RecordSet")
```

Es wird auch implizit durch die Methode Execute der Objekte Connection und Command instanziiert, allerdings mit funktionalen Einschränkungen. Der volle Funktionsumfang steht nur zur Verfügung, wenn RecordSet direkt erzeugt wird. Ergänzend sollten Sie sich auch das Objekt Record ansehen, Abschnitt 10.4 ab Seite 643.

Jedes SELECT-Kommando unter SQL gibt einen oder mehrere Datensätze zurück. Im Query Analyzer oder in Access 2000 führte das noch zu einer einfachen Bildschirmausgabe. Nun wird die normale Anwendung Daten aber in einem ganz bestimmten Layout benötigen. Sie möchten auch keine einfachen Listen, sondern Listen mit Links, farbig hinterlegten Tabellen, Bildern und Daten aus mehreren Tabellen. All diese Funktionen basieren auf der Nutzung des Datensatzobjekts.

Das Datensatzobjekt ist ganz ähnlich einer SQL-Tabelle aufgebaut. Es muss prinzipiell auch in der Lage sein, eine komplette Tabelle aufzunehmen. Es gibt zwei Methoden, ein neues Objekt vom Typ RecordSet zu erzeugen.

Das implizite Datensatzobjekt

Execute Vielleicht haben Sie es nicht bemerkt, aber in den vorangegangenen Beispielen wurde das Objekt bereits erzeugt und benutzt. Wie alle anderen Objekte kann es nur als Instanz existieren. Als Pfad zur Testdatenbank wird wieder die Sessionvariable *db_pfad* genutzt (Listing 10.12).

RecordSet

```
<%
SET nameConn = Server.CreateObject("ADODB.Connection")
nameConn.Open Session("db_pfad")
SET RS = nameConn.Execute("SELECT * FROM partner")
RS.Close
nameConn.Close
%>
```

*Listing 10.12: Implizite Erzeugung eines Datensatzobjekts mit dem Namen »RS«
(ado_rs.execute.asp)*

Jede Anwendung der Methode Execute *mit* Parameterrückgabe erzeugt ein Datensatzobjekt. Das Objekt wird in der Literatur meist, basierend auf der Microsoft-Dokumentation, »RS« getauft. Es repräsentiert den aktuellen Datensatzbereich. In Übereinstimmung mit anderen Quellen habe ich diesen Objektnamen übernommen, aber Sie sind in der Wahl des Namens frei.

Datensatzobjekte besitzen mehrere Methoden. Eine wurde bereits gezeigt: Close. Sie können damit das Objekt schließen und den belegten Speicher freigeben. Ein wichtiger Parameter ist EOF, der mit TRUE das Ende der Datei anzeigt, der letzte Datensatz im Datensatzobjekt wurde also erreicht. Eine weitere wichtige Methode ist MoveNext, die in Listing 10.13 verwendet wird.

**Close
EOF
MoveNext**

```
<%
SET nameConn = Server.CreateObject("ADODB.Connection")
nameConn.Open "DSN=kunden"
SET RS = nameConn.Execute("SELECT * FROM adressen")
WHILE NOT RS.EOF
    Response.Write(RS("Ansprechpartner"))
    Response.Write("<br/>")
    RS.MoveNext
WEND
RS.Close
nameConn.Close
%>
```

Listing 10.13: Umgang mit Datensätzen (ado_rs.execute2.asp)

Dieses Skript zeigt alle Felder *Ansprechpartner* der Tabelle *partner* an. Die WHILE...WEND-Schleife arbeitet, bis das Ende der Tabelle mit EOF erreicht worden ist. Der Datenbankzeiger (engl. cursor), der auf den jeweils aktuellen Eintrag im Datensatzobjekt zeigt, wird mit MoveNext weiter bewegt. Zu Beginn der Erzeugung der Instanz weist der Zeiger auf den ersten Datensatz.

> Vergessen Sie nie die Methode MoveNext! Sonst würde die Schleife endlos durchlaufen und der Webserver stark belastet werden; möglicherweise reagiert Ihr System auch nicht mehr. Die Methode Response.Write im Beispiel würde dann unendlich oft
-Tags ausgeben.

10 ADO professionell programmieren

Das Datensatzobjekt hat selbst auch eine Kollektion, die Feldkollektion. Damit besteht ein einfacher Zugriff mit FOR EACH...NEXT auf die Felder des Objektes. So ergeben sich mehrere Möglichkeiten, Datensätze aus dem Datensatzobjekt anzuzeigen:

```
RS("name")
RS(0)
RS.Fields.("name")
RS.Fields.Item("name")
RS.Fields.Item(0)
```

Abbildung 10.3: Arbeitsweise des Datensatzobjekts gegenüber der SQL-Datenbank

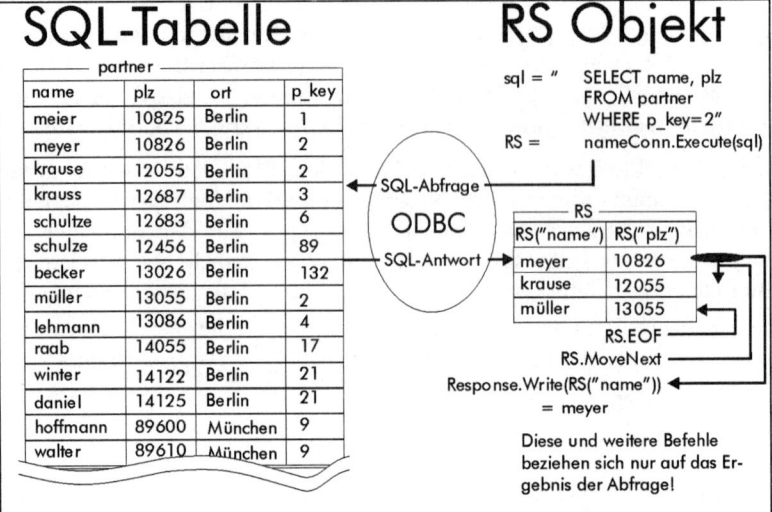

Die Auswahl kann also implizit oder explizit durch Wahl der Methoden der Kollektion erfolgen. Die Felder sind mit 0 beginnend nummeriert, neben der Auswahl über den Namen ist auch der Zugriff über die Spaltennummer möglich.

Das folgende Beispiel gibt die gesamte Tabelle *adressen* mit allen Spalten und Reihen in einer gut lesbaren HTML-Tabelle aus:

```
<%
SET RS = nameConn.Execute("SELECT * FROM adressen")
%>
<TABLE BORDER=0 CELLSPACING=1 CALLPADDING=0>
<TR>
<% FOR i = 0 TO (RS.Fields.Count -1) %>
    <TH><% = RS(i).Name %></TH>
<% NEXT %>
</TR>
<% WHILE NOT RS.EOF %>
<TR>
```

RecordSet

```
<% FOR i = 0 TO (RS.Fields.Count -1) %>
   <TD><% = RS(i) %></TD>
<% NEXT %>
</TR>
<%
RS.MoveNext
WEND
RS.Close
nameConn.Close
%>
</table>
```

Listing 10.14: Datensätze in einer HTML-Tabelle ausgeben (ado_rs2html.asp)

Hier wurde eine neue Eigenschaft verwendet, die häufiger anzutreffen ist. Mit Count wird die Gesamtzahl der Felder ermittelt. Für vier Felder werden also vier Spalten erzeugt. Damit im Beispiel (Listing 10.14) die Zählung funktioniert und das erste Feld mit 0 adressiert werden kann, wird vom Endzählerwert 1 abgezogen.

Das explizite Datensatz-Objekt

Für einen einfachen Umgang mit Datensätzen reicht diese einfache Methode nicht immer aus. Das implizit mit einem SELECT-Kommando erzeugte Datensatzobjekt lässt sich auch direkt erzeugen. Es stehen dann zusätzliche Parameter und Methoden zur Verfügung:

```
<%
SET RS = Server.CreateObject("ADODB.RecordSet")
RS.Open "SELECT * FROM adressen", nameConn, adOpenDynamic
RS.Close
nameConn.Close
%>
```

Listing 10.15: Anwendung des Parameters adOpenDynamic (ado_rsdyncursor.asp)

Der Unterschied zu dem vorangegangenen Beispiel liegt in der Methode Open und den damit verbundenen Parametern. Die ersten beiden Parameter sind relativ klar: In Form einer Zeichenkette wird das SQL-Kommando übergeben und dann die Datenverbindung, auf die sich das Kommando bezieht. Der letzte Parameter bezeichnet den Typ des Datensatzzeigers (engl. cursor type). Die angegebene Konstante ist in der Datei ADOVBS.INC definiert, die vorher mit einem INCLUDE-Kommando eingefügt werden muss.

Der Datensatzzeiger Parameter:
adOpenForwardOnly
adOpenKeySet
adOpenDynamic
adOpenStatic

Die folgenden Datensatzzeiger können Sie angeben:

- AdOpenForwardOnly
  Mit diesem Zeiger können Sie sich nur vorwärts durch das Datensatzobjekt bewegen. Dies ist der Standardzeiger, der benutzt wird, wenn Sie keinen speziellen Wert angeben.

▶ AdOpenKeySet
Sie können sich in beide Richtungen im Datensatzobjekt bewegen. Durch eine Verbindung mit der Tabelle wird angezeigt, wenn Sie auf einen einzelnen Datensatz zeigen, der von einem anderen Nutzer gelöscht oder verändert wurde. Neu hinzugefügte Datensätze werden dagegen an dieser Stelle nicht angezeigt.

▶ AdOpenDynamic
Sie können sich in beide Richtungen im Datensatzobjekt bewegen. Durch eine Verbindung mit der Tabelle wird angezeigt, wenn Sie auf einen einzelnen Datensatz zeigen, der von einem anderen Nutzer gelöscht oder verändert oder neu hinzugefügt wurde.

▶ AdOpenStatic
Sie können sich in beide Richtungen im Datensatzobjekt bewegen. Änderungen, die in dieser Zeit erfolgen, werden nicht wiedergegeben.

Neben der Auswahl des Datensatzzeigers kann auch das Verhalten der angesprochenen Tabelle gegenüber gleichzeitigen Änderungen durch andere Nutzer gesteuert werden. Überlegen Sie unbedingt, welche Aktionen durch andere Nutzer in anderen Skripten in der Tabelle erfolgen können. Denken Sie daran, dass eine gut besuchte Seite *gleichzeitig* von mehreren Personen benutzt wird. Das folgende Beispiel zeigt, wo der zusätzliche Parameter eingesetzt wird:

```
<%
SET RS = Server.CreateObject("ADODB.RecordSet")
RS.Open "SELECT * FROM adressen", nameConn, adOpenDynamic,
        adLockPessimistic
RS.Close
nameConn.Close
%>
```

Listing 10.16: *Anwendung des Parameters adLockPessimistic (ado_rslockpess.asp)*

Verhalten der Tabelle gegenüber Änderungen

Parameter:
adLockReadOnly
adLockPessimistic
adLockOptimistic
adLockBatch
Optimistic

Auch diese Konstanten werden in der Datei ADOVBS.INC definiert, die vorher eingeschlossen werden muss. Dann stehen die folgenden Werte zur Steuerung zur Verfügung:

▶ AdLockReadOnly
Sie können die Datensätze nicht ändern. Das ist der Standardwert, der benutzt wird, wenn Sie keine anderen Parameter angeben.

▶ AdLockPessimistic
Ein Datensatz, der geändert wird, wird sofort für andere Nutzer oder Prozesse blockiert.

▶ AdLockOptimistic
Ein Datensatz, der geändert wird, wird erst dann blockiert, wenn die UPDATE-Methode gestartet wird.

RecordSet

- AdLockBatchOptimistic
  Damit wird gekennzeichnet, dass die Änderungen in einer Batchdatei erfolgen.

Kommandotypen

Der letzte Parameter, der angefügt werden kann, spezifiziert das Kommando näher, das als erster Wert erscheint. Damit kann das ADO-Objekt schneller arbeiten. Folgende Optionen sind verfügbar:

**Parameter:
adCMDTable
adCMDText
adCMDStored
Procedure
adCMDUnknown**

- AdCMDTable
  Die Zeichenkette enthält den Namen einer Tabelle.

- AdCMDText
  Ein Kommando in Textform wird übertragen.

- AdCMDStoredProc
  Der Name, der übertragen wird, ist der Aufruf einer gespeicherten Prozedur (SQL-Prozedur, engl. stored procedure).

- AdCMDUnknow
  Die Zeichenkette wird nicht weiter erklärt. Dies ist auch der Standardwert.

Für das bereits bekannte Beispiel bietet sich die Option adCMDText an:

```
<%
SET RS = Server.CreateObject("ADODB.RecordSet")
RS.Open "SELECT * FROM partner", nameConn, adOpenDynamic, _
    adLockPessimistic, adCMDText
RS.Close
nameConn.Close
%>
```

Listing 10.17: Anwendung des Parameters adCMDText (ado_rscmdtext.asp)

10.3.2 Arbeiten mit dem Objekt Datensatz

Der Umgang mit RecordSet ist nicht trivial. Dieser Abschnitt zeigt fortgeschrittene Techniken.

Erweiterte Methoden

Wie in den Beispielen zum Lesen der Datenbanktabelle angedeutet, besteht auch die Möglichkeit, Werte in die Tabelle zu schreiben. Unterstützt wird das durch mehrere Methoden, die einen problemlosen Umgang mit SQL erlauben. Hier eine Übersicht:

**AddNew
CancelBatch
CancelUpdate
Delete
Update**

- AddNew
  Fügt dem Datensatzobjekt einen neuen Datensatz hinzu.

- CancelBatch
  Wenn das Datensatzobjekt im Batch-Modus ist, wird der Batchlauf damit unterbrochen.

▶ CancelUpdate
Macht alle Änderungen rückgängig, die bis zur Ausführung der UPDATE-Methode am Datensatzobjekt vorgenommen wurden.

▶ Delete
Löscht einen Datensatz vom Datensatzobjekt.

▶ Update
Speichert alle Änderungen, die am Datensatzobjekt vorgenommen wurden. Danach können Sie CancelUpdate nicht mehr anwenden.

▶ UpdateBatch
Speichert alle Änderungen, die an einem oder mehreren Datensätzen vorgenommen wurden, wenn mit Batchprogrammen gearbeitet wird.

> Batch (dt. etwa Satz oder Stapel) ist die Zusammenfassung von einfachen Befehlen. Batchprogramme verfügen nicht über programmiertechnische Befehle. Sie vereinfachen nur die Ausführung immer wiederkehrender Befehlsfolgen.

Am häufigsten wird sicher die Methode AddNew angewendet. Ein Beispiel sehen Sie in Listing 10.18.

```
<%
SET RS = Server.CreateObject("ADODB.RecordSet")
RS.Open "SELECT Firma FROM adressen", nameConn, adOpenDynamic,
        adLockPessimistic, adCMDText
RS.AddNew
RS("Firma") = "Intercessio"
RS.Update
RS.Close
nameConn.Close
%>
```

Listing 10.18: Hinzufügen eines neuen Datensatzes mit der Methode AddNew (ado_rs.addnew.asp)

Die Vorgehensweise ist fast identisch mit dem Lesen eines Datensatzes. Zuerst wird die komplette Spalte mit dem SELECT-Kommando zur Verfügung gestellt. Dann wird mit AddNew eine neue Zeile erzeugt. Mit einer normalen Zuweisung wird dann der Wert geschrieben. Der Datensatzzeiger zeigt nach der Anwendung der Methode AddNew automatisch auf den neuen Datensatz. Die Methode Update führt die Übertragung der Daten in die Datenbank aus.

> Sie können natürlich statt AddNew auch direkt mit dem SQL-Kommando INSERT arbeiten. Der wesentliche Unterschied liegt in der höheren Flexibilität, die das INSERT-Kommando bietet. Es lohnt sich immer dann, mit INSERT zu arbeiten, wenn Sie SQL beherrschen. Die ADO-Methoden sind grundsätzlich immer verwendbar und sparen nur wenig Lernaufwand, da Sie um SQL nicht völlig herum kommen.

RecordSet

Beachten Sie Abschnitt *Command* ab Seite 651, der sich speziell mit Kommandos beschäftigt und in die direkte SQL-Programmierung mit ASP einführt. Wenn Sie größere Projekte planen, sollte SQL die primäre Datenbankabfragesprache sein und nicht die ADO-Objekte. Für ein kleines Datenbankskript mit einfachen Zugriffen lohnt es sich aber, die ASP-Methoden zu verwenden. Außerdem finden Sie im Internet reichlich Beispiele und fertige Module, die sich gut einsetzen lassen.

Einfache Navigationsinstrumente

Ein einfaches Navigationsinstrument wurde bereits erläutert, die Methode MoveNext. Damit bewegen Sie den Datenbankzeiger einen Datensatz (Zeile) weiter. Nach dem Öffnen der Tabelle steht der Zeiger auf der ersten Position und die Abarbeitung endet mit dem Erreichen des Dateiendes – EOF wird TRUE. Für eine einfache und vor allem schnelle Abfrage reicht das aber nicht aus. Die wichtigsten einfachen Navigationsbefehle bewegen den Datensatzzeiger besser:

Move
MoveFirst
MoveNext
MovePrevious
MoveLast

- Move anzahl
  Bewegt den Datensatzzeiger um anzahl Positionen weiter Richtung Tabellenende (positive Werte) oder -anfang (negative Werte).

- MoveFirst
  Setzt den Datenbankzeiger wieder auf die erste Zeile.

- MoveNext
  Bewegt den Datensatzzeiger eine Position weiter.

- MovePrevious
  Bewegt den Datensatzzeiger eine Position zurück.

- MoveLast
  Setzt den Datenbankzeiger wieder auf die letzte Zeile.

Bedenken Sie, dass einige dieser Methoden einen ganz bestimmten Typ des Datensatzobjekts benötigen. So können Sie mit dem Parameter adOpenForwardOnly erzeugte Objekte nicht benutzen, um durch MovePrevious einen Datensatz zurückzugelangen.

Mit einigen Eigenschaften können Sie Ihre Navigationsskripte ebenfalls gut unterstützen:

AbsolutePosition
BOF
EOF
RecordCount

- AbsolutePosition
  Setzt den Datensatzzeiger auf eine bestimmte Position oder gibt die Position des Datensatzzeigers aus.

- BOF
  Ist TRUE, wenn der Datensatzzeiger am Beginn des Datensatzobjekts steht, also in der ersten Zeile der Tabelle.

- EOF
  Ist TRUE, wenn der Datensatzzeiger am Ende des Datensatzobjekts steht, also in der letzten Zeile der Tabelle.

10 ADO professionell programmieren

▶ RecordCount
Gibt die Anzahl der Datensätze in der Tabelle zurück. Wenn gegenüber der Original-SQL-Tabelle im Datensatzobjekt nur eine Auswahl steht (beispielsweise durch die WHERE-Bedingung eingeschränkt), werden nur die wirklich im Datensatzobjekt befindlichen Datensätze gezählt.

Das schon gezeigte Beispiel der Ausgabe aller Datensätze in eine HTML-Tabelle demonstriert hier unter Verwendung verschiedener Navigationsmethoden, wie die Tabelle rückwärts ausgegeben werden kann:

```
<%
SET RS = Server.CreateObject("ADODB.RecordSet")
RS.Open "SELECT * FROM adressen", nameConn, adOpenStatic
RS.MoveLast
%>
<table border=0 cellspacing=1 cellpadding=0>
<tr>
<% FOR i = 0 TO RS.Fields.Count -1 %>
   <TH><% = RS(i).Name %></TH>
<% NEXT %>
</tr>
<% WHILE NOT RS.BOF %>
   <tr>
   <% FOR i = 0 TO RS.Fields.Count -1 %>
      <td><% = RS(i) %></td>
   <% NEXT %>
   </tr>
   <%
   RS.MovePrevious
WEND
RS.Close
nameConn.Close
%>
</table>
```

Listing 10.19: *Navigation in einer Tabelle (ado_rs.htmlnavigation.asp)*

Beachten Sie den Parameter adOpenStatic, der das Bewegen des Datensatzzeigers in beide Richtungen erlaubt. Wenn Sie eine Fehlermeldung der Art *The rowset does not support fetching backward* erhalten, wurde die Datei ADOVBS.INC nicht korrekt eingebunden und die Konstante adOpenStatic ist nicht definiert. Der interne Wert ist 3.

> Die Ausgabe in einer anderen Reihenfolge ist natürlich für sich kaum sinnvoll. Wie bereits mehrfach erwähnt, sind direkte SQL-Kommandos einfacher und effizienter. Wenn Sie die Tabelle in einer anderen Richtung ausgeben möchten, käme die Option ORDER BY in Frage, die direkt an das Kommando SELECT angehängt werden kann.

RecordSet

Um sich schnell in einem Datensatzobjekt bewegen zu können, ist die Kenntnis der aktuell gespeicherten Datensätze notwendig. Das folgende Beispiel nutzt die Eigenschaft RecordCount:

```
<%
SET RS = Server.CreateObject("ADODB.RecordSet")
RS.Open "SELECT name FROM adressen", nameConn, adOpenStatic, _
   adLockPessimistic, adCMDText
anzahl = RS.RecordCount
Response.Write("Die Anzahl der Eintr&auml;ge ist:" & anzahl)
RS.Close
nameConn.Close
%>
```

Listing 10.20: Die Anzahl der Datensätze wird mit der Eigenschaft RecordCount ermittelt (ado_rs.recordcount.asp)

Diese Eigenschaft kann nur verwendet werden, wenn die Zeigeroption wenigstens den Wert adOpenStatic besitzt. Der einfache Vorwärtszeiger adOpenForwardOnly eignet sich dazu nicht. Eine Anwendung der Eigenschaft besteht allerdings in der Anzeige der Anzahl der Ergebnisse einer komplexen SELECT-Anfrage:

```
...
sql = "SELECT * FROM adressen"
sql = sql & "WHERE Ansprechpartner=""Meier"" AND PLZ<15000"
RS.Open sql, nameConn, adOpenStatic, _
   adLockPessimistic, adCMDText
gefunden = RS.RecordCount
Response.Write("Es wurden:" & gefunden & "S&auml;tze gefunden")
...
```

Die Gesamtzahl einer Tabelle lässt sich zwar auch so ermitteln (ohne WHERE-Bedingung gibt SELECT alle Datensätze aus), aber eleganter ist wieder der Zugriff auf einfache SQL-Kommandos:

```
...
' Anzahl aller Datensätze
sql = "SELECT COUNT (*) anzahl FROM adressen"
RS.Open sql, nameConn, adOpenStatic, adLockPessimistic, adCMDText
gefunden = RS("anzahl")
Response.Write("Es wurden:" & gefunden & "S&auml;tze gefunden")
...
```

Die Funktionsweise ist einfach. Der Befehl SELECT COUNT(*) zählt alle Datensätze und bildet das Ergebnis in einem virtuellen Feld *anzahl* ab. Diese Feld steht normal zur Verfügung und kann über das Datensatzobjekt abgerufen werden.

Seitenweise navigieren

Die Navigation kann zum Problem werden, wenn regelmäßig sehr viele Datensätze ausgegeben werden. Es ist weniger einer Frage der ASP-Programmierung oder der SQL-Kenntnisse, sondern mehr der Gestaltung der Seiten, wie viele Daten übersichtlich und für den Nutzer angenehm aufbereitet werden können. Der häufigste Fall, vor allem bei Artikellisten anzutreffen, ist die seitenweise Aufbereitung der Informationen. Es arbeiten praktisch auch alle Suchmaschinen so. Wenn sich bei Alta Vista 287 Treffer ergeben, werden immer nur zehn auf einer Seite angezeigt. Mit speziellen Schaltern kann man auf eine bestimmte Seite oder zur nächsten oder vorhergehenden Seite springen.

AbsolutePage
PageCount
PageSize

Das Datensatzobjekt bietet dafür entwickelte Eigenschaften, die eine einfache Ausgabe in Seitenform ermöglichen. Dabei wird die Anzahl der Datensätze in eine bestimmte Anzahl Seiten zerlegt. Drei Eigenschaften enthalten die nötigen Informationen:

▶ AbsolutePage
Die aktuelle Seite des Datensatzobjekts.

▶ PageCount
Anzahl der Seiten, die auf der Grundlage der Datensatzanzahl und der Datensätze pro Seite ermittelt wird.

▶ PageSize
Anzahl der Datensätze pro Seite.

Der folgende Quelltext zeigt eine mögliche Anwendung, die ähnlich wie bei den Suchmaschinen arbeitet. Am Ende der seitenweise ausgegebenen Tabelle wird eine Navigationsleiste eingeblendet, die das Blättern und direkte Auswählen einer bestimmten Seite erlaubt. Die Steuerung erfolgt über einen Selbstaufruf des Skripts und der Auswertung durch Request.QueryString. Die Datensätze werden in einer HTML-Tabelle dargestellt.

```
<%
' zuerst wird festgestellt, in welche Richtung geblättert wird
' beim ersten Aufruf der Seite sind alle Parameter NULL
query = Request.QueryString("MOVE")
IF query = "next" THEN
    Session("CurrentPage")=Session("CurrentPage")+1
END IF
IF query = "prev" THEN
    Session("CurrentPage")=Session("CurrentPage")-1
END IF
IF query <> "" AND NOT query = "prev" AND NOT query = "next" THEN
    Session("CurrentPage") = CINT(query)
END IF
' Beim ersten Mal Startwert der Seitenzähler auf 1 setzen
IF Session("CurrentPage")="" THEN
    Session("CurrentPage")= 1
END IF
```

RecordSet

```asp
SET nameConn = Server.CreateObject("ADODB.Connection")
SET RS = Server.CreateObject("ADODB.RecordSet")
nameConn.Open "DSN=kunden"
RS.Open "SELECT * FROM adressen", nameConn, adOpenStatic
' 10 Datensätze pro Seiten
RS.PageSize = 10
RS.AbsolutePage = Session("CurrentPage")
DIM zeile = 0
%>
<TABLE BORDER=0 CELLSPACING=1 CELLPADDING=0>
<TR>
<% FOR i = 0 TO RS.Fields.Count -1 %>
   <TH><% = RS(i).Name %></TH>
<% NEXT %>
</TR>
<% WHILE NOT RS.EOF AND zeile < RS.PageSize%>
   <TR>
   <% FOR i = 0 TO RS.Fields.Count -1 %>
      <TD><% = RS(i) %></TD>
   <% NEXT %>
   </TR>
   <%
   RS.MoveNext
   zeile = zeile + 1
WEND
%>
</TABLE>
<!-- Navigationsinstrumente erzeugen -->
<% IF Session("CurrentPage") > 1 THEN %>
   <A HREF="08_005.asp?MOVE=prev"> [Zur&uuml;ck] </A>
<% END IF
FOR i = 1 TO RS.PageCount
   IF RS.AbsolutePage <> i THEN %>
   ' Alle Seiten bekommen einen direkten Link
   <A HREF="08_005.asp?MOVE=<% =i %>"> <% =i %> </A>
   <% ELSE %>
   ' außer die aktuelle Seite, da steht nur die Zahl.
    <% =i %> 
   <% END IF
NEXT
IF Session("CurrentPage") < RS.PageCount THEN %>
   <A HREF="08_005.asp?MOVE=next"> [Weiter] </A>
<% END IF
RS.Close
nameConn.Close
%>
```

Listing 10.21: Seitenweise Navigation in Daten (ado_rs.page.asp)

Im gezeigten Beispiel (Listing 10.21) werden Sessionvariablen zur Übertragung der aktuellen Seite verwendet. Wenn Sie Cookies deaktiviert haben, können Sie die entsprechenden Werte auch per POST oder GET übertragen. GET verwenden Sie, wenn die Weiterschaltung mit Links erfolgt. Der Abschnitt zum Weiterblättern würde dann folgendermaßen aussehen:

```
...
CurrentPage = Request.QueryString("CurrentPage")
...
IF CurrentPage < RS.PageCount THEN %>
    <A HREF="08_005.asp?MOVE=next&CurrentPage=" & CurrentPage>
    [Weiter]
    </A>
<% END IF
...
```

Sollten Sie statt der Links Schaltflächen verwenden wollen, setzen Sie den Parameter in ein verstecktes Feld:

```
<input type="hidden" name="CurrentPage"
        value="<% = CurrentPage %>">
```

Der Abruf des Wertes der letzten Seite erfolgt mit:

```
CurrentPage = Request.Form("CurrentPage")
```

Datensätze in Arrays überführen

GetRows

Für die flexible Weiterverarbeitung der Daten ist es oft empfehlenswert, einen oder mehrere Datensätze in ein Array zu überführen. Vor allem die Anwendung von FOR...NEXT- oder FOR EACH...NEXT-Schleifen erleichtert die Darstellung. Eine mögliche Anwendung wäre die temporäre Änderung der Daten, die ein Rückschreiben in die Datenbank nicht zweckmäßig erscheinen lassen. Es gibt für diesen Zweck die spezielle Methode GetRows. Hier ein Beispiel:

```
<%
SET RS = Server.CreateObject("ADODB.RecordSet")
RS.Open "SELECT Firma, Ort, PLZ FROM adressen", nameConn
nameArray = RS.GetRows()
RS.Close
%>
```

Listing 10.22: Anwendung der Methode GetRows (ado_rs.getrows.asp)

Datensätze in Arrays bearbeiten

Das Array *nameArray* wird automatisch durch die Methode GetRows erzeugt. Der Zustand des Datensatzobjekts gibt die Struktur des Arrays vor. Es ist immer zweidimensional. Die zweite Dimension adressiert die Spalten. Im Beispiel sind es drei Spalten, denn das Kommando SELECT hat drei Felder angesprochen (*firma, ort, plz*). Da keine WHERE-Bedingung benutzt wurde, enthält das Datensatzobjekt alle Reihen der Tabelle. So enthält auch das Array alle Reihen der Tabelle mit den drei ausgewählten Feldern.

RecordSet

Die Anzahl der Datensätze lässt sich bei einem Array sehr leicht ermitteln:

```
<%
FOR i = 0 TO UBOUND(nameArray,2)
%>
```

Die Funktion UBOUND ermittelt die aktuelle Ausdehnung einer bestimmten Dimension eines Arrays. Der erste Parameter ist der Name des Arrays, der zweite Parameter ist die Dimension. Obwohl die Arrays intern ab 0 adressiert werden, wird die Dimension ab 1 gezählt. Ein Array mit Zeilen und Spalten hat also zwei Dimensionen. Die zweite Dimension enthält die Datensätze, dieser Wert ist hier interessant.

```
<br> Name: <% = nameArray(0,i) %>
<br> Ort: <% = nameArray(1,i) %>
<br> PLZ: <% = nameArray(2,i) %>
<%
NEXT
%>
```

Die Arbeit mit Arrays ist oft einfacher und flexibler als die direkte Verwendung des Datensatzobjekts. Große Arrays mit Tausenden von Einträgen sind aber nicht die ideale Lösung des Problems. Sie sollten bei der Wahl der Methode ungefähr einschätzen können, in welcher Größenordnung die Datensätze anfallen.

Es gibt eine spezielle Eigenschaft, welche die Anzahl der zurückgegebenen Datensätze begrenzt. Dabei wird die Anzahl willkürlich beschnitten, nicht durch spezielle Filter. Eine sinnvolle Anwendung sind Newsforen, in denen immer die neuesten Nachrichten angezeigt werden. Sortieren Sie die Tabelle rückwärts und beschränken Sie die Suche einfach auf »die fünfzehn letzten« Einträge zu einem bestimmten Thema. Dann bleiben alle Datensätze erhalten und gleichzeitig vereinfacht sich der Umgang mit dem Datensatzobjekt oder einem daraus abgeleiteten Array. Hier ein Beispiel:

MaxRecords

```
<%
SET RS = Server.CreateObject("ADODB.RecordSet")
RS.MaxRecords = 15
RS.Open "SELECT * FROM partner", nameConn
nameArray = RS.GetRows()
FOR i = 0 TO UBOUND(nameArray,2)
   FOR j = 0 TO UBOUND(nameArray,1)
   %><BR> Feld<% = j %>: <% = nameArray(j,i) %><%
   NEXT
NEXT
RS.Close
%>
```

Listing 10.23: Maximale Anzahl der Datensätze festlegen (ado_rs.maxrecords.asp)

10 ADO professionell programmieren

Ausgegeben werden alle Felder der Tabelle mit maximal 15 Datensätzen. Beachten Sie, dass die Zuweisung des Wertes zur Eigenschaft Maxrecords *vor* der Methode Open erfolgt. Ist das Datensatzobjekt erst einmal geöffnet, können Sie diese Eigenschaft nur noch lesen.

10.3.3 Übersicht RecordSet

Die folgende Übersicht zeigt alle Methoden des Objekts auf einen Blick.

Methoden

- AddNew, **Seite 603**
- Cancel, **Seite 606**
- CancelBatch, **Seite 606**
- CancelUpdate, **Seite 607**
- Clone, **Seite 607**
- Close, **Seite 608**
- CompareBookmarks, **Seite 609**
- Delete, **Seite 610**
- Find, **Seite 610**
- GetRows, **Seite 612**
- GetSring, **Seite 613**
- Move, **Seite 615**
- MoveFirst, **Seite 615**
- MoveLast, **Seite 616**
- MoveNext, **Seite 616**
- MovePrevious, **Seite 616**
- NextRecordSet, **Seite 616**
- Open, **Seite 617**
- Requery, **Seite 619**
- Resync, **Seite 620**
- Save, **Seite 621**
- Seek, **Seite 622**
- Supports, **Seite 623**
- Update, **Seite 625**
- UpdateBatch, **Seite 626**

RecordSet

Dieses Objekt verfügt auch über reichlich Eigenschaften: **Eigenschaften**

- AbsolutePage, **Seite 627**
- AbsolutePosition, **Seite 627**
- ActiveCommand, **Seite 627**
- BOF, **Seite 628**
- Bookmark, **Seite 628**
- CacheSize, **Seite 629**
- CursorLocation, **Seite 630**
- CursorType, **Seite 630**
- EditMode, **Seite 631**
- EOF, **Seite 632**
- Filter, **Seite 632**
- Index, **Seite 635**
- LockType, **Seite 635**
- MarshalOptions, **Seite 636**
- MaxRecords, **Seite 637**
- PageCount, **Seite 637**
- PageSize, **Seite 638**
- RecordCount, **Seite 638**
- Sort, **Seite 639**
- Source, **Seite 640**
- State, **Seite 641**
- Status, **Seite 641**
- StayInSync, **Seite 643**

10.3.4 RecordSet-Methoden

Dieser Abschnitt zeigt alle Methoden des Objekts RecordSet im Detail.

AddNew

Fügt einem oder mehreren Feldern Werte hinzu. Das Datensatzobjekt erhält dabei einen neuen Datensatz. **AddNew**

objRS.**AddNew** [array *Felder*], [array *Werte*]

Felder können über den Feldnamen oder ihre Ordnungsnummer (mit 0 beginnend) angesprochen werden.

10 ADO professionell programmieren

Das folgende Beispiel liest eine Tabelle der Nordwind-Datenbank und erlaubt das Hinzufügen eines weiteren Datensatzes über ein Formular. Es wird aus Platzgründen nur ausschnittweise wiedergegeben. Das vollständige Listing finden Sie auf der Website zum Buch.

Erfahrungsgemäß erscheint einem der Umgang mit den Feldnamen als relativ lästig, zumal oft viele Tabellen angesprochen werden. Das folgende Listing ist äußerst kompakt, da es einige universelle Funktionen verwendet:

```
set objRS = Server.CreateObject("ADODB.RecordSet")
objRS.Open "SELECT * FROM Customers", objConn, adOpenDynamic, _
           adLockOptimistic
echo "<form action=""" & ASP_SELF & """ method=post>"
show_form(objRS)
echo "<input type=submit value=Absenden>"
echo "</form>"
call form_to_array(arrFields, arrValues)
if objRS.Supports(adAddNew) then
   objRS.AddNew arrFields, arrValues
end if
show_table(objRS)
```

Listing 10.24: Hinzufügen von Feldern mit universellen Prozeduren (RecordSet.AddNew.asp)

Die drei verwendeten Prozeduren sind in der Datei OPEN.INC.ASP zu finden. *show_table* zeigt eine Tabelle an und wurde bereits mehrfach verwendet. *show_form* liest alle Feldnamen einer Tabelle und erzeugt dazu die passenden Felder:

```
sub show_form(objRecordSet)
    dim fname
    const suffix = "_RSF"
    echo "<table border=0 cellpadding=1>"
    for each fname in objRecordSet.Fields
        echo "<tr>"
        echo "<td>" & fname.Name & "</td>"
        echo "<td>"
        echo "<input type=text "
        echo " size=" & cint(fname.DefinedSize / 2)
        echo " maxlength=" & fname.DefinedSize
        echo " name=""" & fname.Name & suffix & """"
        echo " value=""" & Request.Form(fname.Name) & """"
        echo ">"
        echo "</td>"
        echo "</tr>"
    next
    echo "</tr>"
    echo "</table>"
end sub
```

Listing 10.25: show_form aus der Datei open.inc.asp

RecordSet

Wenn Sie beschreibende Feldnamen für Ihre Tabellen verwenden, können Sie sich beim Erstellen der Formulare mit dieser Prozedur eine Menge Zeit sparen.

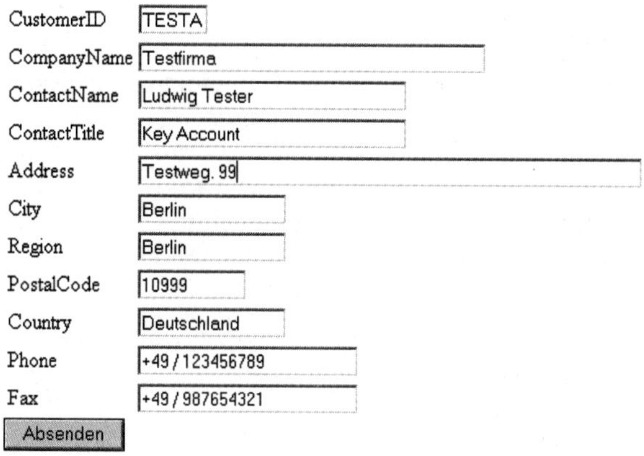

Abbildung 10.4: Das Formular wird in Abhängigkeit von Feldnamen und Feldgrößen aufgebaut

Für die Methode `AddNew` ist es notwendig, die Feldnamen und Werte als Array zu übergeben, wenn mehr als ein Name existiert. Die folgende Prozedur *form_to_array* übernimmt zwei Arrays und füllt diese mit Werten des gesendeten Formulars. Das Formular darf durchaus zusätzliche Felder, beispielsweise Hidden-Felder, enthalten.

```
sub form_to_array(byref arrFields, byref arrValues)
    dim i
    const suffix = "_RSF"
    i = 0
    for each formfield in Request.Form
     if instr(formfield, "_RSF") > 0 then
        redim preserve arrFields(i)
        redim preserve arrValues(i)
        arrFields(i) = left(formfield,
                        len(formfield) - len(suffix))
        arrValues(i) = Request.Form(formfield)
        i = i + 1
     end if
    next
end sub
```

Listing 10.26: form_to_array() aus der Datei open.inc.asp: Umwandeln eines kompletten Formulars in AddNew-gerechte Arrays

10 ADO professionell programmieren

Wenn Sie solche Felder übertragen möchten, können Sie ein Suffix zu den Feldnamen verwenden, der diese eindeutig identifiziert. Im Beispiel in Listing 10.26 wurde das Suffix _RSF (RecordSet Fields) verwendet. Beim Übertragen der Feldnamen muss das Suffix natürlich wieder entfernt werden, wozu die left-Funktion verwendet wird. Der Name ist selbstverständlich willkürlich gewählt, eine funktionale Bedeutung steckt nicht dahinter.

Aktualisierung der Datenbank

Die Aktualisierung der Datenbank erfolgt in diesem Beispiel sofort. Sie können statt des Parameters adLockOptimistic auch adLockBatchOptimistic verwenden. Dann werden die Werte mit jedem Aufruf von AddNew im lokalen Objekt aktualisiert und müssen mit UpdateBatch in die Datenbank geschrieben werden. Der Status der Operation lässt sich mit der Eigenschaft Status überwachen. Solange ein Datensatz den Wert adRecNew erzeugt, ist er noch nicht in der Datenbank aktualisiert worden.

Im Falle der Übernahme von Daten aus einem Formular ist das nicht sinnvoll, da nur ein einziger Aufruf von AddNew erfolgt.

- CancelUpdate, **Seite 607**
- Status, **Seite 641**
- Update, **Seite 625**
- UpdateBatch, **Seite 626**

Cancel

Cancel

Diese Methode bricht laufende oder wartende, durch Open angestoßene asynchrone Operationen ab.

objRS.**Cancel**

Ein sinnvoller Einsatz ist der Abbruch sehr langwieriger Operationen. Für den Fall, dass seine Abfrage extrem lange dauert, weil beispielsweise eine einschränkende Bedingung vergessen wurde, kann im Skript mit dieser Methode ein Abbruch veranlasst werden.

CancelBatch

CancelBatch

Bricht die Änderungen von Feldern aus einem Batchlauf heraus ab und stellt den ursprünglichen Zustand wieder her.

objRS.**CancelBatch**(*affected*)

Sinnvoll bei auftretenden Fehlern. Der Wert für *affected* kann der folgenden Tabelle entnommen werden:

RecordSet

Konstante	Beschreibung
adAffectCurrent	Bricht die Änderung nur für den aktuellen Datensatz ab.
adAffectGroup	Bricht Änderungen nur für die Datensätze ab, die von der Filter-Eigenschaft selektiert wurden.
adAffectAll	Bricht Änderungen für alle Datensätze ab (Das ist der Standardwert).
adAffectAllChapters	Betrifft alle Chapter einer Hierarchie auf derselben Ebene eines hierarchischen Datensatzes, unabhängig von irgendeinem Filter.

Tab. 10.11: Parameter der Methode

Die Anwendung des Parameters adAffectGroup ist unter Umständen kritisch. Wenn Sie Änderungen abbrechen möchten und die betroffenen Datensätze vom aktuellen Filter nicht selektiert werden, wirkt sich der Befehl nicht aus. Dies ist immer genau dann der Fall, wenn Sie einen zeichenfolgenbasierten Filter verwendet haben. Die Gruppe wird also nur selektiert, wenn Sie Filter mit Hilfe von Arrays aus Lesezeichen erstellt haben, nicht mit Filterwörtern.

Probleme mit Filtern

Im Gegensatz dazu wirkt auch adAffectAll in Abhängigkeit vom Filter. Diese Option wirkt sich nur auf die von einem zeichenfolgenbasierten Filter selektierten – also die sichtbaren – Datensätze aus. Filter mit Arrays aus Lesezeichen wirken jedoch nicht.

Wenn Sie tatsächlich alle Datensätze ansprechen möchten und keinen hierarchischen Datensatz verwenden, hilft adAffectAllChapters. Dies ist zwar weder logisch noch nachvollziehbar, aber es funktioniert.

▶ Filter, Seite 632

▶ UpdateBatch, Seite 626

CancelUpdate

Bricht Änderungen ab, bevor die Update-Methode aufgerufen wurde.

CancelUpdate

*objRS.***CancelUpdate**

Die Methode macht auch die durch AddNew eingefügten Datensätze rückgängig. Als aktueller Datensatz wird der Datensatz eingestellt, der vor AddNew der aktuelle war.

Clone

Gibt eine Kopie eines Datensatzes zurück.

Clone

object *objCloneRS* = objRS.**Clone**(*locktype*)

Diese Methode erzeugt keinen weiteren, unabhängigen Datensatz. Es wird ein weiteres Datensatzobjekt erzeugt, das auf denselben Datensatz zeigt. Änderungen am Klon werden nicht im originalen Datensatz ausgeführt.

10 ADO professionell programmieren

Tab. 10.12:
Parameter der
Methode

Konstante	Beschreibung
adLockUnspecified	Der geklonte Satz übernimmt den Verriegelungstyp vom originalen.
adLockReadOnly	Der geklonte Satz kann nur gelesen werden.

Der Zugriff auf die Daten des Klons erfolgt unter Umständen schneller als auf das Original, da weitere Zugriffe auf die Datenbank selbst entfallen.

Diese Methode funktioniert nur, wenn Lesezeichen (Bookmarks) unterstützt werden. Lesezeichen sind zusätzliche Haltepunkte für den Datensatzzeiger. Um herauszufinden, ob Lesezeichen unterstützt werden, gehen Sie entsprechend folgendem Code vor:

```
set objRS = Server.CreateObject("ADODB.RecordSet")
objRS.Open "SELECT * FROM Products", objConn, adOpenStatic
if objRS.Supports(adBookmark) then
    set objClone = objRS.Clone
    echo "Lesezeichen werden unterst&uuml;tzt.<p>"
    while not objClone.EOF
        echo objClone("ProductName")
        echo " ==> $"
        echo formatnumber(objClone("UnitPrice"))
        echo "<br>"
        objClone.MoveNext
    wend
else
    echo "Lesezeichen werden nicht unters&uuml;tzt"
end if
```

Listing 10.27: Klonen und Ausgeben eines Datensatzes (RecordSet.Clone.asp)

Wenn Sie Änderungen im Original ausführen, werden diese normalerweise im Klon reflektiert. Das funktioniert, bis das Original mit Requery aufgefrischt wird. Ab diesem Zeitpunkt ist der Klon abgekoppelt.

Lesezeichen, die Sie vom Original aus ermitteln, können auch auf den Klon angewendet werden. Dies ist in der Regel die einzige Möglichkeit, Lesezeichen zwischen Datensatzobjekten auszutauschen.

▶ Requery, Seite 619

Close

Close   Schließt den Datensatz und gibt alle enthaltenen Daten frei.

*objRS.***Close**

Wenn Änderungen im Datensatz erfolgten, führt die Methode Close zu folgenden Reaktionen:

RecordSet

- Im `Batchupdate`-Mode gehen alle Änderungen verloren.
- Im normalen `Update`-Mode wird ein Laufzeitfehler erzeugt.

Das Schließen führt nicht zum Zerstören des Objekts. Sie sollten deshalb zur Freigabe des Speichers folgendermaßen vorgehen:

```
objRS.Close
Set objRS = Nothing
```

Ein `RecordSet`-Objekt kann nur geschlossen werden, wenn es offen ist. Zur Vermeidung von Laufzeitfehlern gehen Sie folgendermaßen vor:

```
set objRS = Server.CreateObject("ADODB.RecordSet")
objRS.Open "SELECT * FROM Products", objConn
if objRS.State = adStateOpen then
   objRS.Close
   if objRS.State then
      echo "Datensatz wurde nicht geschlossen."
   else
      echo "Datensatz wurde geschlossen."
      set objRS = Nothing
   end if
end if
```

Listing 10.28: Schließen und Status überwachen (RecordSet.Close.asp)

- State, **Seite 641**
- Update, **Seite 625**
- UpdateBatch, **Seite 626**

CompareBookmarks

Diese Methode vergleicht zwei Lesezeichen und gibt eine Information über die Unterschiede zurück.

Compare Bookmarks

```
long lngResult = objRS.CompareBookmarks(bookmark1, bookmark2)
```

Das Resultat *lngResult* nimmt einen der folgenden Werte an:

Konstante	Beschreibung
adCompareLessThan	Das erste Lesezeichen liegt vor dem zweiten.
adCompareEqual	Beide Lesezeichen sind gleich.
adCompareGreaterThan	Das erste Lesezeichen liegt hinter dem zweiten.
adCompareNotEqual	Die Lesezeichen sind nicht gleich und befinden sich nicht in einer bestimmbaren Reihenfolge.
adCompareNotComparable	Ein Vergleich der Lesezeichen war nicht möglich.

Tab. 10.13: Parameter der Methode

Lesezeichen können nur verglichen werden, wenn es sich um denselben Datensatz oder einen Klon handelt. Lesezeichen existieren unabhängig von Filtern und Sortierprozessen.

Beachten Sie, dass diese Vergleichsmethode nicht die Daten vergleicht, auf die die Lesezeichen zeigen, sondern tatsächlich die Lesezeichen selbst.

Schon bei `Clone` wurde erwähnt, dass Lesezeichen nur zwischen Klonen kompatibel sind. Selbst dann, wenn zwei Datensatzobjekte auf derselben Abfrage basieren und »äußerlich« identisch sind, können Lesezeichen nicht verglichen werden. Wenn es dennoch funktioniert, ist dies eher Zufall als Methode. So enthalten clientseitige Datensätze nie Lesezeichen, in diesem Fall sind beide Argumente -1 – der Vergleich wird also positiv ausfallen.

Die Methode erzeugt einen Laufzeitfehler, wenn eines der beiden Argumente nicht existiert. Der Fehler kann abgefangen werden.

▶ `Clone`, Seite 607

▶ `Filter`, Seite 632

▶ `Sort`, Seite 639

▶ `Bookmark`, Seite 628

Delete

Delete Diese Methode löscht den aktuellen Datensatz oder eine Gruppe von Datensätzen.

objRS.**Delete**(*[affected]*)

Der Parameter *affected* kann einen der folgenden Werte annehmen:

Tab. 10.14:
Parameter der
Methode

Konstante	Beschreibung
adAffectCurrent	Löscht nur den aktuellen Datensatz (Standard).
adAffectGroup	Löscht die Datensätze, die von der Eigenschaft `Filter` selektiert wurden.
adAffectAllChapters	Löscht verbundene Datensätze.

Wenn Sie im Batch-Mode arbeiten, werden die betroffenen Datensätze nur zum Löschen markiert. Erst der Aufruf der UpdateBatch-Methode führt zum Löschen in der Datenbank.

▶ `UpdateBatch`, Seite 626

Find

Find Diese Methode durchsucht einen Datensatz nach bestimmten Filterkriterien. Unter Umständen bietet sich der Einsatz an, um eine globale SELECT-Abfrage

RecordSet

(`SELECT * FROM table`) mehrfach auszuwerten. Für eine einzige gefilterte Abfrage ist `SELECT` normalerweise schneller.

objRS.`Find`(*"filter", offset, direction, start*)

Die Parameter können Sie der folgenden Tabelle entnehmen:

Parameter	Beschreibung
offset	Verschiebung des Startpunkts der Suche, entweder vom aktuellen Datensatz oder, wenn *start* angegeben wurde, von dort. Die Angabe ist optional, der Standardwert ist 0.
direction	Gibt die Richtung an, in der gesucht wird (optional): • `adSearchForward`: **vorwärts suchen** (dies ist der Standardwert) • `adSearchBackward`: **rückwärts suchen**
start	Gibt den Startpunkt der Suche an (optional): • `adBookmarkCurrent`: **beginnt beim aktuellen Datensatz** (dies ist der Standardwert) • `adBookmarkFirst`: **beginnt beim ersten Datensatz** • `adBookmarkLast`: **beginnt am Ende**

Tab. 10.15: Parameter der Methode

Als Filter setzen Sie eine Zeichenkette ein, die etwa den Möglichkeiten entspricht, welche die `WHERE`-Bedingung in SQL bietet. Im Unterschied zu SQL ist als Platzhalterzeichen nicht nur %, sondern auch * zulässig. Allerdings lassen sich Ausdrücke nicht mit den logischen Operatoren AND, OR usw. kombinieren. Sie können nur eine einfache, eindimensionale Suche ausführen. Zeichenketten setzen Sie in einfache Anführungszeichen:

Operatoren

```
set objRS = Server.CreateObject("ADODB.RecordSet")
objRS.Open "SELECT * FROM Products", objConn, adOpenStatic
if (len(Request.Form("Filter")) > 0) then
    strFind = "ProductName " & Request.Form("Operator") & " '" _
              & Request.Form("Search") & "'"
    objRS.Find strFind
end if
if objRS.EOF then
    echo "Name wurde nicht gefunden<br>"
else
    while not objRS.EOF
        echo objRS("ProductName") & "<br>"
        objRS.MoveNext
    wend
end if
```

Listing 10.29: Suchen eines Datensatzes (Ausschnitt aus RecordSet.Find.asp)

Der in `WHERE`-Bedingungen beliebte Operator `LIKE` ist verfügbar:

`objRS.Find "stadt LIKE 'Berlin*'"`

Diese Variante findet alle Städtebezeichnungen, die mit Berlin beginnen, beispielsweise »Berlin-Kreuzberg«, »Berlin-Mitte«, aber auch »Berlinchen«.

GetRows

GetRows Diese Methode liest mehrere Datensätze aus und überführt sie in ein Array. Die Weiterverarbeitung in einem Array ist unter Umständen einfacher und flexibler.

```
array = objRS.GetRows([rows] [, start] [, fields])
```

Überführt werden die Datensätze in ein zweidimensionales Array, das automatisch erzeugt wird. Die erste Dimension enthält die Feldbezeichnungen, die zweite Dimension zeigt auf die Datensätze. Standardmäßig werden alle Reihen übertragen. Die Parameter können Sie der folgenden Tabelle entnehmen:

Tab. 10.16:
Parameter der
Methode

Parameter	Beschreibung
rows	Der Parameter zeigt an, wie viele Reihen vom Datensatzobjekt übertragen werden. Der Standardwert ist adGetRowsRest und überträgt alle Reihen.
start	Gibt ein Lesezeichen an, ab dem die Daten übertragen werden oder eine der Konstanten für Lesezeichen, die in der folgenden Tabelle beschrieben werden.
fields	Gibt an, welche Felder übertragen werden. Dies kann entweder eine Zeichenkette mit einem Feldnamen, ein Array mit Feldnamen oder Positionsnummern der Felder sein

Die Steuerung über Lesezeichen kann mit folgenden Konstanten erfolgen, die Sie für *start* einsetzen können:

Tab. 10.17:
Konstanten des
Parameters start

Konstante	Beschreibung
adBookmarkCurrent	Ab dem aktuellen Datensatz
adBookmarkFirst	Ab dem ersten Datensatz
adBookmarkLast	Ab dem letzten Datensatz

Die Anzahl der übertragenen Datensätze können Sie mit Ubound ermitteln, wie im folgenden Beispiel gezeigt:

```
set objRS = Server.CreateObject("ADODB.RecordSet")
objRS.Open "SELECT * FROM Products", objConn, adOpenStatic
arrRS  = objRS.GetRows
intCol = Ubound(arrRS, 1)
intRow = Ubound(arrRS, 2)
for i = 0 To intRow
    echo "<tr>"
```

RecordSet

```
    for j = 0 To intCol
        echo "<td>" & arrRS(j, i) & "</td>"
    next
    echo "</tr>"
next
```

Listing 10.30: Tabelle komplett an Array übergeben (RecordSet.GetRows.asp)

Die Methode weist in Bezug auf bestimmte Datentypen Einschränkungen auf. Memo-Felder oder Bilder (binäre Felder) werden nicht übertragen. Die entsprechenden Zellen des Arrays bleiben dann leer. Ein Laufzeitfehler wird nicht erzeugt.

Die Feldauswahl erfolgt am einfachsten mit einem Array:

```
set objRS = Server.CreateObject"ADODB.RecordSet")
objRS.Open "SELECT * FROM Products", objConn, adOpenStatic
arrFields = Array("ProductID", "ProductName", "UnitPrice")
arrRS = objRS.GetRows(, , arrFields)
intCol = Ubound(arrRS, 1)
intRow = Ubound(arrRS, 2)
for i = 0 To intRow
    echo "<tr>"
    for j = 0 To intCol
        echo "<td>" & arrRS(j, i) & "</td>"
    next
    echo "</tr>"
next
```

Listing 10.31: GetRows mit Spaltenauswahl (RecordSet.GetRows.2.asp)

Beachten Sie hier auch die Schreibweise, wenn die vorderen optionalen Werte nicht angegeben werden.

Die Ausgabe der Daten mit GetRows entspricht einem normalen Lesevorgang im Datensatz. Der Datensatzzeiger wird also auch weiter gesetzt. Wenn alle Datensätze ausgelesen werden, ist EOF anschließend TRUE. Wird nur ein Teil übergeben, steht der Zeiger auf dem Datensatz, der dem letzten gelesenen folgt.

GetRows ist bei einer großen Anzahl Datensätze nicht sehr effizient. Versuchen Sie, mehrere kleinere Blöcke anstatt eines großen zu lesen.

GetString

Diese Methode überführt den gesamten Datensatz in eine Zeichenkette. **GetString**

```
string strTable = objRS.GetString([format]
                     [, anzahl]
                     [, feldtrenner]
                     [, reihentrenner]
                     [, nullwert])
```

10 ADO professionell programmieren

format kann nur den Wert `adClipString` annehmen, andere Werte sind zukünftigen Entwicklungen vorbehalten. *anzahl* bezeichnet die Anzahl der Datensätze. Mit *feldtrenner* und *reihentrenner* werden Trennzeichen spezifiziert. Der *nullwert* wird eingesetzt, wenn das Feld leer (NULL) ist. Alle Angaben sind optional. Der Standardwert für den *feldtrenner* ist der Tabulator, für den *reihentrenner* ein Zeilenvorschub.

Interessant ist der Einsatz zum Erzeugen einer HTML-Tabelle, wie im folgenden Beispiel gezeigt:

```
set objRS = Server.CreateObject("ADODB.RecordSet")
objRS.Open "SELECT * FROM Products", objConn, adOpenStatic
echo "<TABLE BORDER=1><TR><TD>"
strTable = objRS.GetString(2, -1, "</TD><TD>",
                           "</TD></TR><TR><TD>", " ")
echo strTable
echo "</TD></TR></TABLE>"
```

Listing 10.32: *Datensätze als Zeichenkette ausgeben (RecordSet.GetString.asp)*

Dabei bestehen Feldtrennungen immer aus dem Wechsel einer Tabellenzelle (</TD><TD>), Zeilenwechsel zusätzlich aus dem Wechsel der Reihe (</TD></R><TR><TD>). Damit leere Tabellenzellen das Layout nicht stören, sollten Sie ein Leerzeichen einsetzen ( ).

Interessant ist auch die Überführung einer Tabelle in eine CSV-Datei:

```
set objRS = Server.CreateObject("ADODB.RecordSet")
objRS.Open "SELECT * FROM Products", objConn
strFile = objRS.getString(2, -1, ";", chr(10)&chr(13))
' Textdatei erzeugen und fuellen (Schreibrechte erforderlich)
set objFO = Server.CreateObject("Scripting.FileSystemObject")
set objTO = objFO.CreateTextFile(Server.MapPath("data.txt"))
objTO.Write strFile
' Textdatei schliessen
objTO.Close
set objTO = Nothing
' Textdatei erneut oeffnen und auslesen
set objTO = objFO.OpenTextFile(Server.MapPath("data.txt"), 1)
while not objTO.AtEndOfStream
    echo objTO.ReadLine
    echo "<br>"
wend
```

Listing 10.33: *CSV-Datei erzeugen (RecordSet.GetString.CSV.asp)*

Die komplette Tabelle befindet sich nun in für andere Programme lesbarer Form in der Datei »data.txt«. Als Trennzeichen wird das Semikolon eingesetzt, als Zeilentrennzeichen CRLF (Wagenrücklauf und Zeilenvorschub),

RecordSet

wie unter Windows üblich. Für den Export nach Unix würde der Zeilenvorschub Chr(13) genügen.

Move

Bewegt den Datenbankzeiger vorwärts oder rückwärts.

objRS.**Move**(*Records* [, *start*])

Ist *Records* positiv, wird vorwärts gezählt, ansonsten rückwärts. *start* gibt den Startpunkt vor. Dazu wird ein Lesezeichen genutzt, der reguläre Datenbankzeiger wird nicht vorher verschoben. Das Datensatzobjekt muss deshalb Lesezeichen unterstützen. Die Steuerung über Lesezeichen kann mit folgenden Konstanten erfolgen, die Sie für *start* einsetzen können:

Konstante	Beschreibung
adBookmarkCurrent	Ab dem aktuellen Datensatz
adBookmarkFirst	Ab dem ersten Datensatz
adBookmarkLast	Ab dem letzten Datensatz

Tab. 10.18: Konstanten für Parameter start der Methode

Die Bewegung des Datensatzzeigers kann durch den Typ des Datensatzes eingeschränkt sein. So ist ein Datensatz, der mit adForwardOnly erzeugt wurde, nicht in der Lage, den Zeiger rückwärts zu setzen. Wenn Sie einen Wert angeben, der den Zeiger außerhalb des Datensatzes platziert, wird der beim ersten Versuch auf BOF oder EOF gesetzt. Erfolgt dann ein erneuter Versuch, den Zeiger außerhalb der Grenzen zu setzen, wird ein Laufzeitfehler erzeugt.

Wurden Daten geändert und die Update-Methode wurde nicht verwendet, wird sie von Move implizit aufgerufen. Wenn Sie Änderungen nicht ausführen möchten, muss zuvor CancelUpdate aufgerufen werden:

▶ Update, **Seite 625**

▶ CancelUpdate, **Seite 607**

▶ MoveFirst, **Seite 615**

▶ MoveLast, **Seite 616**

MoveFirst

Bewegt den Datenbankzeiger zum ersten Datensatz.

objRS.**MoveFirst**

Diese Methode benötigt keine Parameter. Es gelten auch die bei Move gemachten Aussagen.

MoveLast

MoveLast — Bewegt den Datenbankzeiger zum letzten Datensatz.

objRS.**MoveLast**

Diese Methode benötigt keine Parameter. Es gelten auch die bei Move gemachten Aussagen.

▶ Move, Seite 615

MoveNext

MoveNext — Bewegt den Datenbankzeiger zum nächsten Datensatz.

objRS.**MoveNext**

Diese Methode benötigt keine Parameter. Es gelten auch die bei Move gemachten Aussagen.

▶ Move, Seite 615

MovePrevious

MovePrevious — Bewegt den Datenbankzeiger zum vorhergehenden Datensatz.

objRS.**MovePrevious**

Diese Methode benötigt keine Parameter. Es gelten auch die bei Move gemachten Aussagen.

▶ Move, Seite 615

NextRecordSet

NextRecordSet — Wenn mehrere Datensätze zurückgegeben werden, dient diese Methode dazu, den aktuellen Datensatz zu löschen und zum nächsten zu gehen.

Set *objRS2* = *objRS*.**NextRecordSet**(*[Affected]*)

Wird als Parameter *Affected* eine Variable angegeben, enthält diese nach der Operation die Anzahl der betroffenen Datensätze. Dies ist nur sinnvoll, wenn es sich um eine Operation handelt, die keine Datensätze zurückgibt.

Mehrere Datensätze entstehen, wenn verbundene SQL-Anweisungen ausgeführt werden, beispielsweise in gespeicherten Prozeduren. SQL-Anweisungen lassen sich aber auch wie im folgenden Listing gezeigt kombinieren – getrennt durch Semikola:

```
set objRS = Server.CreateObject("ADODB.RecordSet")
strQuery = "SELECT * FROM Products;"
strQuery = strQuery & "SELECT * FROM Suppliers;"
strQuery = strQuery & "SELECT * FROM Shippers;"
objRS.Open strQuery, objConn
show_table(objRS)
echo "<hr>"
```

RecordSet

```
set objRS = objRS.NextRecordSet
show_table(objRS)
echo "<hr>"
set objRS = objRS.NextRecordSet
show_table(objRS)
```

Listing 10.34: Auswahl mehrerer unabhängiger Datensätze aus einer Abfrage. Die Sub-Prozedur show_table gibt eine beliebige Tabelle im HTML-Format aus (siehe open.inc.asp). Skript RecordSet.NextRecordset.asp.

Ein solcher Block wird von jeder SQL-Datenbank ausgeführt. Da Satzaufbau und Feldnamen jeweils unterschiedlich ist, kann ein einzelnes Datensatzobjekt dies nicht verarbeiten. Wenn Sie ein solches Gebilde senden, wird der erste SELECT-Befehl ausgeführt. Mit dem ersten NextRecordSet wird ein neues Datensatzobjekt erzeugt und der zweite Befehl ausgeführt usw. Bei der Berechnung des Laufzeitverhaltens ist zu beachten, dass die Ausführung tatsächlich erst erfolgt, wenn die nächste Anweisung mit NextRecordSet angefordert wird.

Manche SQL-Abfragen erzeugen auch multiple Datensätze, wenn Gruppierungsoperatoren wie COMPUTE eingeführt werden. Jede Gruppierung erzeugt dann unter Umständen zwei Datensätze: einen für die Daten und einen für das berechnete Zwischenergebnis. Noch stärker sind Rückgaben strukturiert, wenn die Anweisungen WITH CUBE oder ROLLUP verwendet werden.

Open

Öffnet ein Datensatzobjekt. Das Objekt hat einen eigenen Datensatzzeiger, der unabhängig von der Tabelle arbeitet.

objRS.**Open**([*source*][,*connection*][,*cursor*][,*lock*][,*option*])

source ist der Name eines Command-Objekts, einer Tabelle, einer SQL-Prozedur oder eine vollständige SQL-Anweisung. *connection* ist der Name eines Connection-Objekts. Der Zeiger *cursor* kann eine der folgenden Eigenschaften haben:

Konstante	Beschreibung
adOpenForwardOnly	Der Zeiger kann sich in der Tabelle nur vorwärts bewegen (Standard).
adOpenKeyset	Der Zeiger reagiert auf Änderungen und Löschen von Datensätzen durch andere Nutzer, Einfügungen neuer Datensätze werden nicht übertragen.
adOpenDynamic	Der Zeiger überträgt alle Einflüsse anderer Nutzer.
adOpenStatic	Der Zeiger reagiert auf keinerlei Einflüsse anderer Nutzer.

Tab. 10.19: Konstanten des Parameters cursor

Das Verhalten des Datensatzes bei Zugriffen anderer Nutzer auf dieselbe Tabelle wird mit *lock* gesteuert, wofür Sie folgende Werte einsetzen können:

10 ADO professionell programmieren

Tab. 10.20:
Konstanten des
Parameters lock

Konstante	Beschreibung
adLockReadOnly	Daten können nicht geändert werden (Standard).
adLockPessimistic	Der Server verriegelt den Datensatz, wenn mit der Änderung begonnen wird (empfohlen).
adLockOptimistic	Die Verriegelung erfolgt nur, wenn ein Update-Kommando ausgeführt wird.
adLockBatchOptimistic	Die Verriegelung erfolgt nur, wenn ein Update-Kommando im Batchmodus ausgeführt wird.

Der Parameter *option* gibt an, welche Art Kommando ausgeführt wird. Der SQL Server benötigt diese Angabe nicht unbedingt, sie beschleunigt aber die Ausführung. Sie können folgende Werte einsetzen:

Tab. 10.21:
Konstanten des
Parameters option

Konstante	Beschreibung
adCMDText	SQL-Kommando
adCMDTable	Tabellenname
adCMDStoredProc	Eine gespeicherte Prozedur (in SQL!)
adCMDUnknown	Nicht bekannt (Standardwert)
adCmdFile	Das Kommando ist ein gespeicherter Datensatz
adCmdTableDirect	Tabellenname
adAsyncFetch	Die Datensätze werden asynchron gelesen
adAsyncFetchNonBlocking	Die Datensätze werden asynchron gelesen, sie werden dabei aber nicht blockiert

Die Ausführung entspricht dem Verhalten beim Umgang mit dem Command-Objekt. Sie finden dort eine nähere Erläuterung. Die beiden Operatoren adAsyncFetch und adAsyncFetchNonBlocking können mittels Or mit den anderen kombiniert werden.

strQuery = "SELECT * FROM Products"
objRS.Open (strQuery, objConn, adOpenKeyset, adLockOptimistic,
            (adCmdText Or adAsynchFetch)

Mit adAsyncFetch wird gesteuert, wie die Methode sich verhält, wenn Datensätze nicht verfügbar sind, beispielsweise weil andere Nutzer darauf schreibend zugreifen. Wenn Sie adAsyncFetch angeben, wird gewartet, bis der Datensatz wieder frei ist, mit adAsyncFetchNonBlocking erhalten Sie keine Daten und EOF wird TRUE. Normalerweise wird die Methode freigegeben und das Skript weiter ausgeführt, wenn noch Datensätze von einem im Hintergrund laufenden Thread geholt werden. Werden diese jedoch benötigt, stoppt der Hauptthread und wartet, bis die Daten da sind. Auch dieses Verhalten wird mit adAsynchFetch erreicht.

RecordSet

Bei Open treten erfahrungsgemäß die meisten Fehler auf. Es ist sinnvoll, hier eine Auswertung der Errors-Kollektion vorzunehmen. Das folgende Listing zeigt die Definition einer verbesserten Open-Funktion in OPEN.INC.ASP, open_query().

```
sub open_query(byref objRecordSet, strQuery, objConnection,
               intLockType, intCursorType, intOptions)
   dim errorfield
   on error resume next
   objRecordSet.Open strQuery, objConnection, intLockType,
                     intCursorType, intOptions
   if Err.Number <> 0 then
      for each errorfield in objConnection.Errors
         echo "<b>Fehler</b>: " & errorfield.Description
             & " (" & hex(errorfield.Number) & ")<br>"
         echo "<b>Quelle</b>: " & errorfield.Source & "<br>"
         echo "<b>String</b>: <code>" & strQuery & "</code><p>"
      next
   end if
   on error goto 0
end sub
```

Listing 10.35: open_query() in open.inc.asp: komfortable Prozedur zum Abfangen von SQL-Fehlern

Fehler: Zeile 1: Falsche Syntax in der Nähe von '#'. (80040E14)
Quelle: Microsoft OLE DB Provider for SQL Server
String: SELECT *# FROM Customers

Abbildung 10.5: Aussagekräftige Fehlerinformationen (Listing 10.35)

Mehr Informationen zum Umgang mit dem Error-Objekt und der Errors-Kollektion finden Sie in Abschnitt *Errors* ab Seite 687.

Errors ab Seite 687 und Abschnitt 10.10.6 *Errors* ab Seite 698.

▶ Command, **Seite 651**

▶ Close, **Seite 608**

Requery

Frischt alle Datensätze neu auf, indem die Befehle erneut ausgeführt werden, die zur Erzeugung des Datensatzobjekts führten.

Requery

objRS.**Requery**([option])

Der Parameter *option* entspricht dem der Methode Open. Die Angabe ist optional und hat auch keinen Effekt, außer zur Optimierung. Die einzigen Änderungen, die tatsächlich ausgeführt werden, sind adAsynchFetch und adAsynchFetchNonBlocking, wie bei Open bereits beschrieben.

10 ADO professionell programmieren

Intern ruft Requery erst Close auf, um dann die Abfrage erneut mit Open auszuführen. Dadurch kann sich der Inhalt des Datensatzobjekts dramatisch ändern. Wenn Sie Lesezeichen verwenden und diese angelegt haben, bevor Requery aufgerufen wurde, funktioniert Ihr Skript möglicherweise nicht mehr korrekt. Vielleicht hilft in diesen Fällen Resync.

- Open, Seite 617
- Close, Seite 608
- Resync (nächster Abschnitt)

Resync

Resync Synchronisiert die Datensätze in der Tabelle mit denen im Datensatzobjekt. Hat keine Auswirkungen auf neu der Tabelle hinzugefügte Datensätze.

objRS.**Resync**([affected] [, *values*])

Das Parameter *affected* kann sein:

Tab. 10.22: Konstanten des Parameters Affected

Konstante	Beschreibung
adAffectCurrent	Synchronisation für den aktuellen Datensatz.
adAffectGroup	Synchronisation nur für die Datensätze, die von der Filter-Eigenschaft selektiert wurden.
adAffectAll	Synchronisation für alle Datensätze (Standard).
adAffectChapters	Auswirkung auf alle Chapter der gleichen Ebene eines hierarchischen Datensatzobjekts

Für den optionalen Parameter *values* kann Folgendes eingesetzt werden:

Tab. 10.23: Konstanten des Parameters values

Konstante	Beschreibung
adResyncAllValues	Frischt alle Werte auf, wartende Änderungen werden nun geschrieben.
adResyncUnderlyingValues	Hier werden nur die Werte aufgefrischt, die nicht zu Änderungen in der Datenbank führen.

Im Gegensatz zu Requery wird die Abfrage nicht erneut ausgeführt.

Datensatzobjekt, die serverseitig existieren, können nicht mit Resync erneuert werden. Dies führt zu einem Laufzeitfehler. Clientseitige Datensatzobjekte dürfen nicht schreibgeschützt sein.

- UnderlyingValue, Seite 670

Save

Diese Methode speichert einen Datensatz komplett in einer Datei.

Save

`objRS.Save(file [, persist])`

Gespeichert wird nur die Auswahl, die durch Filter getroffen wurde, wenn ein Filter aktiv ist. Ist asynchroner Zugriff eingestellt, blockiert Save die gesamte Tabelle, bis der Lesevorgang abgeschlossen wurde. Nach der Ausführung wird der Datensatzzeiger auf den ersten Datensatz gesetzt. *file* kann auch eine Referenz zu einem Stream-Objekt sein. Die Angabe des Dateinamens ist optional, wenn Save bereits einmal mit Dateiname aufgerufen wurde. Künftige Zugriffe verwenden dann denselben Dateinamen und die Datensätze werden angehängt.

persist kann einen der folgenden Werte annehmen:

Konstante	Beschreibung
adPersistADTG	ADTG steht für »Advanced Data TableGram«. Dies ist der Standardwert und bestimmt das Ausgabeformat.
adPersistXML	XML steht für »Extensible Markup Language«. Das XML-Format entspricht dem DOM-Tree.

Tab. 10.24: Konstanten des Parameters persist

Das folgende Beispiel zeigt die Anwendung. Die Ausgabe der XML-Datei erfolgt mit einer einfachen Prozedur zum zeilenweisen Lesen der Datei, die mit HTMLEncode für eine sichtbare Ausgabe im Browser sorgt.

Beispiel

```
set objRS = Server.CreateObject("ADODB.RecordSet")
set objFO = Server.CreateObject("Scripting.FileSystemObject")
objRS.Open "SELECT * FROM Suppliers", objConn
' Lösche Datei, wenn sie bereits existiert
if objFO.FileExists(strFile) then
    objFO.DeleteFile strFile, TRUE
end if
objRS.Save strFile, 1      ' adPersistXML
set objTO = objFO.OpenTextFile(strFile, 1)
show_xml(objTO)
objTO.Close
```

Listing 10.36: Erzeugen einer XML-Datei (RecordSet.Save.asp)

▶ Stream, **Abschnitt 10.8, Seite 676**

▶ SaveToFile, **Abschnitt 10.8, Seite 682**

▶ Open, **Seite 617**

```xml
<xml xmlns:s='uuid:BDC6E3F0-6DA3-11d1-A2A3-00AA00C14882'
     xmlns:dt='uuid:C2F41010-65B3-11d1-A29F-00AA00C14882'
     xmlns:rs='urn:schemas-microsoft-com:rowset'
     xmlns:z='#RowsetSchema'>
<s:Schema id='RowsetSchema'>
    <s:ElementType name='row' content='eltOnly' rs:CommandTimeout='30'>
        <s:AttributeType name='ShipperID' rs:number='1'>
            <s:datatype dt:type='int' dt:maxLength='4' rs:precision='10' rs:fixedlength='true' rs:maybenull='false'/>
        </s:AttributeType>
        <s:AttributeType name='CompanyName' rs:number='2' rs:writeunknown='true'>
            <s:datatype dt:type='string' dt:maxLength='40' rs:maybenull='false'/>
        </s:AttributeType>
        <s:AttributeType name='Phone' rs:number='3' rs:nullable='true' rs:writeunknown='true'>
            <s:datatype dt:type='string' dt:maxLength='24'/>
        </s:AttributeType>
        <s:extends type='rs:rowbase'/>
    </s:ElementType>
</s:Schema>
<rs:data>
    <z:row ShipperID='1' CompanyName='Speedy Express' Phone='(503) 555-9831'/>
    <z:row ShipperID='2' CompanyName='United Package' Phone='(503) 555-3199'/>
    <z:row ShipperID='3' CompanyName='Federal Shipping' Phone='(503) 555-9931'/>
</rs:data>
</xml>
```

Abbildung 10.6: Die XML-Version der Tabelle Suppliers

Seek

Seek Diese Methode sucht in der Datenbank. Der Vorgang ähnelt Find, die Ausführung erfolgt jedoch durch den OLEDB-Provider und nicht durch die Datenbank oder ADO.

objRS.**Seek** array *Index*, int *SeekOption*

Index ist ein Array von Feldwerten, deren Elemente den Spalten des Index entsprechen. *SeekOption* entnehmen Sie der folgenden Tabelle:

Tab. 10.25: Konstanten des Parameters

Konstante	Beschreibung
adSeekFirstEQ	Ermittelt den ersten Schlüssel.
adSeekLastEQ	Ermittelt den letzten Schlüssel.
adSeekAfterEQ	Sucht den ersten Schlüssel. Wird dieser nicht gefunden, wird der Schlüssel zurückgegeben, der der erwarteten Position folgt.
adSeekBeforeEQ	Sucht den ersten Schlüssel. Wird dieser nicht gefunden, wird Schlüssel zurückgegeben, der vor der erwarteten Position liegt.
adSeekBefore	Ermittelt den Schlüssel vor dem lokalisierten Schlüssel.

Der einzige Provider, der derzeit diese Methode unterstützt, ist der Jet-Provider für Access 2000. Mit SQL Server können Sie Seek nicht verwenden. Das folgende Beispiel zeigt dies und nutzt die deutsche Version der Nordwind-Datenbank, NORDWIND.MDB.

```
strConn = "Provider=Microsoft.Jet.OLEDB.4.0;
          Data Source=d:\w2k\programme\microsoft
                     office\office\samples\nordwind.mdb"
set objRS = Server.CreateObject("ADODB.RecordSet")
objRS.Open "Artikel", strConn, adOpenStatic,
```

RecordSet

```
                    adLockReadOnly, adCmdTableDirect
if (len(Request.Form("Filter")) > 0) then
   strFind = trim(Request.Form("Search"))
   objRS.Index = "ArtikelName"
   objRS.MoveFirst
   objRS.Seek Array(strFind)
end if
if objRS.EOF then
   echo "Name wurde nicht gefunden<br>"
else
   echo "Name gefunden; Ausgabe der Liste ab Fundstelle:<br>"
   while not objRS.EOF
      echo objRS("ArtikelName") & "<br>"
      objRS.MoveNext
   wend
end if
```

Listing 10.37: Nutzung der Methoden Index und Seek (RecordSet.Seek.asp)

Das Array enthält die Suchwörter für jeden Index der Tabelle, genau in der definierten Reihenfolge. Im Beispiel wird nur ein Index auf die Spalte *Artikelname* verwendet.

Supports

Gibt TRUE zurück, wenn der Datensatz eine der folgenden Eigenschaften unterstützt.

Supports

*blnResult = objRS.**Supports**(option)*

Als *option* wird einer der folgenden Werte angegeben. Unterstützt der Datensatz die betreffende Eigenschaft, wird *blnResult* TRUE. Die Konstanten für den Parameter können Sie der folgenden Tabelle entnehmen:

Konstante	Beschreibung
adAddNew	Datensatzzeiger unterstützt die Methode AddNew.
adApproxPosition	Datensatzzeiger unterstützt die Methoden AbsolutePosition und AbsolutePage.
adBookmark	Datensatzzeiger unterstützt die Bookmark-Eigenschaft (Lesezeichen).
adDelete	Datensatzzeiger unterstützt die Methode Delete.
adHoldRecords	Die Eigenschaft zeigt, dass beim Lesen weiterer Datensätze bereits erfolgte Änderungen zurückgeschrieben werden.
adMovePrevious	Datensatzzeiger unterstützt die Methode MovePrevious.
adResync	Datensatzzeiger unterstützt die Methode Resync.
adUpdate	Datensatzzeiger unterstützt die Methode Update.

Tab. 10.26: Konstanten des Parameters option

Tab. 10.26:
Konstanten des Parameters option (Forts.)

Konstante	Beschreibung
adUpdateBatch	Datensatzzeiger unterstützt die Methode Update in Stapeldateien.
adNotify	Zeigt an, dass der Datensatz Nachrichten erkennt und Ereignisse produziert. Dies ist für ASP nicht zutreffend, da Ereignisse nicht unterstützt werden.

Das folgende Beispiel zeigt die Anwendung der Methode:

```
set objRS = Server.CreateObject("ADODB.RecordSet")
objRS.Open "SELECT * FROM Products", objConn,
           Request.Form("type")
if objRS.Supports(adAddNew) then
    echo "Datensatzzeiger unterstützt die Methode
          <b>AddNew</b>.<br>"
if objRS.Supports(adApproxPosition) then
    echo "Datensatzzeiger unterstützt die Methoden
          <b>AbsolutePosition</b> und <b>AbsolutePage</b>.<br>"
if objRS.Supports(adBookmark) then
    echo "Datensatzzeiger unterstützt die <b>Bookmark</b>-
          Eigenschaft (Lesezeichen).<br>"
if objRS.Supports(adDelete) then
    echo "Datensatzzeiger unterstützt die Methode
          <b>Delete</b>.<br>"
if objRS.Supports(adHoldRecords) then
    echo "Die Eigenschaft zeigt, dass beim Lesen weiterer
          Datensätze bereits erfolgte Änderungen
          zurückgeschrieben werden.<br>"
if objRS.Supports(adMovePrevious) then
     echo "Datensatzzeiger unterstützt die Methode
          <b>MovePrevious</b>.<br>"
if objRS.Supports(adResync) then
    echo "Datensatzzeiger unterstützt die Methode
          <b>Resync</b>.<br>"
if objRS.Supports(adUpdate) then
    echo "Datensatzzeiger unterstützt die Methode
          <b>Update</b>.<br>"
if objRS.Supports(adUpdateBatch) then
    echo "Datensatzzeiger unterstützt die Methode
          <b>Update</b> in Stapeldateien.<br>"
```

Listing 10.38: Anzeige der Eigenschaften in Abhängigkeit vom Zeigertyp des Datensatzes (RecordSet.Supports.asp)

Bei der Auswertung der Eigenschaft adUpdate ist zu beachten, dass Support hier nur feststellt, ob überhaupt Spalten geändert werden dürfen. Wenn Sie mit Sichten (Views) arbeiten und einige Spalten geändert werden dürfen, ist die Eigenschaft TRUE. Dennoch kann es beim Zugriff auf gesperrte Spalten zu einem Laufzeitfehler kommen.

Update

Sichert alle neu hinzugefügten oder geänderten Datensätze im Datensatzobjekt in die korrespondierende Tabelle.

objRS.**Update**([*fields*] [, *values*])

fields ist der Name des oder der Felder, die geändert werden. Mehrere Felder lassen sich durch ein Array angegeben. *values* sind die neuen Werte der Felder. Wenn mehrere Felder geändert werden, muss ein Array verwendet werden.

Die Update-Methode wird aufgerufen, nachdem Werte eines änderbaren Datensatzes beschrieben wurden:

```
objRS("vorname").Value = "Jörg"
objRS("nachname").Value = "Krause"
objRS.Update
```

Außerdem ist die Angabe von Feldname und Wert auch mit der folgenden Syntax möglich:

```
set objRS = Server.CreateObject("ADODB.RecordSet")
strQuery = "SELECT * FROM Products"
objRS.Open strQuery, objConn, adOpenStatic, adLockOptimistic
call show_records(objRS, 10)
objRS.MoveFirst
while not objRS.EOF
    objRS.Update "UnitPrice", objRS("UnitPrice")
    objRS("UnitPrice").Value = objRS("UnitPrice") / 1.10
    objRS.MoveNext
wend
echo "<hr>"
objRS.MoveFirst
call show_records(objRS, 10)
```

Listing 10.39: Anwenden der Update-Methode. Die Prozedur show_records zeigt eine Anzahl Datensätze an (RecordSet.Update.asp)

Wenn viele Werte geändert werden müssen, können Arrays eingesetzt werden:

```
arrFields = Array("id", "name", "strasse", "stadt")
arrValues = Array(1, "Jörg Krause", "Planufer", "Berlin")
objRS.Update arrFields, arrValues
```

Der Umweg über Variablen ist natürlich optional:

```
objRS.Update Array("vorname", "name"), _
             Array("Clemens", "Krause")
```

10 ADO professionell programmieren

- UpdateBatch, Seite 626
- Open, Seite 617

UpdateBatch

UpdateBatch Im Batchmode werden mit dieser Methode alle Datensätze gesichert, die neu sind oder verändert wurden.

objRS.`UpdateBatch`(`[`*affected*`]`)

Der Parameter *affected* kann sein:

Tab. 10.27:
Konstanten des
Parameters affected

Konstante	Beschreibung
adAffectCurrent	Änderungen erfolgen nur für den aktuellen Datensatz.
adAffectGroup	Änderungen erfolgen für die Datensätze, die von der Filter-Eigenschaft selektiert wurden.
adAffectAll	Änderungen werden für alle Datensätze durchgeführt (Standard).

Der Batchmode wird aktiviert, indem ein Datensatzobjekt mit der Eigenschaft adLockBatchOptimistic erzeugt wird. Diese Methode steigert unter Umständen die Performance.

- Open, Seite 617
- Update, Seite 625

Beispiel
```
set objRS = Server.CreateObject("ADODB.RecordSet")
strQuery = "SELECT * FROM Products"
objRS.Open strQuery, objConn, adOpenStatic, adLockOptimistic
call show_records(objRS, 10)
objRS.MoveFirst
while not objRS.EOF
    objRS("UnitPrice").Value = objRS("UnitPrice") * 1.10
    objRS.MoveNext
wend
echo "<hr>"
objRS.UpdateBatch
objRS.MoveFirst
call show_records(objRS, 10)
```

Listing 10.40: *Updaten mit der Batch-Methode (RecordSet.UpdateBatch.asp)*

10.3.5 Eigenschaften

Die Anwendung der Eigenschaften setzt voraus, dass ein RecordSet-Objekt existiert. Sie können aber einige Eigenschaften auch dann schon zuweisen, wenn noch keine Daten abgerufen wurden.

AbsolutePage

Nummer der aktuellen Seite bei seitenweiser Ausgabe. Die erste Seite hat den Wert 1.

AbsolutePage

lngPosition = objRS.**AbsolutePage**
objRS.**AbsolutePage** = lngPosition

Folgende spezielle Werte kann der Eigenschaft *lngPosition* zugewiesen, alle anderen Werte werden als Seitenzahl interpretiert. Die Parameter können Sie der folgenden Tabelle entnehmen:

Konstante	Beschreibung
adPosUnknown	Aktueller Datensatz ist leer oder die Seitennummer ist unbekannt oder der Datensatz unterstützt Seiten nicht.
adPosBOF	Die Eigenschaft BOF ist TRUE.
adPosEOF	Die Eigenschaft EOF ist TRUE.

Tab. 10.28: Konstanten des Parameters lngPosition

Nicht alle Provider unterstützen diese Eigenschaft. Sie können die Methode Supports mit Konstanten adApproxPosition prüfen, um die Unterstützung festzustellen.

▶ PageSize, Seite 638

▶ PageCount, Seite 637

AbsolutePosition

Ergibt die absolute Position des Datensatzzeigers. Wenn die Eigenschaft geschrieben wird, setzt dies den Zeiger auf die neue absolute Position.

AbsolutePosition

lngPosition = objRS.**AbsolutePosition**
objRS.**AbsolutePosition** = lngPostion

Nutzen Sie folgende Konstanten:

Konstante	Beschreibung
adPosUnknown	Aktueller Datensatz ist leer oder die Seitennummer ist unbekannt oder der Datensatz unterstützt Seiten nicht.
adPosBOF	Die Eigenschaft BOF ist TRUE.
adPosEOF	Die Eigenschaft EOF ist TRUE.

Tab. 10.29: Konstanten des Parameters lngPosition

ActiveCommand

Wenn das Datensatzobjekt durch Command erzeugt wurde, erlaubt diese Eigenschaft die Erzeugung eines daraus abgeleiteten Kommandoobjekts.

ActiveCommand

```
Set objCommand = objRS.ActiveCommand
```

Die Eigenschaft ist NULL, wenn das Datensatzobjekt nicht durch ein Kommandoobjekt erzeugt wurde. Der Zugriff kann aber auch direkt auf Eigenschaften des Command-Objekts erfolgen, sodass Sie praktisch kein Command-Objekt erzeugen müssen, wie das folgende Beispiel zeigt:

```
set objRS = Server.CreateObject("ADODB.RecordSet")
strQuery = "SELECT * FROM Products WHERE ProductID > 0"
objRS.Open strQuery, objConn, adOpenStatic, adLockOptimistic
echo "Folgendes Kommando wurde ausgef&uuml;hrt:<br>"
echo "<pre>"
echo objRS.ActiveCommand.CommandText
echo "</pre>"
```

Listing 10.41: Aktuelles Kommando anzeigen (RecordSet.ActiveCommand.asp)

▶ Command, Seite 651

BOF

BOF Ist TRUE, wenn sich der Datensatzzeiger noch vor dem ersten Datensatz am Dateianfang befindet (BOF = *Begin of File*).

```
boolean blnBOF = objRS.BOF
```

Wenn Sie feststellen möchten, ob überhaupt Datensätze zurückgegeben wurden und die Eigenschaft RecordCount nicht verwendet werden kann, prüfen Sie sowohl EOF als auch BOF auf TRUE:

```
if objRS.EOF and objRS.BOF then
    Response.Write "Abfrage lieferte keine Daten.<br>"
end if
```

▶ EOF, Seite 632

Bookmark

Bookmark Diese Eigenschaft gibt das Lesezeichen für den aktuellen Datensatz zurück. Wenn diese Eigenschaft mit einem Lesezeichen gesetzt wird, kann der aktuelle Datensatz mit diesem Lesezeichen identifiziert werden.

```
long lngBkmrk = objRS.Bookmark
objRS.Bookmark = long lngBkmrk
```

Lesezeichen zwischen verschiedenen Datensätzen sind nicht austauschbar. Die einzige Ausnahme bilden geklonte Datensätze.

Sie können mit dieser Eigenschaft eine bestimmte Position des Datensatzzeigers speichern, die sich bei anderen Operationen verschiebt, wie beispielsweise bei Move oder Find:

```
set objRS = Server.CreateObject("ADODB.RecordSet")
strQuery = "SELECT * FROM Products WHERE ProductID > 0"
objRS.Open strQuery, objConn, adOpenStatic, adLockOptimistic
```

RecordSet

```
objRS.MoveFirst
echo "Erster: " & objRS("ProductName") & "<br>"
intBookmark = objRS.Bookmark
objRS.MoveLast
echo "Letzter: " & objRS("ProductName") & "<br>"
objRS.Bookmark = intBookmark
echo "Gemerkt: " & objRS("ProductName") & "<br>"
```

Listing 10.42: Positionen mit Lesezeichen merken (RecordSet.Bookmark.asp)

Lesezeichen werden von verschiedenen Providern unterschiedlich implementiert. Ein Skript, das mit absoluten Zahlen arbeitet und mit Access läuft, muss mit SQL Server nicht funktionieren. Sie sollten Lesezeichen nie absolut betrachten, sondern die Werte nur als relative Verweise auf Datensätze ansehen. Auch beim erneuten Abruf der Daten kann die innere Struktur des Datensatzes variieren – entsprechend variiert auch die Liste der Lesezeichen. Sie sollten deshalb nie Lesezeichen einsetzen, wenn über die Grenzen eines Skripts hinaus operiert wird. Dies gilt auch, wenn sich ein Skript selbst aufruft.

- Clone, **Seite 607**
- Find, **Seite 610**
- Move, **Seite 615**

CacheSize

Gibt an, wie viele Datensätze des aktuellen Datensatzobjekts im lokalen Speicher (RAM) gehalten werden.

CacheSize

```
long lngRecords = objRS.CacheSize
objRS.CacheSize = long lngRecords
```

Der Standardwert ist 1. Wenn die Anzahl der nachfolgend bearbeiteten Datensätze bekannt ist, kann der Einsatz die Performance steigern, da mehr Datensätze im lokalen Speicher gehalten werden. Dadurch steigt aber auch der Speicherverbrauch. Die Änderung des Wertes wirkt sich erst aus, wenn Daten aus der Datenquelle gelesen werden. Die Änderung an einem bestehenden Datensatz hat keine Wirkung. Sinnvoll ist der Einsatz vor dem Öffnen des Datensatzes.

Ein größerer Cache kann sich auf verschiedene Methoden auswirken. Änderungen an Datensätzen haben keinen Einfluss auf den Cache. Um den Cache zu aktualisieren, müssen Sie `Resync` verwenden. Das führt dazu, dass die Methoden `Move`, `MoveNext`, `MovePrevious` und `MoveFirst`, `MoveLast` auf einen gelöschten Datensatz zeigen, wenn die Ausführung im Cache gelingt und der Zieldatensatz zugleich im übergeordneten Datensatz gelöscht wurde. Es ist deshalb notwendig, zuvor `Resync` aufzurufen.

- Resync, **Seite 620**
- Move, **Seite 615**

10 ADO professionell programmieren

CursorLocation

CursorLocation

Diese Eigenschaft bestimmt, wo der Datensatzzeiger gespeichert wird.

integer *intPos* = *objRS*.CursorLocation
objRS.CursorLocation = integer *intPos*

Die möglichen Parameter des Datenbankzeigers entnehmen Sie der folgenden Tabelle:

Tab. 10.30:
Konstanten des
Parameters intPos

Konstante	Beschreibung
adUseClient	Clientseitiger Zeiger
adUseServer	Serverseitiger Zeiger oder vom Treiber

Bei parallelen (konkurrierenden) Zugriffen sind serverseitige Zeiger effizienter, soweit sie vom Provider unterstützt werden. Wenn Sie dagegen Datensätze abkoppeln (beispielsweise mit Clone), müssen Sie clientseitige Zeiger verwenden, die dann auch unabhängig von einer direkten Verbindung zur Datenbank existieren können.

Wenn Sie CursorLocation nicht definieren, wird der Wert der Eigenschaft CursorLocation des Objekts Connection verwendet. Wenn der Wert dieser Eigenschaft jedoch überschrieben wird, erfolgt keine Synchronisation in Connection. Andere abgeleitete RecordSet-Objekte erben dann wieder den ursprünglichen Wert.

Zu Zeigern finden Sie mehr Informationen in Abschnitt 10.11.2 *Datenbankzeiger* ab Seite 726.

CursorType

CursorType

Diese Eigenschaft bestimmt, welchen Typ der Datensatzzeiger hat.

integer *intPos* = *objRS*.CursorType
objRS.CursorType = integer *intPos*

Der Zeiger kann eine der folgenden Eigenschaften haben:

Tab. 10.31:
Konstanten des
Parameters intPos

Konstante	Beschreibung
adOpenForwardOnly	Zeiger kann sich nur vorwärts in der Tabelle bewegen (Standard).
adOpenKeyset	Zeiger reagiert auf Änderungen und Löschungen von Datensätzen durch andere Nutzer, Einfügungen neuer Datensätze werden nicht übertragen.
adOpenDynamic	Zeiger überträgt alle Einflüsse anderer Nutzer.
adOpenStatic	Zeiger reagiert auf keinerlei Einflüsse anderer Nutzer.

RecordSet

Einige Provider unterstützen nicht alle Zeigertypen. Sie können dies prüfen, indem die Eigenschaft gesetzt und nach dem Lesen der Datensätze überprüft wird, ob die Eigenschaft sich verändert hat:

```
set objRS = Server.CreateObject("ADODB.RecordSet")
strQuery = "SELECT * FROM Products WHERE ProductID > 0"
' Standardzeiger (adOpenForwardOnly)
objRS.Open strQuery, objConn
echo "adOpenForwardOnly:<br>"
check_AddNew(objRS)
objRS.Close
' anderer Zeiger
objRS.CursorType = adOpenStatic
objRS.Open strQuery, objConn
echo "adOpenStatic:<br>"
check_AddNew(objRS)
```

Listing 10.43: Einstellung des Zeigertyps (RecordSet.CursorType.asp)

Zu Zeigern finden Sie mehr Informationen in Abschnitt 10.11.2 *Datenbankzeiger* ab Seite 726.

▶ Open, **Seite 617**

EditMode

Gibt eine Konstante zurück, die den Editiermodus repräsentiert. Die Eigenschaft kann nur gelesen werden.

EditMode

`long lngEdit = objRS.EditMode`

Der Rückgabewert kann der folgenden Tabelle entnommen werden:

Konstante	Beschreibung
adEditNone	Keine Änderungen im Moment
adEditInProgress	Der aktuelle Datensatz wurde geändert, ist aber noch nicht gespeichert.
adEditAdd	Die Methode AddNew wurde aufgerufen.

Tab. 10.32: Konstanten des Parameters lngEdit

Wenn Sie eine Applikation haben, die es Nutzern erlaubt, Datensätze zu verändern und zugleich zu blättern, so wird normalerweise bei jeder Bewegung des Datensatzzeigers implizit die Update-Methode aufgerufen.

▶ Update, **Seite 625**

▶ CancelUpdate, **Seite 607**

EOF

EOF Wird TRUE, wenn das Ende der Tabelle erreicht wurde. Der Zeiger steht hinter dem letzten Datensatz.

blnEOF = objRS.**EOF**

Die Anwendung finden Sie in nahezu jedem Listing. Typisch ist die Nutzung als Abbruchbedingung in einer while-Schleife:

```
while not objRS.EOF
    '... Aktionen
wend
```

Beachten Sie, dass der Zustand EOF = TRUE zum Abbruch führen soll, die while-Schleife dagegen solange durchlaufen wird, wie die Bedingung FALSE ist. Deshalb wird der Wert mit not negiert.

▶ BOF, Seite 632

Filter

Filter Gibt einen Filter an. Der Filter kann eine Auswahlbedingung oder eine Liste von Lesezeichen sein.

string strFilter = objRS.**Filter**
objRs.**Filter** = long lngBookmark
objRS.**Filter** = string strFilter

Der Filter kann eine Zeichenkette mit SQL-Filterzeichen und Platzhalterzeichen sein, ein Array mit Lesezeichen oder eine der folgenden Konstanten:

Tab. 10.33: Konstanten des Parameters lngBookmark

Konstante	Beschreibung
adFilterNone	Entfernt den aktuellen Filter.
adFilterPendingRecords	Filtert im Batchmode die Datensätze, die geändert, aber noch nicht an den Server gesendet wurden.
adFilterAffectedRecords	Filtert die Datensätze, die von der letzten Delete-, Resync-, UpdateBatch- oder CancelBatch- Methode betroffen waren.
adFilterFetchedRecords	Filtert den letzten Datensatz (aktueller Datensatz).
adFilterPredictate	Zeigt zum Löschen markierte Datensätze.
adFilterConflictRecords	Zeigt Datensätze, die beim letzten Batch-Update miteinander in Konflikt stehen.

Als Filtereigenschaft kann eine Auswahlbedingung ähnlich wie WHERE in SQL dienen. Im Gegensatz zu Find sind auch die logischen Operatoren And, Or oder Not erlaubt.

RecordSet

```
set objRS = Server.CreateObject("ADODB.RecordSet")
objRS.Open "SELECT * FROM Products", objConn, adOpenStatic
echo "<b>Hinweise:</b>"
echo "<ul><li>Sie k&ouml;nnen logische Operatoren wie
    <code>and</code> oder <code>or</code> verwenden.<br>"
echo "<li>Folgende Feldnamen sind zul&auml;ssig:<br><pre>"
for each fname in objRS.Fields
    echo fname.name & ", "
next
echo "</pre>"
echo "<li>Setzen Sie Zeichenketten in einfache
    Anf&uuml;hrungszeichen, z.B. ProductName = 'Chai'</ul>"
echo "<hr noshade size=2>"
if (len(Request.Form("Filter")) > 0) then
    on error resume next
    strFilter = trim(Request.Form("search"))
    objRS.Filter = strFilter
    if Err.Number > 0 then
        echo "<div style=""color:red""><b>Fehler:</b>"
        echo "Der Ausdruck war nicht korrekt ==> "
            & Err.Description
        echo "</div>"
    end if
    on error goto 0
else
    objRS.Filter = adFilterNone
end if
if objRS.EOF then
    echo "Mit diesen Kriterien wurde kein Eintrag
        gefunden<br>"
else
    while not objRS.EOF
        echo objRS("ProductName") & "<br>"
        objRS.MoveNext
    wend
end if
```

Listing 10.44: Anwendung der Filter-Eigenschaft. Der Inhalt des Filters wird aus einem Formularfeld mit dem Namen Search übergeben. (RecordSet.Filter.asp)

Um gezielt einige Datensätze auszuwählen, können Sie ein Array anlegen und dort Lesezeichen speichern. Dieses Array kann dann als Filter dienen:

```
Dim arrBkmrk(10)
arrBkmrk(0) = objRS.Bookmark
' verschiedene Operationen
arrBkmrk(1) = objRS.Bookmark
' verschiedene Operationen
objRS.Filter = arrBkmrk
```

Zur Angabe der Bedingungen beachten Sie, dass als Platzhalterzeichen * und % eingesetzt werden können. Außerdem können Datumsliterale verwendet werden, wie es in VBScript erlaubt ist:

```
objRS.Filter = "datum > #26.05.2000#"
```

Falls Spaltennamen Leerzeichen enthalten, setzen Sie diese in eckige Klammern:

```
objRS.Filter = "[Product Name] = 'Chai'"
```

Einfache Anführungszeichen werden angegeben, indem sie verdoppelt werden:

```
objRS.Filter = "Name = 'Ecki''s Laden'"
```

Das folgende Beispiel zeigt eine komplexere Applikation, mit der eine wiederholende Auswahl erfolgt.

```
set objRS = Server.CreateObject("ADODB.RecordSet")
objRS.Open "SELECT * FROM Products", objConn, adOpenStatic
if (len(Request.Form("Filter"))) > 0 then
   arrSelection = split(Request.Form("Selection"), ",")
   strSelection = ""
   for each e in arrSelection
      strSelection = strSelection & "ProductID = " & e & " OR "
   next
   strSelection = strSelection & "ProductID < 0"
   objRS.Filter = strSelection
else
   objRS.Filter = adFilterNone
end if
if objRS.EOF then
   echo "Mit diesen Kriterien wurde kein Eintrag gefunden<br>"
else
   s = 1
   echo "<table><tr>"
   while not objRS.EOF
      echo "<td><input type=""Checkbox"" name=""Selection""
         value=""" & objRS("ProductID") & """></td>"
      echo "<td>" & objRS("ProductName") & "</td>"
      objRS.MoveNext
      if s mod 4 = 0 then
         echo "<tr></tr>"
      end if
      s = s + 1
   wend
   echo "</table>"
end if
```

Listing 10.45: Auswahl von Datensätzen mit Kontrollkästchen und Anwendung der Filter-Eigenschaft (RecordSet.Filter.2.asp)

RecordSet

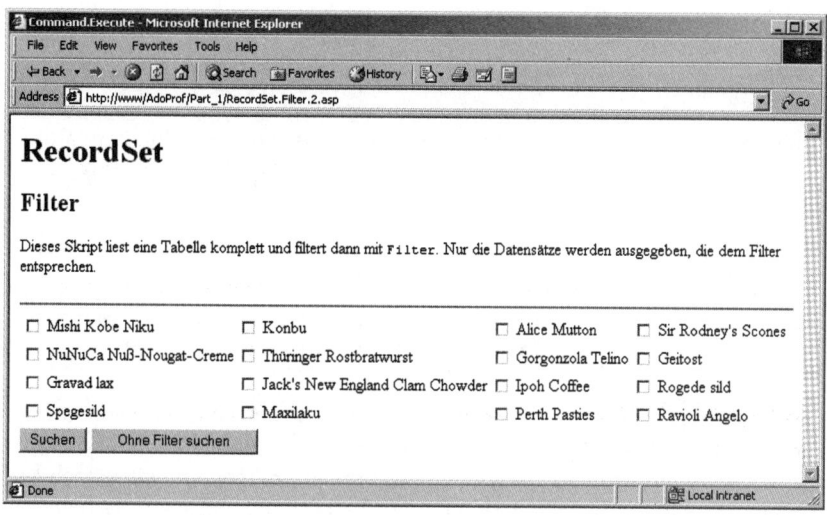

Abbildung 10.7: Auswahl aus der Tabelle Products (Nordwind-Datenbank), mit Hilfe des Skripts in Listing 10.45

- Update, Seite 625
- Bookmark, Seite 628
- Find, Seite 610

Index

Die Index-Eigenschaft wird nur vom OLEDB-Jet.4.0-Treiber und damit nur von Access-Datenbanken unterstützt.

Index

objRS.**Index**(*fieldname*)

Um diese Eigenschaft nutzen zu können, müssen Sie die Eigenschaft CommandType auf adCmdTable setzen. Die Supports-Methode muss außerdem adIndex akzeptieren.

Die Anwendung ist in der Regel zusammen mit Seek sinnvoll, eine Methode, die auch nur von dem erwähnten Provider unterstützt wird. Sie finden bei Seek ein entsprechendes Beispiel.

- Seek, Seite 622

LockType

Art der verwendeten Verriegelung, wenn der Datensatz geöffnet wird.

LockType

intType = *objRS*.**LockType**
objRS.**LockType** = *intType*

Sie können eine der folgenden Konstanten zuweisen:

Tab. 10.34: Konstanten des Parameters intType

Konstante	Beschreibung
adLockReadOnly	Daten können nicht geändert werden (Standard).
adLockPessimistic	Der Server verriegelt den Datensatz, wenn mit der Änderung begonnen wird.
adLockOptimistic	Die Verriegelung erfolgt nur, wenn ein Update-Kommando ausgeführt wird.
adLockBatchOptimistic	Die Verriegelung erfolgt nur, wenn ein Update-Kommando im Batchmodus ausgeführt wird.

Die Option adLockPessimistic kann nicht verwendet werden, wenn Cursor clientseitig existieren. Auch in allen anderen Fällen ist diese Methode zwar die in Bezug auf die Datenkonsistenz sicherste, praktisch ist sie jedoch kritisch in der Anwendung. Um den Zustand zu erhalten, muss zwischen Programm und SQL Server eine permanente Verbindung bestehen. Das ist ineffizient bzw. bei manchen Systemen unmöglich. Die Methode adLockOptimistic ist effizienter, führt aber in manchen Fällen zu inkonsistenten Zuständen. Wenn zwei Nutzer einen Datensatz öffnen und verändern, kann nur ein Datensatz zurückgeschrieben werden. Dies führt zu einem Laufzeitfehler, wenn der zweite Datensatz ebenfalls aktualisiert wird. Sie müssen diesen Fehler abfangen und durch eigene Routinen verarbeiten.

MarshalOptions

MarshalOptions Gibt die Ordnung an, in der eine Gruppe Datensätze zurückgeschrieben wird.

intMarshal = objRS.MarshalOptions
objRS.MarshalOptions = intMarshal

Die Parameter können Sie der folgenden Tabelle entnehmen:

Tab. 10.35: Konstanten des Parameters intMarshal

Konstante	Beschreibung
adMarshalAll	Alle Datensätze werden zum Server gesendet (Standard).
adMarshalModifiedOnly	Nur die geänderten Datensätze werden zum Server zurückgesendet.

Diese Eigenschaft ist nur anwendbar, wenn clientseitige Datensätze verwendet werden. Die Eigenschaft adMarshalModifiedOnly kann die Leistung deutlich verbessern, weil die zu übertragene Datenmenge reduziert wird. Der Einsatz ist vor allem da zu sehen, wo Datensatzobjekte über mehrere Maschinen hinweg an andere Prozesse gesendet werden. Sie verringern mit der Option adMarshalModifiedOnly die erforderliche Bandbreite. Solche ver-

RecordSet

teilten Applikationen finden aber im Zusammenhang mit ASP kaum Einsatz. Falls Sie selbst ASP-Objekte programmieren, könnte das trotzdem interessant sein.

MaxRecords

Anzahl der Datensätze, die zurückgegeben werden. Der Standardwert ist 0, damit werden alle Sätze zurückgegeben.

MaxRecords

```
lngMaxRec = objRS.MaxRecords
objRS.MaxRecords = lngMaxRec
```

Diese Eigenschaft kann nur gesetzt werden, wenn der Datensatz noch nicht geöffnet wurde, also noch keine Daten gelesen wurden. Danach kann die Eigenschaft nur noch gelesen werden.

Sie können diese Eigenschaft einsetzen, um die Anzahl der zu lesenden Datensätze zu beschränken, wenn eine Tabelle sehr groß ist und eine allgemeine Suchanfrage eine große Anzahl Datensätze zurückgeben würde.

Die Implementierung ist relativ unterschiedlich, es ist nicht sicher, dass MaxRecords mit allen Datenbankprovidern funktioniert. Die eigentliche Abarbeitung wird nämlich nicht in ADO erfolgen, sondern in der Datenbank. Sie können die Aufgabe aber auch vom Provider erledigen lassen, was zumindest OLE DB unterstützt. Das folgende Beispiel zeigt dies:

```
set objRS = Server.CreateObject("ADODB.RecordSet")
if (len(Request.Form("Filter")) > 0) then
    MaxRecords = "TOP " & Cint(Request.Form("MaxRecords"))
else
    MaxRecords = ""
end if
objRS.Open "SELECT " & MaxRecords & " * FROM Products", _
           objConn, adOpenStatic
while not objRS.EOF
    echo objRS("ProductID") & " => " _
         & objRS("ProductName") & "<br>"
    objRS.MoveNext
wend
```

Listing 10.46: *Alternative Nutzung des OLEDB-Providers, wenn MaxRecords nicht implementiert ist (RecordSet.MaxRecords.asp)*

PageCount

Ermittelt die Anzahl der Seiten, die entstehen, wenn das Datensatzobjekt in Seiten unterteilt wird.

PageCount

```
long lngPage = objRS.PageCount
```

Wenn die Eigenschaft PageSize nicht gesetzt wurde, wird –1 zurückgegeben. Die Zählung stimmt mit der von AbsolutePage überein. So können Sie mit der folgenden Anwendung zur letzten Seite springen:

```
set objRS = Server.CreateObject("ADODB.RecordSet")
PageSize = Request.Form("PageSize")
if len(PageSize) > 0 then
    objRS.PageSize = PageSize
end if
objRS.Open "SELECT * FROM Products", objConn, adOpenStatic
echo "Bei einer Seitengr&ouml;&szlig;e von " & objRS.PageSize
echo " enth&auml;lt die Tabelle " & objRS.PageCount & "
      Seiten."
```

Listing 10.47: Anzahl der Seiten bei seitenweiser Ausgabe ermitteln, die Seitengröße selbst wird mit PageSize vorgegeben (RecordSet.PageCount.asp)

Die Möglichkeit, Datensätze in Seiten zu unterteilen, muss vom Provider unterstützt werden. Teilweise werden auch nur einige der Eigenschaften unterstützt.

PageSize

PageSize   Größe einer Seite, auf deren Grundlage PageCount berechnet wird. Mit dieser Eigenschaft werden lange Datensätze in Seiten unterteilt.

```
long lngPgsz = objRS.PageSize
objRS.PageSize = long lngPgsz
```

Die Unterteilung von umfangreichen Abfragen erlaubt vor allem eine bessere Navigation. Trotzdem werden alle Daten abgerufen. Die Eigenschaft korrespondiert auch nicht mit dem internen Cache.

Das Unterteilen der Datensätze in Seiten muss vom Provider unterstützt werden. Teilweise werden auch nur einige der Eigenschaften unterstützt.

Ein Beispiel finden Sie in Listing 10.47.

▶ PageCount, Seite 637

RecordCount

RecordCount   Anzahl der Datensätze des Datensatzobjekts. Gibt den Wert -1 zurück, wenn die Anzahl nicht festgestellt werden kann.

```
lngRecords = objRS.RecordCount
```

Diese Eigenschaft kann nur dann die korrekte Anzahl Datensätze liefern, wenn der Provider synchron abgefragt wurde. Um bei einer asynchronen Abfrage ein korrektes Ergebnis zu erzielen, ist es empfehlendwert, zuvor die Methode MoveLast aufzurufen. Der Provider wird dadurch gezwungen, alle Datensätze der Abfrage auszuliefern und kann auch die Anzahl berechnen.

RecordSet

```
set objRS = Server.CreateObject("ADODB.RecordSet")
strSQL = "SELECT * FROM Products"
objRS.Open strSQL, objConn, adOpenStatic
if objRS.Supports(adBookmark) then
    echo "Diese Tabelle enth&auml;lt <b>" & objRS.RecordCount
        & "</b>"
    echo " Datens&auml;tze. Abfrage:<br>"
    echo "<pre>" & strSQL & "</pre>"
else
    echo "Anzahl konnte nicht ermittelt werden."
end if
```

Listing 10.48: *Anzahl der Datensätze ermitteln (RecordSet.RecordCount.asp)*

Sort

Diese Eigenschaft bestimmt eine oder mehrere Spalten, nach denen sortiert wird.

Sort

```
string strSort = objRS.Sort
objRS.Sort = string strSort
```

Die Zeichenkette *strSort* enthält eine durch Komma separierte Liste mit Spaltennamen, die jeweils von den Schlüsseln ASC (*ascending*, aufsteigend) oder DESC (*descending*, absteigend) begleitet werden.

```
objRS.Sort = "name ASC, title DESC"
```

Das Sortieren erfolgt im Datensatzobjekt, nicht in der Datenbank. Es ist bei einem umfangreichen Datensatz sinnvoll, mit lokalen Indizes zu arbeiten. Dies wird durch die Eigenschaft Optimize erreicht:

```
objRS("titel").Properties("Optimize") = TRUE
```

Diese Funktionalität wird von ADO implementiert, die Sortierung erfolgt also nicht in der Datenbank. Sie müssen daher einen clientseitigen Datensatz verwenden:

```
objRS.CursorLocation = adUseClient
```

Das folgende Beispiel zeigt, wie Sie eine Tabelle universell sortieren:

```
set objRS = Server.CreateObject("ADODB.RecordSet")
objRS.CursorLocation = adUseClient
objRS.Open "SELECT * FROM Products", objConn, adOpenStatic
objRS.Sort = Request.QueryString("sort") & " "
            & Request.QueryString("dir")
echo "<table border=1>"
for each e in objRS.Fields
    echo "<th>"
    echo "<a href=""" & ASP_SELF & "?sort=" & e.name &
        "&dir=desc"">[+]</a><br>"
echo e.name & "<br>"
```

10 ADO professionell programmieren

```
echo "<a href=""" & ASP_SELF & "?sort=" & e.name &
    "&dir=asc"">[-]</a>"
echo "</th>"
next
while not objRS.EOF
   echo "<tr>"
   for each e in objRS.Fields
      echo "<td>" & e & "</td>"
   next
   objRS.MoveNext
   echo "</tr>"
wend
echo "</table>"
```

Listing 10.49: Universelle Sortierfunktion (RecordSet.Sort.asp)

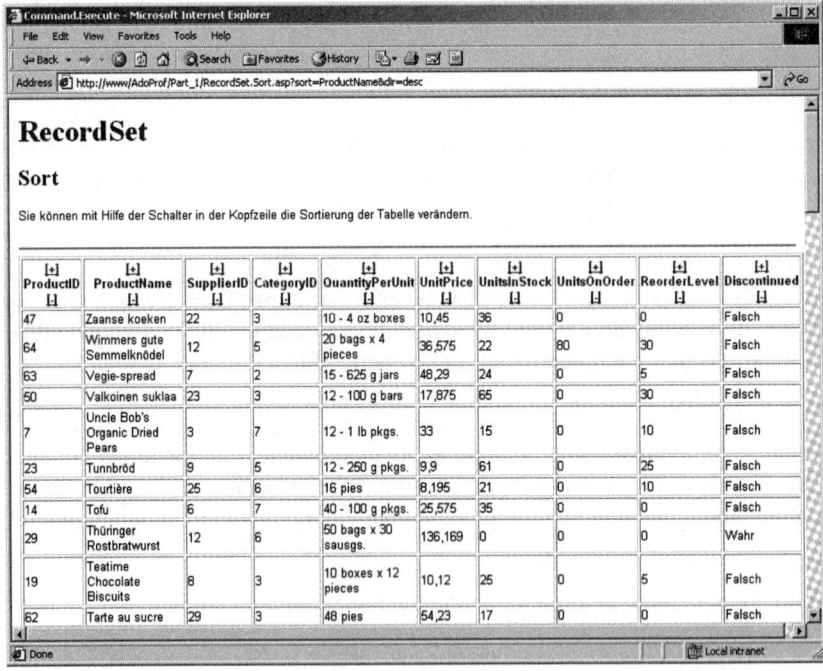

Abbildung 10.8: Listing 10.49 in Aktion: Universelle Sortierung

▶ Properties, **Abschnitt 10.10.4, Seite 696**

Source

Source Name des Command-Objekts, einer SQL-Anweisung, einer Tabelle oder einer SQL-Prozedur.

RecordSet

```
string strSource = objRS.Source
objRS.Source = string strSource
Set objRS.Source = varSource
```

Wenn Sie als Kommando adCmdTable verwenden und nur den Tabellennamen übermitteln, wird die komplette SQL-Anweisung zurückgegeben, also: »SELECT * FROM tabelle«.

Werden Abfragen mit Parametern eingesetzt, wird die ursprüngliche Abfrage zurückgegeben, also mit Platzhaltern für die Parameter.

State

Status des Datensatzobjekts; kann nur gelesen werden.

`integer intState = objRS.State`

Die Eigenschaft kann folgende Werte annehmen:

Konstante	Beschreibung
adStateClosed	Das Objekt ist geschlossen.
adStateOpen	Das Objekt ist geöffnet.
adStateConnecting	Nicht anwendbar
adStateExecuting	Die Abfrage wird gerade ausgeführt.
adStateFetching	Die Daten der Abfrage werden gerade übertragen.

Tab. 10.36: Konstanten, die die Eigenschaft repräsentieren kann

Es ist möglich, dass zwei Werte kombiniert auftreten. Wenn Sie asynchrone Abfragen starten und das RecordSet-Objekt bereits geöffnet ist (weil die Abfrage erfolgreich war), aber immer noch Datensätze geholt werden (weil adAsynchFetch erlaubt ist), dann werden adStateOpen und adStateFetching gleichzeitig aktiv sein. Sie können das folgendermaßen testen:

```
intRSState = objRS.State
if intRSState = adStateOpen And adStateFetching then
    ... 'Aktionen
end if
```

▶ Open, **Seite 617**

Status

Status des aktuellen Datensatzes.

`intStatus = objRS.Status`

Eine oder mehrere Konstanten geben Auskunft über den Zustand:

Tab. 10.37: Konstanten, die als Status zurückgegeben werden können

Konstante	Beschreibung
adRecOK	Der Datensatz wurde erfolgreich geändert.
adRecNew	Der Datensatz ist neu.
adRecModified	Der Datensatz wurde geändert.
adRecDeleted	Der Datensatz wurde gelöscht.
adRecUnmodified	Der Datensatz wurde nicht geändert.
adRecInvalid	Der Datensatz wurde nicht gesichert, weil ein Lesezeichen falsch war.
adRecMultipleChanges	Der Datensatz wurde nicht gesichert, weil es Änderungen an mehreren Datensätzen gab.
adRecPendingChanges	Der Datensatz wurde nicht gesichert, weil eine Einfügung Vorrang hatte.
adRecCanceled	Der Datensatz wurde nicht gesichert, weil die Operation abgebrochen wurde.
adRecCantRelease	Der Datensatz wurde nicht gesichert, weil der Datensatz verriegelt war.
adRecConcurrencyViolation	Der Datensatz wurde nicht gesichert, weil ein anderer Nutzer den Datensatz geöffnet hielt.
adRecIntegrityViolation	Der Datensatz wurde nicht gesichert, weil die Integrität der Datenbank verletzt wurde (Recht).
adRecMaxChangesExceeded	Der Datensatz wurde nicht gesichert, weil zu viele Änderungen gleichzeitig zu sichern waren.
adRecObjectOpen	Der Datensatz wurde nicht gesichert, weil es einen Konflikt mit einem Speicherobjekt gab.
adRecOutOfMemory	Der Datensatz wurde nicht gesichert, weil der Computer keinen freien Speicherplatz mehr hatte.
adRecPermissionDenied	Der Datensatz wurde nicht gesichert, weil der Nutzer nicht die erforderlichen Rechte hatte.
adRecSchemaViolation	Der Datensatz wurde nicht gesichert, weil die Struktur der zu Grunde liegenden Datenbank nicht beachtet wurde.
adRecDBDeleted	Der Datensatz wurde bereits gelöscht.

Die Eigenschaftswerte können kombiniert auftreten – sie verhalten sich wie eine Bitmaske. Sie müssen die Werte also auch bitweise auswerten. Ob es sinnvoll ist, die exotischen Werte auszuwerten, sei dahingestellt. Der Einsatz dürfte in der Regel auch nur der Fehlersicherung und Perfektionierung ohnehin funktionierender Skripte dienen.

StayInSynch

In einem hierarchischen Datensatzobjekt bestimmt diese Eigenschaft, ob ein abgeleitetes Objekt (Child) geändert werden soll, wenn das übergeordnete Objekt (Parent) geändert wurde.

StayInSynch

```
blnSynch = objRS.StayInSynch
objRS.StayInSynch = blnSynch
```

Der Standardwert ist TRUE. Mehr Informationen zu hierarchischen Datensätzen finden Sie in Abschnitt 10.11.1 *Einführung in Data Shaping* ab Seite 709.

10.3.6 Kollektionen

Kollektionen werden in Abschnitt 10.10 *Die Kollektionen der Objekte* ab Seite 691 ausführlicher behandelt. Zwei Kollektionen können von Connection abgeleitet werden:

- Properties
  Diese Kollektion enthält Property-Objekte mit Eigenschaftsinformationen. Siehe Abschnitt 10.10.4 *Properties* ab Seite 696.

- Fields
  Diese Kollektion enthält eines oder mehrere Field-Objekte mit Fehlerinformationen. Siehe Abschnitt 10.10.1 *Fields* ab Seite 691.

10.4 Record

> Das Record-Objekt ist neu seit ADO 2.5 und erleichtert den Zugriff auf einzelne Datensätze.

Objekt erzeugen

Erzeugt wird das Objekt mit folgender Anweisung:

```
Set objRC = CreateObject("ADODB.Record")
```

objRC wird in der folgenden Darstellung verwendet, um Methoden und Eigenschaften zu erläutern.

10.4.1 Einführung

Das Record-Objekt ist relativ neu und der Einsatz mag nicht sofort transparent erscheinen. Diese Einführung zeigt in kompakter Form Einsatzmöglichkeiten.

Nicht rechteckige Datensätze

Record ermöglicht den Aufbau von Datengebilden, die nicht tabellenförmig sind. Ein RecordSet-Objekt enthält immer rechteckige Daten – ein Gitter aus Zeilen und Spalten. Nun können bestimmte Datensätze zusätzliche Informationen enthalten, über die andere nicht verfügen. Für jede dieser Zusatzinformationen muss es einen Speicherplatz geben, der an den konkreten Datensatz gebunden ist. Diesen Platz stellt Record bereit.

Abbildung 10.9: Möglicher Zusammenhang zwischen RecordSet und Record

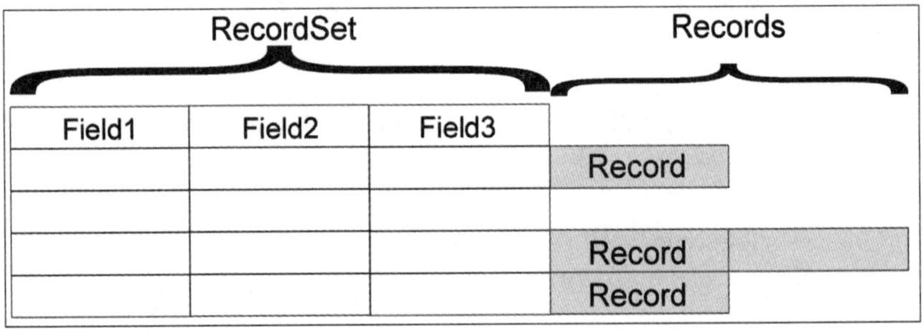

Hierarchische Datensätze

Auch Hierarchien lassen sich mit Record abbilden. Es gibt spezielle Methoden, die den Zugriff auf über- oder untergeordnete Objekte der Hierarchie erlauben. In einigen Fällen ist dadurch die realistische Abbildung von Daten besser möglich als mit flachen Tabellen.

Zugriff auf Verzeichnisse

Record berücksichtigt nicht nur eine Reihe in einem Datensatzobjekt, sondern auch eine Datei in einem Verzeichnis. Sie können damit auch Daten verwalten, die in hierarchischen Strukturen eines Dateisystems abgelegt sind. Dies ist in einigen Fällen komfortabler als mit FileSystemObject.

10.4.2 Übersicht Record

Methoden Methoden des Objekts Record:

▶ Cancel, Seite 645

▶ Close, Seite 645

▶ CopyRecord, Seite 646

▶ DeleteRecord, Seite 646

Record

- GetChildren, **Seite 647**
- MoveRecord, **Seite 647**
- Open, **Seite 648**

Eigenschaften des Objekts Record: **Eigenschaften**

- ActiveConnection, **Seite 649**
- Mode, **Seite 650**
- ParentURL, **Seite 650**
- RecordType, **Seite 650**
- Source, **Seite 651**
- State, **Seite 651**

Kollektionen, die aus Record abgeleitet werden können: **Kollektionen**

- Properties, **Seite 691**
- Fields, **Seite 691**

10.4.3 Methoden

Dieser Abschnitt beschreibt die Methoden des Objekts RecordSet.

Cancel

Bricht eine Aktion ab, die von einer der folgenden Methoden gestartet wurde: CopyRecord, DeleteRecord, MoveRecord oder Open. **Cancel**

objRC.**Cancel**

- CopyRecord, **Seite 646**
- DeleteRecord, **Seite 646**
- MoveRecord, **Seite 647**
- Open, **Seite 648**

Close

Diese Methode schließt das Objekt. **Close**

objRC.**Close**

Ein Laufzeitfehler wird erzeugt, wenn das Objekt nicht zuvor mit Open oder implizit geöffnet wurde.

- Open, **Seite 648**

CopyRecord

CopyRecord Kopiert Dateien oder Verzeichnisse.

```
objRC.CopyRecord(Source, Destination
                [, User] [, Pass]
                , Options, Async)
```

Source und *Destination* geben Quelle und Ziel des Kopiervorgangs an. Verwendbar sind Pfadangaben oder URLs. Falls die Datenquelle geschützt ist, kann mit *User* und *Pass* die Identifizierung angegeben werden.

Werte für *Options* können der folgenden Tabelle entnommen werden:

Tab. 10.38: Konstanten des Parameters Options

Konstante	Beschreibung
adCopyAllowEmulation	Erlaubt die Emulation der Kopie durch Herunterladen und anschließendes Hochladen der Daten, wenn sich diese auf zwei verschiedenen Servern befinden.
adCopyNonRecursive	Kopiert Verzeichnisse, aber nicht deren Unterverzeichnisse.
adCopyOverWrite	Erlaubt Überschreiben existierender Daten im Ziel.
adCopyUnspecified	Überschreiben ist nicht erlaubt und Rekursion wird ausgeführt (Standardwert).

Bei der Anwendung mit dem Parameter adCopyAllowEnumerate kann es bei unterschiedlichen Datenprovidern zum Datenverlust oder zu einem drastischen Performanceeinbruch kommen.

Asynch ist ein logischer Wert, der bestimmt, ob die Operation asynchron ausgeführt werden soll (TRUE) oder nicht (FALSE).

▶ DeleteRecord, Seite 646

▶ MoveRecord, Seite 647

DeleteRecord

DeleteRecord Löscht einen Datensatz oder eine Datei.

```
objRC.DeleteRecord source, asynch
```

source gibt die Quelle des Vorgangs an. *asynch* ist ein logischer Wert, der bestimmt, ob die Operation asynchron ausgeführt werden soll (TRUE) oder nicht (FALSE).

▶ CopyRecord, Seite 646

▶ MoveRecord, Seite 647

GetChildren

Diese Methode überführt ein Verzeichnis in ein Datensatzobjekt. Damit können die Methoden und Eigenschaften teilweise auf Dateien und Verzeichnisse angewendet werden.

GetChildren

```
Set objRS = objRC.GetChildren
strURL = "http://www/"
strFolder = "ADOProf"
set objRC = Server.CreateObject("ADODB.Record")
objRC.Open "http://localhost/"
set objRCH = objRC.GetChildren
While Not objRCH.EOF
    if not objRCH("RESOURCE_ISCOLLECTION") then
        echo objRCH("RESOURCE_PARSENAME") & "<br>"
    end if
    objRCH.MoveNext
Wend
```

Listing 10.50: Zugriff auf ein Verzeichnis über das Web (Record.OpenURL.asp)

▶ RecordSet-Objekt, Seite 588

MoveRecord

Verschiebt Dateien oder Verzeichnisse.

MoveRecord

```
objRC.MoveRecord(Source, Destination
                [, User] [, Pass]
                , Options , Async)
```

Source und *Destination* geben Quelle und Ziel des Kopiervorgangs an. Verwendbar sind Pfadangaben oder URLs. Falls die Datenquelle geschützt ist, kann mit *User* und *Pass* die Identifizierung angegeben werden.

Werte für *Options* kann der folgenden Tabelle entnommen werden:

Konstante	Beschreibung
AdCopyAllowEmulation	Erlaubt die Emulation der Verschiebung durch herunterladen und anschließendes Hochladen der Daten, wenn sich diese auf zwei verschiedenen Servern befinden.
AdCopyNonRecursive	Verschiebt Verzeichnisse, aber nicht deren Unterverzeichnisse.
adCopyOverWrite	Erlaubt das Überschreiben existierender Daten im Ziel.
AdCopyUnspecified	Standardwert: Überschreiben ist nicht erlaubt und Rekursion wird ausgeführt.

Tab. 10.39: Konstanten des Parameters Options

Bei der Anwendung mit dem Parameter adCopyAllowEnumerate kann es bei unterschiedlichen Datenprovidern zum Datenverlust oder zu einem drastischen Performanceeinbruch kommen.

Asynch ist ein logischer Wert, der bestimmt, ob die Operation asynchron ausgeführt werden soll (TRUE) oder nicht (FALSE).

▶ DeleteRecord, Seite 646

▶ CopyRecord, Seite 646

Open

Open Öffnet ein vorhandenes Record-Objekt oder erzeugt eine Datei oder ein Verzeichnis.

```
objRec.Open Source, ActiveConnection, Mode,
            CreateOptions, Options
            [, UserName] [, Password]
```

Source gibt die Quelle an, entweder eine URL, einen Dateinamen mit Pfadangaben oder einen Datensatz eines RecordSet-Objekts. *ActiveConnection* bezeichnet eine Verbindung zu einem Datenprovider. *UserName* und *Password* sind optional und dienen der Authentifizierung, wenn die Quelle geschützt ist.

Mode kann einen der folgenden Werte annehmen:

Tab. 10.40:
Konstanten des
Parameters Mode

Konstante	Beschreibung
adModeRead	Öffnen nur zum Lesen
adModeReadWrite	Öffnen zum Lesen und Schreiben
adModeRecursive	Wird in Verbindung mit adModeShareDenyNone, adModeShareDenyWrite oder adModeShareDenyRead verwendet, um die Zugriffsrechte auf alle abhängigen Datensätze oder Unterverzeichnisse zu übertragen. Kann nicht mit adModeShareDenyNone alleine verwendet werden.
AdModeShareDenyNone	Erlaubt grundsätzlich andere Zugriffe
AdModeShareDenyRead	Erlaubt anderen den Schreib-, aber keinen Lesezugriff
AdModeShareDenyWrite	Erlaubt anderen den Lese-, aber keinen Schreibzugriff
AdModeShareExclusive	Öffnet exklusiv, andere Nutzer haben keinen Zugriff
adModeUnknown	Standardwert: keine Angaben zu den Rechten
adModeWrite	Öffnen nur zum Schreiben

Record

CreateOptions kann folgende Werte annehmen:

Konstante	Beschreibung
AdCreateCollection	Erzeugt eine neue Datei, anstatt eine vorhandene zu öffnen. Existiert die Datei schon, wird ein Laufzeitfehler erzeugt, es sei denn, Sie kombinieren adCreateCollection mit adOpenIfExists oder adCreateOverwrite.
AdCreateNonCollection	Erzeugt einen Datensatz vom Typ adSimpleRecord
AdCreateOverwrite	Modifiziert adCreateCollection, adCreateNonCollection und adCreateStructDoc um das Überschreiben zu erlauben.
adCreateStructDoc	Erzeugt einen Datensatz vom Typ adStructDoc.
AdFailIfNotExists	Standardwert. Ein Laufzeitfehler wird erzeugt, wenn die Datei oder der Datensatz nicht existiert.
adOpenIfExists	Modifiziert adCreateCollection, adCreateNonCollection und adCreateStructDoc um das Öffnen zu erlauben.

Tab. 10.41: Konstanten des Parameters CreateOptions

Die Werte für *Options* können Sie der folgenden Tabelle entnommen werden:

Konstante	Beschreibung
adDelayFetchFields	Der Provider liest Daten nicht beim Erzeugen des Objekts, sondern beim ersten Zugriff auf Daten.
adDelayFetchStream	Der Provider liest Daten nicht beim Erzeugen des Objekts, sondern beim ersten Zugriff auf den Datenstrom.
adOpenAsync	Der asynchrone Modus wird verwendet
adOpenRecordUnspecified	Standardwert, keine weitere Angaben
adOpenSource	Öffnet die Quelle, wenn es sich um ein Skript handelt, anstatt das Skript auszuführen.

Tab. 10.42: Konstanten des Parameters Options

10.4.4 Eigenschaften

Dieser Abschnitt beschreibt alle Eigenschaften des Objekts RecordSet, die mit ASP verwendbar sind.

ActiveConnection

Verbindungsparameter eines Record-Objekts. Erzeugt entweder ein neues Verbindungsobjekt aus den Daten oder gibt nur die Zeichenkette zurück, die als Verbindungszeichenfolge bezeichnet wird.

ActiveConnection

```
objRC.ActiveConnection = strConn
strConn = objRC.ActiveConnection
```

10 ADO professionell programmieren

Die Angaben für *strConn* entsprechen denen des Objekts Connection. Bei Zuweisung kann sowohl eine Zeichenkette als auch ein Objekt verwendet werden.

▶ Connection, **Abschnitt 10.2 ab Seite 562**

Mode

Mode Ermittelt oder setzt die Rechte zum Ändern von Daten.

```
objConnection.Mode = long lngMode
long lngMode = objConnection.Mode
```

lngMode kann einen der folgenden Werte annehmen:

Tab. 10.43: Konstanten des Parameters lngMode

Konstante	Beschreibung
adModeUnknown	Unbestimmt (Standard)
adModeRead	Nur Leserecht
adModeWrite	Nur Schreibrecht
adModeReadWrite	Schreib- und Leserecht
adModeShareDenyRead	Verhindert, dass andere eine Verbindung zum Lesen öffnen können.
adModeShareDenyWrite	Verhindert, dass andere eine Verbindung zum Schreiben öffnen können.
adModeShareExclusive	Verhindert, dass andere eine Verbindung zum Schreiben oder Lesen öffnen können.
adModeShareDenyNone	Verhindert, dass andere eine Verbindung öffnen können.

ParentURL

ParentURL Gibt den übergeordneten Pfad eines URL oder das übergeordnete Record-Objekt zurück.

```
string strPath = objRC.ParentURL
```

▶ Open, **Seite 648**

RecordType

RecordType Gibt den Typ des Objekts zurück.

```
long lngType = objRC.RecordType
```

lngType kann dabei einen der folgenden Werte annehmen:

Konstante	Beschreibung
adSimpleRecord	Ein einfaches Objekt ohne Unterknoten
adCollectionRecord	Eine Kollektion mit Unterknoten
adStructDoc	Strukturierte Dokumente

Tab. 10.44: Konstanten des Parameters lngType

Source

Diese Eigenschaft gibt die Quelle eines Record-Objekts zurück, also entweder die URL oder einen Verweis auf das zu Grunde liegende RecordSet-Objekt.

*varSource = objRC.***Source**
*objRC.***Source** *= varSource*

▶ Open, Seite 648

State

Diese Eigenschaft gibt den Status des Record-Objekts zurück.

*lngState = objRC.***State**

lngState kann einen der folgenden Werte annehmen:

Konstante	Beschreibung
adStateClosed	Das Objekt ist geschlossen (Standardwert).
adStateOpen	Das Objekt ist noch offen.
adStateExecuting	Das Kommando wird gerade ausgeführt.
adStateFetching	Das Kommando holt gerade Datensätze.

Tab. 10.45: Konstanten des Parameters lngState

10.5 Command

Das Objekt Command dient dem Zugriff auf gespeicherte Prozeduren des SQL Servers und der Kontrolle jeder Art von Abfragen. Es ist dann nützlich, wenn eine Abfrage mehrfach benötigt wird.

Das Objekt erzeugen

Das Command-Objekt erzeugen Sie mit dem folgenden Befehl:

```
Set objCommand = CreateObject("ADODB.Command")
```

Das Objekt *objCommand* wird in allen folgenden Syntaxdiagrammen dieses Abschnitts vorausgesetzt.

10.5.1 Einführung

Command müssen Sie nicht für jede Abfrage einsetzen. Der Schwerpunkt liegt in der Erzeugung und Verwaltung von Parameters-Kollektionen, die zur Übergabe von Werten an gespeicherte Prozeduren dienen. Unabhängig davon spricht nichts dagegen, auch einfache SQL-Anweisungen mit Command abzusetzen, nur werden Sie mit Connection.Execute schneller zum Ziel kommen.

Parameter sind sinnvoll, wenn Sie damit ein einziges Kommando bedienen können und unterschiedliche Aktionen auslösen. SQL Server wird das Kommando in eine gespeicherte Prozedur kompilieren und schneller ausführen als normale Anweisungen.

Das Kommandoobjekt ergänzt auf sinnvolle und abschließende Weise die Datensatzobjekte. Während die bisher vorgestellten Methoden zeigen, wie mit den Mitteln von VBScript und ADO Datenbanken abgefragt und beschrieben werden, wendet sich Command an die Programmierer, die ohnehin mit SQL umgehen können. Kurz gesagt, das Kommandoobjekt sendet alle Arten von SQL-Befehlen an die Datenbank.

> Die folgenden Beispiele basieren teilweise auf der Verwendung von gespeicherten Prozeduren. Diese Technik steht nur im SQL Server 7 und anderen professionellen Datenbankmanagementsystemen zur Verfügung, nicht jedoch in Access.

Sie benötigen dieses Objekt immer dann, wenn Sie *nicht* implizit eine andere Funktion ansprechen möchten. So können Sie mit Open prinzipiell jedes SQL-Kommando absetzen, erzeugen aber immer eine neue Instanz des Datensatzobjekts. Ebenso funktioniert die Methode Execute, die auf der Instanz eines Verbindungsobjekts aufbaut.

Die Anwendung – wieder in der üblichen Objektform – funktioniert folgendermaßen:

```
<%
SET kommando = Server.CreateObject("ADODB.Command")
SET kommando.ActiveConnection = nameConn
kommando.CommandText = "DELETE FROM adressen WHERE plz<15000"
kommando.CommandType = adCMDText
kommando.Execute
%>
```

Listing 10.51: SQL-Kommandos mit Execute direkt absenden (ado_cmd.conn.asp)

Execute Dieses SQL-Kommando benötigt keine Ausgabe auf dem Bildschirm und muss auch nichts zurückmelden. Ein Datensatzobjekt wird also nicht benötigt. Sie können die beiden Methoden aber kombinieren, wie in Listing 10.52 gezeigt wird.

Command

```
<%
SET kommando = Server.CreateObject("ADODB.Command")
SET kommando.ActiveConnection = nameConn
kommando.CommandText = "SELECT * FROM adressen"
kommando.CommandType = adCMDText
SET RS = kommando.Execute()
' Hier können Sie Dinge tun ...
RS.Close
%>
```

Listing 10.52: Ein implizites Datensatzobjekt mit einem direkten Kommando erzeugen (ado_cmd.execute.asp)

Das so erzeugte Datensatzobjekt verhält sich exakt wie schon beschrieben. Sie können das Kommandoobjekt sogar auf ein schon existierendes Datensatzobjekt anwenden und dieses damit modifizieren:

```
<%
SET kommando = Server.CreateObject("ADODB.Command")
SET RS = Server.CreateObject("ADODB.RecordSet")
SET kommando.ActiveConnection = nameConn
kommando.CommandText = "SELECT * FROM adressen"
kommando.CommandType = adCMDText
RS.Open = kommando, , adOpenStatic, adLockOptimistic
' Hier können Sie wieder viele Dinge tun ...
RS.Close
%>
```

Listing 10.53: Direkte Einflussnahme auf ein existierendes Datensatzobjekt (ado_cmd.control.asp)

Das ist auf den ersten Blick natürlich wenig sinnvoll. Aber erinnern Sie sich an eine der bedeutendsten Eigenschaften von SQL: die Prozeduren. Nur mit dem Kommandoobjekt können Sie gespeicherte Prozeduren abrufen, aber auch erzeugen. Das Ergebnis einer solchen Prozedur kann auch passend in ein Datensatzobjekt aufgenommen werden. Führen Sie sich noch einmal vor Augen, welche Vorteile Prozeduren bieten:

- Sie können Prozeduren Parameter übergeben und erhalten auch modifizierte oder erzeugte Parameter zurück.
- Sie können mit Prozeduren sehr komplexe Aktionen beim Abfragen oder Ändern ausführen. Prozeduren kennen Variablen und Bedingungen.
- Darüber hinaus ist die ODBC-Schnittstelle recht langsam. Laufen komplexe Aktionen in der Datenbank selbst ab, wird der Computer weniger belastet.
- Sie vereinfachen die Programmierung, denn die Prozeduren verhalten sich wie eine Applikation und sind für alle Nutzer auf allen Seiten verfügbar.

10 ADO professionell programmieren

SQL-Prozeduren direkt benutzen

Parameter:
adCMDStoredProc

Bestimmte Aktionen werden Sie in Datenbanken immer wieder ausführen. Der häufigste Fall ist das Abrufen sämtlicher Daten in einer Tabelle. Die folgende Prozedur erledigt das für eine bestimmte Tabelle:

```
CREATE PROCEDURE allpartners AS
SELECT * FROM adressen
```

Sie können diese Prozedur einfach mit dem Query Analyzer anlegen. Daten werden an dieser Stelle nicht ausgegeben. Um nun mit der Prozedur arbeiten zu können, gehen Sie wie in Listing 10.54 gezeigt vor.

```
<%
SET kommando = Server.CreateObject("ADODB.Command")
SET RS = Server.CreateObject("ADODB.RecordSet")
SET kommando.ActiveConnection = nameConn
kommando.CommandText = "allpartners"
kommando.CommandType = adCMDStoredProc
SET RS = kommando.Execute()
WHILE NOT RS.EOF
    Response.Write(RS("Ansprechpartner") & "<BR>")
    RS.MoveNext
WEND
RS.Close
%>
```

Listing 10.54: Aufruf von SQL Stored Procedures über ASP (ado_cmd.sp.asp)

Um eine Prozedur aufzurufen, werden der Parameter `adCMDStoredProc` und der Name der Prozedur im Kommandotext angegeben. Mit der Methode `Execute` wird dann der Befehl ausgeführt.

Parameter und Resultate

CreateParameter
Parameters.
Append

Viel häufiger wird der Fall vorkommen, dass Sie Parameter an gespeicherte Prozeduren in SQL übergeben und auch von dort Resultate erhalten. Um generell mit Parameterübergaben zu arbeiten, sind SQL-Prozeduren ebenso sinnvoll.

Die folgende Prozedur ermittelt die Anzahl der Datensätze in einer Tabelle:

```
CREATE PROCEDURE partnerzahl AS
RETURN(SELECT COUNT(*) FROM adressen)
```

Parameter:
adParamReturn-
Value

Mit dem Kommando `RETURN` wird der von der eingebauten Funktion `COUNT` ermittelte Wert zurückgegeben. Der folgende Programmausschnitt zeigt, wie das funktioniert:

```
<%
SET kommando = Server.CreateObject("ADODB.Command")
SET kommando.ActiveConnection = nameConn
kommando.CommandText = "partnerzahl"
```

Command

```
kommando.CommandType = adCMDStoredProc
SET parameter = kommando.CreateParameter("Anzahl",
                                         adInteger,
                                         adParamReturnValue)
kommando.Parameters.Append parameter
kommando.Execute
Response.Write("Es sind" & kommando("Anzahl"))
Response.Write("Parameter in der Tabelle")
%>
```

Listing 10.55: Resultate von SQL-Prozeduren übernehmen (ado_cmd.spres.asp)

Mit der Methode `CreateParameter` wird eine Kollektion erzeugt, hier mit dem Namen *parameter*, die nach der Ausführung der Prozedur die zurückgegebenen Werte enthält. Wie schon bei den vorangegangenen Kollektionen gibt es mehrere syntaktisch zulässige Möglichkeiten, den Wert abzufragen. Welchen Sie benutzen, ist Ihnen überlassen. Sie sollten aber im gesamten Quelltext eine einheitliche Syntax verwenden. Die folgenden Angaben sind gleichwertig:

```
Kommando("Anzahl")
Kommando(0)
Kommando.Parameters("Anzahl")
Kommando.Parameters(0)
Kommando.Parameters.Item("Anzahl")
Kommando.Parameters.Item(0)
```

Neben der Abfrage der Resultate gibt es auch die Möglichkeit, Parameter an eine Prozedur zu übergeben oder mehrere Werte gleichzeitig zu empfangen. Damit ergeben sich noch stärker erweiterte Anwendungsmöglichkeiten und eine sehr hohe Flexibilität. Benutzt wird ein OUTPUT-Parameter einer gespeicherten SQL-Prozedur. Neben der Parameterübergabe ist es damit auch möglich, alle in SQL zulässigen Datentypen zu verwenden.

Als Beispiel wird eine Tabelle verwendet, die die tägliche Summe der Hits auf einer Webseite speichert. Die Tabelle soll nun nach dem größten und kleinsten Wert durchsucht werden, um den besten und schlechtesten Tag zu ermitteln. Die Tabelle hat nur eine Spalte, *hitsummary*, und heißt selbst *webhits*.

So wird die Tabelle definiert:

```
CREATE TABLE webhits (hitsummary INT)
```

Die Prozedur geben Sie folgendermaßen ein:

```
CREATE PROCEDURE minmaxhits
  (@MAXHITS INT OUTPUT, @MINHITS INT OUTPUT)
AS
  SELECT @MAXHITS = MAX(hitsummary) FROM webhits
  SELECT @MINHITS = MIN(hitsummary) FROM webhits
```

**Parameter:
adParamOutput**

Diese Prozedur gibt den kleinsten und größten Wert zurück, der in der Tabellenspalte gefunden wurde. Aufrufen können Sie diese Prozedur mit dem folgenden VBScript:

```
<%
SET kommando = Server.CreateObject("ADODB.Command")
SET kommando.ActiveConnection = nameConn
kommando.CommandType = adCMDStoredProc
kommando.CommandText = "minmaxhits"
SET maximum = kommando.CreateParameter("Maxhits",
                                       adInteger, adParamOutput)
kommando.Parameters.Append maximum
SET minimum = kommando.CreateParameter("Minhits",
                                       adInteger, adParamOutput)
kommando.Parameters.Append minimum
kommando.Execute
Response.Write("Bester Tag:" & kommando("Maxhits"))
Response.Write(" Hits.")
Response.Write("Schlechtester Tag:" & kommando("Minhits"))
Response.Write(" Hits.")
%>
```

Listing 10.56: Übergabe von Werten an eine SQL-Prozedur und Übernahme der Resultate (ado_cmd.spparms.asp)

Die Methode CreateParameter wird für jeden Wert einmal aufgerufen. Sie können auf diese Weise beliebig viele Werte übernehmen. Der Parameter adInteger weist auf den Datentyp hin; hier kann jeder SQL-Datentyp repräsentiert werden. Mit adParamOutput wird der OUTPUT-Parameter angesprochen.

Natürlich können Sie auch Werte an eine Prozedur übergeben. Wenn Sie eine Tabelle mit Kennwörtern haben, dann wäre es einfach möglich, die Prüfung des Kennwortes in einer SQL-Prozedur vornehmen zu lassen. Die folgende Prozedur akzeptiert übergebene Werte:

```
CREATE PROCEDURE password
    (@password VARCHAR(10), @name VARCHAR(30), @passok INT OUTPUT)
AS
  IF EXISTS
    (SELECT name FROM webuser
     WHERE name=@name AND password=@password)
      SELECT @passok = 1
  ELSE
      SELECT @passOK = 0
```

Diese Prozedur akzeptiert zwei Eingabeparameter (*name* und *password*) und gibt 0 für gefunden und 1 für nicht gefunden zurück.

Mit dem Skript in Listing 10.66 wird die Prozedur bedient.

Command

```
<%
SET kommando = Server.CreateObject("ADODB.Command")
SET kommando.ActiveConnection = nameConn
kommando.CommandType = adCMDStoredProc
kommando.CommandText = "password"
SET pw = kommando.CreateParameter("password",
                                  adVarChar, adParamInput,10)
kommando.Parameters.Append pw
SET name = kommando.CreateParameter("name",
                                  adVarChar, adParamInput,30)
kommando.Parameters.Append name
SET passok = kommando.CreateParameter("passok",
                                  adInteger, adParamInput)
kommando.Parameters.Append passok
kommando("name") = "Roger Waters"
kommando("password") = "thewall"
kommando.Execute
%>
<% IF kommando("passok") THEN %>
    Willkommen! Ihr Pa&szlig;wort wurde akzeptiert.
<% ELSE %>
    Tut mir leid, Ihr Name oder Pa&szlig;wort ist falsch.
<% END IF %>
```

Listing 10.57: Umfassende Nutzung einer gespeicherten Prozedur (ado_cmd.spuse.asp)

Parameter für Experten

Die Parameterübergabe nutzt eine Kollektion. Daraus ergeben sich einige Möglichkeiten, die hier gezeigt werden. So können Sie bei komplexen Prozeduren die erwarteten oder zurückgegebenen Parameter abfragen. Der große Vorteil ist die Möglichkeit, mit einem universellen VBScript-Programm mehrere unterschiedliche Prozeduren zu bedienen. Dies ist ein weiterer Schritt zur Verlagerung der Abfrageintelligenz direkt in die Datenbank, was Zugriff und Programm schneller macht.

Refresh
Name
Type
Direction
Size

Das Skript in Listing 10.63 ermittelt die Parameter und zeigt sie an.

```
<%
SET kommando = Server.CreateObject("ADODB.Command")
SET kommando.ActiveConnection = nameConn
kommando.CommandType = adCMDStoredProc
kommando.CommandText = "password"
kommando.Refresh
%>
<html>
<head><title>Parameter einer SQL-Prozedur</title></head>
<body>
<table>
<caption>Parameter einer SQL-Prozedur</caption>
```

10 ADO professionell programmieren

```
<tr>
   <th>Name des Parameters</th>
   <th>Datentyp</th>
   <th>Richtung (IN/OUT)</th>
   <th>Gr&ouml;&szlig;e</th>
</tr>
<% FOR EACH param IN kommando.Parameters %>
<tr>
   <td><% = param.name %></td>
   <td><% = param.type %></td>
   <td><% = param.direction %></td>
   <td><% = param.size %></td>
</tr>
<% NEXT
Conn.Close
%>
</table>
</body>
</html>
```

Listing 10.58: Analyse einer SQL-Prozedur mit speziellen Methoden und Eigenschaften (ado_cmd.spanalyse.asp)

Die entscheidende Methode ist Refresh. Damit werden die Daten ermittelt, die später mit der FOR EACH...NEXT-Schleife als Inhalt der Kollektion ausgegeben werden. Die Konstanten sind alle in der Datei ADOVBS.INC gespeichert. Ohne diese Datei müsste für param.name usw. der entsprechende Zahlenwert benutzt werden.

10.5.2 Systematische Übersicht

Methoden Die Methoden des Objekts Command:

- Cancel, **Seite 659**
- CreateParameter, **Seite 659**
- Execute, **Seite 660**

Eigenschaften Eigenschaften des Objekts Command:

- ActiveConnection, **Seite 662**
- CommandText, **Seite 662**
- CommandTimeOut, **Seite 663**
- CommandType, **Seite 663**
- Name, **Seite 663**
- Prepared, **Seite 664**
- State, **Seite 664**

Command

Kollektionen des Objekts: **Kollektionen**

- Properties-Kollektion, siehe Abschnitt 10.10.4 ab Seite 696
- Parameters-Kollektion, siehe Abschnitt 10.10.9 ab Seite 699

10.5.3 Methoden

In diesem Abschnitt finden Sie alle Methoden des Objekts Command.

Cancel

Diese Methode bricht eine noch laufende Befehlsausführung mit Execute ab. **Cancel**

objCommand.**Cancel**

- Execute, Seite 660

CreateParameter

Diese Methode erzeugt einen neuen Parameter. Parameter dienen der Übergabe von Werten von und zu gespeicherten Prozeduren. Alle Parameter bilden eine Kollektion. **CreateParameter**

objCommand.**CreateParameter**([*name*][,*type*][,*dir*][,*size*][,*value*])

name ist die Bezeichnung des Parameters. *type* ist der Datentyp; für die Angabe sind folgende Konstanten zulässig:

Konstante	Wert	Beschreibung
adBigInt	20	8-Byte-Ganzzahl mit Vorzeichen
adBinary	128	Binärzahl
adBoolean	11	Boolescher Wert
adBSTR	8	Unicode-Zeichenkette, die mit /0 endet
adChar	129	Zeichenkette
adCurrency	6	Währung
adDBDate	133	Datum (yyyymmdd)
adDBTime	134	Zeitwert (hhmmss)
adDBTimeStamp	135	Datum und Zeit (yyyymmddhhmmss.milliardstel)
adDecimal	14	Exakter numerischer Wert
adDouble	5	Doppelt genaue Gleitkommazahl
adEmpty	0	Kein Wert
adError	10	32-Bit-Fehlercode
adGUID	72	Globale einmalige ID
adIDispatch	9	Zeiger auf die ID eines OLE-Objekts
adInteger	3	4 Byte Integer mit Vorzeichen

Tab. 10.46: Konstanten des Parameters type

Tab. 10.46: Konstanten des Parameters type (Forts.)

Konstante	Wert	Beschreibung
adIUnknown	13	Zeiger auf IUnknown eines OLE-Objekts
adLongVarBinary	205	Langer Binärwert
adLongVarChar	201	Lange Zeichenkette
adLongVarWChar	203	Durch /0 begrenzte Zeichenkette
adNumeric	131	Exakter Zahlenwert
adSingle	4	Einfache Gleitkommazahl
adSmallInt	2	2 Byte Integer mit Vorzeichen
adTinyInt	16	1 Byte Integer mit Vorzeichen
adUnsignedBigInt	21	8 Byte Integer ohne Vorzeichen
adUnsignedInt	19	4 Byte Integer ohne Vorzeichen
adUnsignedSmallInt	18	2 Byte Integer ohne Vorzeichen
adUnsignedTinyInt	17	1 Byte Integer ohne Vorzeichen
adUserDefined	132	Benutzerdefinierter Typ
adVarBinary	204	Binärwert
adVarChar	200	Zeichenkette
adVariant	12	OLE-Variante
asVarWChar	202	Unicode-Zeichenkette mit /0 beendet
adWChar	130	Unicode-Zeichenkette mit /0 beendet

Der Parameter *dir* gibt an, ob der Parameter gelesen oder geschrieben werden kann. Zulässige Werte sind:

Tab. 10.47: Konstanten des Parameters dir

Konstante	Wert	Beschreibung
adBigInt	20	8-Byte-Ganzzahl mit Vorzeichen
adParamInput	1	Eingabewert (Standard)
adParamOutput	2	Ausgabewert
adParamInputOutput	3	Beide Richtungen
adParamReturnValue	4	Gibt nur einen Wert zurück

Die maximale Länge der Parameter in Zeichen oder Byte gibt *size* vor. Der eigentliche Wert des Parameters steht in *value*, wenn der Wert an eine Prozedur übergeben wird.

Execute

Execute

Execute führt das vorbereitete Kommando aus. Es kann sich um eine gespeicherte Prozedur oder eine SQL-Anweisung handeln. Falls die Anweisung Datensätze erzeugt, wird ein Datensatzobjekt erzeugt.

Command

```
objCommand.Execute([affected] [,parameters] [,options])
set objRS =
   objCommand.Execute([affected] [,parameters] [,options])
```

Der Parameter *affected* ist eine Variable, deren Wert geändert wird und nach der Ausführung die Anzahl der bearbeiteten Datensätze enthält. Dies gilt nur für Anweisungen, die Datensätze verändern; SELECT-Anweisungen setzen diesen Wert nicht. *parameters* ist ein Array von Parametern für gespeicherte Prozeduren. Wenn die Prozedur auch Werte unter dem gleichen Namen zurückgibt, werden diese Werte hier nicht geändert (das Array wird nicht geschrieben). Mit Hilfe des Parameters *option* geben Sie an, welche Art Kommando ausgeführt werden soll. Die Angabe ist optional und steigert lediglich die Performance bei der ersten Ausführung.

Konstante	Beschreibung
adCMDText	Beliebige SQL-Anweisung
adCMDTable	Tabellenname (entspricht SELECT * FROM tabelle)
adCMDTableDirect	Tabellenname (sendet nur den Namen)
adCMDStoredProc	Eine gespeicherte Prozedur in SQL
adCMDUnknown	Nicht bekannt (Standardwert)
adAsynchFetch	Führt im asynchronen Mode aus
adAsynchFetchNonBlocking	Führt im asynchronen geblockten Mode aus
adAynchExecute	Führt im asynchronen Mode aus

Tab. 10.48: Konstanten des Parameters option

Mit adAsyncFetch wird gesteuert, wie die Methode sich verhält, wenn Datensätze nicht verfügbar sind, beispielsweise weil andere Nutzer darauf schreibend zugreifen. Wenn Sie adAsyncFetch angeben, wird gewartet, bis der Datensatz wieder frei ist, mit adAsyncFetchNonBlocking erhalten Sie keine Daten und EOF wird TRUE. Diese Parameter werden mit den anderen durch Or kombiniert:

```
objComm.Execute , , adCmdStoredProc Or adAsynchExecute
```

Das folgende Beispiel zeigt, wie ein Datensatzobjekt erzeugt wird:

```
strQuery = "Customers"
set objCommand = Server.CreateObject("ADODB.Command")
objCommand.ActiveConnection = objConn
objCommand.CommandText = strQuery
objCommand.CommandType = adCMDTable
set objRS = objCommand.Execute
show_table(objRS)
```

Listing 10.59: Minimale Nutzung des Command-Objekts (Command.Execute.asp)

Die Funktion *show_table()* ist in OPEN.INC.ASP definiert und gibt eine komplette Tabelle aus.

10.5.4 Eigenschaften

Sie finden in diesem Abschnitt die Eigenschaften des Objekts Command in alphabetischer Reihenfolge.

ActiveConnection

ActiveConnection

Name der aktuellen Verbindung zur Datenquelle. Erzeugt entweder ein neues Verbindungsobjekt aus den Daten oder gibt nur die Zeichenkette zurück, die als Verbindungszeichenfolge bezeichnet wird.

```
Set objConnection = objCommand.ActiveConnection
Set objCommand.ActiveConnection = objConnection
objCommand.ActiveConnection = string strConn
string strConn = objCommand.ActiveConnection
```

Die Angaben für *strConn* entsprechen denen des Objekts Connection. Ein Beispiel finden Sie in Listing 10.59.

▶ Connection, Abschnitt 10.2, Seite 562

CommandText

CommandText

Setzt den Text, der mit Execute ausgeführt werden soll.

```
objCommand.CommandText = strComm
strComm = objCommand.CommandText
```

Für *strComm* kann eine SQL-Anweisung, ein Tabellenname, eine gespeicherte Prozedur oder ein an den Provider gerichtetes Kommando stehen. Aus der Anweisung lässt sich eine gespeicherte Prozedur erzeugen, wenn der Parameter *Prepared* gesetzt wurde. Das verbessert die Performance, wenn der Aufruf häufiger mit wechselnden Parametern erfolgt. Parameter für gespeicherte Prozeduren können mit der Parameter-Kollektion oder direkt übergeben werden:

```
objComm.CommandText = "my_procedure 'name', 'kennwort'"
objComm.CommandType = adCmdProcedure
objComm.Execute
```

Die Übergabe kann aber auch als Array erfolgen, wie bei Execute beschrieben:

```
objComm.CommandText = "my_procedure"
objComm.CommandType = adCmdProcedure
arrParameters = Array("name", "kennwort")
objComm.Execute , , arrParameters
```

▶ Execute, **Seite 660**

▶ CommandType, **Seite 663**

▶ Parameters, **ab Seite 699**

CommandTimeOut

Zeit in Millisekunden, die auf eine Antwort gewartet wird. Der Standardwert ist 30 Sekunden.

Command TimeOut

long lngTime = objCommand.**CommandTimeout**
objCommand.**CommandTimeout** = long lngTime

Wenn ein Kommando mehr Zeit in Anspruch nimmt, wird es abgebrochen und ein Laufzeitfehler erzeugt. Dieser Wert hat keinen Zusammenhang mit CommandTimeout des Connection-Objekts.

CommandType

Art des Kommandos. Entspricht etwa dem Parameter *option* der Methode Execute.

CommandType

long lngType = objCommand.**CommandType**
objCommand.**CommandType** = long lngType

Den Parameter können Sie der folgenden Tabelle entnehmen:

Konstante	Beschreibung
adCMDText	Beliebige SQL-Anweisung
adCMDTable	Tabellenname (entspricht SELECT * FROM tabelle)
adCMDTableDirect	Tabellenname (sendet nur den Namen)
adCMDStoredProc	Eine gespeicherte Prozedur in SQL (CALL proc)
adCMDUnknown	Nicht bekannt (Standardwert)
adExecuteNoRecords	Anweisung gibt keine Datensätze zurück

Tab. 10.49: Konstanten des Parameters lngType

Ein Beispiel finden Sie in Listing 10.59.

Neben normalen Abfragen sind parametrisierte Kommandos möglich. Eine normale Abfrage kennen Sie sicher:

SELECT * FROM Customers WHERE CustID = 'ALFKI'

Mit Parameter wird der variable Wert einfach ersetzt:

SELECT * FROM Customers WHERE CustID = ?

▶ Execute, **Seite 660**

Name

Der Name des Kommandos, die Angabe ist optional – Kommandos müssen nicht benannt werden.

Name

strName = objComm.**Name**
objComm.**Name** = strName

Die Anwendung ist möglich, wenn Sie mehrere Kommandos zur Ausführung vorbereiten und in einer Kollektion speichern möchten. Der Aufruf könnte dann über den Namen erfolgen. In einem anderen Fall lassen sich die Parameter eines Kommandos nach den aktuellen Bedingungen beim Ablauf eines Skripts einstellen. Zu einem späteren Zeitpunkt wird das so präparierte Kommando mit seinem Namen aufgerufen – unabhängig davon, welche Parameter zuvor eingestellt wurden. Skripte werden dadurch möglicherweise besser strukturiert.

Der Name muss vergeben werden, bevor die Zuweisung einer Verbindung mit `ActiveConnection` erfolgt. Dafür steht der Name anschließend als Methode im `Connection`-Objekt zur Verfügung.

▶ ActiveConnection, **Seite 662**

Prepared

Prepared Weist den Server an, das Kommando zu kompilieren. Das verlangsamt die erste Ausführung, beschleunigt jedoch alle folgenden.

```
boolean blnVal = objComm.Prepared
objComm.Prepared = boolean blnVal
```

blnVal kann TRUE oder FALSE sein, FALSE ist der Standardwert. Wenn diese Eigenschaft zusammen mit der Verbindungseigenschaft Use Procedure for Prepare eingesetzt wird, erstellt der SQL Server dafür eine temporäre gespeicherte Prozedur. Dieser Aufwand lohnt, wenn die Ausführung mehr als drei Mal hintereinander erfolgt.

State

State Status des aktuellen Kommandos.

```
long lngState = objComm.State
```

Folgende Konstanten werden zurückgegeben:

Tab. 10.50: Konstanten des Parameters lngState

Konstante	Beschreibung
adStateClosed	Das Objekt ist geschlossen (Standardwert).
adStateOpen	Das Objekt ist noch offen.
adStateExecuting	Das Kommando wird gerade ausgeführt.
adStateFetching	Das Kommando holt gerade Datensätze.

Die Anwendung ist sinnvoll, wenn asynchrone Zugriffe erfolgen und der Nutzer über die verzögerte Ausführung aufgeklärt werden soll:

```
If objComm.State = adStateExecuting Then
    Response.Write "Bitte warte ... <br/>"
    Response.Flush
End If
```

▶ Execute, **Seite 660**

10.5.5 Kollektionen

Es gibt zwei Kollektionen, die sich von Command abgeleitet lassen:

- Properties-Kollektion, Abschnitt 10.10.4 ab Seite 696
- Parameters-Kollektion, Abschnitt 10.10.9 ab Seite 699

Diese Kollektionen sind eigenständige Objektsammlungen und werden deshalb im Abschnitt 10.10 *Die Kollektionen der Objekte* ab Seite 691 beschrieben.

10.6 Field

> Das Field-Objekt repräsentiert ein einzelnes Feld oder eine Spalte. Wenn eine Spalte oder Auswahl von Feldern verwaltet wird, entsteht eine Kollektion. Die nur für Kollektionen geltenden Methoden und Eigenschaften werden im Abschnitt 10.10.1 *Fields* ab Seite 691 beschrieben.

10.6.1 Einführung

Das Field-Objekt wird häufig als implizites Objekt von Record oder recordSet abgeleitet.

Direktes Erzeugen eines Field-Objekts

Um ein Field-Objekt direkt zu erzeugen, nutzen Sie folgenden Aufruf.

```
Set objField = Server.CreateObject("ADODB.Field")
```

Das dürfte ein eher selten beschrittener Weg sein, denn Field-Objekte (dann als Fields-Kollektion) sind in jedem Record- und RecordSet-Objekt enthalten. Aus Performancegründen kann es sinnvoll sein, Field-Objekte zu verwenden, denn der Zugriff auf spezifische Methoden wird verkürzt, wenn ADO nicht zusätzlich das gesamte RecordSet-Objekt bearbeiten muss. Auf die Methoden und Eigenschaften des Field-Objekts greifen Sie über ein RecordSet-Objekt mit folgender Syntax zu:

```
Set objRS = Server.CreateObject("ADODB.RecordSet")
... ' Aktionen, die objRS füllen
Response.Write objRS.Fields("Name").Type
Response.Write objRS.Fields(0).Type
```

Um direkt aus dem RecordSet-Objekt das Field-Objekt zu gewinnen, gehen Sie folgendermaßen vor:

```
Set objField = objRS.Fields("Name")
```

Auf dieses Objekt können Sie nun die nachfolgend beschriebenen Methoden und Eigenschaften direkt anwenden:

```
Response.Write objField.Type
```

Beispiel

Das folgende Beispiel zeigt, wie die Field-Eigenschaften eingesetzt werden können:

```
echo "<table border=1><tr>"
FOR EACH feld IN objRS.Fields
    echo "<th colspan=2>" & feld.Name & "</th>"
NEXT
echo "</tr>"
WHILE NOT objRS.EOF
    echo "<tr>"
    FOR EACH feld IN objRS.Fields
        echo "<td>"
        echo feld.Value
        echo "</td><td nowrap>"
        echo "DS: " & feld.DefinedSize & "<br>"
        echo "NS: " & feld.NumericScale & "<br>"
        echo "PR: " & feld.Precision & "<br>"
        echo datatype(CSTR(feld.Type))
        echo "</td>"
    next
    echo "</tr>"
    objRS.MoveNext
WEND
echo "</tr></table>"
```

Listing 10.60: Anwendung verschiedener Field-Properties (field_properties.asp)

Sie können an diesem Beispiel gut erkennen, wie die Werte interpretiert werden. Wenn Sie die Beispiele von der Website zum Buch laden, finden Sie dort auch eine Include-Datei, die die DataType-Werte umkehrt und zu den numerischen Werten den Namen ausgibt. Die Datei erzeugt ein Dictionary-Objekt namens *datatype*. Einbinden können Sie dieses Modul wie folgt:

```
<!-- #include file="datatypes.ado.inc.asp" -->
```

10.6.2 Übersicht über das Objekt Field

Methoden Methoden des Objekts:

- AppendChunk, **Seite 667**
- GetChunk, **Seite 667**

Eigenschaften Eigenschaften des Objekts Field:

- ActualSize, **Seite 668**
- Attributes, **Seite 668**
- DefinedSize, **Seite 669**

Field

- Name, Seite 669
- NumericScale, Seite 670
- OriginalValue, Seite 670
- Precision, Seite 670
- Type, Seite 670
- UnderlyingValue, Seite 670
- Value, Seite 671

Abschnitt 10.6.5 *Kollektionen* ab Seite 671 zeigt die verfügbaren Kollektionen   **Kollektionen**

10.6.3 Methoden

In diesem Abschnitt finden Sie alle Methoden des Objekts Field.

AppendChunk

Diese Methode hängt Daten an eine großes Text- oder Binärdatenfeld an.   **AppendChunk**

*objField.***AppendChunk**(Data)

Die Methode wird meist zum Umgang mit Bilddaten eingesetzt. Das folgende Beispiel liest die GIF- und JPG-Bilder eines Verzeichnisses in eine Datenbank ein. Das Speichern von binären Daten in einer Datenbank ist generell kritisch, denn solche Daten profitieren nicht von den vielfältigen Such- und Sortiermöglichkeiten, blähen aber die Datenbankdateien auf und machen die gesamte Datenbank langsam.

Wenn Sie dagegen mit einem Bildkatalog arbeiten und kaum zusätzliche Daten verwalten, kann dies in einer Datenbank komfortabler sein. Generell ist der Umgang mit binären Daten nicht einfach. Wenn es sich nicht vermeiden lässt, sollten Sie unbedingt einen Blick auf das Objekt Streams werfen, das dafür besser geeignet ist.

- GetChunk
- ActualSize, Seite 668

GetChunk

GetChunk holt binäre Daten aus einem Feld und gibt sie zurück.   **GetChunk**

*binData = objField.***GetChunk**(len)

Der Parameter *len* gibt an, wie viele Bytes aus dem Feld gelesen werden sollen. Dabei wird ein interner Zeiger gesetzt, unmittelbar folgende Aufrufe der Methode setzen an der letzten Stelle fort. Sie können die Daten so stückweise lesen.

- AppendChunk, Seite 667
- ActualSize, Seite 668

10.6.4 Eigenschaften

Nachfolgend werden die Eigenschaften des Objekts Field gezeigt.

ActualSize

ActualSize — Diese Eigenschaft zeigt die Größe eines Feldes an.

lngSize = objField.**ActualSize**
objField.**ActualSize** = lngSize

Die Eigenschaft kann geschrieben werden, wenn es sich um Felder mit variabler Größe handelt (beispielsweise varchar). Um die Größe eines Feldes von vornherein festzulegen, setzen Sie besser DefinedSize ein.

Wenn Unicode-Texte verwendet werden, kann ActualSize den Wert von DefinedSize überschreiten. DefinedSize gibt die Anzahl der Zeichen zurück, ActualSize dagegen die Größe in Bytes. Unicode-Zeichen können 16 Bit groß sein, entsprechend können die Werte differieren. Wenn Sie Skripte mit diesen Eigenschaften schreiben, sollten Sie die möglichen Formate berücksichtigen und gegebenenfalls Korrekturfunktionen erstellen, die dies umrechnen.

▶ DefinedSize, Seite 669

Attributes

Attributes — Diese Eigenschaft zeigt einige charakteristische Eigenschaften des Feldes an.

integer intAttr = objField.**Attributes**

Zurückgegeben wird eine oder mehrere der folgenden Konstanten:

Tab. 10.51:
Konstanten des
Parameters intAttr

Konstante	Beschreibung
adFldMayDefer	Der Wert des Feldes befindet sich nicht im Datensatz und ist nur bei explizitem Zugriff lesbar.
adFldUpdatable	Das Feld kann beschrieben werden.
adFldUnKnownUpdatable	Es ist nicht bekannt, ob Schreiben zulässig ist.
adFldFixed	Das Feld enthält Daten konstanter Größe.
adFldIsNullable	NULL ist erlaubt.
adFldMayBeNull	NULL kann gelesen werden.
adFldLong	AppendChunk und GetChunk sind erlaubt.
adFldRowID	Das Feld ist ein IDENTITY-Feld.
adFldRowVersion	Das Feld ist ein TIMESTAMP-Feld.
adFldCacheDeferred	Die Daten werden vom und in den Cache geliefert.
adFldIsChapter	Entspricht einem Chapter in einer hierarchischen Datengruppe.

Field

Konstante	Beschreibung
adFldNegativeScale	Das Feld ist negativ skaliert, der Skalierungsfaktor bestimmt die Anzahl der *Vorkommastellen*, um die die Ausgabe verschoben wird.
adFldKeyColumn	Das Feld ist ein Primärschlüssel.
adFldIsRowURL	Das Feld zeigt die Position im Record-Objekt an.
adFldIsDefaultStream	Das Feld enthält den Standarddatenstrom.
adFldIsCollection	Das Feld enthält eine Kollektion.

Tab. 10.51: Konstanten des Parameters intAttr (Forts.)

Die Konstanten lassen sich kombinieren. Dadurch kann der Rückgabewert nicht direkt gelesen werden. Sie können folgende Schreibweise zur Ermittlung einer bestimmten Eigenschaft verwenden:

```
IF (objField.Attributes And adFldIsNullable) THEN
    Response.Write "<pre>NULL</pre> ist erlaubt<p/>"
END IF
```

Um zwei Eigenschaften abzufragen, gehen Sie folgendermaßen vor:

```
IF (objField.Attributes And (adFldIsNullable + adFldFixed)) THEN
    Response.Write "<pre>NULL</pre> ist erlaubt<br/>"
    Response.Write "Das Feld hat eine Konstante Länge<br/>"
END IF
```

- NumericScale, Seite 670
- ActualSize, Seite 668
- DefinedSize, Seite 669

DefinedSize

Diese Eigenschaft gibt den definierten Platzverbrauch in Zeichen eines Feldes zurück.

DefinedSize

`integer intLong = objField.DefinedSize`

Ob das Feld konkret gefüllt ist, spielt keine Rolle. Wenn als SQL-Datentyp varchar(255) angegeben wurde, gibt die Eigenschaft 255 zurück, auch wenn der Inhalt weniger Zeichen hat.

Name

Diese Eigenschaft gibt den Namen des Feldes zurück.

Name

`string strName = objField.Name`

Sie ermitteln damit Feldnamen, ohne diese zu kennen. Dazu wird die Field-Kollektion durchlaufen:

```
FOR EACH feld IN objRec.Name
    Response.Write feld.Name & " -> "
NEXT
```

▶ Record, **Abschnitt 10.4 ab Seite 643**

NumericScale

NumericScale Mit dieser Eigenschaft ermitteln Sie die Anzahl der Nachkommastellen, wie sie definiert wurden:

`integer intLong = objField.`**`NumericScale`**

▶ DefinedSize, **Seite 669**

OriginalValue

OriginalValue Diese Eigenschaft enthält den Wert des Feldes vor der letzten Änderung. Dieser Wert wird eingesetzt, wenn die Methoden Cancel oder CancelUpdate aufgerufen werden.

`varVar = objField.`**`OriginalValue`**

▶ Cancel, **Seite 645 und Abschnitt 10.4 ab Seite 643**

Precision

Precision Mit dieser Eigenschaft ermittelt man die Genauigkeit von numerischen Werten. Dabei wird die Anzahl der möglichen Stellen vor dem Komma zurückgegeben.

`long lngPrecision = objField.`**`OriginalValue`**

Type

Type Diese Eigenschaft gibt den Datentyp zurück. Der Wert entspricht den ADO-Konstanten für Datentypen.

`integer intType = objField.`**`Type`**

Der konkrete Wert hängt auch vom Provider und den in der Datenbank verfügbaren Datentypen ab.

UnderlyingValue

UnderlyingValue Diese Eigenschaft repräsentiert den Wert des Feldes in der Datenbank. Dieser Wert kann von Value abweichen, wenn im lokalen Datensatzobjekt Änderungen vorgenommen wurden und noch kein Update erfolgt.

`varVar = objField.`**`UnderlyingValue`**

▶ Value

Property

Value

Diese Eigenschaft enthält den aktuellen Wert des Feldes im lokalen Datensatz.

Value

`varVar = objField.`**Value**

Beachten Sie den Unterschied zu OriginalValue und UnderlyingValue bei Änderungen. Value enthält den geänderten Wert, OriginalValue den Wert vor der letzten Änderung, bevor Update aufgerufen wurde, und UnderlyingValue den in der Datenbank gespeicherten Wert.

- OriginalValue, Seite 670
- UnderlyingValue, Seite 670

10.6.5 Kollektionen

Das Objekt Field kann folgende Kollektion enthalten:

- Properties, Abschnitt 10.10.4 ab Seite 696

10.7 Property

> Das Property-Objekt enthält Eigenschaften anderer Objekte. Es tritt normalerweise nicht allein auf, sondern als Kollektion von Eigenschaften.

10.7.1 Einführung

Die Ableitung von Property kann direkt aus einem der folgenden Objekte erfolgen:

- Connection, siehe dazu Seite 562
- Command, siehe dazu Seite 651
- RecordSet, siehe dazu Seite 588
- Field, siehe dazu Seite 665

Das Property-Objekt wird nur selten direkt verwendet. Üblich ist die Ableitung aus einem der bereits genannten Objekte:

Ableitung des Objekts

`Response.Write objConn.`**`Properties("User ID")`**`.Attributes`

In diesem Fall wird die Kollektion Properties angesprochen und innerhalb dieser Kollektion das Objekt »User ID«. Im Anhang A.1 *Properties-Collection* ab Seite 995 finden Sie eine Liste aller zulässigen Namen für Properties. Alle folgenden Eigenschaften beziehen sich auf jeweils eines dieser Elemente.

10.7.2 Übersicht über das Objekt Property

Eigenschaften
- Attributes, Seite 672
- Name, Seite 674
- Type, Seite 674
- Value, Seite 674

Methoden Das Objekt Property hat keine Methoden.

10.7.3 Eigenschaften

Dieser Abschnitt zeigt alle Eigenschaften des Objekts Property.

Attributes

Attributes Diese Eigenschaft ermittelt einige Charakteristika des Objekts.

long lngAttributes = objProperty.**Attributes**

Die Rückgabe ist ein numerischer Wert, der die Summe der folgenden Konstanten darstellt:

Tab. 10.52: Konstanten des Parameters lngAttributes

Konstante	Beschreibung
adPropNotSupported	Die Eigenschaft wird nicht unterstützt.
adPropRequired	Diese Eigenschaft wird unterstützt und muss gesetzt werden, bevor die Abfrage ausgeführt wird.
adPropOptional	Diese Eigenschaft muss nicht spezifiziert werden.
adPropRead	Diese Eigenschaft kann gelesen werden.
adPropWrite	Diese Eigenschaft kann geschrieben werden.

Aus der Kombination der Konstanten ergeben sich typische Attribute der benannten Eigenschaften. Das folgende Beispiel ermittelt dies für verschiedene typische Eigenschaften des Objekts Connection. Dieses Beispiel bezieht auch die anderen Eigenschaften des Objekts Properties mit ein.

Beispiel

Der erste Teil zeigt, wie Sie auf die gesamte Kollektion zugreifen können:

```
<form method="post" action="<% = ASP_SELF %>">
Bitte w&auml;hlen Sie eine Eigenschaft aus:
<select name="property" size="1">
  <%
  open()
  DIM prop
  FOR EACH prop IN objConn.Properties
     echo "<option value=""" & prop.Name & """"
       IF Request.Form("property") = prop.Name THEN
         echo " selected "
```

Property

```
            END IF
            echo ">" & prop.Name
    NEXT
    %>
</select>
<input type="Submit" value="Attributes anzeigen"/>
</form>
```

Der zweite Teil wertet die mit dem Formular ausgewählte Eigenschaft aus. Das Dictionary *datatype* wird in der Datei DATATYPES.ADO.INC.ASP aufgebaut und stellt Datentypen mit Klartextnamen dar.

```
<%
DIM strProperty, varAttr, objProp
SET objProp = objConn.Properties
' Datenverbindung herstellen
strProperty = Request.Form("property")
IF LEN(strProperty) > 0 THEN
    echo "Es wurden folgende Attribute f&uuml;r die Eigenschaft
          <code>$strProperty</code> ermittelt: "
    varAttr = objProp(strProperty).Attributes
    echo "<ul>"
    echo "<li>Eigenschaftswert: $varAttr"
    IF varAttr = 0 THEN
        echo "<li>Diese Eigenschaft wird nicht
                    unterst&uuml;tzt"
    ELSE
        IF varAttr and adPropRequired THEN
            echo "<li>Muss vor der Abfrage spezifiziert werden."
        END IF
        IF varAttr and adPropOptional THEN
            echo "<li>Die Angabe der Eigenschaft ist optional."
        END IF
        IF (varAttr and adPropRead) THEN
            echo "<li>Eigenschaft ist lesbar"
        END IF
        IF (varAttr and adPropWrite) AND
           (varAttr and adPropRead) THEN
            echo "<li>Eigenschaft kann geschrieben werden"
        END IF
    END IF
    echo "<li>Datentyp: <b>"
        & datatype(cstr(objProp(strProperty).Type)) & "</b>"
    echo "<li>Der aktuelle Wert ist: <b>"
        & objProp(strProperty).Value & "</b>"
    echo "</ul>"
END IF
%>
```

Listing 10.61: Anzeige der Elemente der Kollektion Properties (Properties.Attributes.asp)

Abbildung 10.10: Ausgabe von Listing 10.61

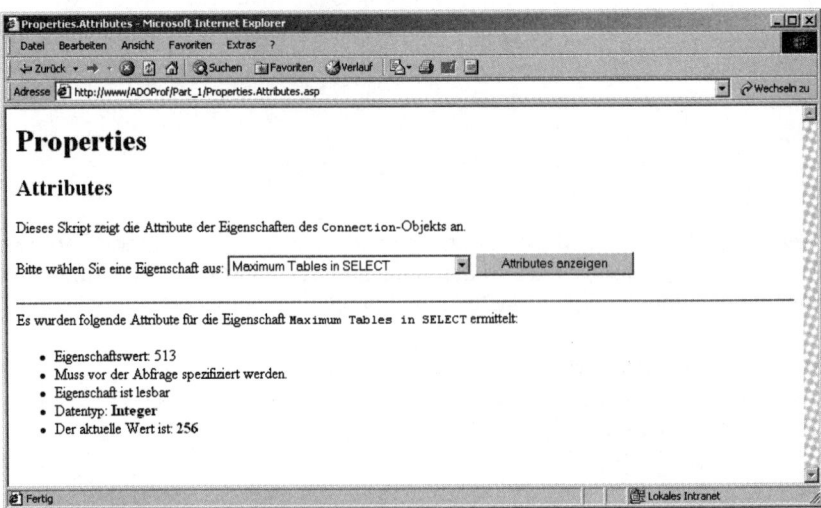

> Name, Seite 674
> Type, Seite 674
> Value, Seite 674

Name

Name Diese Eigenschaft gibt den Namen der Property zurück.

string strName = objProperty.**Name**

Ein Beispiel finden Sie in Listing 10.61.

Type

Type Diese Eigenschaft gibt den Datentyp im ADO-Format zurück.

long lngType = objProperty.**Type**

Ein Beispiel finden Sie in Listing 10.61.

Value

Value Mit dieser Eigenschaft erhalten Sie Zugriff auf den Wert. Wenn die Eigenschaft geschrieben werden kann, ist auch Value schreibbar.

varValue = objProperty.**Value**
objProperty.**Value** = varValue

Das folgende Beispiel erzeugt passende Eingabefelder für die Werte und sperrt das Feld, wenn die Änderung nicht mehr möglich ist. Das Formular mit der Auswahl der Properties entspricht dem in Listing 10.61 gezeigten.

Property

```
SET objProp = objConn.Properties
' Datenverbindung herstellen
strProperty = Request.Form("property")
IF len(strProperty) > 0 THEN
   intType = cint(objProp(strProperty).Type)
   varValue =  objProp(strProperty).Value
   varAttr = objProp(strProperty).Attributes
   IF varAttr = 0 THEN
       echo "Diese Eigenschaft wird
             nicht unterst&uuml;tzt.<br>"
   ELSE
      IF varAttr and adPropRequired THEN
         echo "Muss vor der Abfrage spezifiziert werden.
            &Auml;nderungen sind nicht mehr m&ouml;glich.<br>"
         disabled = "disabled"
      ELSEIF (varAttr and adPropWrite) THEN
          echo "Eigenschaft kann geschrieben werden"
      END IF
      echo "<br><code> $strProperty </code>"
      SELECT CASE intType
         CASE 16, 2, 3, 20, 17, 18, 19, 21:
             echo "<input type=text size=10 name=prop
                   value=""$varValue"" $disabled> (Integer)"
         CASE 4, 5, 14, 131:
             echo "<input type=text size=10 name=prop
                   value=""$varValue"" $disabled>
                   (Gleitkommazahl)"
         CASE 6:
             echo "<input type=text size=10 name=prop
                   value=""$varValue"" $disabled>
                   (W&auml;hrung)"
         CASE 11:
           IF varValue = TRUE THEN checked = "checked"
                echo "<input type=checkbox name=prop $checked
                       $disabled> (Boolean)"
         CASE 7, 133, 134, 135:
             echo "<input type=text size=10 name=prop
                   value=""$varValue"" $disabled> (Datum)"
         CASE 8, 129, 200, 201, 130, 202, 203:
             echo "<input type=text size=10 name=prop
                   value=""$varValue"" $disabled> (String)"
         CASE ELSE:
             echo "Datentyp wird nicht unterst&uuml;tzt."
      END SELECT
   END IF
   echo "</ul>"
END IF
```

Listing 10.62: Erzeugen von Formularfeldern in Abhängigkeit vom Typ der Eigenschaft (Properties.Value.asp)

Abbildung 10.11: Listing 10.62 mit einer Booleschen, gesperrten Eigenschaft

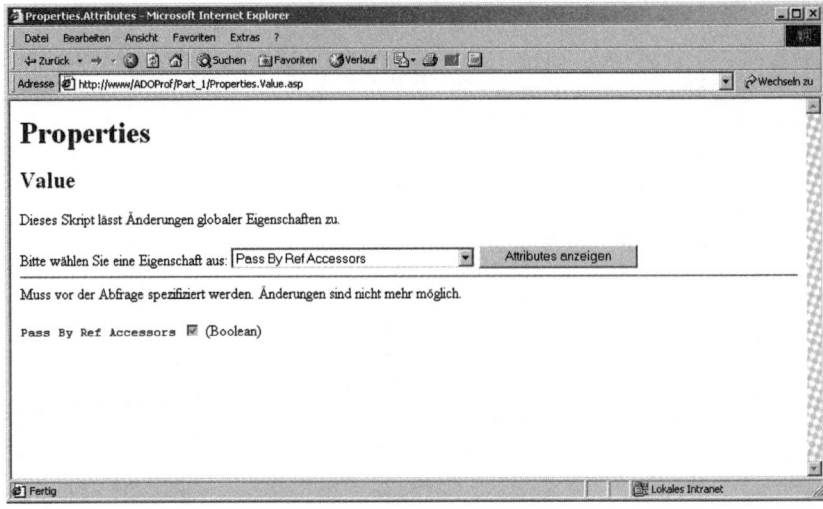

10.8 Stream

Mit dem Stream-Objekt kann der Zugriff auf Textdateien oder binäre Daten erfolgen. Die Einführung in ADO 2.5 erfolgte vor allem in Hinblick auf die Verarbeitung von Textdateien, die für XML notwendig sind.

10.8.1 Einführung

Die Anwendung basiert auf folgendem Code:

```
objStream = Server.CreateObject("ADODB.Stream")
```

Stream ergänzt in hervorragender Weise das Objekt Record. Mit Record können Sie auf die Struktur von Dokumenten und deren Position im Dateisystem zugreifen. Stream erlaubt dann den Zugriff auf den Inhalt der Dokumente. Der Inhalt kann mit Stream-Methoden natürlich auch verändert und geschrieben werden.

Stream verfügt über die Eigenschaft der Persistenz. Außerdem können große Binärobjekts (BLOBs), wie beispielsweise Bilder, verarbeitet werden. Damit stellt Stream auch eine Alternative zu FileSystemObject und vor allem zu den unhandlichen Methoden GetChunk und AppendChunk des Field-Objekts dar. Das folgende Beispiel zeigt, wie das praktisch aussieht.

Beispiel für die Verwendung des Objekts Stream

```
SET objFO = Server.CreateObject("Scripting.Filesystemobject")
SET objF = objFO.GetFolder(Server.MapPath("images"))
FOR EACH f IN objF.Files
   filename = objFO.GetBasename(f) & "."
              & objFO.GetExtensionName(f)
   echo "Bild <a href=""Stream.BLOB.Show.asp?file=$filename"">
         $filename</a> <br>"
NEXT
```

Listing 10.63: Einlesen eines Verzeichnisses mit Bildern (Stream.BLOB.asp) und Übergabe an das Ausgabeskript (Stream.BLOB.Show.asp)

Das Antwortskript sendet das ausgewählte Bild dann direkt zum Browser:

```
<%
DIM objStream, adTypeBinary
adTypeBinary = 1
SET objStream = Server.CreateObject("ADODB.Stream")
objStream.Type = adTypeBinary
objStream.Open
objStream.LoadFromFile = Server.MapPath("images/"
                        & Request.QueryString("file"))
Response.ContentType = "image/gif"
Response.BinaryWrite objStream.Read
objStream.Close
SET objStream = Nothing
%>
```

Listing 10.64: Ausgabe der Bilddaten (Stream.BLOB.Show.asp)

Generell kann Stream eingesetzt werden, wenn Dateizugriffe auf große ASCII- oder Binärdaten erfolgen. Außerdem ist der Einsatz zusammen mit XML möglich. Dies wird im Abschnitt 10.12 *ADO und XML* ab Seite 743 näher behandelt.

10.8.2 Übersicht

Die folgende Übersicht zeigt alle Methoden und Eigenschaften, die nachfolgend vorgestellt werden. Die für ASP unbedeutenden Ereignisse sind nicht aufgeführt. Sie finden dazu Informationen in der Online-Dokumentation.

Methoden des Objekts Stream: **Methoden**

- Cancel, **Seite 678**
- Close, **Seite 679**
- CopyTo, **Seite 678**
- Flush, **Seite 679**

- LoadFromFile, **Seite 679**
- Open, **Seite 680**
- Read, **Seite 681**
- ReadText, **Seite 682**
- SaveToFile, **Seite 682**
- SetEOS, **Seite 683**
- SkipLine, **Seite 683**
- Write, **Seite 683**
- WriteText, **Seite 684**

Eigenschaften Eigenschaften des Objekts Stream:

- CharSet, **Seite 684**
- EOS, **Seite 685**
- LineSeparator, **Seite 685**
- Mode, **Seite 685**
- Position, **Seite 686**
- Size, **Seite 686**
- State, **Seite 686**
- Type, **Seite 687**

Kollektionen Das Stream-Objekt bildet keine Kollektionen.

10.8.3 Methoden

Dieser Abschnitt zeigt alle Methoden des Objekts Stream.

Cancel

Cancel Mit dieser Methode wird eine laufende Open-Methode abgebrochen.

objStream.**Cancel**

Die Methode erzeugt einen Laufzeitfehler, wenn Open nicht mit dem Parameter adRunAsync aufgerufen wurde.

- Open, **Seite 680**
- Close, **Seite 679**

Stream

Close

Diese Methode schließt das Stream-Objekt und gibt den verwendeten Speicher frei.

Close

objStream.**Close**

Die Methode erzeugt einen Laufzeitfehler, wenn zuvor Open nicht aufgerufen wurde.

▶ Open, Seite 680

CopyTo

Hiermit werden eine Anzahl Zeichen oder Bytes von einem Stream-Objekt zu einem anderen kopiert. Beide Objekte müssen vom gleichen Typ sein.

CopyTo

objStream.**CopyTo** *objAnotherStream, Number*

objAnotherStream ist eine Objektvariable eines anderen Stream-Objekts, *Number* die Anzahl der zu kopierenden Zeichen. *Number* ist optional, standardmäßig werden alle Zeichen bis EOS (*End Of Stream*) kopiert. Der Kopiervorgang beginnt an der aktuellen Position des Dateizeigers, der durch die Eigenschaft Position festgelegt wird. Nach dem Kopiervorgang steht der Zeiger am Ende des kopierten Blockes. Der Kopiervorgang fügt die Zeichen im Ziel ebenfalls ab der Position ein, die durch Position festgelegt wurde. Befinden sich mehr Zeichen im Ziel, bleiben die restlichen Zeichen erhalten. Wenn Sie dies nicht wünschen, setzen Sie die Position des Dateiendes mit SetEOS.

▶ Open, Seite 680

▶ EOS, Seite 685

▶ Position, Seite 686

▶ SetEOS, Seite 683

▶ Type, Seite 687

Flush

Sendet den Inhalt des Stream-Objekts sofort an das zu Grunde liegende Objekt oder die Datenquelle, beispielsweise eine URL.

Flush

objStream.**Flush**

Wenn Sie Close aufrufen, wird Flush implizit ausgeführt.

▶ Close, Seite 679

LoadFromFile

Mit dieser Methode wird der Inhalt einer Datei in ein Stream-Objekt geladen.

LoadFromFile

objStream.**LoadFromFile** *Filename*

Filename muss ein existierender Dateiname mit oder ohne Pfadangabe sein. Das Format kann ein absoluter oder ein UNC-Pfad sein. Das Stream-Objekt muss bereits mit Open geöffnet sein. Existierende Daten werden gelöscht. Position wird auf das erste Zeichen gesetzt.

```
dim objStream, strFile
set objStream = Server.CreateObject("ADODB.Stream")
strFile = Server.Mappath("save.txt")
objStream.Type = adTypeText
objStream.Charset = "ISO-8859-1"
objStream.Open
objStream.LoadFromFile strFile
%>
Ausgabe der geladenen Datei "<% = strFile %>":
<p>
<%
dim strDummy
while not objStream.EOS
    strDummy = objStream.ReadText(1)
    Response.Write "<code>" & encode(strDummy) & "</code>"
wend
```

Listing 10.65: Einlesen einer Textdatei (Stream.LoadFromFile.asp)

Das zeichenweise Auslesen ist natürlich nur sinnvoll, wenn Sie die Zeichen auch einzeln verarbeiten möchten. Mit dem Parameter –1 können Sie die gesamte Datei auf einmal auslesen:

```
strDummy = objStream.ReadText(-1)
Response.Write "<code>" & encode(strDummy) & "</code>"
```

Listing 10.66: Alles auslesen (Stream.LoadFromFile.2.asp)

- Open, **Seite 680**
- EOS, **Seite 685**
- Position, **Seite 686**
- ReadText, **Seite 682**

Open

Open Open öffnet ein Stream-Objekt.

*objStream.**Open** Source, Mode, OpenOptions, UserName, Password*

Der Parameter *Source* kann ein Pfad, ein UNC-Pfad, eine URL oder ein Record-Objekt sein. Die Angabe ist optional, ohne Angabe wird ein unbestimmtes Stream-Objekt erzeugt und geöffnet, das sich mit Hilfe der Eigenschaften modifizieren lässt.

Stream

Mode kann einen der folgenden Werte annehmen:

Konstante	Beschreibung
adModeUnknown	Unbestimmt (Standard)
adModeRead	Nur Leserecht
adModeWrite	Nur Schreibrecht
adModeReadWrite	Schreib- und Leserecht
adModeShareDenyRead	Verhindert, dass andere eine Verbindung zum Lesen öffnen können.
adModeShareDenyWrite	Verhindert, dass andere eine Verbindung zum Schreiben öffnen können.
adModeShareExclusive	Verhindert, dass andere eine Verbindung zum Schreiben oder Lesen öffnen können.
adModeShareDenyNone	Verhindert, dass andere eine Verbindung öffnen können.

Tab. 10.53: Konstanten des Parameters Mode

OpenOptions kann einer der folgenden Werte sein:

Konstante	Bemerkung
adOpenStreamAsync	Öffnet das Objekt im asynchronen Mode
adOpenStreamFromRecord	Wird verwendet, wenn der Inhalt ein bereits geöffnetes Record-Objekt ist. Standardmäßig wird eine Verzeichnisstruktur erwartet.
adOpenStreamUnspecified	Standardwert, das Objekt wird mit unbestimmten Werten geöffnet.

Tab. 10.54: Konstanten des Parameters OpenOptions

UserName und *Password* dienen dazu, den Zugriff zu authentifizieren, wenn die Quelle geschützt ist. Die Angabe ist optional. Wenn die Quelle ein Record-Objekt ist, werden *UserName* und *Password* niemals verlangt.

Wenn ein Stream-Objekt unbestimmt geöffnet wurde, ist die Eigenschaft Size gleich Null.

▶ Close, **Seite 679**

▶ SaveToFile, **Seite 682**

▶ Size, **Seite 686**

Read

Liest eine Anzahl Bytes aus dem Stream-Objekt in eine Variable.

Read

varData = objStream.**Read**(Number)

Gelesen wird ab Position die Anzahl *Number* Bytes. Für das Lesen von Texten wird besser ReadText verwendet.

- Open, Seite 680
- Position, Seite 686
- ReadText, Seite 682

ReadText

ReadText Liest eine Anzahl Zeichen aus dem Stream-Objekt in eine Variable; das Objekt muss vom Typ adTypeText sein.

*strData = objStream.***ReadText***(Number)*

Gelesen wird ab Position die Anzahl *Number* Zeichen. Statt der Anzahl kann auch eine der folgenden Konstanten eingesetzt werden:

Tab. 10.55: Konstanten des Parameters Number

Konstante	Bemerkung
adReadAll	Liest alles von Position bis EOS (-1)
adReadLine	Liest die nächste Zeile der Textdatei

Die Unterteilung einer Textdatei in Zeilen erfolgt anhand der Eigenschaft LineSeparator.

Für das Lesen von binären Daten verwendet man besser Read.

- LineSeparator, Seite 685
- Open, Seite 680
- Position, Seite 686
- Read, Seite 681

SaveToFile

SaveToFile Diese Methode schreibt den Inhalt des Stream-Objekts in eine Datei. Das Objekt muss zuvor geöffnet werden.

*objStream.***SaveToFile** *FileName, SaveOptions*

FileName ist ein vollständiger lokaler Pfad oder ein UNC-Pfad. *SaveOptions* können Sie der folgenden Tabelle entnehmen, die Angabe ist optional:

Tab. 10.56: Konstanten des Parameters SaveOption

Konstante	Bemerkung
adSaveCreateNotExists	Wenn die Datei nicht existiert, wird sie angelegt. Dies ist der Standardwert.
adSaveCreateOverWrite	Wenn die Datei bereits existiert, wird sie überschrieben.

- CopyTo, **Seite 679**
- Read, **Seite 681**
- ReadText, **Seite 682**
- Open, **Seite 680**

SetEOS

Diese Methode schneidet die Datei an der aktuell durch Position markierten Stelle ab.

SetEOS

objStream. **SetEOS**

Die Anwendung ist für CopyTo, Write und WriteText sinnvoll, wo keine Kürzung einer vorher längeren Datei erfolgt. Wenn Sie SetEOS unmittelbar nach dem Öffnen aufrufen, werden alle Daten gelöscht, weil zu diesem Zeitpunkt Position auf dem Dateianfang steht.

- CopyTo, **Seite 679**
- EOS, **Seite 685**
- Position, **Seite 686**
- Write, **Seite 683**
- WriteText, **Seite 684**

SkipLine

Wenn das Stream-Objekt vom Typ adTypeText ist, wird der interne Dateizeiger eine Zeile weitergesetzt. Daten werden nicht zurückgegeben. Die Zeilentrennung erfolgt durch LineSeparator.

SkipLine

objStream. **SkipLine**

Wenn Sie nach EOS die Methode anwenden, verbleibt der Zeiger auf EOS. Ein Laufzeitfehler entsteht jedoch nicht.

- EOS, **Seite 685**
- LineSeparator, **Seite 685**
- Type, **Seite 687**

Write

Diese Methode schreibt ab der durch Position angezeigten Stelle den Inhalt einer Variablen in das Stream-Objekt.

Write

objStream. **Write** *Data*

Vorhandene Bytes werden überschrieben, der überhängende Teil der bestehenden Daten wird jedoch nicht gelöscht. Setzen Sie dazu anschließend SetEOS ein. Für Textdateien wird WriteText verwendet.

- Position, Seite 686
- SetEOS, Seite 683
- WriteText, Seite 684

WriteText

WriteText Diese Methode schreibt ab der durch Position angezeigten Stelle den Inhalt einer Zeichenkettenvariablen in das Stream-Objekt.

*objStream.*WriteText *Data*

Vorhandene Zeichen werden überschrieben, der überhängende Teil der bestehenden Daten wird jedoch nicht gelöscht. Setzen Sie dazu anschließend SetEOS ein. Für Binärdateien wird Write verwendet.

- Position, Seite 686
- SetEOS, Seite 683
- Write, Seite 683

10.8.4 Eigenschaften

Dieser Abschnitt enthält Beschreibungen aller Eigenschaften des Objekts Stream.

Charset

Charset Diese Eigenschaft bestimmt den Zeichensatz, der einem Stream-Objekt vom Typ adTypeText zu Grunde liegt.

*objStream.*Charset *= strChar*
*strChar = objStream.*Charset

Möglich sind alle Werte, die typischerweise als Bezeichnungen für Zeichensätze unter Windows zulässig sind, beispielsweise »iso-8859-a« oder »windows-1252«. Der Standardwert ist »unicode«.

Beachten Sie, dass ASP Unicode nicht anzeigen kann. Wenn Sie Unicode-Daten ungefiltert anzeigen, werden Fragezeichen (ASCII-Code 63) ausgegeben. Der folgende Code reagiert darauf:

```
objStream = Server.CreateObject("ADODB.Stream")
strFile = objStream.ReadText(adReadAll)
IF asc(mid(strFile, 1, 1)) = 63 THEN
    objStream.Charset = "ascii"
    objStream.Type = adTypeText
END IF
Response.Write objStream.ReadText(adReadAll)
```

Zuerst wird der Inhalt gelesen. Besteht er nur aus Fragezeichen, dann wird der Ausgabe-Zeichensatz »ascii« eingestellt. Dann wird der Stream erneut mit ReadText gelesen. Jetzt kann der Inhalt angezeigt werden.

Stream

Die Veränderung der Eigenschaft ist nur erlaubt, wenn Position gleich 0 ist. Die ist normalerweise nur unmittelbar nach dem Öffnen der Datei zulässig.

▶ Position, Seite 686

▶ Open, Seite 680

EOS

Diese Eigenschaft ist TRUE, wenn sich der Dateizeiger Position am Dateiende befindet.

`blnEOS = objStream.EOS`

Wenn die Datei an der aktuellen Position abgeschnitten werden soll, wird SetEOS eingesetzt. Die Anwendung von EOS erfolgt normalerweise in Bedingungsabfragen:

```
WHILE not objStream.EOS
  Response.Write objStream.ReadText(adReadLine) & "<br/>"
WEND
```

▶ Position, Seite 686

▶ SetEOS, Seite 683

LineSeparator

Diese Eigenschaft bestimmt, welches Trennzeichen für das Zeilenende bestimmt wird.

`objStream.LineSeparator = integer intCode`
`integer intCode = objStream.LineSeparator`

Die möglichen Einstellungen entnehmen Sie der folgenden Tabelle:

Konstante	Bemerkung
adCR	Wagenrücklauf (CR, Chr(13))
adCRLF	Wagenrücklauf und Zeilenvorschub (CRLF, Chr(13) und Chr(10))
adLF	Nur Zeilenvorschub (LF, Chr(10))

Tab. 10.57: Konstanten des Parameters intCode

adCRLF ist der Standardwert (-1), alle anderen Konstanten entsprechen dem jeweiligen ASCII-Code, d.h., adCR ist gleich 13 usw.

▶ ReadText, Seite 682

Mode

Ermittelt oder setzt die Rechte zum Ändern von Daten.

`objStream.Mode = long lngMode`
`long lngMode = objStream.Mode`

lngMode kann einen der folgenden Werte annehmen:

Tab. 10.58:
Konstanten des
Parameters Option

Konstante	Beschreibung
adModeUnknown	Unbestimmt (Standard)
adModeRead	Nur Leserecht
adModeWrite	Nur Schreibrecht
adModeReadWrite	Schreib- und Leserecht
adModeShareDenyRead	Verhindert, dass andere eine Verbindung zum Lesen öffnen können.
adModeShareDenyWrite	Verhindert, dass andere eine Verbindung zum Schreiben öffnen können.
adModeShareExclusive	Verhindert, dass andere eine Verbindung zum Schreiben oder Lesen öffnen können.
adModeShareDenyNone	Verhindert, dass andere eine Verbindung öffnen können.

Position

Position Diese Eigenschaft zeigt auf das aktuelle Zeichen des Datenstroms. Das erste Byte hat die Position 0.

```
objStream.Position = long lngPosition
long lngPosition  = objStream.Position
```

Wenn die Datei Unicode-Daten enthält, besteht jedes gültige Zeichen aus zwei Bytes. Der Zeiger sollte deshalb immer auf gerade Zahlen eingestellt werden. Position arbeitet unabhängig vom Inhalt immer byteweise.

▶ Size, Seite 686

Size

Size Die Size-Eigenschaft zeigt die Länge des Datenstromobjekts in Bytes an. Kann die Größe nicht ermittelt werden, wird -1 zurückgegeben.

```
long lngSize = objStream.Size
```

▶ Position, Seite 686

State

State Diese Eigenschaft gibt den Status des Stream-Objekts zurück.

```
lngState = objStream.State
```

lngState kann einen der folgenden Werte annehmen:

Konstante	Beschreibung
adStateClosed	Das Objekt ist geschlossen (Standardwert).
adStateOpen	Das Objekt ist noch offen.
adStateExecuting	Das Kommando wird gerade ausgeführt.
adStateFetching	Das Kommando holt gerade Datensätze.

Type

Diese Eigenschaft zeigt an, welcher Datentyp sich im Datenstrom befindet.

Type

`int intType = objStream.Type`

intType kann einen der folgenden Werte annehmen:

Konstante	Beschreibung
adTypeBinary	Das Stream-Objekt enthält binäre Daten.
adTypeText	Es handelt sich um Textdaten (Standardwert).

Tab. 10.59: Konstanten des Parameters intType

10.9 Errors

Das Errors-Objekt verwaltet Fehlerausgaben. Es ist immer besser, mögliche Fehlermeldungen abzufangen und gezielt zu verarbeiten, als dies der Laufzeitumgebung zu überlassen.

10.9.1 Einführung

Es gibt zwei Möglichkeiten des Zugriffs auf Fehlerinformationen. Zunächst ist das Errors-Objekt von Connection ableitbar. Wenn Sie ein bereits explizites Connection-Objekt *objConn* haben, gibt es diese Zugriffsmöglichkeit:

`objConn.Errors(0).<property>`

Dabei steht *<property>* für eine der nachfolgend beschriebenen Eigenschaften. Auf die Verbindung können Sie auch indirekt über das RecordSet-Objekt zugreifen – über die Eigenschaft ActiveConnection. Zulässig ist deshalb auch der folgende Aufruf:

`objRS.ActiveConnection.Errors(0).<property>`

Mehrere Fehler auswerten

Es besteht die Möglichkeit, dass ein Provider mehrere Fehler zurückliefert. Normalerweise gehen diese verloren, wenn Sie mit der oben gezeigten Methode nur den ersten Fehler (0) abrufen. Sie können die Kollektion aber mit For Each durchlaufen:

```
FOR EACH error In objConn.Errors
    Response.Write "Fehler: " & error.Number & "<br/>"
    Response.Write error.Description & "<hr/>"
NEXT
```

Beispiele

Das folgende Beispiel zeigt, wie sich Fehlermeldungen anzeigen lassen:

```
<%
ON ERROR RESUME NEXT
strSQL = "SELECT * FROM no_table_here"
SET objRS = Server.CreateObject("ADODB.RecordSet")
objRS.Open strSQL, objConn, adOpenStatic, adLockReadOnly
%>
<h3>Fehlerausgabe des ASP-<code>Err</code>-Objekts</h3>
<%
IF Err.number <> 0 THEN
    echo Err.description & "<br>Fehlernummer: " & Err.number
    Err.Clear
ELSE
    echo "Es traten keine Fehler auf."
END IF
%>
<h3>Fehlerausgabe der ADO-<code>Error</code>-Kollektion</h3>
<%
FOR EACH error IN objRS.ActiveConnection.Errors
    echo "<b>Beschreibung</b>: " & error.Description & "<br>"
    echo "<b>NativeError</b>: " & error.NativeError & "<br>"
    echo "<b>Fehlernummer</b>: " & error.Number & "<br>"
    echo "<b>Fehlerquelle</b>: " & error.Source  & "<br>"
    echo "<b>SQL-Status</b>: " & error.SQLState & "<br>"
NEXT
%>
```

Listing 10.67: check_errors.asp, Abfangen und Ausgeben von Fehlern

Der SQL-Status ist manchmal recht aufschlussreich. Ich habe aus den Fehlercodes der Dokumentation eine Datei kompiliert, die alle Fehlercodes und die (englischen) Beschreibungen als Dictionary-Kollektion abbildet. Sie können dann SQLState folgendermaßen verwenden:

```
echo "<b>SQL-Status</b>: " & error.SQLState & " = "
     & sql_error(error.SQLState) & "<br>"
```

Die komplette Fehlerliste finden Sie in Anhang A.5 *Fehlercodes in ADO* ab Seite 1067.

Die verschiedenen Fehler haben unterschiedliche Beschreibungen, die auf die tatsächliche Ursache hinweisen. Möglicherweise ist es für das Debuggen von Skripten sinnvoll, mehrere Varianten präsentiert zu bekommen. Die Dateien ERRORS.SQL.INC.ASP und ERRORS.ADO.INC.ASP enthalten die entsprechenden Übersetzungen der Fehlernummern in Beschreibungen (in englisch). Die Anwendung ist einfach, wie das folgende Beispiel zeigt:

```
<!-- #include file="errors.sql.inc.asp" -->
<!-- #include file="errors.ado.inc.asp" -->
<%
for each error in objRS.ActiveConnection.Errors
   echo "<b>ADO-Beschreibung</b>: "
        & error.Description & "<br>"
   echo "<b>ADO-Fehlercodes</b>: "
        & ado_error(error.Number) & "<br>"
   echo "<b>SQL-Status</b>: " & sql_error(error.SQLState)
        & "<br>"
next
```

Listing 10.68: *Ausgabe aller verfügbaren Fehlerbeschreibungen (check_errors_c.asp)*

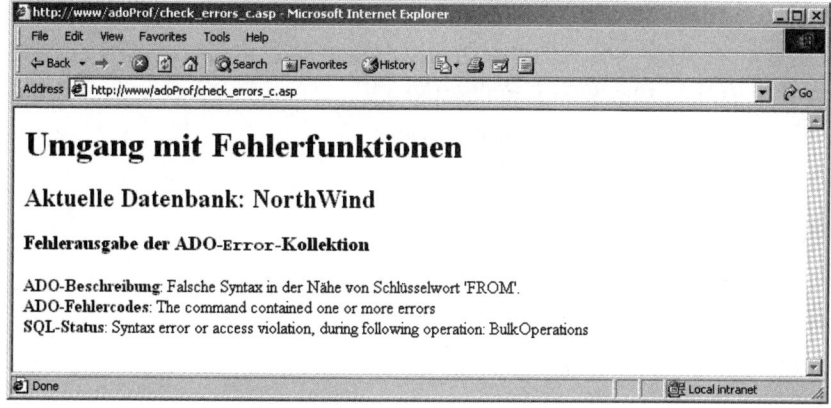

Abbildung 10.12:
So werden Fehler transparent: gleiche Ursache, unterschiedliche Wirkung

In diesem Fall (siehe Abbildung 10.12) mag Ihnen die deutsche Beschreibung am besten erscheinen. Bei anderen Fehlern ist dies nicht der Fall. Letztendlich bekommen Sie zuverlässige Aussagen nur durch die Auswertung aller Fehler.

10.9.2 Übersicht über das Objekt Error

Eigenschaften des Objekts Error: **Eigenschaften**

- Description, Seite 690
- HelpContext, Seite 690
- HelpFile, Seite 690
- NativeError, Seite 690

- Number, Seite 691
- Source, Seite 691
- SQLState, Seite 691

Methoden Die Kollektion Error des Objekts Errors hat keine Methoden.

10.9.3 Eigenschaften

Dieser Abschnitt beschreibt die Eigenschaften des Objekts Stream.

Description

Description Diese Eigenschaft enthält den beschreibenden Text des letzten Fehlers.

string strText = objError.Description

Es handelt sich hier um die Standardeigenschaft, die Angabe kann deshalb entfallen.

HelpContext

HelpContext Diese Eigenschaft gibt die ID in einer verbundenen Hilfedatei zurück. Unter ASP ist dies normalerweise wenig sinnvoll.

long lngContext = objError.HelpContext

- HelpFile

HelpFile

HelpFile Diese Eigenschaft gibt den Dateinamen der Hilfedatei zurück. Unter ASP ist dies normalerweise wenig sinnvoll.

strFile = objError.HelpFile

- HelpContext

NativeError

NativeError ADO interpretiert normalerweise Fehler und gibt eine eigene Fehlernummer zurück. Der Provider ist aber möglicherweise in der Lage, mehrere Fehlernummern zu erzeugen, als ADO kennt. Dies ist der Fall, wenn Sie in gespeicherten Prozeduren eigene Fehlercodes erzeugen. Die Eigenschaft NativeError enthält diese ursprünglichen Fehlerwerte. Welcher konkrete Inhalt sich dahinter verbirgt, hängt von der Applikation und der Datenbank ab.

lngErrorCode = objError.NativeError

Es gibt zwei typische Fehlercodes in ADO, die darauf hinweisen, dass der Provider einen speziellen Fehlercode gesendet hat: -2.147.217.900 und -2.147.467.259.

Number

Diese Eigenschaft enthält den von ADO verwendeten, internen Fehlercode. Eine Auflistung aller Fehler finden Sie im Anhang.

`lngNumber = objError.Number`

▶ NativeError, Seite 690

Source

Diese Eigenschaft enthält eine Zeichenkette mit dem Namen des Objekts, das den Fehler ursprünglich erzeugt hat. Wenn der Provider den Fehler erzeugt, funktioniert dies nicht.

`string strSource = objError.Source`

SQLState

Der Provider erkennt die Fehlermeldungen der Datenbank beim Abarbeiten von SQL-Kommandos und legt den fünfstelligen SQL-Code dann in der Eigenschaft SQLState ab.

`long lngContext = objError.SQLState`

10.10 Die Kollektionen der Objekte

> Kollektionen sind Sammlungen von Objekten, die aus globalen Objekten abgeleitet werden. Auf Kollektionen können Sie die üblichen VBScript-Funktionen wie Add, Count usw. anwenden.

10.10.1 Fields

Voraussetzung für die Anwendung der Methoden und Eigenschaften ist ein Feldobjekt.

Das folgende Beispiel zeigt die Anwendung der Methoden Append der Fields-Kollektion und verschiedener Eigenschaften:

```
SET objRS = Server.CreateObject("ADODB.RecordSet")
SET objRX = Server.CreateObject("ADODB.RecordSet")
strQuery = "Products"
objRS.Open strQuery, objConn, adOpenStatic, adLockOptimistic
echo "Die Tabelle hat " & objRS.Fields.Count & " Spalten.<p>"
' Auslesen der Felder und uebertragen in virtellen RecordSet
echo "Liste der Felder der Originaltabelle:<br>"
echo "<pre>"
FOR EACH e IN objRS.Fields
   echo e.Name & "|"
   objRX.Fields.Append e.Name, e.Type, e.DefinedSize,
```

10 ADO professionell programmieren

```
                      e.Attributes
NEXT
echo "</pre>"
objRX.Fields.Append "Price_DM", adDouble
objRX.Open
WHILE NOT objRS.EOF
    objRX.AddNew
    FOR EACH e IN objRS.Fields
        objRX(e.name) = objRS(e.name)
    NEXT
    objRX("Price_DM") = objRS("UnitPrice") * 2.24
    objRX.Update
    objRS.MoveNext
WEND
objRS.Close
objRX.MoveFirst
echo "Liste der Felder der tempor&auml;ren Tabelle:<br>"
echo "<pre>"
FOR EACH e IN objRX.Fields
    echo e.name & "|"
NEXT
echo "</pre>"
echo "<hr noshade size=2>"
echo "<b>UnitPrice = Price_DM</b><br>"
WHILE NOT objRX.EOF
    echo "US$" & formatnumber(objRX("UnitPrice")) & " = "
    echo "DM " & formatnumber(objRX("Price_DM")) & "<br>"
    objRX.MoveNext
WEND
```

Listing 10.69: Umgang mit temporären RecordSet-Objekten zur Speicherung von Daten außerhalb der Datenbank (Fields.Append.asp)

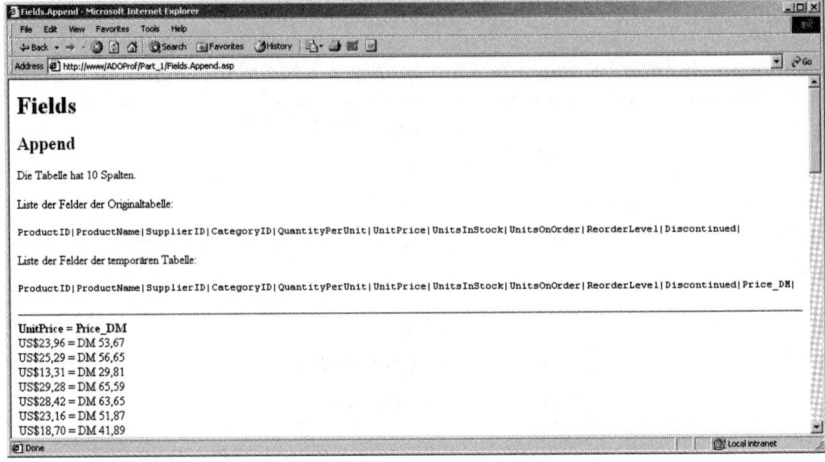

Abbildung 10.13: Ausgabe von Listing 10.69

Die Eigenschaften des Field-Objekts wurden bereits in Abschnitt 10.6 *Field* ab Seite 665 beschrieben. Die folgenden Eigenschaften beziehen sich dagegen auf die Fields-Kollektion.

Übersicht der Methoden und Eigenschaften

Methoden der Fields-Kollektion: **Methoden**

- Append, Seite 693
- CancelUpdate, Seite 695
- Delete, Seite 695
- Refresh, Seite 695
- Resync, Seite 695

Eigenschaften der Fields-Kollektion: **Eigenschaften**

- Count, Seite 696
- Item, Seite 696

10.10.2 Fields-Methoden

Dieser Abschnitt beschreibt die Methoden der Kollektionen.

Append

Diese Methode fügt der Kollektion ein weiteres Feld hinzu. Die Attribute können mit übergeben werden. **Append**

objField.Append(name, type [, size] [, attributes])

Der *name* ist der künftige Name des Feldes, *type* der Datentyp (siehe Tabelle). Falls es sich um ein Zeichenkette oder Zahlenfeld handelt, lässt sich mit *size* die Größe angeben. Die Angabe ist optional, der Standardwert wird von *type* übernommen. Feldattribute können mit *attributes* festgelegt werden.

Konstante	Wert	Beschreibung
adBigInt	20	8-Byte-Ganzzahl mit Vorzeichen
adBinary	128	Binärzahl
adBoolean	11	Boolescher Wert
adBSTR	8	Unicode-Zeichenkette, die mit /0 endet
adChar	129	Zeichenkette
adCurrency	6	Währung
adDBDate	133	Datum (yyyymmdd)
adDBTime	134	Zeitwert (hhmmss)

Tab. 10.60: Konstanten des Parameters type

Tab. 10.60: Konstanten des Parameters type (Forts.)

Konstante	Wert	Beschreibung
adDBTimeStamp	135	Datum und Zeit (yyyymmddhhmmss.milliardstel)
adDecimal	14	Exakter numerischer Wert
adDouble	5	Doppelt genaue Gleitkommazahl
adEmpty	0	Kein Wert
adError	10	32-Bit-Fehlercode
adGUID	72	Globale einmalige ID
adIDispatch	9	Zeiger auf die ID eines OLE-Objekts
adInteger	3	4 Byte Integer mit Vorzeichen
adIUnknown	13	Zeiger auf IUnknown eines OLE-Objekts
adLongVarBinary	205	Langer Binärwert
adLongVarChar	201	Lange Zeichenkette
adLongVarWChar	203	Durch /0 begrenzte Zeichenkette
adNumeric	131	Exakter Zahlenwert
adSingle	4	Einfache Gleitkommazahl
adSmallInt	2	2 Byte Integer mit Vorzeichen
adTinyInt	16	1 Byte Integer mit Vorzeichen
adUnsignedBigInt	21	8 Byte Integer ohne Vorzeichen
adUnsignedInt	19	4 Byte Integer ohne Vorzeichen
adUnsignedSmallInt	18	2 Byte Integer ohne Vorzeichen
adUnsignedTinyInt	17	1 Byte Integer ohne Vorzeichen
adUserDefined	132	Benutzerdefinierter Typ
adVarBinary	204	Binärwert
adVarChar	200	Zeichenkette
adVariant	12	OLE-Variante
asVarWChar	202	Unicode-Zeichenkette mit /0 beendet
adWChar	130	Unicode-Zeichenkette mit /0 beendet

Eine praktische Anwendung der Fields-Kollektion wurde bereits mehrfach gezeigt: die Ausgabe der Kopfzeile für eine Tabelle ohne konkrete Angabe der Namen. Als einfache Liste könnte das folgendermaßen aussehen:

```
FOR EACH e IN objRS.Fields
    echo e.Name & " | "
NEXT
```

Dabei wird die Eigenschaft Name des aus Fields abgeleiteten Objekts Field verwendet. Auf die Elemente der Fields-Kollektion kann aber nicht nur zugegriffen werden, es können auch neue Elemente gelöscht werden. Damit

Die Kollektionen der Objekte

werden Tabellen um Felder erweitert. Tatsächlich führt dies nicht zu Änderungen an der Tabelle in der Datenbank, sondern nur in ADO, also auf (hier) Client-Seite. Der Anwendungsbereich liegt also eher bei der Verarbeitung temporärer Daten, die mit Hilfe von RecordSet-Objekten bequemer durchgeführt werden können. Das folgende Beispiel zeigt, wie eine Fields-Kollektion aus einer existierenden Tabelle abgeleitet und weiterverarbeitet wird.

▶ Delete

CancelUpdate

Bricht die Ausführung eines Updates für den Datensatz ab. Feldbezogene Abbrüche sind nicht möglich.

CancelUpdate

*objField.***CancelUpdate**

Diese Methode kann nur verwendet werden, wenn *objField* von einem Record-Objekt abstammt. Bei RecordSet tritt ein Laufzeitfehler auf. Verwenden Sie stattdessen die Methode CancelUpdate des RecordSet-Objekts.

Delete

Delete entfernt ein Feld aus der Feldkollektion. Die Angabe kann mit Hilfe des Namens oder des Indizes des Feldes erfolgen.

Delete

*objField.***Delete**(*index*)

Das Löschen erfolgt ohne weitere Rückfrage.

```
objRS.Fields.Delete("age")
objRS.Fields.Delete(2)
```

▶ Append, Seite 693

Refresh

Diese Methode aktualisiert die Feldliste in der Kollektion. Um Daten zu aktualisieren, verwenden Sie besser die Methode Requery des Objekts RecordSet.

Refresh

*objField.***Refresh**

▶ Requery, Seite 619

Resync

Resync arbeitet analog der Resync-Methode des RecordSet-Objekts. Die Anwendung darf nur für Field-Objekte erfolgen, die von Record abgeleitet wurden.

Resync

*objField.***Resnyc** *lngResync*

Der Parameter *lngResync* kann folgende Werte annehmen:

Tab. 10.61:
Konstanten des
Parameters
lngResync

Konstante	Wert	Beschreibung
adResyncAllValues	2	Daten werden überschrieben und wartende Änderungen gehen verloren (Standardwert).
adResyncUnderlyingValues	1	Daten werden nicht überschrieben und wartende Änderungen gehen nicht verloren.

10.10.3 Fields-Eigenschaften

Dieser Abschnitt geht auf die Eigenschaften der Kollektion Fields ein.

Count

Count Mit Count lässt sich die Anzahl der Elemente der Kollektion feststellen.

`long lngFields = objField.Count`

Verwenden Sie Count, um Feldlisten mit For...Next zu durchlaufen. Einfacher ist jedoch in den meisten Fällen der Zugriff mit For Each...Next.

Item

Item Diese Eigenschaft gibt den Feldinhalt wieder.

`data = objField.Item(Index)`

Dabei handelt es sich um die Standardeigenschaft. Da Fields die Standardkollektion ist, gibt es mehrere verkürzte Schreibweisen:

```
objField.Item(2)
objField.Item("name")
objRS.Fields.Item(2)
objRS.Fields.Item("name")
objRS.Fields("name")
objRS("name")
```

Der Index kann der numerische Index des Feldes oder sein Name sein.

▶ RecordSet, Abschnitt 10.3, Seite 588

10.10.4 Properties

Das Property-Objekt enthält Angaben zur Art des Objekts. Auch dieses Objekt kann Kollektionen bilden, die in diesem Abschnitt erläutert werden. Property-Objekte kommen als Teil folgender Objekte vor:

Die Kollektionen der Objekte

- Connection
- Command
- RecordSet
- Field

Beispiele finden Sie beim Objekt Property, Abschnitt 10.7 ab Seite 671.

Übersicht der Methoden und Eigenschaften

- Count, Seite 697   **Eigenschaften**
- Item, Seite 697

Die Properties-Kollektion hat keine Methoden.   **Methoden**

10.10.5 Properties-Eigenschaften

In diesem Abschnitt werden die Eigenschaften der Kollektion Properties beschrieben.

Count

Mit Count kann die Anzahl der Elemente der Kollektion festgestellt werden.   **Count**

`lngFields = objProperties.Count`

Verwenden Sie Count, um Feldlisten mit For...Next zu durchlaufen. Einfacher ist jedoch in den meisten Fällen der Zugriff mit For Each...Next.

Item

Diese Eigenschaft gibt den Feldinhalt wieder.   **Item**

`data = objProperties.Item(Index)`

Dabei handelt es sich um die Standardeigenschaft. Die Schreibweise kann deshalb auch verkürzt werden:

```
objProperties.Item(2)
objproperties.Item("name")
objProperties(2)
objproperties("name")
```

Der Index kann der numerische Index der Eigenschaft oder sein Name sein.

- RecordSet, Abschnitt 10.3, Seite 588

10.10.6 Errors

Die Errors-Kollektion kann aus mehreren Objekten bestehen, die Fehlerinformationen enthalten.

Wenn Sie diese Methoden und Eigenschaften nutzen möchten, müssen Sie über eine Instanz der Errors-Kollektion verfügen, beispielsweise mit der folgenden Anweisung:

```
set objErr = objConn.Errors(0)
```

objErr wird in den folgenden Syntaxdiagrammen als Variable verwendet.

Übersicht der Methoden und Eigenschaften

Methoden
- Clear, Seite 698
- Refresh, Seite 698

Eigenschaften
- Count, Seite 698
- Item, Seite 699

10.10.7 Errors-Methoden

Dieser Abschnitt zeigt alle Methoden der Kollektion Errors.

Clear

Clear Diese Methode entfernt alle Error-Objekte aus der Errors-Kollektion. Diese Methode wird beim Auftreten eines Fehlers implizit aufgerufen, sodass Sie immer nur über den letzten Fehler (oder die Fehlergruppe) verfügen können.

*objErr.***Clear**

Refresh

Refresh Diese Methode holt aktuelle Informationen vom Provider. Damit können Sie sicherstellen, dass die enthaltenen Daten aktuell sind.

*objErr.***Refresh**

10.10.8 Errors-Eigenschaften

Dieser Abschnitt zeigt alle Eigenschaften der Kollektion Errors.

Count

Count Gibt die Anzahl der Error-Objekte in der Kollektion zurück.

long *lngCount* = *objErr.***Count**

Die Kollektionen der Objekte

Item

Erlaubt den Zugriff auf ein einzelnes Error-Objekt in der Kollektion mit Hilfe des internen Index.

Item

```
set objError = objErr.Item(index)
```

index ist ein numerischer Wert, beginnend mit 1:

```
set objError = objErr.Item(1)
```

Item ist die Standardeigenschaft der Kollektion, die Angabe kann deshalb entfallen.

10.10.9 Parameters

Eine Parameters-Kollektion wird mit folgender Anweisung erzeugt:

```
colParm = objComm.Parameters
```

In den folgenden Syntaxdiagrammen bezieht sich die Variable *colParm* auf diese Anweisung.

Beispiel

Das folgende Beispiel erweitert die Northwind-Datenbank um eine weitere Tabelle und eine gespeicherte Prozedur, die Sie zuvor anlegen müssen. Folgen Sie dieser Definition:

```
CREATE TABLE [dbo].[covers] (
    [id] [int] IDENTITY (1, 1) NOT NULL ,
    [cover] [image] NULL ,
    [name] [varchar] (255) NULL
) ON [PRIMARY] TEXTIMAGE_ON [PRIMARY]

CREATE PROCEDURE Update_Cover
   @ID int,
   @CoverImage image
AS
  UPDATE covers
  SET cover = @Coverimage
  WHERE ID = @ID
```

Beispieltabelle covers

Gespeicherte Prozedur Update_Cover

Nun folgt das Skript zum Füllen der Tabelle mit den Bildinformationen:

```
DIM adTypeBinary, s
DIM strQuery, objStream, objCmd
DIM f, filename, objF, fileid
adTypeBinary = 1
IF open() THEN
' Stream-Objekt vorbereiten
SET objStream = Server.CreateObject("ADODB.Stream")
objStream.Type = adTypeBinary
```

```
objStream.Open
' Datensatzobjekt vorbereiten
SET objRS = Server.CreateObject("ADODB.RecordSet")
' Zuerst wird die Tabelle geloescht
' *************************************************************
' Entkommentieren Sie die folgende Anweisung nach dem ersten
' Ablaufen des Skripts, um Fehlermeldungen zu vermeiden
' *************************************************************
' objConn.Execute "DELETE FROM Covers"
' *************************************************************
' Dann wird das leere Datensatzobjekt vorbereitet
objRS.Open "SELECT * FROM Covers", objConn, adOpenDynamic, 
adLockOptimistic
' Verzeichnis mit Bilder einlesen
SET objFO = Server.CreateObject("Scripting.Filesystemobject")
SET objF = objFO.GetFolder(Server.Mappath("images"))
' Jede Datei wird eingelesen, der Name gespeichert, die Prozedur
aktualisiert das dann
FOR EACH f IN objF.Files
    ' Dateiname holen
    filename = objFO.GetBasename(f) & "." _
             & objFO.GetExtensionName(f)
    ' Dateiname in Feld speichern
    objRS.AddNew ("name"), filename
NEXT
' Datenbank aktualisieren
objRS.UpdateBatch
objRS.MoveFirst
' Vorbereiten des Kommando-Objekts und seiner Parameter
SET objCmd = Server.CreateObject("ADODB.Command")
WITH objCmd
    .ActiveConnection = objConn
    .CommandText = "Update_Cover"
    .CommandType = adCmdStoredProc
    .Parameters.Append .CreateParameter("@ID", _
                       adInteger, adParamInput, 16)
    .Parameters.Append .CreateParameter("@Coverimage", _
                       adVarBinary, adParamInput, 2147483647)
END WITH
' Auslesen der Tabellen und aktualisieren der Bilder
WHILE NOT objRS.EOF
    ' Bilddaten in Stream-Objekt laden
    objStream.LoadFromFile = Server.Mappath("images/" _
                                            & objRS("name"))
    ' variable Parameter füllen
    objCmd.Parameters("@ID").Value = objRS("ID")
    objCmd.Parameters("@Coverimage").AppendChunk objStream.Read
```

Die Kollektionen der Objekte

```
        ' gespeicherte Prozedur ausführen
        objCmd.Execute
        objRS.MoveNext
WEND
' Wenn alles funktioniert hat, kann die Tabelle komplett
' ausgelesen werden
objRS.MoveFirst
echo "<table border=1><tr>"
s = 1
WHILE NOT objRS.EOF
    filename = objRS("name")
    fileid = objRS("ID")
    echo "<td>$filename</td>"
    echo "<td><img
src=""Properties.AppendChunk.Show.asp?fileid=$fileid""></td>"
    if s mod 3 = 0 then
        echo "</tr><tr>"
    end if
    s = s + 1
    objRS.MoveNext
WEND
echo "</tr></table>"
END IF
```

Listing 10.70: Auslesen von Bildern und Ablegen in einer Datenbank mit Hilfe einer gespeicherten Prozedur (Properties.AppendChunk.asp)

Beachten Sie, dass die Bilder nicht direkt eingebunden werden können (da sie ja nicht von der Festplatte gelesen werden sollen), sondern jedes <img>-Tag einen Aufruf eines weiteres ASP-Skripts enthält. Dieses holt das passende Bild aus der Datenbank und sendet es mit dem richtigen HTTP-Header an den Browser:

```
SET objRS = Server.CreateObject("ADODB.RecordSet")
IF open() THEN
    objRS.Open "SELECT * FROM covers WHERE ID="
              & Request.QueryString("fileid"), objConn
    Response.ContentType = "image/gif"        ' Header erzeugen
    Response.BinaryWrite objRS("cover")       ' Bild ausgeben
ELSE
    Response.ContentType = "text/html"
    Response.Write "Fehler: Kein Bild"
END IF
```

Listing 10.71: Ausgabe eines Bildes direkt aus der Datenbank heraus (Properties.Appendchunk.Show.asp)

Das hier gezeigte Verfahren ist, wenn es nur um einfache Bildausgabe geht, nicht besonders effizient. Interessanter sind die Manipulationsmöglichkeiten der Bilder oder die flexiblere Verwaltung in der Datenbank. Zumindest bei vielen kleineren Bildern, wie die im Beispiel verwendeten, nur wenige KByte großen JPGs, ist der SQL Server respektabel schnell.

Übersicht der Methoden, Eigenschaften und Kollektionen

Methoden
- AppendChunk, Seite 702

Eigenschaften Eigenschaften der Kollektion Parameters:

- Attributes, Seite 703
- Direction, Seite 703
- Name, Seite 704
- NumericScale, Seite 704
- Precision, Seite 704
- Size, Seite 705
- Type, Seite 705
- Value, Seite 706

Kollektionen Kollektionen der Kollektion:

- Append, Seite 707
- Refresh, Seite 708
- Count, Seite 708
- Item, Seite 708

10.10.10 Parameters-Methoden

In diesem Abschnitt werden alle Methoden der Kollektion Parameters beschrieben.

AppendChunk

AppendChunk Mit dieser Methode werden einem Parameter-Objekt binäre Daten hinzugefügt.

colParm.**AppendChunk**(data)

data ist eine Variable, die binäre Daten enthält. In VBScript können Variablen bis zu 2 GBytes Daten enthalten. Diese Methode entspricht AppendChunk der Fields-Kollektion.

- Fields-Kollektion, Seite 691

Die Kollektionen der Objekte

10.10.11 Parameters-Eigenschaften

Die umfassende Liste der Eigenschaften der Kollektion Parameters wird in diesem Abschnitt vollständig behandelt.

Attributes

Diese Eigenschaft beschreibt ein Element der Kollektion.   **Attributes**

```
long lngAttr = colParm.Attributes
colParm.Attributes = long lngAttr
```

Für *lngAttr* kann eine der folgenden Konstanten eingesetzt werden:

Konstante	Beschreibung
adParamSigned	Der Parameter akzeptiert Vorzeichen.
adParamNullable	Null ist als Parameter erlaubt.
adParamLong	Der Parameter akzeptiert binäre Daten.

Tab. 10.62: Konstanten des Parameters lngAttr

Die Konstanten können zum Schreiben mit Or kombiniert werden:

```
colParm.Attributes = adParamSigned Or adParamNullable
```

Beim Lesen wird entsprechend And verwendet:

```
lngAttr = colParm.Attributes
IF lngAttr And (adParamSigned Or adParamNullable) THEN
    Response.Write "Vorzeichen ist erlaubt.<br/>"
    Response.Write "<pre>Null</pre> ist erlaubt.<br/>"
END IF
```

▶ Size, Seite 705

▶ Type, Seite 706

Direction

Diese Eigenschaft gibt an, ob die Parameter Eingabewerte, Ausgabewerte   **Direction**
oder beides darstellen.

```
long lngDir = colParm.Direction
colParm.Direction = long lngDir
```

Den Parameter können Sie der folgenden Tabelle entnehmen:

Tab. 10.63:
Konstanten des
Parameters lngDir

Konstante	Beschreibung
adParamUnknown	Richtung ist nicht bekannt
adParamInput	Eingabewert, Übergabe an eine gespeicherte Prozedur
adParamOutput	Ausgabewert, Rückgabe von einer gespeicherten Prozedur
adParamInputOutput	Ein- und Ausgabewert
adParamReturnValue	Wert wird modifiziert

Bei der Definition von gespeicherten Prozeduren werden Ausgabeparameter mit dem Schlüsselwort OUTPUT deklariert. Prozeduren können auch einen normalen Rückgabewert haben, dieser wird als "RETURN_VALUE" in der Parameters-Kollektion erzeugt. Für diesen Wert ist Direction immer adParamOutput.

Name

Name ist eine Bezeichnung für die Parameter-Kollektion.

string strName = colParm.Name
colParm.Name = string strName

NumericScale

Diese Eigenschaft setzt oder liest die Stellenanzahl, wenn es sich bei dem Element der Kollektion um einen numerischen Datentyp handelt.

integer intScale = colParm.NumericScale
colParm.NumericScale = integer intScale

Der Rückgabewert entspricht der Anzahl der Dezimalstellen.

▶ Precision, siehe nächste Eigenschaft unten

▶ Size, Seite 705

▶ Type, Seite 706

Precision

Diese Eigenschaft setzt oder liest die Genauigkeit, wenn es sich bei dem Element der Kollektion um einen numerischen Datentyp handelt.

intPrec = colParm.Precision
colParm.Precision = intPrec

Der Rückgabewert entspricht der Genauigkeit der Zahl in Ziffern.

▶ NumericScale

▶ Size, Seite 705

▶ Type, Seite 706

Die Kollektionen der Objekte

Size

Diese Eigenschaft setzt oder liest die Genauigkeit, wenn es sich bei dem Element der Kollektion um einen numerischen Datentyp handelt.

Size

```
integer intSize = colParm.Size
colParm.Size = integer intSize
```

Der Rückgabewert entspricht der Anzahl Zeichen, die das Element benötigt. Beachten Sie, dass diese Eigenschaft den zulässigen Wert ausgibt, bei binären Daten also 2.147.483.647, entsprechend 2 GByte. Ein Feld mit dem Datentyp CHAR(8) würde entsprechend 8 zurückgeben, auch wenn nur vier Zeichen enthalten sind.

▶ NumericScale, Seite 704

▶ Precision, Seite 704

▶ Type, Seite 706

Type

Diese Eigenschaft stellt den Datentyp eines Elements der Kollektion fest.

Type

```
long lngType = colParm.Type
colParm.Type = long lngType
```

Die folgende Tabelle zeigt die Datentypen des SQL Servers und Access und die Zuordnung der entsprechenden Konstanten.

Konstante	SQL Server	Access
adVarBinary	Binary	Binary (Binär)
adVarBinary	VarBinary	
adVarChar	Char	Text
adVarChar	VarChar	
adDBTimeStamp	DateTime	
adDBTimeStamp	SmallDateTime	
adSingle	Float	Single (Fließkommazahl)
adSingle	Real	
adInteger	Int	Long
adSmallInt	SmallInt	Integer (Ganzzahl)
adUnsignedTinyInt	TinyInt	Byte
adCurrency	Money	Currency (Währung)
adCurrency	SmallMoney	
adBoolean	Bit	Y/N (JA/NEIN)
adVarBinary	TimeStamp	

Tab. 10.64: Konstanten des Parameters lngType

Tab. 10.64:
Konstanten des
Parameters lngType
(Forts.)

Konstante	SQL Server	Access
adVarChar	Text	Memo
advarBinary	Image	OLE-Object
adDouble		Double
adDate		Date/Time (Datum/Uhrzeit)
adGUID		Replication ID
adEmpty		Value

Die Zuordnung der Datentypen ist unter Umständen nicht eindeutig. Wenn Sie feststellen möchten, welche Werte ADO annimmt, lesen Sie die Eigenschaft und nutzen Sie die vorgeschlagenen Werte.

Value

Value Diese Eigenschaft liest oder setzt den Inhalt eines Elements. Sie können das auch für binäre Werte nutzen.

```
data = colParm.Value
colParm.Value = data
```

Die Anwendung auf ein Datensatzobjekt könnte folgendermaßen aussehen:

```
objRS.Parameters("name").Value = "Krause"
```

▶ Type, Seite 706

▶ RecordSet-Objekt, Abschnitt 10.3 ab Seite 588

10.10.12 Parameters-Kollektionen

Die Parameter-Kollektion kann selbst wiederum eine Kollektion enthalten, wenn eine gespeicherte Prozedur mehrere Werte zurückgibt. Das passiert, wenn sowohl Parameter als auch Datensätze erzeugt werden. Die folgenden Methoden und Eigenschaften entsprechen den Standardmethoden und -eigenschaften aller Kollektionen. Sie sollen anhand eines Beispiels erläutert werden.

Rückgabewerte einer gespeicherten Prozedur

Die folgende gespeicherte Prozedur gibt einen Wert, einen Parameter und ein Datensatzobjekt zurück.

```
CREATE PROCEDURE artikelname_by_lang
    @lang char(2)
    @lcode int OUTPUT
AS
BEGIN
    SELECT code AS lcode FROM langtable WHERE lang = @lang
    SELECT *, COUNT(id) AS anum FROM artikel WHERE lang = @lang
    SELECT @lcode = code
```

Die Kollektionen der Objekte

```
        SELECT @ok = anum
        RETURN @ok
END
```

Diese Prozedur gibt drei Elemente zurück:

▶ Einen Datensatz mit den Artikeln der ausgewählten Sprache

▶ Den Ländercode aus der Tabelle *langtable*

▶ Die Anzahl der gefundenen Elemente als Rückgabewert

Der folgende Code zeigt, wie Sie diese Prozedur aufrufen:

```
objComm.CommandText = "artikelname_by_lang"
objComm.CommandType = adCmdStoredProc
arrParam = Array("DE", intArtikelanzahl)
SET objRS = objComm.Execute ( , arrParam)
```

Der Datensatz ist nun über *objRS* verfügbar. Die anderen beiden Werte stehen in zwei Parameter-Elementen zur Verfügung. Der Rückgabewert wird in "RETURN_VALUE" übergeben, der Parameter *lcode* in "lcode".

Standardmethoden der Parameters-Kollektionen

Nachfolgend werden Standardmethoden der aus einer Parameter-Kollektion abgeleiteten Kollektionen dargestellt.

Append

Diese Methode fügt an die Parameter-Kollektion ein weiteres Objekt an. Dieses lässt sich vorher mit den bereits zuvor beschriebenen Eigenschaften modifizieren.

Append

colParm.**Append** *objParm*

Das Objekt *objParam* wird mit CreateParameters erzeugt:

```
SET objParam = objComm.CreateParameters
objParam.Name = "Laendercode"
objParam.Type = adVarChar
objParam.Direction = adParamInput
objParam.Size = 2
objComm.Parameters.Append objParam
```

Dies ist ein fiktives Beispiel, kein vollständiger Code.

Delete

Entfernt ein Parameterobjekt aus der Parameters-Kollektion

Delete

colParm.Delete(*index*)

index ist der Name oder die Nummer des Objekts in der Kollektion.

Refresh

Refresh Die Objekte der Kollektion werden mit dieser Methode aktualisiert.

colParm.**Refresh**

Dabei werden auch die Eigenschaften der Parameter gesetzt. Im Gegensatz zur Benutzung der entsprechenden Eigenschaften im Skript erfolgt der Abruf über den Provider langsamer. Eine typische Anwendung ist der erstmalige Abruf der Parameter mit Refresh und nachfolgend eine Kopie und Modifikation der Objektvariablen. Diese Methode ist bei der mehrfachen Verwendung eines parametrisierten Kommandos etwas schneller als die fortlaufende, direkte Übergabe der Argumente. In »klassischen« ASP-Skripte, wo nur eine Abfrage pro Ablauf erfolgt und verschiedene Nutzer unterschiedliche Abfragen produzieren, ist der Einsatz nicht besonders sinnvoll.

Standardeigenschaften der Parameters-Kollektion

Nachfolgend werden die beiden Standardeigenschaften der abgeleiteten Parameters-Kollektionen beschrieben.

Count

Count Diese Eigenschaft gibt die Anzahl Objekte in der Parameters-Kollektion zurück.

lngNumber = objParam.**Count**

Statt Count und FOR kann auch FOR EACH...NEXT verwendet werden, um alle Elemente der Kollektion zu erreichen.

Item

Item Diese Eigenschaft greift auf ein Objekt der Kollektion zu.

varElement = objParam.**Item**(*index*)

Item ist die Standardeigenschaft des Objekts und muss deshalb nicht angegeben werden. Die folgenden Codes sind äquivalent:

```
objRS.Parameters.Item(1)
objRS.Parameters(1)
objRS.Parameters.Item("feldname")
objRS.Parameters("feldname")
```

10.11 Spezielle Techniken

> Dieser Abschnitt behandelt einige seltener angewandte Methoden und Techniken, die erst in neueren Versionen von ADO unterstützt werden.

10.11.1 Einführung in Data Shaping

Ein typische Situation beim Umgang mit realen Daten ist die Verknüpfung von Tabellen. Fast schon klassisch ist das Problem der Bestelltabelle. Ein Kunde hat mehrere Bestellungen, die in einer separaten Tabelle liegen. Wenn die Bestellungen aller Kunden angezeigt werden sollen, müssen beide Tabellen gelesen werden. Damit das funktioniert, werden Fremdschlüssel definiert.

Nachteilig wirkt sich dabei aus, dass die dafür normalerweise verwendete Abfrage mit JOIN keine Aktualisierung zulässt. Das Schreiben der Bestellungen neuer Kunden verlangt immer zwei Tabellenzugriffe. Wenn zu jeder Bestellung mehrere weitere Bestellinformationen in einer dritten Tabelle liegen – auch dies ist in größeren Szenarios typisch –, ist der Aufwand zum Schreiben des Codes und auch für die Datenbank selbst bei der Ausführung enorm. Auch die Trennung in mehrere Datensatzobjekte und die Verarbeitung im Code ist keine Lösung. Hier würde die Abarbeitung noch ineffizienter erfolgen.

Data Shaping löst diese Probleme in einem Zuge. Es lassen sich beliebig tiefe Hierarchien aufbauen, die alle nötigen Beziehungen enthalten. Sie können über alle Ebenen Aggregat-Funktionen anwenden und – das ist besonders interessant – Updates ausführen.

Data Shaping

Wie Data Shaping funktioniert

Data Shaping geht zwar mit hierarchischen Beziehungen zwischen Tabellen um, verlangt aber keineswegs nach bestehenden Fremdschlüsseln. Tatsächlich muss man sich von dem Gedanken lösen, dass alle Prozesse in der Datenbank ablaufen müssen. Data Shaping ist ein Funktion, die ADO mitbringt. Entsprechend wird ein spezieller Datenprovider verwendet, der die Umsetzung in SQL übernimmt. Das Konzept stammt übrigens aus einer früheren Version von Foxpro und wurde erst mit Version 2.0 in ADO integriert.

Da ADO auf OLEDB aufbaut, wird für Data Shaping auch OLEDB verwendet. Tatsächlich stellt OLEDB den entsprechenden Provider zur Verfügung – einschließlich einer eigenen Abfragesprache, mit der Hierarchien verwaltet werden können. Die folgende Grafik zeigt die Zusammenhänge zwischen OLEDB, ADO und dem Data Shape-Provider:

Abbildung 10.14: Zusammenhang zwischen OLEDB, ADO und dem Data Shape-Provider

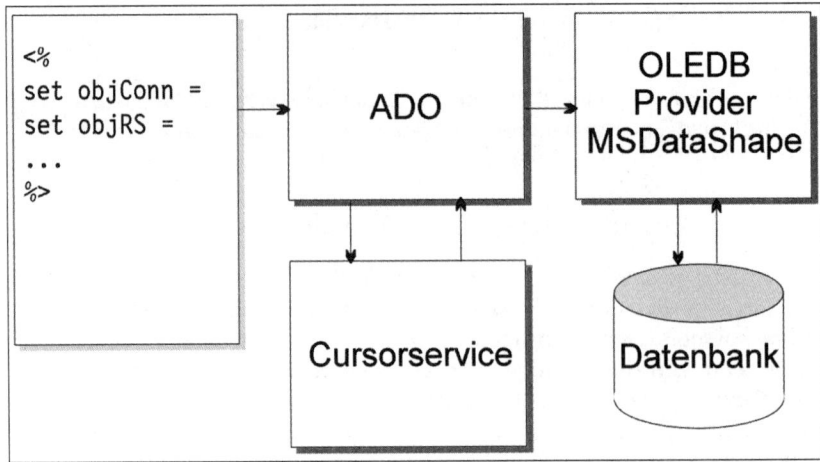

Mit ASP schicken Sie jetzt ein SHAPE-Kommando an ADO. Dabei wird der *Data Shape-Provider* als *Service Provider* angegeben. OLEDB ist nun der so genannte *Data Provider*. ADO schickt das SHAPE-Kommando an den *Data Shaping-Provider* und dieser benutzt den angegebenen *Data Provider*, um die Daten aus der Datenbank anzufordern. Die vorher verarbeiteten Daten werden an den *Cursor Service* übergeben, der für die Navigation und Änderungen im Datensatzobjekt zuständig ist. Die OLEDB-Ebene wird verlassen, und ADO bekommt die Datensätze zur Verwendung übergeben. Die ASP-Applikation kann die Daten auslesen, darstellen und modifizieren, so wie Sie es bisher auch gewohnt waren.

Syntax des Data Shape-Providers

Aufbau der OLEDB-Verbindung

Bisher wurde eine OLEDB-Verbindung nach folgendem Muster verwendet:

```
strConnection = "Provider         = SQLOLEDB;
                 Data Source      = WWW;
                 Initital Catalog = NorthWind;
                 User Id          = sa;
                 Password         = "
```

Der Daten-Provider ist in diesem Fall SQLOLEDB, also die OLEDB-Schnittstelle zum SQL Server. Der Data Shape-Provider schiebt sich nun dazwischen, was auch die Verbindungszeichenkette reflektiert:

```
strConnection = "Provider         = MSDataShape;
                 Data Provider    = SQLOLEDB;
                 Data Source      = WWW;
                 Initital Catalog = NorthWind;
                 User Id          = sa;
                 Password         = "
```

Spezielle Techniken

Wenn Ihnen diese Version nicht aussagekräftig genug erscheint, können Sie auch den Provider mit der Eigenschaft Provider des Connection-Objekts direkt setzen:

```
set objConn = Server.CreateObject
objConn.Provider = "MSDataShape"
strConnection = "Data Provider    = SQLOLEDB;
                 Data Source      = WWW;
                 Initital Catalog = NorthWind;
                 User Id          = sa;
                 Password         = "
objConn.Open strConnection
```

Datentyp

Der Inhalt eines Shape-Datensatzes besteht aus den Feldern der Haupttabelle und einem weiteren Feld, dem *Chapter*. Ein Chapter ist nichts weiter als ein Datensatz im Datensatz – es enthält die Daten der Untertabelle.

Neuer Datentyp

Der Datentyp dieser Untertabellen ist adChapter.

adChapter

Syntaxhinweise und Beispiele

Die Shape-Sprache ist ebenso mächtig wie primitiv, der Lernaufwand dürfte sich in Grenzen halten. Eine SQL-Abfrage könnte nun folgendermaßen aussehen:

Einführung in die Shape-Sprache

```
strSQL = "SHAPE {SELECT * FROM Customers} AS CustomTable
          APPEND ({SELECT * FROM Orders} AS OrderTable
          RELATE CustomerID TO CustomerID) AS Orders
```

Die Abfrage besteht also aus drei Teilen:

SHAPE
APPEND
RELATE

- SHAPE definiert die Haupttabelle.
- APPEND definiert die Untertabelle.
- RELATE beschreibt die Beziehung. Hier wird immer zuerst die Haupttabelle genannt. Auch wenn die Spaltenbezeichnungen in Haupt- und Untertabelle gleich sind, muss keine Tabelle angegeben werden.

Die eigentliche Abfrage wird in geschweifte Klammern gesetzt, wobei hier alle SELECT-Anweisungen zulässig sind. Die Haupttabelle bekommt den Alias *CustomTable*, die Untertabelle den Alias *OrderTable*. Die Spalte in *CustomTable*, deren Felder jeweils eine Untertabelle enthalten, trägt den Namen *Orders*.

Aliase

Wenn Sie keine Aliase für die Relationen benennen, erhalten diese die Bezeichnungen Chapter1, Chapter2 usw..

Interne Namen

Das folgende Beispiel zeigt eine komplexe Abfrage der Northwind-Datenbank: die vollständige Liste aller Bestellungen, sortiert nach Kunden und mit Angaben zu Kundennamen, Bestelldatum, Artikelname und Preis.

Beispiel

Damit werden vier Tabellen verknüpft. Das Shape-Kommando verzichtet auf Aliase für die Tabellen mit den Ursprungsdaten, benennt aber Relationen um.

```
s= ""
s=s & "SHAPE {SELECT * FROM Customers}"
s=s & "APPEND ( "
s=s & "   (SHAPE {SELECT * FROM Orders}"
s=s & "    APPEND ("
s=s & "      (SHAPE {SELECT * FROM [Order Details]}"
s=s & "       APPEND ({SELECT * FROM Products}"
s=s & "        RELATE ProductID TO ProductID) AS product_child)"
s=s & "   RELATE OrderID TO OrderID) AS order_child) "
s=s & "RELATE CustomerID TO CustomerID) AS customer_child"
set objCustomer = Server.CreateObject("ADODB.RecordSet")
objCustomer.Open strShape, objConn
WHILE NOT objCustomer.EOF
  echo "<b>KUNDE</b>: " & objCustomer("CompanyName")
  echo ", " & objCustomer("ContactName") & "<br>"
  set objOrder = objCustomer("customer_child").value
  echo "<ul>"
  WHILE NOT objOrder.EOF
    echo "<li><b>BESTELLUNG VOM</b>: " _
         & objOrder("OrderDate") & "<br>"
    echo "<ul>"
    set objDetail = objOrder("order_child").value
    WHILE NOT objDetail.EOF
      set objProduct = objDetail("product_child").value
      echo "<li>"
      echo "<b>" & objDetail("Quantity") & "</b> St&uuml;ck "
      WHILE NOT objProduct.EOF
        echo "<b>" & objProduct("ProductName") & "</b>"
        echo " zum Preis von je DM " _
             & formatnumber(objProduct("UnitPrice"))
        objProduct.MoveNext
      WEND
      objDetail.MoveNext
    WEND
    echo "</ul>"
    objOrder.MoveNext
  WEND
  echo "</ul>"
  objCustomer.MoveNext
WEND
```

Listing 10.72: Ausgabe einer komplexen Beziehung (DataShape.Orders.asp)

Spezielle Techniken

Wie funktioniert das nun? Das Shape-Kommando stellt alle Relationen bereit. Zuerst wird das umgebende Kommando zum Abrufen der Kundentabelle angegeben. Damit ist klar, dass die Ausgabe nach Kunden erfolgt:

Wie es funktioniert

```
SHAPE {SELECT * FROM Customers}
  APPEND (
  ...
  RELATE CustomerID TO CustomerID) AS customer_child
```

Der Zugriff auf die nächstinnere Ebene mit den Bestellinformationen erfolgt dann mit:

```
set objOrder = objCustomer("customer_child").value
```

Die Bestellinformationen werden folgendermaßen definiert:

```
(SHAPE {SELECT * FROM Orders}
  APPEND (
  ...
  RELATE OrderID TO OrderID) AS order_child)
```

Der Zugriff erfolgt über den Alias order_child:

```
set objDetail = objOrder("order_child").value
```

In den Bestellinformationen stehen die Produktnummern, die nun noch verknüpft werden müssen:

```
(SHAPE {SELECT * FROM [Order Details]}
  APPEND ({SELECT * FROM Products}
  RELATE ProductID TO ProductID) AS product_child)
```

Der Zugriff auf diese Details erfolgt mit folgendem Alias:

```
set objProduct = objDetail("product_child").value
```

Das Ergebnis ist durchaus überzeugend. Der Code ist ausgesprochen kompakt, von den wenigen Zeilen kümmern sich einige sogar um eine ansprechende Gestaltung.

Weitere Techniken mit Data Shaping

Bei der Ausführung des letzten Skripts werden Sie eine verhältnismäßig lange Wartezeit bemerkt haben. Die vierfache Verschachtelung benötigt einiges an Rechenleistung. Nun ist es nicht unbedingt sinnvoll, alle Daten aller Kunden anzeigen zu lassen. Normalerweise dürften Sie sich nur für eine bestimmte Bestellhistorie interessieren. Die Abfragen sind deshalb parametrisierbar. Abgesehen von der festen Verknüpfung mit WHERE-Bedingungen können hiermit die Parameter der WHERE-Bedingung freigestellt werden. Dies erfolgt durch ein ?-Zeichen im Kontext des Shape-Kommandos.

Das SHAPE-Kommando des letzten Beispiels könnte man auch wie folgt schreiben:

10 ADO professionell programmieren

```
SHAPE {SELECT * FROM Customers
            WHERE CustomerID = '" & strCustID & "'}
APPEND(
    (SHAPE {SELECT * FROM Orders
            WHERE CustomerID = ? ORDER BY OrderDate DESC}
    APPEND(
        (SHAPE {SELECT * FROM [Order Details]}
        APPEND ({SELECT * FROM Products}
            RELATE ProductID TO ProductID) AS product_child)
        RELATE OrderID TO OrderID) AS order_child)
RELATE CustomerID TO PARAMETER 0) AS customer_child
```

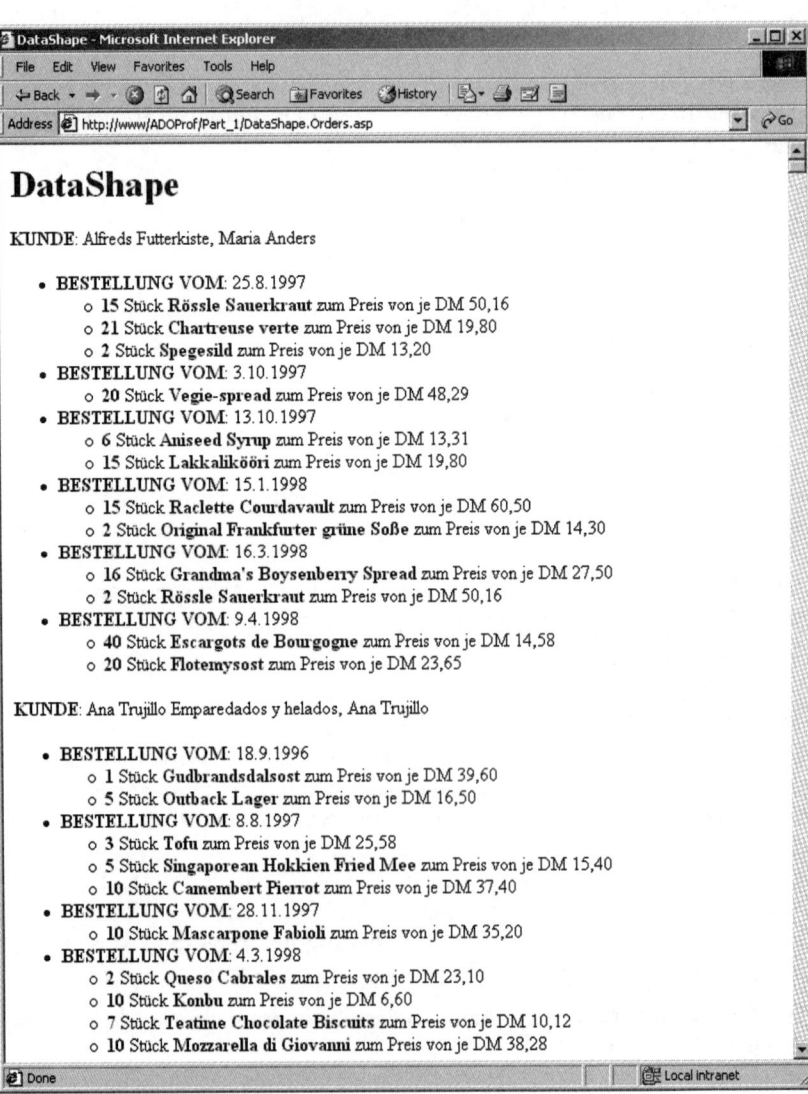

Abbildung 10.15: Ausgabe des Skripts aus Listing 10.72

Spezielle Techniken

Mehrere Dinge sind hier neu. Zum einen wird mit der Übergabe der Kunden-ID eine Vorauswahl getroffen. Damit die folgende Abfrage diese Vorauswahl aber auch mitbekommt, wird eine parametrisierte Abfrage eingeführt. Die zweite WHERE-Bedingung heißt nun:

WHERE **CustomerID = ?**

Das Fragezeichen wird nicht weiter aufgelöst, es ist nur die Relation zu der mit RELATE definierten Verbindung:

RELATE CustomerID TO **PARAMETER 0**

Was immer die Vorauswahl (linker Teil von CustomerID, also durch die erste WHERE-Bedingung ausgewählt) enthält, es wird in den PARAMETER 0 übertragen. Dieser wird an das »0«-te Fragezeichen gesendet.

Unabhängig davon sind auch zusätzliche Bedingungen möglich. Im Beispiel wird die Anzeige der Bestellungen nach dem Bestelldatum sortiert, wobei die jüngsten Bestellungen zuerst erscheinen: **Weitere Bedingungen**

ORDER BY OrderDate DESC

Hier das vollständige Listing der verbesserten Version:

```
<html>
<body>
<h1>DataShape</h1>
Bitte w&auml;hlen Sie einen Kunden aus:
<br>
<form action="<% = ASP_SELF %>" method="post">
<select name="CustID">
<%
set objRS = Server.CreateObject("ADODB.RecordSet")
if open() then
   objRS.Open "SELECT * FROM Customers", objConn
   while not objRS.EOF
      echo "<option value=""" & objRS("CustomerID") & """>"
           & objRS("CompanyName")
      objRS.MoveNext
   wend
   objRS.Close
   objConn.Close
end if
%>
</select>
<input type="Submit" value="Bestelldaten ansehen">
</form>
<%
DIM strShape, objOrder, objCustomer, objProduct
DIM objDetail, strCustID
' Uebermittelte Kundennummer erfassen
strCustID = Request.Form("CustID")
```

```
IF open_shape() and len(strCustID) > 0 THEN
    s="
    SHAPE {SELECT * FROM Customers
        WHERE CustomerID = '" & strCustID & "'}
    APPEND (
        (SHAPE {SELECT * FROM Orders
                WHERE CustomerID = ?
                ORDER BY OrderDate DESC}
        APPEND (
            (SHAPE {SELECT * FROM [Order Details]}
            APPEND ({SELECT * FROM Products}
            RELATE ProductID TO ProductID) AS product_child)
        RELATE OrderID TO OrderID) AS order_child)
    RELATE CustomerID TO PARAMETER 0) AS customer_child"
    SET objCustomer = Server.CreateObject("ADODB.RecordSet")
    objCustomer.Open strShape, objConn
    WHILE NOT objCustomer.EOF
    echo "<b>KUNDE</b>: " & objCustomer("CompanyName")
    echo ", " & objCustomer("ContactName") & "<br>"
    SET objOrder = objCustomer("customer_child").value
    echo "<ul>"
    WHILE NOT objOrder.EOF
        echo "<li><b>BESTELLUNG VOM</b>: " _
            & objOrder("OrderDate") & "<br>"
        echo "<ul>"
        SET objDetail = objOrder("order_child").value
        while not objDetail.EOF
            SET objProduct = objDetail("product_child").value
            echo "<li>"
            echo "<b>" & objDetail("Quantity") & "</b> Stück "
            WHILE NOT objProduct.EOF
                echo "<b>" & objProduct("ProductName") & "</b>"
                echo " zum Preis von je DM " _
                    & formatnumber(objProduct("UnitPrice"))
                objProduct.MoveNext
            WEND
            objDetail.MoveNext
        WEND
        echo "</ul>"
        objOrder.MoveNext
    WEND
    echo "</ul>"
    objCustomer.MoveNext
    WEND
END IF
%>
</body>
</html>
```

Listing 10.73: Nutzung parametrisierter Abfragen (DataShape.Orders. Param.asp)

Spezielle Techniken

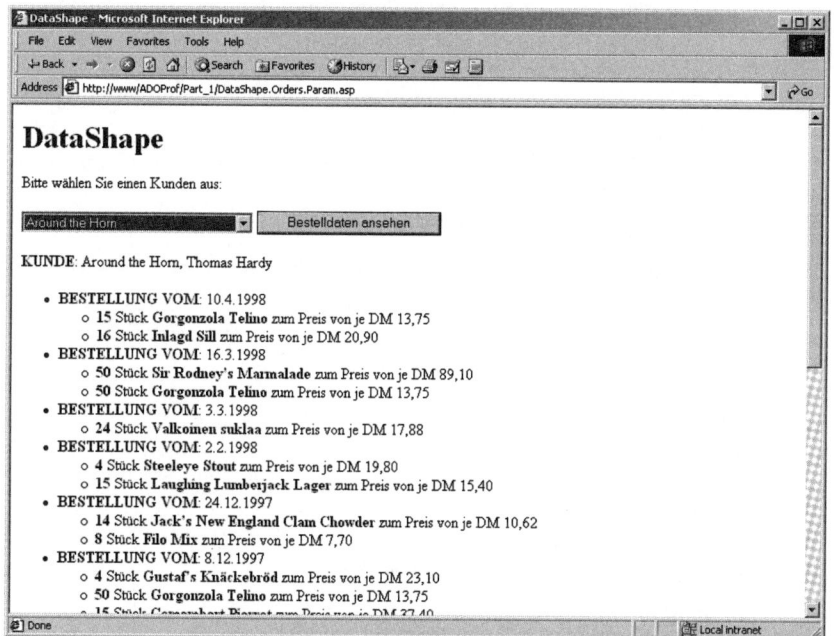

Abbildung 10.16: Skript aus Listing 10.73 in Aktion

Dieses Skript ist bedeutend schneller. Die Parametrisierung verhindert tatsächlich, dass alle Daten von der Datenbank gelesen werden. Mit ASP nützt Ihnen das nicht so viel. Wenn Sie dagegen mit Visual Basic arbeiten würden, wäre ein Durchblättern aller Sätze ausgesprochen aufwändig. Mit Hilfe der Parameter ließe sich der nötige Zeitaufwand stark reduzieren.

Besonderheiten unter ASP

ASP verwirft dagegen am Ende des Skripts alle Datensätze und baut die Abfrage auf der nächsten Seite neu auf. Zum Blättern bleibt also nur der bereits gezeigte Weg. Ein persistentes Speichern der Daten der Shape-Abfrage in einem Stream- oder Record-Objekt ist leider nicht möglich.

Berechnungen in SHAPE-Kommandos

Bei dem Beispiel mit den Bestellinformationen wäre es sinnvoll, auch die Gesamtsumme einer Bestellung anzeigen zu können. Die Erweiterung erfolgt wiederum vor allem im Shape-Kommando und erfordert nur SQL-Kenntnisse. Die Erweiterung ist zwar ein Bestandteil der Shape-Sprache, sie ist aber mit SQL praktisch identisch. Lediglich die Anordnung sieht anders aus:

Berechnungen

```
SHAPE {SELECT * FROM Customers
       WHERE CustomerID = '" & strCustID & "'}
APPEND(
    (SHAPE {SELECT * FROM Orders
            WHERE CustomerID = ? ORDER BY OrderDate DESC}
    APPEND(
        (SHAPE {SELECT [Order Details].*,
                Quantity * UnitPrice AS ItemTotal
```

10 ADO professionell programmieren

```
                    FROM [Order Details] WHERE OrderID = ?}
                APPEND ({SELECT * FROM Products}
                  RELATE ProductID TO ProductID) AS product_child)
            RELATE OrderID TO PARAMETER 0) AS order_child,
            SUM (order_child.ItemTotal) AS SumTotal,
            COUNT (order_child.OrderID) AS CountOrders)
    RELATE CustomerID TO PARAMETER 0) AS customer_child,
    SUM (customer_child.order_child.ItemTotal) AS OrdersTotal
```

Das vollständige Listing zeigt, wie die Werte wieder ausgelesen werden können, die Shape-Kommandos sind fett gedruckt:

```
<html>
<body>
<h1>DataShape</h1>
Bitte w&auml;hlen Sie einen Kunden aus:
<br>
<form action="<% = ASP_SELF %>" method="post">
<select name="CustID">
<%
set objRS = Server.CreateObject("ADODB.RecordSet")
if open() then
   objRS.Open "SELECT * FROM Customers", objConn
   while not objRS.EOF
      echo "<option value=""" & objRS("CustomerID") & """>"
         & objRS("CompanyName")
      objRS.MoveNext
   wend
   objRS.Close
   objConn.Close
end if
%>
</select>
<input type="Submit" value="Bestelldaten ansehen">
</form>
<%
DIM s, objOrder, objCustomer, objProduct, objDetail, strCustID
' Uebermittelte Kundennummer erfassen
strCustID = Request.Form("CustID")
IF open_shape() and len(strCustID) > 0 THEN
   s = "
   SHAPE {SELECT * FROM Customers
         WHERE CustomerID = '" & strCustID & "'}"
   APPEND (
      (SHAPE {SELECT * FROM Orders
            WHERE CustomerID = ? ORDER BY OrderDate DESC}
        APPEND (
           (SHAPE {SELECT [Order Details].*,
                       Quantity * UnitPrice AS ItemTotal
                  FROM [Order Details]
                  WHERE OrderID = ?}
```

Spezielle Techniken

```
                APPEND ({SELECT * FROM Products}
                RELATE ProductID TO ProductID) AS product_child)
        RELATE OrderID TO PARAMETER 0) AS order_child,
        SUM (order_child.ItemTotal) AS SumTotal,
        COUNT (order_child.OrderID) AS CountOrders)
    RELATE CustomerID TO PARAMETER 0) AS customer_child,
    SUM (customer_child.order_child.ItemTotal) AS OrdersTotal"
SET objCustomer = Server.CreateObject("ADODB.RecordSet")
objCustomer.Open s, objConn
While Not objCustomer.EOF
  echo "<b>KUNDE</b>: " & objCustomer("CompanyName")
  echo ", " & objCustomer("ContactName") & "<br>"
  echo "<b>INFO:</b> Gesamtwert aller Bestellungen: DM "
        & formatnumber(objCustomer("OrdersTotal"))
  set objOrder = objCustomer("customer_child").value
  echo "<ul>"
  While Not objOrder.EOF
      echo "<li><b>BESTELLUNG VOM</b>: "
            & objOrder("OrderDate") & "<br>"
      echo "<li><b>INFO:</b> DM "
            & formatnumber(objOrder("SumTotal")) & ", "
            & objOrder("CountOrders") & " Artikel"
      echo "<ul>"
      set objDetail = objOrder("order_child").value
      WHILE NOT objDetail.EOF
          set objProduct = objDetail("product_child").value
          echo "<li>"
          echo "<b>" & objDetail("Quantity") & "</b> Stück "
          WHILE NOT objProduct.EOF
              echo "<b>" & objProduct("ProductName") & "</b>"
              echo " zum Preis von je DM "
                    & formatnumber(objDetail("UnitPrice"))
              echo " (Zwischensumme: "
                    & formatnumber(objDetail("ItemTotal")) & ")"
              objProduct.MoveNext
          WEND
          objDetail.MoveNext
      WEND
      echo "</ul>"
      objOrder.MoveNext
  WEND
  echo "</ul>"
  objCustomer.MoveNext
 WEND
END IF
%>
</body>
</html>
```

Listing 10.74: Berechnungen mit Data Shaping (DataShape.Order.Count.asp)

Abbildung 10.17:
Anzeige diverser
Zwischensummen

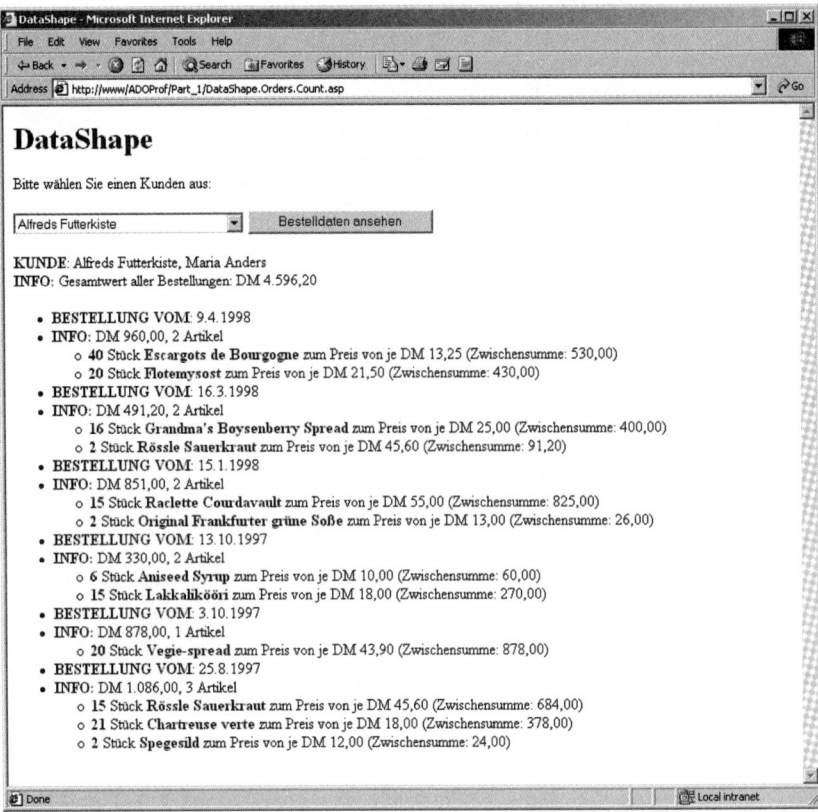

Die Shape-Sprache im Detail

Die bisherigen Darstellungen sollten ausreichen, um klarer werden zu lassen, was Sie mit der Shape-Sprache erreichen können. Für eigene Projekte benötigen Sie etwas mehr Informationen, die in diesem Abschnitt überblicksartig zusammengefasst sind.

Aufbau des Shape-Kommandos

Das Shape-Kommando hat eine sehr klare Syntax, die aber durch vielfältige Verschachtelungen in der Praxis zu relativ unübersichtlichen Konstrukten führen kann. Der Aufbau einer Relation erfolgt nach folgenden Muster:

Syntax

```
SHAPE [{parent-command} [[AS] parent-alias]]
     APPEND ( {column-list} [ [[AS] child-alias]
     [RELATE parent-column TO child-column], ... ] )
     [[AS] chapter-alias]
     [, ... ]
```

Hinter dem Schlüsselwort SHAPE folgt das Kommando zum Erzeugen der Haupttabelle (*parent-command*). Der Abfrage kann ein Alias (*parent-alias*) zugeteilt werden. Der Alias ist immer optional. Allerdings ist die Abfrage möglicherweise nicht eindeutig, wenn Tabellen mehrfach angesprochen werden. Dann können Sie die Benennung mit Aliasen eindeutig gestalten.

Spezielle Techniken

Das Kommando kann folgenden Aufbau haben: **parent-command**

- Ein Provider-Kommando in geschweiften Klammern {}. Dieses Kommando sollte einen Datensatz zurückgeben. Normalerweise wird dort eine SELECT-Abfrage stehen oder der Aufruf einer gespeicherten Prozedur mit CALL.
- Ein weiteres, verschachteltes Shape-Kommando.
- Das Kommando TABLE tabellenname.

Dann folgt das Schlüsselwort APPEND, mit dem der Abfrage eine weitere   **column-list**
Spalte hinzugefügt wird. Diese Spalte enthält in jedem Feld den Verweis auf die jeweils zugeordnete Untertabelle. Die Abfrage für die Untertabelle wird mit *column-list* definiert. Der gesamte Ausdruck einschließlich der mit RELATE eingeleiteten Relation steht in runden Klammern (). Dabei kann es sich um Folgendes handeln:

- Eine SELECT-Abfrage in geschweiften Klammern
- Der Name eines Datensatzes aus einem anderen Shape-Kommando desselben Ausdrucks
- Ein weiteres Shape-Kommando
- TABLE tabellenname
- Eine aggregierte Spalte, wie beispielsweise AVG oder SUM
- Eine berechnete Spalte (COMPUTE)
- Eine neue, leere Spalte, die mit dem Schlüsselwort NEW eingeleitet wird

Es folgt nun das Schlüsselwort RELATE zur Definition der Beziehung, der die   **parent-column**
mit APPEND erzeugte Spalte von Untertabellen gehorcht. Hier geben Sie an der Stelle *parent-column* zuerst einen Spaltennamen der mit *parent-command* erzeugten Abfrage an.

An der Stelle *child-command* steht ein Spaltenname aus der Untertabelle.   **child-column**

Die ganze Konstruktion wird als Chapter bezeichnet. ADO benennt Chapter   **chapter-alias**
fortlaufend als Chapter1, Chapter2 usw. Das ist nicht besonders programmierfreundlich. Sie können deshalb dem Chapter ein weiteres Alias geben.

Die ganze Konstruktion *parent-column* TO *child-column* ist nicht auf einen Ausdruck beschränkt. Wenn Sie mehrere Abhängigkeiten berücksichtigen müssen, können Sie diese als kommaseparierte Liste angeben:

parent1 TO *child1*, *parent2* TO *child2*

Als Verknüpfung gilt immer UND, es müssen also alle Bedingungen erfüllt sein.

Auch die Bedingung hinter APPEND ist eine Liste. Sie können also mit APPEND nicht nur eine Spalte der Haupttabelle hinzufügen, sondern mehrere. Diese stellen dann keine Hierarchie dar, sondern sind gleichberechtigt.

Interne Arbeitsweise der nicht parametrisierten Kommandos

Wenn ADO das Shape-Kommando ausgeführt, fragt der Provider zuerst die Haupttabelle ab. Dann wird die Untertabelle gelesen – oder mehrere, falls eine Liste angegeben wurde. Bei normalen Relationen erfolgt nun für jeden Datensatz in der Haupttabelle die Untersuchung, ob in der Untertabelle ein passender Datensatz existiert. Was zueinander passen soll, definiert RELATE. Solche Relationen sind oft 1:n-Beziehungen. Das neue Feld in der Haupttabelle kann also auf mehrere Datensätze in der Untertabelle verweisen. Der spezielle Datentyp ist Chapter (ADO-Konstante adChapter).

Wenn ohne Parameter gearbeitet wird, liest ADO dennoch immer die gesamte Untertabelle. Angezeigt werden natürlich nur die Datensätze, die die Relation erfüllen.

Arbeitsweise parametrisierter Kommandos

Der Umgang mit vielen sehr großen Datensätzen kann ineffizient sein, wenn immer die kompletten Untertabellen gelesen werden. Der Effekt tritt besonders deutlich zu Tage, wenn die Haupttabelle sehr klein ist und nur wenige Relationen die Bedingung erfüllen, während die Untertabelle aber extrem groß ist.

Bei einem parametrisierten Kommando werden schon bei der ersten Abfrage nur die Datensätze gelesen, die im speziellen Fall benötigt werden. ADO erzeugt intern aus der Parameterangabe eine weitere WHERE-Bedingung.

Den Einbau des Parameters erkennen Sie an folgender Syntax:

Syntax
```
SHAPE {parent-command}
    APPEND ({child-command WHERE child-column-name = ?}
        RELATE parent-column-name TO PARAMETER 0)
```

Das Fragezeichen ist ein Platzhalter für die Spalte, die in der Relation verwendet wird.

Bei der Ausführung einer solchen Abfrage wird zuerst die Haupttabelle gelesen. Dann wird die Chapter-Spalte mit APPEND angefügt. Erfolgt nun der Zugriff auf einen spezifischen Datensatz, so wird der Wert anstatt des Platzhalters eingesetzt und nur die in diesem Augenblick benötigten Daten werden gelesen.

ASP-Probleme
Mit ASP ist das nicht immer so einfach zu handhaben, wie beispielsweise mit Visual Basic. Normalerweise beendet der Provider die Verbindung am Ende eines Skripts. Das nächste Skript, das vielleicht nur ein Weiterblättern ausführt, muss die Verbindung erneut aufbauen. Damit gehen aber die bisherigen Datensätze verloren. Das erneute Lesen mit Parameter erfolgt dann nicht schneller als ohne. Wenn Sie sowieso alle Datensätze ausgeben, ergeben Parameter keinen Sinn.

Spezielle Techniken

Datensätze aus Shape-Kommandos besitzen keine Möglichkeit, persistent gemacht zu werden, wie dies mit normalen ADO-RecordSet-Objekten der Fall ist.

Hybride Kommandos

Manchmal werden Parameter nur in einigen Teilen der Abfrage verwendet. Das folgende fiktive Beispiel zeigt das:

```
SHAPE {SELECT * FROM Customers}
  APPEND({SELECT * FROM Orders WHERE OrderDate = #2000-10-01}
         RELATE CustomerDate TO PARAMETER 0,
                CustomerID TO CustomerID)
```

Berechnungen und Aggregierungen in der Shape-Sprache

Innerhalb der Abfrage können vielfältige Berechnungen angestellt werden, die mit einer Mischung aus SQL und VB.NET recht komfortabel ausfallen. Ob dies im Sinne der Praxistauglichkeit ist, muss jeder selbst beurteilen, als besonders schnell hat sich diese Methode der Verlagerung der Rechenlast in den Provider nicht herausgestellt.

Aggregatfunktionen

Die folgende Tabelle zeigt, welche Aggregatfunktionen zulässig sind:

Aggregatfunktion	Beschreibung
SUM(chapter-alias.column-name)	Summe
AVG(chapter-alias.column-name)	Mittelwert
MAX(chapter-alias.column-name)	Maximum
MIN(chapter-alias.column-name)	Minimum
COUNT(chapter-alias[.column-name])	Anzahl der Elemente
STDEV(chapter-alias.column-name)	Statistische Standardabweichung
ANY(chapter-alias.column-name)	Der Wert einer Spalte, wo alle Werte der Spalte gleich sind
Berechnete Ausdrücke	
CALC(expression)	Berechnung mit Hilfe einer VBA-Funktion. Mögliche Funktionen entnehmen Sie der folgenden Tabelle.

Tab. 10.65: Aggregatfunktionen

Die folgende Tabelle zeigt die zulässigen VBA-Funktionen. Das ist mehr, als Ihnen VBScript bieten kann. Eine Beschreibung finden Sie in der SDK-Dokumentation.

Tab. 10.66:
VBA-Funktionen
für CALC

Abs	Asc	Atn	CBool	CByte	CCur
CDate	CDbl	Chr	ChrB	ChrW	Chr$
ChrB$	CInt	CLng	Cos	CSng	CStr
Cvar	CVDate	CVErr	Date	Date$	DateAdd
DateDiff	DatePart	DateSerial	DateValue	Day	DDB
Error	Error$	Exp	Fix	Format	Format$
FV	Hex	Hex$	Hour	IIF	InStr
Int	IPmt	IRR	IsDate	IsEmpty	IsError
IsNull	IsNumeric	IsObject	LCase	LCase$	Left
LeftB	Left$	LeftB$	Len	Log	LTrim
LTrim$	Mid	Mid$	Minute	MIRR	Month
Now	NPer	NPV	Oct	Oct$	Pmt
PPmt	PV	QBColor	Rate	RGB	Right
RightB	Right$	RightB$	Rnd	RTrim	RTrim$
Second	Sgn	Sin	SLN	Space	Space$
Sqr	Str	Str$	StrComp	StrConv	String
String$	SYD	Tan	Time	Time$	Timer
TimeSerial	TimeValue	Trim	Trim$	TypeName	UCase
UCase$	Val	VarType	Weekday	Year	

Berechnungen mit COMPUTE

COMPUTE Neben der spaltenweisen Berechnung mit den Aggregatfunktionen, die bereits in den Beispielen am Anfang des Abschnitts gezeigt wurden, können Berechnungen auch mit COMPUTE ausgeführt werden.

Syntax
```
SHAPE child-command [AS] child-alias
    COMPUTE child-alias [[AS] name], [appended-column-list]
    [BY grp-field-list]
```

Allgemein berechnet COMPUTE Gruppen und wendet Aggregatfunktionen auf solche Gruppen an. Das Verhalten gleicht praktisch dem des SQL-Kommandos COMPUTE. Eine typische Anwendung sind Zwischensummen einer Tabelle. In der Shape-Sprache führt dies zu neuen Untertabellen.

Beispiel Das folgende Beispiel zeigt, wie COMPUTE angewendet wird.

```
strShape = "
SHAPE(
SHAPE {SELECT * FROM [Order Details]} AS order_details
    APPEND ({SELECT * FROM Products}
    RELATE ProductID TO ProductID))
    COMPUTE order_details,
    COUNT(order_details.Quantity) AS product_sum
    BY ProductID"
set objRS = Server.CreateObject("ADODB.RecordSet")
```

Spezielle Techniken

```
objRS.Open strShape, objConn
while not objRS.EOF
   set objProduct = objRS("order_details").value
   set objProductDetails = objProduct("product_details").value
   echo objProductDetails("ProductName") & "(<b>"
       & objRS("ProductID") & "</b>)"
   echo " wurde <b>" & objRS("product_sum")
       & "</b> mal bestellt.<br>"
   objRS.MoveNext
wend
```

Listing 10.75: Gruppierung von Daten mit COMPUTE (DataShape.Orders.Compute.asp)

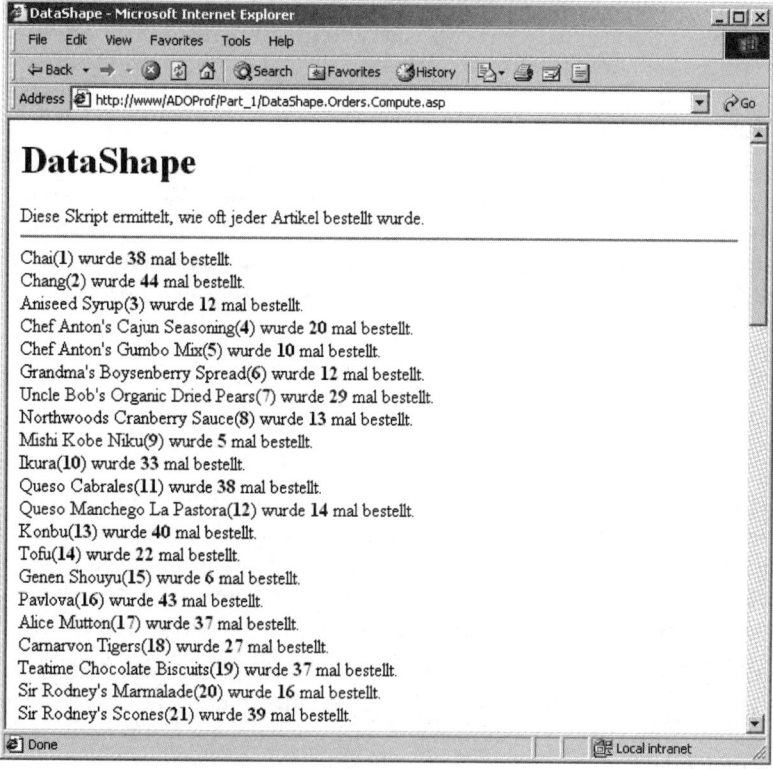

Abbildung 10.18: Ausgabe des Skripts aus Listing 10.75

Hinzufügen leerer Felder

Die bisherigen Verfahren generierten neue Felder immer dann, wenn eine Untertabelle erzeugt wurde. Sie können aber auch weitere leere Felder erstellen, um dort Daten zur Laufzeit des Skripts zu speichern. Wie bereits am Anfang erwähnt, reflektiert das Shape-Gebilde Datenänderungen (mit der Methode Update ausgeführt) in der Datenbank. Eigene Felder dagegen werden nicht in die Datenbank übernommen. Der Einsatz bleibt also auf temporäre Daten beschränkt. Spinnt man diesen Gedanken weiter, so könnte man auf diese Art und Weise einen ganzen Datensatz aufbauen. Es gibt nun die Möglichkeit, auch ohne Verbindung zur Datenbank zu arbeiten – damit ist eine komplette Hierarchie auch ohne Datenbankzugriff verfügbar.

Der Provider NONE

Der Provider, der keiner ist, wird NONE genannt. Dieser Name ist praktisch nur ein Platzhalter, um der Syntax der Verbindungszeichenfolge zu genügen:

```
objConn.Open "Provider=MSDataShape;Data Provider=NONE;"
```

10.11.2 Datenbankzeiger

Die Zeigertechniken sind für Datenbankprogrammierer von grundlegender Bedeutung. Auch wenn ADO viele Prozesse intern abbildet und man nicht in jeder Anwendung bewusst Zeiger programmieren muss, erleichtern Kenntnisse der Arbeitsweise die Arbeit.

Einführung in Zeigertypen

Grundlegende Zeigertechniken

Wenn Zugriffe auf Datenbanken erfolgen, wird ein interner Zeiger gebildet, der den aktuellen Datensatz adressiert. Schreib- und Leseoperationen, die nicht mit einem speziellen Auswahlbefehl verbunden sind, beziehen sich dann automatisch auf diesen aktuellen Datensatz. Wird eine Tabelle sequenziell durchlaufen, inkrementiert der interne Zeiger und stellt so einen Datensatz nach dem anderen zur Verfügung.

ADO kennt zwei grundlegende Typen von Zeigern:

Server
- Serverseitig

Client
- Clientseitig

Grundsätzlich ist hier die Bedeutung der Begriffe Client und Server zu beachten. Als Server wird der SQL-Datenbankserver verstanden, also der SQL Server oder MS Access. Als Client wird ADO eingesetzt, die Abstraktionsebene der Programmierumgebung. Client und Server können also, auch wenn dies die Begriffe nicht nahe legen, auf demselben Computer laufen.

Naturgemäß sind Zeiger im Server schneller, weil der Weg des Aufrufs zum Server und zurück entfällt. Allerdings unterstützt nicht jede Datenbank alle Zeigervarianten. ADO kann dies teilweise ausgleichen, wenn auch zu Lasten der Leistung.

Zugriffstypen

Eng im Zusammenhang mit Zeigern stehen auch die Zugriffstypen. Damit wird die Art der Verriegelung der Datensätze bei parallelen Zugriffen gesteuert. Folgende Typen sind möglich:

- adOpenDynamic
- adOpenForwardOnly
- adOpenKeyset
- adOpenStatic

Spezielle Techniken

Diese Typen beziehen sich auf die Art, wie der Zeiger bewegt werden kann. Die Zugriffssteuerung erfolgt mit:

- adLockBatchOptimistic
- adLockOptimistic
- adLockPessimistic
- adLockReadOnly

Zugriffsteuerung

Diese Typen werden im nächsten Abschnitt genauer diskutiert.

Überblick über die Zeigertypen (CursorType)

Der Standardzeiger für serverseitige Zeiger ist der Vorwärtszeiger, der mit adOpenForwardOnly erzeugt wird. Dieser Zeiger kann sich in einer Tabelle nur vorwärts bewegen. Entsprechend ist die einzige zulässige Methode zum Bewegen des Zeigers MoveNext. Da das Auslesen von Tabellen ohne weitere Bearbeitung sehr viel häufiger vorkommt als das Ändern von Werten, ist diese Festlegung sinnvoll. Wenn Sie sich rückwärts durch eine Tabelle bewegen möchten, können Sie vorher ein Sortierkriterium festlegen. Der Zeiger bewegt sich ja nicht direkt in der Tabelle, sondern in der temporären Ergebnistabelle der Anfrage. Es ist intelligent, den SQL-Ausdruck so zu modifizieren, dass trotz der Einschränkung des Vorwärtszeigers die Bewegungsrichtung verändert werden kann.

Vortwärtszeiger: ad OpenForward Only

Für clientseitige Zeiger steht nur die Option adOpenStatic zur Verfügung. Dieser Zeiger hat keinerlei Verbindung mit der darunter liegenden Tabelle, unterstützt aber die Bewegung in beide Richtungen. Änderungen an den originalen Datensätzen werden nicht reflektiert. Unabhängig davon kann die Abfrage aber mit Requery aktualisiert werden.

Statischer Zeiger: adOpenStatic

Der Zeiger adOpenKeyset steht wiederum nur serverseitig zur Verfügung. Er verbindet die Originaltabelle mit dem Abfrageergebnis und überträgt Änderungen sofort. Zeiger können sich in beide Richtungen bewegen.

Schlüsselgruppenzeiger: adOpenKeyset

Der Zeiger adOpenDynamic steht ebenfalls nur serverseitig zur Verfügung. Er verbindet die Originaltabelle mit dem Abfrageergebnis und überträgt außer Änderungen auch Lösch- und Einfügevorgänge sofort. Zeiger können sich in beide Richtungen bewegen.

Dynamischer Zeiger: adOpenDynamic

Eine detaillierte Betrachtung finden Sie im Abschnitt *Client- und serverseitige Zeiger* ab Seite 728.

Verriegelung im Überblick (LockType)

Eine Abfrage, die mit der Zeigerart adLockReadOnly geöffnet wurde, kann nur gelesen werden.

adLockReadOnly

Mit adLockPessimistic verriegelt der Server den Datensatz, wenn der Nutzer mit der Änderung beginnt. Die Freigabe erfolgt erst wieder, wenn der Vorgang beendet wurde. Ob tatsächlich Änderungen durchgeführt wurden, ist hierbei nicht von Bedeutung.

adLockPessimistic

adLockOptimistic	Mit `adLockOptimistic` verriegelt der Server den Datensatz erst, wenn die Methode `Update` aufgerufen wurde. Alle bis dahin bereits erfassten Änderungen werden nicht reflektiert.
adLock Batch Optimistic	Stehen mehrere Änderungen an, kann `adLockBatchOptimistic` eingesetzt werden. Alle Änderungen werden gespeichert und erst dann ausgeführt und in anderen Abfragen repliziert, wenn `UpdateBatch` aufgerufen wurde.

Bereits bei der Vorstellung der Konstanten zur Steuerung des Zeigertyps wurde klar, dass es viele Arten von Zeigern gibt und deren Anwendungsmöglichkeiten sehr unterschiedlich aussehen. In einigen Literaturquellen wird auch davon abgeraten, Zeiger zu verwenden. Stattdessen werden clientseitige Techniken empfohlen. Fehler im Umgang mit Zeigern äußern sich nicht unbedingt in Fehlfunktionen, sondern oft nur in Leistungseinbußen. Welche Zeigertypen welche Eigenschaften haben, verdient deshalb eine nähere Betrachtung.

Zeiger werden von ADO vielfältig unterstützt, für den ASP-Programmierer, der mit Datenbanken arbeitet, ist eine genaue Kenntnis der Techniken unbedingt notwendig. Skripte sind bei gut laufenden Sites hochfrequentiert und Lastprobleme lassen schnell die gesamte Anwendung zusammenbrechen. Dabei können die Unterschiede beim Abarbeiten eines Skripts zwischen dem einen oder anderen Zeigertyp schon den Faktor 1:1000 erreichen.

Client- und serverseitige Zeiger im Detail

Grundsätzlich erlauben Zeiger den Umgang mit selbstständigen, von der Datenbank abgekoppelten Datensatzobjekten. Erst mit der Möglichkeit, Zeiger auch ohne die Datenbank zu nutzen, können Sie performante Anwendungen schreiben. OLEDB stellt dazu den so genannten Client Cursor Service (CCS) zur Verfügung. Damit können Navigationen zwischen Datensätzen ohne Zugriff auf die Datenbank ablaufen. Zeiger werden zwar auch von SQL Server bereitgestellt, die Verwendung ist aber nicht unproblematisch. Praktisch dienen Zeiger fast immer der Navigation – der Bewegung von einem Datensatz zum nächsten. Das ist mit Websites meist nicht so gut zu realisieren, deshalb wird das Problem in ASP-Büchern nur am Rande behandelt. Meines Erachtens ist das nicht gerechtfertigt, denn damit bleiben Zeiger bei Optimierungsbetrachtungen außen vor – und die schlechte Performance der Site wird dann in der mangelnden Software oder Hardware gesucht. Dabei wäre ein optimiertes Skript allein die Lösung.

Serverseitige Zeiger	Serverseitige Zeiger gibt es in verschiedenen Ausführungen:

- *Vorwärts-Zeiger*
  Dieser Zeiger liefert immer eine Zeile der Abfrage und kann nur vorwärts bewegt werden. In den meisten Fällen lassen sich Daten damit auch aktualisieren.

- *FireHose-Zeiger*
  Dieser Zeiger ist auch ein Vorwärts-Zeiger, der aber zusätzlich scheibgeschützt ist. Damit können Daten nur gelesen werden. Er ist besonders schnell.

Spezielle Techniken

- *Statischer Zeiger*
  Dieser Zeiger bildet das Abfrage-Objekt komplett und unveränderlich (statisch) ab. Sie können sich deshalb frei in alle Richtungen bewegen, auch rückwärts. Standardmäßig sind solche Zeiger schreibgeschützt.

- *Schlüsselgruppenzeiger*
  Ein Schlüsselgruppezeiger enthält nur Schlüssel der abgerufenen Daten und greift darauf nach Bedarf zu. Die eigentlichen Daten sind davon völlig frei und können gelesen und aktualisiert werden. Als Schlüssel dient normalerweise der Primärschlüssel. Die Schlüsselgruppe selbst ist jedoch statisch. Wenn andere Benutzer Datensätze zur Datenbank hinzufügen, dann erscheinen diese nicht in der Abfrage, denn der Schlüssel darauf ist nicht in der Schlüsselgruppe enthalten und der Zeiger kann die neuen Datensätze nicht finden.

- *Dynamische Zeiger*
  Dieser Zeiger ist ebenso ein Schlüsselgruppenzeiger. Allerdings ist auch die Schlüsselgruppe selbst dynamisch – Änderungen an den der Abfrage zugrunde liegenden Daten sind deshalb sichtbar.

Bis hierhin sind alle Zeiger auf die Unterstützung der Datenbank angewiesen. ADO holt die Schlüssel oder den aktuellen Datensatz und gibt ihn aus. Mit dem `RecordSet`-Objekt erhalten Sie Zugriff darauf. Werden jetzt zusätzliche Daten benötigt, sind weitere Zugriffe auf die Datenbank nötig. Schneller wäre es, wenn die gesamte Tabelle mit den Daten der aktuellen Abfrage übertragen würde und ADO die Navigation der Zeiger vornimmt und ausgewählte Daten bereitstellt. Nachteilig wirkt sich natürlich aus, dass sehr große Tabellen geladen werden, was möglicherweise Speicherprobleme bereitet, wenn gleichzeitig sehr viele Nutzer online sind. Clientseitige Zeiger sind also nicht in jedem Fall schneller. Allerdings ist die Umsetzung serverseitiger Zeiger in SQL Server nicht so gut gelungen, dass dies eine echte Alternative wäre.

Clientseitige Zeiger

Arbeitsweise clientseitiger Zeiger

Für den korrekten Umgang mit clientseitigen Zeigern sind einige Kenntnisse über deren Funktionsweise notwendig.

Wenn eine Abfrage erfolgt, wird diese von ADO direkt an den OLEDB-Provider gesendet. Bei einer normalen `SELECT`-Anweisung wird diese an die Datenbank unverändert weitergereicht. Bei Kommandos wie `adCmdTable` wird der Parameter als Tabellenname interpretiert und vom OLEDB-Provider in ein gültiges SQL-Kommando transformiert. Der Abfruf der Daten erfolgt serverseitig immer mit dem FireHose-Zeiger. Für diesen Zeigertyp ist der SQL Server optimiert. ADO speichert das gesamte Abfrageergebnis im Cursorservice (siehe Abbildung 10.19). Jetzt kann der Cursorservice entscheiden, welche Arten von Zeigern er anbietet und wie die Verwaltung erfolgt. Zugriffe auf die Datenbank erfolgen im Weiteren nur in besonderen Situationen.

Abbildung 10.19: Datenfluss mit clientseitigen Zeigern

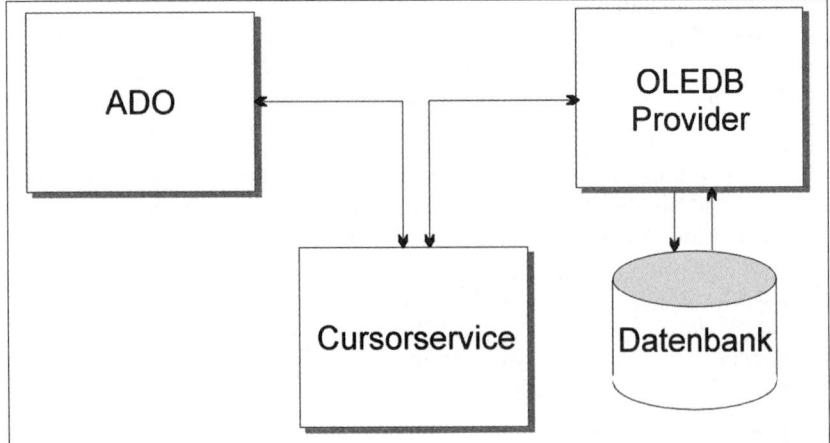

Solange nur navigiert wird, muss die Datenbank nicht angesprochen werden. Die Ausgabe einer Tabelle oder die Anzeige eines einzelnen Datensatzes erfolgt deshalb sehr schnell. Dennoch lässt sich auch der clientseitige Datensatz aktualisieren. Dies mag nicht sofort einleuchten, weil serverseitig ja der per Definition schreibgeschützte FireHose-Zeiger verwendet wird. Was passiert nun intern? Viele Entwickler neigen auch dazu, sofort Schlüsselgruppenzeiger zu verwenden, um die Abfrage aktualisierbar zu halten. Das ist nicht notwendig. Sie können die Datensätze aktualisieren, obwohl serverseitig der FireHose-Zeiger verwendet wird. In solchen Fällen wartet ADO bis zur Ausführung der Methode Update oder UpdateBatch. Beim Aufruf werden die erfolgten Änderungen analysiert. Daraus generiert ADO eine Aktualisierungsabfrage, also eine UPDATE-, INSERT oder DELETE-Anweisung, die nichts mit Zeigern zu tun hat und die direkt vom DBMS ausgeführt werden kann. Die Analyse kostet zwar auch Zeit, wenn das Verhältnis zwischen Lesen und Schreiben aber stark zugunsten des Lesens ausgeprägt ist, dann hat diese Methode klare Leistungsvorteile.

Tipps für clientseitige Zeiger

Wenn Sie clientseitige Zeiger einsetzen – Sie sollten dies unbedingt tun – dann helfen die folgenden Tipps, die Applikation effizient zu gestalten:

▶ Versuchen Sie, die Abfrage so zu gestalten, dass so wenig Daten wie möglich abgefragt werden. Verwenden Sie Spaltenlisten anstatt des universellen Operators * in einer SELECT * FROM table-Anweisung.

▶ Versuchen Sie, Aktualisierungen selbst in UPDATE- oder INSERT-Anweisungen darzustellen und nicht mit AddNew zu arbeiten.

▶ Speichern Sie hochfrequentierte Datensatzobjekte, die sich nicht oder selten ändern, in XML-Objekten, sodass der Zugriff ohne Belastung der Datenbank stattfindet.

Verwendung clientseitiger Zeiger

Clientseitige Zeiger erreichen Sie, indem die Eigenschaft CursorLocation folgendermaßen gesetzt wird:

objRS.CursorLocation = adUseClient

Diese Eigenschaft müssen Sie setzen, *bevor* das Datensatzobjekt geöffnet wird. Als Zeigertyp für das Datensatzobjekt können Sie nun nur noch adOpenStatic verwenden.

Wenn Sie die Eigenschaft CursorLocation nicht im RecordSet-Objekt, sondern in Connection setzen, erben alle neuen RecordSet-Objekte die Einstellung. Sie können den Wert dennoch überschreiben. Falls Sie Datensätze nicht explizit erzeugen, sondern mit der Execute-Methode des Objekts Connection, dann können Sie nur die Eigenschaft CursorLocation dieses Objekts verwenden.

Vererbung von Eigenschaften

Clientseitige Zeiger haben einige Eigenschaften, die von serverseitigen Zeigern nicht bekannt sind:

Besondere Eigenschaften clientseitiger Zeiger

- Abgekoppelte Datensatzobjekte. Sie können die Verbindung zur Datenbank nach der Datenübertragung trennen und trotzdem mit den Daten weiterarbeiten.

- Erstellte Datensatzobjekte. Sie können Datensatzobjekte ohne Verbindung zu einer Datenbank »zusammenbauen« und dorthinein Daten speichern.

Beide Techniken werden nachfolgend kurz vorgestellt, weil es einige Aspekte dabei zu beachten gibt, wenn Sie sich frustrierende Fehlversuche ersparen wollen.

Solche Objekte entstehen, wenn Sie nach dem Lesen der Daten die Verbindung trennen. Das kann in ADO erfolgen, indem die Eigenschaft ActiveConnection des RecordSet-Objekts geleert wird. Das folgende Listing zeigt, wie das aussieht:

Abgekoppelte Datensatzobjekte

```
set objRS = Server.CreateObject("ADODB.RecordSet")
objRS.CursorLocation = adUseClient
objRS.Open "SELECT * FROM Products", objConn, adOpenStatic
objRS.ActiveConnection = Nothing
show_table(objRS)
```

Listing 10.76: Abkoppeln eines Datensatzobjekts (RecordSet.ClientCursor.Disconnect.asp)

Dies ist nicht nur sehr einfach – es ist auch der einzige Weg, dies zu tun. Sie müssen allerdings darauf achten, genau diese zwei Eigenschaften in dieser Reihenfolge einzustellen:

- CursorLocation = adUseClient
- Abfragen der Daten
- ActiveConnection = Nothing

Reihenfolge der Eigenschaftszuweisungen beachten!

Wenn Sie die folgende Fehlermeldung beim Löschen der Verbindung erhalten, verfügen Sie nicht über einen clientseitigen Zeiger:

Abbildung 10.20: Fehler, wenn die Verbindung zu einem serverseitigen Datensatz gelöscht wird

- Fehlertyp:
  ADODB.Recordset (0x800A0E79)
  Operation is not allowed when the object is open.
  **/adoprof/Part_1/RecordSet.ClientCursor.Disconnect.asp,
  line 28**

Probleme mit Connection

Wenn ein `Connection`-Objekt verwendet wird, gibt es eine Beziehung zwischen diesem und der Eigenschaft `ActiveConnection` des `RecordSet`-Objekts. Allerdings nicht unbedingt in erwarteter Art und Weise. Wenn Sie eine Verbindung öffnen, Daten abholen und dann die Verbindung schließen, wird auch das abgeleitete `RecordSet`-Objekt geschlossen. Wenn Sie dann die Verbindung mit `ActiveConnection` trennen, haben Sie zwar wieder ein abgekoppeltes Datensatzobjekt – entgegen der Erwartung ist es aber geschlossen. Sie haben es natürlich nicht explizit geschlossen, dies hat die Methode `Close` des `Connection`-Objekts implizit getan.

Umgang mit Referenzen

Es ist möglich, Datensatzobjekte mehrfach anzusprechen. Der folgende Code-Ausschnitt zeigt dies:

```
set objRS = Server.CreateObject("ADODB.RecordSet")
objRS.CursorLocation = adUseClient
objRS.Open "SELECT * FROM Customers", objConn, adOpenStatic
set objChild = objRS
```

Sie können nun *objChild* ebenso wie *objRS* verwenden. Die Darstellung lässt vermuten, dass das Objekt *objChild* unabhängig von *objRS* ist. Genau dass ist nicht der Fall. Tatsächlich wird – Sie werden es bemerken, wenn die Datensatz-Objekte extrem groß sind – nur eine Referenz auf das Objekt im Speicher übertragen. Ein Datensatzobjekt repräsentiert nur Daten, die vom Cursorservice verwaltet werden. Dort existieren sie aber nur einmal, egal wie viele Referenzen es gibt. Schließt nun eines der Objekte die Verbindung, dann gilt dies für alle anderen Referenzen ebenso.

Der folgende Code kann deshalb nicht funktionieren:

```
set objRS = Server.CreateObject("ADODB.RecordSet")
objRS.CursorLocation = adUseClient
objRS.Open "SELECT * FROM Customers", objConn, adOpenStatic
set objChild = objRS
objRS.Close
while not objChild.EOF
   Response.Write objChild("CustomID") & "<br>"
wend
```

Mit `objRS.Close` wird auch *objChild* geschlossen. Wie ist das Problem nun zu lösen, wenn Sie genau so aber programmieren möchten? Verwenden Sie Klone. Das folgende Listing zeigt dies in der einfachsten Form. Bedenken Sie

Spezielle Techniken

jedoch, dass die Methode Clone nur funktioniert, wenn Lesezeichen unterstützt werden:

```
set objRS = Server.CreateObject("ADODB.RecordSet")
objRS.CursorLocation = adUseClient
objRS.Open "SELECT * FROM Products", objConn, adOpenStatic
if objRS.Supports(adBookmark) then
   set objClone = objRS.Clone
   objRS.Close
   if objClone.CursorLocation = adUseClient the
       echo "Klone ist ein clientseitiger Datensatz!"
   end if
end if
```

Listing 10.77: Schließen eines entkoppelten Datensatzobjekts; erst wird der Klon erzeugt, dann kann die Quelle geschlossen werden (RecordSet.ClientCursor.Clone.asp)

Sie können bei der Ausführung des letzten Beispiels erkennen, dass auch der Klon nur clientseitig existiert.

Wenn Sie nun aber eine der Referenzen entfernen möchten, muss es einen anderen Weg geben. Sie verwenden in diesem Fall die bekannte Zuweisung von Nothing:

```
SET objRS = Server.CreateObject("ADODB.RecordSet")
objRS.CursorLocation = adUseClient
objRS.Open "SELECT * FROM Customers", objConn, adOpenStatic
set objChild = objRS
objRS = Nothing
WHILE NOT objChild.EOF
   Response.Write objChild("CustomID") & "<br>"
WEND
```

So funktioniert es erwartungsgemäß. Hier wird das Objekt im Cursorservice nicht berührt.

Nachdem ein Datensatzobjekt eine Zeitlang abgekoppelt existiert hat, könnte es notwendig werden, die Verbindung wieder herzustellen, beispielsweise um nun aktualisierte Daten zurückzuschreiben. Dazu wird die Methode Resync verwendet.

Ankoppeln abgekoppelter Datensatzobjekte

Das folgende Listing erzeugt ein Datensatzobjekt, koppelt es ab, ändert es und fügt mit INSERT einen Datensatz hinzu:

```
SET objRS = Server.CreateObject("ADODB.RecordSet")
objRS.CursorLocation = adUseClient
objRS.Open "SELECT * FROM Customers", objConn, adOpenStatic,
           adLockBatchOptimistic
IF objRS.Supports(adBookmark)
      AND objRs.LockType = adLockBatchOptimistic THEN
   objRS.ActiveConnection = Nothing
   echo "Datensatz enthält " & objRS.RecordCount & " Elemente"
```

10 ADO professionell programmieren

```
        intKey = cint(rnd * 1000) + 1
        echo "Füge Schlüssel $intKey hinzu.<br>"
        strSQL = "INSERT INTO Customers (CustomerID, CompanyName)
                 VALUES ('" & cstr(intKey) & "', 'TestName')"
        objConn.Execute strSQL
        echo "Datensatz enthält " & objRS.RecordCount & " Elemente"
        objRS.Update
END IF
objRS.MoveFirst
show_table(objRS)
```

Die Tabelle enthält den neuen Datensatz nicht, denn die INSERT-Anweisung geht am Cursorservice völlig vorbei. Wenn Sie die neuen Daten nicht benötigen, sollten Sie dies auch so lassen. Wenn Sie die neue Tabelle aber anzeigen wollen, hilft – theoretisch – Resync:

objRS.ActiveConnection = objConn
objRS.Resync adAffectAll, adResyncAllValues
objRS.ActiveConnection = Nothing
show_table(objRS)

Listing 10.78: Synchronisation eines abgekoppelten Datensatzes mit der Datenquelle (RecordSet.ClientCursor.Resync.asp)

Lassen Sie sich im Beispiel nicht von den per Zufallsgenerator erzeugten Schlüsseln irritieren. Das hat nichts mit dem Problem zu tun. Entscheidend ist der Umgang mit ActiveConnection vor und nach dem Aufruf von Resync. Leider funktioniert das nur, wenn Sie die Änderung mit UPDATE vornehmen. Das im Listing verwendete INSERT führt nicht dazu, dass der Datensatz erscheint:

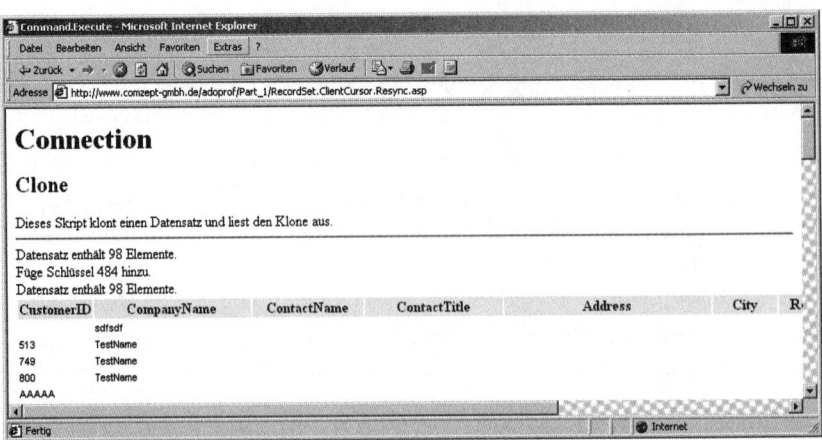

Abbildung 10.21: Listing 10.78 funktioniert nicht richtig

In der Abbildung ist zu sehen, dass der Schlüssel 484 erzeugt wird, in der Liste aber nicht erscheint. Alle früheren Versuche sind dagegen zu sehen – INSERT wurde also korrekt ausgeführt.

Spezielle Techniken

Resync arbeitet auf Satzebene. Es wird also nicht die Tabelle aktualisiert, sondern nur der aktuelle Datensatz, der verändert wurde. Hinzugefügte Datensätze bleiben dagegen unsichtbar. Das Problem kann aber leicht behoben werden, indem Sie Requery verwenden. Diese Methode führt die ursprüngliche Abfrage erneut aus und holt damit auch die neuen Datensätze – wenn sie Bestandteil der Abfrage sind.

Wie Resync funktioniert

Daten zur Quelle aktualisieren

Das folgende Beispiel zeigt den umgekehrten Weg. Hier werden Änderungen im abgekoppelten Datensatzobjekt vorgenommen. Nun soll die Datenbank aktualisiert werden.

```
SET objRS = Server.CreateObject("ADODB.RecordSet")
objRS.CursorLocation = adUseClient
objRS.Open "SELECT * FROM Customers", objConn, adOpenStatic,
          adLockBatchOptimistic
IF objRS.Supports(adBookmark)
    AND objRs.LockType = adLockBatchOptimistic THEN
   objRS.ActiveConnection = Nothing
   echo "Datensatz enthält " & objRS.RecordCount & " Elemente"
   intKey = cint(rnd * 1000) + 1
   echo "Füge Schlüssel $intKey hinzu.<br>"
   objRS.AddNew Array("CustomerID", "CompanyName"),
               Array(cstr(intKey), "TestName")
   echo "Datensatz enthält " & objRS.RecordCount & " Elemente"
END IF
objRS.MoveFirst
objRS.ActiveConnection = objConn
objRS.UpdateBatch
objRS.ActiveConnection = Nothing
show_table(objRS)
```

Listing 10.79: Aktualisieren der Daten in der Quelle (RecordSet.ClientCursor.UpdateBatch.asp)

Die Methode UpdateBatch schreibt alle Änderungen in die Datenbank. Natürlich dürfen Sie nicht vergessen, die Verbindung für diesen Moment wiederherzustellen.

Die Anwendung der Methode erscheint zwar einfach, kann aber in komplexen Umgebungen Probleme bereiten. ADO erzeugt zur Ausführung intern passende SQL-Anweisungen, INSERT, UPDATE oder DELETE-Anweisungen. Hat sich der Inhalt jedoch geändert, kann SQL Server eventuell die Datensätze nicht mehr lokalisieren, die ADO aktualisieren will. Deshalb müssen Sie die möglichen Konfliktszenarien kennen und beachten. Folgende Konstellationen kann es geben:

Problemdiskussion

- UPDATE-Probleme:
  - Das Ziel wurde gelöscht.
  - Das Ziel wurde verändert.

Diese Probleme kann die automatische Synchronisation mit UpdateBatch nicht lösen. Gehen Sie folgendermaßen vor:

- Versuchen Sie zu erkennen, welche Art von Konflikt auftrat. Sie können Datensätze, die Konflikte verursachen, mit der Filter-Methode auswählen. Setzen Sie den Filter auf adFilterConflictingRecorsSet.
- Erneuern Sie den Datensatz, sodass die Eigenschaften UnderLyingValue und Value identisch sind. Dazu kann Resync verwendet werden.
- Entscheiden Sie nur, ob Sie die alten Daten überschreiben oder die Aktion abbrechen möchten. UpdateBatch überschreibt, wenn zuvor Resync aufgerufen wurde, immer erfolgreich. Wenn Sie das nicht wünschen, rufen Sie CancelBatch auf.

Feineinstellung der Synchronisation

Die Verwaltung der lokalen Datensätze durch den Cursorservice ist vom Programmierer anpassbar. Dies ist besonders dann wichtig, wenn das Verhalten der Synchronisation nicht den Erwartungen entspricht. Drei Eigenschaften können modifiziert werden (beachten Sie die Leerzeichen):

- Batch Size
  Damit bestimmen Sie die Größe des Zwischenspeichers der UpdateBatch-Methode.

- Update Resynch
  Damit können Sie festlegen, wie die Resynchronisation abläuft, wenn Konflikte auftreten, d.h., welche Datensätzen wirklich aktualisiert werden.

- Update Criteria
  Hiermit lässt sich festlegen, wie exakt die Konflikterkennung arbeiten soll.

Batch Size — Normalerweise werden mehrere UPDATE-Operationen zusammengefasst. Der Standardwert beträgt 15. Das ist aus Performancegründen sinnvoll, führt aber zu Problemen, wenn häufig Konflikte auftreten. Die Ausführung eines Blocks scheitert, wenn in einer der Anweisungen ein Fehler auftritt. Bei großen Werten ist die Chance, dass praktisch jeder Versuch fehlschlägt, groß. Andererseits könnten Sie versucht sein, bei seltenen oder unwahrscheinlichen Konflikten den Wert höher zu setzen. Die Anweisung nutzt das Property-Objekt:

```
objRS.Properties("Batch Size").Value = 1
```

Damit wird jede Anweisung einzeln abgesetzt. Sehr große Werte, erfahrungsgemäß sind das Angaben über 50, benötigen viel Speicher. Sie sollten

Spezielle Techniken

hier sorgfältig testen, ob der Server unter Last anfängt, Auslagerungsspeicher zu verwenden, und den Wert stufenweise wieder reduzieren. Befindet sich der SQL Server im Netzwerk auf einem eigenen Computer, beachten Sie, dass riesige Anweisungsfolgen Netzwerkbandbreite benötigen.

Die Eigenschaft Update Resync bestimmt, welche Datensätze von einer Änderung betroffen sind. Sie können die Werte folgendermaßen setzen: **Update Resync**

```
objRS.Properties("Update Resync").Value = <adResyncWert>
```

Für adResyncWert setzen Sie einen der folgenden Werte ein:

- ▶ AdResyncNone
  Dieser Wert unterdrückt UpdateBatch. Der Einsatz dürfte nur in der Debugging-Phase sinnvoll sein.

- ▶ AdResyncAutoIncrement
  Dies ist der Standardwert. Beim Hinzufügen werden Spalten mit AutoIncrement-Werten erhöht und der Datensatz wird eingefügt.

- ▶ AdResyncConflicts
  Diese Eigenschaft bestimmt, dass Werte, die Konflikte verursachen, aktualisiert werden. Dies spart Resync, gegebenenfalls werden Werte aber auch unkontrolliert überschrieben.

- ▶ AdResyncUpdates
  Diese Eigenschaft löst generell ein Auffrischen aller Werte aus, egal ob diese Konflikte verursachen oder nicht. Sie sollten diesen Wert bei UPDATE setzen.

- ▶ AdResyncInserts
  Neu hinzugefügte Datensätze werden sofort sichtbar, da nach INSERT implizit Requery aufgerufen wird.

- ▶ AdResyncAll
  Hiermit werden alle Datensätze neu eingelesen, unabhängig von der verwendeten Methode.

Die Konstanten sind Bitwerte und können mit And kombiniert werden. Wenn Sie Datensätze sowohl hinzufügen als auch ändern, wäre folgende Angabe zu empfehlen:

```
objRS.Properties("Update Resync").Value =
    adResyncInsert And adResyncUpdate
```

Diese Eigenschaft bestimmt, wie genau die Anweisungen überprüfen, ob Konflikte auftreten. Konflikte können unter anderem daran erkannt werden, ob sich Werte geändert haben. Für eine vollständige Prüfung wäre aber eine Prüfung jedes Felds nötig, was bei großen Tabellen einiges an Zeit kostet. In der Praxis wird man deshalb immer die kleinstmögliche, noch zuverlässige Methode wählen. Die Einstellung nehmen Sie mit Update Criteria folgendermaßen vor: **Update Criteria**

```
objRS.Properties("Update Criteria").Value = <adCriteriaWert>
```

Die möglichen Konstanten sind:

- AdCriteriaKey
  Nur Schlüsselspalten werden zur Konflikterkennung überprüft. Das ist praktisch der Wert, der keine zusätzliche Prüfung ausführt, denn die Schlüsselspalte wird zur Selektion des zu ändernden Datensatzes ohnehin ausgewählt.

- AdCriteriaAllCols
  Alle Spalten werden überprüft. Dies ist die sicherste, aber auch die langsamste Einstellung.

- AdCriteriaUpdCols
  Diese Methode prüft alle Spalten nur, wenn UPDATE ausgeführt wird.

- AdCriteriaTimeStamp
  Die Prüfung erfolgt anhand eines Zeitstempels des Datensatzes. Das setzt voraus, dass Zeitstempel geführt werden.

Eine Anmerkung zur Prüfung, die den Vorgang etwas transparenter macht: ADO muss hier zwischen den alten und neuen Werten unterscheiden können. Dazu wird der Wert der Field-Eigenschaft UnderLyingValue mit Value verglichen. Dies ist nicht unbedingt eine Methode, die besonders schnell ist.

Zugriffe auf mehrere Tabellen

Alle vorangegangenen Beispiele gingen davon aus, dass der Datensatz nur einer Tabelle entstammt. Prinzipiell können Sie in einem Datensatzobjekt aber auch das Ergebnis eines JOIN speichern. Dann müssen bei Änderungen mehrere Tabellen aktualisiert werden. Es gibt verschiedene Strategien, die hier auftretenden Probleme zu lösen. Die sicherste und empfehlenswerteste Methode ist, dies nicht zu tun. Schreiben Sie keine JOIN-Abfragen zurück. So elegant dies erscheinen mag, es birgt enorme Risiken. ADO wird bei UPDATE mehrere Anweisungen erstellen – für jede Tabelle eine. Nun kann es vorkommen, dass eine der Anweisungen erfolgreich abgeschlossen wird, andere dagegen mit Konflikten beendet werden und an der Datenbank keine Änderungen vornehmen. Schnell sind Ihre Daten inkonsistent. Auch wenn Sie alles richtig gemacht haben, muss es nicht funktionieren. So könnten Sie Einschränkungen, wie beispielsweise Primary-Key-Contraints, definiert haben. Diese erzwingen aber eine bestimmte Reihenfolge, in der voneinander abhängige Tabellen befüllt werden. Diese Reihenfolge können Sie mit UpdateBatch garantieren, indem Sie die Eigenschaft Unique Table setzen. Das ist aber ziemlich umständlich. Der folgende Code zeigt einen Ansatz, wenn Sie es dennoch versuchen möchten:

```
objRS.Properties("Unique Table").Value = "Tabelle1"
... Aktionen, die zu Änderungen an Tabelle1 führen
objRS.Properties("Unique Table").Value = "Tabelle2"
... Aktionen, die zu Änderungen an Tabelle2 führen
objRS.UpdateBatch
```

Spezielle Techniken

Hier werden zwei verbundene Tabellen *Tabelle1* und *Tabelle2* einzeln bedient, wobei davon ausgegangen wird, dass die Änderungen in *Tabelle2* nur erfolgen können, wenn *Tabelle1* zuvor in einer bestimmten Weise bedient wurde.

10.11.3 Betrachtungen zur Optimierung

Der folgende Abschnitt beschäftigt sich mit zwei Ansätzen, die der Optimierung dienen. Der Einsatz der hier gezeigten Techniken kann aber auch Problemstellungen des Alltags verblüffend einfach lösen.

Hinweise zu Leistungstests

Datenbankgestützte Applikationen sind komplizierte Gebilde. Optimierungen an einer einzigen Stelle wirken sich oft kaum aus. Sie müssen deshalb erkennen können, wo die Schwachpunkte liegen. Generell sollten Sie zuerst feststellen, welcher Teil der Applikation am meisten Zeit benötigt. Hier lohnt sich der Optimierungsaufwand. Generell bestehen Skripte aus drei Teilen, die getrennt betrachtet werden sollten:

- Datenbankzugriff
- Bearbeitung der Daten
- Ausgabe der Daten an den Nutzer

Hier fällt vor allem die Zeit zur Generierung der Daten an. Der SQL Server muss die empfangene Anweisung interpretieren, die Daten aus den Tabellen holen, manchmal noch Berechnungen anstellen und dann die fertigen Daten auf den Weg schicken. **Datenbankzugriff**

Bei der Bearbeitung achten Sie vor allem auf Vorgänge, die in Schleifen ablaufen. Wiederholungen wirken sich drastisch auf die Leistung aus. **Bearbeitung**

Bei Internetanwendungen ist die Ausgabe der Daten an den Nutzer der zeitaufwändigste Teil. Hier werden HTML-Seiten erzeugt und an den Browser übertragen. Optimieren können Sie vor allem die Größe des erzeugten Codes. Es hilft nichts, wenn Sie bei der Abfrage der Daten einige Millisekunden herausholen, die Übertragung der Daten zum Nutzer aber mehrere Sekunden in Anspruch nimmt. **Datenausgabe**

Die folgenden Tests fokussieren auf die Datenabfrage und den Umgang mit den fertigen Ergebnissen. Die Optimierung von HTML ist nicht Gegenstand dieses Buches. Untersucht wird vor allem das Verhalten von ADO bei unterschiedlichen Techniken des Zugriffs und der Zeigerverwaltung. **Praktische Hilfe zur Leistungsoptimierung**

Benchmarks

Die folgenden Abbildungen zeigen einige Benchmarks, die verschiedene Zustände der Eigenschaften des RecordSet-Objekts bewerten. Verwendet wurde ein primitives Skript, das eine Zeitmessung vornimmt. Als Zeitmesser dient eine einfache ActiveX-Komponente, die Sie auch auf der Website finden. Dieses Verfahren ist notwendig, da VBScript keine Zeitmessung im Millisekundenbereich zulässt.

```
FUNCTION Benchmark (objR, Par1, Par2)
    on error resume next
    objR.Open , , Par1, Par2
    IF Err.Number <> 0 THEN
      Benchmark = Err.Description
      Err.Clear
      objRS.Close
      exit function
    END IF
    objTimer.StartTiming()
    FOR i = 0 TO 10
      WHILE NOT objRS.EOF
        objRS.MoveNext
      WEND
      objRS.MoveFirst
    NEXT
    objTimer.StopTiming()
    objR.Close
    Benchmark = objTimer.TotalTime / 100
END FUNCTION
```

Listing 10.80: Funktion zur Kontrolle des Verhaltens der Zeiger in einem Datensatzobjekt

```
FUNCTION Benchmark (objR, Par1, Par2)
    ON ERROR RESUME NEXT
    objTimer.StartTiming()
    FOR i = 0 TO 50
        objR.Open , , Par1, Par2
        IF Err.Number <> 0 THEN
           Benchmark = Err.Description
           Err.Clear
           objRS.Close
           exit function
        END IF
        objR.Close
    NEXT
    objTimer.StopTiming()
    Benchmark = objTimer.TotalTime / 100
END FUNCTION
```

Listing 10.81: Funktion zur Messung des Verbindungsaufbaus zum Datensatz

Die DLL zur Zeitmessung binden Sie folgendermaßen ein:

```
set objTimer = Server.CreateObject("Timer.Benchmark")
```

Ergebnisse der Benchmarks mit RecordSet

Das erste Chart zeigt das Öffnen und Schließen eines Datensatzes. Verwendet werden serverseitige Zeiger. In das Ergebnis fließt die Abfrage der Daten mit ein, also die Interpretation der SQL-Anweisung.

Öffnen und Schließen

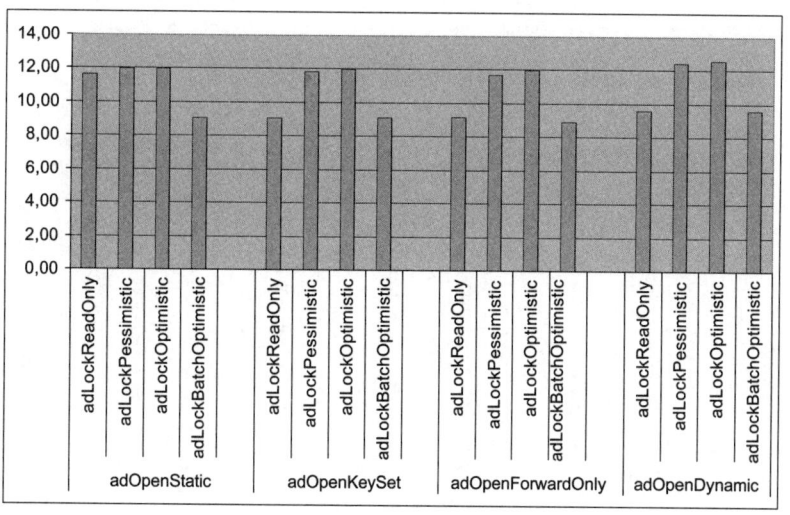

Abbildung 10.22: Öffnen und Schließen von RecordSet, adUseServer

Die nächste Variante zeigt denselben Vorgang, aber mit clientseitigen Zeigern:

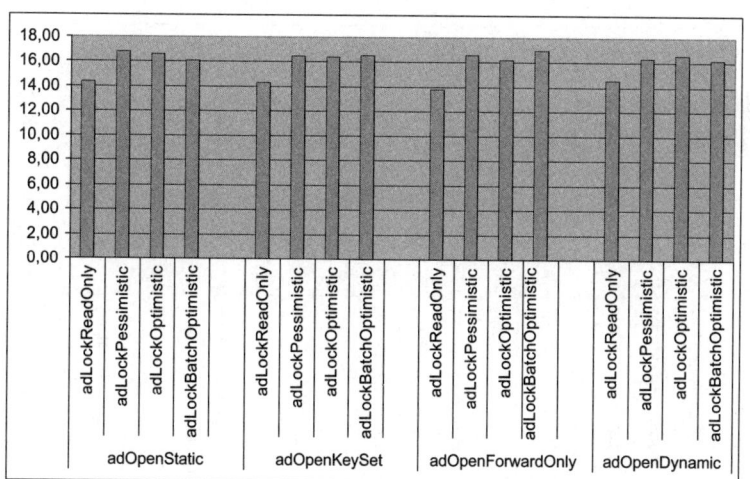

Abbildung 10.23: Öffnen und Schließen von RecordSet, adUseClient

Das Ergebnis ist keineswegs überraschend. Zum einen sind die Unterschiede zwischen den Zugriffmethoden marginal. Lesen oder Schreiben spielt aber beim Öffnen die geringste Rolle. Das die clientseitigen Zeiger langsamer sind, war auch zu erwarten. Immerhin müssen die Daten noch zum Client übertragen werden, was der serverseitige Zeiger erspart.

10 ADO professionell programmieren

Durchlaufen des Datensatzes

Wenn die Daten einmal vorliegen, erfolgt der Zugriff auf die einzelnen Datensätze unabhängig von der Interpretation des Kommandos. Jetzt wirken sich die Unterschiede zwischen client- und serverseitigen Zeigern drastisch zugunsten der clientseitigen Zeiger aus.

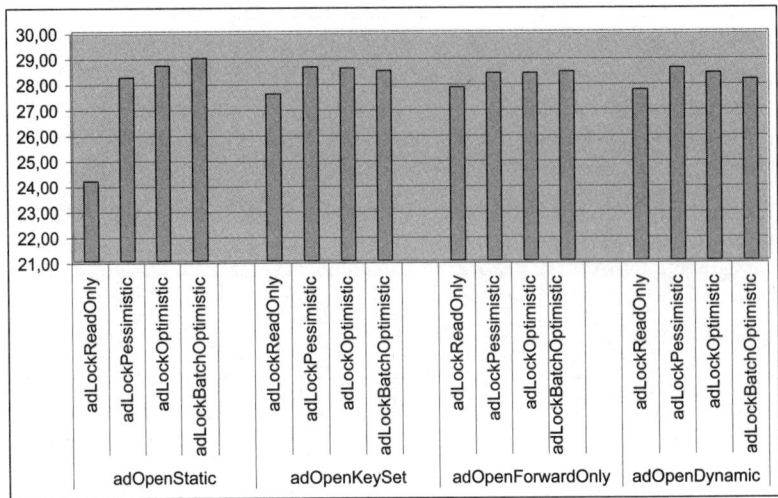

Abbildung 10.24: MoveNext mit adUseServer

Im Gegensatz dazu ist der clientseitige Zeiger eine Größenordnung schneller.

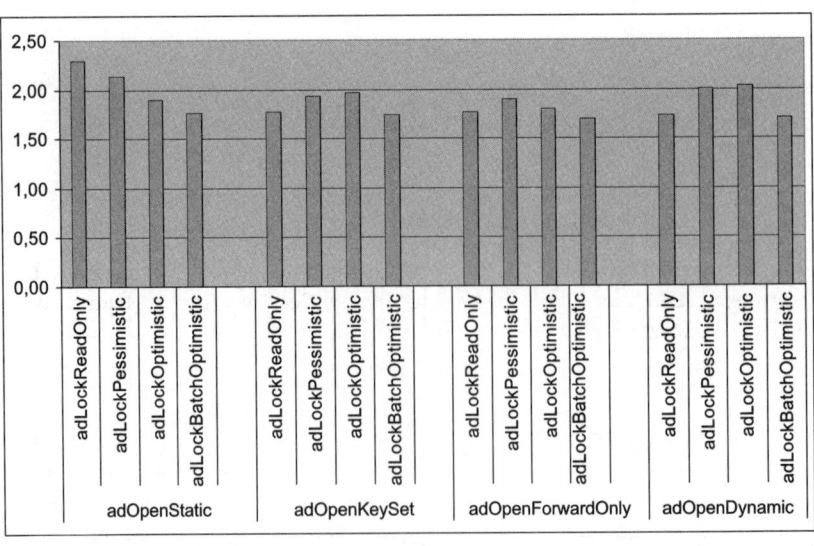

Abbildung 10.25: MoveNext mit asUseClient

Auswertung

Die Werte sind direkt vergleichbar, andere Parameter wurden nicht geändert. Generell ist eine Tendenz zu Gunsten von adLockBatchOptimistic festzustellen, wenn mit clientseitigen Zeigern gearbeitet wird. Die Vorteile von adForwardOnly sind zwar erkennbar, halten sich aber in Grenzen.

Die Ergebnisse zeigen eine starke Abhängigkeit von der Größe der Datenbank. Allgemeingültige Aussagen lassen sich mit diesen wenigen Tests nur schwer treffen. Sie können aber erkennen, dass sich die üblichen Empfehlungen – clientseitige Zeiger und Batch-Mode – gut messtechnisch bestätigen lassen.

Auch der verwendete Treiber spielt eine Rolle. Da OLEDB oder ODBC aber nur beim Transport der Daten von und zum Server in Aktion treten, wirken sich diese Unterschiede nur bei Open oder Execute aus, nicht jedoch bei den häufiger verwendeten Move-Methoden. Generell bestätigen Tests nur die schon im Kapitel 1 gemachten Aussagen, dass native Treiber schneller sind.

Treiber und Provider

Wenn Kommandos mehrfach ausgeführt werden, lohnen sich gespeicherte Prozeduren. Auch die mit Prepared automatisch erzeugten temporären Prozeduren bringen Leistungsvorteile, wenn der Aufruf innerhalb eines Skripts mehrfach erfolgt. Der Zuwachs liegt aber nur bei Faktor 2 bis 3.

Gespeicherte Prozeduren

10.12 ADO und XML

ADO und XML werden in der letzten Zeit immer wieder zusammen erwähnt. Was konkret bereits nutzbar ist – XML (*Extensible Markup Language*) ist in einer sehr dynamischen Entwicklungsphase – und was ADO damit zu tun hat, wird in diesem Abschnitt behandelt.

10.12.1 Einführung in XML

Dies ist ein Buch zu ASP und ADO. Entsprechend knapp fällt auch die Einführung in XML aus – informieren Sie sich bei Bedarf in entsprechend spezialisierten Büchern.

Warum XML?

XML ist ein standardisiertes Format für Daten. Dabei wird nicht genau unterschieden, um welche Art von Daten es sich handelt. XML stellt lediglich eine bestimmte Form der Repräsentation von Daten dar. Die konkrete Umsetzung obliegt einem davon abgeleiteten Dialekt, von denen derzeit bereits Hunderte existieren.

Entsprechend gibt es inzwischen viele Anwendungen, die mit XML umgehen. Dies bedeutet nicht zwangsläufig, dass alle Anwendungen dieser Art nun mit anderen interoperabel sind – aber zumindest in den Fällen, wo es tatsächlich gewollt ist, erscheint dies leicht realisierbar.

XML ist ein offenes Format, das als Standard vom W3C definiert ist. Es kann lizenzfrei verwendet werden, ähnlich wie HTML. XML ist eine vereinfachte Version der Meta-Sprache SGML, von der auch HTML abgeleitet wurde. XML-Daten sind von Menschen und Maschinen gleichermaßen lesbar, was die Entwicklung stark vereinfacht.

Wie XML aussieht

Im ersten Teil zu den Standard-ADO-Objekten wurde bereits ein wenig XML erzeugt. Mit der Methode Save des RecordSet-Objekts ließ sich der Inhalt des Datensatz-Objekts in einer XML-Datei speichern. Die so entstandene Datei sieht folgendermaßen aus:

```xml
<xml xmlns:s='uuid:BDC6E3F0-6DA3-11d1-A2A3-00AA00C14882'
     xmlns:dt='uuid:C2F41010-65B3-11d1-A29F-00AA00C14882'
     xmlns:rs='urn:schemas-microsoft-com:rowset'
     xmlns:z='#RowsetSchema'>
<s:Schema id='RowsetSchema'>
  <s:ElementType name='row'
                 content='eltOnly'
                 rs:CommandTimeout='30'>
    <s:AttributeType name='ShipperID' rs:number='1'>
      <s:datatype dt:type='int'
                  dt:maxLength='4'
                  rs:precision='10'
                  rs:fixedlength='TRUE'
                  rs:maybenull='FALSE'/>
    </s:AttributeType>
    <s:AttributeType name='CompanyName'
                     rs:number='2'
                     rs:writeunknown='TRUE'>
      <s:datatype dt:type='string'
                  dt:maxLength='40'
                  rs:maybenull='FALSE'/>
    </s:AttributeType>
    <s:AttributeType name='Phone'
                     rs:number='3'
                     rs:nullable='TRUE'
                     rs:writeunknown='TRUE'>
      <s:datatype dt:type='string' dt:maxLength='24'/>
    </s:AttributeType>
    <s:extends type='rs:rowbase'/>
  </s:ElementType>
</s:Schema>
<rs:data>
  <z:row ShipperID='1' CompanyName='Speedy Express'
```

ADO und XML

```
                         Phone='(503) 555-9831'/>
    <z:row ShipperID='2' CompanyName='United Package'
                         Phone='(503) 555-3199'/>
    <z:row ShipperID='3' CompanyName='Federal Shipping'
                         Phone='(503) 555-9931'/>
</rs:data>
</xml>
```

Listing 10.82: XML-Ansicht eines Datensatzobjekts

Wesentliche Eigenschaften

Der Aufbau ist streng strukturiert – ein Wesensmerkmal von XML. Unterscheiden lassen sich folgende Teile:

- *Tag*
  Ein Tag ist eine Auszeichnungsmarke der Sprache, die in spitzen Klammern steht: <xml>. Es gibt zwei Arten von Tags:

  - Container, die noch ein schließendes Tag besitzen:

  - Tags, die »sich selbst« schließen: <z:row ... />

- *Attribut*
  Damit sind Eigenschaften eines Tags benannt.

- *Element*
  Damit wird ein vollständiges Tag mit Attributen, Inhalt und dem öffnenden und schließenden Tag bezeichnet.

In der XML-Welt gibt es den Begriff des wohlgeformten Dokuments. Damit ist ein Dokument gemeint, das folgende Eigenschaften aufweist: **Wohlgeformte Dokumente**

- Jedes Tag muss geschlossen werden.

- Argumente der Attribute müssen in Anführungszeichen stehen.

- Groß- und Kleinschreibung wird bei Tag-Namen unterschieden.

- Es darf nur ein Wurzelelement geben.

Daraus lässt sich ableiten, dass die folgenden Darstellungen in XML nicht legal sind:

`<orderdate date=26.05.2000></orderdate>`

In diesem Tag fehlen die Anführungszeichen für das Argument date.

`<orderdate date="26.05.2000"></ORDERDATE>`

Hier wurde die Regel Groß- und Kleinschreibung verletzt – das schließende Tag entspricht nicht dem öffnenden.

`<orderdate date="26.05.2000">`

Hier fehlt das schließende Tag.

Korrekt sind dagegen die folgenden beiden Varianten. Zuerst die Version mit schließendem Tag:

```
<orderdate date="26.05.2000"></orderdate>
```

Auch eine »verkürzte« Schreibweise ist zulässig, wenn das Tag keinen Inhalt hat und sich selbst schließt:

```
<orderdate date="26.05.2000" />
```

Ob Tags selbst groß oder klein geschrieben werden, spielt dagegen keine Rolle, auch wenn sich Kleinschreibung durchgesetzt hat.

Wenn Sie das Dokument aus Listing 10.82 betrachten, fällt noch eine weitere Eigenschaft auf: Es gibt ein umschließendes Tag <xml>. Dies muss nicht <xml> sein – es muss aber genau ein so genanntes Wurzel-Tag geben. Folgende Dokumentstruktur ist unzulässig:

```
<xml>
  <data>...</data>
</xml>
<xml:second>
  <data>...</data>
</xml:second>
```

Korrekt wäre dagegen diese Variante:

```
<xml>
  <xml:first>
    <data>...</data>
  </xml:first>
  <xml:second>
    <data>...</data>
  </xml:second>
</xml>
```

Verarbeitung von XML-Daten

Auch für die Verarbeitung von Daten in XML gibt es einige simple Vorschriften. Es existieren Programme zur Prüfung der Eigenschaften von XML-Dokumenten, so genannte XML-Validatoren, die auf Fehler hinweisen.

Version Die erste Anweisung beinhaltet die Version, in der das Dokument verfasst ist. Derzeit gibt es nur XML der Version 1.0. Entsprechend wird das umschließende XML-Tag folgendermaßen erweitert:

```
<xml version="1.0"?>
```

Beachten Sie das Fragezeichen am Ende des Tags, es weist darauf hin, dass es sich hier um eine Prozessanweisung handelt.

Sprachen und Zeichensatz Die zweite Anweisung beinhaltet die Sprache und den darauf abgestimmten Zeichensatz. Für den Gebrauch mit mehreren westlichen Sprachen eignet sich UTF-8 (8 Bit Unicode). Bei rein lateinischen Buchstaben, wie sie im Eng-

ADO und XML

lischen gebraucht werden, reicht auch der Standardzeichensatz ISO-8859-1. Die folgende Tabelle zeigt die möglichen Varianten:

Zeichensatz	Sprache
UTF-8	Unicode, 8 Bit
ISO-8859-1	Westliches Europa
ISO-8859-2	Osteuropa
ISO-8859-3	Südost-Europa
ISO-8859-4	Skandinavische Sprachen
ISO-8859-5	Latein und Kyrillisch
ISO-8859-6	Latein und Arabisch
ISO-8859-7	Latein und Griechisch
ISO-8859-8	Latein und Hebräisch
ISO-8859-9	Latein und Türkisch
EUC-JP, Shift_JIS	Japanisch

Tab. 10.67: Zeichensätze

Das `<xml>`-Tag wird nun um eine entsprechende Anweisung erweitert:

`<xml version="1.0" encoding="iso-8859-1"?>`

Ähnlich wie in HTML gibt es in XML Sonderzeichen, die eine besondere Bedeutung haben. Die folgende Tabelle zeigt diese Zeichen und die Notation im Datenbereich:

Sonderzeichen

Zeichen	Entität	Hexadezimal	Dezimal
&	&amp;	&#x26;	&#38;
<	&lt;	&#x3C;	&#60;
>	&gt;	&#x3E;	&#62;
"	&quot;	&#x22;	&#34;
'	&apos;	&#x27;	&#39;

Tab. 10.68: Sonderzeichen in XML

Es ist also *nicht* notwendig, Umlaute zu codieren, wenn diese vom gewählten Zeichensatz unterstützt werden. Besonders mit UTF-8 können so Datenimporte und -exporte leichter realisiert werden. Der folgende Text ist nicht zulässig:

`<data>Müller & Brüder</data>`

Zulässig ist dagegen:

`<data>Müller &amp; Brüder</data>`

Wenn Sie Daten mit entsprechenden Funktionen in ADO ins XML-Format transformieren, müssen Sie das nicht weiter beachten – ADO erledigt das zuverlässig. Bei der Erstellung von XML-Dateien mit eigenen Skripten oder von Hand sind Sie natürlich selbst dafür verantwortlich.

Unabhängig davon ist es eine gute Idee, die in HTML üblichen Entitäten, beispielsweise © für ©, auch in XML zu verwenden, vor allem wenn die Ausgabe später in HTML erfolgt.

Definition der Dokumentstruktur

Wie bisher zu sehen war, ist die Ausgestaltung der Tags offensichtlich nicht Bestandteil des Standards XML, sondern der Applikation. Sie müssen also dem Empfänger einer XML-Datei eine Information darüber zukommen lassen, wie die Tags zu interpretieren sind. Es versteht sich von selbst, dass auch diese Form maschinenlesbar sein muss.

DTD Es gibt zwei Ansätze, dies zu realisieren: *Document Type Definitions* (DTDs) und *Schemas*. DTDs gehören zum aktuellen XML-Standard und nutzen eine eigene Beschreibungssprache, wie das folgende Beispiel zeigt:

```
<!DOCTYPE sales [
   <!ELEMENT sales (sale)*>
   <!ELEMENT sale (id|order|date)*>
   <!ELEMENT id (#PCDATA)>
   <!ELEMENT order (#PCDATA)>
   <!ELEMENT date (#PCDATA)>
]>
```

Listing 10.83: Einfache DTD

Der Aufbau ist relativ einfach, wenn die Struktur bekannt ist. Das erste Element DOCTYPE definiert das Wurzelelement:

```
<!DOCTYPE wurzel_element [
```

Dann werden Elemente definiert. Im Beispiel wird ein Element *sale* erzeugt, das selbst weitere Elemente enthalten darf. PCDATA definiert den Inhalt der Elemente als lesbare Zeichen, Parsed Character Data. Attribute werden in diesem einfachen Beispiel nicht definiert.

Es gibt im Web einen XML-Validator, der ein Dokument auf der Grundlage einer DTD überprüft. Sie können sich dieses Werkzeug von der folgenden Adresse laden:

www.microsoft.com/downloads/internet/samples/xml/xml_validator

Schemas Die bislang übliche Methode der Definition – DTDs – weist einige schwerwiegende Nachteile auf:

- ▶ Es gibt keine Möglichkeit, Datentypen zu definieren – alle Daten sind immer »PCDATA«.

- ▶ Die Definition selbst erfolgt nicht in XML. Das ist zwar mehr ein philosophisches Thema, nichtsdestotrotz für die Zukunft sehr kritisch zu betrachten.

ADO und XML

- Das Format ist nicht erweiterbar, Änderungen bedürfen einer neuen DTD.
- Es gibt nur eine DTD pro Dokument, Kombinationen und Vererbungen sind nicht vorgesehen.

Microsoft hat deshalb mit einer Handvoll kleinerer Firmen eine andere Form der Strukturdefinition entwickelt. Man mag diesen Weg kritisch betrachten, in Anbetracht des frühen Entwicklungsstadiums ist das Einbringen alternativer Vorschläge zur Vermeidung historischer Fehler aber durchaus legitim. Auch wenn einige Entwickler aus Gründen persönlicher Abneigung gegen Microsoft streng auf die aktuellen W3C-Standards setzen, soll hier der Alternative doch ein breiterer Raum eingeräumt werden – gerade weil diese Lösung intelligenter und konsequenter ist.

Schemas definieren die Struktur der XML-Dokumente. Sie sind selbst in XML geschrieben. Das folgende Listing zeigt ein Beispiel:

```
<?XML version="1.0" encoding="UTF-8" ?>
  <schema id="rss">
    <ElementType name="id" dt="i4" />
    <ElementType name="order" dt="string" />
    <ElementType name="date" dt="date" />
    <ElementType name="sale" model="closed" content="eltOnly">
      <element type="id" />
      <element type="order" />
      <element type="sale" />
    </ElementType>
    <ElementType name="sale" model="closed" content="eltOnly">
      <element type="sale" maxOccurs="*" />
    </ElementType>
  </schema>
```

Listing 10.84: Schema als Alternative zur DTD in Listing 10.83 (Ausschnitt)

Neu ist hier die Definition von Datentypen im Namensraum dt: (auf Namensräume wird im Anschluss an diesen Abschnitt eingegangen). Sie können also exakt bestimmen, was der Inhalt eines Felds sein darf – für die Speicherung von Daten aus Datenbanken ist das unbedingt notwendig.

Das Element Elementtype definiert den umgebenden Container. Die Attribute haben folgende Bedeutung:

Schemas im Detail

- name: Name des Tags
- model: closed steht für Tags, die selbst nur definierte Tags enthalten dürfen.
- content: eltOnly steht für »elements only«, dieses Tag darf nur andere im Schema definierte Elemente enthalten, keine Daten.

10 ADO professionell programmieren

Normalerweise kann jedes Tag nur ein Mal im umgebenden Container erscheinen. Mit maxOccurs="*" wird dies modifiziert: Das Sternchen steht für »ein oder beliebig viele«.

Namensräume

Betrachten Sie noch einmal einen Ausschnitt aus der Datei SAVE.TXT, die direkt aus einem ADO-Objekt erzeugt wurde:

```
<s:Schema id='RowsetSchema'>
<s:ElementType name='row'
            content='eltOnly'
            rs:CommandTimeout='30'>
<s:AttributeType name='ShipperID' rs:number='1'>
  <s:datatype dt:type='int'
            dt:maxLength='4'
            rs:precision='10'
            rs:fixedlength='TRUE'
            rs:maybenull='FALSE'/>
</s:AttributeType>
```

Listing 10.85: Ausschnitt aus einer realen XML-Datei

Dies sieht offensichtlich etwas anders aus: komplexer als das mit dem gezeigten Schema möglich wäre. Das korrekte Schema erscheint dann folgendermaßen:

```
<xml xmlns:s="uuid:BDC6E3F0-6DA3-11d1-A2A3-00AA00C14882"
    xmlns:dt="uuid:C2F41010-65B3-11d1-A29F-00AA00C14882"
    xmlns:rs="urn:schemas-microsoft-com:rowset"
    xmlns:z="#RowsetSchema">
<s:Schema id="RowsetSchema">
    <s:ElementType name="row"
            content="eltOnly"
            s:updatable="TRUE">
    <s:AttributeType name="ShipperID"
            rs:number="1"
            rs:basetable="shippers"
            rs:basecolumn="ShipperID"
            rs:keycolumn="TRUE">
        <s:datatype
            dt:type="int"
            dt:maxLength="4"
            rs:precision="10"
            rs:fixedlength="TRUE"
            rs:maybenull="FALSE"/>
    </s:AttributeType>
    <s:AttributeType name="CompanyName"
            rs:number="2"
```

ADO und XML

```
                    rs:nullable="TRUE"
                    rs:write="TRUE"
                    rs:basetable="shippers"
                    rs:basecolumn="CompanyName">
                    <s:datatype
                        dt:type="string"
                        dt:maxLength="40" />
        </s:AttributeType>
        <s:AttributeType name="Phone"
                    rs:number="3"
                    rs:nullable="TRUE"
                    rs:write="TRUE"
                    rs:basetable="shippers"
                    rs:basecolumn="Phone">
                    <s:datatype
                        dt:type="string"
                        dt:maxLength="24"/>
        </s:AttributeType>
        <s:extends type="rs:rowbase"/>
    </s:ElementType>
</s:Schema>
```

Listing 10.86: Komplexes Schema für Datensätze

In diesem Schema werden vier Namensräume verwendet. Namensräume trennen Bezeichnungen von Attributen, sodass keine Namenskonflikte entstehen. Die Notation ist einfach:

Namensräume

```
namensraum:tag
```

Vor dem Doppelpunkt steht die Bezeichnung des Namensraums, danach das Element aus diesem Bereich. Definiert werden Namensräume durch Verweise auf interne oder externe Bibliotheken, auch über UUIDs:

```
xmlns:s="uuid:BDC6E3F0-6DA3-11d1-A2A3-00AA00C14882"
xmlns:dt="uuid:C2F41010-65B3-11d1-A29F-00AA00C14882"
xmlns:rs="urn:schemas-microsoft-com:rowset"
xmlns:z="#RowsetSchema">
```

Die vier Namensräume haben folgende Bedeutung:

Bedeutung der Namensräume

- s: Schema
- dt: Datentypen
- rs: RecordSet (Datensatz)
- z: Erweiterung der Reihendefinition

Datentypen

Die Datentypen, die im Namensraum dt verwendet werden können, finden Sie in der folgenden Tabelle:

Tab. 10.69: Datentypen in XML-Schemas

Datentyp	Beschreibung
bin.base64	Binär
bin.hex	Hexadezimale Oktetts
boolean	Wahrheitswert
char	1 Zeichen
date	Datum im Format yyyy-mm-tt
dateTime	Datum mit Zeit: yyyy-mm-ttThh:mm:ss
dataTime.tz	yyyy-mm-ttThh:mm:ss-hh:mm, wobei der letzte Teil die Differenz zur lokalen Zeitzone bestimmt
fixed.14.4	Gleitkommazahl mit 14 Stellen vor und 4 Stellen nach dem Komma
float	Gleitkommazahl
int	Integer
number	Alternative Bezeichnung für float
time	Zeit
time.tz	Zeit mit Zeitzonenangabe
i1	Integer, 1 Byte
i2	Integer, 2 Bytes
i4	Integer, 4 Bytes
r4	Gleitkommazahl, 4 Bytes
r8	Gleitkommazahl, 8 Bytes
ui1	Integer, 1 Byte, ohne Vorzeichen
ui2	Integer, 2 Bytes, ohne Vorzeichen
ui4	Integer, 4 Bytes, ohne Vorzeichen
uri	URI
uuid	UUID

Zusätzlich zu diesen von Microsoft vorgeschlagenen Typen hat W3C die
Liste um einige primitive Typen ergänzt:

Datentyp	Entspricht Element in einer DTD
entity	ENTITY
entitities	ENTITIES
enumeration	Aufzählungstyp
id	ID
idref	IDREF
idrefs	IDREFS
nmtoken	NMTOKEN
nmtokens	NMTOKENS
notation	NOTATION
string	Zeichenkettentyp (praktisch PCDATA)

Tab. 10.70: Primitive dt:-Elemente

Attribute von ElementType

ElementType darf verschiedene Attribute enthalten, die Sie der folgenden Tabelle entnehmen können:

ElementType

Attribut	Beschreibung
content	Art des Inhalts. Darf Folgendes sein: • empty. Element darf kein Inhalt haben. • textOnly. Nur Text ist erlaubt. • eltOnly. Nur andere Elemente sind erlaubt. • mixed. Andere Elemente und Text dürfen enthalten sein.
dt:type	Datentyp, wie zuvor beschrieben
model	Art des Modells: • closed. Nur definierte Elemente sind erlaubt. • open. Auch andere Elemente mit eigenem Namensraum sind möglich.
name	Name
order	Reihenfolge der Elemente: • one. Nur ein Element ist erlaubt. • seq. Die Elemente müssen in der Reihenfolge erscheinen, wie sie definiert wurden. • many. Die Reihenfolge spielt keine Rolle, es müssen auch nicht alle Elemente genutzt werden.

Tab. 10.71: Attribute von ElementType

Attribute Die Attribute können mit den folgenden Elementen definiert werden:

Tab. 10.72:
Definition der
Attribute

Attribut	Beschreibung
default	Standardwert
dt:type	Datentyp
dt:values	Wenn der Datentyp eine Aufzählung ist, stehen hier die Elemente.
name	Name
required	yes oder no, je nachdem, ob das Element erforderlich ist

Im Beispiel in Listing 10.86 fanden Sie weitere Attribute, beispielsweise rs:keycolumn="TRUE". *keycolumn* ist kein Standardattribut, sondern eine Erweiterung des Namenraums *rs* (dies steht für *RecordSet*). Dies macht die Kraft von XML aus: Es ist unbegrenzt erweiterbar.

10.12.2 Praktische Anwendung

Ein praktischer Weg der Verwendung von XML-Daten ist die Persistenz. Darunter versteht man die Speicherung von Datensätzen bzw. Datenabfragen außerhalb der Datenbank. Nach der Abfrage werden die Daten im lokalen Datensatzobjekt gehalten – normalerweise also in einem bestimmten Speicherbereich des Hauptspeichers des Webservers. Das Speichern, Versenden und Reaktivieren ist schwierig. Sie werden bisher Ihre Applikationen auch so programmiert haben, dass diese das Ergebnis der Abfrage am Ende des Skripts verwerfen und dann auf der nächsten Seite erneut die Datenbank abfragen. Persistente Datensätze in der klassischen ADO-Programmierung konnten immerhin auf eine bereits bestehende Verbindung zum Datenbankserver zugreifen. Die Abfrage selbst musste dennoch erneut initiiert werden.

Nutzwert

Schon bei kleinen Projekten können Sie von XML profitieren. Das Durchblättern von längeren Tabellen ist ein typisches Problem. Herkömmlich wird die Tabelle immer wieder abgefragt und dann mit Hilfe der Zeigersteuerung in Seiten und Abschnitte zerlegt. Mit XML benötigen Sie nur eine Abfrage, die Daten selbst werden als Datei persistent gemacht und stehen so schneller zur Verfügung.

```
<% option explicit %>
<html>
<body>
<h1>XML</h1>
<h2>Persistenz</h2>
<%
DIM objFO, strFile, field, position, records
```

ADO und XML

```
position = 1
strFile = Server.MapPath("customer.table.xml")
IF open() THEN
    SET objRS = Server.CreateObject("ADODB.RecordSet")
    SET objFO = Server.CreateObject
                ("Scripting.FileSystemObject")
    IF objFO.FileExists(strFile) THEN
        objRS.Open strFile
    ELSE
        objRS.Open "SELECT * FROM Customers", objConn,
                   adOpenKeySet, adLockOptimistic
        objRS.Save strFile, adPersistXML
    END IF
    records = objRS.RecordCount
    IF len(Request.Form("position-start")) > 0 THEN
         position = 1
    ELSEIF len(Request.Form("position-end")) > 0 THEN
         position = records
    ELSEIF len(Request.Form("position-back")) > 0 THEN
         position = Request.Form("position") - 1
    ELSEIF len(Request.Form("position-next")) > 0 THEN
         position = Request.Form("position") + 1
    ELSEIF len(Request.Form("position-next5")) > 0 THEN
        position = Request.Form("position") + 5
    ELSEIF len(Request.Form("position-back5")) > 0 THEN
        position = Request.Form("position") - 5
    END IF
    objRS.AbsolutePosition = position
    echo "Tabelle enth&auml;lt <b>$records</b>
          Datens&auml;tze<br>"
    echo "Aktueller Datensatz Nr. <b>$position</b><br>"
    echo "<table>"
    FOR EACH field IN objRS.Fields
       echo "<tr><td bgcolor=#eeeeee>" & field.name
         echo "</td><td>" & field.Value & "</td></tr>"
    NEXT
    echo "</table>"
END IF
%>
<form method="post" action="<% = ASP_SELF %>">
<input type="Hidden" name="position" value="<% = position %>">
<input type="Submit" name="position-start" value="|<"
  <% if position = 1 then echo "disabled" %>
 style="width:30px">
<input type="Submit" name="position-back5" value="-5"
  <% if position < 6 then echo "disabled" %>
 style="width:30px">
```

```
<input type="Submit" name="position-back" value="<"
  <% if position = 1 then echo "disabled" %>
style="width:30px">
<input type="Button" value="<% = position %>" disabled
style="width:50px">
<input type="Submit" name="position-next" value=">"
  <% if position = records then echo "disabled" %>
style="width:30px">
<input type="Submit" name="position-next5" value="+5"
  <% if position > records - 6 then echo "disabled" %>
style="width:30px">
<input type="Submit" name="position-end" value=">|"
  <% if position = records then echo "disabled" %>
style="width:30px">
</form>
</body>
</html>
```

Listing 10.87: Speicherung einer Datenbankabfrage in einer XML-Datei

Das Skript besteht im Wesentlichen aus zwei Teilen: der Erzeugung und Aktivierung der Datenbankabfrage und dem Formular mit den Schaltflächen zum Durchlaufen der Datensätze sowie deren Auswertung.

Wie es funktioniert

Die Abspeicherung des Datensatzobjekts erfolgt in einer Datei namens CUSTOMER.TABLE.XML.

```
strFile = Server.MapPath("customer.table.xml")
```

Dann wird die Verbindung geöffnet und zuerst untersucht, ob die Datei bereits existiert:

```
IF open() THEN
   SET objRS = Server.CreateObject("ADODB.RecordSet")
   SET objFO = Server.CreateObject
              ("Scripting.FileSystemObject")
```

Ist das der Fall, wird die Datei in das Datensatzobjekt eingelesen:

```
IF objFO.FileExists(strFile) THEN
    objRS.Open strFile
```

Andernfalls wird die Datenbankabfrage initiiert:

```
ELSE
    objRS.Open "SELECT * FROM Customers", objConn,
              adOpenKeySet, adLockOptimistic
```

Das neu befüllte Datensatzobjekt wird als XML-Datei gespeichert und steht beim nächsten Aufruf allen Nutzern zur Verfügung:

```
    objRS.Save strFile, adPersistXML
END IF
```

ADO und XML

Dann wird die Anzahl der Datensätze und damit die höchste Nummer festgestellt:

```
records = objRS.RecordCount
```

Jetzt werden die Eingaben des Formulars ermittelt und die Nummer des aktuellen Datensatzes wird ausgewählt:

```
IF len(Request.Form("position-start")) > 0 THEN
    position = 1
ELSEIF len(Request.Form("position-end")) > 0 THEN
    position = records
ELSEIF len(Request.Form("position-back")) > 0 THEN
    position = Request.Form("position") - 1
ELSEIF len(Request.Form("position-next")) > 0 THEN
    position = Request.Form("position") + 1
ELSEIF len(Request.Form("position-next5")) > 0 THEN
    position = Request.Form("position") + 5
ELSEIF len(Request.Form("position-back5")) > 0 THEN
    position = Request.Form("position") - 5
END IF
```

Anschließend wird der aktuelle Datensatz ausgewählt:

```
objRS.AbsolutePosition = position
```

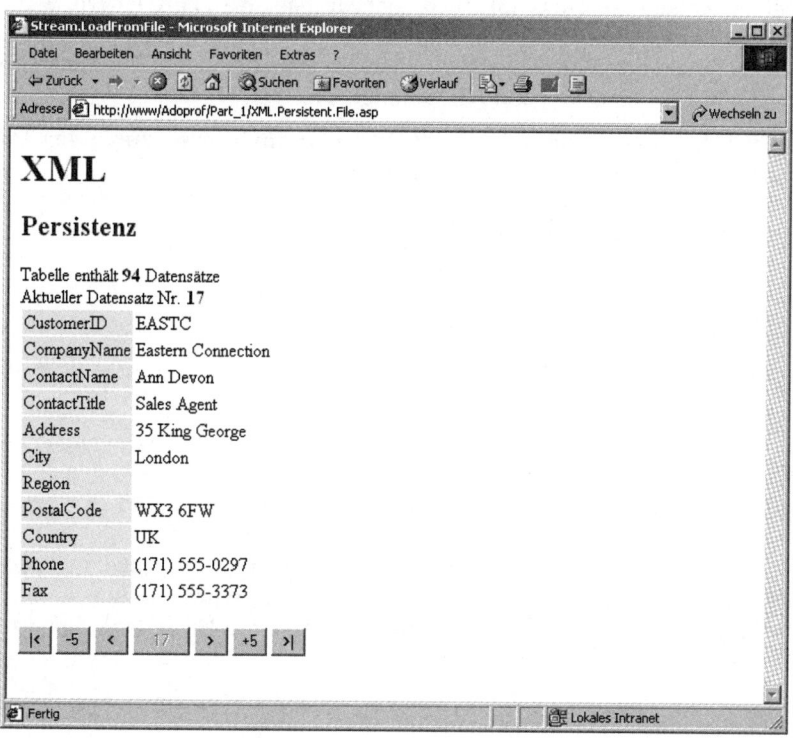

Abbildung 10.26: Durchlaufen eines persistenten Datensatzes über eine XML-Datei

10 ADO professionell programmieren

Jetzt erfolgt die Darstellung des Datensatzes in einer Tabelle und die Generierung der Schaltflächen. Das Formular enthält noch einige Abfragen, mit denen Schaltflächen am Anfang und am Ende der Tabelle gesperrt werden, andernfalls würde beim Auruf der Methode `AbsolutePosition` ein Laufzeitfehler entstehen.

Diskussion Es ist sicher in der Praxis notwendig, weitere Fehlerroutinen einzubinden. Außerdem wäre es sinnvoll, einen Mechanismus zur Sicherung der Aktualität des persistenten Datensatzobjekts einzuführen. Beispielsweise könnten Sie die Datei zum Beginn jeder Stunde löschen, der erneute Aufbau erfolgt automatisch. Insgesamt ist bei dieser Lösung eine deutliche Steigerung der Zugriffsgeschwindigkeit feststellbar, denn unzählige Datenbankzugriffe entfallen. Die Datei hält ASP im internen Cache, sodass auch hier kaum Verzögerungen eintreten. Bei komplexen Datenbankabfragen mit Berechnungen und Verknüpfungen treten die Vorteile noch drastischer hervor.

Umgang mit XML-Dateien: XSL und XSLT

Der Internet Explorer kann ab Version 5 XML-Dateien darstellen – und das tatsächlich in durchaus praktikabler Form, nämlich unter Verwendung von XSL-Vorlagen. XSL steht für Extensible Style Sheet Language und stellt so etwas wie CSS für XSL dar. Tatsächlich ist der Umgang mit Daten ungleich komplizierter als der mit gestalterischen Elementen. Denn viele Aktionen, die bislang mit ADO-Objekten ausgeführt werden, könnten nun auch mit XML erfolgen. Also muss XSL auch über Mechanismen zum Filtern, Sortieren und Blättern verfügen. Diese Sprache ist noch in der Entwicklung und weit entfernt von allgemeiner Verfügbarkeit. Trotzdem ist es ein dankbares Projekt, mit realen Daten und XSL umzugehen.

XML-Daten zum Browser senden Der erste Schritt besteht darin, die XML-Daten zum Browser zu senden. Das folgende Skript zeigt, wie dies funktioniert:

```
<!-- #include file="open.inc.asp" -->
<?xml version='1.0' encoding='UTF-8'?>
<%
IF open() THEN
    SET objRS = Server.CreateObject("ADODB.RecordSet")
    objRS.Open "SELECT * FROM Customers", objConn
    objRS.Save Response, adPersistXML
END IF
%>
```

Listing 10.88: Ausgabe des XML-Streams direkt zum Browser (XML.Stream.asp)

Die Kopfzeile ist schon am Anfang des Abschnitts vorgestellt worden. Beachten Sie, dass hier `encoding='UTF-8'` eingesetzt wurde, damit kommen die vielen fremdsprachlichen Elemente der *NorthWind*-Datenbank direkt zur Anzeige.

ADO und XML

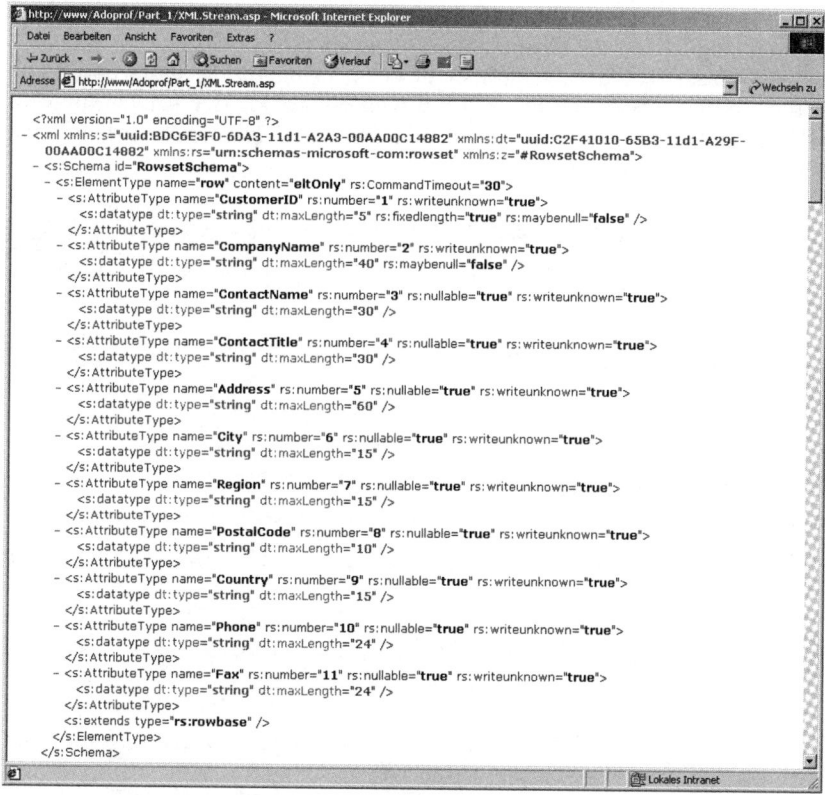

Abbildung 10.27:
Schema-Definition
der XML-Datei im
IE5

Neben den Daten enthält die Datei auch das Schema. Sie können die korrespondierenden Tags mit den Minus-Zeichen zuklappen und mit den Plus-Zeichen aufklappen (siehe Abbildung 10.28).

Falls Sie statt der Umlaute kryptische Zeichen sehen, wurde der Parameter für encoding falsch gesetzt.

Bis dahin ist das sicher nicht mehr als ein netter Effekt. Nutzer können Sie mit solchen Daten nicht konfrontieren. Dabei hilft aber ein weiterer Mechanismus: XSL bzw. die davon abgeleitete Transformationssprache XSLT. Außerdem kann eine grundlegende Formatierung mit CSS (Cascading Style Sheets) erfolgen.

XSLT und XSL/CSS

Der im IE implementierte XSLT-Mechanismus lässt sich heute bereits sinnvoll nutzten. XSLT realisiert eine Umwandlung von Daten in eine andere Darstellungsform.

XSLT im IE

Mit XSL stehen Ihnen noch mehr Möglichkeiten offen, beispielsweise die Aufbereitung von Daten für den Druck. XSL ist sehr komplex und hat primär nichts mit der Transformation zu tun. Da die Daten hiermit nicht direkt

XSL und CSS

10 ADO professionell programmieren

behandelt werden, soll dieses Thema nicht weiter behandelt werden. Eine andere Möglichkeit der Formatierung – auch von XML-Daten – ist CSS. Mittels CSS lässt sich das Dokument in Form bringen. Die einfachste Form benennt eine CSS-Datei und die Tags werden, analog der Anwendung bei HTML, entsprechend der XML-Datei benannt. Namensräume werden unverändert mitgeführt.

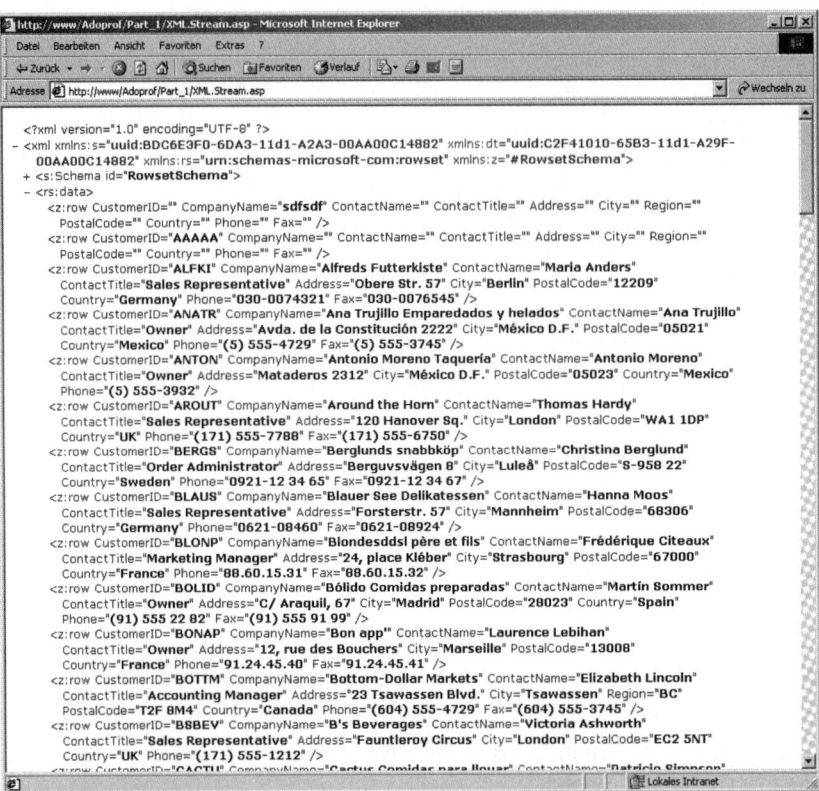

Abbildung 10.28: Daten aus der Tabelle Customers in XML

Das folgende Listing zeigt die Integration der XSLT-Datei:

```
<!-- #include file="open.inc.asp" -->
<?xml version='1.0' encoding='UTF-8'?>
<?xml-stylesheet href='test.xsl' type='text/xsl'?>
<%
IF open() THEN
    SET objRS = Server.CreateObject("ADODB.RecordSet")
    objRS.Open "SELECT * FROM Customers", objConn
    objRS.Save Response, adPersistXML
END IF
%>
```

Listing 10.89: Ausgabe direkt an den Browser per XML und mit Formatierung per XSL (XML.Stream.xsl.asp)

ADO und XML

Die entscheidende Zeile ist einfach aufgebaut:

```
<?xml-stylesheet href='test.xsl' type='text/xsl'?>
```

Das Attribut href zeigt auf die URL der Style-Datei, mit type wird der MIME-Typ angegeben. Die eigentliche Leistung besteht im Erstellen der XSL-Datei. Hier soll nur ein Beispiel gezeigt werden – die komplette Darstellung würde ein eigenes Buchprojekt ergeben. XSL ist sehr umfangreich und keineswegs trivial.

```
<xsl:stylesheet xmlns:xsl="http://www.w3.org/TR/WD-xsl">
<xsl:template>
<style>
td { font-family:Arial; font-size:10pt; color:blue; }
</style>
<table border="1">
   <tr>
      <th>CustomerID</th>
      <th>CompanyName</th>
      <th>ContactName</th>
      <th>City</th>
      <th>Country</th>
      <th>Phone</th>
   </tr>
 <xsl:for-each
  select="xml/rs:data/z:row[@CustomerID != ''
          and @CompanyName != '']"
  order-by="+ @City">
  <tr>
     <td><xsl:value-of select="./@CustomerID"/></td>
     <td><xsl:value-of select="./@CompanyName"/></td>
     <td><xsl:value-of select="./@ContactName"/></td>
     <td><xsl:value-of select="./@City"/></td>
     <td><xsl:value-of select="./@Country"/></td>
     <td><xsl:value-of select="./@Phone"/></td>
  </tr>
 </xsl:for-each>
 <hr/>
</table>
</xsl:template>
</xsl:stylesheet>
```

Listing 10.90: die XSL-Steuerdatei zur Anzeige der Daten (test.xsl)

Bevor Sie sich näher mit der Konstruktion der XSL-Datei befassen, soll das Ergebnis im Browser gezeigt werden:

Abbildung 10.29:
Ausgabe des Skripts
aus Listing 10.89

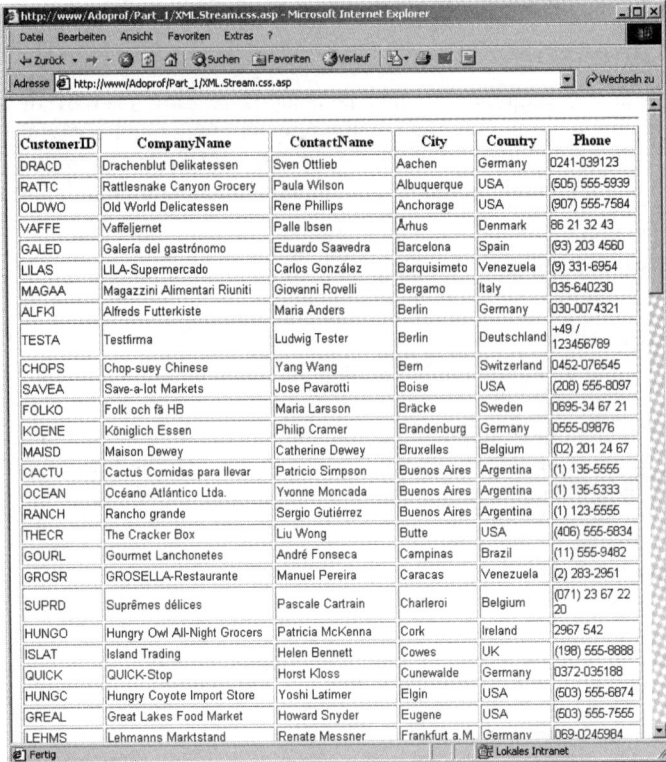

Offensichtlich wird die zeilenweise Ausgabe nicht mehr auf der ASP-Seite ausgeführt, sondern direkt im Browser – unter Aufsicht der XSL-Datei.

Wie es funktioniert

Zuerst beginnt jede XSL-Datei mit einem speziellen Kopf. Üblich ist die Definition eines eigenen Namensraums »xsl«, damit es keine Namenskonflikte gibt:

```
<xsl:stylesheet xmlns:xsl="http://www.w3.org/TR/WD-xsl">
```

Dann wird die gesamte Datei als Vorlage (Template) betrachtet: Der Browser weiß jetzt also, dass er die Platzhalter mit Werten aus der XML-Datei füllen muss:

```
<xsl:template>
```

Zwischen den speziellen XSL-Elementen können Sie alles aufführen, was in HTML erlaubt ist – wohlgeformt nach der XML-Norm natürlich. Hier folgt ein normaler Stylesheet für die Formatierung der Tabellenzellen:

```
<style>
td { font-family:Arial; font-size:10pt; color:blue; }
</style>
```

ADO und XML

Dann wird eine Tabelle definiert, dies ist pures HTML:

```
<table border="1">
   <tr>
      <th>CustomerID</th>
      <th>CompanyName</th>
      <th>ContactName</th>
      <th>City</th>
      <th>Country</th>
      <th>Phone</th>
   </tr>
```

Die Reihen der Tabelle sollen nun mit Werten gefüllt werden. Dazu wird die XSL-Transform-Anweisung for-each verwendet. Als Argument dient select zur Auswahl der XML-Tags und order-by zum Sortieren der Ausgabe. Hinter select müssen Sie immer den vollen »Pfad« der Tags angeben, inklusive der Namensräume, hier also xml/rs:data/z:row. Wenn sich die Daten im Container eines solchen Tags befinden, ist die Angabe fertig:

```
<xsl:for-each
  select="xml/rs:data/z:row[@CustomerID != ''
       and @CompanyName != '']"
  order-by="+ @City">
```

Da das hier verwendete Schema aber die Daten in Attribute packt, müssen noch Attribute ausgewählt werden. Letztere stehen in eckigen Klammern und werden mit einem @ eingeleitet. In der for-each-Anweisung erfolgt nun eine Selektion, ähnlich einer if-Anweisung in VBScript. Die folgende Auswahl bestimmt, dass nur die Datensätze angezeigt werden, deren Werte für *CustomerID* und *CompanyName* belegt sind:

```
[@CustomerID != '' and @CompanyName != '']"
```

XSL kennt hier das gesamte Spektrum an Operatoren.

```
<xsl:for-each
   select="xml/rs:data/z:row[@CustomerID != ''
        and @CompanyName != '']"
   order-by="+ @City">
```

Innerhalb der Schleife müssen nun die Werte tatsächlich abgerufen werden; dies erfolgt mit value-of. Der Präfix ./ ruft das gesamte umgebende Tag auf und spart etwas Schreibarbeit. Ansonsten erfolgt hier der Zugriff auf die Attribute:

```
   <tr>
      <td><xsl:value-of select="./@CustomerID"/></td>
      <td><xsl:value-of select="./@CompanyName"/></td>
      <td><xsl:value-of select="./@ContactName"/></td>
      <td><xsl:value-of select="./@City"/></td>
      <td><xsl:value-of select="./@Country"/></td>
      <td><xsl:value-of select="./@Phone"/></td>
   </tr>
```

Wenn die Daten im Container stehen, würde man `select="."` schreiben.

Am Ende darf man nicht vergessen, alle Tags wieder zu schließen:

```
</xsl:for-each>
</table>
</xsl:template>
</xsl:stylesheet>
```

10.12.3 XSL und ASP kombinieren

Die XSL-Datei kann natürlich auch per ASP erzeugt werden. In der Kombination ergeben sich faszinierende Möglichkeiten. Das folgende Beispiel zeigt die etwas modifizierte Ausgangsdatei. Praktisch wird nur ein Parameter aus der URL extrahiert und – darauf kommt es hier an – die Datei TEXT.XSL wurde durch ein ASP-Skript XSL.ASP ersetzt. Dieses Skript muss sich nur darum kümmern, gültigen XSL-Code zu erzeugen.

```
<!-- #include file="open.inc.asp" -->
<% order = Request.QueryString("order") %>
<?xml version='1.0' encoding='UTF-8'?>
<?xml-stylesheet href='xsl.asp?order=<% = order %>' type='text/xsl'?>
<%
IF open() THEN
   SET objRS = Server.CreateObject("ADODB.RecordSet")
   objRS.Open "SELECT * FROM Customers", objConn
   objRS.Save Response, adPersistXML
END IF
%>
```

Listing 10.91: Die XSL-Datei mutiert hier zum ASP-Skript (XML.Stream.xsl.2.asp)

Nun stehen alle Möglichkeiten offen, die XSL-Datei interaktiv zu erstellen. Im Beispiel wird dies benutzt, um die Tabelle nach allen Spalten sortieren zu können:

```
<%
DIM order, script, fieldlist, part
order = Request.QueryString("order")
SET fieldlist = Server.CreateObject("Scripting.Dictionary")
fieldlist.Add "CustomerID", "1"
fieldlist.Add "CompanyName", "2"
fieldlist.Add "ContactName", "3"
fieldlist.Add "City", "4"
fieldlist.Add "Country", "5"
fieldlist.Add "Phone", "6"
%>
<xsl:stylesheet xmlns:xsl="http://www.w3.org/TR/WD-xsl">
<xsl:template>
<style>
```

```
td { font-family:Arial; font-size:10pt; color:blue; }
</style>
<table border="1">
 <tr>
 <% for each part in fieldlist %>
  <% if order=part then %>
    <th bgcolor="Silver">
  <% else %>
    <th>
  <% end if %>
    <a href="?order=<% = part %>"><% = part %></a>
  </th>
 <% next %>
 </tr>
 <xsl:for-each select="xml/rs:data/z:row[@CustomerID != ''
     and @CompanyName != '']" order-by="+ @<% = order %>">
 <tr>
 <% for each part in fieldlist %>
  <td><xsl:value-of select="./@<% = part %>"/></td>
 <% next %>
 </tr>
 </xsl:for-each>
 <hr/>
</table>
</xsl:template>
</xsl:stylesheet>
```

Listing 10.92: auch XSL-Dateien lassen sich dynamisch erzeugen (xsl.asp)

Zwei wesentliche Effekte werden hier benutzt: Zum einen wird die Feldliste dynamisch erzeugt, innerhalb der XSL-for-each-Anweisung finden Sie die VBScript-For Each-Anweisung. Der Parameter order wird dynamisch eingesetzt, je nachdem, welcher Teil der Kopfleiste angeklickt wurde (siehe Abbildung 10.30).

Diskussion

Die vorgestellten Methoden zeigen einen kleinen Ausschnitt der Möglichkeiten. Sie zeigen auch, wohin die Reise geht. Die eigentliche Botschaft für den Webentwickler ist Folgende:

Aufgrund der zunehmenden Komplexität der Applikationen, die oft mit leistungsfähigen Werkzeugen von wenigen Personen umgesetzt werden, müssen Sie bestimmte Techniken anwenden, um nicht die Übersicht zu verlieren. Eine typische Technik ist die Trennung zwischen Datenbank, Geschäftslogik und Oberfläche. In klassischen Applikationen wird diese als 3-Schicht-Modell (Tree-Tier-Model) bezeichnete Form schon lange genutzt. Die Webserverentwicklung hinkt hier um einiges hinterher. XML ist der Schlüssel, mit chaotischen Spagettiprogrammen Schluss zu machen und konsequent zu entwickeln. Sie können nun die Datenbank programmieren und sich selbst Schnittstellen zurechtlegen, wobei die »schweren« Aufgaben beispielsweise durch gespeicherte Prozeduren erledigt werden. Dann verwenden Sie als Übergang zur Geschäftslogik OLEDB und programmieren in ADO und ASP alle Abläufe. Die Daten werden einheitlich in XML ausgegeben. Dann erst wird die dritte Schicht mit der Oberfläche entworfen. Nutzerspezifische Modifikationen erfolgen mit XSLT oder ähnlichen Techniken. Die Vorteile liegen auf der Hand. Verlangt ein Nutzer eine andere Sortierung oder Darstellung, bleiben die mühevoll entworfenen Skripte gänzlich unberührt.

Abbildung 10.30: XML-Daten mit dynamischer Sortierung der Spalten. Die jeweils sortierte Spalte ist im Kopf grau hinterlegt

CustomerID	CompanyName	ContactName	City	Country	Phone
DRACD	Drachenblut Delikatessen	Sven Ottlieb	Aachen	Germany	0241-039123
RATTC	Rattlesnake Canyon Grocery	Paula Wilson	Albuquerque	USA	(505) 555-5939
OLDWO	Old World Delicatessen	Rene Phillips	Anchorage	USA	(907) 555-7584
VAFFE	Vaffeljernet	Palle Ibsen	Århus	Denmark	86 21 32 43
GALED	Galería del gastrónomo	Eduardo Saavedra	Barcelona	Spain	(93) 203 4560
LILAS	LILA-Supermercado	Carlos González	Barquisimeto	Venezuela	(9) 331-6954
MAGAA	Magazzini Alimentari Riuniti	Giovanni Rovelli	Bergamo	Italy	035-640230
ALFKI	Alfreds Futterkiste	Maria Anders	Berlin	Germany	030-0074321
TESTA	Testfirma	Ludwig Tester	Berlin	Deutschland	+49 / 123456789
CHOPS	Chop-suey Chinese	Yang Wang	Bern	Switzerland	0452-076545
SAVEA	Save-a-lot Markets	Jose Pavarotti	Boise	USA	(208) 555-8097
FOLKO	Folk och fä HB	Maria Larsson	Bräcke	Sweden	0695-34 67 21
KOENE	Königlich Essen	Philip Cramer	Brandenburg	Germany	0555-09876
MAISD	Maison Dewey	Catherine Dewey	Bruxelles	Belgium	(02) 201 24 67
CACTU	Cactus Comidas para llevar	Patricio Simpson	Buenos Aires	Argentina	(1) 135-5555
OCEAN	Océano Atlántico Ltda.	Yvonne Moncada	Buenos Aires	Argentina	(1) 135-5333
RANCH	Rancho grande	Sergio Gutiérrez	Buenos Aires	Argentina	(1) 123-5555
THECR	The Cracker Box	Liu Wong	Butte	USA	(406) 555-4834
GOURL	Gourmet Lanchonetes	André Fonseca	Campinas	Brazil	(11) 555-9482
GROSR	GROSELLA-Restaurante	Manuel Pereira	Caracas	Venezuela	(2) 283-2951
SUPRD	Suprêmes délices	Pascale Cartrain	Charleroi	Belgium	(071) 23 67 22 20
HUNGO	Hungry Owl All-Night Grocers	Patricia McKenna	Cork	Ireland	2967 542
ISLAT	Island Trading	Helen Bennett	Cowes	UK	(198) 555-8888
QUICK	QUICK-Stop	Horst Kloss	Cunewalde	Germany	0372-035188
HUNGC	Hungry Coyote Import Store	Yoshi Latimer	Elgin	USA	(503) 555-6874
GREAL	Great Lakes Food Market	Howard Snyder	Eugene	USA	(503) 555-7555
LEHMS	Lehmanns Marktstand	Renate Messner	Frankfurt a.M.	Germany	069-0245984

11 Erweiterung der Programmierung

Dieses Kapitel zeigt einige Aspekte der Serverprogrammierung, die über die reine ASP-Entwicklung hinausgehen und mit denen Applikationen sinnvoll ergänzt werden können.

11.1 Den Index Server programmieren

Für große Projekte wird oft eine Volltextrecherche benötigt, die vor allem für den Nutzer hilfreich ist. Statt umfangreicher Programmierung kann der Index Server verwendet werden, der mit speziellen ASP-Objekten auch von ASP aus angesprochen werden kann.

11.1.1 Die Architektur des Index Servers

Der Index Server ist ein komplexes und leistungsstarkes Produkt. Es ist nicht Gegenstand dieses Buches, Sie in sämtliche Details einzuführen. Im Folgenden soll nur gezeigt werden, dass und wie der Index Server in eigene Projekte einbezogen werden kann.

Übersicht

Grundsätzlich gibt es drei Wege, den Index Server zu benutzen:

Der Index Server als Volltextsuchmaschine für den eigenen Server

- *Statische Suche*
  Dabei werden die Suchanfragen statisch programmiert. Erstellt werden HTML-, IDQ- und HTX-Dateien, die zur Anzeige und Abfragesteuerung dienen. Änderungen sind aufwändig, die Nutzung kann aber ohne Programmierkenntnisse erfolgen. Diese Möglichkeit steht auch ohne ASP zur Verfügung.

- *Suche mit ASP*
  Der Index Server liefert einige Objekte und Werkzeuge mit, die Zugriff auf die Funktionen über VBScript und JScript bieten.

- *Suche über ActiveX-Daten-Objekte (ADO)*
  Der Index Server tritt im System als Datenbankprovider auf und kann deshalb direkt über die Datenobjekte angesprochen werden. Mit SQL-Abfragen erreicht der Index Server ein Höchstmaß an Flexibilität und Leistungsfähigkeit.

11 Erweiterung der Programmierung

Die grundlegenden Techniken des Zugriffs auf Datenquellen sollen hier nicht nochmals erläutert werden. Wenn Sie mit elementaren SQL-Befehlen und der Integration von Datenobjekten in ASP noch nicht vertraut sind, sollten Sie die Kapitel 9 und 10 lesen.

Steuerung und Kontrolle

Wenn Sie die Standardinstallation durchführen und den Index Server installiert haben, sind keine weiteren Einstellungen zur korrekten Funktion notwendig. Nach der Installation wird der Index Server automatisch aktiv und beginnt mit der Indizierung des Webservers. Natürlich lassen sich die Einstellungen vielfältig ändern.

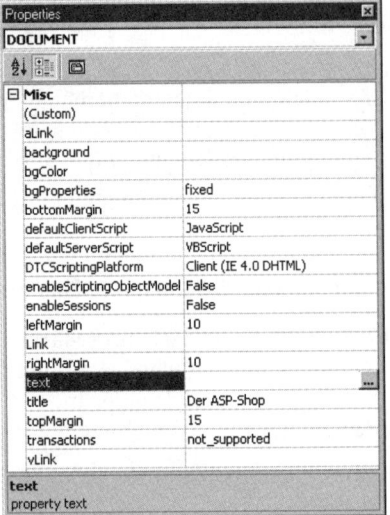

Abbildung 11.1: Der Index Server kann über die Management-Konsole verwaltet werden

Einen neuen Index einrichten

In Abbildung 11.1 sehen Sie den Index Server als Bestandteil der Managementkonsole nach einer Standardinstallation. Wenn der Index Server nicht in der Liste erscheint, sondern einzeln über die Kontrolldatei aufgerufen werden muss, installieren Sie ihn als »Snap-In«. Dazu wählen Sie im Menü KONSOLE den Eintrag SNAP-IN HINZUFÜGEN/LÖSCHEN. In der folgenden Liste sehen Sie alle bereits installierten Komponenten. Mit der Schaltfläche HINZUFÜGEN können Sie weitere Komponenten auswählen, darunter auch den Index Server (siehe Abbildung 11.2).

Die wichtigsten Informationen sehen Sie, wenn der Eintrag INDEX SERVER AUF LOKALEM COMPUTER ausgewählt wurde. Auf der rechten Seite erscheint der Standardkatalog. Der Ordner sollte auf das Basisverzeichnis des Webservers zeigen. Daneben finden Sie die Anzahl der Dokumente und die Größe des Indizes (nicht der Dokumente).

Den Index Server programmieren

> Der Index kann bei einer Volltextrecherche bis zu 40% des Umfanges der ursprünglichen Webseiten ausmachen. Wenn Sie 500 MB Dateien haben, sollten Sie damit rechnen, dass der Index Server noch einmal 200 MB benötigt!

Die eigentliche Indizierung wird automatisch ausgeführt. Der Index Server nimmt diese Arbeiten in Zeiten geringer Systemaktivität vor, sodass die Zugriffe nicht stören sollten. Wenn Sie den Computer beobachten, auf dem der Index Server läuft, werden Sie ein gewisses Eigenleben feststellen – auch wenn niemand arbeitet, finden Festplattenzugriffe statt. Das ist normal.

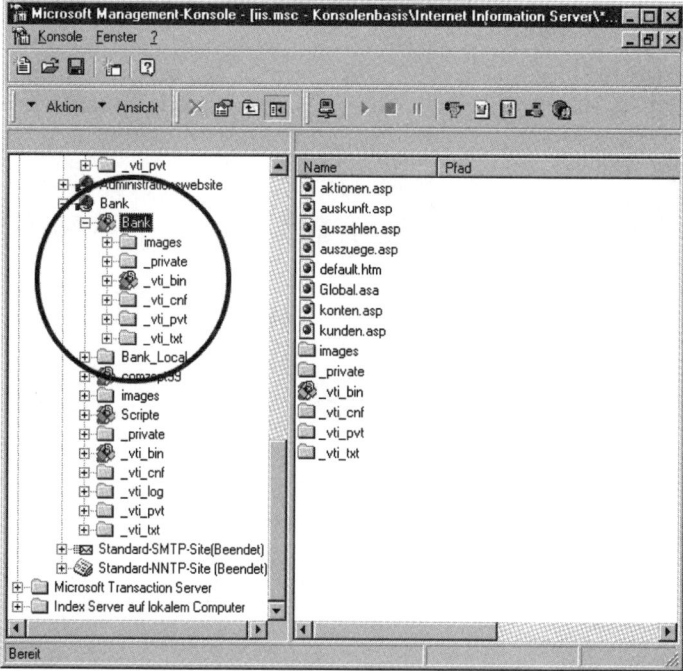

Abbildung 11.2: Auswahl zusätzlicher Komponenten in der Managementkonsole

11.1.2 Arbeitsweise des Index Servers

Der Standardkatalog indiziert prinzipiell alle Dokumente, die unterhalb des Basisverzeichnisses des Webservers gefunden werden. Das ist nicht immer gewollt, denn oft werden mehrere Domains auf einem Server gehostet und die Indizierung ist nicht für alle Dokumente sinnvoll. Auf der anderen Seite sollte eine Suche in einem bestimmten Verzeichnis keine Verweise auf fremde Seiten ergeben. Es sind also zusätzliche Einstellungen nötig. So können Unterverzeichnisse gezielt ein- oder ausgeschlossen werden. In solchen Fällen wird wieder von einer Sicht (engl. scope) gesprochen – der Sicht des Index Servers.

Neben der Einschränkung auf bestimmte Verzeichnisse sind auch die Dateitypen zu berücksichtigen. Im Gegensatz zur einfachen Dateisuche, wie sie in Windows mit dem Suchdialog implementiert ist, kann der Index Server auch nach Dateiinhalten suchen. Es ist also sinnvoll, Dateien von der Suche auszuschließen, die keine klar lesbaren Informationen beinhalten. Für den Index Server in der aktuellen Version bedeutet dies, dass alle Fremdformate ausgeschlossen werden, die nicht vom Webserver verarbeitet werden oder zu Microsoft-Produkten wie Word oder Excel gehören.

Eine weitere Einschränkung ist eine Ausschlussliste mit bestimmten Wörtern, die nicht indiziert werden. Das betrifft vor allem Artikel, Pronomen und Füllwörter, die in Texten häufiger vorkommen.

Statische Suche mit IDQ

Die einfachste Möglichkeit, den Index Server in Aktion zu sehen, besteht in dem Einbau einer statischen Suche. Dazu wird nur ein sehr einfacher HTML-Code verwendet. Abbildung 11.3 zeigt das Zusammenspiel der drei benötigten Dateien.

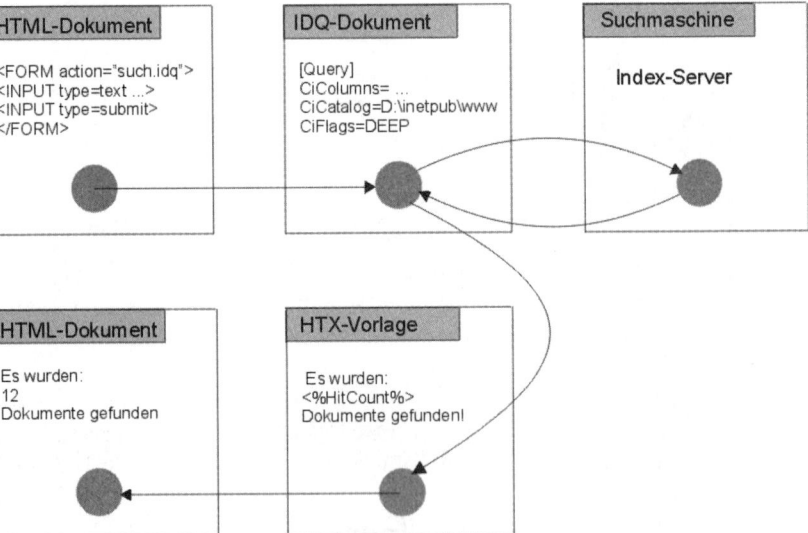

Abbildung 11.3: Arbeitsweise des Index Servers bei der statischen Suche

Die Anfrage kann mit einem einfachen HTML-Befehl erfolgen:

```
<form action="abfrage.idq" method=post>
<input type=text size=30 maxlength=70 name="CiRestriction">
<input type=submit value="Suchen!">
<input type=reset value="Löschen">
</form>
```

Listing 11.1: Suchformular zur Abfrage des Index Servers (suche.htm)

Die Steuerung erfolgt über das IDG-Skript (Datei ABFRAGE.IDQ in Listing 11.2).

```
[Query]
CiColumns = filename, size, characterization, rank, path, hitcount,
            write, vpath, doctitle
CiCatalog = d:\inetpub\wwwroot
CiScope = /
ciFlags = DEEP
ciRestriction = %CiRestriction%
CiMaxRecordsInResultSet = 1000
CiMaxRecordsPerPage
CiTemplate = /ausgabe.htx
CiSort = rank[d]
```

Listing 11.2: Steuerdatei für die Abfrage des Index Servers (abfrage.idq)

Mit dem Eintrag `CiTemplate` wird auf die Ausgabedatei verwiesen – die Vorlage zum Erzeugen der HTML-Seite, die nach der Suchanfrage im Browser angezeigt wird. `CiCatalog` ist der in der Management-Konsole eingestellte Name eines Katalogs.

Listing 11.3 ist ein Beispiel für die Ausgabe der Suchergebnisse (AUSGABE. HTX). Die Variablen, in denen die Suchergebnisse übergeben werden, sind ähnlich den ASP-Skripten in die Symbole <% %> eingeschlossen. Beachten Sie aber, dass die Syntax der Abfragesprache anders ist.

```
Sie haben nach <%CiRestriction%> gesucht.
<P>
Ihre Suchergebnisse: <br/>
<%CiMatchedRecordCount%> Dokumente wurden gefunden<br/>
```

Listing 11.3: Ausgabe der Suchergebnisse (ausgabe.htx)

Das ist sehr einfach. Moderne Suchmaschinen sollten aber auch auf das gefundene Dokument führen. Die Abfragesprache des Index Servers kennt entsprechende Befehle. Die Fortsetzung des Beispiels aus Listing 11.3 zeigt, wie die Ergebnisse seitenweise sortiert ausgegeben werden und wie man mit einem entsprechenden Link sofort zu dem gefundenen Dokument springen kann:

```
<table>
   <%BeginDetail%>
   <tr>
      <% IF DocumentTitle ISEMPTY THEN %>
      <td>Dokument hat kein Titel</td>
      <% Else %>
      <td>Titel: <B><%DocTitle%></b></td>
      <% Endif %>
      <td colspan="2">Treffer: <%HitCount%></td>
```

```
        </tr>
        <tr>
           <td>Dateiname:
               <a href="<%EscapeURL vpath%>"><%FileName%></a>
           </td>
           <td>Gr&ouml;&szlig;e: <%Size%></td>
           <td>Letzte &Auml;nderung: <%Write%></td>
        </tr>
        <%EndDetail%>
</table>
```

Listing 11.4: Ausgabe der Suchergebnisse des Index Servers (abfrage.htx)

Die Abfragesprache erlaubt komplexe Suchbedingungen

Das war sicher recht einfach, zeigt aber vor allem die Grenzen, die mit der statischen Suchabfrage gesetzt sind. Wenn Sie bisher auf Ihrem Webserver keine Volltextsuche benutzt haben, wird der Index Server in dieser Anwendung schon ein erheblicher Fortschritt sein. Zumal die Abfragesprache komplexe und umfassende Suchbedingungen verkraftet.

Wenn Sie die Ergebnisse der Suchabfrage verarbeiten möchten, ohne dass eine Ausgabe an den Browser des Nutzers erfolgt, oder wenn die Seitensteuerung nicht ausreicht, um Ihre Ansprüche zu erfüllen, hilft das Trio aus HTM-IDQ-HTX-Dateien nicht weiter. Der Vorgang HTML-Seite sendet eine Anfrage an die IDQ-Datei. Die IDQ-Datei löst die Suche aus und sendet Ergebnisse an eine HTX-Datei. Die HTX-Datei erstellt den HTML-Code und sendet diesen zum Browser – dieser Vorgang lässt sich also nicht umgehen.

11.1.3 Index Server und Active Server Pages

Mit ASP gelingt eine deutlich flexiblere – eigentlich unbegrenzt flexible – Nutzung des Index Servers. Der Index Server bietet die Objekte Query und Utility, die sich in ASP-Skripten verwenden lassen und alle nötigen Parameter liefern.

Das Objekt Query

Query

Sie erzeugen eine neue Instanz des Objekts Query auf dem bekannten Weg:

```
SET objQuery = Server.CreateObject("ixsso.Query")
```

CreateRecordSet
DefineColumn
QueryToURL
Reset
SetQueryFromURL

Das Objekt kennt einige Methoden, mit denen gut gearbeitet werden kann:

▶ CreateRecordSet
Führt die Abfrage aus, die in der Eigenschaft Query gespeichert wurde. Es wird ein Datensatzobjekt zurückgegeben.

▶ DefineColumn
Gibt einer Spalte einen allgemeinen Namen.

▶ QueryToURL
Gibt einen URL zurück, der auf die Abfrageergebnisse verweist.

- Reset
  Löscht alle Eigenschaften des Objekts.
- SetQueryFromURL
  Bildet eine neue Abfrage aus den Daten eines übergebenen URL.

Eine Reihe von Eigenschaften stehen ebenfalls zur Verfügung:

AllowEnumeration
Catalog
Columns
LocaleID
MaxRecords
OptimizeFor
Query
SortBy

- AllowEnumeration
  Erlaubt der Abfrage die Nummerierung, wenn TRUE.
- Catalog
  Name des Katalogs, der durchsucht werden soll.
- Columns
  Durch Kommata getrennte Liste von Spalten, die an das Datensatzobjekt zurückgegeben werden sollen.
- LocaleID
  Landeskennzeichen
- MaxRecords
  Maximale Anzahl der Datensätze, die zurückgegeben werden.
- OptimizeFor
  Setzt bestimmte Merkmale, nach denen die Suche effizienter gestaltet werden kann.
- Query
  Enthält die Suchabfrage in Form einer Zeichenkette.
- SortBy
  Eine durch Kommata unterteilte Liste, die zu jedem Feld (Spaltennamen) die Sortierrichtung enthält.

Die Nutzung ist einfacher als die Abfrage mit den IDQ- und HTX-Dateien. Vergleichen Sie die folgenden Beispiele (siehe Listing 11.4 und Listing 11.5) mit den bereits vorgestellten.

```
<form action="ado_abfrage.asp" method="post">
   <input type="text" size="30" maxlength="70" name="query">
   <input type="submit" value="Suchen!">
   <input type="reset" value="Löschen">
</form>
```

Listing 11.5: Formular zur Abfrage des Index Servers mit ADO (ado_abfrage.htm)

Das Skript zur Auswertung mit dem neuen Objekt Query und unter Anwendung des Datensatzobjekts sieht folgendermaßen aus:

```
<%
IF Request.Form("query") <> "" THEN
   query = "@contents " & Request.Form("query")
ELSE
```

```asp
      Response.Redirect("ado_abfrage.htm")
END IF
%>
<html>
<head><title>Suchergebnisse</title></head>
<body>
<%
SET objQuery = Server.CreateObject("ixsso.Query")
objQuery.Query = query
objQuery.SortBy = "DocTitle[d]"
objQuery.MaxRecords = 10
objQuery.Columns = "DocTitle, vpath, filename, size, write"
SET objRS = objQuery.CreateRecordset("nonsequential")
IF objRS.EOF THEN
   Response.Write("Nichts gefunden...")
   Response.End
ELSE
   Response.Write("<H2>Ihre Suchergebnisse</H2>")
END IF
%>
<td>Treffer: <% = objRS.RecordCount %></td>
<hr>
<table>
<% DO WHILE NOT objRS.EOF %>
   <tr>
      <% IF objRS("DocTitle")="" THEN%>
         <td colspan="2">Dokument hat keinen Titel</td>
      <% ELSE %>
         <td colspan="2">
            Titel: <b><% = objRS("DocTitle") %></b>
         </td>
      <% END IF%>
   </tr>
   <tr>
      <td>Dateiname:
      <a href="<% = objRs("vPath") %>">
      <% = objRS("FileName") %></a>
      </td>
      <td>Gr&ouml;&szlig;e: <% = objRS("Size") %></td>
      <td>Letzte &Auml;nderung: <% = objRS("Write") %></td>
   </tr>
   <% objRS.MoveNext %>
<% LOOP %>
</table>
</body>
</html>
```

Listing 11.6: Auswerteskript zur Abfrage des Index Servers mit ASP/ADO (ado_abfrage.asp)

Das Objekt Utility

Utility ist das zweite Objekt, dass der Index Server zur Verfügung stellt. Es hilft vor allem bei der feineren Programmierung der Seiten. Hier die Methoden, die das Objekt enthält:

- AddScopeToQuery
  Verbindet ein Query-Objekt mit einem Utility-Objekt.

- GetArrayElement
  Gibt ein Element in einem Array zurück. Damit kann auf einzelne Elemente eines Datensatzes über einen Index zugegriffen werden.

- ISOToLocaleID
  Gibt die lokale ID des Ländercodes für einen im ISO-639-Format gegebenen Ländercode zurück.

- LocaleIDToISO
  Gibt den Ländercode im ISO-639-Format bei gegebener Locale-ID zurück.

- TruncateWhiteSpace
  Schneidet eine Zeichenkette an dem angegebenen Zeichen ab. Das Zeichen kann jedes Whitespace (Leerzeichen, Tabulator, Zeilenumbruch) sein.

Utility
AddScopeToQuery
GetArrayElement
ISOToLocaleID
LocaleIDToISO
TruncateWhiteSpace

Eine praktische Anwendung ist die Einschränkung des Suchbereiches auf ein Verzeichnis (ohne Berücksichtigung der Unterverzeichnisse). Ein entsprechender Ausschnitt aus einem Skript sieht folgendermaßen aus:

Die Parameter „deep" und „shallow"

```
<%
SET objUtil = Server.CreateObject("ixsso.util")
objUtil.AddScopeToQuery "d:\inetpub\wwwroot\index", "shallow"
%>
```

Der alternative Parameter für diese Funktion ist "deep", damit wird die Suche auf alle tiefer liegenden Ordner ausgedehnt.

11.1.4 Direkter Zugriff via SQL

Am Anfang dieses Abschnitts wurde schon kurz erwähnt, dass der Index Server auch als Datenbankprovider dienen kann. Damit besteht die Möglichkeit, direkt auf die Datenbanken des Servers zuzugreifen und mit SQL-Befehlen zu arbeiten. Damit wird eine noch höhere Flexibilität erreicht.

Zugang zum Index Server

Die Zugriffsmethode entspricht der jedes anderen Datenbankzugriffs. Benutzt wird das Connection-Objekt:

Der Index Server als Datenbankprovider

```
SET objIndexConn = Server.CreateObject("ADODB.Connection")
objIndexConn.ConnectionString = "provider=msidx"
objIndexConn.Open
```

Im Gegensatz zu den bisher benutzten Open-Methoden wird hier der Provider direkt angesprochen. Die Einstellung kann nicht über die ODBC-Assistenten in der Systemsteuerung vorgenommen werden; DSN sind dort nicht bekannt. Wenn die Steuerung also nicht über ODBC erfolgt, muss ein spezieller Treiber dafür verantwortlich sein. ADO unterstützt die direkte Verbindung zu einem Provider. Allerdings werden alle Befehle direkt an den Provider weitergeleitet, sodass der zur Verfügung stehende Funktionsumfang geringer oder anders als bei den bekannten Methoden ist. Bestimmte Funktionen stehen nur für bestimmte Datenbanken zur Verfügung. Informieren Sie sich in der Dokumentation der Datenbank über die möglichen Befehle.

Die vollständige Syntax für die Verbindungsaufnahme zu einem Datenbankprovider lautet:

```
"[Provider=MSDASQL;] DRIVER=driver; SERVER=server;
  DATABASE=database; UID=user; PWD=password"
```

Der Index Server stellt hier einen eigenen Provider dar, eine zusätzliche Datenbank ist nicht notwendig. Der Zugriff erfolgt über die Zeichenkette MSIDXS. So weit soll die Theorie genügen, sehen Sie sich das Abfragebeispiel mit SQL-Befehlen an.

Index Server direkt abfragen

Wenn schon SQL-Befehle verwendet werden, dann sollte die Anfrage auch etwas anspruchsvoller sein als in den vorangegangenen Beispielen. Die folgende HTML-Datei erlaubt verschiedene Einschränkungen der Suche, darunter auch die Wahl eines Operators.

```
<h2>SQL-Suchabfrage</h2>
<p>W&auml;hlen Sie die entsprechenden Optionen, um eine Suchanfrage
auszuf&uuml;hren:</p>
<form method="post" action="sql_abfrage.asp">
<table>
<tr>
   <td>Feldauswahl: </td>
   <td>
   <select name="where" size="1">
      <option selected value="content">Inhalt (enthält)</option>
      <option value="create">Datei erzeugt</option>
      <option value="DocAuthor">Autor der Datei</option>
      <option value="Directory">Ordner</option>
      <option value="FileName">Dateiname</option>
      <option value="path">Pfad</option>
      <option value="size">Größe</option>
      <option value="vPath">virtueller Pfad</option>
   </select>
   </td>
</tr>
```

Den Index Server programmieren

```html
<tr>
   <td>Operator</td>
   <td>
   <select name="operator" size="1">
      <option value="=">=</option>
      <option value="&gt;">&gt; oder nach</option>
      <option value="&lt;">&lt; oder vor</option>
      <option value="!=">ungleich oder nicht am</option>
      <option value="&gt;=">&gt;=</option>
      <option value="&lt;=">&lt;=</option>
   </select>
   </td>
</tr>
<tr>
   <td>Wert: </td>
   <td><input type="text" name="criteria" size="40"></td>
</tr>
<tr>
   <td>Verzeichnis/Bereich: </td>
   <td><input type="text" name="scope" size="40"></td>
</tr>
<tr>
   <td>Suchtiefe:</td>
   <td>
   <table>
      <tr><td>Nur aktuelles Verzeichnis</td>
      <td>
      <input type="radio" name="depth"
             value="shallow" checked></td>
      </tr>
      <tr><td>Gesamter Verzeichnisbaum</td>
      <td><input type="radio" name="depth" value="deep"></TD>
      </tr>
   </table>
</tr>
<tr>
   <td></td>
   <td>
   <input type="submit" value="Abfrage absenden" name="action">
   <input type="reset" value="Abfrage löschen" name="action">
   </td>
</tr>
</table>
</form>
```

Listing 11.7: sql_anfrage.htm

Für die Auswertung wird eine entsprechende, allerdings bessere ASP-Datei benötigt. Neben der Abfrage der Suchbedingungen wird eine zusätzliche Seitensteuerung verwendet, die immer fünf Ergebnisse auf einer Seite darstellt.

Das Skript SQL_ABFRAGE.ASP, das im Folgenden detailliert vorgestellt wird, enthält die Abfragebefehle. Begonnen wird mit einigen Konstanten, die benötigt werden:

```
<%
CONST adOpenKeySet = 1
CONST adLockReadOnly = 1
CONST itemperpage = 5
DIM strQuery
```

Es gibt drei Sende-Schaltflächen, die am Ende des Skripts definiert werden. Ist der Wert »Neue Abfrage« geklickt worden, wird eine neue Abfrage erzwungen. Ebenso wird die Rückkehr auf die Startseite verzweigt, wenn kein Suchkriterium angegeben wurde.

```
IF Request.Form("action")="Neue Abfrage" OR
   Request.Form("criteria")="" THEN
      Response.Redirect("sql_abfrage.htm")
      Response.End
END IF
```

Die Funktion *abfrage()* stellt einen so genannten Parser dar. Die übergebenen Werte werden analysiert und in normale SQL-Ausdrücke umgewandelt. Die SQL-Kommandos werden Ihnen vielleicht nicht sofort klar sein: Es handelt sich um Kommandos zur Abfrage des Index Servers. Es werden alle Befehle direkt an den Provider weitergereicht, deshalb sind diese Befehle hier möglich.

```
Function abfrage()
SQL = "SELECT Filename, Size, vPath, Path, Write, Characterization
SQL = SQL & "FROM "
IF Request.Form("scope") = "" THEN
   SQL = SQL & "SCOPE()"
ELSE
   SQL = SQL & "SCOPE('"
   IF Request.Form("scope") = "Shallow" THEN
      SQL = SQL & " SHALLOW TRAVERSAL OF " & "'"
      SQL = SQL & Request.Form("scope") & "'" & "'" & ")"
   ELSE
      SQL = SQL & " DEEP TRAVERSAL OF " & "'" & Request.Form("scope")
      SQL = SQL & "'" & "'" & ")"
   END IF
END IF
```

Der folgende Ausdruck enthält etwas haarsträubende Kombinationen aus einfachen und doppelten Leerzeichen. Ändern Sie daran nichts. Der Parameter CONTAINS erwartet, dass Text, der Leerzeichen enthält, in doppelten Anführungszeichen steht. Da die doppelten Anführungszeichen aber schon in VBScript zur Kennzeichnung der umschließenden einfachen Anführungszeichen verwendet werden, müssen Sie hier doppelt stehen. Das führt dann zu der einzig richtigen Kombination: " ' " " ".

```
IF Request.Form("where") = "content" THEN
   SQL = SQL & " WHERE CONTAINS(" & "'""" & Request.Form("criteria")
   SQL = SQL & """'" & ") > 0"
   abfrage = SQL
ELSEIF Request.Form("where") = "size" THEN
   SQL = SQL & " WHERE " & Request.Form("where") &
   SQL = SQL & Request.Form("operator")
   SQL = SQL & Request.Form("criteria")
   abfrage = SQL
ELSE
   SQL = SQL & " WHERE " & Request.Form("where") &
   SQL = SQL & Request.Form("operator")
   SQL = SQL & "'" & Request.Form("criteria") & "'"
   abfrage = SQL
END IF
END FUNCTION
```

Jetzt erfolgt eine einfache Fehlerabfrage:

```
strQuery = abfrage()
IF strQuery = "" THEN
   Response.Redirect("sql_abfrage.htm")
   Response.End
END IF
```

Im Anschluss an die Fehlerabfrage wird die Datenbankverbindung hergestellt und das Datensatzobjekt mit der erzeugten Abfrage ermittelt:

```
SET objConn = Server.CreateObject("ADODB.Connection")
objConn.ConnectionString = "provider=MSIDXS"
objConn.Open
SET objRS = Server.CreateObject("ADODB.RecordSet")
objRS.Open strQuery, objConn, adOpenKeyset, adLockReadOnly
```

Wurde kein Datensatzobjekt gefunden, springt man zurück auf die Startseite:

```
IF objRS.EOF THEN
     Response.Write("<H2>Keine Dokumente gefunden.</H2>")
     SET objRS = Nothing
     SET objConn = Nothing
     objRS.Close
     objConn.Close
```

```
        Response.Write ("<P><A HREF='sql_abfrage.htm'>Neue
           Suche</A></P>")
        Response.End
END IF
```

Wenn etwas gefunden wurde, wird zuerst die Seitensteuerung vorbereitet. Die Variable *scroll* enthält die Anweisung zum Blättern zwischen den Seiten. Als Übergabewert wird die Schalterbeschriftung der beiden zusätzlichen Sende-Schaltflächen benutzt. Der Satz »Nach Seite« wird mit dem Befehl MID(scroll,12) ausgeblendet – übrig bleibt die Seitenziffer.

```
objRS.PageSize = itemperpage
scroll = Request.Form("scroll")
IF scroll <> "" THEN
   Page = Mid(scroll,12)
   IF Page < 1 THEN Page = 1
ELSE
   Page = 1
END IF
```

Zuletzt wird der Datensatzzeiger auf die Seite des Datensatzes gesetzt.

```
objRS.AbsolutePage = Page
%>
```

Im HTML-Teil wird die Ausgabetabelle erzeugt, die Schalter zur Steuerung werden angezeigt. Die Variable *RowCount* zählt die Reihen auf der Seite und steuert die Schleife:

```
<table>
<% RowCount = objRS.PageSize %>
<% DO WHILE NOT objRS.EOF AND RowCount > 0 %>
<tr>
   <td bgcolor=#faf0e6 NOWRAP>Datei: </td>
   <td bgcolor=#faf0e6 NOWRAP>
   <a href="<% = objRS("Path")%>"><% =objRS("FileName") %></a></td>
</tr>
<tr>
   <td>Gr&ouml;&szlig;e: </td>
   <td><% = objRS("size") %></td>
</tr>
<tr>
   <td>Letzte &Auml;nderung: </td>
   <td><% = objRS("Write") %></td>
</tr>
<tr>
   <td>Zusammenfassung: </td>
   <td><% = Server.HTMLEncode(objRS("Characterization")) %></td>
</tr>
<% RowCount = RowCount - 1 %>
```

```
    <% objRs.MoveNext %>
<% LOOP %>
</table>
```

Am Ende der Schleife werden die Schaltflächen definiert, mit denen die Steuerung erfolgt. Durch die versteckten Felder werden die Startwerte immer wieder übergeben, sodass der Suchalgorithmus unverändert fortgesetzt wird:

```
<form method="post" action="sql_abfrage.asp">
<input type="submit" name="action" value="Neue Abfrage">
<input type="hidden" name="scope" value="<% =
    Request.Form("scope")%>">
<input type="hidden" name="depth" value="<% =
    Request.Form("depth")%>">
<input type="hidden" name="criteria" value="<% =
    Request.Form("criteria")%>">
<input type="hidden" name="operator" value="<% =
    Request.Form("operator")%>">
<input type="hidden" name="where" value="<% =
    Request.Form("where")%>">
<% IF Page > 1 THEN %>
<input type="submit" name="scroll" value="Nach Seite
    <% = Page - 1 %>">
<% END IF %>
Dies ist Seite <B><% = Page %></B>
<% IF RowCount = 0 THEN %>
<input type="submit" name="scroll" value="Nach Seite
    <% = Page + 1 %>">
<% END IF %>
</form>
<%
objRS.Close
objConn.Close
%>
```

Listing 11.8: Komfortables Skript zum Umgang mit dem Index Server

In Abbildung 11.4 sehen Sie das Erscheinungsbild einer erfolgreichen Suchanfrage mit diesem Skript.

*Abbildung 11.4:
Die Suchmaschine
in Aktion: So sollte
sie aussehen!*

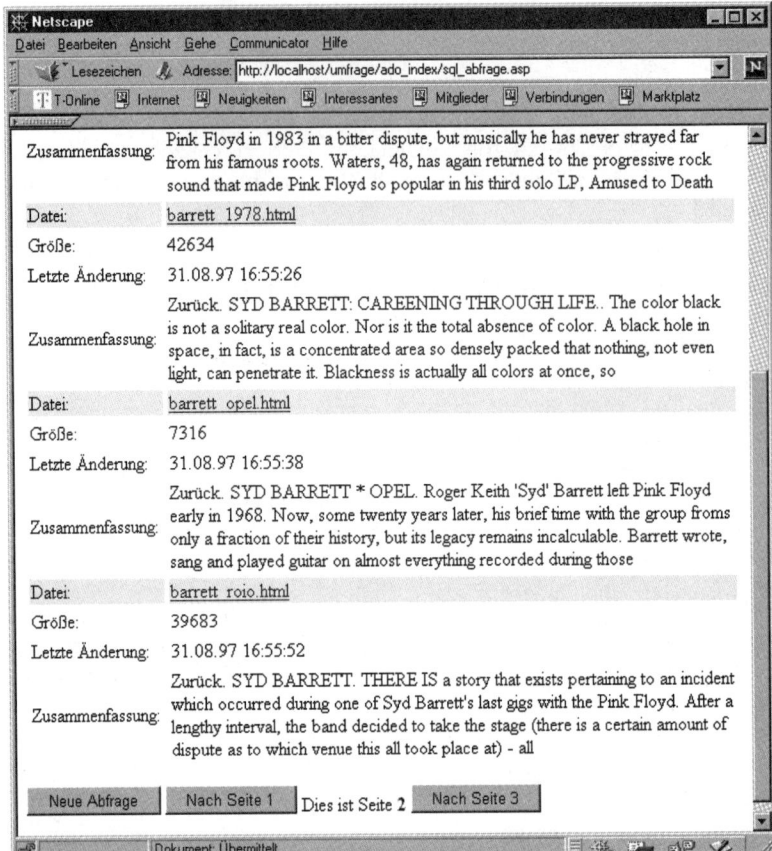

11.2 Eigene Komponenten entwickeln

Oft werden Skripte an Kunden weitergegeben, die auf deren Server ablaufen sollen. Manchmal fehlen auch bestimmte Funktionen, die mit VBScript oder JScript einfach nicht realisierbar sind. In solchen Fällen ist es möglich, eigene Komponenten zu entwickeln. Geeignet sind alle Programme aus der Visual Studio-Suite.

11.2.1 Vorteile von ActiveX-Komponenten

Es gibt mehrere Gründe, bei der Entwicklung von ASP-Skripten eigene Komponenten ins Auge zu fassen:

Eigene Komponenten entwickeln

▶ *Kürzerer Code*
Der Code wird in ein Objekt eingebaut, muss also nicht immer wieder auf der Skriptseite komplett geschrieben werden.

▶ *Schutz des Codes*
Der Code ist nicht sichtbar, da nach außen nur ein Objekt benutzt wird. Damit werden Skripte distributierbar.

▶ *Geringerer Pflegeaufwand*
Auch wenn Sie ein Objekt an Hunderten von Stellen in Skripten verwenden, brauchen Sie nur an einer Stelle bei Änderungen einzugreifen.

11.2.2 Mit VisualBasic 6.0 entwickeln

Für Skriptprogrammierer ist die beste Programmiersprache VisualBasic. In der Version 6.0 bietet die Sprache alles, um Komponenten schnell und effizient entwickeln zu können.

Einführung

Eine typische Anwendung sind Datenbankzugriffe, die schneller ablaufen, wenn eine Komponente direkten Zugriff hat, anstatt den Umweg über die ASP-Engine zu gehen. Sie benötigen die VisualBasic Professional oder Enterprise Edition. Die Version 5.0 ist für die hier vorgestellten Funktionen ausreichend. Sie müssen nicht auf Version 6.0 wechseln, auch wenn die Beispiele mit der neuesten Version entwickelt und getestet wurden.

Ein Beispiel

In der Standardeinstellung erscheint beim Starten von VisualBasic 6.0 ein Fenster, in dem die Art des neuen Projekts angegeben wird. Wählen Sie hier das Symbol ACTIVEX DLL aus (Abbildung 11.5 zeigt das Auswahlfenster, wenn Sie über das Menüsystem DATEI | NEUES PROJEKT wählen).

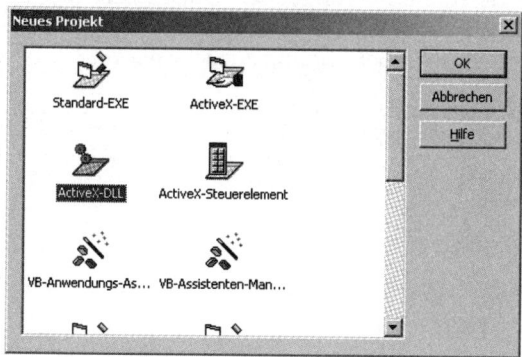

Abbildung 11.5: Start eines neuen VisualBasic-Projekts für die Erzeugung einer Komponente

Im Gegensatz zu einer »normalen« VisualBasic-Applikation wird in dieser Form kein Formularfenster angeboten, was bei Serverkomponenten auch

11 Erweiterung der Programmierung

nicht sinnvoll ist. Nach dem Start des Projekts erscheint rechts das Eigenschaftenfenster. Wenn es verdeckt ist, können Sie die Eigenschaften mit F4 anzeigen. Benennen Sie das Projekt mit *credit*.

Die fertige Komponente wird als DLL gespeichert. Um in ASP damit arbeiten zu können, müssen Sie die Komponente in der Registry anmelden. Öffnen Sie dazu ein DOS-Kommandofenster und wechseln Sie in das Verzeichnis, in dem die Komponenten gespeichert sind. Es ist zu empfehlen, das bereits existierende Verzeichnis zu benutzen:

▶ C:\INETPUB\IISSAMPLES\COMPONENTS.

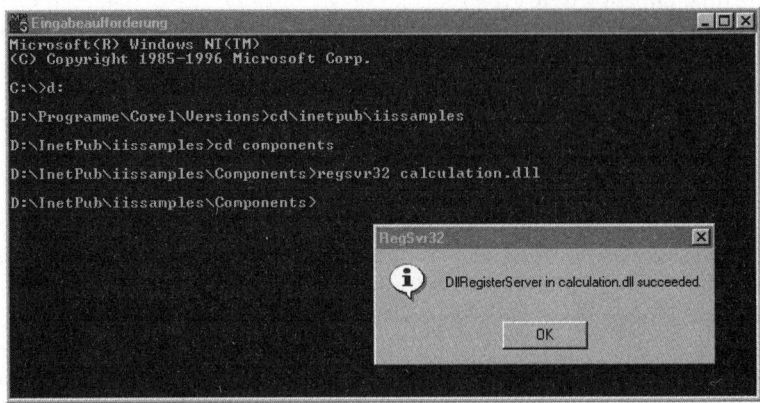

Abbildung 11.6: Registrierung einer Komponente und Erfolgsmeldung

Die Beispielapplikation im Detail

Die hier vorgestellte Applikation führt nur eine einfache Kreditberechnung aus. Die Formeln sind sicher kein Geheimnis; es soll nur demonstriert werden, wie eine sensible Berechnung außerhalb eines Skripts durchgeführt werden soll. Der Aufwand ist relativ gering und lohnt sich.

In VisualBasic geben Sie den folgenden Quelltext in das Codefenster ein. Definiert werden zwei öffentliche Funktionen, die von ASP aus bedient werden und das Ergebnis der Berechnung zurückgeben.

```
Public Function monatsrate(kredithoehe As Double, zins As Double,
laufzeit As Integer, gebuehr As Double)
    Dim vMonatsrate
    Dim vZinslast
    Dim B
    ' Berechnen
    B = kredithoehe / 100 * gebuehr
    vZinslast = zinslast(kredithoehe, zins, laufzeit)
    vMonatsrate = (kredithoehe + vZinslast + B) / laufzeit
    monatsrate = vMonatsrate
End Function
```

Eigene Komponenten entwickeln

```
Public Function zinslast(kredithoehe As Double, zins As Double, _
laufzeit As Integer)
    Dim vZinslast
    vZinslast = (kredithoehe / 100) * (zins / 12) * laufzeit
    zinslast = vZinslast
End Function
```

Listing 11.9: Quelltext der Komponente »credit«

Wählen Sie anschließend DATEI | ERZEUGE CALCULATION.DLL. Sind keine Fehler im eingegebenen Code enthalten, wird eine DLL erzeugt. Die Datei sollte ungefähr 24 KByte groß sein. Kopieren Sie die Datei in den Pfad unterhalb des Verzeichnisses »inetpub«, in dem die Komponenten liegen. Registrieren Sie die Komponente mit REGSVR32, wie bereits beschrieben. Anschließend kann die Komponente benutzt werden. Am besten eignet sich ein entsprechend aufbereiteter Skript.

Starten Sie VID und geben Sie den folgenden Quelltext ein. Der erste Teil ist Standard-HTML-Code und enthält schon bekannte VBScript-Befehle. Die folgenden drei Listings sind im Zusammenhang zu betrachten:

```
<html>
<head><title>Kalkulationsprogramm</title></head>
<body>
<form action="credit.asp" method=post>
<%
kredithoehe = Request.Form("kh")
zins = Request.Form("zs")
laufzeit = Request.Form("lz")
gebuehr = Request.Form("gb")
%>
<h2>Kreditberechnung</h2>
<p>
Bitte geben Sie die folgenden Kreditdaten ein:
</p>
<table>
  <tr>
    <td>Nettokredith&ouml;he:</td>
    <td>
    <input type=text size=10 name=kh value=<% = kredithoehe %>>
      DM, beispielsweise 10000
    </td>
  </tr>
  <tr>
    <td>Zins:</td>
    <td><input type=text size=10 name=zs value=<% = zins %>>
      %, beispielsweise 10.5 (mit Punkt)
    </td>
  </tr>
```

11 Erweiterung der Programmierung

```
    <tr>
      <td>Laufzeit</td>
      <td>
        <input type=text size=10 name=lz value=<% = laufzeit %>>
        Monate, beispielsweise 72
      </td>
    </tr>
    <tr>
      <td>Geb&uuml;hren</td>
      <td>
        <input type=text size=10 name=gb value=<% = gebuehr %>>
        DM, beispielsweise 500
      </td>
    </tr>
<table>
<%
IF laufzeit="" OR kredithoehe=""
    OR laufzeit="" OR gebuehr="" THEN
%>
Bitte Werte eingeben
<% ELSE %>
```

Listing 11.10: Ein Kreditberechnungsprogramm entsteht (Teil 1 home.asp)

Spannend wird es beim Aufruf der Komponenten. Wir hatten das Projekt ja *credit* genannt und die Komponenten unter dem Namen *calculation* gespeichert. Mit Server.CreateObject wird eine Instanz erzeugt, hier *berechnung* getauft. Entsprechend der Objektsyntax verhalten sich die beiden definierten Funktionen nun wie Methoden des Objekts *berechnung*:

```
<%
SET berechnung = Server.CreateObject("Calculation.credit")
monatsrate =
      ROUND(berechnung.monatsrate(CDBL(kredithoehe),CDBL(zins),
                           CINT(laufzeit),CDBL(gebuehr)),2)
zinslast =
      ROUND(berechnung.zinslast(CINT(kredithoehe),CDBL(zins),
                           CINT(laufzeit)),2)
%>
```

Listing 11.11: So wird eine Instanz der eigenen Komponente erzeugt (Teil 2 home.asp)

Die Ausgabe der Ergebnisse ist nun wieder wenig spektakulär:

```
<h4>Ergebnisse der Berechnung</h4>
Monatliche Rate: <% = monatsrate %> DM<br/>
Zinsbelastung: <% = zinslast %> DM <br/>
Gesamtaufwand: <% = kredithoehe + zinslast %> DM
<p>
```

Windows Scripting Components (WSC)

```
<% END IF %>
<input type=submit value="Erneut berechnen!">
</form>
</body>
</html>
```

Listing 11.12: *Ausgabe der Ergebnisse (home.asp)*

Und wenn es nicht funktioniert?

Beachten Sie, dass der gezeigte Weg für ein Entwicklungssystem gilt. Sie müssen die Komponenten mit den entsprechenden DLLs installieren, bevor sie auf einem fremden Server nutzbar sind. Haben Sie einen Testserver, reicht es aus, wenn VisualBasic in der Minimalversion installiert wird. Der gezeigte Umfang kann auch mit der Version 5.0 erstellt werden.

Reaktion auf Fehlermeldungen

Mögliche Fehlermeldungen, die auftreten können, sind:

- CAN'T CREATE OBJECT
  Sie haben vergessen, die Komponenten anzumelden.

- WRONG PARAMETERS...
  Ein Parameter bei der Übergabe oder Rückgabe ist falsch oder nicht zulässig.

- OVERFLOW
  Ein Wert liegt außerhalb des Wertebereichs.

Bedenken Sie, dass wieder sämtliche Fehlerroutinen und Parameterchecks fehlen. Die Applikation ist also nicht robust genug, um auf einem realen Webserver zu laufen.

11.3 Windows Scripting Components (WSC)

> Dieser Abschnitt zeigt die Programmierung von Scripting Components – COM-Objekten auf Skriptbasis. Diese Technik ist neu in der mit Windows 2000 ausgelieferten Version ASP 3 (VBScript 5).

11.3.1 Grundlagen

Der von den Windows Scripting Components verwendete Programmcode wird mit Internet Explorer ab Version 5 automatisch installiert. Wenn Sie Windows 98/Me oder Windows 2000/XP einsetzen, sind alle Voraussetzungen für den Einsatz gegeben. Andernfalls laden sie die benötigten Programme von der Scripting-Seite bei Microsoft.

Voraussetzungen

Einführung in die Windows Scripting Components

Windows Scripting Components (WSC) sind COM-Objekte, die in einer Scriptsprache wie VBScript geschrieben sind. Sie sind wie jedes andere Objekt von einem ASP-Skript aus ansprechbar. Vielleicht haben Sie selbst gerade ein COM-Objekt mit der in Abschnitt 11.2 *Eigene Komponenten entwickeln* erstellt und in Ihre Anwendung integriert. Möglicherweise haben Sie es nicht getan, weil der Umstand, mit einem Compiler arbeiten und eine umfangreiche Entwicklungsumgebung bedienen zu müssen nicht Ihrer Vorstellung von ASP-Programmierung entsprach. Die bisherigen Aussagen sind jedoch, dass COM-Objekt oder ActiveX-Komponenten (die auch COM-Objekte sind) als Binärdateien, nämlich als DLL (*Dynamic Link Library*) vorliegen müssen. Außerdem müssen diese Objekte registriert werden, was mit Skripten nicht möglich ist.

Geschichte — WSC haben eine eigentlich lange Geschichte. Sie sind bereits unter dem Namen Scriptlets bekannt, konnten sich aber in der ASP-Programmierung nicht durchsetzen. Dies mag seinen Grund darin haben, dass der Aufwand COM-Objekte einzusetzen, vor allem in den spezifischen Vorteilen von Binärdateien zu suchen sind. Sie sind schnell, der Quellcode bleibt vor den Augen der Anwender geschützt und es steht die gesamte Leistungsfähigkeit einer richtigen Programmiersprache zur Verfügung. Sogar in der Wahl der Sprache sind sie nicht festgelegt. WSC bieten alle Eigenschaften von COM-Objekten bis auf die Eigenschaft Binärcode. Damit verlieren Sie leider auch fast alle Vorteile gegenüber klassischen Skripten.

Zweck — Warum WSC dennoch ein wichtiges Thema ist, mag sich also auf den ersten Blick nicht erschließen. Spätestens, wenn Sie eine große Applikation mit ASP schreiben müssen und WSC einmal dafür eingesetzt haben, werden Sie erkennen, dass sich mehr dahinter verbirgt, als vordergründig für den Einsatz von COM spricht. ASP bietet in der aktuellen Form nur wenig Möglichkeiten, modularisierten und strukturierten Code zu produzieren. Wenn mehrere Entwickler zusammenarbeiten oder größere Projekte regelmäßig von denselben Leuten programmiert werden, sind allgemein verwendbare Codes gut einzubinden. Mit #INCLUDE ist das zwar möglich, aber eine echte Kapselung bietet dieses Verfahren nicht. Auch Klassen sind kein ausreichendes Mittel, denn deren Leistungsfähigkeit in VBScript ist nur schwach. WSC bieten dagegen eine echte Kapselung des Namensraumes und klar definierte Schnittstellen. Legt man sich Bibliotheken solcher Komponenten an, stehen diese allen Applikationen zur Verfügung.

Aufbau einer WSC

WSC-Dateien benötigen zwangsläufig – da sie Eigenschaften einer COM-Datei aufweisen – mehr Informationen zum Ablauf als reiner Skriptcode, wie Sie ihn bisher geschrieben haben. Als Format für die Angabe dieser Informationen hat Microsoft XML gewählt. Wenn Sie sich ein wenig mit XML auskennen – was eine verdammt gute Idee ist – werden Sie die Dateien leicht lesen können.

Windows Scripting Components (WSC)

Eine solche Datei ist sehr regelmäßig aufgebaut: **Erste Schritte**

```
<component>
   <registration progid="GetHTML.Component"/>
   <public>
      <method name="SimpleTag"/>
   </public>
   <script language="VBScript">
      PUBLIC FUNCTION SimpleTag(sContent, sTag)
         sHTMLTag = "<" & sTag & ">" & sContent
         sHTMLTag = sHTMLTag & "</" & sTag & ">"
         SimpleTag = sHTMLTag
      END FUNCTION
   </script>
</component>
```

Listing 11.13: Eine WSC-Datei ist in erster Linie XML

Speichern Sie die Datei mit der Erweiterung .WSC. Bevor der erste Versuch erfolgt, das Skript zum Leben zu erwecken, sollten Sie sich mit der Struktur vertraut machen. Die verfügbaren Tags werden nachfolgend vorgestellt:

- `<component>`
  Dieses Tag umschließt die gesamte Komponente

- `<registration>`
  Dieses Tag kennt insgesamt vier Attribute und bestimmt die Eigenschaften bei der Registrierung. Hier stehen also die Informationen, die sonst der Compiler für Sie erzeugt:

  - progid
    Die Programm-ID, mit der das Objekt später benannt wird.
  - Description
    Eine Beschreibung des Objekts. Die Angabe ist optional.
  - Version
    Eine Versionsnummer, die Sie frei vergeben können.
  - Classid
    Die CLSID. Normalerweise erstellt der Compiler eine CLSID für Sie. Bei WSC macht dies der Registrierungsprozess. Normalerweise sollte dieser Wert nicht angegeben werden.

- `<public>`
  Dieser Block deklariert alle Methoden und Eigenschaften, die das Objekt nach außen zur Verfügung stellen soll.

- `<script>`
  In diesem Abschnitt steht der Skriptcode.

Die Komponenten zum Leben erwecken

Registrierung

Intern verwendet Windows die DLL SCROBJ.DLL zur Ausführung der gesamten Registrierung. Wie schon bei normalen COM-Objekten, erfolgt die Registrierung der Komponente mit REGSVR32.EXE. Der Aufruf der SCROBJ.DLL muss nicht explizit erfolgen. Dass diese Datei intern verwendet wird, wird bei Fehlermeldungen klar. Stimmt etwas am Code nicht, produziert dieses DLL die Ausgabe der Fehler. Zur Aktivierung der fertigen Komponente schreiben Sie an der Eingabeaufforderungen:

```
regsvr32 <scriptcomponente.wsc>
```

Ersetzen Sie *<scriptcomponente.wsc>* durch den Namen der Datei. War der Skriptcode fehlerfrei, erhalten Sie folgende Meldung:

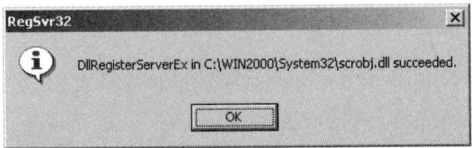

Abbildung 11.7: Erfolgreiche Registrierung der Script-Komponenten

Funktionen während der Registrierung ausführen

Sie können zwei Funktionen mit den reservierten Namen `register()` und `unregister()` schreiben. Diese werden während der Registrierung bzw. während der Entfernung der Registrierung ausgeführt. Da dieser Prozess im Windows Scripting Host abläuft und nicht unter ASP, geben Sie Informationen nicht mit `Response.Write` sondern mit den in VBScript üblichen Mitteln für die Benutzerschnittstelle aus, beispielsweise `MsgBox()`.

Hinweise zur XML-Konformität

Während die SCROBJ.DLL im Umgang mit der WSC-Datei sehr tolerant ist, werden XML-Parser und viele damit ausgestattete Editoren die in Listing 11.13 nicht als gültig (wohlgeformt) anerkennen. XML schreibt den Zeichen < und & eine besondere Bedeutung zu – sie leiten Tag bzw. Entitäten ein. In Skriptcode kommen diese Zeichen aber auch häufig vor. Einen Ausweg bietet die Deklaration des Skriptblocks als CDATA – dies sind Zeichendaten, die von der Verarbeitung durch den XML-Parser ausgeschlossen werden sollen. Folgendes Skript ist vollständig XML-konform:

```
<?xml version="1.0" encoding="ISO-8859-1"?>
<component>
    <registration progid="GetHTML.Component"/>
    <public>
       <method name="SimpleTag"/>
    </public>
    <script language="VBScript">
       <![CDATA[
       PUBLIC FUNCTION SimpleTag(sContent, sTag)
           sHTMLTag = "<" & sTag & ">" & sContent
           sHTMLTag = sHTMLTag & "</" & sTag & ">"
```

```
            SimpleTag = sHTMLTag
        END FUNCTION
    ]]>
  </script>
</component>
```

Listing 11.14: *Vollständig XML-konforme WSC-Komponente*

Sie müssen nun allerdings auch die übliche Deklaration einer XML-Datei (<?xml ...?>) an den Anfang setzen.

Anwendung der WSC-Komponenten

Die Verwendung der registrierten Komponente kann wie die jedes anderen Objekts aus ASP heraus erfolgen.

```
<%
SET oHTML = Server.CreateObject("GetHTML.Component")
sText   = "Dies ist einer Mustertext"
sBold   = oHTML.SimpleTag(sText, "B")
sItalic = oHTML.SimpleTag(sText, "I")
Response.Write sBold
Response.Write "<br/>"
Response.Write sItalic
%>
```

Listing 11.15: *Die Nutzung der in Listing 11.14 erstellten Komponente zum Verpacken von Text in HTML-Tags*

Server.CreateObject erwartet hier die Prog-ID, die in folgendem Tag definiert wurde: <registration>. Sie sind in der Wahl des Namens frei, solange keine anderen Komponenten überschrieben werden. Auf die als öffentlich deklarierten Methoden und Eigenschaften greifen Sie dann in der üblichen Objektschreibweise zu.

11.3.2   WSC im Detail

So einfach, wie es bisher beschrieben wurde, ist es nicht unbedingt. Am Anfang wurde als Vorteil herausgestellt, dass sich mit dieser Technik Namensräume schaffen und verwenden lassen, die bei großen Projekten Code leichter wieder verwendbar machen. Es sind also mehr Möglichkeiten erforderlich, um WSC einsetzen zu können.

Zusammenfassung von Komponenten

Die Objektschreibweise der Prog-ID suggeriert auch hier, dass in einer Komponente mehrere Objekte stecken können. Das ist auch tatsächlich der Fall. Sie können mehrere Komponenten in einem so genannten Package verpacken:

```
<package>
    <component id="1">
        <registration progid="MyHTML.Simple">
    </component>
    <component id="1">
        <registration progid="MyHTML.Complex">
    </component>
</package>
```

Der Rest unterscheidet sich nicht von der üblichen Implementierung.

Deklarationen

Im Tag `<public>` deklarieren Sie die Methoden und Eigenschaften der Objekte. Sehen Sie sich an, wie dies praktisch aussehen kann. Zuerst eine Methode mit einem Parameter:

Methoden deklarieren

```
<method name="SimpleTag">
    <parameter name="sText"/>
    <parameter name="sTag"/>
</method>
```

Eigenschaften werden folgendermaßen erzeugt:

```
<property name="myStatus" internalname="bStatus"/>
```

Diese Eigenschaft kann gelesen und geschrieben werden. In Ihrem ASP-Code ist der Name *myStatus* verfügbar, im Skript-Code der Komponenten verwenden Sie dagegen *bStatus*. Wenn Sie eine Eigenschaft nur lesbar gestalten möchten, sieht dies folgendermaßen aus:

```
<property name="myStatus">
    <get internalname="bStatus"/>
</property>
```

Eine Eigenschaft schreibbar zu gestalten, erlaubt das Tag `<put/>`.

Schnittstellen verwenden

Bei der Programmierung können Sie alles verwenden, was ASP und deren Skriptsprachen VBScript und JScript erlauben. Auch der Zugriff auf alle anderen Objekte der Scripting-Laufzeitbibliothek, ADO oder der ASP-Objekte ist uneingeschränkt möglich. Entsprechend vielfältig kann die Auslegung der Schnittstellen sein.

Der Zugriff von einem COM-Objekt auf ein anderes erfolgt über Schnittstellen. Die Schnittstelle zur Laufzeitbibliothek wird durch den Automatisierungs-Handler (Automation) bereits standardmäßig bereit gestellt. Dasselbe gilt für Ereignisse. Die ASP-Objekte müssen dagegen explizit »zugelassen« werden. Fügen Sie im Kopf Ihres Paketes das Tag `<implements>` folgendermaßen ein (Ausschnitt):

```
<package>
  <component id="2">
  <registration progid="MyHTML.Complex"/>
  <implements type="ASP"/>
  <public>
    ....
```

Weitere Informationen

Der Umgang mit WSC ist völlig unkritisch. Sie müssen weder den IIS-Dienst noch Ihre ASP-Applikation stoppen. Es empfiehlt sich aber, auch wirklich eine isolierte Applikation zu erstellen, damit ein Absturz einer Komponenten nur eine Site und nicht alle anderen mit in den Abgrund reißt.

Mehr Informationen finden Sie unter folgender Adresse:

http://msdn.microsoft.com/scripting/scriptlets

Dort ist auch die vollständige Referenz zu finden sowie Informationen über weitere Möglichkeiten.

Ein Tipp wert ist der Windows Scripting Component Wizard. Dieser kleine Assistent erstellt die XML-Datei soweit, dass alle nötigen Tags vorhanden sind – Sie müssen anschließend nur den reinen Skriptcode hineinschreiben. Das Programm ist kostenlos unter folgender Adresse zu bekommen:

WSC einfach erstellen

http://msdn.microsoft.com/scripting/scriptlets/wz10en.exe

Sie finden auf der Scripting-Seite auch Informationen über aktuelle Versionen für alle Windows-Betriebssysteme.

11.4 Skriptcodes schützen

> Wenn Sie mit ASP eine Applikation schreiben und an Kunden ausliefern, ist der Code jederzeit sichtbar. Abgesehen von rechtlichen Beschränkungen, hindert dies erstmal niemanden, sich mit den Details Ihrer Software zu beschäftigen – ob Sie wollen oder nicht. Mit dem Windows Script Encoder steht ein kostenloses Werkzeug zur Verfügung, dass Ihre Skripte auf einfache Weise schützt.

11.4.1 Das Prinzip – Windows Script Encoder

Der Script-Encoder verschlüsselt die Codes eines ASP-Skripts (und aller anderen Skriptdateien) mit dem Base64-Verfahren. Das ist weder besonders sicher noch unumkehrbar, aber auf den ersten Blick ist das so verarbeitete Skript für den Anwender unlesbar. Es gehört schon einiger Aufwand dazu, die Skripte zu dekodieren.

Wenn Sie Ihre Applikation fertig gestellt haben, können Sie die Dateien mit folgender Anweisung kodieren:

screnc script.asp encscript.asp

Damit wird eine neue Datei erstellt, die kodiert ist. Wenn Sie den Namen beibehalten möchten – was meist sinnvoller ist – schreiben Sie die Kommandozeile folgendermaßen:

screnc /f script.asp

Vorher sichern! Sichern Sie die Originale vorher. Die Datei wird bei der Kodierung überschrieben.

Wie es funktioniert

Wenn der Script Encoder ASP-Tags findet, egal ob mit <%-Tags oder den <script>-Tags, wird dieser Eintrag folgendermaßen ersetzt:

```
<script language="VBScript.Encode">
```

Verwenden Sie nur eine Skriptsprache im Skript, wird diese Auswahl an den Anfang gesetzt:

```
<%@ LANGUAGE = VBScript.Encode %>
```

Dies ist ein spezieller Treiber im Skriptmodul, der die Kodierung beim Aufruf der Seite wieder rückgängig macht und dann die ASP-Engine startet. Aus deren Sicht ist der Vorgang völlig transparent. Der Code zwischen den Skriptblöcken wird verschlüsselt.

Praktisch sieht ein kodiertes Skript dann folgendermaßen aus:

```
<%@ LANGUAGE = VBScript.Encode %>
<!DOCTYPE HTML PUBLIC "-//W3C//DTD HTML 4.01 Transitional//EN">
<%#@~^PQAAAA==~@#@&jAK,WC:Hd~',?nD7+. ;D+mO+}4L-^O`rM-YuK\
JcZG:aGx-xOE*@#@&1hEAAA==^#~@%>
<html>
<head>
    <title>Unbenannt</title>
</head>
<body>
<%#@~^ygAAAA==~@#@&d:+XYP,',Efb+dPb/O~-kx-.PtE/Dn.Y-6DJ@#@&d$KV[P{~W_
K\Jc?kh2^+PlTckKnXYBPJ~J*@#@&kqO1^k^x,WC:\Sc?ks2s+
:lT`dKnaD~~J&E#@#@&]nkwWUd-RDbO-Pd~W^N@#@&I-dwKxd+c-.rD+
Pr@!4Mz@*r@#@&I-/aWU/nqDrY-~/&YCsbm@#@&gTsAAA==^#~@%>
</body>
</html>
```

Listing 11.16: Kodiertes ASP-Skript

HTML-Text selbst wird von diesem Vorgang nicht verändert. Das ist auch nicht besonders sinnvoll, weil diese Codes im Browser ohnehin sichtbar werden.

Wo Sie den Script Encoder laden können

Der Script Encoder ist kostenlos bei Microsoft zu bekommen. Die Datei ist ca. 135 KByte groß und entpackt sich selbst in ein Verzeichnis, von dem aus das Programm SCRENC.EXE anschließend gestartet werden kann.

Sie finden das Programm unter folgender Adresse (in einer Zeile):

```
http://download.microsoft.com/download/winscript56/Install/1.0
    /W98NT42KMeXP/DE/sce10de.exe
```

11.4.2   Optionen des Script Encoders

Die Syntax dieses Kommandozeilenwerkzeugs ist sehr einfach:

`screnc [/s] [/f] [/xl] [/l sprache] [/e ext] einskript ausskript`   **Syntax**

Die Optionen haben folgende Bedeutung:

- ▶ /s unterdrückt Meldungen

- ▶ /f löscht die Eingabedatei und ersetzt sie durch die kodierte

- ▶ /xl unterdrückt das Hinzufügen der @LANGUAGE-Direktive am Anfang der ASP-Datei.

- ▶ /l sprache legt die Sprache fest, wenn die Sprachblöcke keine explizite Sprachauszeichnung (VBScript oder JScript) haben. Die Standardsprache ist VBScript.

- ▶ /e ext erzwingt die Erkennung eines Dateityps. Normalerweise werden die Eingabeformate anhand des Dateityps erkannt (beispielsweise .ASP bei ASP-Skripten). Wenn Sie Ihre Skripte jedoch mit .MXVA »tarnen«, teilen Sie mit /e ASP dem Script Encoder mit, das er ASP erkennen soll.

11.5   Sicherheit für ASP-Umgebungen

> In den folgenden Abschnitten werden Produkte vorgestellt, mit denen sich mit Windows 2000-Server und dem IIS 5 komplexe und auch kritische Applikationen entwickeln und betreiben lassen. Viele elementare Sicherheitsmaßnahmen sind aber nötig, um solche Server abzusichern. In diesem Abschnitt erfahren Sie, welche elementaren Sicherheitsvorkehrungen Sie treffen können.

11.5.1   Warum der Server abgesichert werden muss

Auch wenn Sie vielleicht denken, dass sich auf Ihrem Server keine wertvollen Daten befinden und sich sowieso niemand dafür interessiert, sollten Sie sich absichern! Es gibt eine Menge Gründe und Gelegenheiten, Störungen in   **Jeder Server sollte gesichert werden, auch wenn es unnötig erscheint** fremden Systemen hervorzurufen. Nicht immer ist es böse Absicht, manchmal ist es auch nur ein Versehen oder pure Unkenntnis. Nur abgesicherte Systeme widerstehen den ständigen Angriffen aus dem Internet.

Eine Standardinstallation von Windows 2000 Server und dem IIS 5 ist nicht sicher! Sie müssen Einstellungen von Hand vornehmen, um den Server abzusichern.

Angriffsszenarien

Wer greift einen Server eigentlich an? Hier eine Auswahl:

▶ *Die Scharlatane*
Unkenntnis, falsche Einschätzung des eigenen Vermögens oder falsch verstandene Neugier treibt viele Halbtechniker an die Computer und zu immer neuen Versuchen, mal einen Blick hinter die Kulissen zu werfen.

▶ *Die Spione*
Kundendaten sind ein reizvolles und wertvolles Gut. Wird es leicht gemacht, kann es sich lohnen, auch kleine Server zu knacken.

▶ *Die Vandalen*
Zerstörung als Sport – das gibt es auch im Internet. Nicht immer sind Hacker gutwillig; oft werden Daten einfach zerstört. Zwar kann man sich gegen den Verlust durch Sicherheitskopien schützen, aber Serverausfälle und Technikerstunden kosten viel Geld.

11.5.2 Zugriffssicherheit

Die beste Sicherheit bietet eine Technik, die bereits fest ins Betriebssystem integriert ist.

C2-Sicherheitssystem

Nutzen Sie die Sicherheitsfunktionen unter Windows 2000!

Windows 2000 verfügt über ein so genanntes C2-Sicherheitssystem. Die echte C2-Prüfung ist komplex und sehr umfangreich, sie wurde bislang nur für den Einsatz von Windows 2000 als Einzelplatzsystem erreicht. Die wesentlichen Eigenschaften sind:

▶ *Nutzererkennung und –autorisierung*
Das System muss Nutzer über Namen und Kennwörter erkennen und darf die Anmeldung nur erlauben, wenn die entsprechende Eingabe erfolgte.

▶ *Verteilte Zugriffskontrolle*
Jede Ressource im System, Dateien, Verzeichnisse, Drucker usw. muss einen Eigentümer haben, der für seine Ressource die Zugriffsrechte verwaltet. Der Sinn ist die Vermeidung eines globalen »Superusers«, der alle Rechte in einer Person vereint.

Sicherheit für ASP-Umgebungen

▶ *Kontrolle*
Das System muss in allen Details Zugriffe auf Ressourcen protokollieren und für jeden Zugriff feststellen, welcher registrierte Nutzer dafür verantwortlich ist. Diese so gewonnenen Informationen wiederum dürfen nur Administratoren zugänglich sein.

▶ *Sichere Objektnutzung*
Darunter wird die sichere Deaktivierung und Zerstörung von Objekten verstanden. So darf ein gelöschtes Verzeichnis unter keinen Umständen, auch nicht durch technische Störungen, von anderen vorher unberechtigten Nutzern wieder reaktiviert werden.

▶ *Integrität*
Jede Einheit muss sicherstellen, dass die enthaltenen Daten sich in einwandfreiem und unveränderlichem Zustand befinden. Es gibt keine Änderungen auf anderen als den erlaubten und gewollten Wegen.

Zugriffssicherheit

Jeder, der auf ein Windows 2000-System zugreift, muss über ein Nutzerkonto verfügen. Dabei wird nicht nur explizit Nutzern der Zugriff erlaubt, sondern auch bestimmten Ressourcen und Diensten (siehe Abbildung 11.8).

Zugriffssicherheit unter Windows 2000

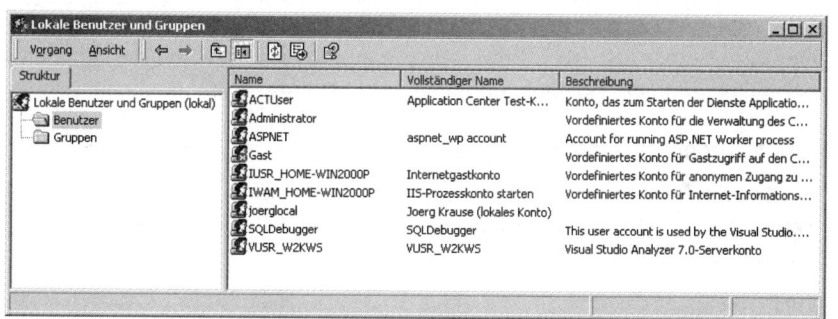

Abbildung 11.8: Einige Standardnutzer sind auf dem Webserver schon eingerichtet

Den Benutzermanager, mit dem die Einrichtung neuer Zugriffskonten erfolgt, finden Sie UNTER START | PROGRAMME | VERWALTUNG (ALLGEMEIN) auf einem Windows 2000-Server, ansonsten in der Systemsteuerung.

Benutzer werden von Windows 2000 intern über eine Security-ID verwaltet. Jeder Nutzer hat eine eindeutige Nummer. Auch wenn Sie einen Nutzer löschen und später mit identischen Daten neu anlegen, wird eine neue Security-ID vergeben. Die Nummer selbst ist nicht einsehbar, auch nicht für Administratoren. Damit wird sichergestellt, dass später am System angemeldete Personen mit gleichen Namen nicht über die Rechte früher registrierter Nutzer verfügen können.

Nutzergruppen

Webnutzer mit eingeschränkten oder erweiterten Rechten basieren auf NT-Benutzern.

Nutzer können unter Windows 2000 in Gruppen eingeteilt werden. Ein Blick auf den Benutzermanager zeigt eine Reihe von Gruppen, die schon eingerichtet wurden, darunter diese Standardgruppen:

- ADMINISTRATOREN (engl. administrators)
  Die Nutzer dieser Gruppe haben volle Kontrolle über das System.

- BENUTZER (engl. users)
  Normale Nutzer, die nicht einer speziellen Gruppe zugeordnet werden, sind automatisch in dieser Gruppe registriert.

- GÄSTE (engl. guests)
  Für Nutzer, die nur einen zeitweiligen Zugriff auf das System mit starken Einschränkungen benötigen.

- HAUPTBENUTZER (engl. power users)
  Benutzer, die für andere untergeordnete Nutzer Verzeichnisse und Drucker freigeben können.

Weitere Einteilungen und Gruppen sind möglich, sind jedoch nur dann sinnvoll, wenn ein großes Netzwerk mit vielen Nutzern verwaltet werden soll.

Die Nutzung des Windows 2000 Servers als Webserver bietet hier weniger Gelegenheit, viele Nutzer einzurichten. Der Webserver selbst nutzt gegenüber dem Server nur ein Konto, um sich anzumelden: *IUSR_MachineName*, wobei *MachineName* für den Namen des Computers steht.

Zugriffsrechte unter Windows 2000

Wurde ein Benutzer erfolgreich angemeldet, bekommt er vom Sicherheitssystem die für ihn geltenden Rechte zugewiesen. Es gibt vielfältige Einstellmöglichkeiten für diese Rechte.

Auch die Zugriffe über HTTP oder FTP stoßen auf das Windows-2000-Sicherheitsmodell. Die Einstellungen der Zugriffsrechte auf bestimmte Verzeichnisse oder Dateien wirken also auch auf Nutzer, die über das Internet auf den NT-Server zugreifen.

Grundsätzlich greift der Webserver unter dem Konto *IUSR_Machine* auf die Verzeichnisse und Dateien zurück. Unter normalen Umständen – damit ist das Abrufen von HTML-Seiten auf dem Webserver gemeint – reicht diesem Nutzer das Recht zum Lesen der Dateien aus.

Folgende Zugriffsrechte können Sie an Nutzer vergeben:

- LESEN (engl. read; R)
  Erlaubt das Lesen von Dateien und untergeordneter Verzeichnisnamen.

- SCHREIBEN (engl. write; W)
  Erlaubt das Anlegen neuer Dateien und Verzeichnisse und das Ändern von vorhandenen Dateien.

Sicherheit für ASP-Umgebungen

▶ AUSFÜHREN (engl. execute; X)
   Erlaubt das Starten von ausführbaren Programmen.

▶ LÖSCHEN (engl. delete; D)
   Erlaubt das Entfernen von Dateien und Verzeichnissen.

▶ BERECHTIGUNGEN ÄNDERN (engl. change permissions; P)
   Erlaubt es, die Zugriffsberechtigungen für andere Nutzer zu ändern.

▶ BESITZ ÜBERNEHMEN (engl. take ownership; O)
   Erlaubt es, die Eigenschaft »Eigentümer« zu übernehmen. Jede Ressource hat einen Eigentümer; wenn Sie beispielsweise eine Datei erzeugen, sind Sie der Eigentümer.

Die folgenden Ausführungen gelten uneingeschränkt nur, wenn Windows 2000 mit dem eigenen Dateisystem NTFS5 arbeitet. Wenn Ihr System unter FAT32 formatiert wurde, stehen die Zugriffsrechte nicht oder nur eingeschränkt zur Verfügung. In Abschnitt 2.3 *Installation und Einrichtung* ab Seite 70 finden Sie eine Anleitung, wie das Verzeichnissystem von FAT32 auf NTFS5 umgestellt werden kann.

Zugriffsrechte für den Webserver

Wenn Sie sich die Zugriffsrechte genau ansehen, werden Sie bemerken, dass für die Nutzung als Webserver kaum komfortable Einstellungen möglich sind. Um beispielsweise Skripten ausführen zu können, müssten Sie dem Konto *IUSR_Machine* global die Rechte AUSFÜHREN und LESEN geben.

Zugriffsrechte müssen im IIS und im Dateisystem eingestellt werden.

e Verwaltung der Zugriffsrechte für die Webnutzer erfolgt deshalb im IIS selbst. Folgende Optionen stehen im IIS 5 zur Auswahl:

▶ SKRIPTZUGRIFF
   Der Webnutzer darf Skripte ausführen. Die Aktivierung dieser Option ist für ASP erforderlich.

▶ LESEN
   Das Lesen von Dateien ist erlaubt.

▶ SCHREIBEN
   Das Schreiben von Dateien und Verzeichnissen ist erlaubt.

▶ BESUCHE PROTOKOLLIEREN
   Zugriffe werden in der Protokolldatei des Webservers erfasst.

▶ VERZEICHNIS DURCHSUCHEN
   Wenn sich in dem Verzeichnis keine Standarddatei befindet und der Nutzer mit der URL keine Datei angegeben hat oder diese Datei nicht gefunden wurde, kann eine Liste des Verzeichnisinhaltes angezeigt werden, wenn diese Eigenschaft eingeschaltet wurde.

11 Erweiterung der Programmierung

▶ RESSOURCE INDIZIEREN
Das Verzeichnis wird indiziert, wenn der Index Server es in einem seiner Kataloge aufgelistet hat.

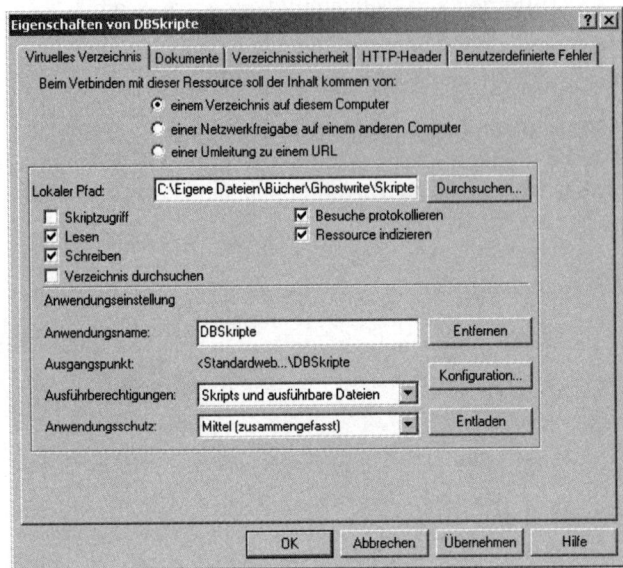

Abbildung 11.9: Einstellungen der Zugriffsrechte für den anonymen Zugriff

Für die praktische Arbeit reicht das noch nicht aus. Auch für Skripte und Programme gibt es Einstellungen, die sich auf die Sicherheit beziehen. Unter der Gruppe EINSTELLUNGEN DER ANWENDUNG können Sie auch die Zugriffsrechte der Skripte kontrollieren. Dazu gehören:

▶ KEINE
Skripten und Programme werden nicht ausgeführt.

▶ SKRIPT
Nur Skripte werden ausgeführt.

▶ AUSFÜHREN
Ausführbare Programme und Skripte werden ausgeführt.

Welche Rechte stellen Sie nun tatsächlich ein? Auf jeden Fall sollten die Rechte für ein Webverzeichnis differenziert eingestellt werden. Wenn Sie mit ASP-Skripten arbeiten, ist es sinnvoll, diese in einem eigenen Verzeichnis zu speichern. Das Verzeichnis bekommt dann nur die Berechtigung SKRIPT. Deaktivieren Sie auch das Kontrollkästchen LESEN, denn der Nutzer muss und soll die Skripte ja nicht lesen. Eine Übersicht zeigt Tabelle 11.1.

Wenn Sie Textdateien zur Datenspeicherung einsetzen, dann speichern Sie die Dateien ebenso in einem eigenen Verzeichnis, wenn anonyme Nutzer darauf Schreibzugriff haben sollen. Geben Sie diesem Verzeichnis nur die Rechte SCHREIBEN und, falls erforderlich, LESEN.

Sicherheit für ASP-Umgebungen

Wenn Sie eine SQL-Datenbank in einem Verzeichnis des Webservers ablegen, wird der Zugriff über den SQL-Server ausgeführt. In diesem Fall benötigen Sie keine Zugriffsrechte für anonyme Webnutzer. Sie können sowohl SCHREIBEN als auch LESEN deaktivieren.

Vorgang	Lesen	Schreiben	Skript	Ausführen
HTML-Datei	✓			
ASP-Datei			✓	
HTML- oder ASP-Datei	✓		✓	
SQL-Datenbank				
Textdatenbank	✓	✓		
EXE- oder DLL-Datei				✓

Tab. 11.1: Einstellungen der Zugriffsrechte im Webserver

Sicherheitshinweis: Deaktivieren Sie grundsätzlich die Funktion VERZEICHNIS DURCHSUCHEN ERLAUBEN. Böswilligen Besuchern würden durch den Einblick in die Struktur des Servers möglicherweise Angriffspunkte geliefert. Verzeichnisse, in denen ausführbare Dateien oder Skripte liegen, sollten niemals Lese- und Schreibrechte haben. Angreifer könnten dort sonst Skripte oder Programme ablegen und ausführen (stellen Sie sich vor, einer Ihrer Nutzer legt in einem Verzeichnis das Programm FORMAT.COM ab und startet es remote).

Globale Zugriffsbeschränkungen

Der Schutz der Struktur und der Daten vor falscher Benutzung ist nur ein Punkt, der beachtet werden muss. Webserver werden oft von mehreren Personen benutzt und stehen gleichzeitig für viele Aufgaben zur Verfügung. So sind die Administrationsverzeichnisse, in denen die Programme zur Steuerung via HTML liegen, auch normal verfügbar.

Nutzen Sie IP-Nummern zur Einschränkung der Zugriffsrechte.

Sie können auch die Zugriffe auf bestimmte IP-Nummern oder Nummerngruppen beschränken oder, noch besser, nur für bestimmte Nummern freigeben. Die lokale IP-Adresse eines Computers ist 127.0.0.1. Sie können beispielsweise diese Nummer als einzige berechtigte IP-Nummer eingeben. Dann ist der Zugriff per Browser nur möglich, wenn an der Konsole (Tastatur und Bildschirm) selbst gearbeitet wird (siehe Abbildung 11.10). Die Einstellungen finden Sie unter EIGENSCHAFTEN | VERZEICHNISSICHERHEIT | BESCHRÄNKUNGEN FÜR IP-ADRESSEN.

Nun werden Sie möglicherweise gerade die HTML-Schnittstellen der IIS benutzen, um den Server remote zu warten. Hier erfolgt also der Zugriff über das Internet. Haben Sie eine feste IP-Nummer für die Einwahl von Ihrem Provider erhalten, können Sie die Nummer in der in Abbildung 11.10 gezeigten Tabelle eingeben und haben exklusiven Zugriff.

*Abbildung 11.10:
Zugriffsbeschränkung auf die Konsole für die Administrationsskripte*

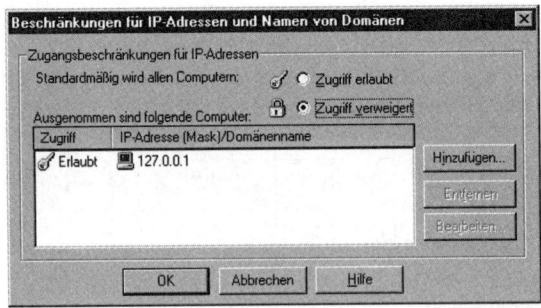

Wählen Sie sich mit einer dynamischen IP-Nummer ein, die bei jeder Anwahl neu vergeben wird, gestaltet sich die Sache komplizierter. Eine Möglichkeit ist die Einschränkung auf einen bestimmten Nummernkreis. Dazu müssen Sie aber wissen, welche Ressourcen der Provider für die Vergabe benutzt. Und theoretisch haben zumindest alle anderen Kunden des gleichen Providers ebenso Zugriff. Für die Einstellung wird die Subnetzmaske benutzt, die ein Teilnetz beschreibt. Zur Feststellung der gültigen IP-Adresse wird die angegebene Adresse mit der Subnetzmaske binär mit UND verknüpft und dann verglichen.

*Abbildung 11.11:
Zugangsberechtigung für eine Gruppe IP-Nummern einstellen*

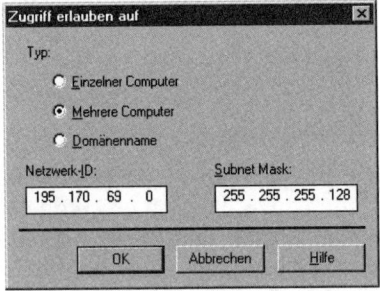

Für die in Abbildung 11.11 gezeigten Nummern sieht das folgendermaßen aus:

```
195.170.096.XXX       11000011.10101010.1100000.XXXXXXXX
255.255.255.128       11111111.11111111.1111111.10000000
195.170.096.000       11000011.10101010.1100000.X0000000
```

Durch die Maske wird die Hälfte der letzten Stellen der IP-Nummer ausgeblendet, alle Zugriffe auf Nummern zwischen 195.170.96.128 und 195.170.96.255 werden akzeptiert.

In Abschnitt 2.1.2 *Erforderliche Kenntnisse* ab Seite 64 ging es um die Grundlagen der Netzwerktechnik, auf der das Internet basiert. Bestimmte Dienste werden über so genannte Portnummern angesprochen. Deshalb ist es auch möglich, zwei Dienste auf einer IP-Nummer anzubieten, beispielsweise für die Protokolle HTTP und FTP. Die reguläre Portadresse für den Zugriff via

Sicherheit für ASP-Umgebungen

HTTP ist Port 80, für FTP Port 21. Diese Portnummern sind nicht fest vergeben, sondern richten sich nach bestimmten Empfehlungen. Abweichend davon kann eine andere Portnummer benutzt werden, um einen Dienst zu »verstecken«. Standardmäßig ist die Portnummer für die Administration des Webservers beispielsweise auf 3102 eingestellt (siehe Abbildung 11.12).

Sie können jede Zahl zwischen 1 und 65.535 vergeben (16 Bits). Da der Bereich bis 512 von vielen Standarddiensten benutzt wird, sollten eigene Nummern nur im oberen Zahlenbereich liegen.

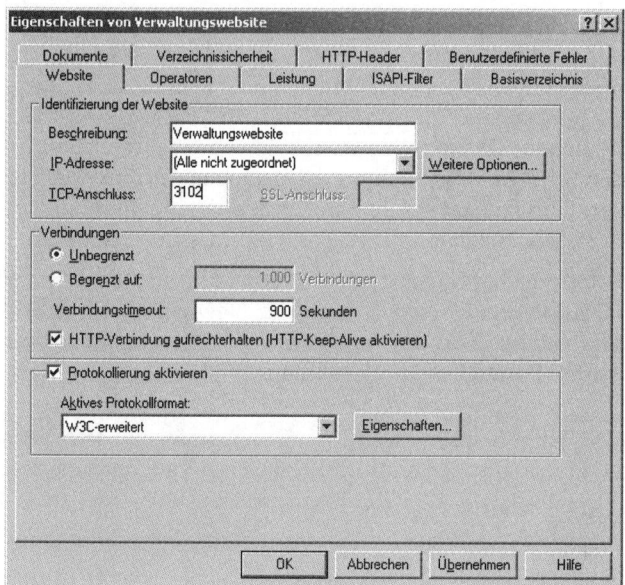

Abbildung 11.12: Änderung der Portadresse eines Dienstes mit dem Eintrag TCP-Anschluss

Netzwerksicherheit

Komplexe Anwendungen, die Nutzern im Internet zur Verfügung gestellt werden, sind oft auf mehrere Computer verteilt. Das bedeutet, dass Ihre ASP-Skripte auf die Ressourcen in einem lokalen Netzwerk unbeschränkt zugreifen sollen, gleichzeitig aber Nutzern von außen kein Zugriff gestattet wird. Die Verbindung des auf NT basierenden Webservers mit einem lokalen Netz ist eine heikle Angelegenheit, die eine grundsätzliche Überlegung zum Thema Netzwerkstruktur verlangt.

Die Verbindung eines NT-Servers als Webserver mit dem Internet wird üblicherweise über einen Router erfolgen. Diese Geräte setzen beispielsweise von Ethernet auf ISDN um. Wenn Sie Ihre Server bei einem Provider betreiben und damit dessen Anbindung an das Internet benutzen, wird Ihnen ein solcher Router zur Verfügung stehen (nicht unbedingt exklusiv). Die Verbindung zwischen all den Servern und dem Router erfolgt über einen gemeinsamen Netzwerkstrang. Teilen Sie Ihre Applikation auf mehrere Computer auf, dürfen diese internen Verbindungen im Netzwerk natürlich nicht sichtbar sein. Eine praktikable Lösung ist der Einbau von zwei Netzwerkkarten. Die eine Netzwerkkarte wird mit dem »öffentlichen Strang« zum Router, die andere nur mit den Computern des eigenen »privaten« Netzes verbunden (siehe Abbildung 11.13).

Abbildung 11.13: Prinzip eines einfachen Firewalls mit zwei Netzwerkkarten in einem Windows 2000-Computer

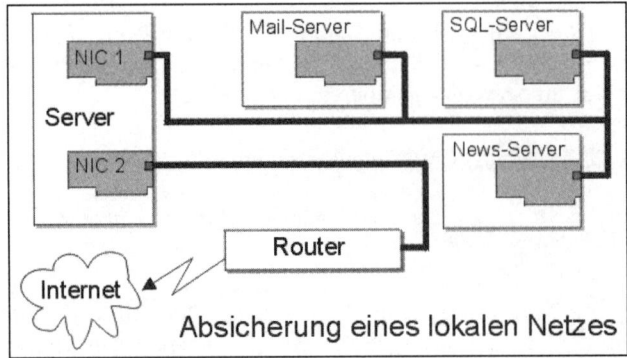

Für den Webserver benötigen Sie normalerweise nur die Ports 80 (HTTP) und 21 (FTP). Eventuell werden noch der Newsdienst (Port 119) und ein eigener SMTP-Server (Port 25) verwendet. Im nächsten Schritt werden den Netzwerkkarten Portadressen zugewiesen.

Diese Einstellungen sollten nur erfahrene Administratoren vornehmen. Bei falschen Einstellungen sind Fehlfunktionen zu erwarten, denn einige Dienstprogramme wie PING nutzen andere Ports und funktionieren dann nicht mehr.

In der Systemsteuerung unter NETZWERK- UND DFÜ-VERBINDUNGEN wählen Sie die Verbindung aus, die den Kontakt zum öffentlichen Netzwerk herstellt. Wählen Sie dann INTERNETPROTOKOLL (TCP/IP) | EIGENSCHAFTEN und am unteren Ende des Dialogfelds finden Sie die Schaltfläche ERWEITERT und in dem folgenden Dialog wiederum am unteren Ende die Registerkarte OPTIONEN. Im folgenden Dialog können Sie für die ausgewählte Netzwerkkarte bestimmte TCP-Ports explizit freigeben (siehe Abbildung 11.14, die die Freigabe für HTTP, FTP, NNTP und SMTP jeweils auf den Standardports zeigt).

So nah an der Hardware kann man einen Webserver schon relativ gut schützen. Ein weiterer Schutz wäre die Begrenzung des IP-Protokolls, das unterhalb TCP und UDP arbeitet, denkbar wäre hier nur TCP. Die Nummer des übergeordneten Protokolls ist ebenso wie die Portnummer eine Festlegung, die von der *Internet Assigned Numbers Authority* (IANA) zugewiesen wird. Die Einstellungen der Protokollnummern und Portnummern sind hardwarenah und nicht immer durch Dialogfelder unterstützt.

Sicherheit für ASP-Umgebungen

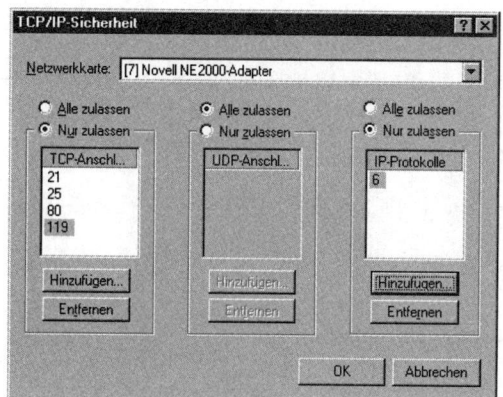

Abbildung 11.14: Explizite Freigabe bestimmter Ports auf einer Netzwerkkarte. Als einziges IP-Protokoll wurde TCP zugelassen (Protokollnummer 6).

Sie finden die Portnummern in der Datei SERVICES unter *%systemroot%\system32\drivers\etc*. Die Datei PROTOCOL im selben Verzeichnis enthält die Protokollnummern. Dort finden Sie beispielsweise für TCP die Nummer 6.

Sie sollten diese Einstellungen nur vornehmen, wenn Sie sich über die Konsequenzen in Ihrem Netzwerk bewusst sind und alle Dienste kennen, die Verbindungen zwischen Computern nutzen. Bei falscher Einstellung kann es passieren, dass das Netzwerk seinen Dienst versagt. Auf keinen Fall sollten Sie die Einstellungen remote vornehmen – Sie könnten endgültig von Ihrem System getrennt werden.

11.5.3 Nutzerspezifische Sicherheitseinstellungen

Oft ist ein totaler Schutz eines Servers nicht sinnvoll. Statt dessen muss bestimmten Benutzern ein Zugang mit spezifischen Rechten gewährt werden.

Anonyme Anmeldung

Der Zugriff aus dem Internet erfolgt prinzipiell anonym. Am Anfang dieses Kapitels wurde auf die Sicherheitseigenschaften von Windows NT hingewiesen. Einen anonymen Zugriff gibt es dort nicht. Für den Zugriff auf einen Webserver wird ein spezielles Konto benutzt: *IUSR_MachineName*. Sie können jedes Verzeichnis und jeden virtuellen Server für diesen Nutzer freigeben und der Zugriff ist mit jedem Browser möglich. Neue virtuelle Server und neue virtuelle Verzeichnisse erlauben immer einen anonymen Zugriff.

Die Einstellungen nehmen Sie in der Management-Konsole vor. Wählen Sie unter EIGENSCHAFTEN | VERZEICHNISSICHERHEIT die Schaltfläche BEARBEITEN in der Gruppe STEUERUNG DES ANONYMEN ZUGRIFFS UND DER AUTHENTIFIZIERUNG.

*Abbildung 11.15:
Einstellungen der
Zugriffssicherheit
auf Verzeichnisse
des Webservers für
den Zugriff aus dem
Internet*

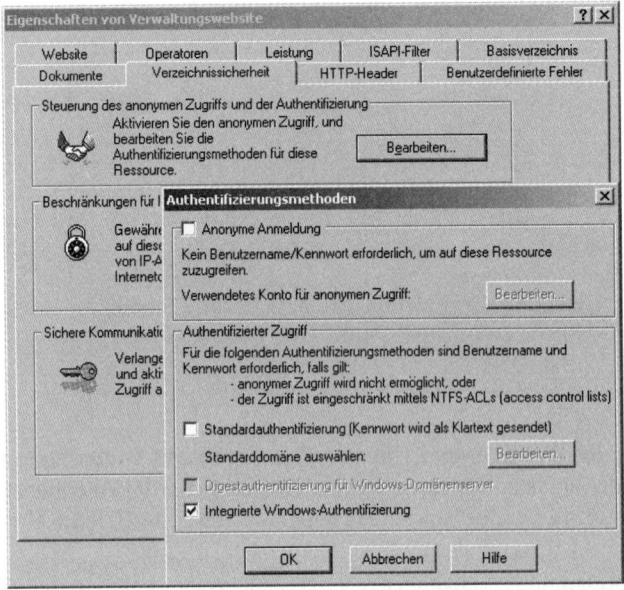

Wählen Sie die Schaltfläche BEARBEITEN in dem in Abbildung 11.15 gezeigten Dialog, um das Zugriffskonto für den anonymen Zugriff zu ändern. Das ist natürlich nicht zu empfehlen, könnte aber notwendig werden, wenn beispielsweise das Konto versehentlich gelöscht wurde. Standardmäßig steht hier das schon erwähnte Systemkonto *IUSR_MachineName*.

Authentifizierte Anmeldung

Schränken Sie den Zugriff über das Internet ein. Wenn Sie Verzeichnisse explizit schützen möchten und nur einem begrenzten Nutzerkreis zugänglich machen wollen, müssen Sie für diese Nutzer ein Konto im NT-Benutzermanager anlegen. Der Dialog in Abbildung 11.15 erlaubt die Einrichtung der Ablehnung anonymer Nutzer. Aktivieren Sie das mittlere Kontrollkästchen. Die zulässigen Nutzer können Sie hier allerdings nicht eintragen.

Wenn Nutzer nun auf die Webseite zugreifen, werden Sie mit der Meldung »401 Access denied« oder »401 Zugriff verboten« konfrontiert. Das ist sicher eine interessante Schutzmöglichkeit; der explizite Zugriff für bestimmte Nutzer ist damit aber, wie gesagt, noch nicht gegeben.

Welche Nutzer haben denn nun Zugriff auf diese Webseite? Dazu müssen Sie die Verzeichnisrechte im Windows-Explorer oder im Arbeitsplatz eingeben. Wechseln Sie in den Windows-Explorer, wählen Sie das Verzeichnis an, und klicken Sie mit der rechten Maustaste darauf. Im Kontextmenü wählen Sie EINSTELLUNGEN und im folgenden Dialog die Registerkarte SICHERHEIT und dann die Schaltfläche BERECHTIGUNGEN. Tragen Sie hier die Benutzer ein, die Zugriff haben sollen (siehe Abbildung 11.16).

Sicherheit für ASP-Umgebungen

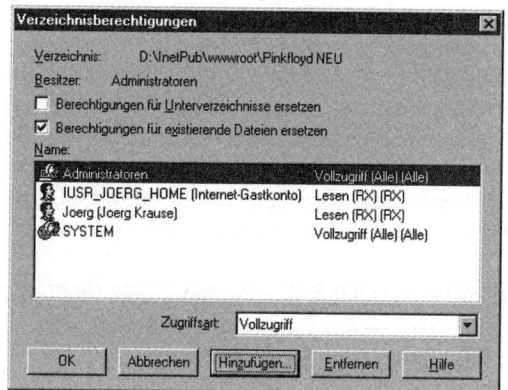

Abbildung 11.16:
Nur ausgewählte
Nutzer erhalten
Zugriff auf ein
bestimmtes
Verzeichnis.

Lassen Sie sich nicht davon irritieren, dass das Internet-Gastkonto weiter in der Liste verbleibt. Darum kümmert sich der IIS. Als Zugriffsrecht reicht hier LESEN aus.

Die Option INTEGRIERTE WINDOWS-AUTHENTIFIZIERUNG nutzt eine verschlüsselte Übertragung des Kennwortes (die normale Authentifizierung sendet Kennwörter im Klartext). Das muss vom Browser unterstützt werden. Der einzige Browser, der dies derzeit unterstützt, ist der Internet Explorer. Wenn Sie diese Option wählen, *müssen* alle Nutzer über den Internet Explorer verfügen. Im Intranet könnte die Verwendung von Vorteil sein, denn die Übertragung des Namens und des Kennworts erfolgt automatisch, wenn der Nutzer sich an einem Windows-Server angemeldet hat.

Die verschlüsselte Kennwortübertragung funktioniert nur mit dem Internet Explorer

Im Benutzermanager werden Sie vielleicht noch ein anderes Konto mit ähnlichem Namen gesehen haben: *IWAM_MachineName*. Dieser Name wird vom Microsoft Transaction Server (MTS) benutzt, um isolierte Prozesse anzumelden. Solche Prozesse werden in getrennten Speicherbereichen ausgeführt und vom MTS als Paket verwaltet. Sie brauchen sich um die Sicherheitseinstellungen für dieses Konto nicht weiter zu kümmern. Es ist kein Sicherheitsloch!

Pflege und Wartung per FTP

Webserver werden oft von mehreren Personen benutzt. Eine typische Konstellation ist ein auf Windows NT basierender Webserver, der mehrere virtuelle Server hostet. Während aus dem Internet anonyme Nutzer mit einem Browser auf diese virtuellen Server zugreifen dürfen, ist die Pflege und Wartung nur bestimmten Personen erlaubt. Es ist allgemein üblich, den FTP-Server zu benutzen, um das Hochladen von HTML-Dateien und Skripten zu ermöglichen. Wie werden nun die Verzeichnisrechte so eingestellt, dass nur ganz bestimmte Nutzer Zugriff auf Ihre (und nur auf diese) Verzeichnisse haben?

Gestatten Sie einzelnen Personen Zugriff über FTP.

Hier wird wieder auf das Windows 2000-Sicherheitssystem zurückgegriffen. Voraussetzung ist also, dass das Dateisystem NTFS benutzt wird. Um einem

11 Erweiterung der Programmierung

bestimmten Nutzer ein Zugriffsrecht per FTP zu geben, müssen Sie ein virtuelles Verzeichnis anlegen. Dazu wählen Sie in der Management-Konsole den Eintrag STANDARD-FTP-SITE mit der rechten Maustaste, im Kontextmenü den Eintrag NEU und dann den Eintrag VIRTUELLES VERZEICHNIS. Geben Sie dem Verzeichnis einen Namen und klicken Sie auf OK. Das so angelegte Verzeichnis ist nun unterhalb des normalen FTP-Dienstes erreichbar. Wenn Sie mehrere virtuelle Server mit eigener Domain betreiben, ordnen Sie das so freigegebene Verzeichnis dem entsprechenden virtuellen Server zu.

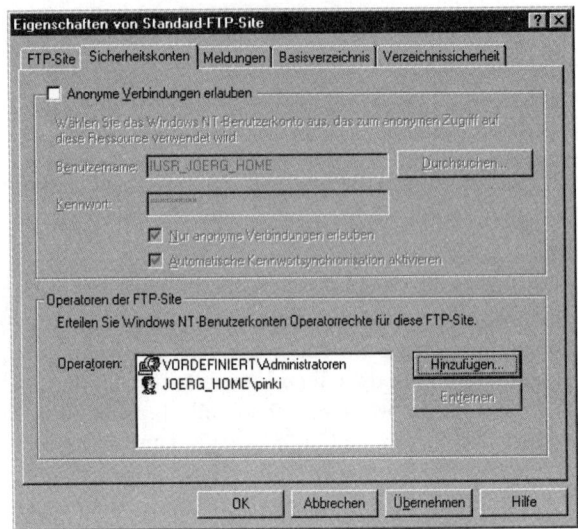

*Abbildung 11.17:
Sperrung des anonymen FTP-Zugriffs und Eingabe der Operatorrechte für bestimmte Nutzer*

Für den virtuellen Server, in dem das freizugebende Verzeichnis liegt, muss nun der anonyme Zugriff via FTP gesperrt werden (siehe Abbildung 11.17). Dazu wählen Sie im Kontextmenü den Eintrag EIGENSCHAFTEN und im folgenden Dialogfeld die Registerkarte SICHERHEITSKONTEN aus. Deaktivieren Sie das Kontrollkästchen ANONYME VERBINDUNGEN ERLAUBEN. Die Einstellungen des Operators beziehen sich nicht auf die Verzeichniszugriffe, sondern auf die Erlaubnis, diese Zugriffsrechte einstellen zu dürfen.

Mit der Einstellung VERZEICHNISSICHERHEIT im Dialog EIGENSCHAFTEN des virtuellen Verzeichnisses können Sie bestimmten Computern oder Gruppen anhand der IP-Adresse den Zugriff erlauben oder sperren. Mit der Registerkarte VIRTUELLES VERZEICHNIS werden die Zugriffsrechte eingestellt (LESEN, SCHREIBEN UND PROTOKOLLIERUNG).

 Wenn es sich um ein Verzeichnis auf einem Windows-NT-File-System-(NTFS)-Laufwerk handelt, müssen die NTFS-Einstellungen für das Verzeichnis diesen Einstellungen entsprechen.

> Stimmen die Einstellungen nicht überein, werden die restriktiveren Einstellungen verwendet. Wenn Sie also Schreiben erlauben möchten, müssen Sie sowohl im IIS als auch unter NTFS Schreiben freigeben.

Im nächsten Schritt wird das Zugriffsrecht nun wieder explizit für einen bestimmten Nutzer mit dem Windows-Explorer im NTFS-Dateisystem freigegeben. Hier gehen Sie ebenso vor, wie bereits für das virtuelle Verzeichnis des Webservers beschrieben.

> Mit dem Zugriff per FTP müssen Sie vorsichtig umgehen. Wenn Sie Nutzern erlauben, schreibend zuzugreifen, können auch ausführbare Programme übertragen werden. Diese können Viren enthalten. Wenn dann in den Skriptverzeichnissen die Ausführung von Programmen zulässig ist, ist Ihr Server in Gefahr.

11.5.4 Allgemeine Sicherheitstipps

Hier ein paar allgemeine Sicherheitstipps, die vor größerem Schaden bewahren:

- Erlauben Sie niemals das Recht AUSFÜHREN für fremde Nutzer oder Kunden, die Ihren Webspace mieten.
- Prüfen Sie Skripte, die von Nutzern zur Ausführung gebracht werden.
- Achten Sie darauf, dass der anonyme Nutzername auf kein Verzeichnis außerhalb »wwwroot« Zugriff hat – auch nicht lesend.
- Deaktivieren Sie den anonymen FTP-Zugang grundsätzlich und global. Wenn Sie einen anonymen FTP-Server anbieten wollen, installieren Sie ihn auf einer eigenen Maschine.
- Deaktivieren Sie immer die Option VERZEICHNIS DURCHSUCHEN.
- Ändern Sie die Standard-Portnummer (3102) der IISADMIN-Site auf einen anderen Wert. Achten Sie darauf, dass der Zugriff auf die Konsole (127.0.0.1) beschränkt bleibt oder, wenn das nicht möglich ist, nur bestimmte IP-Adressen freigegeben werden.
- Trennen Sie FTP- und kennwortbeschränkte HTTP-Zugriffe.
- Ändern Sie Kennwörter regelmäßig.
- Löschen Sie in allen Verzeichnissen des Servers das Zugriffsrecht für den Nutzer »Jeder«!
- Sperren Sie Ports, die nicht benötigt werden, in den TCP/IP-Sicherheitseinstellungen für den ausgehenden Strang.

▶ Verschlüsseln Sie administrative Zugriffe über SSL (siehe dazu auch Abschnitt 11.6 *Verschlüsselte Datenübertragung* ab Seite 810 über den Zertifizierungsserver).

11.6 Verschlüsselte Datenübertragung

Für viele Anwendungen ist eine verschlüsselte Verbindung notwendig. Um per SSL auf den Webserver zugreifen zu können, müssen die Schlüsselpaare erzeugt werden und Zertifikate bereitstehen. Neben der Ausgabe durch eine dritte Instanz besteht auch die Möglichkeit, den Windows-2000-Zertifizierungsserver zu benutzen.

11.6.1 Einrichtung des Zertifizierungsservers

Mit Zertifikaten können Sie Webs verschlüsseln

Der Zertifizierungsserver von Microsoft ist eine auf Standards basierende, äußerst anpassbare Serveranwendung zur Verwaltung der Ausstellung, sowie zur Zurücknahme und Erneuerung von digitalen Zertifikaten. Der Zertifizierungsserver erzeugt Zertifikate im X.509-Standardformat. Diese Zertifikate können für eine beliebige Anzahl von Anwendungen mit öffentlichen Schlüsseln verwendet werden, zu denen unter anderem auch die folgenden Anwendungen gehören:

▶ Server- und Clientauthentifizierung unter dem Protokoll Secure Sockets Layer (SSL).

▶ Sichere E-Mail-Kommunikation mit Secure/Multipurpose Internet Mail Extensions (S/MIME).

▶ Sichere Bezahlung mit Secure Electronic Transaction (SET).

Der Zertifizierungsserver von Microsoft besteht aus folgenden Teilen:

▶ Servermodul und Unterstützungsmodule

▶ Serverdatenbank

▶ Verwaltungsprogramme

▶ HTTP-Client zur Durchführung der Zertifikatsaufnahme

▶ Dateien für die Softwareentwicklung sowie Beispielcode

▶ Produktdokumentation

Der Zertifizierungsserver steht nur in den Windows 2000/.Net-Server-Versionen zur Verfügung.

Bei der Installation kann die Komponente ZERTIFIZIERUNGSSERVER ausgewählt werden. Ein Assistent begleitet die Installation und fragt bestimmte

Daten zum Aufbau der Zertifikate ab. Im Wesentlichen werden Angaben über den Herausgeber der Zertifikate benötigt (Name, Firma usw.).

11.6.2 Grundlagen

Dieser Abschnitt zeigt die theoretischen Grundlagen der im Internet verwendeten Verschlüsselungsverfahren in vereinfachter Form.

Kryptographie und Verschlüsselung

Die Kryptographie stellt eine Reihe von Techniken zur Verschlüsselung bereit, sodass Daten und Nachrichten sicher gespeichert und übertragen werden können. Mit der Kryptografie ist eine sichere Datenübertragung möglich, auch wenn das Übertragungsmedium (beispielsweise das Internet) nicht vertrauenswürdig ist. Die Kryptografie kann auch vertrauliche Dateien verschlüsseln, sodass unbefugte Eindringlinge sie nicht lesen können.

Darüber hinaus stellt die Kryptografie Techniken zur Entschlüsselung (Dechiffrierung) von verschlüsselten Daten und Nachrichten bereit, um diese wieder in ihren ursprünglichen Zustand zu bringen. Unter der Voraussetzung, dass die Techniken richtig implementiert wurden und keine anderen Personen den geheimen Kryptografieschlüssel kennen, der zur Entschlüsselung einer Nachricht benötigt wird, ist eine Rekonstruktion der ursprünglichen Nachricht sehr schwierig. In diesem Zusammenhang taucht auch der Begriff des digitalen Umschlags auf. Das ist eine Verschlüsselungsmethode, bei der nur ein bestimmter Empfänger eine Nachricht entschlüsseln kann.

Zusätzlich stellt die Kryptografie weitere Techniken zur Überprüfung des Ausgangspunkts von Daten und Nachrichten unter Verwendung von digitalen Signaturen bereit.

Beim Einsatz der Kryptografie müssen lediglich die Kryptografieschlüssel geheim bleiben. Ausgenommen hiervon sind jene Schlüssel, die als *öffentliche Schlüssel* bezeichnet werden. Algorithmen, Schlüsselgrößen und Dateiformate können öffentlich zugänglich sein, ohne dass dadurch die Sicherheit gefährdet wird.

Bei der Verwendung der Datenverschlüsselung wird eine *Klartextnachricht* so durcheinander gebracht, dass sie wie wertloses Material aussieht und ohne einen geheimen Schlüssel nur schwer entziffert werden kann. In diesem Zusammenhang bezieht sich der Begriff *Nachricht* auf ein beliebiges Datenstück, das für die Verschlüsselung vorgesehen ist. Bei dieser Nachricht kann es sich um ASCII-Text, eine Datenbankdatei oder beliebige Daten handeln, die für eine sichere Übertragung vorgesehen sind. *Klartext* bezieht sich auf Daten, die nicht verschlüsselt wurden, während *chiffrierter Text* für Daten steht, die verschlüsselt sind.

Das Prinzip der Verschlüsselung

Nachdem eine Nachricht verschlüsselt wurde, kann sie auf nicht sicheren Datenträgern gespeichert oder in einem nicht sicheren Netzwerk übertragen werden, wobei sie weiterhin geheim bleibt. Zu einem späteren Zeitpunkt kann die Nachricht wieder in ihre ursprüngliche Form entschlüsselt werden.

Zum Verschlüsseln einer Nachricht wird ein *Verschlüsselungsschlüssel* verwendet. Dieser ist vergleichbar mit einem Schlüssel, den Sie zum Abschließen eines Schlosses verwenden. Zur Entschlüsselung der Nachricht muss der entsprechende *Entschlüsselungsschlüssel* verwendet werden. Es ist sehr wichtig, dass der Zugang zum Entschlüsselungsschlüssel eingeschränkt wird, da jede Person, die den Schlüssel besitzt, alle Nachrichten entschlüsseln kann, die mit dem entsprechenden Verschlüsselungsschlüssel verschlüsselt wurden.

Symmetrische Algorithmen

Symmetrische Algorithmen sind der am häufigsten eingesetzte Typ von Verschlüsselungsalgorithmen. Symmetrische Algorithmen verwenden denselben Schlüssel zur Verschlüsselung und Entschlüsselung. Wenn zwei Teilnehmer mit Hilfe von symmetrischen Algorithmen miteinander kommunizieren möchten, müssen sich beide einen geheimen Schlüssel teilen.

Asymmetrische Algorithmen

Algorithmen mit öffentlichen Schlüsseln (asymmetrisch) verwenden zwei unterschiedliche Schlüssel: einen *öffentlichen Schlüssel* und einen *privaten Schlüssel*. Den privaten Schlüssel behält ausschließlich der Eigentümer des Schlüsselpaares, während der öffentliche Schlüssel an jede Person weitergegeben werden kann, die ihn anfordert (häufig durch ein Zertifikat). Wenn der eine Schlüssel zur Verschlüsselung einer Nachricht verwendet wird, ist der andere Schlüssel zur Entschlüsselung der Nachricht erforderlich.

Symmetrische Algorithmen sind wesentlich schneller als Algorithmen mit öffentlichen Schlüsseln und daher für die Verschlüsselung von großen Datenmengen unabdingbar. Da die Schlüssel jedoch geheim bleiben müssen, ist eine Verteilung an eine große Anzahl von Personen unpraktisch. Algorithmen mit öffentlichen Schlüsseln lösen dieses Problem und können in Verbindung mit symmetrischen Algorithmen eingesetzt werden, wenn ein optimales Leistungsverhalten bei großen Datenmengen erzielt werden soll.

Digitale Signaturen können verwendet werden, wenn eine Nachricht als *Klartext* gesendet wird und Empfänger die Möglichkeit haben sollen, zu überprüfen, ob die Nachricht von einer unbefugten Person gefälscht wurde. Durch das Signieren einer Nachricht wird diese nicht geändert, sondern es wird lediglich eine digitale Signaturzeichenfolge erzeugt, die zusammen mit der Nachricht oder auch separat gesendet wird.

Digitale Signaturen können mit Hilfe von Signaturalgorithmen mit öffentlichen Schlüsseln erzeugt werden, wobei der private Schlüssel des Senders zum Erstellen der Signatur verwendet wird, die in einer E-Mail-Nachricht gesendet wird. Nach dem Empfang der Nachricht verwendet der Empfänger den getrennten öffentlichen Schlüssel zur Überprüfung der Signatur. Da nur der öffentliche Schlüssel der signierenden Person zur Überprüfung der

Signatur verwendet werden kann (daher muss der Empfänger diesen Schlüssel in einer früheren E-Mail empfangen haben), dient die digitale Signatur als Bestätigung, dass die Identität des Senders der Nachricht richtig ist. Dieser Vorgang wird in Abbildung 11.18 veranschaulicht (aus der Microsoft-Hilfe zum Zertifizierungsserver).

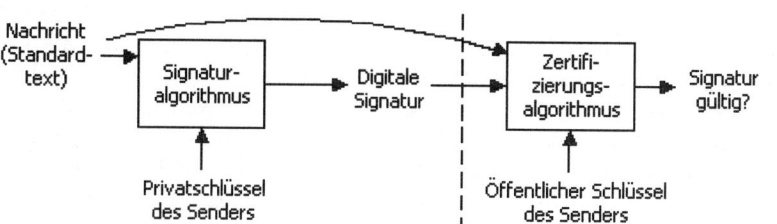

Abbildung 11.18: Bestätigung der Identität des Senders einer Nachricht durch eine Signatur

Digitale Umschläge werden zum Senden von privaten Nachrichten verwendet, die nur von einem bestimmten Empfänger verstanden werden können. Die verwendete Methode ist identisch mit der unter Datenverschlüsselung beschriebenen Methode, wobei bei digitalen Umschlägen die Nachricht zusätzlich mit dem öffentlichen Schlüssel des Empfängers verschlüsselt wird. Die Nachricht kann danach nur mit dem privaten Schlüssel des Empfängers entschlüsselt werden, sodass nur der Empfänger die Nachricht verstehen kann.

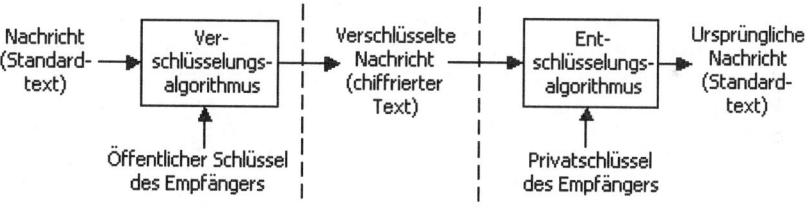

Abbildung 11.19: Verschlüsselung einer Nachricht für die Übertragung

In den vorangehenden Abschnitten über digitale Signaturen und Umschläge wurde davon ausgegangen, dass die Identität des Eigentümers des öffentlichen Schlüssels, der zur Verschlüsselung oder Entschlüsselung einer Nachricht verwendet wird, zweifelsfrei bestätigt werden kann. In der Praxis stellt sich nun jedoch folgende Frage: Wie können Empfänger einer anscheinend von einer Teilnehmerin namens »Anna« gesendeten Nachricht, die von einer digitalen Signatur begleitet wird, die wiederum mit einem öffentlichen Schlüssel bestätigt werden kann, der mutmaßlich zu Anna gehört, sicher sein, dass sie wirklich den öffentlichen Schlüssel von Anna verwenden? Und wie kann andererseits der Sender einer Nachricht in einem digitalen Umschlag, die mit einem öffentlichen Schlüssel verschlüsselt wurde, der anscheinend zu dem gewünschten Empfänger namens Frank gehört, sicher sein, dass es sich dabei wirklich um den öffentlichen Schlüssel von Frank handelt?

Die Verwendung von physischen Dokumenten zum Erreichen der Authentifizierung in der Praxis gibt es schon seit längerer Zeit. Wenn Sie beispielsweise etwas mit einem Scheck bezahlen und das Verkaufspersonal Sie nach Ihrem Personalausweis fragt, dient der Ausweis dem Verkaufspersonal als Rückversicherung dafür, dass Sie auch wirklich die Person sind, die zum Ausstellen des Schecks berechtigt ist. In diesem Fall geht das Verkaufspersonal davon aus, dass die zuständige Behörde, die den Ausweis ausgestellt hat, ihre Aufgabe korrekt ausgeführt hat. Ein weiteres Beispiel ist die Verwendung des Personalausweises oder Reisepasses bei Reisen. Der Zollbeamte, der sich Ihren Ausweis ansieht und als Beweis Ihrer Identität akzeptiert, vertraut darauf, dass Ihre Regierung Sie ordnungsgemäß identifiziert hat, bevor der Ausweis ausgestellt wurde. In beiden Beispielen muss ein gewisses Vertrauen in die Zertifizierungsinstanz vorhanden sein.

Zur Bestätigung der Echtheit von öffentlichen Schlüsseln stellt der Zertifizierungsserver digitale Zertifikate als sichere Methode für den Austausch von öffentlichen Schlüsseln über ein nicht sicheres Netzwerk bereit.

Das Zertifikat

Die Zertifizierungsinstanz — Ein Zertifikat ist ein Datensatz, der einen Teilnehmer eindeutig identifiziert und von einer Zertifizierungsinstanz (engl. certificate agency: CA) erst dann ausgestellt wird, wenn diese Instanz die Identität des Teilnehmers überprüft hat. Der Datensatz beinhaltet den öffentlichen Kryptografieschlüssel, der zu dem Teilnehmer gehört. Wenn der Sender die Nachricht mit seinem privaten Schlüssel *signiert*, kann der Empfänger der Nachricht den öffentlichen Schlüssel des Senders verwenden (der aus dem Zertifikat abgerufen wurde, das entweder mit der Nachricht gesendet wird oder im Verzeichnisdienst verfügbar ist), um festzustellen, ob die Identität des Senders korrekt ist.

Das Zertifikat — Digitale Zertifikate sind virtuelle Dokumente, die die Echtheit von Einzelpersonen und Unternehmen in einem Netzwerk bestätigen. Die Verwendung von Zertifikaten in einem Netzwerk ist komplexer als die Verwendung eines physischen Dokuments, da sich die kommunizierenden Teilnehmer mit großer Wahrscheinlichkeit nicht physisch treffen. Daher ist eine Methode oder ein Protokoll erforderlich, damit trotz des Mangels an physischen Überprüfungsmöglichkeiten eine hohe Vertrauensebene erreicht wird. In einem nicht sicheren Netzwerk ist es darüber hinaus wesentlich leichter, Nachrichten abzufangen und andere Identitäten vorzutäuschen. Diese Probleme können durch Sicherheitsprotokolle verhindert werden, die die in den vorhergehenden Themen beschriebenen Kryptografietechniken nutzen und es anderen Personen erheblich erschweren, wenn nicht gar unmöglich machen, ein Zertifikat zu fälschen und eine falsche Identität vorzutäuschen.

Zertifizierungsinformationen — Das primäre Ziel eines digitalen Zertifikats ist die Bestätigung, dass der in einem Zertifikat enthaltene öffentliche Schlüssel der öffentliche Schlüssel ist, der zu der Person oder Einheit gehört, für die das Zertifikat ausgestellt wurde. Eine Zertifizierungsinstanz kann beispielsweise eine besondere Nachricht digital signieren (auch Zertifizierungsinformationen genannt), die den Namen eines Benutzers (in diesem Fall »Anna«) sowie dessen öffentlichen Schlüssel enthält, sodass jede Person überprüfen kann, ob die Nachricht mit Zertifizierungsinformationen von keiner anderen Stelle als der Zertifizierungsinstanz signiert wurde. Auf diese Weise wird die Richtigkeit des »Anna« zugewiesenen öffentlichen Schlüssels bestätigt.

Die typische Implementierung der digitalen Zertifizierung beinhaltet einen Signaturalgorithmus zum Signieren des Zertifikats. Dieser Vorgang besteht aus den folgenden Schritten:

Die Implementierung des Zertifikates

- Anna sendet eine Zertifizierungsanforderung, die ihren Namen und ihren öffentlichen Schlüssel enthält, an eine Zertifizierungsinstanz.

- Die Zertifizierungsinstanz erstellt eine besondere Nachricht N aus dieser Anforderung, die den größten Teil der Zertifizierungsdaten beinhaltet. Die Zertifizierungsinstanz signiert die Nachricht mit ihrem privaten Schlüssel und ruft eine separate Signatur SIG ab. Die Zertifizierungsinstanz sendet dann die Nachricht N und die Signatur SIG an Anna zurück. Diese beiden Teile bilden zusammen ein Zertifikat.

- Anna sendet das Zertifikat an Frank, der zu erkennen gibt, dass er ihrem öffentlichen Schlüssel vertraut.

- Frank bestätigt die Signatur SIG mit dem öffentlichen Schlüssel der Zertifizierungsinstanz. Falls die Signatur bestätigt wird, wird der für Anna vorgesehene öffentliche Schlüssel akzeptiert.

Wie bei jeder digitalen Signatur kann jede Person zu jeder Zeit bestätigen, dass das Zertifikat von der Zertifizierungsinstanz signiert wurde, ohne Zugriff auf geschützte Informationen zu haben.

In diesem Szenario wird davon ausgegangen, dass Frank den öffentlichen Schlüssel der jeweiligen Zertifizierungsinstanz kennt. Der öffentliche Schlüssel könnte aus einer Kopie des CA-Zertifikats stammen, die den öffentlichen Schlüssel enthält.

Da für Zertifikate ein Gültigkeitszeitraum besteht, kann das Zertifikat möglicherweise abgelaufen und daher nicht mehr gültig sein. Ein Zertifikat ist nur für den von der Zertifizierungsinstanz, die das Zertifikat ausgestellt hat, angegebenen Zeitraum gültig. Das Zertifikat enthält Informationen über das Anfangs- und Ablaufdatum. Wenn Benutzer versuchen, Zugriff auf einen sicheren Server unter Verwendung eines abgelaufenen Zertifikats zu erhalten, weist die Authentifizierungssoftware die Zugriffsanforderung automatisch zurück. Benutzer können Zertifikate vor dem Ablaufdatum erneuern, um dieses Problem zu umgehen.

Gültigkeitszeitraum eines Zertifikates

Es besteht auch die Möglichkeit, dass Zertifikate aus anderen Gründen von der Zertifizierungsinstanz zurückgezogen werden. Für diesen Fall verwaltet die Zertifizierungsinstanz eine Liste mit zurückgezogenen Zertifikaten. Diese Liste wird als Zertifikatsrücknahmeliste (engl.: certificate revocation list, CRL) bezeichnet und steht Netzwerkbenutzern zur Verfügung, damit diese die Gültigkeit eines bestimmten Zertifikats ermitteln können.

Rücknahmeliste der Zertifizierungsinstanz

11.6.3 Eine Website mit dem IIS 5 absichern

Unter Windows 2000 ist die Schlüssel- und Zertifikatverwaltung komplett geändert worden. Im IIS steht nun ein eigener Assistent zur Verfügung, der Serverzertifikate erstellt und installiert. Der in Abschnitt 12.4.5 beschriebene Weg über eine Zertifizierungsinstanz ändert sich dadurch nicht prinzipiell. Lediglich die ersten Schritte sind nun geändert. Die folgenden Abbildungen zeigen die wesentlichen Schritte des Assistenten, so dass Sie die Installation leicht nachvollziehen können. Beachten Sie, dass die Optionen nur unter Windows 2000 Server zur Verfügung stehen.

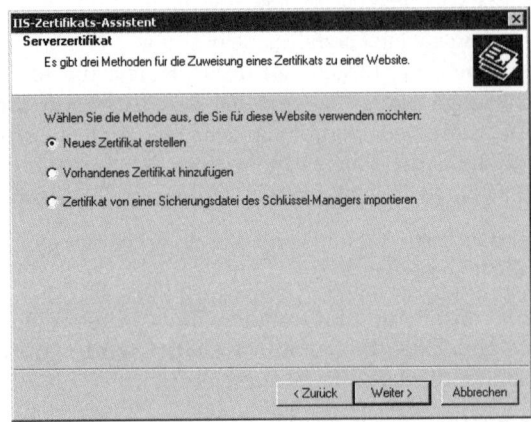

Abbildung 11.20:
Start des Zertifikats-Assistenten

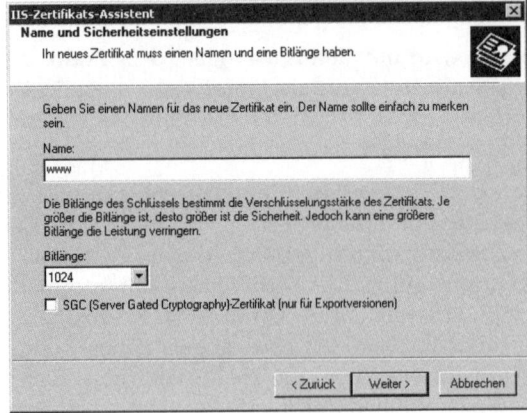

Abbildung 11.21:
Bestimmung von Namen und Bitlänge des Zertifikats

Verschlüsselte Datenübertragung

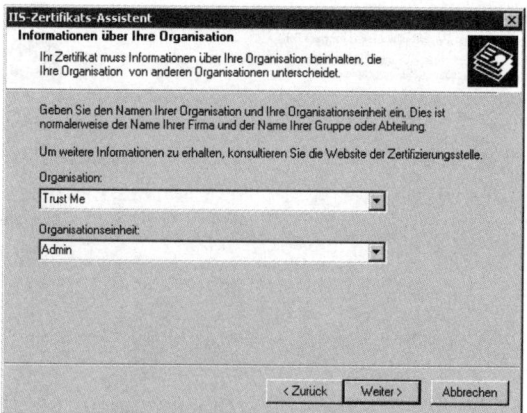

Abbildung 11.22:
Einige Angaben zum Zertifikatsaussteller

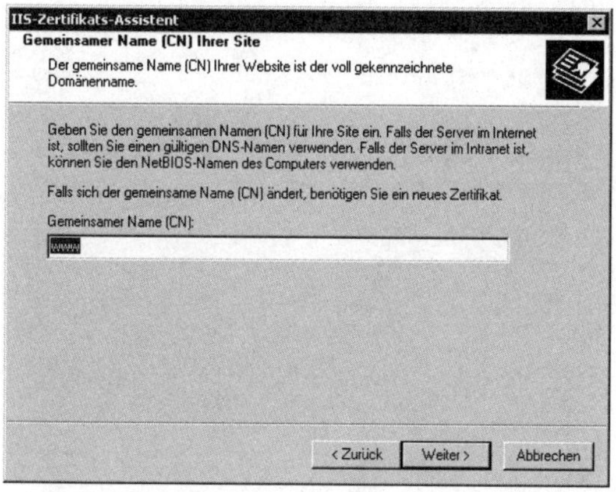

Abbildung 11.23:
Domainname für das Zertifikat (die gezeigte Schreibweise wäre nur für ein lokales System gültig)

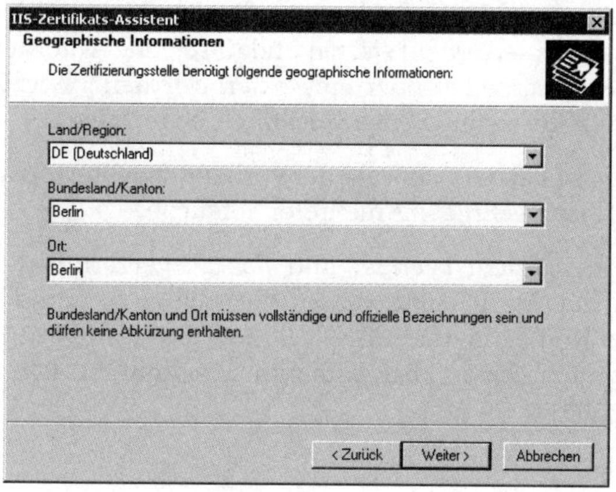

Abbildung 11.24:
Geografische Informationen zum Aussteller des Zertifikats

Abbildung 11.25:
Ablage der
Zertifikats-
anforderungsdatei

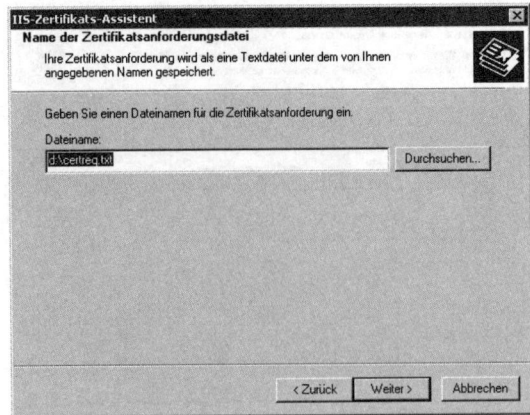

Abbildung 11.26:
Zusammenfassung
der Information für
das Zertifikat

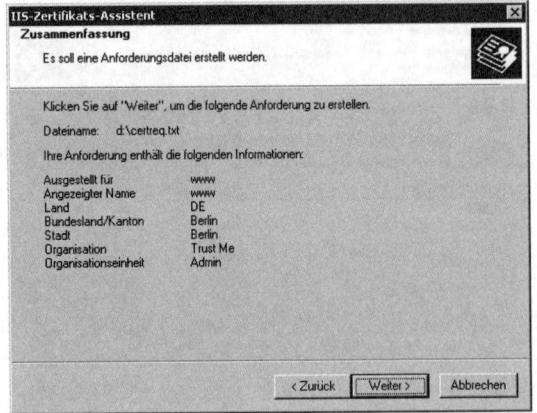

An dieser Stelle steht die Zertifikatsanforderung nun als Datei bereit. Sie können den Assistenten erneut starten und die eigene Anforderung mit dem Zertifikatserver verarbeiten oder eine externe Instanz, wie beispielsweise Verisign, mit der Ausstellung eines Zertifikats beauftragen.

Normalerweise ist bei der Auswahl der vorhandenen Zertifikate nur eins zu sehen, die Liste ist das Ergebnis mehrerer Versuche.

Jetzt wird der Assistent beendet und das Serverzertifikat ist installiert. Gehen Sie nun in den IIS und wählen dort die zu sichernde Website aus. Wählen Sie im Kontextmenü EIGENSCHAFTEN und dort VERZEICHNISSICHERHEIT. Im folgenden Dialog klicken Sie im Abschnitt SICHERE KOMMUNIKATION auf BEARBEITEN.

Verschlüsselte Datenübertragung

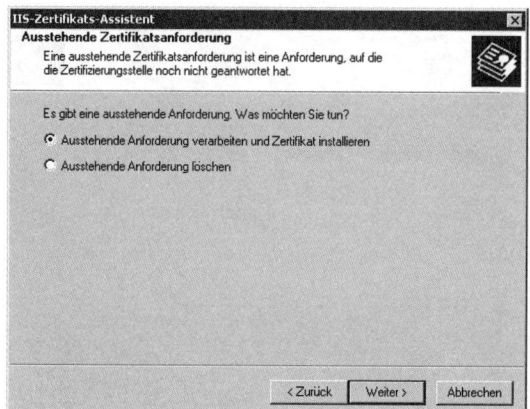

Abbildung 11.27:
Erstellen des Zertifikats auf Basis der eigenen Anforderungen

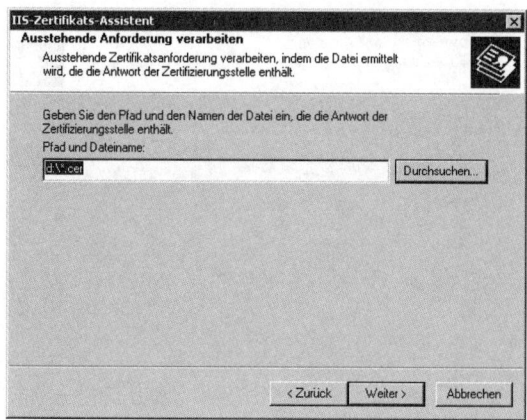

Abbildung 11.28:
Auswahl der Anforderungsdatei

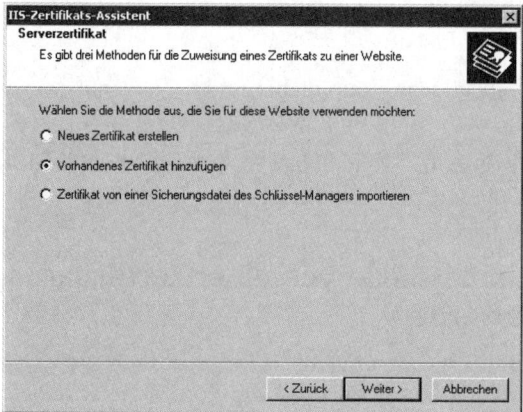

Abbildung 11.29:
Hinzufügen des Zertifikats

11 Erweiterung der Programmierung

*Abbildung 11.30:
Auswahl der
vorhandenen
Zertifikate*

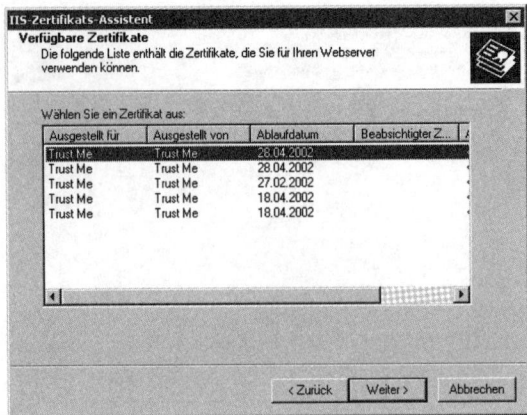

*Abbildung 11.31:
Zusammenfassung
der Daten*

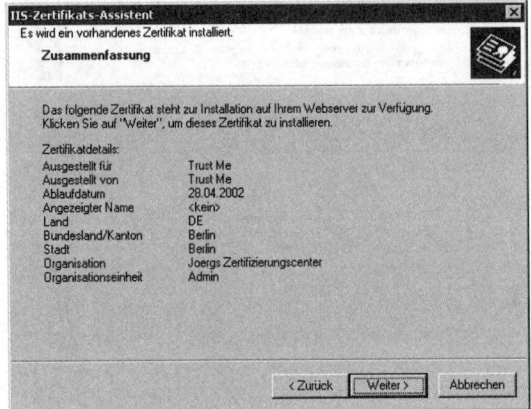

Der in Abbildung 11.32 gezeigte Dialog erlaubt die Aktivierung der sicheren Übertragung.

Die gesicherte Site lässt sich nun nicht mehr unverschlüsselt abrufen, was zu dem in der folgenden Abbildung gezeigten Fehler führt.

Testen Sie die Verbindung und stellen Sie ggf. die richtigen IP-Adressen und Ports ein. Der Standardport für SSL ist 443.

11.6.4 Ein Zertifikat von einer Zertifizierungsinstanz erwerben

Die Zertifizierungsinstanz als vertrauenswürdiger Dritter am Beispiel Verisign

Es gibt mehrere Zertifizierungsinstanzen, die vertrauenswürdig sind und allein durch ihren Bekanntheitsgrad die Zertifikate absichern. Als Beispiel wird hier Verisign vorgestellt (*http://www.verisign.com*). Verisign bietet einen 14-tägigen Testlauf an. Danach kostet die Ausstellung eines Zertifikats für einen Webserver 349 US-Dollar.

Verschlüsselte Datenübertragung

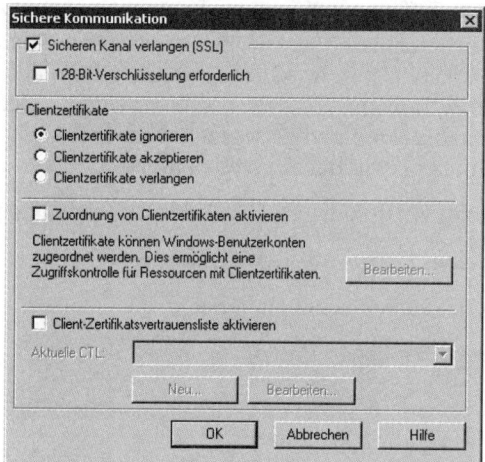

Abbildung 11.32:
Aktivieren der sicheren Übertragung für eine Website

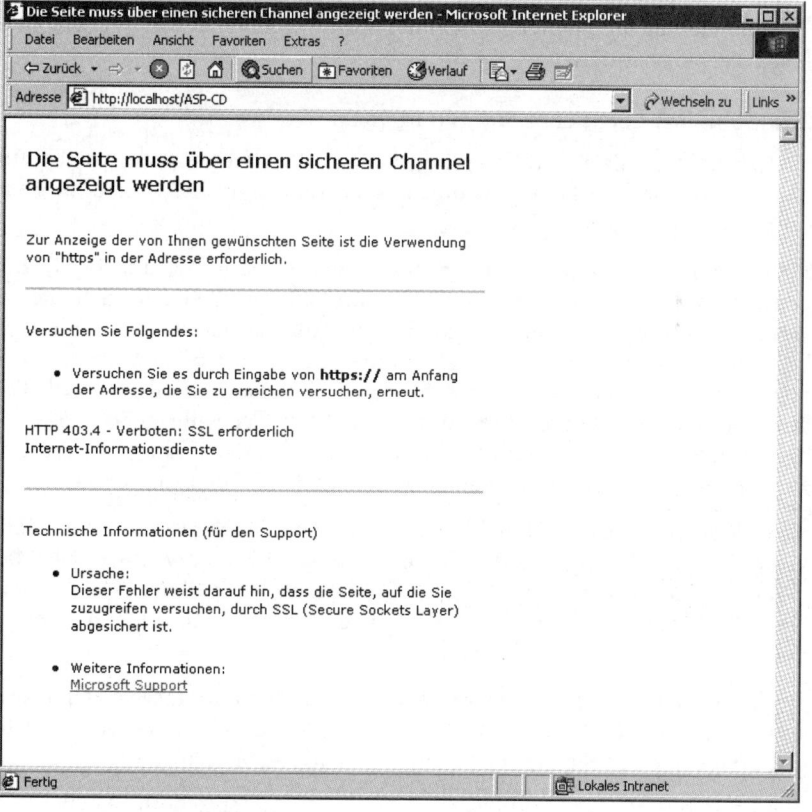

Abbildung 11.33:
Fehler bei unverschlüsseltem Zugriff

11 Erweiterung der Programmierung

Wenn Sie ernsthaft mit einem Shopsystem oder einer anderen Anwendung arbeiten, die eine Verschlüsselung benötigt, sollten Sie vor dieser Investition nicht zurückschrecken. Die in Abschnitt 11.6.3 *Eine Website mit dem IIS 5 absichern* vorgestellte Technik zur Generierung eines eigenen Zertifikats ist nicht ausreichend, wenn Sie nur einen geringen Bekanntheitsgrad haben und sich potenziellen Kunden gegenüber ausweisen müssen.

Die Erlangung eines Zertifikats wird in fünf Schritten vollzogen:

- Generierung eines Certificate Signing Request (CSR),
- Übertragung der eigenen CSR an Verisign,
- Übergabe der persönlichen Daten,
- Anforderung des Zertifikats,
- Installation der ID auf dem Server.

Das CSR unter Windows 2000 generieren

Sie müssen den Assistenten nur ein Mal aufrufen und fahren dann mit dem folgenden Abschnitt fort.

Eintragen des Certificate Signing Request

Der Weg zum Zertifikat mit Verisign

Jetzt starten Sie die Anmeldung bei Verisign. Es bietet sich an, zur Übung das Testzertifikat zu benutzen und erst nach erfolgreicher Erprobung ein echtes Zertifikat zu bestellen.

Fügen Sie in das Dialogfeld den Schlüssel ein (siehe Abbildung 11.34). Klicken Sie auf CONTINUE. Auf der nächsten Seite werden zunächst die im Schlüssel verborgenen Daten angezeigt; die Anzeige sollte mit Ihren Eingaben im Schlüsselmanager übereinstimmen. Auf der Seite werden noch zusätzliche Informationen zum Administrator verlangt. Füllen Sie *alle* Felder sorgfältig aus. Die Bestimmungen am Ende der Seite müssen Sie mit dem Schalter ACCEPT bestätigen. Danach wird das Zertifikat generiert. Das kann einige Zeit dauern, brechen Sie nicht mit STOP den Browser ab.

Sie sollten in den nächsten Minuten Post von Verisign bekommen. Die E-Mail enthält die digitale ID. Kopieren Sie die ID wieder aus der E-Mail heraus und speichern Sie sie in einer Textdatei ab, beispielsweise unter dem Namen »VerisignCert.txt«. Die beiden Begrenzungen am Anfang und am Ende müssen Sie mit dem Code kopieren.

Wechseln Sie nun in den Schlüsselmanager. Im Menü SCHLÜSSEL wählen Sie den Eintrag SCHLÜSSELZERTIFIKAT INSTALLIEREN. Sie werden nach einer Datei gefragt, dort geben Sie die eben gespeicherte Datei VERISIGNCERT.TXT an. Sie müssen die Eingabe nun mit dem Kennwort bestätigen, das Sie am Anfang der Prozedur vergeben haben. Binden Sie das Zertifikat nun an eine IP-Adresse und optional an einen bestimmten Port. Das Ergebnis sehen Sie in Abbildung 11.36.

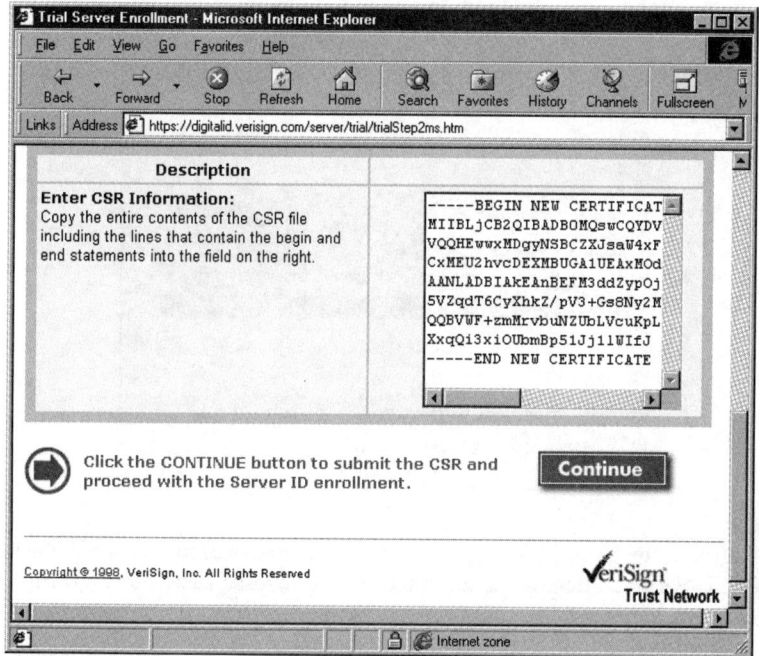

Abbildung 11.34: Einfügen des Schlüssels auf der Webseite von Verisign

From: VeriSign Digital ID Center **To:** krause@comzept.de
Subject: VeriSign Trial Server ID

Dear VeriSign Customer,

Congratulations -- your Test Server ID (certificate), issued to WWW.COMZEPT.DE, is included at the end of this message. VeriSign has digitally signed your Certificate, providing assurance that your certificate has not been damaged or changed without detection.

After testing your Trial Server ID, we encourage you to obtain a fully-functional, one-year Secure Server ID by visiting http://digitalid.verisign.com/server/enrollIntro.htm . Your Secure Server ID will be digitally signed into VeriSign's Global Trust Network, immediately allowing the millions of browsers in use across the Internet to connect securely with your Web site.

For instructions on how to install your Test Server ID, please visit: http://digitalid.verisign.com/server/trial/trialStep5.htm

VeriSign Digital ID Services

-----BEGIN CERTIFICATE-----
MIICETCCAbsCEGdqToSykoRV7eXp16C/BjMwDQYJKoZIhvcNAQEEBQAwgakxFjAU
BgNVBAoTDVZlcmlTaWduLCBJbmMxRzBFBgNVBAsTPnd3dy52ZXJpc2lnbi5jb20v
cmVwb3NpdG9yeS9UZXN0Q1BTIEluY29ycC4gQnkgUmVmLiBMaWFiLiBMVEQuMUYw
RAYDVQQLEz1Gb3IgVmVyaVNpZ24gYXV0aG9yaXplZCB0ZXN0aW5nIG9ubHkuIE5v
IGFzc3VyYW5jZXMgKEMpVlMxOTk3MB4XDTk4MDgzMDAwMDAwMFoXDTk4MDkxMzIz
NTk1OVowbjELMAkGA1UEBhMCREUxDzANBgNVBAgTBkJlcmxpbjEPMA0GA1UEBxQG
QmVybGluMRUwEwYDVQQKFAxDb216ZXB0IEdtYkgxDTALBgNVBAsUBFNob3AxFzAV
BgNVBAMUDnd3dy5jb216ZXB0LmRlMFwwDQYJKoZIhvcNAQEBBQADSwAwSAJBAJoZ
hge+VQXh6HGVYzhGWscbiDLotyQsCOy2wmSX8oK20DlnBKmtkxbPE9Y+QFJ3LDPN
CCbXOqgHIb8D8ysOs68CAwEAATANBgkqhkiG9w0BAQQFAANBAMJBwacrb1ZEiGi0
aIzlux5aOgrH6engPt27yJUmN69Qf9Lk6wfUolkLm8haRxl9G8aE7J6rwLfWN+
ChbWW2U=
-----END CERTIFICATE-----

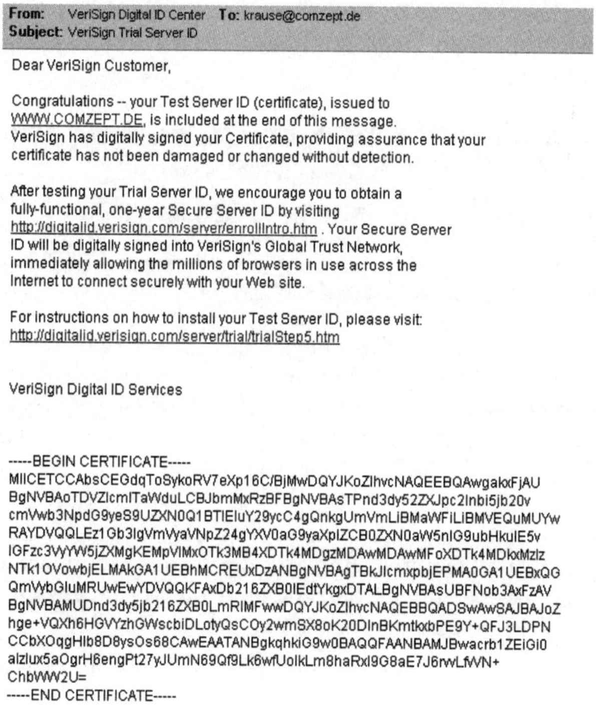

Abbildung 11.35: Post von Verisign: Ihre digitale Server-ID ist da!

*Abbildung 11.36:
Der Webserver kann
nun auch Verbin-
dungen per SSL
akzeptieren.*

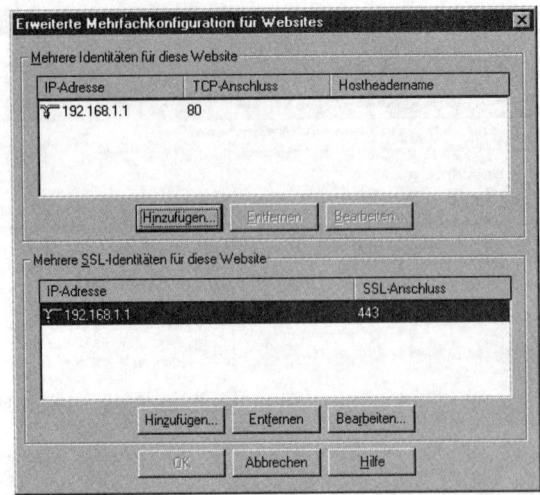

Sie können nun in der Management-Konsole überprüfen, ob der Webserver eine SSL-Verbindung für die zertifizierte IP-Adresse akzeptiert (Abbildung 11.37).

Als letzten Schritt testen Sie die Verbindung vom Browser aus. Wählen Sie als Protokoll »*https:*«. In den Einstellungen des Browsers besteht nun die Möglichkeit, die Option zu wählen, dass Zertifikaten dieser Instanz immer getraut wird. Außerdem zeigt der Browser die Daten des Zertifikats an (siehe Abbildung 11.37).

*Abbildung 11.37:
Anzeige eines Zerti-
fikats im Browser*

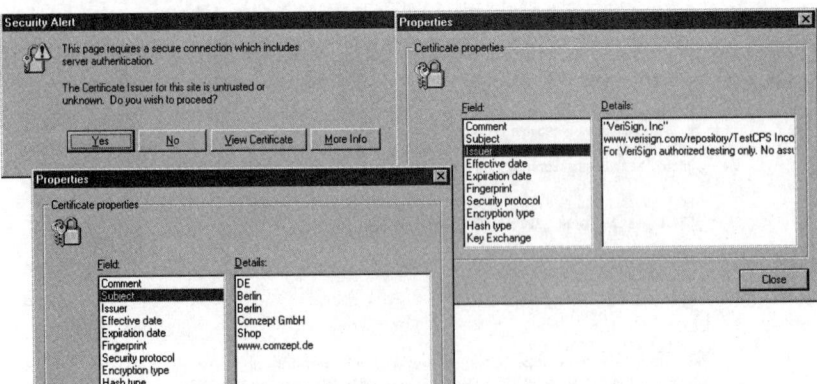

Wird die geschützte Seite vom Browser angefordert, kann sich der Nutzer über den Herausgeber (hier Comzept) und die vertrauenswürdige dritte Instanz (hier Verisign) genau informieren.

11.7 Der Microsoft Transaction Server

Der Microsoft Transaction Server (MTS) erlaubt die Kontrolle von Transaktionen. Damit können Applikationen so abgesichert werden, dass unerlaubte oder unkontrollierte Zustände nicht auftreten und Abbrüche in der Programmausführung nicht zu inkonsistenten Daten führen. Sie finden nachfolgend eine kurze Beschreibung der wesentlichen Merkmale des Transaction Servers.

11.7.1 Wie funktionieren Transaktionen?

Zum Verständnis ist es notwendig, einen Exkurs in die Technologie der Applikationen zu unternehmen. Eine Applikation, die in einem Transaktionssystem verwendet wird, besteht aus Komponenten. Diese Komponenten kann man in zwei Kategorien unterteilen. Die eine Kategorie umfasst Komponenten, die eine bestimmte Aufgabe, wie beispielsweise eine Berechnung ausführen. Die andere Kategorie umfasst Datenzugriffskomponenten. Mit diesen Komponenten erfolgt der physische Zugriff auf die Daten.

Komponenten, die für ASP entwickelt werden, sind normalerweise Einzelnutzerkomponenten. Sie wurden entwickelt, damit ein Nutzer zu einer Zeit auf bestimmte Daten zugreift. Es liegt in der Natur der Webserver, dass in Wirklichkeit viele Nutzer gleichzeitig auf die Komponenten zugreifen. ASP nutzt dabei die Instanziierung von immer neuen Objekten und startet mit jedem Nutzer eine neue Komponente, die für sich wieder einen Nutzer bedient. Dadurch können natürlich Probleme auftreten. Vor allem wenn mehrere Benutzer auf den gleichen Datensatz zugreifen und dort Änderungen vornehmen, kennen die Datenbankkomponenten keine Möglichkeit, die Schreibvorgänge zu synchronisieren. Letztendlich entsteht Datenchaos, da nicht mehr feststellbar ist, welcher Nutzer nun den letzten Schreibvorgang ausführte. Der MTS kontrolliert solche Zugriffe und steuert die Komponenten so, dass die Zugriffe in der richtigen Reihenfolge erfolgen.

Mehrnutzerzugriff

Ein anderes Problem tritt auf, wenn immer neue Nutzer immer neue Instanzen der Objekte erzeugen. Greifen gleichzeitig 1.000 Nutzer aus dem Internet auf eine ASP-Applikation zu, werden auch 1.000 Objekte erzeugt. Dann kann auch ein schneller Server an seine technischen Grenzen stoßen. Es sind umfangreiche Überlegungen nötig, um Projekte für den künftigen Nutzeransturm vorzubereiten und skalierbar zu machen. Mit dem MTS steht auch dafür ein in das Betriebssystem integriertes Modul zur Verfügung. Der MTS kümmert sich um die Zuweisung von Speicher und Ressourcen für immer neue Objekte, prüft deren Arbeitsweise und sorgt schnell wieder für die Freigabe. Er sorgt auch dafür, dass nur so viele Objekte erzeugt werden, wie gleichzeitig im Speicher des Computers agieren können. Zusammenfassend lässt sich sagen, dass der Transaction Server die Lebensdauer der Objekte kontrolliert.

Skalierbarkeit

Datenintegrität Ein weiteres Problem komplexer Applikationen ist die Integrität der Daten. Besonders wenn mehrere zusammenhängende Datensätze in eine Datenbank geschrieben werden, können Probleme auftreten. So wird eventuell in einer Tabelle eine Kreditkartentransaktion, in einer anderen der nötige Kreditrahmen der Karte erfasst. Stürzt der Computer nach der Erfassung der Kartendaten ab, wird er beim nächsten Start im dazu gehörenden Datensatz der Kreditrahmen-Tabelle eine 0 vorfinden – der Kunde wird zu Unrecht gesperrt. Solche zusammenhängenden Transaktionen müssen also auf Integrität geprüft werden. Entweder wird die Transaktion komplett oder überhaupt nicht ausgeführt. In der Praxis bedeutet das, dass die schon begonnenen Teile rückgängig gemacht werden. Solche Kontrollmechanismen bietet praktisch jede SQL-Datenbank. Aber für Entwickler ist es bedeutend einfacher, eine entsprechende Komponente mit dem MTS zu überwachen und sich darauf zu beschränken, am Ende der Operation eine Fertigmeldung zu senden.

Das Drei-Schichten-Applikationsmodell

Die Trennung von Applikationen in Schichten erleichtert die Entwicklung und Portierung

Bevor die Arbeitsweise eines Transaktionsservers verstanden werden kann, muss die moderne Architektur von Applikationen erläutert werden. Das Drei-Schichten-Applikationsmodell (engl. three-tier application model) beschreibt, wie die einzelnen Bestandteile einer Transaktion miteinander interagieren. Dabei wird von einer Anzahl Schichten oder Lagen (engl. tier) gesprochen, die zwischen dem Nutzer und den Daten liegen. Die oberste Schicht in einem solchen Modell ist beispielsweise die Nutzeroberfläche. Es gibt Applikationsmodelle mit einer Schicht (monolithisch oder single-tier), Zwei-Schichten-Modelle (two-tier) und weitere Varianten mit mehreren Schichten.

Eine monolithische Applikation ist beispielsweise ein Textverarbeitungsprogramm wie Microsoft Word. Die Applikation ist für die Darstellung der Benutzeroberfläche verantwortlich, enthält die Komponenten zur Aktionssteuerung (beispielsweise die Cursorsteuerung) und auch die Kontrolle des Datenzugriffs. Auch wenn die Daten selbst außerhalb gespeichert werden (auf der Festplatte und unter der Regie des Betriebssystems), kommen die entscheidenden Anweisungen doch direkt von der Applikation.

Zwei-Schichten-Modelle trennen den Datenzugriff ab. Stellen Sie sich ein Warenwirtschaftssystem vor. Nutzerschnittstelle und Aktionssteuerung sind in einem Modul zusammen untergebracht, der Datenzugriff erfolgt aber über eine SQL-Datenbank. So entstehen zwei Schichten. Dieses Modell kann auch anders aufgebaut sein. Wenn die Aktionssteuerung beispielsweise in gespeicherten Prozeduren (engl. stored procedures, siehe Kapitel 9) stattfindet, wird nur die Nutzeroberfläche als einzelne Schicht angesehen.

Das Drei-Schichten-Modell trennt wiederum Nutzerschnittstelle und Aktionssteuerung. Um auf die Daten zugreifen zu können, sendet die Nutzerschnittstelle entsprechende Anforderungen an die Aktionskomponente;

diese wiederum fordert nötigenfalls die Daten bei der Datenbank an. Ein direkter Zugriff des Nutzers auf die Datenbank ist nicht möglich.

Aber warum ist eine solche Trennung überhaupt sinnvoll? Zum einen ist es ein Problem der Performance moderner Systeme. Monolithische Applikationen sind sehr schlecht skalierbar. Bei einer Textverarbeitung ist das auch nicht notwendig. Mit Microsoft Word werden nie 1.000 Nutzer gleichzeitig 5.000 Texte bearbeiten. Bei Ihrem Webserver kann (hoffentlich) genau das geschehen. Dann ist es sinnvoll, die Nutzeroberfläche, die Aktionssteuerung und die Datenbank auf verschiedene Computer aufzuteilen, um so zu mehr Leistung zu kommen. Man spricht in diesem Fall von verteilten Applikationen.

Verteilte Applikationen

Im Falle eines Webservers sollte klar sein, welcher Teil welcher Schicht zugeordnet werden kann. Die statischen Webseiten, die direkt zum Browser gesendet werden, bilden die Nutzerschnittstelle – Schicht 1. Die ASP-Skripte und die weiteren Komponenten bilden die Aktionsschicht, in der Anweisungen verarbeitet werden und Funktionen Berechnungen ausführen, dies ist Schicht 2. Die dritte Schicht bilden letztlich die Datenbankkomponenten und die Datenbank, die für die Beschaffung der Daten verantwortlich sind.

Schauen wir nun auf das System als Ganzes, so wird klar, dass es sich aus vielen kleinen Komponenten zusammensetzt. Mit einem Transaktionsserver steht nun ein System zur Verfügung, das die Komponenten nach Bedarf einer der Schichten zuordnet und an ein passendes Computersystem zur Ausführung übergibt. Idealerweise erkennt der Transaktionsserver, wenn eine Komponente extremen Bedarf an Ganzzahloperationen hat und lässt die Ausführung auf einem System mit hoher Rechenleistung zu, während Komponenten mit Datenzugriffen auf dem Datenbankserver ausgeführt werden. So werden die Datenströme zwischen den Komponenten reduziert und optimale Umgebungen geschaffen – soweit zur Theorie.

Die ACID-Eigenschaften

ACID ist ein Akronym aus den Wörtern Atomicity, Consistency, Isolation und Durability. Diese vier Eigenschaften sollen kurz erläutert werden.

Als atomar wird eine Transaktion bezeichnet, wenn sie entweder vollständig abgearbeitet wurde oder noch nicht begonnen hat. Damit wird sichergestellt, dass die zusammengehörenden Schritte einer Transaktion nie unvollständig ausgeführt werden. Wenn Sie Geld von Konto A nach Konto B überweisen, ist die Transaktion erst vollständig, wenn das Geld bei Konto B eingegangen ist. Funktioniert dies nicht, wird es alternativ wieder Konto A gutgeschrieben. Auf keinen Fall darf es aber verschwinden.

Atomicity

Die Eigenschaft der Konsistenz einer Transaktion besagt, dass am Ende der Transaktion das System in einem gültigen Zustand ist. Das ist praktisch eine Kontrollfunktion für die atomare Eigenschaft. Bei dem Kontobeispiel ist das System konsistent, wenn die Summe aller Konten konstant ist. Ändert sich die Summe, liegt ein Fehler vor – die Transaktion wird rückabgewickelt.

Consistency

Isolation Die Eigenschaft Isolation sorgt für die Fähigkeit, Transaktionen in getrennten Bereichen ablaufen zu lassen. Wenn zwei gleichartige Transaktionen parallel ausgeführt werden und bei einer Transaktion ein Fehler auftritt, der die Rückabwicklung notwendig macht, wird die andere Transaktion davon nicht gestört. Jede Transaktion wird so ausgeführt, als gehöre ihr das System exklusiv. Inkonsistente Daten können nicht in fremden Prozessen zu Störungen führen.

Durability Die Eigenschaft der Dauerhaftigkeit stellt sicher, dass die erfolgreich ausgeführten Aktionen auch dauerhaft im System gespeichert bleiben. Das ist ein Zugeständnis an die Technik. Denn in modernen Computersystemen werden Daten oft in flüchtigem Arbeitsspeicher gehalten. Fällt das System aus, besteht keine Möglichkeit, die Daten zu erhalten. Erst die Speicherung auf einem Plattenspeicher (oder durch andere Technologien, die ohne Strom Daten erhalten) sicher stellt, dass auch ein kompletter Ausfall des Systems die Daten nicht beeinflusst. Das ist insbesondere im Hinblick auf hochsprachige Applikationen von Bedeutung, denn hier können Sie als Entwickler nicht mehr beeinflussen, ob und wann das Betriebssystem die Daten wirklich auf der Festplatte ablegt.

Es gibt also gute Gründe, einen Transaktionsserver einzusetzen, der sich um all diese Aufgaben kümmert.

11.7.2 Der Microsoft Transaction Server (MTS)

Der MTS baut auf der Common Object Model-(COM)-Architektur auf. Das heißt, alle Aktionen und Verwaltungseinheiten sind objektorientiert. Der MTS unterstützt auch die verteilte Verarbeitung von Objekten, sodass Komponenten an physisch entfernten Orten (Computern) verarbeitet werden und trotzdem zu einer atomaren Transaktion gehören können. Prozesse und Threads werden automatisch verwaltet; darum muss sich der Entwickler nicht kümmern.

Im Folgenden wird die Nutzung des MTS mit ASP kurz vorgestellt. Dies kann und soll keine vollständige Anleitung zum Programmieren von Komponenten sein, die der MTS unterstützt. Es zeigt aber, wie man eigene Applikationen auf einfache Weise sicherer machen kann.

Der MTS wird über die Management-Konsole gesteuert und bedient. Damit wird auch die enge Integration mit dem IIS deutlich, auch wenn es keine technische Beschränkung auf die Nutzung in Internetapplikationen gibt.

11.7.3 Active Server Pages und Transaktionen

Für ASP stehen spezielle Methoden zur Verfügung Sie können ASP-Skripten mit einem einfachen Kommando zum Bestandteil einer Transaktion erklären.

```
<%@ TRANSACTION = parameter %>
```

Der Microsoft Transaction Server

Die folgenden *parameter* sind möglich:

- Requires_new
  Startet eine neue Transaktion

- Required
  Startet eine neue Transaktion

- Supported
  Startet keine Transaktion

- Not_Supported
  Startet keine Transaktion

Sie können alternativ auch den MTS-Explorer über die Management-Konsole benutzen. Lesen Sie zur Verdeutlichung der Funktionsweise zuerst das Beispielskript in Listing 11.17.

```
<%@ TRANSACTION = Required %>
<%
SET objArticle = Server.CreateObject("database.articles")
SET objCustomer = Server.CreateObject("database.customers")
intQuantity = Request.Form("Quantity")
strSKU = Request.Form("sku")
strStatus = objArticle.CheckArticle(intQuantity, strSKU)
IF strStatus = "INS" THEN
    objectContext.SetAbort
    Response.Write "Ein Fehler ist aufgetreten"
ELSE
    objectContext.SetComplete
    creditcard = Request.Form("cardInfo")
    Update = objArticle.ProcessCard(creditcard)
END IF
%>
```

Listing 11.17: Ein Skript, das den MTS verwendet (fiktiv und ohne Funktion)

Entscheidend an diesem Skript ist die Anwendung des Objekts `objectContext`. Die beiden Methoden im Detail:

ObjectContext
SetComplete
SetAbort

- SetComplete
  Am Beginn des Skripts startet die Transaktion und wird beendet, wenn `SetComplete` dies anzeigt. Wenn das Ende des Skripts erreicht wird, wird `SetComplete` implizit aufgerufen.

- SetAbort
  Mit `SetAbort` wird die Transaktion abgebrochen und alle schon erfolgten Änderungen werden rückgängig gemacht.

Im Beispielskript hat die vom Transaktionsserver kontrollierte Komponente die Zeichenkette »INS« zurückgegeben; damit wird angezeigt, dass etwas nicht in Ordnung war (von engl. insufficient). Der Vorteil ist, dass Sie sich bei der Programmierung der Komponenten und bei der Anwendung um die

Technik des Rückgängigmachens nicht kümmern müssen. Wenn die Methode `checkArticle`, was hier nur eine Annahme ist, in mehreren Tabellen komplexe Änderungen vornimmt, reicht die vorgestellte Sicherung aus, um im Fehlerfall alle Änderungen korrekt zu annullieren.

Um auf Fehler flexibel reagieren zu können, kennt das Objekt `objectContext` eine eigene Ereignissteuerung. Bei jedem Aufruf der Methode `SetAbort` wird eine Prozedur mit der Bezeichnung `OnTransactionAbort` aufgerufen. War die Transaktion erfolgreich, wird entsprechend die Prozedur `OnTransactionCommit` aufgerufen. Nun müssen diese Prozeduren nur noch programmiert werden. Im einfachsten Fall sendet das Skript eine kurze Nachricht an den Benutzer:

```
<%
SUB OnTransactionAbort()
    Response.Write("Ihre Bestellung konnte wegen eines Fehlers
                    nicht bearbeitet werden")
END SUB
SUB OnTransactionCommit()
    Response.Write("Danke f&uuml;r Ihre Bestellung.")
END SUB
%>
```

Listing 11.18: Bearbeitung der Standardprozeduren

Das Threading-Modell

Unter Threading (Thread = Faden oder Linie) wird die Verteilung eines Prozesses innerhalb des gesamten Prozessmodells verstanden. In einer Umgebung, in der viele Programme und deren Bestandteile »parallel« abgearbeitet werden, ist eine Aufreihung zu bilden. Ein Prozessor kann zu einer Zeit immer nur eine Aktion ausführen. »Parallel« arbeitet ein Standardcomputer mit *einer* Pentium-CPU nicht wirklich. Durch Threading werden die Prozesse so einzeln aneinander gereiht, dass ein Eindruck von Parallelität entsteht. Wenn Sie Programme in C++ oder J++ schreiben, können Sie das Verhalten und die Aufteilung auf Threads selbst durch spezielle Befehle steuern. In VisualBasic gibt es solche Befehle nicht. Trotzdem kann das Threading mit Komponenten benutzt werden, wenn diese Komponenten durch den MTS verwaltet werden. Es ist vor allem aus Gründen der Systemleistung sinnvoll, denn bei hoher Last und vielen gleichzeitigen Zugriffen auf das System können primitive VisualBasic-Komponenten nicht mithalten.

Der Vorteil wird erst offensichtlich, wenn Sie sich ein C++-Programm im Vergleich zu einem VisualBasic-Programm anschauen. Für Webdesigner und Entwickler, die ihre ASP-Seiten etwas verbessern möchten, stellt C++ eine ungeheure Hürde dar. Vor dem ersten Ergebnis liegen Wochen harter Arbeit. Diese Arbeit können Sie sich sparen, indem Sie mit VisualBasic programmieren und den MTS benutzen.

11.7.4 MTS-Praxis

Die Anwendung des MTS mit ASP ist am besten an einem konkreten Beispiel zu erlernen. Hier wird eine Online-Banking-Applikation vorgestellt. Dabei geht es um die Führung von Kundenkonten eines großen Versandhauses. Die Komponenten werden in VisualBasic 6.0 entwickelt. Dieser Teil basiert auf den in Abschnitt 11.2 *Eigene Komponenten entwickeln* ab Seite 782 vorgestellten Techniken. Lesen Sie dort nach, wenn Sie noch keine Erfahrung mit der Erstellung von Komponenten haben.

Erstellen Sie Komponenten, die den Transaction Server verwenden

Die Applikation besteht aus der Datenbank, den Komponenten und den ASP-Skripten. Es ist also eine Drei-Schichten-Applikation.

Die Datenbank

Die Datenbank wird mit dem SQL-Server 7[1] erzeugt und besteht aus drei Tabellen. Die wichtigste Tabelle heißt *Kunden*; sie speichert die Daten der Kunden, die bei unserem fiktiven Versandhaus ein Konto führen.

Feldname	Datentyp	Bezeichnung
ID	Integer	IDENTITY-Feld Seed: 10.000, Increment: 1
Name	Char(50)	Vollständiger Name
Strasse	Char(50)	Strasse
Ort	Char(50)	Ort
PLZ	Char(5)	Postleitzahl
Land	Char(3)	Landeskennzeichen
Telefon	Char(30)	Telefon
Email	Char(60)	E-Mail-Adresse

Tab. 11.2: Struktur der Tabelle Kunden

Die Speicherung der Daten zu den geführten Konten erfolgt in einer zweiten Tabelle unter dem Namen *Konto*.

Feldname	Datentyp	Bezeichnung
KontoID	Int	IDENTITY-Feld Seed: 10.000, Increment: 1
KundenID	Int	Relation zum Kunden
Kontostand	Money	Kontostand
Kreditlimit	Money	Eingeräumte Kreditlinie
Aenderung	Datetime	Zeitpunkt der letzten Änderung

Tab. 11.3: Konto für die Verwaltung der Kundenkonten

---

[1] Access unterstützt keine Transaktionen und kann für dieses Beispiel nicht eingesetzt werden

11 Erweiterung der Programmierung

Um den Überblick über die laufenden Transaktionen zu behalten und Kontoauszüge drucken zu können, wird eine weitere Tabelle benötigt. Wir nennen diese Tabelle *Aktion*. Die Felder speichern jede Transaktion von und zu den Konten. Die Felder *AktionsTyp* und *AktionsDaten* sind universell verwendbar. Wenn der Kunde beispielsweise auf ein externes Konto bei einer anderen Bank überweisen möchte, werden in *AktionsTyp* der Code für die Aktion (»EXTUE«) und im Feld *AktionsDaten* Name, Kontonummer und Bankleitzahl gespeichert.

Tab. 11.4: Aktion mit den entsprechenden Feldern

Feldname	Datentyp	Beschreibung
AktionsID	Numeric 18,0	IDENTITY-Feld, Seed: 1.000.000, Increment: 1
KontoID	Int	Welches Konto?
AktionsTyp	Char	Welche Aktion?
AktionsDaten	Char(80)	Zusatzinformationen
Betrag	Money	Betrag der Aktion
Valuta	Datetime	Zeitpunkt der Ausführung

Erzeugen Sie nun die Tabellen in der Datenbank. Für das Beispiel wird eine eigene Datenbank und ein eigenes »Datenbankgerät« verwendet (so die Bezeichnung im SQL-Server, damit wird aber vor allem der Speicherort festgelegt).

▶ Legen Sie im Stammverzeichnis des Webservers ein Verzeichnis mit dem Namen /BANK an.

▶ Erzeugen Sie ein neues Datenbankgerät in diesem Verzeichnis und nennen Sie es ebenfalls *Bank*. Die Größe ändern Sie von der Standardgröße auf 2 MB.

▶ Erzeugen Sie eine neue Datenbank unter dem Namen *Kundenkonto* und speichern Sie diese in dem Datenbankgerät *Bank* ab.

▶ Erzeugen Sie nun in dieser Datenbank die drei Tabellen. Achten Sie darauf, die ID-Felder als @@IDENTITY-Felder zu erzeugen. Als Seed-Value (Startwert) wird jeweils 10.000 eingetragen. So werden, unter der Voraussetzung wir haben nicht mehr als 89.999 Kunden, nur fünfstellige Kunden- und Kontonummern erzeugt. Die Tabelle *Aktion* bekommt einen Startwert von 1.000.000 (1 Million). Hier rechnen wir mit mehr Bewegung.

▶ In der ersten Tabelle wird der Name, in den anderen Tabellen jeweils die verknüpfte ID-Nummer als Index geführt. Der Index ist optional und wird im Beispiel nicht benutzt.

Der Microsoft Transaction Server

▶ Beachten Sie, dass die @@IDENTITY-Felder nicht NULL sein dürfen. Sie sollten auch bei allen anderen Feldern, die unbedingt ausgefüllt werden müssen, NULL nicht erlauben.

Auch wenn es erst sehr spät benötigt wird: Vergessen Sie nicht, die Datenbank als ODBC-Quelle anzumelden. Dazu wählen Sie den ODBC-Manager in der Systemsteuerung und tragen eine neue System-DSN ein. Wir verwenden auch hier wieder den Namen *Bank*. Die Einstellungen sollten keine Probleme bereiten, lesen Sie im Zweifelsfall in Abschnitt 9.5 *Universeller Zugriff mit ODBC* ab Seite 536 nach.

Die Komponenten

Alle Komponenten werden in VisualBasic programmiert und als Projekt unter dem Namen *Bank* abgespeichert. Starten Sie VisualBasic und wählen Sie ein ActiveX-DLL aus. Achten Sie auf die Einstellung im Dialogfeld THREADING MODEL. Die richtigen Einstellungen für alle Optionen finden Sie in Abbildung 11.38.

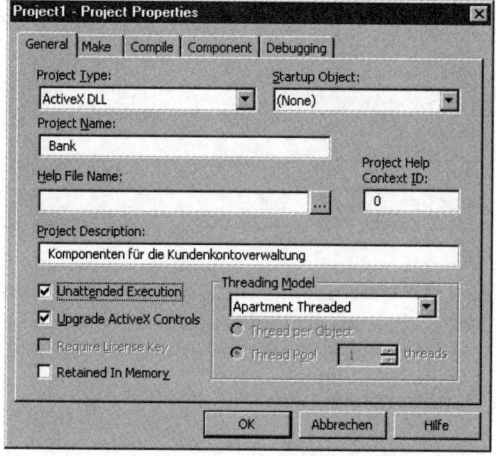

Abbildung 11.38: Einstellungen des Projekts unter Project | Properties

Für die Programmierung von Komponenten für den MTS werden zusätzlich Zugriffe auf die COM-Bibliothek des MTS benötigt. Öffnen Sie das Dialogfenster REFERENCES mit PROJECT | REFERENCES. Drei Bibliotheken müssen zusätzlich eingebunden werden (siehe Tabelle 11.5). Wenn Sie ein englisches Option Pack installiert haben, finden Sie die Dateien unter *program files*\ *common files**system**ado*.

11 Erweiterung der Programmierung

Tab. 11.5:
Zusätzliche Bibliotheken für das Projekt in VisualBasic 6.0 einbinden

Bezeichnung	Bibliothek	Pfad
Transaction Server Type Library	Mtxas.dll	%systemroot%\system32\mts\
ActiveX Data Objects 2.6 Library	Msado15.dll	\Programme\Gemeinsame Dateien\system\ado\
ActiveX Data Objects RecordSet 2.0 Libray	Msador15.dll	\Programme\Gemeinsame Dateien\system\ado\

Abbildung 11.39:
Korrekte Einbindung aller benötigten Bibliotheken

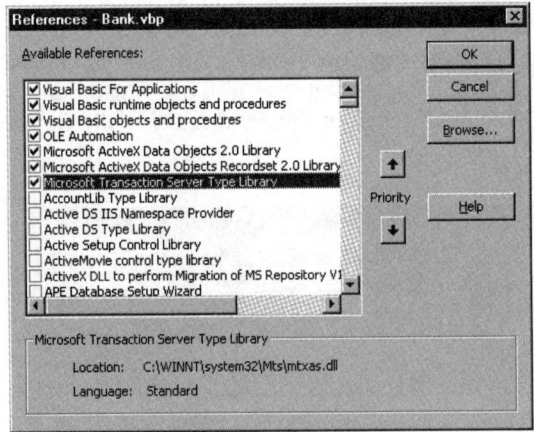

Abbildung 11.39 zeigt die fertig eingebundenen Bibliotheken an. Damit versteht VisualBasic nun auch die Datenbankzugriffe mit ADO-Komponenten; zusätzlich steht das Objekt ObjectContext zur Verfügung.

Fünf elementare Funktionen werden benötigt:

▶ *ZeigeKonten*
Damit wird eine Liste aller Konten angezeigt, die ein Kunde bei der Bank führt.

▶ *PruefeKonto*
Statt des Kontostands wird lediglich ermittelt, ob für eine bestimmte Summe Deckung vorhanden ist. Das ist sicherer, als die Kontostände zu übertragen und die Auswertung im Skript vorzunehmen.

▶ *KontoAktion*
Diese Funktion führt zu einer Änderung des Kontostandes – entweder wird der Kontostand erhöht oder verringert, je nach Art der Transaktion.

▶ *KontoProtokoll*
Damit wird das Transaktionsprotokoll geführt. Jede Aktion wird hier aufgezeichnet.

Der Microsoft Transaction Server

▶ *KontoAuszug*
Diese Funktion erstellt einen Kontoauszug eines bestimmten Kontos.

Nachfolgend lesen Sie die Quelltexte der Funktionen, die in VisualBasic als Modul erfasst werden.

```
Option Explicit
Private objContext As ObjectContext
Private objDB As ADODB.Connection
Private objRS As ADODB.Recordset
Private vSQL As Variant
Const vDBConn As Variant = "DSN=Bank;UID=sa;PWD=;"
```

Listing 11.19: Definition der Konstanten und Objekte

Die Konstante *vDBConn* definiert den Zugriff auf die ODBC-Datenquelle. Die erste Funktion *ZeigeKonten* soll einem Kunden dessen Konten zeigen. Da Arrays nicht übergeben werden können, wird eine durch Semikola getrennte Liste erzeugt und als Zeichenkette zurückgegeben. Die Trennung erfolgt dann in einem ASP-Skript. Die Datenbankzugriffe enthalten keine Besonderheiten; besondere Sicherheitsmaßnahmen sind auch nicht nötig, denn es wird nur lesend auf die Tabellen zugegriffen:

```
Public Function ZeigeKonten(ByVal vKundenID As Variant) As Variant
    Dim vKonten As Variant
    On Error GoTo ZeigeKontenFehler
    Set objContext = GetObjectContext()
    Set objDB = objContext.CreateInstance("ADODB.Connection")
    vSQL = "SELECT KontoID FROM Konten WHERE KundenID = " _
            & vKundenID & ";"
    Set objRS = objDB.Execute(vSQL, vDBConn)
    Do While Not objRS.EOF
        vKonten = vKonten + CStr(objRS("KontoID"))
        objRS.MoveNext
        If Not objRS.EOF Then
            vKonten = vKonten + ";"
        End If
    Loop
    ZeigeKonten = vKonten
ZeigeKontenFehler:
    ZeigeKonten = "FEHLER: " & Err.Description
End Function
```

Listing 11.20: Die Funktion ZeigeKonten gibt die Konten eines Kunden aus.

Die Funktion `PruefeKonto` testet die Kreditwürdigkeit des Kunden. Dabei werden Kontostand und Kreditlimit addiert und als Rückgabewert TRUE zurückgegeben, wenn zu einem bestimmten Betrag ein ausreichendes Limit vorhanden ist. Auch diese Funktion greift nur lesend zu und muss nicht abgesichert werden.

11 Erweiterung der Programmierung

```
Public Function PruefeKonto(ByVal vKontoID As Variant, ByVal vBetrag
As Variant) As Variant
    Dim vGedeckt As Variant
    On Error GoTo PruefeKontoFehler
    Set objContext = GetObjectContext()
    Set objDB = objContext.CreateInstance("ADODB.Connection")
    vSQL = "SELECT Kontostand, Kreditlimit FROM Konten
            WHERE KontoID = " & vKontoID & ";"
    Set objRS = objDB.Execute(vSQL, vDBConn)
    If objRS.EOF Then
        PruefeKonto = "FEHLER: Kontonummer nicht gefunden"
        Exit Function
    Else
        vGedeckt = CCur(vBetrag) <= (objRS("Kontostand")
                                    + objRS("Kreditlimit"))
    End If
    PruefeKonto = vGedeckt
    Exit Function
PruefeKontoFehler:
    PruefeKonto = "FEHLER: " & Err.Description
End Function
```

Listing 11.21: Die Funktion PruefeKonto ermittelt, ob das Konto gedeckt ist.

Mit der Funktion KontoAktion geht es endlich richtig zur Sache. Für ein bestimmtes Konto wird ein Auftrag geschrieben und der Kontostand verändert. Als Parameter wird ein Auftragscode übergeben, der »Einzahlung« oder »Auszahlung« sein kann. Entsprechend wird das Vorzeichen des Betrags umgedreht, der Übergabewert selbst soll immer positiv sein. Hier kommt auch das Transaktionsobjekt zum Einsatz, mit dem der Schreibvorgang überwacht wird.

```
Public Function KontoAktion(ByVal vKontoID As Variant, ByVal vBetrag
As Variant, ByVal vAuftrag As Variant) As Variant
    Dim vAktion As Variant
    On Error GoTo KontoAktionFehler
    Set objContext = GetObjectContext()
    Set objDB = objContext.CreateInstance("ADODB.Connection")
    vSQL = "SELECT * FROM Konten WHERE KontoID = "
            & vKontoID & ";"
    Set objRS = objContext.CreateInstance("ADODB.RecordSet")
    objRS.Open vSQL, objDB, adOpenDynamic, adLockOptimistic
    If objRS.EOF Then
        Err.Raise vbObjectError + 500, "KontoAktion",
                                      "Falsche Kontonummer"
    Else
        If CCur(vBetrag) > (CCur(objRS("Kreditlinie"))
                           + CCur(objRS("Kontostand")))
```

```
            And vAuftrag = "Auszahlung" Then
            Err.Raise vbObjectError + 510, "KontoAktion", _
                                    "Konto überzogen"
        Else
            Dim vNeuerKontostand As Variant
            If vAuftrag = "Einzahlung" Then
                vBetrag = -vBetrag
            End If
            vNeuerKontostand = CCur(objRS("Kontostand")) _
                                    - vBetrag
            objRS("Kontostand") = vNeuerKontostand
            objRS("Aenderung") = Now
            objRS.Update
            vAktion = vBetrag
        End If
    End If
    KontoAktion = vAktion
    objContext.SetComplete
    Exit Function
KontoAktionFehler:
    KontoAktion = "FEHLER: " & Err.Description
    objContext.SetAbort
End Function
```

Listing 11.22: *Die Funktion KontoAktion bedient das Konto*

Die vorletzte Funktion KontoProtokoll schreibt alle Vorgänge zusätzlich in eine Protokolldatei. Daraus werden später die Kontoauszüge erstellt. In der Praxis würde das Zahlungsgateway, das die Partnerbanken zur Zahlung oder Lastschrift anweist, diese Funktion nutzen und die am Tage eingegangenen Kundenaufträge ausführen. Auch diese Funktion sichert die Transaktionen durch das Transaktionsobjekt.

```
Public Function KontoProtokoll(ByVal vAuftrag As Variant, ByVal _
vKontoID As Variant, vDaten As Variant, vBetrag As Variant)
    Dim vAktion As Variant
    On Error GoTo KontoProtokollFehler
    Set objContext = GetObjectContext()
    Set objDB = objContext.CreateInstance("ADODB.Connection")
    objDB.Open vDBConn
    Set objRS = objContext.CreateInstance("ADODB.RecordSet")
    objRS.Open "AKTION", objDB, adOpenDynamic, adLockOptimistic
    objRS.AddNew
    objRS("Aktionstyp") = vAuftrag
    objRS("KontoID") = vKontoID
    objRS("AktionsDaten") = vDaten
    objRS("Betrag") = vBetrag
    objRS("Valuta") = Now
```

11 Erweiterung der Programmierung

```
        objRS.Update
        objRS.Close
        KontoProtokoll = "OK"
        objContext.SetComplete
        Exit Function
KontoProtokollFehler:
        KontoProtokoll = "FEHLER: " & Err.Description
        objContext.SetAbort
End Function
```

Listing 11.23: Die Funktion KontoProtokoll speichert alle Transaktionen

Die letzte Funktion KontoAuszug holt einen kompletten Kontoauszug. Dabei werden alle jemals registrierten Vorgänge in Form einer Zeichenkette zurückgegeben. Die Einträge einer Zeile sind durch Kommata getrennt, die Einträge selbst durch Semikola.

```
Public Function KontoAuszug(ByVal vKontoID As Variant) As Variant
        Dim vAuszug As Variant
        On Error GoTo KontoAuszugFehler
        Set objContext = GetObjectContext()
        Set objDB = objContext.CreateInstance("ADODB.Connection")
        vSQL = "SELECT * FROM Aktion WHERE KontoID = "
                & vKontoID & ";"
        Set objRS = objDB.Execute(vSQL)
        Do While Not objRS.EOF
                vAuszug = vAuszug + CStr(objRS("AktionsTyp")) + ","
                        + CStr(objRS("AktionsDaten")) + ","
                        + CStr(objRS("Betrag")) + ","
                        + CStr(objRS("Valuta"))
                objRS.MoveNext
                If Not objRS.EOF Then
                        vAuszug = vAuszug + ";"
                End If
        Loop
        KontoAuszug = vAuszug
KontoAuszugFehler:
        KontoAuszug = "FEHLER: " & Err.Description
End Function
```

Listing 11.24: Die Funktion KontoAuszug zeigt alle Bewegungen eines Kontos an.

Sind die Funktionen in VisualBasic erfasst, wählen Sie im Menü FILE den Eintrag MAKE DLL. Wenn Sie das Projekt *Bank* genannt haben, wird eine DLL mit dem Namen BANK.DLL erstellt.

Registrierung im Transaction Server

Es ist nun an der Zeit, die so erzeugte DLL, eine neue ActiveX-Komponente, im MTS anzumelden. Starten Sie dazu die Management-Konsole und suchen Sie den Eintrag INSTALLIERTE PAKETE (PACKAGES INSTALLED) (siehe Abbildung 11.40).

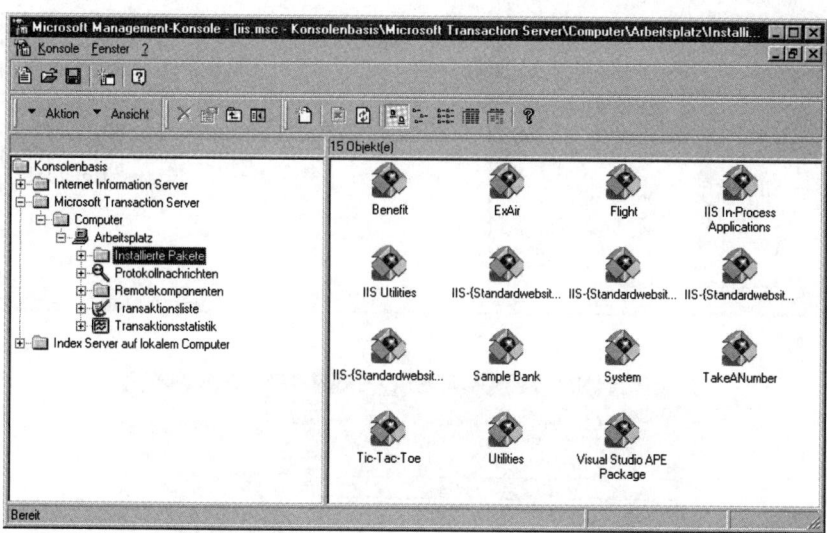

Abbildung 11.40: Die neue Komponente wird als Paket im MTS registriert.

Zur Installation des Pakets kopieren Sie die DLL in das Komponentenverzeichnis des Webservers. Der Ort spielt zwar keine Rolle, aber der Ordnung halber sollten Sie für alle Komponenten ein bestimmtes Verzeichnis nutzen, beispielsweise *c:\inetpub\components*. Klicken Sie nun mit der rechten Maustaste auf den Eintrag INSTALLIERTE PAKETE und dann auf NEU (NEW) und PAKET (PACKAGE). Dann erscheint ein Dialogfenster mit zwei Optionen: VORBEREITETE PAKETE INSTALLIEREN und LEERES PAKET INSTALLIEREN. Da das Paket zum ersten Mal installiert wird, wählen Sie LEERES PAKET INSTALLIEREN (CREATE AN EMPTY PACKAGE). Geben Sie dem Paket den Namen *Bank*. Der nächste Dialog verlangt einen Nutzer, der dieses Paket nutzen darf. Wählen Sie den speziellen anonymen Nutzer des Webservers aus (IUSR_ServerName). Danach sollte das Paket in der Liste der installierten Pakete auftauchen (siehe Abbildung 11.40)

Klicken Sie nun wieder mit der rechten Maustaste auf den Eintrag KOMPONENTEN (COMPONENTS) und installieren Sie eine neue Komponente. Der folgende Dialog unterscheidet wieder zwischen neu und schon registriert. Wählen Sie NEU und dann die DLL aus dem entsprechenden Verzeichnis (siehe Abbildung 11.41).

11 Erweiterung der Programmierung

*Abbildung 11.41:
Das Paket wurde erfolgreich installiert. An dieser Stelle werden nun die Komponenten eingetragen.*

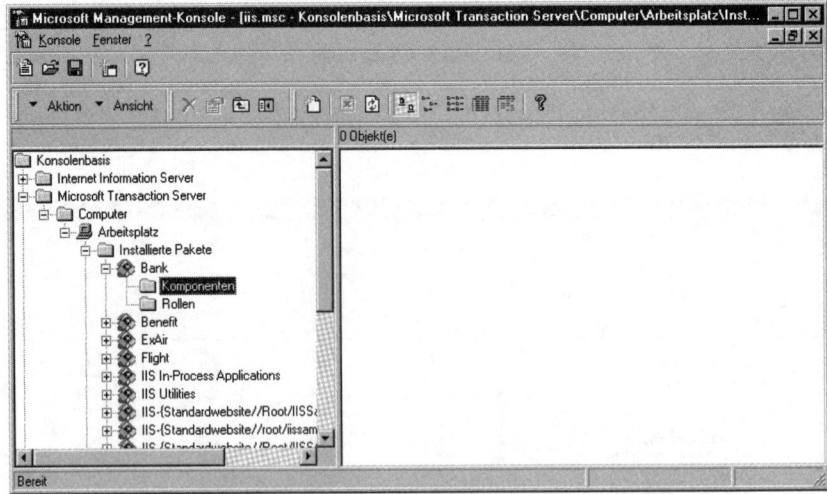

*Abbildung 11.42:
Die DLL wurde als Komponente erkannt.*

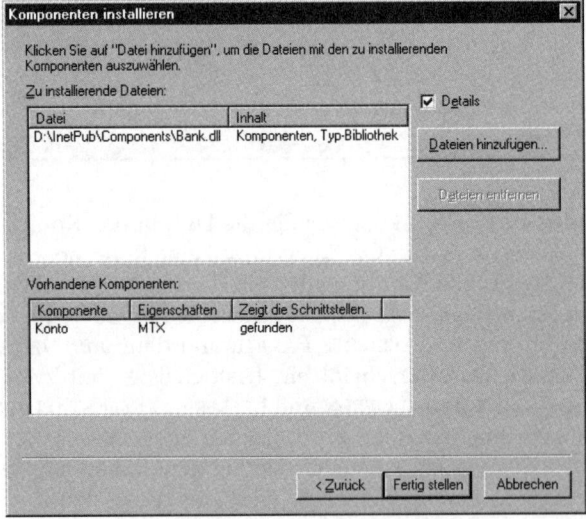

Nach der Installation steht die Komponente im MTS zur Verfügung (siehe Abbildung 11.43).

Klicken Sie wieder mit der rechten Maustaste auf das installierte Paket. Im Menü EIGENSCHAFTEN können Sie in der Registerkarte ALLGEMEIN noch eine Beschreibung vergeben. In der Registerkarte TRANSAKTION müssen Sie die Option TRANSAKTIONEN WERDEN UNTERSTÜTZT aktivieren (siehe Abbildung 11.44).

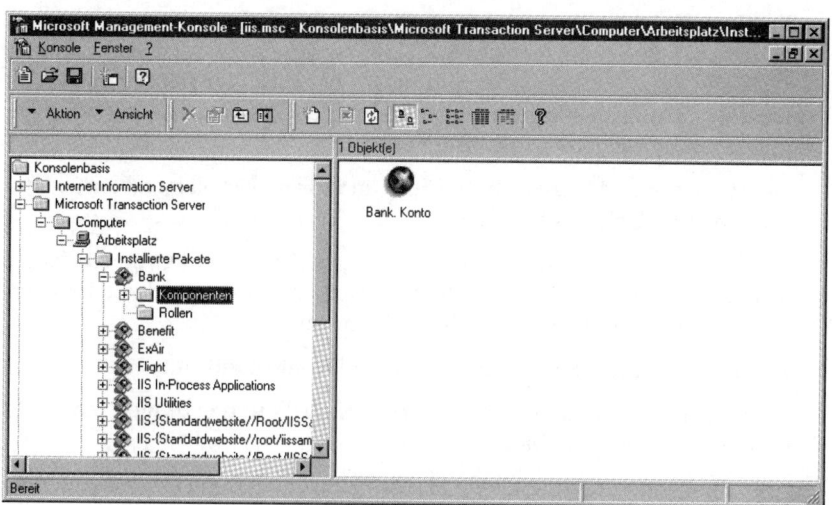

*Abbildung 11.43:
Das fertige Paket im
MTS*

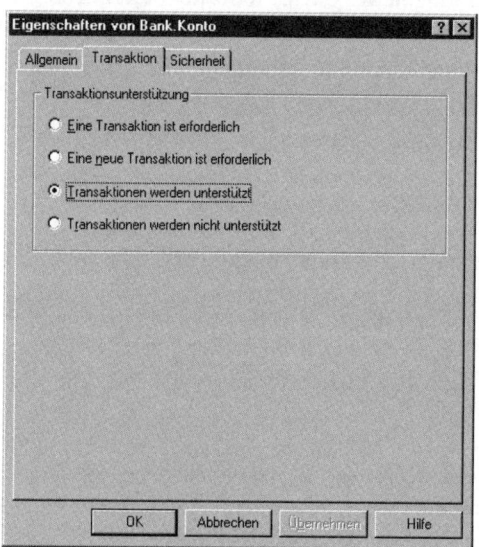

*Abbildung 11.44:
Dieses Paket soll
Transaktionen
natürlich unterstützen*

Die Nutzerschnittstelle

Da es sich um ein Drei-Schichten-Modell handelt, nach dem wir hier entwickeln, fehlt nach der Datenbank und den ausführenden Komponenten noch eine Schicht – die Nutzerschnittstelle. An diesem Punkt wird ASP gebraucht. Die Skripte werden in schon bekannter Weise in VBScript programmiert. Die Quelltexte finden Sie auf den folgenden Seiten.

Die erste Frage ist, welche Aktionen benötigt werden. Drei Skripte sollten für dieses Beispiel genügen; Sie können auf dieser Basis das Projekt jedoch leicht zu einer eigenen komplexen Applikation ausbauen:

- Eröffnung eines neuen Kontos und Einrichten neuer Kunden. Vorerst kann sich jeder ein eigenes neues Konto eröffnen. In der Praxis wäre es vielleicht sinnvoll, dieses Skript nur am Bankschalter freizugeben. Hier wird das Konto auch administrativ behandelt, das heißt gesperrt, freigegeben und mit einem Kreditlimit versehen.

- Ausführen einer Überweisung. Der Kunde kann sich seinen Kontostand ansehen und Geld überweisen.

- Ausführen einer Einzahlung. Hier wird dem Konto Geld gutgeschrieben. Wieder ein Fall für den Bankschalter oder – in der fortgeschrittenen Version – für das automatische Zahlungsgateway.

- Das Pflegeskript zeigt Kontoauszüge und Kontostände an.

Wenn Sie den Code neu eingeben, starten Sie VID und erzeugen ein neues Projekt mit dem Namen »Bank«.

Vor den Skripten wird eine kleine HTML-Seite erstellt, die einen bequemen Zugriff auf die vier benötigten Skripte erlaubt. Sie finden die Skripte auf der CD im Projekt »Bank«. Jedes Skript wird über ein Formular angesteuert, die erforderlichen Daten werden gleich erfasst. Hier der Code (verkürzt):

```
<FORM action="kunden.asp" method="post">
    <INPUT type="text" size="10" name="KundenID">
    <INPUT type="submit" value="Kunde anlegen/ändern">
</FORM>
<FORM action="konten.asp" method="post">
    <INPUT type="text" size="10" name="KontoID">
    <INPUT type="submit" value="Konto eröffnen">
</FORM>
<FORM action="auskunft.asp" method="post">
    Meine Kontonummer:
    <INPUT text = "text" size="10" name="KontoID">
    <INPUT type="submit" value="Kontoauszug holen">
</FORM>
<FORM action="auszahlen.asp" method="post">
    Meine Kontonummer:
    <INPUT text = "text" size="10" name="KontoID">
    Betrag: <INPUT size="10" name="Betrag">DM
    An Konto: <INPUT size="10" name="ZielKonto" >
    An Bank/BLZ: <INPUT size="30" name="FremdBank" >
    <INPUT type="submit" value="Geld überweisen">
</FORM>
<FORM action="einzahlen.asp" method="post">
    Meine Kontonummer:
    <INPUT type="text" size="10" name="KontoID"> <BR>
    Betrag: <INPUT size="10" name="Betrag">DM
    <INPUT type="submit" value="Geld einzahlen">
</FORM>
```

Listing 11.25: default.htm (Ausschnitt)

>
> Die vorgestellten Skripten sollen das Zusammenspiel der eigenen und eingebauten Komponenten zeigen. So, wie die Skripten hier zu sehen sind, ist die Funktionalität für den praktischen Einsatz zu stark eingeschränkt. Es fehlen sämtliche Fehlerabfragen und auch die Fehlertexte der VB-Komponenten werden nicht ausgewertet. Jede Störung an der Datenbank, die beim Testen schon mal passieren kann, führt dann zu weiteren Fehlern. Experimentieren Sie mit den Skripten und versuchen Sie, weitere Funktionen einzuführen. Tipps dazu am Ende des Abschnitts.

Die ersten beiden Skripte KONTEN.ASP und KUNDEN.ASP dienen der Administration der Konten und Kunden. Hier gibt es noch keinen Einsatz für unsere programmierten Komponenten. Der Zugriff erfolgt mit normalen Datenbankobjekten:

```
<%@ Language=VBScript %>
<%
Option Explicit
DIM objKunde, objRS, KundenID, Fehler
DIM name, strasse, plz, land, ort, telefon, email
DIM query, aendern
```

Die Unterscheidung zwischen dem Ändern und dem Neuanlegen eines Kunden wird mit dem Flag *aendern* durchgeführt, das durch ein Kontrollkästchen am Ende des Formulars gesteuert wird.

```
aendern = Request.Form("aendern")
' Kunde oder Konto anlegen
KundenID = Request.Form("KundenID")
name = Request.Form("name")
strasse = Request.Form("strasse")
plz = Request.Form("plz")
land = Request.Form("land")
ort = Request.Form("ort")
telefon = Request.Form("telefon")
email = Request.Form("email")
```

Der Datenbankzugriff auf dem konventionellen Weg sieht folgendermaßen aus:

```
set objKunde = Server.CreateObject("ADODB.Connection")
set objRS = Server.CreateObject("ADODB.RecordSet")
objKunde.Open "DSN=Bank;UID=sa;PWD=;"
```

Neue Kunden werden mit einem INSERT-Kommando angelegt. Anschließend wird die automatisch vom SQL-Server vergebene ID-Nummer ermittelt:

```
if KundenID="NEU" then ' Neuen Kunden anlegen
   query = "INSERT INTO Kunden (Name, Strasse, Ort, PLZ, Land,
        Telefon, Email)"
   query = query & "VALUES (" & "'" & name & "','" & strasse
```

11 Erweiterung der Programmierung

```
                & "','" & ort
    query = query & "','" & plz & "','" & land & "','" & telefon
                & "','" & email & "')"
    objKunde.Execute query
    query = "SELECT KundenID FROM Kunden WHERE Name=" & "'"
                & name & "'" & " AND strasse=" & "'" & strasse
                & "'" & " AND telefon=" & "'" & telefon & "'"
    objRS.Open query, objKunde
    KundenID = objRS("KundenID")
    objRS.Close
```

Sind nur Änderungen eines bestehenden Datensatzes gewünscht, kommt das UPDATE-Kommando zum Einsatz.

```
elseif aendern="JA" then
    query = "UPDATE Kunden SET Name=" & "'" & name & "', "
    query = query & "strasse=" & "'" & strasse & "', "
    query = query & "land=" & "'" & land & "', "
    query = query & "plz=" & "'" & plz & "', "
    query = query & "telefon=" & "'" & telefon & "', "
    query = query & "email=" & "'" & email & "' WHERE KundenID="
                & KundenID
    objKunde.Execute query
end if
```

Ist die Kundennummer schon vorhanden, werden die Daten aus der Datenbank mit einem SELECT-Kommando ausgelesen.

```
if KundenID<>"" AND KundenID<>"NEU" then
    query = "SELECT * FROM Kunden"
    query = query & " WHERE KundenID=" & KundenID
    objRS.Open query, objKunde
    if objRS.EOF then
        Fehler = "<P>Kundennummer konnte nicht gefunden werden!<P>"
        KundenID=""
    else
    name = objRS("Name")
    strasse = objRS("strasse")
    ort = objRS("ort")
    plz = objRS("PLZ")
    land = objRS("land")
    telefon = objRS("telefon")
    email = objRS("email")
    end if
    objRS.Close
end if
%>
```

Der HTML-Teil des Skripts beinhaltet die Ausgabe der Daten und die Erfassung neuer oder geänderte Daten in einem Formular.

Der Microsoft Transaction Server

```
<html>
<head></head>
<body>
<h2>Er&ouml;ffnung eines neuen Kontos</h2>
<form action="kunden.asp" method="post">
<% if kundenID = "" then %>
<input type="hidden" name="KundenID" value="NEU">
<% = Fehler %>
Bitte geben Sie einen neuen Kunden ein:
<% else %>
<input type="hidden" name="KundenID" value=<% = KundenID %>>
Hier Ihre schon bekannten Kundendaten. Sie können Änderungen
vornehmen:
<P>
Daten ändern? <input type="checkbox" name="aendern" value="JA">
</P>
<% end if %>
Geben Sie hier Ihre Daten ein:
<P>
Name: <input name="Name" size="30" value=<% = name %>><br>
Stra&szlig;e: <INPUT name="Strasse" size="30" value=<% = strasse
%>><br>
Land: <input name="Land" size="2" value=<% = land %>>
PLZ: <input name="PLZ" size="6" value=<% = plz %>>
Ort: <input name="Ort" size="20" value=<% = ort %>><BR>
Telefon: <input name="Telefon" size="30" value=<% = telefon %>><br>
E-Mail: <input name="Email" size="30" value=<% = email
%>><br><br> 
<input type="submit" value="Daten neu erfassen / ändern">
</form>
</body>
</html>
```

Das nächste Skript dient der Eröffnung eines Kontos und der Vergabe einer Kreditlinie für das Konto.

```
<%@ Language=VBScript %>
<%
Option Explicit
DIM objKonto, objRS, KundenID, strKonten, fehler, control, query
DIM limit
'
limit = Request.Form("Limit")
' KundenID muss schon vorhanden sein
KundenID = Request.Form("KundenID")
IF KundenID="" THEN
      Response.Redirect "default.htm"
      Response.End
END IF
```

11 Erweiterung der Programmierung

Nachdem einige Fehlerquellen abgefangen wurden, kann auf die Datenbank zugegriffen werden. Die Steuervariable *control* gibt an, ob nur eine Anzeige erfolgt oder ein neuer Datensatz geschrieben werden soll.

```
IF control="NEU" THEN
   SET objKonto = Server.CreateObject("ADODB.Connection")
   query = "INSERT INTO konten (KundenID, Kontostand,
           Kreditlimit, Aenderung) " & "VALUES ('"
   query = query & KundenID & "','" & 0 & "','" & limit & "','"
   query = query & DATE
   objKonto.Execute query
   objKonto.Close
END IF
```

Für die Ausgabe der bereits geführten Konten wird die Methode *ZeigeKonten* der Komponente *Bank.Konto* benutzt. Die Kontonummern werden als kommaseparierte Liste zurückgegeben. Mit einer SPLIT-Funktion wird ein eindimensionales Array erstellt, das sich zur Anzeige besser auslesen lässt.

```
SET objKonto = Server.CreateObject("Bank.Konto")
strKonten = objKonto.ZeigeKonten(KundenID)
IF instr(0,strKonten,"FEHLER")<>0 THEN
   fehler=strKonten
   strKonten=""
ELSE
   arrListe = Split(strKonten,",")
END IF
'
%>
<html>
<head></head>
<body>
<h2>Er&ouml;ffnung eines neuen Kontos und Kontenanzeige</h2>
```

Ist kein Konto vorhanden, wird die Eröffnung eines neuen Kontos angeboten:

```
<% IF strKonten="" THEN %>
   <p>
   Es konnte für die Kundennummer <% = KundenID %> kein Konto
   gefunden werden.
   </p>
   Für ein neues Konto bitte die folgenden Angaben ausfüllen:
   <br>
   <form action="konten.asp" method="post">
   Kundennummer:
   <input type="text" size="10" name="KundenID"
    value="<% = KundenID %>">
   <p>
   Kreditlimit:
```

```
        <input type="text" size="10" name="Limit" value="0">
        <p>
        <input type="hidden" name="control" value="NEU">
        <input type="submit" value="Konto eröffnen">
        </form>
<% ELSE %>
```

Sind schon Konten vorhanden, werden die Kontonummern angezeigt.

```
        <p>
        Folgende Konten sind bereits vorhanden:
        </p>
        <% for i = 0 to ubound(arrListe) %>
        Kontonr.: <% = arrliste(i) %>
        <% next %>
<% end if %>
</body>
</html>
```

Das nächste Skript zeigt die Kontoauszüge an (AUSKUNFT.ASP). Als Übergabeparameter wird nur die Kontonummer benutzt.

```
<%@ Language=VBScript %>
<%
DIM objKonten, objRS, KundenID
KontoID = Request.Form("KontoID")
'
if KontoID="" then
   Response.Redirect("default.htm")
   Response.End
end if
```

Hier kommt die Funktion *KontoAuszug* zum Einsatz:

```
set objKonto = Server.CreateObject("Bank.Konto")
strKonten = objKonto.KontoAuszug(KontoID)
%>
<HTML>
<HEAD>
<META NAME="GENERATOR" Content="Microsoft Visual Studio 6.0">
</HEAD>
<BODY>
<H4>Ihre Kontoauszüge</H4>
<% if strKonten="" then %>
Folgendes Problem ist aufgetreten: <% = fehler %>
<% else %>
Kontoauszug vom <% = NOW %>
<P>
<TABLE BORDER=1>
<TR>
<TD>ID</TD><TD>Typ</TD><TD>Daten</TD><TD>Betrag</TD><TD>Datum</TD>
</TR>
```

Die Liste ist noch etwas komplexer aufgebaut. Die Einträge in einer Zeile werden durch Kommata, die Zeilen selbst durch Semikola separiert. Die Auflösung erfolgt über zwei FOR...NEXT-Schleifen.

```
<%
if instr(strKonten,"FEHLER")<>0 then
    fehler=strKonten
    strKonten=""
else
    arrZeile = SPLIT(strKonten,";")
    for i = 0 TO ubound(arrZeile)
        arrFeld = SPLIT(arrZeile(i),",")
        Response.Write "<TR>"
        for j = 0 TO ubound(arrFeld)
            Response.Write "<TD>" & arrFeld(j) & "</TD>"
        next
        Response.Write "</TR>"
    next
end if
end if
%>
</TABLE>
</BODY>
</HTML>
```

Kritisch in der Verarbeitung sind nur die Funktionen zur Überweisung von Geld auf ein anderes Konto und für die Bareinzahlungen. Deshalb wird hier die Kontrolle des MTS benötigt. Die wichtigen Befehle sind fett hervorgehoben:

```
<%@ Language=VBScript TRANSACTION=Required %>
<HTML>
<HEAD>
<META NAME="GENERATOR" Content="Microsoft Visual Studio 6.0">
</HEAD>
<BODY>
<H3>&Uuml;berweisen</H3>
<%
Option Explicit
DIM objKonto, objRS, KundenID, strAuszug, strAktion
DIM kontonummer, betrag, bank, query
CONST Auftrag = "Auszahlung"
'
KontoID = Request.Form("KontoID")
kontonummer = Request.Form("Kontonummer")
betrag = Request.Form("Betrag")
Daten = Request.Form("Daten")
'
```

```
if KontoID="" or kontonummer="" or betrag="" then
   Response.Redirect("default.htm")
   Response.End
end if
```

Zwei Zugriffe erfolgen auf die Komponente *Bank.Konto*. Zum einen wird die Überweisung ausgeführt, zum anderen wird das Protokoll geschrieben. Zur Kontrolle wird die Datenbank anschließend wieder ausgelesen; es erfolgt eine Anzeige der Kontobewegungen dieses Kontos. Die Funktion *KontoAktion* gibt den Betrag wieder zurück, der überwiesen wurde. Das kann einfach zur Kontrolle benutzt werden, ob Fehler aufgetreten sind.

```
set objKonto = Server.CreateObject("Bank.Konto")
objKonto.Open "DSN=Bank;UID=sa;PWD=;"
strAktion = objKonto.KontoAktion(KontoID, Betrag, Auftrag)
strAuszug = objKonto.KontoProtokoll(Auftrag, KontoID, Daten, Betrag)
%>
<% if strAktion = Betrag then %>
   Hier die Liste der &Uuml;berweisungen dieses Kontos:
   <%
   set objRS = Server.CreateObject("ADODB.Recordset")
   query = "SELECT * FROM aktion WHERE KontoID=" & KontoID
   objRS.Open query, "DSN=Bank;UID=sa;PWD=;", adOpenForwardOnly,
adLockOptimistic
   %>
   <table>
   <tr>
     <td>Aktion</td>
     <td>Typ</td>
     <td>Daten</td>
     <td>Betrag</td>
     <td>Valuta</td>
   </tr>
   <% DO WHILE NOT objRS.EOF %>
     <tr>
     <td><%= objRS("AktionsID")%></td>
     <td><%=objRS("AktionsTyp")%></td>
     <td><%=objRS("AktionsDaten")%></td>
     <td><%=objRS("Betrag")%></td>
     <td><%=objRS("Veluta")%></td>
     </tr>
   <% LOOP %>
   </table>
<% ELSE %>
   Bei der &Uuml;berweisung ist ein Fehler aufgetreten.
<% END IF %>
<%
IF instr(strAktion,"FEHLER")<>0
   OR instr(strAuszug,"FEHLER")<>0 THEN
```

```
    ObjectContext.SetAbort
END IF
SUB OnTranactionCommit()
    Response.Write "Auszahlung erfolgreich<P>"
END SUB
SUB OnTransactionAbort()
  Response.Write "Auszahlung wegen eines
                  Fehlers nicht erfolgt<p/>"
END SUB
%>
</body>
</html>
```

Das letzte Skript zeigt die Protokolle einzeln an. Auf einen Abdruck wird hier verzichtet, die Funktion ist bereits im Skript AUSZAHLUNG.ASP enthalten. Ebenso fehlt noch die Funktion zur Bareinzahlung auf das Konto. Hier wird lediglich eine Zeile geändert:

```
CONST Auftrag = "Einzahlung"
```

Die Auswertung erfolgt in der Funktion *KontoAktion*.

11.7.5 Übung

Bringen Sie das Beispiel zum Funktionieren und ergänzen Sie die beiden fehlenden Funktionen zur Bareinzahlung und zum Protokollausdruck. Eine Begrenzung der Kontoauszüge auf einen bestimmten Zeitraum wäre ebenfalls sinnvoll.

Wer daran denkt, diese Anwendung professionell einzusetzen, sollte schon von vornherein einen Teil der Intelligenz in die Datenbank verlagern. Schon bei Tests auf einem Entwicklungssystem fallen die relativ massiven Datenbankzugriffe auf. Sinnvoll wäre beispielsweise die Nutzung von Stored Procedures für die Auswahl eines bestimmten Zeitraums beim Lesen der Protokolltabelle.

11.7.6 Anwendung

Offensichtlich sind Windows NT und ASP nicht die Plattformen, mit denen Banken ihre Kunden und Konten verwalten. Welchen Sinn hat dieses Beispiel dann? Einsetzbar sind sie für eine ganze Reihe von spannenden Projekten:

- Ein Börsenspiel, in dem die Kunden virtuelles Geld einsetzen können.
- Eine Spielbank, die elektronisches Roulette anbietet.
- Die Kundenkonten eines Händlers, die von den Kunden selbst verwaltet werden können.
- Dauerauktionen, die mit vorher eingezahltem Geld arbeiten.

11.8 Der Message Queue Server (MQS)

> Der Message Queue Server macht es möglich, dass Applikationen Nachrichten untereinander austauschen. Dieser Abschnitt erklärt, um welche Nachrichten es sich handelt, wie diese ausgetauscht werden und wie der MQS in ASP-Applikationen sinnvoll eingesetzt werden kann.

11.8.1 Was ist Nachrichtenübermittlung?

Die moderne Applikationsentwicklung geht in letzter Zeit immer mehr den Weg, verteilte Anwendungen auf unterschiedlichen Plattformen zu entwickeln. Für jeden Fall wird eine optimale Umgebung benutzt, jede Komponente wird unter idealen Bedingungen entwickelt. Der Grund liegt in der größeren Effizienz. Software entsteht unter höchstem Zeitdruck und mit zunehmend strengeren Qualitätsanforderungen. Eine moderne Entwicklungsumgebung wie das Visual Studio 6.0 von Microsoft besteht schon aus fünf zentralen Programmierumgebungen (Visual C++, VisualBasic, Visual FoxPro, Visual InterDev und Visual J++). In heterogenen Netzwerken kommen noch unterschiedliche Betriebssysteme hinzu. Zwischen all diesen Teilen müssen Applikationen Nachrichten austauschen, um arbeiten zu können. Zwar gibt es die Möglichkeit, auf bestimmte Protokolle zur Datenübertragung zurückzugreifen (HTTP, FTP oder ODBC), aber die höheren Protokollebenen sind wenig flexibel und oft zu langsam. Die reine Datenübertragung reicht oft auch nicht aus, denn Applikationen müssen gegebenenfalls Informationen über Zustände und Positionen anderer Programme besitzen.

Übermittlung von Prozessinformationen

Zwei Technologien widmen sich derzeit diesem Thema: zum einen das Component Object Model (COM) von Microsoft, zum anderen das Common Object Request Broker Model (CORBA) von der ABM Group. (ABM steht bezeichnenderweise für »Anybody but Microsoft« – alle außer Microsoft). Der immer mit diesen Technologien zur Verfügung gestellte Mechanismus setzt aber zwei Dinge voraus: Beide Applikationen müssen laufen und untereinander in Verbindung stehen.

COM versus CORBA

Normalerweise stellt dies kein Problem dar. Doch in Netzwerken mit hohem Sicherheitsstandard (in Bezug auf die Verfügbarkeit) und unter Echtzeitbedingungen – dazu zählen auch Webserver – kann es Probleme geben. Weder COM noch CORBA können mit dieser Situation umgehen. Es muss also etwas geben, was zwischen den Applikationen die Nachrichten vermittelt und mit solchen Problemen umgehen kann. Dies ist ein Nachrichtenvermittlungssystem oder Message Queuing System. Innerhalb des IIS übernimmt diese Aufgabe das Microsoft Message Queue System (MSMQ).

Kommunikationsarten

Synchrone und asynchrone Kommunikation

Wenn zwei Applikationen Informationen austauschen, handelt es sich um eine Art von Kommunikation. Es gibt grundsätzlich die synchrone und die asynchrone Kommunikation.

Bei der synchronen Kommunikation wartet der Sender nach dem Senden einer Information auf die Bestätigung durch den Empfänger, bevor erneut Daten übertragen werden. Vergleichbar ist die Arbeitsweise mit einem Funktionsaufruf. Das Hauptprogramm setzt seine Tätigkeit erst fort, wenn die aufgerufene Funktion ordnungsgemäß beendet wurde.

Die asynchrone Kommunikation wartet nicht auf irgendeine Bestätigung. Nachrichten werden versendet, wenn eine entsprechende Anforderung der Applikation vorliegt. Wird eine Antwort erzeugt, kann der beteiligte Prozess frei entscheiden, ob und wann er darauf reagiert. Vergleichbar ist diese Arbeitsweise mit der Ereignisbehandlung unter Windows – wann immer ein Ereignis auftritt, sendet der Event-Handler (die Routine, die auf ein Ereignis, beispielsweise einen Mausklick, reagiert) eine Nachricht an das Betriebssystem. Es spielt keine Rolle, ob und wie darauf reagiert wird.

Grundsätzlich wird hier die asynchrone Kommunikation verwendet. Dafür gibt es drei Gründe:

Gründe für asynchrone Kommunikation

▶ *Vermeidung von Wartezeiten*
Synchrone Abläufe sind langsamer.

▶ *Bessere Auslastung*
Wenn der Sender immer wieder auf eine Antwort warten muss, vergeudet er wertvolle Prozessorzeit, die zwischenzeitlich anderweitig genutzt werden könnte.

▶ *Höhere Stabilität*
Wenn die Verbindung zwischen Sender und Empfänger nicht ständig verfügbar ist, können synchrone Kanäle zusammenbrechen.

Bestandteile des Nachrichtensystems

Es gibt zwei grundsätzliche Komponenten eines Nachrichtensystems: die Nachrichten und den Speicher, in dem die Nachrichten aufbewahrt werden. Die Speicherung der Nachrichten erfolgt in der Nachrichtenschlange (Schlange = engl. queue, daher der Name). Applikationen können Nachrichten dort ablegen und von dort holen. Warteschlangen oder Queues gibt es übrigens auch an anderer Stelle im Windows-System. Dazu gehört beispielsweise die Druckerwarteschlange, in der Druckaufträge aufbewahrt werden, bis der Drucker die Daten anfordert.

Die Bestandteile einer Nachricht

Die Nachricht selbst besteht auch aus mehreren Komponenten. Die wichtigste Komponente ist der Inhalt. Das Format des Inhalts kann aus binären Daten oder Text bestehen. Einen Standard dafür gibt es nicht, die Interpretation der Daten erfolgt ausschließlich durch die Zielapplikation. Andere Bestandteile sind Informationen über den Absender und den Empfänger.

Möglich sind auch Zeitmarken, die den Zeitpunkt der Erstellung der Nachricht wiedergeben, und ein Verfallsdatum, bis zu dem die Nachricht gültig ist. Ungültige Nachrichten werden gelöscht, auch wenn sie noch nicht gelesen wurden.

Die Nachrichtenschlangen sind eine relativ einfache Einrichtung. Die Applikationen, die Nachrichten senden, legen diese in der Nachrichtenschlange ab. Andere Applikationen, die Nachrichten erwarten, suchen in der Nachrichtenschlange nach für sie bestimmte Informationen. Das Nachrichtensystem selbst speichert die Nachrichten nur. Im Fehlerfall wird der jeweils letzte Zustand vor dem Fehler nach dem Systemneustart wiederhergestellt. Aktionen gehen vom Nachrichtenserver nicht aus.

Das MSMQ unterstützt eine unbegrenzte Hierarchie von Nachrichtenschlangen. Dabei spielt es keine Rolle, ob die Nachrichtenschlangen lokal oder auf entfernten Systemen eingerichtet werden.

Vergleich mit E-Mail

Ähnelt diese Technik der Nachrichtenvermittlung nicht E-Mail? In beiden Fällen gibt es Sender und Empfänger, Nachrichten und Nachrichtenspeicher (bei der E-Mail nennt man das Postfach). Der Unterschied liegt in der Art und Weise, wie Sender und Empfänger in Erscheinung treten. Nachrichtensysteme dienen der Kommunikation zwischen Programmen, E-Mail der Kommunikation zwischen Menschen. Programme benötigen zusätzliche, starr festgelegte Parameter, um Nachrichten interpretieren zu können – E-Mails nicht, denn die werden von Menschen gelesen, die zweifelsohne über robustere Interpreter verfügen.

Im Gegensatz dazu kann der Inhalt einer Nachricht im Nachrichtensystem völlig den Erfordernissen zweier bestimmter Applikationen genügen – es gibt also keine gemeinsame Sprache zur Zusammensetzung der Information, wie es bei E-Mail der Fall ist. Daraus resultiert eine weitere Eigenschaft der Nachrichten: Sie können extrem klein sein. Einzelne Bytes mögen für die eine oder andere Applikation ausreichend Information bieten, für Menschen ist eine umfangreichere textliche Darstellung notwendig. Nachrichtensysteme genügen darüber hinaus höheren Sicherheitsanforderungen in Bezug auf die Übertragungssicherheit. E-Mails können schon mal verloren gehen, primitive Protokolle wie SMTP eignen sich nicht besonders für die sichere Zustellung. Das Nachrichtensystem bietet dagegen zwei Zustellformen: »Express« und »Wiederherstellbar«. Nachrichten mit dem Kennzeichen »Express« werden nur im Speicher gehalten, benötigen so weniger Systemressourcen und werden schneller übermittelt. Wiederherstellbare Nachrichten werden auf Festplattenspeichern abgelegt und stehen auch nach einem Systemzusammenbruch wieder zur Verfügung. Der Sender kann entscheiden, wie die Nachricht intern behandelt wird.

Warum die MSMQ benutzt werden sollte

Es gibt gute Gründe für den Message Queue Server

Die Computertechnologie der letzten Jahre hat sich von den einfachen Computern hin zu komplexen Netzwerken entwickelt. Dabei hat sich herausgestellt, dass es nicht immer möglich ist, überall jeden Computer am Netzwerk zu halten. So ist es immer häufiger der Fall, dass Benutzer sich aus dem Netz eine Applikation laden, diese lokal ausführen und die Ergebnisse dann an den Server zurücksenden. Statt einer ständigen Verbindung wird eine Leitung nur zum Start der Applikation und zur Abgabe der Ergebnisse aufgebaut. Dies ist eine Anwendung für Nachrichtensysteme. Ein lokaler Nachrichtenserver speichert die Nachrichten der Applikation, bis wieder eine Verbindung zu einem anderen Nachrichtenserver besteht und die Informationen abgegeben werden können. Nachrichtensysteme unterstützen verteilte Applikationen und sind deshalb von großer Bedeutung für zukünftige Softwareentwicklungen.

Ein Geschwindigkeitsvorteil ergibt sich aus der Verwendung von Nachrichtenservern nicht unbedingt. Der Entwickler hat immer die schnellere Möglichkeit, für jeden Fall einer Nachrichtenübermittlung eine TCP/IP-Verbindung aufzubauen und die Daten direkt zu übermitteln. Aber haben Sie nichts Besseres zu tun, als sich auf niedrigster Protokollebene herumzuärgern? Nachrichtenserver sind von der Applikationsebene aus einfacher verwendbar.

Ein Allheilmittel sind Nachrichtenserver indes nicht. Manche Anwendungen brauchen eine synchrone Kommunikation. In diesen Fällen greifen Sie besser zu DCOM oder CORBA.

Einsatz der MSMQ

Der Einsatz der MSMQ bietet sich immer bei folgenden Situationen an:

- Die Nutzerschnittstelle und die ausführende Applikation sind nicht gleichzeitig verfügbar,
- Interne Zustände und Nachrichten sind so wichtig, dass sie im Falle des Verlustes zu massiven Störungen im System führen können.
- Teile der Applikation, die Nachrichten senden oder empfangen, befinden sich auf entfernten Computern und die Verbindung ist nicht mit Sicherheit dauerhaft.
- Sehr viele Nachrichten werden zwischen Applikationen ausgetauscht, und die Antworten gehen nicht oder nicht regelmäßig ein.

Erinnern Sie sich noch an die Applikation in Abschnitt 11.2 ? Dort ging es um ein kleines Bankprojekt. Dabei sollte auch über den Einsatz der MSMQ nachgedacht werden, denn wenn Sie eine sehr große Anzahl an Zugriffen verkraften müssen, ist vielleicht eine Verteilung auf mehrere Server sinnvoll. Das Drei-Schichten-Applikationsmodell erlaubt eine solche Trennung. Wenn nun Überweisungen ausgeführt werden, das Zahlungsgateway befindet sich aber nicht auf demselben Computer wie die Datenbank, können plötzliche Trennungen der Systeme zu unvorhersehbaren Zuständen führen. Zwar sichert der MTS die Integrität der Daten, jede kurzzeitige Unterbrechung würde aber als Fehler gewertet werden und letztlich würde nichts mehr funktionieren. Hier wäre die Übertragung der Daten von einem Server auf den nächsten mit MSMQ sinnvoll. Mit dem Absenden der Nachricht erfüllt die Transaktion ihre Aufgabe und wird abgeschlossen. Auf der anderen Maschine wird die Nachricht empfangen (zeitgleich oder nicht) und ausgeführt, und zwar auch unter Kontrolle des MTS.

11.9 Internet-Mail-Anwendungen

> Mit dem IIS wird auch ein einfacher SMTP-Server mitgeliefert. Für die praktische Nutzung ist dieser unzureichend. Während große Netzwerke auf den Exchange Server ausweichen werden, lohnt für eine eigene Mailapplikation der Blick auf die mitgelieferten CDO-Messaging-Dienste.

11.9.1 Standards und Protokolle

Auf die Standards und Protokolle, denen elektronische Post zu Grunde liegt, wurde bereits in Kapitel 2 kurz eingegangen. In aller Kürze wiederholen wir an dieser Stelle die wichtigsten Informationen zu der hier vorgestellten Technik. Die Übertragung elektronischer Post zwischen zwei Servern findet mit Hilfe des SMTP-Protokolls statt. Die Definition erfolgte erstmals in der RFC 821. Wichtig ist auch die Erweiterung in RFC 1521, die den Multipurpose Internet Mail Extensions (MIME) beschreibt, den Dateianhang für verschiedene Formate. Der Mailserver wird über TCP auf Port 25 angesprochen.

E-Mail basiert auf einfachen Protokollen: SMTP, POP3, IMAP4

Das Simple Mail Transfer Protocol (SMTP) ist ein Protokoll, das keine Speicherung von Daten zu Grunde legt. Wird eine Nachricht zum Senden bereitgestellt, erfolgt sofort der Versuch, den Mailserver, für den die Sendung bestimmt war, zu erreichen. Wer also zu Hause seine Post mit SMTP abholen möchte, müsste ständig empfangsbereit sein, um dem sendenden Mailserver eine Chance zu geben, den Empfänger zu erreichen. Die Lösung des Problems ist das Postoffice Protocol (POP3), ein spezielles Protokoll für die Übertragung der Daten vom Server zum Client. Dabei werden die empfangenen Daten für die Abholung bereitgelegt und dann an den Client übertragen. Die letzte Version finden Sie in RFC 1939. Aber auch hier gibt es Probleme, denn wenn Nutzer von unterschiedlichen Terminals aus E-Mail abrufen, verteilt sich die empfangene E-Mail über das Netzwerk. Das ist für eine ernsthafte Anwendung nicht tolerierbar. An dieser Stelle setzt Standard IMAP4 an und bietet zusätzliche Funktionen zur Speicherung der E-Mail an einem zentralen Ort, dem Mailserver. IMAP4 wurde in der RFC 1730 dokumentiert.

11.9.2 Den SMTP-Dienst nutzen

Es ist einfach, den SMTP-Dienst zu nutzen

Wenn Sie sich den SMTP-Server anschauen, werden Sie schnell feststellen, dass Einrichtung und Einstellmöglichkeiten so simpel sind, dass sich eine ernsthafte Verwendung eigentlich nicht anbietet. Der SMTP-Server stellt sozusagen nur ein Rückgrat für eigene Projekte im E-Mail-Bereich dar, die Basisfunktionen. Ergänzt wird der SMTP-Server durch die Collaboration Data Objects for Windows NT (CDO). Damit können Sie Maildienste in ASP oder VisualBasic nutzen. CDO sind ActiveX-Objekte und damit universell einsetzbar.

Struktur des Mailservers

Wenn der SMTP-Dienst installiert wurde, werden eine Reihe von Verzeichnissen angelegt, die praktisch der Steuerung dienen. Unterhalb des Verzeichnisses *Mailroot* finden Sie insgesamt vier Verzeichnisse, die spezielle Aufgaben haben:

- \PICKUP
  Hier werden ausgehende Nachrichten abgelegt. Findet der Dienst hier eine gültige Nachricht (eine Datei in einem bestimmten Format), wird die Datei als E-Mail versendet.

- \QUEUE
  Neue Nachrichten werden sofort gesendet. Funktioniert das nicht, beispielsweise weil der Mailserver des Empfängers zu beschäftigt war, werden die noch nicht gesendeten Nachrichten nach dem ersten Versuch hier abgelegt.

- \BADMAIL
  Wurde nach einer einstellbaren Anzahl von Versuchen die Mail nicht übertragen, legt der Mailserver die Nachricht in diesem Verzeichnis ab, um zu kennzeichnen, dass die Übertragung misslungen ist.

- \DROP
  Eingehende Nachrichten werden unter SMTP nicht weiter behandelt, der SMTP-Server legt die Nachrichten einfach in diesem Verzeichnis ab.

11.9.3 SMTP und ASP

Dieser Abschnitt zeigt, wie Sie die CDO-Objekte mit ASP nutzen können. Schwerpunkt bilden die klassischen CDONT-Objekte.

Die Collaboration Data Objects for NT

CDONT

Die Basis für die Programmierung eigener Mailprojekte bieten die Collaboration Data Objects for NT (CDONT). Die hier genutzten Objekte bilden eine Untergruppe des offiziellen Release CDO 1.2. Die Nutzung ist sowohl mit dem SMTP-Server als auch dem Exchange Server möglich. Wenn Sie den vollen Funktionsumfang des Exchange Server benötigen, beispielsweise

Kalenderfunktionen oder Diskussionen, dann reicht CDO nicht aus. Sie brauchen dann CDO 1.2, das für sich oder zusammen mit dem Exchange Server erworben werden kann. Untergebracht sind alle Objekte in der DLL CDONTS.DLL.

Wie einfach die Nutzung ist, zeigt das folgende Beispiel, mit dem eine neue Nachricht versendet werden kann:

```
SET objMail = Server.CreateObject("CDONTS.Mail")
objMail.Send ("krause@comzept.de","lektor@verlag.com",
              "Gute Nachrichten", "Buch ist fertig!")
SET objMail = Nothing
```

Die CDO-Objekte

Wenn Sie die folgenden Beispiele ausprobieren möchten, benötigen Sie die Definitionsdatei mit den verwendeten Konstanten. Beginnen Sie dazu jedes Skript mit:

```
<% @ LANGUAGE="VBScript" %>
<% Option Explicit %>
<!-- #Include file="cdovbs.inc" -->
```

Das wichtige Objekt `NewMail` wurde bereits kurz vorgestellt. Statt der direkten Übergabe aller Parameter können auch einzelne Eigenschaften gesetzt werden. Das Beispiel sieht deshalb leicht verändert folgendermaßen aus:

NewMail

```
SET objMail = Server.CreateObject("CDONTS.NewMail")
objMail.From = "krause@comzept.de"
objMail.To = "lektor@verlag.com"
objMail.Subject = "Gute Nachrichten"
objMail.Body = "Buch ist fertig!"
objMail.Send
SET objMail = Nothing
```

Der einzige Unterschied besteht in der besseren Lesbarkeit des Codes; es gibt sonst keinen Vorteil, den diese Eigenschaften bieten.

Natürlich kann man weitere Eigenschaften nutzen:

```
objMail.CC = "l2@verlag.com"
objMail.BCC = "archiv@archiv.de"
```

SMTP kennt übrigens keine Sicherheitsmerkmale. Es gibt also keine Kennwörter oder Login-Prozeduren. Jeder SMTP-Server ist verpflichtet, jede eingehende Nachricht weiterzuleiten. Der Grund liegt in der ansonsten recht unsicheren Übertragung der E-Mail. Die Nutzung jedes ermittelbaren Servers erleichtert die schnelle Verteilung. Sie können deshalb die Eigenschaft From einfach freilassen und E-Mail anonym senden.

Was ist BCC, die Blind Carbon Copy? Wenn Sie eine Nachricht versenden und zusätzlich einen oder mehrere Adressaten in diesem Feld angeben, erhalten diese Adressaten keinen Hinweis darauf, wer nicht Empfänger der Botschaft war. Das ist ideal für Massenaussendungen, so genannte Bulk-E-Mail, denn Sie können Tausende von E-Mails versenden, ohne dass die Empfänger mit den langen Adresslisten belästigt werden.

Mehrere Empfänger einer E-Mail erreichen Sie, indem Sie eine mit Semikola separierte Liste bilden:

```
objMail.To = "jkr@comzept.de;sm@comzept.de;sh@comzept.de"
```

Eine weitere Eigenschaft erlaubt das Versenden von E-Mails im HTML-Format. Die meisten modernen E-Mail-Programme, wie sie im Netscape Navigator oder Outlook Express enthalten sind, können solche Post richtig darstellen. Eine Nachricht mit HTML-Code erzeugen Sie folgendermaßen:

```
html = "<HTML><HEAD><TITLE>Gute Nachrichten!</TITLE></HEAD>"
html = html & "<BODY><P><H3>Das Buch ist fertig!!</H3><P>"
html = html & "<HR></BODY></HTML>"
SET objMail = Server.CreateObject("CDONTS.NewMail")
objMail.From = "krause@comzept.de"
objMail.To = "lektor@verlag.com"
objMail.Subject = "Gute Nachrichten"
objMail.BodyFormat = cdoBodyFormatHTML
objMail.Body = html
objMail.Send
SET objMail = Nothing
```

Zwei weitere interessante Eigenschaften sind ContentBase und ContentLocation. Damit wird eine feste Adresse für relative Pfade voreingestellt. Wenn Sie im HTML-Quelltext der E-Mail folgenden Verweis auf ein Bild eingebunden

```
html = "<IMG SRC='warnung.tif' WIDTH='100' HEIGHT='100'>"
```

und die beiden Eigenschaften die Werte

```
objMail.ContentBase = "http://www.comzept.de"
objMail.ContentLocation = "bilder\"
```

erzeugt haben, wird bei der Wiedergabe der HTML-basierten E-Mail folgender Pfad entstehen:

```
<IMG SRC='http://www.comzept.de\bilder\warnung.tif' WIDTH='100' HEIGHT='100'>
```

Unter Umständen vereinfacht sich so die Erstellung eines komplexen Textes mit vielen Hyperlinks. Ebenso einfach ist ein Dateianhang möglich:

```
objMail.AttachFile ("c:\bilder\warnung.tif", "Warnung")
```

Der Pfad ist in Bezug auf den Standort des Servers lokal. Als weiteren Parameter können Sie eine der beiden folgenden Konstanten angeben:

- cdoEncodingbase64
  Base-64-Kodierung

- cdoEncodingUUEncode
  UUENCODE-Kodierung

Die Änderung der Codierung gilt nur für das aktuelle Objekt. Sie müssen die Eigenschaft bei jedem zu ändernden Objekt erneut angeben.

Nachrichten werden normalerweise als reiner Text gesendet, »plain text« genannt. Nun besteht oft der Wunsch, komplexe Dateianhänge und multimediale Dokumente zu senden. Ursprünglich konnte E-Mail dann nur mit Hilfe der UUENCODE-Codierung alle binären Daten in das 7-Bit-ASCII-Format überführen. Mit dem oben bereits erwähnten MIME-Standard können nun Dokumente auch aus verschiedenen Dateitypen bestehen. Teilen Sie dem Mail-Objekt diesen Wunsch einfach mit:

```
objMail.MailFormat = cdoMailFormatMIME
```

Manche Mailprogramme können eine Priorität für die gesendete E-Mail anzeigen. Es muss also eine Möglichkeit geben, diese auch setzen zu können. Der folgende Text zeigt die Anwendung:

```
objMail.Importance = cdoHigh
objMail.Importance = cdoLow
```

Das SMTP-Protokoll legt nur einige wenige Informationen für eine E-Mail fest, die unbedingt zur Übertragung benötigt werden. Es besteht jedoch die Möglichkeit, weitere so genannte Header zu übertragen. Bekannt ist beispielsweise der Header »Reply-to« als Reaktion auf eine E-Mail. In diesen Fällen können Sie mit der Eigenschaft Value weitere Header erzeugen. Eine Liste üblicher Header finden Sie in der RFC 822. Die folgende Anwendung ist typisch:

```
SET objMail = Server.CreateObject("CDONTS.NewMail")
objMail.Value("Reply-To") = krause@comzept.de
objMail.Send ("krause@comzept.de","lektor@verlag.com",
              "Gute Nachrichten", "Buch ist fertig!")
SET objMail = Nothing
```

Für den praktischen Betrieb gilt es einige grundsätzliche Verhaltensweisen des Objekts NewMail zu beachten:

- Das Objekt kann nur einmal verwendet werden, das heißt, Sie können die Methode Send nur einmal aufrufen.

- Sie können die Daten der Eigenschaften nicht wieder lesen.

- Sie können einmal gesetzte Eigenschaften nicht wieder löschen.

- Es bestehen keine Zusammenhänge zwischen NewMail und den anderen Objekten der CDO-Hierarchie.

11.9.4 Die CDO-Hierarchie

Die CDO sind eine ganze Gruppe von Objekten, die aufeinander aufbauen. Die Liste besteht aus folgenden Objekten:

- Session
  Erzeugt eine neue Sitzung für einen Nutzer

- Folder
  Greift auf die Ordner eines Nutzers zu

- Messages
  Alle Nachrichten in einem Ordner (Kollektion)

- Message
  Eine Nachricht

- AdressEntry
  Der Adresseintrag der Nachricht

- Attachments
  Alle Anhänge der Nachricht (Kollektion)

- Attachment
  Ein Anhang der Nachricht

- Recipients
  Alle Empfänger (Kollektion)

- Recipient
  Ein Empfänger

Zugriff auf die Postfächer

CDONTS.Session Mit den gezeigten Objekten ist erstmals der direkte Zugriff auf die Postfächer möglich. Wenn Sie den Exchange Server verwenden, können auch die persönlichen Ordner der Nutzer verwaltet werden. Der SMTP-Server des IIS kennt nur einen Ordner für den Postausgang und einen für den Posteingang. Die Sortierung der darin enthaltenen E-Mails nach Nutzernamen wird jedoch ebenfalls durch die entsprechenden Objekte erfolgen, sodass Sie nicht zusätzliche Ordner anlegen und verwalten müssen. Um beispielsweise den Posteingang eines bestimmten Nutzers zu lesen, gehen Sie folgendermaßen vor:

```
SET objSession = Server.CreateObject("CDONTS.Session")
objSession.LogonSMTP ("Joerg Krause", "krause@comzept.de")
SET objInBox = objSession.Inbox
SET colMessages = objInbox.Messages
Response.Write objInbox.Name & " hat " & colMessages.Count
               & "Nachrichten."
```

Die Methode Messages gibt eine Kollektion zurück. Das folgende vollständige Beispielskript zeigt, wie die Nachrichten für einen bestimmten Empfänger angezeigt werden können.

```asp
<%
user = Request.Form("user")
addr = Request.Form("addr")
text = Request.Form("text")
%>
<html>
<head>
   <title>Posteingang durchsuchen<title>
</head>
<body>
<h1>Posteingang nach Suchkriterium</h1>
<form method="POST" action="mail_search.asp"
<table>
   <tr>
      <td>Nutzer:</TD>
      <td>
         <input type="text" name="user" value="<% = user %>">
      </td>
   </tr>
   <tr>
      <td>Adresse:</td>
      <td>
         <input type="text" name="addr" value="<% = addr %>">
      </td>
   </tr>
   <tr>
      <td>Suchtext:</td>
      <td>
         <input type="text" name="text" value="<% = text %>">
      </td>
   </tr>
</table>
<input type="submit" value="Suchen">
</form>
<% if user<>"" then %>
<%
  SET objSession = Server.CreateObject("CDONTS.Session")
  objSession.LogonSMTP user, addr
  SET objInBox = objSession.InBox
  IF objInbox.Messages.Count = 0 THEN
     Response.Write ("Keine Nachrichten im Postfach")
     SET objInBox = Nothing
     SET objSession = Nothing
     Response.End
  ELSE
  %>
  <p>
```

```
<table>
  <tr>
     <td>Betreff</td>
     <td>Absender</td>
     <td>Datum/Zeit</td>
  </tr>
<%
SET colMessages = objInBox.Messages
found = 0
FOR i = 1 TO colMessages.Count
   SET objMessage = colMessages(i)
   IF INSTR(objMessage.Text, text)) THEN
      found = found + 1
      %>
      <tr>
         <td><% = objMessage.Subject %></td>
         <td><% = objMessage.Sender %></td>
         <td><% = objMessage.TimeSent %></td>
      </tr>
      <%
   END IF
 NEXT
%>
</table>
<%
IF found = 0 THEN
   Response.Write("Es wurden keine Nachrichten gefunden")
 END IF
 END IF
END IF
SET objMessage = Nothing
SET colMessages = Nothing
SET objInBox = Nothing
objSession.LogOff
SET objSession = Nothing
%>
</body>
</html>
```

Listing 11.26: Anzeige eingegangener Mails (mail_search.asp)

Das Skript verwendet die vorgestellten Objekte, um die Nachrichten einer bestimmten Person anzuzeigen, die einen Suchtext enthalten.

Das Senden von Nachrichten nutzt einen ähnlichen Mechanismus. Hier ein Beispiel für die Erzeugung einer Nachricht:

```
SET objSession = Server.CreateObject("CDONTS.Session")
objSession.LogonSMTP "Joerg Krause", "krause@comzept.de"
SET objOutBox = objSession.OutBox
SET objMessage = objOutBox.Messages.Add
objMessage.Subject = "Gute Nachrichten"
objMessage.Text = "Das Buch ist heute fertig geworden!"
objMessage.Importance = cdHigh
objMessage.Attachments.Add "Kap. 10", cdoFileData, "d:\kap10.prn"
objMessage.Recipients.Add "Frank", "lektor@verlag.com", cdoTo
objMessage.Recipients.Add "Archiv", "archiv@verlag.com", cdoCC
objMessage.Send
SET objMessage = Nothing
SET objOutBox = Nothing
objSession.LogOff
SET objSession = Nothing
```

Das ist sicher nicht so einfach wie die Verwendung des Objekts NewMail, ist aber ungleich flexibler.

Das Objekt AdressEntry

Das nächste wichtige Objekt heißt AdressEntry und wurde in der beschriebenen Hierarchie unterhalb des Objekts Message geführt. Sie erzeugen dieses Objekt mit der Methode Sender:

```
SET objSenderAddress = objMessage.Sender
SenderName = objSenderAddress.Name
SenderType = objSenderAddress.Type
SenderAddress = objSenderAddress.Address
```

Die Eigenschaft Type gibt immer SMTP zurück, wenn Sie mit dem SMTP-Server unter IIS arbeiten. Mit Exchange kann auf andere Adresstypen, beispielsweise CCMAIL, X400 oder MS zugegriffen werden.

12 Praktische ASP-Programmierung

In diesem Kapitel finden Sie zwei ASP-Applikationen, die zeigen, wie bereits mit einfachen Mitteln umfangreiche Anwendungen realisiert werden können.

12.1 Intranet-Mailsystem

In diesem Abschnitt finden Sie die Darstellung eines umfangreicheren Projektes. Neben der Erläuterung der ASP-Skripte wird auch der Datenbankentwurf und die Darstellung in VID beschrieben.

12.1.1 Dienste und Funktionen

Das vorgestellte Programm dient dem Austausch von Nachrichten in einem Intranet. Jeder Nutzer, der Zugriff auf den lokalen Webserver und die Skripte hat, kann sich am System anmelden und einen Briefkasten einrichten. Folgende grundsätzliche Funktionen werden realisiert:

- Einrichten eines neuen Briefkastens
- Kennwortgesichertes Login
- Senden von Nachrichten mit Kopie (Carbon Copy)
- Abfragen der gesendeten Nachrichten
- Löschen von Nachrichten aus dem Briefkasten
- Ansehen der eingegangenen Nachrichten als Liste und im Detail

Das Mailsystem benutzt eine einfache Datenbank mit zwei Tabellen, in der alle Nachrichten und die registrierten Nutzer gespeichert werden. Zum Abrufen neuer Nachrichten müssen sich die Nutzer anmelden.

12.1.2 Struktur der Skripte

Zuerst wird die Struktur entworfen, und damit das Benutzerinterface festgelegt. Die Anwendung benutzt Frames, um die Navigation zu vereinfachen. Die Startseite enthält also die Framestruktur, die Basisseite und die Navigationsleiste. In den folgenden Abbildungen wurde jeweils die Art der Datenübergabe mittels Link als <a> oder mittels Formular als <form> gekennzeichnet, ebenso wie die Nutzung von Javascript-Funktion als »javascript:«.

Die Startdatei heißt DEFAULT.HTM, die beiden Teile des Frames TOP.ASP und BOTTOM.ASP. In BOTTOM.ASP wird das Login-Formular angezeigt. Über die Navigationsleiste können die folgenden vier Basisfunktionen direkt erreicht werden:

- Briefkasten ansehen: INBOX.ASP
- Nachricht versenden: COMPOSE.ASP
- Adressbuch einsehen: ADRESS_BOOK.ASP
- Gesendete Nachrichten: SENT.ASP

Über die Datei BOTTOM.ASP wird die Anmeldung gesteuert und zur DATEI CREATE.ASP verzweigt, die der Einrichtung eines neuen Briefkastens dient.

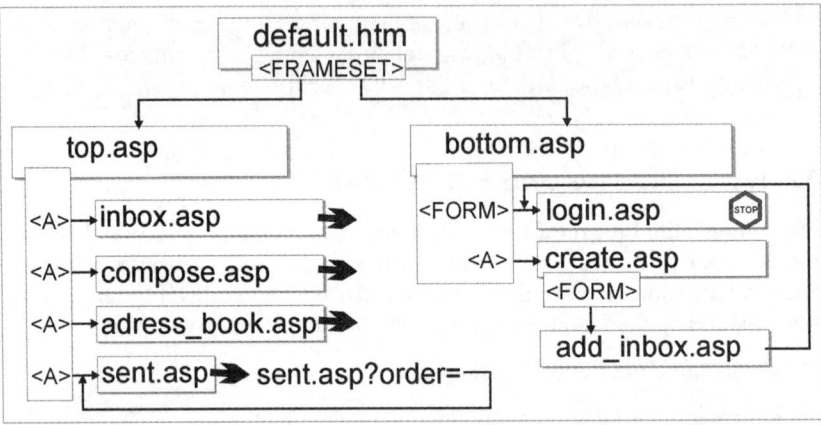

Abbildung 12.1: Die Grundstruktur und Navigation der Internet-Mailanwendung

Die Briefkastenfunktion (INBOX.ASP) ermöglicht neben der Anzeige der Nachrichtenliste zusätzlich folgende Funktionen (siehe Abbildung 12.1):

- Löschen der Nachrichten in der Liste
- Anzeigen der Nachrichteninhalte
- Antworten auf eine Nachricht

Etwas aufwändiger ist das Skript zum Absenden einer Nachricht (siehe Abbildung 12.3). Dabei besteht die Möglichkeit, die registrierten Empfänger aus einer Liste auszuwählen, wenn eine neue Nachricht an einen dieser Empfänger verfasst wird. Die Auswahlliste erscheint in einem zusätzlichen Fenster, wozu wieder JavaScript eingesetzt wird.

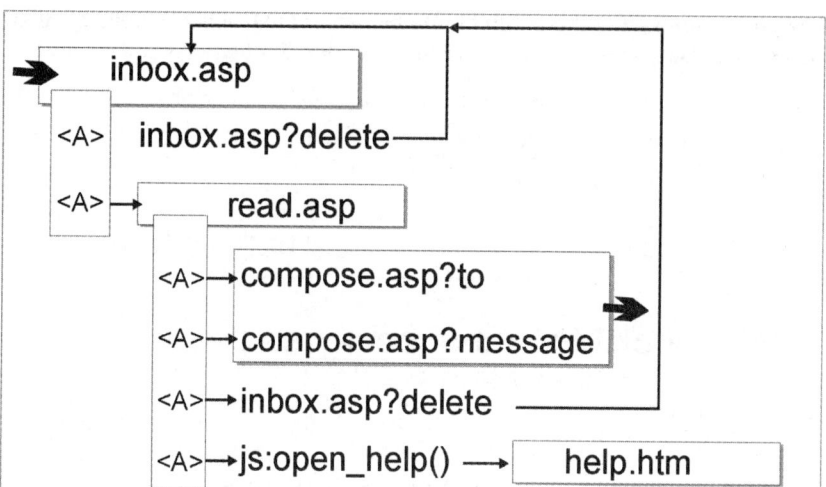

Abbildung 12.2:
Funktionen und
Dateistruktur des
Briefkastens

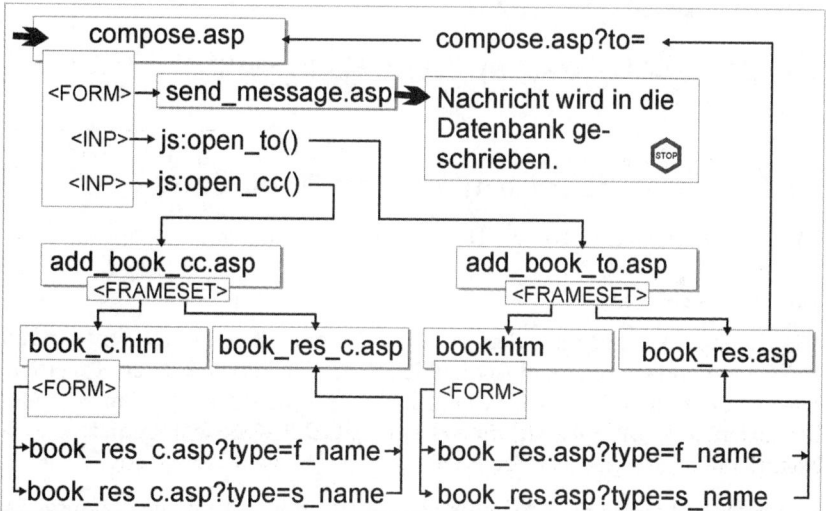

Abbildung 12.3:
Verfassen und
»Senden« einer
Nachricht mit
Auswahl der
Empfänger

Auf das Skript COMPOSE.ASP folgt neben der Auswahl der Namen aus dem Adressbuch das Skript SEND_MESSAGE.ASP, das die Nachricht dann in die Datenbank schreibt. Das Versenden von Nachrichten findet praktisch nur durch das Eintragen in die Datenbank statt.

Für Änderungen am Adressbuch steht noch das Skript ADRESS_BOOK.ASP zur Verfügung, dessen Einbindung in Abbildung 12.4 zu erkennen ist. Ein Frameset teilt das Fenster in Suchfenster, Anzeigefenster und Überschrift. Die Abtrennung der Überschrift ist hier noch nicht sinnvoll; bei einer großen Anzahl von Nutzern wird aber eine Trennung in Gruppen oder Abteilungen erforderlich sein, sodass leicht eine vorteilhafte Steuerung eingebaut werden

12 Praktische ASP-Programmierung

kann. Die Auswahl der Namen kann über eine HTML-Datei erfolgen (ADD_BOOK.HTM), da hier ein Formular zum Absenden der Daten benutzt wird.

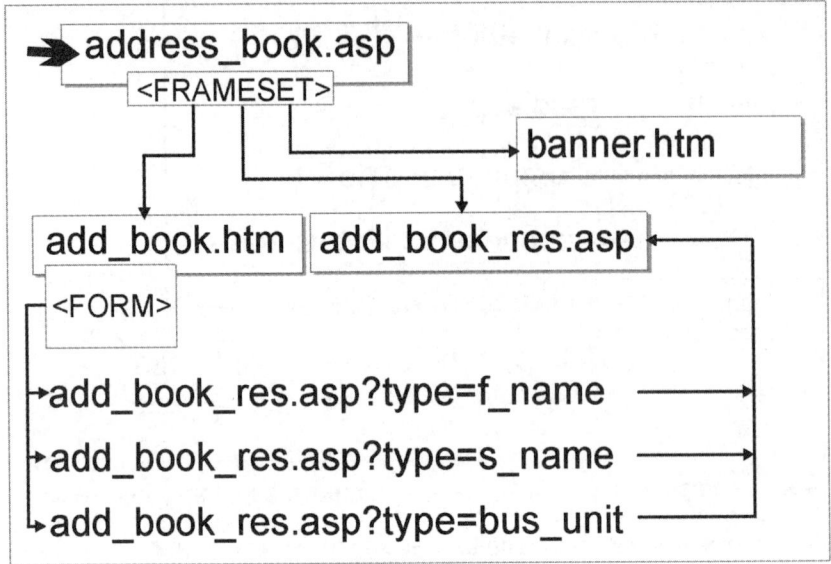

Abbildung 12.4:
Verwaltung des Adressbuchs:
Suchfunktion und Anzeigefenster

12.1.3 Datenbankstruktur und Einbindung

Dieser Abschnitt zeigt, wie die Datenbank aufgebaut ist.

Datenbankstruktur

Vorbereitung der Skripte

Die Datenbank wurde mit dem Access 2000 erstellt, kann aber ebenso mit jeder anderen Datenbank einschließlich dem SQL Server 7 erzeugt werden. Die Skripte finden Sie auf der CD. Um sie sofort benutzen zu können, muss die Datenbank (MDB-Datei) im System als ODBC-Quelle angemeldet werden.

Die Datenbank wird als Access-Quelle eingebunden. Wenn Sie die mitgelieferte Datenbank nicht benutzen möchten, erzeugen Sie eine neue mit Ihrem SQL-Server. Das ist ohnehin zur Übung zu empfehlen.

Aufbau der Tabellen

Es werden zwei Tabellen benötigt: *members* speichert die Nutzerinformationen und *message* speichert die Nachrichteninformationen. Tabelle 12.1 zeigt die Felder der Tabelle *user*, Tabelle 12.2 die Felder der Tabelle *message*.

Tab. 12.1:
Struktur der Tabelle members

Feldname	Felddatentyp (Access)
mem_id	Zahl
mem_name	Text (50)
mem_pass	Text (10)

Tab. 12.1:
Struktur der Tabelle members (Forts.)

Feldname	Felddatentyp (Access)
firstname	Text (80)
surname	Text (80)
telephone	Text (24)
department	Text (80)
unit	Text (80)
location	Text (80)
note	Text (255)

Tab. 12.2:
Struktur der Tabelle message

Feldname	Felddatentyp (Access)
mess_id	Zahl
subject	Text (255)
message	Memo
send_to	Text (50)
send_from	Text (50)
date	Datum
status	Text (1)

12.1.4 Die Datenbank einrichten

Das Einrichten und Bereitstellen der Datenbank erfolgt in zwei Schritten:

- Anlegen der Datenbank und der Tabellen
- Erzeugen einer passenden ODBC-Quelle

Anlegen der Tabellen in Access

Die Tabellenstruktur wurde bereits in Tabelle 12.1 und Tabelle 12.2 gezeigt. Wenn Sie ein anderes Datenbanksystem verwenden, müssen Sie die Felddatentypen entsprechend anpassen.

Die ODBC-Quelle einrichten

Als nächster Schritt wird die neue Datenbank im System bekannt gemacht. Prinzipiell kann man hier schon auf VID zurückgreifen; da aber nicht jeder Nutzer mit dieser Entwicklungsumgebung arbeitet, wird hier als Alternative der Weg über die Systemsteuerung beschrieben.

Datenquellen (ODBC)

Für eine Webanwendung ist eine Systemdatenquelle sinnvoll. Rufen Sie dazu in der SYSTEMSTEUERUNG | VERWALTUNG das Symbol Datenquellen (ODBC) durch Doppelklick auf. Wählen Sie das Register SYSTEM-DSN und

12 Praktische ASP-Programmierung

dort den Schalter HINZUFÜGEN. Wählen Sie aus der Liste den ODBC-Treiber, der für die verwendete Datenbank zur Verfügung steht (siehe Abbildung 12.5). Es sind hier neben den systemeigenen auch die Treiber verfügbar, die von der installierten Datenbank mitgebracht wurden.

Abbildung 12.5:
Auswahl des richtigen ODBC-Treibers

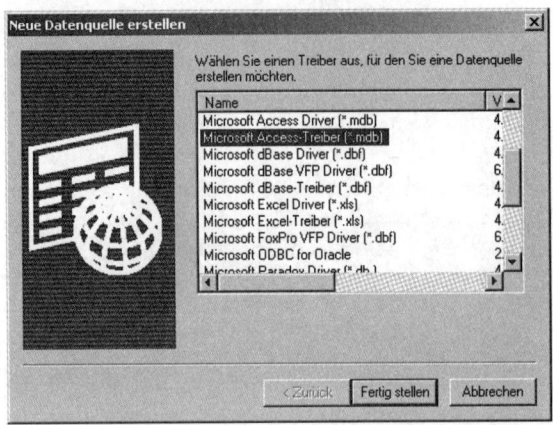

Nach der Auswahl klicken Sie auf FERTIG STELLEN. Sie gelangen nun in das Dialogfeld zur Konfiguration der Datenquelle (siehe Abbildung 12.6). Hier wird der Datenquelle ein Name vergeben (*message*) und die MDB-Datei ausgewählt. Wenn Sie eine Fehlermeldung bei der Auswahl erhalten, haben Sie vergessen, Access zu schließen.

Abbildung 12.6:
Konfiguration der Access-Datenquelle

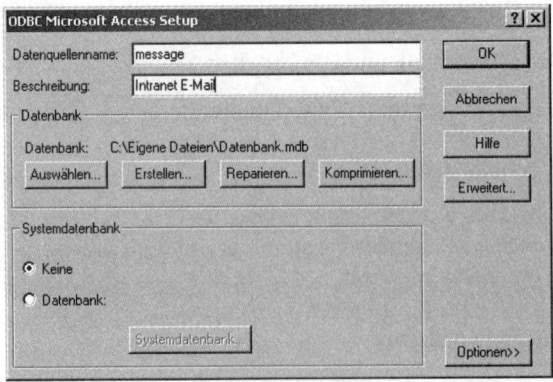

Damit ist die ODBC-Datenbankquelle schon zur Arbeit bereit und kann nun von jedem ASP-Skript angesprochen werden. Im folgenden Abschnitt wird die Einrichtung des Projekts unter VID vorgestellt und die Arbeit mit der Datenbank gezeigt.

12.1.5 Das Projekt in Visual InterDev 6.0

Dieser Abschnitt zeigt, wie Sie das Projekt in Visual InterDev anlegen und verwalten.

Das Projekt anlegen

Mit VID 6.0 steht eine leistungsstarke Entwicklungsumgebung zur Verfügung. Projekte in dem hier vorgestellten Umfang sollten Sie nicht mehr mit einem einfachen Editor entwickeln. Am einfachsten ist es natürlich, wenn Sie die Skripte von der Begleit-CD kopieren. Beim Abtippen entstehen zu viele Fehler, die das Verständnis für die Funktionsweise eher erschweren. Alle folgenden Ausführungen setzen deshalb eine bestimmte Verzeichnisstruktur als gegeben voraus. Legen Sie zuerst unterhalb des Rootverzeichnisses des Webservers ein Unterverzeichnis mit dem Namen MESSAGECENTER an. Sie können auf dieses Verzeichnis über den Browser mit der folgenden Adresse zugreifen:

▶ http://localhost/messagecenter

Wenn ein Entwicklungssystem benutzt wird, ist die Entwicklung in einem speziellen »lokalen« Verzeichnis, das VID anlegt, nicht sinnvoll. Starten Sie ein neues Projekt also gleich so, dass VID im Arbeitsverzeichnis seine Dateien anlegt. Es ist effektiver, als immer wieder zwei Verzeichnisse auf ein und derselben Festplatte miteinander synchronisieren zu müssen. Wählen Sie das Verzeichnis aus, und legen Sie dort das neue Projekt an. Abbildung 12.7 zeigt die richtige Pfadangabe bei der Erzeugung des Projekts mit DATEI | NEUES PROJEKT...

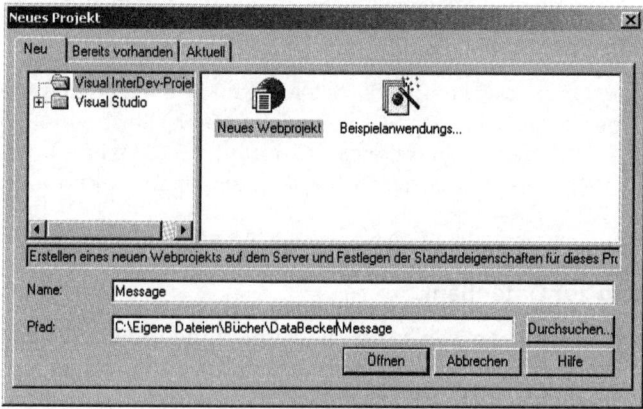

Abbildung 12.7:
Das neue Projekt wird direkt im Rootverzeichnis des Webservers erzeugt

Der folgende Assistent führt Sie durch das Anlegen eines neuen Projekts. Zuerst wird der Computer angegeben, auf dem der Webserver läuft. Auf der Entwicklungsstation ist dies der Name des Computers. Sie können außerdem zwischen MASTER MODE und LOCAL MODE wählen. MASTER MODE arbeitet auf der Zielmaschine, LOCAL MODE legt eine lokale Kopie des neuen Webs an und arbeitet dort. Da die Zielmaschine praktisch das Entwicklungssystem ist, wird hier MASTER MODE gewählt. Auch wenn Sie die Skripte im lokalen Netz entwickeln, ist der MASTER MODE die bessere Wahl. Wenn Ihr Zielsystem dagegen über das Internet verbunden wird, sollten Sie LOCAL MODE wählen.

Vor dem nächsten Schritt stellt VID den Kontakt mit dem Webserver her. Voraussetzung sind installierte Frontpage 2000/2002-Erweiterungen und ein laufender IIS. Die Frontpage-Erweiterungen werden bei der InterDev-Installation oder der IIS-Installation angeboten. Wenn Sie sie nicht installiert haben, müssen Sie das jetzt nachholen.

War die Anmeldung erfolgreich, zeigt der Assistent Schritt 2. Dieser Vorgang kann einige Sekunden oder Minuten dauern. VID legt umfangreiche interne Verzeichnisse an, die zur Steuerung der eigenen Funktionen dienen. Auf langsamen Computern ist da etwas Geduld nötig – als langsam gilt alles unter 350 MHz. Wählen Sie in Schritt 2 die Optionsschaltfläche NEUE WEB-ANWENDUNG ERSTELLEN und geben Sie als Namen der Applikation *Message-Center* ein. Der Name ist vom Namen des Projekts unabhängig, kann aber genauso lauten.

Die beiden folgenden Schritte 3 und 4 ermöglichen die Auswahl eines Layouts, also der Navigationsinstrumente und grafische Komponenten. Die Auswahl erfolgt zu einem so genannten Thema, wobei diese Bezeichnung nur selten etwas mit dem Erscheinungsbild zu tun hat. Für ein neues Projekt ist das nicht unbedingt zu empfehlen. Zum einen ist das fertige Web auf die Frontpage-Erweiterungen angewiesen, zum anderen sind die Grafiken im Web schon relativ bekannt und leicht als »Frontpage-Design« auszumachen. Wählen Sie für dieses Projekt in beiden Listen KEIN, und schließen Sie den Dialog mit FERTIG STELLEN ab. Hier ist wieder etwas Geduld angesagt.

Achten Sie darauf, das Frontpage-Web nicht im Rootverzeichnis des Webservers anzulegen. Frontpage-Webs können nicht verschachtelt werden, sodass Sie sich jeden Weg abschneiden, dort mehrere Webs zu verwalten. Legen Sie Webs immer nur in Unterverzeichnissen zu »wwwroot« an, das heißt parallel zueinander.

Verbindung zur Datenbank

Ist das Web eingerichtet, stellen Sie die Verbindung mit der Datenbank her. Dazu klicken Sie mit der rechten Maustaste im Projekt-Explorer auf das Projekt. Im Kontextmenü wählen Sie DATENVERBINDUNG HINZUFÜGEN... Der folgende Dialog bietet die Auswahl einer Datei- oder System-DSN an. Ist der ODBC-Treiber korrekt installiert, sollte die Datenbank in der Liste stehen und muss nur ausgewählt werden. Anschließend wird die Verbindung erzeugt. Abbildung 12.8 zeigt das korrekte Dialogfeld.

Intranet-Mailsystem

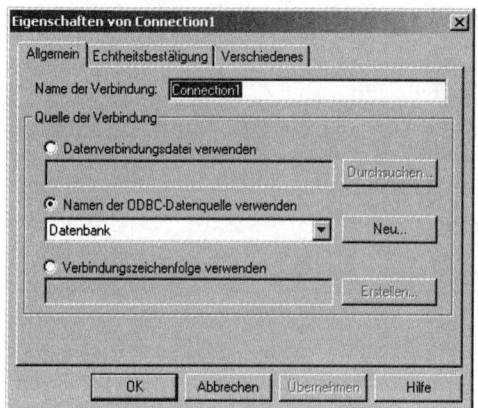

Abbildung 12.8:
VID stellt die
Verbindung zur
Datenbank her

Sie können den Namen auf CONNECTION1 lassen. Weil hier nur eine Verbindung nötig ist, ist eine Umbenennung nicht besonders sinnvoll.

> Wenn die Verbindung fehlschlägt, arbeitet möglicherweise der Treiber nicht. Wenn Sie statt Access den SQL Server verwenden, kontrollieren Sie im Dienstemanager, ob der Dienst *MSSQL Server* gestartet ist.

Nach der korrekten Verbindung steht in VID die Datenansicht (Data View) zur Verfügung.

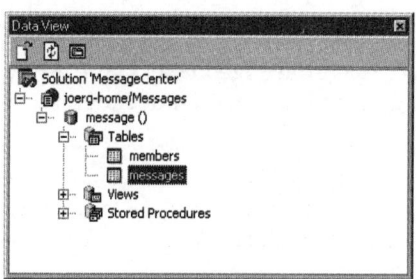

Abbildung 12.9:
Die Datenansicht in
Visual InterDev 6.0

In der Datenansicht (siehe Abbildung 12.9) finden Sie die Datenbank und die Tabellen wieder, die mit dem SQL-Server angelegt wurden. Mit einem Doppelklick auf die Tabellennamen wird eine direkte Verbindung mit der Access-Datenbank hergestellt. Jetzt können Sie zu Testzwecken Daten eingeben oder sich die von Ihren Skripten erzeugten Daten ansehen. In der Regel kann man damit auf die Nutzung des umständlichen Abfragefensters in Access verzichten, denn alle Funktionen sind auch in VID verfügbar.

12.1.6 Die Skripte im Detail

Die einzelnen Skripte werden nun im Detail vorgestellt. Die Beschreibung beschränkt sich auf Funktionen, die nicht offensichtlich trivial sind, und erklärt vor allem die Datenbankzugriffe und das Zusammenspiel der einzelne Skripte.

Bildschirmstruktur

Die Ausgangsbasis für die Darstellung auf dem Bildschirm bildet ein einfaches Frameset:

```
<html>
<head>
<title>Nachrichtendienst</title>
</head>
<frameset frameborder="0" rows="90,*">
   <frame name="top" scrolling="no" noresize target="main"
         src="top.asp">
   <frame name="bottom" scrolling="auto" noresize
         src="bottom.asp" >
   <noframes>
   </noframes>
</frameset>
</html>
```

Listing 12.1: Definition des Framesets (default.htm)

Die Steuerung erfolgt vom oberen Teil aus. Dort wird das Skript TOP.ASP gestartet, unten erscheinen die Ergebnisse. Die Aufrufe sind sehr einfach. Als Ziel für die gestarteten Skripte wird immer der untere Teil des Framesets benutzt.

```
<html><head>
<title>Nachrichtensystem</title>
<base target="bottom">
<script>
<!--
Hier steht ein bißchen JavaScript zur Bildsteuerung!
// -->
</script>
</head>
<body bgcolor="#FFFFFF" text="#000080" link="#000080" vlink="#000080">
<table width=100% border=0 cellpadding=0 cellspacing=0 align="center">
<tr>
<td align="center" valign="bottom" width="25%">
<a href="inbox.asp">
    <img name="image1" src="images/inbox_on.gif" alt="Inbox"><br>
    <font face="Verdana, Arial, Helvetica" size="2">Inbox
```

Intranet-Mailsystem

```
        </a></td>
        <td align="center" valign="bottom" width="25%">
        <a href="compose.asp">
           <img name="image2" src="images/compose_on.gif" alt="Compose">
           <br><font face="Verdana, Arial, Helvetica" size="2">
           Neue Nachricht
        </a></td>
        <td align="center" valign="bottom" width="25%">
        <a href="address_book.asp">
           <img name="image3" src="images/address_on.gif" alt="Adressen">
           <br><font face="Verdana, Arial, Helvetica" size="2">
           Addre&szlig;buch</a></td>
        <td align="center" valign="bottom" width="25%">
        <a href="sent.asp">
           <img name="image4" src="images/sent_on.gif" alt="Sent Items">
           <br><font face="Verdana, Arial, Helvetica" size="2">
           Gesendete Nachrichtem
        </a></td>
        </tr>
        </table>
        </body>
        </html>
```

Listing 12.2: Die Navigation (top.asp)

Das Skript BOTTOM.ASP ermöglicht sowohl die Anmeldung als auch den Sprung zur Erzeugung eines neuen Briefkastens.

```
<html>
<head>
<title>Nachrichtensystem</title>
</head>
<body bgcolor="#FFFFFF" text="#000080" link="#800080">
<p align="center">
<font size="5">Nachrichtensystem</font></p>
<table border="0" width="70%" cellpadding="0">
  <tr>
     <td><font size="2">Willkommen in unserem Nachrichtensystem. Wenn
Sie schon einen Briefkasten haben, dann melden Sie sich jetzt an.</
font>
     </td>
  </tr>
</table>
<p align="center">
<a href="create.asp">
   <font size="3">Briefkasten erzeugen</font>
</a>
</p>
```

```
<table border="1" width="60%" cellspacing="0">
  <tr>
    <td width="100%" bgcolor="#COCOCO">
      <form method="POST" action="login.asp">
        <font size="2"><p>Login Name<br>
        <input type="text" name="login" size="20"><br>
        Kennwort<br>
        <input type="password" name="password" size="20"></p>
        <p>
        <input type="submit" value="Submit" name="B1">
        <input type="reset" value="Reset" name="B2"></p>
        </font>
      </form>
    </td>
  </tr>
</table>
</center></div>
</body>
</html>
```

Listing 12.3: *Anmeldung am System (bottom.asp)*

Anmelden und Briefkasten erzeugen

Das Skript LOGIN.ASP umfasst die Anmeldung eines Nutzers, damit er Zugriff auf seinen Briefkasten erhält:

```
<%@ LANGUAGE="VBSCRIPT" %>
<%
set my_conn= Server.CreateObject("ADODB.Connection")
my_Conn.Open "message"
```

Die Übernahme der Daten erfolgt von der Datei BOTTOM.ASP. Zur Verbindung der Seiten werden hier Cookies in Form von Session-Variablen eingesetzt:

```
param = Request.Form("login")
param_p = Request.Form("password")
Success = "Yes"
Session("uname") = param
```

Der erste Schritt umfasst die Kontrolle des Nutzernamens. Wird kein Datensatz gefunden, ist das Datensatzobjekt *RS* leer und die Anmeldung war nicht erfolgreich (Success="No"). Ansonsten wird die Anmeldung als erfolgreich vermerkt (Success="Yes").

```
query = "select * from user where mem_name = '" & param  & "' and mem_
Password = '" & param_P & "'"
set RS=my_conn.Execute (query)
   If RS.EOF And RS.BOF Then
      Success = "No"
```

```
    Else
        Session("logged") = "true"
        Success="Yes"
End If
RS.Close
set RS=Nothing
%>
```

Die soeben erzeugte Session-Variable *Success* wird gleich benutzt, um den Nutzer über das Ergebnis der Abfrage zu informieren:

```
<HTML>
<HEAD>
<TITLE>Login</TITLE>
</HEAD>
<body bgcolor="#FFFFFF" text="#000080" link="#800080">
<% If Success = "Yes" then %>
<table border="0" width="70%" cellpadding="0" align="center">
  <tr>
    <td><font size="3">
    <p align="center">
    Die Anmeldung war erfolgreich!</p>
    <p><font size="2">
    Sie können jetzt aus der Funktionsleiste oben auswählen!
    </font>
    </td>
  </tr>
</table>
<% Else %>
<table border="0" width="70%" cellpadding="0" align="center">
  <tr>
    <td><font size="3">
      <p align="center">
      Leider konnten Sie nicht erkannt werden!</p>
      <p>Klicken Sie auf den Zurück-Schalter, und versuchen Sie es
erneut</td>
  </tr>
</table>
<% End If %>
</BODY>
</HTML>
```

Listing 12.4: Reaktion auf Anmeldung (login.asp)

Statt einer einfachen Anmeldung muss es natürlich auch eine Möglichkeit geben, einen neuen Briefkasten zu erzeugen. Von Sicherheitsmaßnahmen abgesehen, die hier noch nicht implementiert wurden, ist das Anlegen recht einfach. Das folgende Formular ruft seinerseits das Skript ADD_INBOX.ASP auf, das nachfolgend gezeigt wird und den Eintrag in der Datenbank erzeugt.

```
<html>
<head>
<title>Create Inbox</title>
</head>
<body bgcolor="#FFFFFF" text="#000080" link="#000080">
<table width="70%" border="0" align="center">
<tr><td>
<form method="POST" action="add_inbox.asp">
  <p><font size="4">Neuen Briefkasten erzeugen</font></p>
  <p><font size="2">
  Füllen Sie das Formular vollständig aus. Der Mitgliedsname
  ist zugleich der Loginname und Name des Briefkastens, unter
  dem Ihnen andere Personen Post senden können.
  </font></p>
  <p><font size="2">Mitgliedsname (Briefkasten):<br>
  <input type="text" name="mem_name" size="28"><br>
  Vorname:<br>
  <input type="text" name="first_n" size="28"><br>
  Nachname:<br>
  <input type="text" name="s_name" size="28"><br>
  Telefon :<br>
  <input type="text" name="tele" size="28"><br>
  Abteilung :<br>
  <input type="text" name="bus" size="28"><br>
  Filiale :<br>
  <input type="text" name="dep" size="28"><br>
  Ort :<br>
  <input type="text" name="loc" size="28"><br>
  Kennwort :<br>
  <input type="password" name="pword" size="28"><br>
  Bestätigung Kennwort:<br>
  <input type="password" name="pword1" size="28"></font></p>
  <p>
  <input type="submit" value="Submit" name="B1">
  <input type="reset" value="Reset" name="B2">
  </p>
  </center></div>
</form>
</td></tr>
</table>
</body>
</html>
```

Listing 12.5: Erzeugen einer neuen Mail (create.asp)

Mit den Daten aus dem Formular ist es möglich, in der Datenbank einen neuen Eintrag anzulegen. Im ersten Abschnitt werden die Feldinhalte den entsprechenden Variablen zugewiesen.

```
<%
Not_There = "No"
ierror = 0
pword_Error = 0
imname = Request.Form("mem_name")
ifname = Request.Form("first_n")
isname = Request.Form("s_name")
itel = Request.Form("tele")
idir = Request.Form("dir")
ibus = Request.Form("bus")
idep = Request.Form("dep")
iloc = Request.Form("loc")
ipword = Request.Form("pword")
ipword1 = Request.Form("pword1")
Success = "Yes"
```

Ein Fehler wird erzeugt, wenn eines der Felder nicht ausgefüllt wurde.

```
if imname = "" then ierror = 1
if ifname = "" then ierror = 1
if isname = "" then ierror = 1
if itel = "" then ierror = 1
if idir = "" then ierror = 1
if ibus = "" then ierror = 1
if idep = "" then ierror = 1
if iloc = "" then ierror = 1
if imname = "" then ierror = 1
if ipword ="" then
  pword_error = 1
  ierror = 1
End If
if ipword <> ipword1 then
  pword_error = 2
  ierror = 1
End If
```

Sind alle Eingaben in Ordnung, wird die Seite aufgebaut und die Datenbank abgefragt:

```
If ierror = 0 then
%>
<HTML>
<HEAD>
<TITLE>Briefkasten erzeugen</TITLE>
</HEAD>
<body bgcolor="#FFFFFF" text="#000080" link="#000080">
```

```
<table width="80%" border="0" align="center">
<tr><td>
```

Die eigentliche Arbeit erledigen zwei SQL-Kommandos. Mit dem SELECT-Kommando wird festgestellt, ob der Name schon vergeben ist:

```
<%
set my_conn= Server.CreateObject("ADODB.Connection")
my_Conn.Open "message"
query = "Select mem_name from user where mem_name = '"
        & imname & "'"
set RS=my_conn.Execute (query)
```

Ist das nicht der Fall (RS.EOF und RS.BOF sind beide TRUE), wird der neue Briefkasten mit INSERT angelegt.

```
If RS.BOF and RS.EOF Then
    query2 = "INSERT INTO  user (Mem_Name, Mem_password, f_name,"
    query = query & "s_name,ext,direct,bus_name,location,dept)"
    query = query & " VALUES ('" & imname & "', '" & ipword
    query = query & "', '" & ifname & "', '" & isname & "', '"
    query = query & itel & "', '" & idir & "', '" & ibus & "', '"
    query = query & iloc & "', '" & idep & "')"
    set RS=my_conn.Execute (query)
%>
<font size="2"><P>
Ihr Briefkasten wurde erfolgreich erzeugt, Sie können sich jetzt
anmelden:</p>
<table border="1" width="60%" cellspacing="0" align="center">
  <tr>
    <td width="100%" bgcolor="#C0C0C0">
    <form method="POST" action="login.asp">
        <font size="2"><p>Login Name<br>
        <input type="text" name="login" size="20"><br>
        Kennwort<br>
        <input type="password" name="password" size="20"></p>
        <p>
        <input type="submit" value="Absenden" name="B1">
        <input type="reset" value="Reset" name="B2"></p>
        </font>
    </form>
    </td>
  </tr>
</table>
```

Dieser Zweig identifiziert die Anfrage des Mitgliedsnamens an die Datenbank; wurde der Name bereits gefunden, erfolgt eine entsprechende Information:

```
<% Else %>
<P><font size="3" color="#ff0000">
Der gewählte Name existiert bereits, bitte wählen Sie einen anderen
Namen.</font></p>
<%
Success= "no"
End IF
%>
```

In diesem Zweig wird ein Fehler bei der Eingabe ausgewertet:

```
<% Else %>
<font size="3" color="#ff0000">
<p align="center">Fehlerhafte Eingabe!</p>
<P align="center"><font size="2">
Alle Felder müssen ausgefüllt werden!
</p>
<% if pword_error = 2 then %>
<P>Das Kennwort wurde fehlerhaft eingegeben.</p>
<P align="center"></font><font size="2">
Klicken Sie auf den Zurück-Schalter</p>
<% End If %>
</td></tr>
</table>
</BODY>
</HTML>
```

Listing 12.6: Neues Postfach hinzufügen (add_inbox.asp in mehreren Teilen)

Alle folgenden Funktionen sind für den normalen »Postverkehr« gedacht und werden nun vorgestellt.

Briefkasten ansehen

Neu eingegangene Nachrichten werden im Skript INBOX.ASP verarbeitet. Wenn der Nutzer sich noch nicht angemeldet hat, wird sofort auf die Startseite verwiesen:

```
<%
if Session("logged") <> "true" then
   Response.Redirect "bottom.asp"
%>
```

Angemeldete Nutzer dürfen auf die Datenbank zugreifen. Die Darstellung der Nachrichten kann sortiert erfolgen. Das zuletzt gewählte Sortiermerkmal wird zuerst ermittelt. Dieses Skript ruft sich für die erneute Darstellung selbst auf, das Feld *order* wird am Ende des Skripts vergeben.

```
<%
set my_conn= Server.CreateObject("ADODB.Connection")
my_Conn.Open "message"
```

12 Praktische ASP-Programmierung

```
If Request.QueryString("order") = "" then
    o_by = "date"
Else
    o_by = Request.QueryString("order")
End If
%>
```

Auch das Löschen der Nachrichten wird über Befehle am Ende des Skripts gesteuert. Das Feld *delete* enthält die ID-Nummer der Nachricht aus der Datenbank und kann deshalb hier direkt im DELETE-Kommando verarbeitet werden.

```
<%
If Request.QueryString("delete") <> "" then
query = "DELETE mes_id FROM message WHERE mess_id = "
query = query & Request.QueryString("delete")
set RS = my_conn.Execute (delete_sqry)
End If
%>
```

Die folgenden beiden Abfragen zählen die Anzahl der Nachrichten insgesamt und die Anzahl der noch nicht gelesenen Nachrichten:

```
<%
query = "SELECT COUNT(*) AS t_Count FROM message WHERE to = '"
query = query & Session("uname") & "'"
set numin=my_conn.Execute (query)
query = "Select count(*) as n_count From message where to = '"
query = query & Session("uname") &"' and status = 'n'"
set numin_n=my_conn.Execute (query)
inbox = numin("t_count")
inbox_n = numin_n("n_count")
numin_n.close
set numin_n = nothing
numin.close
set numin = nothing
%>
```

Im HTML-Teil wird eine Tabelle aufgebaut, in der die Spaltenüberschriften Hyperlinks auf das Skript selbst bilden, die um die entsprechenden Parameter zum Sortieren der Liste ergänzt wurden.

```
<HTML>
<HEAD>
<TITLE>Posteingang</TITLE>
</HEAD>
<body bgcolor="#FFFFFF" text="#000080" link="#000080" vlink="#000080">
<P><font size="4">Posteingang</font></p>
<font size="2"><strong>
<% = inbox %> Nachrichten, davon <% = inbox_n %> Neue.</strong>
```

Intranet-Mailsystem

```
<table width="100%" border="1" cellspacing="0" cellpadding="1">
 <tr bgcolor="#dddddd">
  <td width="25%" align="left"><font size="2"><strong>
     <a href="inbox.asp?order=From_u">Von?</a>
     <font size="2" color="red">
     Zum Lesen Nachricht anklicken.
     </font>
  </td>
  <td width="50%" align="left"><font size="2"><strong>
     <a href="inbox.asp?order=subject">Betreff</a>
  </td>
  <td width="20%" align="left"><font size="2"><strong>
     <a href="inbox.asp?order=date">Empfangen am</a></td>
  <td width="5%" align="left">
     <font size="2"><strong>Löschen</strong>
  </td>
 </tr>
```

Die eigentlichen Zeilen der Tabelle werden mit einem globalen SELECT-Kommando ermittelt und dann dargestellt.

```
<%
query = "SELECT * FROM message WHERE to = '" & Session("uname")
query = query & "' order by " & o_by
set RS = my_conn.Execute (query)
%>
```

Die Ausnahme »Keine Nachrichten vorhanden« wird gesondert behandelt:

```
<% If RS.EOF and RS.BOF then %>
<tr><td colspan="4" align="left"><font size="2">
Keine Nachrichten vorhanden.</td></tr>
```

Ansonsten werden alle Datensätze ausgegeben, neue Nachrichten werden fett geschrieben. Dieser Parameter wird in der Variablen *strong* untergebracht:

```
<% Else %>
Do Until RS.EOF
   If RS("status") = "n" then
      strong = "<strong>"
   Else
      strong = ""
   End If
%>
   <tr>
      <td width="25%" align="left"><font size="2">
         <a href="read.asp?item=<%= RS("mes_id")%>">
         <% = strong & RS("from_u") %>
         </a>
```

883

```
        </td>
        <td width="50%" align="left"><font size="2">
           <% = strong & RS("subject") %>
        </td>
        <td width="20%" align="left"><font size="2">
           <% = strong & RS("date") %></td>
        <td width="20%" align="center"><font size="1">
           <a href="inbox.asp?delete=<% = RS("mes_id") %>">
           Löschen
           </a>
        </td>
   </tr>
   <%
   RS.MoveNext
Loop
End If
RS.close
Set RS = nothing
%>
</table>
</BODY>
</HTML>
```

Listing 12.7: Posteingang (inbox.asp in mehreren Teilen)

Im folgenden Skript READ.ASP wird die eigentliche Nachricht angezeigt.

```
<%
if Session("logged") <> "true" then
    Response.Redirect "bottom.asp"
ok = "true"
%>
<%
set my_conn= Server.CreateObject("ADODB.Connection")
my_Conn.Open "message"
query = "Select * From message where to = '" & Session("uname")
query = query & "' and mes_id = " & Request.QueryString("item")
set RS=my_conn.Execute (query)
If RS.BOF and RS.EOF then ok = "false"
```

Die Daten müssen für die Anzeige HTML-gerecht aufbereitet werden. Eine Replace-Funktion ersetzt die Zeilenumbrüche durch das Tag <br>.

```
mess_string = Replace("" & RS("mess"), chr(13) & chr(10), "<br>")
%>
```

Der HTML-Teil enthält keine Besonderheiten. Hervorzuheben ist lediglich das Hilfefenster, das hier mit JavaScript-Unterstützung eingeblendet wird:

```
<HTML>
<HEAD>
<TITLE>Nachrichten lesen</TITLE>
<script language="javascript">
<!--
function open_help() {
  wshelp = window.open ('help.htm','popup_
help','height=400,width=400,scrollbars')
  }
//-->
</script>
</HEAD>
<body bgcolor="#FFFFFF" text="#000080" link="#000080" vlink="#000080">
<% If ok = "true" then %>
<table border="0" width="400" align="center">
  <tr>
    <td valign="bottom">
      <img src="images/message.gif" width="226" height="35"
        alt="Read Message" border="0"></td>
    <td valign="bottom">
```

Die Betreffzeile ist als Hyperlink ausgebildet und führt direkt zur Absendung einer Nachricht. So kann jede gelesene Post sofort beantwortet werden, der Absender steht automatisch im Adressfeld:

```
<a href="compose.asp?to=<% = RS("from_u") %>
    &subject=<% = Server.URLEncode(RS("subject")) %>">
<img src="images/reply.gif" width="78"
height="35" alt="Reply" border="0"></a></td>
<td valign="bottom">
```

Im nächsten Teil des Skripts erfolgt die Weiterleitung einer Nachricht, mit Wiederholung des Nachrichtentexts und ohne Vorgabe des Empfängers:

```
<a href="compose.asp
    ?message=<% = Server.URLEncode(RS("mess")) %>
    &subject=<% = Server.URLEncode(RS("subject")) %>">
<img src="images/forward.gif" width="95"
height="35" alt="Forward" border="0">
</a></td>
<td valign="bottom">
```

Jede gelesene Nachricht kann sofort gelöscht werden. Hier wird wieder auf das Skript INBOX.ASP umgeleitet und die aktuelle Liste der Nachrichten angezeigt.

```
<a href="inbox.asp?delete=<% = RS("mes_id") %>">
<img src="images/delete.gif" width="38"
height="35" alt="Delete" border="0">
</a></td>
```

```
      <td>
      <a href="javascript:open_help()">
      <img src="images/help.gif" width="35" height="35" alt="Help"
      border="0">
      </a></td>
   </tr>
</table>
```

Darunter folgt eine weitere Tabelle, die die eigentliche Nachricht komplett anzeigt:

```
<table border="0" width="470" cellspacing="0" cellpadding="3"
align="center">
  <tr>
    <td width="1%" bgcolor="#C6C6C6"> </td>
    <td width="21%" bgcolor="#C6C6C6"><font size="2">
    Absender:</td>
    <td width="77%" bgcolor="#C6C6C6"><font size="2">
      <% = RS("from_u") %></td>
    <td width="1%" bgcolor="#C6C6C6"> </td>
  </tr>
  <tr>
    <td width="1%" bgcolor="#C6C6C6"> </td>
    <td width="21%" bgcolor="#C6C6C6"><font size="2">
    Betreff :</td>
    <td width="77%" bgcolor="#C6C6C6"><font size="2">
      <% = RS("subject") %> </td>
    <td width="1%" bgcolor="#C6C6C6"> </td>
  </tr>
    <tr>
    <td width="1%" bgcolor="#C6C6C6"> </td>
    <td width="21%" bgcolor="#C6C6C6"><font size="2">
    Empfangen am:</td>
    <td width="77%" bgcolor="#C6C6C6"><font size="2">
      <% = RS("date") %></td>
    <td width="1%" bgcolor="#C6C6C6"> </td>
  </tr>
  <tr>
    <td width="1%" bgcolor="#C6C6C6"> </td>
    <td width="98%" colspan="2"><font size="2">
      <% = mess_string %></td>
    <td width="1%" bgcolor="#C6C6C6"> </td>
  </tr>
  <tr>
    <td width="1%" bgcolor="#C6C6C6"> </td>
    <td width="98%" colspan="2" bgcolor="#C6C6C6"> </td>
    <td width="1%" bgcolor="#C6C6C6"> </td>
```

Intranet-Mailsystem

```
        </tr>
</table>
```

Wenn eine Nachricht gelesen wurde – das ist an dieser Stelle des Skripts passiert – muss diese Information noch in die Datenbank geschrieben werden. Hier wird das UPDATE-Kommando eingesetzt:

```
<%
query = "Update Message set status = 'r' where mes_id = "
query = query & Request.QueryString("item")
set RS=my_conn.Execute (query)
%>
<% Else %>
Es ist ein FEHLER aufgetreten.
<% End If %>
</BODY>
</HTML>
```

Listing 12.8: Lesen einer Nachricht (read.asp in mehreren Teilen)

Nachrichten versenden

Das nächste Skript dient dem Versenden der Nachrichten. Der Ablauf wird hier ein bisschen komplizierter. Denn für das Versenden muss der Nutzer auch Zugriff auf das Adressbuch haben, also wissen, wie die anderen Benutzer heißen. Dazu wird eine Liste der Adressen in einem gesonderten Fenster angezeigt. Die Steuerung erfolgt über einige JavaScript-Funktionen, die im ersten Teil vorgestellt werden:

```
<%
if Session("logged") <> "true" then Response.Redirect "bottom.asp"
%>
<html>
<head><title>Nachricht versenden</title></head>
<body>
<script language="javascript">
<!--
function open_help()
{
  wshelp = window.open ('help.htm','popup_help',
                        'height=400,width=400,scrollbars')
}
function open_to()
{
  wsto = window.open ('add_book_to.asp','popup_help',
                      'height=400,width=400,scrollbars')
}
function open_cc()
{
```

```
        wscc = window.open ('add_book_cc.asp','popup_help',
                   'height=400,width=400,scrollbars')
}
//-->
</script>
</HEAD>
<body bgcolor="#FFFFFF" text="#000080" link="#000080" vlink="#000080">
```

Ist die Nachricht komplett, wird das eigentliche Versenden mit dem Skript SEND_MESSAGE.ASP vorgenommen.

```
<form action="send_message.asp" method="post" name="compose">
<table border="0" width="450" align="center">
  <tr>
    <td width="100%" colspan="4">
    <img src="images/message.gif" width="226" height="35">
    </td>
  </tr>
```

Mit den folgenden Schaltern werden die Zusatzfenster angesteuert, aus denen der Nutzer via Mausklick auswählen kann. Zuerst erfolgt die Auswahl der Zieladresse:

```
  <tr>
    <td width="1%" bgcolor="#C6C6C6"> </td>
    <td width="21%" bgcolor="#C6C6C6">
    <input type="button" name="to_lookup" value="An...."
           onclick="open_to()">
    </td>
    <td width="77%" bgcolor="#C6C6C6">
    <input type="text" name="to" size="30"
           value="<% = Request.QueryString("to") %>">
    </td>
    <td width="1%" bgcolor="#C6C6C6"> </td>
  </tr>
```

Die Auswahl der Adresse für die Kopie (Carbon Copy) erfolgt in derselben Art und Weise:

```
  <tr>
    <td width="1%" bgcolor="#C6C6C6"> </td>
    <td width="21%" bgcolor="#C6C6C6">
    <input type="button" name="cc_lookup" value="Cc...."
           onclick="open_cc()"></td>
    <td width="77%" bgcolor="#C6C6C6">
    <input type="text" name="cc" size="30"></td>
    <td width="1%" bgcolor="#C6C6C6"> </td>
  </tr>
```

Dann erfolgt die Auswahl der entsprechenden Angaben der eigentlichen Nachricht:

```
        <tr>
          <td width="1%" bgcolor="#C6C6C6"> </td>
          <td width="21%" bgcolor="#C6C6C6" valign="center">
              <font size="2" color="#000000">Betreff :</td>
          <td width="77%" bgcolor="#C6C6C6">
          <input type="text" name="subject" size="50"
                 value="<% = Request.QueryString("subject") %>"></td>
          <td width="1%" bgcolor="#C6C6C6"> </td>
        </tr>
        <tr>
          <td width="1%" bgcolor="#C6C6C6"> </td>
          <td width="98%" colspan="2">
          <textarea name="mess" cols="45" rows="10" wrap="virtual">
          <% = Request.QueryString("message") %>
          </textarea></td>
          <td width="1%" bgcolor="#C6C6C6"> </td>
        </tr>
        <tr>
          <td width="1%" bgcolor="#C6C6C6"> </td>
          <td width="98%" colspan="2" bgcolor="#C6C6C6" align="center">
             <input type="submit" value="Send">
             <input type="Reset" value="Clear">
          </td>
          <td width="1%" bgcolor="#C6C6C6"> </td>
        </tr>
      </table>
    </form>
  </BODY>
</HTML>
```

Listing 12.9: Erfassen einer Nachricht (compose.asp)

Jetzt fehlen natürlich noch die Skripte ADD_BOOK_TO.ASP und ADD_BOOK_CC.ASP, mit denen die Adressauswahlfenster bedient werden. Beide Skripte bestehen nur aus einem kleinen Frameset, dessen Bestandteile nachfolgend vorgestellt werden.

```
<%
if Session("logged") <> "true" then Response.Redirect "bottom.asp"
%>
<html>
<head>
<title>Addreßbuch - An</title>
</head>
<frameset cols="90,*">
   <frame name="contents" target="main" src="book.htm"
          scrolling="auto" marginwidth="5" marginheight="2">
   <frame name="main" src="book_res.asp" scrolling="auto"
```

```
                    marginwidth="4" marginheight="4" noresize>
</frameset>
</html>
```

Listing 12.10: Frameset Adressbuch (add_book_to.asp)

Ganz ähnlich sieht es bei der Auswahl für das zweite Adressfeld aus, lediglich die schon ausgewählte Adresse für das »An:«-Feld muss mitgeschleppt werden:

```
<%
if Session("logged") <> "true" then Response.Redirect "bottom.asp"
%>
<html>
<head>
<title>Adressbuch - CC</title>
</head>
<frameset cols="90,*">
   <frame name="contents" target="main" src="book_c.htm"
          scrolling="auto" marginwidth="5" marginheight="2">
   <frame name="main" src="book_res_c.asp?to=
       <% = Request.QueryString("to") %>"
          scrolling="auto" marginwidth="4" marginheight="4" noresize>
</frameset>
</html>
```

Listing 12.11: CC im Adressbuch (add_book_cc.asp)

Die beiden HTML-Dateien sollen hier ebenfalls nicht mehr ausführlich kommentiert werden. Beide Formulare übergeben einen Wert, mit dem die Suche der Namen aus der Datenbank erfolgen kann (BOOK_RES.ASP):

```
<html>
<head>
<base target="main">
<title>Suche nach Adressen</title>
</head>
<body bgcolor="#FFFFFF" text="#000080" link="#000080">
 <form method="POST" action="book_res.asp?type=f_name">
   <font size="1">Vorname</font><br>
   <input type="text" name="s_item" size="8"><br>
   <input type="submit" value="Search" name="B1">
 </form>
 <form method="POST" action="book_res.asp?type=s_name" >
   <font size="1">Nachname<br>
   <input type="text" name="s_item" size="8"><br>
   <input type="submit" value="Search" name="b2">
 </form>
</body>
</html>
```

Listing 12.12: Das Adressbuch (book.htm)

Die Datei BOOK_C.ASP unterscheidet sich nur durch den Aufruf des Suchskripts (BOOK_RES_C.ASP):

```
<html>
<head>
<base target="main">
<title>Suche nach Adressen</title>
</head>
<body bgcolor="#FFFFFF" text="#000080" link="#000080">
<form action="book_res_c.asp?type=f_name
       &to=<% = Request.QueryString("to") %> method="POST" >
<font size="1">Vorname</font><br>
<input type="text" name="s_item" size="8"><br>
<input type="submit" value="Search" name="B1">
</form>
<form method="POST" action="book_res_c.asp?type=s_name" >
<font size="1">Nachname<br>
<input type="text" name="s_item" size="8"><br>
<input type="submit" value="Search" name="b2">
</form>
</body>
</html>
```

Listing 12.13: Suche nach Adressen (book_c.asp)

Hier die beiden Suchskripte, zuerst BOOK_RES.ASP:

```
<html>
<head>
<title>Suchergebnisse</title>
<base target="bottom">
<script language="javascript">
function to()
{
   opener.document.input.compose.to = 'hello';
}
</script>
</head>
<body bgcolor="#FFFFFF" text="#000080" link="#000080" vlink="#000080">
<P align="center"><font size="3">
Adressbuch</p>
```

Wurde ein Suchbegriff eingegeben, erfolgt eine entsprechend eingeschränkte Suche mit einem SELECT-Kommando, das für die Suche auf die LIKE-Bedingungen zurückgreift:

```
<% If Request.QueryString("type") <> "" then %>
<%
set my_conn= Server.CreateObject("ADODB.Connection")
```

12 Praktische ASP-Programmierung

```
my_Conn.Open "message"
search_by = Request.QueryString("type")
query = "SELECT * FROM user WHERE " & search_by & " LIKE '"
query = query & Request.Form("s_item")
query = query & "%' order by s_name, f_name"
set RS=my_conn.Execute (query)
%>
<% If RS.EOF and RS.BOF then %>
    <p align="center"><font size="1">Keine Datensätze
     gefunden!</p>
<% else %>
    <p align="center"><font size="2">
    Klicken Sie auf einen Namen, um ihn in das Adressfeld zu
    kopieren. </p>
    <table width="100%" align="left" border="1">
      <tr bgcolor="#dddddd">
         <td align="center" valign="top" width="30%">
            <font size="1"><strong>Name</td>
         <td align="center" valign="top" width="15%">
            <font size="1"><strong>Abteilung</td>
      </tr>
      <% Do Until RS.EOF %>
      <tr>
         <td align="left" valign="bottom">
```

Hier schließt sich der Kreis wieder. Jeder gefundene Name wird als Hyperlink dargestellt, der auf den Skript COMPOSE.ASP zum Erstellen der Post zurück verzweigt.

```
            <a href="compose.asp?to=<% = RS("mem_name") %>">
            <% = RS("f_name") & " " & RS("s_name") %>
            </a>
         </td>
         <td align="left" valign="bottom">
            <% = RS("bus_name") %> </td>
      </tr>
      <% RS.MoveNext
   loop
End If
RS.close
Set RS = nothing
End If
%>
</table>
</BODY>
</HTML>
```

Listing 12.14: E-Mail aus Adressbuch senden (book_res.asp in Teilen)

Ganz ähnlich sieht es mit der zweiten Adresse für die Kopie aus. Ein bisschen Aufwand ist notwendig, um eine eventuell bereits ermittelte Adresse für die eigentliche Adresszeile zu schützen.

```
<html>
<head>
<title>Search Results</title>
<base target="bottom">
</head>
<body bgcolor="#FFFFFF" text="#000080" link="#000080" vlink="#000080">
<P align="center"><font " size="3">
Adressbuch</p>
<% If Request.QueryString("type") <> "" then %>
<%
set my_conn= Server.CreateObject("ADODB.Connection")
my_Conn.Open "message"
search_by = Request.QueryString("type")
query = "Select * From user where " & search_by & " like '" &
Request.Form("s_item") & "%' order by s_name, f_name"
set RS=my_conn.Execute (query)
If RS.EOF and RS.BOF then
%>
<p align="center"><font  size="1">Keine Datensätze gefunden!</p>
<%
else
%>
<p align="center"><font size="2">Copy the Member Name to Cc Field</p>
<table width="100%" align="left" border="1">
 <tr bgcolor="#dddddd">
  <td align="center" valign="top" width="30%">
<font size="1"><strong>Name</td>
  <td align="center" valign="top" width="30%">
<font size="1"><strong>Member</td>
  <td align="center" valign="top" width="15%">
<font size="1"><strong>Business Unit</td>
 </tr>
<% Do Until RS.EOF %>
 <tr>
  <td align="left" valign="bottom">
     <% = RS("f_name") & " " & RS("s_name") %></td>
     <a href="compose.asp?to=<% = Request.QueryString("to") %>
                      &cc=<% = RS("mem_name") %>">
    <% = RS("f_name") & " " & RS("s_name") %>
    </a>
  <td align="left" valign="bottom">
    <% = RS("mem_name") %> </td>
  <td align="left" valign="bottom">
    <% = RS("bus_name") %> </td>
```

```
        </tr>
<%
RS.MoveNext
loop
End If
RS.close
Set RS = nothing
End If
%>
</table>
</body>
</html>
```

Listing 12.15: E-Mail senden mit CC-Adresse (book_res_c.asp)

Das Senden der Nachricht mit dem Skript SEND_MESSAGE.ASP ist hier absolut unaufwändig. Die Nachricht wird einfach in der Datenbank abgelegt.

```
<%
if Session("logged") <> "true" then
    Response.Redirect "bottom.asp"
end if
set my_conn= Server.CreateObject("ADODB.Connection")
my_Conn.Open "message"
%>
```

Da mindestens das Adressfeld »An:« ausgefüllt sein muss, erfolgt hier sofort der Datenbankzugriff. An dieser Stelle ist natürlich nicht bekannt, ob der Name eingetippt oder aus der Liste des Adressbuches ausgewählt wurde. Insofern muss der Name auf Gültigkeit überprüft werden. Hier zeigt sich ein Vorteil gegenüber öffentlicher E-Mail: An unbekannte Empfänger lässt sich erst gar keine Post versenden.

```
<%
query = "SELECT mem_name FROM user WHERE mem_name = '"
query = query & Request.Form("to") & "'"
set RS=my_conn.Execute (query)
If RS.BOF and RS.EOF then
   No_TO = "true"
Else
   No_TO = "false"
End If
```

Falls noch eine zweite Adresse für die Kopie ausgewählt wurde, wird auch hier die Gültigkeit geprüft:

```
If Request.Form("cc") <> "" then
query = "Select mem_name From user where mem_name = '"
query = query & Request.Form("cc") & "'"
set RS=my_conn.Execute (query)
```

```
If RS.BOF and RS.EOF then
   No_TOc = "true"
Else
   No_TOc = "false"
End If
%>
<HTML>
<HEAD>
<TITLE>Nachricht versenden</TITLE>
</HEAD>
<body bgcolor="#FFFFFF" text="#000080" link="#000080" vlink="#000080">
```

Im HTML-Teil soll die Fehlerausgabe erfolgen:

```
<% If No_TO = "true" or No_TOc = "true" then %>
   <font size="4">
   Problem! <font size="3"> Der angegebene Empfänger ist nicht
   bekannt.<br><br>
   Klicken Sie auf den Zurück-Schalter, und versuchen Sie es
   erneut</p>
<% Else %>
```

War alles in Ordnung, kann der Datensatz komplettiert und in die Datenbank geschrieben werden:

```
<%
If Request.Form("subject") = "" then
   m_subject = " "
Else
   m_subject = Request.Form("subject")
End If
If Request.Form("mess") = "" then
   m_mess = " "
Else
   m_mess = Request.Form("mess")
End If
```

Es ist wichtig, wird aber oft vergessen, dass SQL einzelne Anführungszeichen im Text als Feldende behandelt. Daher müssen Sie einzelne durch doppelte Anführungszeichen ersetzen, wofür die Replace-Funktion dient.

```
m_mess = Replace(m_mess,"'","''")
m_subject = Replace(m_subject,"'","''")
```

Und nun werden die Daten per INSERT-Kommando in die Datenbank eingefügt, zuerst die Nachricht an den Empfänger und dann noch einmal an den Adressaten der Kopie:

```
query = "Insert InTo message  (from_u, to, mess, subject)
query = query & Values ('" & Session("uname") & "', '"
query = query & Request.Form("to") & "', '" & m_mess & "', '"
```

```
query = query & m_subject & "')"
set RS=my_conn.Execute (query)
If Request.Form("cc") <> "" then
query = "Insert InTo message  (from_u, to, mess, subject)
query = query & " Values ('" & Session("uname") & "', '"
query = query & Request.Form("cc") & "', '" & m_mess & "', '"
query = query & m_subject & "')"
set RS=my_conn.Execute (fp_sqry)
End If
%>
<font size="4">
<P align="center">Die Nachricht wurde erfolgreich übertragen.</font></p>
<% End If %>
</BODY>
</HTML>
<%
Set RS = nothing
%>
```

Listing 12.16: *Nachricht senden (send_message.asp in mehreren Teilen)*

Gesendete Nachrichten

Für die Verwaltung der eigenen Nachrichten ist es sinnvoll, einen Rückblick auf die gesendeten Nachrichten zu haben. Das folgende Skript erledigt dies auf einfache Weise:

```
<%
if Session("logged") <> "true" then
    Response.Redirect "bottom.asp"
end if
%>
<%
set my_conn= Server.CreateObject("ADODB.Connection")
my_Conn.Open "message"
If Request.QueryString("order") = "" then
      o_by = "date"
Else
      o_by = Request.QueryString("order")
End If
%>
```

Auch dieses Skript ruft sich selbst auf; mit dem übergebenen Wert *order* wird die Sortierung der Nachrichten gesteuert. Die Funktionsweise ist ähnlich der des Posteingangs.

Intranet-Mailsystem

```
<HTML>
<HEAD>
<TITLE>Gesendete Nachrichten</TITLE>
</HEAD>
<body bgcolor="#FFFFFF" text="#000080" link="#000080" vlink="#000080">
<P><font size="4">Gesendete Nachrichten</p>
<font size="2">Wenn der Empfänger die Nachricht gelöscht hat, ist sie
in dieser Übersicht nicht mehr sichtbar.<form>
<table width="100%" border="1">
  <tr bgcolor="#dddddd">
     <td width="25%" align="left"><font size="2"><strong>An</td>
     <td width="50%" align="left"><font size="2"><strong>
        <a href="sent.asp?order=subject">Betreff</a></td>
     <td width="20%" align="left"><font size="2"><strong>
        <a href="sent.asp?order=date">Sendedatum</a></td>
     <td width="5%" align="left">
        <font size="2"><strong>Gelesen</strong></td>
  </tr>
<%
query = "Select * From message where from_u = '"
query = query & Session("uname") & "' order by " & o_by
set RS=my_conn.Execute (query)
%>
```

Der einzige Sonderfall, der behandelt werden muss, ist ein leeres Postfach:

```
<% If RS.EOF and RS.BOF then %>
<tr><td colspan="4" align="left"><font " size="2">Keine Nachrichten
verfügbar!</td></tr>
```

Ansonsten wird die Liste angezeigt.

```
<% Else %>
<% Do Until RS.EOF
   If RS("status") = "r" then
      read = "checked"
      strong = ""
   Else
      read = ""
      strong = "<STRONG>"
   End If
%>
   <tr>
      <td width="25%" align="left"><font size="2">
      <% = strong & RS("to") %></td>
      <td width="50%" align="left"><font size="2">
      <% = strong & RS("subject") %></td>
      <td width="20%" align="left"><font size="2">
      <% = strong & RS("date") %></td>
```

```
                <td width="20%" align="center"><font size="1">
                <input type=checkbox <% = read %>></td>
            </tr>
            <%
            RS.MoveNext
loop
End If
RS.close
Set RS = nothing
%>
</table>
</form>
</BODY>
</HTML>
```

Listing 12.17: *Gesendete Nachrichten verarbeiten (sent.asp in mehreren Teilen)*

Das Adressbuch

Zwar konnte auf das Adressbuch schon über die Sendefunktion zugegriffen werden, für ein bequemes Arbeiten wäre aber ein direkter Zugriff hilfreich. Diese Funktion liefern die letzten Skripte rund um ADDRESS_BOOK.ASP. Mit Hilfe eines weiteren Framesets gelingt eine einfache Darstellung:

```
<%
if Session("logged") <> "true" then
    Response.Redirect "bottom.asp"
end if
%>
<html>
<head>
<title>Adressbuch</title>
</head>
<frameset cols="250,*">
    <frame name="contents" target="main" src="add_book.htm"
            scrolling="auto" marginwidth="5" marginheight="2">
    <frame name="main" src="add_book_res.asp" scrolling="auto"
            marginwidth="4" marginheight="4" noresize>
</frameset>
</frameset>
</html>
```

Listing 12.18: *Alleinstehendes Adressbuch (address_book.asp)*

Das Adressbuch besteht aus zwei Teilen. Links wird mit Hilfe eines Formulars ein Suchbegriff erfragt (ADD_BOOK.ASP), rechts erfolgt die Anzeige der gefundenen Adressen (ADD_BOOK_RES.ASP).

Intranet-Mailsystem

```html
<html>
<head>
<base target="main">
<title>Adressbuchsuche</title>
</head>
<body bgcolor="#FFFFFF" text="#000080" link="#000080">
<p><font size="2">Suchen im Adressbuch</font><br>
<fontsize="1"><br>Lassen Sie das erste Feld leer, wird das gesamte
Adressbuch ausgegeben.</p>
<form method="POST" action="add_book_res.asp?type=f_name" >
  <fontsize="1">Vorname<br>
  <input type="text" name="s_item" size="12">
  <input type="submit" value="Search" name="B1">
</form>
<form method="POST" action="add_book_res.asp?type=s_name" >
  <fontsize="1">Nachname<br>
  <input type="text" name="s_item" size="12">
  <input type="submit" value="Search" name="b2">
</form>
<form method="POST" action="add_book_res.asp?type=bus_name" >
  <fontsize="1">Business Unit<br>
  <input type="text" name="s_item" size="12">
  <input type="submit" value="Search" name="B1">
</form>
</body>
</html>
```

Listing 12.19: Eintrag hinzufügen (add_book.htm)

Alle drei Formulare rufen das Skript ADD_BOOK_RES.ASP, jeweils mit dem entsprechenden gesuchten Parameter, auf.

```
<HTML>
<HEAD>
<TITLE>Suchergebnisse - Adressbuch</TITLE>
<base target="bottom">
</HEAD>
<body bgcolor="#FFFFFF" text="#000080" link="#000080" vlink="#000080">
<% If Request.QueryString("type") <> "" then %>
<%
set my_conn= Server.CreateObject("ADODB.Connection")
my_Conn.Open "message"
search_by = Request.QueryString("type")
query = "Select * From user where " & search_by & " like '"
query = query & Request.Form("s_item") & "%' "
query = query & "order by s_name, f_name"
set RS=my_conn.Execute (query)
%>
```

```asp
<% If RS.EOF and RS.BOF then %>
   <p align="center"><font size="1">Keine Adressen gefunden</p>
<% else %>
   <p align="center"><font size="2">Klicken Sie den Namen an, an
   den Sie eine Nachricht senden möchten.</p>
   <table width="100%" align="left" border="1">
     <tr bgcolor="#dddddd">
       <td align="center" valign="top" width="30%">
         <font size="1"><strong>Name</td>
       <td align="center" valign="top" width="15%">
         <font size="1"><strong>Abteilung</td>
       <td align="center" valign="top" width="20%">
         <font size="1"><strong>Filiale</td>
       <td align="center" valign="top" width="20%">
         <font size="1"><strong>Ort</strong></td>
     </tr>
   <% Do Until RS.EOF %>
     <tr>
       <td align="left" valign="bottom">
```

Der folgende Hyperlink verzweigt direkt zur Erstellung einer neuen Nachricht:

```asp
         <a href="compose.asp?to=<% = RS("mem_name") %>">
           <% = RS("f_name") & " " & RS("s_name") %>
         </a></td>
       <td align="left" valign="bottom">
         <% = RS("bus_name") %> </td>
       <td align="left" valign="bottom">
         <% = RS("direct") %> </td>
       <td align="left" valign="bottom">
         <% = RS("location") %> </td>
     </tr>
   <%
   RS.MoveNext
loop
End If
RS.close
Set RS = nothing
End If
%>
</table>
</BODY>
</HTML>
```

Listing 12.20: Inhalt des Adressbuches (add_book_res.asp)

12.1.7 Übung

Wenn Sie das Beispiel weiter ausbauen möchten, bieten sich zwei Dinge an. Zum einen kann die Nutzbarkeit noch verbessert werden. So fehlen einige Funktionen zur Verwaltung, wie etwa Ordner. Auch die Tatsache, dass gelöschte E-Mails aus der Sendeliste des Absenders verschwinden, ist nicht vorteilhaft. Hier können mit wenigen zusätzlichen Skripten noch einige Zusatzfunktionen realisiert werden. Für diese Aufgabe benötigen Sie keine weiteren Informationen, das ist reine Fleißarbeit.

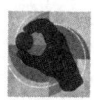

Dann ist da noch die Übertragung der Technik auf eine leistungsfähigere Plattform. Wenn Sie sich dem Internet öffnen, sollte die Applikation auch E-Mail per SMTP empfangen und versenden können. Dazu benötigen Sie die in Kapitel 10 vermittelten Informationen zu Internet Mail.

12.2 Shopsystem

> Shopsysteme sind oft der erste Schritt von der einfachen Webseite zu einer komplexen und »einträglichen« Anwendung. Das hier vorgestellte Shopsystem eignet sich für kleinere oder mittlere Shops und ist einfach zu bedienen.

12.2.1 Vorstellung

Im Gegensatz zum ersten größeren Projekt werden nicht mehr alle Strukturen und Feinheiten so detailliert dargestellt. Die Einrichtung der Datenbank, der ODBC-Quelle und der VID-Umgebung (wenn Sie es denn selbst eintippen oder verändern möchten) ist in etwa gleich.

Bestandteile

Der Shop besteht aus einer Datenbank mit vier Tabellen sowie elf Skript-Dateien, die jeweils eine bestimmte Funktion steuern. Folgende Struktur wird verwendet:

▶ *default.htm*
Nur für den ersten Aufruf benötigt und zur Kompatibilität mit Webservern. Diese Datei kann ohne weiteres in »index.htm« o.ä. umbenannt werden.

▶ *default.asp*
Die eigentliche Startdatei. Damit wird die erste Sessionvariable erzeugt und das Frameset aufgebaut. Jeder Neustart aus einer bestehenden Session heraus führt zu dieser Datei.

▶ category.asp
Die Datei zur Anzeige der Warengruppen. Mit der Wahl der Warengruppe beginnt die Shoppingtour.

▶ item.asp
Die Anzeige der Artikelliste der ausgewählten Warengruppe. Diese Liste zeigt ein Übersichtsbild an.

▶ showitem.asp
Die Anzeige eines einzelnen Artikels, der aus der Artikelliste ausgewählt wurde. Aus dieser Anzeige heraus kann der Nutzer den Artikel in den Warenkorb legen.

▶ control.asp
Ein universelles Anzeigenfenster, das hier den Warenkorb berechnet, die Gesamtsumme anzeigt und auf die Registrierung achtet, bevor der eigentliche Bestellvorgang abgewickelt werden kann.

▶ showlist.asp
Zeigt die Liste der Waren im Warenkorb. Im Warenkorb kann der Nutzer die Menge noch ändern, Artikel wieder herausnehmen und sich erneut anzeigen lassen.

▶ register.asp, register2.asp
Die Anmeldung der Nutzer, die Registrierung der Nutzer und Kundendaten sowie die Vergabe von Login-Namen und Kennwort werden hier gesteuert.

▶ feature.asp
Ein Sonderartikel kann hier verwaltet werden oder einfach nur eine separate Startseite, die vor der Auswahl des ersten Artikels erfolgt.

Neben den ASP-Skripten in einem Skriptverzeichnis wird noch eine SQL-Datenbank benutzt, die hier wieder mit dem Microsoft SQL Server 7 erstellt wurde. Die Tabellenstruktur wird weiter unten beschrieben. Für den SQL Server 2000 gelten die Angaben unverändert.

Der Aufbau des Shops zeichnet sich im Wesentlichen durch einen mit Frames viergeteilten Bildschirm aus. Abbildung 12.14 zeigt den noch nicht gestalteten Shop in Aktion. Links oben werden die Warengruppen angezeigt oder ein kleiner Startknopf, wenn keine Warengruppen eingerichtet wurden. Rechts erscheint die Artikelliste mit einem Vorschaubild und dem Namen des Artikels in der Übersicht. Wird das Bild oder die Schaltfläche ANSEHEN angeklickt, erscheint darunter im großen Frame die Ansicht des einzelnen Artikels. Hier kann der Nutzer sich zum Kauf entscheiden, die Menge eingeben und dann den Artikel in den Warenkorb legen. Das kleine Fenster links unten zeigt die Summe der Artikel im Warenkorb an und führt zur Anmeldung und zum Bestellen. Nach jeder Änderung im Warenkorb wird der Warenkorb rechts unten komplett angezeigt. Von dort oder von der Artikelliste aus kann der Warenkorb wieder ausgeblendet und durch die Artikelansicht ersetzt werden.

Die Tabellenstruktur

Feldname	Felddatentyp	Beschreibung
cat_id	AutoWert	ID der Kategorie
cat_name	Text	Name der Kategorie
cat_img	Text	Pfad zu einem Bild

Abbildung 12.10:
Struktur der Warengruppentabelle category

Feldname	Felddatentyp	Beschreibung
item_id	AutoWert	ID
cat_id	Zahl	ID der Kategorie, der dieserArtikel zugeordnet ist
item_img	Text	Pfad zu einem Bild für diesen Artikel
sku	Text	Artikelnummer oder Lieferantennummer
name	Text	Name
description	Memo	Beschreibung
price	Währung	Preis
stock	Zahl	Lagerbestand

Abbildung 12.11:
Struktur der Artikeltabelle items

Feldname	Felddatentyp	Beschreibung
order_id	AutoWert	ID
session_id	Text	Sitzungs-Code (Session)
item_id	Zahl	Artikel-ID
user_id	Zahl	Nutzer-ID
order_date	Datum/Uhrzeit	Datum der Bestellung
pieces	Zahl	Anzahl
sum_order	Währung	Gesamtpreis dieser Bestellinformationen

Abbildung 12.12:
Struktur der Bestelltabelle orders (Warenkorb)

Feldname	Felddatentyp	Beschreibung
user_id	AutoWert	ID
name	Text	Kundenname
company	Text	Firma
address	Text	Anschrift (Straße)
zip	Text	Postleitzahl
city	Text	Stadt
country	Text	Land
telephone	Text	Telefon
telefax	Text	Telefax
email	Text	E-Mail-Adresse
password	Text	Kennwort

Abbildung 12.13:
Die Kundentabelle users

Ansicht des Shops

Die folgende Abbildung zeigt den fertigen Shop. In den Skripten, die in diesem Kapitel abgedruckt sind, wurden die gestalterischen Elemente entfernt, da sie für das Verständnis der Funktion nicht notwendig sind.

Vier Fenster bilden die »Organisationsbasis« (hier noch ohne Bebilderung), wie in Abbildung 12.14 zu sehen ist.

Die Sessionverwaltung

Im Gegensatz zu »Standard-ASP«-Shops wird eine Sessionvariable als eine spezielle Technik zur Erkennung und Unterscheidung der angemeldeten Nutzer benutzt. Anders als bei den Sessions in ASP werden keine Cookies benutzt. Das ist vorteilhaft, wenn man Nutzer nicht ausschließen möchte, die Cookies in ihrem Browser deaktiviert haben.

Abbildung 12.14: Struktur des Shops

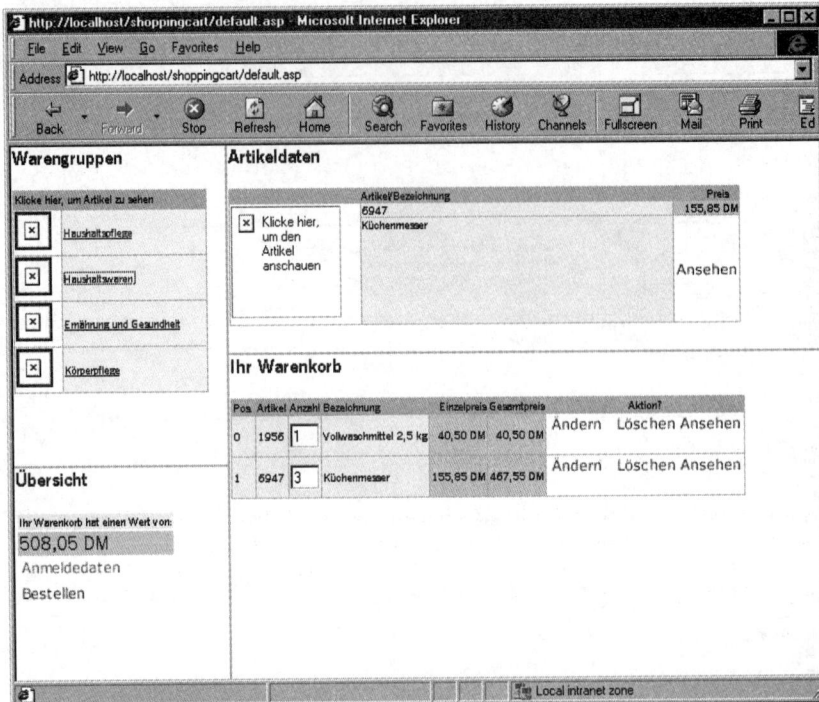

Um nun jedem gestarteten Skript die Möglichkeit zu geben, die Zuordnung zu einem Nutzer herzustellen, wird am Anfang, am zentralen Eintrittspunkt des Shops, eine Sessionvariable erzeugt:

```
if sessionid="" or sessionid=NULL then
    RANDOMIZE(time())
    sessionid = Int(32768 * Rnd + 1) & "@" & _
        Replace(Request.ServerVariables("REMOTE_ADDR"),".","P")
end if
```

Das Ergebnis ist eine Variable, die aus einer Zufallszahl zwischen 1 und 32.768 und der IP-Nummer des Remote-Hosts besteht: 4532@127P0P0P1 beispielsweise, wenn Sie den Shop auf einem Entwicklungssystem testen. Theoretisch könnten also bis zu 32.000 Personen gleichzeitig von einem Gateway aus mit dem System arbeiten. Das reicht auch für große Projekte, zumal die Grenzen hier eher bei Windows NT zu suchen sind. Um die RND-Funktion immer wieder neu anzustoßen, wird die aktuelle Zeit als Startwert (Seed) der Zufallsfunktion genutzt: RANDOMIZE(TIME()). Die Punkte in der IP-Nummer werden durch Buchstaben ersetzt, damit es interessanter aussieht.

Shopsystem

Die so erzeugte Session-ID muss nun von Formular zu Formular übergeben werden. Dazu wird in jeden Link zur nächsten Seite die Übergabe eingebaut:

```
<FORM action="nextpage.asp?sessionid=<%= sessionid %>">
<A HREF="nextpage.asp?sessionid=<%= sessionid %>">
```

Die Abfrage erfolgt jeweils am Beginn einer jeden Seite mit der bekannten Abfrage:

```
<% sessionid = Request.QueryString("sessionid")
```

So ist es möglich, auch anonym zu shoppen – ein wichtiges Argument für den Erfolg eines Shopprogramms, denn erzwungene Anmeldeprozeduren sind die sicherste Methode, große Teile der potenziellen Kundschaft zu verprellen.

12.2.2 Die Skripte im Detail

Die folgenden Quelltextausschnitte geben die wesentlichen Passagen der Skripte wieder; sie sind von Kommentaren und HTML-Code, so weit es zum Verständnis nicht notwendig ist, befreit. ASP-Code ist in den folgenden Quelltexten wieder fett gedruckt, SQL-Befehle erscheinen kursiv, HTML ist ohne besondere Hervorhebung.

Der Shop beginnt für jeden Nutzer mit der Datei DEFAULT.ASP. Da es auf manchen Servern notwendig sein kann, eine Standarddatei mit der Endung *.HTM oder *.HTML zur Verfügung zu haben, wird noch eine kleine Datei dazwischen geschaltet:

```
<html>
<script language="javascript">
function start()
    { parent.top.location.href="default.asp" }
</script>
<body onload="start()">
</body>
</html>
```

Listing 12.21: Startdatei des Shops (default.htm)

Benutzt wird ein kurzer JavaScript-Code, der im Browser ausgeführt wird. Die Datei DEFAULT.HTM ersetzt sich damit praktisch selbst durch DEFAULT.ASP. Als kleiner Nebeneffekt wird auch jedes darüber liegende Frameset zerstört – ein guter Schutz gegen »Framegrabber«. Auslöser ist der Befehl onload="start()", der vor der Anzeige der Datei ausgeführt wird. Im Tag <BODY> muss nichts stehen – es bleibt ohnehin unsichtbar. Der JavaScript-Befehl zur Anzeige bezieht sich auf das umgebende Frameset und liefert die gewünschte URL.

Die eigentliche Stammdatei DEFAULT.ASP wird bei jedem Neustart auch aus dem Programm heraus benutzt. Hier wird die Sessionvariable erzeugt.

Außerdem wird mit normalem HTML-Code das Frameset erzeugt. Hier der Code auf einen Blick, der ASP-Code ist fett hervorgehoben:

```
<%
userid = Request.QueryString("userid")
sessionid = Request.QueryString("sessionid")
' Das erste Mal? Dann wird eine neue Session-ID vergeben
if sessionid="" or sessionid=NULL then
      RANDOMIZE(time())
      sessionid = Int(32768 * Rnd + 1) & "@" &
Replace(Request.ServerVariables("REMOTE_ADDR"),".","P")
end if
%>
<html>
<head>
</head>
<frameset COLS="200,*">
   <frameset ROWS="60%,*">
   <frame SRC="scripts/category.asp?userid=<%=userid%>
&sessionid=<%=sessionid%>" NAME="category" frameborder="0"
framespacing="0" marginheight="1" marginwidth="1" noresize
scrolling="auto">
   <frame SRC="scripts/control.asp?command=first&
userid=<% = userid %>&sessionid=<%=sessionid%>" NAME="control"
frameborder="0" framespacing="0" marginheight="1"
marginwidth="1" noresize scrolling="no">
   </frameset>
   <frameset ROWS="50%,*">
   <frame SRC="scripts/item.asp?userid=<% = userid %>&
sessionid=<%=sessionid%>" " NAME="item" frameborder="0"
framespacing="0" marginheight="1" marginwidth="1"
scrolling="auto">
   <frame SRC="help.htm" name="basket" frameborder="0"
framespacing="0" marginheight="1" marginwidth="1"
scrolling="auto">
</frameset>
</frameset>
</html>
```

Listing 12.22: Der eigentliche Startpunkt (default.asp)

Mit dem Start des Framesets werden die vier Frameseiten sofort angezeigt. Alle Skripte werden mit der Session-ID und mit der User-ID versorgt, wenn der Nutzer sich schon registriert hatte. Steht keine User-ID zur Verfügung, wird eine leere Zeichenkette weitergereicht.

Die Shoppingtour beginnt normalerweise mit der Auswahl der Warengruppe. Die Warengruppen sind in einer eigenen Tabelle untergebracht, die Struktur finden Sie in Tabelle 13.10. Die Warengruppe steht hier nur als

Name zur Verfügung, zusätzlich kann ein Bild angegeben werden. Artikelbilder werden auf der Festplatte gespeichert, die Datenbank enthält nur relative Pfadangaben.

Die Verknüpfung mit den Artikeln wird in der Artikeltabelle vorgenommen. In allen folgenden Dateien wird jeweils der Datenbankzugriff benötigt; die Session-ID sowie die User-ID müssen abgefragt werden. Diese Programmzeilen werden deshalb in eine INCLUDE-Datei ausgelagert, die CONNECTION.INC:

```
<%
SET nameConn = Server.CreateObject("ADODB.Connection")
SET RS = Server.CreateObject("ADODB.RecordSet")
nameConn.Open "DSN=shopper; UID=Webuser"
sessionid = Request.QueryString("sessionid")
userid = Request.QueryString("userid")
%>
```

Listing 12.23: Verbindung zur Datenbank herstellen (connection.inc)

Hier wird die Verbindung zur Datenbank geöffnet und ein Objekt vom Typ Recordset angelegt. Der Name der DSN und des Datenbanknutzers, hier »Webuser«, kann auf anderen Systemen anders lauten. Zum Thema Datenbanknutzer finden Sie am Ende des Kapitels noch Hinweise unter dem Stichwort »Sicherheit«.

Hier folgt nun der kommentierte Code der Datei CATEGORY.ASP:

```
<!-- #INCLUDE file="connection.inc"-->
<%
' Diese Konstante definiert eine Bilddatei, die geladen wird,
' wenn in der Datenbank keine Pfade zu Bilddaten zu finden sind
const default_image_path="/image/default_group.gif"
%>
<html>
<head>
<basefont="Arial, Helvetica">
<style>
<!-- Hide from old browsers
a { text-decoration : none }
-->
</style>
</head>
<body>
<h4><font color="#0000ff">Warengruppen</font></h4>
```

Das vorbereitete Recordset-Objekt liest die gesamte Warengruppentabelle mit einem SELECT-Kommando aus. Sind die Eigenschaften EOF (*end of file*) und BOF (*begin of file*, das heißt, der Datensatzzeiger befindet sich am Anfang der Datei) TRUE, enthält die Tabelle keine Datensätze. Mit einem einfachen Link wird im rechten Fenster die Artikeltabelle angezeigt.

12 Praktische ASP-Programmierung

```
<%
RS.Open "SELECT * FROM category", nameConn
if RS.EOF = True AND RS.BOF = True then
%>
<P><FONT SIZE=1 COLOR=Red>Keine Warengruppen eingerichtet.
Rechts kann die gesamte Artikelliste angezeigt werden.</FONT></P>
<A HREF="item.asp?sessionid=<% = sessionid %>&category=0
&userid=<% = userid %>" TARGET="item">Artikel anzeigen...</A>
<% else %>
```

Es folgt der Tabellenkopf und die in tabellarischer Form gelisteten Warengruppen – links gegebenenfalls das Bild, rechts der Name. Ein Klick auf Bild oder Name soll zu der Anzeige der passenden Artikelliste im rechten Fenster führen.

```
<TABLE ...>
  <TR>
    <TD colSpan=2>
    <FONT size=0>Klicke hier, um Artikel zu sehen </FONT>
    </TD>
  </TR>
```

Dieser Teil der Tabelle wird wiederholt, bis alle Datensätze angezeigt wurden. Der physische Pfad wird mit der Methode MapPath ermittelt, der Befehl TRIM filtert die überflüssigen Leerzeichen heraus, die von der Datenbank zurückgegeben werden.

```
<%
DO WHILE NOT RS.EOF
    imagepath=Server.MapPath(TRIM(RS("cat_img")))
    If imagepath="" then imagepath=default_image_path
%>
        <TR><TD bgcolor="white">
```

Der Link mit Bild kommt in die linke Spalte, der Name in die rechte Spalte. Mit der Abfrage des Datenfelds mit RS("cat_id") wird der entsprechende Wert an die nächste Datei übergeben, damit die passenden Artikel ausgewählt werden können.

```
    <a href="item.asp?sessionid=<% = sessionid%>
    &category=<% = RS("cat_id")%>&userid=<% = userid%>"
    TARGET="item">
    <img src="<% = imagepath%>" width="30" height="30">
    </a>
    </td><td bgcolor=#fafad2>
    <a href="item.asp?sessionid=<% = sessionid%>&
    category=<% = RS("cat_id")%>&userid=<% = userid%>"
    TARGET="item"><FONT size=0>
    <% = RS("cat_name") %>
</a>
</td></tr>
```

Das Ende der Schleife bildet die Methode MoveNext, die den Datensatzzeiger im Datensatzobjekt eine Position weiter setzt. LOOP setzt die Schleife fort und der Rest ist wieder HTML, mit dem die Seite abgeschlossen wird. Als letzte Maßnahme wird die Verbindung zur Datenbank wieder geschlossen.

```
    <%
    RS.MoveNext
   LOOP
end if
%>
</table>
</p>
</body>
</html>
<%
RS.Close
nameConn.Close
%>
```

Listing 12.24: Auswahl der Warengruppe (catogory.asp in mehreren Teilen)

Die übergebenen Werte sind noch überschaubar. Entsprechend einfach gestaltet sich auch die Struktur des Skripts ITEM.ASP, mit dem die Artikel als Liste angezeigt werden. Zuerst werden wieder die immer benötigten Datenbankinformationen und die Konstante zum Bildzugriff definiert.

```
<!-- #INCLUDE file="connection.inc"-->
<%
const default_image_path="/image/default_group.gif"
```

Dann folgt die Abfrage der übergebenen Kategorie. Wenn keine Kategorie übergeben wurde (leere Zeichenkette), handelt es sich um den ersten Aufruf von DEFAULT.ASP aus. Jetzt wird die spezielle Datei FEATURE.ASP eingeblendet, die beispielsweise ein Sonderangebot darstellt.

```
category_id = Request.QueryString("category")
if category_id="" then
%>
<!-- Das Startbild des Kataloges einblenden -->
<!-- #INCLUDE file = "feature.asp" -->
<%
```

In allen anderen Fällen geht es nun zur Anzeige der Artikel. Wenn eine »0« übergeben wurde, sollen alle Artikel angezeigt werden. Entweder wurden keine Kategorien definiert oder der Befehl wurde bewusst ausgelöst (ist nicht implementiert, kann man aber leicht einbauen).

```
else
  if category_id=0 then
    RS.Open "SELECT * FROM item", nameConn
  else
```

```
      RS.Open "SELECT * FROM item WHERE cat_id=" & category_id,
         nameConn
   end if
%>
```

Der SELECT-Befehl liest alle Datensätze aus der Artikeldatei, bei denen das Feld cat_id mit der Variablen category_id übereinstimmt, also alle Artikel der vorher ausgewählten Warengruppe. Sind alle Daten richtig ermittelt, geht es an den Aufbau der HTML-Seite:

```
<html>
<head>
   <basefont="arial, Helvetica">
   <base TARGET="item">
</head>
<body>
<h4><font COLOR="Blue">Artikeldaten</font></h4>
<table ...>
```

Die Artikelliste wird wieder mit einer Schleife erzeugt. Zuerst werden aber die leeren Warengruppen abgefangen:

```
<%
IF RS.EOF AND RS.BOF THEN
%>
<tr><td COLSPAN="3">
<font COLOR="Red">
   In dieser Warengruppe sind keine Artikel!</font><p/>
   Bitte versuchen Sie es in einer anderen Warengruppe.
</td>
</tr>
<% ELSE %>
```

Jetzt folgen die Tabellenüberschriften, als HTML-Code, dann der Beginn der Schleife, mit der alle Artikel der Warengruppe angezeigt werden. Die Do While-Schleife wird bis zum Ende der im Datensatzobjekt gespeicherten Datensätze durchlaufen. Die Anzeige der Preise erfolgt mit der FORMATCURRENCY-Funktion, die das Währungssymbol entsprechend den Einstellungen im Betriebssystem erzeugt. Sie können diese Lösung so nicht verwenden, wenn mehrere Währungen benötigt werden.

```
   <tr>
   <td WIDTH="120"><font SIZE="0"> </font></td>
   <td WIDTH="300"><font SIZE="0">Artikel/Bezeichnung</font></td>
   <td WIDTH="50" align="right"><font SIZE="0">Preis</font></td>
   </tr>
   <%
   DO WHILE NOT RS.EOF
   imagepath=Server.MapPath(TRIM(RS("item_img")))
   if imagepath="" then imagepath=default_image_path
```

```
%>
<tr>
<td ROWSPAN="2" bgcolor="white">
<a HREF="showitem.asp?sessionid=<% = sessionid %>&
  itemid=<% = RS("item_id") %>&userid=<% = userid %>"
  TARGET="basket">
<img SRC="<% = imagepath %>" ALT="Klicke hier, um den Artikel anschauen"
BORDER="0" HEIGHT="100" WIDTH="100" VSPACE="1" HSPACE="1"></a>
</td>
<td bgcolor="#faf0e6" valign="top"><font size="0">
<% = RS("sku") %> </td>
<td align="right" bgcolor="#ffc0cb" valign="top"><font size="0"> <%
= FormatCurrency(RS("price"),2) %> </td>
</tr>
<tr>
<td bgcolor="#faf0e6" valign="top"><font size="0">
<% = RS("name") %> </td>
<td bgcolor="white" align="center" valign="center">
<a HREF="showitem.asp?sessionid=<% =sessionid %>
&itemid=<% = RS("item_id") %>&userid=<% = userid %>"
TARGET="basket">
<img SRC="../pix/view.gif" ALT="Artikel anschauen" BORDER="0"
  VSPACE="40" WIDTH="60" HEIGHT="15"></a></td>
</tr>
<%
RS.MoveNext
LOOP
END IF
%>
</table>
</body>
</html>
<% END IF %>
```

Listing 12.25: Artikelanzeigen (item.asp in mehreren Teilen)

Aus der Artikelliste kann die Anzeige eines einzelnen Artikels gesteuert werden. Die Variable *itemid* wird an das Skript SHOWITEM.ASP übergeben, das einzelne Artikel darstellt. Zuerst wird der Artikel mit einem einfachen SELECT-Kommando aus der Datenbank geholt:

```
<!-- #INCLUDE file="connection.inc"-->
<%
itemid = Request.QueryString("itemid")
RS.Open "SELECT * FROM item Where item_id=" & itemid,
  nameConn
%>
```

12 Praktische ASP-Programmierung

Dann erfolgt der Aufbau der HTML-Seite ohne Besonderheiten. Die Anordnung erfolgt wieder in einer Tabelle, um die Seite einfacher zu strukturieren:

```html
<html>
<head>
</head>
<base TARGET="basket">
<basefont="Arial, Helvetica">
<body>
<h4><font COLOR="Blue">Artikelansicht</font></h4>
```

Mit dem Tag <form> werden die Daten an die Datei CONTROL.ASP übergeben, in welcher der Warenkorb aufgebaut wird. Hier wird ein Formular benutzt, um dem Nutzer eine Möglichkeit zur Eingabe der gewünschten Artikelmenge zu geben. Für alle, die sich nicht als HTML-Profis verstehen, sei hier noch die Bedeutung des TARGET-Parameters erläutert. Auch im Tag <form> kann damit das Ziel der Datei angegeben werden, die zur Bearbeitung der Formulardaten dient.

```html
<form ACTION="control.asp?sessionid=<% = sessionid %>
&command=insert&itemid=<% =RS("item_id")%>&userid=<% = userid %>"
METHOD="post" TARGET="control">
<table BORDER="0" CELLSPACING="1" CELLPADDING="1">
  <tr>
    <td valign="top" nowrap bgColor="#faf0e6">Artikelnummer:
    </td>
    <td valign="top" nowrap bgColor="#faf0e6">
    <% = RS("sku")%>   
    </td>
    <td nowrap>
```

Im nächsten Abschnitt werden die Eingabe der Artikelmenge und der Knopf zum Absenden dargestellt. Anschließend werden der Artikelname (RS("name")) ausgelesen und das passende Bild nach dem schon bekannten Verfahren ermittelt und dargestellt. Der Artikelname wird noch einmal als alternativer Text benutzt, wenn das Bild nicht angezeigt wird.

```html
      <input size="3" name="pieces" value="1"> Stück
      <input type="submit" size="5" value="in den Warenkorb legen">
    </td>
  <tr>
    <td bgColor="#faf0e6" colSpan="3"> <% = RS("name")%>
    </td>
  </tr>
  <tr>
    <td colSpan="2" bordercolor="#d3d3d3">
    <img SRC="<% = Server.MapPath(TRIM(RS("item_img"))) %>"
      HEIGHT="200" WIDTH="200" ALT="<% = RS("name") %>">
    </td>
    <td bgcolor="#d3d3d3" valign="top"><% =RS("description") %>
```

Shopsystem

```
      </td>
    </tr>
  </table>
</form>
</body>
</html>
<%
RS.Close
nameConn.Close
%>
```

Listing 12.26: Artikelanzeige (showitem.asp in mehreren Teilen)

Deutlich komplexer ist der Aufbau der Datei CONTROL.ASP, mit der der Warenkorb berechnet wird und die Steuerung der Anzeige des Warenkorbs erfolgt. Hier fließen eine ganze Reihe von Daten ein, die von den übrigen Skripten bereit gestellt werden. Zusätzlich zu Session- und User-ID wird ein Kommando übernommen, damit verschiedene Skripte zur Ansteuerung benutzt werden können und hier verschiedene Aktionen auslösen. Die Anzahl der in den Warenkorb zu legenden Artikel wird mit Request.Form("pieces") aus dem Formular in SHOWITEM.ASP, die entsprechende ID des Artikels mit Request.QueryString("itemid") übernommen. Da auch anonym eingekauft werden darf, wird die User-ID auf den Wert »0« gesetzt, wenn sich der Nutzer noch nicht angemeldet hat. Der Sinn ist weiter unten erkennbar: Jede Bestellung wird sofort in die Datenbank geschrieben, eine nicht zugewiesene Variable führt aber zu einem SQL-Fehler. Der Wert »0« ist eindeutig, da die IDs erst ab 1 vergeben werden.

control.asp

```
<!-- #include file="connection.inc" -->
<%
command = Request.QueryString("command")
itemid = Request.QueryString("itemid")
orderid = Request.QueryString("orderid")
pieces = Request.Form("pieces")
IF IsNull(userid) or userid="" THEN
  userid = "0"
END IF
```

Hier folgt die Abfrage der Kommandos für das Skript SHOWLIST.ASP, das weiter unten erklärt wird und den Inhalt des Warenkorbs anzeigt. Vom Warenkorb aus kann der Artikel in der Menge geändert (command="change") oder völlig aus dem Warenkorb gelöscht werden (command="delete"). Der SQL-Befehl DELETE wird zum Löschen, der Befehl UPDATE zum Ändern verwendet. Beachten Sie die Aufteilung der Variablen *q* (für »query«) zum Aufbau des kompletten SQL-Kommandos. Die Zerlegung erfolgt hier nur der Übersichtlichkeit halber.

```
if command = "delete" then
  q = "DELETE from orders"
  q = q & " WHERE order_id = " & orderid
  RS.Open q, nameConn
```

Der DELETE-Befehl löscht alle Artikel aus der Bestelltabelle *orders*, die zu der übertragenen Order-ID passen und dem übergebenen Artikel entsprechen. Dazu eine Bemerkung: Wenn der Artikel mehrfach bestellt wurde, erscheint er in dieser Version in der Liste mehrfach. Durch die Verknüpfung der zu löschenden Position mit der Variablen *orderid* wird wirklich nur die angeklickte Zeile der Tabelle gelöscht. Die nächste Befehlsalternative (command="change") verändert die Menge der bestellten Artikel in der Tabelle. Dazu wird der SQL-Befehl UPDATE benutzt. Hier wird die Menge einfach neu gesetzt. Mit einer einfachen Abfrage wird die Menge »0« erkannt und in einen DELETE-Befehl verwandelt:

```
ELSEIF command = "change" THEN
  IF pieces="0" THEN
    q = "DELETE from orders"
    q = q & " WHERE order_id = " & orderid
  ELSE
    q = "UPDATE orders SET pieces=" & pieces
    q = q & " WHERE order_id = " & orderid
  END IF
  RS.Open q, nameConn
```

Komplexer erscheint da schon die nach der Mengenänderung nötige Neuberechnung des gesamten Warenkorbes. Die Tabelle *orders* verfügt über ein Feld, in dem für jede Bestellzeile ein eigener »Gesamtpreis« angegeben wurde. Damit ist es möglich, kundenspezifische Rabatte oder Sonderpreise mitzuführen. Aber auch der nur einfach berechnete Gesamtpreis der Zeile, Menge * Preis, wird hier gespeichert. Das entsprechende SQL-Kommando ist verschachtelt und benutzt im Argument des UPDATE-Befehls erneut ein SELECT, mit dem der Preis aus der Artikeltabelle geholt wird. Auch die Multiplikation von Preis und Menge wird in SQL ausgeführt:

```
q = "UPDATE orders SET sum_order="
q = q & "(SELECT price FROM item WHERE item_id=" & itemid
q = q & ")*" & pieces
q = q & " WHERE order_id = " & orderid
RS.Open q, nameConn
```

Ein wenig einfacher erscheint die Aufnahme einer neuen Bestellung. Dazu wird nur ein INSERT-Befehl benutzt. In der Praxis stellte sich jedoch heraus, dass die Nutzer ein und denselben Artikel mehrfach in die Liste aufnahmen. Es wäre einfacher für die spätere Anzeige der Liste, wenn solche Mehrfachbestellungen zusammengefasst würden. Deshalb erfolgt an erster Stelle der Test auf vorhandene Artikel. Wichtig ist hier die korrekte Zeichensetzung. Die Folge "'" & sessionid & "'" verpackt den Inhalt der Variablen in einfache Anführungszeichen. Ansonsten würde der Inhalt der Variablen in SQL erneut als Bezeichner verstanden werden. Fehler wie: »Spaltenbezeichner nicht erlaubt an dieser Stelle« (oder deren englisches Pendant) deuten auf solche Zeichensetzungsfehler hin. Die Variablen *sessionid* und *userid* sind notwendig, weil zu diesem Zeitpunkt noch keine Order-ID vergeben wurde (die wird erst durch den INSERT-Befehl vergeben). Wenn eine Übereinstimmung erzielt wurde (Not IsNull(RS("order_id")), wird die alte Menge ermittelt und zu der neuen Menge addiert und die Zeile dann mit einem UPDATE-Befehl geändert (eigentlich mit zwei UPDATE-Befehlen, denn die Menge und die Summe müssen neu berechnet werden):

```
ELSEIF command = "insert" THEN
  q = "SELECT order_id,pieces FROM orders "
  q = q & " WHERE session_id=" & "'" & sessionid & "'"
  q = q & " AND item_id=" & "'" & itemid & "'"
  RS.Open, q, nameConn
  IF Not IsNull(RS("order_id")) THEN
    pieces = pieces + RS("pieces")
    q = "UPDATE orders SET sum_order="
    q = q & "(SELECT price FROM item WHERE item_id=" & itemid
    q = q & ")*" & pieces
    q = q & " WHERE order_id = " & orderid
    RS.Open q, nameConn
    q = "UPDATE orders SET pieces=" & pieces
    q = q & " WHERE order_id=" & orderid
    RS.Open q, nameConn
  ELSE
```

Wird keine Übereinstimmung erzielt, ist der Artikel in der Liste noch nicht erfasst. Dann wird der Preis aus der Artikeldatenbank geholt; alle Daten werden entsprechend mit dem INSERT-Befehl neu geschrieben. Der INSERT-Befehl erzeugt eine neue Order-ID automatisch, so wie es in der Tabellendefinition angegeben wurde. Die Variable *order_price* benötigt noch eine kleine Sonderbehandlung. Der eingesetzte SQL-Server verlangt für Währungsdaten die Angabe im amerikanischen Format, also »13.56« statt des deutschen »13,56«. Deshalb wird aus der Eingabe das Komma gegen einen Punkt ersetzt und auch gleich die Menge berechnet (Replace(RS("price")*pieces,",","."). Bei der Ausgabe sind keine Maßnahmen dieser Art nötig, die Funktion FORMATCURRENCY wandelt korrekt um.

```
    q = "SELECT price FROM item WHERE item_id=" & itemid
    RS.Open query, nameConn
    order_price = Replace(RS("price")*pieces,",",".")
    RS.Close
    q = "INSERT INTO orders
    (session_id,item_id,user_id,order_date,pieces,sum_order) "
    q = q & "VALUES (" & "'" & sessionid & "'"
    q = q & "," & itemid & "," & userid & ", GETDATE()"
    q = q & "," & pieces & "," & order_price & ")"
    RS.Open query, nameConn
  END IF
%>
```

Nach der Übergabe der neuen Werte an die Tabellen wird die HTML-Seite aufgebaut. Die Darstellung im linken Fenster ist hier weniger interessant. Nach jeder Änderung soll aber im rechten unteren Fenster – wo sonst der einzelne Artikel angezeigt wird – der Inhalt des Warenkorbs erscheinen. In der Übersicht war ja kein direkter Aufruf des Warenkorbs möglich. Zwar kann man mit einem Klick auf den weiter unten eingebauten Link den Warenkorb aufrufen, aber es wäre sicher sehr bequem, wenn sich die Anzeige nach jeder Änderung selbst neu aufbauen würde. Die wichtigsten Funktionen werden schließlich (Menge ändern, löschen) aus dem Warenkorb heraus gesteuert. Dazu wird die folgende JavaScript-Funktion benutzt, die bei jedem Neustart des Skriptes CONTROL.ASP auch den »Nachbarrahmen« »basket« neu aufbaut und damit die Anzeige der Datei SHOWLIST.ASP aktualisiert.

```
<html>
<head>
<title>Übersicht</title>
<base target="control">
<script language="javascript">
function reload_showlist()
{
 parent.basket.location.href =
 "showlist.asp?sessionid=<% = sessionid %>&userid=<% = userid %>"
}
</script>
</head>
```

Der Aufruf der Funktion erfolgt bei jedem Neustart des Skripts durch einen onload()-Befehl im Tag `<BODY>`:

```
<body onload="reload_showlist()">
<h4><font color="blue">Übersicht</font></h4>
```

Die Gesamtsumme des Warenkorbs ist auch von Interesse und wird mit einem SELECT-Befehl ermittelt. Hier wird eine der Aggregat-Funktionen zur Bildung der Summe benutzt (SUM). Die richtigen Datensätze eines Warenkorbs werden anhand der Session-ID ermittelt. Die Summe wird unter der Bezeichnung *total* abgelegt:

```
<%
q = "SELECT SUM(orders.sum_order) AS total FROM item, orders "
q = q & "WHERE orders.session_id=" & "'" & sessionid & "'"
RS.Open q, nameConn
total = RS("total")
```

Für alle Fälle wird noch der Zustand des leeren Warenkorbs abgefangen und ausgewertet. Ließ sich eine Summe ermitteln, wird sie ausgegeben:

```
If command="first" or ISNULL(total) then
  %>
  <font size="-1"><font COLOR="Red">
  <P> Der Warenkorb ist leer. </font>
  Wählen Sie Artikel aus der Artikelliste und dann aus der
Detailansicht und fügen Sie diese mit dem Schalter [in den Warenkorb]
hinzu. Sie müssen sich erst anmelden, wenn Sie wirklich bestellen
wollen. Wählen Sie oben den Schalter [Anmelden].</P>
<% else %>
  <table>
  <tr>
    <td bgColor="#faf0e6"><font size="0">
    Ihr Warenkorb hat einen Wert von:</font></td>
  </tr>
  <tr>
  <td bgColor="#ffc0cb">
  <% = total %>
  DM </td>
  </tr>
```

Der Rest ist ebenfalls wenig spektakulär. Um der Rolle als Steuerfenster des Shops gerecht zu werden, kann von dieser Stelle aus auch gleich die Registrierung erfolgen. User- und Session-ID werden – wenn vorhanden – übergeben. Die Umsetzung erfolgt ausschließlich in dem Skript REGISTER.ASP, das weiter unter beschrieben wird.

```
<% if IsNull(userid) then %>
  <tr>
  <td>
  <font SIZE="-2" Color="Red">Hinweis:<br>
  Erst anmelden, dann bestellen.</font><p>
  <a HREF="register.asp?userid=<% = userid %>
   &sessionid=<% = sessionid %>" target="item">
  <img SRC="../pix/anmelden.gif" ALT="Anmelden" BORDER="0"
   WIDTH="100" HEIGHT="15"></a></p>
  </td>
  </tr>
<% else %>
  <tr>
  <td>
  <a HREF="register.asp?userid=<% = userid %>
   &sessionid=<% = sessionid %>" target="item">
  <img SRC="../pix/anmeldedaten.gif" ALT="Anmeldedaten"
   BORDER="0" WIDTH="100" HEIGHT="15"></a>
  </td>
  </tr>
  <tr>
  <td>
```

```
    <a HREF="order.asp?userid=<% = userid %>
     &sessionid=<% = sessionid %>" target="basket">
    <img SRC="../pix/order.gif" ALT="Bestellen" BORDER="0"
     WIDTH="100" HEIGHT="15"></a>
   </td>
  </tr>
<% end if %>
</table>
<% end if %>
</body>
</html>
<%
RS.Close
nameConn.Close
%>
```

Wieder einfacher und überschaubarer ist das Skript SHOWLIST.ASP zur Anzeige des Warenkorbs. Über Formulare wird das eben vorgestellte Skript CONTROL.ASP gesteuert. Erinnern Sie sich noch an die JavaScript-Funktion? Die Warenkorbliste wird nach jeder Änderung von dort neu an den Browser gesendet, so dass hier keine zusätzlichen Maßnahmen (wie »Refresh-Schalter«) nötig sind.

Zur Verfahrensweise mit dem hier nicht gezeigten Skript ORDER.ASP sehen Sie bitte in Abschnitt 12.2.3 am Ende des Kapitels nach.

Das Skript beginnt mit einem völlig unspektakulären SELECT der Bestandteile des Warenkorbs der laufenden Session. Aus der Tabelle *orders* werden alle Datensätze der Session extrahiert, aus der Tabelle *item* werden gleichzeitig alle Artikeldaten geholt. Die Artikeldaten werden für die Anzeige benötigt.

```
<!-- #INCLUDE file="connection.inc" -->
<%
q = "SELECT * FROM item, orders"
q = q & " WHERE orders.session_id=" & "'" & sessionid & "'"
q = q & " AND item.item_id=orders.item_id"
q = q & " ORDER BY item.item_id"
RS.Open query, nameConn
```

Falls der Warenkorb leer ist, wird eine Hilfeseite eingeblendet:

```
if RS.EOF AND RS.BOF then
%>
<!-- #INCLUDE file="../help.htm" -->
<% else %>
```

Sind die Daten ermittelt, wird die HTML-Seite aufgebaut. Eine Tabelle ermöglicht eine optimale Darstellung:

Shopsystem

```
<html>
<head>
<title>Warenkorb anzeigen</title>
</head>
<body>
<h4><font color="blue">Ihr Warenkorb </font></h4>
<table ...>
  <tr>
    <td WIDTH="25" valign="right">
    <font size="0">Pos.</font></td>
    <td WIDTH="35"><font size="0">Artikel</font></td>
    <td><font size="0">Anzahl</font></td>
    <td WIDTH="300"><font size="0">Bezeichnung</font></td>
    <td align="right"><font size="0">Einzelpreis</font></td>
    <td align="right"><font size="0">Gesamtpreis</font></td>
    <td align="center"><font size="0">Aktion?</font></td>
  </tr>
  <%
  position = 0
  do while not RS.EOF
  %>
  <tr>
    <td bgcolor="#faf0e6"><font size="0">
    <% =position %></font></td>
    <td bgColor="#faf0e6"><font size="0">
    <% =TRIM(RS("sku")) %></font></td>
    <td bgColor="#faf0e6"><font size="0">
```

Die Variable *position* dient als Zeilenzähler für die Tabelle und erzeugt eine »laufende Nummer«. Dies hat ansonsten keine Bedeutung; wenn es Ihnen nicht gefällt, können Sie die Spalte auch entfernen.

Am Ende jeder Zeile der Tabelle werden drei Funktionen in Form eines Icons angeboten, die sich auf den angezeigten Artikel beziehen. Um in jeder der drei Funktionen das Kommando verschlüsseln zu können, wird das Tag <form> drei Mal benötigt. Die Übertragung des Befehls erfolgt mit command=befehl; die Zeile, auf die sich das Kommando bezieht, wird mit &orderid=<% = RS("order_id") %> übermittelt. Auch hier wird die User- und Session-ID übertragen, auch wenn in einigen Fällen das Skript CONTROL.ASP damit gar nichts anfangen kann. Es ist aber notwendig, die IDs immer weiter zu übergeben, damit der Wert auch nach der Rückkehr in dieses Skript noch identisch ist. Nur dadurch kann man auf Cookies verzichten. Das erste Kommando, »change«, übermittelt auch die geänderte Menge:

```
<form action="control.asp?command=change
 &sessionid=<% = sessionid %>&itemid=<% = RS("item_id") %>
 &userid=<% = userid %>&orderid=<% = RS("order_id") %>"
 method="post" target="control">
<input type="text" size="2" name="pieces"
```

12 Praktische ASP-Programmierung

```
         value="<% = RS("pieces") %>"></font></td>
<td bgColor="#faf0e6"><font size="0">
<% = RS("name") %></font></td>
<td bgColor="#ffc0cb" align="right" nowrap><font size="0">
<% = FormatCurrency(RS("price"),2) %> </font></td>
<td bgColor="#ffc0cb" align="right" nowrap><font size="0">
<% = FormatCurrency(RS("sum_order"),2) %></font></td>
<td bgcolor="white">
<table ...>
<tr>
<td valign="center">
<input type="image" SRC="../pix/change.gif" ALT="Lösche"
 BORDER="0" WIDTH="60" HEIGHT="15"></form></td>
<td valign="center">
```

Der Befehl zum Löschen benötigt keine weiteren Eingaben – anklicken genügt, denn es ist ein normaler Link. Auf lästige Sicherheitsabfragen wird hier bewusst verzichtet; es ist einfach, den Artikel erneut in die Liste aufzunehmen.

```
<form action="control.asp?command=delete
 &sessionid=<% = sessionid %>&itemid=<% = RS("item_id") %>
 &userid=<% = userid %>" method="post" target="control">
<input type="image" name="command" value="change"
  SRC="../pix/delete.gif" ALT="Ändern" BORDER="0" WIDTH="60"
  HEIGHT="15"></form></td>
<td valign="center">
```

Die Anzeige des Artikels kann jederzeit mit dem dritten Befehl erfolgen:

```
  <form action="showitem.asp?sessionid=<% = sessionid %>
   &itemid=<% = RS("item_id") %>&userid=<% = userid %>"
   method="post">
  <input type="image" name="command" value="view"
    SRC="../pix/view.gif" ALT="Anzeigen" BORDER="0" WIDTH="60"
    HEIGHT="15"></form></td>
</tr>
</table>
</td>
</tr>
<%
RS.MoveNext
position = position + 1
LOOP
%>
```

Die Schleife wird wieder mit dem LOOP-Befehl abgeschlossen und der Zeilenzähler um eins erhöht. Der Rest ist reines HTML zum Abschließen der Tabellen, der Seite und noch ein wenig VBScript zum Schließen der Datenbankverbindung:

```
    </tr>
    </table>
    </body>
    </html>
<%
end if
RS.Close
nameConn, Close
%>
```

Listing 12.27: *showlist.asp (in mehreren Teilen)*

Nachdem alle Artikel im Warenkorb liegen, folgt normalerweise die Bestellung. Damit nichts schief läuft, ist eine Kundenregistrierung nötig. Um sowohl die Anmeldung als auch die Korrektur der Daten mit nur einem Skript zu erledigen, wird wieder auf die Übertragung von Kommandos zurückgegriffen, diesmal ruft sich das zweite Skript aber selbst auf. Zuvor jedoch noch die Einleitung REGISTER.ASP:

```
<!-- #include file="connection.inc" -->
<html>
<head>
<basefont="Arial, Univers, Helvetica">
</head>
<body>
<h4><font color="blue">Registrierung</h4>
```

Das Formular fragt nur den Namen und ein Kennwort ab und übergibt die Steuerung dann an REGISTER2.ASP. Der Parameter rstep=0 startet das Skript am Anfang der Registrierung:

```
<form method="post" action="register2.asp?rstep=0
 &sessionid=<% = sessionid %>&userid=<% = userid %>"
 target="basket">
<table width="90%" bgcolor="#c0c0c0" border="4" bordercolor="#808080"
bordercolordark="#696969" bordercolorlight="#d3d3d3" cellpadding="6">
<tr>
<td valign="top">
<font size="2">Sie können sich jetzt am System anmelden. Geben Sie
Name und Pa&szlig;wort ein, auch wenn Sie sich zum ersten Mal
anmelden. W&auml;hlen Sie dann die Option rechts, und klicken Sie auf
Anmelden! </font>
<table border="0" cellPadding="1" cellSpacing="1" width="75%">   <tr>
  <td align="right"><font size="2">Anmeldename </font></td>
  <td><input type="text" size="30" name="name" value=""></td>     <tr>
  <td align="right"><font size="2">Passwort </font></td>
  <td>
  <input type="password" size="30" name="password" value>
  </td>
```

```
</tr>
</table>
</td>
```

Wenn Sie unterscheiden möchten, ob sich ein Nutzer am System anmeldet, um zu bestellen oder zum ersten Mal den Shop besucht, werden die Skriptteile »register« für die Anmeldung bereits registrierter Nutzer, »new« für die Neuanmeldung und »change« zum Ändern bereits bestehender eigener Daten über die Optionsschaltfelder angesteuert.

```
<td valign="bottom">
<INPUT type="radio" name="command" value="register" checked>
<font size="1">Registrieren<BR>
<INPUT type="radio" name="command" value="change">
<font size="1">Daten &auml;ndern<BR>
<INPUT type="radio" name="command" value="new">
<font size="1">Neu anmelden im Shop<BR>
<input type="image" SRC="../pix/start_register.gif" ALT="Jetzt anmelden" Border="0" WIDTH="120" HEIGHT="30">
</form>
</td>
</tr>
</table>
</body>
</html>
```

Listing 12.28: Anmeldung neuer Benutzer (register.asp in Teilen)

Komplexer ist dagegen das Skript REGISTER2.ASP, das die eben vorgestellten Kommandos verarbeitet. Zuerst werden die Formulardaten *name*, *password* und *command* von REGISTER.ASP übernommen:

```
<!-- #include file="connection.inc" -->
<%
name = Request.Form("name")
password = Request.Form("password")
command = Request.Form("command")
```

Zusätzlich wird der Registrierschritt ermittelt und für den nächsten Durchlauf um eins erhöht. Die Auswertung kann dann bequem mit einem SELECT CASE erfolgen. Wenn zusätzliche Angaben benötigt werden, wird einfach eine zusätzliche Anfrage eingebaut. Der Fehlertext *errtxt* dient zur Anzeige von mitten im Skript auftretenden Fehlerzuständen; die Fehlernummer *errnmb* identifiziert den letzten Schritt, muss also immer größer als die höchste Schrittnummer sein. Den letzten Schritt kennzeichnet der Wert *lstep*.

```
rstep = Request.QueryString("rstep")
rstep = CInt(rstep) + 1
dim errtxt
errtxt=""
const errnmb= 99
const lstep = 4
```

Der erste Test prüft die Eingabe von Namen und Kennwort:

```
if name="" OR password="" then
  errtxt = "Fehler: Name oder Kennwort darf nicht leer sein<P>"
  errtxt = errtxt + "Fehler bei der Eingabe - versuchen Sie es erneut."
  rstep = errnmb
else
```

Im Erfolgsfall, das heißt, Name und Kennwort wurden eingegeben, wird in der Datenbank nach dem passenden Datensatz gesucht. Ein einfacher SELECT-Befehl fragt die Tabelle *users* ab, in der die Registrierungen gespeichert werden. Beachten Sie wieder die Zeichensetzung:

```
q = "SELECT * FROM users WHERE name='" & name & "'"
q = q & " AND password='" & password & "'"
RS.Open query, nameConn
userid = RS("user_id")
```

Hat der Nutzer versucht, Daten zu ändern, und ist der Datensatz nicht vorhanden, wird ein entsprechender Fehler erzeugt:

```
if IsNull(userid) AND command="change" then
   errtxt = "Sie sind noch nicht mit dem eingegebenen Namen angemeldet. Versuchen Sie es mit dem richtigen Namen oder melden Sie sich neu an."
   rstep=errnmb
 end if
```

Im Erfolgsfall wird der Datensatz abgefragt und in Variablen übertragen, mit denen die Felder für die Eingabe schon gefüllt werden:

```
if not IsNull(userid) AND command="change" then
  name = RS("name")
  company = RS("company")
  address = RS("address")
  zip = RS("zip")
  city = RS("city")
  country = RS("country")
  telephone = RS("telephone")
  telefax = RS("telefax")
  password = RS("password")
end if
RS.Close
```

Ist der Name schon vorhanden und wurde versucht, sich am System neu anzumelden, wird ebenso eine entsprechende Meldung erzeugt:

```
if not IsNull(userid) AND command="register" then
    errtxt = "Der von Ihnen gew&uuml;nschte Name existiert bereits. Bitte versuchen Sie es mit einem anderen Namen."
    rstep=errnmb
  end if
end if
%>
```

Nach dem die Anfangsprobleme geklärt sind, wird die HTML-Seite mit dem Formular aufgebaut. Da sich der Inhalt des Formulars ändern soll, wird das Gerüst der Seite um den SELECT CASE-Befehl herum platziert, die Formularinhalte werden dagegen in die CASE-Zweige integriert. Das Tag <FORM> übergibt die Daten, das Kommando wird mit einem versteckten Feld <INPUT type= hidden ...> transportiert.

```
<html>
<head>
<basefont="Arial, Helvetica">
<base Target="basket">
</head>
<body>
<h4><font color="blue">Kundendaten</h4>
<p></font>
<form action="register2.asp?rstep=<% = rstep %>
 &sessionid=<% = sessionid %>&userid=<% = userid %>"
 method="post" >
<table ...>
<tr>
<td>
```

Der erste Schritt erfasst die Basisdaten. In der hier vorgestellten Minimalversion wird der angedachte Eingabezwang noch nicht umgesetzt.

```
<%
select case rstep
case 1
%>
<font size="2">Bitte geben Sie mindestens die Daten ein, die mit einem
<font COLOR="Red"><b>*</b></font> gekennzeichnet sind.
</font>
<table border="0" cellPadding="1" cellSpacing="1" width="90%">
<tr>
<td align="right"><font size="2">Name</font></td>
<td>
<input type="text" size="40" name="name" value="<% = name %>">
</td>
<td ROWSPAN="7">
```

```html
<input type="hidden" name="password" value="<% = password %>">
<input type="hidden" name="command" value="<% = command %>">
                   </td>
</tr>
<tr>
<td align="right"><font size="2">Firma </font></td>
<td>
<input type="text" size="40" name="company" value="<% = company %>">
</td>
</tr>
<tr>
<td align="right"><font size="2">Strasse</font></td>
<td>
<input type="text" size="40" name="address" value="<% = address %>">
</td>
</tr>
<tr>
<td align="right"><font size="2">PLZ </font></td>
<td nowrap>
<input type="text" size="6" name="zip" value="<% = zip %>">
<font size="2"> Ort font>
<input type="text" size="27" name="city" value="<% = city %>">
</td>
</tr>
<tr>
<td align="right"><font size="2">Land </font>
</td>
<td>
<input type="text" size="40" name="country" value="<% = country %>">
</td>
</tr>
<tr>
<td align="right"><font size="2">Telephone </font></td>
<td>
<input type="text" size="40" name="telephone" value="<% = telephone %>">
</td>
</tr>
<tr>
<td align="right"><font size="2">E-Mail font></td>
<td><input type="text" size="40" name="telefax" value="<% = telefax %>">
</td>
</tr>
</table>
```

Die im ersten Schritt erfassten Daten werden an den zweiten Schritt übergeben und erst hier in die Datenbank geschrieben. Mit den entsprechenden

Request.Form-Befehlen werden die Daten geholt und mit einem UPDATE-Kommando (»change«) beziehungsweise mit INSERT (»new«) in die Datenbank geschrieben.

```
<% case 2
name = Request.Form("name")
password = Request.Form("password")
company = Request.Form("company")
address = Request.Form("address")
city = Request.Form("city")
zip = Request.Form("zip")
country = Request.Form("country")
telephone = Request.Form("telephone")
telefax = Request.Form("telefax")
if command="change" then
  q = "UPDATE users SET name=" & name & " ,company=" & company
  q = q & " ,address=" & address & " ,city=" & city
  q = q & " ,zip=" & zip & " ,country=" & country
  q = q & " ,telephone=" & telephone & ", telefax=" & telefax
  q = q & " WHERE name=" & name & " AND password=" & password
  RS.Open query, nameConn
else
  q = "INSERT INTO users (name,company,address,zip,city,
      country,telephone,telefax,password)"
  q = q & " VALUES ('" & name & "','" & company
  q = q & "','" & address  & "','" & zip
  q = q & "','" & city & "','" & country & "','" & telephone
  q = q & "','" & telefax & "','" & password & "')"
  RS.Open query, nameConn
end if
%>
```

Nach der Übernahme der Daten aus dem ersten Schritt wird das Formular für den zweiten Schritt zur Anzeige gebracht – die Kreditkartendaten. Hier erfolgt die Auswertung nicht, kann aber sinngemäß implementiert werden. Serviceunternehmen, die das Clearing der Kreditkarten übernehmen, stellen normalerweise Skripte zur Verfügung, die an dieser Stelle eingebunden werden.

```
<table border="0" cellPadding="1" cellSpacing="1" width="90%">
<tr>
<td align="right"><font size="2">Name </font></td>
<td>
<input type="text" size="30" name="name" value="<% =name%>">
</td>
<td ROWSPAN="5">
<input type="hidden" name="password" value="<% = password %>">
</tr>
<tr>
```

```
<td align="right"><font size="2">Kreditkarte </font></td>         <td>
<select SIZE="1" NAME="cc_type">
<option name="American Express">American Express</option>
<option name="VISA">VISA</option>
<option name="Mastercard">Mastercard</option>
<option name="Eurocard">Eurocard</option>
</select>
</td>
</tr>
<tr>
<td align="right"><font size="2">Verfallsdatum </font></td>
<td><input type="text" size="10" name="cc_expires" value="   /   ">
<font SIZE="1">  beispielsweise 12/99</font></td>
</tr>
<tr>
<td align="right" valign="top"><font size="2">Karteninhaber </font></td>
<td><input type="text" size="30" name="cc_name" value><br>
<font SIZE="0">Nur eintragen, wenn nicht mit Anmeldename identisch</font>
</td>
</tr>
<tr>
<td align="right"><font size="2">Kartennummer </font></td>
<td><input type="text" size="30" name="cc_number" value></td>
</tr>
</table>
```

Im dritten Schritt werden die Daten des zweiten Schritts in die Datenbank geschrieben und nötigenfalls weitere Daten erfasst. Am Ende wird die angefangene Tabelle fortgesetzt und der Schalter zum Weiterleiten auf das nächste Skript erzeugt. Hier gibt es nur noch ein UPDATE-Kommando, denn der eigentliche Datensatz (mit der einmaligen User-ID) wurde bereits im ersten Schritt erzeugt:

```
<% case 3
if command="change" OR command="new" then
  q = "UPDATE users SET cc_type=" & cc_type & "
  q = q & " ,cc_expires=" & cc_expires & " ,cc_name=" & cc_name
  q = q & " ,cc_name=" & cc_name & ", cc_number=" & cc_number
  q = q & " WHERE name=" & name & " AND password=" & password
  RS.Open query, nameConn
end if %>
```
Die Anmeldung ist nun fertig. Klicken Sie auf [NEUSTART], um mit dem Katalog zu arbeiten oder Ihre Bestellung abzusenden. Bereits erfasste Daten gehen nicht verloren.
```
rstep = rstep + 1
<% end select %>
</td>
```

```
</tr>
<tr>
<td align="right">
<% if rstep < lstep then %>
<input type="image" SRC="../pix/next_step.gif" ALT="Weiter..."
Border="0">
</form>
```

Wenn der letzte Schritt erreicht wurde, wird ein spezieller Schalter in einem Formular erzeugt, der die Registrierung beendet. Die Daten werden nun an DEFAULT.ASP übergeben, damit startet das gesamte Frameset erneut, diesmal mit der User-ID und der unveränderten Session-ID. So bleibt der bereits gefüllte Warenkorb trotz der zwischenzeitlichen Registrierung erhalten.

```
<% elseif rstep=lstep then %>
</form>
<table border="0" cellPadding="1" cellSpacing="1" width="90%">
<tr>
<td>Vielen Dank für Ihre Anmeldung und den Besuch unseres Shops!
</td>
<td>
<form action="../default.asp?userid=<% = userid %>
 &sessionid=<% = sessionid %>" method="post" target="_top">
<input type="image" SRC="../pix/restart.gif" ALT="Los geht's"
 Border="0">
</form>
</td>
</tr>
```

Wenn alle Bedingungen nicht zutrafen, ist ein Fehler aufgetreten. Durch das Hochsetzen der Variablen rstep sind die anderen CASE-Zweige gegebenenfalls ausgeblendet worden. Hier wird nun noch der Fehlertext angezeigt und ebenfalls neu gestartet. Die Fehlernummer wird nicht ausgewertet; es wäre aber denkbar bei komplexeren Anmeldeskripten mit Fehlernummern in errnmb zu arbeiten, die Konzeption lässt solche Erweiterungen jedenfalls zu. Der Rest ist wieder HTML und schließt Tabelle und Seite ab.

```
<% else %>
<table border="0" cellPadding="1" cellSpacing="1" width="90%">
<tr>
<td>
<font Color="Red"><% = errtxt %></font>
</td>
</tr>
<tr>
<td>
<form action="../default.asp?userid=<% = userid %>
 &sessionid=<% = sessionid %>" method="post" target="_top" >
<input type="image" SRC="../pix/restart.gif" ALT="Jetzt anmelden"
```

```
        Border="0">
      </form>
     </td>
    </tr>
   </table>
<% end if %>
     </td>
    </tr>
   </table>
  </body>
</html>
```

Listing 12.29: Fortsetzung der Anmeldung (register2.asp in mehreren Teilen)

12.2.3 Weiterentwicklung und Übung

Der gezeigte Shop ist nicht vollständig. Es ist nicht die Intention dieses Lehrbuches, fertige Lösungen zu zeigen, sondern den Weg hin zu einer eigenen individuellen Version.

Entwicklung der Bestelltabelle

Wenn der Nutzer seine Bestellung bestätigt hat, wird in einem letzten Schritt ein Skript mit dem Namen ORDER.ASP aufgerufen. Es ist hier nicht vorgestellt worden. Was sollte an dieser Stelle passieren? Das hängt ganz vom Einsatzzweck ab. Es gibt mehrere Aufgaben, die dieses Skript ausführen könnte:

So entwickeln Sie das Skript order.asp

- Absenden einer E-Mail mit den Bestellinformationen:
  - Komplettieren der Bestelldaten aus der Tabelle *items* und *users*.
  - Erstellen des Textes der E-Mail.
  - Absenden mit den Collaboration Data Objects (siehe Kapitel 11).
- »Gültigmachen« der Bestellung in einem speziellen Feld der Bestelltabelle:
  - Erweitern der Tabelle *orders* um ein Feld *ordered*.
  - Erstellen einer UPDATE-Anweisung in SQL und aktualisieren der Tabelle.
- Kopieren der Bestelldaten in eine andere Tabelle:
  - Erstellen einer Tabelle *ordered* mit entsprechenden Feldern.
  - Ausführen einer SELECT INTO-Anweisung.
- Kopieren der Bestelldaten in eine Textdatei:
  - Komplettieren der Bestelldaten aus der Tabelle *items* und *users*.
  - Erstellen des Textes, der geschrieben werden soll.
  - Ablegen der Bestellung in einem speziellen Verzeichnis und mit fortlaufender Nummer als Dateiname.

So unterschiedlich die Ansätze sind, erfüllen sie doch ein und denselben Zweck. Die Bestellung muss den Weg zur Ausführung finden. Es bleibt der Fantasie des Lesers überlassen, hier den richtigen Ansatz zu finden und zu realisieren. Denken Sie auch daran, die Textdatei so zu entwerfen, dass sie von einem Warenwirtschaftssystem direkt importiert werden kann. Solche Funktionen stellen alle modernen Warenwirtschaftssysteme zur Verfügung.

Design

Der Shop enthält noch keine Designelemente. Hier sind viel Sorgfalt und Mühe notwendig, um ein ansprechendes Layout zu erhalten. Informieren Sie sich über DHTML und den aktuellen Stand der Browsertechnologie, um attraktive Applikationen für ein großes Publikum entwerfen zu können.

Sicherheit

In der vorgestellten Anwendung wurden keinerlei Sicherheitsvorkehrungen getroffen. Zumindest die Übertragung der Kreditkartendaten sollte aber über einen gesicherten Kanal wie SSL geschehen. In diesem Fall werden die gesichert zu übertragenen Daten verschlüsselt. Es ist sinnvoll, auch die Serversicherheit zu prüfen und die sensiblen Daten von außen zu schützen. Abschnitt 11.5 *Sicherheit für ASP-Umgebungen* ab Seite 795 gibt über Verfahren und Techniken Auskunft.

Performance

Wenn Sie einen umfangreicheren Ausbau des Shops planen, sind einige zusätzliche Maßnahmen zu bedenken, die die Leistungsfähigkeit des Gesamtsystems nachhaltig beeinflussen. Eine mögliche Maßnahme wäre die Entwicklung spezieller Datenbankkomponenten, die dann im MTS registriert werden. Dann sind sicher auch Verteilungen im Netzwerk weniger problematisch. Sie können als einfachste Maßnahme den SQL-Server auf eine eigene Maschine umsetzen. Dann ist es sinnvoll, die Nachrichtendienste der MSMQ in Anspruch zu nehmen.

IV

Referenz VBScript und ADO

A VBScript 5

A.1 Referenz VBScript

A.1.1 Datentypen

VBScript enthält eigentlich nur einen Datentyp, *Variant*, der zu unterschiedlichen Zeitpunkten verschiedene Datentypen enthalten kann. Zulässig sind Zahlen (numerischer Typ) oder Text (Zeichenkettentyp). VBScript nimmt den Typ an, der sich aus dem Kontext der Verwendung ergibt. Manchmal ist die Zuordnung nicht eindeutig, dann kann der Stringtyp erzwungen werden, indem der Wert in Anführungszeichen gestellt wird (" "). Um im Programmkontext das Verhalten besser steuern zu können, können bestimmte Unterdatentypen definiert werden:

Subtype	Beschreibung
Empty	Steht für nicht initialisiert oder die Zahl 0 für numerische Variablen und eine leere Zeichenkette "" für Zeichenkettenvariablen.
Null	Variable enthält keine gültigen Daten.
Boolean	Enthält entweder logisches Wahr oder Falsch (TRUE | FALSE), TRUE entspricht -1, FALSE entspricht 0.
Byte	Bytewert 0...255.
Integer	Integerwert im Bereich von -32.768 bis 32767.
Currency	Ein Währungswert zwischen -922.337.203.685.477,5808 und 922.337.203.685.477,5807. Währungssymbole sind nicht Bestandteil.
Long	Ein Wert zwischen -2.147.483.648 und 2.147.483.647.
Single	Ein Gleitkommawert mit einfacher Genauigkeit zwischen -3.402823^{38} bis 1.401298^{-45} für negative Zahlen und 1.401298^{-45} bis 3.402823^{38} für positive Zahlen.
Datum (Zeit)	Enthält eine eindeutige Nummer für ein Datum zwischen dem 1. Januar 100 bis 31. Dezember 9999.
String	Zeichenkette variabler Länge bis zu einer Gesamtzeichenzahl von (theoretisch) etwa 2 Milliarden Zeichen (2 GByte).
Object	Enthält ein Objekt (oder eine neue Instanz).
Error	Enthält eine Fehlernummer.

A.1.2 Mathematische Funktionen

Name	Syntax	Beschreibung
ABS	X = ABS(zahl)	Gibt des absoluten Betrag einer Zahl zurück.
ATN	X = ATN(zahl)	Gibt den Arkus Tangens einer Zahl zurück. Die Ausgabe erfolgt in Grad. Zur Umrechnung in Bogenmaß benutzen Sie X = ATN(zahl)*PI/180.
COS	X = COS(zahl)	Gibt den Kosinus einer Zahl zurück.
EXP	X = EXP(zahl)	Gibt die Potenz zur Basis e (Eulersche Zahl) zurück. E = EXP(1) gibt die Eulersche Zahl zurück.
FIX	X = FIX(zahl)	Gibt den ganzen Teil einer Zahl zurück. FIX schneidet die Nachkommastellen ab.
INT	X = INT(zahl)	Gibt den ganzen Teil einer Zahl zurück. INT gibt den nächst kleineren ganzzahligen Wert zurück.
LOG	X = LOG(zahl)	Diese Funktion berechnet den natürlichen Logarithmus einer Zahl.
RND	X = RND X = RND(zahl)	Gibt eine Zufallszahl zurück. Das Argument ist optional, wenn es angegeben wird, entscheidet der Zahlenwert über die nächste Zahl der Zufallsfolge: • Zahl < 0; immer derselbe Startwert. • Zahl = 0; die zuletzt generierte Zahl. • Zahl > 0; nächste Zahl der Folge. Um die Zufallsfolge neu zu starten, verwenden Sie die Anweisung RANDOMIZE
ROUND	X = ROUND (zahl, stelle)	Diese Funktion rundet einen numerischen Ausdruck auf eine bestimmte Anzahl Dezimalstellen. Die Angabe der Dezimalstelle kann negativ sein, wenn auf ganzzahlige Werte vor dem Komma gerundet werden soll. Die Angabe der Dezimalstellen ist optional, ohne Angabe wird der Wert 0 angenommen.
SGN	X = SGN(zahl)	Gibt das Vorzeichen einer Zahl zurück. Positive Zahlen werden durch 1, negative durch -1 und Nullen durch 0 wiedergegeben.
SIN	X = SIN(zahl)	Berechnet den Sinus einer Zahl.
SQR	X = SQR(zahl)	Die Quadratwurzel einer Zahl. Das Argument darf nicht negativ sein.
TAN	X = TAN(zahl)	Berechnet den Tangens einer Zahl.

A.1.3 Array- und Zeichenkettenfunktionen

ARRAY. Diese Funktion erzeugt ein Datenfeld (Array), das mit einer variablen Anzahl von Elementen gefüllt werden kann.

```
var = ARRAY(werteliste [, werteliste [,...]])
```

FILTER. Die Funktion FILTER durchsucht das eindimensionale Array *array* nach Vorkommen der Zeichenkette *wert*. Das Array darf nur Zeichenketten enthalten. Der Boolesche Parameter *einschluss* ist TRUE, wenn die gefundenen Übereinstimmungen zurückgegeben werden sollen; er ist FALSE, wenn die Zeichenketten zurückgegeben werden sollen, die den Suchwert nicht enthalten. Der Parameter *vergleich* gibt die Art des Vergleichs an.

```
var = FILTER(array, wert [, einschluss [, vergleich]])
```

Der Parameter *vergleich* darf sein:

- vbBinaryCompare, 0. Binären Vergleich durchführen.
- vbTextCompare, 1. Textvergleich durchführen.
- vbDatabaseCompare, 2. Vergleich von Informationen, die auf einer Datenbank basieren.

INSTR, INSTRREV. Die Funktion INSTR durchsucht eine Zeichenkette z1 nach Vorkommen der Zeichenkette z2. Der optionale Parameter *start* gibt die erste Position an, ab der gesucht werden soll. Die Funktion INSTREV durchsucht die Zeichenkette vom Ende.

```
var = INSTR([start,] z1, z2 [, vergleich])
var = INSTRREV(z1, z2 [, start] [, vergleich])
```

Der Parameter *vergleich* darf sein:

- vbBinaryCompare, 0. Binären Vergleich durchführen.
- vbTextCompare, 1. Textvergleich durchführen.
- vbDatabaseCompare, 2. Vergleich von Informationen, die auf einer Datenbank basieren.

JOIN. Die Funktion JOIN verbindet die Elemente des eindimensionalen Arrays *array* zu einer Zeichenkette. Das Zeichen *trennung* trennt die Elemente in der entstehenden Zeichenkette.

```
var = JOIN(array, trennung)
```

LBOUND, UBOUND. LBOUND liefert den kleinsten Index eines Arrays für die angegebene Dimension, UBOUND den höchsten. Der Parameter *dimension* ist optional; wird er nicht angegeben, gilt der Wert 1 (erste Dimension).

```
var = LBOUND(array [, dimension])
var = UBOUND(array [, dimension])
```

LCASE, UCASE. LCASE wandelt eine Zeichenkette in Kleinbuchstaben, UCASE in Großbuchstaben um. Wird NULL übergeben, wird auch NULL zurückgegeben.

```
var = LCASE(zeichenkette)
var = UCASE(zeichenkette)
```

LEFT, MID, RIGHT. Diese Funktionen geben Teile einer Zeichenkette zurück. LEFT gibt *laenge* Zeichen vom linken Ende und RIGHT vom rechten Ende zurück. MID gibt *laenge* Zeichen von der Position *start* zurück. Die Angabe *laenge* ist optional, wird nichts angegeben, wird das Ende der Zeichenkette eingesetzt.

```
var = LEFT(zeichenkette, laenge)
var = MID(zeichenkette, start [, laenge])
var = RIGHT(zeichenkette, laenge)
```

LEN. Diese Funktion gibt die Länge einer Zeichenkette zurück. Wird als Argument eine Boolesche oder numerische Variable übergeben, ermittelt LEN die Anzahl der zur Speicherung der Variablen erforderlichen Bytes.

```
var = LEN(zeichenkette | variable)
```

LTRIM, RTRIM, TRIM. Mit diesen Funktionen werden Zeichenketten von überflüssigen Leerzeichen befreit. LTRIM entfernt Leerzeichen am linken Ende, RTRIM am rechten Ende und TRIM an beiden Enden der Zeichenkette.

```
var = LTRIM(zeichenkette)
var = RTRIM(zeichenkette)
var = TRIM(zeichenkette)
```

REPLACE. Die Funktion REPLACE ersetzt einen Teil einer Zeichenkette. Die Zeichenkette *Ausdruck* wird nach Vorkommen von *SuchZF* durchsucht und alle Vorkommen werden durch *ErsetzenDurch* ersetzt. Die Suche beginnt bei Start und wird maximal *Anzahl* oft ausgeführt. *Anzahl* und *Start* sind optionale Parameter, ohne Angabe wird die gesamte Zeichenkette durchsucht und jedes Vorkommen ersetzt.

```
var = REPLACE(Ausdruck, SuchZF, ErsetzenDurch [,Start [,Anzahl
[,Vergleich]]])
```

Der Parameter *vergleich* darf sein:

- vbBinaryCompare, 0. Binären Vergleich durchführen.
- vbTextCompare, 1. Textvergleich durchführen.
- vbDatabaseCompare, 2. Vergleich von Informationen, die auf einer Datenbank basieren.

SPACE. Diese Funktion gibt *anzahl* Leerzeichen zurück. Die Leerzeichen entsprechen dem ASCII-Zeichensatz und nicht dem HTML-Code .

```
var = SPACE(anzahl)
```

SPLIT. SPLIT trennt eine Zeichenkette anhand eines angegebenen Trennzeichens *trennung* und gibt ein eindimensionales Array zurück. Der Parameter *anzahl* bestimmt, wie viele Vorkommen des Trennzeichens maximal gesucht werden.

var = SPLIT(*ausdruck, trennung, anzahl, vergleich*)

Der Parameter *vergleich* darf sein:

- vbBinaryCompare, 0. Binären Vergleich durchführen.
- vbTextCompare, 1. Textvergleich durchführen.
- vbDatabaseCompare, 2. Vergleich von Informationen, die auf einer Datenbank basieren.

STRCOMP. STRCOMP vergleicht zwei Zeichenketten nach der Größe und gibt einen logischen Wert zurück.

var = STRCOMP(*ausdruck, trennung, anzahl, vergleich*)

Der Parameter *vergleich* darf sein:

- vbBinaryCompare, 0. Binären Vergleich durchführen.
- vbTextCompare, 1. Textvergleich durchführen.
- vbDatabaseCompare, 2. Vergleich von Informationen, die auf einer Datenbank basieren.

STRING. Diese Funktion gibt eine *anzahl* Wiederholungen des Zeichens *zeichen* aus.

var = STRING(*anzahl, zeichen*)

STRREVERSE. Diese Funktion vertauscht die Reihenfolge der Zeichen der übergebenen Zeichenkette. Der Wert des Parameters darf nicht NULL sein.

var = STRREVERSE(*zeichenkette*)

A.1.4 Testfunktionen

IsArray. Diese Funktion prüft, ob eine Variable ein Array ist; IsArray gibt dann TRUE zurück.

var = IsArray(*variable*)

IsDate. Diese Funktion gibt TRUE zurück, wenn der übergebene Ausdruck in einen gültigen Datumswert umgewandelt werden kann.

var = IsDate(*ausdruck*)

IsEmpty . Diese Funktion prüft, ob eine Variable bereits initialisiert wurde; solange die Variable leer ist, wird TRUE zurückgegeben.

var = IsEmpty(*variable*)

IsNull. Diese Funktion prüft, ob ein Ausdruck NULL ist und gibt TRUE zurück, wenn das der Fall ist.

```
var = IsNull(ausdruck)
```

IsNumeric. Die Funktion gibt TRUE zurück, wenn der Ausdruck in eine Zahl umgewandelt werden kann oder eine Zahl ist.

```
var = IsNumeric(ausdruck)
```

IsObject. Die Funktion gibt TRUE zurück, wenn die Variable die Instanz einer Klasse ist, das heißt, ein Objekt enthält.

```
var = IsObject(variable)
```

A.1.5 Datums- und Zeitfunktionen

DATE, TIME, NOW. Diese Funktionen beziehen sich auf die aktuelle Systemzeit des Servers und geben das Datum (DATE), die Zeit (TIME) oder Datum und Zeit (NOW) aus.

```
var = DATE
var = TIME
var = NOW
```

DATEADD. Diese Funktion berechnet ein Datum auf der Grundlage eines übergebenen Datenwerts *datum* und einer Differenz *anzahl*. Der Parameter *typ* gibt an, auf welchen Teil des Datums sich der numerische Wert *anzahl* bezieht.

```
var = DATEADD(typ, anzahl, datum)
```

Der Parameter *typ* kann sein:

Wert	Beschreibung
yyyy	Jahr (1...9999)
q	Quartal (1..4)
m	Monat (1..12)
y	Tag des Jahres (1..365)
d	Tag
w	Wochentag (1..7)
ww	Woche des Jahres (1..52)
h	Stunde (1..24)
n	Minute (1..60)
s	Sekunde (1..60)

DATEDIFF, DATEPART. Die Funktion DATEDIFF berechnet die Differenz zwischen zwei Datumswerten. Die Funktion DATEPART gibt einen Teil eines

Datum zurück. Beide Funktionen geben jeweils einen Zahlenwert zurück, dessen Bedeutung durch den Parameter *typ* bestimmt wird.

```
var = DATEDIFF(typ, d1, d2, ewt, ewj)
var = DATEPART(typ, d1, ewt, ewj)
```

Der Parameter *typ* kann folgende Werte annehmen:

Wert	Beschreibung
yyyy	Jahr (1...9999)
q	Quartal (1..4)
m	Monat (1..12)
y	Tag des Jahres (1..365)
d	Tag
w	Wochentag (1..7)
ww	Woche des Jahres (1..52)
h	Stunde (1..24)
n	Minute (1..60)
s	Sekunde (1..60)

Um die Berechnung korrekt durchführen zu können, sind optional die Startwerte für den ersten Tag der Woche, *ewt*, und die erste Woche des Jahres, *ewj*, zu bestimmen.

Der Parameter *ewt* kann folgende Werte annehmen:

Konstante	Wert	Beschreibung
vbUseSystem	0	Systemeinstellungen verwenden
vbSunday	1	Sonntag (Standardeinstellung)
vbMonday	2	Montag
vbTuesday	3	Dienstag
vbWednesday	4	Mittwoch
vbThursday	5	Donnerstag
vbFriday	6	Freitag
vbSaturday	7	Samstag

Der Parameter *ewj* kann folgende Werte annehmen:

Konstante	Wert	Beschreibung
vbUseSystem	0	Systemeinstellungen verwenden
vbFirstJan1	1	Mit der Woche beginnen, in die der 1. Januar fällt (Standardeinstellung).

Konstante	Wert	Beschreibung
vbFirstFourDays	2	Mit der Woche beginnen, die im neuen Jahr mindestens vier Tage hat.
vbFirstFullWeek	3	Mit der ersten vollen Woche des Jahres beginnen

DATESERIAL. Aus den Einzelangaben für Jahr, Monat und Tag wird ein Datumswert ermittelt und zurückgegeben.

```
var = DATESERIAL(jahr, monat, tag)
```

DATEVALUE. Diese Funktion versucht aus einer Zeichenkette ein Datum oder eine Uhrzeit zu extrahieren. Fehlerhafte Angaben mit eindeutiger Syntax, beispielsweise 33:75, führen zu einem Laufzeitfehler.

```
var = DATEVALUE(zeichenkette)
```

DAY, HOUR, MINUTE, MONTH, SECOND, WEEKDAY, YEAR. Diese Funktionen geben jeweils den Zahlenwert des entsprechenden Teils eines Datums zurück.

```
var = DAY(datumswert)
var = WEEKDAY(datumswert)
var = MONTH(datumswert)
var = YEAR(datumswert)
var = HOUR(datumswert)
var = MINUTE(datumswert)
var = SECOND(datumswert)
```

Die Wochentage (WEEKDAY) werden durch die folgenden Konstanten repräsentiert:

Konstante	Wert	Beschreibung
vbUseSystem	0	Systemeinstellungen verwenden
vbSunday	1	Sonntag (Standardeinstellung)
vbMonday	2	Montag
vbTuesday	3	Dienstag
vbWednesday	4	Mittwoch
vbThursday	5	Donnerstag
vbFriday	6	Freitag
vbSaturday	7	Samstag

MONTHNAME, WEEKDAYNAME. Diese Funktionen geben die Namen der Monate oder der Wochentage als Zeichenkette zurück. Der übergebene Wert muss dem numerischen Wert entsprechen, also eine Zahl zwischen 0 und 6 (WEEKDAYNAME) bzw. zwischen 1 und 12 (MONTHNAME) sein. Der Parameter *kurz-*

Referenz VBScript

form wird TRUE gesetzt, wenn der Name abgekürzt werden soll. Die Standardeinstellung ist FALSE. Der Parameter *ewt* gibt den Wochentag an, mit dem die Woche beginnt. Sie können die entsprechenden Wochentagskonstanten verwenden. Die Standardeinstellung ist 0 (vbSunday, Sonntag).

```
var = WEEKDAYNAME(wochentag, kurzform, ewt)
var = MONTHDAY(monat, kurzform)
```

TIMESERIAL. Aus drei Einzelangaben für Stunde, Minute und Sekunde wird ein Zeitwert ermittelt und zurückgegeben.

```
var = TIMESERIAL(stunde, minute, sekunde)
```

TIMEVALUE. Diese Funktion versucht aus einer Zeichenkette eine Uhrzeit zu extrahieren. Fehlerhafte Angaben mit eindeutiger Syntax, beispielsweise »33:75:88«, führen zu einem Laufzeitfehler. Zulässige Angaben wären »12:24« oder »3:10P«.

```
var = TIMEVALUE(zeichenkette)
```

A.1.6 Formatierungsfunktionen

FormatCurrency. Diese Funktion formatiert Ausdrücke so, dass ein Währungsbetrag zurückgegeben wird.

```
var = FormatCurrency(ausdruck, [dezimal, [null, [klammer, [trennung]]]])
```

Als Parameter können angegeben werden:

▶ *dezimal*. Anzahl der Stellen nach dem Komma.

▶ *null*. TriState-Konstante für die Darstellung führender Nullen.

▶ *klammer*. Anzeige negativer Werte durch Umklammerung des Betrages.

▶ *trennung*. Formatierung der Trennzeichen.

Die entsprechenden TriState-Konstanten entnehmen Sie der folgenden Übersicht:

▶ TriStateTrue, -1. Wahr; die Option wird benutzt.

▶ TriStateFalse, 0. Falsch; die Option wird nicht benutzt.

▶ TriStateUseDefault, -2. Die Standardeinstellungen des Systems werden benutzt.

FormatDateTime. Die Funktion FormatDateTime gibt den übergebenen Datumswert in einer bestimmten Ausgabeform zurück.

```
var = FormatNumber(datum, format)
```

Der Parameter *format* wird durch die folgenden Konstanten bestimmt:

▶ vbGeneralDate, 0. Standardeinstellungen mit kurzem Datum und langer Zeitangabe.

- vbLongDate, 1. Langes Datumsformat nach den Ländereinstellungen des Systems.

- vbShortDate, 2. Kurzes Datumsformat nach den Ländereinstellungen des Systems.

- vbLongTime, 3. Langes Zeitformat nach den Ländereinstellungen des Systems.

- vbShortTime, 4. Kurzes Zeitformat nach den Ländereinstellungen des Systems.

FormatNumber. Diese Funktion formatiert Ausdrücke so, dass ein Zahlenwert zurückgegeben wird.

```
var = FormatNumber(ausdruck, [dezimal, [null, [klammer, [trennung]]]])
```

Als Parameter können angegeben werden:

- dezimal. Anzahl der Stellen nach dem Komma.

- null. TriState-Konstante für die Darstellung führender Nullen.

- klammer. Anzeige negativer Werte durch Umklammerung des Betrags.

- trennung. Formatierung der Trennzeichen.

Die entsprechenden TriState-Konstanten entnehmen Sie der folgenden Übersicht:

- TriStateTrue, -1. Wahr; die Option wird benutzt.

- TriStateFalse, 0. Falsch; die Option wird nicht benutzt.

- TriStateUseDefault, -2. Die Standardeinstellungen des Systems werden benutzt.

FormatPercent. Diese Funktion formatiert Ausdrücke so, dass ein Prozentwert zurückgegeben wird.

```
var = FormatPercent(ausdruck, [dezimal, [null, [klammer, [trennung]]]])
```

Als Parameter können angegeben werden:

- dezimal. Anzahl der Stellen nach dem Komma.

- null. TriState-Konstante für die Darstellung führender Nullen.

- klammer. Anzeige negativer Werte durch Umklammerung des Betrags.

- trennung. Formatierung der Trennzeichen.

Die entsprechenden TriState-Konstanten entnehmen Sie der folgenden Übersicht:

- TriStateTrue, -1. Wahr; die Option wird benutzt.

- TriStateFalse, 0. Falsch; die Option wird nicht benutzt.
- TriStateUseDefault, -2. Die Standardeinstellungen des Systems werden benutzt.

GetLocale. Mit dieser Funktion wird ein lokales Gebietsschema ermittelt. Die Standardeinstellung wird vom Serverbetriebssystem übernommen. Sie kann mit der Funktion SetLocale überschrieben werden.

```
Gebiet = GetLocale()
```

Diese Funktion steht erst ab Version 5 zur Verfügung.

SetLocale. SetLocale setzt ein bestimmtes Gebietsschema. Ausgaben mit länder- oder sprachspezifischen Formaten (Datumsangaben, Zeiten, Währungen, Zahlen) werden in der länderspezifischen Form dargestellt. Dies geschieht unabhängig von der Sprache des Betriebssystems. Diese Funktion steht erst ab Version 5 zur Verfügung.

```
SetLocale("De-de")
```

Das Beispiel setzt das Gebietsschema deutsch. Die folgende Tabelle zeigt alle zulässigen Angaben:

Gebietsschema	Kurzzeichenfolge	Gebietsschema	Kurzzeichenfolge
Afrikaans	af	Japanisch	ja
Albanisch	sq	Jiddisch	ji
Arabisch – Ägypten	ar-eg	Katalanisch	ca
Arabisch – Algerien	ar-dz	Koreanisch	ko
Arabisch – Bahrain	ar-bh	Kroatisch	hr
Arabisch – Irak	ar-iq	Lettisch	lv
Arabisch – Jemen	ar-ye	Litauisch	lt
Arabisch – Jordanien	ar-jo	Malaiisch – Malaysia	ms
Arabisch – Kuwait	ar-kw	Maltesisch	mt
Arabisch – Libanon	ar-lb	Mazedonisch	mk
Arabisch – Libyen	ar-ly	Niederländisch	nl
Arabisch – Marokko	ar-ma	Niederländisch – Belgien	nl-be
Arabisch – Oman	ar-om	Norwegisch – Bokmål	no
Arabisch – Qatar	ar-qa	Polnisch	pl
Arabisch – Saudi-Arabien	ar-sa	Portugiesisch – Brasilien	pt-br
Arabisch – Syrien	ar-sy	Portugiesisch – Standard	pt
Arabisch – Tunesien	ar-tn	Rätoromanisch	rm
Arabisch – V.A.E.	ar-ae	Rumänisch	ro

Gebietsschema	Kurzzeichenfolge	Gebietsschema	Kurzzeichenfolge
Baskisch	eu	Rumänisch – Moldawien	ro-mo
Bulgarisch	bg	Russisch	ru
Chinesisch	zh	Russisch – Moldawien	ru-mo
Chinesisch – Hongkong	zh-hk	Schwedisch	sv
Chinesisch – Singapur	zh-sg	Schwedisch – Finnland	sv-fi
Chinesisch – Taiwan	zh-tw	Serbisch – Kyrillisch	sr
Chinesisch – VRC	zh-cn	Setschuan	tn
Dänisch	da	Slowakisch	sk
Deutsch – Liechtenstein	de-li	Slowenisch	sl
Deutsch – Luxemburg	de-lu	Sorbisch	sb
Deutsch – Österreich	de-at	Spanisch – Argentinien	es-ar
Deutsch – Schweiz	de-ch	Spanisch – Bolivien	es-bo
Deutsch – Standard	de	Spanisch – Chile	es-cl
Englisch	en	Spanisch – Costa Rica	es-cr
Englisch – Australien	en-au	Spanisch – Dominikanische Republik	es-do
Englisch – Belize	en-bz	Spanisch – Ecuador	es-ec
Englisch – Großbritannien	en-gb	Spanisch – El Salvador	es-sv
Englisch – Irland	en-ie	Spanisch – Guatemala	es-gt
Englisch – Jamaika	en-jm	Spanisch – Honduras	es-hn
Englisch – Kanada	en-ca	Spanisch – Kolumbien	es-co
Englisch – Neuseeland	en-nz	Spanisch – Mexiko	es-mx
Englisch – Südafrika	en-za	Spanisch – Nicaragua	es-ni
Englisch – Trinidad	en-tt	Spanisch – Panama	es-pa
Englisch – USA	en-us	Spanisch – Paraguay	es-py
Estnisch	et	Spanisch – Peru	es-pe
Färöisch	fo	Spanisch - Puerto Rico	es-pr
Farsi	fa	Spanisch – Standard	es
Finnisch	fi	Spanisch – Uruguay	es-uy
Französisch – Belgien	fr-be	Spanisch – Venezuela	es-ve
Französisch – Kanada	fr-ca	Sutu	sx
Französisch – Luxemburg	fr-lu	Thai	th
Französisch – Schweiz	fr-ch	Tschechisch	cs
Französisch – Standard	fr	Tsonga	ts

Gebietsschema	Kurz-zeichen-folge	Gebietsschema	Kurz-zeichen-folge
Gälisch – Schottland	gd	Türkisch	tr
Griechisch	el	Ukrainisch	uk
Hebräisch	he	Ungarisch	hu
Hindi	hi	Urdu – Pakistan	ur
Indonesisch	in	Vietnamesisch	vi
Isländisch	is	Weißrussisch	be
Italienisch – Schweiz	it-ch	Xhosa	xh
Italienisch – Standard	it	Zulu	zu

A.1.7 Funktionen zur Typumwandlung

ASC, ASCB, ASCW. Die Funktion ASC erwartet eine Zeichenkette als Argument und gibt den ANSI-Wert des ersten Zeichens dieser Zeichenkette zurück. Ist die Zeichenkette leer, wird ein Laufzeitfehler erzeugt. Es gibt drei Versionen der Funktion.

```
var = ASC(string)
var = ASCB(string)
var = ASCW(string)
```

ASCB gibt den Bytewert des Zeichens zurück, während ASCW den Doppelwortwert (32 Bit) zurückgibt. ASCW entspricht auf Plattformen, die mit Unicode arbeiten, dem Unicode des Zeichens.

CBool. CBool beurteilt einen *Ausdruck* und liefert die Boolesche Entsprechung zurück. Der Rückgabewert entspricht dem Datentyp Boolean. Die Anwendung ist dann notwendig, wenn in einem Ausdruck sowohl logische Werte als auch Ausdrücke zulässig sind und ein logischer Wert zwingend benötigt wird. Bei der Auswertung numerischer Ausdrücke wird lediglich das Ergebnis (0 oder ungleich 0) genutzt, dass Ausdrücke wie »1-1« eigentlich richtig sind (weil zulässig), findet keine Beachtung. Das Ergebnis ist hier FALSE, denn 1-1 ist gleich 0 und das entspricht FALSE.

```
var = Cbool(Ausdruck)
```

CByte. CByte konvertiert den angegebenen *Ausdruck* in den Typ Byte. Sinnvoll ist die Umwandlung vor allem bei der Verwendung von byteorientierten arithmetischen Operationen. Eine weitere Anwendung ist die Umgehung landesspezifischer Einstellungen, die sich beispielsweise auf den Currency-Typ auswirken. Das Ergebnis des Ausdrucks muss numerisch sein und eine positive Zahl zwischen 0 und 255 ergeben. Andernfalls wird ein Laufzeitfehler erzeugt.

```
var = Cbyte(Ausdruck)
```

CCur. Die Funktion CCur erzeugt einen Währungsausdruck. Die Angabe kann notwendig werden, wenn explizit mit Währungen gearbeitet wird und VBScript entscheidet, dass der angegebene numerische Wert ein Integer- oder Gleitkommawert ist. Ebenso werden landesspezifische Unterschiede der Zahlenbehandlung bei Währungen umgangen.

```
var = CCur(Ausdruck)
```

CDate. CDate wandelt eine Datumszeichenkette in das interne numerische Datumsformat um. Die Zeichenkette muss den VBScript-Datumskonventionen unterliegen. Das interne Datumsformat ist das Systemformat, also bei deutschen Einstellungen Tag/Monat/Jahr (dd/mm/yy), mit dem Zeichen »/« als Separator. Die zu konvertierende Zeichenkette muss in »#« eingeschlossen werden. Die Ausgabe einer Datumsvariable wird in der richtigen, systemabhängigen Form erfolgen, also normalerweise mit der Trennung der Zahlen durch einen Punkt. Als Monat ist die Angabe der Kurz- oder Langform des englischen Monatsnamens erlaubt.

```
var = CDate(Ausdruck)
```

CDbl und CSng. CDbl wandelt Ausdrücke in das Format Double, CSng in das Format Single (Gleitkomma mit einfacher oder doppelter Genauigkeit) um.

```
var = CDbl(Ausdruck)
var = CSng(Ausdruck)
```

Chr. Chr erwartet als Argument einen Zeichencode im ANSI-Zeichenraum, die Zahlen 0 bis 31 entsprechen dabei nicht druckbaren ASCII-Zeichen. Der Wert kann zwischen 0 und 255 liegen. Werte außerhalb dieses Bereichs führen zu einem Laufzeitfehler.

```
var = Chr(Zeichencode)
```

CInt. CInt erwartet einen Ausdruck, dessen Ergebnis als Integer zurückgegeben wird. Das dient vor allem der Umwandlung von Ausdrücken, deren Zahlenwert nicht eindeutig diesem Adressraum zugeordnet werden kann. So kann die Zahl 17 sowohl ein Bytewert, ein Integer- oder ein Gleitkommawert sein. Werte außerhalb des zulässigen Bereichs von -32.768 bis 32.767 führen zu einem Laufzeitfehler.

```
var = CInt(Ausdruck)
```

CLng. CLng erwartet einen Ausdruck, dessen Ergebnis als Long zurückgegeben wird. Das dient vor allem der Umwandlung von Ausdrücken, deren Zahlenwert nicht eindeutig diesem Adressraum zugeordnet werden kann. So kann die Zahl 16.400 sowohl ein Integerwert, ein Long-Wert oder ein Gleitkommawert sein. Werte außerhalb des zulässigen Bereichs von -2.147.483.648 und 2.147.483.647 führen zu einem Laufzeitfehler.

```
var = CLng(Ausdruck)
```

Referenz VBScript

CStr. Diese Funktion wandelt den übergebenen Ausdruck in eine Zeichenkette um. Je nach Inhalt des Ausdrucks (oder seines Ergebnisses) verhält sich CStr unterschiedlich.

Ausdruck	Rückgabewert
Boolean	Das Wort »True« oder »False«
Datum	Das Datum im vom System definierten Kurzformat
Null	Laufzeitfehler
Leer	Eine leere Zeichenkette (»«)
Zahlen	Ein String mit der Zahl als Inhalt

```
var = CStr(Ausdruck)
```

Hex und Oct. Hex gibt den Hexadezimalwert des Ausdrucks mit bis zu acht Stellen zurück. Oct gibt den Oktalwert mit bis zu elf Stellen zurück. Werden in numerischen Ausdrücken Hexadezimalzahlen benutzt, genügt allerdings das Voranstellen der Zeichen »&H« beziehungsweise »&O«. Ist der Ausdruck Null, wird Null zurückgegeben, ist der Ausdruck leer, wird 0 zurückgegeben. Die Übergabe einer Zeichenkette ist möglich, eine leere Zeichenkette führt zu einem Laufzeitfehler. Nicht ganzzahlige Ausdrücke werden erst gerundet und dann gewandelt.

```
var = Hex(Ausdruck)
var = Oct(Ausdruck)
```

RGB. Die Funktion gibt eine Zahl zurück, die einen RGB-Farbwert darstellt. Übergeben werden die drei Farbwerte ROT, GRÜN und BLAU. Die Werte der Parameter müssen zwischen 0 und 255 sein, größere Werte werden als 255 gelesen.

```
RGB(Rot, Grün, Blau)
```

A.1.8 Systemfunktionen

CreateObject. Mit dieser Funktion erzeugen Sie eine neue Instanz eines Objekts. Die Klasse des Objekts wird durch die Syntax *Server.Klasse* angegeben. Die in der zweiten Zeile der Syntaxbeschreibung gezeigte Notation zerstört die Instanz des Objekts wieder.

```
SET instanz = CreateObject("server.klasse")
SET instanz = NOTHING
```

GetObject. Diese Funktion gibt einen Verweis auf ein Objekt zurück. Damit kann eine Datei mit einem spezifischen OLE-Server geöffnet und bearbeitet werden. Der Parameter *pfad* zeigt auf die Datei, der optionale Parameter *server.klasse* gibt den Server und bei Bedarf die benutzte Klasse an. Wird nichts angegeben, entscheidet die Dateierweiterung über das zu benutzende Programm. Siehe auch CreateObject.

A VBScript 5

```
SET instanz = GetObject("pfad", "server.klasse")
SET instanz = NOTHING
```

ScriptEngine, ScriptEngineBuildVersion. ScriptEngineMinorVersion, ScriptEngineMajorVersion. Diese Funktionen geben Informationen über die verwendete Skript-Engine als Zeichenkette zurück. Die Funktion Script-Engine kann beispielsweise »VBScript«, »JScript« oder »VBA« zurückgeben.

```
x = ScriptEngine
x = ScriptEngineBuildVersion
x = ScriptEngineMinorVersion
x = ScriptEngineMajorVersion
```

TypeName, VarType. Die Funktion TypeName gibt den erkannten Untertyp einer Variablen in Form einer Zeichenkette zurück. Die Funktion VarType gibt den entsprechenden Wert der Typkonstanten zurück.

```
type = TypeName(variable)
wert = VarType(variable)
```

Subtype	Rückgabewert (*type*)	Rückgabewert (*wert*)
Empty	Empty	vbEmpty, 0
Null	Null	vbNull, 1
Boolean	Boolean	vbBoolean, 11
Byte	Byte	vbByte, 17
Ganzzahl	Integer	vbInteger, 2
Währung	Currency	vbCurrency, 6
Lang	Long	vbLong, 3
Einfach genau	Single	vbSingle, 4
Doppelt genau	Double	vbDouble, 5
Datum (Zeit)	Date	vbDate, 7
Zeichenkette	String	vbString, 8
Objektname	Object	vbObject, 9
Error	Error	vbError, 10
Array	Array	vbArray, 8192
Variant	Variant	vbVariant, 12

A.1.9 Konstanten

Farbwerte. Farbwerte werden in VBScript durch hexadezimale Werte definiert. Einige Farbwerte können in der Typbibliothek als Wort definiert werden. Hier die Liste der standardisierten Bezeichnungen der zugehörigen Hexwerte:

Referenz VBScript

Konstante	Wert &HBBGGRR	Beschreibung
vbBlack	&H000000	Schwarz
vbRed	&H0000FF	Rot
vbGreen	&H00FF00	Grün
vbYellow	&H00FFFF	Gelb
vbBlue	&HFF0000	Blau
vbMagenta	&HFF00FF	Magenta
vbCyan	&HFFFF00	Cyan
vbWhite	&FFFFFFF	Weiß

Um die Farbwerte mit dem Tag <font color=> nutzen zu können, muss man die Richtung umdrehen, HTML erwartet RRGGBB als Hexadezimalwert. Die VBScript-Werte eignen sich in HTML-Seiten nicht zum direkten Einsatz als Farbwert.

Vergleiche. Um bei Vergleichen von Zeichen einen Zeichenketten- oder Binärvergleich erzwingen zu können, gibt es zwei Konstanten:

Konstante	Wert	Bedeutung
vbBinaryCompare	0	Erzwingt einen binären Vergleich
vbTextCompare	1	Erzwingt einen Textvergleich

Datum/Zeit. Bei Operationen mit Daten bieten sich die Datumskonstanten an.

Konstante	Wert	Bedeutung
vbSunday	1	Sonntag
vbMonday	2	Montag
vbTuesday	3	Dienstag
vbWednesday	4	Mittwoch
vbThursday	5	Donnerstag
vbFriday	6	Freitag
vbSaturday	7	Samstag
vbFirstJan1	1	Woche, in der der 1. Januar liegt.
vbFirstFourDays	2	Woche, die als erste im Jahr vier Tage hat.
vbFirstFullWeek	3	Erste volle Woche im Jahr.

Konstante	Wert	Bedeutung
vbUseSystem	0	Nutzt die lokalen Einstellungen des Datumsformats des Computers.
vbUseSystemDayOfWeek	0	Nutzt für den ersten Tag der Woche die Einstellungen des Computers.

Datumsformate.

Konstante	Wert	Bedeutung
vbGeneralDate	0	Zeigt Datum und/oder eine Zeit. Das tatsächliche Anzeigeformat hängt von der internen Zahl ab.
VbLongDate	1	Nutzt das ausführliche Datumsformat bei der Anzeige in Abhängigkeit von den Einstellungen des Computers.
vbShortDate	2	Nutzt das kurze Datumsformat bei der Anzeige in Abhängigkeit von den Einstellungen des Computers.
vbLongTime	3	Nutzt das ausführliche Zeitformat bei der Anzeige in Abhängigkeit von den Einstellungen des Computers.
vbShortTime	4	Nutzt das kurze Zeitformat bei der Anzeige in Abhängigkeit von den Einstellungen des Computers.

Anmerkung zu vbGeneralDate: Datumswerte werden intern als Gleitkommazahl gespeichert. Der Teil vor dem Komma (ganzzahliger Teil) repräsentiert das Datum, der Teil nach dem Komma (Bruchteil) die Zeit.

Laufwerktypen. Beachten Sie bei der Nutzung dieser Konstanten, dass die Informationen über den Server erzeugt werden, wenn das Skript serverseitig läuft. Bauen Sie die Abfragen in das clientseitig ablaufende Skript <script language=VBScript> </SCRIPT> ein, werden die Daten des Systems angezeigt, auf dem das Skript abläuft.

Konstante	Wert	Bedeutung
Unknown	0	Laufwerk konnte nicht erkannt werden.
Removable	1	Laufwerk mit herausnehmbaren Medien, zum Beispiel Floppy, JAZ, ZIP.
Fixed	2	Festplattenlaufwerk. Auch herausnehmbare Festplattenlaufwerke, beispielsweise Hot-Swappable Arrays.

Referenz VBScript

Konstante	Wert	Bedeutung
Remote	3	Netzwerklaufwerke und freigegebene Laufwerke im Netzwerk.
CDROM	4	CD-ROM-Laufwerke, gilt auch für CD-Brenner.
RAMDisk	5	RAM-basierte Speicherlaufwerke, die sich wie ein Laufwerk verhalten.

Dateiattribute. Mit den Dateiattributen lassen sich Dateioperationen problemlos ausführen. Die Attribute können durch Addition zusammengefasst werden.

Konstante	Wert	Bedeutung
Normal	0	Keine Attribute
ReadOnly	1	Nur Lesen
Hidden	2	Versteckt
System	4	System
Volume	8	Laufwerkbezeichner
Directory	16	Verzeichnis oder Ordner
Archive	32	Archivebit gesetzt
Alias	64	Link oder Querverweis
Compressed	128	Komprimiert

Nicht auf allen Computern stehen alle Attribute zur Verfügung.

Dateiein- und -ausgabewerte. Beim Öffnen einer Datei kann mit einem Parameter entschieden werden, wie diese Datei zu öffnen ist.

Konstante	Wert	Bedeutung
ForReading	1	Öffnen nur zum Lesen
ForWriting	2	Öffnen zum Schreiben
ForAppending	8	Öffnen zum Anhängen

Fehlerkonstanten. Diese Konstante gibt den niedrigsten Wert vor, den selbst definierte Fehlernummern haben dürfen.

Konstante	Wert	Bedeutung
VbObjectError	-2147221504	Letzter Wert der Liste der internen Fehlernummern

Konstanten der Spezialverzeichnisse. Die drei Spezialverzeichnisse des Betriebssystems können durch eigene Konstanten angesprochen werden.

Konstante	Wert	Bedeutung
WindowsFolder	0	Das Verzeichnis, in dem Windows installiert wurde.
SystemFolder	1	Das Systemverzeichnis mit den Ordnern für Fonts, Bibliotheken und Treibern.
TemporaryFolder	2	Das Verzeichnis der temporären Dateien, in der Definition der Umgebungsvariablen TMP.

Zeichenkettenkonstanten. Oft werden in der Ausgabe von Zeichenketten Sonderzeichen benötigt. Einige dieser Sonderzeichen sind als Konstanten vordefiniert.

Konstante	Wert	Bedeutung
vbCr	Chr(13)	Carriage Return, Wagenrücklauf
vbCrLF	Chr(13) & Chr(10)	Carriage Return und LineFeed, Wagenrücklauf und Zeilenvorschub
vbFormFeed	Chr(12)	Form Feed, Seitenumbruch oder Seitenvorschub (hat für Windows keine Bedeutung)
vbLf	Chr(10)	Line Feed, Zeilenvorschub
vbNewLine	Chr(13) & Chr(10) oder nur Chr(10)	Plattformabhängiges Verhalten; bestimmte Systeme definieren bestimmte interne Zeichen für das Newline-Zeichen.
vbNullChar	Chr(0)	Wert 0
vbNullString	Zeichenkette mit einer 0	Keine leere, sondern eine Zeichenkette mit einer »0«
vbTab	Chr(9)	Horizontaler Tabulator
vbVerticalTab	Chr(11)	Vertikaler Tabulator (hat für Windows keine Bedeutung)

Einige dieser Konstanten waren ursprünglich für Drucker gedacht und haben unter Windows keine Bedeutung.

Tristate-Konstanten. Damit wird ein Dritter (Tristate) Wert bei der Behandlung Boolescher Werte definiert. Die Bedeutung ist wie folgt:

Referenz VBScript

Konstante	Wert	Bedeutung
TristateTrue	-1	Wahr, die besondere Bedingung gilt
TristateFalse	0	False, die besondere Bedingung gilt nicht
TristateUseDefault	-2	Verwendet werden die Standardwerte, die das Betriebssystem vorgibt.

Konstanten der variablen Subtypen. Die Datentypen haben Konstanten, die bei verschiedenen Umwandlungsfunktionen mit Parametern zum Einsatz kommen können.

Konstante	Wert	Bedeutung
vbEmpty	0	Nicht initialisiert (Standardwert)
vbNull	1	Enthält keine gültigen Daten
vbInteger	2	Integer, Ganzzahl
vbLong	3	Long-Wert
vbSingle	4	Gleitkommawert mit einfacher Genauigkeit
vbDouble	5	Gleitkommawert mit doppelter Genauigkeit
vbCurrency	6	Währungstyp
vbDate	7	Datentyp
vbString	8	Zeichenkette
vbObject	9	Objekt
vbError	10	Fehlerwert
vbBoolean	11	Boolescher Wert
vbVariant	12	Variantes Array
vbDataObject	13	Datenobjekt
vbDecimal	14	Dezimalwert
vbByte	17	Bytewert
vbArray	8192	Array

A.1.10 Operatoren

Arithmetische Operatoren. Die folgenden Operatoren können auf mathematische Ausdrücke angewendet werden. Weitere Funktionen sind nur mit zusätzlichen Bibliotheken möglich.

A VBScript 5

Name	Symbol	Beschreibung
Exponent	^	ergebnis = wert1 ^ wert2
Unäre Negation	-	-wert
Multiplikation	*	ergebnis=wert1 * wert2
Division	/	ergebnis=wert1 / wert2
Ganzzahldivision	\	Vor der Division werden beide Operanden in einen Integer-, Byte- oder Longtyp gewandelt und dann dividiert. Das Ergebnis wird erneut in einen Integertyp gewandelt, wenn erforderlich.
Modulus	Mod	Der Restwert einer ganzzahligen Division. Gleitkommawerte werden vor der Operation in Integerwerte gewandelt. ergebnis = wert1 MOD wert2
Addition	+	ergebnis = wert1 + wert2 Siehe auch »&«-Operator.
Subtraktion	-	ergebnis = wert1 - wert2

Auch für Zeichenketten ist ein Operator anwendbar:

Name	Symbol	Beschreibung
Stringverknüpfung	&	zeichenkette = zeichenkette1 & zeichenkette2

Sie können prinzipiell auch den Operator + zur Verkettung zweier Zeichenketten benutzen, müssen jedoch darauf achten, dass der Inhalt der Variablen oder Konstanten von VBScript auch als Zeichenkette interpretiert werden kann. Wenn auch nur einer der Operanden numerisch ist, wird »+« den Ausdruck arithmetisch analysieren und im Zweifelsfall NULL zurückgeben. Auch im Hinblick auf gut lesbaren, selbst dokumentierenden Code sollte immer »&« benutzt werden. Der »&«-Operator wandelt seine Operanden vor der Verkettung in den Zeichenkettentyp um.

Vergleichende Operatoren. Vergleiche werden in Ausdrücken wie dem IF-Befehl vor allem zum Herbeiführen von Entscheidungen benötigt. Folgende Operatoren stehen zur Verfügung:

Beschreibung	Symbol
Gleich	=
Ungleich	<>

Beschreibung	Symbol
Kleiner als	<
Größer als	>
Gleich oder kleiner als	<=
Gleich oder größer als	>=
Equivalentes Objekt	Is

Logische Operatoren. Neben Byte- und Hexwerten können vor allem Boolesche Werte durch logische Operatoren ausgewertet werden:

Beschreibung	Symbol
Logische Negation eines Booleschen Operators oder eines Bitwerte (Hex, Byte, Integer)	*ergebnis* = NOT *wert*
Logische Konjunktion (UND). Nur wenn beide Werte WAHR oder 1 sind, ist auch das Ergebnis WAHR oder 1. Bei bitweisen Operationen wird der Operator auf jedes Bit angewandt.	*Ergebnis* = *wert1* AND *wert2*
Logische Disjunktion (ODER). Das Ergebnis ist WAHR, wenn entweder *wert1* oder *wert2* oder beide WAHR sind.	*Ergebnis* = *wert1* OR *wert2*
Logische Exklusion (Exklusiv ODER). Vergleicht zwei Bitfolgen oder nummerische Werte miteinander und liefert dann WAHR oder den Bitwert 1 zurück, wenn die Werte verschieden sind.	*Ergebnis* = *wert1* XOR *wert2*
Logisches Equivalent. Stellt die Gleichheit zweier Bits oder des Bitäquivalentes eines numerischen Wertes fest. Das Ergebnis ist WAHR oder der Bitwert ist 1, wenn die verglichenen Werte oder Bits gleich sind. Dies ist auch die Umkehroperation zu XOR.	*ergebnis* = *wert1* EQV *wert2*
Logische Implikation. Umkehrung des exklusiven ODER.	*ergebnis* = *wert1* IMP *wert2*

A.1.11 Anweisungen

CALL. Der Befehl CALL ruft eine Prozedur oder Funktion auf. Die Anwendung ist optional, denn normalerweise genügt die Nennung des Namens einer Funktion oder Prozedur. Wenn der Befehl CALL benutzt wird, müssen die Argumente in Klammern stehen. Wird mit CALL eine Funktion aufgerufen, werden die zurückgegebenen Parameter verworfen, die Funktion verhält sich dann wie eine Prozedur. CALL kann unter Umständen eine bessere Lesbarkeit des Quelltextes ermöglichen.

```
[CALL] name (argument [, argument2] )
```

CLASS. Diese Anweisung definiert den Namen einer Klasse und der zugehörigen Variablen, Eigenschaften und Methoden.

```
CLASS Klassenname
    ' ...Definition der Klasse
END CLASS
```

Instanzen der so definierten Klasse werden mit folgender Syntax definiert:

```
SET Objekt = NEW Klassenname
```

Bei der Definition von Klassen können zwei Prozeduren mit besonderen Eigenschaften erzeugt werden:

- _Initialize
  Diese Prozedur wird ausgeführt, wenn eine Instanz der Klasse erzeugt wird.

- _Terminate
  Diese Prozedur wird ausgeführt, wenn das Objekt zerstört wird.

Sie können die Ereignisse nutzen, indem die Namen an den Namen der Klasse angehängt werden:

```
CLASS Klassenname_Initialize
    ...Anweisungen beim Erzeugen
END CLASS
CLASS Klassenname_Terminate
    ...Anweisungen beim Zerstören
END CLASS
```

Ansonsten kann ein Objekt Methoden und Eigenschaften haben. Methoden werden innerhalb des CLASS-Körpers mit SUB definiert. Eigenschaften werden mit PROPERTY definiert. Es gibt drei Varianten:

- PROPERTY GET
  Gibt den Wert der Eigenschaft zurück.

- PROPERTY LET
  Setzt den Wert der Eigenschaft.

- PROPERTY SET
  Setzt einen Verweis auf ein Objekt als Eigenschaft.

Die Anweisungen innerhalb von PROPERTY entsprechen den Möglichkeiten in FUNCTION.

Diese Anweisungen stehen erst ab Version 5 zur Verfügung.

Referenz VBScript

CONST. Mit CONST werden Konstanten definiert, die im gesamten Quelltext feste Werte ersetzen. Erhöht die Lesbarkeit und erleichtert die Pflege der Programme.

[PUBLIC | PRIVATE] **CONST** name = ausdruck

Die Schlüsselworte Public und Private sind optional. Mit dem Wort Public werden Konstanten definiert, die im gesamten Skriptbereich gelten, also auch skriptübergreifend. Die Anwendung ist in Prozeduren nicht erlaubt. Mit Private werden die lokal gültigen Konstanten definiert, die nur innerhalb der aktuellen Skriptdatei gelten. Auch dieses Schlüsselwort ist in Prozeduren nicht erlaubt. *name* definiert den Namen der Konstanten, *ausdruck* bestimmt zusätzlich Inhalt und Typ.

DIM. Mit DIM werden Variablen explizit erklärt und die Dimensionen von Arrays festgelegt. Das System kann mit der DIM-Anweisung auch den nötigen Speicherplatz bereitstellen. Werden Variablen mit der DIM-Anweisung innerhalb einer Prozedur oder Funktion deklariert, gelten sie nur dort. Variablen, die auf Skriptebene definiert werden, gelten in allen Prozeduren und Funktionen des Skripts. Definieren Sie Variablen immer am Beginn einer Prozedur oder des Skripts.

Werden Variablen auf diese Weise erzeugt, wird einer numerischen Variablen der Wert 0 und einer Zeichenkettenvariablen eine leere Zeichenkette »« zugewiesen.

DIM mit einem leeren Klammerpaar definiert ein dynamisches Array. Verwenden Sie den Befehl ReDim, um das Array festzulegen. Wenn Sie die Größe mit DIM bereits festgelegt haben, können Sie diese Eigenschaft mit ReDim nicht mehr ändern.

DIM name [([dimension])] [, name [([dimension])]]

Mit dem Argument dimension werden die Ausdehnungen eines Arrays mit bis zu 60 Dimensionen festgelegt. Der Startwert des Indexzählers eines Arrays ist immer 0.

DO...LOOP. Mit dem Befehlspaar DO...LOOP kann eine Schleife erzeugt werden. Der Test zum Verlassen der Schleife kann sowohl am Ende als auch am Anfang stehen. Die Bedingung muss einen Booleschen Wert ergeben. Das Verlassen der Schleife ist auch innerhalb der Schleife möglich. DO...LOOP-Schleifen können verschachtelt werden.

```
DO [{WHILE | UNTIL } bedingung ]
    '... andere Befehle
[EXIT DO]
    '... andere Befehle
LOOP
```

Alternative Syntax:

```
DO
    '... andere Befehle
```

[EXIT DO]
    '... andere Befehle
LOOP [{**WHILE** | **UNTIL**} *bedingung*]

Es ist sinnvoll, den Befehl EXIT DO durch eine Bedingungsabfrage mit IF...THEN zu steuern. Sie können EXIT DO beliebig oft innerhalb der Struktur verwenden. Das Skript wird nach der Ausführung von EXIT DO unmittelbar hinter dem schließenden LOOP-Befehl fortgesetzt. Wird EXIT DO innerhalb verschachtelter Schleifen eingesetzt, wird nur die aktuelle Schleife verlassen, die Ausführung jedoch in der darüber liegenden Schleife fortgesetzt.

ERASE. Mit ERASE werden die Inhalte eines Arrays neu initialisiert (gelöscht), wenn es sich um ein Array mit festen Dimensionen handelt. Ein Array mit dynamischen Grenzen wird gelöscht und der belegte Speicherplatz wird freigegeben.

ERASE *arrayname*

Um die richtige Anwendung sicherzustellen, ist es notwendig zu wissen, ob das betroffene Array fest oder variabel ist. Nach der Ausführung sind die Werte eines numerischen Arrays auf 0 gesetzt, die Werte eines Zeichenkettenarrays sind eine leere Zeichenkette »«. Das dynamische Array wird freigegeben und muss vor der nächsten Verwendung erneut mit REDIM auf seine aktuelle Größe festgelegt werden.

EXECUTE. Die Anweisung EXECUTE führt andere Anweisungen aus. Die Anweisungen müssen im Kontext gültige VBScript-Anweisungen sein. Die Übergabe erfolgt in einer Zeichenkette.

EXECUTE "Anweisung: Anweisung : ... "

Diese Anweisung steht erst ab Version 5 zur Verfügung. Siehe auch EVAL-Methode.

EXIT. EXIT steht nie allein, sondern immer innerhalb einer umgebenden Befehlsstruktur. Die folgenden Strukturen können mit EXIT jederzeit verlassen werden:

```
EXIT DO            Verlässt eine DO...LOOP-Schleife
EXIT FOR           Verlässt eine FOR...NEXT-Schleife
EXIT FUNCTION      Verlässt eine Funktion
EXIT SUB           Verlässt eine Prozedur
```

Wenn Funktionen oder Prozeduren mit EXIT verlassen werden, wird die Befehlsfolge unmittelbar nach dem aufrufenden Befehl (zum Beispiel dem CALL-Befehl) fortgesetzt.

FOR...NEXT. FOR...NEXT ist die klassische Zählschleife, die eine festgesetzte Anzahl von Durchläufen hat.

FOR *zähler* = *start* **TO** *end* [**STEP** *schrittweite*]
    '.. Befehle ..
[EXIT FOR]
    '.. Befehle ..
NEXT

Die Variable *zähler* muss numerisch sein, Arrays sind nicht erlaubt. Der Zähler beginnt mit dem Wert *start* und endet mit Erreichen oder erstmaligem Überschreiten des Wertes *end*. Optional kann eine *schrittweite* mit dem Schlüsselwort STEP angegeben werden. Der Wert kann auch negativ sein, dann zählt die Schleifenvariable rückwärts. Die Zählschleife kann vorzeitig mit dem Schlüsselwort EXIT FOR beendet werden. Diese Schleife kann verschachtelt werden. Achten Sie auf unterschiedliche zähler-Variablen für verschachtelte Schleifen und darauf, dass verschachtelte Schleifen zu einem exponentiellen Wachstum der Schleifendurchläufe führen und ein Programm möglicherweise sehr langsam wird.

Es ist prinzipiell möglich, den Wert der Variablen *zähler* innerhalb der Schleife zu manipulieren. Das führt jedoch zu schwer lesbarem und fehleranfälligem Code.

FOR EACH...NEXT. Diese Zählschleife nutzt keinen numerischen Zähler, sondern wird für jedes Element eines Arrays oder einer Kollektion ausgeführt.

```
FOR EACH Element IN Gruppe|Kollektion
    '.. Befehle ..
[EXIT FOR]
    '.. Befehle ..
NEXT
```

FUNCTION. FUNCTION deklariert eine Funktion. Eine Funktion kann einen Wert zurückgeben. Wird der Geltungsbereich mit den Schlüsselworten PUBLIC oder PRIVATE nicht explizit erklärt, nimmt VBScript PUBLIC als Standardwert an. Damit ist die Funktion für alle anderen Prozeduren und Funktionen innerhalb des Skripts sichtbar. Die lokalen Variablen innerhalb der Funktion bleiben zwischen den einzelnen Aufrufen der Funktion nicht erhalten. Funktionen und Prozeduren stehen immer in der höchsten Ebene des Skripts und können nicht geschachtelt werden.

Mit EXIT FUNCTION kann die Funktion während der Ausführung sofort verlassen werden. Die Ausführung wird im Anschluss an den aufrufenden Befehl fortgesetzt. Übergebene Argumente können im Wert geändert werden.

```
[Public|Private] FUNCTION name [(argumentenliste)]
    '.. Befehle ..
[name = ausdruck]
[EXIT FUNCTION]
    '.. Befehle ..
[name = ausdruck]
END FUNCTION
```

IF...THEN...ELSE. Mit diesem Befehl werden Bedingungen geprüft und Befehlsfolgen verzweigt. Es gibt zwei Möglichkeiten, mit IF...THEN zu arbeiten. Zum einen kann für einfache Tests die Struktur IF...THEN...ELSE benutzt werden, zum anderen für komplexe Strukturen auch die Form IF...THEN... ELSEIF...ELSEIF usw. Für mehrstufige Tests sollte allerdings die CASE-Struktur benutzt werden, weil sie flexibler und schneller ist. Der Befehl nach THEN wird ausgeführt, wenn die Bedingung TRUE ist, andernfalls wird der Befehl verlassen und mit dem nächsten Befehl fortgesetzt. Existiert das Schlüsselwort ELSE, wird dieser Teil ausgeführt, wenn die Bedingung FALSE ist.

Erstrecken sich die Befehlsfolgen, die als Folge des Bedingungstests ausgeführt werden sollen, über mehrere Zeilen, muss die Struktur mit einem END IF beendet werden. Innerhalb einer Zeile ist das nicht notwendig. Passen mehrere Befehle in eine Zeile, können diese mit einem Doppelpunkt getrennt werden.

IF bedingung **THEN** Befehl [**ELSE** Befehl]

Alternative Angabe mehrerer Anweisungen:

IF bedingung **THEN** Befehl : Befehl : Befehl

Alternative Angabe mit END IF:

IF bedingung **THEN**
    ' [Befehle, die von bedingung abhängen]
[**ELSEIF** bedingung2 **THEN**
    ' [Befehle, die von bedingung2 abhängen] ...
[**ELSE**]
    ' [Befehle, die nicht von bedingungen abhängen]
END IF

Der Ausdruck *bedingung* muss einen Booleschen Wert ergeben, im Falle der Rückgabe des Wertes NULL wird FALSE angenommen.

ON ERROR RESUME NEXT, ON ERROR GOTO 0. Normalerweise unterbricht VBScript die Befehlsausführung beim Auftreten eines schwerwiegenden Fehlers und zeigt eine Fehlermeldung an. Das ist für potenzielle Nutzer fatal, denn neben der uneleganten Anzeige werden auch Interna des verwendeten Systems preisgegeben. Da man andererseits keinen völlig fehlerfreien Code produzieren kann, lassen sich solche Fehler mit dem Befehl ON ERROR RESUME NEXT abfangen.

ON ERROR RESUME NEXT
ON ERROR GOTO 0

Nach Angabe dieses Befehls wird die Ausführung trotz eines Laufzeitfehlers fortgesetzt. Die Fehlerbeschreibung befindet sich im Err-Objekt, sodass das Skript auf den Fehler trotzdem reagieren kann. ON ERROR GOTO 0 hebt die Unterdrückung wieder auf.

OPTION EXPLICIT. Mit dem Befehl OPTION EXPLICIT können Sie die Deklaration von Variablen mit den Befehlen DIM, PRIVATE, PUBLIC oder REDIM erzwingen. Damit werden Quelltexte lesbarer und besser strukturiert.

OPTION EXPLICIT

Der Befehl muss außerhalb einer Prozedur am Anfang des Skripts stehen.

PRIVATE. PRIVATE wird vor die Deklaration einer Variable gestellt und erklärt den Wirkungsbereich der Variable als lokal.

PRIVATE varname

Die Deklaration der Variable entspricht der normalen Vorgehensweise (einschließlich Arrays).

PUBLIC. PUBLIC wird vor die Deklaration einer Variable gestellt und erklärt den Wirkungsbereich der Variable als global.

PUBLIC varname

Die Deklaration der Variable entspricht der normalen Vorgehensweise (einschließlich Arrays).

RANDOMIZE. Dieser Befehl initialisiert den Zufallsgenerator, der mit der Funktion RND genutzt werden kann. Der übergebene Wert ist der *startwert* (engl. seed value) der mathematischen Funktion, die zur Erzeugung der Zufallszahl benutzt wird. Wird keine Zahl angegeben, wird die Systemuhr als Basis benutzt. Allerdings wird die Vorgabe des Startwertes nicht zu identischen Folgen zufälliger Zahlen führen. Wenn Sie immer wieder dieselbe Zufallsfolge erzeugen möchten, muss das Argument des RANDOMIZE-Befehls negativ sein.

RANDOMIZE startwert

REDIM. Um dynamische Arrays benutzen zu können, müssen diese vor der ersten Zuweisung von Werten mit dem Befehl REDIM definiert werden. VBScript stellt dann den nötigen Speicherplatz zur Verfügung. Das Schlüsselwort PRESERVE rettet den Inhalt des Arrays im Falle einer erneuten Dimensionierung. Andernfalls löscht REDIM den Inhalt.

REDIM [PRESERVE] varname

Die Variablendeklaration varname entspricht der üblichen Anordnung. REDIM kann auf ein dynamisches Array mehrfach angewendet werden. Mit dem Schlüsselwort PRESERVE kann nur die letzte Dimension geändert werden. Wenn das Array nur eine Dimension hat, ist dies zugleich auch die letzte. Der Schutz des Inhalts gilt nur bei einer Vergrößerung der Dimension. Wird der Wert verkleinert, gehen die letzten, überhängenden Werte natürlich verloren. REDIM setzt bei numerischen Variablen den Wert auf 0, bei Zeichenkettenvariablen wird eine leere Zeichenkette »« erzeugt.

REM. REM leitet eine Kommentarzeile ein. Alternativ kann auch innerhalb einer Zeile oder am Beginn einer Zeile der Apostroph als Kommentarzeichen benutzt werden. Wenn das Schlüsselwort REM innerhalb einer Zeile hinter gültigen Befehlen stehen soll, muss es mit dem Trennzeichen Doppelpunkt »:« getrennt werden.

SELECT CASE. Mit SELECT CASE lassen sich einfache Mehrfachverzweigungen durch logische Bedingungen steuern. Testwert und Entsprechung sind getrennt, sodass sich leicht komplexe Abfragen gestalten lassen. Die Struktur muss immer mit dem Befehl END SELECT beendet werden.

SELECT CASE *ausdruck*
   CASE *testwert* [, *testwert*, ...]
     ' [Befehle, wenn testwert in ausdruck]
   CASE ELSE
     ' [Alle anderen Befehle]
END SELECT

Die SELECT CASE-Struktur kann verschachtelt werden. Die *testwerte* können auch mit vergleichenden Operatoren versehen werden. Mehrfache Abfragen in einem Befehl werden durch Kommata getrennt.

SET. Mit SET werden Objektvariablen definiert, das heißt, neue Referenzen eines Objektes werden erklärt. Das Schlüsselwort NOTHING hebt die Zuordnung zu einem Objekt wieder auf. Durch die Zuweisung einer Referenz entsteht *kein* neues Objekt. Veränderungen durch Aufrufe von Methoden ändern das Objekt. Wenn Sie solche Variablen von einem Objekt mehrfach erzeugen und in einer Variablen Änderungen vornehmen, wirken sich diese in allen referenzierten Variablen des Objekts gleichermaßen aus.

SET *objectvariable* = {*objektausdruck* | **NOTHING**}

SUB. SUB leitet die Definition einer Prozedur ein, END SUB beendet die Definition. Prozedurdefinitionen können nicht verschachtelt werden.

[PUBLIC | PRIVATE] SUB *name* [**(***arglist***)**]
   ' [*statements*]
[EXIT SUB]
   ' [*statements*]
END SUB

Argumente:

- arglist: [ByVal | ByRev] varname [( )]

  - ByVal
    Der Wert einer Variablen wird übergeben, Änderungen an der Variable innerhalb der Prozedur haben keine Auswirkung auf die Variable außerhalb der Prozedur.

  - ByRev
    Übergibt eine Referenz auf die Variable, sodass Änderungen innerhalb der Prozedur an der Variablen sich auch auf die Variable außerhalb der Prozedur auswirken.

- PUBLIC
  Die Prozedur ist öffentlich im Modul. Alle anderen Prozeduren der Skripte im Modul können darauf zugreifen.

▶ PRIVATE
Die Prozedur ist privat im Modul. Alle anderen Prozeduren des Skripts, in dem die Definition erfolgte, können darauf zugreifen.

WHILE...WEND. Dieser Befehl führt eine Schleife solange aus, bis eine Bedingung wahr wird.

```
WHILE bedingung
    ' [befehle]
WEND
```

WITH. Die Anweisung WITH setzt ein Objekt als Standardobjekt. Innerhalb eines WITH-Blocks können Sie dann die wiederholte Aufführung des Objekts weglassen.

```
WITH Response
    .Write "Es ist sehr lästig"
    .Write "ohne den WITH-Befehl"
    .Write "viele Response.Write"
    .Write "Anweisungen zu nutzen."
END WITH
```

A.2 Objekte der Scripting-Laufzeitbibliothek

Dieser Abschnitt beschreibt die VBScript-Objekte. Bei jedem Objekt finden Sie eine Auflistung der zugehörigen Methoden und Eigenschaften. Die genaue Beschreibung der Methoden folgt in Abschnitt C.1.13, die der Eigenschaften in Abschnitt C.1.14. Die Auflistung dort ist alphabetisch sortiert.

A.2.1 Dictionary

Das Dictionary-Objekt entspricht den assoziativen Arrays in Perl. Gespeichert wird immer ein Wertepaar, das aus Schlüssel und Inhalt besteht. Der Schlüssel muss eindeutig sein.

Dictionary

```
Dim d                    'Variable definieren
Set d = Server.CreateObject("Scripting.Dictionary")
d.Add "a", "Athen"       'Werte hinzufügen
d.Add "b", "Belgrad"
d.Add "c", "Cairo"
```

Methoden: Add, Exists, Items, Keys, Remove, RemoveAll

Eigenschaften: CompareMode, Count, Item, Key

Count. Eine Nur-Lese-Eigenschaft, die die Anzahl der Wertepaare eines `Dictionary`-Objekts wiedergibt. *object* muss ein `Dictionary`-Objekt sein.

`object.Count`

Items. Die Werte eines Datenobjekts vom Typ `Dictionary` werden mit der Methode `Items` komplett an ein Array zur Weiterverarbeitung übergeben. Parameter sind nicht notwendig. Eine ausführliche Beschreibung finden Sie im Abschnitt über Objekte.

`object.Items`

Keys. Die Schlüssel eines Datenobjekts vom Typ `Dictionary` werden mit der Methode `Keys` komplett an ein Array zur Weiterverarbeitung übergeben. Parameter sind nicht notwendig. Eine ausführliche Beschreibung finden Sie im Abschnitt Objekte.

`object.Keys`

Key. Key legt einen neuen Schlüssel in einem `Dictionary`-Objekt fest oder gibt ihn zurück. *object* muss ein `Dictionary`-Objekt sein. Key ist ein gültiger Schlüssel innerhalb der Wertepaare des `Dictionary`-Objektes. *NeuWert* ist ein neuer Schlüssel, der den alten Schlüssel überschreibt.

`object.Key(Key) = NeuWert`

Add. Einem Datenobjekt *object* vom Typ `Dictionary` wird mit der Methode `Add` ein Wert und der dazugehörige Schlüssel hinzugefügt. Ein Fehler wird erzeugt, wenn der Schlüssel *schlüssel* in dem Objekt bereits existiert. Eine ausführliche Beschreibung finden Sie im Abschnitt Objekte.

`object.Add schlüssel, wert`

Exists. Exists sucht in einem Datenobjekt vom Typ `Dictionary` nach einem bestimmten Schlüssel und gibt bei Erfolg `TRUE`, andernfalls `FALSE` zurück. *object* muss der Name eines `Dictionary`-Objekts sein. Eine ausführliche Beschreibung finden Sie in dem Abschnitt über Objekte.

`object.Exists schlüssel`

Item. Item gibt einen Wert aus einem `Dictionary`-Objekt zurück oder setzt ihn neu. *object* muss ein `Dictionary`-Objekt sein. *Key* ist ein gültiger Schlüssel innerhalb der Wertepaare des `Dictionary`-Objektes. *NeuWert* ist ein neuer Wert, der den alten Wert des angegebenen Schlüssels überschreibt.

`object.Item(Key)`
`object.Item(Key) = NeuWert`

Objekte der Scripting-Laufzeitbibliothek

A.2.2 Err

Das Fehlerobjekt Err enthält Fehlercodes und Fehlertexte.

Err.Eigenschaft|Methode

Eigenschaften: Count, Item, HelpContext, HelpFile, Number, Source

Methoden: Clear, Raise

Count. Eine Nur-Lese-Eigenschaft, die die Anzahl der Fehler eines Err-Objekts wiedergibt. object muss ein Err-Objekt sein.

object.Count

Description. Mit dieser Eigenschaft werden Fehlernummern und Beschreibungen (engl. description) verknüpft. Die Eigenschaft kann gelesen und geschrieben werden. object muss ein Err-Objekt sein. Der *stringausdruck* ordnet dem spezifizierten Objekt Err eine neue Beschreibung zu. Die Anwendung ist nur notwendig, wenn Sie potenzielle Skriptnutzer mit Fehlermeldungen informieren möchten, die bei Fehlern auftreten, die Sie nicht selbst abfangen können oder wollen.

object.Beschreibung
object.Beschreibung = stringausdruck

Item. Item gibt einen Wert aus einem Err-Objekt zurück. object muss ein Err-Objekt sein.

object.Item(Key)

HelpContext. HelpContext gibt die Kontext-ID eines Hilfetextes zurück oder setzt den Wert neu. object muss ein Err-Objekt sein. *contextID* muss ein gültiger Kontextwert sein.

object.HelpContext
object.HelpContext = contextID

HelpFile. HelpFile enthält den vollständigen Pfad zu einer Hilfedatei oder setzt den Wert neu. object muss ein Err-Objekt sein. *Pfad* muss ein gültiger Pfad zu einer Hilfedatei sein.

object.HelpFile
object.HelpFile = Pfad

Number. Number setzt oder liest eine Fehlernummer eines Err-Objekts. object muss ein Err-Objekt sein.

object.Number
object.Number = FehlerNummer

Source. Source gibt den Namen eines Objekts oder einer Applikation zurück, die einen Fehler verursacht haben. Der Wert kann für eigene Fehlermeldungen auch gesetzt werden. Das object muss ein Err-Objekt sein. *Ausdruck* ist der Name des Objekts oder der Applikation.

object.Source
object.Source = Ausdruck

Clear. Normalerweise enthält das Objekt Err die Eigenschaften des letzten Fehlers. Mit der Methode Clear können die Eigenschaften dieses Objekts gelöscht werden. VBScript ruft die Methode Clear automatisch bei folgenden Befehlen auf:

- On Error Resume Next
- Exit Sub
- Exit Function

Der Zweck besteht vor allem im expliziten Löschen des Objekts Err nach einem Fehler. Damit können die internen Fehlerbehandlungsroutinen umgangen und durch eigene ersetzt werden. Die Methode hat keine Argumente und gibt nichts zurück. *object* ist immer vom Typ Err.

object.Clear

Raise. Diese Methode erzeugt einen Laufzeitfehler. Damit können individuelle Fehlermeldungen gesteuert werden.

object.Raise(*nummer, quelle, text, hilfedatei, kontext*)

Das *object* ist immer vom Typ Err. Die Fehlernummer *nummer* beschreibt das Wesen des Fehlers und muss aus dem Wertebereich 0 – 65.535 sein. Der Typ ist Long. Die *quelle* ist eine Zeichenkette, die die Datei beschreibt, die den Fehler erzeugt hat. Normalerweise wird das die interne ID der Datei sein. Falls zu dieser Fehlerbeschreibung ein Hilfetext *hilfedatei* existiert, kann hier der vollständige Pfad angegeben werden. *kontext* wählt den Topic des Hilfetextes.

Alle Argumente außer *nummer* sind optional. Wenn die Werte nicht angegeben werden und sich bereits Daten im Objekt Err befinden, werden die Eigenschaften vermischt. Um Konflikte mit den internen Fehlernummern zu vermeiden, sollten eigene Fehlercodes mit der Konstante vbObjectError addiert werden.

A.2.3 RegExp und Match

Match und Match-Kollektion. Match ist ein internes, implizites Objekt, das durch die Anwendung eines regulären Ausdrucks des RegExp-Objekts entsteht. Mehr Informationen dazu finden Sie unter RegExp-Objekt in diesem Abschnitt. Falls der reguläre Ausdruck mehr als ein Objekt zurückgibt (jedes Vorkommen eines Suchmusters erzeugt ein Match-Objekt), entsteht eine Kollektion. Kollektionen können gut mit der FOR EACH-Anweisung zerlegt werden. So wenden Sie diese Anweisung an:

```
' regexvar ist ein bereits überprüfter regulärer Ausdruck
FOR EACH element IN regexvar
    Response.Write "Übereinstimmung bei: " & element.FirstIndex
    Response.Write " ist gleich " & element.Value
    Response.Write " mit Länge " & element.Length
NEXT
```

Objekte der Scripting-Laufzeitbibliothek

Die Eigenschaften der Kollektion sind nur verfügbar, wenn es sich tatsächlich um eine solche handelt, also mehr als ein Element enthalten ist.

Methoden: Das Objekt hat keine Methoden.

Eigenschaften des Objekt:

- FirstIndex
  Das erste Auftreten des Suchmusters in der Zeichenkette. Die Zählung ist nullbasiert.
- Length
  Die Länge der Übereinstimmung (Länge des Elements der Kollektion)
- Value
  Der Wert, der von der Übereinstimmung erfasst wurde. Kann auch die Teilzeichenkette einer Gruppierung sein.

Eigenschaften der Kollektion:

- Count
  Anzahl der Elemente der Kollektion
- Item(Schlüssel)
  Element der Kollektion auswählen

RegExp. Dieses Objekt dient der Behandlung regulärer Ausdrücke. Reguläre Ausdrücke beschreiben Suchmuster, nach denen in Zeichenketten bestimmte Zeichenfolgen gesucht werden können. Reguläre Ausdrücke können sehr komplexe Suchmodelle beschreiben. Ein regulärer Ausdruck wird benutzt, indem die Eigenschaften gesetzt und die Methoden ausgeführt werden:

```
SET myregex = NEW RegExp
myregex.Pattern = "Suchmuster"
myregex.IgnoreCase = TRUE
myregex.Global = TRUE
SET matchobject = myregex.Execute("Suchzeichenfolge")
```

Das daraus entstehende Objekt *matchobject* besitzt weitere Methoden und Eigenschaften, die Match-Objekt in diesem Abschnitt beschrieben werden.

Methoden:

- Execute
  Diese Methode führt die Suche des regulären Ausdrucks aus. Gefundene Vorkommen und gruppierte Teilzeichenketten werden in speziellen Eigenschaften gespeichert.
- Replace
  Diese Methode führt die Suche aus und ersetzt die Vorkommen des Suchmusters durch eine Ersatzzeichenkette.
- Test
  Diese Methode führt die Suche aus und gibt TRUE zurück, wenn das Suchmuster gefunden wurde.

A VBScript 5

Eigenschaften:

▶ Global
Wenn diese Eigenschaft TRUE ist, werden alle Vorkommen des Suchmusters gefunden, sonst nur das erste.

▶ IgnoreCase
Ist diese Eigenschaft TRUE, wird Groß- und Kleinschreibung nicht unterschieden.

▶ Pattern
Diese Eigenschaft enthält das Suchmuster.

A.2.4 Filesystemobject – Objekte und Kollektionen von Objekten

Die folgende Auflistung zeigt alle Objekte in alphabetischer Reihenfolge, unabhängig davon, in welcher Stufe sie aus FileSystemObject abgeleitet werden. Abschnitt O zeigt die zugehörigen Methoden, O die Eigenschaften.

Drive. Dieses Objekt ermöglicht den Zugriff auf ein bestimmtes oder ein im Netzwerk freigegebenes Laufwerk. Drive ist eigentlich ein Bestandteil des Objekts FileSystemObject. Das Objekt wird durch Anwendung der Methoden GetDrive oder GetDriveName erzeugt.

Beispiel:

```
Sub ShowFreeSpace(drvPath)
Dim fs, d, s
Set fs = CreateObject("Scripting.FileSystemObject")
Set d = fs.GetDrive(fs.GetDriveName(drvPath))
s = "Laufwerk " & UCase(drvPath) & " - "
s = s & d.VolumeName   & vbCrLf
s = s & "Freier Speicherplatz: "
s = s & FormatNumber(d.FreeSpace/1024, 0)
s = s & " KBytes"
Response.Write(s)
End Sub
```

Methoden: Dieses Objekt hat keine Methoden.

Eigenschaften: AvailableSpace, DriveLetter, DriveType, FileSystem, FreeSpace, IsReady, Path, RootFolder, SerialNumber, ShareName, TotalSize, VolumeName.

Drives (Kollektion). Eine Kollektion kann mit dem Befehl FOR EACH...NEXT einfach durchsucht werden. Drives ist eine Nur-Lese-Kollektion, das Angaben über alle verfügbaren Laufwerke enthält. Drives ist eigentlich ein Bestandteil des Objekts FileSystemObject. Das Objekt wird durch Anwendung der Methoden GetDrive oder GetDriveName erzeugt.

Objekte der Scripting-Laufzeitbibliothek

Beispiel:

```
Sub ShowDriveList
    Dim fs, d, dc, s, n
    Set fs = CreateObject("Scripting.FileSystemObject")
    Set dc = fs.Drives
    For Each d In dc
        s = s & d.DriveLetter & " - "
        If d.DriveType = Remote Then
            n = d.ShareName
        Else
            n = d.VolumeName
        End If
        s = s & n & vbCrLf
    Next
Response.Write(s)
End Sub
```

FileSystemObject. Mit diesem Objekt erhalten Sie direkten Zugriff auf das Dateisystem des Computers. FileSystemObject ist das zentrale Objekt für den Zugriff auf Laufwerke, Ordner und Dateien.

Beispiel:

```
Set fs = CreateObject("Scripting.FileSystemObject")
Set a = fs.CreateTextFile("c:\testfile.txt", True)
a.WriteLine("Das ist ein Test.")
a.Close
```

Methoden: BuildPath, CopyFile, CopyFolder, CreateFolder, CreateTextFile, DeleteFile, DeleteFolder, DriveExists, FileExists, FolderExists, GetAbsolutePathName, GetBaseName, GetDrive, GetDriveName, GetExtensionName, GetFile, GetFileName, GetFolder, GetParentFolderName, GetSpecialFolder, GetTempName, MoveFile, MoveFolder, OpenTextFile.

Eigenschaften: Drives. Siehe die Beschreibung beim Objekt Drives.

File. File gibt ein Objekt auf eine einzelne Datei zurück.

Methoden: Copy, Delete, Move, OpenAsTextStream

Eigenschaften: Attributes, DateCreated, DateLastAccessed, DateLastModified, Drive, Name, ParentFolder, Path, ShortName, ShortPath, Size, Type.

Files (Kollektion). Files bildet eine Sammlung aller Dateiobjekte vom Typ File in einem Ordner.

Beispiel:

```
<%
Sub ShowFolderList(folderspec)
    Dim fs, f, f1, fc, s
    Set fs = CreateObject("Scripting.FileSystemObject")
```

```
   Set f = fs.GetFolder(folderspec)
   Set fc = f.Files
   For Each fl in fc
      s = s & fl.name
      s = s & "<BR>"
   Next
   response.write(s)
End Sub
folder = "d:\"        ' <- Übergabe des Ordnernamens hier eintragen
ShowFolderList(folder)
response.write("<P><B>" & "Ende der Liste </B>")
%>
```

Dieses Skript zeigt alle Dateien in einem Ordner an.

Eigenschaften: Count, Item.

Folder. Dieses Objekt erlaubt den Zugriff auf einen bestimmten, eindeutig spezifizierten Ordner.

Beispiel:

```
<%
Sub ShowFolderInfo(folderspec)
   Dim fs, f, s
   Set fs = CreateObject("Scripting.FileSystemObject")
   Set f = fs.GetFolder(folderspec)
   s = f.DateCreated
   response.write(s)
End Sub
folder = "c:\winnt"
ShowFolderInfo(folder)
response.write("<p/><b>" & "Ende der Info </b>")
%>
```

Hier wird die Anwendung des Folder-Objekts für die Anzeige von Informationen über den Ordner benutzt. Beachten Sie, dass ein spezifischer Ordner angegeben werden muss, andernfalls wird ein Laufzeitfehler erzeugt.

Methoden: Copy, Delete, Move, CreateTextFile

Eigenschaften: Attributes, DateCreated, DateLastAccessed, DateLastModified, Drive, Files, IsRootFolder, Name, ParentFolder, Path, ShortName, ShortPath, Size, SubFolders

Folder (Kollektion). Das Objekt Folder bildet eine Kollektion und ist eine Sammlung von Ordnern innerhalb eines anderen Folder-Objekts. Es dient vor allem der Bearbeitung von Unterverzeichnisstrukturen.

Objekte der Scripting-Laufzeitbibliothek

Beispiel:

```
<%
Sub ShowFolderList(folderspec)
   Dim fs, f, f1, fc, s
   Set fs = CreateObject("Scripting.FileSystemObject")
   Set f = fs.GetFolder(folderspec)
   Set fc = f.SubFolders
   For Each f1 in fc
      s = s & f1.name
      s = s & "<BR>"
   Next
   response.write(s)
End Sub
folder = "d:\"
ShowFolderList(folder)
response.write("</p><b>" & "Ende der Liste </b>")
%>
```

Die Anwendung zeigt alle Unterordner eines angegebenen Ordners, aber keine Dateien. Mit den Kollektionen Folder und File können leicht baumartige Verzeichnisstrukturen erstellt werden.

Methoden: AddFolders

Eigenschaften: Count, Item

TextStream. Dieses Objekt erlaubt den sequenziellen Zugriff auf eine Textdatei. Das Objekt existiert nur implizit, wird also durch bestimmte Methoden (CreateTextFile, OpenTextFile) erzeugt und steht dann als Instanz zur Verfügung.

Beispiel:

```
Set fs = CreateObject("Scripting.FileSystemObject")
Set a = fs.CreateTextFile("c:\testfile.txt", True)
a.WriteLine("Das ist ein Test.")
a.Close
```

Das Beispiel erzeugt eine neue Textdatei (ASCII) und schreibt die Zeile »Das ist ein Test« hinein.

Methoden: Close, Read, ReadAll, ReadLine, Skip, SkipLine, Write, WriteLine, WriteBlankLines

Eigenschaften: AtEndOfLine, AtEndOfStream, Column, Line

A.2.5 Methoden von FileSystemObject und abgeleiteter Objekte

AddFolder. Die Methode `AddFolder` fügt ein neues Verzeichnis in die Struktur eines Verzeichnisobjekts vom Typ `Folder` ein.

`object.AddFolder` *Verzeichnisname*

Das *object* muss ein Objekt einer `Folder`-Kollektion sein. Wenn der Verzeichnisname bereits existiert, wird ein Fehler zurückgegeben.

BuildPath. `BuildPath` erzeugt einen kompletten Pfad oder hängt an einen existierenden Pfad einen Namen an. Der gegebenenfalls benötigte Separator »/« wird automatisch eingefügt.

`object.BuildPath(Path, Name)`

Das *object* muss vom Typ `FileSystemObject` sein. *Path* ist der Name eines existierenden Pfades, an den der *Name* angehängt wird. Der Pfad kann absolut oder relativ sein. Eine ausführliche Beschreibung finden Sie in dem Abschnitt über Objekte.

Close. `Close` schließt eine offene Datei vom Typ `TextStream`.

`object.Close`

Die Methode hat keine Argumente und gibt nichts zurück. *object* ist immer vom Typ `TextStream`.

Copy. Die Methode `Copy` kopiert physisch eine einzelne Datei oder einen Ordner.

`object.Copy ziel, ueberschreibe`

Das *object* ist vom Typ `File` oder `Folder`. Das Argument *ziel* beschreibt das Kopierziel mit Pfad und Dateiname. Platzhalter sind hier nicht erlaubt. Das Boolesche Argument *ueberschreibe* ist auf FALSE zu setzen, wenn existierende Dateien nicht überschrieben werden sollen. Der Standardwert ist TRUE, das heißt, existierende Dateien werden überschrieben.

CopyFile. Diese Methode kopiert eine oder mehrere Dateien.

`object.CopyFile quelle, ziel, ueberschreiben`

Das *object* muss vom Typ `FileSystemObject` sein. Das Argument *quelle* darf auch Platzhalterzeichen enthalten. Das Argument *ziel* ist ebenso zwingend, Platzhalter sind hier nicht erlaubt. Das Boolesche Argument *ueberschreibe* ist auf FALSE zu setzen, wenn existierende Dateien nicht überschrieben werden sollen. Der Standardwert ist TRUE, das heißt, existierende Dateien werden überschrieben.

CopyFolder. Die Methode `CopyFolder` kopiert einen oder mehrere Ordner.

`object.CopyFolder quelle, ziel, ueberschreiben`

Das *object* muss vom Typ `FileSystemObject` sein. Das Argument *quelle* darf auch Platzhalterzeichen enthalten. Das Argument *ziel* ist ebenso zwingend, Platzhalter sind hier nicht erlaubt. Das Boolesche Argument *ueberschreibe* ist auf FALSE zu setzen, wenn existierende Dateien nicht überschrieben werden sollen. Der Standardwert ist TRUE, das heißt, existierende Dateien werden überschrieben.

CreateFolder. Die Methode `CreateFolder` erzeugt einen neuen Ordner.

`object.CreateFolder(ordner)`

Das *object* muss vom Typ `FileSystemObject` sein. Das Argument *ordner* ist vom Typ Zeichenketten und enthält den Namen des neuen Ordners. Wenn der Ordner bereits existiert, wird ein Fehler erzeugt.

CreateTextFile. Diese Methode erzeugt eine neue Datei und gibt ein Objekt vom Typ `TextStream` zurück. Mit den Methoden dieses Objekts kann die Datei beschrieben oder gelesen werden.

`object.CreateTextFile(name, ueberschreiben, unicode)`

Das *object* muss vom Typ `FileSystemObject` oder `Folder` sein. *name* muss eine Zeichenkette sein, die einen eindeutigen Dateinamen repräsentiert. Der Boolesche Wert *ueberschreiben* muss FALSE sein, wenn eine bereits mit dem gleichen Namen vorhandene Datei nicht überschrieben werden soll. Der Standardwert ist TRUE. Das letzte Argument *unicode* muss TRUE sein, wenn ein Unicode-Dokument erzeugt werden soll, andernfalls wird ein ASCII-Dokument erzeugt (Standardwert FALSE). Die Methode erzeugt einen Fehler, wenn überschreiben nicht erlaubt ist und der Dateiname bereits existiert.

Delete. Die Methode `Delete` löscht eine Datei oder einen Ordner auf dem Datenträger.

`object.Delete force`

Das *object* muss vom Typ `File` oder `Folder` sein. Mit dem booleschen Argument *force* ist das Löschen von Dateien möglich, deren Flags READ-ONLY gesetzt sind. Der Standardwert FALSE erlaubt das Löschen schreibgeschützter Dateien nicht. Diese Methode kann nicht zwischen Ordnern mit oder ohne Inhalt unterscheiden und wird auch Ordner mit Inhalt löschen.

DeleteFile. Die Methode `DeleteFile` wird zum Löschen einer oder mehrerer Dateien verwendet.

`object.DeleteFile name, force`

Das *object* muss vom Typ `FileSystemObject` sein. Das Argument *name* kann auch Wildcards enthalten. Mit dem Booleschen Argument *force* ist das Löschen von Dateien möglich, deren Flags READ-ONLY gesetzt sind. Der Standardwert FALSE erlaubt das Löschen schreibgeschützter Dateien nicht.

DeleteFolder. Die Methode `DeleteFolder` wird zum Löschen einer oder mehrerer Ordner verwendet.

```
object.DeleteFolder name, force
```

Das *object* muss vom Typ `FileSystemObject` sein. Das Argument `name` kann auch Platzhalterzeichen enthalten. Mit dem Booleschen Argument *force* ist das Löschen von Ordnern möglich, deren Flags READ-ONLY gesetzt sind. Der Standardwert FALSE erlaubt das Löschen schreibgeschützter Dateien nicht. Diese Methode kann nicht zwischen Ordnern mit oder ohne Inhalt unterscheiden und wird auch Ordner mit Inhalt löschen.

Wenn kein Ordner gefunden wurde, der zu löschen ist, wird ein Fehler zurückgegeben. Außerdem stoppt die Methode die Ausführung an der ersten Fehlerstelle.

DriveExists. Diese Methode prüft, ob ein spezifiziertes Laufwerk vorhanden ist, und gibt einen Booleschen Wert zurück – TRUE, wenn das Laufwerk existiert und FALSE, wenn nicht.

```
object.DriveExists(name)
```

Das *object* muss vom Typ `FileSystemObject` sein. Das Argument `name` muss einen kompletten Pfad oder einen Laufwerkbuchstaben enthalten. Bei Laufwerken mit Wechselmedien, zum Beispiel Diskettenlaufwerken, wird diese Methode auch dann TRUE zurückgeben, wenn kein Medium eingelegt wurde. Zum Prüfen des Mediums gibt es die Eigenschaft `IsReady` des Objekts `Drive`.

FileExists. Diese Methode prüft, ob eine spezifizierte Datei vorhanden ist oder nicht und gibt einen Booleschen Wert zurück – TRUE, wenn die Datei existiert, und FALSE, wenn die Datei nicht existiert.

```
object.FileExists(name)
```

Das *object* muss vom Typ `FileSystemObject` sein. Das Argument `name` muss einen kompletten Pfad enthalten. Der Pfad kann absolut oder relativ sein. Wenn die Datei nicht unterhalb des aktuellen Pfades ist, muss eine absolute Pfadangabe erfolgen.

FolderExists. Diese Methode prüft, ob ein spezifizierter Ordner vorhanden ist und gibt einen Booleschen Wert zurück – TRUE, wenn das Laufwerk existiert, und FALSE, wenn das Laufwerk nicht existiert.

```
object.FolderExists(name)
```

object muss vom Typ `FileSystemObject` sein. Das Argument *name* muss einen kompletten Pfad enthalten. Der Pfad kann absolut oder relativ sein. Wenn sich der Ordner nicht unterhalb des aktuellen Pfades befindet, muss eine absolute Pfadangabe erfolgen.

GetAbsolutePathname. Der absolute Pfad ist ein vollständiger und eindeutiger Pfad, der von der Root des Dateisystems ausgeht. `GetAbsolutePathName` gibt einen solchen Pfad aus dem `FileSystemObject` zurück, wenn eine entsprechende Pfadspezifikation angegeben wurde.

```
object.GetAbsolutePathName(pathspec)
```

Die folgenden Beispiele zeigen, wie die Methode arbeitet. Es wird angenommen, dass das aktuelle Verzeichnis »c:\dokumente\html« heißt.

Typischen Pfadangabe	Rückgabe der Methode `GetAbsolutePathname`
c:	c:\dokumente\html
c:..	c:\dokumente
c:\\\	c:\
c:*.*\index.html	c:\dokumente\html*.*\index.html
feedback.html	c:\dokumente\html\formulare\feedback.html
c:\..\..\dokumente	c:\dokumente

object muss immer vom Typ `FileSystemObject` sein.

GetBaseName. Gibt den Namen des letzten Teils des übergebenen Pfades ohne Erweiterung zurück. *object* muss immer vom Typ `FileSystemObject` sein.

`object.GetBaseName(pfad)`

GetDrive. `GetDrive` gibt ein Objekt vom Typ `Drive` zurück. Damit wird der Zugriff auf andere Laufwerke zur Laufzeit ermöglicht.

`object.GetDrive laufwerksname`

object muss vom Typ `FileSystemObject` sein. Der Laufwerksname kann aus einem Buchstaben »c«, einem Buchstaben mit Doppelpunkt »c:« oder einem freigegebenen Laufwerk eines NT-Netzwerks »\\server2\drive_c« bestehen. Wenn diese Spezifikation nicht eingehalten wird oder der Pfad oder das Laufwerk nicht existieren, wird ein Fehler zurückgegeben. Um eine korrekte Angabe zu erzwingen, empfiehlt sich folgende Syntax:

`DriveSpec = GetDriveName(GetAbsolutePathName(Path))`

Die Variable *DriveSpec* kann dann entsprechend verwendet werden.

GetDriveName. `GetDriveName` gibt eine Zeichenkette zurück, die den gewünschten Namen des Laufwerks enthält. Wenn der Name nicht ermittelt werden konnte, wird eine leere Zeichenkette »« zurückgegeben. *object* ist vom Typ `FileSystemObject`.

`object.GetDriveName(Path)`

GetExtensionName. Diese Methode gibt die Erweiterung (Zeichen nach dem Punkt bei Dateinamen) als Zeichenkette zurück. Kann der Pfad nicht zugeordnet werden, wird eine leere Zeichenkette »« zurückgegeben. *object* ist ist vom Typ `FileSystemObject`.

`object.GetExtensionName(path)`

GetFile. `GetFile` gibt ein Objekt vom Typ `File` zurück. Das Argument beschreibt die Datei mit relativem oder absolutem Pfad.

object.GetFile(*path*)

object ist vom Typ FileSystemObject. Wird die Datei nicht gefunden, gibt VBScript einen Laufzeitfehler zurück. Die Fehlerausgabe können Sie mit der Anweisung ON ERROR RESUME NEXT unterbinden.

GetFileName. GetFileName gibt eine Zeichenkette mit einem Dateinamen zurück. Wird als Argument ein Pfad angegeben, dessen letzter Ordner keine Datei enthält, wird eine leere Zeichenkette »« zurückgegeben. Die Pfadangabe muss eindeutig ein. *object* ist vom Typ FileSystemObject.

object.GetFileName(*path*)

GetFolder. GetFolder gibt ein Objekt vom Typ Folder zurück. Das Argument beschreibt einen Ordner mit absolutem oder relativem Pfad. *object* ist vom Typ FileSystemObject. Wenn der Ordner nicht existiert, wird ein Fehler zurückgegeben.

object.GetFolder(*path*)

GetParentFolderName. Diese Methode gibt eine Zeichenkette mit dem Namen des übergeordneten Ordners des beschriebenen Pfads zurück. Das Argument beschreibt einen absoluten oder relativen Pfad. Das *object* ist vom Typ FileSystemObject. Wenn der Pfad nicht existiert, wird eine leere Zeichenkette »« zurückgegeben.

object.GetParentFolderName(*path*)

GetSpecialFolder. GetSpecialFolder gibt einen der im Argument beschriebenen besonderen Ordner zurück.

object.GetSpecialFolder(*folderspec*)

Das *object* ist vom Typ FileSystemObject. Mögliche Argumente für *folderspec* sind in der folgenden Tabelle aufgeführt:

Konstante	Wert	Beschreibung
WindowsFolder	0	Das Windows-Stammverzeichnis, das die vom System installierten Dateien enthält.
SystemFolder	1	Systemverzeichnis für Bibliotheken, Fonts, Treiber usw.
TemporaryFolder	2	Inhalt der Umgebungsvariablen TMP; temporäre Dateien werden von Windows normalerweise hier abgelegt.

GetTempName. Diese Methode erzeugt einen Dateinamen durch Nutzung eines Zufallsgenerators. Sinnvoll ist die Anwendung zur Erzeugung von Ordnern oder Dateien, die nur temporär benutzt werden, beispielsweise bei Installationsroutinen. Diese Methode erzeugt nur den Namen und gibt eine Zeichenkette zurück, der Ordner oder die Datei wird dabei nicht tatsächlich erzeugt. (siehe auch CREATE-Methoden). Das *object* ist vom Typ FileSystemObject.

object.GetTempName(path)

Move. Move verschiebt physisch (auf dem Datenträger) eine einzelne Datei oder einen Ordner. *object* ist vom Typ File oder Folder. Das Argument *ziel* beschreibt das Kopierziel mit Pfad und Dateiname. Wildcards sind hier nicht erlaubt.

object.Move ziel

MoveFile. Diese Methode verschiebt eine oder mehrere Dateien. *object* muss vom Typ FileSystemObject sein. Das Argument *quelle* darf auch Platzhalterzeichen enthalten. Das Argument *ziel* ist ebenso zwingend, Platzhalter sind jedoch nicht erlaubt.

object.MoveFile quelle, ziel

MoveFolder. Die Methode MoveFolder verschiebt einen oder mehrere Ordner. *object* muss vom Typ FileSystemObject sein. Das Argument *quelle* darf auch Platzhalterzeichen enthalten. Das Argument *ziel* ist ebenso zwingend, Platzhalter sind jedoch nicht erlaubt.

object.MoveFolder quelle, ziel

OpenAsTextStream. Eine bereits existierende Textdatei wird mit dieser Methode geöffnet und zum Schreiben, Lesen und Hinzufügen von Text vorbereitet. Die Methode gibt ein Objekt vom Typ TextStream zurück.

object.OpenAsTextStream(iomode, format)

object ist vom Typ File. Die beiden Argumente sind optional und haben folgende Bedeutungen:

Iomode	Wert	Beschreibung
Reading	1	Öffnet die Datei als Nur-Lese-Datei. Schreiben ist nicht möglich.
Writing	2	Öffnet die Datei auch zum Schreiben. Wenn eine Datei mit dem im Objekt verwendeten Namen bereits existiert, wird sie überschrieben.
Appending	8	Öffnet die Datei und schreibt am Ende weiter.
Format	**Wert**	**Beschreibung**
TristateUseDefault	-2	Verwendet zum Öffnen die Voreinstellungen des Betriebssystems.
TristateTrue	-1	Öffnet die Datei als Unicode-Datei.
TristateFalse	0	Öffnet die Datei als ASCII-Datei.

Die grundsätzliche Funktionalität entspricht der folgenden Methode. Nur der Parameter Writing ist der OpenAsTextStream-Methode vorbehalten.

OpenTextFile. Eine bereits existierende Textdatei wird mit dieser Methode geöffnet und zum Lesen und Hinzufügen von Text vorbereitet. Die Methode gibt ein Objekt vom Typ TextStream zurück. Mit dem Booleschen Argument *create* wird entschieden, ob eine neue Datei erzeugt wird, wenn sie noch nicht existiert. Der Standardwert ist FALSE; es wird keine neue Datei erzeugt.

object.OpenTextFile(name, iomode, create, format)

object ist vom Typ FileSystemObject oder File. Alle Argumente außer *name* sind optional und haben folgende Bedeutungen:

iomode	Wert	Beschreibung
ForReading	1	Öffnet die Datei als Nur-Lese-Datei. Schreiben ist nicht möglich.
ForAppending	8	Öffnet die Datei und schreibt am Ende weiter.
format	**Wert**	**Beschreibung**
TristateUseDefault	-2	Verwendet zum Öffnen die Voreinstellungen des Betriebssystems.
TristateTrue	-1	Öffnet die Datei als Unicode-Datei.
TristateFalse	0	Öffnet die Datei als ASCII-Datei.

Read. Read liest aus einem TextStream-Objekt eine bestimmte Anzahl Zeichen. Zurückgegeben wird eine Zeichenkette. Das Argument *zeichenzahl* ist zwingend und wird als ganzzahliger Wert angegeben.

object.Read(zeichenzahl)

ReadAll. ReadAll liest aus einem TextStream-Objekt den gesamten Inhalt. Zurückgegeben wird eine Zeichenkette. Zeichenkettenvariablen können maximal 2 GByte groß sein. Die Methode hat keine Argumente.

object.ReadAll

ReadLine. ReadLine liest aus einem TextStream-Objekt eine bestimmte Anzahl Zeichen bis zum nächsten Zeilenumbruch (Newline-Zeichen; CRLF). Zurückgegeben wird eine Zeichenkette mit den gelesenen Zeichen, jedoch ohne das Newline-Zeichen.

object.ReadLine

Remove. Aus dem Datenobjekt vom Typ Dictionary wird mit der Methode Remove ein Datensatz komplett entfernt.

object.Remove(key)

Als einziger Parameter ist der Schlüssel anzugeben. Eine ausführliche Beschreibung finden Sie in dem Abschnitt über Objekte. Ein Fehler wird erzeugt, wenn der Schlüssel nicht existiert.

RemoveAll. Aus dem Datenobjekt vom Typ Dictionary werden mit der Methode RemoveAll sämtliche Datensätze entfernt. Parameter sind nicht notwendig. Eine ausführliche Beschreibung finden Sie in dem Abschnitt über Objekte.

object.RemoveAll

Skip. Skip überspringt in einem TextStream-Objekt eine bestimmte Anzahl Zeichen. Zurückgegeben wird eine Zeichenkette. Das Argument *zeichenzahl* ist zwingend und wird als ganzzahliger Wert angegeben. Die Methode gibt nichts zurück, sondern setzt nur den Zeiger für die Read-Methoden. Wenn keine Datei offen ist, wird ein Fehler erzeugt.

object.Skip(*zeichenzahl*)

SkipLine. SkipLine überspringt in einem TextStream-Objekt eine Zeile. Das Ende der Zeile wird in einer ASCII-Datei durch das NewLine-Zeichen erkannt.

object.SkipLine

Die Methode gibt nichts zurück, sondern setzt nur den Zeiger für die Read-Methoden. Wenn keine Datei offen ist, wird ein Fehler erzeugt.

Write. Write schreibt die übergebene Zeichenkette an der aktuellen Position in die Datei, die durch das Objekt vom Typ TextStream definiert wird. *zeichenkette* darf keine Leerzeichen oder Steuerzeichen beinhalten.

object.Write(*zeichenkette*)

WriteBlankLines. Schreibt *n* leere Zeilen in die angegebene Datei, die durch das Objekt vom Typ TextStream definiert wird. Die Angabe *n* ist nicht optional.

object.WriteBlankLines(*n*)

WriteLine. WriteLine schreibt die übergebene Zeichenkette an der aktuellen Position in die Datei, die durch das Objekt vom Typ TextStream definiert wird. Im Anschluss wird eine neue Zeile durch Anhängen eines Zeilenende-Zeichens erzeugt. *zeichenkette* darf keine Leerzeichen oder Steuerzeichen beinhalten. Das Argument ist optional, fehlt das Argument, wird nur eine neue Zeile erzeugt.

object.Write(*zeichenkette*)

A.2.6 Eigenschaften von FileSystemObject und Ableitungen

Eine Beschreibung der Objekte, den die Eigenschaften angehören, finden Sie in Abschnitt B.1.14.

AtEndOfLine. Die Eigenschaft ist TRUE, wenn der Zeiger eines TextStream-Objekts auf ein Zeilenende zeigt. In allen anderen Fällen ist sie FALSE.

object.AtEndOfLine

object muss der Name eines TextStream-Objekts sein. AtEndOfLine ist eine Nur-Lese-Eigenschaft. Sie können die Eigenschaft nur abfragen, wenn die betroffene Datei bereits zum Lesen geöffnet ist. Andernfalls wird ein Fehler zurückgegeben.

AtEndOfStream. Die Eigenschaft ist TRUE, wenn der Zeiger eines TextStream-Objekts auf das Textende zeigt. In allen anderen Fällen ist sie FALSE.

object.AtEndOfStream

object muss der Name eines TextStream-Objekts sein. AtEndOfStream ist eine Nur-Lese-Eigenschaft. Sie können die Eigenschaft nur abfragen, wenn die betroffene Datei bereits zum Lesen geöffnet ist. Andernfalls wird ein Fehler zurückgegeben.

Attributes. Diese Eigenschaft kann gelesen und geschrieben werden. Mit Attributes werden die Attribute einer Datei oder eines Ordners gelesen oder gesetzt.

object.Attributes
object.Attributes = *neueAttribute*

object muss ein Objekt vom Typ File oder Folder sein. Als Attribut können numerische Werte oder die entsprechenden Konstanten gesetzt werden. Folgende Konstanten sind zulässig:

Konstante	Wert	Bedeutung
Normal	0	Keine Attribute
ReadOnly	1	Nur Lesen
Hidden	2	Versteckt
System	4	System
Volume	8	Laufwerkname
Directory	16	Verzeichnis oder Ordner
Archive	32	Archive-Bit gesetzt
Alias	64	Link oder Querverweis
Compressed	128	Komprimiert

Sie können Werte durch Addition bilden und so mehrere Attribute einer Datei gleichzeitig setzen. Entsprechend ist der gelesene Wert zu selektieren.

AvailableSpace. Diese Eigenschaft kann nur gelesen werden. Sie erhalten den verfügbaren Speicherplatz des angesprochenen Laufwerks. Vergleichen Sie dazu auch die Eigenschaft FreeSpace, die den freien Speicherplatz zeigt. Unterschiede können sich auf Systemen ergeben, die Datenträgerkontingente unterstützen (Windows 2000/XP Pro). *object* muss ein Drive-Objekt sein.

object.AvailableSpace

Column. Mit dieser Eigenschaft können Sie die Spaltenposition des Textzeigers beim Lesen eines TextStream-Objekts ermitteln. Die Eigenschaft kann nur gelesen werden. Das *object* muss ein TextStream-Objekt sein. Unmittelbar nach dem Schreiben eines Zeilenende-Zeichens ist Column gleich 1. Der Zeiger wird beim Schreiben automatisch neu gesetzt.

object.Column

CompareMode. Zeigt den Vergleichsmodus eines Dictionary-Objektes an und setzt einen neuen Vergleichswert. *object* muss ein Dictionary-Objekt sein. Verschiedene Funktionen greifen auf diese Eigenschaft zurück.

object.CompareMode

Als Argument sind zwei Konstanten zulässig:

Konstante	Wert	Bedeutung
VbBinaryCompare	0	Erzwingt einen binären Vergleich
VbTextCompare	1	Erzwingt einen Textvergleich

Sie können diese Eigenschaft vorteilhaft zur Steuerung der Funktion StrComp einsetzen. Sehen Sie auch die Beschreibung der Funktion im Abschnitt Methoden.

DateCreated. Eine Nur-Lese-Eigenschaft, die das Datum zeigt, an dem eine Datei oder ein Ordner erzeugt wurde. *object* muss ein Objekt vom Typ File oder Folder sein.

object.DateCreated

DateLastAccessed. Eine Nur-Lese Eigenschaft, die das Datum zeigt, an dem zuletzt auf eine Datei oder einen Ordner zugegriffen wurde. *object* muss ein Objekt vom Typ File oder Folder sein.

object.DateLastAccessed

DateLastModified. Eine Nur-Lese-Eigenschaft, die das Datum zeigt, an dem zuletzt eine Datei oder ein Ordner geändert wurden. *object* muss ein Objekt vom Typ File oder Folder sein.

object.DateLastModified

Drive. Drive gibt das Laufwerk der Datei eines File- oder Folder-Objekts zurück. *object* muss ein Objekt vom Typ File oder Folder sein.

object.Drive

DriveLetter. DriveLetter gibt den Laufwerksbuchstaben der Datei eines File- oder Folder-Objekts zurück. *object* muss ein Objekt vom Typ File oder Folder sein.

object.Drive

Drives (Kollektion). Drives gibt eine Kollektion zurück, die alle Laufwerke der lokalen Maschine enthält. *object* muss ein FileSystemObject-Objekt sein.

object.Drives

DriveType. DriveType gibt den Typ eines Laufwerks zurück. *object* muss ein Drive-Objekt sein.

object.DriveType

Files (Kollektion). Files gibt eine Kollektion zurück, die die Dateien eines Ordners enthält. *object* muss ein Folder-Objekt sein.

object.Files

FileSystem. FileSystem gibt den Typ des Dateisystems auf der lokalen Maschine zurück. *object* muss ein Drive-Objekt sein.

object.FileSystem

FreeSpace. Diese Eigenschaft gibt den frei verfügbaren Speicherplatz eines Laufwerks zurück. Der physische Speicherplatz kann größer sein. *object* muss ein Drive-Objekt sein.

object.FreeSpace

IsReady. IsReady gibt TRUE zurück, wenn das Laufwerk bereit ist, sonst FALSE. *object* muss ein Drive-Objekt sein.

object.IsReady

IsRootFolder. IsRootFolder gibt TRUE zurück, wenn der Ordner das Stammverzeichnis (Root) ist, sonst FALSE. *object* muss ein Folder-Objekt sein.

object.IsRootFolder

Line. Line gibt die aktuelle Zeilennummer einer Textdatei zurück. Nach dem Öffnen einer Textdatei ist der Wert 1. *object* muss ein TextStream-Objekt sein.

object.Line

Name. Name liest oder schreibt den Namen eines Ordners oder einer Datei. *object* muss ein File- oder Folder-Objekt sein.

object.Name
object.Name = *NeuWert*

ParentFolder. ParentFolder gibt den übergeordneten Ordner der angegebenen Datei oder des angegebenen Ordners zurück. Das *object* muss ein File- oder Folder-Objekt sein.

object.ParentFolder

Path. Path gibt den Pfad der angegebenen Datei, des angegebenen Ordners oder eines Laufwerks zurück. *object* muss ein File-, Folder- oder Drive-Objekt sein.

OBJECT.Path

RootFolder. Die Eigenschaft RootFolder gibt das Stammverzeichnis (Root) eines Laufwerks zurück. *object* muss ein Drive-Objekt sein.

object.RootFolder

SerialNumber. SerialNumber gibt die Seriennummer eines Laufwerks zurück. *object* muss ein Drive-Objekt sein.

object.SerialNumber

ShareName. ShareName gibt den Freigabenamen eines Netzwerklaufwerks zurück. *object* muss ein Drive-Objekt sein.

object.ShareName

ShortName. ShortName gibt den Namen im 8.3-Format (DOS) zurück. *object* muss ein File- oder Folder-Objekt sein.

object.ShortName

ShortPath. ShortPath gibt den Pfad im 8.3-Format (DOS) zurück. *object* muss ein Objekt vom Typ File oder Folder sein.

object.ShortPath

Size. Die Eigenschaft Size gibt die Größe einer Datei oder die Größe aller Dateien in einem Ordner inklusive aller Unterordner und deren Dateien zurück. *object* muss ein Objekt vom Typ File oder Folder sein.

object.Size

SubFolders. SubFolders gibt einen untergeordneten Ordner inklusive aller Unterordner zurück. Das *object* muss ein Folder-Objekt sein.

object.SubFolders

TotalSize. TotalSize gibt die Größe eines Laufwerks oder einer Freigabe zurück. *object* muss ein Drive-Objekt sein.

object.TotalSize

Type. Die Eigenschaft Type gibt den Dateityp (MIME) zurück. *object* muss ein Objekt vom Typ File oder Folder sein.

object.Type

VolumeName. `VolumeName` gibt den Namen eines Laufwerks zurück oder schreibt ihn neu. *object* muss ein `Drive`-Objekt sein. *NeuerName* schreibt einen neuen Laufwerksnamen auf das Laufwerk.

```
object.VolumeName
object.VolumeName = NeuerName
```

A.3 ASP-Objekte, Komponenten und Direktiven

> Die Active Server Pages-Objekte sind spezielle, eingebaute Objekte, die die Schnittstelle zwischen Webserver und VBScript herstellen. Diese Informationen entstammen der Online-Hilfe und wurden vom Autor übersetzt und leicht gekürzt. Ausführlichere Informationen sind in der Hilfe zu finden.

A.3.1 ASP-Objekte

Application. Dieses Objekt dient der benutzerübergreifenden Verwaltung von Daten in Applikationen.

Kollektionen:

- `Application.Contents(`*schlüssel*`)`
  Kollektion aller Daten und Objekte auf Applikationsebene. *schlüssel* ist der Name eines Objekts in der Kollektion. Enthält nicht die mit <OBJECT> definierten Objekte.

- `Application.StaticObject(`*schlüssel*`)`
  Kollektion aller Daten und Objekte auf Applikationsebene. *schlüssel* ist der Name eines Objekts in der Kollektion. Enthält nur die mit <OBJECT> definierten Objekte.

Ereignisbehandlung:

- `Application.OnEnd`
  Prozedur in GLOBAL.ASA, die ausgelöst wird, wenn der Webserver heruntergefahren oder die Applikation entladen wird.

- `Application.OnStart`
  Prozedur in GLOBAL.ASA, die ausgelöst wird, wenn der erste Nutzer das erste Mal die Applikation startet. Wird noch vor der Session ausgelöst.

Methoden:

- `Application.Lock`
  Verriegelt das Applikationsobjekt so, dass andere Nutzer daran keine Änderungen vornehmen können.

ASP-Objekte, Komponenten und Direktiven

- `Application.UnLock`
  Gibt die mit `Lock` verriegelte Applikation wieder frei.

ObjectContext. `ObjectContext` kontrolliert die Transaktionssteuerung in ASP. Der Transaktionsmanager steuert diese Prozesse (Microsoft Transaction Server MTS).

Ereignisbehandlung:

- `ObjectContext.OnTransactionAbort`
  Wird ausgelöst, wenn eine Transaktion abgebrochen wurde; wird aber erst nach Skriptende aktiv.

- `ObjectContext.OnTransactionCommit`
  Wird ausgelöst, wenn eine Transaktion bestätigt wird; wird aber erst nach Skriptende ausgeführt.

Methoden:

- `ObjectContext.SetAbort`
  Bricht eine Transaktion explizit ab.

- `ObjectContext.SetComplete`
  Überschreibt alle vorherigen Aufrufe der Methode `SetAbort` und lässt die Ausführung der Transaktion zu.

Request. Mit diesem Objekt wird auf alle Informationen zugegriffen, die beim Datenaustausch zwischen Browser und Webserver vom Browser an den Server gesendet werden.

Kollektionen:

- `Request.ClientCertificate(schlüssel[.code])`
  Kollektion mit Informationen über das Zertifikat eines Clients. Zertifikate sind Sicherheitsmerkmale für Webseiten. Der Wert `schlüssel` kann sein:

    - `Subject`. Eine Beschreibung des Zertifikats.
    - `Issue`. Der Herausgeber des Zertifikats.
      Die Schlüssel `Subject` und `Issue` können mit einem *Code* kombiniert werden (`IssueL` oder `SubjectC`). Folgenden Werten sind bestimmte Felder zugeordnet:
        - `C`. Herkunftsland (Country)
        - `O`. Unternehmen (Organisation)
        - `OU`. Abteilung (Organisational Unit)
        - `CN`. Allgemeiner Name des Nutzers (Common Name)
        - `L`. Ort (Locality)
        - `S`. Land, Bundesland (State)
        - `T`. Titel der Person oder des Unternehmens (Title)
        - `GN`. Rufname (Given Name)
        - `I`. Initialen (Initials)

A VBScript 5

- ValidFrom. Das Datum, ab dem das Zertifikat gültig wird.
- ValidUntil. Das Datum, bis zu dem das Zertifikat gültig ist.
- SerialNumber. Die Seriennummer des Zertifikats.
- Certificate. Eine binäre Darstellung des gesamten Zertifikates im ASN.1-Format

Wurden die Dateien SERVBS.INC (für VBScript) bzw. CERVJAVAS.INC (für JScript) mit #INCLUDE eingebettet, stehen zwei Flags zur Verfügung:

- CeCertPresent
  Ist TRUE, wenn ein Clientzertifikat vorhanden ist.
- CeUnrecognizedIssuer
  Ist TRUE, wenn der Herausgeber des letzten Zertifikats unbekannt war.

▶ Request.Cookies(cookie[(schlüssel).attribut])
Kollektion aller Cookies. Schlüssel erlaubt den Zugriff auf ein Dictionary der aktuellen Cookies. attribut kann HasKey sein und zeigt TRUE oder FALSE. Wenn es TRUE ist, hat der Cookie einen Schlüssel.

▶ Request.Form(Parameter)[(Index).Count]
Diese Kollektion enthält die Daten eines Formulars. Index wird benutzt, wenn ein Parameter mehr als einen Wert besitzt, beispielsweise wenn das Attribut multiple in einem <select>-Tag benutzt wurde. Wenn das der Fall ist, enthält Count die Anzahl der ausgewählten Elemente. Ansonsten enthält Count die Anzahl aller Elemente der Kollektion.

▶ Request.QueryString(Variable)[(Index).Count]
Kollektion der Variablen einer URL mit Parametern. Index wird benutzt, wenn ein Parameter mehr als einen Wert hat und Count die Anzahl aller Elemente der Kollektion enthält.

▶ Request.ServerVariables(ServerUmgebungsVariable)
Kollektion der Servervariablen. Damit ist der Zugriff auf die HTTP-Header möglich. Die Servervariablen finden Sie in der Tabelle am Ende dieses Kapitels.

Methoden:

▶ Request.BinaryRead(*Count*)
Ermittelt den Inhalt eines HTML-Formulars in binärer Form. *Count* gibt die Anzahl der zu lesenden Byte an.

Eigenschaften:

▶ Request.TotalByte
Die Gesamtzahl der Byte des Bodys der Übertragung (beginnend nach dem HTTP-Header).

Response. Dieses Objekt enthält alle Informationen, die zum Browser gesendet werden.

ASP-Objekte, Komponenten und Direktiven

Kollektionen:

- `Response.Cookies(Cookie)[schlüssel.attribut]`
  Setzt ein neues Cookie im Browser. `Cookie` ist der Name des Cookies, `schlüssel` wird verwendet, wenn Dictionaries benutzt werden, `attribut` kann eines der folgenden Eigenschaften des sein:

  - `Domain`
    Gibt an, dass dieses Cookie nur gesendet wird, wenn die anfordernde Domain stimmt.

  - `Expires`
    Das Verfallsdatum; an diesem Datum wird das Cookie ungültig.

  - `HasKeys`
    Das Cookie ist eine Dictionary. Trifft dies zu, dann ist dieser Wert `TRUE`, sonst `FALSE`.

  - `Path`
    Das Cookie sollte nur gesendet werden, wenn der angegebene Pfad übereinstimmt.

  - `Secure`
    Das Cookie ist gesichert, kann `TRUE` oder `FALSE` sein.

Methoden:

- `Response.AddHeader name, wert`
  Erzeugt einen neuen HTTP-Header mit dem Namen `name` und dem Inhalt `wert`.

- `Response.AppendToLog string`
  Erzeugt einen Eintrag mit dem Inhalt `string` in der Server-Logdatei.

- `Response.BinaryWrite data`
  Sendet binäre Informationen, in `data` sind diese Informationen enthalten.

- `Response.Clear`
  Löscht den Ausgabepuffer, aber keine Header.

- `Response.End`
  Beendet die Pufferung und sendet die Daten sofort und vor jeder anderen Aktion des Webservers.

- `Response.Flush`
  Sendet den Inhalt des Puffers sofort.

- `Response.Redirect URL`
  Schickt den Browser zu der angegebenen URL. `URL` kann jede Internetadresse sein.

- `Response.Write werte`
  Gibt Informationen direkt oder über Puffer zum Browser. *werte* kann eine Zeichenkette oder eine Variable sein, die eine Zeichenkette enthält.

A VBScript 5

Eigenschaften:

- Response.Buffer
  Die Pufferung der Ausgaben wird eingeschaltet. Die ASP-Engine sammelt alle Ausgaben und sendet sie mit dem Skriptende oder nach Aufruf der Methoden Flush oder End.

- Response.CacheControl
  Steuert, ob ein Proxy diese Seite speichern sollte oder nicht. Normalerweise ist der Wert FALSE, das heißt: nicht speichern (ASP-Seiten sind dynamische Seiten!)

- Response.CharSet(name)
  Setzt den Zeichensatz der Seite, ein sinnvoller Wert ist »ISO-LATIN-1«.

- Response.ContentType
  Der MIME-Typ des zu sendenden Inhalts, beispielsweise »text/plain« oder »image/GIF«.

- Response.Expires zeit
  Zeit, die der Browser die Seite in seinem Cache behalten sollte. Die Angabe *zeit* erfolgt in Minuten.

- Response.ExpiresAbsolute date
  Absolutes Datum und Zeit, zu der der Browser die Seite aus seinem Cache löschen sollte.

- Response.IsClientConnected
  Stellt fest, ob der Browser noch Kontakt mit dem Server hat. Trifft dies zu, dann ist der Wert TRUE, sonst FALSE.

- Response.PICS(PICSlabel)
  Fügt ein PICS-Rating der Seite hinzu. Damit werden Seiten nach ihrem Inhalt beurteilt.

- Response.Status
  Die Statuszeile des Servers-Headers.

Server. Dieses Objekt dient der Steuerung verschiedener Funktionen des Servers.

Methoden:

- Server.CreateObject(ID)
  Erzeugt eine neue Instanz eines Objekts. ID ist die Programmidentifikationsnummer des Objekts, bei eingebauten Objekten auch »Klasse.Objektname«.

- Server.HTMLEncode(string)
  Wandelt die Zeichenkette string in HTML-kodierte Zeichen um.

- Server.MapPath(pfad)
  Ermittelt den physischen Pfad zu dem angegebenen virtuellen oder relativen Pfad.

ASP-Objekte, Komponenten und Direktiven

- `Server.URLEncode(string)`
  Wandelt die Zeichenkette `string` in URL-kodierte Zeichen um.

Eigenschaften:

- `Server.ScriptTimeOut = zeit`
  Setzt oder ermittelt die aktuelle Fehlerwartezeit eines Skripts. Nach dieser Zeit bricht der Server die Verbindung ab, wenn keine Reaktion des Browsers mehr erfolgt.

Session. Das `Session`-Objekt enthält Informationen über eine einzelne Nutzersitzung und wird zur Steuerung einer Sitzung verwendet.

Kollektionen:

- `Session.Contents(schlüssel)`
  Kollektion aller Daten des `Session`-Objekts, die nicht im `<OBJECT>`-Abschnitt der Datei GLOBAL.ASA definiert wurden.

- `Session.StaticObject(schlüssel)`
  Kollektion aller Daten des `Session`-Objekts, die nur im `<OBJECT>`-Abschnitt der Datei GLOBAL.ASA definiert wurden.

Methoden:

- `Session.Abandon`
  Beendet unmittelbar eine Sitzung. Zerstört alle Objekte und Daten, die dieser Sitzung zugeordnet wurden.

Eigenschaften:

- `Session.CodePage`
  Gibt an, welche Zeichensatzseite für diese Sitzung verwendet wird.

- `Session.LCID`
  Gibt das Landeskennzeichen (Location-ID) an, das für diese Sitzung verwendet wird.

- `Session.SessionID`
  Gibt die aktuelle, interne Session-ID zurück. Dieser Wert ist eindeutig.

- `Session.TimeOut`
  Setzt oder ermittelt die aktuelle Fehlerwartezeit der Sitzung. Nach dieser Zeit bricht der Server die Verbindung ab, wenn keine Reaktion des Browsers mehr erfolgt.

A VBScript 5

A.3.2 ActiveX-Komponenten

Sie können diese Komponenten nur benutzen, wenn Sie vorher eine Instanz des Objekts anlegen. Dazu wird die Methode `Server.CreateObjekt` benutzt:

`<% SET komponente=Server.CreateObject("name") %>`

In JScript sieht der Aufruf folgendermaßen aus:

`<% var komponente=Server.CreateObject("name") %>`

Einige Komponenten benutzen bestimmte Dateien, die die Steuerinformationen enthalten. Diese Dateien sind normale Textdateien (ASCII), die Sie mit jedem Editor erzeugen können.

Ad Rotator. Diese Komponente wird benutzt, um ein wechselndes Banner anzuzeigen. Sie erzeugen ein entsprechendes Objekt folgendermaßen:

`<% SET MeinBanner=Server.CreateObject("`**`MSWC.AdRotator`**`") %>`

Steuerdateien:

- *Redirection*
  Diese Datei enthält die Information, wohin der Browser gesendet wird, wenn ein Banner angeklickt wurde.

- *Rotator Schedule*
  Diese Datei enthält die Information, wie die Banner ausgetauscht werden. Die Datei besteht aus zwei Teilen, die durch ein * getrennt sind. Der erste Teil enthält globale Informationen:

  - *REDIRECT.* Pfad zur Datei Redirection
  - *WIDTH.* Breite des Banners in Pixel
  - *HEIGHT.* Höhe des Banners in Pixel
  - *BORDER.* Rand um den Banner in Pixel

Der zweite Teil enthält Informationen zu jedem einzelnen Banner als fortlaufende Liste mit je vier Einträgen oder Parametern:

1. URL des Bannerbildes
2. Homepage des Werbetreibenden
3. Alternativer Text (`ALT="Text, der anstatt Bild angezeigt wird"`)
4. Prozentualer Anteil im Anzeigeslot. Der wirkliche Anteil richtet sich nach der folgenden Formel: Wert/Summe aller Werte x 100.

Methoden:

- `GetAdvertisement(Rotator_Schedule)`
  Bildet die Werbung auf der Seite ab, erzeugt für HTML eine entsprechende `<a><img></a>`-Kombination.

Eigenschaften:

- Border(größe)
  Rand um die Anzeigen
- Clickable(wert)
  Das Banner ist anklickbar (TRUE) oder nicht (FALSE)
- TargetFrame(frame)
  Ziel für das Banner in einem Frameset

Browser Capabilities. Diese Komponente dient der Ermittlung der Eigenschaften eines Browsers. Sie erzeugen eine Instanz mit:

```
<% SET MeinBrowser=Server.CreateObject("MSWC.BrowserType") %>
```

Steuerdateien:

- *BrowseCap.ini*
  Diese Datei enthält Informationen zu allen Browsern. Holen Sie sich regelmäßig aktualisierte Versionen aus dem Internet.

Eigenschaften:

Die Definition der Eigenschaften ist von den Einträgen in der BROWSECAP.INI abhängig. Folgende Standardeigenschaften sollten zur Verfügung stehen (ohne Gewähr!):

- Browser
  Name des Browsers.
- Version
  Versionsnummer komplett.
- Majorvar
  Versionshauptnummer (vor dem Komma).
- Minorvar
  Versionsunternummer (nach dem Komma).

Diese folgenden Werte sind TRUE, wenn die entsprechende Funktion unterstützt wird:

- Frames
- Tables
- Cookies
- Backgroundsounds
- Vbscript
- Javascript
- Javaapplets
- ActiveXContols

Content Linking. Diese Komponente unterstützt die Entwicklung von Seiten mit dynamischen Steuerelementen. Sie erzeugen zuerst eine Instanz:

```
<% SET MeinBrowser=Server.CreateObject("MSWC.BrowserType") %>
```

Steuerdateien:

- *Content List*
  Diese Datei enthält die Informationen über die Struktur der Seiten. Die Liste besteht jeweils aus dem Dateinamen und einer Beschreibung, durch TAB getrennt.

Methoden:

- `GetListCount(Content_List-Datei)`
  Gesamtzahl der Seiten in der Datei.

- `GetListIndex(Content_List-Datei)`
  Position der aktuellen Seite in der Datei.

- `GetNextDescription(Content_List-Datei)`
  Gibt die nächste Beschreibung in der Datei zurück.

- `GetNextURL(Content_List-Datei)`
  Gibt die nächste URL aus der Liste zurück.

- `GetNthDescription(Content_List-Datei, nummer)`
  Gibt die Beschreibung des Eintrags *nummer* zurück.

- `GetNthURL(Content_List-Datei, nummer)`
  Gibt die URL des Eintrags *nummer* zurück.

- `GetPreviousDescription(Content_List-Datei)`
  Gibt die vorhergehende Beschreibung in der Datei zurück.

- `GetPreviousURL(Content_List-Datei)`
  Gibt die vorhergehende URL aus der Liste zurück.

Content Rotator. Diese Komponente steuert die wechselnde Anzeige von Texten oder anderen Objekten, auch Bannern, auf der Seite. Sie ist flexibler als die Komponente Ad Rotator.

```
<% SET News=Server.CreateObject("MSWC.ContentRotator") %>
```

Steuerdateien:

- *Content Schedule*
  Diese Datei enthält die Steuerinformationen. Jeder Eintrag beginnt mit einem %%-Zeichen und einer Angabe, wie oft die Anzeige erscheint: #*anzahl*. Danach folgt der HTML-Code bis zum nächsten Eintrag. Die Einträge werden per Zufallsgenerator ausgewählt und nach der angegebenen Häufigkeit eingeblendet.

```
%% #2 // Ich bin ein Kommentar
<hr color="red" noshade size="4" />
Achtung! Besuchen Sie unser G&auml;stebuch!
```

```
<hr color="red" noshade size="4" />
%% #5 // Hier folgt der nächste Eintrag
<img a href="banner.gif" />
```

Methoden:

- `ChooseContent(Content_Schedule-Datei)`
  Gibt den nächsten Eintrag aus der Datei zurück.

- `GetAllContent(Content_Schedule-Datei)`
  Gibt alle Einträge als fortlaufende Liste zurück. Ist vor allem für administrative Zwecke geeignet.

Counter. Diese Komponente erzeugt Zähler. Sie dürfen nur *eine* Instanz des Objekts erzeugen, aber diese Instanz darf mehrere Zähler haben. Um die einmalige Erzeugung sicherzustellen, nutzen Sie das <OBJECT>-Tag in der Datei GLOBAL.ASA:

```
<OBJECT RUNAT="Server" SCOPE="Application" ID="Counter"
PROGID="MSWC.Counters">
</OBJECT>
```

Steuerdateien:

- *Counters.txt*
  Eine Textdatei, die die Zählerstände enthält, wird automatisch erzeugt.

Methoden:

- `Get(zaehler_name)`
  Gibt den Zählerstand eines Zählers zurück.

- `Increment(zaehler_name)`
  Erhöht den Zähler um eins. Wenn `zaehler_name` noch nicht existiert, wird er angelegt.

- `Remove(zaehler_name)`
  Entfernt einen Zähler.

- `Set(zaehler_name, anzahl)`
  Erzeugt einen neuen Zähler `zaehler_name` mit dem Startwert `anzahl`.

PageCounter. Einfacher ist diese Komponente, die Seiten und Ereignisse zählt. Sie erzeugen zuerst eine neue Instanz:

```
<% SET hits=Server.CreateObject("MSWC.PageCounter") %>
```

Dateien:

- *Hit Counter*
  Diese Datei enthält die Zählerstände.

Methoden:

- `Hits(seitenpfad)`
  Gibt die Anzahl der Hits der angegebenen Seite `seitenpfad` zurück.

- Reset(seitenpfad)
  Setzt den Zähler wieder auf 0.

Permission Checker. Diese Komponente testet, ob ein Nutzer Zugriffsrechte auf eine bestimmte Seite hat.

`<% SET rechte=Server.CreateObject("MSWC.PermissionChecker") %>`

Methoden:

- HasAccess(dateipfad)
  Gibt TRUE zurück, wenn der Nutzer Zugriffsrechte auf die Datei oder den Ordner dateipfad hat. Gibt auch dann FALSE zurück, wenn die Datei oder der Ordner nicht existieren.

B Ergänzende Referenz zu ADO 2.6

In dieser Referenz finden Sie eine Übersicht über die Parameter der Properties- und Schema-Kollektionen. Eine ausführliche Erklärung aller Objekte ist im Buch in Kapitel 10 zu finden.

B.1 Properties-Collection

Die Kollektion Properties erlaubt sehr viele Einstellungen. Die komplette Liste für die einzelnen Objekte finden Sie nachfolgend. Der Auszug wurde mit dem OLEDB-Provider für den SQL Server erstellt. ODBC und Jet haben teilweise abweichende Eigenschaften.

Die Bestandteile der Tabellenüberschriften haben folgende Bedeutung:

- Name: Name der Eigenschaft
- P: Muss vor dem Öffnen definiert werden
- O: Die Angabe ist optional
- R: Die Eigenschaft ist lesbar
- W: Die Eigenschaft ist schreibbar
- Type: Datentyp des Parameters (Int=Integer, Bool=Boolean, BSTR=String usw.)
- Beispiel: Diesen Wert enthielt die Eigenschaft bei Tests mit SQL Server 7

Connection. Dieser Abschnitt zeigt die Parameter der Properties-Kollektion des Objekts Connection.

Name	P	O	R	W	Type	Beispiel	Erklärung
Active Sessions	X	-	X	-	Int	0	Anzahl gleichzeitiger Verbindungen. 0 bedeutet: keine Begrenzung
Allow Native Variant	X	-	X	X	Bool	Falsch	Variant wird unterstützt

B Ergänzende Referenz zu ADO 2.6

Name	P	O	R	W	Type	Beispiel	Erklärung
Alter Column Support	X	-	X	-	Int	501	Teil der Spalte, der geändert werden kann, DBCOLUMDESCFLAG: • _TYPENAME (1): Name • _ITYPEINFO (2): Typ • _PROPERTIES (4): Eigenschaften • _CLSID (8): Class-ID • _COLSIZE (16): Spaltenbreite • _DBCID (32): DBCID • _WTYPE (64): Datentyp • _PRECISION (128): Genauigkeit • _SCALE (256): Nachkommastellen
Application Name	X	-	X	X	BSTR		Name der Applikation
Asynchable Abort	X	-	X	-	Bool	Falsch	Asnychroner Abbruch von Transaktionen
Asynchable Commit	X	-	X	-	Bool	Falsch	Asynchrone Bestätigung von Transaktionen
Auto Translate	X	-	X	X	Bool	Wahr	OEM/ANSI-Konvertierung aktiv
Autocommit Isolation Levels	X	-	X	X	Int	4096	Art der Transaktionsisolation, DBPROPVAL_OS: • _ENABLEALL (-1): Alle Dienste • _RESOURCEPOOLING (1): Ressourcen werden zwischengespeichert • _TXNENLISTMENT (2): MTS-Sessions werden aufgelistet
Catalog Location	X	-	X	-	Int	1	Position des Katalogs: • 1. Anfangs des Namens • 2. Ende des Namens 2. tritt bei Oracle auf, wo admin@catalog stehen kann. Sonst meist 1.
Catalog Term	X	-	X	-	BSTR	database	Datenquelle, beispielsweise »catalog«, »database« etc.

Properties-Collection

Name	P	O	R	W	Type	Beispiel	Erklärung
Catalog Usage	X	-	X	-	Int	15	Verwendung von Katalognamen in Kommandos, DBPROPVAL_CU: <ul><li>STATEMENTS (1): Alle DML-Anweisungen</li><li>_TABLE_DEFINITION (2): Alle Table-Create-Anweisungen</li><li>_INDEX_DEFINITION (4): Alle Index-Create-Anweisungen</li><li>_PRIVILEGE_DEFINITION (8): Alle Privilege-Create-Anweisungen</li></ul>
Character Set Name	X	-	X	-	BSTR	iso_1	Verwendeter Zeichensatz
Column Definition	X	-	X	-	Int	1	Behandlung von Nullspalten, DBPROPVAL_CD: <ul><li>_NOTNULL (1): Null ist erlaubt</li></ul>
Column Level Collation Support	X	-	X	-	Bool	Falsch	Sortierung auf Spaltenniveau
Connect Timeout	X	-	X	X	Int	15	Timeout in Sekunden
Connection Status	X	-	X	-	Int	1	Aktueller Status, DBPROPVAL_CS: <ul><li>_UNINITIALIZED (0): Verbunden, aber nicht bereit</li><li>_INITIALIZED (1): Verbunden und bereit</li><li>_COMMUNICATIONFAILURE (2): Verbindungsfehler</li></ul>
Current Catalog	X	-	X	X	BSTR	Northwind	Aktuelle Datenbank
Current Collation Name	X	-	X	-	BSTR		Aktuelle Sortierung
Current Language	X	-	X	X	BSTR		Sprache für Systemmeldungen
Data Source	X	-	X	X	BSTR	WWW	Datenquelle; Servername, der verwendet werden soll

Name	P	O	R	W	Type	Beispiel	Erklärung
Data Source Name	X	-	X	-	BSTR	WWW	Tatsächliche Quelle
Data Source Object Threading Model	X	-	X	-	Int	1	Threading-Modell, DBPROPVAL_RT: • _FREETHREAD (1): Freier Thread • _APTMTTHREAD (2): Apartment • _SINGLETHREAD (4): Single
DBMS Name	X	-	X	-	BSTR	Microsoft SQL Server	Name des Datenbanksystems
DBMS Version	X	-	X	-	BSTR	07.00.0623	Version des Servers
Enable Fastload	X	-	X	X	Bool	Falsch	Bulk-Operationen sind erlaubt
Extended Properties	X	-	X	X	BSTR	Initital Catalog = Northwind	Weitere Optionen, die dem Provider übermittelt wurden
General Timeout	X	-	X	X	Int	0	Zeitüberschreitung in Sekunden für Anfragen
GROUP BY Support	X	-	X	-	Int	4	GROUP BY-Unterstützung, DBPROPVAL_BG: • _NOTSUPPORTED (1): nicht unterstützt • _EQUALS_SELECT (2): Alle Spalten in der SELECT-Liste müssen verwendet werden, andere sind nicht erlaubt. • _CONTAINS_SELECT (4): Alle Spalten in der SELECT-Liste müssen verwendet werden, andere sind zusätzlich erlaubt. • _NO_RELATION (8): SELECT-Liste und GROUP BY müssen nicht übereinstimmen. • _COLLATE (16): COLLATE wird unterstützt.

Properties-Collection

Name	P	O	R	W	Type	Beispiel	Erklärung
Heterogeneous Table Support	X	-	X	-	Int	3	JOIN über mehrere Kataloge wird unterstützt, DBPROPVAL_HT: • _DIFFERENT_CATALOGS (1): über mehrere Kataloge/Datenbanken • _DIFFERENT_PROVIDERS (2: über mehrere Provider
Identifier Case Sensitivity	X	-	X	-	Int	8	Bezeichner (Namen) sind abhängig von Groß- und Kleinschreibung (DBPROPVAL_IC): • _UPPER (1): egal, speichert groß • _LOWER (2): egal, speichert klein • _SENSITIVE (4): wird unterschieden • _MIXED (8): egal, speichert Original
Initial Catalog	X	-	X	X	BSTR		Standardkatalog, wenn keine Angabe
Initial File Name	X	-	X	X	BSTR		Dateiname
Integrated Security	X	-	X	X	BSTR		Name des Authentifizierungsdienstes
Isolation Levels	X	-	X	-	Int	1118464	Transaktionsisolierung, DBPROPVAL_TI: • _CHAOS (16): Standardwert. Änderungen können in höherwertigen Ebenen nicht überschreiben. • _BROWSE (256): Änderungen sind sichtbar, bevor sie bestätigt werden.

Name	P	O	R	W	Type	Beispiel	Erklärung
							• _CURSORSTABILITY (4 096): Änderungen sind nicht sichtbar, bevor sie bestätigt wurden. • _REPEATABLEREAD (65 535): Änderungen anderen Transaktionen sind nun sichtbar • _ISOLATED (1 048 576): Konkurrierende Transaktionen werden so ausgeführt, als ob sie nacheinander ausgeführt würden.
Isolation Retention	X	-	X	-	Int	0	Transaktions-Isolations-Zurückhaltung, DBPROPVAL_TR: • _COMMIT_DC (1): Behält Isolation oder gibt frei, je nach vorherigem Zustand • _COMMIT (2): Behält Isolation • _COMMIT_NO (4): Gibt Isolation frei • _ABORT_DC (8): Behält Isolation oder gibt frei, je nach vorherigem Zustand • _ABORT (16): Behält Isolation • _ABORT_NO (32): Gibt Isolation frei • _DONTCARE (64): Standardwert. Je nach Zustand sowohl COMMIT als auch ABORT. • _BOTH (128): Behält beide • _NONE (256): Behält keines • _OPTIMISTIC (512): »Optimistic Concurrency« ist zu verwenden.

Name	P	O	R	W	Type	Beispiel	Erklärung
Locale Identifier	X	-	X	X	Int	1031	Locale ID (Sprache), 1031 = Deutsch
Maximum Index Size	X	-	X	-	Int	900	Maximale Breite einer indizierten Spalte in Bytes
Maximum Open Chapters	X	-	X	-	Int	0	Anzahl offener Chapter
Maximum Row Size	X	-	X	-	Int	8060	Maximale Breite einer Reihe, 0 = keine Begrenzung
Maximum Row Size Includes BLOB	X	-	X	-	Bool	Falsch	Begrenzung von BLOB-Spalten
Maximum Tables in SELECT	X	-	X	-	Int	256	Maximale Anzahl Tabellen in SELECT
Multiple Connections	X	-	X	X	Bool	Wahr	Mehrfache Verbindungen werden automatisch erstellt.
Multiple Parameter Sets	X	-	X	-	Bool	Wahr	Unterstützt mehrfache Parameter
Multiple Results	X	-	X	-	Int	1	Unterstützt mehrfache Ergebnislisten
Multiple Storage Objects	X	-	X	-	Bool	Falsch	Unterstützt mehrere Speicherobjekte
Multi-Table Update	X	-	X	-	Bool	Falsch	Unterstützt mehrfache Aktualisierungen
Network Address	X	-	X	X	BSTR		Netzwerkadresse
Network Library	X	-	X	X	BSTR		Netzwerkbibliothek
NULL Collation Order	X	-	X	-	Int	4	Sortierung von NULL, DBPROPVAL_NC: • _END (1): Ans Ende • _HIGH (2): An das obere Ende • _LOW (4): An das tiefere Ende • _START (8): An den Anfang

Name	P	O	R	W	Type	Beispiel	Erklärung
NULL Concatenation Behavior	X	-	X	-	Int	1	Verknüpfung von NULL-Werten mit anderen Spalten (DBPRPOVAL_CB): • _NULL (1): Ergebnis ist NULL • _NON_NULL (2): NULL wird ignoriert
OLE DB Version	X	-	X	-	BSTR	02.60	Version des Providers
OLE Object Support	X	-	X	-	Int	33	Unterstützung, DBPROPVAL_OO: • _BLOB (1): BLOBS werden als Objekte angesprochen • _IPERSIST (2): OLE • _ROWOBJECT (4): Row-Objekte • _SCOPED (8): Scope_Operationen (beispielsweise Index-Server) • _DIRECTBIND (16): Direkte Bindung an BLOB • _SINGLETON (32): Singleton-Operationen
Open Rowset Support	X	-	X	-	Int	0	Unterstützung des Providers für offene Datensätze, DBPROPVAL_ORS: • _TABLE (1): Tabellen • _INDEX (2): Indizes • _STOREDPROC (4): Gesp. Prozeduren • _INTEGRATEDINDEX (16): Tabelle und Index
ORDER BY Columns in Select List	X	-	X	-	Bool	Falsch	Wahr, wenn ORDER BY-Spalten in der SELECT-Liste stehen müssen

Properties-Collection

Name	P	O	R	W	Type	Beispiel	Erklärung
Output Parameter Availability	X	-	X	-	Int	4	Zeit, wann Ausgabeparameter gültig werden, DBPROPVAL_OA: • _NOTSUPPORTED (1): Nicht unterstützt • _ATEXECUTE (2): Unmittelbar nach der Ausführung • _ATROWRELEASE (4): Bei Freigabe der Reihe, also nach Close oder nach dem Umschalten auf die nächste Reihe
Packet Size	X	-	X	X	Int	4096	Netzwerkpaketgröße (Optimierungsparameter)
Pass By Ref Accessors	X	-	X	-	Bool	Wahr	Unterstützung für Accessoren
Password	X	-	X	X	BSTR		Kennwort
Persist Security Info	X	-	X	X	Bool		Sicherheitsinformationen werden gespeichert
Persistent ID Type	X	-	X	-	Int	1	Persistenz-Typ, DBPROPVAL_PT: • _GUID_NAME (1): GUID-Name • _GUID_PROPID (2): GUID-Prop-ID • _NAME (4): Name • _GUID (8): GUID • _PROPID (16): Property-ID • _PGUID_NAME (32): Property-Name • _PGUID_PROPID (64): Property-GUID

B Ergänzende Referenz zu ADO 2.6

Name	P	O	R	W	Type	Beispiel	Erklärung
Prepare Abort Behavior	X	-	X	-	Int	2	Beide Optionen bestimmen, wie vorbereitete (Prepared) Kommandos in Transaktionen behandelt werden (CBPROPVAL_TB): • _DELETE (1): Abbruch löscht Kommando • _PRESERVE (2): Abbruch erhält Kommando
Prepare Commit Behavior	X	-	X	-	Int	2	
Procedure Term	X	-	X	-	BSTR	stored procedure	Bezeichnung von gespeicherten Prozeduren
Prompt	X	-	X	X	SInt	4	Art des Nutzereingriffs während der Initialisierung, DBPROMPT: • _PROMPT (1): Immer • _COMPLETE (2): Nur, wenn Informationen fehlen • _COMPLETEREQUIRED (3): Nur, wenn Informationen fehlen, optionale Daten können nicht eingegeben werden. • _NOPROMPT (4): Keine Aufforderung
Provider Friendly Name	X	-	X	-	BSTR	Microsoft OLE DB Provider for SQL Server	Name des Providers für Nutzerinfo
Provider Name	X	-	X	-	BSTR	sqloledb.dll	DLL des Providers
Provider Version	X	-	X	-	BSTR	08.00.0100	Version des Providers
Quoted Catalog Names	X	-	X	X	Bool	Falsch	Anführungszeichen in Katalognamen erlaubt

Properties-Collection

Name	P	O	R	W	Type	Beispiel	Erklärung
Quoted Identifier Sensitivity	X	-	X	-	Int	8	Behandlung von Groß- und Kleinschreibung, DBPROPVAL_IC: • _UPPER (1): egal, speichert groß • _LOWER (2): egal, speichert klein • _SENSITIVE (4): wird unterschieden • _MIXED (8): egal, speichert Original
Read-Only Data Source	X	-	X	-	Bool	Falsch	Quelle kann nur gelesen werden
Replication server name connect option	X	-	X	X	BSTR		Optionen für den Replikationsserver, wenn vorhanden
Reset Datasource	X	-	X	X	Int		Setzt Datenquelle zurück, DBPROPVAL_RD: • _RESETALL (-1): Ja, alles
Rowset Conversions on Command	X	-	X	-	Bool	Wahr	Kommandos können die Konvertierung bestimmen
Schema Term	X	-	X	-	BSTR	owner	Name des Schemas, »schema« oder »owner«
Schema Usage	X	-	X	-	Int	15	Verwendung von Schema-Namen in Kommandos, DBPROPVAL_SU: • _DML_STATEMENTS (1): In allen DML-Anweisungen • _TABLE_DEFINITION (2): In Tabellendefinitionen • _INDEX_DEFINITION (4): In Indexdefinitionen • _PRIVILEGE_DEFINITION (8): In Privilegien-Definitionen
Server Name	X	-	X	-	BSTR	WWW	Server-Name
Sort Order Name	X	-	X	-	BSTR	nocase_iso	Name der Sortiermethode
SQL Support	X	-	X	-	Int	283	SQL-Unterstützung
Sqlxmlx.dll progid	X	-	X	X	BSTR		ID der XML-DLL

Name	P	O	R	W	Type	Beispiel	Erklärung
Structured Storage	X	-	X	-	Int	1	Provider unterstützt Speicherobjekte, DBPROPVAL_SS: • _ISEQUENTIALSTREAM (1): ISequentialStream • _ISTREAM (2): IStream • _ISTORAGE (4): Istorage • _ILOCKBYTES (8): ILocktBytes
Subquery Support	X	-	X	-	Int	31	Arten verschachtelter Abfragen, DBPROPVAL_SQ: • _CORRELATEDSUBQUERIES (1): Alle korrellierenden • _COMPARISON (2): Alle vergleichenden • _EXISTS (4): Mit EXISTS • _IN (8): Mit IN-Schlüsselwort • _QUANTIFIED (16): Quantifizierte
Table Statistics Support	X	-	X	-	Int	0	Unterstützt statistische Angaben
Table Term	X	-	X	-	BSTR	table	Name für Tabellenart, beispielsweise: »table« oder »file«
Tag with column collation when possible	X	-	X	X	Bool	Falsch	Spaltensortierung voranstellen
Transaction DDL	X	-	X	-	Int	8	DDL-Kommandos innerhalb von Transaktionen, DBPROPVAL_TC: • _DML (1): Nur DML, DLL löst Fehler aus • _DDL_COMMIT (2): Nur DML, DDL löst COMMIT aus • _DDL_IGNORE (4): DDL wird ignoriert • _ALL (8): DDL und DML • _NONE (0): Transaktionen werden nicht unterstützt

Properties-Collection

Name	P	O	R	W	Type	Beispiel	Erklärung
Unicode Comparision Style	X	-	X	-	Int	196609	Sortieroptionen für Unicode-Daten
Unicode Locale Id	X	-	X	-	Int	1033	Locale ID für Unicode
Use Encryption for Data	X	-	X	X	Bool	Falsch	Verschlüsselung
Use Procedure for Prepare	X	-	X	X	Int	1	Temporäre gespeicherte Prozeduren sollen für Prepared-Kommandos verwendet werden
User ID	X	-	X	X	BSTR	sa	User ID
User Name	X	-	X	-	BSTR	dbo	User Name
Window Handle	X	-	X	X	Int		Handle des Fensters (nicht in ASP)
Workstation ID	X	-	X	X	BSTR	WWW	ID der Arbeitsstation

Name	P	O	R	W	Type	Beispiel	Erläuterung
Access Order	X	-	X	X	Int	2	Reihenfolge der Spalten, DBPROPVAL_AO: • _SEQUENTIALSTORAGEOBJECTS (1): Nur in der Reihenfolge, wie sie gespeichert wurden (i.d.R. nur bei XML) • _RANDOM (2): Egal • _SEQUENTIAL (0): Nach Ordnungsnummer
Blocking Storage Objects	X	-	X	-	Bool	Wahr	Verhindert andere Zugriffsmethoden
Bookmark Information	X	-	X	-	Int	0	Informationen über Lesezeichen, DBPROPVAL_BI: • _CROSSROWSET (1): Über alle Datensätze der Abfrage
Bookmark Type	X	-	X	-	Int	1	Art des Lesezeichens, DBPROPVAL_BMK: • _NUMERIC (1): Numerisch • _KEY (2): Schlüssel
Bookmarkable	X	-	X	X	Bool	Falsch	Lesezeichen werden unterstützt.

B Ergänzende Referenz zu ADO 2.6

Name	P	O	R	W	Type	Beispiel	Erläuterung
Change Inserted Rows	X	-	X	X	Bool	Falsch	Neue Zeilen können geändert werden.
Column Privileges	X	-	X	-	Bool	Wahr	Es bestehen Zugriffsrestriktionen.
Column Set Notification	X	-	X	-	Int	3	Änderungen führen zu einem Ereignis, DBPROPVAL_NP. Ereignisse werden in ASP nicht unterstützt.
Command Time Out	X	-	X	X	Int	30	Zeitüberschreitungswert in Sekunden, 0 = unendlich
Cursor Auto Fetch	X	-	X	X	Bool	Falsch	Zeiger holt automatisch neuen Wert.
Defer Column	X	-	X	X	Bool	Falsch	Holt Daten nur nach Anforderung.
Defer Prepare	X	-	X	X	Bool	Wahr	Holt vorbereitete Daten nur nach Anforderung.
Delay Storage Object Updates	X	-	X	-	Bool	Falsch	Legt fest, ob auch Speicherobjekte im verzögerten Mode bedient werden.
Fastload Options	X	-	X	X	BSTR		Fastload-Optionen
Fetch Backwards	X	-	X	X	Bool	Falsch	Datensatz kann rückwärts durchlaufen werden.
Hold Rows	X	-	X	X	Bool	Falsch	Kann weitere Reihen lesen, ohne aktuelle Änderungen gültig zu machen.
Immobile Rows	X	-	X	X	Bool	Wahr	Eingefügte oder geänderte Reihen werden neu sortiert.
Keep Identity	X	-	X	X	Bool	Falsch	Legt fest, ob die Werte von IDENTITY-Spalten überschrieben werden dürfen.
Keep Nulls	X	-	X	X	Bool	Falsch	Legt fest, ob Spalten mit DEFAULT-Werten mit NULL überschrieben werden dürfen.

Name	P	O	R	W	Type	Beispiel	Erläuterung
Literal Bookmarks	X	-	X	X	Bool	Falsch	Lesezeichen werden literal behandelt.
Literal Row Identity	X	-	X	-	Bool	Wahr	Binärvergleiche erfolgen literal.
Lock Mode	X	-	X	X	Int	1	Art der Satzverriegelung, DBPROPVAL_LM: • _NONE (1): Nicht erforderlich • _READ (2): Nur beim Lesen • _INTENT (4): Immer
Maximum BLOB Length	X	-	X	X	Int	0	Maximale Größe eines BLOB-Felds.
Maximum Open Rows	X	-	X	-	Int	0	Maximale Anzahl geöffneter Reihen.
Maximum Pending Rows	X	-	X	-	Int	0	Maximale Anzahl von Reihen mit unbestätigten Änderungen.
Maximum Rows	X	-	X	X	Int	0	Maximale Anzahl Reihen überhaupt.
Notification Granularity	X	-	X	-	Int	1	Benachrichtigung bei Operationen, die mehrere Reihen betreffen, DBPROPVAL_NT. Hinweis: Ereignisse werden in ASP nicht unterstützt.
Notification Phases	X	-	X	-	Int	31	Art der Benachrichtigung, Ereignisse werden in ASP nicht unterstützt.
Objects Transacted	X	-	X	-	Bool	Falsch	Jedes Objekt ist in einer Transaktion.
Others' Changes Visible	X	-	X	X	Bool	Falsch	Änderungen anderer Nutzer sind sichtbar.
Others' Inserts Visible	X	-	X	X	Bool	Falsch	Einfügungen anderer Nutzer sind sichtbar.
Own Changes Visible	X	-	X	X	Bool	Falsch	Eigene Änderungen sind sichtbar.
Own Inserts Visible	X	-	X	X	Bool	Falsch	Eigene Einfügungen sind sichtbar.
Preserve on Abort	X	-	X	X	Bool	Falsch	Nach ABORT einer Transaktion bleibt der Datensatz aktiv und offen.

B Ergänzende Referenz zu ADO 2.6

Name	P	O	R	W	Type	Beispiel	Erläuterung
Preserve on Commit	X	-	X	X	Bool	Falsch	Nach COMMIT einer Transaktion bleibt der Datensatz aktiv und offen.
Quick Restart	X	-	X	X	Bool	Falsch	RestartPositon ist schnell.
Reentrant Events	X	-	X	-	Bool	Wahr	Wiedereintritt nach erneutem Aufruf.
Remove Deleted Rows	X	-	X	X	Bool	Falsch	Provider entfernt gelöschte Reihen.
Report Multiple Changes	X	-	X	-	Bool	Falsch	Erkennt Änderungen an mehrere Reihen
Return Pending Inserts	X	-	X	-	Bool	Falsch	Ausstehende (unausgeführte) Einfügungen können beim Lesen schon zurückgegeben werden.
Row Delete Notification	X	-	X	-	Int	3	Änderungen führen zu einem Ereignis, DBPROPVAL_NP. Ereignisse werden in ASP nicht unterstützt.
Row First Change Notification	X	-	X	-	Int	3	Änderungen führen zu einem Ereignis, DBPROPVAL_NP. Ereignisse werden in ASP nicht unterstützt.
Row Insert Notification	X	-	X	-	Int	3	Änderungen führen zu einem Ereignis, DBPROPVAL_NP. Ereignisse werden in ASP nicht unterstützt.
Row Privileges	X	-	X	-	Bool	Wahr	Restriktionen auf Satzebene
Row Resynchronization Notification	X	-	X	-	Int	3	Änderungen führen zu einem Ereignis, DBPROPVAL_NP. Ereignisse werden in ASP nicht unterstützt.

Properties-Collection

Name	P	O	R	W	Type	Beispiel	Erläuterung
Row Threading Model	X	-	X	-	Int	1	Threading-Modell, DBPROPVAL_RT: • _FREETHREAD (1): Freier Thread • _APTMTTHREAD (2): Apartment _SINGLETHREAD (4): Single
Row Undo Change Notification	X	-	X	-	Int	3	Änderungen führen zu einem Ereignis, DBPROPVAL_NP. Ereignisse werden in ASP nicht unterstützt.
Row Undo Delete Notification	X	-	X	-	Int	3	Änderungen führen zu einem Ereignis, DBPROPVAL_NP. Ereignisse werden in ASP nicht unterstützt.
Row Undo Insert Notification	X	-	X	-	Int	3	Änderungen führen zu einem Ereignis, DBPROPVAL_NP. Ereignisse werden in ASP nicht unterstützt.
Row Update Notification	X	-	X	-	Int	3	Änderungen führen zu einem Ereignis, DBPROPVAL_NP. Ereignisse werden in ASP nicht unterstützt.
Rowset Fetch Position Change Notification	X	-	X	-	Int	3	Änderungen führen zu einem Ereignis, DBPROPVAL_NP. Ereignisse werden in ASP nicht unterstützt.
Rowset Release Notification	X	-	X	-	Int	3	Änderungen führen zu einem Ereignis, DBPROPVAL_NP. Ereignisse werden in ASP nicht unterstützt.
Scroll Backwards	X	-	X	X	Bool	Falsch	Datensatz kann rückwärts durchlaufen werden.
Server Cursor	X	-	X	X	Bool	Falsch	Zeiger ist serverseitig.

B Ergänzende Referenz zu ADO 2.6

Name	P	O	R	W	Type	Beispiel	Erläuterung
Server Data on Insert	X	-	X	X	Bool	Falsch	Provider holt Daten zum Auffrischen des Cache beim Ausführen von INSERT.
Skip Deleted Bookmarks	X	-	X	-	Bool	Falsch	Überspringt gelöschte Lesezeichen.
Strong Row Identity	X	-	X	-	Bool	Wahr	Reihen-Identität wird geprüft bei INSERT
Unique Rows	X	-	X	X	Bool	Falsch	Jede Reihe wird eindeutig durch die Spaltenwerte erkannt.
Updatability	X	-	X	X	Int	0	Methode für UPDATE, DBPROPVAL_UP: • _CHANGE (1): SetRows • _DELETE (2): DeleteRows • _INSERT (4): InsertRows
Use Bookmarks	X	-	X	X	Bool	Falsch	Verwendet Lesezeichen

Name	P	O	R	W	Type	Beispiel	Erklärung
BASECATALOGNAME	X	-	-	-	Varchar		Name des Katalogs
BASECOLUMNNAME	X	-	-	-	Varchar		Name der Spalte
BASESCHEMANAME	X	-	-	-	Varchar		Name des Schemas
BASETABLENAME	X	-	-	-	Varchar		Name der Tabelle
COLLATING SEQUENCE	X	-	-	-	Int		ID der Sortiersequenz
COMPUTEMODE	X	-	-	-	Int		Art der Berechnung berechneter Felder, DBCOMPUTEMODE: • _COMPUTED (1): Ist berechnet • _DYNAMIC (2): Ist berechnet und berechnet bei jeder Abfrage neu • _NOTCOMPUTED (3): Keine berechnete Spalte
DATETIME PRECISION	X	-	-	-	USInt		Anzahl der Stellen des Nachkommateils von Zeitwerten (Sekundenbruchteile)

Name	P	O	R	W	Type	Beispiel	Erklärung
ISAUTOINCREMENT	X	-	-	-	Bool	Falsch	Spalte ist AUTO_INCREMENT
ISCASESENSITIVE	X	-	-	-	Bool	Falsch	Inhalt ist abhängig von Groß- und Kleinschreibung.
ISSEARCHABLE	X	-	-	-	USInt	4	Inhalt ist durchsuchbar, DB: • _UNSEARCHABLE (1): Kann nicht in WHERE verwendet werden • _LIKE_ONLY (2): Nur mit LIKE • _ALL_EXCEPT_LIKE (3): Alles außer LIKE. • _SEARCHABLE (4): Uneingeschränkt in WHERE verwendbar
OCTETLENGTH	X	-	-	-	USInt	10	Maximale Breite in Bytes
KEYCOLUMN	X	-	-	-	Bool	Falsch	Schlüsselspalte

Command. Dieser Abschnitt zeigt die Parameter der Properties-Kollektion des Objekts Command.

Name	P	O	R	W	Type	Example	Erklärung
Access Order	X	-	X	X	Int	2	Zugriffsreihenfolge
Base path	X	-	X	X	BSTR		Stammpfad
Blocking Storage Objects	X	-	X	-	Bool	Wahr	Verhindert andere Zugriffsmethoden
Bookmark Information	X	-	X	-	Int	0	Informationen über Lesezeichen, DBPROPVAL_BI: • _CROSSROWSET (1): Über alle Datensätze der Abfrage
Bookmark Type	X	-	X	-	Int	1	Art des Lesezeichens, DBPROPVAL_BMK: • _NUMERIC (1): Numerisch • _KEY (2): Schlüssel
Bookmarkable	X	-	X	X	Bool	Falsch	Lesezeichen werden unterstützt.
Change Inserted Rows	X	-	X	X	Bool	Falsch	Neue Zeilen können geändert werden.

B Ergänzende Referenz zu ADO 2.6

Name	P	O	R	W	Type	Example	Erklärung
Column Privileges	X	-	X	-	Bool	Falsch	Es bestehen Zugriffsrestriktionen.
Column Set Notification	X	-	X	-	Int	3	Änderungen führen zu einem Ereignis, DBPROPVAL_NP. Ereignisse werden in ASP nicht unterstützt.
Command Time Out	X	-	X	X	Int	30	Zeitüberschreitungswert in Sekunden, 0 = unendlich
Command type	X	-	X	X	Int	21	Art des Kommandos
Cursor Auto Fetch	X	-	X	X	Bool	Falsch	Zeiger holt automatisch neuen Wert.
Defer Column	X	-	X	X	Bool	Falsch	Holt Daten nur nach Anforderung.
Defer Prepare	X	-	X	X	Bool	Wahr	Holt vorbereitete Daten nur nach Anforderung.
Delay Storage Object Updates	X	-	X	-	Bool	Falsch	Legt fest, ob auch Speicherobjekte im verzögerten Mode bedient werden
Fastload Options	X	-	X	X	BSTR		Fastload-Optionen.
Fetch Backwards	X	-	X	X	Bool	Falsch	Datensatz kann rückwärts durchlaufen werden.
Hold Rows	X	-	X	X	Bool	Falsch	Kann weitere Reihen lesen, ohne aktuelle Änderungen gültig zu machen.
Immobile Rows	X	-	X	X	Bool	Wahr	Eingefügte oder geänderte Reihen werden neu sortiert.
Keep Identity	X	-	X	X	Bool	Falsch	Legt fest, ob die Werte von IDENTITY-Spalten überschrieben werden dürfen.
Keep Nulls	X	-	X	X	Bool	Falsch	Legt fest, ob Spalten mit DEFAULT-Werten mit NULL überschrieben werden dürfen.

Properties-Collection

Name	P	O	R	W	Type	Example	Erklärung
Literal Bookmarks	X	-	X	X	Bool	Falsch	Lesezeichen werden literal behandelt.
Literal Row Identity	X	-	X	-	Bool	Wahr	Binärvergleiche erfolgen literal.
Lock Mode	X	-	X	X	Int	1	Art der Satzverriegelung, DBPROPVAL_LM: • _NONE (1): Nicht erforderlich • _READ (2): Nur beim Lesen • _INTENT (4): Immer
Mapping schema	X	-	X	X	BSTR		Verbundenes Schema
Maximum BLOB Length	X	-	X	X	Int	0	Maximale Größe eines BLOB-Felds.
Maximum Open Rows	X	-	X	-	Int	0	Maximale Anzahl geöffneter Reihen.
Maximum Pending Rows	X	-	X	-	Int	0	Maximale Anzahl von Reihen mit unbestätigten Änderungen.
Maximum Rows	X	-	X	X	Int	0	Maximale Anzahl Reihen überhaupt.
Notification Granularity	X	-	X	-	Int	1	Benachrichtigung bei Operationen, die mehrere Reihen betreffen, DBPROPVAL_NT. Hinweis: Ereignisse werden in ASP nicht unterstützt.
Notification Phases	X	-	X	-	Int	31	Art der Benachrichtigung, Ereignisse werden in ASP nicht unterstützt.
Objects Transacted	X	-	X	-	Bool	Falsch	Jedes Objekt ist in einer Transaktion.
Others' Changes Visible	X	-	X	X	Bool	Falsch	Änderungen anderer Nutzer sind sichtbar.
Others' Inserts Visible	X	-	X	X	Bool	Falsch	Einfügungen anderer Nutzer sind sichtbar.
Output encoding	X	-	X	X	BSTR	UTF-8	Kodierung der Ausgabe.
Output stream	X	-	X	X	Unknown		Ausgabe-Stream
Own Changes Visible	X	-	X	X	Bool	Falsch	Eigene Änderungen sind sichtbar.

B Ergänzende Referenz zu ADO 2.6

Name	P	O	R	W	Type	Example	Erklärung
Own Inserts Visible	X	-	X	X	Bool	Falsch	Eigene Einfügungen sind sichtbar.
Preserve on Abort	X	-	X	X	Bool	Falsch	Nach ABORT einer Transaktion bleibt der Datensatz aktiv und offen.
Preserve on Commit	X	-	X	X	Bool	Falsch	Nach COMMIT einer Transaktion bleibt der Datensatz aktiv und offen.
Quick Restart	X	-	X	X	Bool	Falsch	RestartPosition ist schnell.
Reentrant Events	X	-	X	-	Bool	Wahr	Wiedereintritt nach erneutem Aufruf.
Remove Deleted Rows	X	-	X	X	Bool	Falsch	Provider entfernt gelöschte Reihen.
Report Multiple Changes	X	-	X	-	Bool	Falsch	Erkennt Änderungen an mehreren Reihen.
Return Pending Inserts	X	-	X	-	Bool	Falsch	Ausstehende (unausgeführte) Einfügungen können beim Lesen schon zurückgegeben werden.
Row Delete Notification	X	-	X	-	Int	3	Änderungen führen zu einem Ereignis, DBPROPVAL_NP. Ereignisse werden in ASP nicht unterstützt.
Row First Change Notification	X	-	X	-	Int	3	Änderungen führen zu einem Ereignis, DBPROPVAL_NP. Ereignisse werden in ASP nicht unterstützt.
Row Insert Notification	X	-	X	-	Int	3	Änderungen führen zu einem Ereignis, DBPROPVAL_NP. Ereignisse werden in ASP nicht unterstützt.
Row Privileges	X	-	X	-	Bool	Wahr	Restriktionen auf Satzebene
Row Resynchronization Notification	X	-	X	-	Int	3	Änderungen führen zu einem Ereignis, DBPROPVAL_NP. Ereignisse werden in ASP nicht unterstützt.

Properties-Collection

Name	P	O	R	W	Type	Example	Erklärung
Row Threading Model	X	-	X	-	Int	1	Threading-Modell, DBPROPVAL_RT: • _FREETHREAD (1): Freier Thread • _APTMTTHREAD (2): Apartment _SINGLETHREAD (4): Single
Row Undo Change Notification	X	-	X	-	Int	3	Änderungen führen zu einem Ereignis, DBPROPVAL_NP. Ereignisse werden in ASP nicht unterstützt.
Row Undo Delete Notification	X	-	X	-	Int	3	Änderungen führen zu einem Ereignis, DBPROPVAL_NP. Ereignisse werden in ASP nicht unterstützt.
Row Undo Insert Notification	X	-	X	-	Int	3	Änderungen führen zu einem Ereignis, DBPROPVAL_NP. Ereignisse werden in ASP nicht unterstützt.
Row Update Notification	X	-	X	-	Int	3	Änderungen führen zu einem Ereignis, DBPROPVAL_NP. Ereignisse werden in ASP nicht unterstützt.
Rowset Fetch Position Change Notification	X	-	X	-	Int	3	Änderungen führen zu einem Ereignis, DBPROPVAL_NP. Ereignisse werden in ASP nicht unterstützt.
Rowset Release Notification	X	-	X	-	Int	3	Änderungen führen zu einem Ereignis, DBPROPVAL_NP. Ereignisse werden in ASP nicht unterstützt.
Scroll Backwards	X	-	X	X	Bool	Falsch	Datensatz kann rückwärts durchlaufen werden
Server Cursor	X	-	X	X	Bool	Falsch	Zeiger ist serverseitig

B Ergänzende Referenz zu ADO 2.6

Name	P	O	R	W	Type	Example	Erklärung
Server Data on Insert	X	-	X	X	Bool	Falsch	Provider holt Daten zum Auffrischen des Cache beim Ausführen von INSERT
Skip Deleted Bookmarks	X	-	X	-	Bool	Falsch	Überspringt gelöschte Lesezeichen
ss stream flags	X	-	X	X	Int	0	Stream Flags
Strong Row Identity	X	-	X	-	Bool	Falsch	Reihen-Identität wird geprüft bei INSERT
Unique Rows	X	-	X	X	Bool	Falsch	Jede Reihe wird eindeutig durch die Spaltenwerte erkannt
Updatability	X	-	X	X	Int	0	Methode für UPDATE, DBPROPVAL_UP: • _CHANGE (1): SetRows • _DELETE (2): DeleteRows • _INSERT (4): InsertRows
Use Bookmarks	X	-	X	X	Bool	Falsch	Verwendet Lesezeichen
xml root	X	-	X	X	BSTR		Basis des XML-DOM
xsl	X	-	X	X	BSTR		XSL-Sheet

B.2 Schemata

Schemata dienen der Ermittlung von Informationen über Zustand und Konfiguration der Datenbank.

Schema	N	Beschreibung	
adSchemaAsserts	0	Grundeinstellungen der Datenbank	
		CONSTRAINT_CATALOG	Name der Datenbank (string)
		CONSTRAINT_SCHEMA	Name des Schemas (string)
		CONSTRAINT_NAME	Name der Einschränkung (string)
		IS_DEFERRABLE	TRUE, wenn aufschiebbar (boolean)
		INITIALLY_DEFERRED	TRUE, wenn bei der Initialisierung aufschiebbar (boolean)
		DESCRIPTION	Beschreibung (string)

Schema	N	Beschreibung	
adSchemaCatalogs	1	Informationen über die Datenbank	
		CATALOG_NAME	Name der Datenbank (string)
		DESCRIPTION	Beschreibung (string)
adSchemaCharacterSets	2	Informationen über die zur Verfügung stehenden Zeichensätze	
		CHARACTER_SET_CATALOG	Name der Datenbank (string)
		CHARACTER_SET_SCHEMA	Name des Schemas (string)
		CHARACTER_SET_NAME	Name des Zeichensatzes (string)
		FORM_OF_USE	Form der Nutzung (string)
		NUMBER_OF_CHARACTERS	Anzahl der Zeichen (int)
		DEFAULT_COLLATE_CATALOG	Name der Datenbank mit der Standardsortierung (string)
		DEFAULT_COLLATE_SCHEMA	Name des Schemas mit der Standardsortierung (string)
		DEFAULT_COLLATE_NAME	Name der Standardsortierung (string)
adSchemaCheckConstraints	5	Einschränkungen der Datenbank	
		CONSTRAINT_CATALOG	Name der Datenbank (string)
		CONSTRAINT_SCHEMA	Name des Schemas (string)
		CONSTRAINT_NAME	Name der Einschränkung (string)
		CHECK_CLAUSE	Die WHERE-Bedingung der Einschränkung (string)
		DESCRIPTION	Beschreibung (string)
adSchemaCollations	3	Sortierverhalten der Datenbank	
		COLLATION_CATALOG	Name der Datenbank
		COLLATION_SCHEMA	Name des Schemas
		COLLATION_NAME	Name der Sortierbedingung
		CHARACTER_SET_CATALOG	Name der Datenbank
		CHARACTER_SET_SCHEMA	Name des Schemas
		CHARACTER_SET_NAME	Name des Zeichensatzes

Schema	N	Beschreibung	
		PAD_ATTRIBUTE	Dieses Attribut entscheidet, ob Spalten mit variabler Länge zum Sortieren mit Leerzeichen aufgefüllt werden. Kann folgende Werte zurückgeben: • NO PAD. Keine Auffüllung • PAD SPACE. Wird aufgefüllt
adSchemaColumn Privileges	13	Zugriff auf die Rechte der Nutzer auf Spalten und Tabellen, die verfügbar oder vergeben sind. Sinnvolle Auswahl: TABLE_NAME	
		GRANTOR	User, der das Recht vergeben hat
		GRANTEE	User, der das Recht besitzt
		TABLE_CATALOG	Datenbank, zu der die Tabelle gehört (string)
		TABLE_SCHEMA	Schema, zu dem die Tabelle gehört (string)
		TABLE_NAME	Tabellenname (string)
		COLUMN_NAME	Spaltenname (string)
		COLUMN_GUID	GUID der Spalte (GUID)
		COLUMN_PROPID	Property-ID der Spalte (long)
		PRIVILEGE_TYPE	Art des Rechts (string): • SELECT • DELETE • INSERT • UPDATE • REFERENCES
		IS_GRANTABLE	TRUE, wenn das Recht zugewiesen werden kann (boolean)
adSchemaColumns	4	Enthält Informationen über Spalten der Tabellen und Sichten	
		TABLE_CATALOG	Name der Datenbank (string)
		TABLE_SCHEMA	Name des Schemas (string)
		TABLE_NAME	Name der Tabelle (string)
		COLUMN_NAME	Spaltenname (string)
		COLUMN_GUID	GUID der Spalte (string)

Schemata

Schema	N	Beschreibung	
		COLUMN_PROPID	Property-ID der Spalte (`string`)
		ORDINAL_POSITION	Numerischer Index der Spalte (Spaltennummer) (`integer`)
		COLUMN_HASDEFAULT	TRUE, wenn Spalte einen Standardwert hat (`boolean`)
		COLUMN_DEFAULT	Standardwert der Spalte
		COLUMN_FLAGS	DBCOLUMNFLAGS Bitmaske entsprechend der folgenden Liste: • _MAYDEFER (2): Kann abgeleitet werden • _WRITE (4): Kann beschrieben werden • _WRITEUNKNOWN (8): Nicht bekannt, ob geschrieben werden kann • _ISFIXEDLENGTH (16): Spalte hat feste Breite • _ISNULLABLE (32): Kann NULL werden • _MAYBENULL (64): Kann NULL enthalten • _ISLONG (128): Ist eine BLOB-Spalte • _ISROWID (256): Ist eine RowID-Spalte • _ISROWVER (512): TimeStamp oder andere Row-Versionsverwaltung • _CHACHEDEFERRED (4 096): Abgeleitete Spalte wird zwischengespeichert • _ISCHAPTER (8 192): Ist ein Chapter
		IS_NULLABLE	TRUE, wenn Spalte NULL werden darf (`boolean`)
		DATA_TYPE	Datentyp, entspricht den `DataTypeEnum`-Konstanten (`integer`)
		TYPE_GUID	GUID des Datentyps
		CHARACTER_MAXIMUM_LENGTH	Maximale Anzahl Stellen der Spalte (`long`)

Schema	N	Beschreibung	
		CHARACTER_OCTET_LENGTH	Maximale Anzahl Bytes bei Zeichenketten oder Binärspalten (long)
		NUMERIC_PRECISION	Genauigkeit; Anzahl Stellen vor dem Komma
		NUMERIC_SCALE	Genauigkeit; Anzahl Stellen nach dem Komma
		DATETIME_PRECISION	Genauigkeit einer Zeitangabe; Anzahl der Stellen nach dem Komma der Sekunden
		CHARACTER_SET_CATALOG	Datenbank, in der der Zeichensatz definiert ist
		CHARACTER_SET_SCHEMA	Schema des Zeichensatzes
		CHARACTER_SET_NAME	Name des Zeichensatzes
		COLLATION_CATALOG	Datenbank mit der Sortiervorschrift
		COLLATION_SCHEMA	Schema der Datenbank der Sortiervorschrift
		COLLATION_NAME	Name der Sortiervorschrift
		DOMAIN_CATALOG	Datenbank, in der die Domain definiert ist
		DOMAIN_SCHEMA	Schema der Domain
		DOMAIN_NAME	Name der Domain
		DESCRIPTION	Beschreibung der Spalte
adSchemaColumns DomainUsage	11	Gibt die Spalten an, die zu einer bestimmten Domäne gehören, wenn solche Domänen definiert wurden.	
		DOMAIN_CATALOG	Standard-Katalog der Domäne
		DOMAIN_SCHEMA	Schema der Domäne
		DOMAIN_NAME	Name der Domäne
		TABLE_CATALOG	Datenbank, zu der die Tabelle gehört (string)
		TABLE_SCHEMA	Schema, zu dem die Tabelle gehört (string)
		COLUMN_NAME	Spaltenname (string)
		COLUMN_GUID	GUID der Spalte
		COLUMN_PROPID	Property-ID der Spalte

Schemata

Schema	N	Beschreibung	
adSchemaConstraintColumnUsage	6	Auf Spalten bezogene Einschränkungen	
		TABLE_CATALOG	Datenbank, zu der die Tabelle gehört (string)
		TABLE_SCHEMA	Schema, zu dem die Tabelle gehört (string)
		TABLE_NAME	Tabellenname (string)
		COLUMN_NAME	Spaltenname (string)
		COLUMN_GUID	GUID der Spalte
		COLUMN_PROPID	Property-ID der Spalte
		CONSTRAINT_CATALOG	Name der Datenbank (string)
		CONSTRAINT_SCHEMA	Name des Schemas (string)
		CONSTRAINT_NAME	Name der Einschränkung (string)
adSchemaConstraintTableUsage	7	Tabellen, zu denen Einschränkungen definiert wurden	
		TABLE_CATALOG	Datenbank, zu der die Tabelle gehört (string)
		TABLE_SCHEMA	Schema, zu dem die Tabelle gehört (string)
		TABLE_NAME	Tabellenname (string)
		CONSTRAINT_CATALOG	Name der Datenbank (string)
		CONSTRAINT_SCHEMA	Name des Schemas (string)
		CONSTRAINT_NAME	Name der Einschränkung (string)
adSchemaCubes	32	Informationen über Cubes einer OLAP-Datenbank	
		CATALOG_NAME	Name der Datenbank
		SCHEMA_NAME	Name des Schemas
		CUBE_NAME	Name des Cube
		CUBE_TYPE	Typ des Cube (string): • CUBE. Regulärer Cube • VIRTUAL CUBE. Virtueller Cube
		CUBE_GUID	GUID des Cube
		CREATED_ON	Datum der Erzeugung

Schema	N	Beschreibung	
		LAST_SCHEMA_UPDATE	Letzte Änderung am Schema
		SCHEMA_UPDATED_BY	User, der das Schema geändert hat
		LAST_DATE_UPDATE	Letzte Änderung an der Datenbank
		DATA_UPDATED_BY	User, der Daten zuletzt geändert hat
		DESCRIPTION	Beschreibung (string)
adSchemaDBInfoKeywords	30	Gibt eine Liste Provider-spezifischer Schlüsselwörter zurück. Dazu gehören nicht die SQL-Standardanweisungen.	
adSchemaDBInfoLiterals	31	Gibt eine Liste Provider-spezifischer Literale zurück, die in Bezeichnern verwendet werden können. Das Datensatzobjekt enthält für den SQL Server 7 folgende Felder: • LiteralName. Name des Literals, beispielsweise COLUMN_NAME • LiteralValue. Zulässiger Literal, beispielsweise der Punkt als CATALOG_SEPARATOR • InvalidChars. Im Namen unzulässige Zeichen • IcnvalidStartingChars. Für Namen und zulässiges erstes Zeichen • Literal. Interne Nummer des Literals • Supported. Unterstützung durch den Provider (TRUE oder FALSE) • Maxlen. Maximale Länge des Names, beispielsweise 128 für COLUMN_NAME	
adSchemaDimensions	33	Gibt Informationen über die Dimension eines Cube zurück.	
		CATALOG_NAME	Name der Datenbank
		SCHEMA_NAME	Name des Schemas
		CUBE_NAME	Name des Cube
		DIMENSION_NAME	Name der Dimension
		DIMENSION_UNIQUE_NAME	Eindeutiger (interner) Name der Dimension
		DIMENSION_GUID	GUID der Dimension
		DIMENSION_CAPTION	Überschrift
		DIMENSION_ORDINAL	Numerischer Index der Dimension in ihrer Kollektion

Schema	N	Beschreibung		
		DIMENSION_TYPE	Typ der Dimension (string): • MD_DIMTYPE_MEASURE. Maß-Dimension • MD_DIMTYPE_TIME. Zeit-Dimension • MD_DIMTYPE_OTHER. Andere • MD_DIMTYPE_UNKNOWN. Unbekannt	
		DIMENSION_CARDINALITY	Anzahl der Mitglieder der Dimension (long)	
		DEFAULT_HIERARCHY	Name der Standard-Hierarchie	
		DESCRIPTION	Beschreibung (string)	
		IS_VIRTUAL	TRUE, wenn Dimension virtuell ist	
adSchemaForeignKeys	27	Gibt Informationen über Fremdschlüssel und den zugehörigen Primärschlüssel zurück		
		PK_TABLE_CATALOG	Datenbank, die die Tabelle mit dem Primärschlüssel enthält	
		PK_TABLE_SCHEMA	Schema, in dem die Tabelle mit dem Primärschlüssel ist	
		PK_TABLE_NAME	Tabelle mit Primärschlüssel	
		PK_COLUMN_NAME	Spalte, die den Primärschlüssel hat	
		PK_COLUMN_GUID	GUID der Spalte des Primärschlüssels	
		PK_COLUMN_PROPID	Property-ID der Spalte des Primärschlüssels	
		FK_TABLE_CATALOG	Datenbank, in der der Fremdschlüssel definiert ist	
		FK_TABLE_SCHEMA	Schema, das die Tabelle enthält, die den Fremdschlüssel besitzt	
		FK_TABLE_NAME	Tabelle, die den Fremdschlüssel enthält	
		FK_COLUMN_NAME	Spalte, auf die der Fremdschlüssel weist	
		FK_COLUMN_GUID	GUID der Spalte	
		FK_COLUMN_PROPID	Property-ID der Spalte	

Schema	N	Beschreibung	
	ORDINAL		Numerischer Index für mehrere Fremdschlüssel. Wenn mehrere Fremdschlüssel definiert wurden, können diese mit diesem Wert unterschieden werden.
	UPDATE_RULE		Die Aktion, die ausgeführt wird, wenn eine UPDATE-Regel implementiert wurde. • NO ACTION. Wird zurückgegeben, wenn nichts definiert wurde. • CASCADE. Übergeordneter Wert • SET NULL. Wird auf NULL gesetzt. • SET DEFAULT. Wird auf Standardwert gesetzt.
	DELETE_RULE		Die Aktion, die ausgeführt wird, wenn eine DELETE-Regel implementiert wurde. • NO ACTION. Wird zurückgegeben, wenn nichts definiert wurde. • CASCADE. Übergeordneter Wert • SET NULL. Wird auf NULL gesetzt. • SET DEFAULT. Wird auf Standardwert gesetzt.
	PK_NAME		Name des Primärschlüssels
	FK_NAME		Name des Fremdschlüssels

Schemata

Schema	N	Beschreibung	
		DEFERRABILITY	Ableitbarkeit des Fremdschlüssels. Kann folgende numerische Werte zurückgeben: • DBPROPVAL_DF_INITIALLY_DEFERRED (1). Bei der Initialisierung ableiten • DBPROPVAL_DF_INITIALLY_IMMEDIATE (2). Sofort nach dem Erzeugen ableiten • DBPROPVAL_DF_NOT_DEFERRABLE (3). Nicht ableitbar
adSchema Hierarchies	34	Informationen über die Hierarchie einer mehrdimensionalen Datenbank	
		CATALOG_NAME	Name der Datenbank
		SCHEMA_NAME	Name des Schemas
		CUBE_NAME	Name des Cube
		DIMENSION_UNIQUE_NAME	Eindeutiger (interner) Name der Dimension
		HIERARCHY_NAME	Name der Hierarchie
		HIERARCHY_UNIQUE_NAME	Eindeutiger (interner) Name der Hierarchie
		HIERARCHY_GUID	GUID der Hierarchie
		HIERARCHY_CAPTION	Überschrift
		DIMENSION_TYPE	Typ der Dimension (string): • MD_DIMTYPE_MEASURE. Maß-Dimension • MD_DIMTYPE_TIME. Zeit-Dimension • MD_DIMTYPE_OTHER. Andere • MD_DIMTYPE_UNKNOWN. Unbekannt
		HIERARCHY_CARDINALITY	Anzahl der Mitglieder der Hierarchie (long)
		DEFAULT_MEMBER	Name des Standard-Mitglieds
		ALL_MEMBER	Name des Standard-Mitglieds, wenn die erste Ebene ALL ist
		DESCRIPTION	Beschreibung (string)

Schema	N	Beschreibung	
		DEFERRABILITY	Ableitbarkeit des Fremdschlüssels. Kann folgende numerische Werte zurückgeben: • `DBPROPVAL_DF_INITIALLY_DEFERRED` (1). **Bei der Initialisierung ableiten** • `DBPROPVAL_DF_INITIALLY_IMMEDIATE` (2). **Sofort nach dem Erzeugen ableiten** • `DBPROPVAL_DF_NOT_DEFERRABLE` (3). **Nicht ableitbar**
adSchema Hierarchies	34	Informationen über die Hierarchie einer mehrdimensionalen Datenbank	
		CATALOG_NAME	Name der Datenbank
		SCHEMA_NAME	Name des Schemas
		CUBE_NAME	Name des Cube
		DIMENSION_UNIQUE_NAME	Eindeutiger (interner) Name der Dimension
		HIERARCHY_NAME	Name der Hierarchie
		HIERARCHY_UNIQUE_NAME	Eindeutiger (interner) Name der Hierarchie
		HIERARCHY_GUID	GUID der Hierarchie
		HIERARCHY_CAPTION	Überschrift
		DIMENSION_TYPE	Typ der Dimension (string): • `MD_DIMTYPE_MEASURE`. **Maß-Dimension** • `MD_DIMTYPE_TIME`. **Zeit-Dimension** • `MD_DIMTYPE_OTHER`. **Andere** • `MD_DIMTYPE_UNKNOWN`. **Unbekannt**
		HIERARCHY_CARDINALITY	Anzahl der Mitglieder der Hierarchie (long)
		DEFAULT_MEMBER	Name des Standard-Mitglieds
		ALL_MEMBER	Name des Standard-Mitglieds, wenn die erste Ebene `ALL` ist
		DESCRIPTION	Beschreibung (string)

Schema	N	Beschreibung	
adSchema Indexes	12	Gibt die Indizes der Datenbank an	
		TABLE_CATALOG	Name der Datenbank der Tabelle (string)
		TABLE_SCHEMA	Name des Schemas der Tabelle (string)
		TABLE_NAME	Name der Tabelle (string)
		INDEX_CATALOG	Name der Datenbank (string)
		INDEX_SCHEMA	Name des Schemas (string)
		INDEX_NAME	Name des Index (string)
		PRIMARY_KEY	TRUE, wenn die Indexspalte auch den Primärschlüssel enthält (boolean)
		UNIQUE	TRUE, wenn die Spalte UNIQUE ist (boolean)
		CLUSTERED	TRUE, wenn Index geclustert ist (boolean)
		TYPE	Typ des Index. Der Wert kann sein: • DBPROPVAL_IT_BTREE (1). B+-Baum • DBPROPVAL_IT_HASH (2). Hash-Datei • DBPROPVAL_IT_CONTENT (3). Content • DBPROPVAL_IT_OTHER (4). Anderer Index
		FILL_FACTOR	Speicherverbrauch bei der Indizierung eines B+-Baumes
		INITIAL_SIZE	Totaler Speicherverbrauch in Byte zum Zeitpunkt der Erzeugung

Schemata

Schema	N	Beschreibung	
		NULLS	Zeigt an, ob NULL-Werte erlaubt sind: • DBPROPVAL_IN_DISALLOWNULL (1). Index erlaubt keine Felder, die NULL enthalten. • DBPROPVAL_IN_IGNORENULL (2). Der Index bezieht Einträge, deren Indexfeld NULL ist, nicht mit ein • DBPROPVAL_IN_IGNOREANYNULL (4). Der Index fügt Felder, die NULL sind, nicht ein.
		SORT_BOOKMARKS	Regelt, wie der Index sich wiederholende Schlüssel behandelt. TRUE, wenn der Index solche Schlüssel nach Lesezeichen sortiert.
		AUTO_UPDATE	TRUE, wenn der Index sich selbst aktualisiert
		NULL_COLLATION	Regelt, wie NULL einsortiert wird. Kann sein: • DBPROPVAL_NC_END (1). Ans Ende der Liste • DBPROPVAL_NC_HIGH (2). Über den größten Wert • DBPROPVAL_NC_LOW (4). Unter den kleinsten Wert • DBPROPVAL_NC_START (8). An den Anfang der Liste
		ORDINAL_POSITION	Numerische Position der Spalte, beginnend mit 1
		COLUMN_NAME	Name der Spalte
		COLUMN_GUID	GUID der Spalte
		COLUMN_PROPID	Property-ID der Spalte
		COLLATION	Sortierreihenfolge: • DB_COLLATION_ASC (1). Aufsteigend • DB_COLLATION_ASC (2). Absteigend

Schema	N	Beschreibung	
		CARDINALITY	Anzahl eindeutiger Werte im Index
		PAGES	Anzahl Speicherseiten
		FILTER_CONDITION	Teil hinter WHERE der Filter-Bedingung
		INTEGRATED	TRUE, wenn integriert
adSchemaKeyColumnUsage	8	Spalten, die durch Schlüssel eingeschränkt sind	
		CONSTRAINT_CATALOG	Name der Datenbank
		CONSTRAINT_SCHEMA	Name des Schemas
		CONSTRAINT_NAME	Name der Einschränkung
		TABLE_CATALOG	Name der Datenbank der Tabelle (string)
		TABLE_SCHEMA	Name des Schemas der Tabelle (string)
		TABLE_NAME	Name der Tabelle (string)
		COLUMN_NAME	Spaltennamen
		COLUMN_GUID	GUID der Spalte
		COLUMN_PROPID	Property-ID der Spalte
adSchemaLevels	35	Informationen über die Ebenen einer Dimension	
		CATALOG_NAME	Name der Datenbank
		SCHEMA_NAME	Name des Schemas
		CUBE_NAME	Name des Cube
		DIMENSION_UNIQUE_NAME	Eindeutiger (interner) Name der Dimension
		HIERARCHY_UNIQUE_NAME	Eindeutiger (interner) Name der Hierarchie
		LEVEL_NAME	Name der Ebene
		LEVEL_UNIQUE_NAME	Eindeutiger (interner) Name der Ebene
		LEVEL_GUID	GUID der Ebene
		LEVEL_CAPTION	Überschrift der Ebene
		LEVEL_NUMBER	Index
		LEVEL_CARDINALITY	Mächtigkeit, Anzahl der Mitglieder

Schema	N	Beschreibung	
		LEVEL_TYPE	Typ, Bitwert: • MDLEVEL_TYPE_REGULAR (0). Normale Ebene • MDLEVEL_TYPE_ALL (1). Oberste Ebene der Hierarchie für alle Ebenen • MDLEVEL_TYPE_CALCULATED (2). Berechnet • MDLEVEL_TYPE_TIME (4). Time-Ebene • MDLEVEL_TYPE_TIME_YEARS (20). Time-Ebene, basiert auf Jahren • MDLEVEL_TYPE_HALF_YEAR (36). Time-Ebene, basiert auf Halbjahren • MDLEVEL_TYPE_QUARTERS (68). Time-Ebene, basiert auf Quartalen • MDLEVEL_TYPE_MONTH (132). Time-Ebene, basiert auf Monaten • MDLEVEL_TYPE_WEEKS (260). Time-Ebene, basiert auf Wochen • MDLEVEL_TYPE_DAYS (516). Time-Ebene, basiert auf Tagen • MDLEVEL_TYPE_HOURS (772). Time-Ebene, basiert auf Stunden • MDLEVEL_TYPE_MINUTES (1028). Time-Ebene, basiert auf Minuten • MDLEVEL_TYPE_SECONDS (2052). Time-Ebene, basiert auf Sekunden • MDLEVEL_TYPE_TIME_UNDEFINED (4100). Nicht definiert • MDLEVEL_TYPE_UNKNOWN (0). Nicht definiert
		DESCRIPTION	Beschreibung
adSchemaMeasures	36	Informationen über Maßeinheiten	
		CATALOG_NAME	Name der Datenbank
		SCHEMA_NAME	Name des Schemas

Schema	N	Beschreibung	
		CUBE_NAME	Name des Cube
		MEASURE_NAME	Name der Maßeinheit
		MEASURE_UNIQUE_NAME	Eindeutiger (interner) Name der Maßeinheit
		MEASURE_CAPTION	Überschrift
		MEASURE_GUID	GUID
		MEASURE_AGGREGATOR	Typ der Aggregation
		DATA_TYPE	Datentyp
		NUMERIC_PRECISION	Stellen vor dem Komma
		NUMERIC_SCALE	Stellen nach dem Komma
		MEASURE_UNITS	Maßeinheit
		DESCRIPTION	Beschreibung
		EXPRESSION	Ausdruck, der der Kalkulation zugrunde liegt
adSchema Members	38	Informationen über Mitglieder	
		CATALOG_NAME	Name der Datenbank
		SCHEMA_NAME	Name des Schemas
		CUBE_NAME	Name des Cube
		DIMENSION_UNIQUE_NAME	Eindeutiger (interner) Name der Dimension
		HIERARCHY_UNIQUE_NAME	Eindeutiger (interner) Name der Hierarchy
		LEVEL_UNIQUE_NAME	Eindeutiger (interner) Name der Ebene
		LEVEL_NUMBER	Nummer der Ebene
		MEMBER_ORDINAL	Ordnungsnummer des Mitglieds
		MEMBER_NAME	Name des Mitglieds
		MEMBER_UNIQUE_NAME	Eindeutiger (interner) Name des Mitglieds
		MEMBER_TYPE	Typ: • MDMEMBER_TYPE
		MEMBER_GUID	GUID des Mitglieds
		MEMBER_CAPTION	Überschrift

Schemata

Schema	N	Beschreibung	
		CHILDREN_CARDINALITY	Anzahl der untergeordneten Mitglieder. Dies ist ein nicht unbedingt exakter Wert.
		PARENT_LEVEL	Position oder Nummer des übergeordneten Mitglieds
		PARENT_UNIQUE_NAME	Name des übergeordneten Mitglieds
		PARENT_COUNT	Anzahl der übergeordneten Elemente
		DESCRIPTION	Beschreibung
		<property>	Eine weitere Spalte für jede Eigenschaft eines Mitglieds
adSchemaPrimaryKeys	28	Primärschlüsseldefinitionen	
		TABLE_CATALOG	Datenbank, die die Tabelle mit dem Primärschlüssel enthält
		TABLE_SCHEMA	Schema, in dem die Tabelle mit dem Primärschlüssel ist
		TABLE_NAME	Tabelle mit Primärschlüssel
		COLUMN_NAME	Spalte, die den Primärschlüssel hat
		COLUMN_GUID	GUID der Spalte des Primärschlüssels
		COLUMN_PROPID	Property-ID der Spalte des Primärschlüssels
		ORDINAL	Reihenfolge der Spalten
		PK_NAME	Name des Primärschlüssels
adSchemaProcedureColumns	29	Informationen über die Spalten, die von Prozeduren erzeugt werden	
		PROCEDURE_CATALOG	Name der Datenbank (string)
		PROCEDURE_SCHEMA	Name des Schemas (string)
		PROCEDURE_NAME	Name der Prozedur (string)
		COLUMN_NAME	Name der Spalte, die die Prozedur zurück gibt (string)
		COLUMN_GUID	GUID der Spalte (GUID)

Schema	N	Beschreibung	
		COLUMN_PROPID	Property-ID der Spalte (string)
		ROWSET_NUMBER	Fortlaufende Datensatznummer, wenn die Prozedur mehrere Datensätze erzeugt
		ORDINAL_POSITION	Ordnungsnummer der Spalte (long)
		IS_NULLABLE	TRUE, wenn die Spalte NULL sein darf (boolean)
		DATA_TYPE	Datentyp (DataType-Konstante) (integer)
		TYPE_GUID	GUID des Datentyps (GUID)
		CHARACTER_MAXIMUM_LENGTH	Maximale Breite der Spalte (long)
		CHARACTER_OCTET_LENGTH	Maximale Breite der Spalte in Bytes bei Text- oder Binärspalten (long)
		NUMERIC_PRECISION	Anzahl der Stellen vor dem Komma (integer)
		NUMERIC_SCALE	Anzahl der Stellen nach dem Komma (integer)
		DESCRIPTION	Beschreibung
adSchemaProcedure Parameters	26	Informationen über die Parameter, die von Prozeduren benötigt werden	
		PROCEDURE_CATALOG	Name der Datenbank (string)
		PROCEDURE_SCHEMA	Name des Schemas (string)
		PROCEDURE_NAME	Name der Prozedur (string)
		PARAMETER_NAME	Name des Parameters, den die Prozedur erwartet (string)
		ORDINAL_POSITION	Ordnungsnummer des Parameters in der Parameterliste, beginnend mit 1 (integer)

Schema	N	Beschreibung	
		PARAMETER_TYPE	Typ des Parameters, kann Folgendes sein (integer): • DBPARAMTYPE_INPUT (1): Input • DBPARAMTYPE_INPUTOUTPUT (2): Input und Output • DBPARAMTYPE_OUTPUT (3): Nur Output • DBPARAMTYPE_RETURNVALUE (4): Rückgabewert
		PARAMETER_HASDEFAULT	TRUE, wenn Parameter einen Standardwert hat (boolean)
		PARAMETER_DEFAULT	Standardwert, der angenommen wird (string)
		IS_NULLABLE	TRUE, wenn die Spalte NULL sein darf (boolean)
		DATA_TYPE	Datentyp (DataType-Konstante) (integer)
		CHARACTER_MAXIMUM_LENGTH	Maximale Breite der Spalte (long)
		CHARACTER_OCTET_LENGTH	Maximale Breite der Spalte in Bytes bei Text- oder Binärspalten (long)
		NUMERIC_PRECISION	Anzahl der Stellen vor dem Komma (integer)
		NUMERIC_SCALE	Anzahl der Stellen nach dem Komma (integer)
		DESCRIPTION	Beschreibung
		TYPE_NAME	Providerabhängiger Datentyp
		LOCAL_TYPE_NAME	Providerabhängiger Datentyp in der lokalisierten (landesspezifischen) Version
adSchemaProcedures	16	Gibt Informationen über gespeicherte Prozeduren an	
		PROCEDURE_CATALOG	Name der Datenbank (string)
		PROCEDURE_SCHEMA	Name des Schemas (string)
		PROCEDURE_NAME	Name der Prozedur (string)
		PROCEDURE_TYPE	Typ der Prozedur bzgl. des Rückgabewerts

Schema	N	Beschreibung	
		PROCEDURE_DEFINITION	Definition der Prozedur
		DESCRIPTION	Beschreibung
		DATE_CREATED	Datum der Erzeugung
		DATE_MODIFIED	Datum der letzten Änderung
adSchemaProperties	37	Eigenschaften für jede Ebene einer Dimension	
		CATALOG_NAME	Name der Datenbank
		SCHEMA_NAME	Name des Schemas
		CUBE_NAME	Name des Cube
		DIMENSION_UNIQUE_NAME	Eindeutiger (interner) Name der Dimension
		HIERARCHY_UNIQUE_NAME	Name der Hierarchie
		LEVEL_UNIQUE_NAME	Eindeutiger (interner) Name der Hierarchie
		MEMBER_UNIQUE_NAME	Eindeutiger (interner) Name des Mitglieds
		PROPERTY_TYPE	Typ der Eigenschaft
		PROPERTY_NAME	Name der Eigenschaft
adSchemaProviderSpecific	-1	Providerabhängige Informationen	
adSchemaProviderTypes	22	Informationen über die vom Provider unterstützten Datentypen	
		TYPE_NAME	Name des Datentyps (vom Provider)
		DATA_TYPE	ADO-Typnummer
		COLUMN_SIZE	Spaltenbreite
		LITERAL_PREFIX	Literal, das in Zeichenketten zur Erkennung des Anfangs verwendet wird
		LITERAL_SUFFIX	Literal, das in Zeichenketten zur Erkennung des Endes verwendet wird
		CREATE_PARAMS	Zeichenkette mit der Angabe der zusätzlich benötigen Parameter. Für DECIMAL wird beispielsweise precision, scale angezeigt; es müssen also zusätzlich die Genauigkeit und Nachkommastellen angegeben werden.

Schema	N	Beschreibung	
		IS_NULLABLE	TRUE, wenn der Datentyp NULL werden kann
		CASE_SENSITIVE	TRUE, wenn es ein Zeichenkettentyp ist, der Groß- und Kleinbuchstaben unterscheiden kann.
		SEARCHABLE	TRUE, wenn Spalten dieses Typs durchsuchbar sind.
		UNSIGNED ATTRIBUTE	TRUE, wenn es sich um einen Typ ohne Vorzeichen handelt.
		FIXED_PREC_SCALE	TRUE, wenn die Genauigkeit feststeht.
		AUTO_UNIQUE_VALUE	TRUE, wenn der Typ in einer Spalte mit automatischer Erhöhung genutzt werden darf.
		LOCAL_TYPE_NAME	Lokalisierte Version des Typnamens
		MINIMUM_SCALE	Minimale Anzahl Stellen nach dem Komma
		MAXIMUM_SCALE	Maximale Anzahl Stellen nach dem Komma
		GUID	GUID des Typs
		TYPELIB	Bibliothek, in der eine Beschreibung steht
		VERSION	Version, providerabhängig, nur selten verfügbar
		IS_LONG	TRUE bei BLOB-Typen
		BEST_MATCH	TRUE, wenn dieser Typ die beste Übereinstimmung mit dem OLEDB-Datentyp im Feld DATA_TYPE ist
		IS_FIXEDLENGTH	TRUE, wenn der Typ eine feste Breite hat

Schema	N	Beschreibung	
adSchema Referential Constraints	9	Informationen über referenzielle Einschränkungen	
		CONSTRAINT_CATALOG	Name der Datenbank
		CONSTRAINT_SCHEMA	Name des Schemas
		CONSTRAINT_NAME	Name der Einschränkung
		UNIQUE_CONSTRAINT_CATALOG	Eindeutiger (interner) Name der Datenbank
		UNIQUE_CONSTRAINT_SCHEMA	Eindeutiger (interner) Name des Schemas
		UNIQUE_CONSTRAINT_NAME	Eindeutiger (interner) Name der Einschränkung
		MATCH_OPTION	Bedingung, kann folgende Werte annehmen: • NONE. Keine Bedingung • PARTIAL. Teilweise Übereinstimmung • FULL. Vollständige Übereinstimmung
		UPDATE_RULE	Aktion für UPDATE oder »NO ACTION«, kann außerdem einen der folgenden Werte haben: • CASCADE. Übernahme des Vorwerts • SET NULL. Auf NULL setzen • SET DEFAULT. Auf Standardwert setzen
		DELETE_RULE	Aktion für DELETE oder »NO ACTION«, kann außerdem einen der folgenden Werte haben: • CASCADE. Übernahme des Vorwerts • SET NULL. Auf NULL setzen • SET DEFAULT. Auf Standardwert setzen
		DESCRIPTION	Beschreibung

Schemata

Schema	N	Beschreibung	
adSchemaSchemata	17	Liste aller Datenbankobjekte	
		CATALOG_NAME	Name der Datenbank
		SCHEMA_NAME	Name des Schemas
		SCHEMA_OWNER	Besitzer
		DEFAULT_CHARCTER_SET_CATALOG	Datenbank mit dem Standardzeichensatz
		DEFAULT_CHARCTER_SET_SCHEMA	Schema mit dem Standardzeichensatz
		DEFAULT_CHARCTER_SET_NAME	Name des Standardzeichensatzes
adSchemaSQLLanguages	18	Angaben zum SQL-Dialekt des Providers	
		SQL_LANGUAGE_SOURCE	Standard, meist »ISO 9075«
		SQL_LANGUAGE_YEAR	Jahr des ANSI-Standards, beispielsweise: »1992« für ANSI-SQL-92
		SQL_LANGUAGE_CONFORMANCE	SQL-Niveau: • ENTRY • INTERMEDIATE • FULL
		SQL_LANGUAGE_INTEGRITY	YES, wenn Integritätsfunktionen vorhanden sind. Solche Funktionen prüfen die Integrität der Datenbank selbstständig.
		SQL_LANGUAGE_IMPLEMENTATION	NULL, wenn ISO 9075 kompatibel
		SQL_LANGUAGE_BINDING_STYLE	DIRECT
		SQL_LANGUAGE_PROGRAMMING_LANGUAGE	NULL
adSchemaStatistics	19	Statistische Informationen	
		TABLE_CATALOG	Name der Datenbank (string)
		TABLE_SCHEMA	Name des Schemas (string)
		TABLE_NAME	Name einer Tabelle (string)
		CARDINALITY	Anzahl der Reihen dieser Tabelle (bigint)

Schema	N	Beschreibung	
adSchemaTableConstraints	10	Einschränkungen der Tabelle	
		CONSTRAINT_CATALOG	Name der Datenbank (string)
		CONSTRAINT_SCHEMA	Name des Schemas (string)
		CONSTRAINT_NAME	Name der Einschränkung (string)
		TABLE_CATALOG	Datenbank, in der die Tabelle definiert ist
		TABLE_SCHEMA	Schema, wo die Tabelle definiert ist
		TABLE_NAME	Name der Tabelle
		CONSTRAINT_TYPE	Typ der Einschränkung
		IS_DEFERRABLE	TRUE, wenn ableitbar
		INITIALLY_DEFFERED	TRUE, wenn zur Initalisierung ableitbar
		DESCRIPTION	Beschreibung
adSchemaTablePrivileges	14	Rechte in Bezug auf bestimmte Tabellen	
		GRANTOR	User, der das Recht vergeben hat
		GRANTEE	User, der das Recht bekommen hat
		TABLE_CATALOG	Name der Datenbank (string)
		TABLE_SCHEMA	Name des Schemas (string)
		TABLE_NAME	Name einer Tabelle (string)
		PRIVILEGE_TYPE	Typ des Rechts: • SELECT • DELETE • UPDATE • INSERT • REFERENCES
		IS_GRANTABLE	FALSE, wenn das Recht mit der Option WITH GRANT OPTION gesetzt wurde. Ist TRUE, wenn der Nutzer das Recht weiterreichen darf.

Schemata

Schema	N	Beschreibung	
adSchemaTables	20	Für den Nutzer zugängliche Tabellen und Sichten	
		TABLE_CATALOG	Name der Datenbank (string)
		TABLE_SCHEMA	Name des Schemas (string)
		TABLE_NAME	Name einer Tabelle (string)
		TABLE_TYPE	Typ der Tabelle (string): • ALIAS. **Alias** • TABLE. **Normale Tabelle** • SYNONYM. **Synonym** • SYSTEM TABLE. **System-tabelle** • VIEW. **Sicht** • GLOBAL TEMPORARY. **Temporär, global verfügbar** • LOCAL TEMPORARY. **Temporär, lokal**
		TABLE_GUID	GUID der Tabelle
		DESCRIPTION	Beschreibung
		TABLE_PROPID	Property-ID
		DATE_CREATED	Datum der Erzeugung
		DATE_MODIFIED	Datum der letzten Änderung
adSchemaTranslations	21	Informationen über Übersetzungen	
		TRANSLATION_CATALOG	Name der Datenbank
		TRANSLATION_SCHEMA	Name des Schemas
		TRANSLATION_NAME	Name der Übersetzung
		SOURCE_CHARACTER_SET_CATALOG	Zeichensatz der Quelldatenbank
		SOURCE_CHARACTER_SET_SCHEMA	Zeichensatz des Quelldatenschemas
		SOURCE_CHARACTER_SET_NAME	Name des Zeichensatzes der Quelle
		TARGET_CHARACTER_SET_CATALOG	Zeichensatz der Zieldatenbank
		TARGET_CHARACTER_SET_SCHEMA	Zeichensatz der Zielschemas
		TARGET_CHARACTER_SET_NAME	Name des Zeichensatzes des Ziels

B Ergänzende Referenz zu ADO 2.6

Schema	N	Beschreibung	
adSchemaTrustees	39	Reserviert	
adSchemaUsage Privileges	15	Informationen über Rechte	
		GRANTOR	User, der das Recht vergeben hat
		GRANTEE	User, der das Recht bekommen hat
		OBJECT_CATALOG	Name der Datenbank (string)
		OBJECT_SCHEMA	Name des Schemas (string)
		OBJECT_NAME	Name eines Objekts (string)
		OBJECT_TYPE	Object-Typ, kann einer der folgenden Werte sein: • DOMAIN. Domäne • CHARACTER_SET. Zeichensatz • COLLATION. Sortierbestimmung • TRANSLATION. Übersetzung
		PRIVILEGE_TYPE	Typ des Rechts: • SELECT • DELETE • UPDATE • INSERT • REFERENCES
		IS_GRANTABLE	FALSE, wenn das Recht mit der Option WITH GRANT OPTION gesetzt wurde. Ist TRUE, wenn der Nutzer das Recht weiterreichen darf.
adSchemaView ColumnUsage	24	Zeigt Spalten an, von denen Sichten abhängen	
		VIEW_CATALOG	Name der Datenbank, in der die Sicht definiert ist (string)
		VIEW_SCHEMA	Name des Schemas (string)
		VIEW_NAME	Name der Sicht (string)
		TABLE_CATALOG	Name der Datenbank der zugrunde liegenden Tabelle (string)

Schema	N	Beschreibung	
		TABLE_SCHEMA	Name des Schemas der zugrunde liegenden Tabelle (string)
		TABLE_NAME	Name einer Tabelle der zugrunde liegenden Tabelle (string)
		COLUMN_NAME	Name der Spalte
		COLUMN_GUID	GUID der Spalte
		COLUMN_PROPID	Property-ID der Spalte
adSchemaViews	23	Zeigt alle Sichten an	
		TABLE_CATALOG	Name der Datenbank der zugrunde liegenden Tabelle (string)
		TABLE_SCHEMA	Name des Schemas der zugrunde liegenden Tabelle (string)
		TABLE_NAME	Name einer Tabelle der zugrunde liegenden Tabelle (string)
		VIEW_DEFINITION	Definition der Sicht (Abfragezeichenkette)
		CHECK_OPTION	TRUE, wenn nur lokale Updates geprüft werden (entspricht der Angabe von CHECK OPTION)
		IS_UPDATABLE	TRUE, wenn die Sicht auch Update akzeptiert
		DESCRIPTION	Beschreibung
		DATE_CREATED	Datum der Erstellung
		DATE_MODIFIED	Datum der letzten Änderung
adSchemaViewTableUsage	25	Zeigt Informationen über Tabellen an, von denen Sichten abhängen	
		VIEW_CATALOG	Name der Datenbank, in der die Sicht definiert ist (string)
		VIEW_SCHEMA	Name des Schemas (string)
		VIEW_NAME	Name der Sicht (string)

Schema	N	Beschreibung	
		TABLE_CATALOG	Name der Datenbank der zugrunde liegenden Tabelle (string)
		TABLE_SCHEMA	Name des Schemas der zugrunde liegenden Tabelle (string)
		TABLE_NAME	Name einer Tabelle der zugrunde liegenden Tabelle (string)

B.3 ADO Datentypen

Numerischer Wert	Konstante
0	Empty
16	TinyInt
2	SmallInt
3	Integer
20	BigInt
17	UnsignedTinyInt
18	UnsignedSmallInt
19	UnsignedInt
21	UnsignedBigInt
4	Single
5	Double
6	Currency
14	Decimal
131	Numeric
11	Boolean
10	Error
132	UserDefined
12	Variant
9	IDispatch
13	IUnknown
72	GUID
7	Date
133	DBDate

Numerischer Wert	Konstante
134	DBTime
135	DBTimeStamp
8	BSTR
129	Char
200	VarChar
201	LongVarChar
130	WChar
202	VarWChar
203	LongVarWChar
128	Binary
204	VarBinary
205	LongVarBinary

B.4 Numerische Werte der Konstanten

Konstante	Wert	Beschreibung
CursorTypeEnum		
adOpenForwardOnly	0	Standardwert. Öffnet einen schnellen Vorwärts-Zeiger.
adOpenKeyset	1	Öffnet einen KeySet-Zeiger.
adOpenDynamic	2	Öffnet einen dynamischen Zeiger.
adOpenStatic	3	Öffnet einen statischen Zeiger.
CursorOptionEnum		
adHoldRecords	&H0000 0100 = 256	Weitere Datensätze können gelesen werden, ohne ausstehende Änderungen bestätigen zu müssen.
adMovePrevious	&H0000 0200 = 512	MovePrevious, MoveFirst und Move können verwendet werden.
adAddNew	&H0100 0400 = 16 778 240	AddNew ist erlaubt.
adDelete	&H0100 0800 = 16 779 264	Delete ist erlaubt.
adUpdate	&H0100 8000 = 16 809 984	Update ist erlaubt.

Konstante	Wert	Beschreibung
adBookmark	&H0000 2000 = 8 192	Lesezeichen werden unterstützt.
adApproxPosition	&H0000 4000 = 16 384	`AbsolutePosition` und `AbsolutePage` werden unterstützt.
adUpdateBatch	&H0001 0000 = 65 535	`UpdateBatch` und `CancelBatch` werden unterstützt.
adResync	&H0002 0000 = 131 072	`Resync` wird unterstützt.
adNotify	&H0004 0000 = 262 144	Benachrichtigungen werden unterstützt.
adFind	&H0008 0000 = 524 288	`Find` kann verwendet werden.
adSeek	&H0040 0000 = 4 194 304	`Seek` kann verwendet werden.
adIndex	&H0080 0000 = 8 388 608	`Index`-Eigenschaft kann verwendet werden.
LockTypeEnum		
adLockReadOnly	1	Standardwert. Nur Lesen
adLockPessimistic	2	Pessimistisch, der Provider verriegelt sofort.
adLockOptimistic	3	Optimistisch, der Provider verriegelt nur, wenn `Update` verwendet wird.
adLockBatchOptimistic	4	Optimistisch, im Batch-Mode.
ExecuteOptionEnum		
adAsyncExecute	&H0000 0010 = 16	Ausführung asynchron
adAsyncFetch	&H0000 0020 = 32	Abrufen der Datensätze asynchron
adAsyncFetchNonBlocking	&H0000 0040 = 64	Abrufen der Datensätze asynchron, untergeordnete Operationen werden nicht blockiert.
adExecuteNoRecords	&H0000 0080 = 128	Kennzeichnet, dass das Kommando keine Datensätze zurückgibt.
ConnectOptionEnum		
adAsyncConnect	&H0000 0010 = 16	Öffnet die Verbindung asynchron.

Numerische Werte der Konstanten

Konstante	Wert	Beschreibung
ObjectStateEnum		
adStateClosed	&H0000 0000 = 0	Standardwert. Objekt ist geschlossen.
adStateOpen	&H0000 0001 = 1	Objekt ist offen.
adStateConnecting	&H0000 0002 = 2	Objekt ist verbunden.
adStateExecuting	&H0000 0004 = 4	Objekt führt gerade ein Kommando aus.
adStateFetching	&H0000 0008 = 8	Datensätze werden gerade geholt.
CursorLocationEnum		
adUseServer	2	Standardwert. Zeiger serverseitig
adUseClient	3	Zeiger im Client
DataTypeEnum		
adEmpty	0	Leer
adTinyInt	16	1 Byte Integer mit Vorzeichen
adSmallInt	2	2 Byte Integer mit Vorzeichen
adInteger	3	4 Byte Integer mit Vorzeichen
adBigInt	20	8 Byte Integer mit Vorzeichen
adUnsignedTinyInt	17	1 Byte Integer ohne Vorzeichen
adUnsignedSmallInt	18	2 Byte Integer ohne Vorzeichen
adUnsignedInt	19	4 Byte Integer ohne Vorzeichen
adUnsignedBigInt	21	8 Byte Integer ohne Vorzeichen
adSingle	4	Gleitkomma, einfache Genauigkeit
adDouble	5	Gleitkomma, doppelte Genauigkeit
adCurrency	6	Währung
adDecimal	14	Exakter numerischer Wert
adNumeric	131	Exakter numerischer Wert
adBoolean	11	Boolescher Wert
adError	10	Fehler
adUserDefined	132	Benutzerdefiniert
adVariant	12	Variabel
adIDispatch	9	IDispatch (OLE)
adIUnknown	13	Unbekannt

Konstante	Wert	Beschreibung
adGUID	72	GUID
adDate	7	Datum, eine Gleitkommazahl, bei der der ganzzahlige Teil die Tage seit dem 30.12.1899 angibt; der Bruchteil ist der Teil des Tages.
adDBDate	133	Datumswert im Format YYYYMMTT
adDBTime	134	Zeit im Format HHMMSS
adDBTimeStamp	135	Zeitstempel im Format: YYYYMMTTHHMMSS, milliardstel
adBSTR	8	Zeichenkette, mit NULL begrenzt
adChar	129	Zeichen
adVarChar	200	Zeichenkette (typisch <= 255)
adLongVarChar	201	Zeichenkette (typisch <= 2 GByte)
adWChar	130	Zeichen, 16 Bit
adVarWChar	202	Zeichenkette (typisch <= 255) , 16 Bit
adLongVarWChar	203	Zeichenkette (typisch <= 2 GByte) , 16 Bit
adBinary	128	Binärwert, Byte
adVarBinary	204	Binärwert, variabel <= 255 Byte
adLongVarBinary	205	Binärwert, variabel <= 2 Gbyte
adChapter	136	Chapter
adFileTime	64	Datum einer Datei
adPropVariant	138	Varianter Wert, der nicht automatisch konvertiert werden kann
adVarNumeric	139	Exakte numerische Zahl mit variabler Länge
adArray	&H2000	Array (Datenfeld)

Numerische Werte der Konstanten

Konstante	Wert	Beschreibung
FieldAttributeEnum		
adFldMayDefer	&H0000 0002	Werte werden nur dann geholt, wenn der Datensatz benötigt wird.
adFldUpdatable	&H0000 0004	Feld ist beschreibbar.
adFldUnknownUpdatable	&H0000 0008	Es ist nicht bekannt, ob das Feld beschreibbar ist.
adFldFixed	&H0000 0010	Feld hat feste Breite.
adFldIsNullable	&H0000 0020	Feld kann NULL werden.
adFldMayBeNull	&H0000 0040	Feld kann möglicherweise NULL enthalten.
adFldLong	&H0000 0080	Feld ist ein BLOB-Feld.
adFldRowID	&H0000 0100	Feld enthält eine ID.
adFldRowVersion	&H0000 0200	Feld enthält Versionsinformationen für Row-ID.
adFldCacheDeferred	&H0000 1000	Provider wird nachfolgende Abrufe aus dem Cache laden.
adFldIsChapter	&H0000 2000	Feld ist Chapter.
adFldNegativeScale	&H0000 4000	Feld hat negativen Wert.
adFldKeyColumn	&H0000 8000	Feld ist ein Schlüssel.
adFldIsRowURL	&H0001 0000	Feld ist eine URL.
adFldIsDefaultStream	&H0002 0000	Feld ist der Standard-Stream
adFldIsCollection	&H0004 0000	Feld ist eine Kollektion
EditModeEnum		
adEditNone	&H0000 = 0	Datensatz wird nicht bearbeitet
adEditInProgress	&H0001 = 1	Datensatz wird gerade bearbeitet
adEditAdd	&H0002 = 2	Datensatz wird gerade mit AddNew erzeugt
adEditDelete	&H0004 = 4	Datensatz wird gerade mit Delete gelöscht
RecordStatusEnum		
adRecOK	&H0000 0000 = 0	Aktualisierung war erfolgreich.
adRecNew	&H0000 0001 = 1	Datensatz ist neu.
adRecModified	&H0000 0002 = 2	Datensatz wurde geändert.
adRecDeleted	&H0000 0004 = 4	Datensatz wurde gelöscht.

Konstante	Wert	Beschreibung
adRecUnmodified	&H0000 0008 = 8	Datensatz unverändert.
adRecInvalid	&H0000 0010 = 16	Datensatz nicht gespeichert, weil Lesezeichen nicht stimmt.
adRecMultipleChanges	&H0000 0040 = 64	Datensatz nicht gespeichert, weil Änderungen mehrere Datensätze betroffen hätten.
adRecPendingChanges	&H0000 0080 = 128	Datensatz nicht gespeichert, weil er zu einer noch ausstehenden Insert-Anweisung gehört.
adRecCanceled	&H0000 0100 = 256	Datensatz nicht gespeichert, weil Operation abgebrochen wurde.
adRecCantRelease	&H0000 0400 = 1 024	Datensatz nicht gespeichert, weil eine Verriegelung existiert.
adRecConcurrencyViolation	&H0000 0800 = 2 048	Datensatz nicht gespeichert, weil optimistische Concurrency aktiv war.
adRecIntegrityViolation	&H0000 1000 = 4 096	Datensatz nicht gespeichert, weil Integritätsregeln verletzt wurden.
adRecMaxChangesExceeded	&H0000 2000 = 8 192	Datensatz nicht gespeichert, weil zu viele offene Änderungen vorhanden waren.
adRecObjectOpen	&H0000 4000 = 16 384	Datensatz nicht gespeichert, weil er in Konflikt mit einem anderen offenen Objekt stand.
adRecOutOfMemory	&H0000 8000 = 32 768	Datensatz nicht gespeichert, weil nicht genug Speicher zur Verfügung stand.
adRecPermissionDenied	&H0001 0000 = 65 535	Datensatz nicht gespeichert, weil Rechte fehlten.
adRecSchemaViolation	&H0002 0000 = 131 072	Datensatz nicht gespeichert, weil die Struktur der zugrunde liegenden Datenbank geändert wurde.
adRecDBDeleted	&H0004 0000 = 262 144	Datensatz wurde bereits gelöscht.
GetRowsOptionEnum		
adGetRowsRest	-1	Auch die übrigen Reihen des Datensatzobjekts werden gelesen.

Numerische Werte der Konstanten

Konstante	Wert	Beschreibung
PositionEnum		
adPosUnknown	-1	Die Position konnte nicht ermittelt werden.
adPosBOF	-2	Der Zeiger steht auf BOF.
adPosEOF	-3	Der Zeiger steht auf EOF.
BookmarkEnum		
adBookmarkCurrent	0	Aktueller Datensatz
adBookmarkFirst	1	Erster Datensatz
adBookmarkLast	2	Letzter Datensatz
MarshalOptionsEnum		
adMarshalAll	0	Alle Reihen werden zum Server zurückgesendet.
adMarshalModifiedOnly	1	Nur die gänderten Reihen werden gesendet.
AffectEnum		
adAffectCurrent	1	Operation betrifft den aktuellen Datensatz.
adAffectGroup	2	Operation betrifft die gefilterte Gruppe.
adAffectAll	3	Operation betrifft alle Datensätze.
adAffectAllChapters	4	Operation betrifft alle untergeordneten Datensätze.
ResyncEnum		
adResyncUnderlyingValues	1	Daten werden nicht überschrieben und ausstehende Änderungen werden nicht abgebrochen.
adResyncAllValues	2	Daten werden überschrieben und ausstehende Änderungen werden abgebrochen.
CompareEnum		
adCompareLessThan	0	Das erste Lesezeichen liegt hinter dem zweiten.
adCompareEqual	1	Die Lesezeichen sind gleich.
adCompareGreaterThan	2	Das erste Lesezeichen liegt nach dem zweiten.
adCompareNotEqual	3	Die Lesezeichen sind nicht gleich und nicht sortiert.
adCompareNotComparable	4	Die Lesezeichen können nicht verglichen werden.

Konstante	Wert	Beschreibung
FilterGroupEnum		
adFilterNone	0	Kein Filter, Filter entfernen.
adFilterPendingRecords	1	Zeigt alle Reihen, die geändert, aber noch nicht zum Server gesendet wurden.
adFilterAffectedRecords	2	Zeigt die Reihen, die bei der letzten Operation mit Delete, Resnch, UpdateBatch oder CancelBatch geändert wurden.
adFilterFetchedRecords	3	Zeigt alle Reihen im aktuellen Cache.
adFilterConflictingRecords	5	Zeigt alle Reihen, die auf Grund von Konlikten beim letzten Update nicht geschrieben wurden.
SearchDirectionEnum		
adSearchForward	1	Vom aktuellen Datensatz vorwärts suchen
adSearchBackward	-1	Vom aktuellen Datensatz rückwärts suchen
PersistFormatEnum		
adPersistADTG	0	Speichert Datensatz im internen ADTG-Format.
adPersistXML	1	Speichert Datensatz als XML inkl. Schema.
StringFormatEnum		
adClipString	2	Formatierung der Ausgabe von GetString
ConnectPromptEnum		
adPromptAlways	1	Immer Verbindungsinformationen abfragen
adPromptComplete	2	Nur abfragen, wenn Informationen fehlen
adPromptCompleteRequired	3	Nur abfragen, wenn Informationen fehlen. Dabei werden nur die möglichen Optionen angezeigt.
adPromptNever	4	Nie fragen. Dies ist in ASP der einzig mögliche Wert, da Dialogfelder zur Abfrage der Daten nicht erlaubt sind.

Numerische Werte der Konstanten

Konstante	Wert	Beschreibung
ConnectModeEnum		
adModeUnknown	0	Zugriffsrechte wurden noch nicht gesetzt oder sind unbekannt.
adModeRead	1	Nur-Lesen
adModeWrite	2	Nur-Schreiben
adModeReadWrite	3	Lesen und Schreiben
adModeShareDenyRead	4	Verhindert, dass andere die Verbindung lesend öffnen.
adModeShareDenyWrite	8	Verhindert, dass andere die Verbindung schreibend öffnen.
adModeShareExclusive	12	Verhindert, dass andere die Verbindung öffnen.
adModeShareDenyNone	16	Verhindert, dass andere die Verbindung mit irgendwelchen Rechten öffnen.
adModeRecursive	32	Weitere Restriktionen in Verbindung mit den Deny-Optionen
RecordCreateOptionsEnum		
adCreateNonCollection	&H00000000 = 0	Erzeugt einen neuen Datensatz zu der URL.
adCreateCollection	&H00002000 = 8 192	Erzeugt eine neue Struktur unter der URL.
adOpenIfExists	&H02000000 = 33 554 432	Öffnet ein Dokument unter der URL, wenn es existiert.
adCreateOverwrite	&H04000000 = 67 108 864	Überschreibt ein vorhandenes Dokument unter der URL.
adCreateStructDoc	&H80000000 = -2 147 483 648	Erzeugt ein neues strukturiertes Dokument unter der URL.
adFailIfNotExists	-1	Fehler, wenn die URL nicht existiert.

Konstante	Wert	Beschreibung
RecordOpenOptionsEnum		
adOpenRecordUnspecified	-1	Keine Angabe
adOpenAsync	&H00001000 = 4 069	Öffnet den Datensatz asynchron.
adDelayFetchStream	&H00004000 = 16 384	Verzögert die Übertragung des Streams bis er angefordert wird.
adDelayFetchFields	&H00008000 = 32 768	Verzögert die Übertragung der Felder, bis sie angefordert werden.
adOpenSource	&H00800000 = 8 388 608	Öffnet das Dokument unter der URL, anstatt es auszuführen.
IsolationLevelEnum		
adXactUnspecified	&HFFFF FFFF = -1	Der Provider verwendet einen anderen Wert als angegeben, dieser konnte aber nicht erkannt werden.
adXactChaos	&H0000 0010 = 16	Ausstehende Änderungen können von höheren Niveaus nicht überschrieben werden.
adXactReadUncommitted	&H0000 0100 = 256	Unbestätigte Änderungen einer Transaktion sind in einer anderen sichtbar.
adXactBrowse	&H0000 0100 = 256	
adXactCursorStability	&H0000 1000 = 4 096	Änderungen einer Transaktion sind erst dann für andere sichtbar, wenn diese bestätigt wurden.
adXactReadCommitted	&H0000 1000 = 4 096	
adXactRepeatableRead	&H0001 0000 = 65 536	Änderungen anderer Transaktionen sind nicht sichtbar, aber Requery zeigt neue Datensätze an.
adXactSerializable	&H0010 0000 = 1 048 576	Alle Transaktion sind voneinander isoliert.
adXactIsolated	&H0010 0000 = 1 048 576	

Numerische Werte der Konstanten

Konstante	Wert	Beschreibung
XactAttributeEnum		
adXactCommitRetaining	&H0002 0000 = 131 072	Nach der Bestätigung einer Transaktion wird automatisch eine neue gestartet.
adXactAbortRetaining	&H0004 0000 = 262 144	Nach der Ablehnung einer Transaktion wird automatisch eine neue gestartet.
adXactAsynchPhaseOne	&H0008 0000 = 524 288	Asynchrone Bestätigungen
adXactSynchPhaseOne	&H0010 0000 = 1 048 576	Synchrone Bestätigungen
PropertyAttributesEnum		
adPropNotSupported	&H0000 = 0	Eigenschaft wird nicht unterstützt.
adPropRequired	&H0001 = 1	Eigenschaft muss gesetzt werden, bevor die Datenquelle initialisiert wird.
adPropOptional	&H0002 = 2	Eigenschaft ist optional.
adPropRead	&H0200 = 512	Eigenschaft ist lesbar.
adPropWrite	&H0400 = 1 024	Eigenschaft kann gesetzt werden.
ErrorValueEnum		
adErrProviderFailed	&HBB8 = 3 000	Provider konnte Aktion nicht ausführen.
adErrInvalidArgument	&HBB9 = 3 001	Argumente waren falsch (Anzahl, Datentyp, ...).
adErrOpeningFile	&HBBA = 3 002	Fehler beim Öffnen einer Datei
adErrReadFile	&HBBB = 3 003	Fehler beim Lesen aus einer Datei
adErrWriteFile	&HBBC = 3 004	Fehler beim Schreiben in eine Datei
adErrNoCurrentRecord	&HBCD = 3 021	EOF oder BOF sind TRUE. Die Operation benötigt aber einen gültigen Datensatz.
adErrIllegalOperation	&HC93 = 3 219	Die Operation ist hier nicht erlaubt.
adErrCantChangeProvider	&HC94 = 3 220	Der Provider kann während der Operation nicht gewechselt werden.

B Ergänzende Referenz zu ADO 2.6

Konstante	Wert	Beschreibung
adErrInTransaction	&HCAE = 3 246	Während einer Transaktion kann das Verbindungsobjekt nicht geschlossen werden.
adErrFeatureNotAvailable	&HCB3 = 3 251	Der Provider unterstützt diese Aktion nicht.
adErrItemNotFound	&HCC1 = 3 265	ADO kann das Objekt in der Kollektion nicht finden.
adErrObjectInCollection	&HD27 = 3 367	Objekt kann der Kollektion nicht hinzugefügt werden, weil es bereits existiert.
adErrObjectNotSet	&HD5C = 3 420	Die Referenz in der Kollektion zeigt nicht mehr auf ein gültiges Objekt.
adErrDataConversion	&HD5D = 3 421	Falscher Datentyp in diesem Kontext
adErrObjectClosed	&HE78 = 3 704	Operation ist nicht erlaubt, wenn das Objekt geschlossen ist.
adErrObjectOpen	&HE79 = 3 705	Operation ist nicht erlaubt, wenn das Objekt offen ist.
adErrProviderNotFound	&HE7A = 3 706	ADO kann den Provider nicht finden.
adErrBoundToCommand	&HE7B = 3 707	ActiveConnection kann nicht mit einem Command-Objekt belegt werden.
adErrInvalidParamInfo	&HE7C = 3 708	Falsch definiertes Parameter-Objekt
adErrInvalidConnection	&HE7D = 3 709	Die Operation wurde mit einem geschlossenen oder ungültigen Verbindungsobjekt ausgeführt.
adErrNotReentrant	&HE7E = 3 710	Während eines Ereignisses kann die Operation nicht erneut ausgeführt werden.
adErrStillExecuting	&HE7F = 3 711	Die Operation kann nicht während einer anderen asynchronen Operation ausgeführt werden.
adErrOperationCancelled	&HE80 = 3 712	Die Operation wurde vom Nutzer abgebrochen.

Numerische Werte der Konstanten

Konstante	Wert	Beschreibung
adErrStillConnecting	&H E81 = 3 713	Die Operation kann nicht während einer anderen asynchronen Operation ausgeführt werden.
adErrInvalidTransaction	&H E82 = 3 714	Die Transaktion ist ungültig.
adErrNotExecuting	&H E83 = 3 715	Die Operation wird nicht ausgeführt.
adErrUnsafeOperation	&H E84 = 3 716	Die Operation ist nicht sicher.
adwrnSecurityDialog	&H E85 = 3 717	Dialog (in ASP nicht möglich): Daten werden aus einer anderen Domain geholt. Möchten Sie das erlauben?
adwrnSecurityDialogHeader	&H E86 = 3 718	Dialog (in ASP nicht möglich): Daten werden aus einer anderen Domain geholt. Möchten Sie das erlauben?
adErrIntegrityViolation	&H E87 = 3 719	Aktion fehlgeschlagen, wegen einer Verletzung der Datenintegrität.
adErrPermissionDenied	&H E88 = 3 720	Aktion fehlgeschlagen, wegen mangelnder Zugriffsrechte
adErrDataOverflow	&H E89 = 3 721	Daten waren zu groß für das Feld.
adErrSchemaViolation	&H E8A = 3 722	Daten standen in Konflikt mit Einschränkungen.
adErrSignMismatch	&H E8B = 3 723	Daten konvertieren wegen Vorzeichen fehlgeschlagen.
adErrCantConvertvalue	&H E8C = 3 724	Daten konvertieren wegen eines anderen Fehlers fehlgeschlagen.
adErrCantCreate	&H E8D = 3 725	Datentyp des Felds ist unbekannt, deshalb konnte der Wert nicht gelesen oder geschrieben werden.
adErrColumnNotOnThisRow	&H E8E = 3 726	Das Feld ist in der Reihe nicht enthalten.
adErrURLDoesNotExist	&H E8F = 3 727	Der URL existiert nicht.
adErrTreePermissionDenied	&H E90 = 3 728	Keine ausreichenden Rechte zum Zugriff auf das Verzeichnis oder Unterverzeichnis.
adErrInvalidURL	&H E91 = 3 729	URL enthält ungültige Zeichen.

B Ergänzende Referenz zu ADO 2.6

Konstante	Wert	Beschreibung
adErrResourceLocked	&HE92 = 3 730	URL von anderem Prozess blockiert.
adErrResourceExists	&HE93 = 3 731	Ressource unter dem URL existiert bereits.
adErrCannotComplete	&HE94 = 3 732	Aktion kann nicht ausgeführt werden.
adErrVolumeNotFound	&HE95 = 3 733	Speichergerät nicht gefunden
adErrOutOfSpace	&HE96 = 3 734	Kein freier Speicherplatz mehr
adErrResourceOutOfScope	&HE97 = 3 735	URL ist außerhalb des Sichtbereiches des Datensatzes.
adErrUnavailable	&HE98 = 3 736	Operation wurde nicht ausgeführt und ein Status ist nicht verfügbar
adErrURLNamedRowDoesNotExist	&HE99 = 3 737	Der URL im benannten Record existiert nicht
adErrDelResOutOfScope	&HE9A = 3 738	Der URL kann nicht gelöscht werden, weil die Ressource außerhalb des Sichtbereichs liegt.
adErrPropInvalidColumn	&HE9B = 3 739	Die Eigenschaft ist für dieses Feld nicht gültig.
adErrPropInvalidOption	&HE9C = 3 740	Das Attribut der Eigenschaft ist nicht gültig.
adErrPropInvalidValue	&HE9D = 3 741	Der Eigenschaftswert ist nicht gültig.
adErrPropConflicting	&HE9E = 3 742	Die Eigenschaft steht in Konflikt mit einer anderen.
adErrPropNotAllSettable	&HE9F = 3 743	Die Eigenschaft kann nicht gesetzt werden (Nur-Lese-Eigenschaft).
adErrPropNotSet	&HEA0 = 3 744	Der optionale Wert wurde nicht gesetzt.
adErrPropNotSettable	&HEA1 = 3 745	Die Eigenschaft kann nur gelesen werden und der Wert ist nicht gesetzt.
adErrPropNotSupported	&HEA2 = 3 746	Die Eigenschaft wird vom Provider nicht unterstützt.
adErrCatalogNotSet	&HEA3 = 3 747	Aktion konnte nicht abgeschlossen werden, weil Parent-Catalog nicht gesetzt wurde.

Numerische Werte der Konstanten

Konstante	Wert	Beschreibung
adErrCantChangeConnection	&HEA4 = 3 748	Die Verbindung kann nicht geändert werden.
adErrFieldsUpdateFailed	&HEA5 = 3 749	Update ist für die Kollektion fehlgeschlagen.
adErrDenyNotSupported	&HEA6 = 3 750	Der Provider unterstützt keine verteilten Restriktionen.
adErrDenyTypeNotSupported	&HEA7 = 3 751	Der Provider unterstützt nicht diese Art von verteilten Restriktionen.
ParameterAttributesEnum		
adParamSigned	&H0010 = 16	Der Parameter akzeptiert Werte mit Vorzeichen.
adParamNullable	&H0040 = 64	Der Parameter akzeptiert NULL.
adParamLong	&H0080 = 128	Der Parameter akzeptiert große Binärwerte.
ParameterDirectionEnum		
adParamUnknown	&H0000 = 0	Parameterrichtung ist nicht bekannt.
adParamInput	&H0001 = 1	Eingabeparameter (Input f. gesp. Prozeduren)
adParamOutput	&H0002 = 2	Ausgabeparameter (Output f. gesp. Prozeduren)
adParamInputOutput	&H0003 = 3	Ein- und Ausgabeparameter (Input/Output)
adParamReturnValue	&H0004 = 4	Rückgabewert (Return f. gespeicherte Prozeduren)
CommandTypeEnum		
adCmdUnknown	&H0008 = 8	Inhalt des Kommandos ist unbekannt
adCmdText	&H0001 = 1	Inhalt des Kommandos ist Text
adCmdTable	&H0002 = 2	Inhalt des Kommandos ist Tabelle
adCmdStoredProc	&H0004 = 4	Inhalt des Kommandos ist eine gespeicherte Prozedur
adCmdFile	&H0100 = 256	Inhalt des Kommandos ist ein Dateiname
adCmdTableDirect	&H0200 = 512	Inhalt des Kommandos ist eine direkte Abfrage

B Ergänzende Referenz zu ADO 2.6

Konstante	Wert	Beschreibung
EventStatusEnum (Hinweis: Ereignisse werden in ASP nicht unterstützt)		
adStatusOK	&H0000001	Operation wurde erfolgreich ausgeführt.
adStatusErrorsOccurred	&H0000002	Will hat die Ausführung abgebrochen.
adStatusCantDeny	&H0000003	Will konnte nicht abbrechen.
adStatusCancel	&H0000004	Operation wurde abgebrochen.
adStatusUnwantedEvent	&H0000005	Ereignis wurde nicht mehr erwartet.
EventReasonEnum (Hinweis: Ereignisse werden in ASP nicht unterstützt)		
adRsnAddNew	1	Ein neuer Datensatz wurde hinzugefügt.
adRsnDelete	2	Datensatz wurde gelöscht.
adRsnUpdate	3	Datensatz wurde geändert.
adRsnUndoUpdate	4	Änderung wurde abgebrochen.
adRsnUndoAddNew	5	Hinzufügen wurde abgebrochen.
adRsnUndoDelete	6	Löschen wurde abgebrochen.
adRsnRequery	7	Requery wurde ausgeführt.
adRsnResynch	8	Resynch wurde ausgeführt.
adRsnClose	9	Objekt wurde geschlossen.
adRsnMove	10	Move wurde ausgeführt.
adRsnFirstChange	11	Der Datensatz wurde das erste Mal verändert.
adRsnMoveFirst	12	MoveFirst wurde ausgeführt.
adRsnMoveNext	13	MoveNext wurde ausgeführt.
adRsnMovePrevious	14	MovePrevious wurde ausgeführt.
adRsnMoveLast	15	MoveLast wurde ausgeführt.
SchemaEnum		
adSchemaProviderSpecific	-1	Providerspezifische Informationen
adSchemaAsserts	0	Assert-Informationen
adSchemaCatalogs	1	Katalog-Informationen
adSchemaCharacterSets	2	Informationen über den Zeichensatz

Numerische Werte der Konstanten

Konstante	Wert	Beschreibung
adSchemaCollations	3	Informationen über Sortierbedingungen
adSchemaColumns	4	Spalten-Informationen
adSchemaCheckConstraints	5	Informationen über Einschränkungen
adSchemaConstraintColumnUsage	6	Informationen über die Verwendung von Einschränkungen in Spalten
adSchemaConstraintTableUsage	7	Informationen über die Verwendung von Einschränkungen in Tabellen
adSchemaKeyColumnUsage	8	Informationen über Schlüsselspalten
adSchemaReferentialConstraints	9	Informationen über referenzielle Einschränkungen
adSchemaTableConstraints	10	Informationen über Tabelleneinschränkungen
adSchemaColumnsDomainUsage	11	Informationen über Verwendung von Spalten innerhalb von Domänen
adSchemaIndexes	12	Informationen über Indizes
adSchemaColumnPrivileges	13	Informationen über Spalten-Rechte
adSchemaTablePrivileges	14	Informationen über Tabellen-Rechte
adSchemaUsagePrivileges	15	Informationen über Verwendungs-Rechte
adSchemaProcedures	16	Informationen über Prozeduren
adSchemaSchemata	17	Informationen über Schemas
adSchemaSQLLanguages	18	Informationen über die SQL-Sprache
adSchemaStatistics	19	Statistische Informationen
adSchemaTables	20	Informationen über Tabellen
adSchemaTranslations	21	Informationen über Zeichensatzübersetzungen
adSchemaProviderTypes	22	Informationen über Providertypen
adSchemaViews	23	Informationen über Sichten

Konstante	Wert	Beschreibung
adSchemaViewColumnUsage	24	Informationen über die Verwendung von Spalten in Sichten
adSchemaViewTableUsage	25	Informationen über die Verwendung von Tabellen in Sichten
adSchemaProcedureParameters	26	Informationen über die Parameter gespeicherter Prozeduren
adSchemaForeignKeys	27	Informationen über Fremdschlüssel
adSchemaPrimaryKeys	28	Informationen über Primärschlüssel
adSchemaProcedureColumns	29	Informationen über Spalten in Prozeduren
adSchemaDBInfoKeywords	30	Liste der Schlüsselwörter des Providers
adSchemaDBInfoLiterals	31	Liste der Literale des Providers
adSchemaCubes	32	Informationen über Cubes einer MD-Datenbank
adSchemaDimensions	33	Informationen über Dimensions einer MD-Datenbank
adSchemaHierarchies	34	Informationen über Hierarchies einer MD-Datenbank
adSchemaLevels	35	Informationen über Levels einer MD-Datenbank
adSchemaMeasures	36	Informationen über Measures einer MD-Datenbank
adSchemaProperties	37	Informationen über Properties einer MD-Datenbank
adSchemaMembers	38	Informationen über Members einer MD-Datenbank
adSchemaTrustees	39	Informationen über Vertrauensstellungen
FieldStatusEnum		
adFieldOK	0	Erfolgreich gelöscht oder hinzugefügt
adFieldCantConvertValue	2	Feld konnte Wert nicht konvertieren.
adFieldIsNull	3	Feld ist NULL

Numerische Werte der Konstanten

Konstante	Wert	Beschreibung
adFieldTruncated	4	Feld wurde abgeschnitten.
adFieldSignMismatch	5	Vorzeichenfehler, einem vorzeichenlosen Feld wurde ein Wert mit Vorzeichen zugewiesen.
adFieldDataOverflow	6	Überlauf, Daten sind zu groß für das Feld.
adFieldCantCreate	7	Feld konnte nicht erzeugt werden, weil der Provider die Größe nicht mehr unterstützt.
adFieldUnavailable	8	Provider konnte den Wert nicht finden.
adFieldPermissionDenied	9	Unzureichende Zugriffrechte.
adFieldIntegrityViolation	10	Feld konnte nicht aktualisiert werden, weil es ein berechnetes Feld ist.
adFieldSchemaViolation	11	Wegen einer Verletzung des Zugriffsschemas konnte das Feld nicht aktualisiert werden.
adFieldBadStatus	12	Der Statuswert von der Datenbank konnte vom Provider nicht erkannt werden.
adFieldDefault	13	Der Standardwert des Felds wurde verwendet.
adFieldIgnore	15	Es wurde kein Wert gesetzt, das Feld ist unverändert.
adFieldDoesNotExist	16	Das Feld existiert nicht.
adFieldInvalidURL	17	Der URL war ungültig oder enthielt ungültige Zeichen.
adFieldResourceLocked	18	Die Ressource ist von einem anderen Prozess belegt.
adFieldResourceExists	19	Die Ressource existiert bereits.
adFieldCannotComplete	20	Die Aktion konnte nicht vollständig ausgeführt werden.
adFieldVolumeNotFound	21	Das Laufwerk, auf das der URL der Ressource zeigt, wurde nicht gefunden.
adFieldOutOfSpace	22	Das Laufwerk hat keinen Speicherplatz mehr.
adFieldCannotDeleteSource	23	Die Ressource konnte nicht gelöscht werden.

Konstante	Wert	Beschreibung
adFieldReadOnly	24	Das Feld kann nur gelesen werden.
adFieldResourceOutOfScope	25	Das Feld ist außerhalb des aktuellen Sichtbereiches.
adFieldAlreadyExists	26	Das Feld existiert bereits.
adFieldPendingInsert	&H1 0000 = 65 535	Das Feld wurde in die Kollektion eingefügt, aber der Provider hat Update noch nicht ausgeführt.
adFieldPendingDelete	&H2 0000 = 131 072	Das Feld wurde aus der Kollektion gelöscht, aber der Provider hat Update noch nicht ausgeführt.
adFieldPendingChange	&H4 0000 = 262 144	Das Feld wurde geändert, aber der Provider hat Update noch nicht ausgeführt.
adFieldPendingUnknown	&H8 0000 = 524 288	Es wurde eine Aktion ausgeführt und Update noch nicht beendet, die Aktion aber ist unbekannt.
adFieldPendingUnknownDelete	&H10 0000 = 1 048 576	Der Provider kann den Status der Operation nicht feststellen; das Feld wird aus der Kollektion gelöscht.
SeekEnum		
adSeekFirstEQ	&H1	Suche den ersten passenden Schlüssel
adSeekLastEQ	&H2	Suche den letzten passenden Schlüssel
adSeekAfterEQ	&H4	Suche den Schlüssel nach dem ersten passenden
adSeekAfter	&H8	Suche den Schlüssel nach dem ersten
adSeekBeforeEQ	&H10	Suche den Schlüssel vor dem ersten passenden
adSeekBefore	&H20	Suche den Schlüssel vor dem ersten

Numerische Werte der Konstanten

Konstante	Wert	Beschreibung
MoveRecordOptionsEnum		
adMoveUnspecified	-1	Keine Angabe
adMoveOverWrite	1	Überschreibe das Ziel, wenn es existiert
adMoveDontUpdateLinks	2	Keine Aktualisierung von Hyperlinks
adMoveAllowEmulation	4	Wenn das Verschieben der Ressource misslingt, versuche eine Kombination aus Upload-, Download-, Lösch- und Schreiboperationen.
CopyRecordOptionsEnum		
adCopyUnspecified	-1	Keine Angabe
adCopyOverWrite	1	Existierende Dateien oder Verzeichnisse werden überschrieben
adCopyAllowEmulation	4	Wenn das Verschieben der Ressource misslingt, versuche eine Kombination aus Upload-, Download-, Lösch- und Schreiboperationen
adCopyNonRecursive	2	Kopiere das aktuelle Verzeichnis, aber nicht das Unterverzeichnis
StreamTypeEnum		
adTypeBinary	1	Stream enthält binäre Daten
adTypeText	2	Stream enthält ASCII-Daten
LineSeparatorEnum		
adLF	10	Zeilentrennung LineFeed (chr(10))
adCR	13	Zeilentrennung Carriage Return (chr(13))
adCRLF	-1	Zeilentrennung LF und CR (chr(10)+chr(13))
StreamOpenOptionsEnum		
adOpenStreamUnspecified	-1	Keine Angabe
adOpenStreamAsync	1	Öffnet den Stream asynchron.
adOpenStreamFromRecord	4	Öffnet den Stream aus einem Record-Objekt.

Konstante	Wert	Beschreibung
StreamWriteEnum		
adWriteChar	0	Schreibt in den Stream.
adWriteLine	1	Schreibt in den Stream und hängt ein LF an.
SaveOptionsEnum		
adSaveCreateNotExist	1	Erzeugt eine neue Datei, wenn sie noch nicht existiert.
adSaveCreateOverWrite	2	Überschreibt die Datei, wenn sie existiert.
FieldEnum		
adDefaultStream	-1	Gibt den Standard-Stream des Record-Objekts aus.
adRecordURL	-2	Gibt den absoluten URL des Record-Objekts aus.
StreamReadEnum		
adReadAll	-1	Liest alle Bytes aus dem Stream von der aktuellen Position an.
adReadLine	-2	Liest die nächste Zeile vom Stream. Das Zeilenende wird mit Hilfe der Eigenschaft LineSeperator erkannt.
RecordTypeEnum		
adSimpleRecord	0	Das Record-Objekt ist eine Kollektion
adCollectionRecord	1	Das Record-Objekt ist eine Datei
adStructDoc	2	Das Record-Objekt ist ein strukturiertes Dokument

B.5 Fehlercodes in ADO und SQL

2.5.1 Native ADO-Fehlercodes

Fehlercode	Fehlertext
-2147483647	Not implemented
-2147483646	Ran out of memory
-2147483645	One or more arguments are invalid
-2147483644	No such interface supported
-2147483643	Invalid pointer
-2147483642	Invalid handle
-2147483641	Operation aborted
-2147483640	Unspecified error
-2147483639	General access denied error
-2147483638	The data necessary to complete this operation is not yet available.
-2147467263	Not implemented
-2147467262	No such interface supported
-2147467261	Invalid pointer
-2147467260	Operation aborted
-2147467259	Unspecified error
-2147467258	Thread local storage failure
-2147467257	Get shared memory allocator failure
-2147467256	Get memory allocator failure
-2147467255	Unable to initialize class cache
-2147467254	Unable to initialize RPC services
-2147467253	Cannot set thread local storage channel control
-2147467252	Could not allocate thread local storage channel control
-2147467251	The user supplied memory allocator is unacceptable
-2147467250	The OLE service mutex already exists
-2147467249	The OLE service file mapping already exists
-2147467248	Unable to map view of file for OLE service
-2147467247	Failure attempting to launch OLE service
-2147467246	There was an attempt to call CoInitialize a second time while single threaded
-2147467245	A Remote activation was necessary but was not allowed

B Ergänzende Referenz zu ADO 2.6

Fehlercode	Fehlertext
-2147467244	A Remote activation was necessary but the server name provided was invalid
-2147467243	The class is configured to run as a security id different from the caller
-2147467242	Use of Ole-services requiring DDE windows isdisabled
-2147467241	A RunAs specification must be <domain name>\<user name> or simply <user name>
-2147467240	The server process could not be started. The pathname may be incorrect.
-2147467239	The server process could not be started as the configured identity. The pathname may be incorrect or unavailable.
-2147467238	The server process could not be started because the configured identity is incorrect. Check the username and password.
-2147467237	The client is not allowed to launch thisserver.
-2147467236	The service providing this server could not be started.
-2147467235	This computer was unable to communicate withthe computer providing the server.
-2147467234	The server did not respond after being launched.
-2147467233	The registration information for this serveris inconsistent or incomplete.
-2147467232	The registration information for this interface is inconsistent or incomplete.
-2147467231	The operation attempted is not supported.
-2147418113	Catastrophic failure
-2147024891	General access denied error
-2147024890	Invalid handle
-2147024882	Ran out of memory
-2147024809	One or more arguments are invalid
-2147217920	Invalid accessor
-2147217919	Creating another row would have exceeded the total number of active rows supported by the rowset
-2147217918	Unable to write with a read-only accessor
-2147217917	Given values violate the database schema
-2147217916	Invalid row handle
-2147217915	An object was open
-2147217914	Invalid chapter

Fehlercode	Fehlertext
-2147217913	A literal value in the command could not be converted to the correct type due to a reason other than data overflow
-2147217912	Invalid binding info
-2147217911	Permission denied
-2147217910	Specified column does not contain bookmarks or chapters
-2147217909	Some cost limits were rejected
-2147217908	No command has been set for the command object
-2147217907	Unable to find a query plan within the given cost limit
-2147217906	Invalid bookmark
-2147217905	Invalid lock mode
-2147217904	No value given for one or more required parameters
-2147217903	Invalid column ID
-2147217902	Invalid ratio
-2147217901	Invalid value
-2147217900	The command contained one or more errors
-2147217899	The executing command cannot be canceled
-2147217898	The provider does not support the specified dialect
-2147217897	A data source with the specified name already exists
-2147217896	The rowset was built over a live data feed and cannot be restarted
-2147217895	No key matching the described characteristics could be found within the current range
-2147217894	Ownership of this tree has been given to theprovider
-2147217893	The provider is unable to determine identityfor newly inserted rows
-2147217892	No nonzero weights specified for any goals supported, so goal was rejected; current goal was not changed
-2147217891	Requested conversion is not supported
-2147217890	IRowsOffset would position you past either end of the rowset, regardless of the cRows value specified; cRowsObtained is 0
-2147217889	Information was requested for a query, and the query was not set
-2147217888	Provider called a method from IRowsetNotify in the consumer and NT
-2147217887	Errors occurred

Fehlercode	Fehlertext
-2147217886	A non-NULL controlling IUnknown was specified and the object being created does not support aggregation
-2147217885	A given HROW referred to a hard- or soft-deleted row
-2147217884	The rowset does not support fetching backwards
-2147217883	All HROWs must be released before new ones can be obtained
-2147217882	One of the specified storage flags was not supported
-2147217880	The specified status flag was neither DBCOLUMNSTATUS_OK nor DBCOLUMNSTATUS_ISNULL
-2147217879	The rowset cannot scroll backwards
-2147217878	Invalid region handle
-2147217877	The specified set of rows was not contiguous to or overlapping the rows in the specified watch region
-2147217876	A transition from ALL* to MOVE* or EXTEND* was specified
-2147217875	The specified region is not a proper subregion of the region identified by the given watch region handle
-2147217874	The provider does not support multi-statement commands
-2147217873	A specified value violated the integrity constraints for a column or table
-2147217872	The given type name was unrecognized
-2147217871	Execution aborted because a resource limit has been reached; no results have been returned
-2147217870	Cannot clone a command object whose command tree contains a rowset or rowsets
-2147217869	Cannot represent the current tree as text
-2147217868	The specified index already exists
-2147217867	The specified index does not exist
-2147217866	The specified index was in use
-2147217865	The specified table does not exist
-2147217864	The rowset was using optimistic concurrency and the value of a column has been changed since it was last read
-2147217863	Errors were detected during the copy
-2147217862	A specified precision was invalid
-2147217861	A specified scale was invalid
-2147217860	Invalid table ID
-2147217859	A specified type was invalid

Fehlercode	Fehlertext
-2147217858	A column ID was occurred more than once in the specification
-2147217857	The specified table already exists
-2147217856	The specified table was in use
-2147217855	The specified locale ID was not supported
-2147217854	The specified record number is invalid
-2147217853	Although the bookmark was validly formed, no row could be found to match it
-2147217852	The value of a property was invalid
-2147217851	The rowset was not chaptered
-2147217850	Invalid accessor
-2147217849	Invalid storage flags
-2147217848	By-ref accessors are not supported by this provider
-2147217847	Null accessors are not supported by thisprovider
-2147217846	The command was not prepared
-2147217845	The specified accessor was not a parameter accessor
-2147217844	The given accessor was write-only
-2147217843	Authentication failed
-2147217842	The change was canceled during notification; no columns are changed
-2147217841	The rowset was single-chaptered and the chapter was not released
-2147217840	Invalid source handle
-2147217839	The provider cannot derive parameter info and SetParameterInfo has not been called
-2147217838	The data source object is already initialized
-2147217837	The provider does not support this method
-2147217836	The number of rows with pending changes has exceeded the set limit
-2147217835	The specified column did not exist
-2147217834	There are pending changes on a row with a reference count of zero
-2147217833	A literal value in the command overflowed the range of the type of the associated column
-2147217832	The supplied HRESULT was invalid
-2147217831	The supplied LookupID was invalid
-2147217830	The supplied DynamicErrorID was invalid

Fehlercode	Fehlertext
-2147217829	Unable to get visible data for a newly-inserted row that has not yet been updated
-2147217828	Invalid conversion flag
-2147217827	The given parameter name was unrecognized
-2147217826	Multiple storage objects can not be opensimultaneously
ASP Fehlcodes	**Fehlertext**
265920	Fetching requested number of rows would have exceeded total number of active rows supported by the rowset
265921	One or more column types are incompatible; conversion errors will occur during copying
265922	Parameter type information has been overridden by caller
265923	Skipped bookmark for deleted or non-member row
265924	Errors found in validating tree
265925	There are no more rowsets
265926	Reached start or end of rowset or chapter
265927	The provider re-executed the command
265928	Variable data buffer full
265929	There are no more results
265930	Server cannot release or downgrade a lock until the end of the transaction
265931	Specified weight was not supported or exceeded the supported limit and was set to 0 or the supported limit
265933	Input dialect was ignored and text was returned in different dialect
265934	Consumer is uninterested in receiving further notification calls for this phase
265935	Consumer is uninterested in receiving further notification calls for this reason
265937	In order to reposition to the start of the rowset, the provider had to reexecute the query; either the order of the columns changed or columns were added to or removed from the rowset
265938	The method had some errors; errors have been returned in the error array
265939	Invalid row handle
265940	A given HROW referred to a hard-deleted row

Fehlercode	Fehlertext
265941	The provider was unable to keep track of allthe changes; the client must refetch the data associated with the watch region using another method
265942	Execution stopped because a resource limit has been reached; results obtained so far have been returned but execution cannot be resumed
265944	A lock was upgraded from the value specified
265945	One or more properties were changed as allowed by provider
265946	Errors occurred
265947	A specified parameter was invalid
265948	Updating this row caused more than one row to be updated in the data source

2.5.2   SQL-Fehlercodes

Fehlercode	Fehlertext des SQL Servers
01000	General warning
01001	Cursor operation conflict, during following operation: ExecDirect
01002	Disconnect error, during following operation: Disconnect
01003	NULL value eliminated in set function, during following operation: ExecDirect
01004	String data, right-truncated, during following operation: BrowseConnect
01006	Privilege not revoked, during following operation: ExecDirect
01007	Privilege not granted, during following operation: ExecDirect
01S00	Invalid connection string attribute, during following operation: BrowseConnect
01S01	Error in row, during following operation: BulkOperations
01S02	Option value changed, during following operation: BrowseConnect
01S06	Attempt to fetch before the result set returned the first rowset
01S07	Fractional truncation, during following operation: BulkOperations

B Ergänzende Referenz zu ADO 2.6

Fehlercode	Fehlertext des SQL Servers
01S08	Error saving File DSN, during following operation: DriverConnect
01S09	Invalid keyword, during following operation: DriverConnect
07001	Wrong number of parameters, during following operation: ExecDirect
07002	COUNT field incorrect, during following operation: ExecDirect
07005	Prepared statement not a cursor-specification, during following operation: ColAttribute
07006	Restricted data type attribute violation, during following operation: BindCol
07009	Invalid descriptor index, during following operation: BindCol
07S01	Invalid use of default parameter, during following operation: ExecDirect
08001	Client unable to establish connection, during following operation: BrowseConnect
08002	Connection name in use, during following operation: BrowseConnect
08003	Connection does not exist, during following operation: AllocHandle
08004	Server rejected the connection, during following operation: BrowseConnect
08007	Connection failure during transaction, during following operation: EndTran
08S01	Communication link failure, during following operation: BrowseConnect
21S01	Insert value list does not match column list, during following operation: ExecDirect
21S02	Degree of derived table does not match column list, during following operation: BulkOperations
22001	String data, right-truncated, during following operation: BulkOperations
22002	Indicator variable required but not supplied, during following operation: ExecDirect
22003	Numeric value out of range, during following operation: BulkOperations
22007	Invalid datetime format, during following operation: BulkOperations

Fehlercode	Fehlertext des SQL Servers
22008	Datetime field overflow, during following operation: BulkOperations
22012	Division by zero, during following operation: ExecDirect
22015	Interval field overflow, during following operation: BulkOperations
22018	Invalid character value for cast specification, during following operation: BulkOperations
22019	Invalid escape character, during following operation: ExecDirect
22025	Invalid escape sequence, during following operation: ExecDirect
22026	String data, length mismatch, during following operation: ParamData
23000	Integrity constraint violation, during following operation: BulkOperations
24000	Invalid cursor state, during following operation: BulkOperations
25000	Invalid transaction state, during following operation: Disconnect
25S01	Transaction state, during following operation: EndTran
25S02	Transaction is still active, during following operation: EndTran
25S03	Transaction is rolled back, during following operation: EndTran
28000	Invalid authorization specification, during following operation: BrowseConnect
34000	Invalid cursor name, during following operation: ExecDirect
3C000	Duplicate cursor name, during following operation: SetCursorName
3D000	Invalid catalog name, during following operation: ExecDirect
3F000	Invalid schema name, during following operation: ExecDirect
40001	Serialization failure, during following operation: BulkOperations
40002	Integrity constraint violation, during following operation: EndTran
40003	Statement completion unknown, during following operation: BulkOperations

Fehlercode	Fehlertext des SQL Servers
42000	Syntax error or access violation, during following operation: BulkOperations
42S01	Base table or view already exists, during following operation: ExecDirect
42S02	Base table or view not found, during following operation: ExecDirect
42S11	Index already exists, during following operation: ExecDirect
42S12	Index not found, during following operation: ExecDirect
42S21	Column already exists, during following operation: ExecDirect
42S22	Column not found, during following operation: ExecDirect
44000	WITH CHECK OPTION violation, during following operation: BulkOperations
HY000	General error All ODBC functions except:
HY001	Memory allocation error All ODBC functions except:
HY003	Invalid application buffer type, during following operation: BindCol
HY004	Invalid, during following operation: data type, during following operation: BindParameter
HY007	Associated statement is not prepared, during following operation: CopyDesc
HY008	Operation canceled All ODBC functions that can be processed asynchronously:
HY009	Invalid use of null pointer, during following operation: AllocHandle
HY010	Function sequence error, during following operation: AllocHandle
HY011	Attribute cannot be set now, during following operation: BulkOperations
HY012	Invalid transaction operation code, during following operation: EndTran
HY013	Memory management error All ODBC functions except:
HY014	Limit on the number of handles exceeded, during following operation: AllocHandle
HY015	No cursor name available, during following operation: GetCursorName
HY016	Cannot modify an implementation row descriptor, during following operation: CopyDesc

Fehlercode	Fehlertext des SQL Servers
HY017	Invalid use of an automatically allocated descriptor handle, during following operation: FreeHandle
HY018	Server declined cancel request, during following operation: Cancel
HY019	Non-character and non-binary data sent in pieces, during following operation: PutData
HY020	Attempt to concatenate a null value, during following operation: PutData
HY021	Inconsistent descriptor information, during following operation: BindParameter
HY024	Invalid attribute value, during following operation: SetConnectAttr
HY090	Invalid string or buffer length, during following operation: BindCol
HY091	Invalid descriptor field identifier, during following operation: ColAttribute
HY092	Invalid attribute/option identifier, during following operation: AllocHandle
HY095	Function type out of range, during following operation: GetFunctions
HY096	Invalid information type, during following operation: GetInfo
HY097	Column type out of range, during following operation: SpecialColumns
HY098	Scope type out of range, during following operation: SpecialColumns
HY099	Nullable type out of range, during following operation: SpecialColumns
HY100	Uniqueness option type out of range, during following operation: Statistics
HY101	Accuracy option type out of range, during following operation: Statistics
HY103	Invalid retrieval code, during following operation: DataSources
HY104	Invalid precision or scale value, during following operation: BindParameter
HY105	Invalid parameter type, during following operation: BindParameter
HY106	Fetch type out of range, during following operation: ExtendedFetch

Fehlercode	Fehlertext des SQL Servers
HY107	Row value out of range, during following operation: ExtendedFetch
HY109	Invalid cursor position, during following operation: ExecDirect
HY110	Invalid driver completion, during following operation: DriverConnect
HY111	Invalid bookmark value, during following operation: ExtendedFetch
HYC00	Optional feature not implemented, during following operation: BindCol
HYT00	Timeout expired, during following operation: BrowseConnect
HYT01	Connection timeout expired All ODBC functions except:
IM001	Driver does not support this function All ODBC functions except:
IM002	Data source name not found and no default driver specified, during following operation: BrowseConnect
IM003	Specified driver could not be loaded, during following operation: BrowseConnect
IM004	Driver's SQLAllocHandle SQL_HANDLE_ENV failed, during following operation: BrowseConnect
IM005	Driver's SQLAllocHandle SQL_HANDLE_DBC failed, during following operation: BrowseConnect
IM006	Driver's SQLSetConnectAttr failed SQL: BrowseConnect
IM007	No data source or driver specified; dialog prohibited, during following operation: DriverConnect
IM008	Dialog failed, during following operation: DriverConnect
IM009	Unable to load translation DLL, during following operation: BrowseConnect
IM010	Data source name too long, during following operation: BrowseConnect
IM011	Driver name too long, during following operation: BrowseConnect
IM012	DRIVER keyword syntax error, during following operation: BrowseConnect
IM013	Trace file error All ODBC functions
IM014	Invalid name of File DSN, during following operation: DriverConnect
IM015	Corrupt file data source, during following operation: DriverConnect

C Referenz Server Side Includes und Direktiven

Die Direktiven können als Steuerelemente in Skriptdateien eingebaut werden, um das grundsätzliche Verhalten der Active Server Pages zu steuern. Mit einer Ausnahme sind die Server-Side-Includes nur noch für die Rückwärtskompatibilität nötig.

C.1 @Direktiven

Die Direktiven steuern die Ausführung der Active Server Pages insgesamt, sind also skriptsprachen- und zustandsunabhängig. Die Anweisung wird vom Präprozessor verarbeitet und muss in der ersten Zeile einer ASP-Seite stehen.

@CODEPAGE. @CODEPAGE bezeichnet den verwendeten Zeichensatz. Das ist dann sinnvoll, wenn Sie mit mehreren natürlichen Sprachen arbeiten.

```
<% @CODEPAGE=zeichensatz %>
```

@ENABLESESSIONSTATE. Steuert die Verwendung von Sessions. Sessions kosten beim Laden jeder Seite etwas Rechenleistung, da die Sessionsteuerung ausgeführt werden muss. Wenn Sie zur Sessionsteuerung keine Sessionvariablen benutzen, können Sie die Nutzung generell abschalten. Der Wert kann TRUE (Sessions ein, Standardwert) oder FALSE (Sessions aus) sein. Die Abschaltung unterbindet die automatische Nutzung von Cookies. Selbst definierte Cookies können trotzdem verwendet werden.

```
<% @ENABLESESSIONSTATE=TRUE|FALSE%>
```

@LANGUAGE. Die verwendete Skriptsprache wird hier eingestellt. Sie können nur Werte nehmen, für die ein Sprachprozessor vorliegt. Im Lieferumfang von ASP sind VBScript und JScript. Ohne Angabe ist der Wert auf VBScript gesetzt.

```
<% @LANGUAGE=scriptsprache %>
```

@LCID. Eine ID für den Ort des Systems. Damit kann festgestellt werden, welche Landesversion eingesetzt wird. Mit dieser Option lässt sich der Wert setzen.

```
<% @LCID=lokale ID%>
```

@TRANSACTION

Bestimmt, wie ASP arbeitet, wenn eine Transaktion mit dem Microsoft Transaction Server behandelt wird. Die Transaktion endet mit dem Ende der Scriptseite.

`<% @TRANSACTION=wert%>`

Wert kann eine Konstante aus der folgenden Tabelle sein:

Wert	Beschreibung
Required	Die Seite wird als Transaktion betrachtet.
Requires_New	Die Seite wird als Transaktion betrachtet.
Supported	Die Seite wird nicht als Transaktion betrachtet.
Not_Supported	Die Seite wird nicht als Transaktion betrachtet.

C.2 Includes

Die Server-Side-Includes sind serverseitige Erweiterungen des Internet Information Server. Außer für das Einfügen von Dateien machen die SSI nur Sinn, wenn Sie nicht mit ASP arbeiten. In ASP verfügen Sie über besser handhabbare Methoden, die gleiche Funktionen auszuführen. Es ist notwendig, die Dateien, die SSI-Befehle enthalten, mit den Dateierweiterungen SHTM, SHTML oder STM zu versehen. Andere Werte können im IIS definiert werden. Einzige Ausnahme ist #INCLUDE. Auch SSI-Dateien müssen mit Skript- oder Execute-Rechten freigegeben werden. Es gibt fünf SSI-Befehle.

#CONFIG. Gibt an, wie Fehlermeldungen, Datum, Zeit und Dateiangaben ausgegeben werden.

`<!-- #CONFIG OUTPUT="string" -->`

Für den Parameter OUTPUT können Sie einsetzen:

- ERRMSG
  Hiermit können Sie über string eine Fehlermeldung angeben, die bei einem auftretenden Fehler angezeigt wird.

- TIMEFMT
  Datums- und Zeitformat. string enthält eine Kombination der folgenden Zeichen:

Zeichen	Beschreibung
%a	Abgekürzter Wochentagsname
%A	Wochentagsname
%b	Abgekürzter Monatsname
%B	Monatsname

Includes

Zeichen	Beschreibung
%c	Datum und Zeit in der lokalisierten Form des Betriebssystems
%d	Dezimalwert der Datums- und Zeitwerte
%H	24-Stunden-Format
%I	12-Stunden-Format
%j	Dezimalwert des Jahres
%m	Dezimalwert des Monats
%M	Dezimalwert der Minute
%p	AM oder PM
%S	Dezimalwert der Sekunde
%U	Dezimalwert der Woche im Jahr
%w	Dezimalwert des Tages in der Woche
%W	Dezimalwert der Woche im Jahr, mit Montag als erstem Tag
%x	Datum
%X	Zeit
%y	Dezimalwert des Jahres (ohne Jahrhundert)
%Y	Dezimalwert des Jahres (mit Jahrhundert)
%z	Abkürzung der Zeitzone
%Z	Zeitzone
%%	Prozentzeichen

▶ SIZEFMT

Wenn string den Wert ABBREV hat, werden Dateigrößen in KByte angezeigt; wenn er den Wert BYTE hat, in Bytes.

#ECHO. Zeigt den Wert einer Umgebungsvariablen des HTTP-Headers.

`<!-- #ECHO var="variable" -->`

Als Wert für *variable* können Sie eine der Servervariablen einsetzen, die im entsprechenden Abschnitt weiter unten beschrieben werden.

#EXEC. Der Befehl #EXEC führt ein Skript, ein Programm oder eine Applikation aus.

`<!-- #EXEC command="parameter" -->`

Dabei kann *command* eines der folgenden Werte sein, die *parameter* richten sich nach dem Kommando. In der URL übergebene Parameter werden mit einem ?-Zeichen eingeleitet und mit +-Zeichen getrennt.

Command	Beschreibung
CGI	Ein ASP-Script, CGI-Script oder ISAPI-Programm. Der Parameter ist der relative Pfad zum Programm mit Parametern.
CMD	Ein DOS-Shellkommando, beispielsweise »format.com«. Normalerweise ist diese Funktion gesperrt. Sie können die Funktion in der Registrierung mit SSIEnableCMDDirective freigeben.

#FLASTMOD. #FLASTMODE gibt die Zeit aus, zu der eine Datei zuletzt geändert wurde.

```
<!-- #FLASTMODE pfad="Dateiname" -->
```

Dabei kann für *pfad* einer der beiden folgenden Werte eingesetzt werden:

Pfad	Beschreibung
FILE	Der Pfad ist relativ oder die Datei ist im aktuellen Ordner.
VIRTUAL	Der Pfad ist virtuell oder physisch (und dann vollständig).

#FSIZE. #FSIZE gibt die Größe einer bestimmten Datei aus.

```
<!-- #FSIZE pfad="Dateiname" -->
```

Dabei kann für *pfad* einer der beiden folgenden Werte eingesetzt werden:

Command	Beschreibung
FILE	Der Pfad ist relativ oder die Datei ist im aktuellen Ordner
VIRTUAL	Der Pfad ist virtuell oder physisch (und dann vollständig)

#INCLUDE. Der Befehl #INCLUDE schließt ein Dokument in ein anderes ein. Auf Grund der zentralen Bedeutung funktioniert diese Direktive auch mit der Dateiendung »ASP«.

```
<!-- #INCLUDE pfad="Dateiname" -->
```

Dabei kann für *pfad* einer der beiden folgenden Werte eingesetzt werden:

Command	Beschreibung
FILE	Der Pfad ist relativ oder die Datei ist im aktuellen Ordner.
VIRTUAL	Der Pfad ist virtuell oder physisch (und dann vollständig).

C.3 Servervariablen

Die folgende Übersicht zeigt alle Servervariablen auf einen Blick:

Variablenname	Beschreibung
ALL_HTTP	Alle HTTP-Header, die vom Client zum Server gesendet wurden. Das Ergebnis sind Header, die mit HTTP_ beginnen.
ALL_RAW	Alle HTTP-Header, die vom Client zum Server gesendet wurden. Im Ergebnis werden Header gesendet, die kein Präfix haben.
APPL_MD_PATH	Gibt den Pfad zur Metabasis der Applikation an.
APPL_PHYSICAL_PATH	Gibt den physischen Pfad zur Metabasis der Applikation an.
AUTH_PASSWORD	Das Kennwort einer Autorisierung, wenn es im Kennwortfeld des Browsers eingegeben wurde.
AUTH_TYPE	Art der Autorisierung, wenn Nutzer Zugriff auf ein geschütztes Dokument haben möchten.
AUTH_NAME	Name des Nutzers bei Eingabe in das Kennwortfeld des Browsers.
CERT_COOKIE	Eindeutige ID eines Clientzertifikats.
CERT_FLAGS	Flag des Clientzertifikats, Bit 0 ist 1, wenn das Clientzertifikat vorhanden ist, Bit 1 ist 1, wenn das Clientzertifikat nicht überprüft wurde.
CERT_ISSUER	Das Issuer (Herausgeber)-Feld des Clientzertifikats.
CERT_KEYSIZE	Bitzahl bei einer SSL-Verbindung.
CERT_SECRETKEYSIZE	Anzahl der Bits eines privaten Zertifikatschlüssels.
CERT_SERIALNUMBER	Die Seriennummer des Zertifikats.
CERT_SERVER_ISSUER	Das Issuer (Herausgeber)-Feld des Serverzertifikats (Issuer-Feld).
CERT_SERVER_SUBJECT	Beschreibung des Zertifikats (Server).
CERT_SUBJECT	Beschreibung des Zertifikats (Client).
CONTENT_LENGTH	Länge des zu sendenden Inhalts.
CONTENT_TYPE	Art des Inhalts (MIME-Type) oder Inhalt bei PUT.
GATEWAY_INTERFACE	Art des Interface, das der Server benutzt.
HTTP_REFERER	Adresse der zuletzt besuchten Site
HTTPS	Ist ON, wenn der Server SSL benutzt.
HTTPS_KEYSIZE	Schlüssellänge der HTTPS-Verbindung (40bit, 128bit...)
HTTPS_SECRETKEYSIZE	Schlüssellänge bei privaten Zertifikaten

Variablenname	Beschreibung
HTTPS_SERVER_ISSUER	Issuer-Feld des Serverzertifikats bei sicherer Übertragung
HTTPS_SERVER_SUBJECT	Beschreibung
INSTANCE_ID	ID-Nummer der Instanz des IIS
INSTANCE_META_PATH	Der Metabasispfad des IIS
LOCAL_ADDR	Die in der Anforderung benutzte Serveradresse
LOGON_USER	Ein Windows NT-Account
PATH_INFO	Pfadinformation für den Client
PATH_TRANSLATED	Übertragung der Pfadinformation ins physische Format
QUERY_STRING	Inhalt des Querystrings (Parameter-URL)
REMOTE_ADDR	Die IP-Adresse des Nutzers
REMOTE_HOST	Name des Computers des Nutzers
REQUEST_METHOD	Die Methode der Datenübertragung eines Formulars. Kann GET, PUT oder HEAD sein.
SCRIPT_NAME	Name eines Skripts, das ausgeführt werden soll.
SERVER_NAME	Der Hostname des Servers, eine DNS- oder IP-Adresse.
SERVER_PORT	Port, der vom Server benutzt wird (normalerweise 80).
SERVER_PORT_SECURE	Port, der bei sicherer Übertragung benutzt wird (Standard: 443).
SERVER_PROTOCOL	Das verwendete Protokoll und die Version (beispielsweise: HTTP1.1).
SERVER_SOFTWARE	Der Name und die Version der auf dem Server laufenden Software.
URL	Die Basis-URL der Anforderung.

C.4 ASP-Fehlercodes

Die Laufzeitfehler werden in VBScript komplett mit Nummer und Text ausgegeben – je nach Sprachversion des Windows 2000-Systems in Deutsch oder Englisch. Wenn Sie in einem Programm die Fehlernummer aus dem Err-Objekt abfragen, sollten Sie die Bedeutung kennen. Arbeiten Sie mit Fehlernummern und nicht mit den Texten, denn die Texte können sich von Plattform zu Plattform und von Version zu Version ändern. Eigene Fehler können Sie mit Fehlernummern von 1.050 bis 32.765 belegen.

ASP-Fehlercodes

Die folgende Tabelle zeigt alle vordefinierten Fehlernummern:

Code	Meldung (Original)	Bedeutung
5	Invalid procedure call or argument	Prozeduraufruf oder Argument falsch
6	Overflow	Überlauf
7	Out of memory	Speicherfehler
9	Subscript out of range	Wertebereich verlassen
10	Array fixed or temporarily locked	Array kann in der Größe nicht verändert werden.
11	Division by zero	Division durch Null
13	Type mismatch	Datentyp nicht kompatibel
14	Out of string space	String zu groß
28	Out of stack space	Stapelspeicher nicht ausreichend
35	Sub or Function not defined	Prozedur oder Funktion nicht definiert
48	Error in loading DLL	Fehler beim Laden der DLL
51	Internal error	Interner Fehler
53	File not found	Datei nicht gefunden
57	Device I/O error	I/O Fehler eines Geräts
58	File already exists	Datei existiert bereits
61	Disk full	Diskette/Festplatte voll
67	Too many files	Zu viele Dateien
70	Permission denied	Zugriffsrechte nicht ausreichend
75	Path/File access error	Pfad- oder Dateifehler
76	Path not found	Pfad nicht gefunden
91	Object variable or block variable not set	Objekt- oder Blockvariable nicht deklariert
92	For loop not initialized	FOR-Schleife nicht initialisiert
94	Invalid use of Null	Null verwendet, wo es nicht erlaubt war
322	Can't create necessary temporary file	Temporäre Datei kann nicht erzeugt werden.
424	Object required	Objekt erforderlich
429	ActiveX component can't create object	ActiveX-Komponente kann Objekt nicht erzeugen.
430	Class doesn't support Automation	Klasse unterstützt Automation nicht.

Code	Meldung (Original)	Bedeutung
432	File name or class name not found during Automation operation	Datei- oder Klassenname während einer Automation-Operation nicht gefunden.
438	Object doesn't support this property or method	Objekt unterstützt diese Methode oder Eigenschaft nicht.
440	Automation error	Automation-Fehler.
445	Object doesn't support this action	Objekt unterstützt diese Aktion nicht.
446	Object doesn't support named arguments	Objekt unterstützt benannte Argument nicht.
447	Object doesn't support current locale setting	Objekt unterstützt lokale Einstellungen nicht.
448	Named argument not found	Benanntes Argument nicht gefunden.
449	Argument not optional	Argument ist nicht optional.
450	Wrong number of arguments or invalid property assignment	Falsche Anzahl Argumente oder falsche Zuweisung einer Eigenschaft
451	Object not a collection	Objekt ist keine Kollektion.
453	Specified DLL function not found	Angegebene Funktion in einer DLL nicht gefunden
455	Code resource lock error	Ressourcen nicht im Zugriff
457	This key already associated with an element of this collection	Dieser Schlüssel ist bereits mit dem Element einer Kollektion verbunden.
458	Variable uses an Automation type not supported in VBScript	Variable eines Automation Typ wird in VBScript nicht unterstützt.
500	Variable is undefined	Variable ist nicht definiert.
501	Illegal assignment	Illegale Zuweisung
502	Object not safe for scripting	Objekt ist nicht sicher zum Scripting.
503	Object not safe for initializing	Objekt ist nicht sicher zur Initialisierung.
1001	Out of memory	Kein Speicher mehr
1002	Syntax error	Allgemeiner Syntaxfehler
1003	Expected ':'	Syntaxfehler: Erwarte ':'
1004	Expected ';'	Syntaxfehler: Erwarte ';'
1005	Expected '('	Syntaxfehler: Erwarte '('

ASP-Fehlercodes

Code	Meldung (Original)	Bedeutung
1006	Expected ')'	Syntaxfehler: Erwarte ')'
1007	Expected ']'	Syntaxfehler: Erwarte ']'
1008	Expected '{'	Syntaxfehler: Erwarte '{'
1009	Expected '}'	Syntaxfehler: Erwarte '}'
1010	Expected identifier	Syntaxfehler: Erwarte Name
1011	Expected '='	Syntaxfehler: Erwarte '='
1012	Expected 'If'	Syntaxfehler: Erwarte 'If'
1013	Expected 'To'	Syntaxfehler: Erwarte 'To'
1014	Expected 'End'	Syntaxfehler: Erwarte 'End'
1015	Expected 'Function'	Syntaxfehler: Erwarte 'Function'
1016	Expected 'Sub'	Syntaxfehler: Erwarte 'Sub'
1017	Expected 'Then'	Syntaxfehler: Erwarte 'Then'
1018	Expected 'Wend'	Syntaxfehler: Erwarte 'Wend'
1019	Expected 'Loop'	Syntaxfehler: Erwarte 'Loop'
1020	Expected 'Next'	Syntaxfehler: Erwarte 'Next'
1021	Expected 'Case'	Syntaxfehler: Erwarte 'Case'
1022	Expected 'Select'	Syntaxfehler: Erwarte 'Select'
1023	Expected expression	Syntaxfehler: Erwarte expression
1024	Expected statement	Syntaxfehler: Erwarte statement
1025	Expected end of statement	Syntaxfehler: Ende des Befehls erwartet
1026	Expected integer constant	Syntaxfehler: Ganzzahlkonstante erwartet
1027	Expected 'While' or 'Until'	Syntaxfehler: Erwarte 'While' oder 'Until'
1028	Expected 'While', 'Until', or end of statement	Syntaxfehler: 'While', 'Until', oder Befehlsende erwartet
1029	Too many locals or arguments	Zu viele Argumente
1030	Identifier too long	Name zu lang
1031	Invalid number	Zahl falsch
1032	Invalid character	Zeichen falsch
1033	Unterminated string constant	Zeichenkettenkonstante nicht begrenzt
1034	Unterminated comment	Kommentar nicht begrenzt
1035	Nested comment	Kommentare verschachtelt

Code	Meldung (Original)	Bedeutung
1037	Invalid use of 'Me' keyword	Schlüsselwort 'Me' falsch verwendet
1038	'Loop' without 'Do'	'Loop' ohne 'Do' verwendet
1039	Invalid 'Exit' statement	Falsche Anwendung des 'Exit'-Befehls
1040	Invalid 'For' loop control variable	Schleifenvariable bei 'For' falsch
1041	Name redefined	Name doppelt benutzt
1042	Must be first statement on the line	Dieser Befehl muss der Erste in der Zeile sein.
1043	Can't assign to non-ByVal argument	Kann ByVal-Argumente nicht zuweisen
1044	Can't use parens when calling a Sub	Kann keine Klammern bei Prozeduraufrufen verwenden
1045	Expected literal constant	Zeichenkonstante erwartet
1046	Expected 'In'	'In' erwartet
32766	True	Wahr (logischer Wert), keine Fehlermeldung
32767	False	Falsch (logischer Wert), keine Fehlermeldung
32811	Element not found	Element nicht gefunden

D An den Autor

Für Fragen, Anregungen, aber auch Kritik und Hinweise steht Ihnen der Autor gern zur Verfügung. Dieses Buch soll eine solide Basis für alle sein, die in der großen ASP-Gemeinde Fuß fassen wollen und ein solides, deutschsprachiges Arbeitsmittel benötigen. Insofern sind Verbesserungsvorschläge und konstruktive Anmerkungen immer willkommen und werden in künftigen Auflagen sicher berücksichtigt.

Aktuelle Informationen finden Sie im Internet

Alle Skripte, Bugfixes und Korrekturen finden Sie im Internet unter der folgenden Adresse:

http://www.asp.comzept.de

Den Autor selbst können Sie auf seiner *Homepage* näher kennen lernen:

http://www.joerg.krause.net

Informationen über professionelle Unterstützung

Hilfe finden Sie beim Autor, wenn es um eines der folgenden »Probleme« geht:

- Entwicklung professioneller Websites jeder Größenordnung
- Projektmanagement und Programmierung in ASP, ASP.NET, PHP, JavaScript, HTML usw.
- Schulungen, Seminare, Programmierkurse, Workshops
- Fachliche Unterstützung für Start-Ups, Venture Capitalists und Old Economy ;-)

Anfragen senden Sie bitte direkt per E-Mail an:

joerg@krause.net

Leider schaffe ich es nicht immer, jede E-Mail sofort zu beantworten. Sie können aber sicher sein, dass jede E-Mail gelesen wird. Insofern können Sie dieses Medium jederzeit nutzen, um irgendetwas loszuwerden – was auch immer Sie gern mitteilen möchten.

Bitte haben Sie Verständnis dafür, dass Hilfe beim Programmieren nicht zur Arbeit eines Autors gehört und Anfragen der Art »Ich versteh' das nicht, wie geht denn das?« normalerweise nicht beantwortet werden. Wenn Sie jedoch darauf hinweisen, dass eine oder andere Problem trotz der Ausführungen im Buch nicht verstanden zu haben, zögern Sie nicht mir zu schreiben, damit diese Passagen in künftigen Auflagen verbessert werden können.

Stichwortverzeichnis

Erläuterungen zum Index

Der Index enthält zwei Arten von Seitenzahlen:

- Normale Seitenzahlen verweisen auf Fundstellen im Fließtext.
- **fett geschrieben** Zahlen kennzeichnen Syntaxdiagramme.

Außerdem sind Abkürzungen immer mit einem Verweis auf die ausgeschriebene Version versehen, sodass Sie manchmal nur im Index nachschlagen müssen, um sich ein unbekanntes Akronym zu erklären.

!
.<DD> 139
.<DL> 139
.<DT> 139
<A HREF= 121
<AREA> 148
<B> 118
<BASEFONT> 115
<BIG> 117
<BODY> 108

 111
<CAPTION> 141
<CENTER> 112
<DIV> 165
<FONT> 114
<FORM> 129
<FRAMESET> 153
<H1>...<H6> 117
<HR> 113
<I> 118
<INPUT> 131
<ISMAP> 148
<MAP> 148
<OL> 137
<P> 111
<PRE> 112
<S> 118
<SELECT> 131
<SMALL> 117
<SPAN> 165
<STRIKE> 118
<STYLE> 156

<SUB> 119
<SUP> 119
<TABLE> 140
<TD> 140
<TEXTAREA> 132
<TH> 140
<TR> 140
<U> 118
<UL> 137

A
Abgekoppelte Datensatzobjekte 731
ABS 201
Active Server Pages 85, 97
ActiveX Data Objects 543
    Architektur 545
    Datenzugriff 553
    Eigenschaften 548
    Geschichte 545
    Kollektionen 552
    Konstanten 552
    Objektmodell 556
    Umgang mit Kollektionen 551
    Verbindungszeichenfolgen 553
Addition 200
ADO *siehe ActiveX Data Objects* 543
Änderungsjournal 72
Anchor 123
Andere Scriptsprachen 179
Anführungszeichen 104
Anker 123
Ankoppeln von Datensatzobjekten 733

Application.Lock 369
Application.Unlock 369
Application_OnEnd 356
Application_OnStart 356
Applikationen 361
Applikationen statt Scripte 361
Applikationsereignisse 368
ARPA 42
Arrayfunktionen 192
Array-Objekt 293
Arrays 190, 287
ASP aus Sicht des Webnutzers 66
ASP-Standardsprache 364
atEnd 297
AtEndOfLine 414
AtEndOfStream 414
Attributes 418
Aufbau der Scripte 177
Aufbau des Internet 32
Aufzählungen 136
AvailableSpace 424

B
Backslash 122
Bandbreitenberechnung 68
Basisbefehle 183
Basisfont 115
Bedingungen 208, 284
Benchmarks 739
Berechtigungsassistent 94
Bilder 125
    GIF 125
    JPEG 125
    PNG 125
Block 273
Boolesche Werte 208
break 287
Browserprobleme 164
Browsertest 166
ByRef 217
ByVal 217

C
Cascading Style Sheets 155
CDATA 171
CGI 64
CGI-Programme 84
Chapter *siehe Data Shaping, Datentyp* 711
Close 412
Code-Konventionen 263

Column 414
Command, Eigenschaften
    ActiveConnection **662**
  Einführung 652
  Methoden
    Cancel **659**
    CommandText **662**
    CommandTimeOut **663**
    CommandType **663**
    CreateParameter **659**
    Execute **660**
    Name **663**
    Prepared **664**
    State **664**
concat 293
Connection **562**
  Eigenschaften
    Attributes **581**
    CommandTimeOut **581**
    ConnectionString **582**
    ConnectionTimeOut **582**
    CursorLocation **583**
    DefaultDatabase **583**
    IsolationLevel **584**
    Mode **585**
    Provider **586**
    State **587**
    Version **587**
  Grundlagen 562
  Kollektionen **588**
  Methoden
    BeginTrans **569**
    Cancel **570**
    Close **570**
    CommitTrans **570**
    Execute **571**
    Open **573**
    OpenSchema **575**
    RollbackTrans **580**
  Pooling 563
CONST 187
constructor *siehe Interne Konstruktoren* 305
continue 287
Cookies 347
  als Informationsspeicher 347
  Domain 349
  Expires 349
  Path 349
  Secure 349

Sessions 351
    unterdrücken 355, 358
Copy 415
CopyFile 415
CopyFolder 426
COS 200
CreateFolder 426
CreateTextFile() 410
CSV-Datei erzeugen 614

D

DAO *siehe Data Access Objects* 547
Data Access Objects 547
Data Shaping 709
    Aggregatfunktionen 723
    Arbeitsweise 722
    Beispiel 711
    Berechnungen 717
    COMPUTE 724
    Datentyp 711
    Einführung 709
    Hybride Kommandos 723
    Kommandos 720
    OLEDB 709
    Parameter 715
    Provider 710
    Provider NONE 726
DATE 193
DATEADD 197
DateCreated 418
DATEDIFF 197
Dateien einschließen 180
Dateien kopieren, verschieben und löschen 415
Dateien lesen und schreiben 410
Dateizugriffs-Komponente 409
DateLastAccess 418
Daten per Formular übertragen 337
Datenbank, aktualisieren 606
Datenbankzeiger 726
    adLockBatchOptimistic 728
    adLockOptimistic 728
    adLockPessimistic 727
    adLockReadOnly 727
    adOpenDynamic 727
    adOpenForwardOnly 727
    adOpenKeyset 727
    adOpenStatic 727
    Zeigertypen 726
Datenlinkdatei 554

Datensatz
    aktualisieren 625
    Anzahl 637
    Anzahl der Datensätze 638
    Anzahl der Seiten 637
    auffrischen 619
    Batch-Operation abbrechen 606
    Befehlsquelle 640
    Dateianfang 628
    Dateiende 632
    Datensatzzeiger 630
    Datensatzzeiger-Typ 630
    filtern 632
    hinzufügen 604
    im ... bewegen 615
    im Batch-Mode aktualisieren 626
    in Array überführen 612
    in Datei speichern 621
    in Zeichenkette oder Liste 613
    Index 635
    Klon erzeugen 607
    Kommando 627
    Lesezeichen 628
    Lesezeichen vergleichen 609
    löschen 610
    mehrere Datensätze 616
    öffnen 617
    Operation abbrechen 606
    Rückgabeordnung 636
    Satz auswählen 627
    schließen 608
    Seite auswählen 627
    Seitengröße 638
    Sortierung 639
    Status 641
    suchen 611, 622
    Synchronisationszustand 643
    synchronisieren 620
    unterstützte Eigenschaften 623
    Update-Operation abbrechen 607
    Verriegelung 635
    zum ersten bewegen 615
    zum letzten bewegen 616
    zum nächsten bewegen 616
    zum vorherigen bewegen 616
    Zustand 631, 641
Datensatzobjekte
    abkoppeln 731
    ankoppeln 733

Quelle aktualisieren 735
referenzieren 732
resynchronisieren 734
Synchronisation *siehe Synchronisation* 736
Datenträgerkontingente 72
Datentypen 188
Datenverknüpfungseigenschaften 555
Datenzugriff 553
Date-Objekt 296
Datum 193
Datums- und Zeitfunktionen 193
Datumsformate 198
DAY 194
DBLib 547
Debugger 46
DEFAULT 222
Delete 415
DeleteFile 415
DeleteFolder 426
Dictionary Objekt 380
Digestauthentifizierung 80
DIM 185
DIM array() 190
Diskquotas 72
Distributed Internet Applications 544
Dithering 125
Division 200
DNA *siehe Distributed Internet Applications* 544
DO WHILE 216
do...while 286
Document Object Model 171
Document Type Definition 168, 748
DOM <Kursiv ZF>siehe<Absatz-Standardschriftart> Document Object Model 171
Drive 422
DriveExists 422
DriveLetter 424
DriveType 424
DSN *siehe Data Source Name* 555
DTD <Kursiv ZF>siehe<Absatz-Standardschriftart> Document Type Definition 168
DTD *siehe Document Type Definition* 748

E
Editor 46
Eigenschaften (Kollektion)
  Attribute 703
  Datentyp 705

  Genauigkeit 704
  Größe 705
  Nachkommastellen 704
  Name 704
  Richtung der Parameter 703
  Wert 706
Einführung in VBScript 183
Einführung und Installation 63
Elektronische Post 34
E-Mail 34
END FUNCTION 217
END IF 210
END SUB 219
Entwicklungswerkzeuge 45
Enumerator-Objekt 297
ERASE 192
Ereignisse 549
Erforderliche Kenntnisse 64
Err.Clear 249
Err.Number 249
Err-Objekt 250, 382
Error, Eigenschaften
  Description **690**
  HelpContext **690**
  HelpFile **690**
  NativeError **690**
  Number **691**
  Source **691**
  SQLState **691**
  Einführung 687
  Methoden **690**
Errors, Eigenschaften
  Count **698**
  Item **699**
  Methoden
    Clear **698**
    Refresh **698**
Erstellte Datensatzobjekte 731
escape 291
ESMTP 39
EVAL 223
eval 292
EXECUTE 223
EXIT FUNCTION 218
EXIT SUB 219
EXP 200
Extensible Markup Language 743
  Eigenschaften 745
  Einführung 743

Schemas *siehe XML-Schemas* 748
Zeichensatz 746
Extensible Style Sheet Language for Transformation 759
Extranet 35

F
Fallen in HTML 104
FAT32 71
Fehler 248
Fehler behandeln 248
Fehler beim Entwickeln 250
Fehler verstecken 248
Felder
    Binärdaten abholen 667
    Binärdaten anhängen 667
    Datentyp 670
    definierte Größe 669
    Eigenschaften 668
    Genauigkeit 670
    Größe 668
    Nachkommastellen 670
    Name 669
    Originalwert 670
    Ursprungswert 670
    Wert 671
Festplatten und Dateisystem 71
Field, Eigenschaften
    ActualSize **668**
    Attributes **668**
    DefinedSize **669**
    Name **669**
    NumericScale **670**
    OriginalValue **670**
    Precision **670**
    Type **670**
    UnderlyingValue **670**
    Value **671**
  Einführung **665**
  Methoden
    AppendChunk **667**
    GetChunk **667**
Fields, Eigenschaften
    Count **696**
    Item **696**
  Methoden
    Append **693**
    CancelUpdate **695**
    Delete **695**

Refresh **695**
Resync **695**
Fields (Kollektion) 691
File 415
File Objekt 410
FileExists 417
Files 426
FileSystem Objekt 410
FileSystemObject 415
FILTER 206
FIX 201
Flags 418
Folder 415
Folder Kollektion 425
Folder Objekt 410, 425
FolderExists 426
for 286
FOR EACH 215
for...in 287
FOR..TO..STEP 213
FORMATCURRENCY 198
FORMATEDATETIME 198
FORMATNUMBER 199
FORM-Kollektion 332
Formulare 128
Fortezza **80**
Frameattribute 154
Frames 151
FreeSpace 424
FTP 33–34, 38
FTP-Server 90
    Einrichtung 90
    Schreibrechte 92
FUNCTION 217
Funktionen 217

G
Ganzzahldivision 200
Gateways 33
geschweifte Klammern 273
GetDrive 422
GetDriveName 422
GetFile 416
GetFolder 426
getHour 296
getMonth 296
GetParentFolderName 426
GIF 125
    unsichtbare 127

global 291
GLOBAL.ASA 356
global.asa, Für Applikationen 365
Grundbegriffe 32

H
Hardwarevoraussetzungen 68
Hintergrundbilder 127
HOUR 196
HTML 101
   Basiswissen 107
   Daten via URL 340
   Einführung 101
   Farbe 108
   Formulare 128
   Hyperlinks 126
   Plattformprobleme 105
   pur 107
   Tabellenlayout 145
   Text und Ausrichtungen 110
   XHTML 168
HTMLEncode() 338
HTTP 33, 36, 64
HTTP-Header 315
HTTP-Statuscode 326
Hyperlink 121

I
IANA 44
IF ... THEN ... ELSE 209
if...else 284
IF...THEN...ELSEIF 209
IIS *siehe Internet Information Server* 84
IIS-Dienstmanager 83
IIS-Zertifikatsspeicher 80
Image Maps 148
IMAP4 41
INCLUDE 180
Indirekte Codeausführung 223
Installation, Windows 2000 70
Installation und Einrichtung unter NT 70
Instanziieren (Objekte) 221
Instanziierung 379
INSTR 205
INSTREV 205
INT 201
Interaktive Webseiten 328
Interne Datentypen 279
Interne Fehlercodes 383
Interne Konstruktoren 305

Internet Information Server 79
   Authentifizierung 95
   Authentifizierung mit Skript 95
   Berechtigungsassistent 94
   Dateisicherheit 93
   FTP-Server *siehe FTP-Server* 90
   Komponenten 79
   Protokolle 96
   Sicherheit 79
   Sicherheitseinstellungen 94
   Verzeichnissicherheit 93
Internet Information Sever
   Anwendungen assoziieren 85
   Anwendungsprogramme 84
   Standarddateien 89
   Standardwebseite 86
   Verzeichnisse durchsuchen 89
   Virtuelle Verzeichnisse 86
   Webseiten veröffentlichen 86
   Zugriffsrechte 87
Internet Informations Server 66
InternetRelayChat 34
Intranet 35
Intrinsische Objekte 304
ISAPI 65
ISAPI-Erweiterungen 84
ISAPI-Filter 84
ISEMPTY 189
ISNUMERIC 201
IsReady 424
IsRootFolder 426
item 297

J
Java Database Connectivity 547
Javascript 175
JavaScript versus Java 272
JDBC *siehe Java DataBase Connectivity* 547
JOIN 206
join 293
JPEG 125
JScript 63, 175, 271
   Arrays 287
   Bedingungen 284
   Datums- und Zeitwerte 296
   Funktionen 289
   Grundlagen 277
   Interne Konstruktoren 305, 388
   Intrinsische Objekte 304
   Operatoren 282

prototyp-Eigenschaft *siehe Prototypen* 304
Prototypen *siehe Prototypen* 304
Reguläre Ausdrücke 300
Schleifen 284
Zeichenketten 277
Zeilenende 278
JScript und ASP 272

K

Kerberos V5 **80**
Kommandos
    abbrechen 659
    Abbruchzeit 663
    ausführen 660
    Kommandoart 663
    Name 663
    Parameter erzeugen 659
    Status 664
    Text 662
    Verbindung 662
    vorbereiten 664
Kommentare 183
Kommentarkonventionen 264
Konstanten 187
    vordefinierte 188
Konstanten einbinden 552
Konventionen 264

L

Laufwerken und Ordner 420
LCASE 205
Lebensdauer 186
LEFT 203
Leistungstests 739
Line 414
Linien 113
    horizontale 113
Link 121
Listen 136
LOG 200
LOOP 216

M

Mailprotokoll 39
Mathematische Operatoren 200
Math-Objekt 298
Microsoft Exchange 5.5 38
Microsoft Guidelines 264
MID 203
MINUTE 196

Modularisierung der Scripte 376
Modulus 200
MONTH 194
MONTHNAME 195
Move 415
MoveFile 415
moveFirst 297
MoveFolder 426
moveNext 297
Multiplikation 200

N

Name 418
Namenskonventionen 264
Nameserver 37
Netzwerkvoraussetzungen 68
Newsgroups 35
NEXT 213
NNTP 33
Normen und Protokolle 36
NOW 193
NTFS5 71–72
    Konvertieren von FAT32 72
Number-Objekt 299

O

Objekte und Komponenten 307
Objektmodell 556
    Basismodell 556
    Properties 557
Objektorientierte Programmierung 219
ODBC *siehe Open Database Connectivity* 547
ODBCDirect 547
OLEDB 548
    ODBC im Treibermodell 548
ON ERROR RESUME NEXT 248
Operatoren 200, 208
Optimierung 739
    Benchmarks 739
OPTION EXPLIZIT 185
Ostrosoft Portscanner 44

P

Parameters, Eigenschaften
    Attributes **703**
    Direction **703**
    Name **704**
    NumericScale **704**
    Precision **704**
    Size **705**

Type **705**
Value **706**
Kollektionen *siehe Parameters*
    (Kollektionen) **706**
Methoden
    AppendChunk **702**
Parameters (Kollektionen), Eigenschaften
    Count **708**
    Item **708**
Methoden
    Append **707**
    Delete **707**
    Refresh **708**
ParentFolder 418, 426
Passwortschutz 323
Path 418, 424
PERL 65
PGP 41
PICS 321
Polymorphie 220
PoP 33
POP3 38
Port 43
Portnummer 44
Potenz 200
PRIVATE (CLASS) 221
Programmieren mit VBScript 208
Properties, Eigenschaften
    Count **697**
    Item **697**
    Methoden **697**
Property, Eigenschaften
    Attributes **672**
    Name **674**
    Type **674**
    Value **674**
    Einführung **671**
    Methoden **672**
PROPERTY GET 221
PROPERTY LET 221
PROPERTY SET 221
Prototypen 304
Provider 33
    Data Shaping 710
Proxy und Cache kontrollieren 320
Prozeduren 219
PUBLIC (CLASS) 221
Pufferung aktivieren 364

R
RANDOMIZE 202
Rasterung 125
Rating 321
RDO *siehe Remote Data Objects* 547
Record, Eigenschaften
    ActiveConnection **649**
    Mode **650**
    ParentURL **650**
    RecordType **650**
    Source **651**
    State **651**
Einführung 644
Methoden
    Cancel **645**
    Close **645**
    CopyRecord **646**
    DeleteRecord **646**
    GetChildren **647**
    MoveRecord **647**
    Open **648**
Übersicht **644**
RecordSet **588**
Eigenschaften
    AbsolutPage **627**
    AbsolutPosition **627**
    ActiveCommand **627**
    BOF **628**
    Bookmark **628**
    CacheSize **629**
    CursorLocation **630**
    CursorType **630**
    editMode **631**
    EOF **632**
    Filter **632**
    Index **635**
    LockType **635**
    MarshalOptions **636**
    MaxRecords **637**
    PageCount **637**
    PageSize **638**
    RecordCount **638**
    Sort **639**
    Source **640**
    State **641**
    Status **641**
    StayInSynch **643**
Methoden
    AddNew **603**
    Cancel **606**

Stichwortverzeichnis

CancelBatch **606**
CancelUpdate **607**
Clone **607**
Close **608**
CompareBookmarks **609**
Delete **610**
Find **611**
GetRows **612**
GetSring **613**
Move **615**
MoveFirst **615**
MoveLast **616**
MoveNext **616**
MovePrevious **616**
NextRecordSet **616**
Open **617**
Requery **619**
Resynch **620**
Save **621**
Seek **622**
Supports **623**
Update **625**
UpdateBatch **626**
Übersicht **602**
REDIM 190
Redirect 328
Referenzen 732
RegExp-Objekt 229
    Details 235
    Execute 235
    Global 235
    IgnoreCase 235
    Pattern 235
    Replace 235, 248
    Test 235
Reguläre Ausdrücke 224
    Alternativen 226
    Beispiele 228
    Einschränkungen in VBScript 245
    Ersetzungen 245
    Erweiterte Backslash 237
    Erweiterte Metazeichen 236
    Erweiterte Oktalcodes 238
    Erweiterte Techniken 236
    Generische Zeichenklassen 239
    Gruppierung 226
    Mehrzeilenmodus 240
    Referenzen 244
    RegExp-Objekt 229
    Sonderzeichen 227
    Teilmuster 242
    Wiederholungen 225, 243
    Zeichen 227
    Zeichenklassen 227
    Zeichenklassendefinitionen 240
Remote Data Objects 547
REPLACE 204
Request of Comment 42
Request.Cookies 349
Request.ServerVariables 315
Response.Clear 312
Response.Cookies 350
Response.End 312
Response.Flush 313
Response.IsClientConnected 314
Response.Redirect 328
reverse 293
RGB-Format 108
RIGHT 203
RND 201
ROUND 201
Router 33
RSAC 322
RSACi PICS Marke 322
Rückgabewerte einer gespeicherten
    Prozedur 706

S

Schleifen 213, 284
Schleifenkonstruktion 213
Schrift formatieren 114
Script Debugger 45
SECOND 196
Secure Socket Layer **80**
Seitenübergreifend arbeiten 353
SELECT...CASE 211
SerialNumber 424
Server Side_Includes 373
    #config **374**
    #echo **374**
    #include **374**
Server-Gated Cryptography **80**
Server-Side-Includes 180
Server-Side-Scripting 63
Servervariablen 324
Session 345
Session.Abandon 354
Session.SessionID 357
Session.TimeOut 354
Session_OnEnd 356

Session_OnStart 356
Sessionende 354
Sessions
    Alternativen 358
    intern 357
SET NOTHING 223
setMilliseconds 296
setMinutes 296
SGC *siehe Server Gated Cryptography* 80
SGN 201
SHAPE **720**
    APPEND **721**
    CALL **721**
    RELATE **721**
    TABLE **721**
ShareName 424
SIN 200
Sitzungsstatus aktivieren 364
Size 418
slice 293
SMTP 33, 38
SMTP-Server 39
Sonderzeichen 119
SPACE 206
SPLIT 206
SQR 200
SSI *siehe Server Side Includes* 373
Standard-ASCII-Tabelle 119
Standardprovider 546
Standardwebsite 362
Statische HTML-Seiten 84
STRCOMP 205
Stream, Eigenschaften
    CharSet **684**
    EOS **685**
    LineSeparator **685**
    Mode **685**
    Position **686**
    Size **686**
    State **686**
    Type **687**
  Einführung 676
  Methoden
    Cancel **678**
    Close **679**
    CopyTo **679**
    Flush **679**
    LoadFromFile **679**
    Open **680**
    Read **681**

ReadText **682**
SaveToFile **682**
SetEOS **683**
SkipLine **683**
Write **683**
WriteText **684**
Übersicht **677**
String-Objekt 294
STRREVERSE 205
SUB 219
SubFolders 426
Subtraktion 200
Suchmuster 224
switch...case 284
Synchronisation 736
    Batch-Size 736
    Mehrere Tabellen 738
    Update Criteria 737
    Update Resync 737

T
Tabellen 140
Tabellenattribute 144
Tabellenüberschrift 141
TAN 200
TCP/IP 33, 41
Technische Parameter von Laufwerken 421
Technischen Basis für ASP 66
Telnet 34
Terminate 223
Textfelder 132
Textfelder abfragen 337
Textformatierung 264
Textobjekt 414
TextStream Objekt 409
Textstrukturierung 143
TIME 193
Tipps 730
toLocaleString 297
toString 294
TotalSize 424
Transaktionen 569
Transport Layer Security **80**
Trennzeichen, JScript 272
Type 418

U
UBE 38
UBOUND 192
UCASE 205

U

UCE 38
UDA *siehe Universal Data Access* 546
UDL-Datei *siehe Datenlinkdatei* 554
Übergeordnete Pfade aktivieren 364
Umlaute 120
Umwandlungsfunktionen 188
unescape 291
Universal Data Access 546
URLEncode() 339
URL-kodiert 335

V

valueOf 294
Variablen 185
VBScript 63, 175
VBScript Konventionen 264
VBScript und HTML 177
Verbindung 553
Verbindungszeichenfolgen 553
    Datenlinkdatei 554
    ODBC 554
    OLEDB Index Server 554
    OLEDB/Access 553
    OLEDB/SQL Server 554
Vererbung 219
Vergleichsoperatoren 208
Versteckte Felder 134
Visual InterDev 50
    Datenbankzugriff 57
    Debugger 58
    HTML-Editor 56
    Projekt erstellen 52
VolumeName 424

W

Währungsformate 198
WAIS-Datenbank 35
Webseiten schützen 323
WEEKDAY 194
WEEKDAYNAME 195
WEND 215
WHILE 215
while 286
Wildcard 415
Windows 2000
    Entwicklungsplattform 70, 78–79
    Modem oder ISDN-Adapter 75
    Netzwerkeinstellungen 73
Windows NT 4 Workstation 68

WITH 223
Wohlgeformte Dokumente 745
World Wide Web 33
Write 412
WriteBlankLines 412
WriteLine 412
WWW 33

X

XHTML 167
    Unterschiede zu HTML 4 170
    Vorteile 169
XML 167
    formatieren mit CSS 760
    formatieren mit XSL 759
XML *siehe Extensible Markup Language* 743
XML-Schemas 748
    Datentypen **752**
    Details 749
    ElementType **753**
    Namensräume 750
XSL, Mit ASP erzeugen 764
XSL *siehe Extensible Style Sheet Language* 758
XSLT *siehe Extensible Style Sheet Language for Transformation* 759

Y

YEAR 194

Z

Zählschleife 213
Zahlenformate 199
Zeichenketten 203
Zeichenkettenarrayfunktionen 206
Zeiger *siehe Datenbankzeiger* 726
Zeigertypen 728
    clientseitige 729–730
    clientseitige, Arbeitsweise 729
    clientseitige, Verwendung 731
    FireHose-Zeiger 728
    Schlüsselgruppen-Zeiger 729
    serverseitige 728
    Statischer Zeiger 729
    Vorwärts-Zeiger 728
Zeit 193
Zeitbegrenzung für ASP-Skript 364
Zufallszahlen 201
Zuweisung 186